EUROPA-FACHBUCHREIHE
für Mechatronik

Tabellenbuch Mechatronik

Tabellen | Formeln | Normenanwendung

9. neu bearbeitete und erweiterte Auflage

Bearbeitet von Lehrern und Ingenieuren an beruflichen Schulen
und Produktionsstätten (siehe Rückseite)

VERLAG EUROPA-LEHRMITTEL · Nourney, Vollmer GmbH & Co. KG
Düsselberger Straße 23 · 42781 Haan-Gruiten

Europa-Nr.: 45011

Autoren des Tabellenbuchs Mechatronik:

Heinrich Dahlhoff	Dipl.-Physiker	Meppen
Hartmut Fritsche	Dipl.-Ing.	Massen
Gregor Häberle	Dr.-Ing., Abteilungsleiter	Tettnang
Heinz Häberle	Dipl.-Gewerbelehrer, VDE	Kressbronn
Roland Kilgus	Dipl.-Gwl., Oberstudiendirektor	Neckartenzlingen
Rudolf Krall	Dipl.-Päd. Ing., Berufsschuloberlehrer	Gartenau-St. Leonhard
Werner Röhrer	Dipl.-Ing., Dipl.-Gewerbelehrer	Balingen
Bernd Schiemann	Dipl.-Ing., Studiendirektor	Durbach
Dietmar Schmid	Dipl.-Ing., Oberstudienrat	Biberach a.d. Riß
Siegfried Schmitt	staatl. gepr. Techniker, Techn. Oberlehrer	Bad Bergzabern
Matthias Schultheiß	Dipl.-Ing., Dipl.-Gewerbelehrer Oberstudienrat	Biberach a.d. Riss
Thomas Urian	Meister der Elektrotechnik	Vilshofen

Bildbearbeitung:

Zeichenbüro des Verlags Europa-Lehrmittel, Ostfildern

Leiter des Arbeitskreises:
Dr.-Ing. Gregor Häberle, Tettnang

Maßgebend für das Anwenden der Normen sind deren Fassungen mit dem neuesten Ausgabedatum, die bei der VDE-VERLAG GmbH, Bismarckstr. 33, 10625 Berlin und der Beuth Verlag GmbH, Burggrafenstr. 6, 10787 Berlin erhältlich sind.

9. Auflage 2016
Druck 5 4 3 2 1
Alle Drucke derselben Auflage sind parallel einsetzbar, da sie bis auf die Behebung von Druckfehlern untereinander unverändert sind.

ISBN 978-3-8085-4520-1

Satz: Tutte Druckerei & Verlagsservice GmbH, Salzweg
Umschlag: braunwerbeagentur, 42477 Radevormwald
Umschlagfotos: Siemens-Pressebilder
Druck: Tutte Druckerei & Verlagsservice GmbH, Salzweg

Vorwort zur 9. Auflage

Das Buch ist konzipiert für die handlungsorientierte Berufsbildung des Berufes *Mechatroniker* bzw. *Mechatronikerin*. Die Mechatronik unterliegt als Schlüsseltechnologie aus Elektrotechnik, Metalltechnik und Informationstechnik einem stetigen Wandel und unterstützt das Erfüllen der Anforderungen von Industrie 4.0. Dies führte zu neuen oder aktualisierten Seiten in den nachfolgend genannten Hauptabschnitten.

- **Teil M: Mathematik, Technische Physik**
  Neu sind z. B. Messen von Oberschwingungen, Spannungsfall an Leitungen mit Blindwiderstand, Induktivitätsbelag und Spannungsfall, Strombelastbarkeit von mehradrigen Leitungen mit Oberschwingungen.

- **Teil K: Technische Kommunikation**
  Neu sind z. B. Pneumatik-Grundschaltungen, Fließbilder, Beispiele von Fließbildern.

- **Teil WF: Chemie, Werkstoffe, Fertigung**
  Neu sind z. B. Drehwerkzeuge, Lehren, Strahlenoptik, Trennklassen der Kommunikationsverkabelung, Montage und Demontage.

- **Teil BM: Bauelemente, Messen, Steuern, Regeln**
  Neu sind z. B. Wegmessung, Winkelmessung, Begriffe der Mess- und Prüftechnik, Reglerstellung, Reglerauswahl. Aktualisiert wurden analoge Regler, schaltende Regler, Regelstrecken, digitale Regelung.

- **Teil A: Elektrische Anlagen und Antriebe, mechatronische Systeme**
  Neu sind z. B. Transformatoren der Energietechnik, Regelung der Netzspannung, Betriebsdaten von Käfigläufermotoren, Strombelastbarkeit für 90°C-Leitungen, weitere Stromgefahren, Klimatisierung von Schaltschränken, Sicherheits-NOT-AUS-Relais.

- **Teil D: Digitaltechnik, Informationstechnik**
  Aktualisiert wurden Sicherheits-Bussysteme, Programmaufbau bei CNC-Maschinen, CNC-Bearbeitungszyklen nach PAL.

- **Teil V: Verbindungstechnik, Umwelttechnik**
  Neu ist z. B. Betriebssicherheitsverordnung. Aktualisiert wurden gefährliche Stoffe, Gefahrenhinweise durch H-Sätze, Sicherheitshinweise durch S-Sätze.

- **Teil B: Betrieb und sein Umfeld**
  Neu sind z. B. die Abschnitte Arbeitsvorbereitung, Begriffe im Arbeitsrecht, Bestandteile eines Tarifvertrages. Erweitert wurde die Auflistung der wichtigen Normen durch Angabe der Seiten im Buch.

Normänderungen wurden übernommen, z. B. bei der Strombelastbarkeit von Leitungen nach DIN VDE 0298-4. Allgemein ist zu beachten, dass oft die Normen verschiedene Formen zulassen, z. B. in DIN EN 61082 (Dokumente der Elektrotechnik, Regeln) Stromverzweigungen mit oder ohne „Punkt" oder mit Richtungsangabe des abgezweigten Leiters. Alle Formen kommen in der beruflichen Praxis vor und werden im Buch deshalb auch angewendet.

Didaktische Ergänzungen wurden durch stichwortartige Formulierung prüfbarer Lerninhalte fortgesetzt.

Verlag und Autoren danken für die zahlreichen Benutzerhinweise, die zu einer weiteren Verbesserung des Buches führten, und nehmen auch künftig konstruktive Vorschläge dankbar entgegen. Diese können auch gerichtet sein an lektorat@europa-lehrmittel.de.

Sommer 2016 — Autoren und Verlag

Inhaltsverzeichnis

Teil M: Mathematik, Technische Physik

Teil K: Technische Kommunikation

Teil WF: Chemie, Werkstoffe, Fertigung

Teil BM: Bauelemente, Messen, Steuern, Regeln

Teil A: Elektrische Anlagen und Antriebe, mechatronische Systeme

Teil D: Digitaltechnik, Informationstechnik

Teil V: Verbindungstechnik, Umwelttechnik

Teil B: Betrieb und sein Umfeld, Anhang

Teil M: Mathematik, Technische Physik — Part M: Mathematics, Technical Physics

Mathematik

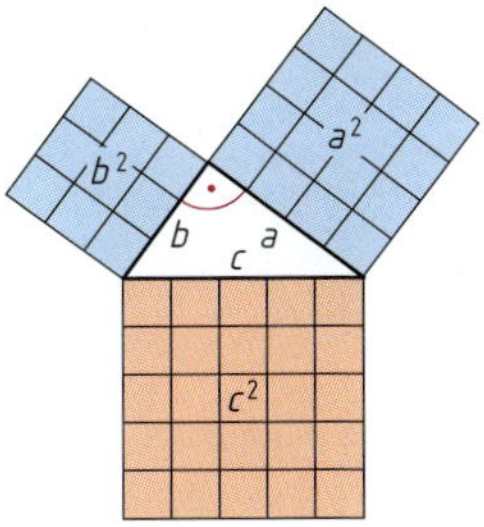

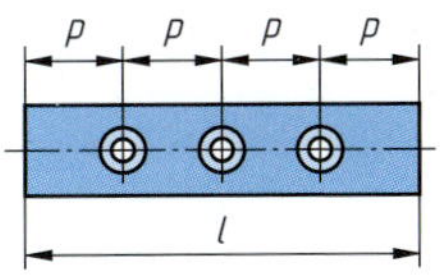

Technische Physik

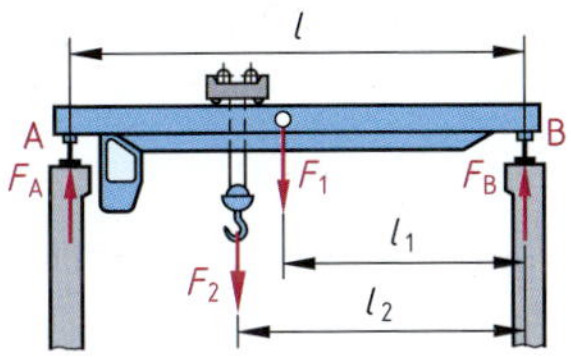

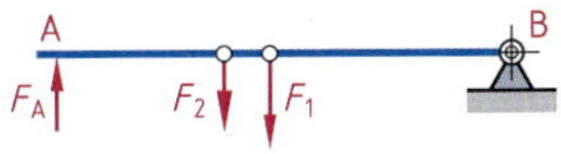

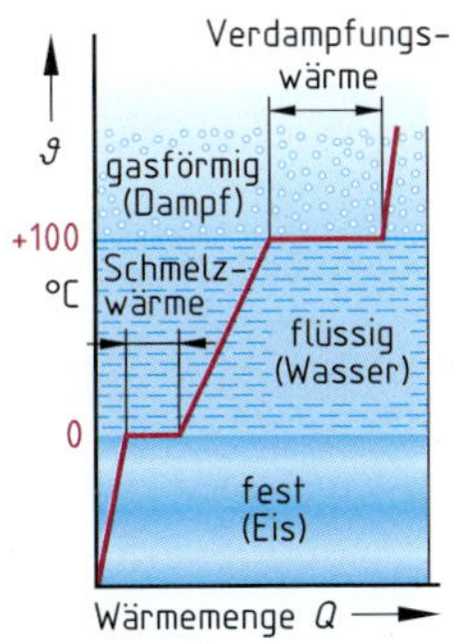

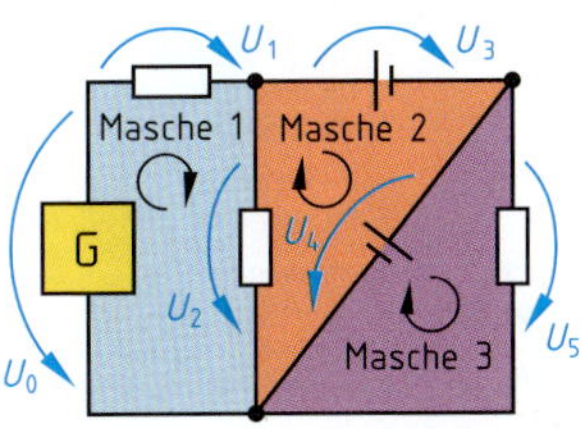

Formelzeichen dieses Buches Letter Symbols in this Book

Formelzeichen	Bedeutung
Kleinbuchstaben	
a	1. Beschleunigung 2. Wärmeleitfähigkeit
b	Breite
c	1. spez. Wärmekapazität 2. Kopfspiel, 3. Ausbreitungsgeschwindigkeit von Wellen, 4. Schnittgeschwindigkeit
d	1. Durchmesser 2. Abstand
e	1. Elementarladung 2. Regeldifferenz
f	1. Frequenz, 2. Vorschub 3. Durchbiegung 4. Rollreibungszahl 5. Faktor, 6. Brennweite
g	1. Fallbeschleunigung 2. Tastgrad, 3. Anzahl 4. Ortskoeffizient
h	1. Höhe, 2. Tiefe 3. Dicke 4. relative Häufigkeit
i	1. zeitabhängige Stromstärke 2. Übersetzungsverhältnis
k	1. Konstante, 2. Faktor
l	1. Länge, 2. Abstand
m	1. Masse, 2. Modul (der) 3. Konstante 4. Gesamtanzahl
n	1. Drehzahl, Umdrehungsfrequenz 2. ganze Zahl 1, 2, 3 ... 3. Brechzahl
p	1. Polpaarzahl, 2. Druck 3. Flächenpressung
q	spez. Schmelzwärme
r	1. Radius, 2. Rate 3. differenzieller Widerstand
s	1. Strecke, Dicke 2. Hublänge 3. Standardabweichung
t	Zeit, Dauer
u	zeitabhängige Spannung
ü	Übersetzungsverhältnis
v	Geschwindigkeit
w	1. Energiedichte 2. Führungsgröße
x	Regelgröße
y	Stellgröße
z	ganze Zahl, z.B. Zähnezahl, Lagenzahl

Formelzeichen	Bedeutung
Großbuchstaben	
A	1. Fläche, Querschnitt 2. Bruchdehnung 3. Dämpfungsmaß
B	1. magn. Flussdichte 2. Blindleitwert 3. Zahlenbasis
C	1. Kapazität 2. Wärmekapazität
D	1. elektr. Flussdichte 2. Dämpfungsfaktor
E	1. elektr. Feldstärke 2. Elastizitätsmodul
F	1. Kraft, 2. Faktor, 3. Fehler
G	1. Leitwert, Wirkleitwert 2. Verstärkungsmaß 3. Höchstmaß, Mindestmaß
H	1. magnetische Feldstärke 2. Heizwert
I	1. Stromstärke 2. Flächenmoment
J	1. Stromdichte 2. Trägheitsmoment
K	Koeffizient
L	1. Induktivität, 2. Pegel
M	1. Kraftmoment, siehe *T* 2. Speicherkapazität
N	1. ganze Zahl 2. Windungszahl 3. Nennmaß
P	1. Leistung, Wirkleistung 2. Spiel, Übermaß 3. Gewindesteigung 4. Wahrscheinlichkeit
Q	1. Ladung, 2. Wärme 3. Blindleistung 4. Verbrennungswärme 5. Volumenstrom
R	1. Wirkwiderstand 2. Federrate, 3. Festigkeit
S	1. Scheinleistung 2. Schlupf (absolut) 3. Signal, 4. Querschnitt
T	1. Periodendauer 2. Temperatur in K 3. Toleranz 4. Kraftmoment (siehe auch Seite 12) 5. Übertragungsfaktor
U	Spannung
V	1. Volumen 2. Verstärkungsfaktor
W	1. Arbeit, 2. Energie 3. Widerstandsmoment
X	Blindwiderstand
Y	Scheinleitwert
Z	Impedanz, Scheinwiderstand

Formelzeichen	Bedeutung
Griechische Kleinbuchstaben	
α (alpha)	1. Winkel, 2. Freiwinkel 3. Temperaturkoeffizient 4. Zündwinkel
β (beta)	1. Winkel, 2. Keilwinkel
γ (gamma)	1. Winkel, 2. Spanwinkel 3. Leitfähigkeit
δ (delta)	Verlustwinkel
ε_0	elektr. Feldkonstante
ε (epsilon)	1. Permittivität 2. Dehnung
ζ (zeta)	Arbeitsgrad, Nutzungsgrad
η (eta)	Wirkungsgrad
ϑ (theta)	Temperatur in °C
λ (lambda)	1. Wellenlänge 2. Neigungswinkel 3. Leistungsfaktor
μ (müh)	1. Permeabilität 2. Reibungszahl
μ_0	magn. Feldkonstante
ν	1. Sicherheitszahl (nüh) 2. Ordnungszahl
π (pi)	Zahl 3,141 5926...
ϱ (rho)	1. spezif. Widerstand 2. Dichte
σ (sigma)	1. Streufaktor 2. mechanische Spannung
τ (tau)	1. Zeitkonstante 2. mechanische Spannung
φ (phi)	Winkel, insbesondere Phasenverschiebungswinkel
ω (omega)	1. Winkelgeschwindigkeit 2. Kreisfrequenz
Griechische Großbuchstaben	
Δ (Delta)	Differenz
Θ (Theta)	elektrische Durchflutung
$\sum$ (Sigma)	Summe
Φ (Phi)	1. magnetischer Fluss 2. Lichtstrom 3. Wärmestrom
Ψ (Psi)	1. elektrischer Fluss 2. Querschneidenwinkel
Ω (Omega)	Raumwinkel

Spezielle Formelzeichen werden gebildet, indem man an die Formelzeichen-Buchstaben einen Index oder mehrere Indizes anhängt oder sonstige Zeichen dazu setzt.

Indizes und Zeichen für Formelzeichen dieses Buches
Subscripts and Signs for Formula Symbols in this Book

Ziffern, Zeichen

Index, Zeichen	Bedeutung
0	1. Leerlauf 2. im Vakuum 3. Bezugsgröße
1	1. Eingang, 2. Reihenfolge
2	1. Ausgang, 2. Reihenfolge
3, 4, …	Reihenfolge
^, z. B. $\hat{u}$	Maximalwert, Höchstwert
ˇ, z. B. $\check{u}$	Tiefstwert, Kleinstwert
^ˇ, z. B. $\hat{\check{u}}$	1. Spitze-Tal-Wert 2. Schwingungsbreite
', z. B. u'	1. bezogen auf, 2. Hinweis, 3. Ableitung
△	in Dreieckschaltung
Y	in Sternschaltung

Kleinbuchstaben

Index	Bedeutung
a	1. Abschalten 2. Ausgang, 3. außen 4. Ableit-, 5. Anker
ab, out, 2	abgegeben
auf, in ,1	aufgenommen
b	1. Betrieb, 2. Bit-, 3. Blindgröße, 4. Biege-
c	1. Grenz- (cut-off) 2. Form (crest), 3. Schnitt-
d	1. Gleichstrom betreffend 2. Dauer-, 3. Digit-, 4. Dämpfung
e	1. Eingang, 2. Empfang 3. Über-
eff	Effektivwert
f	1. Frequenz, 2. Fuß- 3. Vorschub
ges	Gesamt-
h	hoch, oben
i	1. innen, 2. induziert 3. Strom-, 4. ideell, 5. Ist- 6. Impuls
j	Sperrschicht (von junction)
k	1. Kurzschluss- 2. kinetisch, 3. Knick-
l	links
m	1. magnetisch 2. Messwerk, 3. gemessen
max	maximal, höchstens
mec	mechanisch
min	minimal, mindestens
n	Nenn-
o	1. Oszillator-, 2. oben
p	1. parallel, 2. Pause 3. Puls, 4. potenziell 5. Druck, 6. Prozess
r	1. in Reihe 2. Bemessungs- (rated) 3. Anstiegs- (rise) 4. Resonanz, 5. rechts 6. resultierend
s	1. Sieb- 2. Signal-, 3. Serie 4. in Wegrichtung 5. Stoß-, 6. Soll- 7. oberhalb
sch	Schritt
t	1. tief, unten, 2. Torsion
th	1. thermisch, Wärme- 2. theoretisch
tot	total, gesamt
u	1. Spannungs-, 2. unten 3. Umfang
v	1. Vor-, 2. Verlust 3. Vergleich
w	1. Wirk-, wirksam 2. Führungsgröße 3. Wellen-
x	1. unbekannte Größe 2. in x-Richtung
y	1. Stellgröße 2. in y-Richtung
z	1. Zwischen-, 2. Zentripetal- 3. Zahn
zu, in, 1	zugeführt
zul	zulässig

Großbuchstaben

Index	Bedeutung
A	1. Strommesser 2. Abstimm-, 3. Anode 4. Anzug, Anlauf 5. Anlagenerdung 6. Abtast-
B	1. Basis 2. Betriebserdung (Netz) 3. Festigkeit 4. Bohrung
C	1. Kollektor, 2. kapazitiv 3. Takt, 4. koerzitiv
D	1. Drain, 2. Daten
E	1. Emitter, 2. Entladen 3. Erde
F	1. Vorwärts- (forward) 2. Fläche, 3. Fehler-
G	1. Gate, 2. Gewicht 3. Glättung
H	1. Hysterese, 2. Hall-, 3. höchst-
K	1. Katode 2. Kopplung (Gegen-) 3. Kühlkörper 4. Kippen 5. Kanal, Strecke
L	1. induktiv, 2. Last 3. links, 4. Laden 5. höchstzul. Berührungsspannung 6. Lorentz-
M	Mitkopplung
N	1. Bemessungs-, 2. Nutz- 3. Normal-
Q	Quer-
R	1. Rückwärts- (reward) 2. Wirkwiderstand 3. rechts, 4. Regel- 5. Rot, 6. Reibung
S	1. Source, 2. Schleife- 3. Sattel-, 4. Schalt- 5. Schleusen- 6. Sektor
T	1. Transformator- 2. Träger 3. Spur (track)
U	Umgebung
Ü	Übermaß
V	1. Spannungsmesser 2. Verstärkungs- 3. Video-, 4. Vertikal-
W	Welle
X	am X-Eingang
Y	1. am Y-Eingang 2. Luminanz-
Z	1. Zener-, 2. Zeile 3. zulässig, 4. Zünd-

Griechische Kleinbuchstaben

Index	Bedeutung
α (alpha)	in Richtung des Winkels α
σ (sigma)	Streuung
φ (phi)	Phasenverschiebung betreffend

Griechische Großbuchstaben

Index	Bedeutung
Δ (Delta)	eine Differenz betreffend

Die Indizes können kombiniert werden, z. B. bei U_{CE} für Kollektor-Emitter-Spannung. Indizes, die aus mehreren Buchstaben bestehen, können bis auf den Anfangsbuchstaben gekürzt werden, wenn keine Missverständnisse zu befürchten sind. Zur Kennzeichnung von Werkstoffen können die Symbole für das Material verwendet werden, z. B. P_{vCu} für Kupferverlustleistung.

Internationale Formelzeichen International Formula Symbols

vgl. DIN EN 60027

Größe	Formelzeichen bisher	internationales Formelzeichen		Einheit, Einheitenzeichen
		Vorzugszeichen	Ausweichzeichen	
Leistungen und verwandte Größen				
Bemessungsleistung	P_N	P_{rat} oder P_r	P_N	Watt, W
Bemessungsscheinleistung	S_N	S_{rat} oder S_r	S_N	Voltampere, VA
Nennleistung	P_n	P_n oder P_{nom}		
Eingangsleistung	P_1 oder P_e	P_{in}		
Ausgangsleistung	P_2 oder P_a	P_{out}		Watt, W
mechanische Leistung	P	P_{mec}	entfällt	
Verlustleistung	P_v	P_t		
Leistungsfaktor, siehe unten	$\cos\varphi$	λ (Lamda)		eins (keine Einheit)
Wirkfaktor, siehe unten	-	$\cos\varphi$		
Kraftmomente, Drehmomente				
Drehmoment, Kraftmoment	M	T (von Torsion)	M	
Nennmoment	M_n	entfällt	entfällt	
Bemessungsmoment	M_N	T_{rat} oder T_r	M_{rat} oder M_r	
Kippdrehmoment	M_K	T_b	M_b	Newtonmeter
Haltemoment	M_H	T_H	M_H	
Sattelmoment	M_S	T_u	M_u	
Anzugsmoment	M_A	T_l	M_l	
Stromstärken und verwandte Größen				
Bemessungsstrom	I_N	I_{rat} oder I_r	I_N	
Nennstrom	I_n	I_n oder I_{nom}	-	
Dauerkurzschlussstrom	I_{kd}	I_k	I_{SC}	
Stoßkurzschlussstrom	I_s	I_k	I_S	Ampere, A
Stoßkurzschlusswechselstrom	i_s	I_{kO}	I_{SCO}	
transienter Strom (kurzzeitiger Strom)	i	I_k'	I_{SC}'	
Subtransienter Strom (sehr kurzzeitiger Strom)	i_s	I_k''	I_{SC}''	
Strombelag	I'	A	entfällt	Ampere je Meter, A/m
Spannungen und verwandte Größen				
Bemessungsspannung	U_N	U_{rat} oder U_r	U_N	
Nennspannung	U_n	entfällt		Volt, V
Induzierte Spannung	U_i	U_g	entfällt	
Leerlaufspannung	U_0	U_0		

nom von nominal = Nenn-, rat von rated = bewertet, T von torque = Drehmoment. **Leistungsfaktor** = Verhältnis Wirkleistung P zu Scheinleistung S (mit Oberschwingungen), **Wirkfaktor** = Verhältnis P zu S (der Grundschwingung, ohne Oberschwingungen)

Größen und Einheiten 1 Quantities and Units 1

Größe	SI-Einheit (sonst. Einheit)	Einheitenzeichen, Einheitengleichung
Länge, Fläche, Volumen, Winkel		
Länge	Meter (Seemeile) (Meile) (Zoll, Inch)	m 1 sm = 1852 m 1 m = 1609,34 m 1″ = 25,4 mm
Fläche	Quadratmeter	m^2
Volumen	Kubikmeter (Liter)	m^3 = 1000 l 1 l = 1 dm^3
Winkel (ebener)	Radiant (Grad)	rad $1° = \frac{\pi}{180}$ rad
Raumwinkel	Steradiant	sr
Zeit, Frequenz, Geschwindigkeit, Beschleunigung		
Zeit	Sekunde (Minute) (Stunde) (Tag)	s 1 min = 60 s 1 h = 60 min = 3600 s 1 d = 24 h
Frequenz	Hertz	1 Hz = 1/s
Drehzahl, Umdrehungsfrequenz	je Sekunde (je Minute)	1/s = 60/min (1/min)
Kreisfrequenz	je Sekunde	1/s
Geschwindigkeit	Meter je Sekunde Knoten	m/s $1\ km/h = \frac{1}{3{,}6}\ m/s$ 1 kn = 1 sm/h = 0,5144 m/s
Winkelgeschwindigkeit	Radiant je Sekunde	rad/s
Beschleunigung	–	m/s^2
Mechanik		
Masse	Kilogramm (Karat) (Tonne) (Unze)	kg 1 Kt = 0,2 g 1 t = 1000 kg 1 oz = 28,35 g
Dichte	–	kg/m^3, kg/dm^3
Widerstandsmoment	–	m^3, cm^3
Trägheitsmoment	–	$kg \cdot m^2$
Kraft	Newton	$1\ N = 1\ kg \cdot m/s^2$
Kraftmoment, Drehmoment	–	Nm
Impuls	Newtonsek.	$1\ Ns = 1\ kg \cdot m/s$
Druck	Pascal (Bar)	$1\ Pa = 1\ N/m^2$ 1 bar = 0,1 MPa $= 10\ N/cm^2$
Flächenpressung	–	N/mm^2
Festigkeit	–	N/mm^2
Elastizitätsmodul	–	N/mm^2
Arbeit, Energie	Joule (Elektronvolt)	1 J = 1 Nm = 1 Ws 1 eV = 0,1602 aJ
Leistung	Watt	1 W = 1 J/s = 1 Nm/s = 1 VA

Größe	SI-Einheit (sonst. Einheit)	Einheitenzeichen, Einheitengleichung
Elektrizität		
elektrische Ladung, elektrischer Fluss	Coulomb	$1\ C = 1\ A \cdot 1\ s$ = 1 As
Flächenladungsdichte, elektrische Flussdichte	Coulomb je Quadratmeter	C/m^2
Raumladungsdichte	Coulomb je Kubikmeter	C/m^3
elektr. Spannung, elektr. Potenzial	Volt	1 V = 1 J/C
elektr. Feldstärke	Volt je Meter	1 V/m = 1 N/C
elektr. Kapazität	Farad	1 F = 1 As/V = 1 C/V
elektr. Strombelag	Ampere je Meter	A/m
Permittivität, Dielektrizitätskonstante	Farad je Meter	1 F/m = 1 C/(Vm)
elektr. Stromstärke	Ampere	1 A = 1 C/s
elektr. Stromdichte	–	A/m^2
elektr. Widerstand, Wirkwiderstand, Blindwiderstand, Scheinwiderstand	Ohm	1 Ω = 1 V/A
elektr. Wirkleitwert, Blindleitwert, Scheinleitwert	Siemens	$1\ S = \frac{1}{1\ \Omega}$
spezifischer elektr. Widerstand	Ohmmeter	1 Ωm = 100 Ωcm $1\ \Omega mm^2/m = 1\ \mu\Omega m$
elektrische Leitfähigkeit	S/m	$1\ Sm/mm^2$ = 1 MS/m
Leistung	Watt	$1\ W = 1\ V \cdot 1\ A$
Blindleistung	Var	$1\ var = 1\ V \cdot 1\ A$
Scheinleistung	VA	$1\ VA = 1\ V \cdot 1\ A$
Induktivität	Henry	1 H = 1 Vs/A
Arbeit, Energie	Joule (Wattstunde) (Elektronvolt)	1 J = 1 Ws 1 Wh = 3,6 kNm 1 eV = 0,1602 aJ
Magnetismus		
magnetische Durchflutung, magn. Spannung	Ampere	A
magn. Feldstärke Magnetisierung	Ampere je Meter	A/m
magnetischer Fluss	Weber	$1\ Wb = 1\ T \cdot 1\ m^2$
magn. Flussdichte magn. Polarisation	Tesla	$1\ T = 1\ Wb/m^2$ $= 1\ Vs/m^2$
Induktivität	Henry	1 H = 1 Vs/A
Permeabilität	Henry je Meter	1 H/m = 1 Vs/(Am)
magn. Widerstand	–	1/H = A/Vs
magn. Leitwert	Henry	H
elektromagnetisches Moment	–	$A \cdot m^2$

Größen und Einheiten 2 Quantities and Units 2

Größe	SI-Einheit (sonst. Einheit)	Einheitenzeichen, Einheitengleichung
Elektromagnetische Strahlung (außer Licht)		
Strahlungsenergie	Joule	1 J = 1 Nm = 1 Ws
Strahlungsleistung	Watt	1 W = 1 J/s
Strahlstärke	Watt/Steradiant	W/sr
Strahldichte	–	$W/(sr \cdot m^2)$
Bestrahlungsstärke	–	W/m^2
Licht, Optik		
Lichtstärke	Candela	cd
Leuchtdichte	Candela je m^2	cd/m^2
Lichtstrom	Lumen	lm
Lichtausbeute	Lumen je Watt	lm/W
Beleuchtungsstärke	Lux	$1\ lx = 1\ lm/m^2$
Brechwert von Linsen	– (Dioptrie)	1/m 1 dpt = 1/m
Wärme		
Celsius-Temperatur	Grad Celsius	°C
thermodynamische Temperatur	Kelvin	K
Temperatur-differenz	Kelvin	K
Wärme, innere Energie	Joule	1 J = 1 Ws
Wärmestrom	Watt	1 W = 1 J/s
Wärmewiderstand (von Bauelementen)	Kelvin je Watt	K/W
Wärmeleitfähigkeit	–	$W/(K \cdot m)$
Wärmeübergangs-koeffizient	–	$W/(K \cdot m^2)$
Wärmekapazität, Entropie	Joule je Kelvin	J/K
spezifische Wärmekapazität	–	$J/(kg \cdot K)$
Chemie, Molekularphysik		
Stoffmenge	Mol	mol
Stoffmengen-konzentration	–	mol/m^3
stoffmengenbezogenes Volumen (molares Volumen)	–	m^3/mol
Molalität	–	mol/kg
molare Masse	–	kg/mol
molare Wärme-kapazität	–	$J/(mol \cdot K)$
Diffusions-koeffizient	–	m^2/s

Größe	SI-Einheit (sonst. Einheit)	Einheitenzeichen, Einheitengleichung
Kernreaktionen, ionisierende Strahlung		
Aktivität einer radioaktiven Substanz	Becquerel	1 Bq = 1/s
Energiedosis	Gray	1 Gy = 1 J/kg
Energiedosisrate	Gray je Sekunde	Gy/s
Äquivalentdosis	Sievert	1 Sv = 1 J/kg
Äquivalentdosis-rate	Sievert je Sekunde	1 Sv/s $= 1\ J/(kg \cdot s)$
Ionendosis	Coulomb je Kilogramm	C/kg
Ionendosisrate	Ampere je Kilogramm	1 A/kg $= 1\ C/(kg \cdot s)$
Akustik		
Schalldruck	Pascal	$1\ Pa = 1\ N/m^2$
Schalldruckpegel desgl., bewertet	Dezibel –	dB dB (A)
Lautstärkepegel	Phon	phon ≈ dB (A)
Schallschnelle	Meter je Sekunde	m/s
Schallgeschwindigkeit (Ausbreitungsgeschwindigkeit)	Meter je Sekunde	m/s
Schallfluss	–	$1\ m^3/s$ $= 1\ m^2 \cdot 1\ m/s$
Schallintensität	–	W/m^2
spezifische Schallimpedanz	–	$Pa \cdot s/m$
akustische Impedanz	–	$Pa \cdot s/m^3$
mechanische Impedanz	–	$N \cdot s/m$
äquivalente Absorptionsfläche	Quadratmeter	m^2
Sonstige Bereiche		
Entfernung in der Astronomie	(Astronomische Einheit) Parsec	1 AE = 149,6 Gm 1 pc = 30,857 Pm
Masse in der Atomphysik	(Atomare Masseneinheit)	$1\ u = 1{,}66 \cdot 10^{-27}\ kg$
längenbezogene Masse von textilen Fasern und Garnen	Tex	1 tex = 1 g/km
Fläche von Grundstücken	Ar Hektar	$1\ a = 100\ m^2$ 1 ha = 100 a

Bruchrechnen, Vorzeichen, Klammern
Fractional Arithmetic, Preceding Signs, Parenthetical Expressions

Bruchrechnung

Regel	Zahlenbeispiel	Algebraisches Beispiel
Gleichnamige Brüche werden addiert oder subtrahiert, indem man die Zähler addiert oder subtrahiert und die Nenner unverändert lässt.	$\frac{5}{8}+\frac{2}{8}-\frac{1}{8}=\frac{5+2-1}{8}$ $=\frac{6}{8}=\frac{3}{4}$	$\frac{5}{a}-\frac{3}{a}+\frac{7}{a}=\frac{5-3+7}{a}$ $=\frac{9}{a}=9/a$
Bei **ungleichnamigen Brüchen** muss zuerst der Hauptnenner gebildet werden, um sie addieren bzw. subtrahieren zu können. Der Hauptnenner ist der kleinste gemeinsame Nenner, in dem die Nenner aller Brüche ganzzahlig enthalten sind. Die Brüche werden durch Erweitern auf den Hauptnenner gebracht.	$\frac{1}{2}+\frac{2}{3}-\frac{3}{4}=$ Hauptnenner ist $3 \cdot 4 = 12$ $=\frac{1\cdot 6}{2\cdot 6}+\frac{2\cdot 4}{3\cdot 4}-\frac{3\cdot 3}{4\cdot 3}$ $=\frac{6}{12}+\frac{8}{12}-\frac{9}{12}$ $=\frac{6+8-9}{12}=\frac{5}{12}$	$\frac{a}{b}+\frac{c}{d}=$ Hauptnenner ist $b \cdot d$ $=\frac{a\cdot d}{b\cdot d}+\frac{c\cdot b}{b\cdot d}$ $=\frac{a\cdot d+c\cdot b}{b\cdot d}$
Ein Bruch wird mit einem anderen Bruch multipliziert, indem man Zähler mit Zähler und Nenner mit Nenner multipliziert.	$\frac{3}{5}\cdot\frac{2}{7}=\frac{3\cdot 2}{5\cdot 7}=\frac{6}{35}$	$\frac{a}{b}\cdot\frac{c}{d}=\frac{a\cdot c}{b\cdot d}=a\cdot c/(b\cdot d)$
Ein Bruch wird durch einen anderen Bruch dividiert, indem man den Dividenden (Bruch im Zähler) mit dem Kehrwert des Divisors (Bruch im Nenner) multipliziert.	$\frac{3}{4}:\frac{3}{5}=\frac{\frac{3}{4}}{\frac{3}{5}}=\frac{3\cdot 5}{4\cdot 3}$ $=\frac{5}{4}=1\frac{1}{4}$	$\frac{a}{b}:\frac{c}{d}=\frac{\frac{a}{b}}{\frac{c}{d}}=\frac{a\cdot d}{b\cdot c}$

Vorzeichenregeln

Haben zwei Faktoren **gleiche** Vorzeichen, so wird das Produkt **positiv.**	$2\cdot 5=10$ $(-2)\cdot(-5)=10$	$a\cdot x=ax$ $(-a)\cdot(-x)=ax$
Haben zwei Faktoren **unterschiedliche** Vorzeichen, so wird das Produkt **negativ.**	$3\cdot(-8)=-24$ $(-3)\cdot 8=-24$	$a\cdot(-x)=-ax$ $(-a)\cdot x=-ax$
Haben Zähler und Nenner bzw. Dividend und Divisor **gleiche** Vorzeichen, so ist der Bruch bzw. der Quotient **positiv.**	$\frac{15}{3}=15:3=5$ $\frac{-15}{-3}=(-15):(-3)=5$	$\frac{-a}{-b}=\frac{a}{b}=a/b$
Haben Zähler und Nenner bzw. Dividend und Divisor **unterschiedliche** Vorzeichen, so ist der Bruch bzw. der Quotient **negativ.**	$\frac{15}{-3}=15:(-3)=-5$ $\frac{-15}{3}=(-15):3=-5$	$\frac{a}{-b}=-\frac{a}{b}$ $\frac{-a}{b}=-\frac{a}{b}$
Punktrechnungen (· und :) müssen **vor Strichrechnungen** (+ und –) ausgeführt werden.	$8\cdot 4-18\cdot 3=32-54$ $=-22$ $\frac{16}{4}+\frac{20}{5}-\frac{18}{3}=4+4-6$ $=2$	$4a\cdot b-c\cdot 3d$ $=4ab-3\,cd$

Klammerrechnung

Klammern, vor denen ein Pluszeichen steht, können weggelassen werden. Die Vorzeichen der Glieder bleiben dann unverändert.	$16+(9-5)$ $=16+9-5$ $=20$	$a+(b-c)$ $=a+b-c$
Klammern, vor denen ein Minuszeichen steht, können nur aufgelöst (weggelassen) werden, wenn alle Summanden (Glieder in der Klammer) entgegengesetzte Vorzeichen erhalten.	$16-(9-5)$ $=16-9+5$ $=12$	$a-(b-c)$ $=a-b+c$

Klammerrechnung, Potenzieren
Calculations with Parenthetical Expressions, Exponentiating

Klammerrechnung

Regel	Zahlenbeispiel	Algebraisches Beispiel
Ein Klammerausdruck wird mit einem Faktor multipliziert, indem man jedes Glied der Klammer mit dem Faktor multipliziert.	$7 \cdot (4 + 5)$ $= 7 \cdot 4 + 7 \cdot 5 = 63$	$a \cdot (b + c)$ $= ab + ac$
Ein Klammerausdruck wird mit einem Klammerausdruck multipliziert, indem man jedes Glied der einen Klammer mit jedem Glied der anderen Klammer multipliziert.	$(3 + 5) \cdot (10 - 7)$ $= 3 \cdot 10 + 3 \cdot (-7) + 5 \cdot 10 + 5 \cdot (-7)$ $= 30 - 21 + 50 - 35 = 24$	$(a + b) \cdot (c - d)$ $= ac - ad + bc - bd$
Das Quadrieren von Summen wird durch Anwendung der **Binomischen Formeln** vereinfacht. Gleiches gilt für die Multiplikation von $(a + b) \cdot (a - b)$.	$(4 + 5)^2 = 4^2 + 4 \cdot 5 + 4 \cdot 5 + 5^2$ $= 16 + 20 + 20 + 25 = 81$ $(7 - 2)^2 = 7^2 - 7 \cdot 2 - 7 \cdot 2 + 2^2$ $= 49 - 14 - 14 + 4 = 25$ $(4 + 3) \cdot (4 - 3) = 4^2 - 4 \cdot 3 + 4 \cdot 3 - 3^2$ $= 16 - 9 = 7$	$(a + b)^2 = a^2 + ab + ab + b^2$ $= a^2 + 2ab + b^2$ $(a - b)^2 = a^2 - ab - ab + b^2$ $= a^2 - 2ab + b^2$ $(a + b) \cdot (a - b) = a^2 - ab + ab - b^2$ $= a^2 - b^2$
Ein Klammerausdruck wird durch einen Wert (Zahl, Buchstabe, Klammerausdruck) dividiert, indem man jedes Glied in der Klammer durch diesen Wert dividiert.	$(16 - 4) : 4$ $= 16 : 4 - 4 : 4$ $= 4 - 1 = 3$	$(a + b) : c = a : c + b : c$ $\frac{a - b}{b} = \frac{a}{b} - 1$
Ein Bruchstrich fasst Ausdrücke in gleicher Weise zusammen wie eine Klammer.	$\frac{3 + 4}{2} = (3 + 4) : 2$	$\frac{a + b}{2} \cdot h = (a + b) \cdot \frac{h}{2}$
Bei gemischten Punkt- und Strichrechnungen mit Klammerausdrücken müssen zuerst die Klammern aufgelöst und danach die Punkt- und dann die Strichrechnung ausgeführt werden.	$8 \cdot (3 - 2) + 4 \cdot (16 - 5)$ $= 8 \cdot 1 + 4 \cdot 11$ $= 8 + 44 = 52$	$a \cdot (3x - 5x) - b \cdot (12y - 2y)$ $= a \cdot (-2x) - b \cdot 10y$ $= -2ax - 10by$

Potenzieren

Potenzen mit gleicher Basis werden multipliziert, indem man die Exponenten addiert und die Basis beibehält.	$3^2 \cdot 3^3 = 3 \cdot 3 \cdot 3 \cdot 3 \cdot 3$ $= 3^5$ oder $3^2 \cdot 3^3 = 3^{(2+3)} = 3^5$	$x^4 \cdot x^2 = x \cdot x \cdot x \cdot x \cdot x \cdot x$ $= x^6$ oder $x^4 \cdot x^2 = x^{(4+2)} = x^6$
Potenzen mit gleicher Basis werden dividiert, indem man ihre Exponenten subtrahiert und die Basis beibehält.	$\frac{4^3}{4^2} = \frac{4 \cdot 4 \cdot 4}{4 \cdot 4} = 4$ oder $4^3 : 4^2 = 4^{(3-2)} = 4^1 = 4$	$\frac{\mathrm{m}^2}{\mathrm{m}^3} = \frac{\mathrm{m} \cdot \mathrm{m}}{\mathrm{m} \cdot \mathrm{m} \cdot \mathrm{m}} = \frac{1}{\mathrm{m}} = \mathrm{m}^{-1}$ oder $\mathrm{m}^2 : \mathrm{m}^3 = \mathrm{m}^{(2-3)} = \mathrm{m}^{-1} = \frac{1}{\mathrm{m}} = 1/\mathrm{m}$
Werden Potenzen mit einem Faktor multipliziert, so muss zuerst der Potenzwert berechnet werden. Potenzrechnung geht vor Punktrechnung.	$6 \cdot 10^3 = 6 \cdot 1000$ $= 6000$ $7 \cdot 10^{-2} = 7 \cdot \frac{1}{100} = 0{,}07$	$a \cdot 10^2 = a \cdot 100 = 100\,a$ $b \cdot 10^{-1} = b \cdot \frac{1}{10} = \mathrm{b}/10 = 0{,}1\,b$
Jede Potenz mit dem Exponenten Null hat den Wert 1.	$\frac{10^4}{10^4} = 10^{(4-4)} = 10^0 = 1$	$(m + n)^0 = 1$

Radizieren, Gleichungen Radicals, Equations

Radizieren

Regel	Zahlenbeispiel	Algebraisches Beispiel
Ist der Radikand ein Produkt, so kann die Wurzel entweder aus dem Produkt oder aus jedem einzelnen Faktor gezogen werden.	$\sqrt{9\cdot16}=\sqrt{144}=12$ oder $\sqrt{9\cdot16}=\sqrt{9}\cdot\sqrt{16}=3\cdot4=12$	$\sqrt[3]{a\cdot b}=\sqrt[3]{a}\cdot\sqrt[3]{b}$
Ist der Radikand eine Summe oder eine Differenz, so kann nur aus dem Ergebnis die Wurzel gezogen werden.	$\sqrt{9+16}=\sqrt{25}=5$ $\sqrt{5^2-4^2}=\sqrt{25-16}=\sqrt{9}=3$	$\sqrt[3]{a-b}=\sqrt[3]{(a-b)}$
Eine Wurzel kann als Potenz geschrieben werden.	$\sqrt[3]{27}=27^{\frac{1}{3}}=3^{3\cdot\frac{1}{3}}=3^{\frac{3}{3}}=3^1=3$	$\sqrt{a}=a^{\frac{1}{2}}$
Wurzeln mit gleicher Basis und gleichem Wurzelexponenten können addiert oder subtrahiert werden.	$3\cdot\sqrt[3]{64}+4\cdot\sqrt[3]{64}$ $=7\cdot\sqrt[3]{64}=7\cdot4=28$ $4\cdot\sqrt{36}-2\cdot\sqrt{36}$ $=2\cdot\sqrt{36}=2\cdot6=12$	$a\cdot\sqrt[3]{y}+b\cdot\sqrt[3]{y}=(a+b)\cdot\sqrt[3]{y}$ $a\cdot\sqrt{x}-b\cdot\sqrt{x}=(a-b)\cdot\sqrt{x}$
Wurzeln mit gleichem Wurzelexponenten werden multipliziert oder dividiert, indem man das Produkt bzw. den Quotienten der Radikanden radiziert.	$\sqrt{4}\cdot\sqrt{49}=\sqrt{4\cdot49}=\sqrt{196}=14$ $\sqrt{36}:\sqrt{4}=\sqrt{\frac{36}{4}}=\sqrt{9}=3$	$\sqrt[n]{x}\cdot\sqrt[n]{y}=\sqrt[n]{x\cdot y}$ $\sqrt[m]{a}:\sqrt[m]{b}=\sqrt[m]{\frac{a}{b}}$
Eine Wurzel wird radiziert, indem man den Radikanden mit dem Produkt der Wurzelexponenten radiziert.	$\sqrt{\sqrt[3]{64}}=\sqrt[2\cdot3]{64}=\sqrt[6]{64}=2$	$\sqrt[m]{\sqrt[n]{x}}=\sqrt[m\cdot n]{x}$

Umformen von Gleichungen

Durch **Addition** der gleichen Zahl auf beiden Seiten steht die gesuchte Zahl allein auf der rechten Seite.	$y-5=9$ $y-5+5=9+5$ $y=14$	$y-c=d$ $y-c+c=d+c$ $y=d+c$
Durch **Subtraktion** der gleichen Zahl auf beiden Seiten steht die gesuchte Zahl allein auf der rechten Seite.	$x+7=18$ $x+7-7=18-7$ $x=11$	$x+a=b$ $x+a-a=b-a$ $x=b-a$
Durch **Division** der gleichen Zahl auf beiden Seiten steht die gesuchte Zahl allein auf der rechten Seite.	$6\cdot x=23$ $\frac{6\cdot x}{6}=\frac{23}{6}$ $x=\frac{23}{6}=3\frac{5}{6}$	$a\cdot x=b$ $\frac{a\cdot x}{a}=\frac{b}{a}$ $x=\frac{b}{a}=b/a$
Durch **Multiplikation** der gleichen Zahl auf beiden Seiten steht die gesuchte Zahl allein auf der rechten Seite.	$\frac{y}{3}=7$ $\frac{y\cdot3}{3}=7\cdot3$ $y=21$	$\frac{y}{c}=d$ $\frac{y\cdot c}{c}=d\cdot c$ $y=d\cdot c$
Durch **Potenzieren** auf beiden Seiten steht die gesuchte Zahl allein auf der rechten Seite.	$\sqrt{x}=4$ $(\sqrt{x})^2=4^2$ $x=16$	$\sqrt{x}=a+b$ $(\sqrt{x})^2=(a+b)^2$ $x=a^2+2ab+b^2$
Durch **Radizieren** auf beiden Seiten steht die gesuchte Zahl allein auf der rechten Seite.	$x^2=36$ $\sqrt{x^2}=\sqrt{36}$ $x=\pm6$	$x^2=a+b$ $\sqrt{x^2}=\sqrt{a+b}$ $x=\pm\sqrt{a+b}$

Zahlensysteme, Dualzahlen Number Systems, Dual Numbers

M

Zahlensysteme

Begriffe	Erklärung	Beispiele
Basis B	Grundlage des Zahlensystems	$B = 10$ im Dezimalsystem
Anzahl der Ziffern B	Anzahl der Ziffern = Basiswert	10 Ziffern im Dezimalsystem
Ziffer 0, Ziffer $(B-1)$	kleinste Ziffer, größte Ziffer	0 bzw. 9 im Dezimalsystem
Stellenwert einer Ziffer	Potenz der Basis	Potenz von 10 im Dezimalsystem
1. Stelle links vom Komma	Stellenwert B^0	8^0 im Oktalsystem
n-te Stelle links vom Komma	Stellenwert B^{n-1}	16^{n-1} im Hexadezimalsystem
1. Stelle rechts vom Komma	Stellenwert B^{-1}	2^{-1} im Dualsystem
n-te Stelle rechts vom Komma	Stellenwert B^{-n}	10^{-n} im Dezimalsystem
Potenzwert	Produkt aus Stellenwert mal Ziffer	$27 = 2 \cdot 10^1 + 7 \cdot 10^0$ im Dez.-System
Übertrag 1 in nächsthöhere Stelle	Erfolgt, wenn die größte Ziffer um 1 überschritten wird.	$9 + 1 = 10$ im Dezimalsystem, Übertrag bei $9 + 1$
Bezeichnung	Z_B Zahl Z, B Basis als Index	13_{10} Zahl 13 im Dezimalsystem

Rechnen mit Dualzahlen

Regeln	Verfahren	Beispiele
Addition $0 + 0 = 0$ $0 + 1 = 1$ $1 + 0 = 1$ $1 + 1 = 10$	Dualzahlen werden stellenweise ausgerichtet untereinander geschrieben. Die Addition erfolgt stellenweise von rechts. Bei $1 + 1$ tritt ein Übertrag von 1 in die nächsthöhere Stelle auf.	1 1 0 0 1 0 + 1 0 0 1 1 Übertrag: 1 1 1 0 0 0 1 0 1
Subtraktion $0 - 0 = 0$ $1 - 0 = 1$ $1 - 1 = 0$ $10 - 1 = 1$	Dualzahlen werden stellenweise ausgerichtet untereinander geschrieben und von rechts stellenweise subtrahiert. Bei $0 - 1$ wird von der nächsthöheren Stelle eine 1 entlehnt.	1 1 1 0 1 − 1 0 1 1 Übertrag: 1 1 0 0 1 0
Subtraktion durch Komplementaddition *Verfahren ohne Vorzeichenstelle* Subtrahend 1 0 0 1 0 1er-Komplement 0 1 1 0 1 + 1 2er-Komplement 0 1 1 1 0	Vom Subtrahenden wird durch Invertierung das 1er-Komplement gebildet. Daraus wird durch Addition von 1 das 2er-Komplement gebildet und zum Minuenden addiert. Erfolgt ein Übertrag in der höchsten Stelle, so wird dieser gestrichen. Erfolgt kein Übertrag in der höchsten Stelle, so ist das Ergebnis negativ. Den Zahlenwert erhält man durch Bildung des 2er-Komplements.	**Beispiel 1:** 1 0 1 1 0 − 1 0 1 Subtrahend 0 0 1 0 1 1er-Komplement 1 1 0 1 0 2er-Komplement 1 1 0 1 1 1 0 1 1 0 (Minuend) + 1 1 0 1 1 Übertrag: 1 1 1 ~~1~~ 1 0 0 0 1 ≙ 1 0 0 0 1
Verfahren mit Vorzeichenstelle Vorzeichenstelle 0 ⇒ positive Zahl Vorzeichenstelle 1 ⇒ negative Zahl 1er-Komplement des Subtrahenden addieren. Übertrag in Vorzeichenstelle ⇒ +1 zur letzten Stelle. Kein Übertrag ⇒ Ergebnis invertieren.	Vom Subtrahenden wird das 1er-Komplement gebildet und zum Minuenden addiert. Tritt ein Übertrag in der Vorzeichenstelle auf, so wird dieser zur 1. Stelle der Ergebniszahl addiert, ist kein Übertrag vorhanden, so wird die Ergebniszahl invertiert. Das Ergebnis ist dann negativ.	**Beispiel 2:** 1|1 0 1 − 1 1 0 0|1 1 0 1 + 1|1 0 0 1 Übertrag: 1 1 1 1 0|0 1 1 0 └──→ + 1 0|0 1 1 1 **Beispiel 3:** 1|1 1 1 − 1 0 1 1 0|0 1 1 1 + 1|0 1 0 0 1|1 0 1 1 = − 1 0 0
Multiplikation und Division $1 \cdot 1 = 1$ $0 : 1 = 0$ $1 \cdot 0 = 0$ $1 : 1 = 1$ $0 \cdot 0 = 0$	Die Multiplikation erfolgt wie bei Dezimalzahlen durch stellenverschobene Addition der Teilprodukte. Entsprechend erfolgt die Division.	1 0 1 · 1 1 0 1 0 1 1 0 1 0 0 0 1 1 1 1 0

Dualzahlen, Sedezimalzahlen, Binärcodes
Dual Numbers, Sedecimal Numbers, Binary Codes

Dualzahlen und Sedezimalzahlen (Hexadezimalzahlen)

Dezimal	Dual	Dezimal	Dual	Dezimal	Sedezi.	Dezimal	Sedezi.	Dezimal	Sedezi.
0	0	5	1 0 1			10	A	15	F
1	0 1	6	1 1 0	0	0	11	B	16	10
2	1 0	7	1 1 1	bis	bis	12	C	17	11
3	1 1	8	1 0 0 0	9	9	13	D	18	12
4	1 0 0	9	1 0 0 1			14	E	19	13

Umrechnung vom Dualsystem ins Dezimalsystem und umgekehrt

Art	Prinzip	Beispiel
Dualzahl in Dezimalzahl	Man bildet von rechts nach links die Potenzwerte zur Basis 2 und addiert sie. Bei Nachkommazahlen ab 2^0 nach rechts 2^{-1}, 2^{-2}, 2^{-3}, usw.	Eine Dualzahl lautet 1001010. a) Wie groß sind die Potenzwerte zur Basis 2? b) Wie lautet die Dezimalzahl für die Dualzahl? Dualzahl: 1 0 0 1 0 1 0 Stelle: 6 5 4 3 2 1 0 a) Potenzwerte: $1 \cdot 2^6$ $0 \cdot 2^5$ $0 \cdot 2^4$ $1 \cdot 2^3$ $0 \cdot 2^2$ $1 \cdot 2^1$ $0 \cdot 2^0$ b) Dezimalzahlen: 64 + 0 + 0 + 8 + 0 + 2 + 0 Ergebnis: **74**
Dezimalzahl in Dualzahl	Man teilt jeweils durch 2 und schreibt die Reste auf. Diese ergeben, von unten nach oben gelesen, die Dualzahl.	Wandeln Sie die Dezimalzahl 78 in eine Dualzahl um. 78 : 2 = 39 Rest 0 ⇒ Dualziffer 0 39 : 2 = 19 1 ⇒ 1 19 : 2 = 9 1 ⇒ 1 9 : 2 = 4 1 ⇒ 1 4 : 2 = 2 0 ⇒ 0 2 : 2 = 1 0 ⇒ 0 1 : 2 = 0 1 ⇒ 1 78 ≙ **1 0 0 1 1 1 0**

Umrechnung vom Sedezimalsystem ins Dezimalsystem und umgekehrt

Art	Prinzip	Beispiel
Sedezimalzahl in Dezimalzahl	Umwandlung der Ziffern 0 bis F in Dualzahlen und diese dann in Dezimalzahlen	2 A 3 0010 1010 0011 512 + 128 + 32 + 2 + 1 = **675**
Dezimalzahl in Sedezimalzahl	Umwandlung in Dualzahl. Diese von rechts her in Vierergruppen einteilen und diese in Ziffern 0 bis F	64 + 16 + 4 + 1 $85_{10} = 1 \cdot 2^6 + 0 \cdot 2^5 + 1 \cdot 2^4 + 0 \cdot 2^3 + 1 \cdot 2^2 + 0 \cdot 2^1 + 1 \cdot 2^0$ 1 0 1 | 0 1 0 1 5 5 85_{10} = $\mathbf{55_{16}}$

Binärcodes (Auswahl)

Dezimalziffer	BCD-Codes (Binär codierte Dezimalcodes): 1-aus-10-Code	8-4-2-1-Code	Biquinär-Code	2-aus-5-Code	Sonstige Codes: Gray-Code	Glixon-Code
0	0 0 0 0 0 0 0 0 0 1	0 0 0 0	0 0 0 0 1 0 1	1 1 0 0 0	0 0 0 0 0	0 0 0 0
1	0 0 0 0 0 0 0 0 1 0	0 0 0 1	0 0 0 1 0 0 1	0 0 0 1 1	0 0 0 0 1	0 0 0 1
2	0 0 0 0 0 0 0 1 0 0	0 0 1 0	0 0 1 0 0 0 1	0 0 1 0 1	0 0 0 1 1	0 0 1 1
3	0 0 0 0 0 0 1 0 0 0	0 0 1 1	0 1 0 0 0 0 1	0 0 1 1 0	0 0 0 1 0	0 0 1 0
4	0 0 0 0 0 1 0 0 0 0	0 1 0 0	1 0 0 0 0 0 1	0 1 0 0 1	0 0 1 1 0	0 1 1 0
5	0 0 0 0 1 0 0 0 0 0	0 1 0 1	0 0 0 0 1 1 0	0 1 0 1 0	0 0 1 1 1	0 1 1 1
6	0 0 0 1 0 0 0 0 0 0	0 1 1 0	0 0 0 1 0 1 0	0 1 1 0 0	0 0 1 0 1	0 1 0 1
7	0 0 1 0 0 0 0 0 0 0	0 1 1 1	0 0 1 0 0 1 0	1 0 0 0 1	0 0 1 0 0	0 1 0 0
8	0 1 0 0 0 0 0 0 0 0	1 0 0 0	0 1 0 0 0 1 0	1 0 0 1 0	0 1 1 0 0	1 1 0 0
9	1 0 0 0 0 0 0 0 0 0	1 0 0 1	1 0 0 0 0 1 0	1 0 1 0 0	0 1 1 0 1	1 0 0 0
Stellenwert	9 8 7 6 5 4 3 2 1 0	8 4 2 1	4 3 2 1 0 5 0	7 4 2 1 0 (für die Ziffern 1 bis 9)	–	–

Bei BCD-Codes wird jede Stelle der Dezimalzahl binär codiert, nicht alle Kombinationen verwendet.

Logarithmen, Zehnerpotenzen, Vorsätze, Prozentrechnung
Logarithms, Powers of Ten, Unit Prefixes, Percentage Calculation

Logarithmen

Regel	Zahlenbeispiel	Algebraisches Beispiel
Der Logarithmus eines Produktes ist gleich der Summe der Logarithmen aus den einzelnen Faktoren.	$\lg(4 \cdot 3) = \lg 3 + \lg 4 = 0{,}47712 + 0{,}60206 = 1{,}07918$	$\lg(a \cdot b) = \lg a + \lg b$
Der Logarithmus eines Bruches ist gleich dem Logarithmus des Zählers minus dem Logarithmus des Nenners.	$\lg \frac{20}{4} = \lg 20 - \lg 4 = 1{,}30103 - 0{,}60206 = 0{,}69897$	$\lg \frac{a}{b} = \lg a - \lg b$
Der Logarithmus einer Potenz ist das Produkt aus dem Exponenten und dem Logarithmus der Basis.	$\lg 4^3 = 3 \cdot \lg 4 = 3 \cdot 0{,}60206 = 1{,}80618$	$\lg a^n = n \cdot \lg a$

Zehnerpotenzen

Zahlen größer 1 können übersichtlich als Vielfaches von Zehnerpotenzen mit **positiven** Exponenten dargestellt werden. Zahlen kleiner 1 können als Vielfaches von Zehnerpotenzen mit **negativen** Exponenten dargestellt werden.

Zahl	0,001	0,01	0,1	1	10	100	1 000	10 000	100 000	1 000 000
Zehnerpotenz	10^{-3}	10^{-2}	10^{-1}	10^0	10^1	10^2	10^3	10^4	10^5	10^6

Beispiele: Unwandlung von Zahlen in Produkte mit Zehnerpotenzen:
$4300 = 4{,}3 \cdot 1000 = 4{,}3 \cdot 10^3$; $14\,638 = 1{,}4638 \cdot 10\,000 = 1{,}4638 \cdot 10^4$; $0{,}07 = \frac{7}{100} = 7 \cdot 10^{-2}$

International festgelegte dezimale Vorsätze

Zeichen	Vorsatz	Wert	Zeichen	Vorsatz	Wert
y	Yokto	10^{-24}	da	Deka	10^1
z	Zepto	10^{-21}	h	Hekto	10^2
a	Atto	10^{-18}	k	Kilo	10^3
f	Femto	10^{-15}	M	Mega	10^6
p	Piko	10^{-12}	G	Giga	10^9
n	Nano	10^{-9}	T	Tera	10^{12}
µ	Mikro	10^{-6}	P	Peta	10^{15}
m	Milli	10^{-3}	E	Exa	10^{18}
c	Zenti	10^{-2}	Z	Zetta	10^{21}
d	Dezi	10^{-1}	Y	Yotta	10^{24}

Binäre Vorsätze

Zeichen	Vorsatz	Wert
Ki (K)*	Kibi	2^{10}
Mi (M)*	Mebi	2^{20}
Gi (G)*	Gibi	2^{30}
Ti (T)*	Tebi	2^{40}
Pi (P)*	Pebi	2^{50}
Ei (E)*	Exbi	2^{60}
Zi (Z)*	Zebi	2^{70}
Yi (Y)*	Yobi	2^{80}

* **Beispiele:** 128 KiB = $128 \cdot 2^{10}$ Byte
2 GiB (Gibibyte) = $2 \cdot 2^{30}$ Byte = $2{,}147 \cdot 10^9$ B = 2,147 GB

* **noch üblich** 1 KByte = 1 KB = 1024 B; 1024 KB = 2^{20} B = 1 MB; 2^{30} B = 1 GB; 2^{40} B = 1 TB; 2^{50} B = 1 PB

Prozentrechnung, Zinsrechnung

Der **Prozentsatz** gibt den Teil des Grundwertes in Hundertstel an.
Der **Grundwert** ist der Wert, von dem die Prozente zu rechnen sind.
Der **Prozentwert** ist der Betrag, den die Prozente des Grundwertes ergeben.

P_s Prozentsatz, Prozent P_w Prozentwert G_w Grundwert

Prozentwert

$$P_w = \frac{G_w \cdot P_s}{100\%} \quad (1)$$

Prozentsatz

$$P_s = \frac{P_w}{G_w} \cdot 100\% \quad (2)$$

Beispiel: Werkstückrohteil 250 kg (Grundwert); Abbrand 2% (Prozentsatz)
Abbrand in kg = ? (Prozentwert)

$$\boldsymbol{P_w} = \frac{G_w \cdot P_s}{100\%} = \frac{250\text{ kg} \cdot 2\%}{100\%} = \mathbf{5\ kg}$$

K_0 Anfangskapital Z Zinsen t Laufzeit in Tagen, Verzinsungszeit
p Zinssatz pro Jahr

1 Zinsjahr (1a) = 360 Tage (360 d)
1 Zinsmonat = 30 Tage

Zins

$$Z = \frac{K_0 \cdot p \cdot t}{100\% \cdot 360} \quad (3)$$

Beispiel: $K_0 = 2800{,}00$ €; $p = 6\frac{\%}{a}$; $t = 1/2$ a; $Z = ?$

$$\boldsymbol{Z} = \frac{2800{,}00\text{ €} \cdot 6\frac{\%}{a} \cdot 0{,}5\text{ a}}{100\%} = \mathbf{84{,}00\ €}$$

Logarithmisches Maß Dezibel

Begriff, Erklärung	Formel, Hinweis	Bemerkungen, Beispiel
Übertragungsfaktor *T* **Verstärkungsfaktor *V*** **Dämpfungsfaktor *D***	Zunahme > 1 und Abnahme < 1: $T = V = S_2/S_1$ **1** $D = S_1/S_2$ **2**	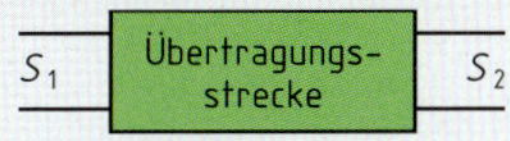 S_1, S_2 Übertragungsgrößen, z. B. *U*
Logarithmische Teilung ist gegenüber der linearen Teilung vorteilhaft bei sehr großen Zahlenunterschieden.	1 10 100 1000 10000 10^0 10^1 10^2 10^3 10^4 Es liegt nahe, für Zahlenangaben die Hochzahlen, also die Logarithmen, zu verwenden.	Bei einem Zahlenbereich von 1 bis 10 000 wäre bei linearer Teilung der Bereich 1 bis 10 nur ein Tausendstel, also nicht erkennbar.
Leistungsbezogene Maße Verstärkungsmaß *G* Dämpfungsmaß *A* Zur Kenntlichmachung des logarithmischen Maßes setzt man hinter den eigentlich einheitslosen Zahlenwert den Zusatz dB an Stelle einer Einheit.	$G = 10 \lg (P_2/P_1)$ **3** $A = 10 \lg (P_1/P_2)$ **4** $G = -A$ **5** $A = -G$ **6** dB für Dezibel (sprich Dezi-Bell) (nach amerikanischem Wissenschaftler Bell)	Eine Filterschaltung nimmt die Leistung von 500 mW auf und gibt 250 mW ab. Wie groß sind a) Dämpfungsfaktor *D* und b) Dämpfungsmaß *A*? a) $D = S_1/S_2$ $= 500\text{ mW}/250\text{ mW} = \mathbf{2}$ b) $A = 10 \lg (500\text{ mW}/250\text{ mW})$ $= \mathbf{3{,}01\ dB}$
Spannungsbezogene Maße, druckbezogene Maße Verstärkungsmaß *G* Dämpfungsmaß *A* Schalldruckübertragungsmaß $Ü_p$ Auch hier Zusatz dB an Stelle einer Einheit.	$G = 20 \lg (U_2/U_1)$ **7** $G = -A$ **8** $A = 20 \lg (U_1/U_2)$ **9** $A = -G$ **10** $Ü_p = 20 \lg (p_2/p_1)$ **11**	Ein Verstärker wird mit 3 mV angesteuert und gibt 5 V ab. Wie groß sind a) Verstärkungsfaktor, b) Verstärkungsmaß? a) $V = U_2/U_1 = 5\text{ V}/3\text{ mV} = \mathbf{1667}$ b) $G = 20 \lg (U_2/U_1)$ $= 20 \lg (5\text{ V}/3\text{ mV}) = \mathbf{64{,}4\ dB}$

Pegel in dB(*) (* steht für ergänzende Angabe)

Pegel, allgemein	Ein Pegel ist der Abstand von einem *vereinbarten* Bezugswert aus.	Der Bezugswert sollte bei Pegelangaben genannt werden.
Leistungspegel L_P Kennzeichnung durch dB (1mW) oder dBm, Spannungspegel L_U Kennzeichnung durch dB (1µV) oder dBµ Schalldruckpegel L_p eigentlich Kennzeichnung durch dB (20µN/m²)	$L_P = 10 \lg (P / 1\text{ mW})$ **12** $L_U = 20 \lg (U / 1\ \mu\text{V})$ **13** $L_p = 20 \lg (p/20\ \mu\text{N/m}^2)$ **14**	Die vereinbarten Bezugswerte sind bei L_P 1 mW, bei L_U 1 µV, bei L_p 20 µN/m². Eine Antenne liefert 80 mV. L_U = ? $L_U = 20 \lg (U/1\ \mu\text{V}) = 20 \lg (80\,000)$ $= \mathbf{98\ dB\mu}$
Bewerteter Schalldruckpegel Kennzeichnung je nach Korrektur durch dB(A), dB(B) oder dB(C) Bevorzugt wird dB(A) verwendet.	Gemessen wird der Schalldruckpegel, die Messwerte werden für Frequenzen ungleich 1000 Hz durch ein Filter A, B oder C verändert.	Der bewertete Schalldruckpegel in dB(A) entspricht weitgehend der vom Menschen empfundenen Lautstärke in Phon.

A Dämpfungsmaß (von attenuation)
D Dämpfungsfaktor
G Verstärkungsmaß (von gain)
L_P Leistungspegel (von level)
L_p Schalldruckpegel
L_U Spannungspegel
lg Zehnerlogarithmus
P Leistung
p Druck
T Übertragungsfaktor
U Spannung
V Verstärkungsfaktor
Indizes:
1 Eingang, 2 Ausgang der Übertragungsstrecke

Schlussrechnung, Mischungsrechnung
Calculation by the Rule of Three, Calculation of Mixtures

Schlussrechnung (Dreisatz)

Dreisatz für direkt proportionale Verhältnisse

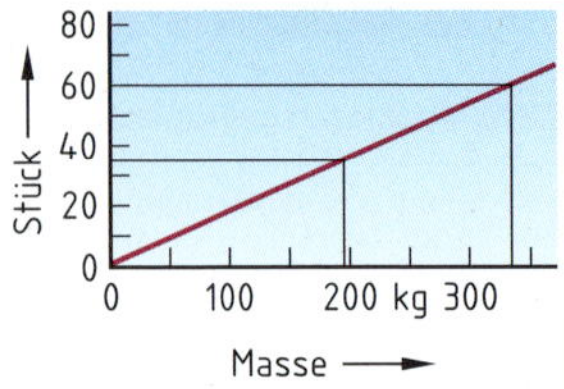

Beispiel: 60 Rohrkrümmer wiegen 330 kg. Wie groß ist die Masse von 35 Rohrkrümmern?

1. Satz: Behauptung — 60 Rohrkrümmer wiegen 330 kg

2. Satz: Berechnung der Einheit: Durch Dividieren

1 Rohrkrümmer wiegt $\frac{330\ \text{kg}}{60}$

3. Satz: Berechnung der Mehrheit: Durch Multiplizieren

35 Rohrkrümmer wiegen $\frac{330\ \text{kg} \cdot 35}{60} = \mathbf{192{,}5\ kg}$

Dreisatz für indirekt proportionale Verhältnisse

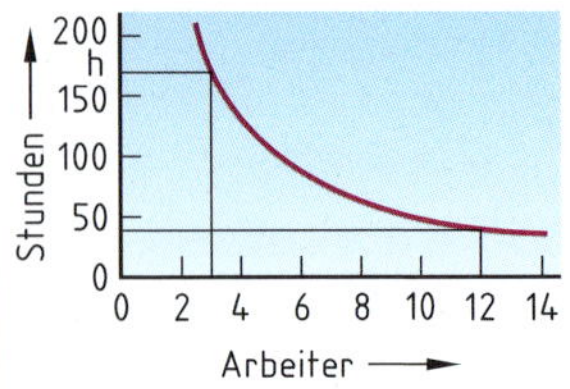

Beispiel: 3 Arbeiter benötigen für einen Auftrag 170 Stunden. Wie viel Stunden benötigen 12 Arbeiter für den gleichen Auftrag?

1. Satz: Behauptung — 3 Arbeiter benötigen 170 Stunden

2. Satz: Berechnung der Einheit: Durch Multiplizieren

1 Arbeiter benötigt $3 \cdot 170$ h

3. Satz: Berechnung der Mehrheit: Durch Dividieren

12 Arbeiter benötigen $\frac{3 \cdot 170\ \text{h}}{12} = \mathbf{42{,}5\ h}$

Dreisatz mit mehrgliedrigen Verhältnissen

Beispiel:
660 Werkstücke werden durch 5 Maschinen in 24 Tagen hergestellt. In welcher Zeit können 312 Werkstücke gleicher Art von 9 Maschinen angefertigt werden?

1. Dreisatz: 5 Maschinen fertigen 660 Werkstücke in 24 Tagen
1 Maschine fertigt 660 Werkstücke in $24 \cdot 5$ Tagen
9 Maschinen fertigen 660 Werkstücke in $\frac{24 \cdot 5}{9}$ Tagen

2. Dreisatz: 9 Maschinen fertigen 660 Werkstücke in $\frac{24 \cdot 5}{9}$ Tagen
9 Maschinen fertigen 1 Werkstück in $\frac{24 \cdot 5}{9 \cdot 660}$ Tagen
9 Maschinen fertigen 312 Werkstücke in $\frac{24 \cdot 5 \cdot 312}{9 \cdot 660} = \mathbf{6{,}3\ Tagen}$

Mischungsrechnung

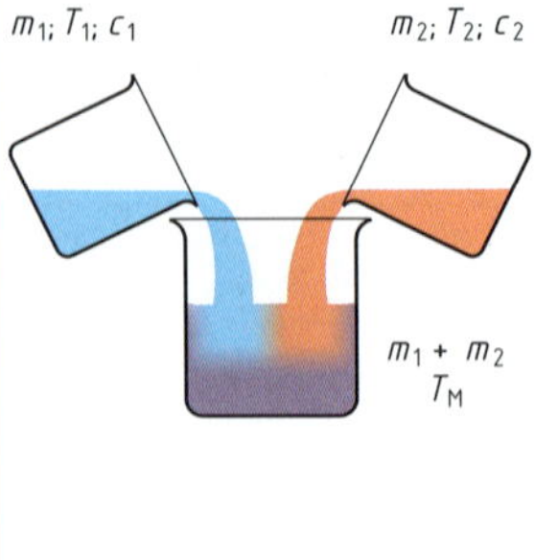

m_1, m_2 Teilmassen
T_1, T_2 Temperaturen der Teilmassen in K
c_1, c_2 spez. Wärmekapazitäten der Teilmassen (Seiten 130, 131)
T_M Temperatur der Mischung

Temperatur der Mischung

$$T_M = \frac{c_1 \cdot m_1 \cdot T_1 + c_2 \cdot m_2 \cdot T_2}{c_1 \cdot m_1 + c_2 \cdot m_2} \quad (1)$$

Beispiel:
Ein Stahlbehälter mit $m_1 = 6$ kg und $T_1 = 293$ K wird mit $m_2 = 24$ l Wasser vom $T_2 = 318$ K vollständig gefüllt. Welche Temperatur T_M stellt sich ein?

$$\mathbf{T_M} = \frac{c_1 \cdot m_1 \cdot T_1 + c_2 \cdot m_2 \cdot T_2}{c_1 \cdot m_1 + c_2 \cdot m_2}$$

$$= \frac{0{,}49\ \frac{\text{kJ}}{\text{kg} \cdot \text{K}} \cdot 6\ \text{kg} \cdot 293\ \text{K} + 4{,}18\ \frac{\text{kJ}}{\text{kg} \cdot \text{K}} \cdot 24\ \text{kg} \cdot 318\ \text{K}}{0{,}49\ \frac{\text{kJ}}{\text{kg} \cdot \text{K}} \cdot 6\ \text{kg} + 4{,}18\ \frac{\text{kJ}}{\text{kg} \cdot \text{K}} \cdot 24\ \text{kg}} = \mathbf{317{,}29\ K = 44{,}29\ °C}$$

Rechtwinkliges Dreieck Rectangular Triangle

Lehrsatz des Pythagoras

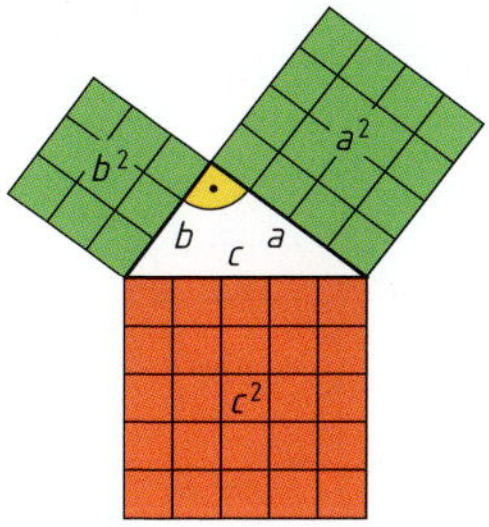

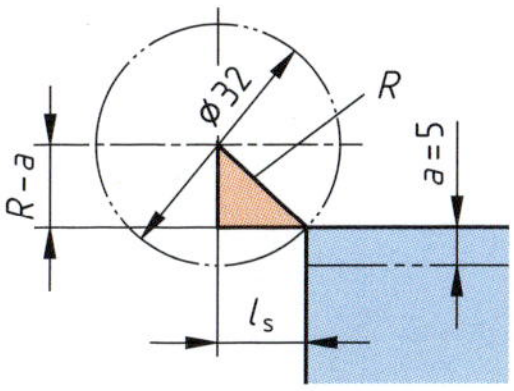

Im **rechtwinkligen Dreieck** ist das Hypotenusenquadrat flächengleich der Summe der beiden Kathetenquadrate.

a Kathete
b Kathete
c Hypotenuse

1. Beispiel:

$c = 35\text{ mm};\ a = 21\text{ mm};\ b = ?$

$\mathbf{b} = \sqrt{c^2 - a^2} = \sqrt{(35\text{ mm})^2 - (21\text{ mm})^2} = \mathbf{28\text{ mm}}$

2. Beispiel:

$a = 9\text{ mm};\ b = 12\text{ mm};\ c = ?$

$\mathbf{c} = \sqrt{a^2 + b^2} = \sqrt{(9\text{ mm})^2 + (12\text{ mm})^2} = \mathbf{15\text{ mm}}$

3. Beispiel:

Fräserdurchmesser $d = 32\text{ mm};\ a = 5\text{ mm};\ l_s = ?$

$c^2 = a^2 + b^2$

$R^2 = l_s^2 + (R - a)^2$

$\mathbf{l_s} = \sqrt{R^2 - (R - a)^2} = \sqrt{(16^2\text{ mm}^2 - (16 - 5)^2\text{ mm}^2}$
$= \mathbf{11{,}62\text{ mm}}$

Hypotenusenquadrat

$$c^2 = a^2 + b^2 \quad (1)$$

Hypotenuse

$$c = \sqrt{a^2 + b^2} \quad (2)$$

Katheten

$$a = \sqrt{c^2 - b^2} \quad (3)$$

$$b = \sqrt{c^2 - a^2} \quad (4)$$

Lehrsatz des Euklid (Kathetensatz)

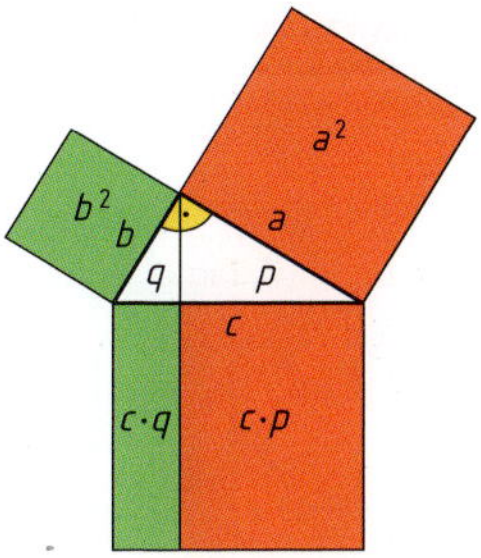

Das **Quadrat** über einer Kathete ist flächengleich einem Rechteck aus der Hypotenuse und dem anliegenden Hypotenusenabschnitt.

a, b Kathete
c Hypotenuse
p, q Hypotenusenabschnitt

Beispiel:

Ein Rechteck mit $c = 6$ cm und $p = 3$ cm soll in ein flächengleiches Quadrat verwandelt werden.
Wie groß ist die Quadratseite *a*?

$a^2 = c \cdot p$

$\mathbf{a} = \sqrt{c \cdot p} = \sqrt{6\text{ cm} \cdot 3\text{ cm}} = \mathbf{4{,}24\text{ cm}}$

Kathetenquadrat

$$b^2 = c \cdot q \quad (5)$$

Kathete

$$b = \sqrt{c \cdot q} \quad (6)$$

Kathetenquadrat

$$a^2 = c \cdot p \quad (7)$$

Kathete

$$a = \sqrt{c \cdot p} \quad (8)$$

Höhensatz

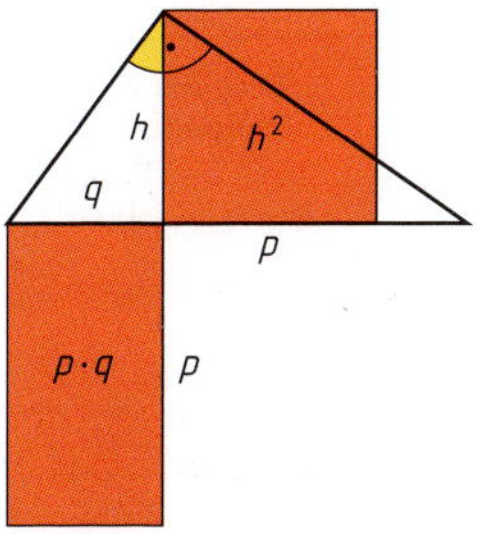

Das **Quadrat** über der Höhe *h* ist flächengleich dem Rechteck aus den Hypotenusenabschnitten *p* und *q*.

h Höhe
p, q Hypotenusenabschnitt

Beispiel:

Rechtwinkliges Dreieck
$p = 6\text{ cm};\ q = 2\text{ cm};\ h = ?$

$h^2 = p \cdot q$

$\mathbf{h} = \sqrt{p \cdot q} = \sqrt{6\text{ cm} \cdot 2\text{ cm}} = \sqrt{12\text{ cm}^2} = \mathbf{3{,}46\text{ cm}}$

Höhenquadrat

$$h^2 = p \cdot q \quad (9)$$

Höhe

$$h = \sqrt{p \cdot q} \quad (10)$$

Winkelfunktionen, Steigung — Trigonometric Functions, Inclination

Winkelfunktionen im rechtwinkligen Dreieck

Bezeichnungen im rechtwinkligen Dreieck

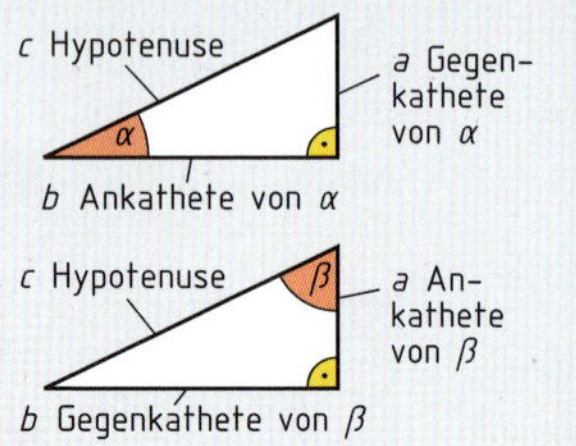

Bezeichnung der Seitenverhältnisse		Anwendung für ∢ α	Anwendung für ∢ β
Sinus	$= \frac{\text{Gegenkathete}}{\text{Hypotenuse}}$	$\sin\alpha = \frac{a}{c}$	$\sin\beta = \frac{b}{c}$
Kosinus	$= \frac{\text{Ankathete}}{\text{Hypotenuse}}$	$\cos\alpha = \frac{b}{c}$	$\cos\beta = \frac{a}{c}$
Tangens	$= \frac{\text{Gegenkathete}}{\text{Ankathete}}$	$\tan\alpha = \frac{a}{b}$	$\tan\beta = \frac{b}{a}$
Kotangens	$= \frac{\text{Ankathete}}{\text{Gegenkathete}}$	$\cot\alpha = \frac{b}{a}$	$\cot\beta = \frac{a}{b}$

Verlauf der Winkelfunktionen am Einheitskreis

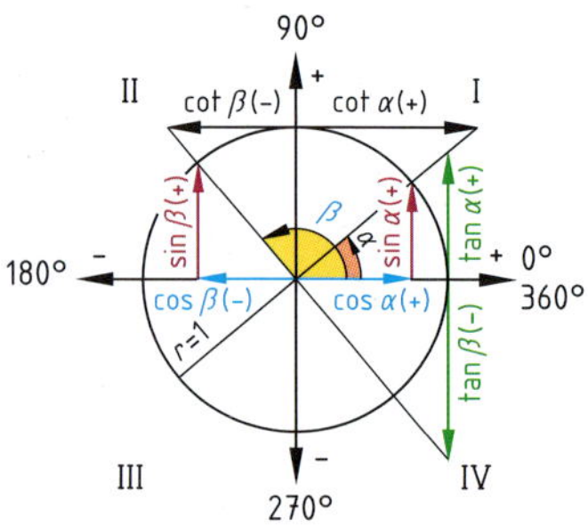

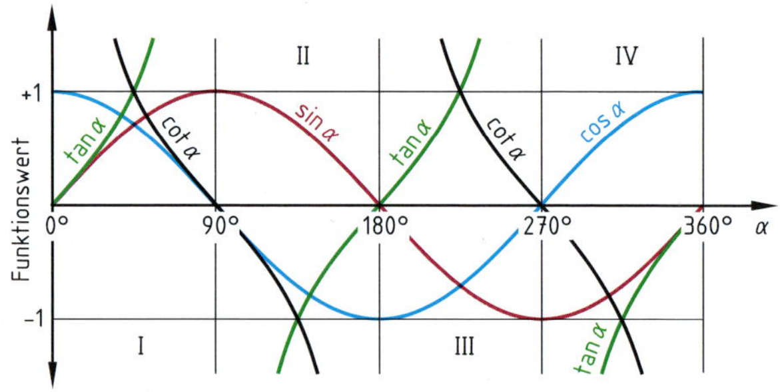

Die Funktionswerte für Winkel über 90° können so ermittelt werden, dass sie den Funktionswerten für Winkel unter 90° entsprechen und ihr Vorzeichen anhand des Einheitskreises bestimmt wird. Sie können auch Winkeltabellen entnommen werden.

Beispiele: sin 120° = sin (180° – 120°) = **sin 60°**; **tan 320°** = – tan (360° – 320°) = – **tan 40°**

Funktionswerte für ausgewählte Winkel

Art	0°	30°	45°	60°	90°	180°	270°	360°
sin	0	$\frac{1}{2} = 0{,}5000$	$\frac{1}{2}\cdot\sqrt{2} = 0{,}7071$	$\frac{1}{2}\cdot\sqrt{3} = 0{,}8660$	1	0	– 1	0
cos	1	$\frac{1}{2}\cdot\sqrt{3} = 0{,}8660$	$\frac{1}{2}\cdot\sqrt{2} = 0{,}7071$	$\frac{1}{2} = 0{,}5000$	0	– 1	0	1
tan	0	$\frac{1}{3}\cdot\sqrt{3} = 0{,}5774$	1	$\sqrt{3} = 1{,}7321$	∞	0	∞	0
cot	∞	$\sqrt{3} = 1{,}7321$	1	$\frac{1}{3}\cdot\sqrt{3} = 0{,}5771$	0	∞	0	–∞

Steigung geneigter Strecken

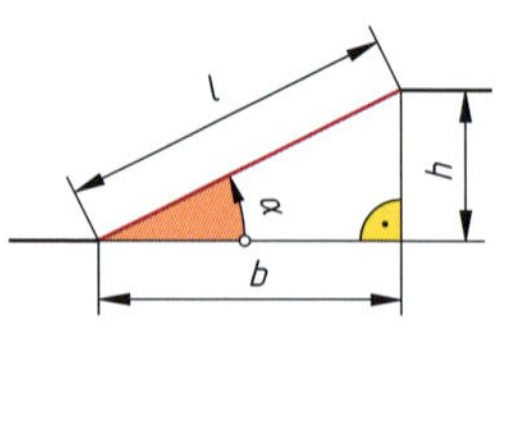

h Höhenunterschied
b Basis
l Länge der geneigten Strecke
α Steigungswinkel
x Steigung in %

Beispiel:

$b = 400\text{ m};\ h = 24\text{ m};\ x = ?;\ \alpha = ?$

$x = \frac{24\text{ m}\cdot 100\%}{400\text{ m}} = 6\%$

$\tan\alpha = \frac{24\text{ m}}{400\text{ m}} = 0{,}06;\quad \boldsymbol{\alpha \approx 3{,}4°}$

Steigung

$$x = \frac{h\cdot 100\%}{b} \quad (1)$$

Tangens vom Steigungswinkel

$$\tan\alpha = \frac{h}{b} \quad (2)$$

Länge der geneigten Strecke

$$l = \sqrt{h^2 + b^2} \quad (3)$$

$$l = \frac{h}{\sin\alpha} \quad (4)$$

Längen Lengths

Gestreckte Längen

Kreisringausschnitt

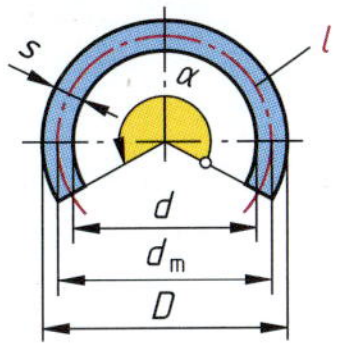

Zusammengesetzte Länge

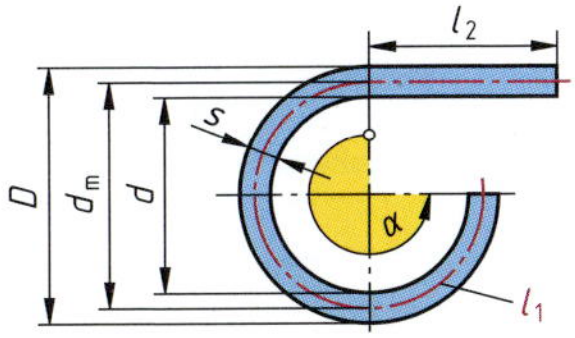

D	Außendurchmesser
d	Innendurchmesser
d_m	mittlerer Durchmesser
s	Dicke
l	gestreckte Länge
l_1, l_2	Teillängen
L	zusammengesetzte Länge

Beispiel: Zusammengesetzte Länge (Bild links)
$D = 360$ mm; $s = 5$ mm; $\alpha = 270°$; $l_2 = 70$ mm; $d_m = ?$; $L = ?$

$d_m = D - s = 360\text{ mm} - 5\text{ mm} = \mathbf{355\text{ mm}}$

$$L = l_1 + l_2 = \frac{\pi \cdot d_m \cdot \alpha}{360°} + l_2$$

$$= \frac{\pi \cdot 355\text{ mm} \cdot 270°}{360°} + 70\text{ mm} = \mathbf{906{,}45\text{ mm}}$$

Gestreckte Länge beim Kreisring

$$l = \pi \cdot d_m \quad (1)$$

Gestreckte Länge beim Kreisringausschnitt

$$l = \frac{\pi \cdot d_m \cdot \alpha}{360°} \quad (2)$$

Mittlerer Durchmesser

$$d_m = D - s \quad (3)$$

$$d_m = d + s \quad (4)$$

Zusammengesetzte Längen

$$L = l_1 + l_2 + \ldots \quad (5)$$

Drahtlängen

Rundspulen

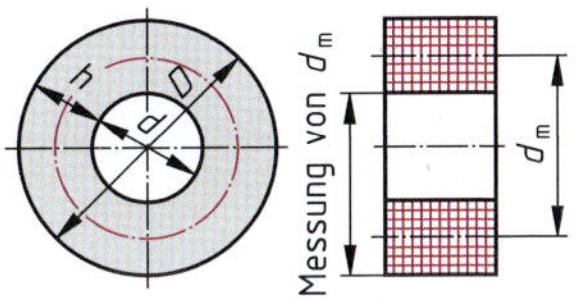

Rechteckspulen

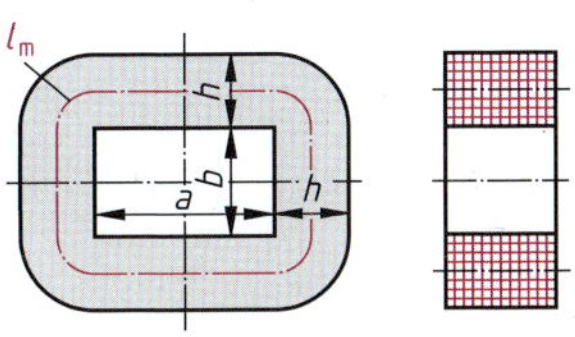

D	Außendurchmesser
d	Innendurchmesser
d_m	mittlerer Durchmesser
l	Drahtlänge
l_m	mittlere Drahtlänge
N	Windungszahl
a	Breite
b	Höhe
h	Dicke

Beispiel:
Rundspule $D = 30$ mm, $d = 12$ mm, $N = 1000$ Windungen, $l = ?$

$$d_m = \frac{D + d}{2} = \frac{30\text{ mm} + 12\text{ mm}}{2} = 21\text{ mm}$$

$l = \pi \cdot d_m \cdot N = \pi \cdot 21\text{ mm} \cdot 1000 = \mathbf{65973{,}4\text{ mm} \approx 66\text{ m}}$

Rundspulen

$$l = \pi \cdot d_m \cdot N \quad (6)$$

$$l = l_m \cdot N \quad (7)$$

$$l_m = \pi \cdot d_m \quad (8)$$

Rechteckspulen

$$l = (2a + 2b + \pi \cdot h) \cdot N \quad (9)$$

$$l = l_m \cdot N \quad (10)$$

$$l_m = 2a + 2b + \pi \cdot h \quad (11)$$

Teilung von Längen

Randabstand ≠ Teilung

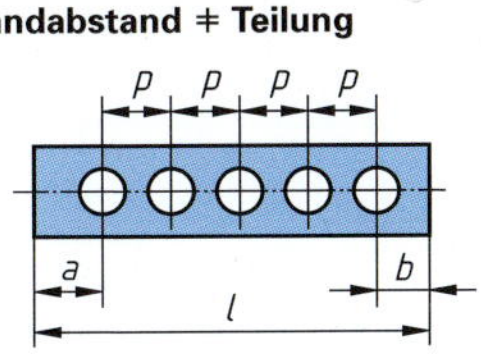

l	Gesamtlänge	n	Anzahl der Bohrungen, Sägeschnitte, ...
p	Teilung	a, b	Randabstand

Beispiel: $l = 1950$ mm; $a = 100$ mm; $b = 50$ mm; $n = 25$ Bohrungen; $p = ?$

$$p = \frac{l - (a + b)}{n - 1} = \frac{1950\text{ mm} - 150\text{ mm}}{25 - 1} = \mathbf{75\text{ mm}}$$

Teilung

$$p = \frac{l - (a + b)}{n - 1} \quad (12)$$

Randabstand = Teilung

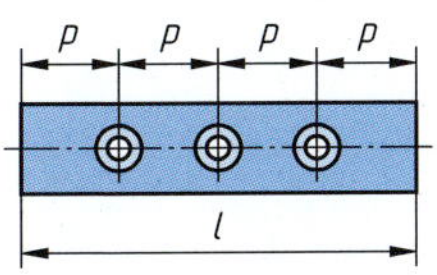

l	Gesamtlänge	n	Anzahl der Bohrungen, Sägeschnitte, ...
p	Teilung	z	Anzahl der Teile

Beispiel:
$l = 2$ m; $n = 24$ Bohrungen; $p = ?$

$$p = \frac{l}{n + 1} = \frac{2000\text{ mm}}{24 + 1} = \mathbf{80\text{ mm}}$$

Teilung

$$p = \frac{l}{n + 1} \quad (13)$$

Anzahl der Teile

$$z = n + 1 \quad (14)$$

Flächen 1 Surfaces 1

Quadrat, Rechteck, Parallelogramm

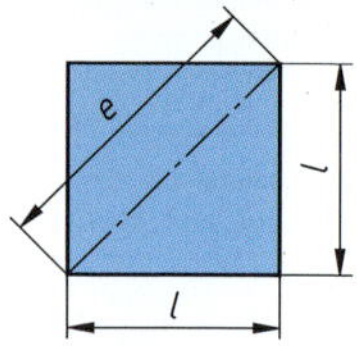

A Fläche
l Seitenlänge
e Eckenmaß

Beispiel:

l = 14 mm; A = ?; e = ?

$\boldsymbol{A} = l^2 = (14\ \text{mm})^2 = \mathbf{196\ mm^2}$

$\boldsymbol{e} = \sqrt{2} \cdot l = \sqrt{2} \cdot 14\ \text{mm} = \mathbf{19{,}8\ mm}$

Fläche

$$A = l^2 \qquad (1)$$

Eckenmaß

$$e = \sqrt{2} \cdot l \qquad (2)$$

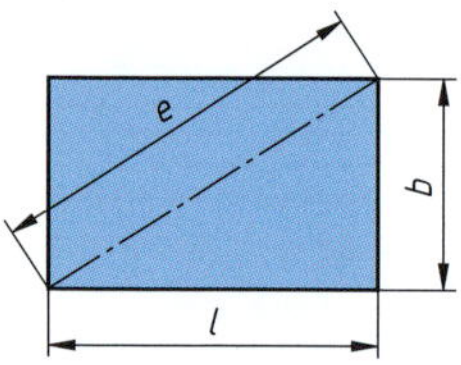

A Fläche
l Länge
b Breite
e Eckenmaß

Beispiel:

l = 12 mm; b = 11 mm; A = ?; e = ?

$\boldsymbol{A} = l \cdot b = 12\ \text{mm} \cdot 11\ \text{mm} = \mathbf{132\ mm^2}$

$\boldsymbol{e} = \sqrt{l^2 + b^2} = \sqrt{(12\ \text{mm})^2 + (11\ \text{mm})^2} = \sqrt{265\ \text{mm}^2}$
$= \mathbf{16{,}28\ mm}$

Fläche

$$A = l \cdot b \qquad (3)$$

Eckenmaß

$$e = \sqrt{l^2 + b^2} \qquad (4)$$

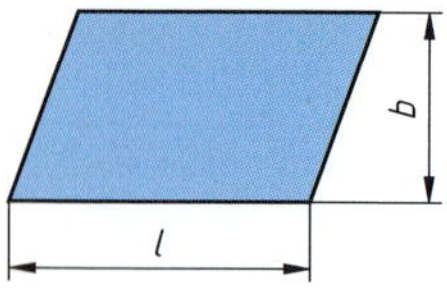

A Fläche
l Länge
b Breite

Beispiel:

l = 36 mm; b = 15 mm; A = ?

$\boldsymbol{A} = l \cdot b = 36\ \text{mm} \cdot 15\ \text{mm} = \mathbf{540\ mm^2}$

Fläche

$$A = l \cdot b \qquad (5)$$

Trapez, Dreieck

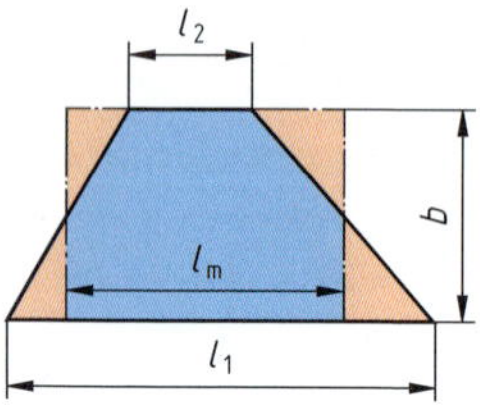

A Fläche
l_1 große Länge
l_2 kleine Länge
l_m mittlere Länge
b Breite

Beispiel:

l_1 = 23 mm; l_2 = 20 mm; b = 17 mm; A = ?

$\boldsymbol{A} = \frac{l_1 + l_2}{2} \cdot b = \frac{23\ \text{mm} + 20\ \text{mm}}{2} \cdot 17\ \text{mm}$
$= \mathbf{365{,}5\ mm^2}$

Fläche

$$A = \frac{l_1 + l_2}{2} \cdot b \qquad (6)$$

Mittlere Länge

$$l_m = \frac{l_1 + l_2}{2} \qquad (7)$$

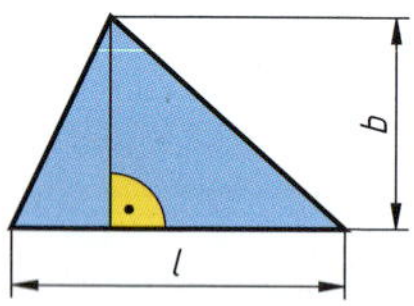

A Fläche
l Seitenlänge
b Breite

Beispiel:

l_1 = 62 mm; b = 29 mm; A = ?

$\boldsymbol{A} = \frac{l \cdot b}{2} = \frac{62\ \text{mm} \cdot 29\ \text{mm}}{2} = \mathbf{899\ mm^2}$

Fläche

$$A = \frac{l \cdot b}{2} \qquad (8)$$

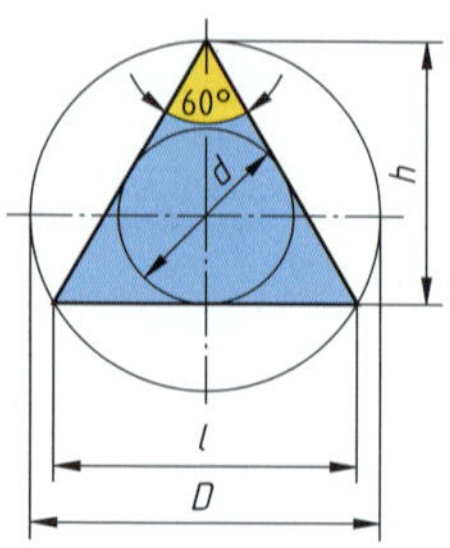

A Fläche
d Inkreisdurchmesser
l Seitenlänge
h Höhe
D Umkreisdurchmesser

Beispiel:

l = 42 mm; A = ?;

$\boldsymbol{A} = \frac{1}{4} \cdot \sqrt{3} \cdot l^2 = \frac{1}{4} \cdot \sqrt{3} \cdot (42\ \text{mm})^2$
$= \mathbf{763{,}9\ mm^2}$

Umkreisdurchmesser

$$D = \frac{2}{3} \cdot \sqrt{3} \cdot l = 2 \cdot d \qquad (9)$$

Fläche

$$A = \frac{1}{4} \cdot \sqrt{3} \cdot l^2 \qquad (10)$$

Inkreisdurchmesser

$$d = \frac{1}{3} \cdot \sqrt{3} \cdot l = \frac{D}{2} \qquad (11)$$

Dreieckshöhe

$$h = \frac{1}{2} \cdot \sqrt{3} \cdot l \qquad (12)$$

Flächen 2 Surfaces 2

Kreis

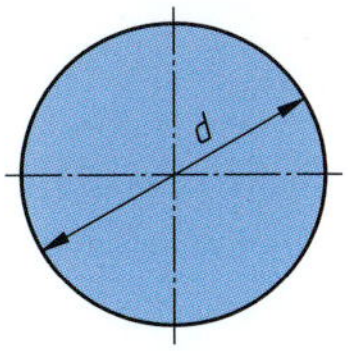

A Fläche
d Durchmesser
U Umfang

Beispiel:

$d = 60\text{ mm};\ A = ?;\ U = ?$

$A = \frac{\pi \cdot d^2}{4} = \frac{\pi \cdot (60\text{ mm})^2}{4} = \mathbf{2827\ mm^2}$

$U = \pi \cdot d = \pi \cdot 60\text{ mm} = \mathbf{188{,}5\ mm}$

Fläche

$$A = \frac{\pi \cdot d^2}{4} \quad \boxed{1}$$

Umfang

$$U = \pi \cdot d \quad \boxed{2}$$

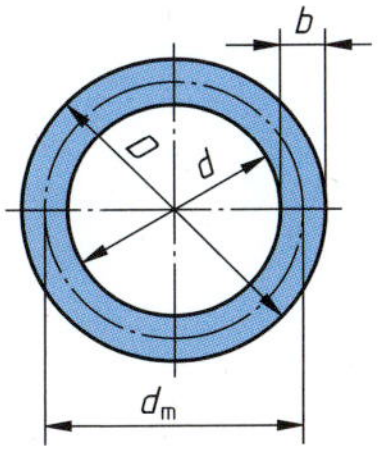

A Fläche
D Außendurchmesser
d Innendurchmesser
d_m mittlerer Durchmesser
b Breite

Beispiel:

$D = 160\text{ mm};\ d = 125\text{ mm};\ A = ?$

$A = \frac{\pi}{4} \cdot (D^2 - d^2)$

$= \frac{\pi}{4} \cdot (160^2\text{ mm}^2 - 125^2\text{ mm}^2) = \mathbf{7\,834\ mm^2}$

Fläche

$$A = \pi \cdot d_m \cdot b \quad \boxed{3}$$

$$A = \frac{\pi}{4} \cdot (D^2 - d^2) \quad \boxed{4}$$

Kreisausschnitt, Kreisabschnitt

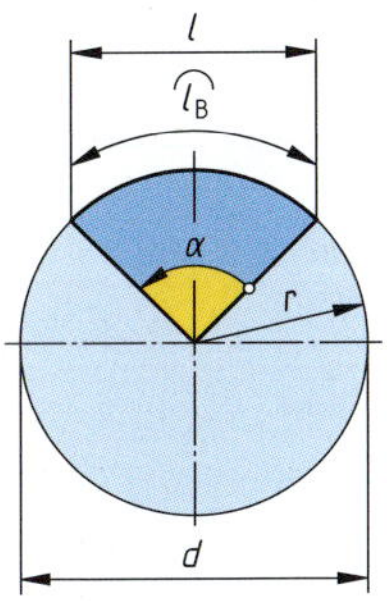

Kreisausschnitt

A Fläche
d Durchmesser
$\widehat{l}_B$ Bogenlänge
l Sehnenlänge
r Radius
α Mittelpunktswinkel

Beispiel:

$d = 48\text{ mm};\ \alpha = 110°;\ \widehat{l}_B = ?;\ A = ?$

$\widehat{l}_B = \frac{\pi \cdot r \cdot \alpha}{180°} = \frac{\pi \cdot 24\text{ mm} \cdot 110°}{180°} = \mathbf{46{,}1\ mm}$

$A = \frac{\widehat{l}_B \cdot r}{2} = \frac{46{,}1\text{ mm} \cdot 24\text{ mm}}{2} = \mathbf{553\ mm^2}$

Fläche

$$A = \frac{\pi \cdot d^2}{4} \cdot \frac{\alpha}{360°} \quad \boxed{5}$$

$$A = \frac{\widehat{l}_B \cdot r}{2} \quad \boxed{6}$$

Sehnenlänge

$$l = 2 \cdot r \cdot \sin\frac{\alpha}{2} \quad \boxed{7}$$

Bogenlänge

$$\widehat{l}_B = \frac{\pi \cdot r \cdot \alpha}{180°} \quad \boxed{8}$$

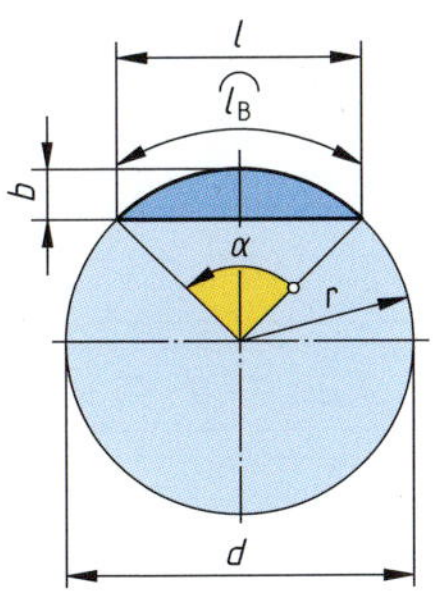

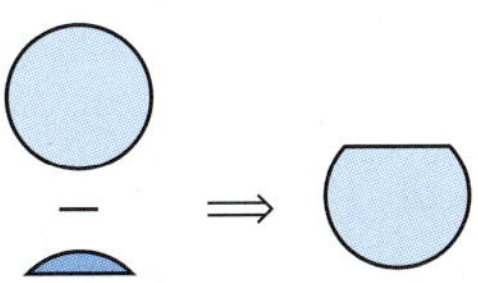

Kreisabschnitt mit α < 180°

A Fläche
d Durchmesser
$\widehat{l}_B$ Bogenlänge
l Sehnenlänge
b Breite
r Radius
α Mittelpunktswinkel

Beispiel:

$b = 15{,}1\text{ mm};\ l = 52\text{ mm};\ \widehat{l}_B = 62{,}83\text{ mm};$
$r = ?;\ A = ?$

$\mathbf{r} = \frac{b}{2} + \frac{l^2}{8 \cdot b}$

$= \frac{15{,}1\text{ mm}}{2} + \frac{(52\text{ mm})^2}{8 \cdot 15{,}1\text{ mm}} \approx \mathbf{30\ mm}$

$A = \frac{\widehat{l}_B \cdot r - l \cdot (r - b)}{2}$

$= \frac{(62{,}83 \cdot 30)\text{ mm}^2 - 52 \cdot (30 - 15{,}1)\text{ mm}^2}{2}$

$= \mathbf{555{,}1\ mm^2}$

Fläche

$$A = \frac{\pi \cdot d^2}{4} \cdot \frac{\alpha}{360°} - \frac{l \cdot (r - b)}{2} \quad \boxed{9}$$

$$A = \frac{\widehat{l}_B \cdot r - l \cdot (r - b)}{2} \quad \boxed{10}$$

Sehnenlänge siehe Formel 7!

$$l = 2 \cdot \sqrt{b \cdot (2 \cdot r - b)} \quad \boxed{11}$$

Breite

$$b = \frac{l}{2} \cdot \tan\frac{\alpha}{4} \quad \boxed{12}$$

$$b = r - \sqrt{r^2 - \frac{l^2}{4}} \quad \boxed{13}$$

Bogenlänge siehe Formel 8!

Radius

$$r = \frac{b}{2} + \frac{l^2}{8 \cdot b} \quad \boxed{14}$$

Flächen, Volumen — Surfaces, Volumes

M

Zusammengesetzte Flächen

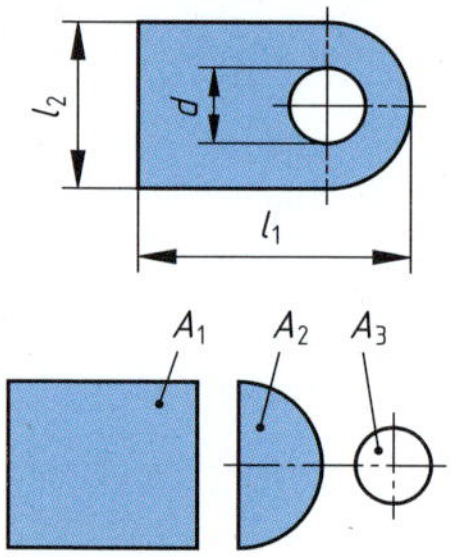

A	Gesamtfläche	$l_1, l_2, \ldots$	Längen
$A_1, A_2, \ldots$	Teilflächen	d	Durchmesser

Gesamtfläche

$$A = A_1 + A_2 - A_3$$ 1

Beispiel:

$l_1 = 60\ \text{mm};\ l_2 = 30\ \text{mm};\ d = 15\ \text{mm};\ A = ?$

$A_1 = \left(l_1 - \frac{l_2}{2}\right) \cdot l_2 = 45\ \text{mm} \cdot 30\ \text{mm} = 1350\ \text{mm}^2$

$A_2 = \frac{1}{2} \cdot \frac{\pi \cdot l_2^2}{4} = \frac{\pi \cdot 30^2\ \text{mm}^2}{8} = 353{,}4\ \text{mm}^2$

$A_3 = \frac{\pi \cdot d^2}{4} = \frac{\pi \cdot 15^2\ \text{mm}^2}{4} = 176{,}7\ \text{mm}^2$

$\boldsymbol{A} = A_1 + A_2 - A_3 = (1350 + 353{,}4 - 176{,}7)\ \text{mm}^2 = \mathbf{1526{,}7\ mm^2}$

Volumen, Oberfläche

Würfel

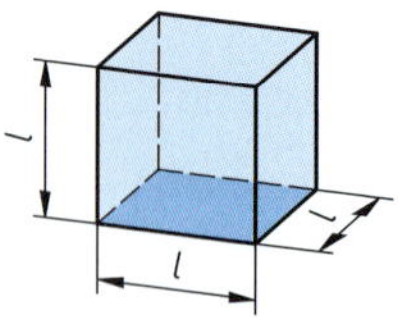

V	Volumen	l	Seitenlänge
A_O	Oberfläche		

Volumen

$$V = l^3$$ 2

Oberfläche

$$A_O = 6 \cdot l^2$$ 3

Beispiel:

$l = 20\ \text{mm};\ V = ?;\ A_O = ?$

$\boldsymbol{V} = l^3 = (20\ \text{mm})^3 = \mathbf{8\,000\ mm^3}$

$\boldsymbol{A_O} = 6 \cdot l^2 = 6 \cdot (20\ \text{mm})^2 = \mathbf{2\,400\ mm^2}$

Vierkantprisma

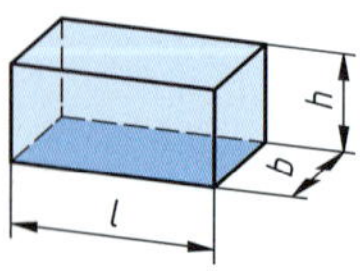

V	Volumen	h	Höhe
A_O	Oberfläche	b	Breite
l	Seitenlänge		

Volumen

$$V = l \cdot b \cdot h$$ 4

Oberfläche

$$A_O = 2 \cdot (l \cdot b + l \cdot h + b \cdot h)$$ 5

Beispiel:

$l = 6\ \text{cm};\ b = 3\ \text{cm};\ h = 2\ \text{cm};\ V = ?$

$\boldsymbol{V} = l \cdot b \cdot h = 6\ \text{cm} \cdot 3\ \text{cm} \cdot 2\ \text{cm} = \mathbf{36\ cm^3}$

Zylinder

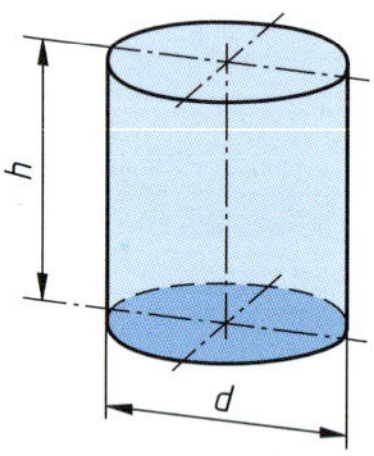

V	Volumen	d	Durchmesser
A_O	Oberfläche	h	Höhe
A_M	Mantelfläche		

Volumen

$$V = \frac{\pi \cdot d^2}{4} \cdot h$$ 6

Oberfläche

$$A_O = \pi \cdot d \cdot h + 2 \cdot \frac{\pi \cdot d^2}{4}$$ 7

$$A_M = \pi \cdot d \cdot h$$ 8

Beispiel:

$d = 14\ \text{mm};\ h = 25\ \text{mm};\ V = ?$

$\boldsymbol{V} = \frac{\pi \cdot d^2}{4} \cdot h = \frac{\pi \cdot (14\ \text{mm})^2}{4} \cdot 25\ \text{mm}$

$= \mathbf{3\,848\ mm^3}$

Hohlzylinder

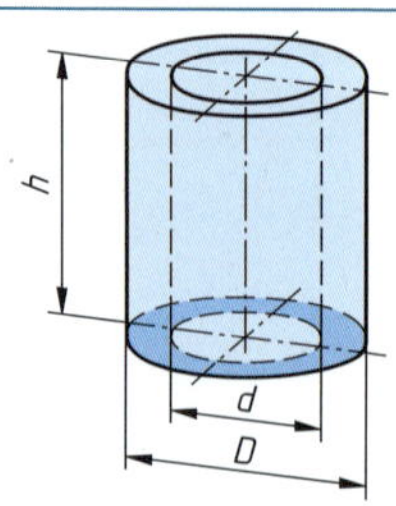

V	Volumen	D, d	Durchmesser
A_O	Oberfläche	h	Höhe

Volumen

$$V = \frac{\pi \cdot h}{4} \cdot (D^2 - d^2)$$ 9

Oberfläche

$$A_O = \pi \cdot (D + d) \cdot \left[\frac{1}{2} \cdot (D - d) + h\right]$$ 10

Beispiel:

$D = 42\ \text{mm};\quad d = 20\ \text{mm};$
$h = 80\ \text{mm};\quad V = ?$

$\boldsymbol{V} = \frac{\pi \cdot h}{4} \cdot (D^2 - d^2)$

$= \frac{\pi \cdot 80\ \text{mm}}{4} \cdot (42^2\ \text{mm}^2 - 20^2\ \text{mm}^2) = \mathbf{85\,703\ mm^3}$

Pyramide

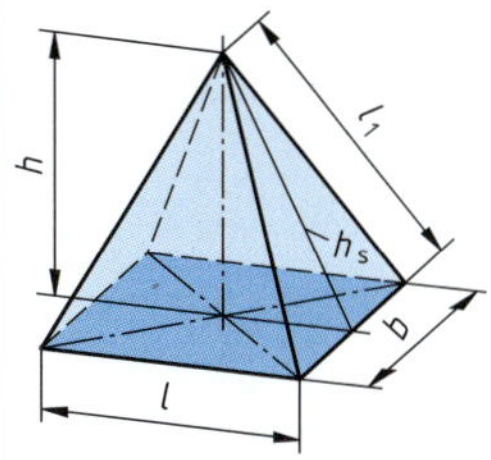

V	Volumen	l	Seitenlänge
h	Höhe	l_1	Kantenlänge
h_s	Mantelhöhe	b	Breite

Beispiel:

$l = 16\ \text{mm};\quad b = 21\ \text{mm};\quad h = 45\ \text{mm};$
$V = ?$

$$\boldsymbol{V} = \frac{l \cdot b \cdot h}{3} = \frac{16\ \text{mm} \cdot 21\ \text{mm} \cdot 45\ \text{mm}}{3}$$

$= \mathbf{5\,040\ mm^3}$

Volumen

$$V = \frac{l \cdot b \cdot h}{3} \qquad (1)$$

Kantenlänge

$$l_1 = \sqrt{h_s^2 + \frac{b^2}{4}} \qquad (2)$$

Mantelhöhe

$$h_s = \sqrt{h^2 + \frac{l^2}{4}} \qquad (3)$$

Kegel

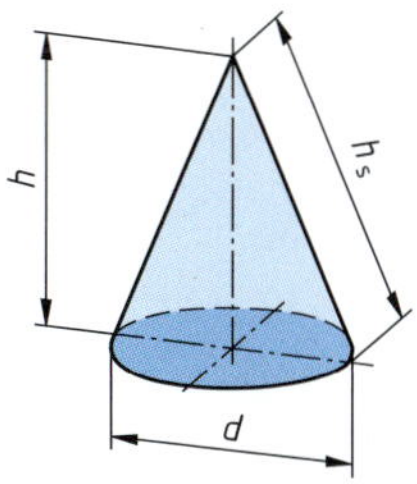

V	Volumen	h	Höhe
A_M	Mantelfläche	h_s	Mantelhöhe
d	Durchmesser		

Beispiel:

$d = 52\ \text{mm};\quad h = 110\ \text{mm};\quad V = ?$

$$\boldsymbol{V} = \frac{\pi \cdot d^2}{4} \cdot \frac{h}{3}$$

$$= \frac{\pi \cdot (52\ \text{mm})^2}{4} \cdot \frac{110\ \text{mm}}{3}$$

$= \mathbf{77\,870\ mm^3}$

Volumen

$$V = \frac{\pi \cdot d^2}{4} \cdot \frac{h}{3} \qquad (4)$$

Mantelfläche

$$A_M = \frac{\pi \cdot d \cdot h_s}{2} \qquad (5)$$

Mantelhöhe

$$h_s = \sqrt{\frac{d^2}{4} + h^2} \qquad (6)$$

Pyramidenstumpf

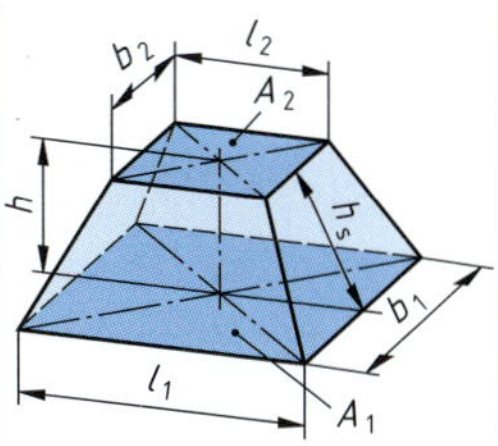

V	Volumen	h	Höhe	b_1, b_2	Breiten
A_1	Grundfläche	h_s	Mantelhöhe		
A_2	Deckfläche	l_1, l_2	Seitenlängen		

Beispiel:

$l_1 = 40\ \text{mm};\quad l_2 = 22\ \text{mm};\quad b_1 = 28\ \text{mm};$
$b_2 = 15\ \text{mm};\quad h = 50\ \text{mm};\quad A_1 = 1120\ \text{mm}^2;$
$A_2 = 330\ \text{mm}^2;\quad V = ?$

$$\boldsymbol{V} = \frac{h}{3} \cdot (A_1 + A_2 + \sqrt{A_1 \cdot A_2})$$

$$= \frac{50\ \text{mm}}{3} \cdot (1120 + 330 + \sqrt{1120 \cdot 330})\ \text{mm}^2$$

$= \mathbf{34\,299\ mm^3}$

Volumen

$$V = \frac{h}{3} \cdot (A_1 + A_2 + \sqrt{A_1 \cdot A_2}) \qquad (7)$$

Mantelhöhe

$$h_s = \sqrt{h^2 + \left(\frac{l_1 - l_2}{2}\right)^2} \qquad (8)$$

Kegelstumpf

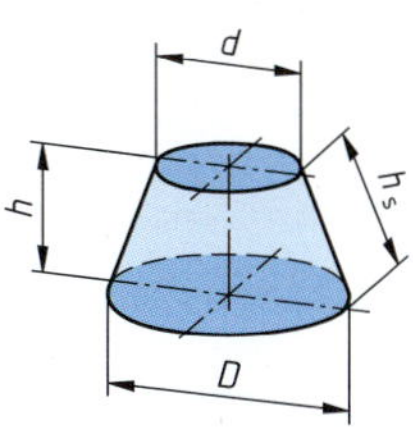

V	Volumen	d	kleiner Durchmesser
A_M	Mantelfläche	h	Höhe
D	großer Durchmesser	h_s	Mantelhöhe

Beispiel:

$D = 100\ \text{mm};\quad d = 62\ \text{mm};\quad h = 80\ \text{mm};$
$V = ?$

$$\boldsymbol{V} = \frac{\pi \cdot h}{12} \cdot (D^2 + d^2 + D \cdot d)$$

$$= \frac{\pi \cdot 80\ \text{mm}}{12} \cdot (100^2 + 62^2 + 100 \cdot 62)\ \text{mm}^2$$

$= \mathbf{419\,800\ mm^3}$

Volumen

$$V = \frac{\pi \cdot h}{12} \cdot (D^2 + d^2 + D \cdot d) \qquad (9)$$

Mantelfläche

$$A_M = \frac{\pi \cdot h_s}{2} \cdot (D + d) \qquad (10)$$

Mantelhöhe

$$h_s = \sqrt{h^2 + \left(\frac{D - d}{2}\right)^2} \qquad (11)$$

Volumen, Oberfläche, Masse Volumes, Surface, Mass

M

Kugel

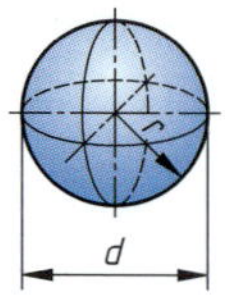

V Volumen
A_O Oberfläche
d Kugeldurchmesser

Beispiel:

d = 9 mm; V = ?

$$\boldsymbol{V} = \frac{\pi \cdot d^3}{6} = \frac{\pi \cdot (9\ \text{mm})^3}{6} = \mathbf{382\ mm^3}$$

Volumen

$$V = \frac{\pi \cdot d^3}{6} \quad (1)$$

Oberfläche

$$A_O = \pi \cdot d^2 \quad (2)$$

Volumen zusammengesetzter Körper

Beispiel

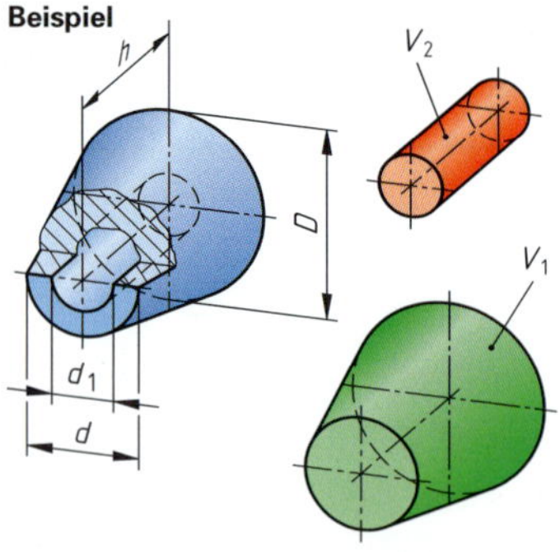

Zusammengesetzte Körper werden zur Berechnung ihres Volumens in Teilkörper zerlegt, die dann addiert bzw. subtrahiert werden.

V Gesamtvolumen
$V_1, V_2, \ldots$ Teilvolumen

Gesamtvolumen

$$V = V_1 + V_2 + \ldots - V_3 - V_4 \quad (3)$$

Beispiel: Kegelhülse

D = 42 mm, d = 26 mm, d_1 = 16 mm, h = 45 mm, V = ?

$$V_1 = \frac{\pi \cdot h}{12} \cdot (D^2 + d^2 + D \cdot d)$$

$$= \frac{\pi \cdot 45\ \text{mm}}{12} \cdot (42^2 + 26^2 + 42 \cdot 26)\ \text{mm}^2 = 41\,610\ \text{mm}^3$$

$$V_2 = \frac{\pi \cdot d^2}{4} \cdot h = \frac{\pi \cdot 16^2\ \text{mm}^2}{4} \cdot 45\ \text{mm} = 9\,048\ \text{mm}^3$$

$$\boldsymbol{V} = V_1 - V_2 = 41\,610\ \text{mm}^3 - 9\,048\ \text{mm}^3 = \mathbf{32\,562\ mm^3}$$

Masse

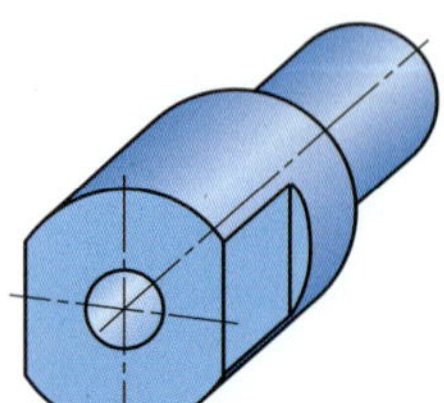

Die Masse eines Körpers wird aus seinem Volumen und seiner Dichte berechnet.

m Masse
V Volumen
ϱ Dichte

Masse

$$m = V \cdot \varrho \quad (4)$$

1000 kg/m³ = 1 kg/dm³
1 kg/dm³ = 1 g/cm³

Beispiel: Werkstück aus Aluminium;

V = 6,4 dm³; ϱ = 2,7 kg/dm³; m = ?

$$\boldsymbol{m} = V \cdot \varrho = 6{,}4\ \text{dm}^3 \cdot 2{,}7\ \frac{\text{kg}}{\text{dm}^3} = \mathbf{17{,}28\ kg}$$

Bei festen und flüssigen Stoffen wird die Dichte meist in kg/dm³, bei gasförmigen Stoffen in kg/m³ angegeben (Seiten 130, 131).

Längenbezogene Masse[1]

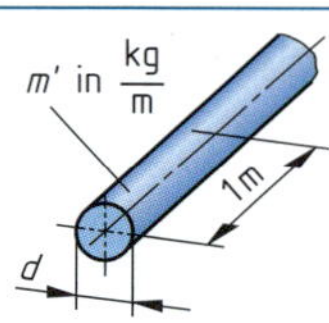

m Masse
m' längenbezogene Masse
l Länge

Längenbezogene Masse

$$m' = \frac{m}{l} \quad (5)$$

Beispiel: Rundstahl mit d = 14 mm

m' = 1,21 kg/m; l = 3,86 m; m = ?

$$\boldsymbol{m} = m' \cdot l = 1{,}21\ \frac{\text{kg}}{\text{m}} \cdot 3{,}86\ \text{m} = \mathbf{4{,}67\ kg}$$

Flächenbezogene Masse[1]

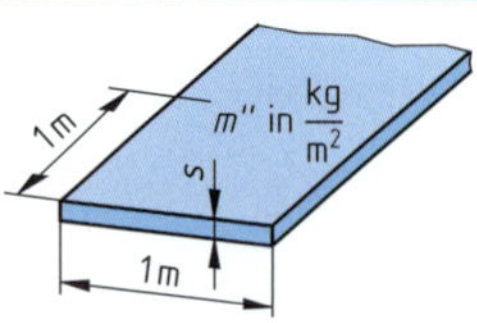

m Masse
m'' flächenbezogene Masse
A Fläche

Flächenbezogene Masse

$$m'' = \frac{m}{A} \quad (6)$$

Beispiel: Stahlblech

s = 1,5 mm; m'' = 11,8 kg/m²;

A = 7,5 m²; m = ?

$$\boldsymbol{m} = m'' \cdot A = 11{,}8\ \frac{\text{kg}}{\text{m}^2} \cdot 7{,}5\ \text{m}^2 = \mathbf{88{,}5\ kg}$$

[1] Die Masse von Halbzeugen wird häufig mit Hilfe von Tabellen berechnet, welche die längenbezogene Masse m' für 1 m bei Profilstählen, Rohren, Drähten oder die flächenbezogene Masse m'' für 1 m², z. B. bei Blechen oder Belägen, enthalten.

Kräfte Forces

Zusammensetzung und Zerlegung von Kräften

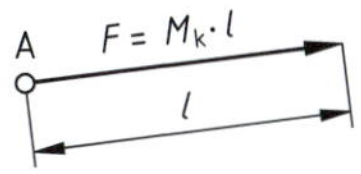

F_1, F_2 Teilkräfte l Pfeillänge
F_r Resultierende M_k Kräftemaßstab

Kräfte sind Vektoren und werden durch Pfeile dargestellt. Die Länge l des Pfeils entspricht der Größe der Kraft F, der Anfangspunkt A dem Kraftangriffspunkt und der Pfeil der Wirkrichtung.

Pfeillänge

$$l = \frac{F}{M_k} \quad (1)$$

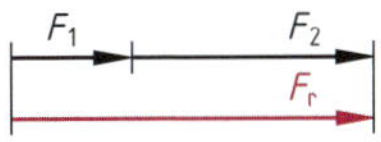

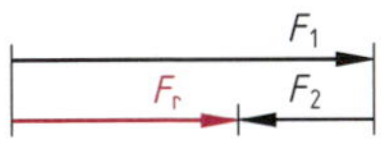

Addieren von Kräften gleicher Wirkungslinie

Beispiel:

$F_1 = 80$ N; $F_2 = 160$ N; $F_r = ?$
$\boldsymbol{F_r} = F_1 + F_2 = 80\ \text{N} + 160\ \text{N} = \mathbf{240\ N}$

Summe

$$F_r = F_1 + F_2 \quad (2)$$

Subtrahieren von Kräften gleicher Wirkungslinie

Beispiel:

$F_1 = 240$ N; $F_2 = 90$ N; $F_r = ?$
$\boldsymbol{F_r} = F_1 - F_2 = 240\ \text{N} - 90\ \text{N} = \mathbf{150\ N}$

Differenz

$$F_r = F_1 - F_2 \quad (3)$$

Zusammensetzung

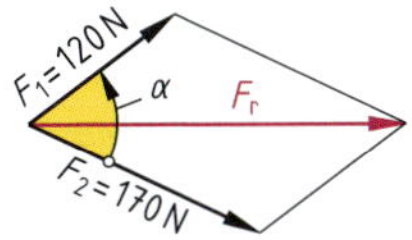

Zerlegung

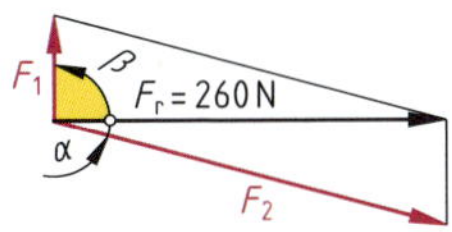

Zusammensetzen von Teilkräften

Beispiel:

$F_1 = 120$ N; $F_2 = 170$ N; $\alpha = 60°$; $F_r = ?$
Gemessen: $l = 25$ mm

$\boldsymbol{F_r} = l \cdot M_k = 25\ \text{mm} \cdot 10\ \frac{\text{N}}{\text{mm}} = \mathbf{250\ N}$

Zerlegen einer Kraft in Teilkräfte

Beispiel:

$F_r = 260$ N; $\alpha = 15°$; $\beta = 90°$; $F_1 = ?$; $F_2 = ?$
Gemessen: $l_1 = 7$ mm; $l_2 = 27$ mm

$\boldsymbol{F_1} = l_1 \cdot M_k = 7\ \text{mm} \cdot 10\ \frac{\text{N}}{\text{mm}} = \mathbf{70\ N}$

$\boldsymbol{F_2} = l_2 \cdot M_k = 27\ \text{mm} \cdot 10\ \frac{\text{N}}{\text{mm}} = \mathbf{270\ N}$

Kräftemaßstab für alle Beispiele:
$M_k = 10\ \frac{\text{N}}{\text{mm}}$

F_r = Resultierende Kraft (Ersatzkraft mit gleicher Wirkung wie die Summe der Teilkräfte)

Kräfte bei Beschleunigung und Verzögerung

Für die Beschleunigung und die Verzögerung von Massen ist eine Kraft erforderlich.

F Beschleunigungskraft a Beschleunigung
m Masse

Beispiel:

$m = 50$ kg; $a = 3\ \frac{\text{m}}{\text{s}^2}$; $F = ?$

$\boldsymbol{F} = m \cdot a = 50\ \text{kg} \cdot 3\ \frac{\text{m}}{\text{s}^2} = 150\ \text{kg} \cdot \frac{\text{m}}{\text{s}^2} = \mathbf{150\ N}$

Beschleunigungskraft

$$F = m \cdot a \quad (4)$$

$[F] = \text{N} = \frac{\text{kg} \cdot \text{m}}{\text{s}^2}$

Gewichtskraft

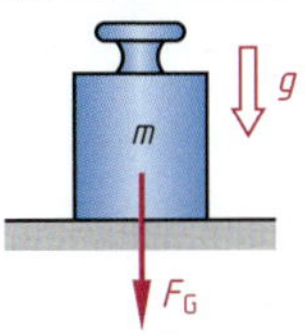

Die Erdanziehung bewirkt bei Massen eine Gewichtskraft.

F_G Gewichtskraft g Fallbeschleunigung, Ortskoeffizient
m Masse

Beispiel:

Stahlträger, $m = 1200$ kg; $F_G = ?$

$\boldsymbol{F_G} = m \cdot g = 1200\ \text{kg} \cdot 9{,}81\ \frac{\text{m}}{\text{s}^2} = \mathbf{11\,772\ N}$

Gewichtskraft

$$F_G = m \cdot g \quad (5)$$

$g = 9{,}81\ \frac{\text{m}}{\text{s}^2} \approx 10\ \frac{\text{m}}{\text{s}^2}$

Federkraft (Hooke'sches Gesetz)

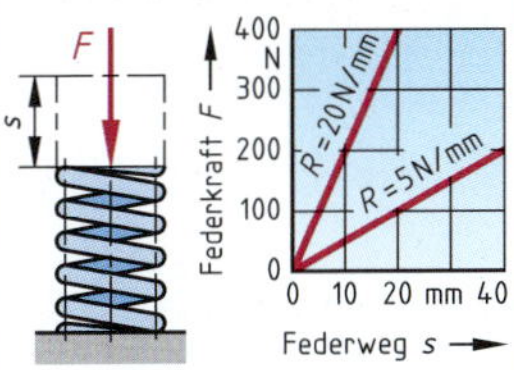

Innerhalb des elastischen Bereiches sind Kraft und zugehörige Längenänderung einer Feder proportional.

F Federkraft s Federweg
R Federrate, auch D

Beispiel:

Druckfeder, $R = 8$ N/mm; $s = 12$ mm; $F = ?$

$\boldsymbol{F} = R \cdot s = 8\ \frac{\text{N}}{\text{mm}} \cdot 12\ \text{mm} = \mathbf{96\ N}$

Federkraft

$$F = R \cdot s \quad (6)$$

Kraftmoment, Hebel, Fliehkraft   Torque, Lever, Centrifugal Force

M

Kraftmoment und Hebel

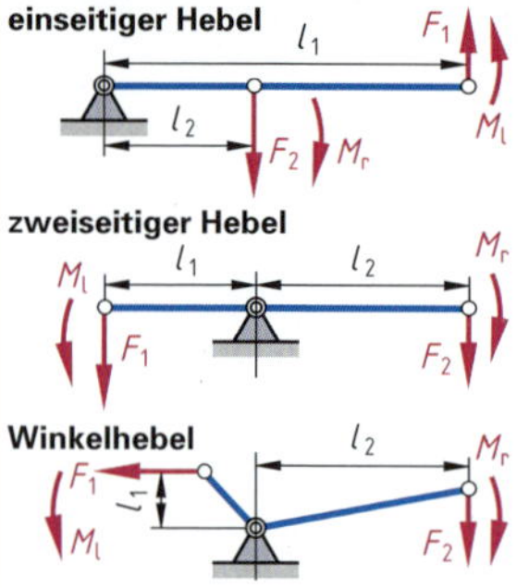

Bei scheibenförmigen drehbaren Teilen entspricht die Hebellänge dem Radius r.

M	Kraftmoment, Drehmoment, Moment
F	Kraft
l	wirksame Hebellänge
ΣM_l	Summe aller linksdrehenden Momente
ΣM_r	Summe aller rechtsdrehenden Momente

$[M] = \text{N} \cdot \text{m} = \text{J}$ (Joule)

Beispiel:

Winkelhebel, $F_1 = 30\ \text{N}$; $l_1 = 0{,}15\ \text{m}$; $l_2 = 0{,}45\ \text{m}$; $F_2 = ?$

$$\mathbf{F_2} = \frac{F_1 \cdot l_1}{l_2} = \frac{30\ \text{N} \cdot 0{,}15\ \text{m}}{0{,}45\ \text{m}} = \mathbf{10\ N}$$

Kraftmoment

$$M = F \cdot l \quad \textbf{1}$$

Hebelgesetz

$$\Sigma M_l = \Sigma M_r \quad \textbf{2}$$

Hebelgesetz bei nur zwei Kräften

$$F_1 \cdot l_1 = F_2 \cdot l_2 \quad \textbf{3}$$

Beispiel für Auflagerkraft

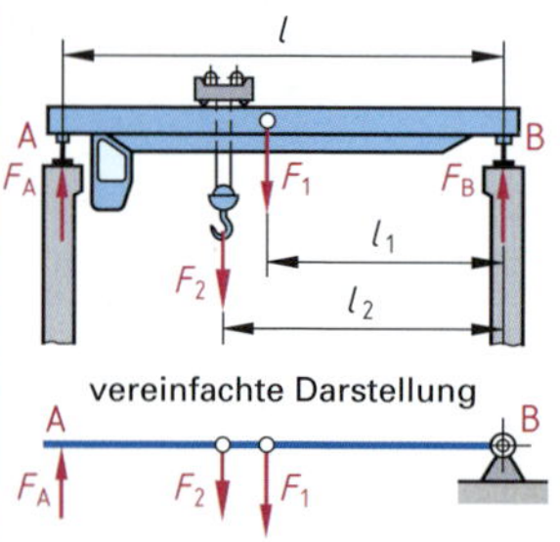

Zur Berechnung der ersten Auflagerkraft nimmt man einen Auflagerpunkt als Drehpunkt an. Die zweite Auflagerkraft kann aus dem Gleichgewicht mit den Belastungskräften $F_1 + F_2 + \ldots$ errechnet werden.

F_A, F_B	Auflagerkräfte	l, l_1, l_2	wirksame Hebellängen
F_1, F_2	Kräfte		

Beispiel:

Laufkran, $F_1 = 40\ \text{kN}$; $F_2 = 15\ \text{kN}$; $l_1 = 6\ \text{m}$; $l_2 = 8\ \text{m}$; $l = 12\ \text{m}$; $F_A = ?$

$$\mathbf{F_A} = \frac{F_1 \cdot l_1 + F_2 \cdot l_2}{l} = \frac{40\ \text{kN} \cdot 6\ \text{m} + 15\ \text{kN} \cdot 8\ \text{m}}{12\ \text{m}} = \mathbf{30\ kN}$$

Auflagerkraft in A

$$F_A = \frac{F_1 \cdot l_1 + F_2 \cdot l_2 \ldots}{l} \quad \textbf{4}$$

Kräftegleichgewicht

$$F_A + F_B = F_1 + F_2 \ldots \quad \textbf{5}$$

Kraftmoment bei Zahnradtrieben

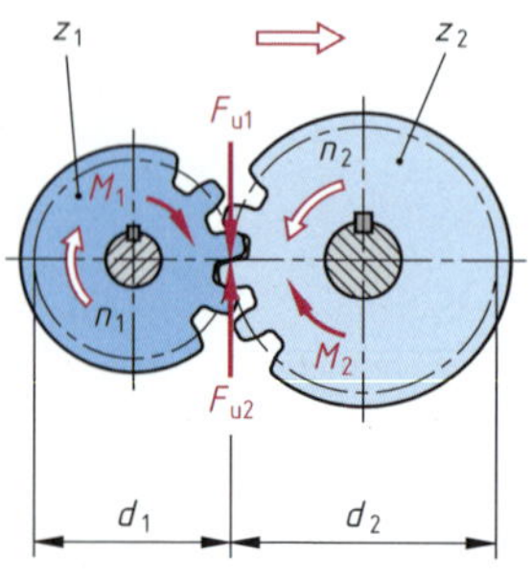

Der Hebelarm bei Zahnrädern entspricht dem halben Teilkreisdurchmesser d. Sind die Zähnezahlen zweier ineinandergreifender Zahnräder verschieden, ergeben sich unterschiedliche Kraftmomente.

Treibendes Rad		**Getriebenes Rad**	
F_{u1}	Umfangskraft	F_{u2}	Umfangskraft
M_1	Kraftmoment	M_2	Kraftmoment
d_1	Teilkreisdurchmesser	d_2	Teilkreisdurchmesser
z_1	Zähnezahl	z_2	Zähnezahl
n_1	Drehzahl	n_2	Drehzahl
i	Übersetzungsverhältnis		

Beispiel:

Getriebe, $i = 12$; $M_1 = 60\ \text{N} \cdot \text{m}$; $M_2 = ?$

$\mathbf{M_2} = i \cdot M_1 = 12 \cdot 60\ \text{N} \cdot \text{m} = \mathbf{720\ Nm}$

Kraftmoment

$$M_1 = \frac{F_{u1} \cdot d_1}{2}$$

$$M_2 = \frac{F_{u2} \cdot d_2}{2}$$

$$M_2 = i \cdot M_1$$

$$\frac{M_2}{M_1} = \frac{z_2}{z_1}$$

$$\frac{M_2}{M_1} = \frac{n_1}{n_2} \quad \textbf{6}$$

Fliehkraft

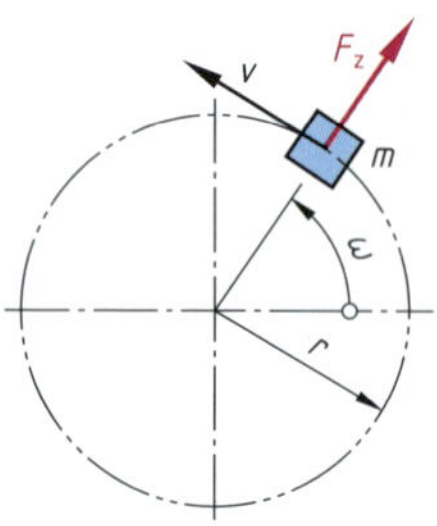

Die **Fliehkraft F_z** entsteht, wenn eine Masse auf einer gekrümmten Bahn, z. B. einem Kreis, bewegt wird.

F_z	Fliehkraft	ω	Winkelgeschwindigkeit
m	Masse	v	Umfangsgeschwindigkeit
r	Radius		

Beispiel:

Turbinenschaufel, $m = 160\ \text{g}$; $v = 80\ \text{m/s}$; $d = 400\ \text{mm}$; $F_z = ?$

$$\mathbf{F_z} = \frac{m \cdot v^2}{r} = \frac{0{,}16\ \text{kg} \cdot (80\ \text{m/s})^2}{0{,}2\ \text{m}} = \mathbf{5120\ N}$$

Fliehkraft

$$F_z = m \cdot r \cdot \omega^2 \quad \textbf{7}$$

$$F_z = \frac{m \cdot v^2}{r} \quad \textbf{8}$$

Feste Rolle

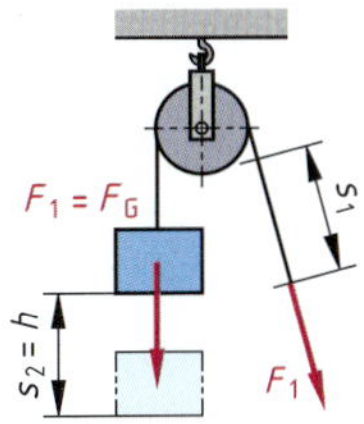

$$F_1 = F_G \quad (1)$$

$$s_1 = h \quad (3)$$

$$W_2 = F_G \cdot h \quad (5)$$

Lose Rolle

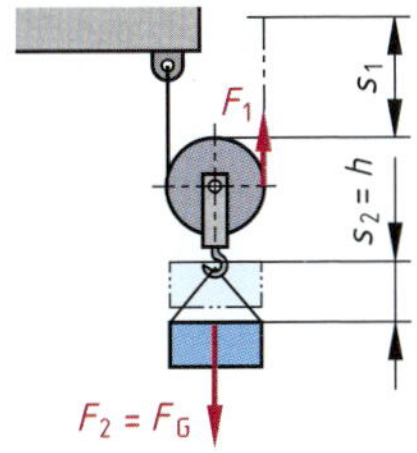

$$F_1 = \frac{F_G}{2} \quad (2)$$

$$s_1 = 2 \cdot h \quad (4)$$

$$W_2 = F_G \cdot h \quad (6)$$

Flaschenzug

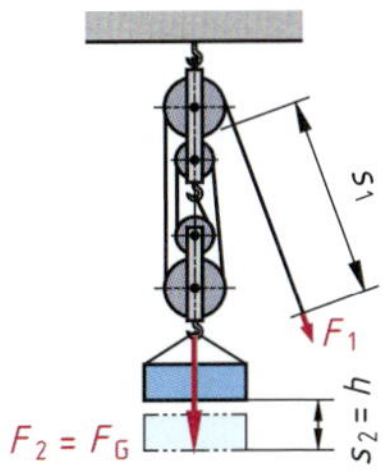

n Anzahl der tragenden Seilstränge, Rollenzahl

$$F_1 = \frac{F_G}{n} \quad (7)$$

$$s_1 = n \cdot h \quad (9)$$

$$W_2 = F_G \cdot h \quad (11)$$

Schiefe Ebene

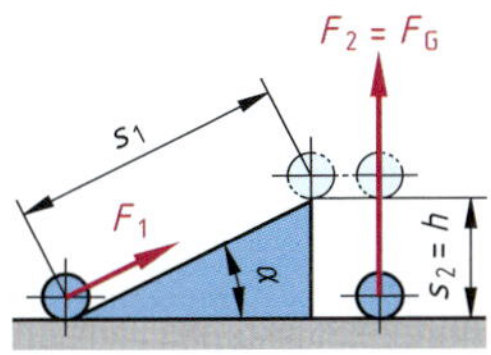

α Neigungswinkel

$$F_1 \cdot s_1 = F_G \cdot h \quad (8)$$

$$F_1 = F_G \cdot \sin\alpha \quad (10)$$

$$W_2 = F_G \cdot h \quad (12)$$

Keil

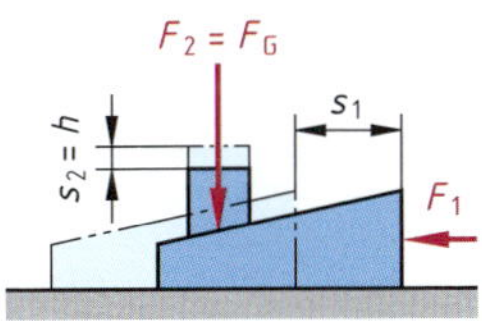

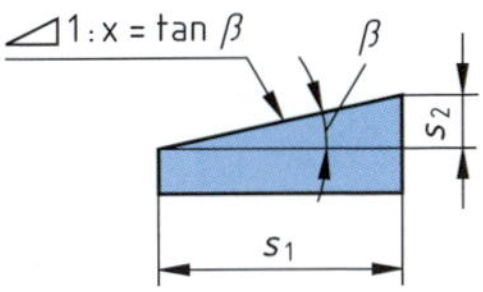

$\tan\beta$ Neigung

$$F_1 \cdot s_1 = F_2 \cdot h \quad (13)$$

$$F_2 = \frac{F_1}{\tan\beta} \quad (15)$$

$$s_2 = s_1 \cdot \tan\beta \quad (17)$$

$$W_2 = F_2 \cdot h \quad (19)$$

Schraube

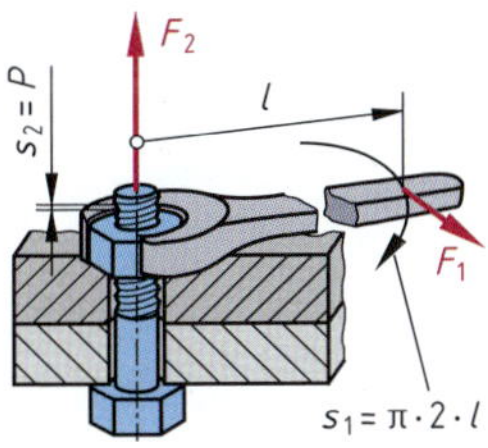

P Gewindesteigung

Kraftmomente

$$F_1 \cdot 2 \cdot \pi \cdot l = F_2 \cdot P \quad (14)$$

$$s_1 = 2 \cdot \pi \cdot l \quad (16)$$

$$W_1 = F_1 \cdot 2 \cdot \pi \cdot l \quad (18)$$

$$W_2 = F_2 \cdot P \quad (20)$$

Seilwinde

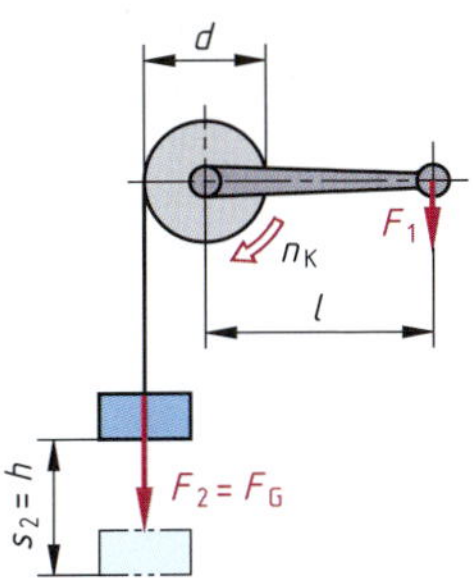

n_K Zahl der Kurbelumdrehungen

$$F_1 \cdot l = \frac{F_G \cdot d}{2} \quad (21)$$

$$h = \pi \cdot d \cdot n_k \quad (23)$$

$$W_2 = F_G \cdot h \quad (25)$$

Räderwinde

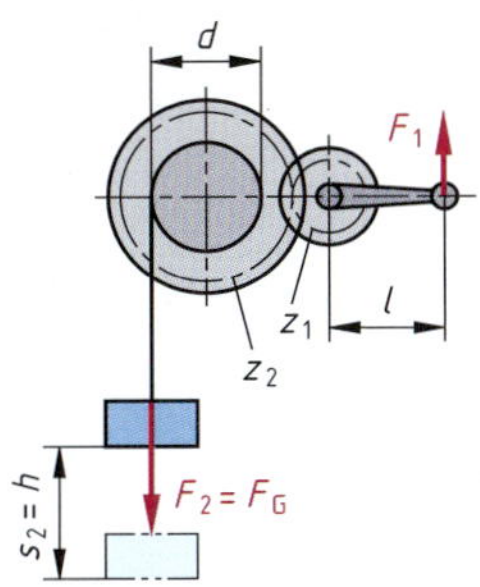

i Übersetzungsverhältnis

$$F_1 \cdot l \cdot i = \frac{F_G \cdot d}{2} \quad (22)$$

$$i = \frac{z_2}{z_1} \quad (24)$$

$$W_2 = F_G \cdot h \quad (26)$$

Die Bedeutung der Formelzeichen ist aus den Bildern erkennbar.

Bewegungslehre Theory of Motion

Gleichförmige geradlinige Bewegung

Weg-Zeit-Schaubild

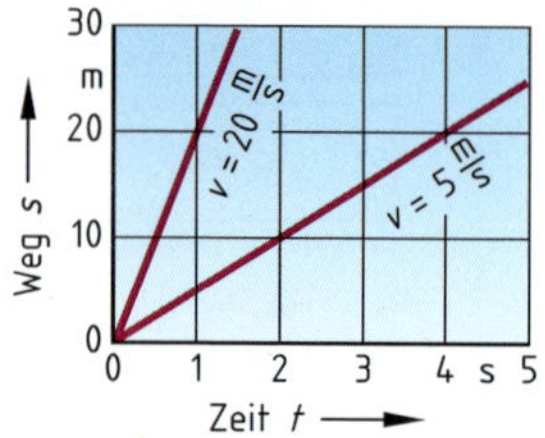

v Geschwindigkeit
t Zeit
s Weg

Beispiel:

$v = 48$ km/h; $s = 12$ m; $t = ?$

Umrechnung: $48 \dfrac{\text{km}}{\text{h}} = \dfrac{48\,000 \text{ m}}{3600 \text{ s}} = 13{,}33 \dfrac{\text{m}}{\text{s}}$

$t = \dfrac{s}{v} = \dfrac{12 \text{ m}}{13{,}33 \dfrac{\text{m}}{\text{s}}} = \mathbf{0{,}9\ s}$

Geschwindigkeit

$$v = \frac{s}{t}$$ 1

$1 \dfrac{\text{m}}{\text{s}} = 60 \dfrac{\text{m}}{\text{min}} = 3{,}6 \dfrac{\text{km}}{\text{h}}$

$1 \dfrac{\text{km}}{\text{h}} = 16{,}667 \dfrac{\text{m}}{\text{min}}$

$= 0{,}2778 \dfrac{\text{m}}{\text{s}}$

Gleichförmig beschleunigte Bewegung

Geschwindigkeit-Zeit-Schaubild

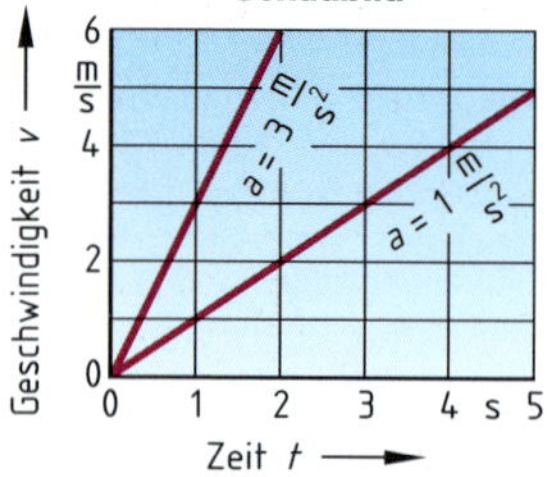

Weg-Zeit-Schaubild

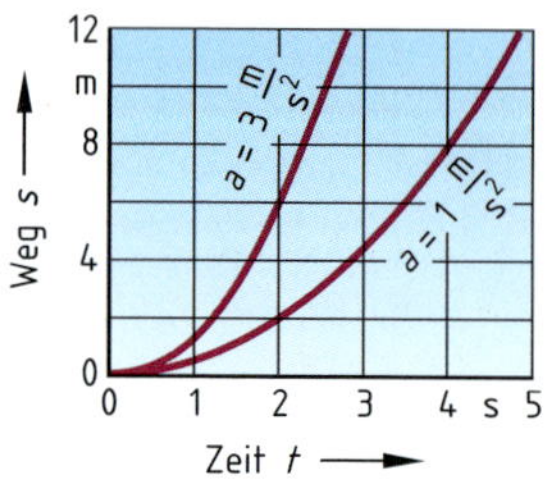

Die Zunahme der Geschwindigkeit je Zeit heißt **Beschleunigung**, die Abnahme der Geschwindigkeit heißt **Verzögerung**. Der freie Fall ist eine gleichförmig beschleunigte Bewegung, bei der die Fallbeschleunigung *g* wirksam ist.

v Endgeschwindigkeit bei Beschleunigung, Anfangsgeschwindigkeit bei Verzögerung
s Weg
t Zeit
a Beschleunigung, Verzögerung
g Fallbeschleunigung (9,81 m/s²) Ortskoeffizient (9,81 N/kg)

1. Beispiel:

Fallhammer, $s = 3$ m; $v = ?$

$a = g = 9{,}81 \dfrac{\text{m}}{\text{s}^2}$

$v = \sqrt{2 \cdot a \cdot s} = \sqrt{2 \cdot 9{,}81 \text{ m/s}^2 \cdot 3 \text{ m}} = \mathbf{7{,}7 \dfrac{m}{s}}$

2. Beispiel:

Kraftfahrzeug, $v = 80$ km/h; $a = 7$ m/s²;
Bremsweg $s = ?$

Umrechnung: $v = 80 \dfrac{\text{km}}{\text{h}} = \dfrac{80\,000 \text{ m}}{3600 \text{ s}} = 22{,}22 \dfrac{\text{m}}{\text{s}}$

$v = \sqrt{2 \cdot a \cdot s}$

$s = \dfrac{v^2}{2 \cdot a} = \dfrac{(22{,}22 \text{ m/s})^2}{2 \cdot 7 \text{ m/s}^2} = \mathbf{35{,}3\ m}$

Bei Beschleunigung aus dem Stand oder bei Verzögerung bis zum Stand gilt:

End- oder Anfangsgeschwindigkeit

$$v = a \cdot t$$

$$v = \sqrt{2 \cdot a \cdot s}$$ 2

Beschleunigungsweg

$$s = \frac{1}{2} \cdot v \cdot t$$

$$s = \frac{1}{2} \cdot a \cdot t^2$$ 3

$g = 9{,}81 \dfrac{\text{m}}{\text{s}^2} \approx 10 \dfrac{\text{m}}{\text{s}^2}$

Kreisförmige Bewegung

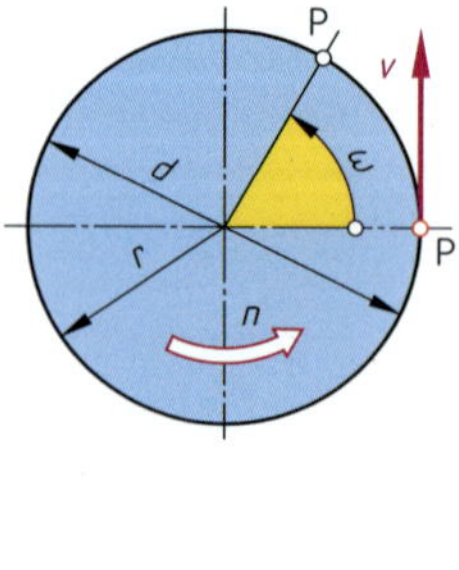

v Umfangsgeschwindigkeit
n Drehzahl, Umdrehungsfrequenz
ω Winkelgeschwindigkeit
r Radius
d Durchmesser

Beispiel:

Riemenscheibe, $d = 250$ mm; $n = 1400$ min⁻¹;
$v = ?$; $\omega = ?$

Umrechnung: $n = 1400 \text{ min}^{-1} = \dfrac{1400}{60 \text{ s}} = 23{,}33 \text{ s}^{-1}$

$v = \pi \cdot d \cdot n = \pi \cdot 0{,}25 \text{ m} \cdot 23{,}33 \text{ s}^{-1} = \mathbf{18{,}3 \dfrac{m}{s}}$

$\omega = 2 \cdot \pi \cdot n = 2 \cdot \pi \cdot 23{,}33 \text{ s}^{-1} = \mathbf{146{,}6\ s^{-1}}$

Umfangsgeschwindigkeit

$$v = \pi \cdot d \cdot n$$

$$v = \omega \cdot r$$ 4

Winkelgeschwindigkeit

$$\omega = 2 \cdot \pi \cdot n$$ 5

$\dfrac{1}{\text{min}} = 1 \text{ min}^{-1} = \dfrac{1}{60 \text{ s}}$

Vorschubgeschwindigkeit

Drehen

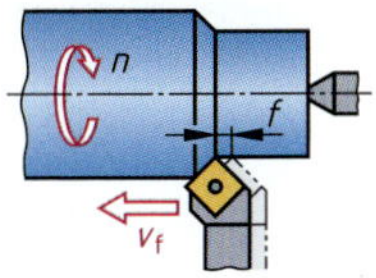

Fräsen

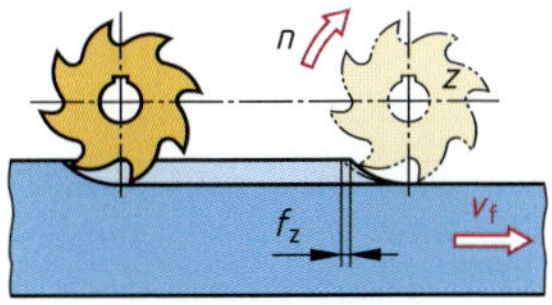

Gewindetrieb

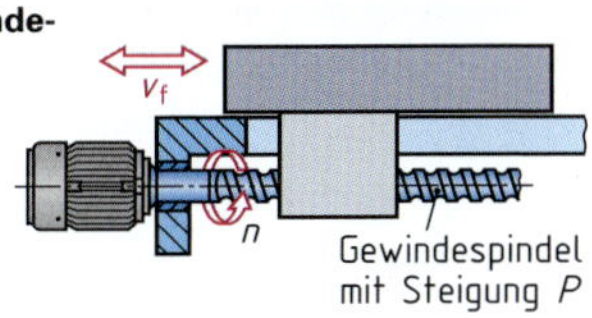

Zahnstangentrieb

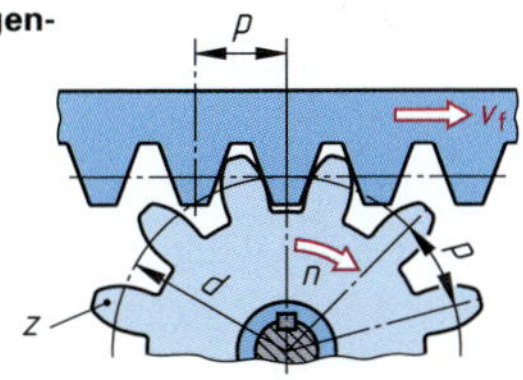

v_f Vorschubgeschwindigkeit
n Drehzahl
f Vorschub
f_z Vorschub je Schneide
z Anzahl der Schneiden, Zähnezahl des Ritzels
P Gewindesteigung
p Teilung der Zahnstange
$[v_f]$ = mm/min
$[f]$ = mm
$[n]$ = 1/min

Beispiel:

Walzenfräser, $z = 8$; $f_z = 0{,}2$ mm; $n = 45$/min; $v_f = ?$

$$v_f = n \cdot f_z \cdot z = 45\ \frac{1}{\text{min}} \cdot 0{,}2\ \text{mm} \cdot 8 = \mathbf{72\ \frac{mm}{min}}$$

Vorschubgeschwindigkeit beim Bohren, Drehen

$$v_f = n \cdot f \qquad (1)$$

Vorschubgeschwindigkeit beim Fräsen

$$v_f = n \cdot f_z \cdot z \qquad (2)$$

Vorschubgeschwindigkeit beim Gewindetrieb

$$v_f = n \cdot P \qquad (3)$$

Vorschubgeschwindigkeit beim Zahnstangentrieb

$$v_f = n \cdot z \cdot p \qquad (4)$$

$$v_f = \pi \cdot d \cdot n \qquad (5)$$

Schnittgeschwindigkeit, Umfangsgeschwindigkeit

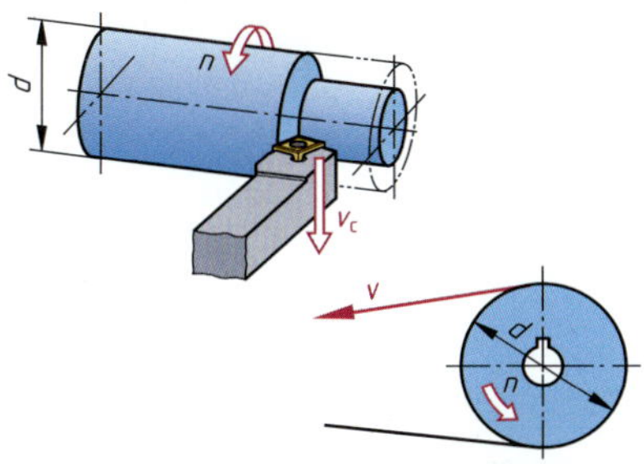

v_c Schnittgeschwindigkeit
v Umfangsgeschwindigkeit
d Durchmesser
n Drehzahl

Beispiel:

Drehen, $n = 1200$/min; $d = 35$ mm; $v_c = ?$

$$v_c = \pi \cdot d \cdot n = \pi \cdot 0{,}035\ \text{m} \cdot 1200\ \frac{1}{\text{min}} = \mathbf{132\ \frac{m}{min}}$$

Schnittgeschwindigkeit

$$v_c = \pi \cdot d \cdot n \qquad (6)$$

Umfangsgeschwindigkeit

$$v = \pi \cdot d \cdot n \qquad (7)$$

Mittlere Geschwindigkeit bei Kurbeltrieben

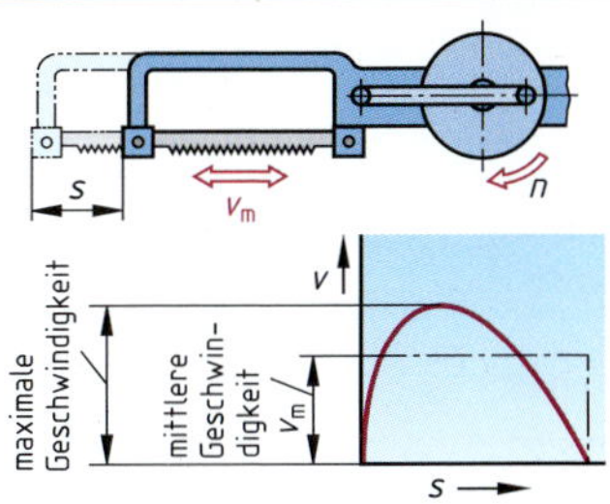

v_m mittlere Geschwindigkeit
n Anzahl der Doppelhübe
s Hublänge

Beispiel:

Maschinenbügelsäge, $s = 280$ mm; $n = 45$/min; $v_m = ?$

$$v_m = 2 \cdot s \cdot n = 2 \cdot 0{,}28\ \text{m} \cdot 45\ \frac{1}{\text{min}} = \mathbf{25{,}2\ \frac{m}{min}}$$

Mittlere Geschwindigkeit

$$v_m = 2 \cdot s \cdot n \qquad (8)$$

Wärmetechnik 1 Heat Technology 1

Temperatur

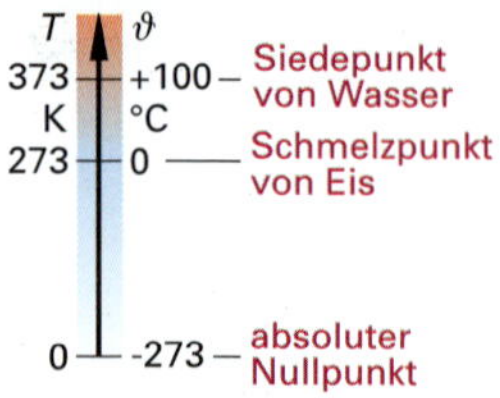

Temperaturen werden in **Kelvin** (K) oder in **Grad Celsius** (°C) oder in **Grad Fahrenheit** (°F) gemessen. Die Kelvinskale geht von der tiefstmöglichen Temperatur, dem absoluten Nullpunkt, aus, die Celsiusskale vom Schmelzpunkt des Eises.

T Temperatur in K
ϑ Temperatur in °C
t_F Temperatur in °F

Unterschiede der Celsius-Temperatur werden in Kelvin angegeben, $\Delta\vartheta = \Delta T$.

Temperatur in Kelvin

$$T = \vartheta + 273 \qquad (1)$$

Temperatur in Grad Fahrenheit

$$t_F = 1{,}8 \cdot \vartheta + 32 \qquad (2)$$

Längenänderung, Durchmesseränderung

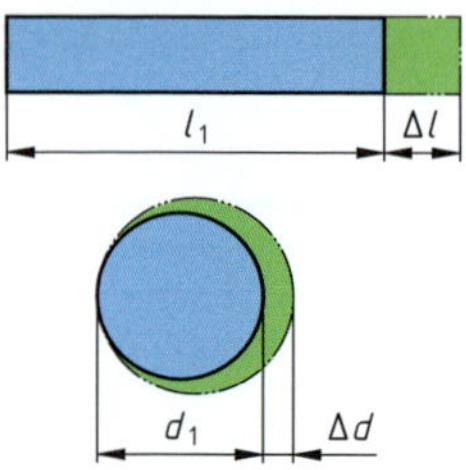

α_l Längenausdehnungskoeffizient
$\Delta\vartheta$ Temperaturänderung
Δl Längenänderung
Δd Durchmesseränderung
l_1 Anfangslänge
d_1 Anfangsdurchmesser

Beispiel:

Stahlplatte, $l_1 = 120$ mm; $\alpha_l = 0{,}000\,0119\ \frac{1}{K}$

$\Delta\vartheta = 800$ K; $\Delta l = ?$

$\boldsymbol{\Delta l} = \alpha_l \cdot l_1 \cdot \Delta\vartheta$

$= 0{,}000\,0119\ \frac{1}{K} \cdot 120\ \text{mm} \cdot 800\ \text{K} = \mathbf{1{,}1424\ mm}$

Längenausdehnungskoeffizienten Seiten 130, 131

Längenänderung

$$\Delta l = \alpha_l \cdot l_1 \cdot \Delta\vartheta \qquad (3)$$

Durchmesseränderung

$$\Delta d = \alpha_l \cdot d_1 \cdot \Delta\vartheta \qquad (4)$$

Volumenänderung

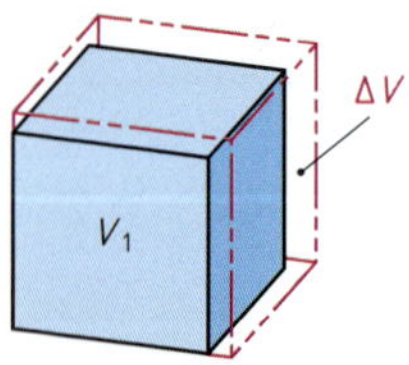

α_V Volumenausdehnungskoeffizient
$\Delta\vartheta$ Temperaturänderung
ΔV Volumenänderung
V_1 Anfangsvolumen

Beispiel:

Benzin, $V_1 = 60$ l; $\alpha_V = 0{,}001\ \frac{1}{K}$; $\Delta\vartheta = 32$ K; $\Delta V = ?$

$\boldsymbol{\Delta V} = \alpha_V \cdot V_1 \cdot \Delta\vartheta = 0{,}001\ \frac{1}{K} \cdot 60\ \text{l} \cdot 32\ \text{K} = \mathbf{1{,}9\ l}$

Volumenausdehnungskoeffizienten Seite 130, Volumenausdehnung (Zustandsänderung) der Gase Seite 64

Volumenänderung

$$\Delta V = \alpha_V \cdot V_1 \cdot \Delta\vartheta \qquad (5)$$

Für feste Stoffe:
$\alpha_V = 3 \cdot \alpha_l$

Schwindung

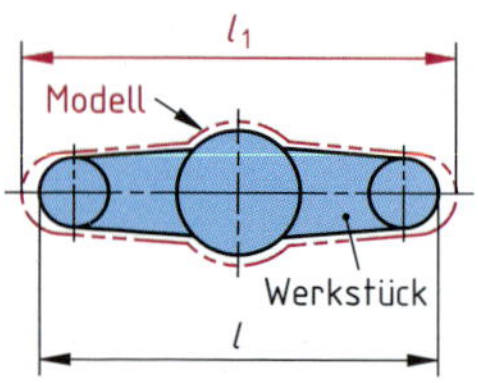

S Schwindmaß in %
l Werkstücklänge
l_1 Modelllänge

Beispiel:

Al-Gussteil, $l = 680$ mm; $S = 1{,}2\%$; $l_1 = ?$

$l_1 = \frac{l \cdot 100\%}{100\% - S} = \frac{680\ \text{mm} \cdot 100\%}{100\% - 1{,}2\%}$

$= \mathbf{688{,}3\ mm}$

Modelllänge

$$l_1 = \frac{l \cdot 100\%}{100\% - S} \qquad (6)$$

Wärmemenge bei Temperaturänderung

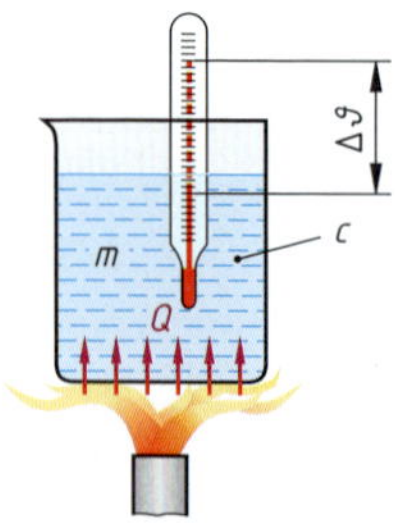

Die **spezifische Wärmekapazität *c*** gibt an, wie viel Wärme nötig ist, um 1 kg eines Stoffes um 1 K zu erwärmen. Bei Abkühlung wird die gleiche Wärme wieder frei.

c spez. Wärmekapazität
$\Delta\vartheta$ Temperaturänderung
Q Wärme, Wärmemenge
m Masse

Beispiel:

Stahlwelle, $m = 2$ kg; $c = 0{,}48\ \frac{kJ}{kg \cdot K}$;

$\Delta\vartheta = 800$ K; $Q = ?$

$\boldsymbol{Q} = c \cdot m \cdot \Delta\vartheta = 0{,}48\ \frac{kJ}{kg \cdot K} \cdot 2\ \text{kg} \cdot 800\ \text{K}$

$= \mathbf{768\ kJ}$

Spezifische Wärmekapazitäten Seiten 130,131

Wärme, Wärmemenge

$$Q = c \cdot m \cdot \Delta\vartheta \qquad (7)$$

$1\ \text{kJ} = \frac{1\ \text{kWh}}{3600}$

$1\ \text{kWh} = 3{,}6\ \text{MJ}$

Wärmetechnik 2 Heat Technology 2

Wärme beim Schmelzen und Verdampfen

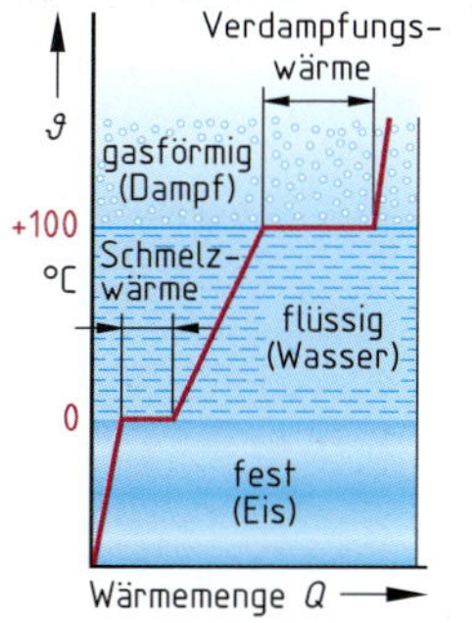

Stoffe nehmen beim Schmelzen und Verdampfen Wärme auf, ohne dass dabei die Temperatur steigt.

Q_s	Schmelzwärme,	q_v	spezifische Verdampfungswärme
Q_v	Verdampfungswärme	m	Masse
q_s	spez. Schmelzwärme		

Beispiel:

Kupfer, $m = 6{,}5$ kg; $q_s = 213\ \frac{\text{kJ}}{\text{kg}}$; $Q_s = ?$

$Q_s = q_s \cdot m = 213\ \frac{\text{kJ}}{\text{kg}} \cdot 6{,}5\ \text{kg} = 1\,384{,}5\ \text{kJ} \approx \mathbf{1{,}4\ MJ}$

Spezifische Schmelz- und Verdampfungswärmen Seiten 130, 131

Schmelzwärme

$$Q_s = q_s \cdot m \quad (1)$$

Verdampfungswärme

$$Q_v = q_v \cdot m \quad (2)$$

Wärmestrom

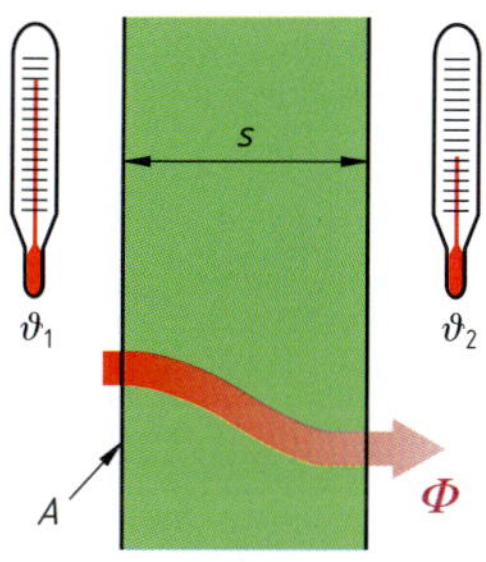

Der **Wärmestrom** Φ verläuft innerhalb eines Stoffes stets von der höheren zur niedrigeren Temperatur.

Die **Wärmedurchgangszahl** $\boldsymbol{k}$ berücksichtigt neben der Wärmeleitfähigkeit eines Bauteils die Wärmeübergangswiderstände an den Grenzflächen der Bauteile.

Φ	Wärmestrom	$\Delta\vartheta$	Temperaturdifferenz
λ	Wärmeleitfähigkeit	s	Bauteildicke
k	Wärmedurchgangszahl	A	Fläche des Bauteils

Beispiel:

Wärmeschutzglas, $k = 1{,}9\ \frac{\text{W}}{\text{m}^2 \cdot \text{K}}$; $A = 2{,}8\ \text{m}^2$

$\Delta\vartheta = 32$ K; $\Phi = ?$

$\Phi = k \cdot A \cdot \Delta\vartheta = 1{,}9\ \frac{\text{W}}{\text{m}^2 \cdot \text{K}} \cdot 2{,}8\ \text{m}^2 \cdot 32\ \text{K} = \mathbf{170\ W}$

Wärmeleitfähigkeitswerte λ Seiten 130, 131, Wärmedurchgangszahlen k unten auf dieser Seite

Wärmestrom bei Wärmeleitung

$$\Phi = \frac{\lambda \cdot A \cdot \Delta\vartheta}{s} \quad (3)$$

Wärmestrom bei Wärmedurchgang

$$\Phi = k \cdot A \cdot \Delta\vartheta \quad (4)$$

Wärme durch Verbrennung

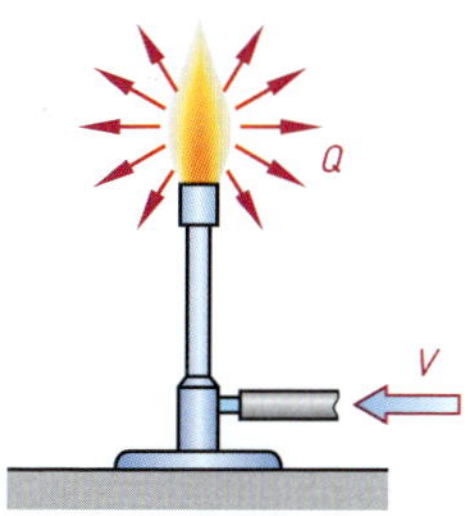

Unter dem **spezifischen Heizwert** $\boldsymbol{H_u}$ eines Stoffes versteht man die bei der vollständigen Verbrennung von 1 kg oder 1 m³ des Stoffes frei werdende Wärme.

Q	Verbrennungswärme
H_u	spezifischer Heizwert (Tabelle unten)
m	Masse fester und flüssiger Brennstoffe
V	Volumen von Brenngasen

Beispiel:

Erdgas, $V = 3{,}8\ \text{m}^3$; $H_u = 35\ \frac{\text{MJ}}{\text{m}^3}$; $Q = ?$

$\boldsymbol{Q} = H_u \cdot V = 35\ \frac{\text{MJ}}{\text{m}^3} \cdot 3{,}8\ \text{m}^3 = \mathbf{133\ MJ}$

Verbrennungswärme fester und flüssiger Stoffe

$$Q = H_u \cdot m \quad (5)$$

Verbrennungswärme von Gasen

$$Q = H_u \cdot V \quad (6)$$

Spezifische Heizwerte H_u für Brennstoffe

Feste Brennstoffe	H_u MJ/kg	Flüssige Brennstoffe	H_u MJ/kg	Gasförmige Brennstoffe	H_u MJ/m³
Holz	15...17	Spiritus	27	Wasserstoff	10
Biomasse (trocken)	14...18	Benzol	40	Erdgas	34...36
Braunkohle	16...20	Benzin	43	Acetylen	57
Koks	30	Diesel	41...43	Propan	93
Steinkohle	30...34	Heizöl	40...43	Butan	123

Wärmedurchgangszahlen k

Bauelemente	s mm	k W/(Km²)
Außentüre, Stahl	50	5,8
Verbundfenster	12	1,3
Ziegelmauer	365	1,1
Geschossdecke	125	3,2
Wärmedämmplatte	80	0,39

Mechanische Arbeit, mechanische Leistung, Energie
Mechanic Work, Power, Energy

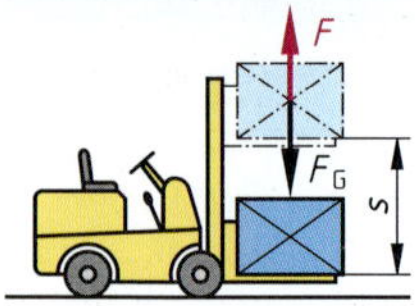

Mechanische Arbeit

Arbeit = Kraft x Weg
$[W] = \text{N} \cdot \text{m} = \text{Nm} = \text{J}$ (Joule)

Arbeit

$$W = F \cdot s \cdot \cos\varphi \quad (1)$$

$$W = F_G \cdot s \quad (2)$$

$$W = F_s \cdot s \quad (3)$$

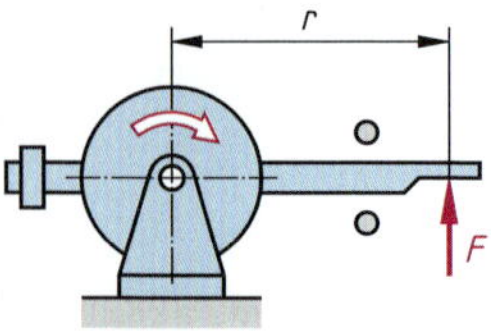

Mechanische Leistung

Leistung = $\dfrac{\textbf{Kraft x Weg}}{\textbf{Zeit}}$

Leistung = $\dfrac{\textbf{Arbeit}}{\textbf{Zeit}}$ $\quad [P] = \dfrac{\text{J}}{\text{s}} = \dfrac{\text{Nm}}{\text{s}}$

Leistung

$$P = \frac{F_s \cdot s}{t} \quad (4)$$

$$P = \frac{W}{t} \quad (5)$$

$$P_{kW} = \frac{M \cdot n}{9549} \quad (6)$$

mit $[n]$ = 1/min und $[M]$ = Nm

$\left(\dfrac{60}{2\,\pi} \cdot 10^3 = 9549\right)$

$$P = F_s \cdot v \quad (7)$$

$$P = M \cdot \omega \quad (8)$$

$\omega = 2\,\pi \cdot n \quad [\omega] = 1/\text{s}$

$M = F \cdot r$

$$P_v = P_{zu} - P_{ab} \quad (9)$$

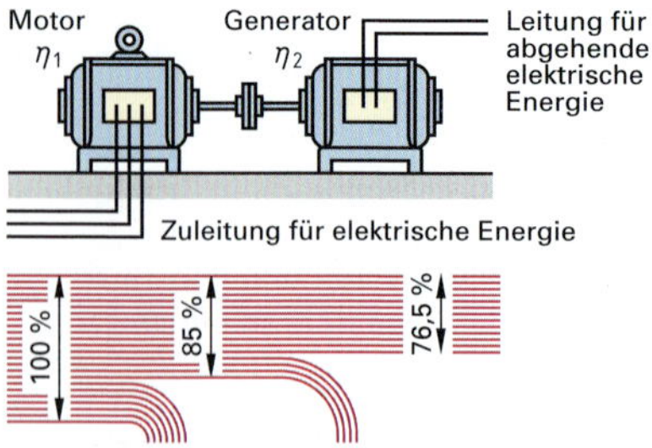

Wirkungsgrad

Wirkungsgrad

$$\eta = \eta_1 \cdot \eta_2 \cdot \ldots \cdot \eta_n \quad (10)$$

$$\eta = \frac{P_{ab}}{P_{zu}} \quad (11)$$

Nutzungsgrad

$$\zeta = \zeta_1 \cdot \zeta_2 \cdot \ldots \cdot \zeta_n \quad (12)$$

$$\zeta = \frac{W_{ab}}{W_{zu}} \quad (13)$$

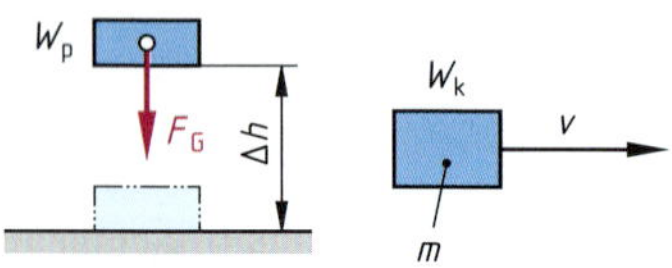

Energie

Energiearten

$$W_p = F_G \cdot \Delta h \quad (14)$$

$$W_k = \frac{1}{2} \cdot m \cdot v^2 \quad (15)$$

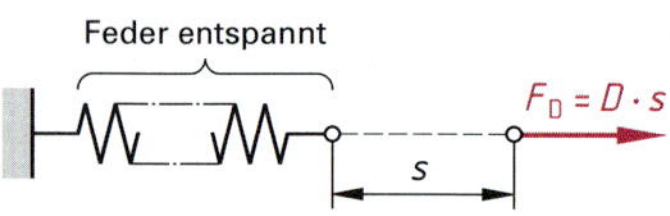

Energie beim Verformen

Verformungsarbeit

$$W_D = \frac{1}{2}\, F_D \cdot s \quad (16)$$

$$W_D = \frac{1}{2}\, D \cdot s^2 \quad (17)$$

D	Richtgröße der Feder, auch R
F	Kraft
F_s	Kraft in Wegrichtung
F_D	verformende Kraft
F_G	Gewichtskraft des Körpers
h	Höhe
M	Kraftmoment, Moment
m	Masse
n	Drehzahl, Umdrehungsfrequenz
P	Leistung
P_{ab}	abgegebene Leistung
P_{kW}	Leistung in kW
P_v	Verlustleistung
P_{zu}	zugeführte Leistung
r	Radius, Hebelarm
s	Weg
t	Zeit
v	Geschwindigkeit
W	Arbeit, Energie
W_{ab}	abgegebene Arbeit
W_D	Verformungsarbeit, Verformungsenergie
W_k	Energie der Bewegung (kinetische Energie)
W_p	Energie der Lage (potenzielle Energie)
W_{zu}	zugeführte Arbeit
Δ	Zeichen für Differenz (Delta)
ζ	Arbeitsgrad, Nutzungsgrad (Zeta)
ζ_1, ζ_2	Einzelarbeitsgrade
η	Wirkungsgrad (Eta)
η_1, η_2	Einzelwirkungsgrade
φ	Winkel zwischen F und s (Phi)
ω	Winkelgeschwindigkeit (Omega)

Ladung, Spannung, Stromstärke, Widerstand
Charge, Voltage, Amperage, Resistance

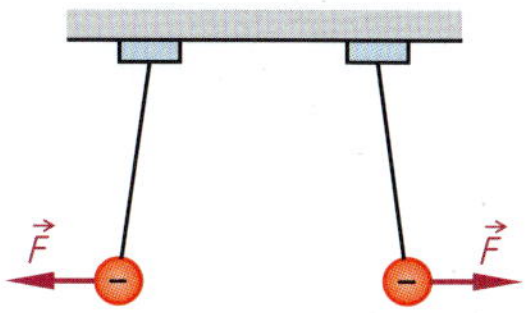

Abstoßung gleichnamiger Ladungen

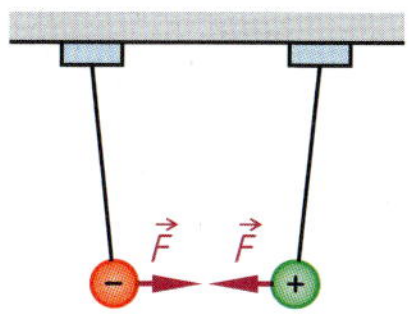

Anziehung ungleichnamiger Ladungen

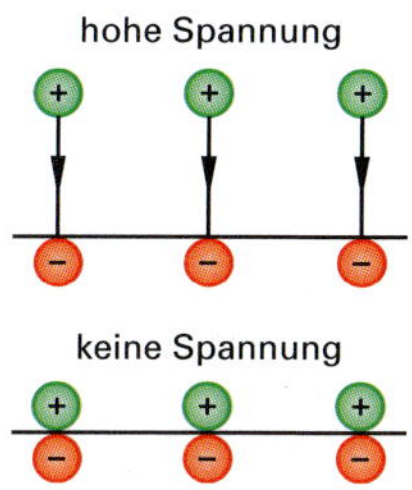

Spannungserzeugung

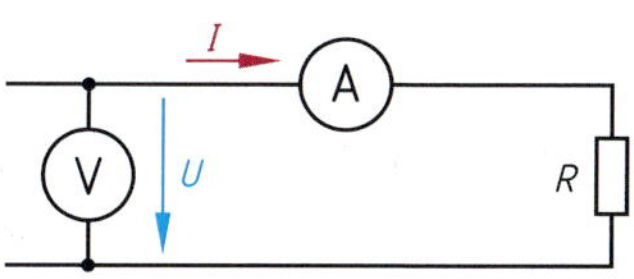

Strom, Spannung, Widerstand

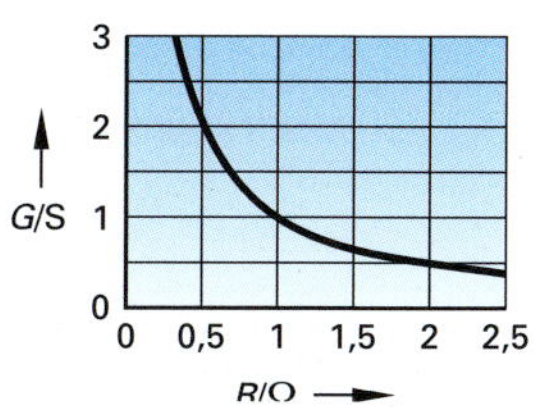

Leitwert und Widerstand

Ladung

Bei ungeladenem Körper:

$$Q = I \cdot t \qquad (1)$$

Bei geladenem Körper:

$$\Delta Q = I \cdot \Delta t \qquad (2)$$

$[Q] = \mathrm{A \cdot s = As = C}$

$[I] = \mathrm{A}$

$[t] = \mathrm{s}$

$[F] = \mathrm{N}$

$[I] = \frac{\mathrm{C}}{\mathrm{s}} = \frac{\mathrm{As}}{\mathrm{s}} = \mathrm{A}$

Berechnung der Kräfte *F* siehe Seite 41

Stromstärke, Strom

$$I = \frac{\Delta Q}{\Delta t} \qquad (3)$$

$$I = \frac{Q}{t} \qquad (4)$$

Stromdichte

$$J = \frac{I}{A} \qquad (5)$$

$[J] = \frac{\mathrm{A}}{\mathrm{m^2}}$

$[J] = \frac{\mathrm{A}}{\mathrm{mm^2}}$ (z.B. in Drähten)

Spannung

$$U = \frac{W}{Q} \qquad (6)$$

$$U = \frac{\Delta W}{\Delta Q}$$

$[U] = [W]/[Q] = \mathrm{J/C}$
$= \mathrm{Ws/As = W/A = V}$

Merkformel
zum ohmschen Gesetz:

$$U = R \cdot I \qquad (7)$$

Ohm'sches Gesetz

$$R = \frac{U}{I} \qquad (8)$$

$[R] = \Omega$ (Ohm)

$[G] = 1/\Omega = \mathrm{S}$ (Siemens)

Leitwert

$$G = \frac{1}{R} \qquad (9)$$

Bei Metallen:

$[\varrho] = \frac{\Omega \cdot \mathrm{mm^2}}{\mathrm{m}}$

$[\gamma] = \frac{\mathrm{m}}{\Omega \cdot \mathrm{mm^2}} = \frac{\mathrm{S \cdot m}}{\mathrm{mm^2}}$

Bei Nichtmetallen:
$[\varrho] = \Omega \cdot \mathrm{m}$

Leiterwiderstand

$$R = \frac{l}{\gamma \cdot A} \qquad (10)$$

spez. Widerstand

$$\varrho = \frac{1}{\gamma} \qquad (11)$$

$$R = \frac{\varrho \cdot l}{A} \qquad (12)$$

Werte für ϱ siehe Seiten 130, 131

A	Leiterquerschnitt
F	Kraft
G	Leitwert
I	Stromstärke
J	Stromdichte
Q	elektrische Ladung
R	Widerstand
t	Zeit
U	Spannung
W	Arbeit, Energie
Δ	Zeichen für Differenz
γ	Leitfähigkeit (Gamma)
ϱ	spezifischer Widerstand (Rho) siehe Seiten 130, 131.

Hinweis: In DIN 1304-1 ist für die Leitfähigkeit γ (Gamma) als *Vorzugszeichen* genannt. Als *Ausweichzeichen* können auch σ (Sigma) oder $\varkappa$ (Kappa) verwendet werden.

Elektrische Leistung, elektrische Arbeit Electric Power, Electric Work

M

Elektrische Leistung bei DC oder in Wirkwiderständen bei AC

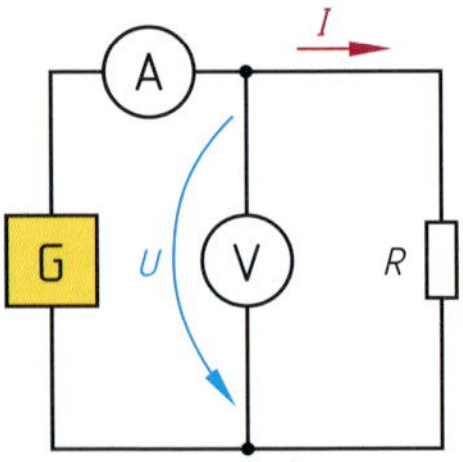

Ermitteln der Leistung mit Strommesser und Spannungsmesser

$[P] = V \cdot A = AV = W = J/s$

Leistungen bei anderen Spannungen
bei gleichem *R*:

$$\frac{P_1}{P_2} = \frac{U_1^2}{U_2^2} \quad (2)$$

$$\frac{P_1}{P_2} = \frac{I_1^2}{I_2^2} \quad (4)$$

Indizes 1 und 2 gelten für verschiedene Betriebsfälle

Leistung

$$P = U \cdot I \quad (1)$$

$$P = I^2 \cdot R \quad (3)$$

$$P = \frac{U^2}{R} \quad (5)$$

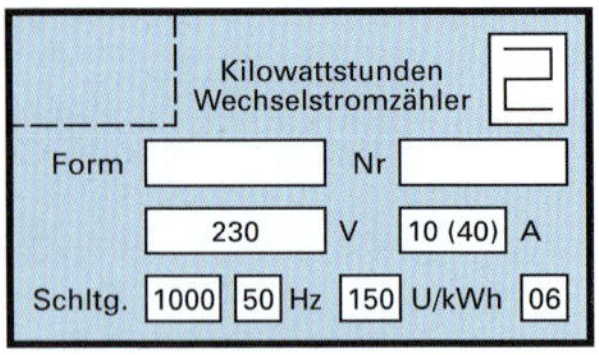

Leistungsschild eines Zählers

Leistungsmessung mit Zähler:

Beispiel:
$n = 8$ Umdrehungen in 2 min
$C_z = 150/\text{kWh}$; $P = ?$ kW

Lösung:

$$P = \frac{n}{C_z} = \frac{8/(2\ \text{min}) \cdot 60\ \text{min/h}}{150/\text{kWh}} = \mathbf{1{,}6\ kW}$$

$$P = \frac{\text{Zahl der Umdr.}}{t \cdot C_z}$$

$$P = \frac{n}{C_z} \quad (6)$$

Elektrische Arbeit

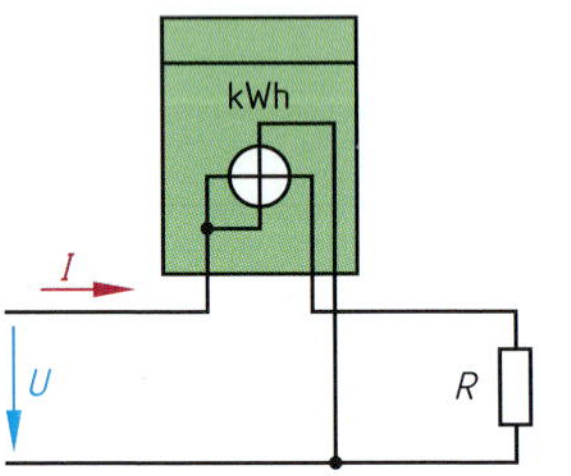

Messen der Arbeit mit dem Zähler

$[W] = Ws = J = Nm$
$3{,}6\ MJ = 1\ kWh$

Arbeit

$$W = P \cdot t \quad (7)$$

Arbeitspreis

$$K_A = W \cdot T \quad (8)$$

Stromwärmeenergie (Wärmemenge)

$$Q_S = W \quad (9)$$

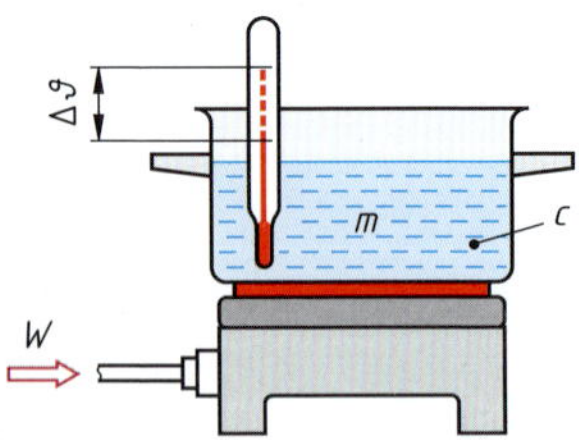

Elektrische Arbeit und Wärme

$[Q_s] = J$

$[c] = \frac{kJ}{kg \cdot K}$

$[\Delta\vartheta] = K$

Beispiel:
$W = 70\ \text{kWh}$; $T = 0{,}21\ €/\text{kWh}$;
$K_A = ?\ €$
Lösung:
$K_A = W \cdot T = 70\ \text{kWh} \cdot 0{,}21 \frac{€}{\text{kWh}} = \mathbf{14{,}70\ €}$

Stromwärmeenergie (Wärmemenge)

$$Q_S = \frac{\Delta\vartheta \cdot c \cdot m}{\zeta} \quad (10)$$

Arbeit in kWh

$$W_{kWh} = \frac{\Delta\vartheta \cdot c \cdot m}{3600 \cdot \zeta} \quad (11)$$

Leistung in kW

$$P_{kW} = \frac{\Delta\vartheta \cdot c \cdot m}{3600 \cdot \zeta \cdot t} \quad (12)$$

c	spezifische Wärmekapazität	n	Drehzahl	T	tariflicher Preis je kWh
C_z	Zählerkonstante	P	Leistung	U	Spannung
I	Stromstärke	Q_S	Stromwärmeenergie	W	Arbeit, Verbrauch an elektr. Energie
K_A	Arbeitspreis	R	Widerstand	$\Delta\vartheta$	Temperaturunterschied (Delta Theta)
m	Masse (z. B. Wassermenge)	t	Zeit	ζ	Wärmearbeitsgrad (Zeta)

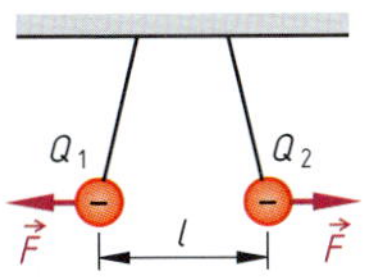

Coulomb'sches Gesetz (Kraftwirkung)

$K = \frac{1}{4\,\pi\,\varepsilon}$ Für Luft: $K \approx 9 \cdot 10^9\ \frac{\text{Vm}}{\text{As}}$

Die elektrische Feldstärke E gibt die Kraft an, die auf die Ladung $Q = 1$ As im elektrischen Feld wirkt.

Kraft

$$F = K \cdot \frac{Q_1 \cdot Q_2}{l^2} \quad (1)$$

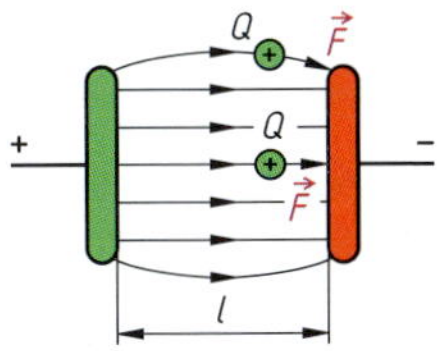

Elektrische Feldstärke

$[E] = \frac{\text{V}}{\text{m}} = \frac{\text{N}}{\text{As}}$

elekt. Feldstärke

$$E = \frac{F}{Q} \quad (2)$$

Beim homogenen Feld:

$$E = \frac{U}{l} \quad (3)$$

elekt. Flussdichte, Flächenladungsdichte

$[D] = \frac{\text{As}}{\text{m}^2}$

$$D = \frac{Q}{A} \quad (4)$$

$$D = \varepsilon_0 \cdot \varepsilon_r \cdot E \quad (5)$$

Permittivitätszahlen ε_r

Luft	1	Mineralöl	2 bis 2,4	Glas	4 bis 8
Stickstoff	1			Glimmer	6 bis 8
Sauerstoff	1			Rutil	40 bis 60

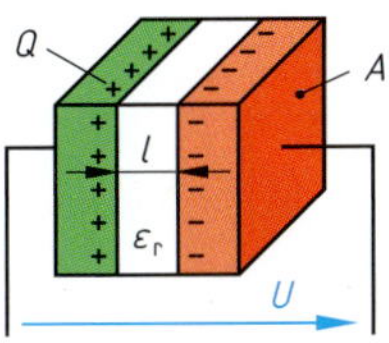

Kapazität

$\varepsilon = \varepsilon_0 \cdot \varepsilon_r$ $\varepsilon_0 = 8{,}85\ \frac{\text{pAs}}{\text{Vm}} = 8{,}85$ pF/m

$[C] = \frac{\text{As}}{\text{V}} = \text{F}$ (Farad)

Kapazität

$$C = \frac{\varepsilon \cdot A}{l} \quad (6)$$

$[Q] = \frac{\text{As}}{\text{V}} \cdot \text{V} = \text{As} = \text{C}$ (Coulomb)

Ladung

$$Q = I \cdot t \quad (7)$$

$\Delta Q = i \cdot \Delta t$

$$Q = C \cdot U \quad (8)$$

$\Delta Q = C \cdot \Delta u$

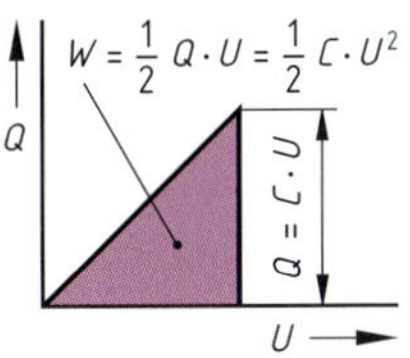

Energie beim Kondensator

$[\Delta t] = \text{s}$

Ladestrom

$$i = C \cdot \frac{\Delta u}{\Delta t} \quad (9)$$

Energie

$$W = \frac{1}{2}\,C \cdot U^2 \quad (10)$$

$[W] = \frac{\text{As}}{\text{V}} \cdot \text{V}^2 = \text{Ws} = \text{J}$ (Joule)

Energiedichte

$[w] = \frac{\text{J}}{\text{m}^3}$

$$w = \frac{W}{V} \quad (11)$$

$$w = \frac{1}{2} \cdot D \cdot E \quad (12)$$

Energiedichte

Die Energiedichte des elektrischen Feldes ist die gespeicherte Energie je Volumen des elektrischen Feldes.

Kondensator an Wechselspannung

Es fließt ein Blindstrom (dauernde Ladung und Entladung)

Kreisfrequenz

$$\omega = 2 \cdot \pi \cdot f \quad (13)$$

$[\omega] = 1/\text{s}$

Blindwiderstand

$$X_C = \frac{1}{\omega C} \quad (14)$$

$[X_C] = \Omega$

Blindstrom

$$I_{bC} = \frac{U}{X_C} \quad (15)$$

$[I_{bC}] = \text{A}$

A	Plattenfläche
C	Kapazität
D	elektrische Flussdichte, Flächenladungsdichte
E	elektrische Feldstärke
F	Kraft
f	Frequenz
I, i	Stromstärke
K	Koeffizient
l	Abstand der Ladungen, Plattenabstand
Q	Ladung
ΔQ	Ladungsänderung
$t, \Delta t$	Zeit, Zeitunterschied
U	Spannung
Δu	Spannungsänderung
V	Volumen
W, w	Energie, Energiedichte
X_C	kapazitiver Blindwiderstand
ε	Permittivität (Epsilon)
ε_0	elektrische Feldkonstante
ε_r	Permittivitätszahl
ω	Kreisfrequenz (Omega)

Magnetisches Feld, Spule   Magnetic Field, Coil

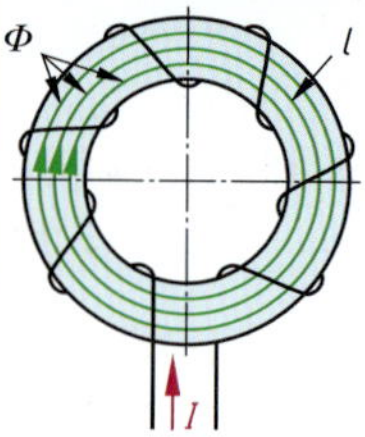

Magnetische Feldstärke

$[\Theta] = \text{A}$ $[H] = \dfrac{\text{A}}{\text{m}}$

$[\Phi] = \text{Vs} = \text{Wb (Weber)}$

Durchflutung

$$\Theta = I \cdot N \quad (1)$$

magn. Feldstärke

$$H = \frac{I \cdot N}{l} \quad (2)$$

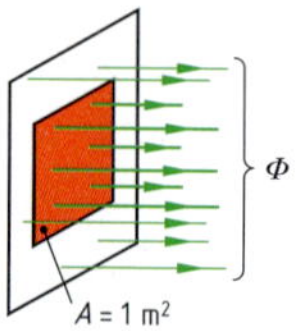

Magnetische Flussdichte, Induktion

$[B] = \dfrac{\text{Vs}}{\text{m}^2} = \text{T (Tesla)}$

$[\mu_0] = 1{,}257 \dfrac{\mu\text{Vs}}{\text{Am}}$

$= 1{,}257\ \mu\text{H/m}$

$\mu = \mu_0 \cdot \mu_r$

magn. Fluss

$$\Phi = \frac{\Theta}{R_m} \quad (3)$$

magn. Flussdichte

$$B = \frac{\Phi}{A} \quad (4)$$

In Luft:

$$B = \mu_0 \cdot H \quad (5)$$

In Magnetwerkstoffen:

$$B = \mu_0 \cdot \mu_r \cdot H \quad (6)$$

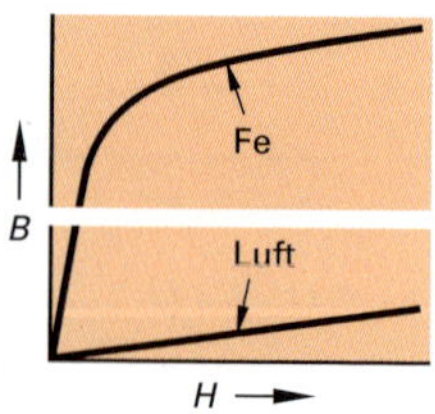

Magnetisierungskennlinie

Die Permeabilitätszahl μ_r gibt den Faktor an, um den die magnetische Leitfähigkeit des Kernes größer ist als die der Luft.

Für Luft: $\mu_r = 1$; für AlNiCo $\mu_r \leq 5$

$[F] = \dfrac{\text{T}^2 \cdot \text{m}^2 \cdot \text{Am}}{\text{Vs}} = \dfrac{\text{Ws}}{\text{m}} = \text{N (Newton)}$

Kraft

$$F = \frac{B^2 \cdot A}{2\,\mu_0} \quad (7)$$

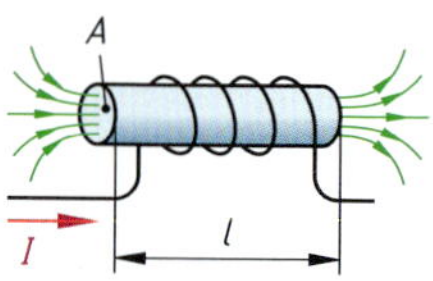

Induktivität

$[L] = \dfrac{\text{Vs}}{\text{A}} = \text{H (Henry)}$

Induktivität

$$L = \frac{N^2 \cdot \mu_0 \cdot \mu_r \cdot A}{l} \quad (8)$$

$$L = N^2 \cdot A_L \quad (9)$$

$[W] = \text{Ws} = \text{J (Joule)}$

$[w] = \dfrac{\text{J}}{\text{m}^3}$

Energiedichte

$$w = \frac{1}{2} \cdot B \cdot H \quad (10)$$

$$w = \frac{1}{2}\,\frac{B^2}{\mu_0 \cdot \mu_r} \quad (12)$$

Energie

$$W = \frac{1}{2} \cdot L \cdot I^2 \quad (11)$$

$$w = \frac{W}{V} \quad (13)$$

Induktivität an Wechselspannung

Es wird dauernd eine Spannung induziert, die gegen die angelegte Spannung wirkt. Diese bewirkt einen Blindwiderstand.

Kreisfrequenz

$$\omega = 2 \cdot \pi \cdot f \quad (14)$$

$[\omega] = 1/\text{s}$

Blindwiderstand

$$X_L = \omega \cdot L \quad (15)$$

$[X_L] = \Omega$

Blindstrom

$$I_{bL} = \frac{U}{X_L} \quad (16)$$

$[I_{bL}] = \text{A}$

A	Polfläche, Spulenquerschnitt
A_L	Spulenkonstante
B	magnetische Flussdichte
F	Kraft (bei Elektromagneten)
f	Frequenz
H	magnetische Feldstärke
I	Stromstärke
L	Induktivität
l	mittlere Feldlinienlänge, Länge der Spule
N	Windungszahl
R_m	magnetischer Widerstand
V	Volumen
W, w	Energie, Energiedichte
X_L	induktiver Blindwiderstand
Φ	magnetischer Fluss (Phi)
Θ	Durchflutung (Theta)
μ	Permeabilität (My)
μ_0	magnetische Feldkonstante
μ_r	Permeabilitätszahl (Seite 132)
ω	Kreisfrequenz (Omega)

Strom im Magnetfeld, Induktion — Current in Magnetic Field, Inducing Voltage

Strom im Magnetfeld

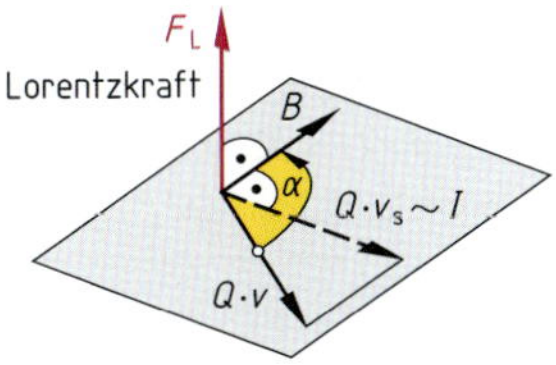

Richtung der Lorentzkraft

Bewegte elektrische Ladungen werden in einem Magnetfeld abgelenkt (Lorentzkraft). Die Richtung der Kraft auf die Ladungen ist senkrecht zur Stromrichtung und senkrecht zur Richtung des Magnetfeldes.

$$[F_L] = \text{As} \cdot \frac{\text{m}}{\text{s}} \cdot \frac{\text{Vs}}{\text{m}^2} = \frac{\text{Ws}}{\text{m}} = \text{N}$$

$$F = Q \cdot v_s \cdot B = I \cdot t \cdot \frac{l}{t} \cdot B = B \cdot I \cdot l$$

$$[F] = \frac{\text{Vs}}{\text{m}^2} \cdot \text{A} \cdot \text{m} = \frac{\text{Ws}}{\text{m}} = \text{N}$$

Lorentzkraft

$$F_L = Q \cdot v \cdot B \cdot \sin \alpha \quad (1)$$

$$F_L = Q \cdot v_s \cdot B \quad (2)$$

Ablenkkraft
allgemein:

$$F = B \cdot I \cdot l \cdot z \cdot \sin \alpha \quad (3)$$

für $\alpha = 90°$:

$$F = B \cdot I \cdot l \cdot z \quad (5)$$

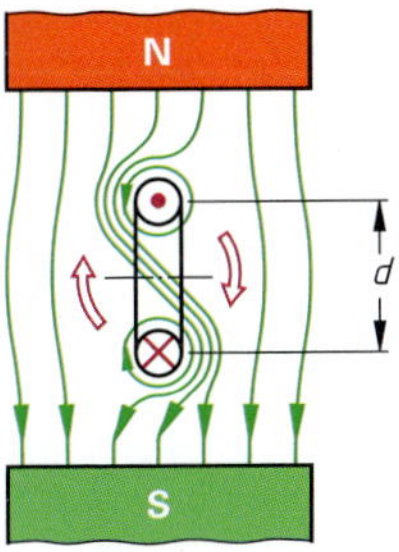

Entstehung des Kraftmoments

Kraftmoment

$[M] = \text{N} \cdot \text{m} = \text{Nm}$

$$M = F \cdot d$$
$$T = F \cdot d \quad (4)$$

Induktion

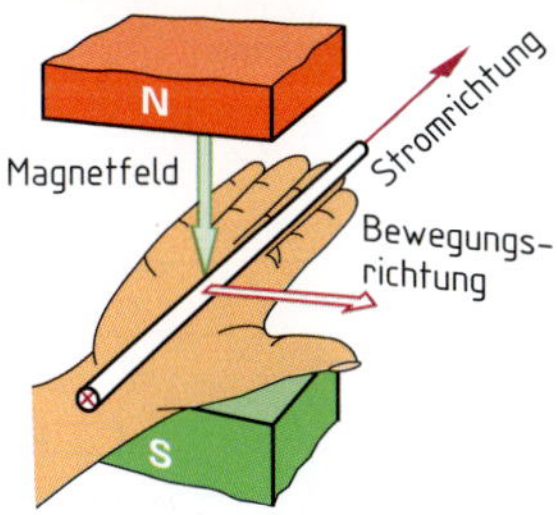

Rechte-Hand-Regel

$$[u_i] = \frac{\text{Vs}}{\text{m}^2} \cdot \text{m} \cdot \frac{\text{m}}{\text{s}} = \text{V}$$

Bei im Magnetfeld rotierender Rechteck-Spule:

$$\hat{u}_i = 2 \cdot N \cdot B \cdot l \cdot v_s \quad (7)$$

induzierte Spannungen
Induktion der Bewegung:

$$u_i = z \cdot B \cdot l \cdot v \cdot \sin \alpha \quad (6)$$

$$u_i = z \cdot B \cdot l \cdot v_s \quad (8)$$

Induktion durch Flussänderung:

$$u_i = -N \cdot \frac{\Delta \Phi}{\Delta t} \quad (9)$$

$$[u_i] = \frac{\text{Vs}}{\text{s}} = \text{V}$$

Induktion durch Stromänderung:

$$u_i = -L \cdot \frac{\Delta i}{\Delta t} \quad (10)$$

$$[u_i] = \text{H} \cdot \frac{\text{A}}{\text{s}} = \frac{\text{Vs}}{\text{A}} \cdot \frac{\text{A}}{\text{s}} = \text{V}$$

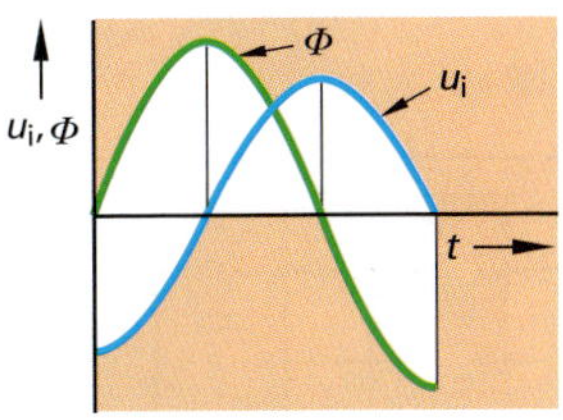

Verlauf von u_i und Φ in Abhängigkeit von t

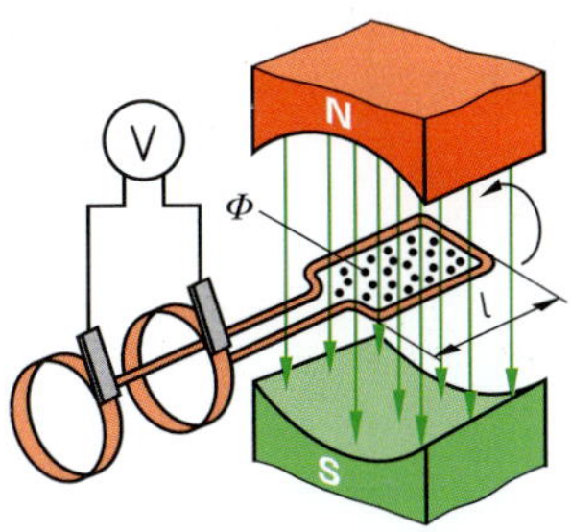

Rechteck-Spule im Magnetfeld

B	magnetische Flussdichte
d	Durchmesser der Spule
F	Ablenkkraft einer Spulenseite
F_L	Lorentzkraft
I	Stromstärke
Δi	Stromänderung
L	Induktivität
l	wirksame Länge eines Leiters im Magnetfeld
M, T	Kraft-, Torsionsmoment
N	Windungszahl
Q	Ladung
u_i	induzierte Spannung
v	Geschwindigkeit
v_s	Geschwindigkeit senkrecht zum Magnetfeld
Δt	Zeitunterschied
z	Anzahl der Leiter
α	Winkel zwischen v bzw. Leiter und Magnetfeld
$\Delta \Phi$	magnetische Flussänderung

M

Grundschaltungen

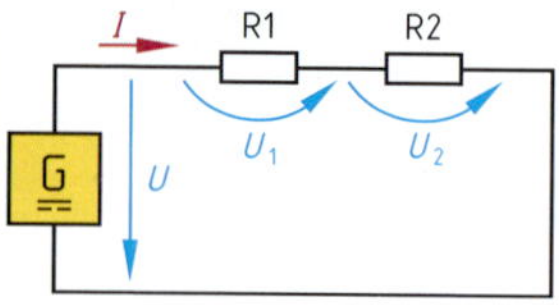

Reihenschaltung von Widerständen

Reihenschaltung:
Stromstärke ist gleich

$$I = \text{konstant} \quad (1)$$

$$U = U_1 + U_2 + \dots \quad (2)$$

$$\frac{U_1}{U_2} = \frac{R_1}{R_2} \quad (3)$$

$$R = R_1 + R_2 + \dots \quad (4)$$

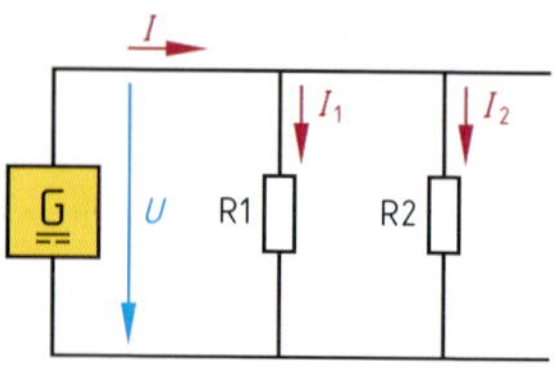

Parallelschaltung von Widerständen

Parallelschaltung:
Spannung ist gleich

$$I = I_1 + I_2 + \dots \quad (5)$$

$$U = \text{konstant} \quad (6)$$

$$G = G_1 + G_2 + \dots \quad (7)$$

Bei zwei Widerständen:

$$R = \frac{R_1 \cdot R_2}{R_1 + R_2} \quad (8)$$

$$\frac{1}{R} = \frac{1}{R_1} + \frac{1}{R_2} + \dots \quad (9)$$

$$R_1 = \frac{R_2 \cdot R}{R_2 - R} \quad (10)$$

$$\frac{I_1}{I_2} = \frac{R_2}{R_1} \quad (11)$$

$$R_2 = \frac{R_1 \cdot R}{R_1 - R} \quad (12)$$

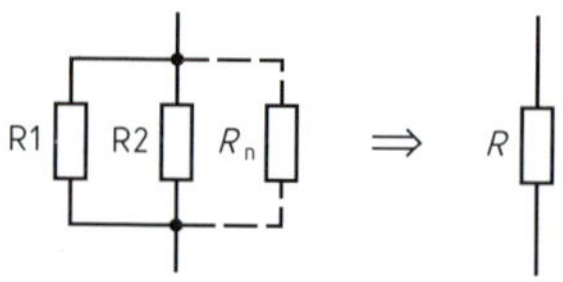

Parallelschaltung mehrerer gleicher Widerstände

$[I] = \text{A}$; $[U] = \text{V}$
$[G] = \text{S}$; $[R] = \Omega$

Bei n gleichen Widerständen:

$$R = \frac{R_1}{n} \quad (13)$$

Gemischte Schaltungen

1. Beispiel:

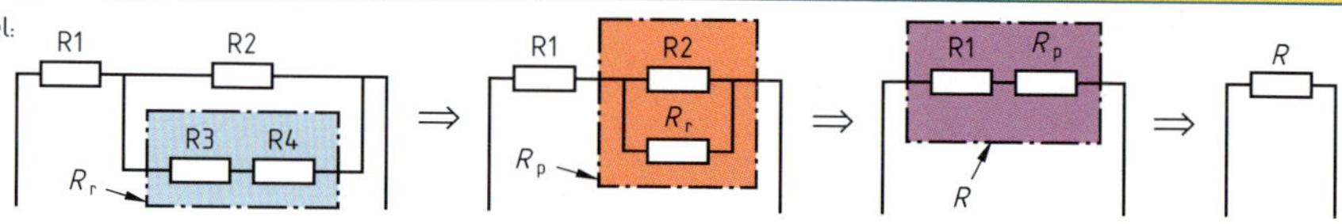

Berechnungsgang $R_r = R_3 + R_4$ ⇒ $R_p = R_2 \parallel R_r = \frac{R_2 \cdot R_r}{R_2 + R_r}$ ⇒ $R = R_p + R_1$

2. Beispiel:

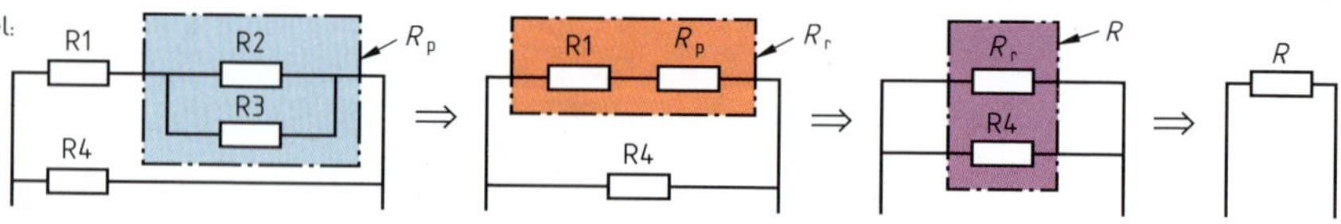

Berechnungsgang $R_p = R_2 \parallel R_3 = \frac{R_2 \cdot R_3}{R_2 + R_3}$ ⇒ $R_r = R_1 + R_p$ ⇒ $R = R_r \parallel R_4 = \frac{R_r \cdot R_4}{R_r + R_4}$

G	Ersatzleitwert
G_1, G_2	Einzelleitwerte
I	Gesamtstrom
I_1, I_2	Teilströme
n	1, 2, 3, ...
R	Ersatzwiderstand
R_1 bis R_4	Einzelwiderstände
R_p	Ersatzwiderstand der Parallelschaltung
R_r	Ersatzwiderstand der Reihenschaltung
U	Gesamtspannung
U_1, U_2	Teilspannungen
$\parallel$	Zeichen für parallel

Bezugspfeile, Kirchhoff'sche Regeln, Spannungsteiler
Reference Arrows, Kirchhoff's Rules, Voltage Divider

Strombezugspfeile

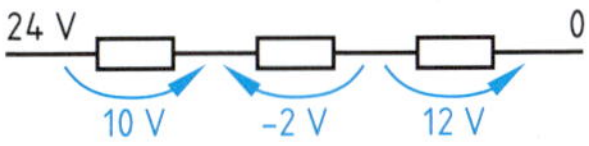

Spannungsbezugspfeile

Haben Stromrichtung und Bezugspfeil dieselbe Richtung, so spricht man von positiver Stromstärke.

Eine positive Spannungsangabe bedeutet, dass die Richtung der Spannung (+ nach –) gleich der Bezugspfeilrichtung ist.

$$I_1 + I_2 + ... = 0 \quad (1)$$

$$\Sigma I_i = 0 \quad (2)$$

i = 1, 2, 3, ...

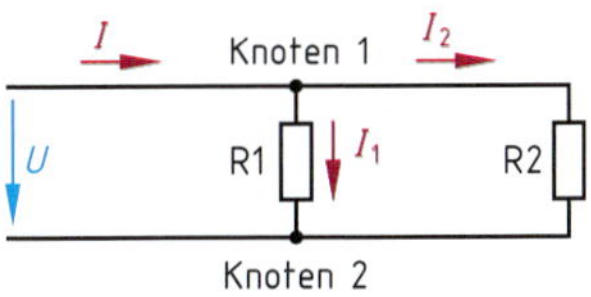

Knoten

Knotenregel
(1. Kirchhoff'sche Regel):

Die Summe der auf einen Knoten zufließenden Ströme ist gleich der Summe der von ihm abfließenden Ströme.

$I = I_1 + I_2$

Knotenregel

$$\Sigma I_{zu} = \Sigma I_{ab} \quad (3)$$

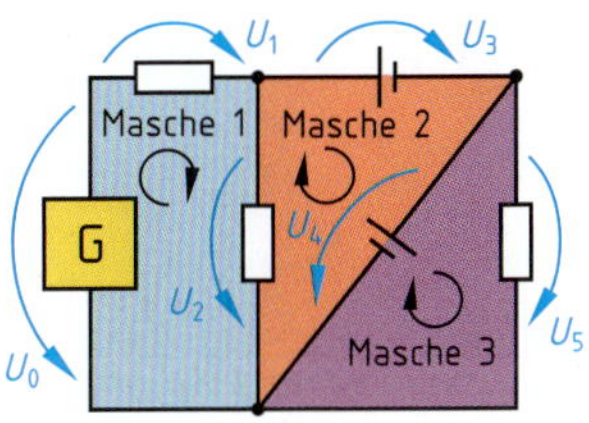

Maschen

Maschenregel
(2. Kirchhoff'sche Regel):

Bei einem elektrischen Netzwerk ist die Summe der Spannungen in einer Masche gleich null, wenn man von einem Knoten aus auf beliebigem Weg die Masche durchläuft.

In Schaltung Bild „Maschen":

$U_1 + U_2 - U_0 = 0$
$U_3 + U_4 - U_2 = 0$
$U_5 - U_4 = 0$

Maschenregel

$$U_1 + U_2 + ... = 0 \quad (4)$$

$$\Sigma U_i = 0 \quad (5)$$

i = 1, 2, 3, ...

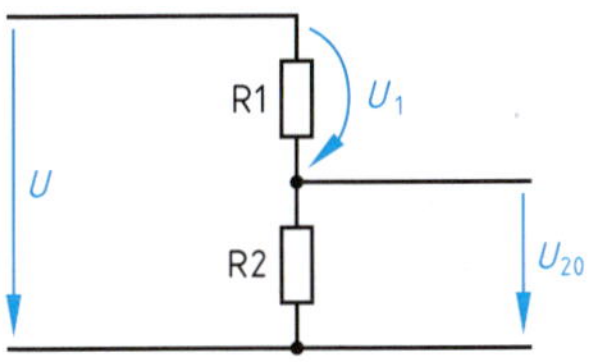

Unbelasteter Spannungsteiler

Unbelasteter Spannungsteiler

$$U = U_1 + U_{20} \quad (6)$$

$$U_{20} = \frac{R_2}{R_1 + R_2} \cdot U \quad (7)$$

$$\frac{U_{20}}{U_1} = \frac{R_2}{R_1} \quad (8)$$

$$R_1 = R_2 \cdot \left(\frac{U}{U_{20}} - 1\right) \quad (9)$$

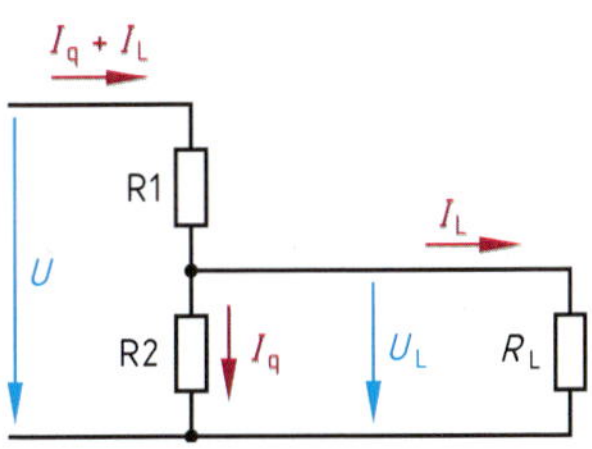

Belasteter Spannungsteiler

Belasteter Spannungsteiler

$$q = \frac{I_q}{I_L} = \frac{R_L}{R_2} \quad (10)$$

$$q = \frac{I_q}{I_L} = \frac{U_L\,(U - U_{20})}{U\,(U_{20} - U_L)}$$

U_L ändert sich bei Lastschwankungen wenig, wenn q groß ist, z.B. $q \geq 10$, meist $q \approx 5$.

$$U_L = \frac{U}{\dfrac{R_1 \cdot (R_L + R_2)}{R_L \cdot R_2} + 1} \quad (11)$$

$$R_2 = R_L \cdot \frac{U}{U_L} \cdot \left(\frac{U_{20} - U_L}{U - U_{20}}\right) \quad (12)$$

I	Stromstärke	I_{zu}	zufließender Strom	U	Gesamtspannung
I_1, I_2	Einzelströme	i	Zählindex	U_1, U_2	Einzelspannungen, Teilspannungen
I_{ab}	abfließender Strom	q	Querstromverhältnis	U_L	Lastspannung
I_L	Laststrom	R_1, R_2	Teilwiderstände	U_{20}	Teilspannung 2 im Leerlauf
I_q	Querstrom	R_L	Lastwiderstand	Σ	Zeichen für Summe

M

Grundschaltungen von Induktivitäten und Kapazitäten
Basic Circuits of Inductances and Capacitances

Reihenschaltung: I = konstant $U = U_1 + U_2 + \dots$

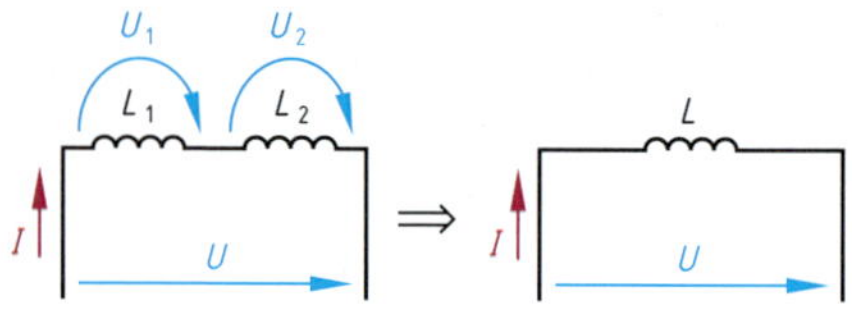

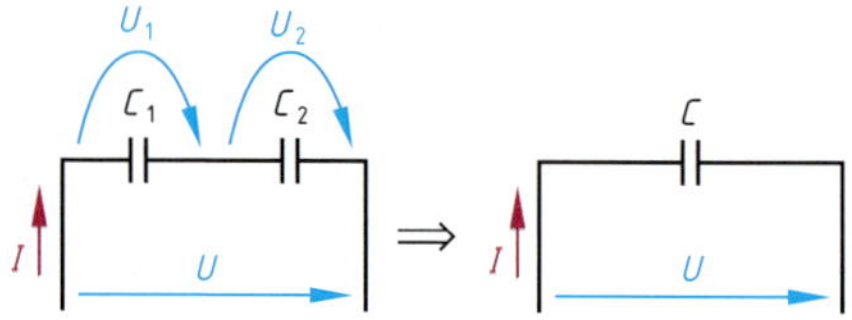

Bei Wechselspannung:

$$\frac{U_1}{U_2} = \frac{L_1}{L_2} \quad (1)$$

Bei Spulen ohne magnetische Kopplung:

$$L = L_1 + L_2 + \dots \quad (2)$$

$Q = Q_1 = Q_2$

$$\frac{U_1}{U_2} = \frac{C_2}{C_1} \quad (3)$$

$\frac{Q}{C} = \frac{Q}{C_1} + \frac{Q}{C_2}$

$$\frac{1}{C} = \frac{1}{C_1} + \frac{1}{C_2} + \dots \quad (4)$$

Bei n gleichen Kondensatoren:

$$C = \frac{C_1}{n} \quad (5)$$

Bei zwei Kondensatoren:

$$C = \frac{C_1 \cdot C_2}{C_1 + C_2} \quad (6)$$

Parallelschaltung: U = konstant $I = I_1 + I_2 + \dots$

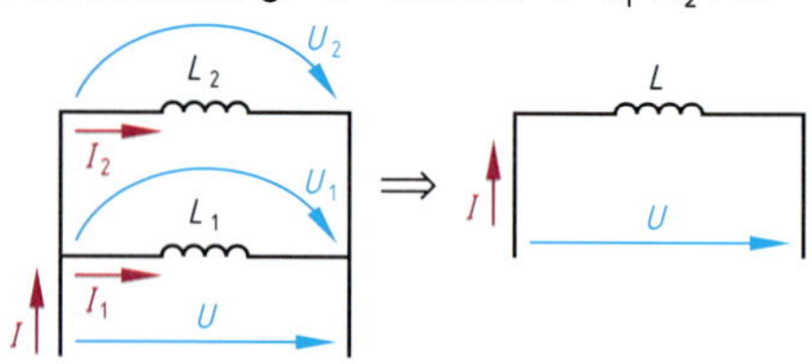

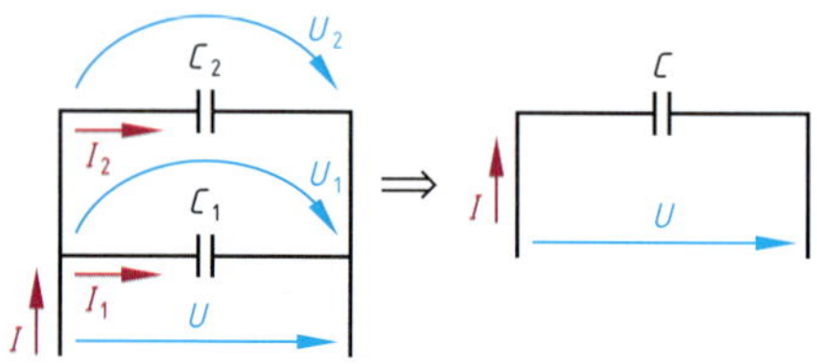

Bei Wechselstrom:

$$\frac{I_1}{I_2} = \frac{L_2}{L_1} \quad (7)$$

Bei Spulen ohne magnetische Kopplung:

$$\frac{1}{L} = \frac{1}{L_1} + \frac{1}{L_2} + \dots \quad (8)$$

Bei n gleichen Spulen:

$$L = \frac{L_1}{n} \quad (9)$$

Bei zwei Spulen:

$$L = \frac{L_1 \cdot L_2}{L_1 + L_2} \quad (10)$$

$Q = Q_1 + Q_2$

$$\frac{I_1}{I_2} = \frac{C_1}{C_2} \quad (11)$$

$U \cdot C = U \cdot C_1 + U \cdot C_2$

$$C = C_1 + C_2 + \dots \quad (12)$$

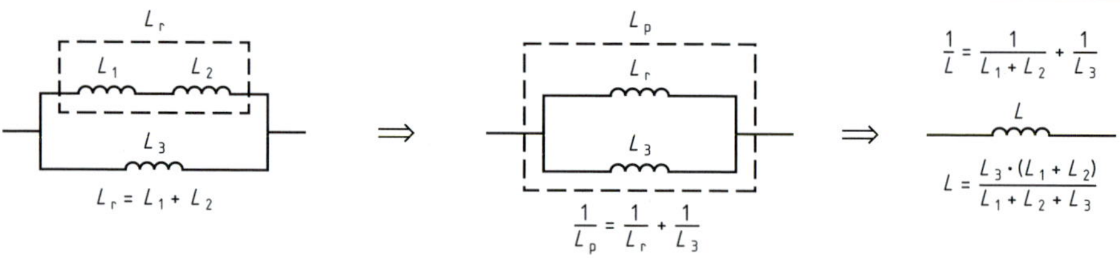

$L_r = L_1 + L_2$ ⟹ $\frac{1}{L_p} = \frac{1}{L_r} + \frac{1}{L_3}$ ⟹ $\frac{1}{L} = \frac{1}{L_1 + L_2} + \frac{1}{L_3}$

$$L = \frac{L_3 \cdot (L_1 + L_2)}{L_1 + L_2 + L_3}$$

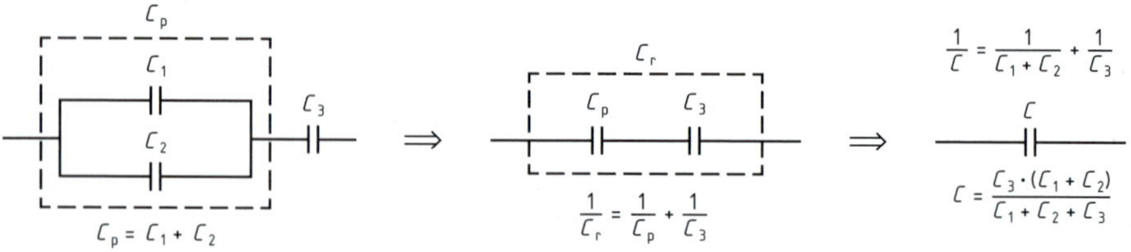

$C_p = C_1 + C_2$ ⟹ $\frac{1}{C_r} = \frac{1}{C_p} + \frac{1}{C_3}$ ⟹ $\frac{1}{C} = \frac{1}{C_1 + C_2} + \frac{1}{C_3}$

$$C = \frac{C_3 \cdot (C_1 + C_2)}{C_1 + C_2 + C_3}$$

C	Ersatzkapazität	L	Ersatzinduktivität	Q_1, Q_2	Einzelladungen
C_1, C_2	Einzelkapazitäten	L_1, L_2	Einzelinduktivitäten	U_1, U_2	Teilspannungen
I	Gesamtstromstärke	n	ganzzahliger Faktor	Indizes	p Parallel
I_1, I_2	Einzelstromstärken	Q	Gesamtladung		r in Reihe

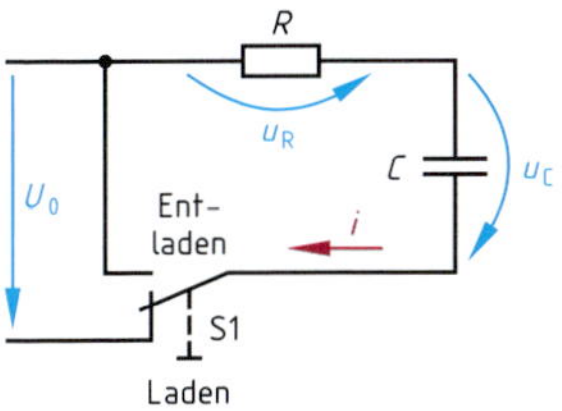

Zeitkonstante

$$\tau = R \cdot C \quad (1)$$

$[\tau] = [t] = \Omega \cdot \frac{\mathrm{As}}{\mathrm{V}} = \mathrm{s}$

$[R] = \Omega$

$[C] = \frac{\mathrm{As}}{\mathrm{V}} = \frac{\mathrm{C}}{\mathrm{V}} = \mathrm{F}$

$[i] = \mathrm{A}$

$[U_0] = [u_C] = [u_R] = \mathrm{V}$

Beim Laden (Einschalten):

$$i = \frac{U_0}{R} \cdot \exp(-t/\tau) \quad (2)$$

$$u_C = U_0[1 - \exp(-t/\tau)] \quad (3)$$

Beim Entladen (Kurzschließen)

$$i = -\frac{U_0}{R} \cdot \exp(-t/\tau) \quad (4)$$

$$u_C = U_0 \cdot \exp(-t/\tau) \quad (5)$$

Beim Laden und Entladen:

$$u_R = i \cdot R \quad (6)$$

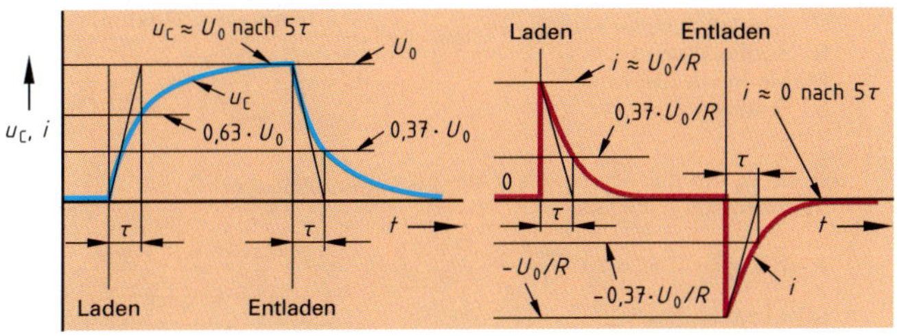

Kondensatorspannung und Kondensatorstrom der RC-Reihenschaltung

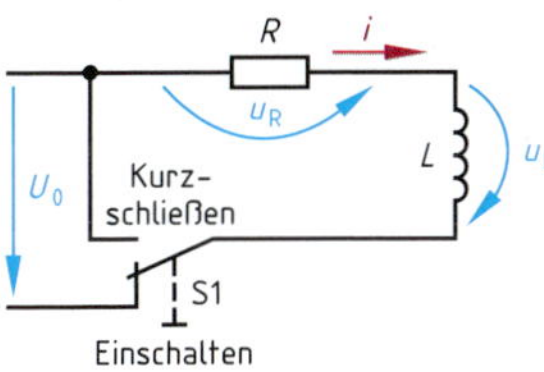

$[\tau] = \frac{\mathrm{H}}{\Omega} = \mathrm{s}$

$[L] = \frac{\mathrm{Vs}}{\mathrm{A}} = \mathrm{H}$

$[R] = \Omega$

$[i] = \mathrm{A}$

$[t] = \mathrm{s}$

$[U_0] = [u_R] = [u_L] = \mathrm{V}$

Zeitkonstante

$$\tau = \frac{L}{R} \quad (7)$$

Beim Einschalten:

$$i = \frac{U_0}{R}[1 - \exp(-t/\tau)] \quad (8)$$

$$u_L = U_0 \cdot \exp(-t/\tau) \quad (9)$$

Beim Kurzschließen:

$$i = \frac{U_0}{R} \cdot \exp(-t/\tau) \quad (10)$$

$$u_L = -U_0 \cdot \exp(-t/\tau) \quad (11)$$

Beim Einschalten und beim Kurzschließen:

$$u_R = i \cdot R \quad (12)$$

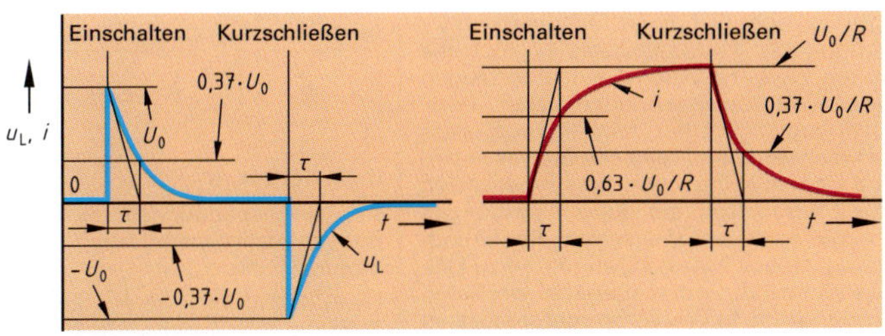

Spulenspannung und Spulenstrom der RL-Reihenschaltung

C	Kapazität	t	Zeit	u_C	Kondensatorspannung
i	Stromstärke (Augenblickswert)	u	Spannung (Augenblickswert)	u_L	Spulenspannung
L	Induktivität	U_0	speisende Gleichspannung	u_R	Spannung an R
R	Wirkwiderstand	τ	Zeitkonstante (Tau)		

exp $(-t/\tau)$ ist die genormte Schreibweise von $e^{-t/\tau}$. Beim Taschenrechner muss man bei der Berechnung die Taste e^x verwenden und nicht die Taste exp.
Die Zeitkonstante gibt die Zeit an, nach der ein nach e^x verlaufender Vorgang beendet wäre, wenn der Vorgang mit der Anfangsgeschwindigkeit weiter verlaufen würde. Das ist aus den Tangenten der Bilder erkennbar. Endwerte von u und i sind erreicht nach $t \approx 5\tau$.

Wechselgrößen, Oberschwingungen   Alternating Quantities, Harmonics

Wechselgrößen

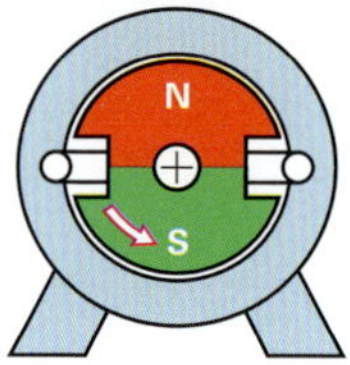

Innenpolmaschine mit einem Polpaar

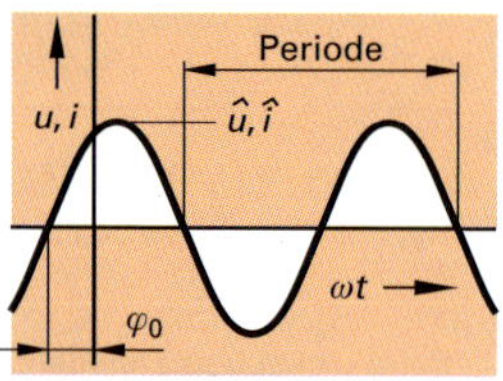

Sinusspannung mit Nullphasenwinkel

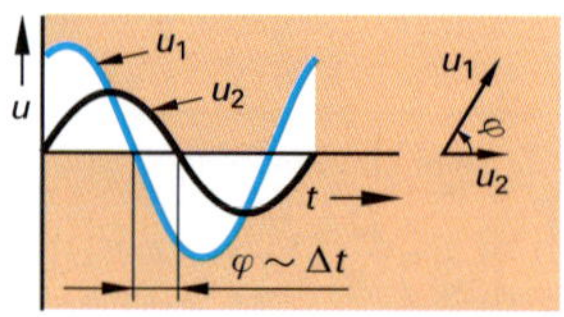

Liniendiagramm   Zeigerdiagramm

Phasenverschiebung

Frequenz

$$f = \frac{1}{T} \quad (1)$$

$$f = p \cdot n \quad (2)$$

$[f]$ = 1/s = Hz $[n]$ = 1/s

Kreisfrequenz

$$\omega = 2\pi \cdot f \quad (3)$$

$[\omega]$ = 1/s

Scheitelfaktor, Crestfaktor

$$F_C = \frac{\hat{u}}{U_{RMS}} = \frac{\hat{i}}{I_{RMS}} \quad (4)$$

RMS für Leistungsmittelwert, quadratischer Mittelwert
R Root = Wurzel
M Mean = Mittelwert
S Square = Quadrat

Effektivwert bei Sinusform

$$U = \frac{\hat{u}}{\sqrt{2}} \quad (5)$$

$$I = \frac{\hat{i}}{\sqrt{2}} \quad (6)$$

Effektivwert allgemein

$$U = \frac{\hat{u}}{F_C} \quad (7)$$

$$I = \frac{\hat{i}}{F_C} \quad (8)$$

u_1 eilt u_2 um den Phasenverschiebungswinkel φ voraus.

$\varphi = 2\pi \cdot \frac{\varphi°}{360°}$; $\varphi° = \Delta t \cdot \frac{360°}{T}$

$[\varphi]$ = rad; $[\varphi°]$ = °

Augenblickswert

$$u = \hat{u} \cdot \sin(\omega t + \varphi_0) \quad (9)$$

$$u = \hat{u} \cdot \sin(360° \cdot f \cdot t + \varphi_0°) \quad (10)$$

ab Zeitpunkt Nulldurchgang ($\varphi_0 = 0$):

$$u = \hat{u} \cdot \sin(360° \cdot f \cdot t) \quad (13)$$

Spitze-Tal-Wert

$$\hat{\underset{\vee}{u}} = 2 \cdot \hat{u} \quad (11)$$

$$\hat{\underset{\vee}{i}} = 2 \cdot \hat{i} \quad (12)$$

Oberschwingungen

Begriffe	Erklärung	Bemerkungen, Formeln
Grundschwingung franz. Physiker Fourier, 1768 bis 1830 Ordnungszahl Harmonische Folgen von Oberschwingungen	Generatoren sind so konstruiert, dass ihre Spannung wie eine Sinuslinie schwingt, z. B. mit 50 Hz. Diese Spannung nennt man *Grundschwingung* oder *1. Teilschwingung* oder Schwingung mit Ordnungszahl 1. Einfache Generatoren, z. B. Fahrraddynamos, erzeugen periodische Wechselspannungen, aber keine Sinusspannungen. Fourier fand heraus, dass man alle Wechselspannungen aus Grundschwingung und Oberschwingungen zusammensetzen kann. *Harmonische* sind die Oberschwingungen mit dem ganzzahligen Vielfachen der Grundschwingung. Oberschwingungen führen zu kleinerem Leistungsfaktor und damit zu größeren Leistungsverlusten. In Drehstrommotoren treten zusätzliche Drehfelder durch die Oberschwingungen auf, z. T. gegen das Drehfeld der Grundschwingung.	Oberschwingungen sind Vielfache der Grundschwingung. **Ordnungszahlen ν (nüh)** bei AC: $\nu = k + 1$ (14) bei 3AC ohne N: $\nu = \pm 3k + 1$ (15) mit k = 0, 2, 4, 6 Bei Gleichspannungsanteil kommen zusätzlich geradzahlige Harmonische dazu. Bei 3AC tritt auch im N stärkerer Strom auf. Negatives ν in Formel 15 führt in Motoren zu einem Drehfeld gegen das Grunddrehfeld.

f Frequenz
F_C Scheitelfaktor, Crestfaktor
i Augenblickswert des Stromes
$\hat{i}$ Scheitelwert des Stromes
$\hat{\underset{\vee}{i}}$ Spitze-Tal-Wert des Stromes
I Effektivwert des Stromes
n Drehfelddrehzahl
p Polpaarzahl der Maschine
t Zeit
t_i Impulszeit
T Periodendauer
u Augenblickswert der Spannung
$\hat{u}$ Scheitelwert der Spannung
$\hat{\underset{\vee}{u}}$ Spitze-Tal-Wert der Spannung
U Effektivwert der Spannung
ν Ordnungszahl
φ Phasenverschiebungswinkel
φ_0 Nullphasenwinkel
ω Kreisfrequenz, Winkelgeschwindigkeit

Messen von Oberschwingungen Measurement of Harmonic Distortions

Vorgang, Aufgabe	Erklärung, Lösung	Bilder, Formeln

Zum Messen der Oberschwingungen verwendet man Netzanalysegeräte, z. B. beim Einphasennetz einen speziellen Zangenstromwandler **(Bild)**. Dieser hat ein Display zur Darstellung von Strom- und Spannungsverlauf wie bei einem Oszilloskop. Außerdem können die Oberschwingungen grafisch als Histogramm angezeigt werden **(Bild unten)**.

www.fluke.de/fluke345

Aus dem Oszillogramm von U und I kann der Anwender erkennen, ob Oberschwingungen vorliegen. Diese können getrennt nach ihren Ordnungszahlen als Effektivwerte gemessen werden, z. B. die Grundschwingung und die 3. Teilschwingung. Auch der gesamte Effektivwert (THD-Wert von Total Harmonic Distortion) ist messbar und ist zusammen mit den einzelnen Effektivwerten als Histogramm anzeigbar.

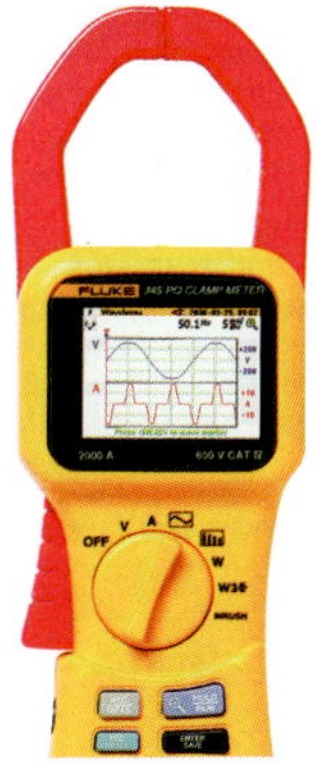

Netzqualitätsmesszange

Beispiel 1: In einer Einphasenanlage wurden gemessen U_1 = 230 V, U_3 = 120 V, U_5 = 50 V, U_7 = 8 V.

Wie groß ist der THD-Wert?

Die Angabe erfolgt meist in %.

Hier also nach *Lösung*
0,3207 = 32,07 %

Der Anteil der Oberschwingungen beträgt 32,07 %

Lösung:

$$THD = \frac{U_3^2 + U_5^2 + U_7^2}{U_1^2}$$

$$= \frac{(120\ \text{V})^2 + (50\ \text{V})^2 + (8\ \text{V})^2}{(230\ \text{V})^2}$$

$$= \frac{14400 + 2500 + 64}{52900} = \mathbf{0{,}3207}$$

THD-Wert der Spannung

$$THD = \frac{U_3^2 + U_5^2 + U_7^2 + \ldots + U_n^2}{U_1^2} \quad (1)$$

U_x mit x = 1, 3, 5, 7 Spannung der Ordnungszahl x

In entsprechender Weise mit I ist der THD-Wert des Stromes zu ermitteln.

Für die Energietechnik ist der THD-Wert der Spannung als THD_V-Wert festgelegt.

Beispiel 2: Der Effektivwert einer Spannung beträgt 232 V, der Effektivwert der Grundschwingung ist 230 V. Wie groß ist der THD_V-Wert?

Die Angabe erfolgt meist in %.

Hier also nach *Lösung*
THD_V = 0,132 = **13,2 %**

Lösung:

$$THD_V = \frac{\sqrt{V^2 - V_1^2}}{V_1}$$

$$= \frac{\sqrt{(232\ \text{V})^2 - (230\ \text{V})^2}}{230\ \text{V}}$$

$$= \frac{\sqrt{53824 - 52900}}{230} = \mathbf{0{,}132}$$

THD_V-Wert der Spannung in der Energietechnik

$$THD_V = \frac{\sqrt{V^2 - V_1^2}}{V_1} \quad (2)$$

V Spannung mit Oberschwingungen
V_1 Grundschwingung
V von Voltage

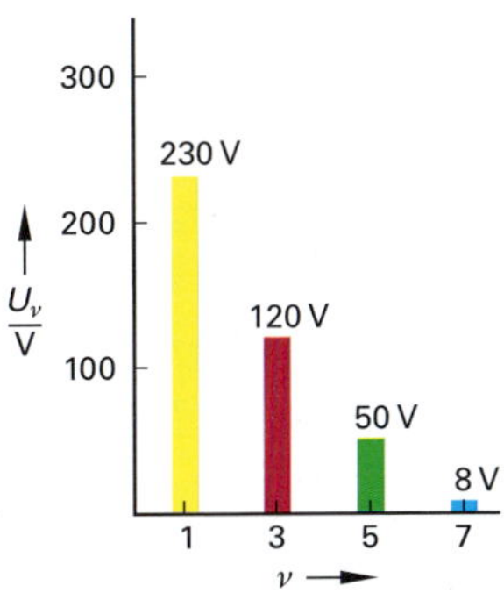

Histogramm zu Beispiel 1

Bei Erzeugungsanlagen, z. B. PV-Anlagen, Biogasanlagen oder Windrädern, dürfen die Oberschwingungsströme Grenzen nach Tabelle 1 nicht überschreiten, da sonst die Oberschwingungsspannungen im Netz zu groß würden. Wenn durch Messungen festgestellt wird, dass zulässige Grenzen überschritten werden, muss der Anteil an Oberschwingungen reduziert werden, z. B. durch Kompensation (Seite 57).

Tabelle 1: Zulässige Oberschwingungsströme bei Erzeugungsanlagen vgl. VDE-AR-N 4105

ν	I_ν in mA je kVA der Anlage
3	3
5	1,5
7	1
9	0,7
11	0,5

ν (griech. Nü) Ordnungszahl

Zeigerdiagramme von Wechselstromgrößen Vector Diagrams of A. C. Quantities

Sinuslinie und Zeiger

Eine Sinuslinie entsteht, wenn man die Höhe der Zeigerspitze eines sich links (entgegen dem Uhrzeigersinn) drehenden Zeigers in Abhängigkeit vom Drehwinkel aufzeichnet. Entsprechend stellt man sinusförmige Wechselspannungen und Wechselströme durch Zeiger dar.

Auch die von Stromstärke und Spannung abgeleiteten Größen Leistung, Widerstand und Leitwert lassen sich entsprechend darstellen, obwohl es sich nicht um eigentliche Zeiger handelt. Die Winkel zwischen den Zeigern entsprechen der Phasenverschiebung.

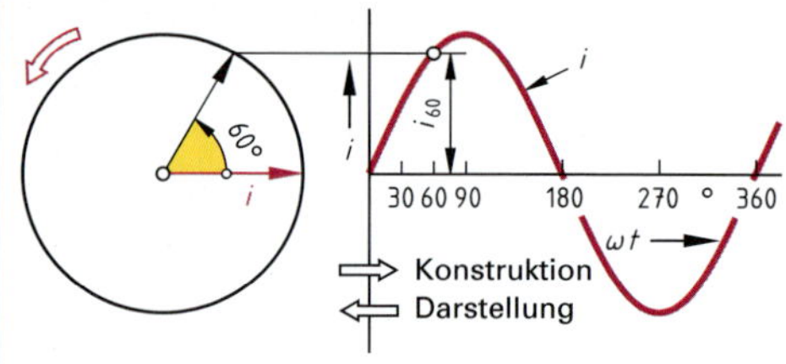

Zeiger und Sinuslinie

Diagramme von Grundschaltungen mit Sinus-Wechselstrom

Schaltung	Ströme und Spannungen	Leistungen	Widerstände oder Leitwerte
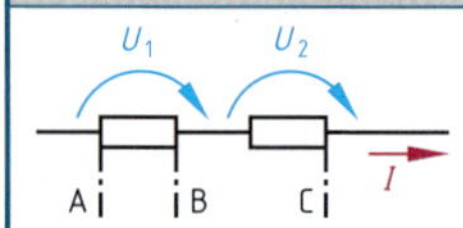	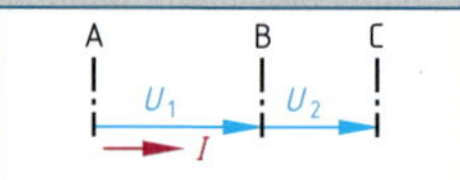 $U = U_1 + U_2$	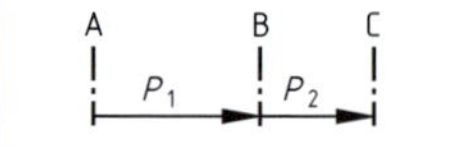 $P = P_1 + P_2$	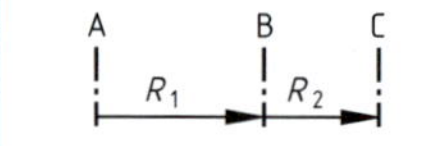 $R = R_1 + R_2$
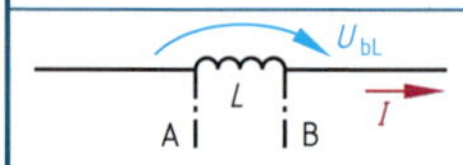 „Bei Induktivitäten tut sich der Strom verspäten."	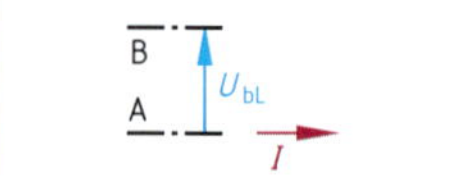	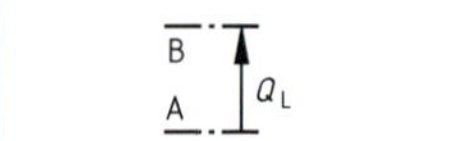	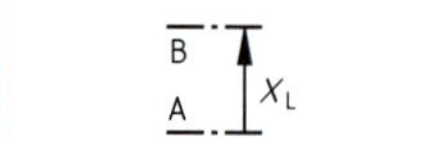
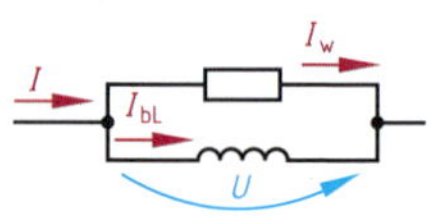	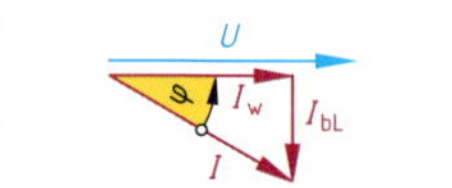	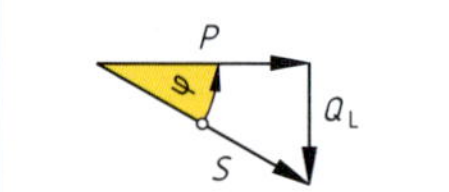	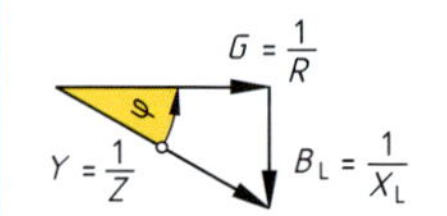
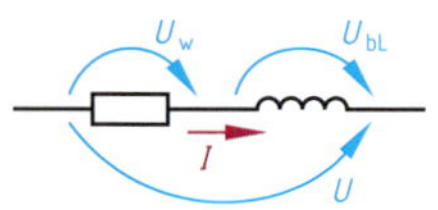	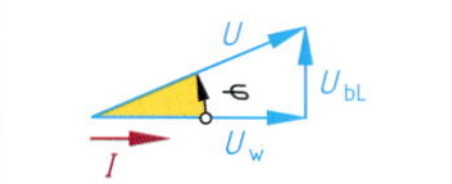	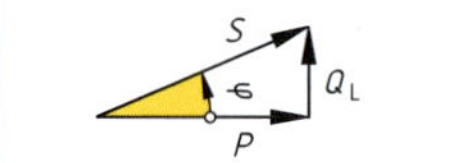	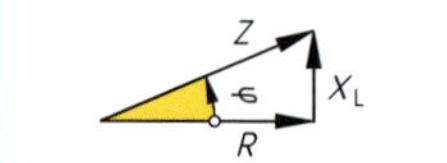
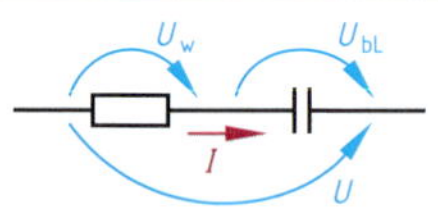	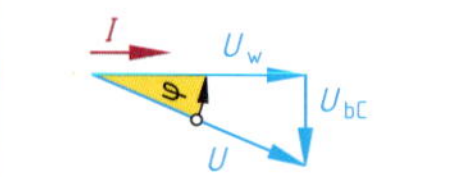	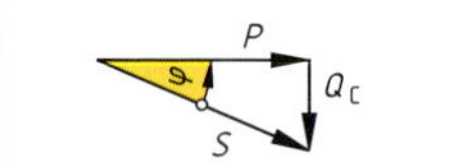	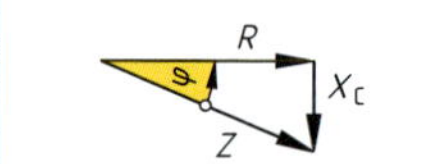
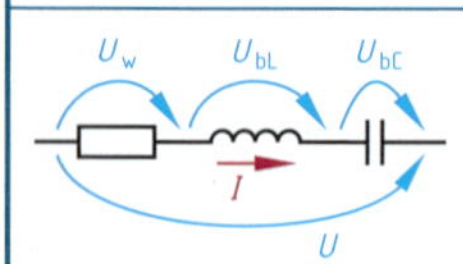	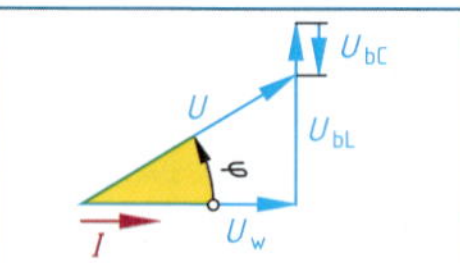	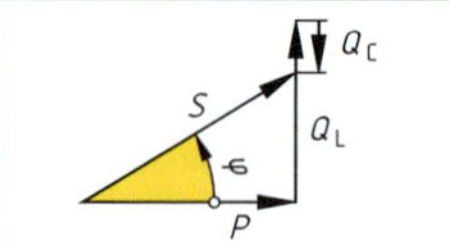	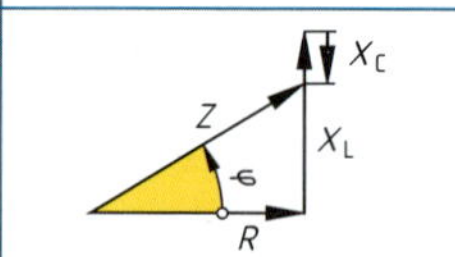
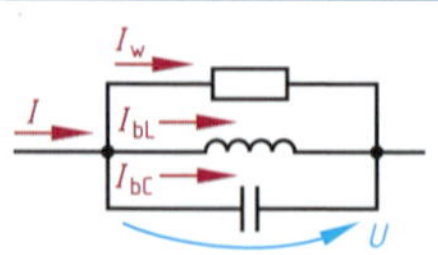	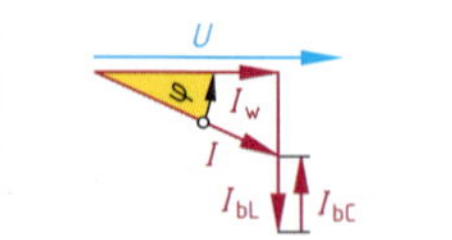	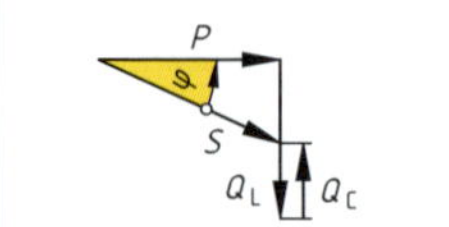	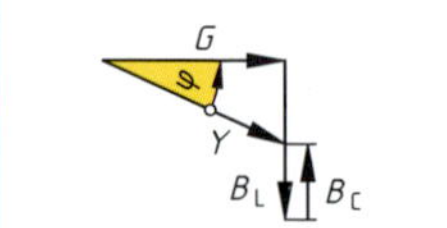

B Blindleitwert, *G* Wirkleitwert, *I* Stromstärke, *P* Wirkleistung, *Q* Blindleistung, *R* Wirkwiderstand, *S* Scheinleistung, *X* Blindwiderstand, *Y* Scheinleitwert, *Z* Impedanz (Scheinwiderstand), φ Phasenverschiebungswinkel.

Indizes: b Blind-, C kapazitiv, L induktiv, w Wirk-

Leistungen bei Sinuswechselstrom, Impuls
Powers at Sinus Alternating Current, Impulse

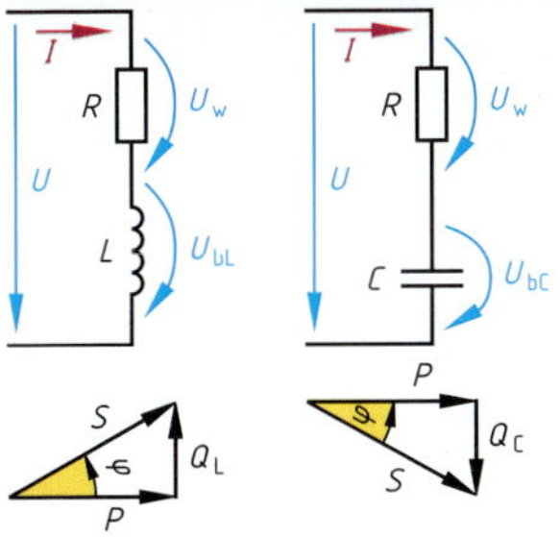

Reihenschaltung von Wirkwiderstand und Blindwiderstand

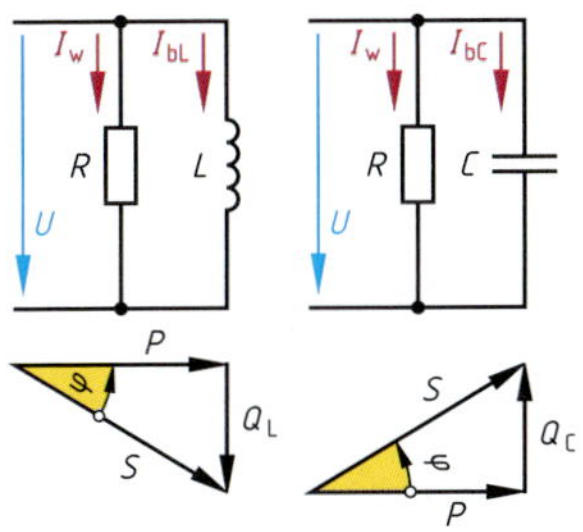

Parallelschaltung von Wirkwiderstand und Blindwiderstand

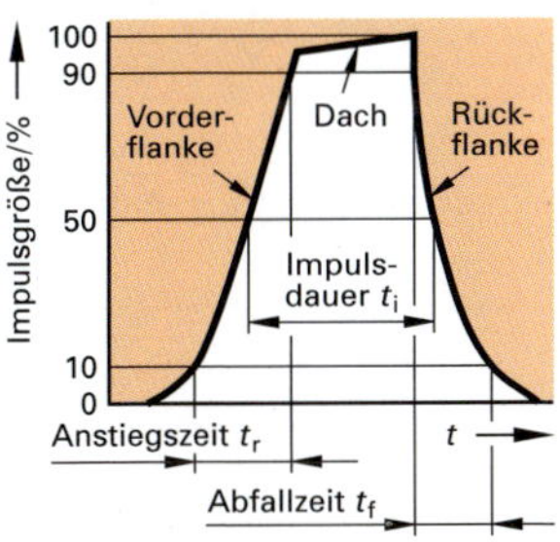

Kenngrößen beim Impuls

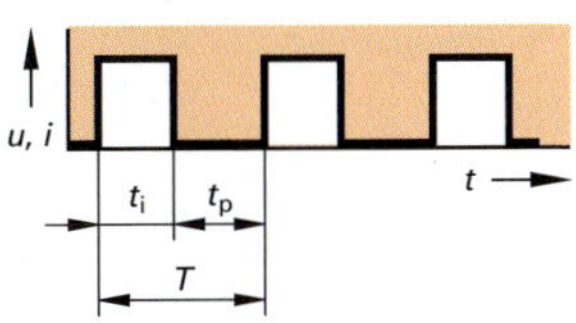

Impulsvorgang

Der Spannungserzeuger gibt eine Scheinleistung an eine beliebige Schaltung ab.

$[S] = \mathrm{V \cdot A = VA}$

Im Wirkwiderstand tritt Wirkleistung auf.

$[P] = \mathrm{V \cdot A = W}$

Im Blindwiderstand tritt Blindleistung auf.

$[Q] = \mathrm{V \cdot A = var}$

var = Volt-Ampere-reaktiv
(reaktiv = rückwirkend)

Formel 6 gilt für die Grundschwingung (ohne Oberschwingungen), Formel 8 gilt auch mit Oberschwingungen.

Scheinleistung

$$S = U \cdot I \quad (1)$$

Wirkleistung

$$P = U_w \cdot I_w \quad (2)$$

$$P = U \cdot I \cdot \cos\varphi \quad (3)$$

Q ist Q_C oder Q_L,
U_b ist U_{bC} oder U_{bL} und
I_b ist I_{bC} oder I_{bL}.

Blindfaktor

$$\sin\varphi = \frac{Q}{S} \quad (4)$$

Blindleistung

$$Q = U_b \cdot I_b \quad (5)$$

Wirkfaktor

$$\cos\varphi = \frac{P}{S} \quad (6)$$

$$Q = U \cdot I \cdot \sin\varphi \quad (7)$$

Leistungsfaktor

$$\lambda = \frac{P}{S} \quad (8)$$

Scheinleistung

$$S = \sqrt{P^2 + Q^2} \quad (9)$$

Die Anstiegszeit und die Abfallzeit werden zwischen dem 10%-Wert und dem 90%-Wert der Impulsgröße gemessen.

Die Impulsdauer und die Pausendauer misst man zwischen den 50%-Werten der Impulsgröße.

$[S_\Delta] = \frac{\mathrm{V}}{\mathrm{s}}$ oder $\frac{\mathrm{A}}{\mathrm{s}}$

Flankensteilheit

$$S_\Delta = \frac{\Delta u}{\Delta t} \quad (10)$$

$$S_\Delta = \frac{\Delta i}{\Delta t} \quad (11)$$

Frequenz

$$f = \frac{1}{T} \quad (12)$$

Periodendauer

$$T = t_i + t_p \quad (13)$$

Tastverhältnis

$$V = \frac{1}{g} \quad (14)$$

Tastgrad

$$g = \frac{t_i}{T} \quad (15)$$

f	Frequenz	T	Periodendauer	λ	Leistungsfaktor
g	Tastgrad	t_f	Abfallzeit	φ	Phasenverschiebungswinkel
I, i	Stromstärke	t_i	Impulsdauer	$\cos\varphi$	Wirkfaktor
I_b	Blindstrom	t_p	Pausendauer	$\sin\varphi$	Blindfaktor
I_w	Wirkstrom	t_r	Anstiegszeit	**Indizes:**	
P	Wirkleistung	U_b	Blindspannung	b	Blind-
Q	Blindleistung	U_w	Wirkspannung	C	kapazitiv
S	Scheinleistung	V	Tastverhältnis (nicht genormt)	L	induktiv
S_Δ	Flankensteilheit	Δ	Zeichen für Differenz	W	Wirk-

Reihenschaltung von *R, L, C* Series Connection of *R, L, C*

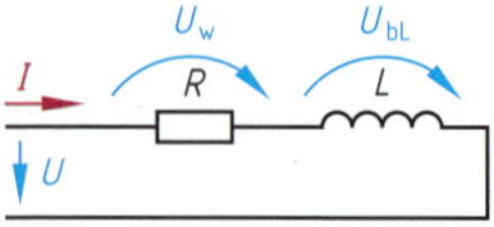

RL-Schaltung

$[X_L] = \Omega = \frac{H}{s}$ $\omega = 2\pi \cdot f$

$[X_C] = \Omega = \frac{s}{F}$

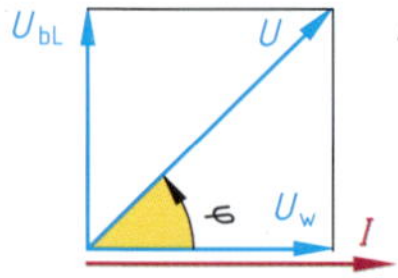

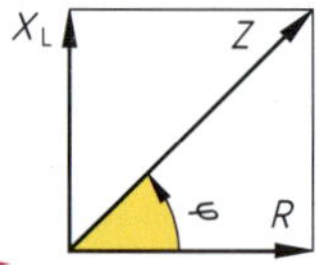

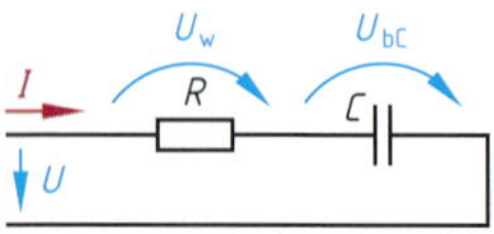

RC-Schaltung

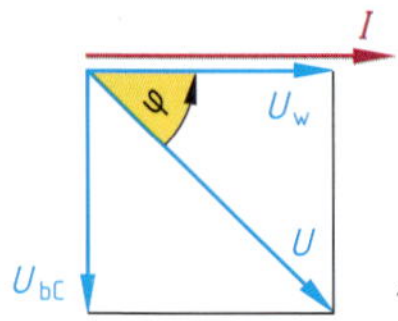

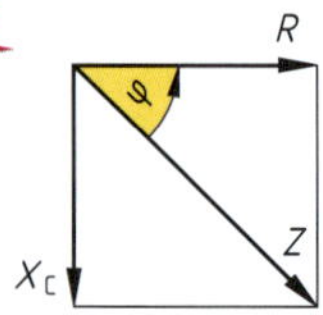

$$X_L = \omega \cdot L \quad (1)$$

$$X_C = \frac{1}{\omega \cdot C} \quad (2)$$

X ist X_L oder X_C,
U_b ist U_{bL} oder U_{bC}

$$Z = \sqrt{R^2 + X^2} \quad (3)$$

$$U = \sqrt{U_w^2 + U_b^2} \quad (4)$$

$$I = \frac{U}{Z} \quad (5)$$

$$U_w = U \cdot \cos\varphi \quad (6)$$

$$R = Z \cdot \cos\varphi \quad (7)$$

$$X = R \cdot \tan\varphi \quad (8)$$

$$U_b = U_w \cdot \tan\varphi \quad (9)$$

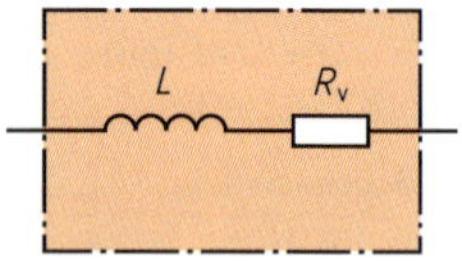

Spule mit Verlusten

$$U_b = U \cdot \sin\varphi \quad (10)$$

$$X = Z \cdot \sin\varphi \quad (11)$$

Für $R = X$:

$$Z = R \cdot \sqrt{2} \quad (12)$$

$$\varphi = 45° \quad (13)$$

Für Spule mit Verlusten:

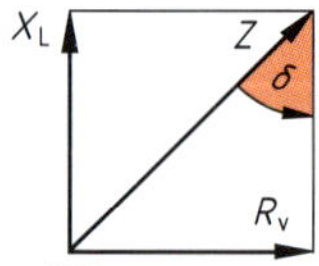

$$\tan\delta = \frac{R_v}{X_L} = \frac{1}{Q} \quad (14)$$

Für Reihenschwingkreis

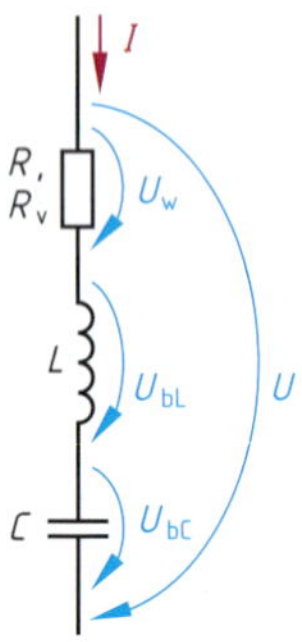

RLC-Schaltung (Reihenschwingkreis)

$$Q = \frac{1}{R_v}\sqrt{\frac{L}{C}}$$

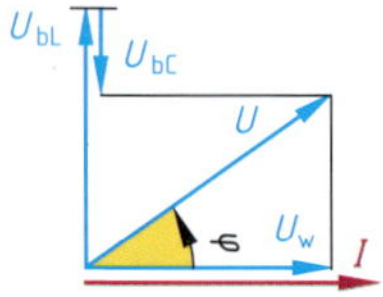

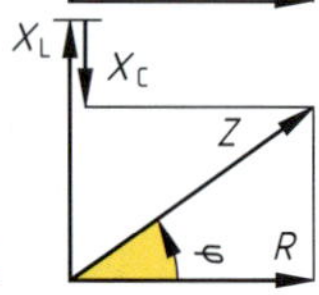

$$Z = \sqrt{R^2 + (X_L - X_C)^2} \quad (15)$$

$$U = \sqrt{U_w^2 + (U_{bL} - U_{bC})^2} \quad (16)$$

$$\tan\varphi = \frac{X_L - X_C}{R} \quad (17)$$

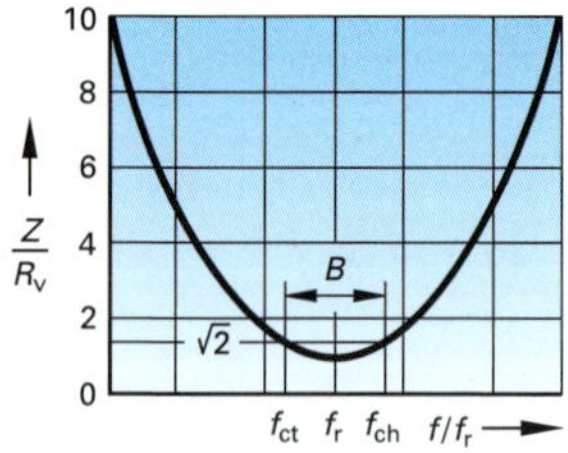

Bei Resonanz ist $X_L = X_C$.

$$Z = R \quad (18)$$

$$\varphi = 0° \quad (19)$$

$$f_r = \frac{1}{2\pi\sqrt{L \cdot C}} \quad (20)$$

$$B = f_{ch} - f_{ct} = \frac{f_r}{Q} \quad (21)$$

B	Bandbreite	R	Wirkwiderstand	X_L	induktiver Blindwiderstand
C	Kapazität	R_v	Verlustwiderstand	Z	Scheinwiderstand, Impedanz
f	Frequenz	U	Gesamtspannung	δ	Verlustwinkel
f_r	Resonanzfrequenz	U_b	Blindspannung	φ	Phasenverschiebungswinkel
f_{ch}	obere Grenzfrequenz	U_{bC}	kapazitive Blindspannung	$\cos\varphi$	Wirkfaktor, Leistungsfaktor
f_{ct}	untere Grenzfrequenz	U_{bL}	induktive Blindspannung	$\sin\varphi$	Blindfaktor
I	Gesamtstrom	U_w	Wirkspannung	$\tan\delta$	Verlustfaktor
L	Induktivität der Spule	X	Blindwiderstand	ω	Kreisfrequenz
Q	Gütefaktor	X_C	kapazitiver Blindwiderstand		

Parallelschaltung von R, L, C Parallel Connection of R, L, C

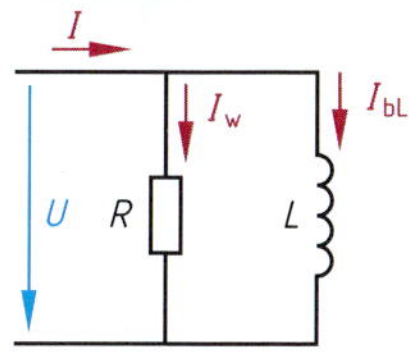

RL-Schaltung

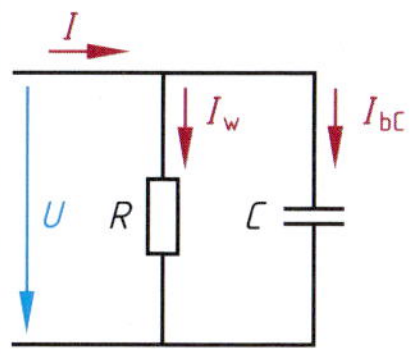

RC-Schaltung

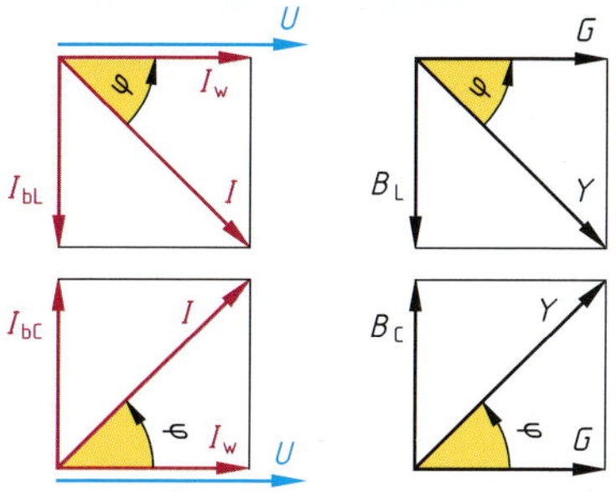

X steht für X_L oder X_C,
I_b steht für I_{bL} oder I_{bC}

$$Y = \sqrt{G^2 + B^2} \quad (1)$$

$$I = \sqrt{I_w^2 + I_b^2} \quad (2)$$

$$I = \frac{U}{Z} \quad (3)$$

$$Z = \frac{1}{Y} \quad (4)$$

$$I_w = I \cdot \cos\varphi \quad (5)$$

$$G = Y \cdot \cos\varphi \quad (6)$$

$$B = G \cdot \tan\varphi \quad (7)$$

$$I_b = I_w \cdot \tan\varphi \quad (8)$$

$$I_b = I \cdot \sin\varphi \quad (9)$$

$$B = Y \cdot \sin\varphi \quad (10)$$

Für $R = X$:

$$Z = \frac{R}{\sqrt{2}} \quad (11)$$

$$\varphi = 45° \quad (12)$$

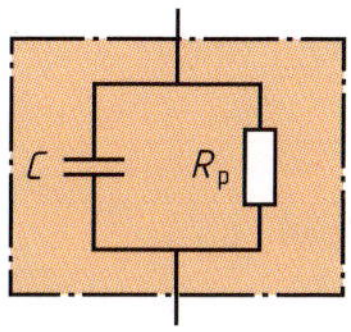

Kondensator mit Verlusten

Für Kondensator mit Verlusten:

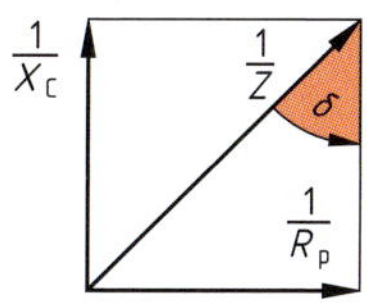

$$\tan\delta = \frac{X_C}{R_p} = \frac{1}{Q} \quad (13)$$

Für Parallelschwingkreis:

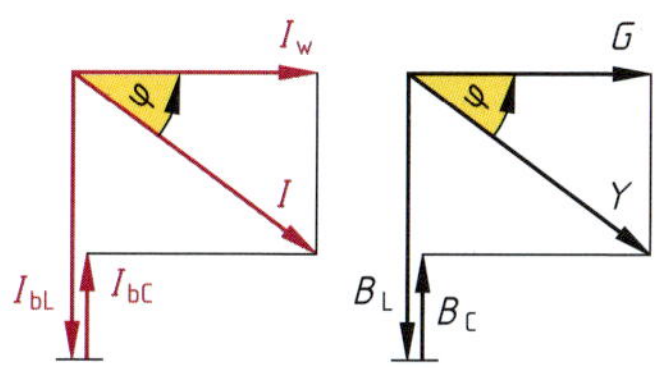

$$Y = \sqrt{G^2 + (B_L - B_C)^2} \quad (14)$$

$$I = \sqrt{I_w^2 + (I_{bL} - I_{bC})^2} \quad (15)$$

$$\tan\varphi = \frac{B_L - B_C}{G} \quad (16)$$

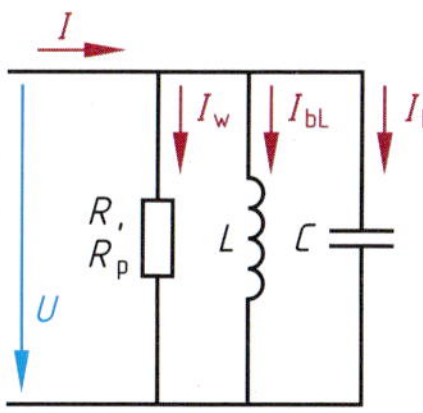

RLC-Schaltung (Parallelschwingkreis)

$$Q = R_p \sqrt{\frac{C}{L}}$$

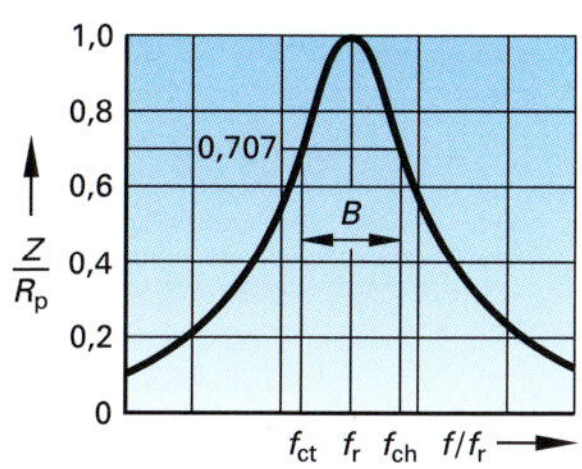

$$I = \frac{U}{Z} \quad (17)$$

$$Z = \frac{1}{Y} \quad (18)$$

Bei Resonanz ist $X_L = X_C$.

$$Z = R \quad (19)$$

$$\varphi = 0° \quad (20)$$

$$f_r = \frac{1}{2\pi\sqrt{L \cdot C}} \quad (21)$$

$$B = f_{ch} - f_{ct} = \frac{f_r}{Q} \quad (22)$$

B	Blindleitwert, auch Bandbreite (Schwingkreis)
B_C	kapazitiver Blindleitwert
B_L	induktiver Blindleitwert
C	Kapazität
f	Frequenz
f_r	Resonanzfrequenz
f_{ch}	obere Grenzfrequenz
f_{ct}	untere Grenzfrequenz
G	Wirkleitwert
I	Gesamtstrom
I_b	Blindstrom
I_{bC}	kapazitiver Blindstrom
I_{bL}	induktiver Blindstrom
I_w	Wirkstrom
L	Induktivität der Spule
Q	Gütefaktor
R	Wirkwiderstand
R_p	Parallel-Verlustwiderstand
U	Gesamtspannung
X	Blindwiderstand
X_C	kapazitiver Blindwiderstand
X_L	induktiver Blindwiderstand
Y	Scheinleitwert
Z	Scheinwiderstand, Impedanz
δ	Verlustwinkel
φ	Phasenverschiebungswinkel
$\cos\varphi$	Wirkfaktor, Leistungsfaktor
$\sin\varphi$	Blindfaktor
$\tan\delta$	Verlustfaktor

Berechnungsformeln für Transformatoren   Formulae for transformers

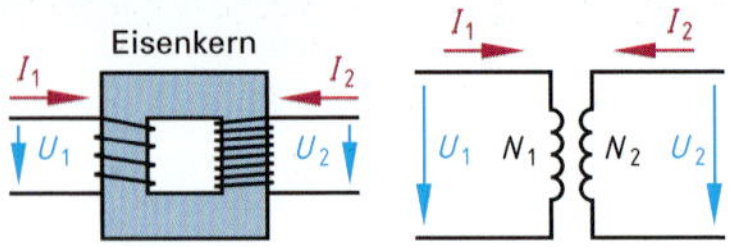

Bezugspfeile beim Transformator

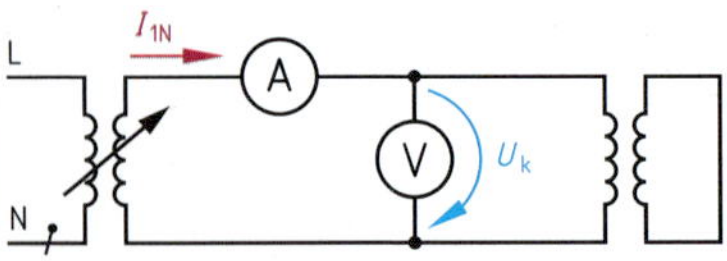

Messen der Kurzschlussspannung

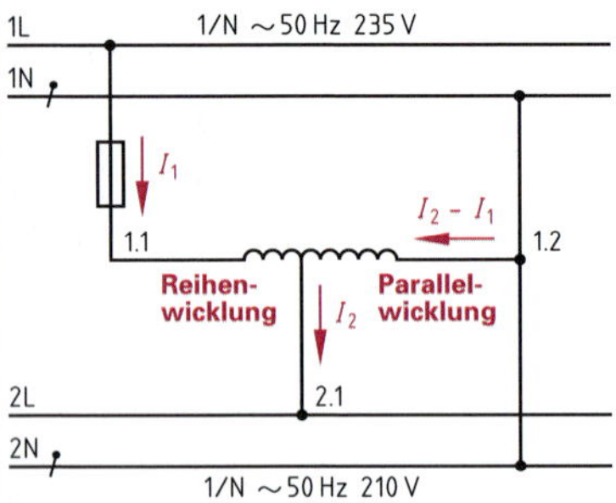

Schaltung des Spartransformators

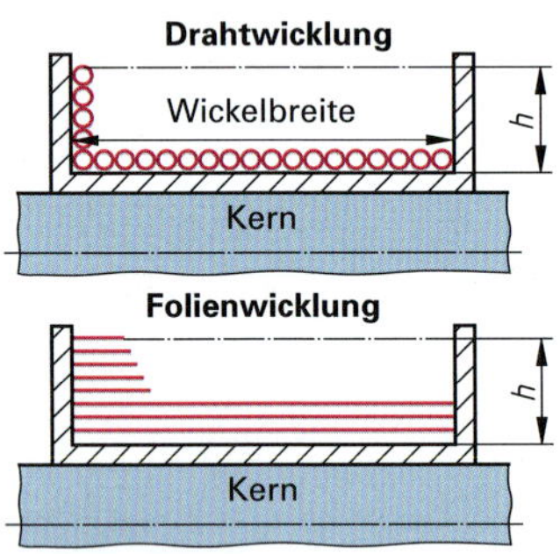

Wicklungsaufbau

Ideale Transformatoren

$$U_0 = N_2 \cdot 2\pi \cdot f \cdot \hat{B} \cdot A_{Fe}/\sqrt{2}$$

Bei Sinusspannung:

$$U_0 = 4{,}44 \cdot \hat{B} \cdot A_{Fe} \cdot f \cdot N \quad (1)$$

$$\frac{U_{01}}{U_{02}} = \frac{N_1}{N_2}$$

Bei allen Wechselspannungen:

$$\frac{U_1}{U_2} = \frac{N_1}{N_2} \quad (2)$$

$$\ddot{u} = \frac{U_1}{U_2} \quad (3)$$

$$\Theta_1 = \Theta_2$$

$$\frac{I_1}{I_2} = \frac{N_2}{N_1} \quad (4)$$

$$\frac{Z_1}{Z_2} = \ddot{u}^2 \quad (5)$$

$$\frac{C_1}{C_2} = \frac{1}{\ddot{u}^2} \quad (6)$$

$$\frac{R_1}{R_2} = \ddot{u}^2 \quad (7)$$

$$\frac{L_1}{L_2} = \ddot{u}^2 \quad (8)$$

Reale Transformatoren

Bei realen Transformatoren gelten die Formeln des idealen Transformators näherungsweise, und zwar umso genauer, je kleiner u_k ist.

bezogene Kurzschlussspannung

$$u_k = \frac{U_k}{U_N} \quad (9)$$

$$u_k = \frac{U_k \cdot 100\%}{U_N} \quad (10)$$

Dauerkurzschlussstrom

$$I_{kd} = \frac{I_N}{u_k} \quad (11)$$

$$i_s \leq 2{,}54 \cdot I_{kd} \quad (12)$$

Ausgangsspannung

$$U_2 = K \cdot \frac{U_1 \cdot N_2}{N_1} \quad (13)$$

Der Kopplungsfaktor K gibt an, welcher Anteil des magnetischen Flusses der Eingangswicklung in der Ausgangswicklung Spannung induziert.

Bauleistung beim Spartransformator:

$$S_B = \frac{U_1 - U_2}{U_1} \cdot S_D \quad (14)$$

Windungszahl

$$N \approx N_L \cdot z \quad (15)$$

Lagenzahl

$$z \approx \frac{h}{d} \quad (16)$$

Draht-, Folienlänge

$$l \approx \pi \cdot d_m \cdot N \quad (17)$$

A_{Fe} Eisenquerschnitt
$\hat{B}$ magnetische Flussdichte
C Kapazität
d Drahtdurchmesser oder Foliendicke
d_m mittlerer Windungsdurchmesser
f Frequenz
h Wickelhöhe
I Stromstärke
I_{kd} Dauerkurzschlussstrom
I_N Bemessungsstrom, Nennstrom
i_s Stoßkurzschlussstrom
K Kopplungsfaktor
L Induktivität
l Drahtlänge, Folienlänge
N Windungszahl
N_L Windungszahl je Lage
R Widerstand
S_B Bauleistung
S_D Durchgangsleistung
U Spannung
U_0 Leerlaufspannung
U_N Bemessungsspannung, Nennspannung
U_k gemessene Kurzschlussspannung
u_k bezogene Kurzschlussspannung
$\ddot{u}$ Übersetzungsverhältnis
Z Scheinwiderstand
z Lagenzahl
Θ Durchflutung (Theta)
1 Index für Oberspannungsseite
2 Index für Unterspannungsseite

Wärme und elektrischer Widerstand

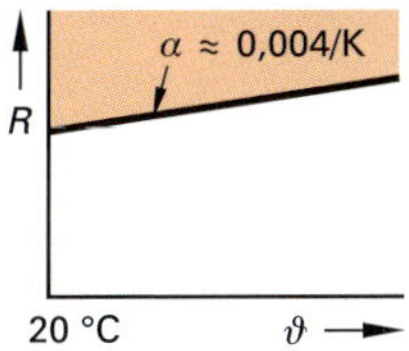

Widerstand einer Kupferleitung

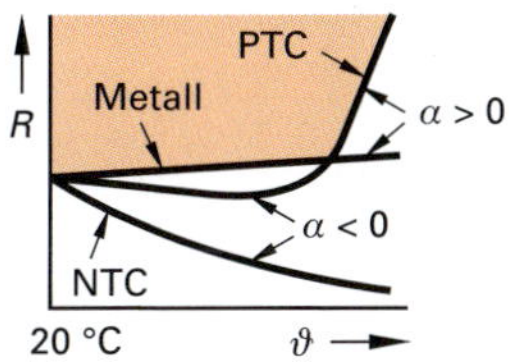

R(ϑ)-Kennlinien von Metallwiderstand, PTC-Widerstand und NTC-Widerstand

$[\Delta R] = \Omega$ $[\vartheta] = °C$
$[\Delta\vartheta] = K$
$[\alpha] = 1/K$

Der Temperaturkoeffizient α gibt die Änderung eines Widerstandes von 1 Ω bei einer Temperaturänderung von 1 K (Kelvin) gegenüber dem Widerstand bei 20°C an.

Bei Kupfer $\alpha_{Cu} = 0{,}0039$ 1/K
bei Aluminium $\alpha_{Al} = 0{,}004$ 1/K

$$\varrho_2 = \varrho_1 (1 + \alpha \cdot \Delta\vartheta) \quad (5)$$

$$\gamma_2 = \gamma_1 / (1 + \alpha \cdot \Delta\vartheta) \quad (7)$$

$[\varrho] = \Omega \cdot mm^2/m$
$[\gamma] = m/(\Omega \cdot mm^2)$

Widerstandsänderung

$$\Delta R = R_2 - R_1 \quad (1)$$

Temperaturänderung

$$\Delta\vartheta = \vartheta_2 - \vartheta_1 \quad (2)$$

Für $\Delta\vartheta < 300$ K:

$$\Delta R = \alpha \cdot R_1 \cdot \Delta\vartheta \quad (3)$$

$$R_2 = R_1 + \Delta R \quad (4)$$

$$R_2 = R_1 (1 + \alpha \cdot \Delta\vartheta) \quad (6)$$

$$\Delta\vartheta = \frac{R_2 - R_1}{R_1 \cdot \alpha} \quad (8)$$

Wicklungserwärmung von elektrischen Maschinen, bei Kupfer:

$$\vartheta_2 = \frac{R_2}{R_1}(\vartheta_1 + 235\,K) - 235\,K \quad (9)$$

$$\alpha_1 = \frac{1}{235\,K + \vartheta_1} \quad (10)$$

Bei Aluminium tritt an Stelle der Zahl 235 der Zahlenwert 225.
Bei allen reinen Metallen ist $\alpha \approx \frac{1}{250}\,1/K = 0{,}004\,1/K$.

Wärmewiderstand

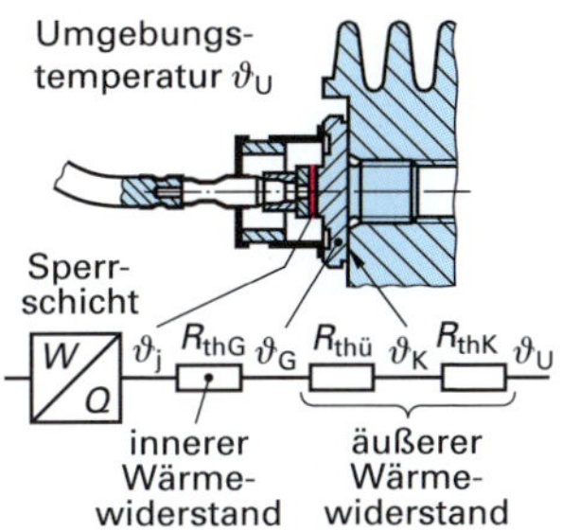

Wärmewiderstand bei einem Transistor

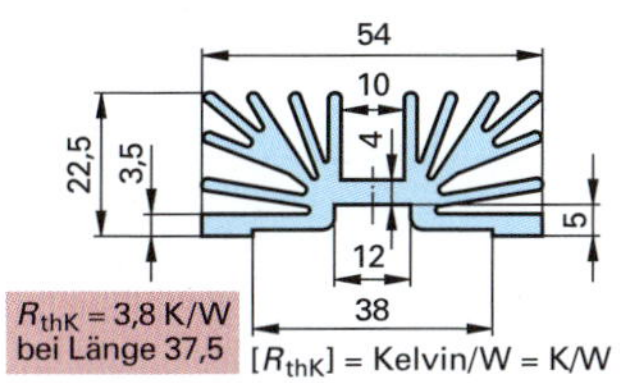

Beispiel eines Kühlkörpers

Wärmewiderstand

$$R_{th} = \frac{\Delta\vartheta}{P_v} \quad (11)$$

$$R_{thG} = \frac{\vartheta_j - \vartheta_G}{P_v} \quad (12)$$

$$R_{thU} = \frac{\vartheta_j - \vartheta_U}{P_v} \quad (13)$$

$$R_{thU} = R_{thG} + R_{thü} + R_{thK} \quad (14)$$

In Datenblättern wird für Bauelemente ohne Kühlkörper als Wärmewiderstand der gesamte Wärmewiderstand R_{thU} angegeben, für Bauelemente mit Kühlkörper aber nur der innere Wärmewiderstand R_{thG}.

- P_v Verlustleistung
- Q Wärme, Wärmeenergie
- R (elektrischer) Widerstand
- R_{th} Wärmewiderstand, allgemein
- R_{thG} innerer Wärmewiderstand (auch R_{thiG})
- R_{thK} Wärmewiderstand zwischen Kühlkörper und Kühlmittel (auch R_{thKU})
- R_{thU} Wärmewiderstand (auch R_{thjU})
- $R_{thü}$ Wärmewiderstand zwischen Gehäuse und Kühlkörper (auch R_{thGK})
- W Arbeit
- α Temperaturkoeffizient (Alpha)
- γ elektrische Leitfähigkeit (Gamma)
- Δ Zeichen für Differenz (Delta)
- $\Delta\vartheta$ Temperaturdifferenz in K (1 K ≙ 1°C)
- ϑ Temperatur in °C
- ϱ spezifischer Widerstand (Rho)

Indizes:

- 1 Größe vor Temperaturänderung
- 2 Größe nach Temperaturänderung
- j Junction (Sperrschicht)
- th thermisch
- G Gehäuse
- K Körper
- U Umgebung

Drehstrom, Blindleistungskompensation
Three Phase Current, Reactive Power Compensation

Dreiphasenwechselstrom (Drehstrom)

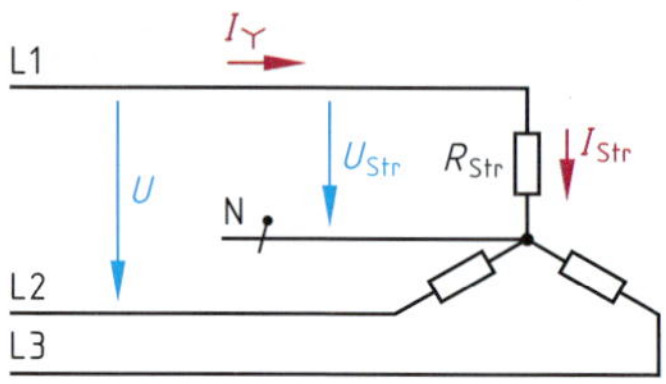

Sternschaltung (Y)

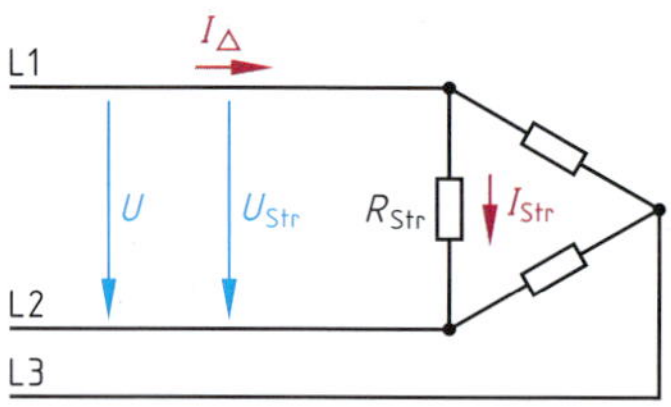

Dreieckschaltung (Δ)

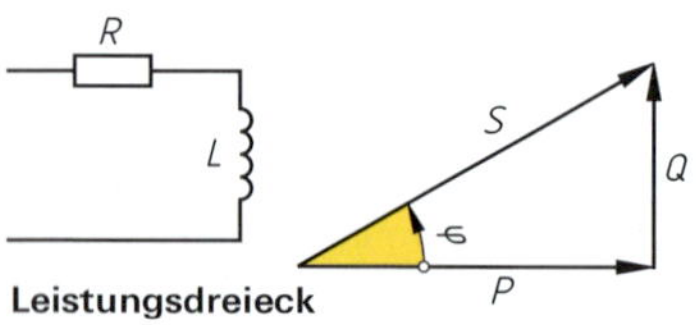

Leistungsdreieck

Bei Sternschaltung:

$U = \sqrt{3} \cdot U_{Str}$ **1**

$I_Y = I_{Str}$ **2**

Bei Dreieckschaltung:

$I_\triangle = \sqrt{3} \cdot I_{Str}$ **3**

$U = U_{Str}$ **4**

Bei symmetrischer Last ($I = I_Y$ oder $I_\triangle$):

Scheinleistung

$[S] = \text{V} \cdot \text{A} = \text{VA}$

$S = \sqrt{3} \cdot U \cdot I$ **5**

Wirkleistung

$[P] = \text{V} \cdot \text{A} = \text{W}$

$P = \sqrt{3} \cdot U \cdot I \cdot \cos\varphi$ **6**

Blindleistung

$[Q] = \text{V} \cdot \text{A} = \text{var}$

$Q = \sqrt{3} \cdot U \cdot I \cdot \sin\varphi$ **7**

Scheinleistung

$S = \sqrt{P^2 + Q^2}$ **8**

$\cos\varphi$ wird praxisüblich als Leistungsfaktor bezeichnet, also unter Vernachlässigung von Oberschwingungen.

Strang-Wirkleistung

$P_{Str} = I_{Str}^2 \cdot R_{Str}$ **9**

Wirkleistungen der Schaltung

Bei symmetrischer Last:

$P = 3 \cdot P_{Str}$ **10**

Bei gleicher Netzspannung:

$P_\triangle = 3 \cdot P_Y$ **11**

Kompensation

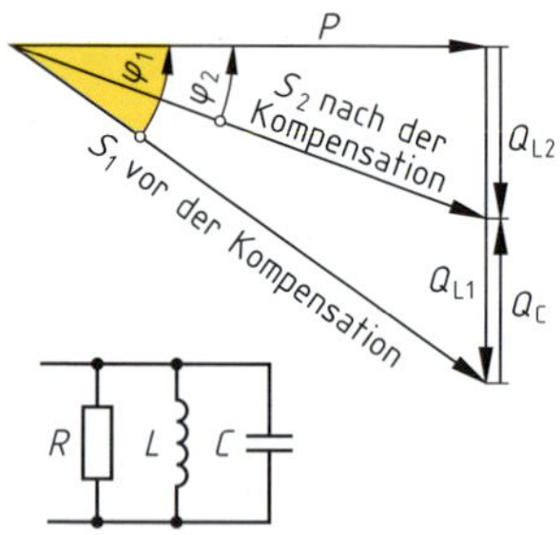

Prinzip der Kompensation

Rechengang:

$\tan\varphi_1 = \dfrac{Q_{L1}}{P} \Rightarrow Q_{L1} = P \cdot \tan\varphi_1$

$\tan\varphi_2 = \dfrac{Q_{L2}}{P} \Rightarrow Q_{L2} = P \cdot \tan\varphi_2$

$Q_C = Q_{L1} - Q_{L2}$

oder:

$\cos\varphi_1 \Rightarrow \sin\varphi_1 \Rightarrow Q_{L1}$

$\cos\varphi_2 \Rightarrow \sin\varphi_2 \Rightarrow Q_{L2}$

$Q_C = Q_{L1} - Q_{L2}$

Kondensator-Blindleistung

$Q_C = P \cdot (\tan\varphi_1 - \tan\varphi_2)$ **12**

Kapazität bei AC

$C = \dfrac{Q_C}{\omega \cdot U^2}$ **13**

$C = \dfrac{I_{bC}^2}{\omega \cdot Q_C}$ **14**

C	Kapazität
$\cos\varphi$	Wirkfaktor, Leistungsfaktor
I	Außenleiterstrom
I_{Str}	Strangstrom
P	Leistung
P_{Str}	Strangleistung
Q	Blindleistung
Q_C	kapazitive Blindleistung
Q_L	induktive Blindleistung
R_{Str}	Strangwiderstand
S	Scheinleistung
$\sin\varphi$	Blindfaktor
U	Leiterspannung
U_{Str}	Strangspannung
φ	Phasenverschiebungswinkel
ω	Kreisfrequenz

Indizes
1 vor der Kompensation
2 nach der Kompensation
Y in Stern Y
△ in Dreieck △

Kompensation mit Filtern   Compensation with Filters

Schaltungsprinzip	Erklärung	Bemerkungen
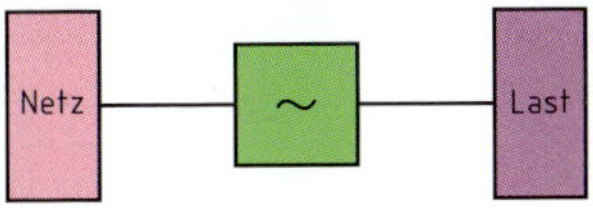 **Prinzip der Kompensation**	Schädliche Einflüsse auf die Stromversorgung kann man durch Filterschaltungen *kompensieren* (von lat. compensare = aufheben). Man unterscheidet passive Filter (Filter ohne aktive Bauelemente) und aktive Filter.	Schädliche Einflüsse sind z. B. periodische Spannungseinbrüche, Flicker (periodische Schwankungen der Spannung mit etwa 10 Hz), Spannungsänderungen durch Lastschwankung, Oberschwingungen (Harmonische).
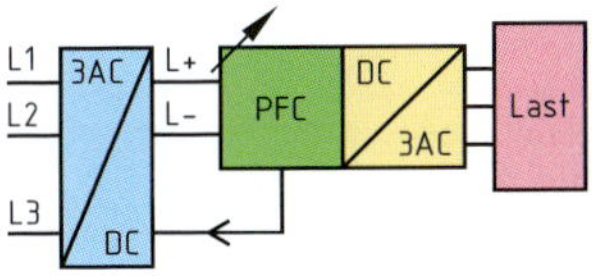 **Aktives Filter**	Ein aktives Filter ermöglicht die Blindleistungskompensation, die Beseitigung von Flickern, den Ausgleich von Unsymmetrien der Spannungen und die Kompensation von *Oberschwingungen*.	Ein *aktives Filter* ist ein System der Leistungselektronik. Es besteht im Prinzip aus einem gesteuerten Gleichrichter, einer *PFC-Steuerung* (PFC von Power Factor Correction, Seite 344) und einem davon gesteuerten Wechselrichter. Der Laststrom wird ständig überwacht und an die Erfordernisse angepasst.
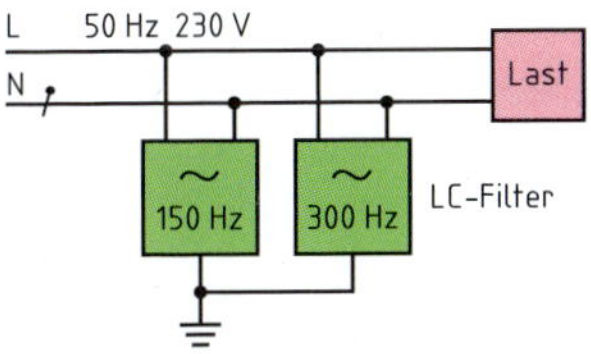 **Saugkreisfilter**	Das *Saugkreisfilter* ist ein passives Filter. Bei ihm ist ein Saugkreis (Reihenschaltung von *L* und *C*) oder ein Bandpass auf die abzusaugende Harmonische abgestimmt, z. B. auf 150 Hz. Für jede abzusaugende Harmonische ist ein eigenes Filter erforderlich. Der Anschluss erfolgt an die Leiter des Netzes und an Erde, z. B. an die Haupterdungsschiene.	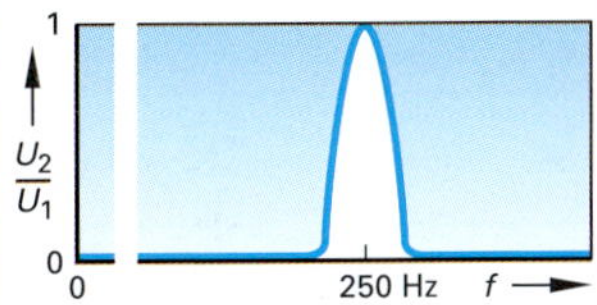 **Übertragungskurve eines Saugkreises von 250 Hz**
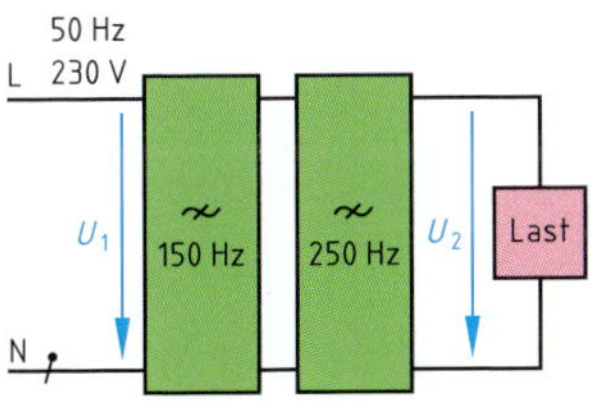 **Bandsperrenfilter**	Beim *Bandsperrenfilter* (im einfachsten Fall eine Parallelschaltung von *L* und *C*) sorgt z. B. eine 150-Hz-Bandsperre für die Sperre der 3. Harmonischen von der Last und zur Last. Für jede zu sperrende Harmonische ist ein darauf abgestimmtes Filter erforderlich.	Alle passiven Filter werden durch Alterung der Kondensatoren verstimmt, sodass *Überlastungen* der Komponenten und auch unerwünschte *Resonanzen* für die verschiedenen Harmonischen auftreten können. Deshalb sind ständige *Überwachung* und bei Bedarf *Wartung* der Filter erforderlich.
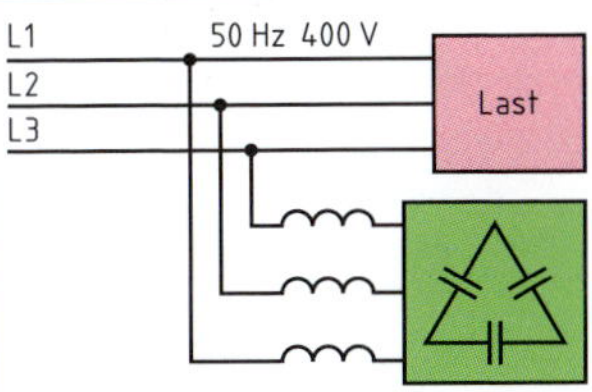 **Verdrosselte Kompensation**	Bei der konventionellen *Blindleistungskompensation* wird die Blindleistung von Motoren meist durch Kondensatoren kompensiert (vorhergehende Seite). Meist werden die Kondensatoren *verdrosselt*, damit die Oberschwingungen nicht verstärkt und die Rundsteuersignale des VNB nicht geschwächt werden.	Die *Verdrosselung* der Kondensatoren ist wegen des verstärkten Auftreten von Harmonischen im Netz durch die Elektronik der alternativen Stromerzeugung (Photovoltaik und Windenergiekonverter) erforderlich geworden.
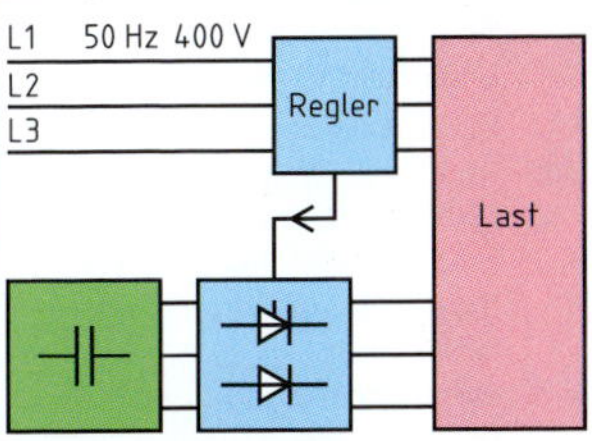 **Elektronisch gesteuerte Kompensation**	Bei der *elektronisch gesteuerten Kompensation* wird der Spannungszustand der Lastspannung durch eine fortlaufende Messung im Regler ständig geprüft. Bei Bedarf wird über verzögerungsarme elektronische Schalter, z. B. mit IGBTs, die erforderliche Kondensator-Kapazität zugeschaltet oder abgeschaltet.	Die zum Zuschalten vorgesehenen Kondensatoren sind ständig geladen, sodass beim Zuschalten im richtigen Zeitpunkt kein Stromstoß auftritt *(sanftes Schalten)*. Die schwankende Blindleistung, z. B. durch Lastschwankungen von Motoren, wird innerhalb weniger Perioden der Netzspannung kompensiert. Auch *Flicker* werden dadurch oft beseitigt.

M

Leitungsberechnung Calculation of Lines

Ermittlung des Leiterquerschnitts, Strombelastbarkeit mit Umrechnungsfaktoren

Bedingung	Häufigste Bemessungsgrundlage	Beispiel
Bemessungsstrom sehr klein, Leitung nicht sehr lang	Mechanische Festigkeit (Mindestquerschnitt) siehe Seite 320	Handgerät mit $I_N = 5$ A $l = 2$ m
Bemessungsstrom beliebig, Leitung mit normaler Länge	Strombelastbarkeit, siehe Seite 323 und Seiten 326 bis 328	Beleuchtungsanlage mit $I_N = 16$ A, $l = 30$ m
Sehr lange Leitung, Bemessungsstrom beliebig	Spannungsfall, siehe unten	Motor mit $I_N = 16$ A, $l = 150$ m
Leitung zwischen normal und sehr lang	Größerer Querschnitt aus Strombelastbarkeit und Spannungsfall	Motor mit $I_N = 16$ A, $l = 80$ m

Bei Abweichung von den Betriebsbedingungen der Seiten 323, 326 bis 328 bildet man mithilfe der Tabellen der Seite 329 (z. B. von 30 °C abweichende Umgebungstemperatur, Häufung von Leitungen) das Produkt F aus den Umrechnungsfaktoren f_1, f_2 ... und berechnet aus der Strombelastbarkeit I_r von Seite 327, 328 die Strombelastbarkeit I_Z.

$$F = f_1 \cdot f_2 \cdot \ldots \quad (1)$$

Hinweis zur Leitfähigkeit γ: Zur genauen Berechnung des Spannungsfalls ist γ für die anzunehmende Betriebstemperatur ϑ_b der Leitung einzusetzen. Für $\vartheta_b = 50$ °C ist bei Cu-Leitungen $\gamma_{50} = 50$ m/(Ω · mm²), bei $\vartheta_b = 20$ °C ist $\gamma_{20} = 56$ m/(Ω · mm²).

$$I_Z = F \cdot I_r \quad (2)$$

Spannungsfall und Leistungsverlust

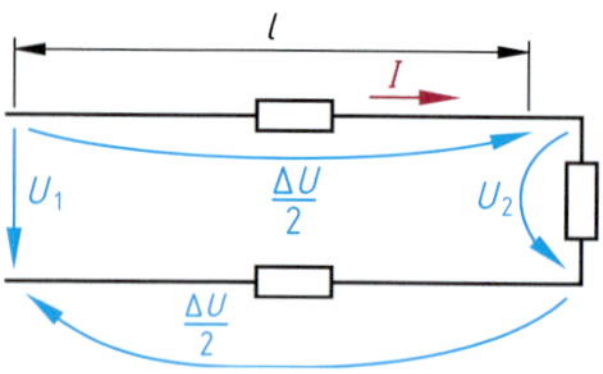

Schaltung bei DC und AC

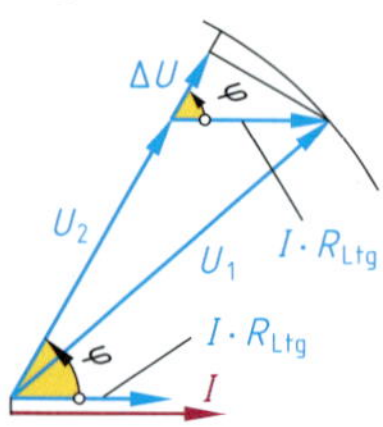

Zeigerbild bei AC

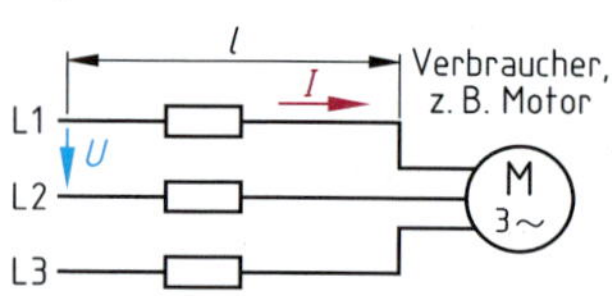

Schaltung bei Drehstrom (3 AC)

Alle Stromarten

$$\Delta U \approx U_1 - U_2 \quad (3)$$

$$P_{v\%} = \frac{P_v \cdot 100\%}{P} \quad (4)$$

$$\Delta u = \frac{\Delta U \cdot 100\%}{U} \quad (5)$$

Gleichstrom DC

$$\Delta U = \frac{2 \cdot P \cdot l}{\gamma \cdot A \cdot U} \quad (6)$$

$$P_v = \frac{2 \cdot I^2 \cdot l}{\gamma \cdot A} \quad (7)$$

$$P_{v\%} = \Delta u \quad (8)$$

γ siehe Hinweis oben und Seiten 130, 131

$$\Delta U = \frac{2 \cdot I \cdot l}{\gamma \cdot A} \quad (9)$$

$$A = \frac{2 \cdot I \cdot l}{\gamma \cdot \Delta U} \quad (10)$$

Einphasenwechselstrom AC

$$\Delta U = \frac{2 \cdot P \cdot l}{\gamma \cdot A \cdot U} \quad (11)$$

$$P_v = \frac{2 \cdot I^2 \cdot l}{\gamma \cdot A} \quad (12)$$

$$P_{v\%} = \frac{\Delta u}{\cos^2 \varphi} \quad (13)$$

γ wie bei DC

$$\Delta U = \frac{2 \cdot I \cdot l \cdot \cos \varphi}{\gamma \cdot A} \quad (14)$$

$$A = \frac{2 \cdot I \cdot l \cdot \cos \varphi}{\gamma \cdot \Delta U} \quad (15)$$

Dreiphasenwechselstrom 3 AC

$$\Delta U = \frac{P \cdot l}{\gamma \cdot A \cdot U} \quad (16)$$

$$P_v = \frac{3 \cdot I^2 \cdot l}{\gamma \cdot A} \quad (17)$$

$$P_{v\%} = \frac{\Delta u}{\cos^2 \varphi} \quad (18)$$

γ wie bei DC

$$\Delta U = \frac{\sqrt{3} \cdot I \cdot l \cdot \cos \varphi}{\gamma \cdot A} \quad (19)$$

$$A = \frac{\sqrt{3} \cdot I \cdot l \cdot \cos \varphi}{\gamma \cdot \Delta U} \quad (20)$$

A	Leiterquerschnitt
$\cos \varphi$	Wirkfaktor
f_1, f_2 ...	Umrechnungsfaktoren, z. B. wegen Leitungshäufung
F	Produkt der Umrechnungsfaktoren
I	Leiterstrom (Bemessungsstrom der Last)
I_r	Strombelastbarkeit nach Seiten 327, 328
I_N	Bemessungsstrom
I_Z	Strombelastbarkeit der Leiter
l	Länge der Leitung
P	Leistung der Last
P_v	Leistungsverlust in der Leitung
$P_{v\%}$	prozentualer Leistungsverlust (bezogen auf Leistung der Last)
U	Bemessungsspannung des Netzes oder der Last
U_1	Spannung am Leitungsanfang
U_2	Spannung am Leitungsende
ΔU	Spannungsfall (Spannungsunterschied)
Δu	prozentualer Spannungsfall (bezogen auf Bemessungsspannung)
γ	elektrische Leitfähigkeit (siehe Hinweis oben)
φ	Phasenverschiebungswinkel

Spannungsfall an Leitung mit Blindwiderstand (1)
Voltage Drop with Wire Inductance (1)

Begriffe	Erklärungen	Formeln, Ersatzschaltung
Spannungsfall an einphasigen Leitungen		
Ersatzschaltung elektrische Leitung	Eine Ersatzschaltung gibt durch bekannte Bauelemente an, wie sich grundsätzlich ein elektrisches Objekt verhält. Eine elektrische Aderleitung verhält sich wie eine Schaltung aus Widerstand und Induktivität.	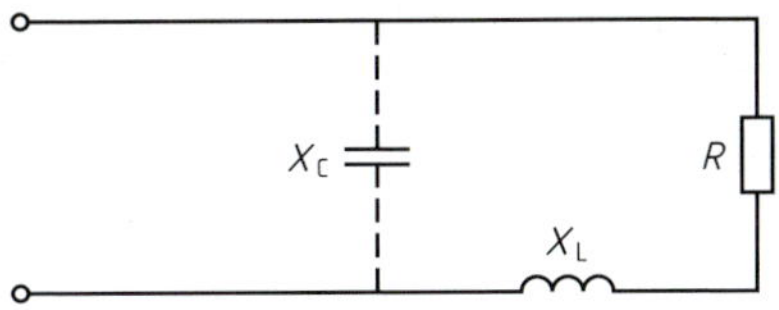 **Ersatzschaltung einer Aderleitung**
Spannungsfall am R in einphasigen AC-Anlagen (siehe auch vorhergehende Seite)	In elektrischen Anlagen versteht man unter Spannungsfall den Spannungsunterschied $U_1 - U_2$ am Speisepunkt (Formel 1). Der Faktor 2 ist eine Folge vom Strom zur Last und zurück in der Leitung. Der $\cos\varphi$ rührt her vom Blindwiderstand in Last und Leitung. R ersetzt durch $\frac{l}{(\gamma \cdot A)}$ gibt Formel 2.	$\Delta U = U_1 - U_2$ $\Delta U_R = 2 \cdot R \cdot I \cdot \cos\varphi$ **1** $\Delta U_R = \frac{2 \cdot l \cdot I \cdot \cos\varphi}{\gamma \cdot A}$ **2**
Spannungsfall an Induktivität L in Anlagen Gesamter Spannungsfall	Auch am induktiven Blindwiderstand an der Leitung entsteht ein Spannungsfall zusätzlich (Formel 3). $\sin\varphi$ rührt her vom Blindwiderstand der Last und der Leitung. Aus Formeln 2 und 3 folgt die Formel 4, die unter anderen Formelzeichen in DIN VDE 0100-520 enthalten ist.	$\Delta U_L = 2 \cdot X_L \cdot I \cdot \sin\varphi$ **3** $X_L = X_L' \cdot l$ $\quad$ $\Delta U = \Delta U_R + \Delta U_L$ $\Delta U = 2 \cdot l \cdot I \cdot \left(\frac{\cos\varphi}{\gamma \cdot A} + X_L' \cdot \sin\varphi\right)$ **4**
Beispielrechnung	Zweiadrige Installationsleitung Länge 10 m, 1,5 mm² Cu, X_L' gemessen zu 0,2 mΩ/m, I = 16 A, 50 Hz, $\cos\varphi = 0{,}8$, $\sin\varphi = 0{,}6$ $X_L = X_L' \cdot l = 0{,}2$ mΩ/m · 20 m = 4 mΩ	Spannungsfall nach Formel 2: $\Delta U_R = \frac{2 \cdot 16\ \text{A} \cdot 10\ \text{m} \cdot 0{,}8}{50\ \text{m}/(\Omega\ \text{mm}^2) \cdot 1{,}5\ \text{mm}^2} = \mathbf{3{,}4\ V}$ Zusätzlicher induktiver Spannungsfall nach Formel 3
Folgerung	Bei Aderleitungen der Installation ist der induktive Widerstand vernachlässigbar klein.	$\Delta U_L = 2 \cdot X_L \cdot I \cdot \sin\varphi$ $= 2 \cdot 4\ \text{m}\Omega \cdot 16\ \text{A} \cdot 0{,}6$ $= 76{,}8\ \text{mV} = \mathbf{0{,}077\ V}$
Freileitung	Bei Freileitungen ist X_L' wegen der größeren Leiterabstände viel größer, sodass die induktiven Einflüsse auf den Spannungsfall zu beachten sind.	$\Delta U = \Delta U_R + \Delta U_L = 3{,}4\ \text{V} + 0{,}077\ \text{V} = \mathbf{3{,}477\ V}$

A	Leiterquerschnitt	ΔU	Spannungsfall (Delta U)
f	Frequenz	ΔU_R	Spannungsfall an R
L	Induktivität	ΔU_L	Spannungsfall an X_L
L'	Induktivität je Leiterlänge	γ	elektrische Leitfähigkeit (Gamma)
l	Leiterlänge	$\cos\varphi$	Wirkfaktor
I	Stromstärke	$\sin\varphi$	Blindfaktor
U_1	Spannung ohne Last	π	(Pi) 3,1415...
U_2	Spannung mit Last	ω	Kreisfrequenz (Omega)
X_L	induktiver Blindwiderstand	μ_0	magnetische Feldkonstate (My, 1,257 µH/m)
X_L'	Blindwiderstandsbelag (folgende Seite)		

Spannungsfall an Leitung mit Blindwiderstand (2)
Voltage Drop with Wire Inductance (2)

Begriffe	Erklärungen	Formeln, Ersatzschaltung
Induktivitätsbelag und Spannungsfall		
Widerstandsbelag Induktivitätsbelag Blindwiderstandsbelag	Der Belag ist jeweils die Größe von einer Längeneinheit, z. B. von 1 m oder 1 km, z. B. Ω/m oder mH/m. Als Formelzeichen für den Belag verwendet man das Formelzeichen für die Größe mit einem ', z. B. *R*'oder *L*'. Formeln für den Induktivitätsbelag findet man in Formelsammlungen. Für 50-Hz-Paralleldrahtleitungen gelten **Formel 1** und **Formel 2**. Diese Leitung kann für die einphasige Freileitung von AC-Lasten eingesetzt werden.	$L' = L / l$ $\quad X_L' = X_L / l$ $L' = \frac{\mu_0}{\pi} \cdot \ln \frac{2a}{d}$ **1** $X_L' = 2\,\pi\,f \cdot L'$ **2** für $l \gg a \gg d$
Beispielrechnung Induktivitätsbelag Folgerung	Zweiadrige Freileitung Al/St 25/4, Länge 100 m, 25 mm² Al, d = 6,8 mm, a = 800 mm, γ = 32 m/(Ω mm²), I = 50 A, 50 Hz, μ_0 = 1,257 μH/m, cos φ = 0,8, sin φ = 0,6. $L' = \frac{\mu_0}{\pi} \cdot \ln \frac{2a}{d}$ μH/m = 2,18 μH/m $X_L' = 2\,\pi\,f \cdot L'$ = 314/s · 2,18 μH/m = 0,686 mΩ/m Bei Freileitungen sind a , l und I größer als bei Installationsleitungen, sodass die induktiven Einflüsse zu beachten sind.	Spannungsfall nach Formel 2, vorhergehende Seite: $\Delta U_R = \frac{2 \cdot 50\text{ A} \cdot 100\text{ m} \cdot 0{,}8}{32\text{ m}/(\Omega\text{ mm}^2) \cdot 25\text{ mm}^2} = \mathbf{10\text{ V}}$ Zusätzlicher Spannungsfall nach Formel 3, vorhergehende Seite: $\Delta U_L = 2 \cdot X_L \cdot I \cdot \sin\varphi$ $= 2 \cdot 68\text{ m}\Omega \cdot 50\text{ A} \cdot 0{,}6 = \mathbf{4\text{ V}}$ $\Delta U = \Delta U_R + \Delta U_L = 10\text{ V} + 4\text{ V} = \mathbf{14\text{ V}}$
Spannungsfall an Drehstromleitungen		
Dreiphasenwechselstrom Spannungsfall an Induktivität *L* in Anlagen Gesamter Spannungsfall	Bei Drehstromleitungen gelten ähnliche Formeln wie bei einphasigen AC-Leitungen, weil Drehstrom (Dreiphasenwechselstrom) drei Einphasenströme enthält. Jedoch entfällt der nutzbare Strom im Neutralleiter, sodass hier der Faktor 2 der Formel 1, vorhergehenden Seite, entfällt. Ohne Faktor würde man für die Drehstromleitung den Spannungsfall bis zum Sternpunkt erhalten. Den Spannungsfall misst man aber zwischen zwei Außenleitern. Dadurch beträgt er das $\sqrt{3}$-Fache. Deshalb entsteht bei Drehstrom an Stelle des Faktors 2 ein Faktor $\sqrt{3}$ in den Formeln.	$\Delta U_R = \frac{\sqrt{3} \cdot l \cdot I \cdot \cos\varphi}{\gamma \cdot A}$ **3** $\Delta U_L = \sqrt{3} \cdot X_L \cdot I \cdot \sin\varphi$ **4** $X_L = X_L' \cdot l$ $\quad \Delta U = \Delta U_R + \Delta U_L$ $\Delta U = \sqrt{3} \cdot l \cdot I \cdot \left(\frac{\cos\varphi}{\gamma \cdot A} + X_L' \cdot \sin\varphi\right)$ **5**

A	Leiterquerschnitt	X_L'	induktiver Widerstandsbelag
a	Leiterabstand voneinander	ΔU	Spannungsfall
d	Leiterdurchmesser	ΔU_R	Spannungsfall an R
f	Frequenz	ΔU_L	Spannungsfall an L
L	Induktivität	$\cos\varphi$	Wirkfaktor
L'	Induktivitätsbelag	$\sin\varphi$	Blindfaktor
l	Leiterlänge	γ	Leitfähigkeit (Gamma)
ln	natürlicher Logarithmus	ω	Kreisfrequenz (Omega)
I	Stromstärke	μ_0	magnetische Feldkonstate (My, 1,257 μH/m)
X_L	induktiver Widerstand	π	(Pi) 3,1415...

Strombelastbarkeit von mehradrigen Leitungen mit Oberschwingungen OS
Ampacity of multcore Wires with Harmonics
vgl. DIN VDE 0298-4

Bild, Tabelle, Erklärung	Bemerkungen	Ergänzungen, Formeln

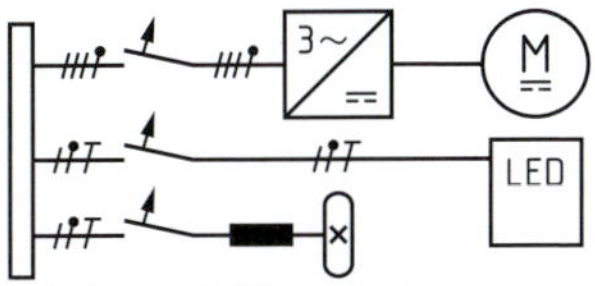

Anlage mit Oberschwingungen

Betriebsmittel mit Oberschwingungen OS sind meist über mehradrige Leitungen angeschlossen, und zwar einphasige Geräte über dreiadrige Leitungen (L, N und PE) und Drehstromgeräte über vier- und fünfadrige Leitungen (L1, L2, L3, N und PE).

Bei mehradrigen Leitungen haben alle Leiter der Leitung denselben Querschnitt A (mögliche Querschnitte der Leitungen siehe Seite 327). Den Leiterquerschnitt entnimmt man auf dieser Seite nach der Nennstrombelastbarkeit I_r der Leitung (Tabellenwert).

Tabelle 1: Reduzierte Strombelastbarkeiten I_Z

Grund	Seite
höhere Umgebungstemperatur	329
Häufung von Leitungen	329
Leiterstrom mit Oberschwingungen OS	hier

Leiterquerschnitt und Bemessungsstrom gelten bei Mehraderleitungen für alle Adern (alle Leiter).

Durch die genannten Umstände ist die wirkliche Strombelastbarkeit I_Z der Leitung kleiner als die in der Tabelle der Seite 327 genannte Nennstrombelastbarkeit I_r. Man erhält I_Z, wenn man I_r mit dem Umrechnungsfaktor (Reduktionsfaktor) f des Anlasses, z. B. von Seite 329, multipliziert (Formel 1).

Meist ist die Strombelastbarkeit bekannt und der erforderliche Bemessungsstrom I_r zum Aufsuchen des Querschnitts von Seite 327 gesucht (Formel 2).

Strombelastbarkeit

$$I_Z = f \cdot I_r \quad (1)$$

Bemesungsstrom

$$I_r = \frac{I_Z}{f} \quad (2)$$

Die Faktoren der Norm gelten für OS der Ordnungszahl 3. Für diese ist im Neutralleiter der Strom I_3 so groß wie die Summe der OS in den 3 Außenleitern

Ermittlung des Umrechnungsfaktors (Reduktionsfaktors) wegen Oberschwingungen

$$I_3' = \frac{I_3}{I_L}$$

Bei I_3' bis 33 % f aus Tabelle 2 für I_L entnehmen, für I_3' > 33 % f für I_{NL} entnehmen.

Tabelle 2: Umrechnungsfaktoren

Oberschwingungsanteil I_3'	Reduktionsfaktoren f für den Strom	
	Außenleiterstrom I_L	Neutralleiterstrom I_{NL}
≤ 15 %	1,0	–
> 15 % bis 33 %	0,86	–
> 33 % bis 45 %	–	0,86
> 45 %	–	1,0

Berechnung der Leiterquerschnitte I_N bei I_3' ≤ 33 % für 4- und 5adrige Leitungen

Hier haben alle Leiter den Querschnitt der Außenleiter

1. Ermittlung von I_L,
2. f aus Tabelle 2 entnehmen,
3. I_r berechnen (Formel 2)
4. Querschnitt aus Seiten 327, 328 entnehmen

$$I_Z = f \cdot I_L \quad (3)$$

Bei OS-Anteil ≤ 15 % bleibt die Strombelastbarkeit der Leitung unverändert.

Berechnung der Leiterquerschnitte I_{NL} bei I_3' > 33 % für 4- und 5adrige Leitungen

Hier haben alle Leiter den Querschnitt des Neutralleiters

1. Ermittlung von I_L,
2. f aus Tabelle 2 entnehmen,
3. I_{NL} berechnen (Formel 4)
4. I_r berechnen (Formel 5)
5. Querschnitt aus Seite 327 bzw. 328 entnehmen

$$I_{NL} = 3 \cdot I_L \cdot I_3' \quad (4)$$

$$I_r = \frac{I_{NL}}{f} \quad (5)$$

A Leiterquerschnitt
f Umrechnungsfaktor bzw. Produkt der Faktoren
I_L Außenleiterstrom, Laststrom
I_{NL} Neutralleiterstrom
I_r Bemessungsstrom, Tabellenwert

I_Z Strombelastbarkeit
I_3 OS-Strom mit $\nu = 3$
I_3' Oberschwingungsanteil

OS Oberschwingungen
ν (Nüh) Ordnungszahl der OS

Bei unsymmetrischer Belastung der Außenleiter oder bei Auftreten von OS mit weiteren Ordnungszahlen müssen die Umrechnungsfaktoren f verkleinert werden.

Zahnradberechnungen Gear Calculations

Maße außenverzahnter Stirnräder mit Geradverzahnung

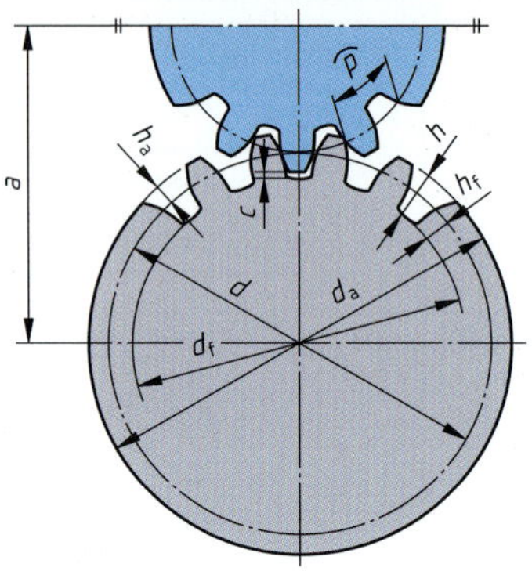

a Achsabstand, *p* Teilung
m Modul (der)
d Teilkreisdurchmesser
d_a Kopfkreisdurchmesser
d_f Fußkreisdurchmesser
z Zähnezahl
h_a Zahnkopfhöhe, *h* Zahnhöhe
h_f Zahnfußhöhe, *c* Kopfspiel

Ein geradverzahntes Stirnrad mit dem Modul $m = 1$ mm hat eine Teilung $p = \pi \cdot m = \pi \cdot 1$ mm = 3,142 mm. Sie wird auf dem Teilkreis gemessen.

Modul (der)
$$m = \frac{p}{\pi} = \frac{d}{z} \quad (1)$$

Teilung
$$p = \pi \cdot m \quad (2)$$

Zähnezahl
$$z = \frac{d}{m} = \frac{d_a - 2 \cdot m}{m} \quad (3)$$

Kopfspiel
$$c = 0{,}1 \cdot m \text{ bis } 0{,}3 \cdot m$$
$$\text{häufig } c = 0{,}167 \cdot m \quad (4)$$

Zahnkopfhöhe
$$h_a = m \quad (5)$$

Teilkreisdurchmesser
$$d = m \cdot z = \frac{z \cdot p}{\pi} \quad (6)$$

Kopfkreisdurchmesser
$$d_a = d + 2 \cdot m = m \cdot (z + 2) \quad (7)$$

Fußkreisdurchmesser
$$d_f = d - 2 \cdot (m + c) \quad (8)$$

Zahnhöhe
$$h = 2 \cdot m + c \quad (9)$$

Zahnfußhöhe
$$h_f = m + c \quad (10)$$

Achsabstand

Außenliegendes Gegenrad

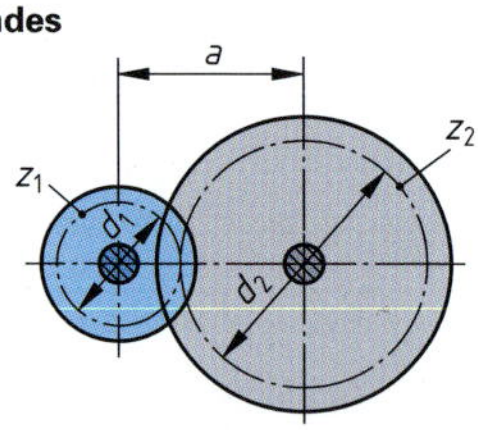

Innenliegendes Gegenrad

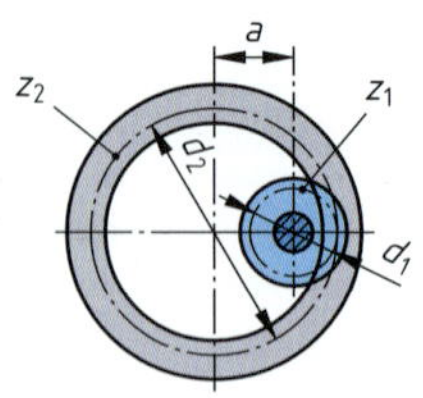

a Achsabstand
d_1, d_2 Teilkreisdurchmesser
z_1, z_2 Zähnezahlen

Innenverzahnte Stirnräder mit Geradverzahnung

Kopfkreisdurchmesser
$$d_a = d - 2 \cdot m = m \cdot (z - 2) \quad (11)$$

Fußkreisdurchmesser
$$d_f = d + 2 \cdot (m + c) \quad (12)$$

Zähnezahl
$$z = \frac{d}{m} = \frac{d_a + 2 \cdot m}{m} \quad (13)$$

Die anderen Zahnradmaße werden gleich wie bei außenverzahnten Stirnrädern mit Geradverzahnung berechnet.

Beispiel: Innenverzahntes Stirnrad,
$m = 1{,}5$ mm; $z = 80$; $c = 0{,}167 \cdot m$; $d = ?$; $d_a = ?$; $h = ?$
$\mathbf{d} = m \cdot z = 1{,}5 \text{ mm} \cdot 80 = \mathbf{120\ mm}$
$\mathbf{d_a} = d - 2 \cdot m = 120 \text{ mm} - 2 \cdot 1{,}5 \text{ mm} = \mathbf{117\ mm}$
$\mathbf{h} = 2 \cdot m + c = 2 \cdot 1{,}5 \text{ mm} + 0{,}167 \cdot 1{,}5 \text{ mm} = \mathbf{3{,}25\ mm}$

Achsabstand bei Geradverzahnung

Achsabstand bei außenliegendem Gegenrad
$$a = \frac{d_1 + d_2}{2} = \frac{m \cdot (z_1 + z_2)}{2} \quad (14)$$

Achsabstand bei innenliegendem Gegenrad
$$a = \frac{d_2 - d_1}{2} = \frac{m \cdot (z_2 - z_1)}{2} \quad (15)$$

Übersetzungen Transmissions

Riementrieb

einfache Übersetzung

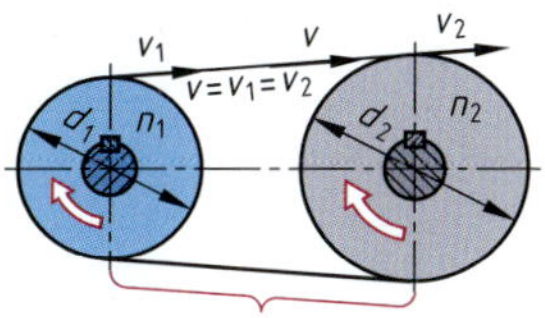

mehrfache Übersetzung

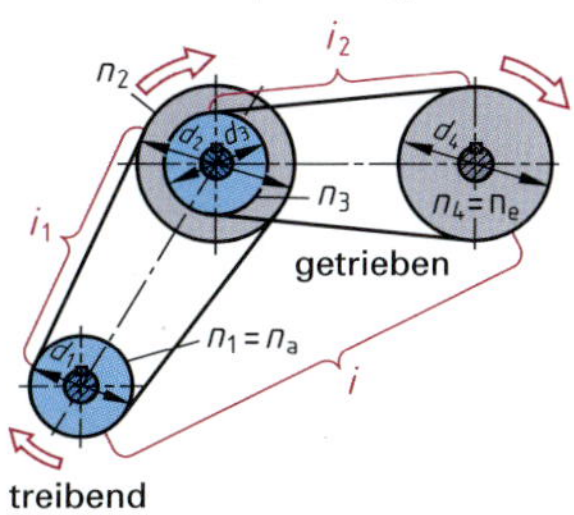

$d_1, d_3, d_5 \ldots$	Durchmesser	treibende Scheiben
$n_1, n_3, n_5 \ldots$	Drehzahlen	
$d_2, d_4, d_6 \ldots$	Durchmesser	getriebene Scheiben
$n_2, n_4, n_6 \ldots$	Drehzahlen	
n_a	Anfangsdrehzahl	
n_e	Enddrehzahl	
i	Gesamtübersetzungsverhältnis	
$i_1, i_2, i_3 \ldots$	Einzelübersetzungsverhältnis	
v, v_1, v_2	Umfangsgeschwindigkeit	

Beispiel:

$n_1 = 600/\text{min} \cdot n_2 = 400/\text{min}$

$d_1 = 240\ \text{mm};\ i = ?;\ d_2 = ?$

$$\boldsymbol{i} = \frac{n_1}{n_2} = \frac{600/\text{min}}{400/\text{min}} = \frac{1{,}5}{1} = \mathbf{1{,}5}$$

$$\boldsymbol{d_2} = \frac{n_1 \cdot d_1}{n_2} = \frac{600/\text{min} \cdot 240\ \text{mm}}{400/\text{min}} = \mathbf{360\ mm}$$

Geschwindigkeit

$$v = v_1 = v_2 \quad (1)$$

Antriebsformel

$$n_1 \cdot d_1 = n_2 \cdot d_2 \quad (2)$$

Übersetzungsverhältnis

$$i = \frac{d_2}{d_1} = \frac{n_1}{n_2} = \frac{n_a}{n_e} \quad (3)$$

Gesamtübersetzungsverhältnis

$$i = \frac{d_2 \cdot d_4 \cdot d_6 \ldots}{d_1 \cdot d_3 \cdot d_5 \ldots} \quad (4)$$

$$i = i_1 \cdot i_2 \cdot i_3 \ldots \quad (5)$$

Zahnradtrieb

einfache Übersetzung

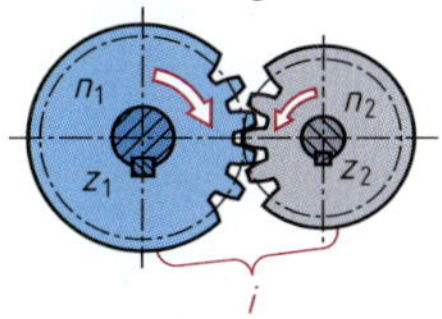

mehrfache Übersetzung

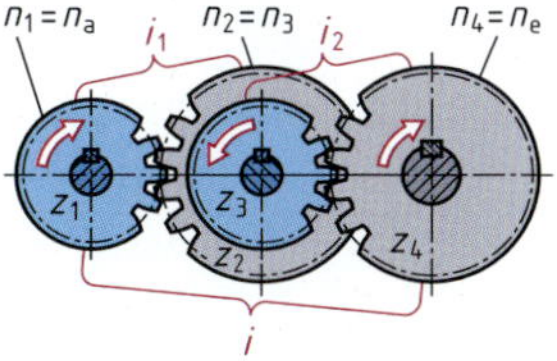

$z_1, z_3, z_5 \ldots$	Zähnezahlen	treibende Räder
$n_1, n_3, n_5 \ldots$	Drehzahlen	
$z_2, z_4, z_6 \ldots$	Zähnezahlen	getriebene Räder
$n_2, n_4, n_6 \ldots$	Drehzahlen	
n_a	Anfangsdrehzahl	
n_e	Enddrehzahl	
i	Gesamtübersetzungsverhältnis	
$i_1, i_2, i_3 \ldots$	Einzelübersetzungsverhältnis	

Beispiel:

$i = 0{,}4;\ n_1 = 180/\text{min};\ z_2 = 24;$

$n_2 = ?;\ z_1 = ?$

$$\boldsymbol{n_2} = \frac{n_1}{i} = \frac{180/\text{min}}{0{,}4} = \mathbf{450/min}$$

$$\boldsymbol{z_1} = \frac{n_2 \cdot z_2}{n_1} = \frac{450/\text{min} \cdot 24}{180/\text{min}} = \mathbf{60}$$

Antriebsformel

$$n_1 \cdot z_1 = n_2 \cdot z_2 \quad (6)$$

Übersetzungsverhältnis

$$i = \frac{z_2}{z_1} = \frac{n_1}{n_2} = \frac{n_a}{n_e} \quad (7)$$

Gesamtübersetzungsverhältnis

$$i = \frac{z_2 \cdot z_4 \cdot z_6 \ldots}{z_1 \cdot z_3 \cdot z_5 \ldots} \quad (8)$$

$$i = i_1 \cdot i_2 \cdot i_3 \ldots \quad (9)$$

Schneckentrieb

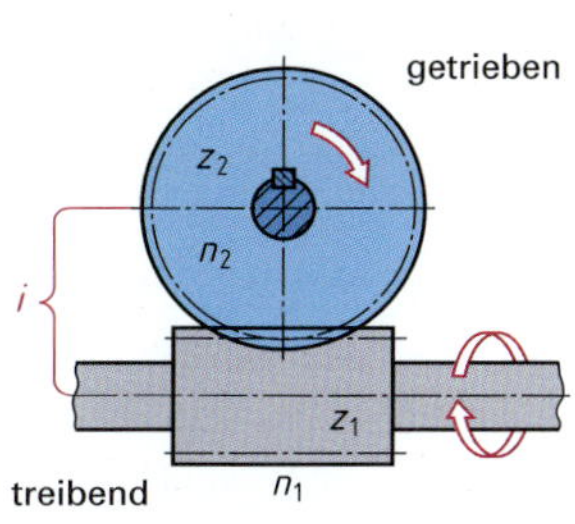

z_1	Zähnezahl (Gangzahl) der Schnecke
n_1	Drehzahl der Schnecke
z_2	Zähnezahl des Schneckenrades
n_2	Drehzahl des Schneckenrades
i	Übersetzungsverhältnis

Beispiel:

$i = 25;\ n_1 = 1500/\text{min};\ z_1 = 3;\ n_2 = ?$

$$\boldsymbol{n_2} = \frac{n_1}{i} = \frac{1500/\text{min}}{25} = \mathbf{60/min}$$

Antriebsformel

$$n_1 \cdot z_1 = n_2 \cdot z_2 \quad (10)$$

Übersetzungsverhältnis

$$i = \frac{n_1}{n_2} = \frac{z_2}{z_1} \quad (11)$$

Druck in Flüssigkeiten und Gasen Pressure in Fluids and Gases

Druck

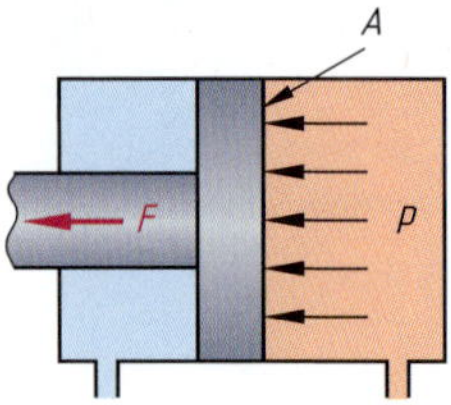

p Druck
F Kraft
A Fläche

Beispiel:

F = 2 MN; Kolben-∅ $d = 400$ mm; $p = ?$

$$\boldsymbol{p} = \frac{F}{A} = \frac{2\ \text{MN}}{\frac{\pi \cdot (0{,}4\ \text{m})^2}{4}} = 15{,}92\ \frac{\text{MN}}{\text{m}^2} = \mathbf{159{,}2\ bar}$$

Berechnungen zur Hydraulik und Pneumatik: Seite 69

Druck

$$p = \frac{F}{A} \quad \text{(1)}$$

Druckeinheiten

$1\ \text{Pa} = 1\ \frac{\text{N}}{\text{m}^2} = 10^{-5}\ \text{bar}$

$1\ \text{bar} = 10\ \frac{\text{N}}{\text{cm}^2} = 0{,}1\ \frac{\text{N}}{\text{mm}^2}$

1 mbar = 100 Pa = 1 hPa

Überdruck, Luftdruck, absoluter Druck

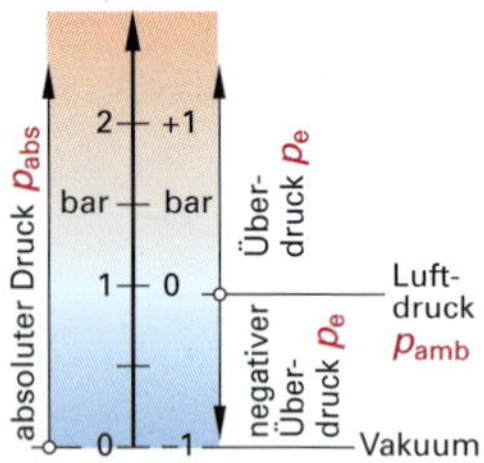

p_e Überdruck
p_{amb} Luftdruck
p_{abs} absoluter Druck

Der Überdruck ist
- positiv, wenn $p_{abs} > p_{amb}$ ist und
- negativ, wenn $p_{abs} < p_{amb}$ ist (Unterdruck)

Beispiel:

Autoreifen, $p_e = 2{,}2$ bar; $p_{amb} = 1$ bar; $p_{abs} = ?$

$\boldsymbol{p_{abs}} = p_e + p_{amb} = 2{,}2\ \text{bar} + 1\ \text{bar} = \mathbf{3{,}2\ bar}$

Überdruck

$$p_e = p_{abs} - p_{amb} \quad \text{(2)}$$

$p_{amb} = 1{,}013\ \text{bar} \approx 1\ \text{bar}$
$\approx 100\ \text{kPa}$

Hydrostatischer Druck

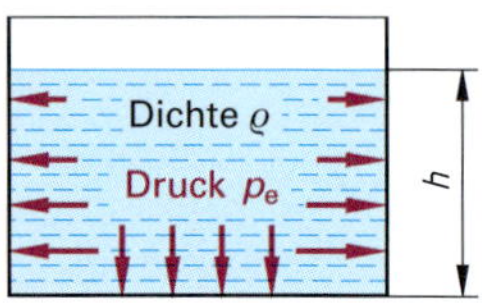

p_e hydrostatischer Druck
ϱ Dichte der Flüssigkeit
h Flüssigkeitstiefe
g Fallbeschleunigung, Ortskoeffizient

Beispiel:

Welcher Druck herrscht in 10 m Wassertiefe?

$$\boldsymbol{p_e} = g \cdot \varrho \cdot h = 9{,}81\ \frac{\text{m}}{\text{s}^2} \cdot 1000\ \frac{\text{kg}}{\text{m}^3} \cdot 10\ \text{m}$$

$$= 98\,100\ \frac{\text{kg}}{\text{m} \cdot \text{s}^2} = 98\,100\ \text{Pa} \approx \mathbf{1\ bar}$$

Hydrostatischer Druck

$$p_e = g \cdot \varrho \cdot h \quad \text{(3)}$$

$[g] = \text{m/s}^2 = \text{N/kg}$

1 bar ≙ 10 m Wassersäule

$g = 9{,}81\ \frac{\text{m}}{\text{s}^2} \approx 10\ \frac{\text{m}}{\text{s}^2}$

Dichtewerte, Seiten 130, 131

Zustandsänderung bei Gasen

Verdichtung

Zustand 1 **Zustand 2**

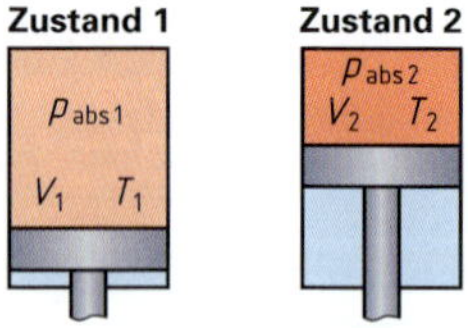

Gesetz von Boyle-Mariotte

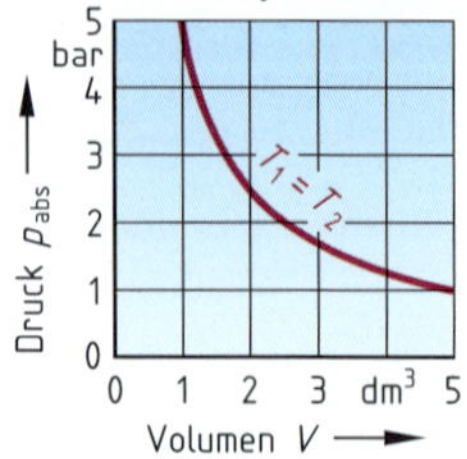

Zustand 1

p_{abs1} absoluter Druck
V_1 Volumen
T_1 absolute Temperatur

Zustand 2

p_{abs2} absoluter Druck
V_2 Volumen
T_2 absolute Temperatur

Beispiel:

Ein Kompressor saugt $V_1 = 30\ \text{m}^3$ Luft mit $p_{abs1} = 1$ bar und $\vartheta_1 = 15$ °C an und verdichtet sie auf $V_2 = 3{,}5\ \text{m}^3$ und $\vartheta_2 = 150$ °C. Welcher Druck p_{abs2} herrscht?

$$\boldsymbol{p_{abs2}} = \frac{p_{abs1} \cdot V_1 \cdot T_2}{T_1 \cdot V_2}$$

$$= \frac{1\ \text{bar} \cdot 30\ \text{m}^3 \cdot 423\ \text{K}}{288\ \text{K} \cdot 3{,}5\ \text{m}^3} = \mathbf{12{,}6\ bar}$$

Unter dem Normalvolumen V_N versteht man das Volumen, das ein Gas bei einem Druck $p_{abs} = 1{,}013$ bar und einer Temperatur $T = 273$ K einnimmt.

Allgemeine Gasgleichung

$$\frac{p_{abs1} \cdot V_1}{T_1} = \frac{p_{abs2} \cdot V_2}{T_2} \quad \text{(4)}$$

Sonderfälle

bei konstanter Temperatur:

$$p_{abs1} \cdot V_1 = p_{abs2} \cdot V_2 \quad \text{(5)}$$

bei konstantem Volumen:

$$\frac{p_{abs1}}{T_1} = \frac{p_{abs2}}{T_2} \quad \text{(6)}$$

bei konstantem Druck:

$$\frac{V_1}{T_1} = \frac{V_2}{T_2} \quad \text{(7)}$$

Reibung, Auftrieb Friction, Buoyancy

Reibungskraft

Haftreibung, Gleitreibung

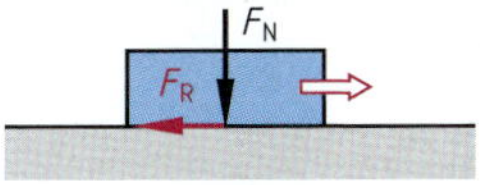

Haftreibung, Gleitreibung

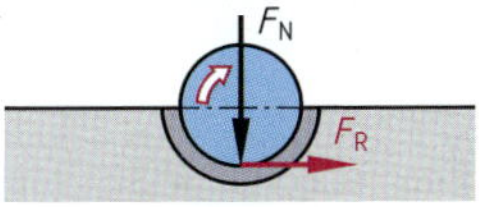

Rollreibung

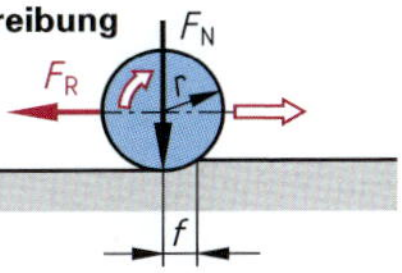

F_N Normalkraft
F_R Reibungskraft
μ Reibungszahl
f Rollreibungslänge
r Radius des Rollkörpers

Die in Wälzlagern auftretende Reibung wird meist vereinfacht wie die Gleitreibung mit der Reibungszahl $\mu = f/r$ = 0,001 bis 0,003 berechnet.

Beispiel 1:
Gleitlager, $F_N = 100\ \text{N}$; $\mu = 0{,}03$; $F_R = ?$

$\mathbf{F_R} = \mu \cdot F_N = 0{,}03 \cdot 100\ \text{N} = \mathbf{3\ N}$

Beispiel 2:
Kranrad auf Stahlschiene, $F_N = 45\ \text{kN}$; $d = 320\ \text{mm}$
$f = 0{,}5\ \text{mm}$; $F_R = ?$

$$\mathbf{F_R} = \frac{f \cdot F_N}{r} = \frac{0{,}05\ \text{mm} \cdot 45\,000\ \text{N}}{160\ \text{mm}} = \mathbf{14{,}06\ N}$$

Reibungskraft bei Haft- und Gleitreibung

$$F_R = \mu \cdot F_N \quad (1)$$

Reibungskraft bei Rollreibung

$$F_R = \frac{f \cdot F_N}{r} \quad (2)$$

$[F_R] = [F_N] = \text{N}$
$[f] = [r] = \text{mm}$

Reibungszahlen (Richtwerte)

Werkstoffpaarung	Haftreibungszahl μ trocken	Haftreibungszahl μ geschmiert	Gleitreibungszahl μ trocken	Gleitreibungszahl μ geschmiert	Rollreibungslänge	f in mm
Stahl auf Gusseisen	0,2	0,15	0,18	0,1 bis 0,08		
Stahl auf Stahl	0,2	0,1	0,15	0,1 bis 0,05		
Stahl auf Cu-Sn-Legierung	0,2	0,1	0,1	0,06 bis 0,03	Stahl auf	0,05
Stahl auf Pb-Sn-Legierung	0,15	0,1	0,1	0,05 bis 0,03	Stahl, weich	
Stahl auf Polyamid	0,3	0,15	0,3	0,12 bis 0,05		
Stahl auf Polytetrafluorethylen	0,04	0,04	0,04	0,04	Stahl auf	0,01
Stahl auf Eis	0,03	–	0,015	–	Stahl, hart	
Stahl auf Reibbelag	0,6	0,3	0,55	0,3 bis 0,2		
Stahl auf Holz	0,55	0,1	0,35	0,05	Autoreifen	4,5
Gusseisen auf Cu-Sn-Legierung	0,28	0,16	0,21	0,2 bis 0,1	auf Asphalt	
Treibriemen auf Gusseisen	0,5	–	–	–		
Wälzlager	–	–	–	0,003 bis 0,001		

Reibungsmoment und Reibungsleistung in Lagern

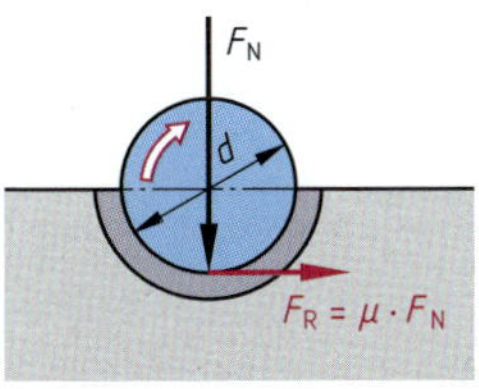

M Reibungsmoment
F_N Normalkraft
P Reibungsleistung
μ Reibungszahl
d Durchmesser
n Drehzahl

Beispiel:
Stahlwelle in Cu-Sn-Gleitlager, $\mu = 0{,}05$; $F_N = 6\ \text{kN}$
$d = 160\ \text{mm}$; $M = ?$

$$\mathbf{M} = \frac{\mu \cdot F_N \cdot d}{2} = \frac{0{,}05 \cdot 6000\ \text{N} \cdot 0{,}16\ \text{m}}{2} = \mathbf{24\ Nm}$$

Reibungsmoment

$$M = \frac{\mu \cdot F_N \cdot d}{2} \quad (3)$$

Reibungsleistung

$$P = \mu \cdot F_N \cdot \pi \cdot d \cdot n \quad (4)$$

Auftrieb in Flüssigkeiten

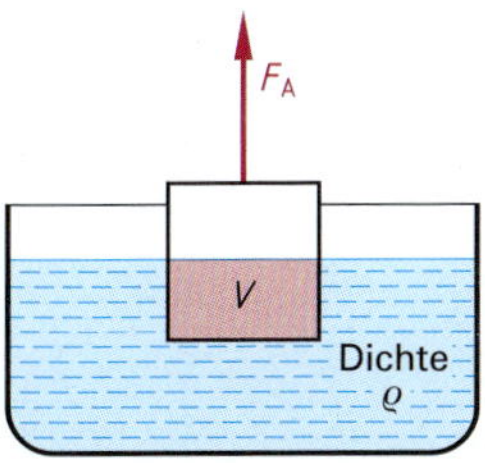

F_A Auftriebskraft
ϱ Dichte der Flüssigkeit
V Eintauchvolumen
g Fallbeschleunigung, Ortskoeffizient

Beispiel:
Gießkern in flüssigem Gusseisen, $V = 2{,}5\ \text{dm}^3$
$\varrho = 7{,}3\ \text{kg/dm}^3$; $F_A = ?$

$$\mathbf{F_A} = g \cdot \varrho \cdot V = 9{,}81\ \frac{\text{m}}{\text{s}^2} \cdot 7{,}3\ \frac{\text{kg}}{\text{dm}^3} \cdot 2{,}5\ \text{dm}^3$$

$$= 179\ \frac{\text{kg} \cdot \text{m}}{\text{s}^2} = \mathbf{179\ N}$$

Auftriebskraft

$$F_A = g \cdot \varrho \cdot V \quad (5)$$

$$g = 9{,}81\ \frac{\text{m}}{\text{s}^2} \approx 10\ \frac{\text{m}}{\text{s}^2}$$

$$g = 9{,}81\ \frac{\text{N}}{\text{kg}} \approx 10\ \frac{\text{N}}{\text{kg}}$$

Belastungsfälle, Beanspruchungsarten Load Schemes, Load Types

Belastungsfälle

statische Belastung	**dynamische Belastung**		
ruhend	schwellend	wechselnd	allgemein (schwingend)
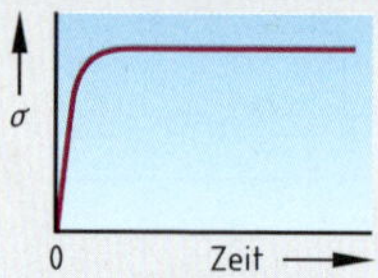	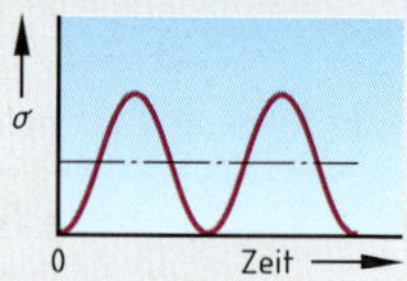	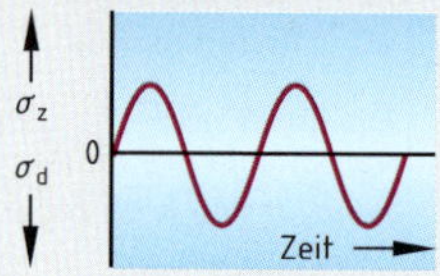	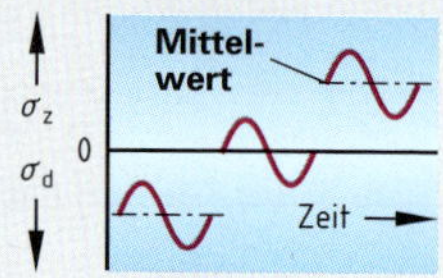
Belastungsfall I Größe und Richtung der Belastung sind gleichbleibend.	**Belastungsfall II** Die Belastung steigt auf einen Höchstwert an und geht auf Null zurück.	**Belastungsfall III** Die Belastung wechselt zwischen einem positiven und einem gleich großen negativen Höchstwert.	Die Belastung schwingt um einen beliebigen Mittelwert.

Beanspruchungsarten und Festigkeitskenngrößen

Beanspruchungsart	mechanische Spannung	Werkstoffkenngrößen			Maßgebende Grenzspannung σ_{lim} für Belastungsfall		
		Festigkeit	Grenzwert gegen plastische Formänderung	Formänderung	I	II	III
Zug 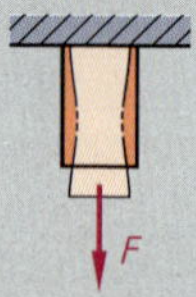	Zugspannung σ_z	Zugfestigkeit R_m	Streckgrenze R_e 0,2%-Dehngrenze $R_{p0,2}$	Dehnung ε Bruchdehnung A	Werkstoff zäh (Stahl): R_e, $R_{p0,2}$ spröd (Gusseisen): R_m	Zug-Schwellfestigkeit $\sigma_{z\,Sch}$	Zug-Wechselfestigkeit $\sigma_{z\,W}$
Druck 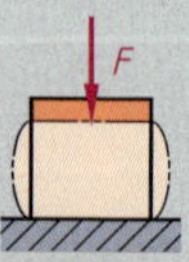	Druckspannung σ_d	Druckfestigkeit $\sigma_{d\,B}$	Quetschgrenze $\sigma_{d\,F}$ 0,2%-Stauchgrenze $\sigma_{d\,0,2}$	Stauchung ε_d Bruchstauchung $\varepsilon_{d\,B}$	Werkstoff zäh (Stahl): $\sigma_{d\,F}$, $\sigma_{d\,0,2}$ spröd (Gusseisen): $\sigma_{d\,B}$	Druck-Schwellfestigkeit $\sigma_{d\,Sch}$	Druck-Wechselfestigkeit $\sigma_{d\,W}$
Abscherung 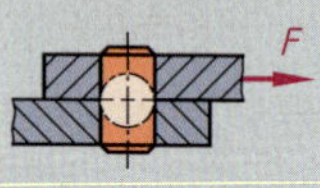	Scherspannung τ_a	Scherfestigkeit $\tau_{a\,B}$	–	–	Scherfestigkeit $\tau_{a\,B}$	–	–
Biegung 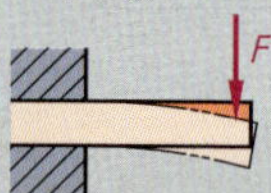	Biegespannung σ_b	Biegefestigkeit $\sigma_{b\,B}$	Biegegrenze $\sigma_{b\,F}$	Durchbiegung f	Biegegrenze $\sigma_{b\,F}$	Biege-Schwellfestigkeit $\sigma_{b\,Sch}$	Biege-Wechselfestigkeit $\sigma_{b\,W}$
Verdrehung (Torsion) 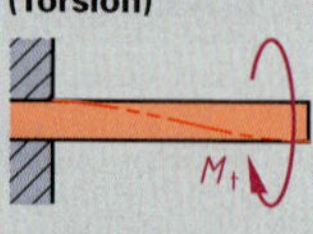	Torsionsspannung τ_t	Torsionsfestigkeit $\tau_{t\,B}$	Verdrehgrenze $\tau_{t\,F}$	Verdrehwinkel φ	Verdrehgrenze $\tau_{t\,F}$	Torsions-Schwellfestigkeit $\tau_{t\,Sch}$	Torsions-Wechselfestigkeit $\tau_{t\,W}$
Knickung 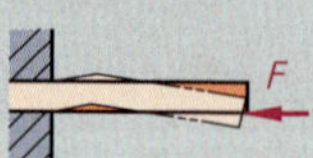	Knickspannung σ_k	Knickfestigkeit $\sigma_{k\,B}$	–	–	Knickfestigkeit $\sigma_{k\,B}$	–	–

Beanspruchung auf Zug

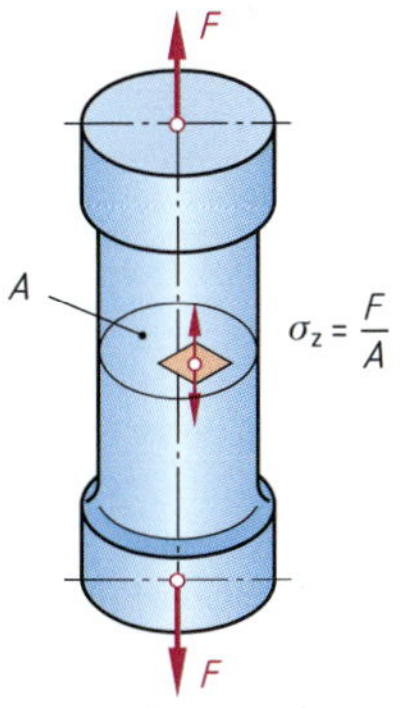

Die im Zugversuch ermittelten Werkstoffkennwerte gelten für statische Beanspruchung (Belastungsfall I).

σ_z	Zugspannung	R_e	Streckgrenze
F	Zugkraft	R_m	Zugfestigkeit
A	Querschnittsfläche	ν	Sicherheitszahl
$\sigma_{z\,zul}$	zulässige Zugspannung	F_{zul}	zulässige Zugkraft

Beispiel:

Rundstahl, $F_{zul} = 8{,}4$ kN
$\sigma_{z\,zul} = 80$ N/mm²; $d = ?$

$$A = \frac{F_{zul}}{\sigma_{z\,zul}} = \frac{8400\ \text{N}}{80\ \text{N/mm}^2} = 105\ \text{mm}^2$$

$\boldsymbol{d} = $ **12 mm**

Festigkeitswerte Seiten 136 bis 138, 141

Zugspannung

$$\sigma_z = \frac{F}{A} \quad (1)$$

zulässige Zugspannung

für Stahl
$$\sigma_{z\,zul} = \frac{R_e}{\nu} \quad (2)$$

für Gusseisen
$$\sigma_{z\,zul} = \frac{R_m}{\nu} \quad (3)$$

zulässige Zugkraft

$$F_{zul} = \sigma_{z\,zul} \cdot A \quad (4)$$

Beanspruchung auf Druck

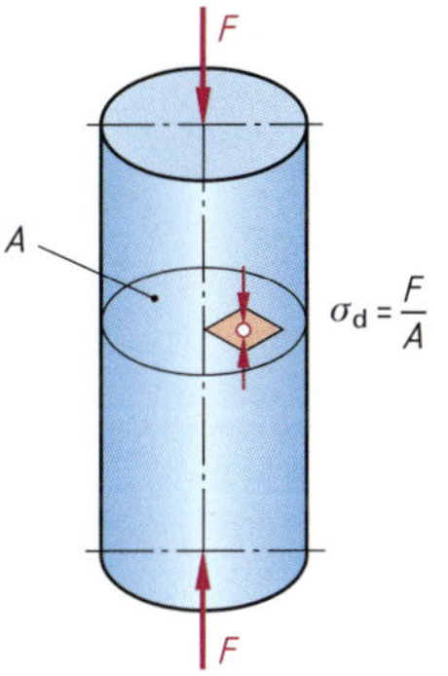

Die im Druckversuch ermittelten Werte gelten für statische Beanspruchung (Belastungsfall I).

σ_{dF}	Quetschgrenze	F	Druckkraft
σ_d	Druckspannung	F_{zul}	zulässige Druckkraft
$\sigma_{d\,zul}$	zulässige Druckspannung	A	Querschnittsfläche
ν	Sicherheitszahl	R_m	Zugfestigkeit

Beispiel:

Gestell aus EN-GJL-300; $A = 2800$ mm²
$\nu = 2{,}5$; $F_{zul} = ?$

$$\boldsymbol{F_{zul}} \approx \frac{4 \cdot R_m}{\nu} \cdot A = \frac{4 \cdot 300\ \text{N/mm}^2}{2{,}5} \cdot 2800\ \text{mm}^2$$

$= 1\,344\,000$ N $\approx$ **1,3 MN**

Druckspannung

$$\sigma_d = \frac{F}{A} \quad (5)$$

zulässige Druckspannung

für Stahl
$$\sigma_{d\,zul} = \frac{\sigma_{dF}}{\nu} \quad (6)$$

für Gusseisen
$$\sigma_{d\,zul} \approx \frac{4 \cdot R_m}{\nu} \quad (7)$$

zulässige Druckkraft

$$F_{zul} = \sigma_{d\,zul} \cdot A \quad (8)$$

Beanspruchung auf Flächenpressung (Lochleibung)

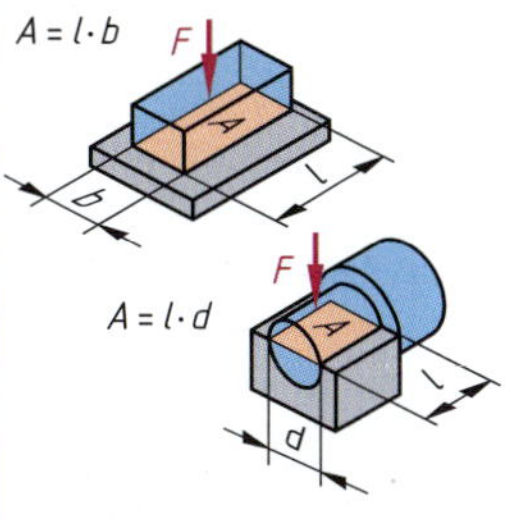

F	Kraft	A	Berührungsfläche (projizierte Fläche)
p	Flächenpressung (Lochleibung)		

Beispiel für Lochleibung:

Zwei Bleche mit je 8 mm Dicke werden mit einem Bolzen DIN 1445 10h11 x 16 x 30 verbunden. Wie groß ist die übertragbare Kraft bei einer zulässigen Flächenpressung von 280 N/mm²?

$$\boldsymbol{F} = p \cdot A = 280\ \frac{\text{N}}{\text{mm}^2} \cdot 8\ \text{mm} \cdot 10\ \text{mm}$$

$=$ **22 400 N = 22,4 kN**

Flächenpressung

$$p = \frac{F}{A} \quad (9)$$

Zulässige Flächenpressung p_{zul} in N/mm² für ruhende Bauteile

S235	E295	E360	GS-45	EN-GJL-150	EN-GJL-300	EN-GJS-400	EN AW-AlCu4Mg1
140 bis 160	210 bis 240	240 bis 280	120 bis 160	160 bis 200	300 bis 400	200 bis 250	100 bis 160

Zulässige Flächenpressung (Lagerdruck) p_{zul} in N/mm² für Gleitlager bei ausreichender Schmierung

Belastungsfall	SnSb12Cu6Pb	PbSb15Sn10	G-CuSn12Pb2	G-CuSn10P	EN-GJL-250	PA66	Hgw2082
statisch I	19 bis 30	15 bis 25	30 bis 50	30 bis 50	10 bis 20	14 bis 19	19 bis 30
dynamisch II, III	15	12,5	25	25	5	7	15

Abscherung, Knickung Shearing, Buckling

M

Beanspruchung auf Abscherung

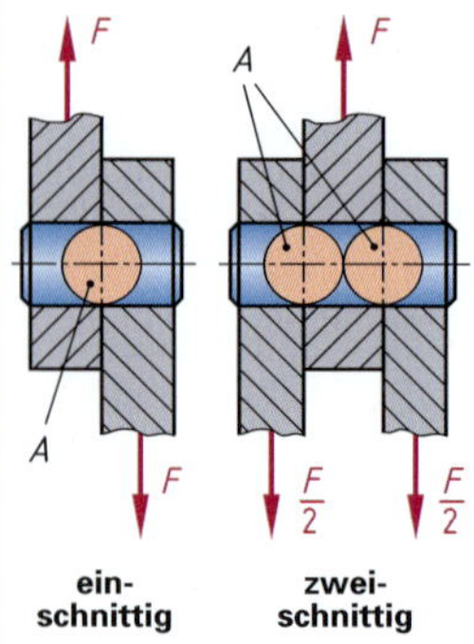

τ_a Scherspannung
$\tau_{a\,zul}$ zul. Scherspannung
τ_{aB} Scherfestigkeit
R_e Streckgrenze
F_{zul} zulässige Scherkraft
A Querschnittsfläche
ν Sicherheitszahl
R_m Zugfestigkeit

Beispiel:
Zylinderstift ∅ = 6 mm, einschnittig beansprucht
τ_{aB} = 295 N/mm²; ν = 2; F_{zul} = ?

$$\tau_{a\,zul} = \frac{\tau_{aB}}{\nu} = \frac{295\ \text{N/mm}^2}{2} = 148\ \frac{\text{N}}{\text{mm}^2}$$

A = 28,3 mm²

$$\mathbf{F_{zul}} = A \cdot \tau_{a\,zul} = 28{,}3\ \text{mm}^2 \cdot 148\ \frac{\text{N}}{\text{mm}^2} = \mathbf{4188\ N}$$

Scherspannung

$$\tau_a = \frac{F}{A} \quad (1)$$

zulässige Scherspannung

$$\tau_{a\,zul} = \frac{\tau_{aB}}{\nu} \quad (2)$$

zulässige Scherkraft

$$F_{zul} = A \cdot \tau_{a\,zul} \quad (3)$$

Scherfestigkeit für zähe Metalle, z.B. Stahl

$$\tau_{aB} \approx 0{,}8 \cdot R_m \quad (4)$$

Schneiden von Werkstoffen

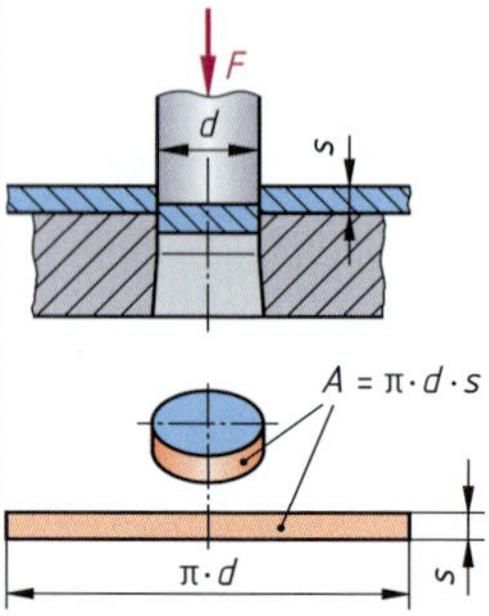

$\tau_{aB\,max}$ max. Scherfestigkeit
$R_{m\,max}$ max. Zugfestigkeit
A Scherfläche
F Schneidkraft

Beispiel:
Lochen eines 3 mm dicken Bleches aus S235JR
d = 16 mm; F = ?

$R_{m\,max}$ = 470 N/mm²
$\tau_{aB\,max} \approx 0{,}8 \cdot R_{m\,max} = 0{,}8 \cdot 470\ \text{N/mm}^2 = 376\ \text{N/mm}^2$
$A = \pi \cdot d \cdot s = \pi \cdot 16\ \text{mm} \cdot 3\ \text{mm} = 150{,}8\ \text{mm}^2$
$\mathbf{F} = A \cdot \tau_{aB\,max} = 150{,}8\ \text{mm}^2 \cdot 376\ \text{N/mm}^2 = 56\,701\ \text{N}$
= **56,7 kN**

maximale Scherfestigkeit

$$\tau_{aB\,max} \approx 0{,}8 \cdot R_{m\,max} \quad (5)$$

Schneidkraft

$$F = A \cdot \tau_{aB\,max} \quad (6)$$

Beanspruchung auf Knickung (nach Euler)

Belastungsfall

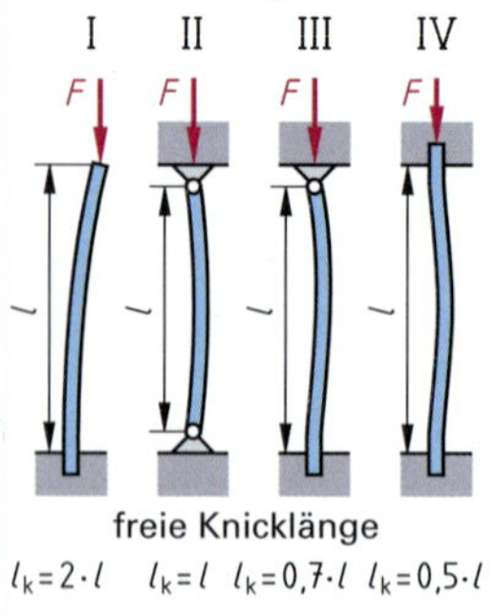

$F_{k\,zul}$ zulässige Knickkraft
l Länge
l_k freie Knicklänge
ν Sicherheitszahl
E Elastizitätsmodul
I Flächenmoment 2. Grades

Beispiel:
Stahlträger, $E = 210\ \frac{\text{kN}}{\text{mm}^2}$, l = 3,5 m; beidseitig eingespannt ν = 12; $F_{k\,zul}$ = ?

$$\mathbf{F_{k\,zul}} = \frac{\pi^2 \cdot E \cdot I}{l_k^2 \cdot \nu} = \frac{\pi^2 \cdot 21 \cdot 10^6\ \frac{\text{N}}{\text{cm}^2} \cdot 2000\ \text{cm}^4}{(0{,}5 \cdot 350\ \text{cm})^2 \cdot 12}$$

$= 1{,}13 \cdot 10^6\ \text{N} = \mathbf{1{,}13\ MN}$

Flächenmomente 2. Grades Seiten 70, 71.

zulässige Knickkraft

$$F_{k\,zul} = \frac{\pi^2 \cdot E \cdot I}{l_k^2 \cdot \nu} \quad (7)$$

Die Formel gilt nur für schlanke Bauteile und innerhalb des elastischen Bereichs der Werkstoffe.

Elastizitätsmodul E in kN/mm² bei 20 °C

Stahl	EN-GJL-150	EN-GJL-300	EN-GJS-400	GS-38	EN-GJMW-350-4	CuZn40	Al-Leg.	Ti-Leg.
196 bis 216	80 bis 90	110 bis 140	170 bis 185	210	170	80 bis 100	60 bis 80	112 bis 130

Beanspruchung auf Biegung

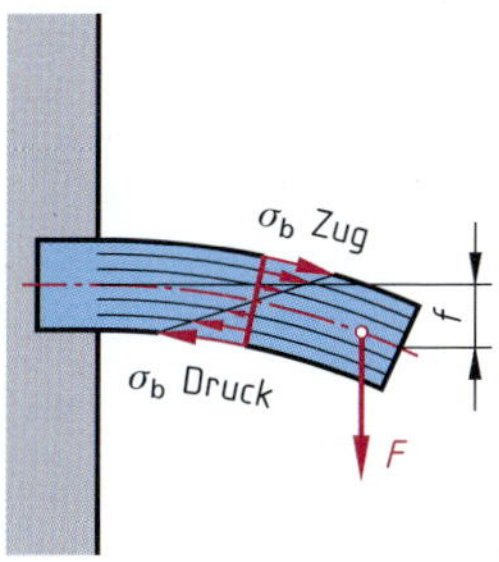

Bei Beanspruchung auf Biegung treten im Bauteil Zug- und Druckspannungen auf. Die maximale Spannung in der Randzone des Bauteils wird berechnet; sie darf die zulässige Biegespannung nicht überschreiten.

σ_b	Biegespannung	F	Biegekraft
M_b	Biegemoment	f	Durchbiegung
W	axiales Widerstandsmoment		

Beispiel:

Stahlträger, $W = 324\ \text{cm}^3$; einseitig eingespannt
Einzelkraft $F = 25\ \text{kN}$; $l = 2{,}6\ \text{m}$; $\sigma_b = ?$

$$\boldsymbol{\sigma_b} = \frac{M_b}{W} = \frac{F \cdot l}{W} = \frac{25\,000\ \text{N} \cdot 260\ \text{cm}}{324\ \text{cm}^3}$$

$$= 20\,061\ \frac{\text{N}}{\text{cm}^2} = \mathbf{200\ \frac{N}{mm^2}}$$

Biegespannung

$$\sigma_b = \frac{M_b}{W} \quad (1)$$

Biegebelastungsfälle von Bauteilen

Träger mit einer Einzelkraft belastet

einseitig eingespannt

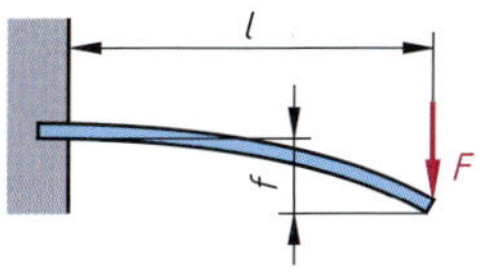

$$M_b = F \cdot l \quad (2)$$

$$f = \frac{F \cdot l^3}{3 \cdot E \cdot I} \quad (3)$$

auf zwei Stützen

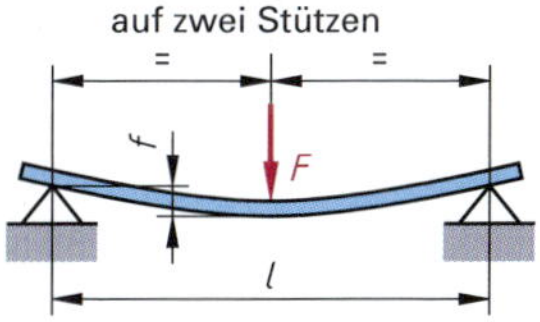

$$M_b = \frac{F \cdot l}{4} \quad (6)$$

$$f = \frac{F \cdot l^3}{48 \cdot E \cdot I} \quad (7)$$

doppelseitig eingespannt

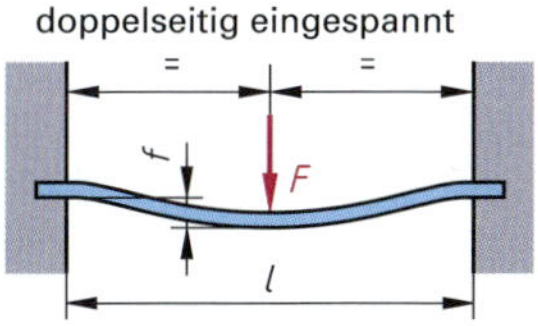

$$M_b = \frac{F \cdot l}{8} \quad (10)$$

$$f = \frac{F \cdot l^3}{192 \cdot E \cdot I} \quad (11)$$

Träger mit gleichmäßig verteilter Belastung

einseitig eingespannt

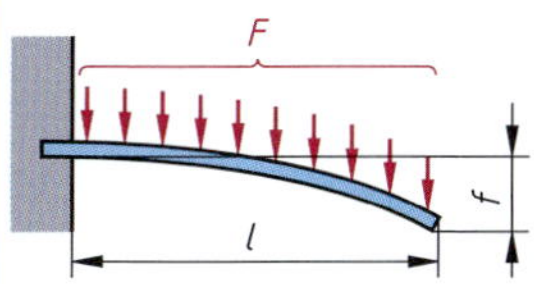

$$M_b = \frac{F \cdot l}{2} \quad (4)$$

$$f = \frac{F \cdot l^3}{8 \cdot E \cdot I} \quad (5)$$

auf zwei Stützen

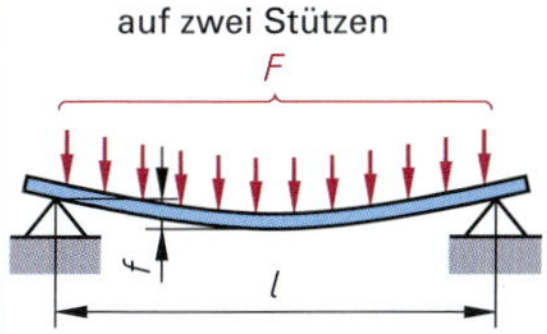

$$M_b = \frac{F \cdot l}{8} \quad (8)$$

$$f = \frac{5 \cdot F \cdot l^3}{384 \cdot E \cdot I} \quad (9)$$

doppelseitig eingespannt

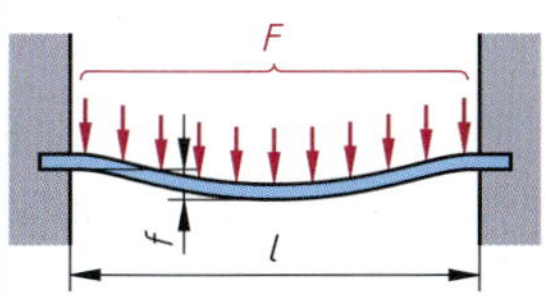

$$M_b = \frac{F \cdot l}{12} \quad (12)$$

$$f = \frac{F \cdot l^3}{384 \cdot E \cdot I} \quad (13)$$

E Elastizitätsmodul; Werte vorhergehende Seite I Flächenmoment 2. Grades; Formeln folgende Seite.

Beanspruchung auf Verdrehung (Torsion)

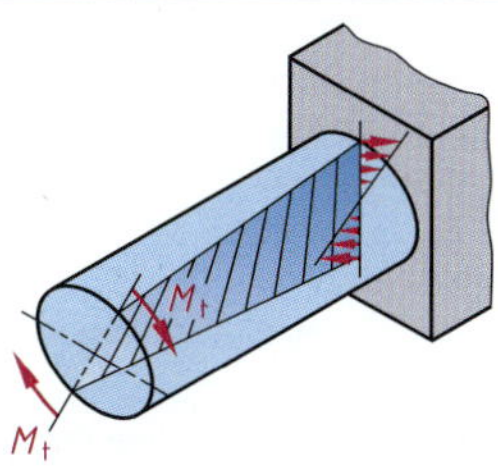

M_t	Torsionsmoment	τ_t	Torsionsspannung
W_p	polares Widerstandsmoment		

Beispiel:

Welle, $d = 32\ \text{mm}$; $\tau_t = 65\ \text{N/mm}^2$; $M_t = ?$

$$W_p = \frac{\pi \cdot d^3}{16} = \frac{\pi \cdot (32\ \text{mm})^3}{16} = 6434\ \text{mm}^3$$

$$\boldsymbol{M_t} = \tau_t \cdot W_p = 65\ \frac{\text{N}}{\text{mm}^2} \cdot 6434\ \text{mm}^3$$

$$= 418\,210\ \text{N} \cdot \text{mm} \approx \mathbf{418{,}2\ N \cdot m}$$

Torsionsspannung

$$\tau_t = \frac{M_t}{W_p} \quad (14)$$

Festigkeitskenngrößen Seite 66; Widerstandsmomente folgende Seite.

Momente der Festigkeitslehre   Moments of Strength of Materials

Form des Querschnitts	Biegung und Knickung: Flächenmoment 2. Grades I	Biegung und Knickung: axiales Widerstandsmoment W	Verdrehung (Torsion): polares Widerstandsmoment W_p	Massenträgheitsmoment J
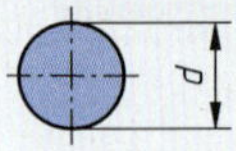	$I = \frac{\pi \cdot d^4}{64}$	$W = \frac{\pi \cdot d^3}{32}$	$W_p = \frac{\pi \cdot d^3}{16}$	$J = \frac{m \cdot d^2}{8}$
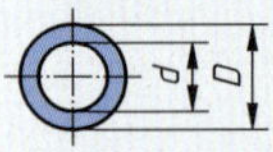	$I = \frac{\pi \cdot (D^4 - d^4)}{64}$	$W = \frac{\pi \cdot (D^4 - d^4)}{32 \cdot D}$	$W_p = \frac{\pi \cdot (D^4 - d^4)}{16 \cdot D}$	$J = \frac{m \cdot (D^2 + d^2)}{8}$
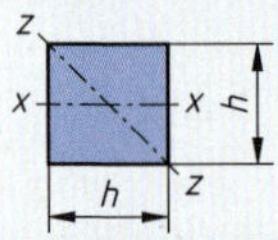	$I_x = I_z = \frac{h^4}{12}$	$W_x = \frac{h^3}{6}$ $W_z = \frac{\sqrt{2} \cdot h^3}{12}$	$W_p = 0{,}208 \cdot h^3$	$J = \frac{m \cdot h^2}{6}$
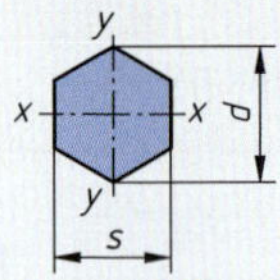	$I_x = I_y = \frac{5 \cdot \sqrt{3} \cdot s^4}{144}$ $I_x = I_y = \frac{5 \cdot \sqrt{3} \cdot d^4}{256}$	$W_x = \frac{5 \cdot s^3}{48} = \frac{5 \cdot \sqrt{3} \cdot d^3}{128}$ $W_y = \frac{5 \cdot s^3}{24 \cdot \sqrt{3}} = \frac{5 \cdot d^3}{64}$	$W_p = 0{,}188 \cdot s^3$ $W_p = 0{,}123 \cdot d^3$	–
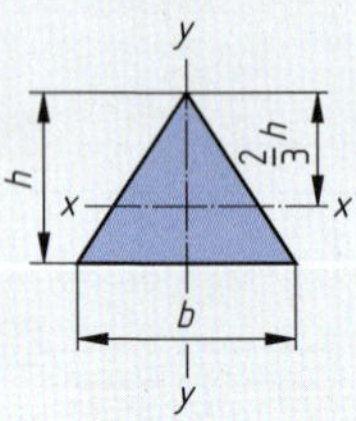	$I_x = \frac{b \cdot h^3}{36}$ $I_y = \frac{h \cdot b^3}{48}$	$W_x = \frac{b \cdot h^2}{24}$ $W_y = \frac{h \cdot b^2}{24}$	–	–
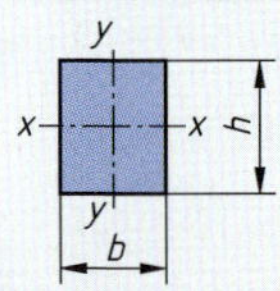	$I_x = \frac{b \cdot h^3}{12}$ $I_y = \frac{h \cdot b^3}{12}$	$W_x = \frac{b \cdot h^2}{6}$ $W_y = \frac{h \cdot b^2}{6}$	–	–
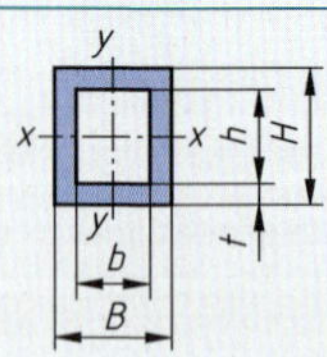	$I_x = \frac{B \cdot H^3 - b \cdot h^3}{12}$ $I_y = \frac{H \cdot B^3 - h \cdot b^3}{12}$	$W_x = \frac{B \cdot H^3 - b \cdot h^3}{6 \cdot H}$ $W_y = \frac{H \cdot B^3 - h \cdot b^3}{6 \cdot B}$	$W_p = \frac{t \cdot (H + h) \cdot (B + b)}{2}$	–

Flächenmomente sind Querschnittskennwerte zur Festigkeitsberechnung von Bauteilen.

Das *Widerstandsmoment* ist ein Maß für den Widerstand, den ein Körper mit gegebenem Querschnitt einer Biegung oder einer Torsion entgegensetzt. Die Größe des Widerstandmomentes ergibt sich dabei aus der Geometrie der Querschnittsfläche und ist Grundlage statischer Berechnungen, z.B. von Trägern.

Das *axiale* Widerstandsmoment ist ein Maß für den Widerstand gegen eine Biegebeanspruchung.

Das *polare* Widerstandsmoment oder Torsionswiderstandsmoment ist ein Maß für den Widerstand gegen Torsion.

Das *Massenträgheitsmoment* gibt den Widerstand eines starren Körpers gegenüber einer Änderung seiner Rotation an. Dieses *Trägheitsmoment* hängt von seiner Form, der Massenverteilung und zusätzlich noch von der Drehachse ab.

Momente von Profilen   Moments of Profils

Vergleich verschiedener Querschnittsformen

Querschnitt		längenbezogene Masse		Widerstands- oder Flächenmomente bei Beanspruchungsart							
				Biegung				Knickung		Verdrehung	
Form	Normbezeichnung	m'		W_x		W_y		I_{min}		W_p	
		kg/m	Faktor[1]	cm³	Faktor[1]	cm³	Faktor[1]	cm⁴	Faktor[1]	cm³	Faktor[1]
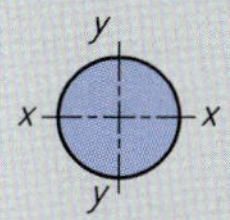	Rund DIN EN 10060 ∅ 100	61,7	1,00	98	1,00	98	1,00	491	1,00	196	1,00
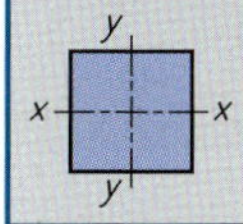	Vierkant DIN EN 10060 Vkt 100	78,5	1,27	167	1,70	167	1,70	833	1,70	208	1,06
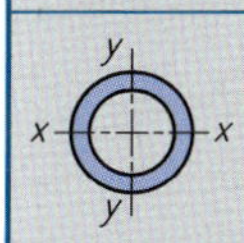	Rohr DIN EN 10220 114,3 x 6,3	16,8	0,27	55	0,56	55	0,56	313	0,64	110	0,56
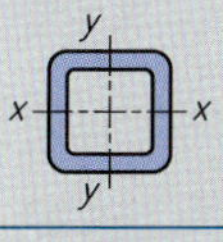	Hohlprofil EN 102100-2-100 x 100 x 6,3	18,3	0,30	67,8	0,69	67,8	0,69	339	0,69	110	0,56
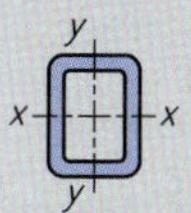	Hohlprofil EN 102100-2-120 x 60 x 6,3	16,1	0,26	59	0,60	38,6	0,39	116	0,24	77	0,39
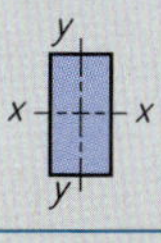	Flach DIN EN 10058 Fl100 x 50	39,3	0,64	83	0,85	41,7	0,43	104	0,21	–	–
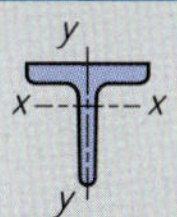	T-Profil DIN EN 10055-T100	16,4	0,27	24,6	0,25	17,7	0,18	88,3	0,18	–	–
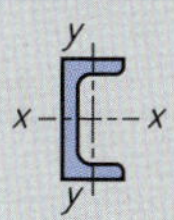	U-Profil DIN 1026-U100	10,6	0,17	41,2	0,42	8,5	0,08	29,3	0,06	–	–
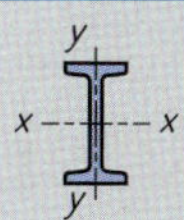	I-Profil DIN 1025-I 100	8,3	0,13	34,2	0,35	4,9	0,05	12,2	0,02	–	–
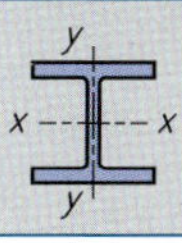	I-Profil DIN 1025-I PB100	20,4	0,33	89,9	0,92	33,5	0,34	167	0,34	–	–

[1] Faktor, bezogen auf Rund DIN EN 10060 (Querschnitt Nr. 1)

Pneumatikzylinder Pneumatic Cylinders

Abmessungen und Kolbenkräfte

Zylinderkolbendurchmesser		12	16	20	25	32	40	50	63	80	100	125	160	200
Kolbenstangendurchmesser (mm)		6	8	8	10	12	16	20	20	25	25	32	40	40
Anschlussgewinde		M5	M5	G1/8	G1/8	G1/8	G1/8	G1/4	G3/8	G3/8	G1/2	G1/2	G3/4	G3/4
Druckkraft[1] bei p_e = 6 bar in N	einfachwirk. Zyl.[2]	50	96	151	241	375	644	968	1560	2530	4010	–	–	–
	doppeltwirk. Zyl.	58	106	164	259	422	665	1040	1650	2660	4150	6480	10600	16600
Zugkraft[1] bei p_e = 6 bar in N	doppeltwirk. Zyl.	54	79	137	216	364	560	870	1480	2400	3890	6060	9960	15900
Hublängen in mm	einfachwirk. Zyl.	10, 25, 50					25, 50, 80, 100					–		
	doppeltwirk. Zyl.	bis 160	bis 200	bis 320	10, 25, 50, 80, 100, 160, 200, 250, 320, 400, 500									

[1] Bei einem Zylinderwirkungsgrad η = 0,88 [2] Dabei ist die Rückzugskraft der Feder berücksichtigt

Luftverbrauch durch Berechnung

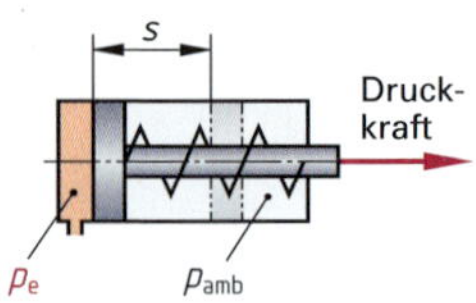

Einfach wirkender Zylinder

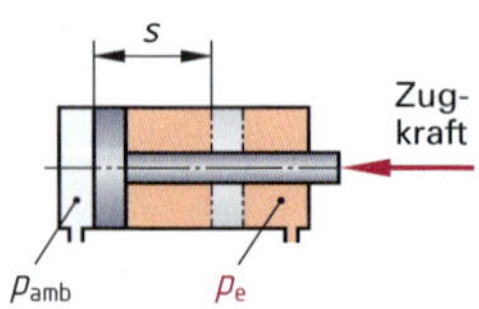

Doppelt wirkender Zylinder

Q Luftverbrauch für einfach- oder doppeltwirkenden Zylinder
p_e Überdruck im Zylinder
p_{amb} Luftdruck
n Hubzahl
A Kolbenfläche
q spezifischer Luftverbrauch je cm Kolbenhub
s Kolbenhub

Beispiel:
Einfachwirkender Zylinder mit d = 50 mm, s = 100 mm, p_e = 6 bar, n = 120/min, p_{amb} = 1 bar
Luftverbrauch Q in l/min?

$$Q = A \cdot s \cdot n \cdot \frac{p_e + p_{amb}}{p_{amb}}$$

$$= \frac{\pi \cdot (5\ \text{cm})^2}{4} \cdot 10\ \text{cm} \cdot 120\ \frac{1}{\text{min}} \cdot \frac{(6+1)\ \text{bar}}{1\ \text{bar}}$$

$$= 164\,934\ \frac{\text{cm}^3}{\text{min}} \approx \mathbf{165\ \frac{l}{min}}$$

Luftverbrauch einfachwirkender Zylinder

$$Q = A \cdot s \cdot n \cdot \frac{p_e + p_{amb}}{p_{amb}} \quad (1)$$

Luftverbrauch doppeltwirkender Zylinder

$$Q \approx 2 \cdot A \cdot s \cdot n \cdot \frac{p_e + p_{amb}}{p_{amb}} \quad (2)$$

Luftverbrauch durch Ermittlung aus Diagramm

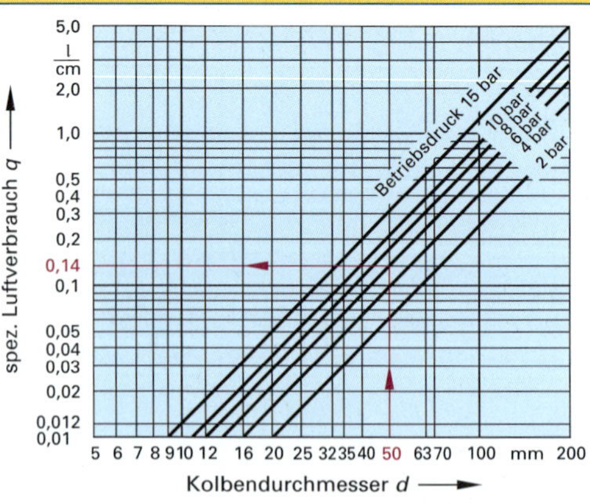

Luftverbrauch einfachwirkender Zylinder

$$Q = q \cdot s \cdot n \quad (3)$$

Luftverbrauch doppeltwirkender Zylinder

$$Q \approx 2 \cdot q \cdot s \cdot n \quad (4)$$

Formelzeichen wie bei Formeln 1 und 2.

Beispiel: Der Luftverbrauch des oben genannten einfachwirkenden Zylinders mit d = 50 mm soll aus dem Diagramm ermittelt werden.

Nach Diagramm ist q = 0,14 l/cm Kolbenhub.
$\mathbf{Q} = q \cdot s \cdot n$ = 0,14 l/cm · 10 cm · 120/min = **168 l/min**

Berechnungen zur Hydraulik und Pneumatik
Calculations in Hydraulics and Pneumatics

Kolbenkräfte

Ausfahren

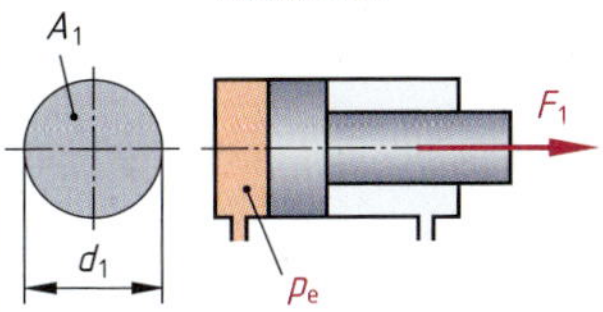

Einfahren

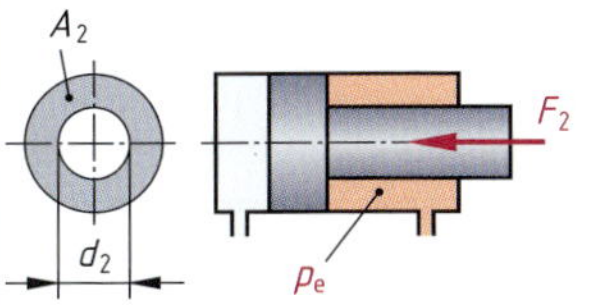

p_e Überdruck
A_1, A_2 Kolbenflächen
F_1 Kolbenkraft beim Ausfahren
F_2 Kolbenkraft beim Einfahren
d_1 Kolbendurchmesser
d_2 Kolbenstangendurchmesser
η Wirkungsgrad

Wirksame Kolbenkraft

$$F = p_e \cdot A \cdot \eta \quad (1)$$

Beispiel:
Hydrozylinder mit d_1 = 100 mm, d_2 = 70 mm, η = 0,85 und p_e = 60 bar.
Wie groß sind die wirksamen Kolbenkräfte?

Ausfahren:

$$F_1 = p_e \cdot A_1 \cdot \eta = 600\ \frac{\text{N}}{\text{cm}^2} \cdot \frac{\pi \cdot (10\ \text{cm})^2}{4} \cdot 0{,}85$$
$$= \mathbf{40\,055\ N}$$

Einfahren:

$$F_2 = p_e \cdot A_2 \cdot \eta$$
$$= 600\ \frac{\text{N}}{\text{cm}^2} \cdot \frac{\pi \cdot [(10\ \text{cm})^2 - (7\ \text{cm})^2]}{4} \cdot 0{,}85$$
$$= \mathbf{20\,428\ N}$$

Druckeinheiten:

$$1\ \text{Pa} = 1\ \frac{\text{N}}{\text{m}^2} = 10^{-5}\ \text{bar}$$

$$1\ \text{bar} = 10\ \frac{\text{N}}{\text{cm}^2} = 0{,}1\ \frac{\text{N}}{\text{mm}^2}$$

$$1\ \text{mbar} = 100\ \text{Pa} = 1\ \text{hPa}$$

Hydraulische Presse

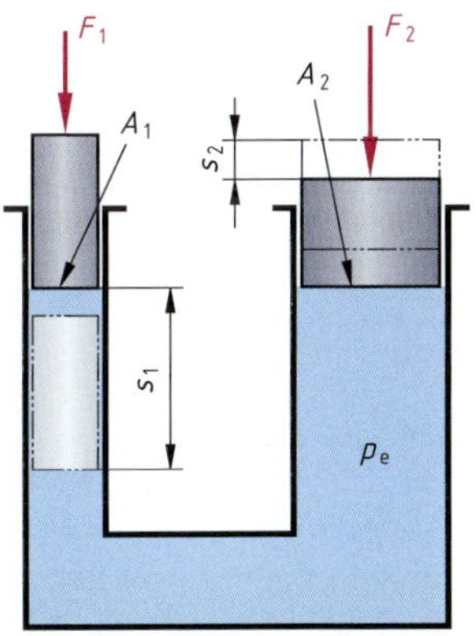

Druck breitet sich in abgeschlossenen Flüssigkeiten oder Gasen nach allen Richtungen gleichmäßig aus.

F_1 Kraft am Druckkolben
F_2 Kraft am Arbeitskolben
A_1 Fläche des Druckkolbens
A_2 Fläche des Arbeitskolbens
s_1 Weg des Druckkolbens
s_2 Weg des Arbeitskolbens
i hydraulisches Übersetzungsverhältnis

Verhältnisse: Kräfte, Flächen, Wege

$$\frac{F_2}{F_1} = \frac{A_2}{A_1} = \frac{s_1}{s_2} \quad (2)$$

Übersetzungsverhältnis

$$i = \frac{F_1}{F_2} \quad (3)$$

$$i = \frac{s_2}{s_1} \quad (4)$$

$$i = \frac{A_1}{A_2} \quad (5)$$

Beispiel:
F_1 = 200 N; A_1 = 5 cm²; A_2 = 500 cm²;
s_2 = 30 mm; F_2 = ?; s_1 = ?; i = ?

$$F_2 = \frac{F_1 \cdot A_2}{A_1} = \frac{200\ \text{N} \cdot 500\ \text{cm}^2}{5\ \text{cm}^2} = 20\,000\ \text{N} = \mathbf{20\ kN}$$

$$s_1 = \frac{s_2 \cdot A_2}{A_1} = \frac{30\ \text{mm} \cdot 500\ \text{cm}^2}{5\ \text{cm}^2} = \mathbf{3000\ mm}$$

$$i = \frac{F_1}{F_2} = \frac{200\ \text{N}}{20\,000\ \text{N}} = \mathbf{\frac{1}{100}}$$

Druckübersetzer

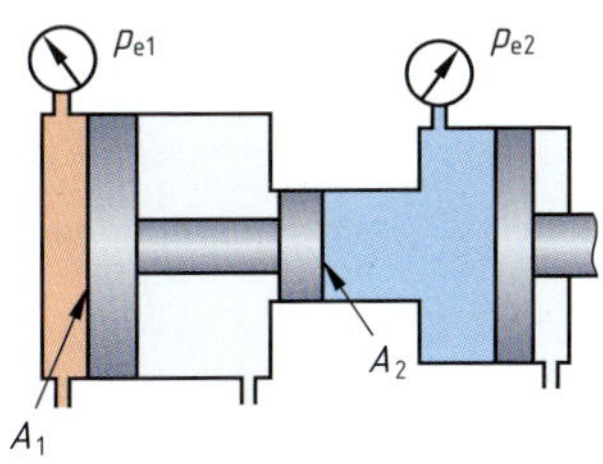

A_1, A_2 Kolbenflächen
p_{e1} Überdruck an der Kolbenfläche A_1
p_{e2} Überdruck an der Kolbenfläche A_2
η Wirkungsgrad des Druckübersetzers

Überdruck

$$p_{e2} = p_{e1} \cdot \frac{A_1}{A_2} \cdot \eta \quad (6)$$

Beispiel:
Druckübersetzer mit
A_1 = 200 cm²; A_2 = 5 cm²; η = 0,88;
p_{e1} = 7 bar = 70 N/cm²; p_{e2} = ?

$$p_{e2} = p_{e1} \cdot \frac{A_1}{A_2} \cdot \eta = 70\ \frac{\text{N}}{\text{cm}^2} \cdot \frac{200\ \text{cm}^2}{5\ \text{cm}^2} \cdot 0{,}88$$
$$= 2464\ \text{N/cm}^2 = \mathbf{246{,}4\ bar}$$

Berechnungen zur Hydraulik Calculations in Hydraulics

Durchflussgeschwindigkeiten

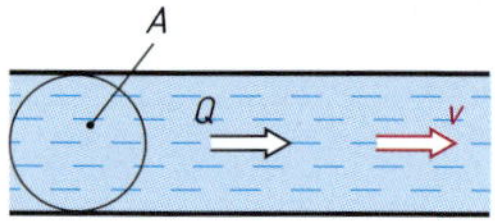

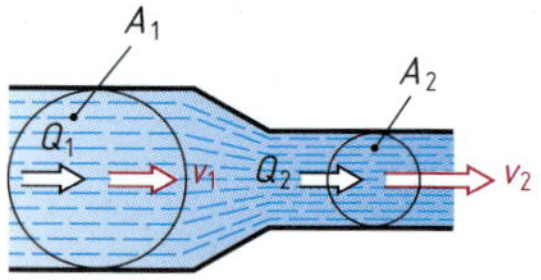

Q, Q_1, Q_2 Volumenströme
A, A_1, A_2 Querschnittsflächen
v, v_1, v_2 Durchflussgeschwindigkeiten

Kontinuitätsgleichung

In einer Rohrleitung mit wechselnden Querschnittsflächen fließt in der Zeit t durch jeden Querschnitt der gleiche Volumenstrom Q.

Beispiel:

Rohrleitung mit $A_1 = 19{,}6\ \text{cm}^2$; $A_2 = 8{,}04\ \text{cm}^2$ und $Q = 120\ \text{l/min}$; $v_1 = ?$; $v_2 = ?$

$$v_1 = \frac{Q}{A_1} = \frac{120\,000\ \text{cm}^3/\text{min}}{19{,}6\ \text{cm}^2} = 6\,162\ \frac{\text{cm}}{\text{min}} = \mathbf{1{,}02}\ \frac{\mathbf{m}}{\mathbf{s}}$$

$$v_2 = \frac{v_1 \cdot A_1}{A_2} = \frac{1{,}02\ \text{m/s} \cdot 19{,}6\ \text{cm}^2}{8{,}04\ \text{cm}^2} = \mathbf{2{,}49}\ \frac{\mathbf{m}}{\mathbf{s}}$$

Volumenstrom

$$Q = A \cdot v \quad (1)$$

$$Q_1 = Q_2 \quad (2)$$

Verhältnis der Durchflussgeschwindigkeiten

$$\frac{v_1}{v_2} = \frac{A_2}{A_1} \quad (3)$$

Kolbengeschwindigkeiten

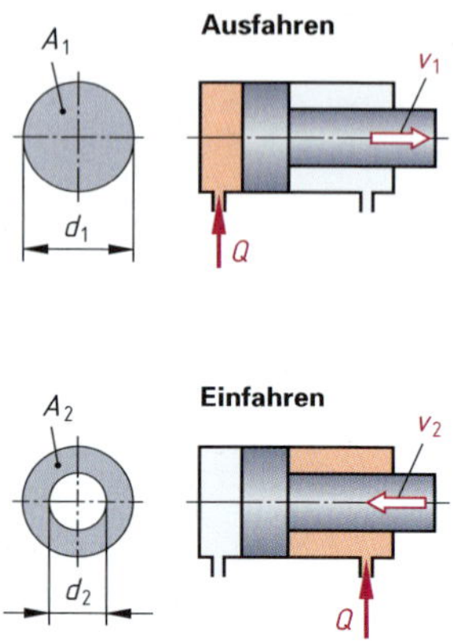

Q Volumenstrom
A_1, A_2 wirksame Kolbenflächen
v_1, v_2 Kolbengeschwindigkeiten

Beispiel:

Hydrozylinder mit Kolbendurchmesser $d_1 = 50\ \text{mm}$, Kolbenstangendurchmesser $d_2 = 32\ \text{mm}$ und $Q = 12\ \text{l/min}$.
Wie hoch sind die Kolbengeschwindigkeiten?

Ausfahren:

$$v = \frac{Q}{A} = \frac{12\,000\ \text{cm}^3/\text{min}}{\frac{\pi \cdot (5\ \text{cm})^2}{4}} = 611\ \frac{\text{cm}}{\text{min}} = \mathbf{6{,}11}\ \frac{\mathbf{m}}{\mathbf{min}}$$

Einfahren:

$$v = \frac{Q}{A} = \frac{12\,000\ \text{cm}^3/\text{min}}{\frac{\pi \cdot (5\ \text{cm})^2}{4} - \frac{\pi \cdot (3{,}2\ \text{cm})^2}{4}}$$

$$= 1035\ \frac{\text{cm}}{\text{min}} = \mathbf{10{,}35}\ \frac{\mathbf{m}}{\mathbf{min}}$$

Kolbengeschwindigkeit

$$v = \frac{Q}{A} \quad (4)$$

Leistung von Pumpen und Zylindern

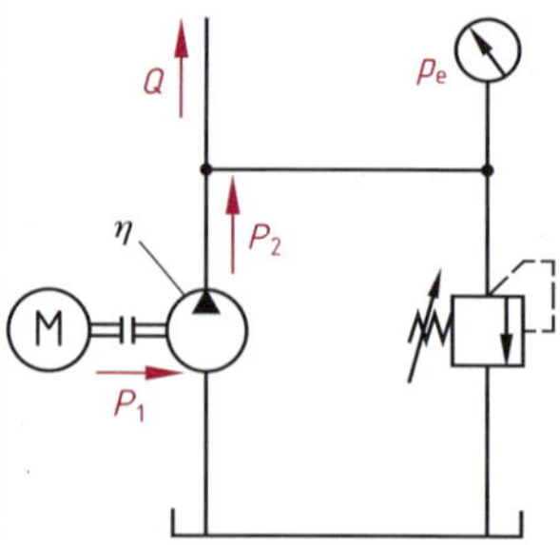

P_1 zugeführte Leistung
P_2 abgegebene Leistung
Q Volumenstrom
p_e Überdruck
η Wirkungsgrad der Pumpe

Beispiel:

Pumpe mit $Q = 40\ \text{l/min}$; $p_e = 125\ \text{bar}$; $\eta = 0{,}84$; $P_1 = ?$; $P_2 = ?$

$$P_2 = \frac{Q \cdot p_e}{600} = \frac{40 \cdot 125}{600}\ \text{kW} = \mathbf{8{,}333\ kW}$$

$$P_1 = \frac{P_2}{\eta} = \frac{8{,}333}{0{,}84}\ \text{kW} = \mathbf{9{,}920\ kW}$$

Abgegebene Leistung

Zahlenwertgleichung
P in kW, Q in l/min, p_e in bar

$$P_2 = \frac{Q \cdot p_e}{600} \quad (5)$$

Zugeführte Leistung

$$P_1 = \frac{P_2}{\eta} \quad (6)$$

Teil K: Technische Kommunikation   Part K: Technical Communication

Dokumentation in der Mechanik

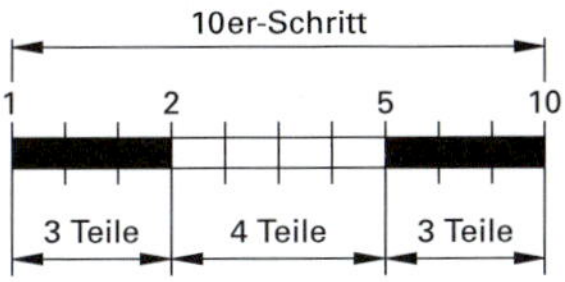

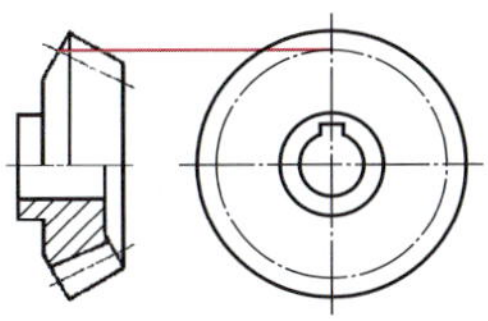

Dokumentation in der Elektrotechnik

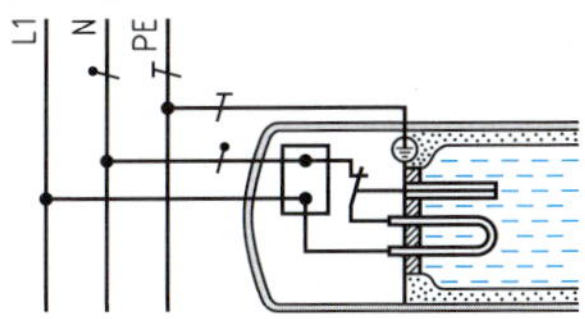

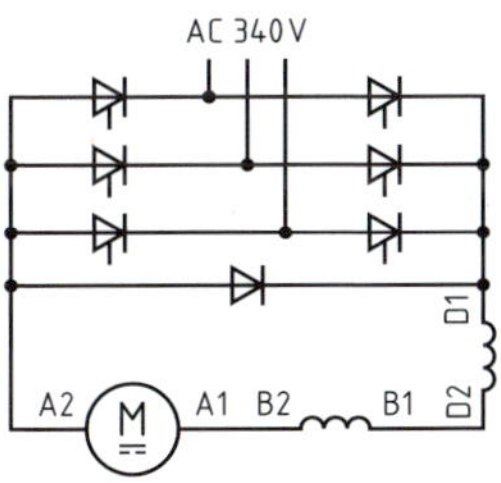

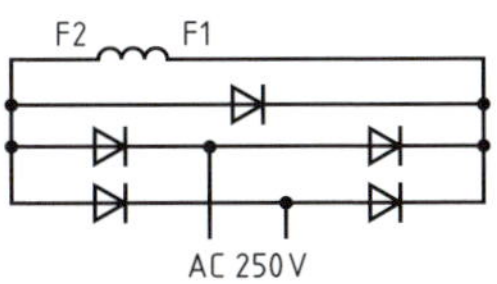

Sonstige Dokumentationen

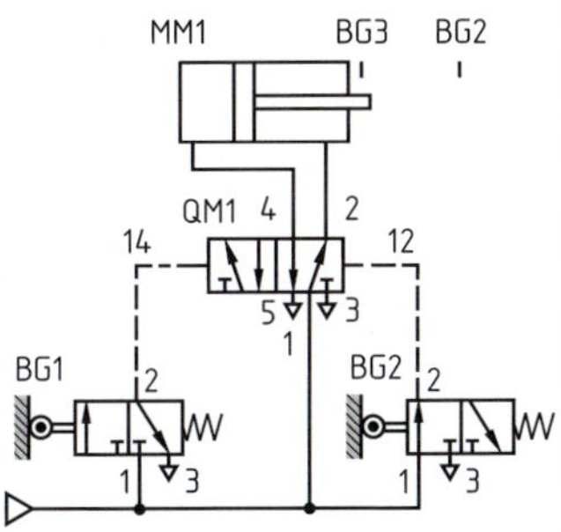

Grafische Darstellung von Kennlinien Graphics of Characteristic Curves

Ansicht	Beschreibung	Ergänzungen, Bemerkungen

xy-Koordinaten (rechtwinklige Koordinaten, kartesische Koordinaten)

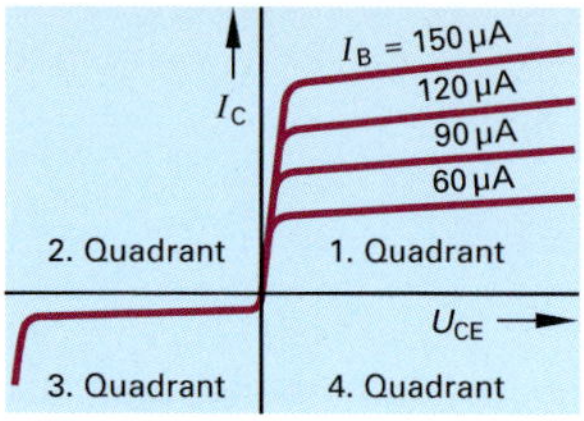

Quadranten

In einem rechtwinkligen Achsenkreuz (Koordinatensystem) zeigt ein Graph (eine Schaulinie) die abhängige Variable in der Senkrechten und die unabhängige Variable (Veränderliche) in der Waagrechten: $y = f(x)$. Werden drei Größen in einem Achsenkreuz dargestellt, hält man die dritte Größe als *Parameter* konstant. Dabei entsteht eine *Kennlinienschar* mit verschiedenen Parametern.

Quadrant	x-Achse	y-Achse
1	+	+
2	–	+
3	–	–
4	+	–

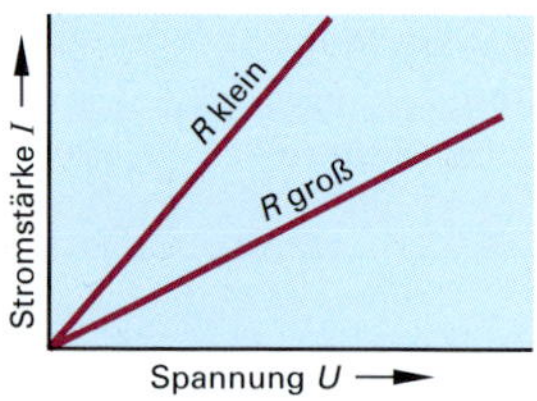

Widerstandskennlinien

Waagrechte Achse (x-Achse, Abszisse) für die unabhängige Variable, z.B. die Ursache oder die Zeit.

Formelzeichen und Einheit unter der Achse, Pfeilspitze zeigt in positive Achsrichtung. Zunehmende Werte werden nach rechts, abnehmende nach links abgetragen.

Senkrechte Achse (y-Achse, Ordinate) für die abhängige Variable: $y = f(x)$.

Formelzeichen und Einheit links neben der Achse. Zunehmende Werte nach oben und abnehmende nach unten abtragen.

Pfeile parallel zu den Achsen, Formelzeichen am Beginn der Pfeile.

Beschriftung muss von unten lesbar sein, nur ausnahmsweise von rechts (z.B. bei langen Ausdrücken).

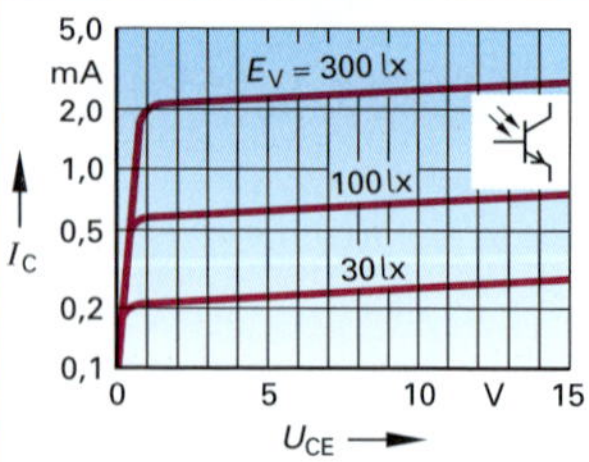

Fototransistor (Kennlinie)

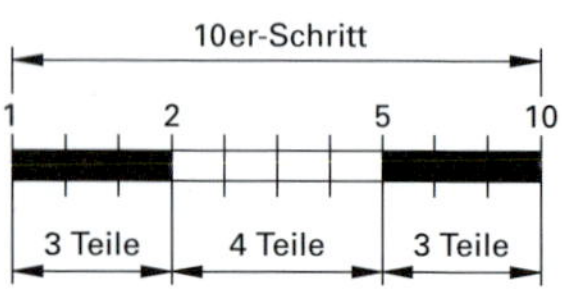

Logarithmische Teilung

Darstellung mit Netzlinien

Bei der quantitativen Darstellung sind die Achsen in gleichmäßigen oder unterschiedlichen Schritten aufgeteilt. Negative Werte sind mit dem Minuszeichen und die Nullpunkte beider Achsen mit einer Null zu kennzeichnen.

Umfassen die Werte einer Achse einen großen Bereich, teilt man sie im *logarithmischen Maßstab*. Der Abstand von 1 bis 10 ist gleich groß wie der Abstand von 10 bis 100 oder der Abstand von 100 bis 1000.

Für die Darstellung der Zwischenwerte 2 und 5 bzw. 20 und 50 usw. teilt man den 10er-Schritt im Verhältnis 3 : 4 : 3.

Einfach- oder halblogarithmische Darstellung → nur eine Achse logarithmisch unterteilt.

Das Einheitenzeichen schreibt man bei allen Diagrammen a) zwischen die letzten beiden Zahlen, b) hinter das Formelzeichen oder c) als Bruch: Formelzeichen dividiert durch Einheit.

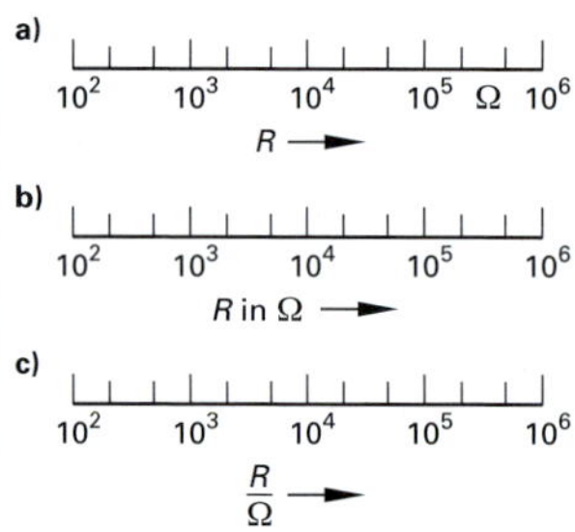

Achsenbeschriftungen

Polarkoordinaten

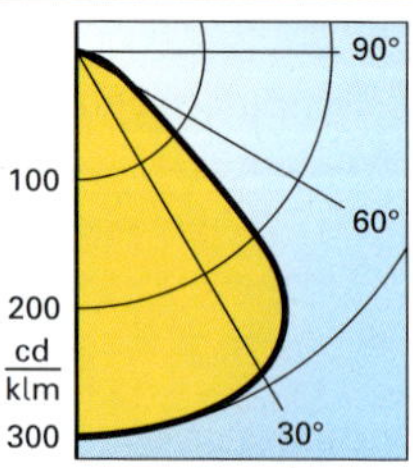

Verteilung der Lichtstärke einer Leuchte

Zur Darstellung von *Richtkennlinien* verwendet man Polarkoordinaten. Sie dienen zur Darstellung der Abhängigkeit einer Größe von einem Winkel und einem Radius.

Umrechnung:

$$x = r \cdot \cos \varphi \quad (1)$$

$$y = r \cdot \sin \varphi \quad (2)$$

$$r = \sqrt{x^2 + y^2} \quad (3)$$

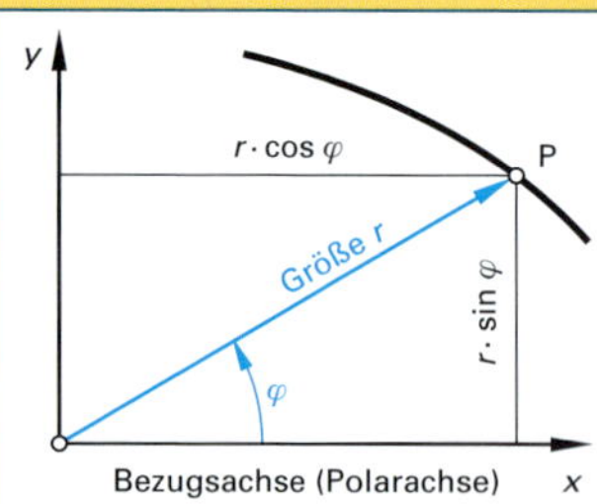

Polarkoordinaten (Aufbau)

Allgemeines technisches Zeichnen General Technical Drawing

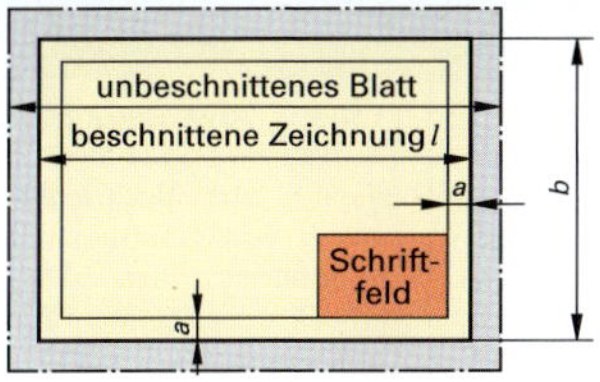

Blattgrößen	Beschnittene Zeichnungen		
	$A = l \cdot b$ in m²	Länge l in mm	Breite b in mm
A0	1	1189	841
A1	0,5	841	594
A2	0,25	594	420
A3	0,125	420	297
A4	0,0625	297	210

Schriftfeldabstand $a = 5$ mm   für jede Blattgröße gilt: $l/b = \sqrt{2} : 1 = 1{,}414 : 1$

Für Zeichnungen ist Hochformat oder Querformat zulässig. Der Heftrand kann 20 mm breit sein; die Nutzfläche des Blattes verringert sich entsprechend.

K

Faltung von Zeichnungen auf A4

vgl. DIN 824

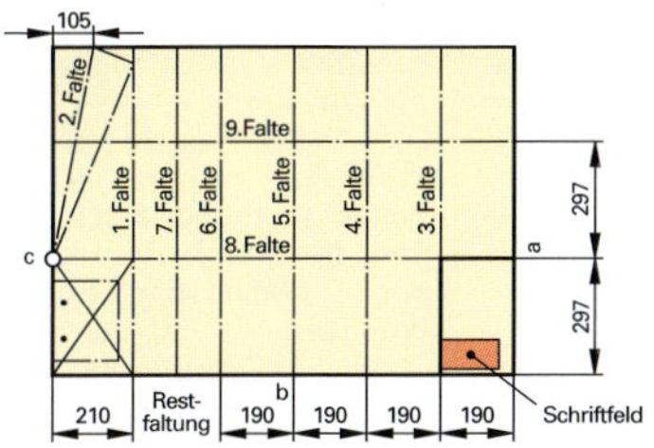

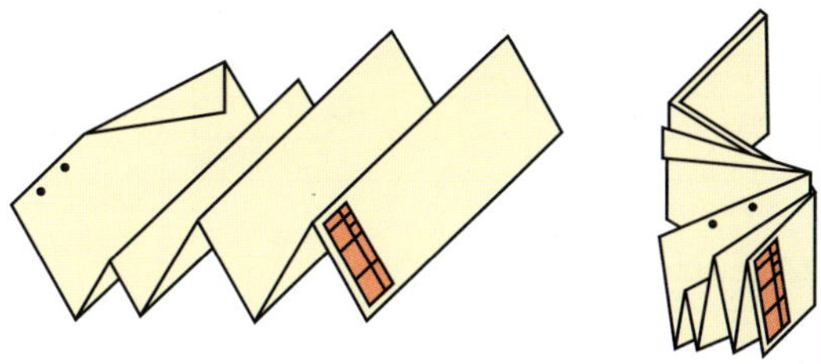

Beschriftung, Schriftzeichen (Schriftform B, v)

vgl. DIN EN ISO 3098-0 u. 3098-2

äbcdefghijklmnöpqrstüvwxyzßØ□
[(&?!":;-=+×·:√ %)]1234567890I
ÄBCDEFGHIJKLMNÖPQRSTÜVWXYZ

Darf vertikal (v = senkr.) oder unter 15° nach rechts geneigt (k = kursiv) geschrieben werden.

Nach Norm hat die **Schriftform A** (≙ Engschrift) eine Linienbreite von $^1/_{14}$ mal der Schriftgröße h und die **Schriftform B** (≙ Mittelschrift) eine Linienbreite von $^1/_{10}$ mal der Schriftgröße h. Bei gleichzeitiger Verwendung von Groß- und Kleinbuchstaben muss die Mindestschriftgröße $h = 3{,}5$ mm betragen.

Griechisches Alphabet

vgl. DIN EN ISO 3098-3

α A	β B	γ Γ	δ Δ	ε E	ζ Z	η H	ϑ Θ	ι I	κ K	λ Λ	μ M
Alpha	Beta	Gamma	Delta	Epsilon	Zeta	Eta	Theta	Jota	Kappa	Lambda	My
ν N	ξ Ξ	o O	π Π	ρ P	σ Σ	τ T	υ Y	φ Φ	χ X	ψ Ψ	ω Ω
Ny	Ksi	Omikron	Pi	Rho	Sigma	Tau	Ypsilon	Phi	Chi	Psi	Omega

Linien in Zeichnungen

vgl. DIN ISO 128-24

Linienarten	Liniengruppe 0,5	0,7	1,4	Anwendung
Volllinien (breit)	0,5	0,7	1,4	sichtbare Kanten
Volllinien (schmal)	0,25	0,35	0,7	Maß- und Maßhilfslinien
Strichlinien	0,25	0,35	0,7	verdeckte Kanten
Strichpunktlinien (breit)	0,5	0,7	1,4	Schnittverlauf
Strichpunktlinien (schmal)	0,25	0,35	0,7	Mittellinien
Freihandlinien	0,25	0,35	0,7	Bruchlinien

Maßstäbe

vgl. DIN ISO 5455

Natürliche Größe	1 : 1
Vergrößerungen	2 : 1 5 : 1 10 : 1
Verkleinerungen	1 : 2 1 : 5 1 : 10 1 : 20 1 : 50 1 : 100 1 : 200

Arten von Diagrammen Kinds of Diagrams

Diagramm	Erklärung	Bemerkungen, Anwendung
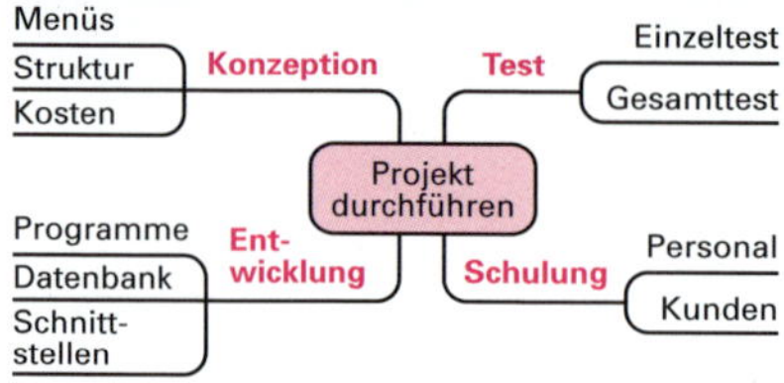 **Mind-Map-Diagramm**	Engl. Mind Map von Gedanken-Landkarte. Bildhafte Darstellung von Gedankengängen. Darstellung vom Übergeordneten (Abstrakten) zum Untergeordneten (Konkreten). Unterschieden werden Thema, Hauptäste und Verzweigungen.	Findet Anwendung zur Strukturierung eines Prozesses, zur Veranschaulichung von Sachverhalten, oft insbesondere während der *Brainstorming-Phasen* (Überlegungsphasen).
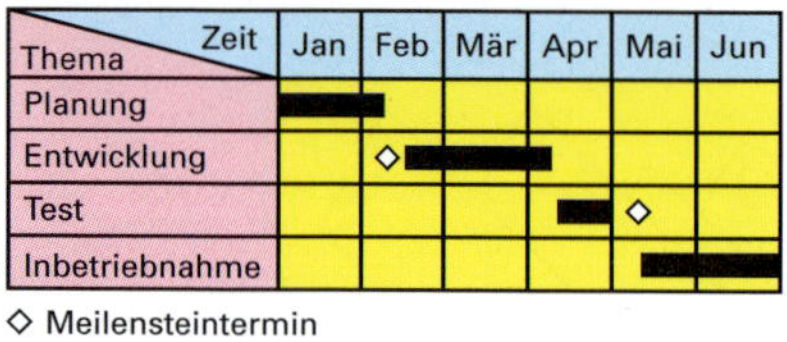 ◇ Meilensteintermin **Zeitplan-Diagramm**	Im Zeitplan-Diagramm werden den Aktivitäten einer Zeitachse zugeordnet. Abhängigkeiten zwischen Aktivitäten können in dafür entwickelten Softwaresystemen eingestellt werden. An einem *Meilensteintermin* wird die nächste Projektphase freigegeben.	Das Zeitplan-Diagramm findet insbesondere zur zeitlichen Planung von Projekten als *Projektphasenplan* Anwendung. Die Schwerpunkte eines Projektes können einer Zeitachse zugeordnet werden. Im Zeitplan-Teil sind auch Meilensteintermine enthalten.
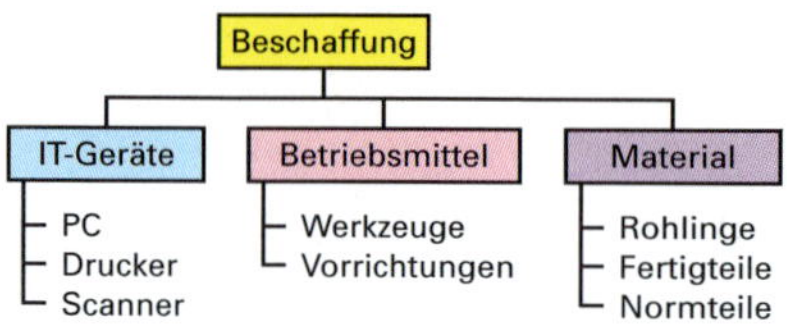 **Hierachiediagramm**	Zur Darstellung hierarchischer Zusammenhänge. Durch die Linien werden die Zusammenhänge innerhalb einer Gliederung mit ihren Untergliederungen abgebildet.	Darstellung einer betrieblichen Organisation (Organigramm). Darstellung von Funktionen mit ihren Subfunktionen. Darstellung von Projektstrukturen mittels *Projektstrukturplänen*.
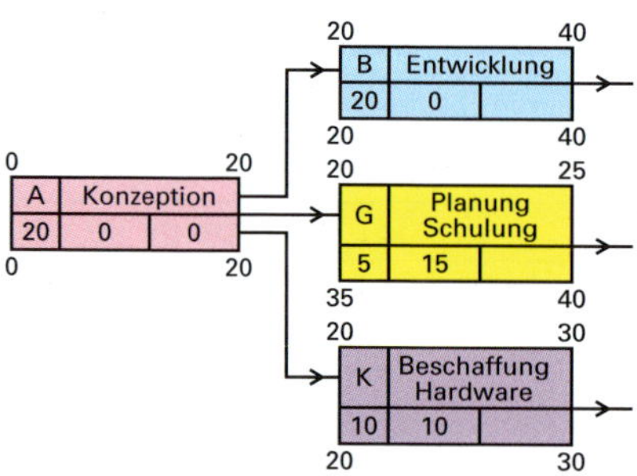 **Netzplandiagramm**	Auch *Vorgangsknotennetz* genannt. 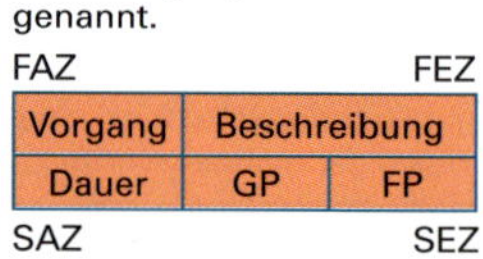 FAZ frühester Anfangszeitpunkt FEZ frühester Endzeitpunkt SAZ spätester Anfangszeitpunkt SEZ spätester Endzeitpunkt FP freier Puffer in Tagen GP Gesamtpuffer in Tagen	Zur Beschreibung von Teilarbeiten in Projekten, Prozessen. Berücksichtigt werden hierbei insbesondere verschiedene Zeitpunkte. FP = FAZ – FEZ GP = SAZ – FAZ Im *Netzplandiagramm* sind Funktionsanalyse Strukturanalyse) und Zeitanalyse gemeinsam dargestellt. Der Inhalt eines Netzplandiagrammes lässt sich auch tabellarisch recht anschaulich darstellen.
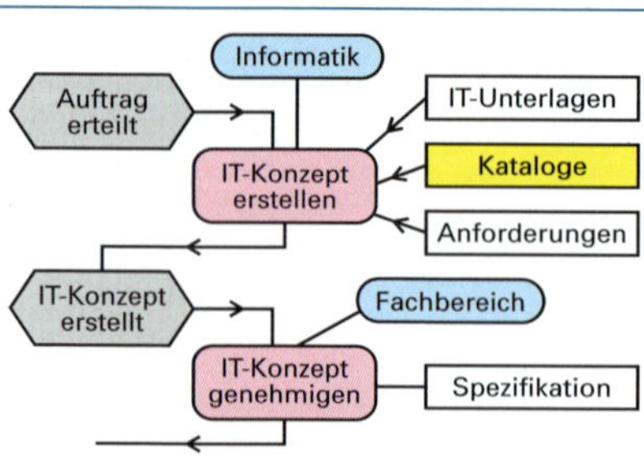 **Prozesskettendiagramm**	Ereignisse, Funktionen, Objekte (Informationen, Materialien, Personalkapazitäten) und Organisationseinheiten werden mit verschiedenen Symbolen dargestellt. Unterschieden werden *ereignisgesteuerte Prozessketten* EPK und *Vorgangskettendiagramme* VKD. Mit Verknüpfungselementen (Konnektoren) UND, ODER, Exklusiv ODER können komplexe Prozessabläufe abgebildet werden.	Anwendung bei Ablaufanalysen. Bei VKD werden Ereignisse, Funktionen, Objekte, Organisationseinheiten tabellarisch und somit übersichtlicher dargestellt. Ferner wird in dieser Tabelle vermerkt, ob die Verarbeitung der Informationen im Dialog, automatisiert oder manuell erfolgt.

K

Anordnung der Ansichten

vgl. DIN ISO 128-30 u. 5456-2

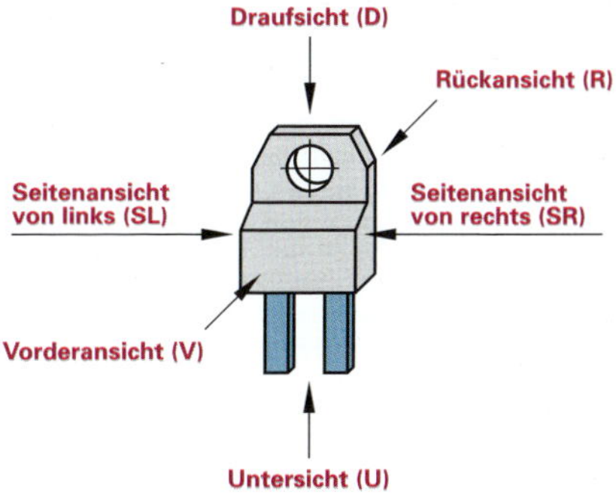

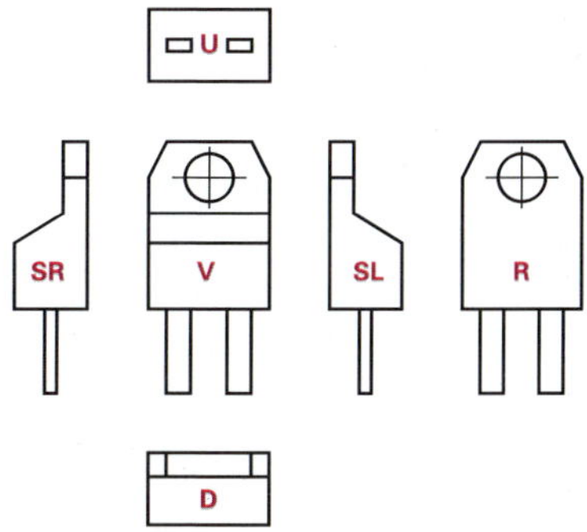

Axonometrische Projektionen

Rechtwinklige Parallelprojektion

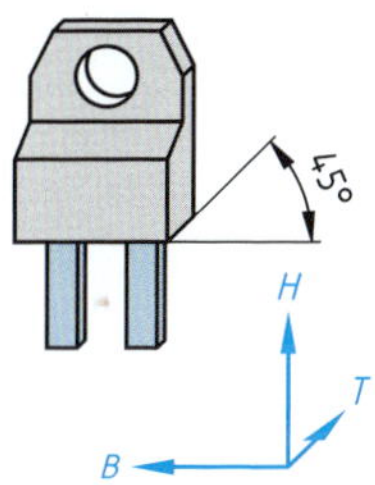

B : *H* : *T* = 1 : 1 : 0,5

Anwendung für Skizzen.

Dimetrische Projektion

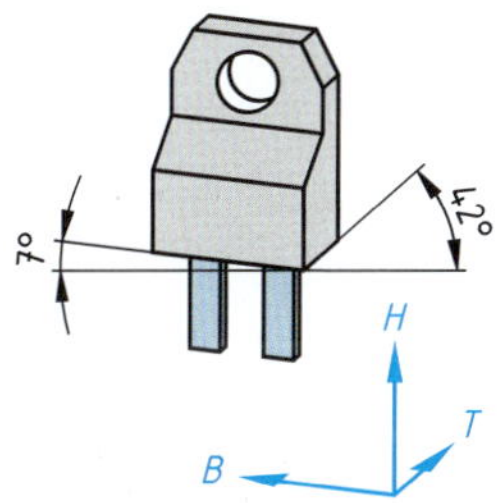

B : *H* : *T* = 1 : 1 : 0,5

Zeigt in der Vorderansicht Wesentliches.

Isometrische Projektion

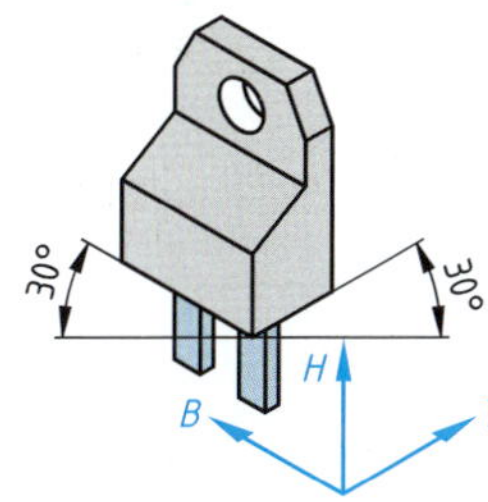

B : *H* : *T* = 1 : 1 : 1

Zeigt drei Ansichten gleichrangig.

Normalprojektionen

Projektionsmethode 1: Kennzeichen: 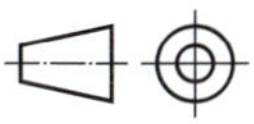

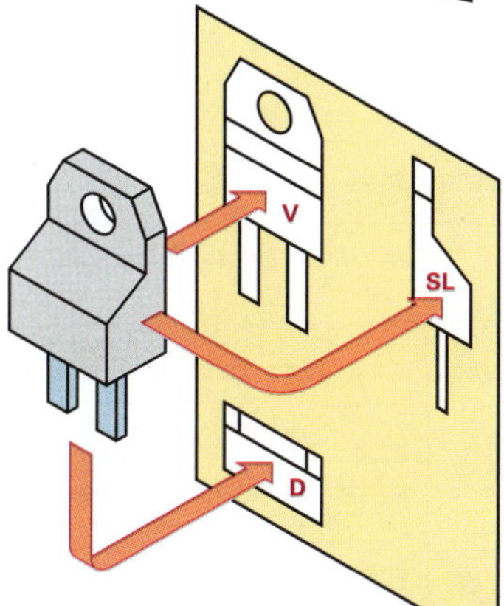

Anwendung in den meisten europäischen Ländern.

Projektionsmethode 3: Kennzeichen: 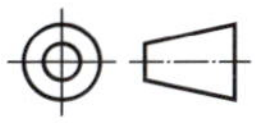

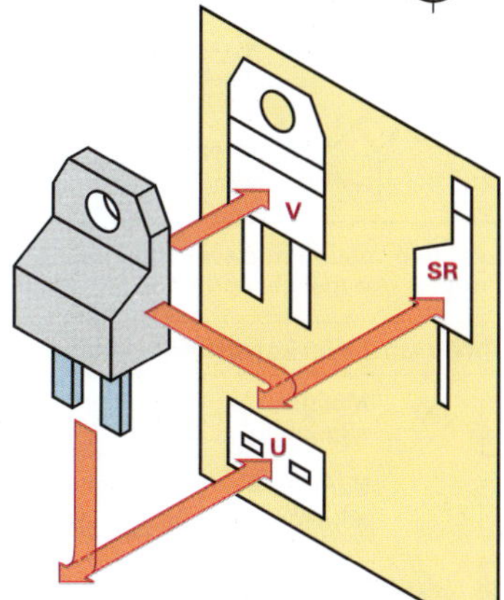

Anwendung in englischsprachigen Ländern und in Datenblättern.

Maßeintragung, Schraffur Dimensioning, Hatching

Lage der Maßzahlen

vgl. DIN 406-11

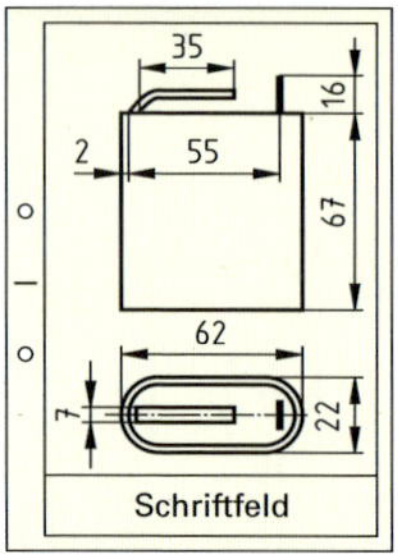

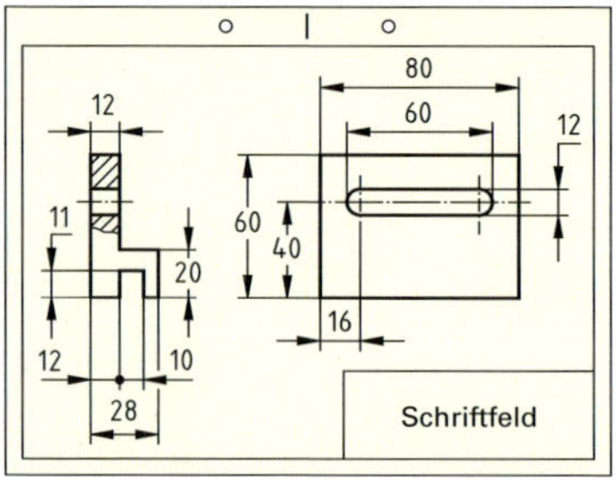

Methode 1: (Bild links), Eintragung in **zwei** Hauptleserichtungen. Die Maßzahlen sind in Leselage der Zeichnung so einzutragen, dass sie von unten bzw. rechts lesbar sind. Diese Methode ist bevorzugt anzuwenden.

Methode 2: (Bild rechts), Eintragung in **einer** Leserichtung. Alle Maße dürfen in Leselage des Schriftfeldes eingetragen werden. Dabei werden nichthorizontale Maßlinien unterbrochen.

K

Angabe der Oberflächenbeschaffenheit in Zeichnungen

vgl. DIN EN ISO 1302

Symbol	Bedeutung	Symbol	Bedeutung
	Grundsymbol für die Oberflächenbeschaffenheit	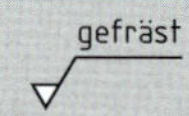 gefräst	Fertigungsverfahren
	Material abtragende Bearbeitung	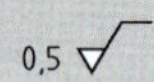 0,5	Bearbeitungszugabe in mm
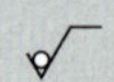	Materialabtragung unzulässig	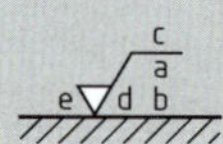 c a e d b	**a** Oberflächenkenngröße bestehend aus dem Profil, der Kenngröße und dem Zahlenwert in µm. **b** Zweite Anforderung an die Oberflächenbeschaffenheit **c** Fertigungsverfahren **d** Oberflächenrillen und -ausrichtung **e** Bearbeitungszugabe in mm
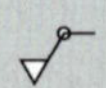	gleiche Oberflächenbeschaffenheit für alle Flächen eines Werkstücks		
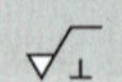	Rillenrichtung rechtwinklig zur Projektionsebene		

Symbole für die Rillenrichtung

=	⊥	X	M	C	R	P
parallel zur Projektionsebene	rechtwinklig zur Projektionsebene	gekreuzt in zwei schrägen Richtungen	mehrfache Richtungen	zentrisch zum Mittelpunkt	radial zum Mittelpunkt	nichtrillig, ungerichtet oder muldig

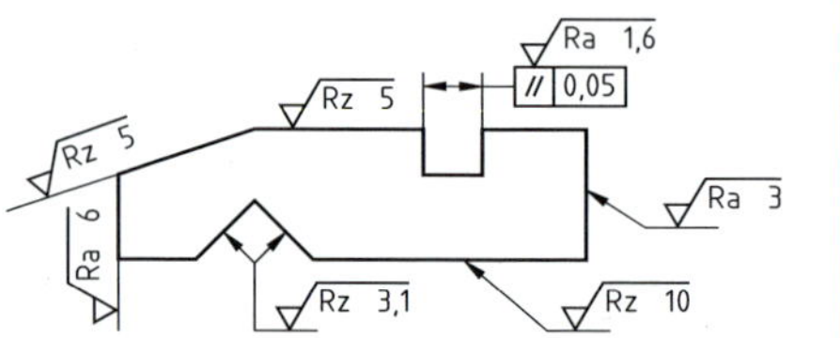

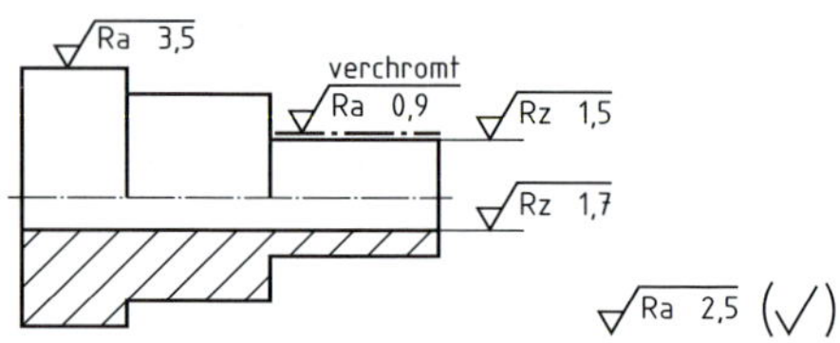

Symbol und Information müssen von unten oder rechts lesbar sein. Sie sind direkt auf der Oberfläche angeordnet oder mittels Bezugslinie verbunden.

Schraffuren und Werkstoffkennzeichnungen

vgl. DIN ISO 128-50

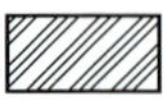	SM	Metalle, allgemein	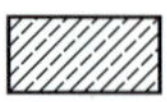	SN50	Beton, wasserundurchlässig	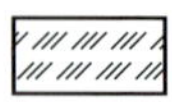	SN51	Glas
	SP	Kunststoffe, allgemein	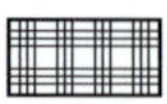	SN53	Keramik	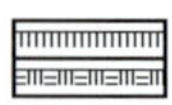	SN1 SN2	gewachsener Boden geschütteter Boden
	SN58	Isolierstoff	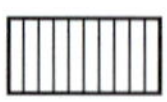	SN23	Holz, allgemein	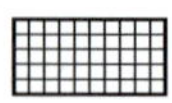		elektrische Wicklungen

M Metall, N Naturstoff, P Plastik, S fest (solid)

Maßpfeile, besondere Darstellungen
Arrows for Dimensioning, Special Representations

Maßlinienbegrenzung — vgl. DIN 406-11

Maßpfeile: 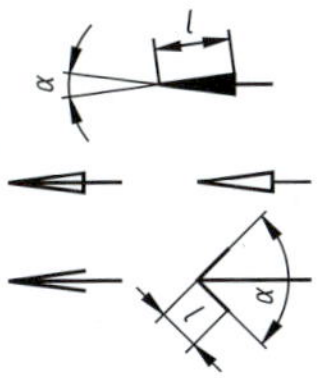	Immer anwenden bei Radien, Kreisbögen, Durchmessern. ausgefüllt $\alpha \approx$ 15° $l \approx$ 10 d nicht ausgefüllt offen α = 15° bis 90° $l \approx$ 3 d bis 5 d d Linienbreite
Schrägstriche: 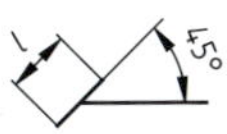	Verlaufen von links unten nach rechts oben, bezogen auf die Maßlinie. $l \approx$ 6 d
Punkte: 	Dürfen nur bei Platzmangel verwendet werden, ausgefüllt: $\varnothing \approx$ 1,5 d nicht ausgefüllt: $\varnothing \approx$ 2,5 d

Schreibrichtung

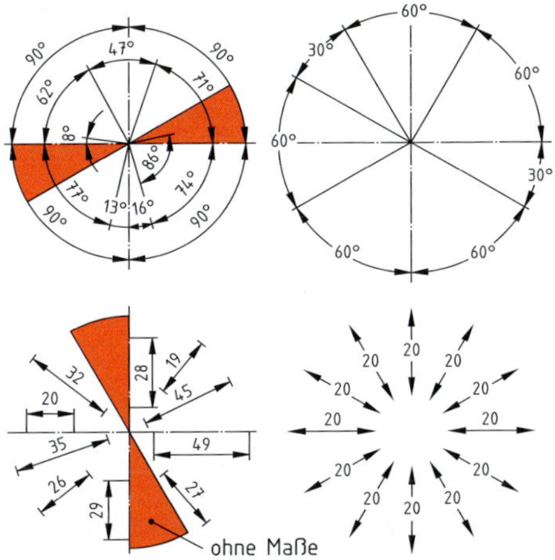

Schnitte — vgl. DIN ISO 128-40, -44 und -50

Darstellung	Merkregeln
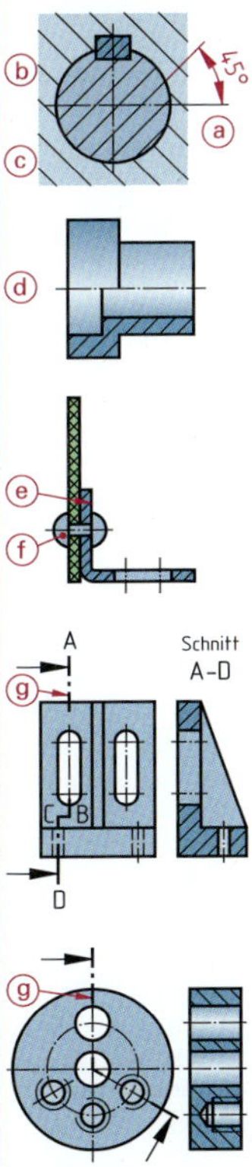	(a) Schraffur: Dünne Volllinie unter 45° zur Achse oder zu den Hauptumrissen. Schnittflächen und Ausbrüche des gleichen Teiles in einer oder mehreren Ansichten werden in gleicher Art und Richtung schraffiert. (b) Aneinanderstoßende Werkstücke erhalten entgegengesetzt gerichtete oder verschieden weite Schraffur. (c) Der Schraffurlinienabstand ist umso größer, je größer die Schnittfläche ist. (d) Umlaufkanten, die durch den Schnitt sichtbar geworden sind, werden eingezeichnet. (e) Trennfugen sind als Kanten zu zeichnen. (f) Vollkörper einfacher Form werden in der Längsrichtung nicht geschnitten. Beispiele: Niete, Bolzen, Wellen, Stifte, Rippen, Schrauben. (g) Ist der Schnittverlauf nicht ohne weiteres ersichtlich, so ist er durch dicke Strichpunktlinien zu kennzeichnen. Die Blickrichtung auf den Schnitt deuten Pfeile an. Buchstaben verwendet man nur zur besseren Übersicht.

Bruchlinien und besondere Darstellungen

Darstellung	Merkregeln
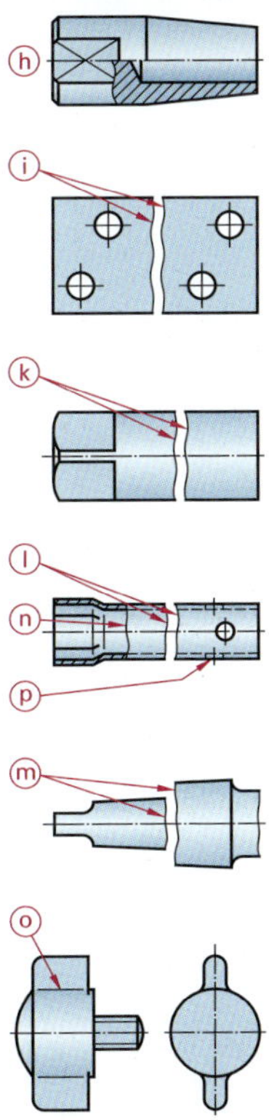	(h) Ausbrüche werden durch dünne Freihandlinien begrenzt. Bei der Darstellung „halb Ansicht – halb Schnitt" wird bei waagrechter Mittellinie Beispiel (d), der Halbschnitt unterhalb, bei senkrechter Mittellinie rechts von ihr angeordnet. Durch dünne Freihandlinien werden dargestellt: (i) der Bruch flacher Werkstücke, (k) der Abbruch von Rundkörpern, (l) der Abbruch von hohlen Rundkörpern, z. B. Rohre. (m) Spitzkörper sind in abgebrochener Darstellung zusammengeschoben zu zeichnen. (n) Der Bruch geschnittener, hohler Rundkörper wird durch eine Freihandlinie begrenzt. (o) Gerundete Übergänge und Kanten können durch dünne Volllinien (Lichtkanten), die vor den Körperkanten enden, dargestellt werden, wenn das Bild dadurch anschaulicher wird. (p) Flach verlaufende Durchdringungskurven dürfen weggelassen werden.

Maßeintragung Dimensioning

Darstellung

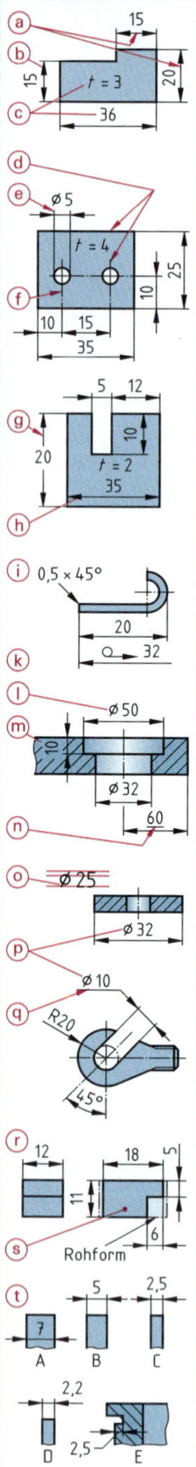

Merkregeln

ⓐ Abstand der Maßlinien von den Körperkanten mindestens 10 mm, Abstand paralleler Maßlinien mindestens 7 mm.

ⓑ Begrenzung der Maßlinien durch Maßpfeile, Schrägstriche oder Punkte.

ⓒ Sind mm gemeint, so schreibt man die Maßzahl ohne Einheit. Kennzeichnung der Werkstückdicke durch *t* (**t**hick = dick).

ⓓ Mittellinien und Kanten dürfen nicht als Maßlinien benützt werden.

ⓔ Maßhilfslinien ragen 1 mm bis 2 mm über die Maßlinie hinaus.

ⓕ Mittellinien können als Maßhilfslinien benützt werden. Außerhalb der Körperkanten können sie durchgezogen sein.

ⓖ Nichthorizontale Maßlinien werden für die Maßzahl unterbrochen.

ⓗ Die Spitzen der Maßpfeile dürfen nicht an Eckpunkte einer Ansicht anstoßen.

ⓘ Maße der Fase dürfen auch durch eine Hinweislinie eingetragen werden.

ⓚ Bemaßung der gestreckten Länge.

ⓛ Die Maßzahlen dürfen nicht durch Linien getrennt oder gekreuzt werden.

ⓜ Bei Maßzahlen in schraffierten Flächen wird die Schraffur unterbrochen.

ⓝ Maßzahlen für unmaßstäbliche Maße sind zu unterstreichen.

ⓞ Das Durchmesserzeichen ist ein mit einem geraden Strich unter 75° durchstrichener kleiner Kreis.

ⓟ Das Durchmesserzeichen ist immer einzutragen, wenn eine Kreisform zugrunde liegt.

ⓠ Die Maße dürfen auch auf einer verlängerten und abgewinkelten Maßlinie eingetragen werden.

ⓡ Jedes Maß ist nur einmal einzutragen.

ⓢ Es sind die Maße einzutragen, die das Werkstück in fertigem Zustand haben soll.

ⓣ Ist der Platz für die Maßzahl zu klein, so kann man nach Darstellung A…E verfahren.

Darstellung

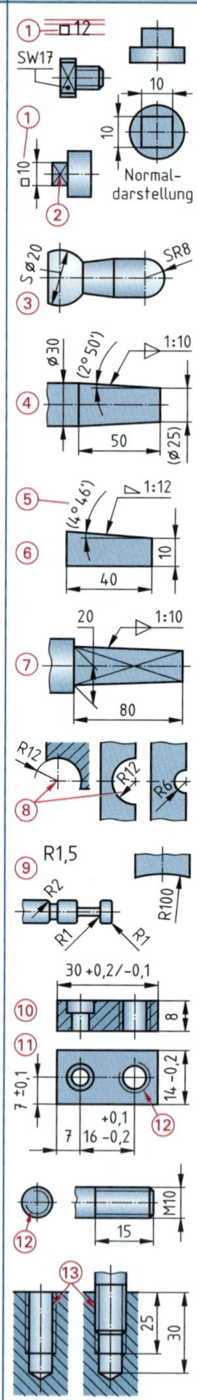

Merkregeln

① Das Quadratzeichen ist vor die Maßzahl zu setzen.

② Mit Diagonalkreuzen können ebene, vierseitige Flächen gekennzeichnet werden.

③ Kugelförmige Elemente erhalten vor das Durchmesserzeichen (oder vor R) den Großbuchstaben S (spherical).

④ Die Kegelform wird mit dem grafischen Symbol und einer Bezugslinie angegeben. Richtung von Symbol und Kegelverjüngung müssen übereinstimmen.

⑤ Es sind nur die zur eindeutigen Bestimmung des Körpers erforderlichen Maße anzugeben. Zusätzliche Maße dürfen als Hilfsmaße in Klammer stehen.

⑥ Die Neigung wird als Verhältnis oder in Prozent angegeben.

⑦ Die Verjüngung wird auch als Verhältnis oder in Prozent angegeben.

⑧ Halbmesser erhalten nur einen Maßpfeil am Kreisbogen. Der Mittelpunkt für Halbmesser muss durch ein Mittellinienkreuz gekennzeichnet werden, wenn seine Lage benötigt wird, z. B. für die Fertigung.

⑨ Vor der Maßzahl wird bei Radien in jedem Falle der Großbuchstabe R gesetzt. Die Maßhilfslinien sind vom Radienmittelpunkt oder aus dessen Richtung zu zeichnen.

⑩ Jedes Maß ist in die Ansicht einzutragen, in der es am klarsten verstanden wird.

⑪ Maße mit Toleranzangabe.
Nennmaß und Abmaß werden gleichgroß geschrieben.
Die Eintragung in derselben Zeile ist zulässig.
Gleiche Abmaße stehen mit ± hinter der Maßzahl.
Das Abmaß 0 muss nicht eingetragen werden.

⑫ Gewindedarstellung nach ISO. Gewindekreis als $^3/_4$-Kreisbogen mit dünner Volllinie.

⑬ Die Schraffur reicht bis zu den breiten Volllinien. Eingeschraubte Bolzen werden nicht geschnitten: Spitzenwinkel 120°.

Toleranzen

vgl. DIN 406-12, DIN ISO 2768-1 und -2

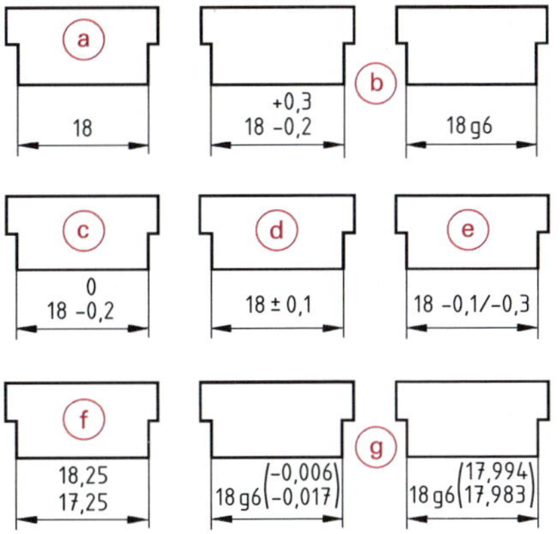

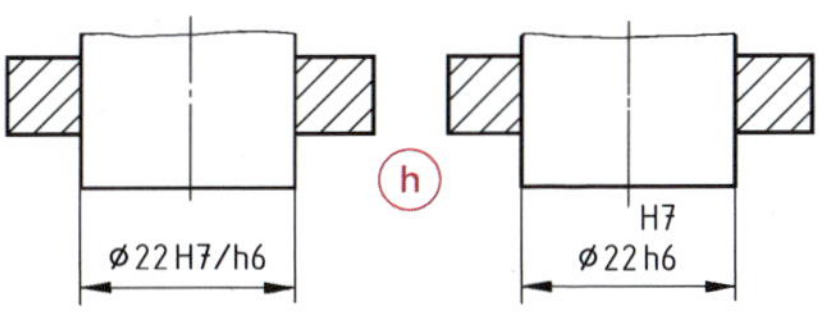

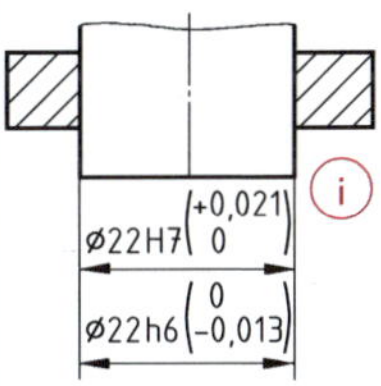

Nennmaß Tol.-Klasse	Abmaße
22 H7	+0,021 0
22 h6	0 −0,013

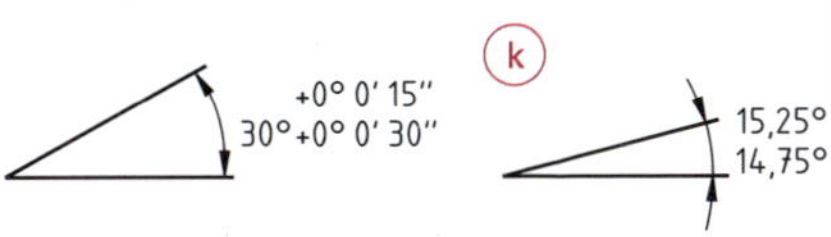

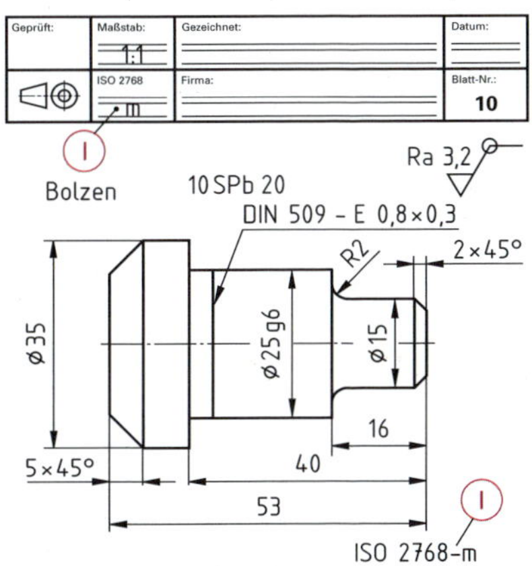

(a) Für **Maße ohne Toleranzangaben** gelten die Allgemeintoleranzen (Seite 480).

(b) **Abmaße oder Toleranzklasse** werden hinter dem Nennmaß angegeben. Die Schriftgröße für Abmaße und Toleranzklasse entspricht im Regelfall der Schriftgröße der Nennmaße. Sie darf auch eine Stufe kleiner, jedoch nicht kleiner als 2,5 mm eingetragen werden. Abmaße werden in derselben Einheit angegeben wie Nennmaße.

(c) Bei **zwei Abmaßen für dasselbe Nennmaß** muss für beide Abmaße dieselbe Anzahl von Dezimalstellen eingetragen werden. Hiervon ausgenommen ist das Abmaß Null. Dieses darf mit der Ziffer 0 angegeben, kann aber auch weggelassen werden. Das obere Abmaß steht über dem unteren Abmaß.

(d) Sind **oberes und unteres Abmaß gleich groß**, so ist deren Wert nur einmal hinter dem Zeichen ± anzugeben.

(e) **Nennmaß und Abmaße** dürfen auch in derselben Zeile eingetragen werden. Durch Schrägstriche werden dabei oberes und unteres Abmaß getrennt.

(f) **Grenzmaße** dürfen als Höchst- und Mindestmaß übereinander angegeben werden. Das Höchstmaß wird dabei immer über dem Mindestmaß eingetragen.

(g) Bei Bedarf können die **Werte der Abmaße** oder die Grenzmaße übereinander hinter dem Toleranzkurzzeichen angegeben oder in einer Tabelle aufgelistet werden.

(h) Werden für **zwei gefügt dargestellte Teile** Toleranzen eingetragen, so wird das Kurzzeichen der Toleranzklasse für das Innenmaß (Bohrung) vor oder über dem Kurzzeichen der Toleranzklasse für das Außenmaß (Welle) eingetragen.

(i) Wenn es notwendig ist, dürfen bei gefügt dargestellten Teilen die **Werte der Abmaße in Klammern** hinter dem Toleranzkurzzeichen oder in einer Tabelle angegeben werden.

(k) **Toleranzen für Winkelmaße** werden wie die Toleranzen für Längenmaße, jedoch mit Angabe der Einheiten des Winkelnennmaßes und der Abmaße, eingetragen.

Wenn das Winkelnennmaß oder die Winkelabmaße in Winkelminuten eingetragen werden, muss vor die Winkelangabe 0° gesetzt werden. Beim Eintrag von Winkelnenn- oder Winkelabmaßen in Winkelsekunden wird vor die Winkelangabe 0° 0′ gesetzt.

(l) Der **Hinweis auf Allgemeintoleranzen** für Längen- und Winkelmaße (Seite 480) erfolgt im Schriftfeld oder in der Nähe der Einzelteilzeichnung. Er enthält neben der Normblatt-Nummer die anzuwendende Toleranzklasse.

Wenn Allgemeintoleranzen gleichzeitig für Längen- und für Form- und Lagemaße gelten sollen, wird dieser Zeichnungseintrag durch eine Toleranzklasse für Form- und Lagetoleranzen ergänzt.

Beispiel: ISO 2768-mK.

Allgemeintoleranzen für 90°-Winkel werden in diesem Falle nicht durch DIN ISO 2768-1, sondern durch die Allgemeintoleranzen für Form und Lage (DIN ISO 2768-2) festgelegt (Seite 480).

Gewinde, Schraubenverbindungen, Zentrierbohrungen
Threads, Screwed Connections, Center Bores

Darstellung von Gewinden

vgl. DIN ISO 6410-1

Innengewinde

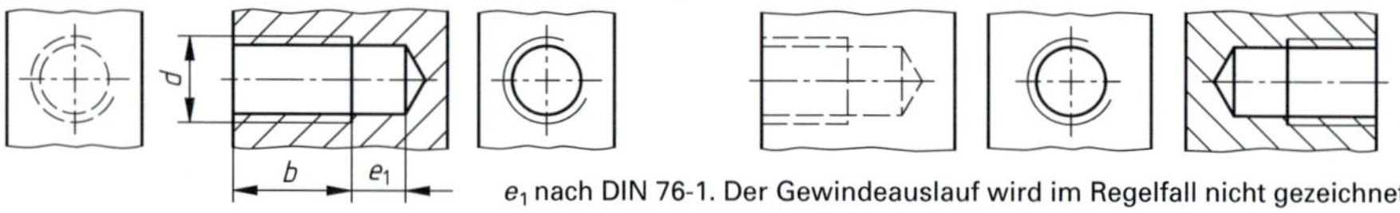

e_1 nach DIN 76-1. Der Gewindeauslauf wird im Regelfall nicht gezeichnet.

Bolzengewinde

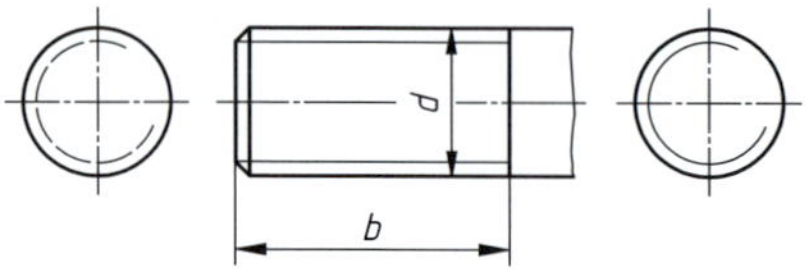

Bolzen in Innengewinde

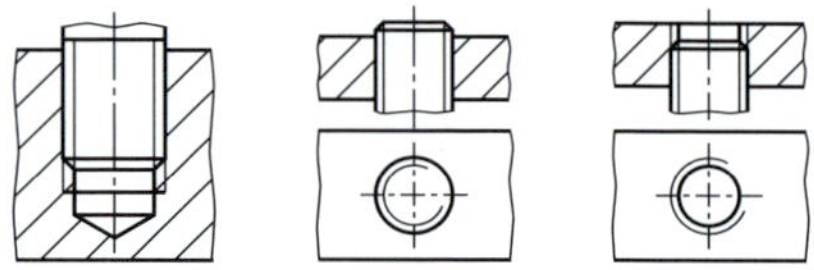

Gewindefreistich

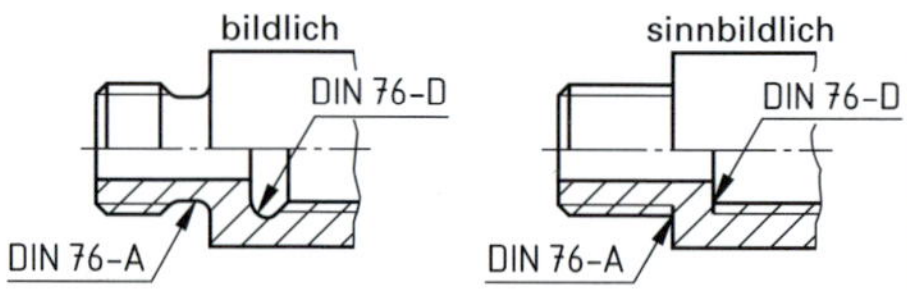

Rohrgewinde und Rohrverschraubung

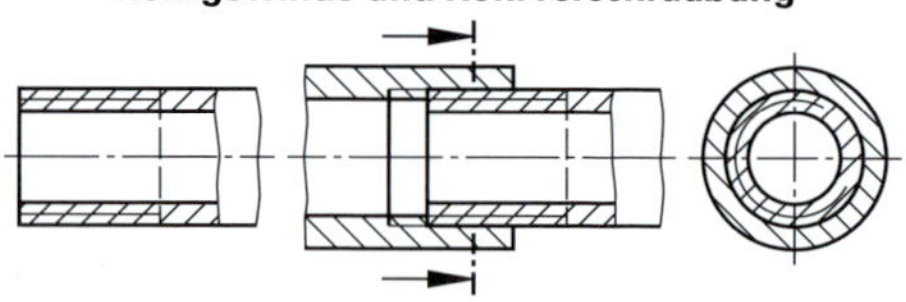

Darstellung von Schraubenverbindungen

Sechskantschraube und Mutter

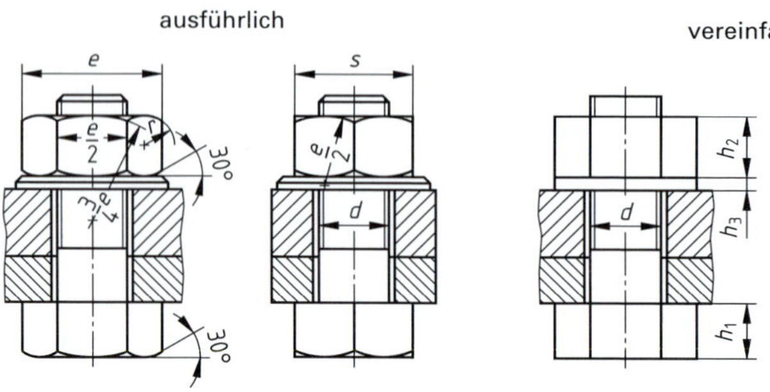

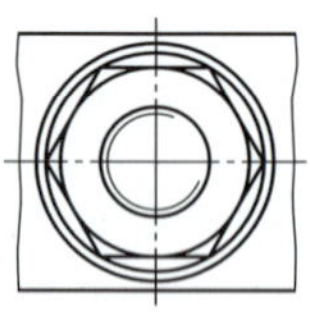

- h_1 Schraubenkopfhöhe
- h_2 Mutternhöhe
- h_3 Scheibenhöhe
- e Eckenmaß
- s Schlüsselweite
- d Gewinde-Nenn-ø

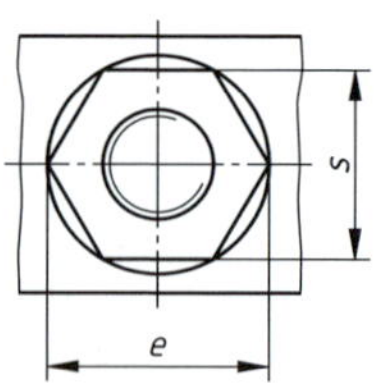

$h_1 \approx 0{,}7 \cdot d$
$h_2 \approx 0{,}8 \cdot d$
$h_3 \approx 0{,}2 \cdot d$
$e \approx 2 \cdot d$
$s \approx 0{,}87 \cdot e$

Verbindung mit Zylinderschraube

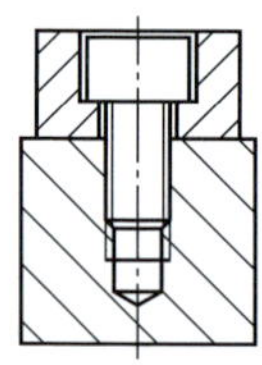

Verbindung mit Stiftschraube

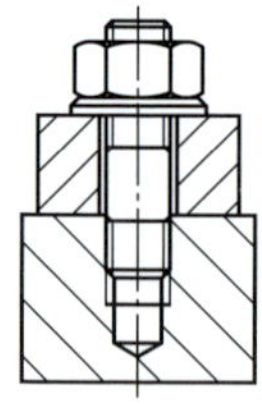

Zeichnungsangabe bei Zentrierbohrungen

vgl. DIN ISO 6411

Zentrierbohrung **ist** am Fertigteil erforderlich	Zentrierbohrung **darf** am Fertigteil vorhanden sein	Zentrierbohrung **darf** am Fertigteil **nicht** vorhanden sein
	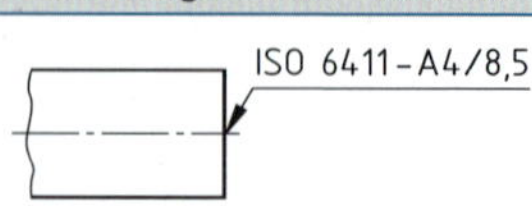	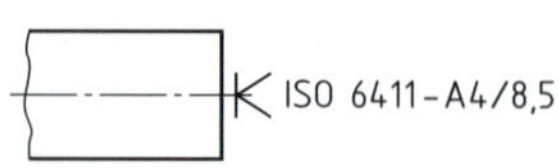

Getriebedarstellung Presentation of Gears

Stirnrad

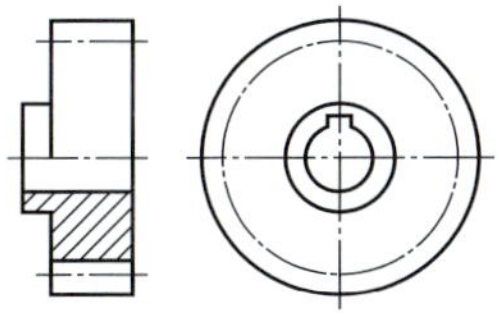

Ein Zahnrad wird grundsätzlich ohne einzelne Zähne dargestellt. Die Zahnfußfläche wird meist nur in Schnitten gezeichnet.

Kegelrad

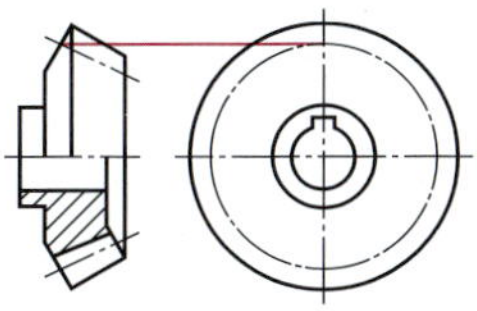

Bei der Darstellung senkrecht zur Achse des Kegelrades ist die Bezugsfläche durch den Teilkreis am Rückenkegel anzugeben.

Schneckenrad

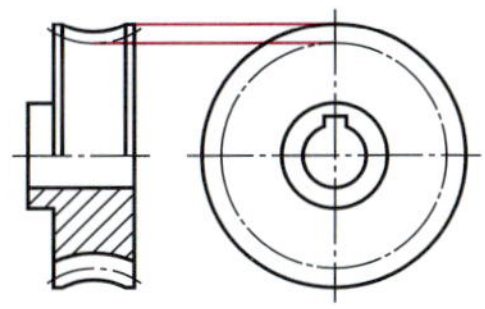

Bei der Darstellung senkrecht zur Achse des Schneckenrades ist die Bezugsfläche durch den Mittenkreis anzugeben.

Stirnrad mit außenliegendem Gegenrad

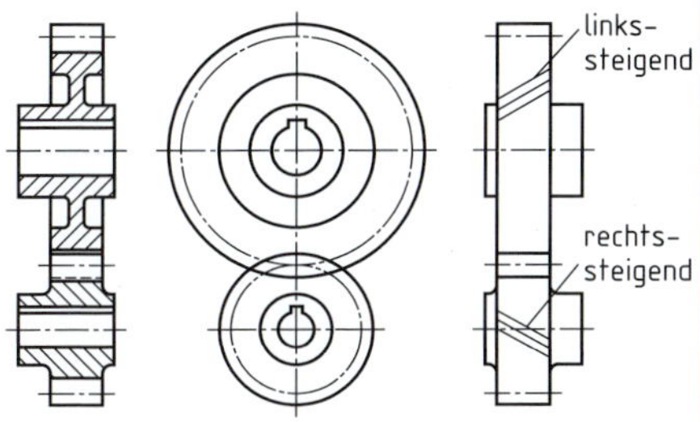

Stirnrad mit innenliegendem Gegenrad

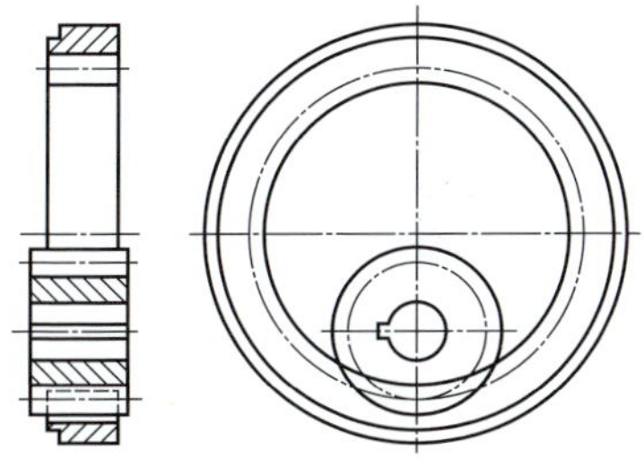

Stirnrad mit Zahnstange

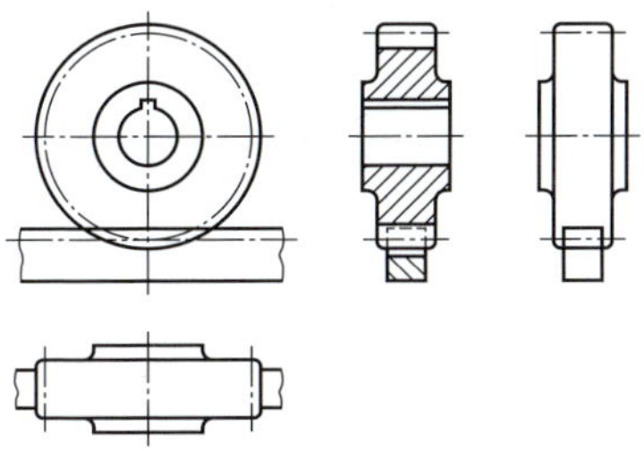

Kegelradpaar (Achsenwinkel 90°)

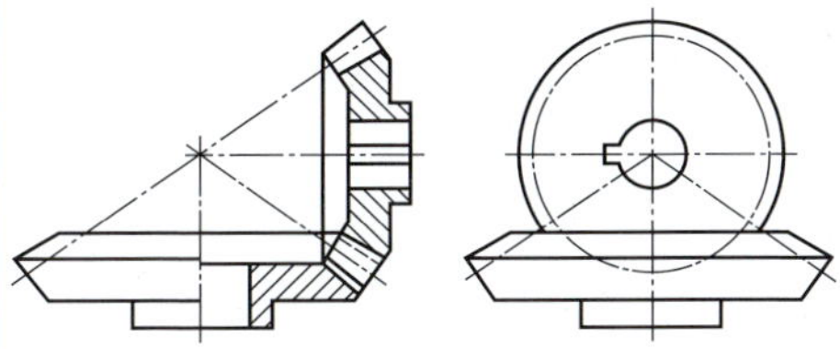

Schnecke und Schneckenrad

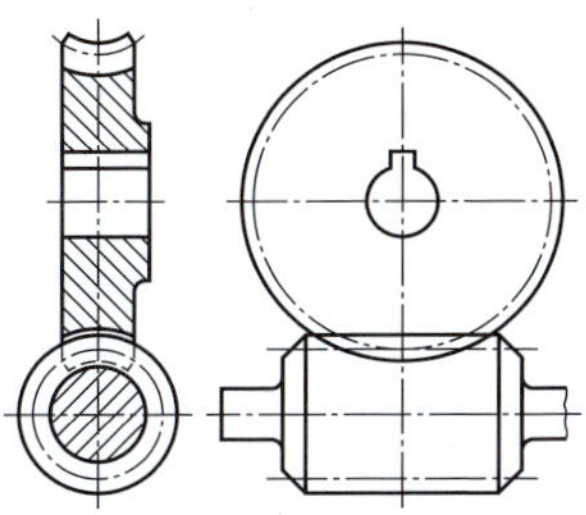

Kettenräder

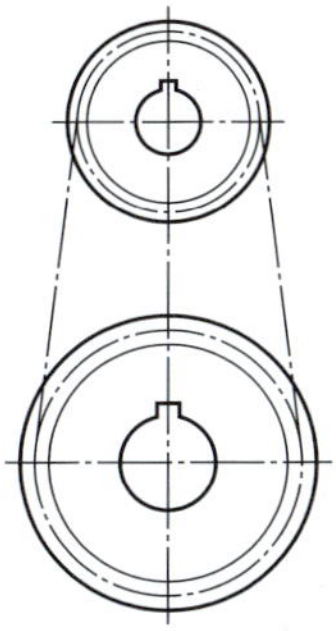

Zahnriemen

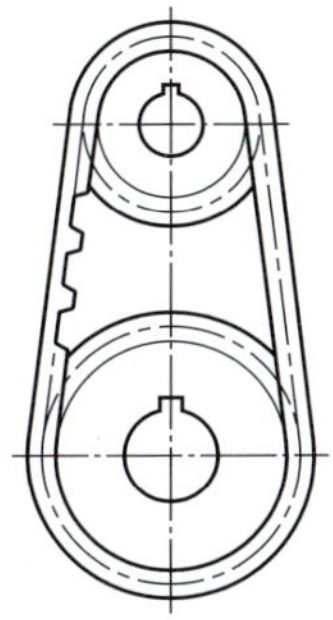

Darstellung von Wälzlagern Representation of Roller Bearings

Vereinfachte Darstellungen

vgl. DIN ISO 8826-1 und DIN ISO 8826-2

Allgemeine vereinfachte Darstellung

Darstellung	Abbildung	Erläuterung
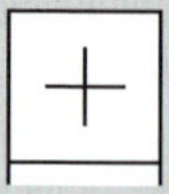	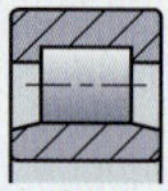	Für allgemeine Zwecke wird ein Wälzlager durch ein Quadrat oder Rechteck und ein freistehendes, aufrechtes Kreuz dargestellt.
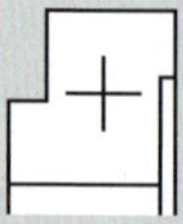	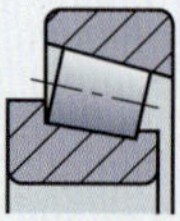	Falls erforderlich, kann das Wälzlager durch die Umrisse und ein freistehendes, aufrechtes Kreuz dargestellt werden.

Elemente für detaillierte vereinfachte Darstellung

Element	Erläuterung, Verwendung
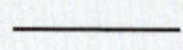	Lange, gerade Linie; zur Darstellung der Achse des Wälzelements bei Lagern ohne Einstellmöglichkeit.
	Lange gebogene Linie; zur Darstellung der Achse des Wälzelements bei Lagern mit Einstellmöglichkeit (Pendellager).
	Kurze gerade Linie; zur Darstellung der Lage und Anzahl der Reihen von Wälzelementen.
	Kreis; zur Darstellung von Wälzelementen (Kugel, Rolle, Nadel), die rechtwinklig zu ihrer Achse gezeichnet sind.

Beispiele für die detaillierte vereinfachte Darstellung von Wälzlagern

einreihige Wälzlager			zweireihige Wälzlager		
Darstellung	Abbildung	Bezeichnung	Darstellung	Abbildung	Bezeichnung
	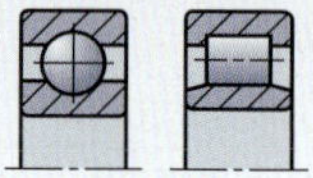	Radial-Rillenkugellager, Zylinderrollenlager	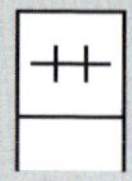	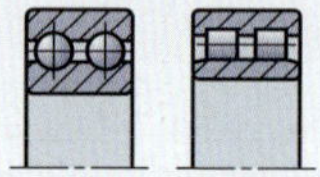	Radial-Rillenkugellager, Zylinderrollenlager
	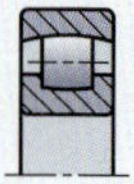	Radial-Pendelrollenlager (Tonnenlager)		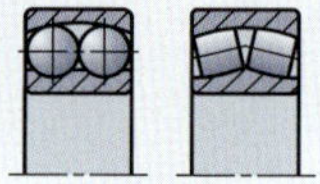	Pendelkugellager, Radial-Pendelrollenlager
	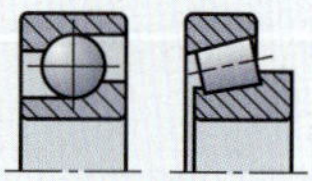	Schrägkugellager, Kegelrollenlager	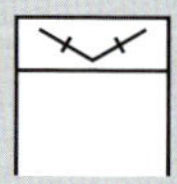	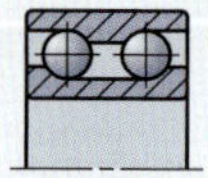	Schrägkugellager
	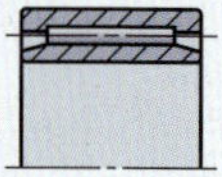	Nadellager, Nadelkranz	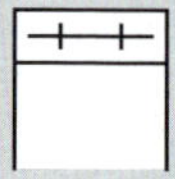	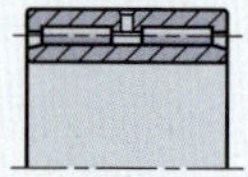	Nadellager, Nadelkranz
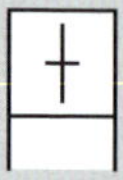	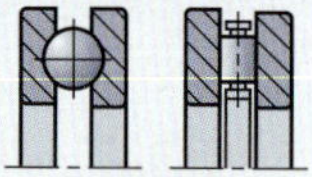	Axial-Rillenkugellager, Axial-Rollenlager	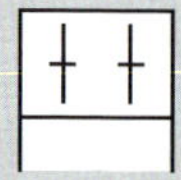	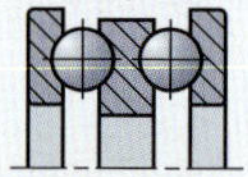	Axial-Rillenkugellager, zweiseitig wirkend
	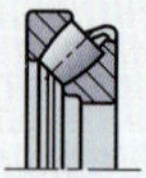	Axial-Pendelrollenlager	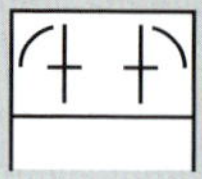	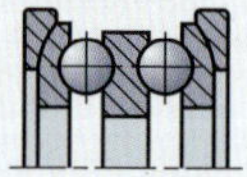	Axial-Rillenkugellager mit kugeligen Gehäusescheiben, zweiseitig wirkend

Kombinierte Lager			Darstellung rechtwinklig zur Wälzkörperachse	
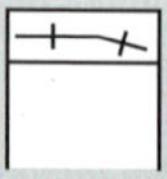	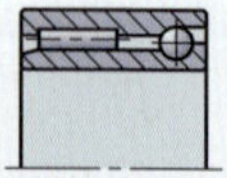	Kombiniertes Radial-Nadellager mit Schrägkugellager	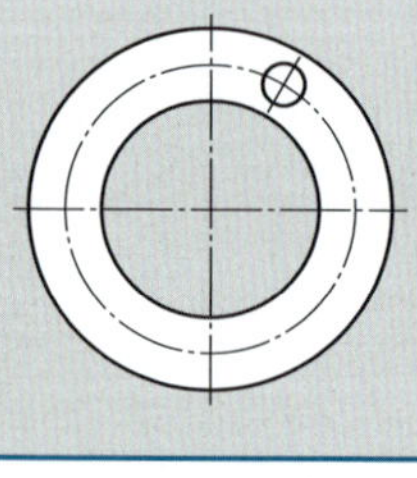	Wälzlager mit beliebiger Wälzkörperform (Kugeln, Rollen, Nadeln)
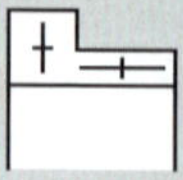	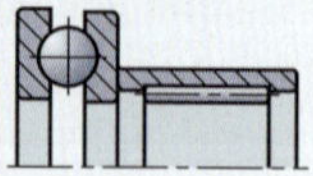	Kombiniertes Axial-Kugellager mit Radial-Nadellager		

Darstellung von Dichtungen und Wälzlagern
Representation of Seals and Roller Bearings

Vereinfachte Darstellungen von Dichtungen

vgl. DIN ISO 9222-1

Allgemeine vereinfachte Darstellung		
Darstellung	Ansicht	Erläuterung
		Für allgemeine Zwecke wird eine Dichtung durch ein Quadrat oder Rechteck und ein freistehendes, diagonales Kreuz dargestellt. Die Dichtrichtung kann durch einen Pfeil angegeben werden.
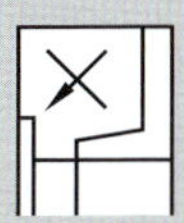		Falls erforderlich, kann die Dichtung durch die Umrisse und ein freistehendes, diagonales Kreuz dargestellt werden.

Elemente für detaillierte vereinfachte Darstellung	
Element	Erläuterung, Verwendung
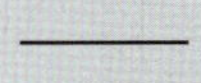	Lange Linie parallel zur Dichtfläche; für das fest sitzende (statische) Dichtelement.
	Lange diagonale Linie; für das bewegliche (dynamische) Dichtelement; z. B. die Dichtlippe. Die Dichtrichtung kann durch einen Pfeil angegeben werden.
	Kurze diagonale Linie; z. B. für Staublippen, Abstreifringe.
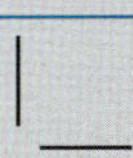	Kurze Linie, die zur Mitte des Sinnbilds zeigt; für den statischen Teil von U- und V-Ringen, Packungen.
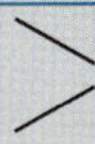	Kurze Linie, die zur Mitte des Sinnbilds zeigt; für Dichtlippen von U- und V-Ringen, Packungen.
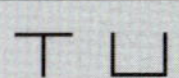	T und U; für berührungsfreie Dichtungen.

Beispiele für die detaillierte vereinfachte Darstellung von Dichtungen

Wellendichtringe und Kolbenstangendichtungen			
		Verwendung für	
Darstellung	Ansicht	Drehbewegung	geradlinige Bewegung
		Wellendichtring ohne Staublippe	Stangendichtung ohne Abstreifer
		Wellendichtring mit Staublippe	Stangendichtung mit Abstreifer
		Wellendichtring, doppeltwirkend	Stangendichtung, doppeltwirkend

Profildichtungen, Packungssätze, Labyrinthdichtungen			
Darstellung	Ansicht	Darstellung	Ansicht
			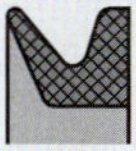
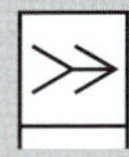			
	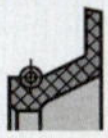	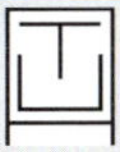	

Vereinfachte Darstellungen von Wälzlagern und Dichtungen

Allgemeine vereinfachte Darstellung

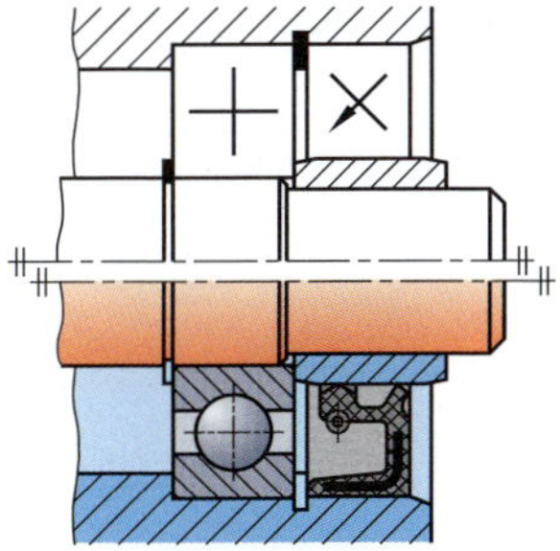

Rillenkugellager und Radial-Wellendichtring mit Staublippe

Detaillierte vereinfachte Darstellungen

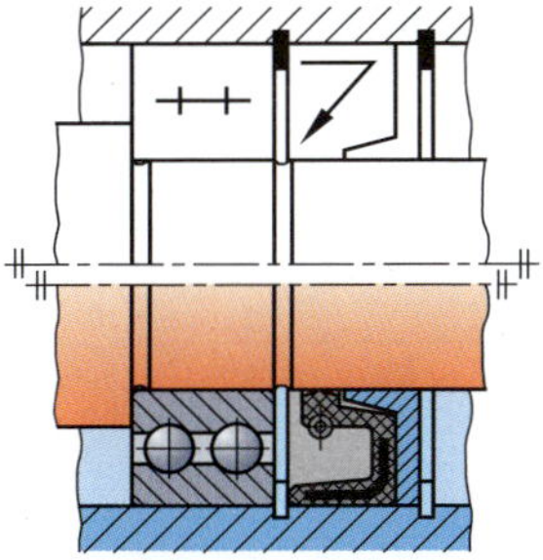

Zweireihiges Rillenkugellager und Radial-Wellendichtring

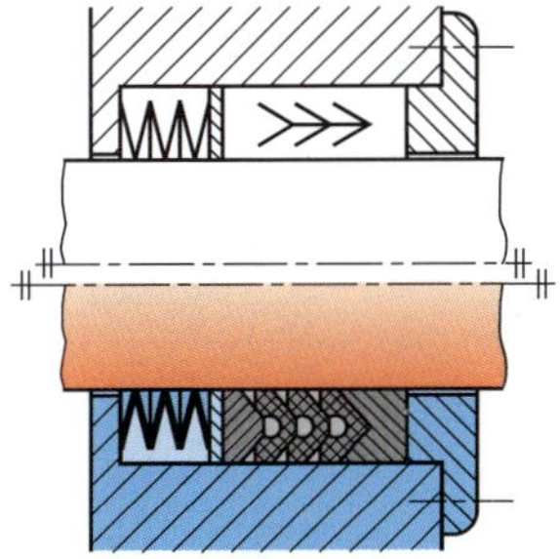

Packungssatz

K

Symbole für Schweißen und Löten Symbols for Welding and Soldering

Darstellung in Zeichnungen (Grundsymbole)

vgl. DIN EN 22 553

K

Name Symbol	Darstellung bildlich	Darstellung mit Symbol
Bördelnaht	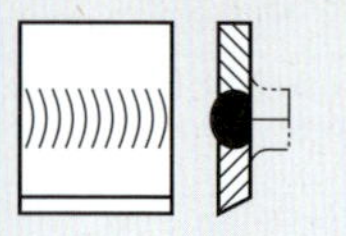	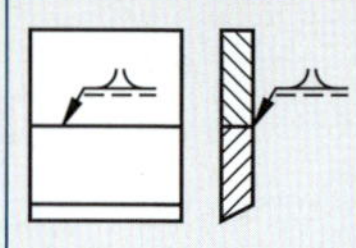
I-Naht	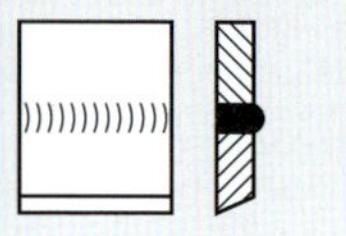	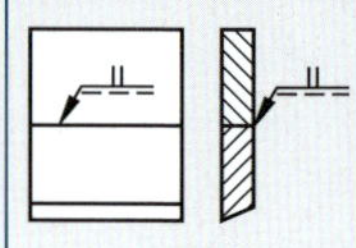
	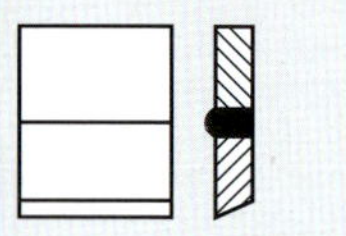	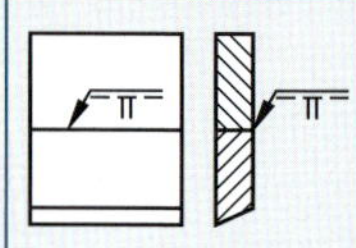
beidseitig (rundum) geschweißt	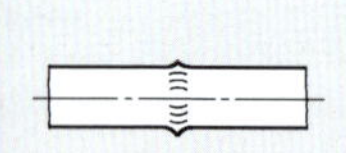	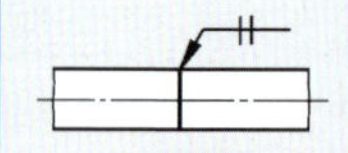
V-Naht	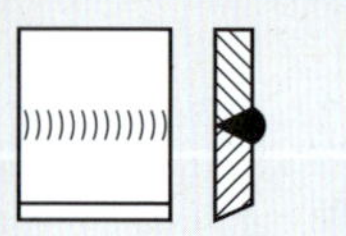	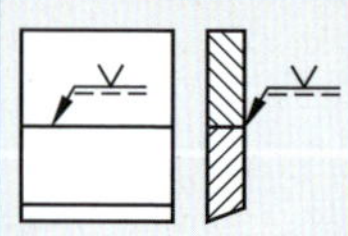
	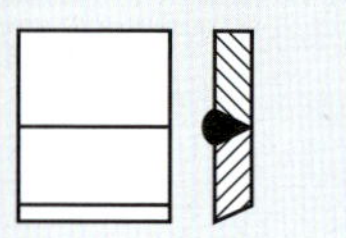	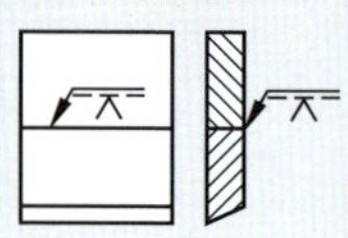
ringsum verlaufend	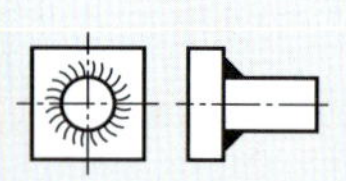	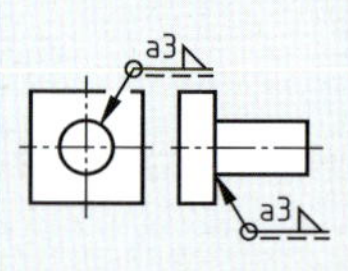
Kehlnaht	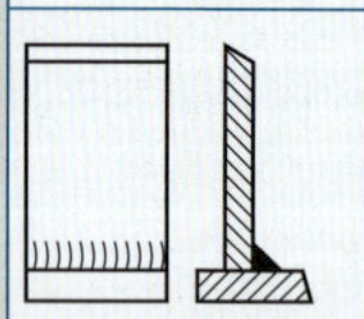	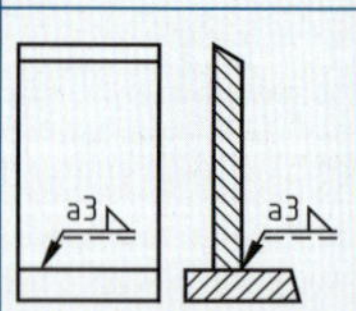
Baustellennaht mit 3 mm Nahtdicke	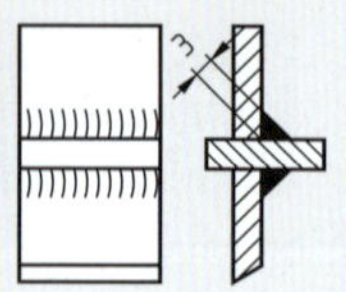	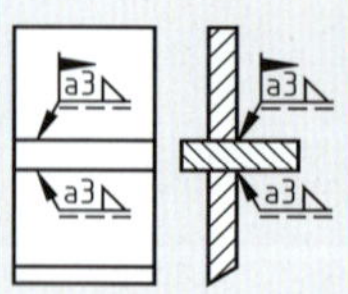

Name Symbol	Darstellung bildlich	Darstellung mit Symbol
HV-Naht	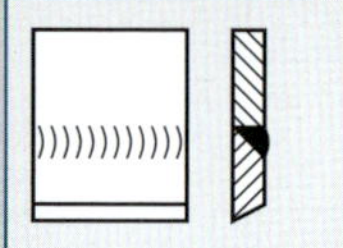	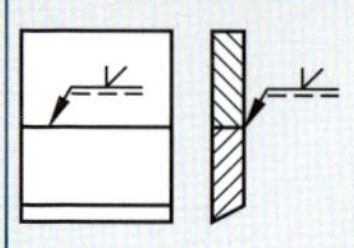
	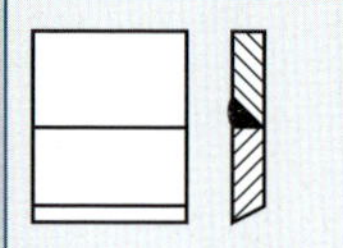	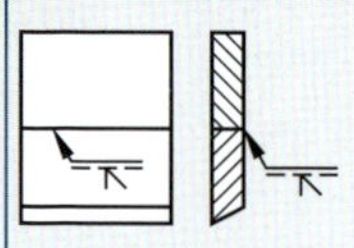
Y-Naht	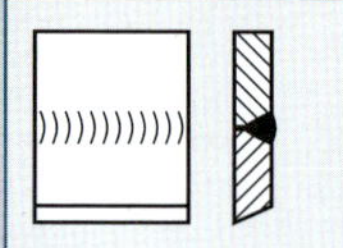	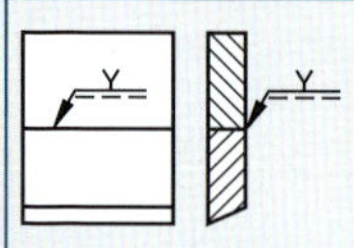
HY-Naht	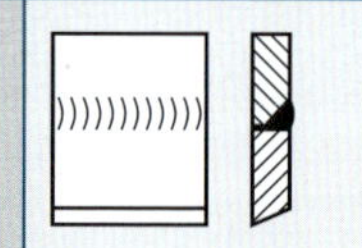	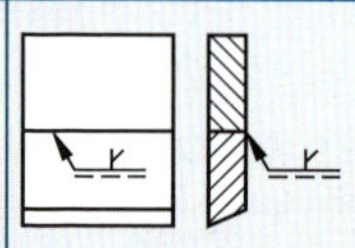
U-Naht	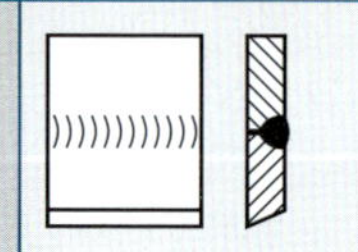	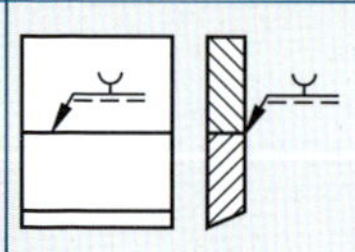
HU-Naht	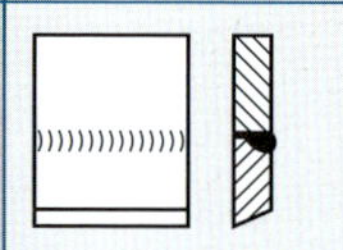	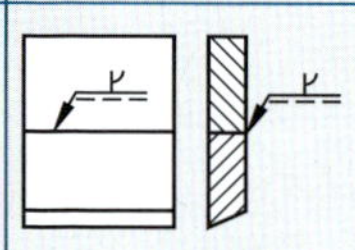
Punktnaht	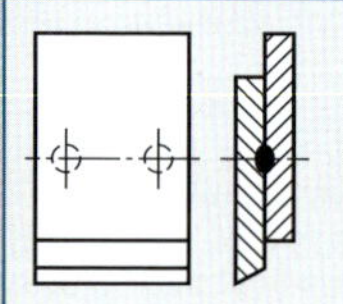	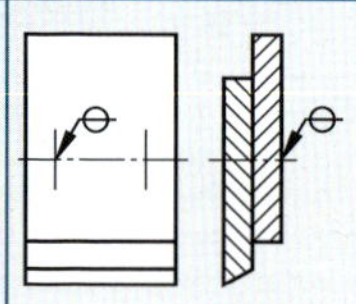
Liniennaht	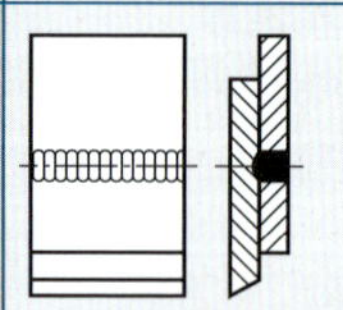	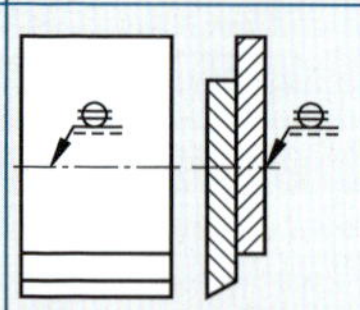
Flächennaht	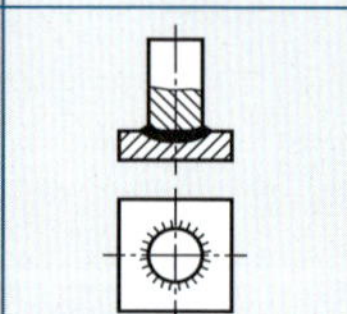	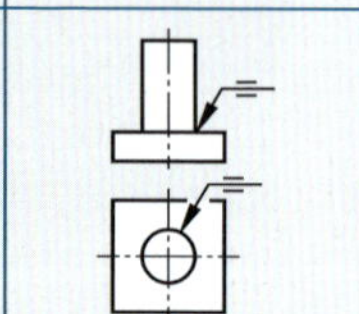

Weitere mechanische Verbindungen, Federn
More Mechanical Connections, Springs

Schweißnähte (Kombination von Grundsymbolen) — vgl. DIN EN ISO 2553

Name Sinnbild	Darstellung bildlich	Darstellung mit Symbolen	Name Sinnbild	Darstellung bildlich	Darstellung mit Symbolen
V-Naht mit Gegenlage	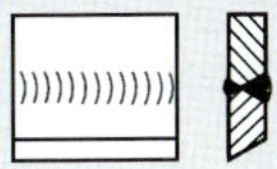		Doppel-U-Naht	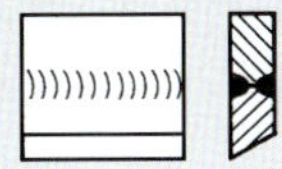	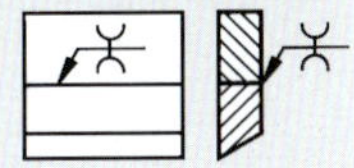
Doppel-V-Naht (X-Naht)	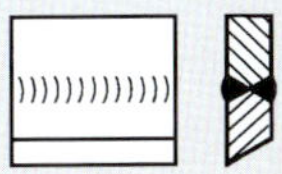	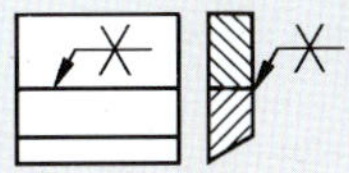	Doppel-Kehlnaht	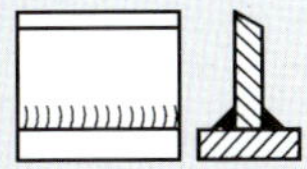	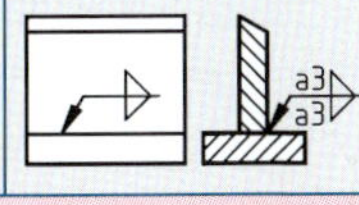

Schweißen und Löten (Bemaßungsbeispiele)

bildlich

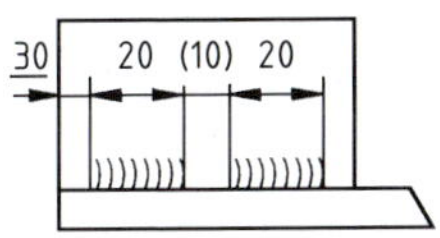

sinnbildlich

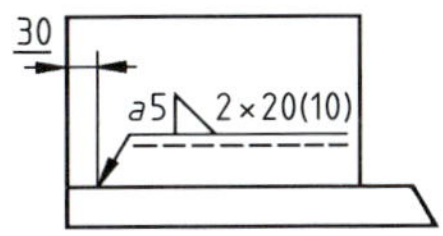

Unterbrochene Kehlnaht; Nahtdicke a = 5 mm (entspricht Schenkeldicke z = 7 mm); 2 Einzelnähte mit je 20 mm Länge; Nahtabstand = 10 mm; Vormaß = 30 mm

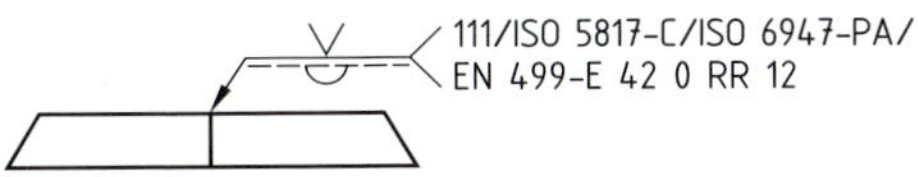

Durchgeschweißte V-Naht mit Gegenlage; hergestellt durch Lichtbogenhandschweißen (Kennzahl 111 nach DIN EN ISO 4063); geforderte Bewertungsgruppe C nach ISO 5817; Wannenposition PA nach ISO 6947; verwendete Stabelektroden E 42 0 RR 12 nach DIN EN 499.

Darstellung von Keilwellen und Kerbverzahnungen — vgl. DIN ISO 6413

	Welle	Nabe	Verbindung
Keilwellen oder Keilnaben mit geraden Flanken. Symbol: ⎍	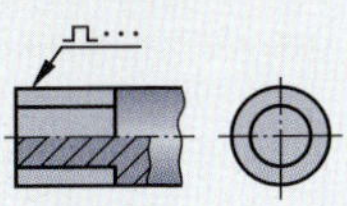	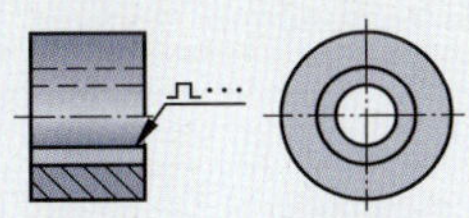	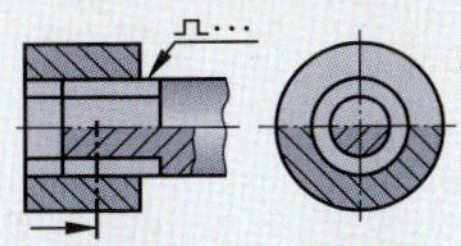
Zahnwellen oder Zahnnaben mit Evolventenflanken oder Kerbverzahnungen. Symbol: ⋀	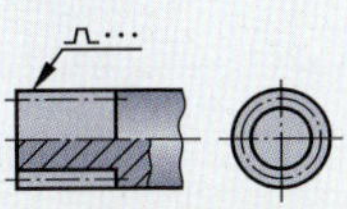	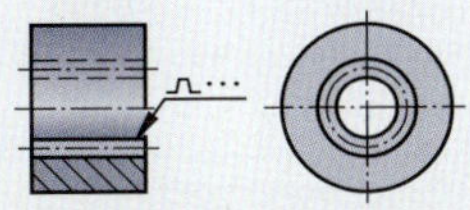	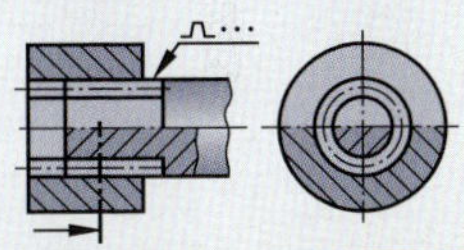
	⇨ **Keilwelle ISO 14-6 x 26 f7 x 30:** Keilwellenprofil mit geraden Flanken nach ISO 14, Keilzahl N = 6, Innendurchmesser d = 26f7, Außendurchmesser D = 30		

Darstellung von Federn — vgl. DIN ISO 2162-1

Benennung	Darstellung Ansicht	Darstellung Schnitt	Symbol	Benennung	Darstellung Ansicht	Darstellung Schnitt	Symbol
Zylindrische Schrauben-Druckfeder aus Draht mit rundem Querschnitt	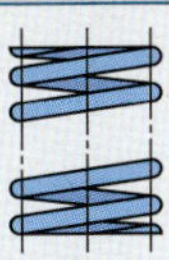	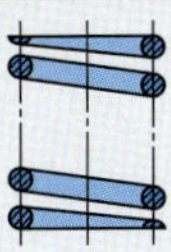	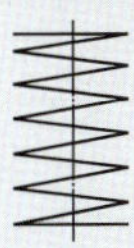	Zylindrische Schrauben-Zugfeder aus Draht mit rundem Querschnitt	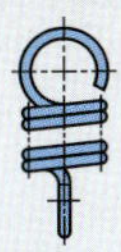	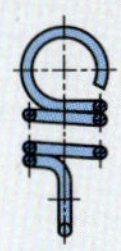	
Zylindrische Schrauben-Drehfeder aus Draht mit rundem Querschnitt	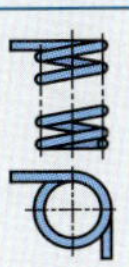	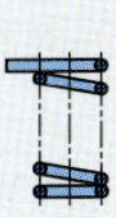	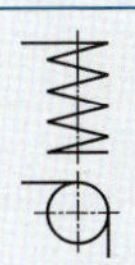	Tellerfederpaket (Teller wechselsinnig geschichtet)	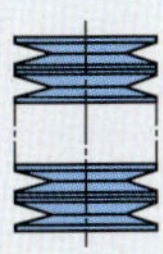	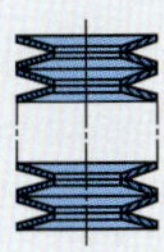	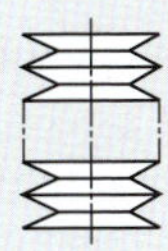

Funktionsbezogene Schaltpläne Functional Circuit Diagrams

Wichtige funktionsbezogene Dokumente

vgl. EN 61082-1

Art	Erklärung	Beispiel
Schaltskizze (nicht genormt)	Meist allpolige Darstellung zur Erklärung der Wirkungsweise oder Anordnung von elektrischen Einrichtungen, z.B. bei Herden, Warmwasserspeichern oder Haushaltgeräten. Dabei werden Schaltzeichen, nicht genormte Symbole und auch Ansichten verwendet.	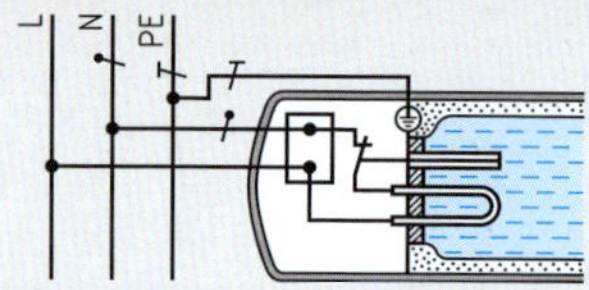
Übersichtsschaltplan	Meist einpolige Darstellung einer Schaltung. Dabei werden einfache Schaltzeichen und Blocksymbole verwendet. Leiterzahl und Betriebsmittelzahl sind je nach Aufgabe des Planes angegeben oder nicht angegeben.	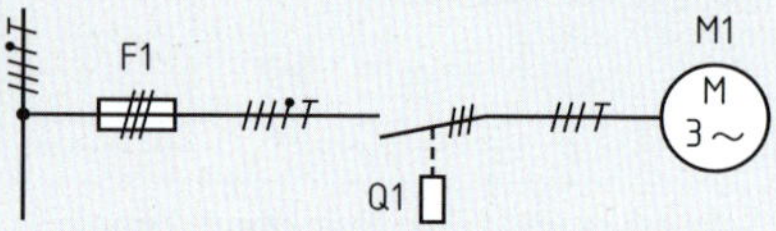
Stromlaufplan in zusammenhängender Darstellung	Allpolige Darstellung der Stromkreise einer Funktionseinheit, Baueinheit oder Anlage mit allen Einzelheiten. Teile desselben Betriebsmittels müssen räumlich zusammenhängend gezeichnet werden. Größe, Form und räumliche Lage der Betriebsmittel bleiben unberücksichtigt. Dabei sind die Teile und Verbindungen mit genormten Symbolen (Schaltzeichen) dargestellt.	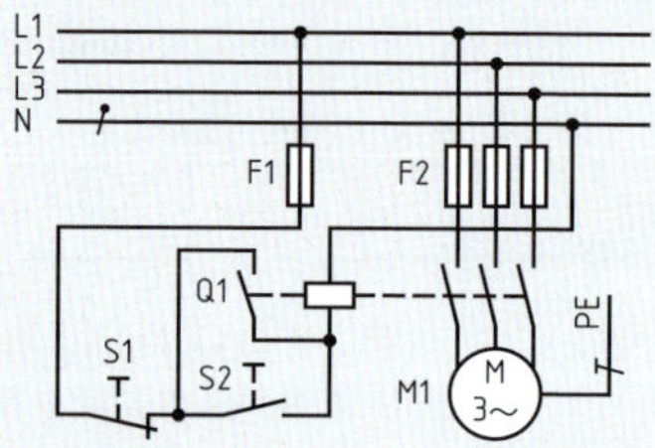
Stromlaufplan in aufgelöster Darstellung	Allpolige Darstellung der Stromkreise nach Stromwegen aufgelöst. Mechanisch zusammengehörige Teile werden durch ihre Betriebsmittelkennzeichnung zueinander in Verbindung gebracht. Stromwege möglichst senkrecht. Leiterverlauf senkrecht und waagrecht. Es werden genormte Symbole verwendet.	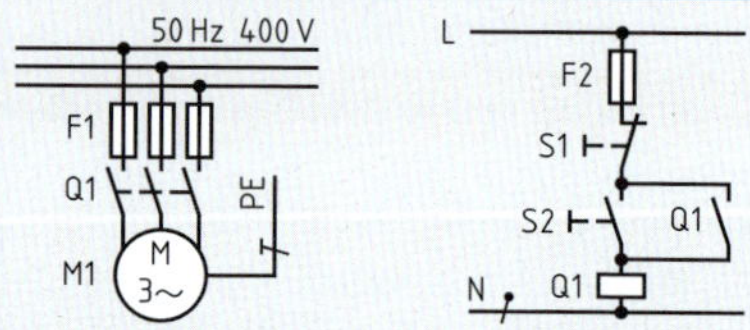
Stromlaufplan in halb zusammenhängender Darstellung	Allpolige Darstellung der Stromkreise, wobei Symbole der Teile mit mechanischer Wirkverbindung auseinandergezogen dargestellt sind. Diese Teile werden durch das Symbol für mechanische Verbindung (gestrichelte Linie) miteinander verbunden. Anwendung: Steuerungen.	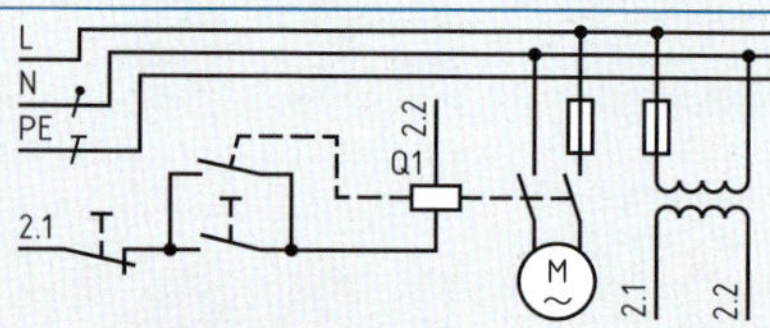
Blockschaltplan	Meist einpoliger Übersichtsschaltplan, bei dem Blocksymbole vorkommen. Gibt es kein in Frage kommendes genormtes Symbol, so können Rechtecke oder Quadrate mit Text verwendet werden. Anwendung: Elektronische Schaltungen, z.B. integrierte Schaltkreise.	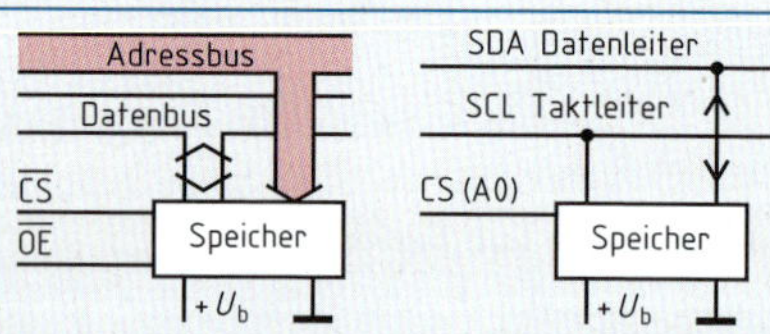
Ersatzschaltplan	Allpolige Darstellung einer vereinfachten Schaltung, die dasselbe Verhalten zeigt wie die ursprüngliche Schaltung. Dabei werden einfache Symbole (Schaltzeichen) verwendet. Anwendung: Zum Verständnis des Verhaltens von Maschinen und Geräten.	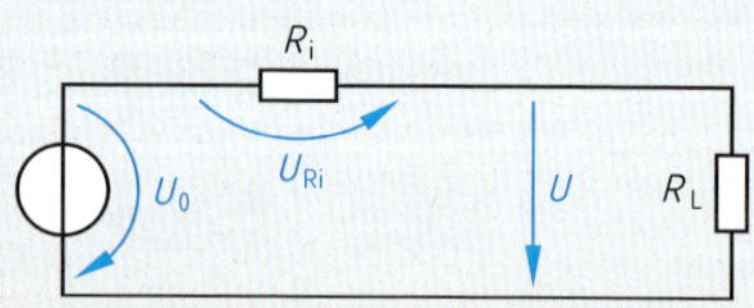

Ausführungsrichtlinien

1. Darstellung im stromlosen Zustand, Schalter in Grundstellung.
2. Klemmen müssen nur eingetragen werden, wenn es für den Zweck der Zeichnung erforderlich ist.
3. Falls erforderlich, sind Kombinationen der Schaltpläne zulässig.

Art	Erklärung	Beispiel
Funktionsplan (nicht bei SPS)	Diagramm, das ein Steuerungssystem oder Regelungssystem beschreibt. Dabei werden genormte Symbole mit Text verwendet. Je nach Aufgabe wird die Grobstruktur oder die Feinstruktur dargestellt. Funktionsplan (FUP) der SPS: Siehe Logik-Funktionsschaltplan.	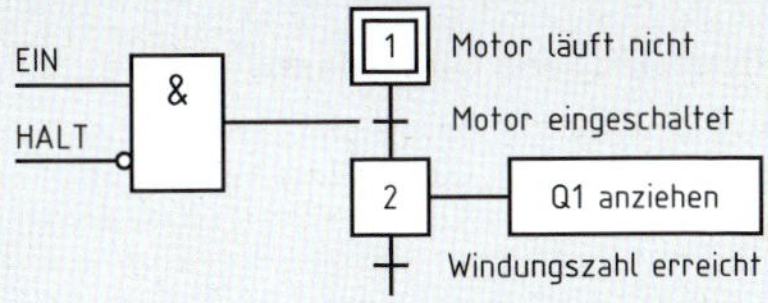
Funktions-schaltplan	Darstellung eines Systems, eines Teils, einer Installation oder einer Software in Form von Schaltkreisen. Die zur Realisierung erforderlichen Mittel müssen dabei nicht berücksichtigt werden. Dabei werden genormte Symbole, genormte Blöcke oder mit freiem Text versehene Blöcke verwendet.	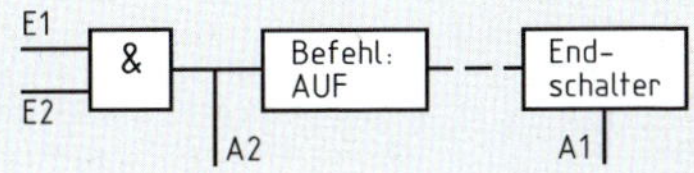
Anschluss-Funktions-schaltplan	Allpolige Darstellung einer Funktionseinheit mit Anschlussstellen. Die Beschreibung der Funktion kann durch andere Schaltpläne oder durch Text erfolgen. Dabei werden genormte Symbole oder mit Text versehene Blöcke verwendet. Anwendung: Module zum Zusammenbau von größeren Einheiten.	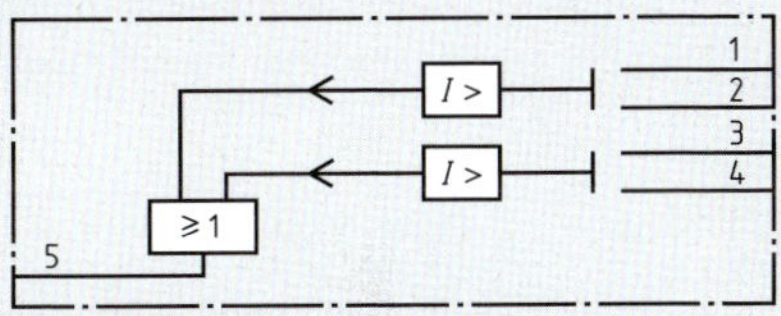
Logik-Funktions-schaltplan (bei SPS: Funktionsplan FUP)	Allpolige Darstellung eines Schaltnetzes, z. B. eines Code-Umsetzers, oder eines Schaltwerkes, z. B. eines Schieberegisters. Dabei werden Schaltzeichen binärer Elemente verwendet. Die Stromversorgung dieser Elemente wird nicht dargestellt. Anwendung: Schaltungen mit binären Elementen.	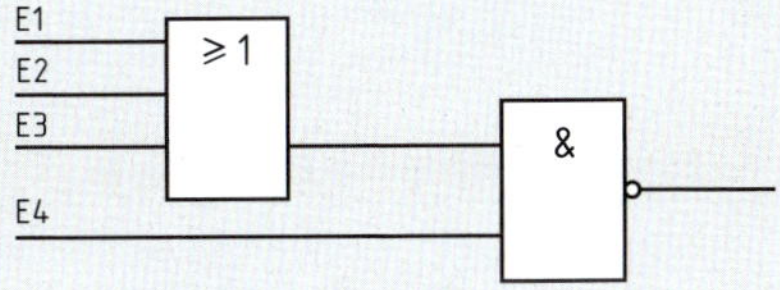
Netzwerkkarte	Einpoliger Übersichtsschaltplan, der ein Netz mit seinen Anlageteilen in einer Landkarte darstellt. Die Anlagenteile, z. B. Maste, Starkstromleitungen, Fernmeldeanlagen, Umspannstationen oder Kraftwerke werden durch genormte Symbole oder vereinfachte Ansichten dargestellt. Anwendung: Dokumentation oder Baupläne von Netzen oder Netzteilen.	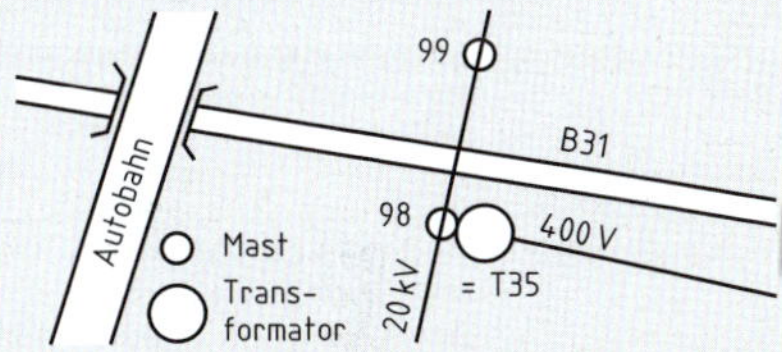
Ablauf-diagramm	Diagramm zur Darstellung der Reihenfolge von Vorgängen oder der Zustände von Teilen eines Systems, z. B. eines Relais. Dabei sind die Vorgänge oder Zustände in einer Richtung, z. B. senkrecht, und die Schritte oder die Zeit im rechten Winkel dazu aufgezeichnet. Anwendung: Ablauf von Schaltvorgängen.	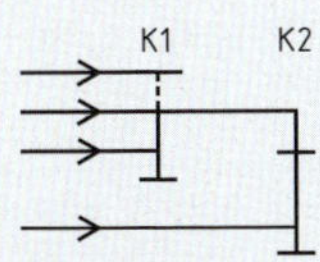
Zeitablauf-diagramm	Darstellung des Ablaufs von Vorgängen im zeitgerechten Maßstab. Die Zeitachse wird meist nicht angegeben. Die Grundlinie des Signalzuges hat den logischen Wert 0 bzw. den Pegel L. Nach oben wird die 1 bzw. der Pegel H aufgetragen. Anwendung: Darstellung des Verhaltens von Schaltnetzen oder von Schaltwerken.	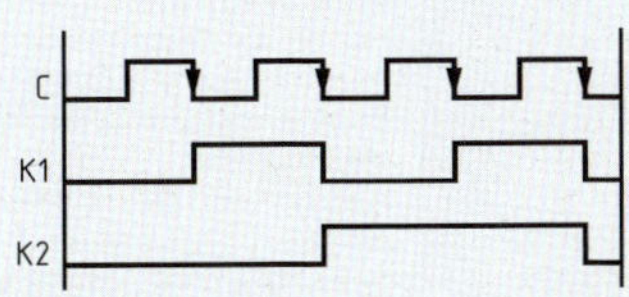
Wirkungsplan (nur für Regelungs-technik und Steuerungs-technik genormt)	Darstellung der Gesamtheit aller Wirkungen in einem System durch rechteckige Blöcke. Die Wirkungsrichtung wird durch Pfeile in den Wirkungslinien dargestellt, insbesondere, wenn von rechts nach links oder von unten nach oben. Die Addition wird durch einen Kreis mit Angabe von + und – dargestellt.	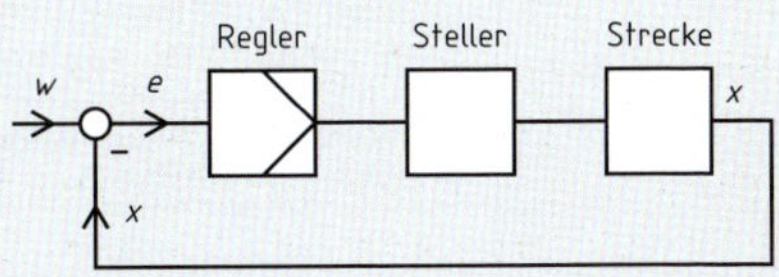

K

Ortsbezogene und verbindungsbezogene Dokumente
Location- and connection-related Documents

Art	Erklärung	Beispiel
Ortsbezogene Dokumente		vgl. EN 61082-1
Installationsplan	Maßstäblicher Plan, der die Lage der Teile eines Systems bzw. einer Anlage ohne die Leitungen zeigt **(Bild links)**.	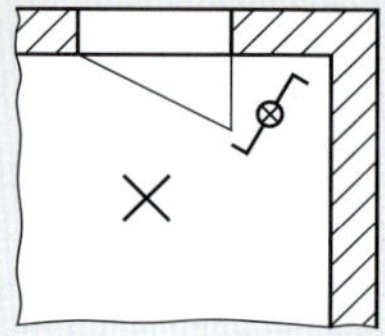
Installationszeichnung	Zeichnung, z.B. Ansicht einer Maschine, welche die Lage der Teile eines Systems ohne die Leitungen zeigt **(Bild rechts)**.	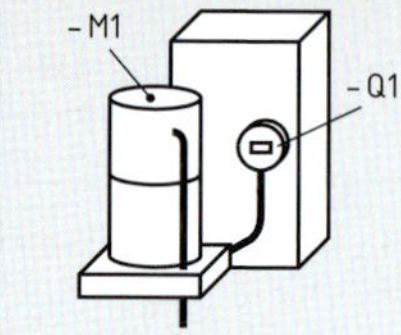
Installationsschaltplan	Schaltplan, der die Angaben des Installationsplanes und zusätzlich die Leitungen enthält. Die Einzelheiten der Betriebsmittel, z.B. Art der Leitungen, können eingetragen oder in einer Tabelle aufgezählt werden. Anwendung: Planung und Dokumentation der Elektroinstallation.	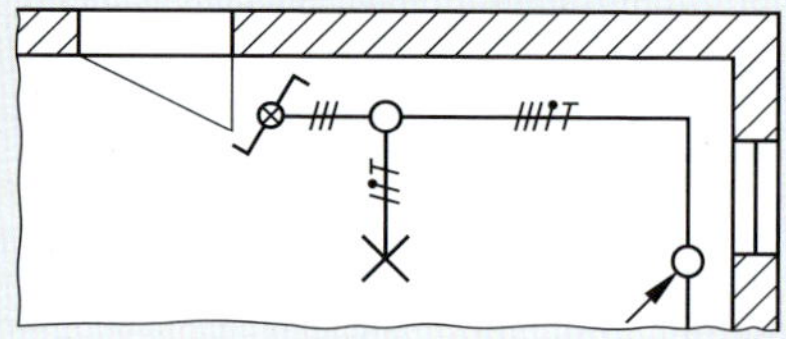
Anordnungsplan	Darstellung der Gestalt und räumlichen Lage von Teilen, die zusammengehören oder zusammengebaut werden. Leitungen werden nicht eingetragen. Die Betriebsmittel werden durch Rechtecke mit Betriebsmittelkennzeichnung oder Text dargestellt. Meist maßstäblich gezeichnet.	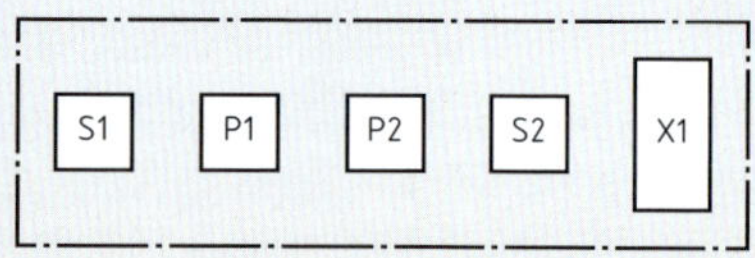
Verbindungsbezogene Dokumente		vgl. EN 61082-1
Verdrahtungsplan Verbindungsplan	Geräteverdrahtungsplan: Lagerichtige und allpolige Darstellung der Verbindungen *innerhalb* einer Baueinheit. Verbindungsplan: Lagerichtige und allpolige Darstellung der Verbindungen *zwischen* verschiedenen Baueinheiten.	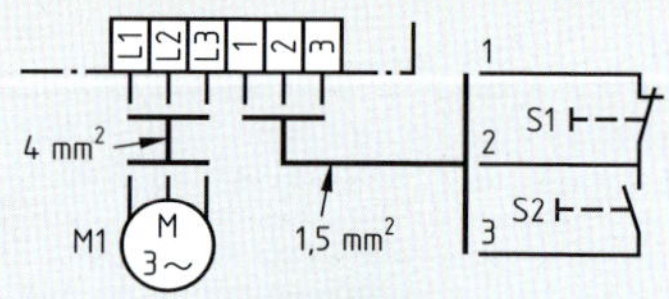
Anschlussplan	Allpolige Darstellung der Anschlüsse einer elektrischen Einrichtung und der daran angeschlossenen äußeren Verbindungen. Die Anschlüsse werden als Rechtecke, Quadrate, Kreise oder Punkte dargestellt. Meist allpolige Darstellung. Notwendig ist die eindeutige Kennzeichnung der Anschlüsse.	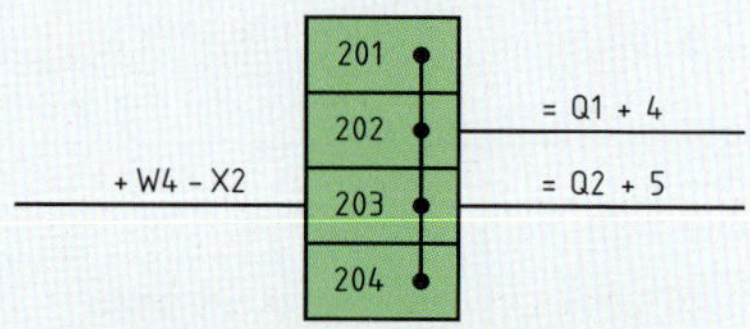
Bestückungsplan (nicht genormt)	Ansicht der Bestückungsseite (Seite der Bauelemente) einer gedruckten Schaltung. Die Bauelemente werden in vereinfachter Ansicht und/oder als Schaltzeichen lagerichtig dargestellt, mit oder ohne Leiterbahnen. Meist maßstäblich dargestellt. Die Bauelemente können in einer Tabelle aufgelistet werden. Angabe von Ort +, Produkt –, Funktion =	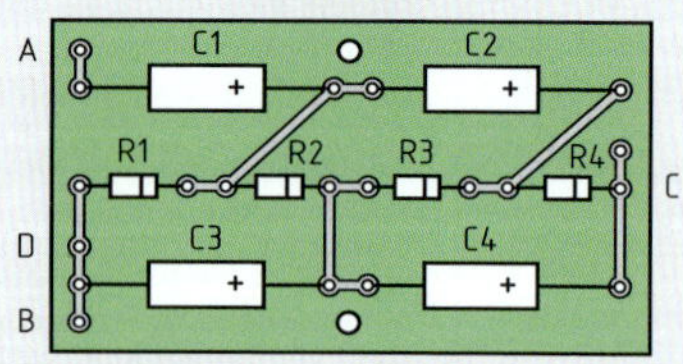
Kabelplan	Schaltplan mit Informationen über Kabel und Leitungen, z.B. Leiterkennzeichnung, Lage der Enden, Kenngrößen, Funktion und Kabelwege. Meist einpolige Darstellung, aber mit Angabe der Leiternummerierung. Kennzeichnung der angeschlossenen Baugruppen ist notwendig.	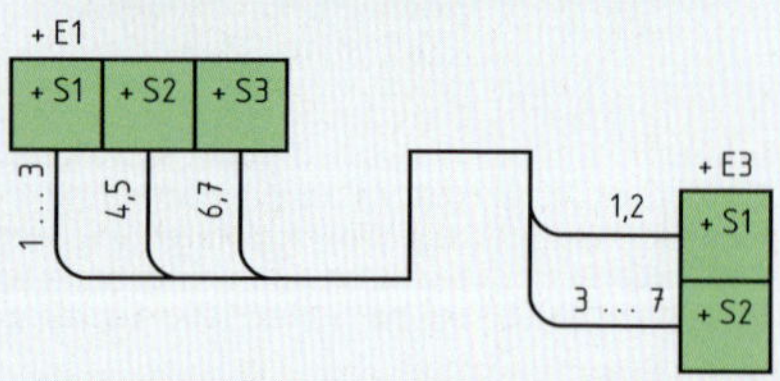

Kennzeichnungen in Schaltplänen — Marking in Circuit Diagrams

Kennzeichnung von Leitern und Leiteranschlüssen

vgl. EN 60617-2

Art		Kennzeichnung alpha-numerisch	Kennzeichnung durch Schaltzeichen	Art	Kennzeichnung alpha-numerisch	Kennzeichnung durch Schaltzeichen
Wechsel-stromnetz	Außenleiter Außenleiter 1, 2, 3 Neutralleiter	L1 L2 L3 N		Schutzleiter, nicht geerdet (unearthed)	PU	
Gleich-stromnetz	Positiv Negativ Mittelleiter	L + L – M	+ –	Erder	E	
Schutzleiter (Protection Earth)		PE		Masse	MM	
PEN-Leiter (Funktion PE + N)		PEN		Zusätzlich bei Bedarf: Spannung, Stromart, Frequenz, Querschnitt, Leitungsnummerierung.		

Bisherige Kennbuchstaben der Betriebsmittel nach DIN 40719-2:1978 (zurückgezogen)

Hinweis: Die nachfolgenden Kennbuchstaben und Kennzeichen auf dieser Seite stammen aus einer zurückgezogenen Norm. Sie kommen aber in bisher erstellten Dokumenten vor und werden in der betrieblichen Praxis häufig weiter verwendet.
Kennzeichnung nach geltender Norm siehe folgende Seite.

Kenn-buch-stabe	Betriebsmittel	Beispiele	Kenn-buch-stabe	Betriebsmittel	Beispiele
A	Baugruppen	Verstärker als Baugruppe	**N**	Verstärker, Regler	Messverstärker
B	Umsetzer	Sensor, Quarz, Mikrofon	**P**	Messgerät	Spannungsmesser, Oszilloskop
C	Kapazitäten	Kondensator	**Q**	Starkstrom-Schaltgeräte	Schutzschalter, Selbstschalter
D	Binäre Elemente, Speicher, Verzögerungseinrichtungen	UND-Element ODER-Element Magnetbandgerät, Flipflop	**R**	Widerstände	Heißleiter, Potenziometer
E	Verschiedenes	Beleuchtung, Heizung	**S**	Schalter, Wähler	Taster, Drehwähler
F	Schutzeinrichtungen	Sicherung, Auslöser	**T**	Transformatoren	Spannungswandler
G	Generatoren, Stromversorgungen	Maschinengenerator, Oszillator	**U**	Modulatoren	Frequenzwandler
			V	Röhren, Halbleiter	Dioden, Transistoren
H	Meldeeinrichtungen	Meldegerät, z. B. Signallampe	**W**	Übertragungswege	Kabel, Antenne
K	Relais, Schütze	Hilfsschütz, Leistungsschütz	**X**	Klemmen	Steckdose
L	Induktivitäten	Spule	**Y**	Elektrisch betätigte Mechanik	Bremse
M	Motoren	Drehstrommotor, Gleichstrommotor	**Z**	Abschluss, Filter	Hochpass

Bisherige Kennbuchstaben der Funktion

A	Hilfsfunktion, AUS	G	Prüfung	M	Hauptfunktion	T	Zeitmessung, Verzögerung
B	Bewegungsrichtung	H	Meldung	N	Messung	V	Beschleunigung, Bremsen
C	Zählung	I	Integration	P	Proportional	W	Addieren
D	Differenzieren	K	Tastbetrieb	Q	Zustand, z. B. Stopp	X	Multiplizieren
E	EIN	L	Leiterkennzeichnung	R	Löschen, Rückstellen	Y	Analog
F	Schutz			S	Speichern, Aufzeichnen	Z	Digital

Bisherige Vorzeichen für die Art der Kennzeichnung von elektrischen Betriebsmitteln

Vorzeichen	Bedeutung	Vorzeichen	Bedeutung
–	Art, Zählnummer, Funktion	+	Ort
=	Anlage	:	Anschluss

Die Kennzeichnung erfolgt durch alphanumerische Zeichen, z. B. – M2B. Meist wird die Kennzeichnung nach Art, Zählnummern und Funktion angewendet. Wenn keine Verwechslungsgefahr besteht, können dabei die Vorzeichen und sogar überflüssige Buchstaben der alphanumerischen Zeichen entfallen. Kombinationen der Kennzeichnungsblöcke sind zulässig. So bedeutet z. B. = A3 – M1 : V1 den Anschluss V1 des Motors M1 im Anlagenteil A3.

Kennbuchstaben der Objekte (Betriebsmittel) in Schaltplänen
Code Letters for Components (Objects) in Circuit Diagrams vgl. DIN EN 81346-2

Buchstabe	Zweck des Objekts	Beispiele
A	Zwei oder mehr Zwecke. Nur für Objekte verwenden, wenn kein Hauptzweck erkennbar ist.	
B	Umwandlung einer Eingangsvariablen in ein zur Weiterverarbeitung bestimmtes Signal	Sensor, Mikrophon, Messwandler, Messwiderstand, Videokamera, Näherungsschalter, Überlastrelais, Bewegungsmelder, Rauchfühler, Brandwächter, Gaswächter, Tachogenerator
C	Speichern von Energie, Information, Material	Kondensator, Festplatte, Pufferbatterie, RAM, ROM, Puffer, Chipkarte, Computer-Laufwerke
E	Bereitstellung von Strahlung oder Wärmeenergie	Glühlampe, Leuchtstofflampe, Heizkörper, Glühofen, Warmwasserspeicher, Laser, Leuchte, Kühlschrank
F	Direkter (selbsttätiger) Schutz eines Energieflusses oder Signalflusses vor unerwünschten Zuständen, einschließlich der Ausrüstung für Schutzzwecke.	Schmelzsicherung, Leitungsschutzschalter, RCD, thermischer Überlastauslöser, Überspannungsableiter, faradayscher Käfig, Abschirmung, Schutzvorrichtung
G	Erzeugen eines Energieflusses oder Materialflusses oder von Signalen, die als Informationsträger verwendet werden.	Generator, Batterie, Pumpe, Ventilator, Lüfter, Stromversorgungseinheit, Solarzelle, Brennstoffzelle, Ventilator, Hebezeuge, Fördereinrichtung
H	Produzieren einer neuen Art	Zentrifuge, Mühle, Abscheider
K	Verarbeitung (Empfang, Verarbeitung und Bereitstellung) von Signalen oder Informationen (aber nicht Objekte für Schutzzwecke, Kennbuchstabe F).	Hilfsschütz, Transistor, Zeitrelais, Verzögerungsglied, Binärelement, Regler, Filter, Operationsverstärker, Mikroprozessor, Mikrocontroller, Zähler, Multiplexer, Computer
M	Bereitstellung von mechanischer Energie für Antriebszwecke	Elektromotor, Linearmotor, Verbrennungsmotor, Turbine, Hubmagnet, Stellantrieb, z. B. an Ventilen.
P	Darstellung von Informationen	Messinstrumente, Messgeräte, Klingel, Lautsprecher, Signallampe, LED, LCD, Drucker, Manometer, Uhr
Q	Kontrolliertes Schalten eines Energieflusses, Signalflusses oder Materialflusses	Leistungsschalter, Leistungsschütz, Motoranlasser, Thyristor, Leistungstransistor, IGBT, Motorstarter, Bremse, Stellventil, Kupplung, Trennschalter
R	Begrenzung oder Stabilisierung von Energiefluss, Signalfluss oder Materialfluss	Widerstand, Drosselspule, Diode, Z-Diode, Rückschlagventil, Schaltung zur Spannungsstabilisierung oder zur Stromstabilisierung, Konstanthalter
S	Umwandeln einer manuellen Betätigung in ein Signal zur Weiterverarbeitung	Steuerschalter, Tastatur, Maus, Taster, Wahlschalter, Quittierschalter, Lichtgriffel
T	Umwandlung von Energie oder eines Signals unter Beibehaltung der Energieart oder der Information. Verändern der Form eines Materials.	Leistungstransformator, Gleichrichter, Modulator, Demodulator, AC-Umsetzer, DC-Umsetzer, Frequenzumformer, Verstärker, Antenne, Telefonapparat
U	Halten von Objekten in definierter Lage	Isolator, Kabelwanne, Mast, Spannvorrichtung, Fundament, Montagegestell
V	Verarbeitung von Materialien oder Produkten	Rauchgasfilter, Staubsauger, Waschmaschine, Zentrifuge, Drehmaschine
W	Leiten von Energie oder Signalen	Leiter, Leitung, Kabel, Lichtwellenleiter, Busleitung, Systembus, Sammelschiene
X	Verbinden von Objekten	Steckdose, Klemme, Kupplung, Steckverbinder, Klemmenleiste
D, J, L, Y, Z	für spätere Normung vorgesehen	Reserve, falls die oben angeführte Einteilung nicht ausreichend ist.
I, O	nicht für Kennzeichnung anwendbar	Es besteht Verwechslungsgefahr mit I für Input = Eingang und O für Output = Ausgang.

Maßgebend für den Kennbuchstaben ist der *Verwendungszweck*. So wird der 1. Transistor zur Signalverarbeitung mit K1 bezeichnet, der 1. Transistor zum Steuern einer Last mit Q1. Im Schaltplan werden die Objekte mit demselben Kennbuchstaben durchnummeriert, z. B. C1, C2, C3. Wenn Objekte je nach Betrachtung verschieden zu werten sind, so *können* vor die Kennbuchstaben Vorzeichen gesetzt werden, und zwar mit den Bedeutungen

= Funktionsbezogenheit, – Produktbezogenheit, + Ortsbezogenheit

Bei Bedarf wird an den Kennbuchstaben ein 2. Buchstabe für die *Unterklasse* angehängt. Die Bedeutung des 2. Buchstabens sollte man auf dem Plan angeben.

Stromlaufplan, Art der Schaltung	Erklärung der Ergänzung

Ergänzung durch Schaltzeichen von Schützen und Relais

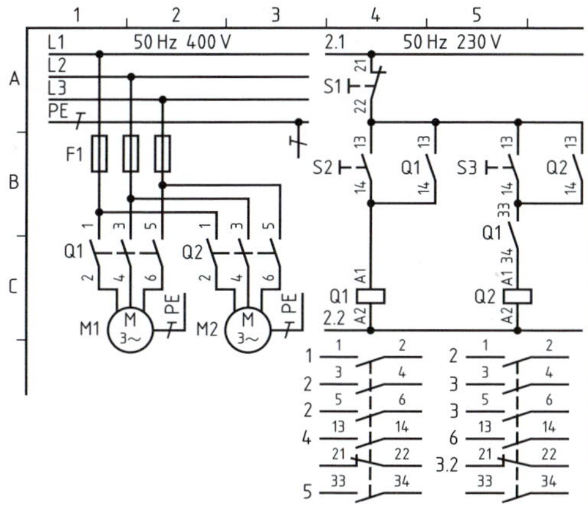

Folgeschaltung mit zwei Schützen

Die Stromlaufpläne können durch die Angabe der Koordinaten 1, 2, 3... und A, B, C... in Felder eingeteilt werden, die den Betriebsmitteln zugeordnet sind. Die senkrechten Streifen, z.B. unterhalb von 1, bezeichnet man als *Stromwege*.

In umfangreichen Stromlaufplänen müssen Schütze an einer Stelle zusammenhängend angegeben werden. Nach Norm wird im Steuerstromkreis unter die jeweilige Schützspule das *vollständige Schaltzeichen* des betreffenden Schützes gesetzt **(Bild)**. In das Schaltzeichen trägt man die Anschlusskennzeichnungen aller Schützkontakte ein und den *Stromweg*, in dem dieser Kontakt liegt **(Bild)**. Eine 1 im Schaltzeichen bedeutet, dass der Kontakt im senkrechten Streifen 1 liegt. Sind Kontakte in einem *anderen* Stromlaufplan enthalten, so wird dessen Nummer vor die Stromwegangabe gesetzt. 3.2 bedeutet, dass der betreffende Kontakt im Plan 3 im Stromweg 2 liegt.

In der nebenstehenden Folgeschaltung kann M2 nur arbeiten, wenn M1 schon eingeschaltet ist. M1 kann unabhängig von M2 arbeiten.

Ergänzung durch Kontakttabellen

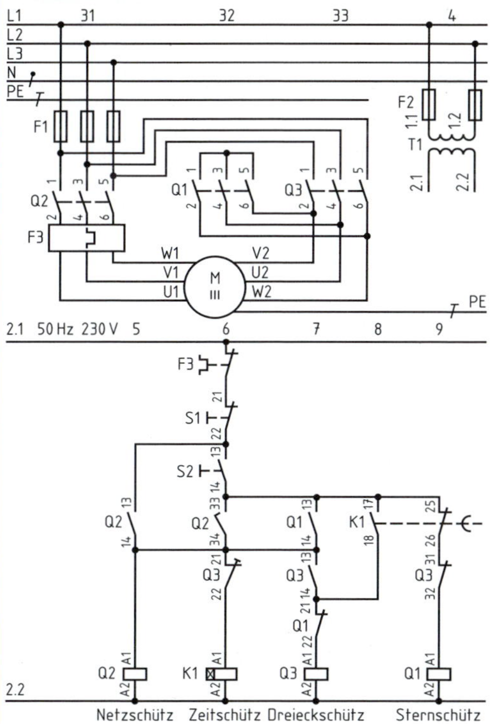

Netzschütz H	S	Ö	Zeitschütz H	S	Ö	Dreieckschütz H	S	Ö	Sternschütz H	S	Ö
31	5			8	9	33	7	6	32	7	7
31	6					33		9	32		
31						33			32		

Stern-Dreieck-Schützschaltung für leichten Anlauf

In der Praxis werden an Stelle der zusätzlichen Schaltzeichen häufig *Kontakttabellen* (Legenden) unter die Schützspulen gesetzt **(Bild)**. Dabei werden die Stromwege (Streifen des Stromlaufplanes) mit 1, 2, 3... nummeriert. Über die Stromwege des Hauptstromkreises gibt man zusätzlich die Anzahl der Hauptkontake an **(Bild)**. 31 bedeutet, dass im Stromweg 1 die Anzahl der Hauptkontakte 3 beträgt (Bild).

Hinweis: Das Motorschutzrelais F3 vom Stern-Dreieck-Schutz liegt bei mittelschwerem Anlauf direkt hinter F1 vor dem Abzweig zu Q3 (Seite 236).

Aus den Kontakttabellen kann die Anzahl der Hauptkontakte (H), der Schließer (S) und der Öffner (Ö) *abgezählt* und der Stromweg (Streifen des Stromlaufplanes) entnommen werden, in dem diese Kontakte liegen. Das Schütz Q2 enthält drei Hauptkontakte im Stromweg (Streifen) 1. Deshalb stehen in der Kontakttabelle unter H dreimal 31 (Bild). Q2 enthält einen Schließer im Stromweg 5 und einen im Stromweg 6. Deshalb stehen unter S eine 5 und eine 6. Öffner von Q2 sind nicht angeschlossen. Deshalb ist die Spalte unter Ö leer (Bild).

Bei der Ergänzung durch Kontakttabellen ist meist nur die Anzahl der verwendeten Kontakte ersichtlich, während bei der Ergänzung durch Schaltzeichen wegen der fehlenden Ziffern vor den Kontakten erkennbar ist, wie viele Kontakte noch verfügbar sind.

Wenn die Anzahl der nicht angeschlossenen Kontakte aus der Kontakttabelle erkennbar sein soll, muss in diese für jeden nicht verwendeten Kontakt das Zeichen – eingetragen werden.

Nach EN 61082 werden Anschlussbezeichnungen und Spannungsangaben von senkrechten Stromwegen von rechts lesbar eingetragen. Dieses Verfahren ist noch nicht überall praxisüblich.

K

Schaltzeichen Circuit Symbols

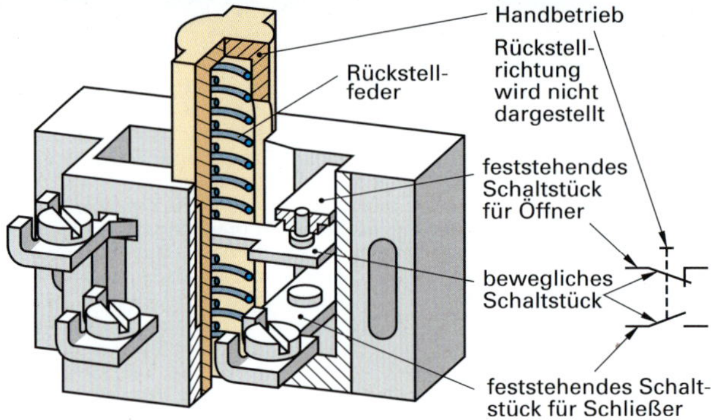

Tastschalter, Aufbau und Schaltzeichen

Elektrische Betriebsmittel, z.B. Geräte, Maschinen, Bauelemente, Leitungen, zeichnet man in den Schaltplänen vereinfacht als **Schaltzeichen**. Schaltzeichen lassen nur die Wirkungsweise der Betriebsmittel erkennen, nicht aber deren konstruktiven Aufbau.

Schaltzeichenelemente sind Schaltzeichen für Teile von Betriebsmitteln, z.B. Leitungen.

Schaltzeichen für vollständige Betriebsmittel, z.B. Schalter, sind meist aus Schaltzeichenelementen zusammengesetzt.

Es gibt für manche Schaltplanarten vereinfachte Schaltzeichen (besondere Schaltzeichen, Schaltkurzzeichen).

Allgemeine Schaltzeichen General symbols

vgl. EN 60617-4

Schaltzeichen	Benennung
	Leiter, allgemein
	Schutzleiter
	1. Verbindung, allgemein 2. Anschluss, z.B. Klemme 3. Kennzeichen für Gasfüllung
1. 2.	Leiterabzweig, einfach
1. 2.	Leiterabzweig, doppelt
	Leiterkreuzung
a) b)	Verbindungen mit Richtungsangabe des hinzukommenden a) Leiters b) Leiterbündels
	Dose, allgemein
	1. Messinstrument 2. Messwerk 3. Ständer einer Maschine 4. Läufer einer Maschine 5. Hülle, Gehäuse
	Anschluss z.B. Klemme
	Handantrieb (wahlweise Darstellung)

Schaltzeichen	Benennung
a) b)	handbetätigter a) Schließer b) Öffner
	Sicherung, allgemein
	Widerstand, allgemein
	Heizelement
	Wirkwiderstand mit Anzapfungen
	Glimmlampe
	Induktivität, Spule, Wicklungsstrang
	desgleichen, nicht genormt
	Drosselspule mit Anzapfungen
	Drosselspule mit Eisenkern
	Transformator (Umspanner) für Einphasen-Wechselstrom, Übertrager
	Dauermagnet
	Überspannungsableiter

Schaltzeichen	Benennung
	mechanische Verbindung (wahlweise Darstellung)
	Begrenzung, allgemein
	Abschirmung
	Begrenzungslinie, Trennlinie
	Leuchtenauslass
	Leuchtmelder, Leuchte, allgem.
	Wecker, allgemein
	Summer
	Hupe, Horn
	Wecker für AC
	Kondensator
	Galvanisches Element (langer Strich: Pluspol, kurzer Strich: Minuspol)
	Halbleiterdiode
12 V	Akkumulatorenbatterie 12 V
12 V – +	(wahlweise Darstellung)

Allgemeine Schaltzeichen General Circuit Symbols

Schaltungselemente Circuit elements

vgl. EN 60617-2

Schaltzeichen	Benennung
	Veränderbarkeit, allgemein
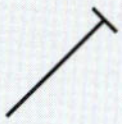	Einstellbarkeit, allgemein
Arten der Veränderbarkeit oder Einstellbarkeit	
	stetig stufig
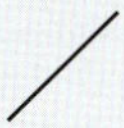	unter Einfluss einer physikalischen Größe, linear
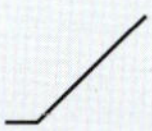	desgleichen, nicht linear
Beispiele	
	Widerstand veränderbar
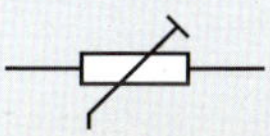	einstellbar als Spannungsteiler

Schaltzeichen	Benennung
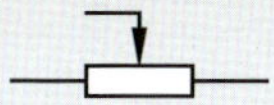	stellbarer Widerstand
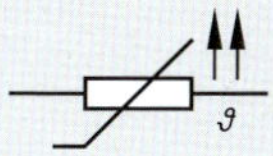	PTC-Widerstand, (Widerstandsänderung gleichsinnig mit der Temperatur)
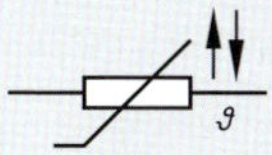	NTC-Widerstand, Änderung gegensinnig
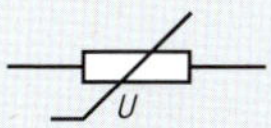	VDR-Widerstand, spannungsabhängig
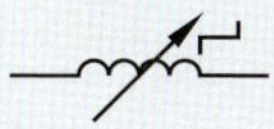	Induktivität stufig veränderbar
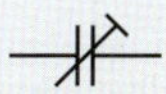	Kondensator einstellbar

Schaltzeichen	Benennung
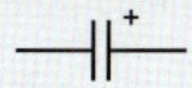	Kondensator gepolt, z. B. Elektrolytkondensator
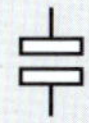	ungepolter Elektrolytkondensator (nur bei Bedarf)
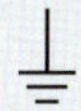	Erdung
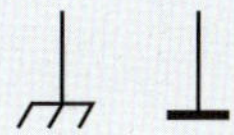	Körper, Masse (wahlweise Darstellungen)
	Schutzleiteranschluss (je nach Norm)
	idealer Spannungserzeuger (Spannungsquelle)
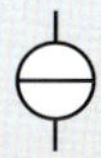	idealer Stromerzeuger (Stromquelle)

Schaltzeichen für Schaltgeräte Graphical symbols for switchgears

vgl. EN 60617-7

Schaltzeichen	Benennung
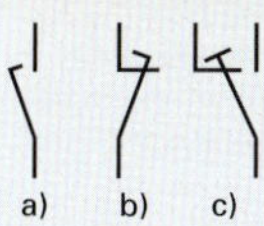	verlängerte Kontaktgabe: a) Schließer b) Öffner c) Wechsler
	Steckerstift
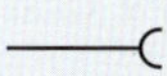	Steckbuchse
Kennzeichen	
	selbsttätiger Rückgang (nur bei Bedarf)
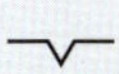	nicht selbsttätiger Rückgang (nur bei Bedarf)
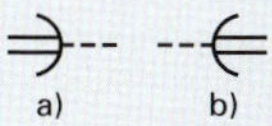	Verzögerung a) nach links b) nach rechts
	mechanische Verriegelung
	Bei Bedarf: a) Schützfunktion b) Auslöserfunktion

Schaltzeichen	Benennung
	Kennzeichen für „betätigt"
	zwangsgeführte Betätigung, z. B. bei NOT-AUS
Beispiele	
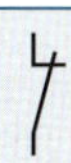	Öffner, Ausschaltglied
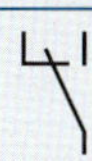	Wechsler, Umschaltglied
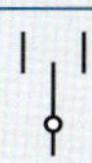	Zweiweg-Schließer
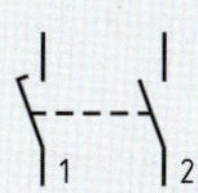	Doppelschaltglieder: Schließer 1 schließt vor 2
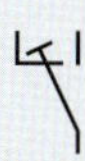	Wechsler ohne Unterbrechung

Schaltzeichen	Benennung
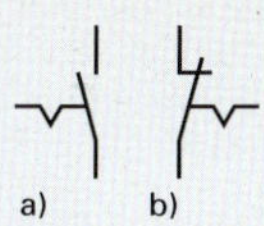	nicht von selbst zurückgehender a) Schließer b) Öffner
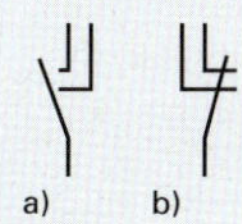	a) Zwillingsschließer b) Zwillingsöffner
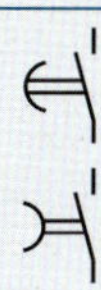	Schließer, schließt verzögert Schließer, öffnet verzögert
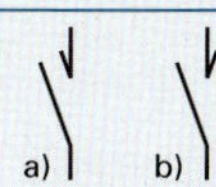	Wischer, Kontaktgabe bei a) Anzug b) Rückfall
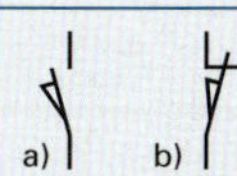	Endschalter a) Schließer b) Öffner

K

Transformatoren, Spulen, drehende elektrische Maschinen
Transformers, Coil, Rotating Electrical Machines

vgl. DIN EN 60617-6

Einphasentransformatoren

Schaltzeichen	Benennung
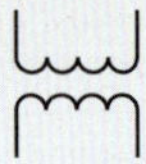	Transformator mit getrennter Wicklung, auch Spannungswandler
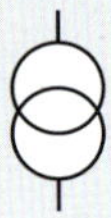	wahlweise Darstellung, insbesondere für Übersichtsschaltplan
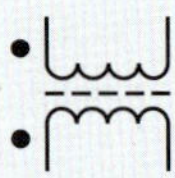	wahlweise, mit Schirm und Kennzeichnung der Phasenlage
	Einphasentransformator, Spannung in Stufen einstellbar
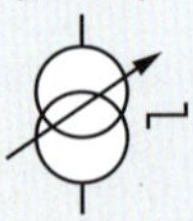	wahlweise Darstellung
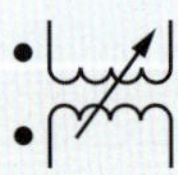	Einphasentransformator mit veränderbarer Kopplung, Phasenlage gekennzeichnet
	Spartransformator
	wahlweise Darstellung
	desgleichen, Spannung einstellbar

Drosselspulen

Schaltzeichen	Benennung
	Einphasen-Drosselspule
	wahlweise Darstellung
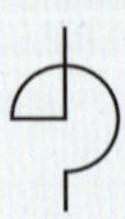	wahlweise, insbesondere für Übersichtsschaltplan
	Dreiphasen-Drosselspule in Sternschaltung für Übersichtsschaltplan

Dreiphasentransformatoren

Schaltzeichen	Benennung
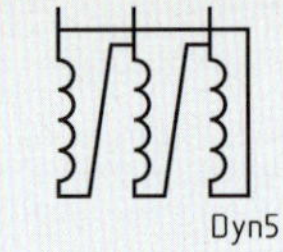	Drehstromtransformator in Schaltung Dyn5, Unterspannungswicklung in drei Stufen einstellbar
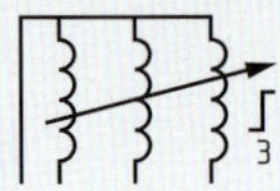	
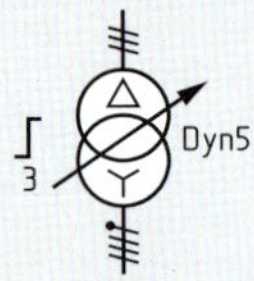	wahlweise Darstellung, insbesondere für Übersichtsschaltplan
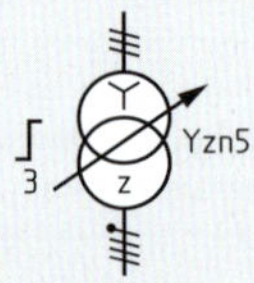	3AC-Trafo, Yz5, 3 Stufen, Stern-Zickzackschaltung, siehe auch Seite 287
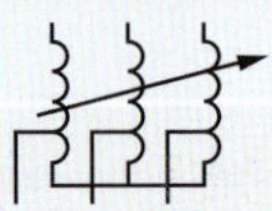	Drehstromspartransformator, stufenlos einstellbare Spannung
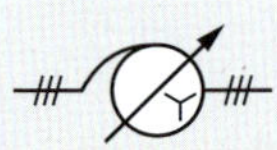	wahlweise Darstellung

Messwandler

Schaltzeichen	Benennung
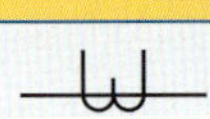	Stromwandler
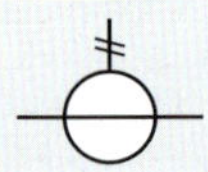	wahlweise Darstellung, insbesondere für Übersichtsschaltplan
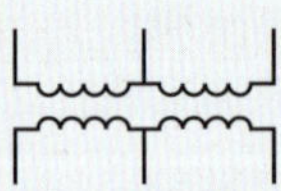	Spannungswandler in V-Schaltung
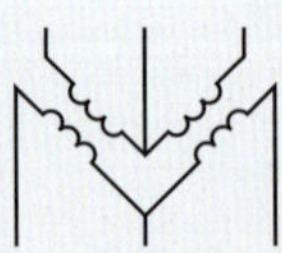	desgleichen, Darstellung mit erkennbarer V-Form
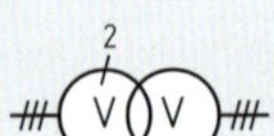	desgleichen, für Übersichtsschaltplan

Drehende elektrische Maschinen

Schaltzeichen	Benennung
Darstellung nach DIN EN 60617-6 	**Wicklungen** allgemein, fremderregt, im Nebenschluss
	im Reihenschluss
	Wendepolwicklung, Kompensationswicklung

Hinweis: In DIN EN 60034-8 (VDE 0530-8) sind alle Wicklungen von drehenden Maschinen einheitlich mit drei Locken (Halbkreisen) dargestellt, also anders als oben angegeben.

Schaltzeichen	Benennung
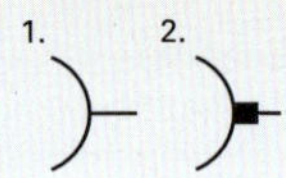	Kohlebürste, z.B. am Stromwender, wahlweise Darstellungen
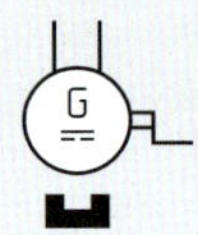	Kurbelinduktor (Gleichspannungsgenerator mit Handantrieb)
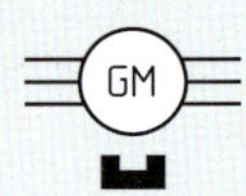	Drehstrom-Synchronmotor mit Dauermagneterregung, Wicklungsenden herausgeführt
	Drehstrom-Synchrongenerator in Schaltung Y mit herausgeführtem Sternpunkt
	Drehstrom-Synchronmotor in Schaltung △ und mit Erregerwicklung
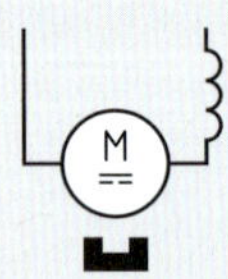	fremderregter Gleichstrommotor mit Dauermagneterregung und Wendepolwicklung
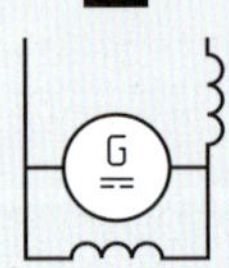	Gleichstrom-Doppelschlussgenerator

Vergleich von Schaltzeichen 1 — Comparison of Circuit Symbols 1

USA, z. B. ANSI und NEMA	praxisüblich, z. B. EN	Benennung
Allgemeine Symbole		
		Wirkwiderstand, resistance
		Kondensator, capacitor
		Masse, ground
		Wechselspannungs-Erzeuger, AC-Generator
		Gleichspannungs-Erzeuger, DC-Generator
		Diode
		Schottky-Diode
		Z-Diode
		LED Light Emitting Diode
		Schmelzsicherung, fuse
Verstärker		
	a) b)	Verstärker, allgemein
	a) b)	Operationsverstärker, unbeschaltet. IEC-Symbol auch für beschaltet, wenn ∞ durch Angabe der Verstärkung ersetzt ist.
	a) b)	Verstärker, invertierend, z. B. als Anpassglied (Buffer = Puffer)
		Verstärkerelement mit komplementären Ausgängen, z. B. Leitungstreiber.

USA, z. B. ANSI und NEMA	praxisüblich, z. B. EN	Benennung
Schaltglieder, Betätigung, Antriebe		
a) b)	a) b)	Schließer, make contact
a) b)		Öffner, breaker
a) b)		Wechsler, change-over contact
	a) b)	Schließer mit Verzögerung beim Schließen
a) b) c)	a) b) c)	Handantrieb a) allgemein b) durch Drücken c) durch Ziehen
a) b) OL c) MOT	a) b) c) M	Antrieb a) elektromagnetisch b) durch thermischen Überstromschutz c) durch Motor
a) SO b) SR	a) b)	elektromagnetischer Antrieb a) anzugsverzögert b) rückfallverzögert
		elektrothermischer Antrieb
PB	a) b)	Tastschalter, Schließer
PB	a) b)	Tastschalter, Öffner
LS		Grenzschalter (Endschalter), Schließer
a) b)	a) b)	Näherungsschalter, a) Schließer b) Öffner

ANSI American National Standard Institute
EN Europa-Norm
NEMA National Electrical Manufacturer Association
LS Limit Switch
OL Overload
PB Push Button
SO Switch On-delayed
SR Switch Refall-delayed

K

Vergleich von Schaltzeichen 2 Comparison of Circuit Symbols 2

Relais, Schütze, Schalter

USA, z.B. ANSI und NEMA	praxisüblich, z.B. EN	Benennung
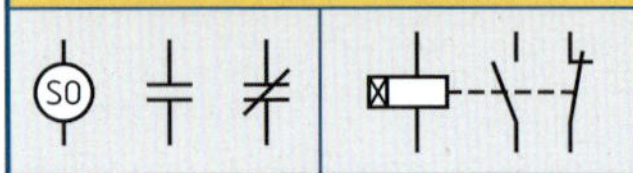		anzugsverzögertes Relais, 1 Öffner, 1 Schließer
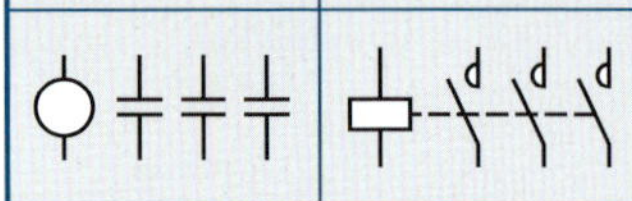		Schütz mit 3 Schließern
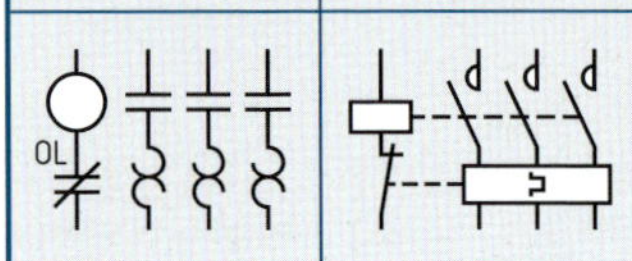		dreipoliges Schütz mit Motorschutzrelais
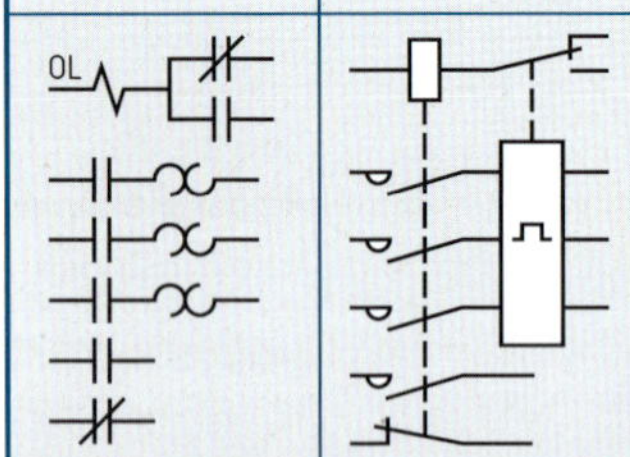		dreipoliges Schütz mit 2 Hilfskontakten und Motorschutzrelais
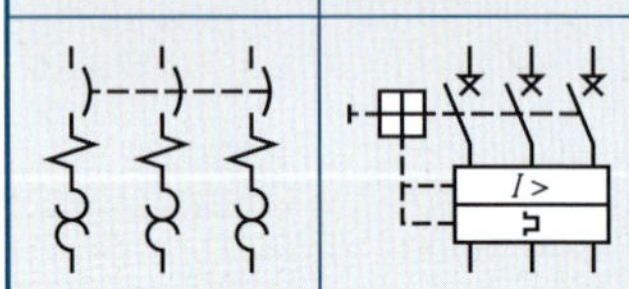		Motorschutzschalter mit Kurzschluss- und Überlast-Auslöser
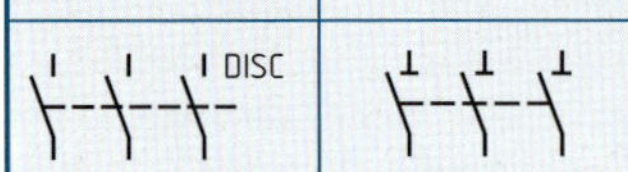		dreipoliger Trennschalter
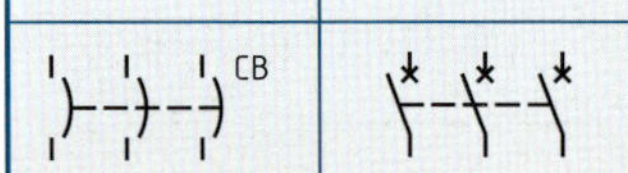		dreipoliger Leistungsschalter

Elektrische Maschinen

USA, z.B. ANSI und NEMA	praxisüblich, z.B. EN	Benennung
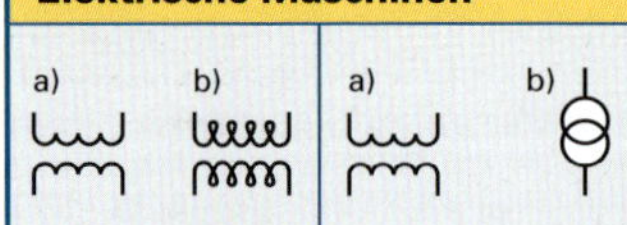		Transformator mit 2 Wicklungen
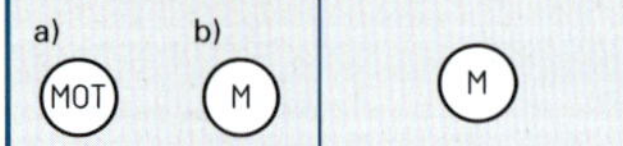		Motor, allgemein
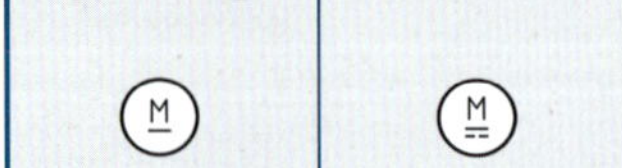		Gleichstrommotor, allgemein
		drehender Generator, allgemein

Analoge Elemente

USA, z.B. ANSI und NEMA	praxisüblich, z.B. EN	Benennung
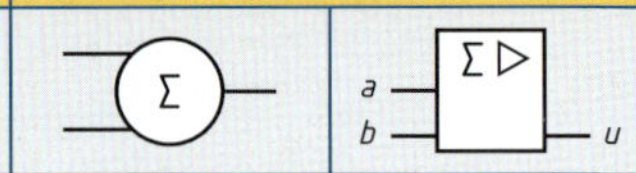		Summierer
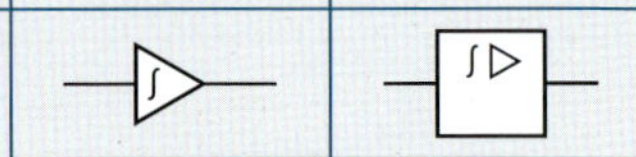		Integrierer
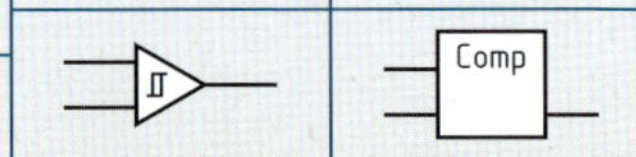		Komparator

DAU (DAC) und ADU (ADC)

USA, z.B. ANSI und NEMA	praxisüblich, z.B. EN	Benennung
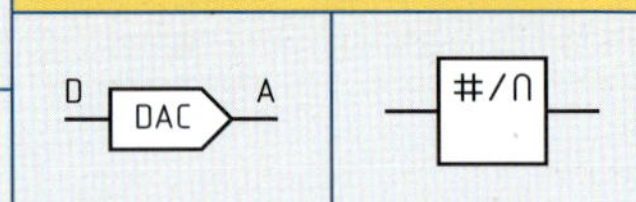		Digital-Analog-Umsetzer DAU, DA-Converter DAC
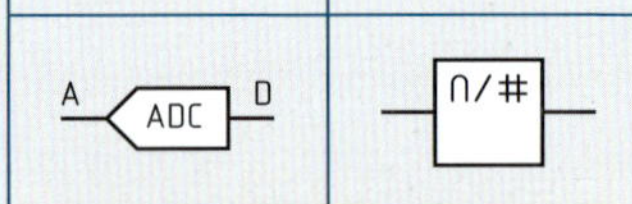		Analog-Digital-Umsetzer ADU, AD-Converter ADC

Multiplexer, Demultiplexer

USA, z.B. ANSI und NEMA	praxisüblich, z.B. EN	Benennung
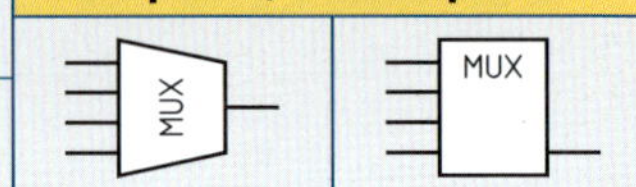		Multiplexer 4 auf 1
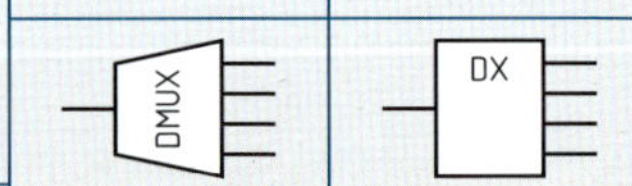		Demultiplexer 1 auf 4

Binäre Elemente

USA, z.B. ANSI und NEMA	praxisüblich, z.B. EN	Benennung
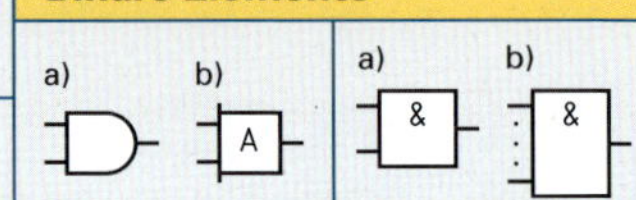		UND-Elemente, AND-Element
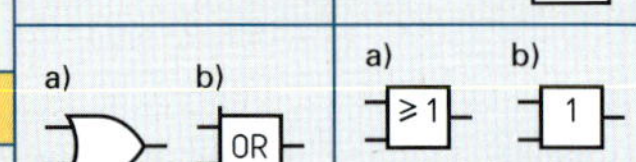	(auch als Rechteck)	ODER-Element, OR-Element, Form b) nur bei Eindeutigkeit
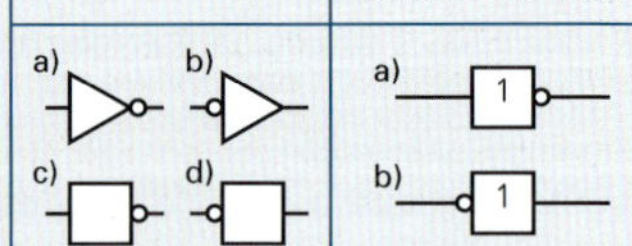		NICHT-Element, NOT-Element
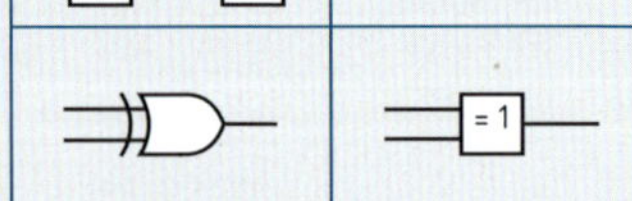		XOR-Element, Exklusiv-ODER, Antivalenz
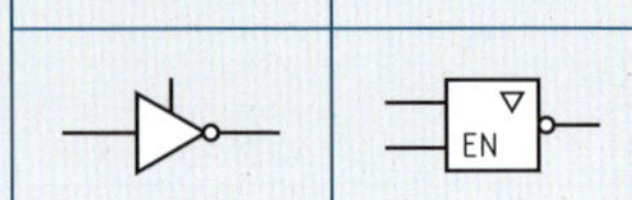		Element mit Tristate-Ausgang, hier Invertierer

ANSI	American National Standard Institute	CB	Circuit-Breaker	SO	Switch On-delayed
EN	Europa-Norm	DISC	Disconnector		
NEMA	National Electrical Manufacturer Association	OL	Overload		

Zusatzschaltzeichen, Schalter in Energieanlagen
Additional Circuit Symbols, Switches in Power Installations

Steller-Antriebe

Schaltzeichen	Benennung
	Handantrieb, allgemein
	desgl., durch Drücken
	desgl., durch Ziehen
	desgl., durch Drehen
	desgl., durch Kippen
	desgl. abnehmb., z. B. Steckschlüssel
	desgl. durch Rolle
	anderer Antrieb, z. B. Pedal
	Antrieb für NOT-AUS-Schalter
	Näherungsbetätigung
	Berührungsbetätigung
	Antrieb mit Rückfallverzögerung
	Anzugsverzögerung
	Antrieb für Stromstoßrelais
	thermische Betätigung, z. B. beim Motorschutzrelais
	desgleichen, bei Drehstromgerät
	elektromagnetische Betätigung, z. B. für Überstromschutz

Trennschalter

Schaltzeichen	Benennung
	Trennschalter, Leerschalter
	Sicherungstrennschalter

Last- und Leistungsschalter

Schaltzeichen	Benennung
	Lasttrennschalter
	Leistungsschalter
	Lastschalter mit selbsttätiger Auslösung, z. B. durch Messrelais
	Leistungskontakt eines Schützes (nur bei Bedarf zur Unterscheidung)

temperaturabhängige Schalter

Schaltzeichen	Benennung
a) b)	a) Thermokontakt, z. B. mit Bimetall b) Öffner Motorschutzrelais
	gasgefüllter Starter für Leuchtstofflampe mit Thermokontakt

Stellungsangabe

Schaltzeichen	Benennung
1 2 3 4	allgemein, z. B. mit Nummerierung (Stellung 2 ist Grundstellung)
1 2 3 4	desgl., wahlweise Darstellung

Sperren und Rasten

Schaltzeichen	Benennung
	Schaltschloss mit mechanischer Freigabe
	desgl., mit elektromechanischer Freigabe
	Raste
	Sperre, in einer Richtung
	desgl., in beiden Richtungen

Sicherungen

Schaltzeichen	Benennung
Netz	Sicherung mit Kennzeichnung des Netzanschlusses
	Sicherung mit Meldekontakt

Absperrorgane (Ventile)

Schaltzeichen	Benennung
	Absperrorgan, allgemein, z. B. geschlossen
	Absperrorgan, offen

Kupplungen, Bremsen

Schaltzeichen	Benennung
	Kupplung, entkuppelt
	desgl., gekuppelt
	Bremse, eingelegt
	Bremse, gelöst

Beispiele

Schaltzeichen	Benennung
1 2 3 4 2,3	Handantrieb mit 4 Stellungen (2 und 3 sind Raststellungen)
	Ventil mit Fühler und Antrieb durch Nocken und Rolle
$n >$	Fliehkraftkupplung, bei Drehzahl > n kuppelnd
	thermisch betätigter Öffner eines Motorschutzrelais mit Raste
	Öffner eines durch Dauermagnet betätigten Näherungsschalters

K

Messinstrumente und Messgeräte, Measuring Categories
Measuring Instruments and Measurement Equipment

vgl. EN 60617-8

Schaltzeichen	Benennung
	Messinstrument oder Messwerk allgemein, insbesondere anzeigend
	Messgerät, allgemein, insbesondere aufzeichnend
	integrierendes Messgerät, insbesondere Zähler
	Impulszähler
	Signalumformer, allgemein
	Messwerk mit Anzapfung
	Messwerk mit 1 Strompfad
	Messwerk mit Summen- oder Differenzbildung
	Messwerk zur Produktbildung
	Messwerk zur Quotientenbildung
Kennzeichen	
	Anzeige, allgemein
	Anzeige mit beidseitigem Ausschlag
	Anzeige durch Vibration
	Anzeige digital (numerisch)
	Registrierung schreibend
	Trägheit klein
	Trägheit groß

Schaltzeichen	Benennung
	Größtwertanzeige
	Kleinstwertanzeige
	Drehfeldrichtung
	Uhrzeit
Beispiele	
	Messinstrument mit beidseitigem Ausschlag
	Strommesser allgemein
	Spannungsmesser, allgemein
	Spannungsmesser mit Angabe der Einheit Millivolt
	Impulszähler, elektrisch betätigt
	Mehrfachinstrument mit Angabe der Einheiten
	Thermometer
	Drehzahlmessgerät
	Synchronoskop (Synchronanzeige)
	Strommesser mit großer Trägheit u. Schleppzeiger für Größtwert
	Zweifachlinienschreiber für Wirkleistung und Blindleistung
	Widerstandsmessbrücke
	Fernmesssender
	Messgerät zur Kurvenbildanzeige, Oszilloskop

Schaltzeichen	Benennung
Messgrößenumformer	
	Widerstandsstellungssensor, allgemein
	Dehnungsmessstreifen
	Thermoelement, allgemein
	desgl., dicke Linie Minuspol
	Galvanische Messzelle, z. B. pH-Elektrode

Messkategorien

Nach EN 61010-1 sind Messgeräte bis zu der Kategorie CAT I bis CAT IV der Stromversorgung in den Bereichen einsetzbar, die angegeben ist. Die Kategorie ist ein Maß für die Gefährdung beim Messen, z. B. wegen der Folgen eines Kurzschlusses oder wegen der Umwelteinflüsse.

CAT I
Stromkreise, die vom Netz getrennt sind, z. B. Batterien, geschützte Elektronikbaugruppen.

CAT II
Steckdosen, die mehr als 10 m von CAT-III-Quellen entfernt sind, Geräte mit Anschluss an Steckdosen, Geräte mit Motoren im Büro oder Haushalt.

CAT III
Fest installierte Verbraucher, Motorantriebe mit direktem Netzanschluss, Motorantriebe mit Anschluss an netzgespeiste Umrichter, Verteiler, Steckdosen für 3 AC.

CAT IV
Leitungen und Kabel im Freien, Hausanschluss, kWh-Zähler.

Beispiel
Angabe auf dem Messgerät 600 V CAT III bedeutet, dass das Gerät maximal bis zu einer Bemessungsspannung von 600 V in den Bereichen CAT I bis CAT III einsetzbar ist, nicht jedoch für Messungen im Freien (CAT IV).

Halbleiterbauelemente Semiconductor Components

vgl. EN 60617-5

Schaltzeichen	Benennung
Allgemeine Aufbauelemente	
	Umrahmung (nur bei Bedarf)
	Halbleiterzone mit Anschlüssen ohne Gleichrichterwirkung
a) P N b) P N	P-Gebiet beeinflusst N-Zone
a) N P b) N P	N-Gebiet beeinflusst P-Zone
	Halbleiterdiode
Kennzeichen	
a) b)	Durchbruch-Effekt, a) in einer Richtung b) in beiden Richtungen
a) b)	a) Schottky-Effekt b) Tunnel-Effekt
a) b)	Strahlung a) Licht b) ionisierend
Halbleiter ohne Gleichrichterwirkung	
	Feldplatte (flussdichteabhängiger Widerstand)
	Hallgenerator
	Fotowiderstand
	Peltier-Element
Dioden	
ϑ	Diode, temperaturabhängig
B	flussdichteabhängig (Magnetdiode)
	Tunneldiode
	Kapazitätsdiode
	Schottkydiode
	Z-Diode
	Z-Dioden gegeneinander geschaltet (Begrenzer)
	Lumineszenzdiode (LED)
	Fotodiode
γ	Strahlungsdetektor, z. B. für γ-Strahlen
	Fotoelement
	Optokoppler, hier mit LED und Fototransistor
Transistoren, bipolar	
E C B	NPN-Transistor
	PNP-Transistor
	Schottkytransistor
	UJT mit N-Basis (Doppelbasis-Transistor)
	PNP-Fototransistor
IGBTs	
C E G	IGBT, Anreicherungstyp mit N-Kanal (C, E, G nur zur Erklärung)
C E G	IGBT, Verarmungstyp mit N-Kanal (selbstleitend)
C E G	IGBT, nicht genormtes Symbol
Transistoren, unipolar	
	selbstsperrender Kanal (beim Anreicherungstyp)
	Isoliertes Gate (IG)
Gate Source Drain	Sperrschicht-FET mit N-Kanal (Anschlussbezeichnung nur zur Erklärung)
	Sperrschicht-FET mit P-Kanal
	Verarmungs-IG-FET mit N-Kanal, Substrat intern mit Source verbunden
	Anreicherungs-Isolierschicht-FET mit P-Kanal und Substratanschluss
	Dual-Gate-Verarmungs-Isolierschicht-FET mit N-Kanal und Substratanschluss
Thyristoren	
	Thyristor, allgemein
	P-Gate-Thyristor (häufigster Typ)
	N-Gate-Thyristor
	Thyristor, abschaltbar
	rückwärts leitender P-Gate-Thyristor
	spannungsgesteuerter Thyristor
	Diac
	Triac (Zweirichtungsthyristortriode)

K

Analoge Informationsverarbeitung, Zähler und Tarifschaltgeräte
Analog information processing, Meters and tariff switchgears

Kennzeichen vgl. EN 60617-13

Symbol	Benennung
–	Invertierung
+	Nichtinvertierung
∩	Analogsignal
#	Digitalsignal
Σ	Summierung
∫	integrierend
R	Rücksetzen
S	Setzen
H	Halten
$\frac{d}{dt}$	differenzierend

Beispiele

Symbol	Benennung
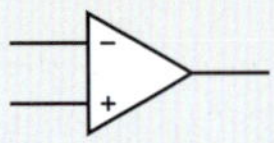	Operationsverstärker, unbeschaltet, praxisübliche Form
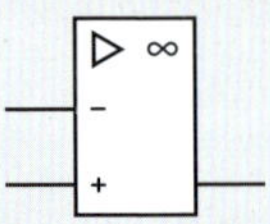	desgleichen, genormtes Symbol
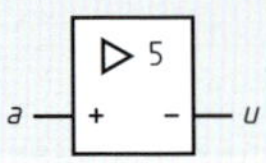	Invertierender Verstärker $u = -5 \cdot a$

Symbol	Benennung
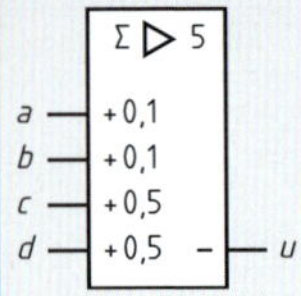	Summierverstärker $u = -5 \cdot (0{,}1\,a + 0{,}1\,b + 0{,}5\,c + 0{,}5\,d)$ $V = 5$
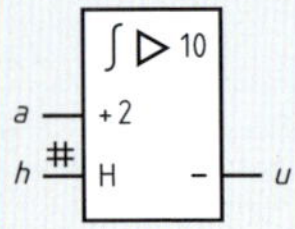	Integrierverstärker wenn $h = 1$ $u = -10 \int_0^t 2\,a\,dt$
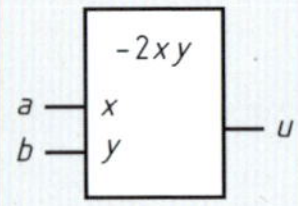	Multiplizierer $u = -2\,ab$
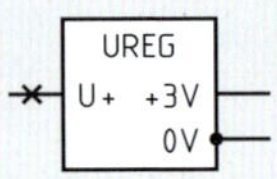	Spannungsregler, Anschluss 0 V mit Gehäuse verbunden

Symbol	Benennung
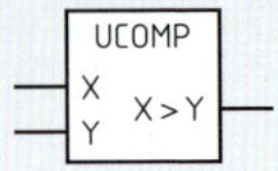	Komparator, Spannungsvergleicher
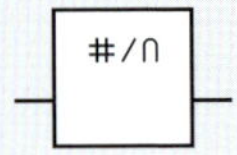	Digital-Analog-Umsetzer (DA-Umsetzer, DA-Konverter, DAU, DAC)
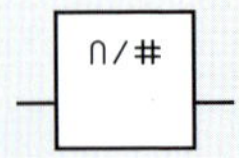	Analog-Digital-Umsetzer (AD-Umsetzer, AD-Konverter, ADU, ADC)
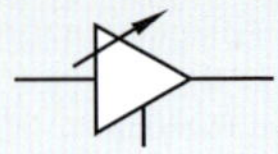	Verstärker von außen veränderbar
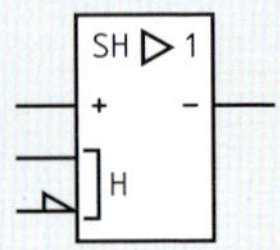	Sample-and-Hold-Verstärker mit einstellbarer Hysterese

Zähler und Tarifschaltgeräte

Form 1	Form 2	Benennung	Schaltung, Benennung, Bemerkungen
	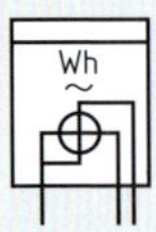	Einphasen-Wechselstromzähler	 Zähler mit Rücklaufsperre Im Zählwerk ist eine Rücklaufsperre enthalten. Der Zähler leitet in Rückwärtsrichtung, jedoch dreht sich das Zählwerk nicht. Anwendung in Eigenerzeugungsanlagen.
	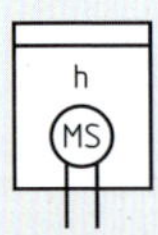	Zeitzähler mit Synchronmotor	Form 1 Form 2 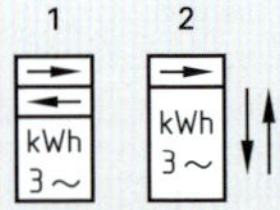 Zweirichtungszähler Der Zähler enthält zwei Messsysteme mit zwei Zählwerken jeweils mit Rücklaufsperre. Anwendung in Eigenerzeugungsanlagen für Bezug und Rücklieferung.
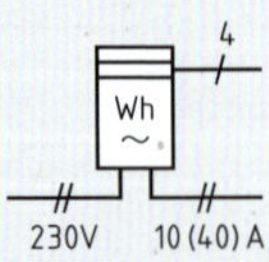	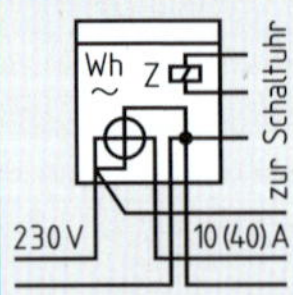	Einphasen-Wechselstrom-Zweitarifzähler	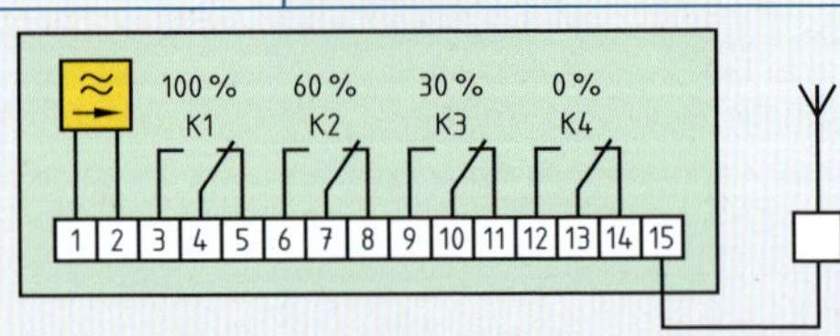
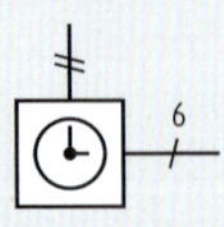	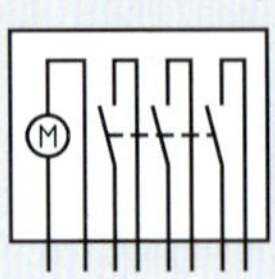	Tarifschaltgerät, z. B. für Rundsteueranlage	Funkrundsteuerempfänger mit abgesetzter Antenne Dem Empfänger wird über Funk von z. B. 129,1 kHz eines der vier Relais angesteuert. Damit wird die zulässige Einspeiseleistung festgelegt. Eine Auswerteeinheit steuert den Regler der Eigenerzeugungsanlage, z. B. PV-Anlage, entsprechend an.

K

Binäre Elemente 1 Binary Components 1

vgl. EN 60617-12

Konturen (Grundformen)

Schaltzeichen	Benennung
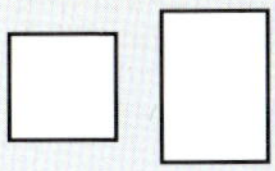	Elementkonturen (beliebiges Seitenverhältnis)
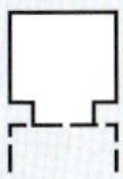	Steuerblockkontur
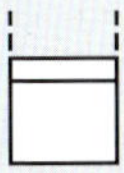	Ausgangsblockkontur
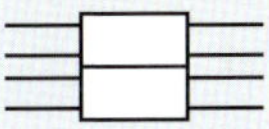	Zwei Baugruppen ohne Logikverbindung (erweiterbar)
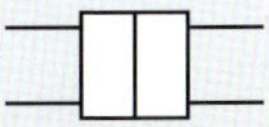	Zwei Baugruppen mit Logikverbindung (erweiterbar)

Eingänge, Ausgänge, Verbindungen

Schaltzeichen	Benennung
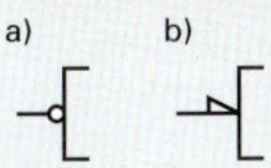	Invertierender Eingang
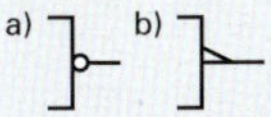	Invertierter Ausgang
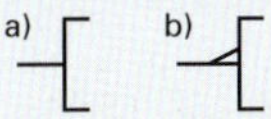	Nicht invertierender Eingang
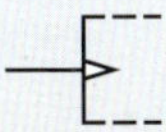	Dynamischer Eingang, nicht invertiert
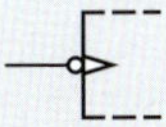	desgleichen, aber invertiert
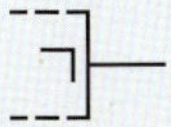	Retardierter (verzögerter) Ausgang
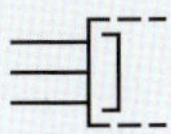	Zusammenfassung (alle Anschlüsse notwendig), nur bei Bedarf
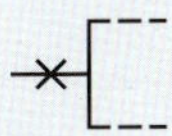	Verbindung ohne binäres Signal

Schaltzeichen	Benennung
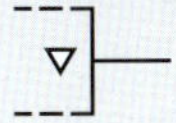	Tristate-Ausgang, 3-State-Ausgang (H oder L oder hochohmig)
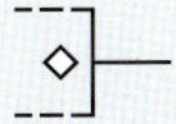	offener Ausgang
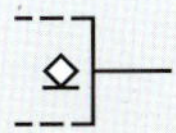	offener Ausgang vom L-Typ (z.B. offener Kollektor von NPN-Transistor)

Kennzeichen

Schaltzeichen	Benennung
&	UND
⩾ 1	ODER
1	ODER, falls unverwechselbar
E	Erweiterung
EN	Freigabe (Enable)
D, J, K, R, S, T	Art der Eingänge
→	Schiebeeingang, vorwärts
←	desgleichen, aber rückwärts
+	Zähleingang, vorwärts
–	desgleichen, aber rückwärts
C	Steuerung, Übertrag
CT	Inhalt, Zählerstand
I	Eingang (Input)
O, Q	Ausgang (Output)
M	Mode (Art)
G, V	UND, ODER
A	Adressen

Kombinatorische Elemente

Schaltzeichen	Benennung
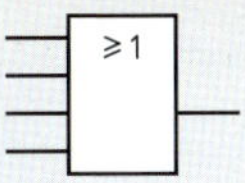	ODER-Elemente mit 4 Eingängen
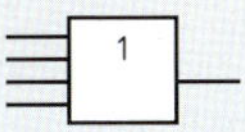	wahlweise, wenn keine Verwechslung möglich ist.
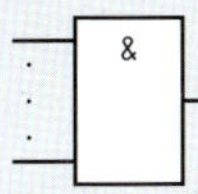	UND-Element
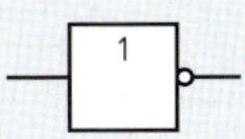	NICHT-Element, Inverter

Schaltzeichen	Benennung
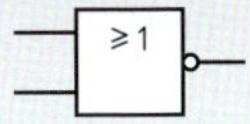	NOR-Element
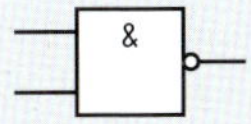	NAND-Element
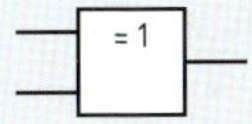	XOR-Element, Exklusiv-ODER-Element (Antivalenz)
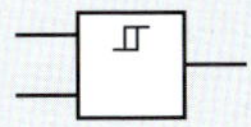	Schmitt-Trigger (Schwellwertelement)
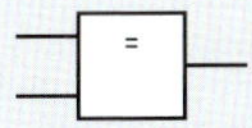	XNOR-Element, Exklusiv-NOR-Element (Äquivalenz)
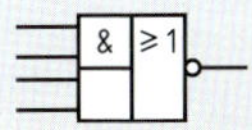	UND-ODER-Inverter

Codeumsetzer

Schaltzeichen	Benennung
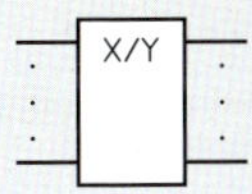	Codeumsetzer, allgemein. X und Y können durch Code-Angabe ersetzt werden.
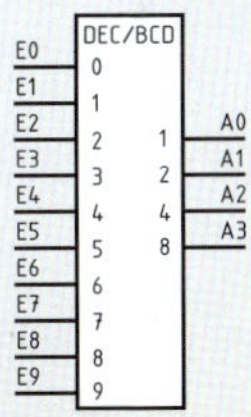	Code-Umsetzer Dezimal-BCD-Code. A0 und A1 haben 1-Zustände, wenn E3 den 1-Zustand hat.

Multiplexer, Demultiplexer, Konverter

Schaltzeichen	Benennung
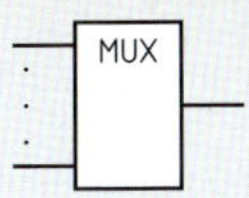	Multiplexer, allgemein
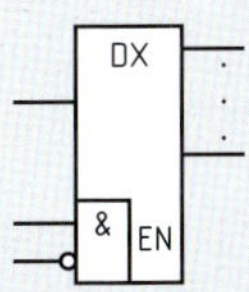	Demultiplexer, mit Freigabe-Logik

DA-Umsetzer und AD-Umsetzer vorhergehende Seite, Seite 100

Binäre Elemente 2 Binary Components 2

vgl. EN 60617-12

Leistungselemente

Schaltzeichen	Benennung
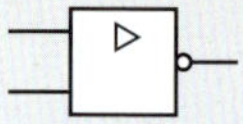	Treiber mit invertiertem Ausgang
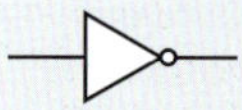	desgl., wahlweise Darstellung
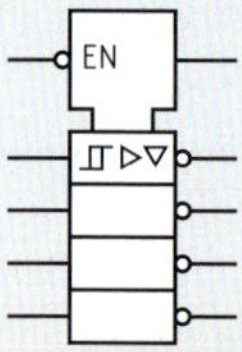	Bustreiber mit 4 Schwellwert-Eingängen und Freigabeschaltung und invertierten Tristate-Ausgängen

Verzögerungselemente

Schaltzeichen	Benennung
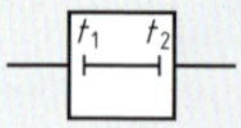	Verzögerung, allgemein, t_1 und t_2 können durch Größenangaben ersetzt werden.
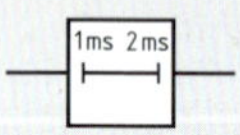	Einschaltverzögerung 1 ms Abschaltverzögerung 2 ms

Bistabile Elemente

Schaltzeichen	Benennung
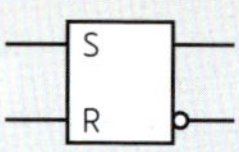	RS-Flipflop
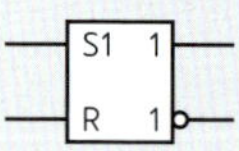	desgleichen, aber dominanter S-Eingang
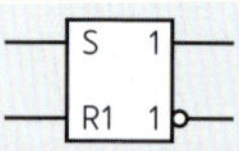	desgleichen, aber dominanter R-Eingang
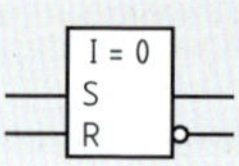	RS-Flipflop, bei Einschaltung Anfangszustand 0 (I von initial)
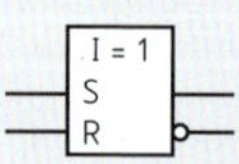	desgleichen, aber Anfangszustand 1
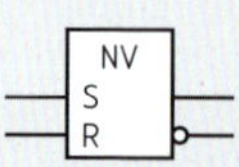	RS-Flipflop, nullspannungssicher

Schaltzeichen	Benennung
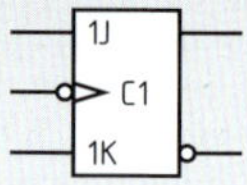	Einflanken-gesteuertes JK-Flipflop (nfl negative Taktflanke)
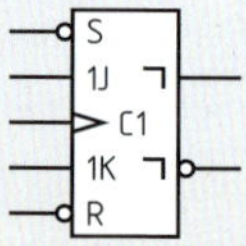	Zweiflanken-gesteuertes JK-Flipflop (Master-Slave-Flipflop) mit $\bar{S}$-Eingang und $\bar{R}$-Eingang

Monostabile Elemente

Schaltzeichen	Benennung
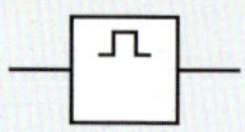	Monoflop, nachtriggerbar, allgemein
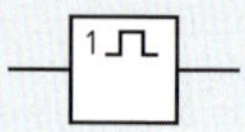	desgleichen, aber nicht nachtriggerbar
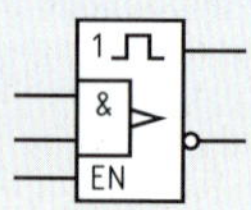	Monoflop, UND-Eingänge und Freigabeeingang, 2 Ausgänge

Astabile Elemente

Schaltzeichen	Benennung
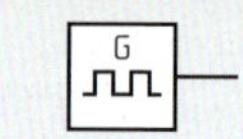	astabiles Element, allgemein
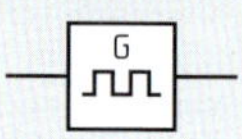	desgleichen, aber gesteuert
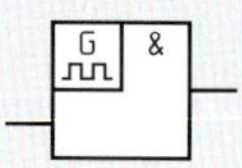	gesteuert, wahlweise Darstellung
	Kennzeichen für
! G	synchroner Start
G !	Stopp nach letztem Impuls

Zähler

Schaltzeichen	Benennung
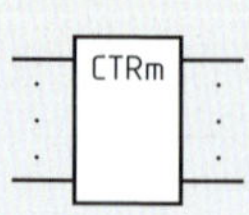	Zähler mit Zykluslänge 2^m, z.B. CTR4 für 4-Bit-Zähler
CTRDIV m	Kennzeichen für Zähler mit Zykluslängen *m*, z.B. CTRDIV 10 dekadischer Zähler
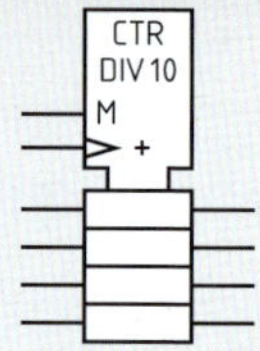	Synchronzähler 0 bis 9 mit parallelem Laden (+ für aufwärts)
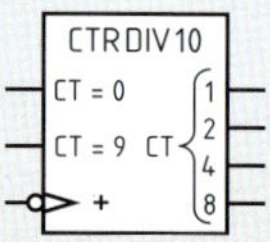	Zähler, dekadisch CT-Zahlen: Zählerstand für interne 1 des Anschlusses

Komparatoren mit Binäreingängen (Zahlenkomparatoren)

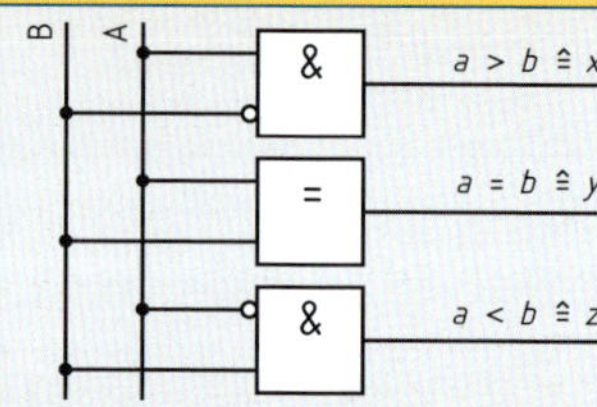

1-Bit-Komparator vergleicht zwei binäre Zahlen miteinander

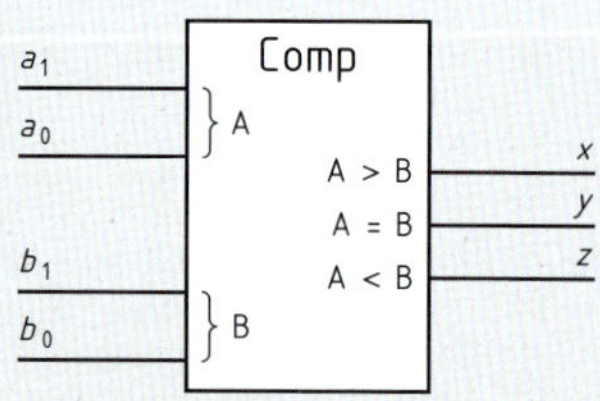

2-Bit-Komparator vergleicht zwei zweistellige Dualzahlen miteinander

Schieberegister

Schaltzeichen	Benennung
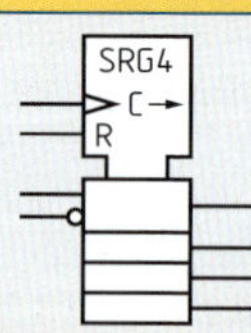	4-Bit-Schieberegister mit serieller Eingabe und paralleler Ausgabe

Speicher

Schaltzeichen	Benennung
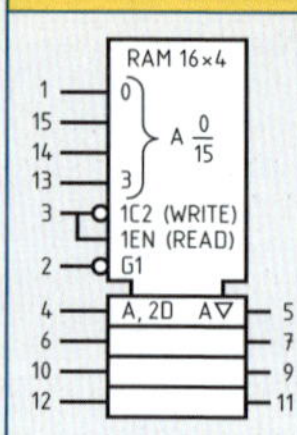	Schreib-Lese-Speicher mit 16 x 4 bit, Tristate-Ausgänge

Schaltzeichen für Installationschaltpläne und Installationspläne
Circuit Symbols for Installation Circuit Diagrams and Installation Diagrams

Schaltzeichen	Benennung
	Leitung, allgemein
	bewegbar
	unterirdisch
	oberirdisch
	auf Putz
	im Putz
	unter Putz
	isoliert in Rohr
(f)	Feuchtraumleitung
(k)	Kabel
	Leitung nach oben
	Leitung nach unten
	Leitung nach oben und unten
	Abzweigdose für Ton- und Fernsehrundfunk
	Dose, allgemein
	Anschlussdose
IP 44	Starkstrom-Hausanschlusskasten, Schutzart IP 44
	Verteilung
IP 42	Schalter, z. B. dreipolig, Schutzart IP 42
	Leitungsschutzschalter
	Motorschutzschalter
	FI-Schutzschalter (RCD)
	Sterndreieckschalter

Schaltzeichen	Benennung
	Schutzleiter PE
	Neutralleiter N, Mittelleiter M
	PEN-Leiter
	desgl. bei senkrecht gezeichneten Leitungen

Die senkrechte Leitung sieht von rechts gesehen aus wie die waagrechte Leitung (DIN EN 61082-1)

Schaltzeichen	Benennung
	Fernsprechleitung
	Rundfunkleitung
	Leitung im Bau
	nachträglich zu verlegende Leitung
	weitere Darstellungsarten
a) b) c)	Ausschalter a) einpolig b) zweipolig c) dreipolig
	Dimmer (Ausschalter)
	Berührungsschalter (Ausschalter)
PIR	Bewegungsmelder (Passiv Infrarot)
	Gruppenschalter, 1-polig
	Serienschalter
	Wechselschalter, beleuchtet
	Kreuzschalter
a) b)	a) Taster b) Leuchttaster
a) b)	Einfachsteckdose a) ohne, b) mit Schutzkontakt
a) 2 b)	Doppelsteckdose

Schaltzeichen	Benennung
3	Mehrfachsteckdose, z. B. 3 Dosen
3, N, PE	Schutzkontaktsteckdose für Drehstrom
	kurze / lange geschirmte Leitung
	Koaxiale Leitung, geschirmt
	Leitung mit zwei Leitern
	Zusammenfassung von Leitungen
5	desgleichen, vereinfacht dargestellt
	Steckdose, abschaltbar
	Steckdose, verriegelt
	Steckdose mit Trenntrafo
35 A	Zähler mit Schmelzsicherung oder Leitungsschutzschalter 35 A
	Zeitrelais, z. B. Treppenhausautomat
	Stromstoßschalter
	Leuchtenauslass, allgemein
	Leuchte, allgemein
	Leuchte für Leuchtstofflampe
	desgl. für 2 Lampen
	Scheinwerfer, allgemein
	Punktleuchte
	Sicherheitsleuchte in Bereitschaftsschaltung

K

K

Schaltzeichen für Übersichtsschaltpläne
Circuit Symbols for Block Diagrams

Grundformen

Schaltzeichen	Benennung
	Funktionseinheit, allgemein
	wahlweise Darstellung
	Umsetzer, Umrichter, allgemein
	desgl. galvanisch getrennter Ausgang
	Speicher
	Regler nach EN 61082
	Einsteller, allgemein
	Modulator, Demodulator, Mischer
	desgleichen, wahlweise Darstellung
	zentrale Einrichtung
	Verzögerungselement, allgemein

Kennzeichen

Schaltzeichen	Benennung
	Übertragungsrichtung; nur erforderlich, wenn nach links oder nach oben.
	Glasfaser-Leitung (LWL)
	desgleichen, andere Form (andere Norm)
	Wertbegrenzung
	Verstärkung
	Siebung

Schaltzeichen	Benennung
	Fernkopieren
	Bildübertragung
	Tonübertragung
	Nummernschalter
	Radar

Generatoren

Schaltzeichen	Benennung
G	Generator, Oszillator, allgemein
G ~ 4 kHz	Sinusgenerator für 4 kHz
G	Sinusgenerator mit Frequenzverstellbarkeit
G	Sägezahngenerator

Meldegeräte

Schaltzeichen	Benennung
	Anzeigegerät mit beidseitigem Ausschlag und Beleuchtung
	Zeigermelder

Verstärker, Empfänger, Sender

Schaltzeichen	Benennung
	Verstärker, allgemein
	wahlweise Darstellung
	Verstärker, veränderbar
	Gegentaktverstärker
	Empfänger, allgemein
	Sender, Geber, allgemein
	Wechselsprechstelle für Freisprechen

Speicher

Schaltzeichen	Benennung
	Magnetspeicher, allgemein

Stromversorgung

Schaltzeichen	Benennung
	Gleichrichter (AC-DC-Umrichter)
	Umrichter (Wechselrichter)
U const.	Spannungsgleichhalter

Umrichter, Umsetzer

Schaltzeichen	Benennung
f_1 f_2	Frequenzumsetzer, allgemein
f nf	Frequenzvervielfacher, allgemein
B6U	Drehstrom-Gleichrichter-Schaltung, ungesteuerte Sechspuls-Brückenschaltung
B6C	desgleichen, aber vollgesteuert mit IGBTs
(B6H) I (B6U)	desgleichen, aber halbgesteuert mit gegenparallelen Rückstromdioden
(B6C) I (B6U)	Wechselrichterschaltung aus IGBTs in Schaltung B6C mit gegenparallelen Rückstromdioden

Fernsprechtechnik

Schaltzeichen	Benennung
	Telefon, allgemein
	mit Tastwahlblock
	Fax (Faksimile-Sender und -Empfänger)

Einphasenwechselstrommotoren und Anlasser
Single-phase A.C. Motors and Starters

vgl. EN 60617-6

Schaltplan	Benennung, Erklärung
Kondensatormotoren	
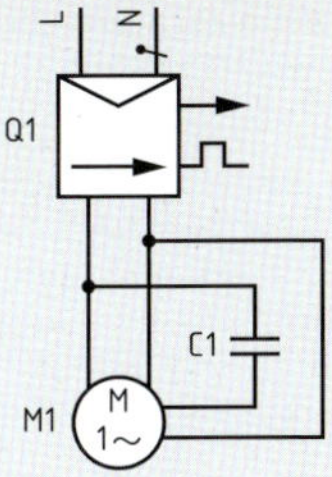	Kondensatormotor mit Betriebskondensator und Anlasser (Motorstarter) für eine Drehrichtung mit elektromagnetischem und thermischem Auslöser. An Stelle des Anlasserschaltzeichens dürfen auch die Schaltzeichen der Bestandteile des Motorstarters gezeichnet werden, z. B. ein Schalter.
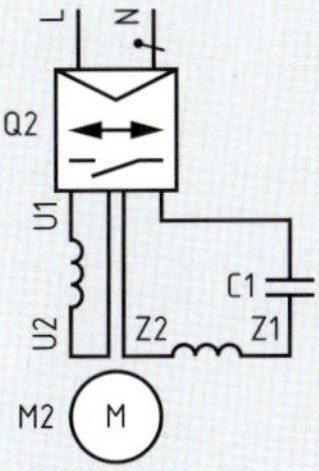	Kondensatormotor mit Betriebskondensator und Motorstarter mit Schütz für beide Drehrichtungen. Darstellung des Motorstarters auch wie beim obigen Kondensatormotor möglich.
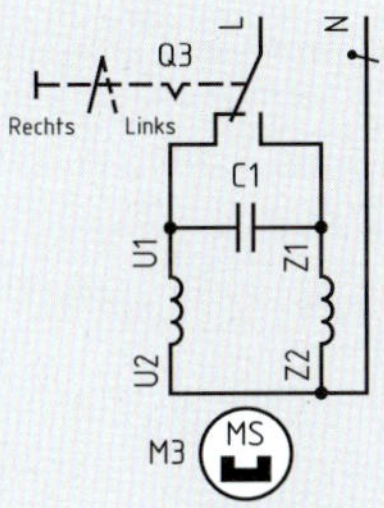	Kondensator-Synchronmotor, dauermagneterregt, mit Motorstarter für Linkslauf und Rechtslauf. Der Motorstarter kann auch durch Anlasserschaltzeichen dargestellt werden. (M Motor, S synchron)
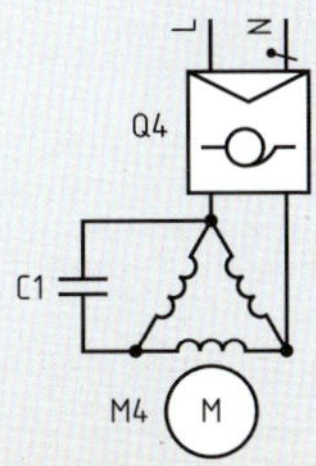	Drehstrommotor, als Kondensatormotor geschaltet (Steinmetzschaltung), mit Motorstarter, der einen Spartransformator zum Herabsetzen der Anlaufspannung enthält.
Motor mit Widerstandshilfsstrang, Anwurfmotor	
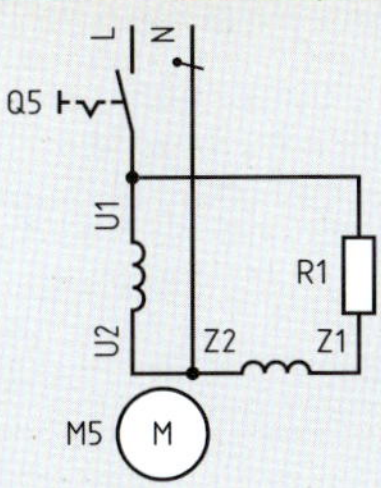	Einphasenwechselstrommotor mit Widerstandshilfswicklung, einpoliger Schalter als Motorstarter. Bei Anwurfmotoren entfallen R1 und Strang Z1Z2.

Schaltplan	Benennung, Erklärung
Spaltpolmotoren	
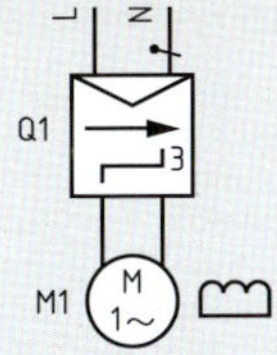	Spaltpolmotor mit Motorstarter für 3 Stufen (0 und 2 Drehzahlen), z. B. mit einem Vorwiderstand.
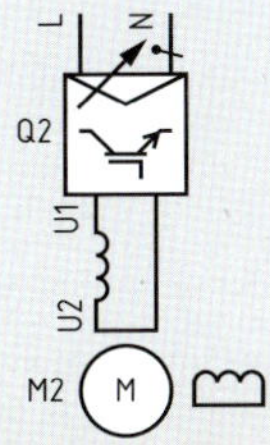	Spaltpolmotor mit Motorstarter, stetig veränderbar, z. B. zur Spannungseinstellung mit IGBT-Schaltung zur Drehzahlsteuerung.
Einphasen-Reihenschlussmotoren	
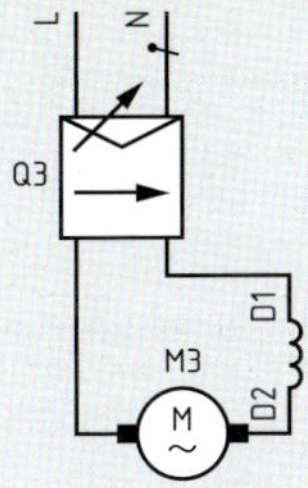	Einphasen-Reihenschlussmotor (Universalmotor) mit Motorstarter für eine Drehrichtung, stetig veränderbar, z. B. zur Spannungseinstellung, mit Spartransformator (Bürstendarstellung wahlweise).
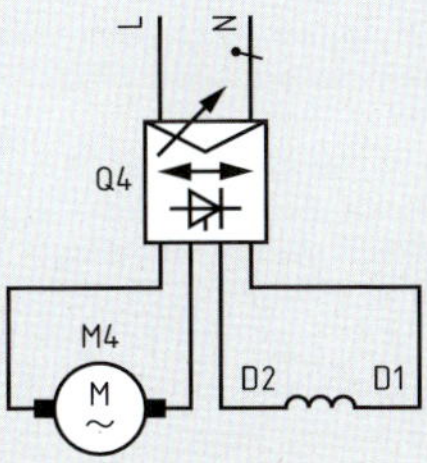	Einphasen-Reihenschlussmotor (Universalmotor) mit Motorstarter für beide Drehrichtungen, stetig veränderbar durch Thyristorschaltung (Bürstendarstellung wahlweise).
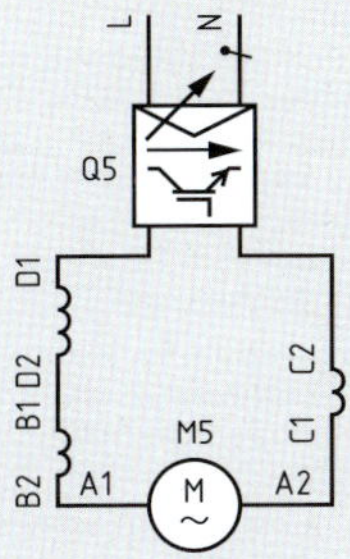	Einphasen-Reihenschlussmotor mit Wendepolwicklung B1B2 und/oder Kompensationswicklung C1C2. Motorstarter für eine Drehrichtung, stetig veränderbar durch IGBT-Schaltung. Am Klemmenbrett ist der Ankerstromkreis mit A1A2 gekennzeichnet, auch wenn B1B2 bzw. C1C2 vorliegen.

K

Drehstrommotoren und Anlasser
Three-phase Motors and Starters

vgl. EN 60617-6

Schaltplan	Benennung, Erklärung	Schaltplan	Benennung, Erklärung
Kurzschlussläufermotoren (Käfigläufermotoren)		**Drehstromsynchronmotoren**	
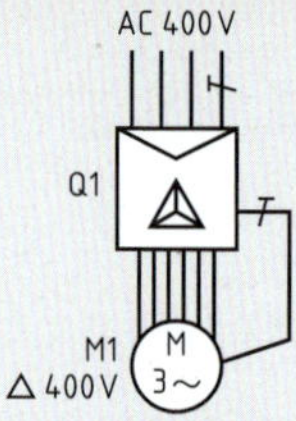	Drehstrom-Kurzschlussläufermotor mit Motorstarter für Stern-Dreieck-Anlauf, nichtautomatische Umschaltung von Stern in Dreieck. Darstellung des Motorstarters ist auch durch dessen Stromlaufplan möglich.	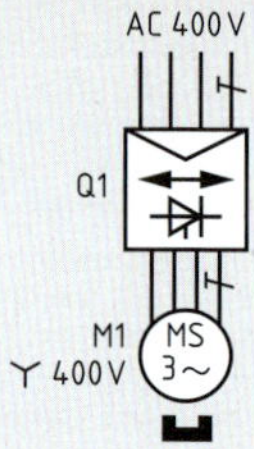	Drehstromsynchronmotor mit Dauermagneterregung, Motorstarter für beide Drehrichtungen mit Thyristorschaltung, z. B. zur Frequenzsteuerung. Der Motorstarter kann auch durch seinen Stromlaufplan dargestellt werden.
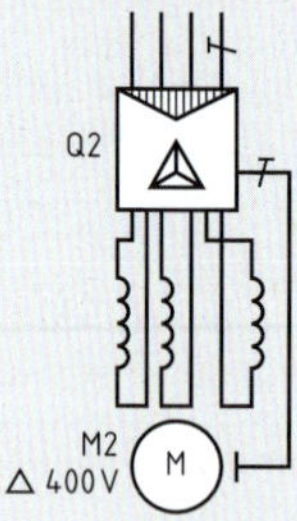	Desgleichen in ausführlicher Darstellung, aber mit automatisch ablaufender Umschaltung von Stern in Dreieck. Die Anordnung der Wicklungsstränge kann auch in Sternform oder in Dreieckform erfolgen. Die Darstellung des Motorstarters ist auch durch seinen Stromlaufplan möglich.	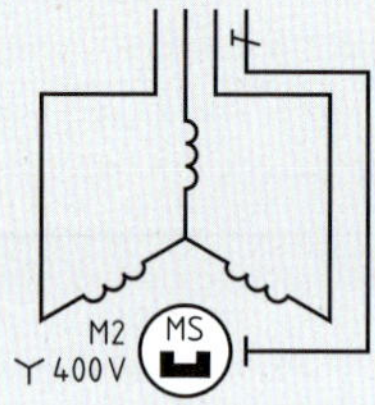	Ausführliche Darstellung des Motors. Ständerwicklung in Stern geschaltet. Die Ständerstränge können im Bild auch anders angeordnet sein, z. B. nebeneinander.
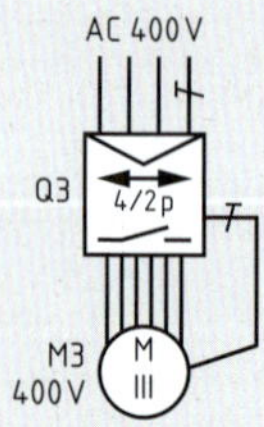	Polumschaltbarer Drehstrom-Kurzschlussläufermotor, Motorstarter für Polumschaltung mit Schützen für beide Drehrichtungen. Die Darstellung des Motorstarters ist auch durch seinen Stromlaufplan möglich.	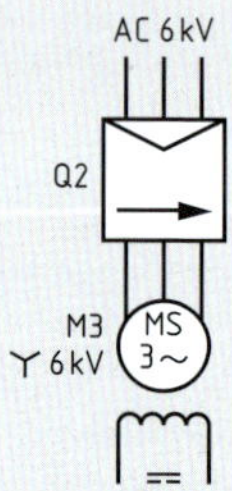	Drehstromsynchronmotor mit Gleichstromerregung und Motorstarter für eine Drehrichtung, z. B. mit Stromrichter. Der Motorstarter kann auch durch seinen Stromlaufplan dargestellt werden.
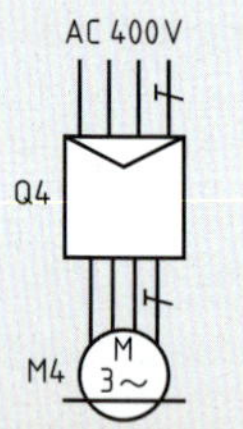	Dreiphasiger Linearmotor mit Motorstarter, allgemein. Die Darstellung des Anlassers kann auch durch seinen Stromlaufplan erfolgen.	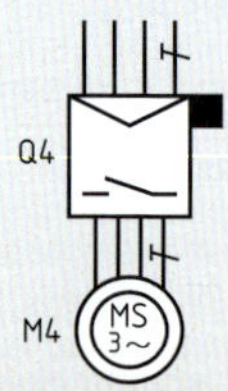	Synchronisierter Drehstrommotor, z. B. Reluktanzmotor (Motor mit ausgeprägten Polen und Anlaufkäfig). Motorstarter als Schützschaltung mit selbsttätiger Auslösung.
Schleifringläufermotor		**Drehstrom-Stromwendermotor**	
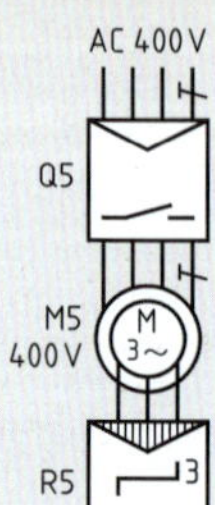	Schleifringläufermotor, Ständer über Schützschaltung gesteuert, automatisch ablaufendes Anlassen durch Läuferanlasser mit 3-stufiger Schützschaltung. Die Darstellung der Anlasser kann auch durch ihre Stromlaufpläne erfolgen.	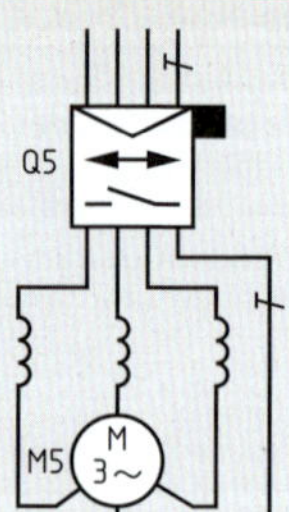	Drehstrom-Reihenschlussmotor mit Motorstarter für beide Drehrichtungen und Schützschaltung mit selbsttätiger Auslösung. Die Darstellung des Motorstarters kann auch durch seinen Stromlaufplan erfolgen.

Motoren mit Stromrichterspeisung — Motors with A.C./D.C Drive Systems

Gleichstrommotoren

Schaltplan	Erklärung
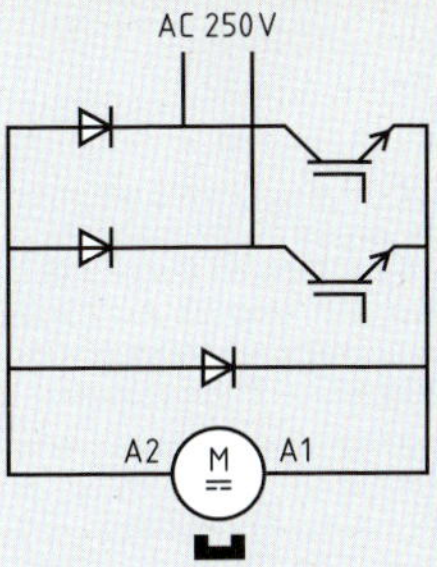	Gleichstrommotor für DC 220 V mit Dauermagneterregung (fremderregter Gleichstrommotor) an Stromrichterschaltung B2HKF (Zweipulsbrückenschaltung, katodenseitig halbgesteuert mit Freilaufdiode). Darstellung für Stromlaufplan.
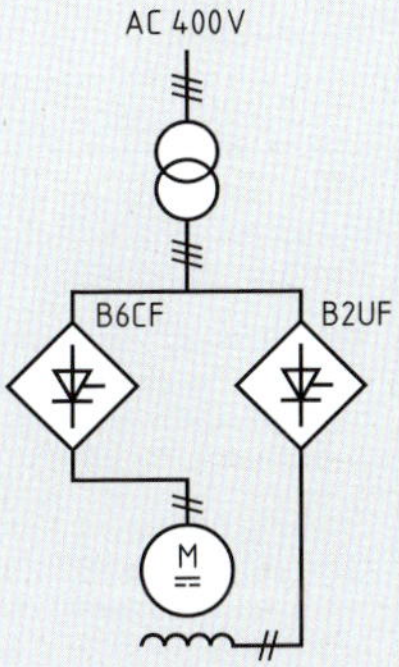	Fremderregter Gleichstrommotor mit Erregerwicklung. Anker an Stromrichterschaltung B6CF (Sechspulsbrückenschaltung mit Freilaufdiode), Erregerwicklung an ungesteuerter Stromrichterschaltung B2UF (Zweipulsbrückenschaltung mit Freilaufdiode). Darstellung für Übersichtsschaltplan.
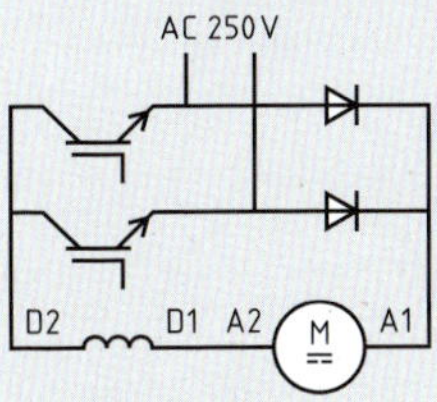	Gleichstrom-Reihenschlussmotor für DC 220 V an Stromrichterschaltung B2HA (Zweipulsbrückenschaltung, anodenseitig halbgesteuert).
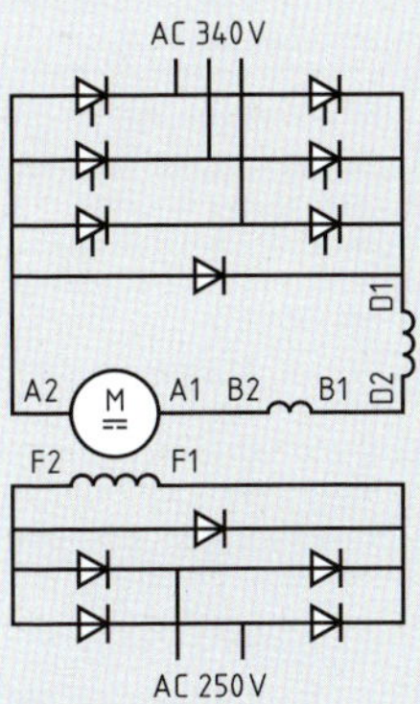	Fremderregter Gleichstrommotor für DC 440 V mit Reihenschluss-Hilfswicklung (Doppelschlussmotor) und Wendepolwicklung. Der Läufer ist an eine Stromrichterschaltung B6CF (sechspulsige vollgesteuerte Brückenschaltung mit Freilaufdiode) angeschlossen, die Erregerwicklung für DC 220 V an eine ungesteuerte Stromrichterschaltung B2UF. Am Klemmenbrett Kennzeichnung Ankerstromkreis nur A1A2.

Drehfeldmotoren (synchrone oder asynchrone)

Schaltplan	Erklärung
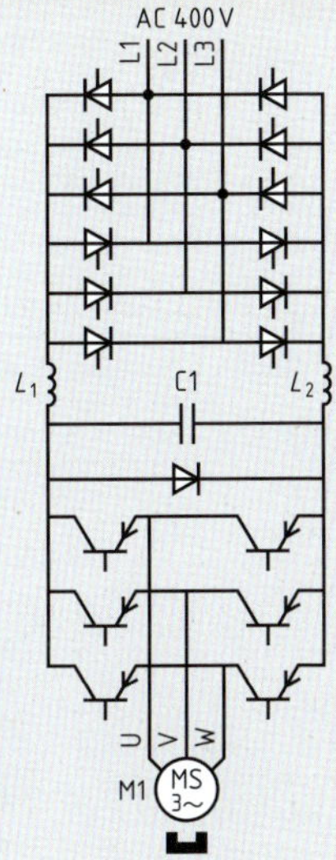	Synchronmotor M1 mit Dauermagneterregung, z. B. Servomotor, an Umrichter zur Pulsweitenmodulation mit Gleichspannungszwischenkreis (U-Umrichter). Der Umrichter besteht aus dem Netzstromrichter (B6C) I (B6C) (2 Sechspulsbrückenschaltungen antiparallel, siehe Seite 289) für Vierquadrantenbetrieb und Energierücklieferung, dem Gleichspannungszwischenkreis mit Freilaufdiode und dem Maschinenstromrichter B6C aus Transistoren zur Pulsweitenmodulation (PWM).
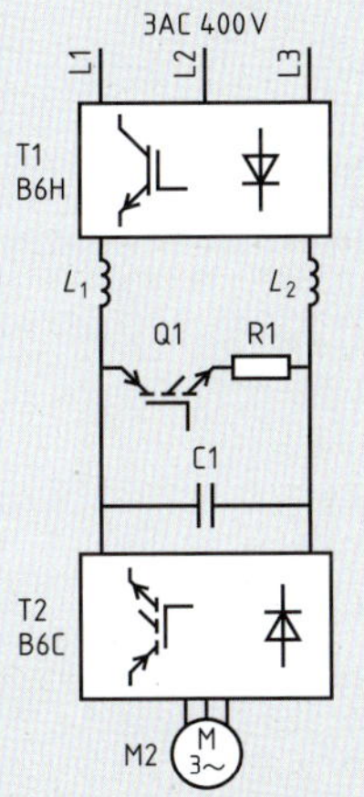	Kurzschlussläufermotor an Umrichter mit Gleichspannungszwischenkreis (U-Umrichter) zur PWM (Pulsweitenmodulation) oder PAM (Pulsamplitudenmodulation) im Vierquadrantenbetrieb. Der Umrichter besteht aus dem Netzstromrichter T1 der Schaltung B6H (Sechspulsbrückenschaltung halb gesteuert), der keine Energierücklieferung ermöglicht, dem Gleichspannungszwischenkreis L_1, L_2, C1 mit Bremskreis Q1, R1 für den Bremsbetrieb und dem Maschinenstromrichter T2 der Schaltung B6C aus IGBTs und Rückstromdioden (Sechspulsbrückenschaltung voll gesteuert mit Rückstromdioden).
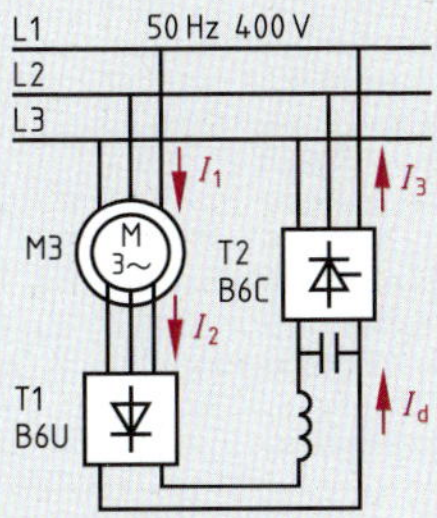	Schleifringläufermotor M3 mit läuferseitigem Gleichspannungszwischenkreis. Die Läuferspannung wird durch einen Gleichrichter B6U gleichgerichtet. Diese Gleichspannung wird durch T2 (Wechselrichter B6C) in Wechselspannung der Netzfrequenz umgerichtet. Die Schlupfenergie wird zurückgespeist.

Weitere Stromrichterschaltungen in Teil A „Stromrichter, Gleichrichter".

K

Hydraulische Presse mit Ablaufsteuerung

B1 bis B4 Sensoren

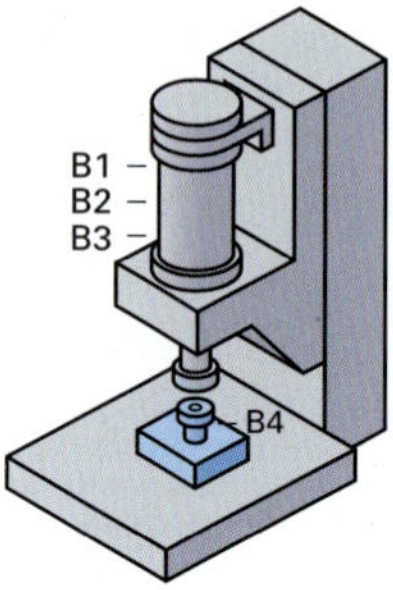

Technologie-Schema

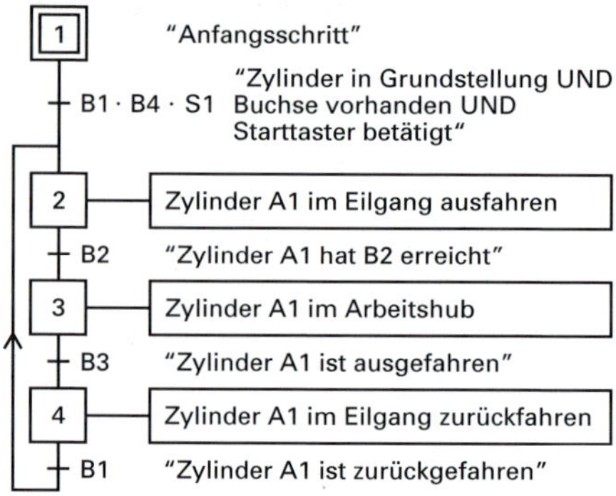

Funktionsplan

Verknüpfungszeichen für GRAFCET:
•, * statt ∧ (UND)
+ statt ∨ (ODER)

Der Stößel einer hydraulischen Presse presst Bohrbuchsen in eine Platte. Ist eine Buchse vorhanden (B4) und ist der Zylinder in seiner Endstellung (B1), fährt dieser im Eilgang aus.

Sensor B2 bewirkt dann eine Umschaltung auf Arbeitsvorschub. Ist die Bohrbuchse eingepresst (B3), fährt der Zylinder im Eilgang zurück.

Beschreibung

Symbol	Erklärung	Beispiele	Erklärung
	Befehl, Aktion	Zylinder A1 im Eilrücklauf	Diese Aktion ist nur gültig, solange der zugehörige Schritt aktiv ist.
↑	Gespeicherte Aktion wird bei Aktivierung des zugeordneten Schrittes ausgeführt.	↑ Signallampe : = 0	Signallampe wird speichernd ausgeschaltet bei Aktivierung des zugeordneten Schrittes.
↓	Gespeicherte Aktion wird bei Deaktivierung des zugeordneten Schrittes ausgeführt.	↓ Signallampe : = 0	Signallampe wird speichernd ausgeschaltet bei Deaktivierung des zugeordneten Schrittes.
Name	Schritt allgemein „Name" ist der Schrittname, bestehend aus einer beliebigen alphanumerischen Zeichenkette, die aber einzigartig in einer Schrittkette sein muss.	5	Schritt mit zugeordneter Schrittnummer 5
	Anfangsschritt	1	Anfangsschritt mit zugeordneter Schrittnummer 1
•	Gesetzter Schritt Er zeigt an, welche Schritte bei einem bestimmten Zustand des Prozesses gesetzt sind.	•	Schritte, die zu einem bestimmten Zeitpunkt aktiv sind, können mit einem Punkt gekennzeichnet werden.
M	Makroschritt. Einzeldarstellung eines detaillierten Teils einer Ablaufsteuerung.	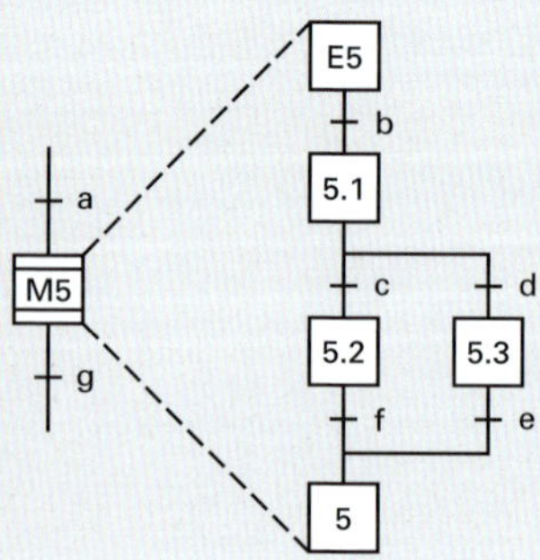	Makroschritt M5: Das Auslösen der Weiterschaltbedingung a aktiviert den Eingangsschritt E5 des Makroschritts M5. Wenn Ausgangsschritt 5 aktiviert ist, ist die Weiterschaltbedinung g freigegeben. Das Auslösen der Weiterschaltbedingung g führt zur Inaktivität von Schritt 5.
*	Einschließender Schritt. Dieser Schritt enthält weitere Schritte, die als eingeschlossene Schritte bezeichnet werden.		
*	Einschließender Anfangsschritt. Dieser Schritt enthält weitere Schritte, die als eingeschlossene Schritte bezeichent werden.		

GRAFCET von fr. GRAphe Fonctionnel de Commande Étape Transition. GRAFCET ist eine grafische Entwurfssprache für Ablaufsteuerungen. GRAFCET macht keine Aussage über die Art der verwendeten Geräte, die Führung der Leitungen und den Einbau der Betriebsmittel.

Grundformen von Ablaufsteuerungen
Basic Forms of Sequential Controls

vgl. DIN EN 60 848

Symbol	Erklärung	Beispiele	Erklärung

Ablaufsteuerung (Ablaufkette)

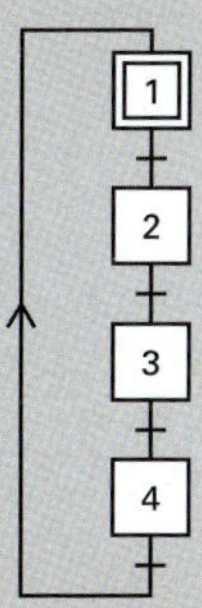

Eine Ablaufsteuerung besteht aus einer Kette von Schritten, die nacheinander gesetzt werden.

Schritt und Übergangsbedingung erfolgen abwechselnd.

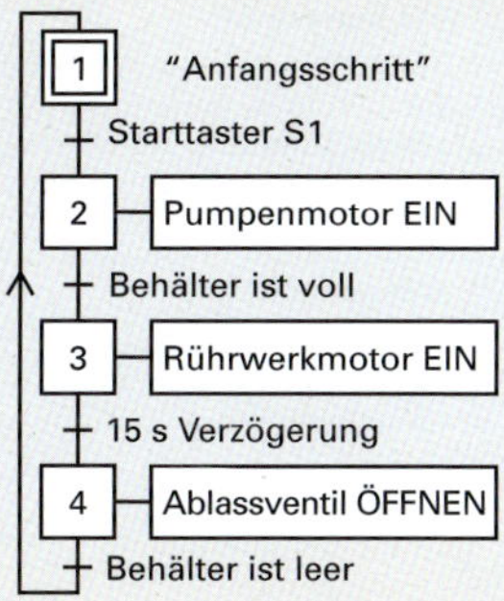

1. Ablaufsteuerungen erzwingen eine Schrittstruktur, die von oben nach unten verläuft.
2. Innerhalb der Ablaufsteuerungen kann immer nur ein Schritt aktiv sein.
3. Der Anfangsschritt, auch Initialschritt genannt, wird mit dem Einschalten der Schrittkette automatisch aktiviert.
4. Nach dem letzten Schritt folgt meist eine Übergangsbedingung und ein Sprung. Nur dadurch kann ein kontinuierlicher Prozess beschrieben werden, der immer wieder durchlaufen wird.

Übergangsbedingungen (Transitionen)

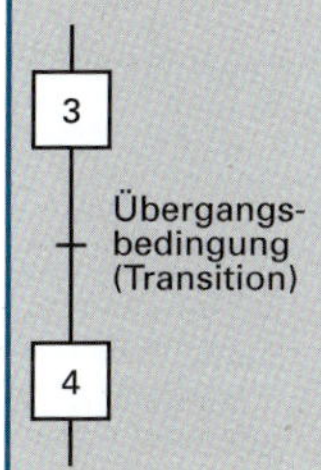

Die Übergangsbedingung besteht aus
- einem Querstrich und
- einem Text der Bedingung

Übergangsbedingungen können dargestellt werden durch: Textaussagen, boolesche Gleichungen, grafische Symbole.

transition (engl.): Übergang

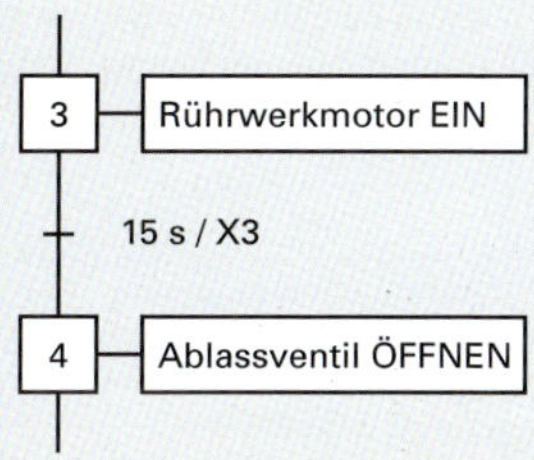

1. Schritt 3 ist aktiv, d. h. der Rührwerkmotor ist eingeschaltet.
2. Ist die Übergangsbedingung erfüllt (15 s nach Aktivierung von Schritt 3), wird Schritt 4 gesetzt.
3. Schritt 4 setzt Schritt 3 zurück, d. h. das EIN-Signal für den Rührwerksmotor steht nicht mehr an. Der Motor schaltet ab.
4. Das Ablassventil wird geöffnet.

Ablaufauswahl (Alternativ-Betrieb)

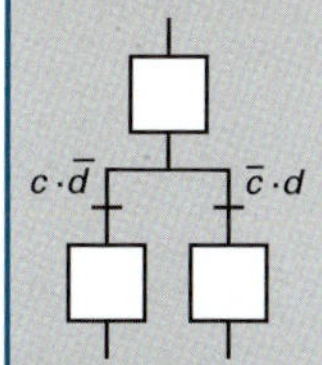

Beispiel: Ablaufverzweigung

Bei der Ablaufauswahl verzweigt eine Ablaufkette in mehrere Schritte.

Man unterscheidet:

a) Ablaufverzweigung

b) Ablaufzusammenführung

(In GRAFCET wird anstelle von ∧ immer · oder * geschrieben)

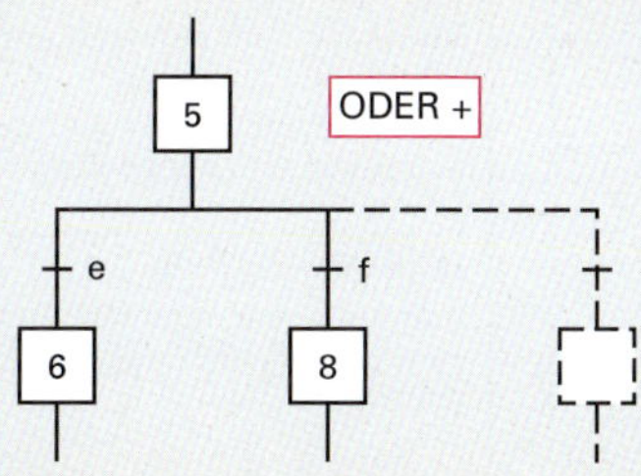

Ablaufverzweigung:

Der Ablauf findet sta wenn Schritt 5 gesetzt is

a) nach Schritt 6, wenn die Übergangsbedingung „e" erfüllt ist (e=1) **oder** (+)

b) nach Schritt 8, wenn die Übergangsbedingung „f" erfüllt ist (f=1).

Gleichzeitige Abläufe (Parallel-Betrieb)

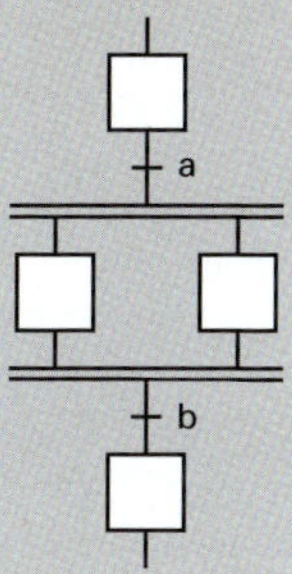

Eine Schrittkette verzweigt sich in mehrere Abläufe, die gleichzeitig ausgelöst werden, aber unabhängig voneinander ablaufen.

Erst wenn alle Zweige durchlaufen sind, wird der nächste Einzelschritt ausgeführt.

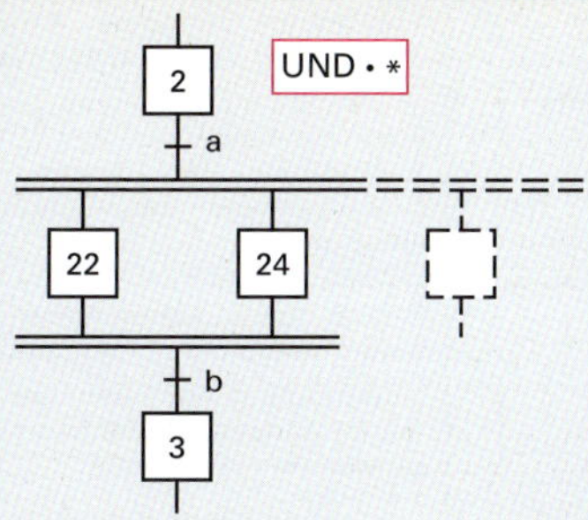

Ein Ablauf vom Schritt 2 zu den Schritten 22, 24 usw., findet nur statt, wenn

a) Schritt 2 gesetzt ist **und** (· bzw. *)

b) die dem gemeinsamen Übergang zugeordnete Übergangsbedingung „a" erfüllt ist (a=1).

Elemente für Ablaufsteuerungen GRAFCET 1 vgl. DIN EN 60848
Elements for Sequential Controls GRAFCET 1

Darstellung	Bedeutung	Verhalten im Beispiel
Aktion mit Zuweisungsbedingung		
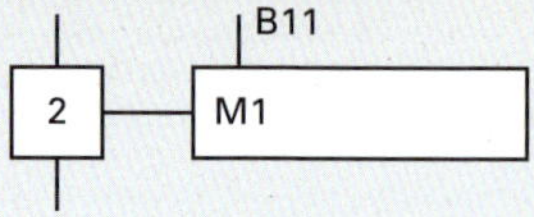	**Abfrage auf „1"** Die Aktion wird ausgeführt, wenn der Schritt aktiv ist und die Zuweisungsbedingung (1-Signal) erfüllt ist.	Motor M1 ist eingeschaltet, wenn Schritt 2 aktiv und B11 = „1" ist.
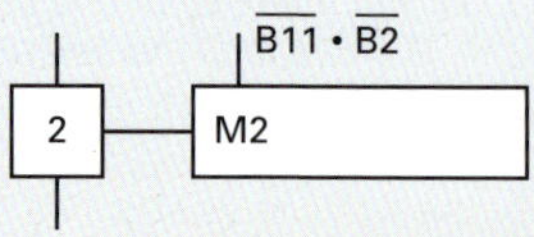	**Abfrage auf „0"** Die Aktion wird ausgeführt, wenn der Schritt aktiv ist und die Zuweisungsbedingung (0-Signale) erfüllt ist.	Motor M2 ist eingeschaltet, wenn Schritt 2 aktiv ist und B11 = „0" und B2 = „0" ist.
Aktion mit zeitabhängiger Zuweisung		
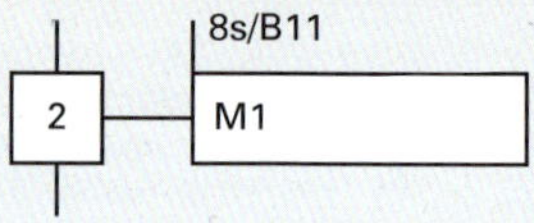	**Einschaltverzögerung** Die Zeit, die links neben der Variablen angegeben ist, wird bei steigender Flanke der Variablen gestartet. Nach Ablauf der Zeit wird die Aktion ausgeführt.	Wenn Schritt 2 aktiv ist, startet die Zeit mit der steigenden Flanke an B11. Der Motor wird 8 s später eingeschaltet, wenn B11 immer noch „1" und Schritt 2 immer noch aktiv ist. Wenn B11 während der 8 s wieder zu „0" wird, wird die Zeit abgebrochen und startet mit einer neuen steigenden Flanke an B11 erneut.
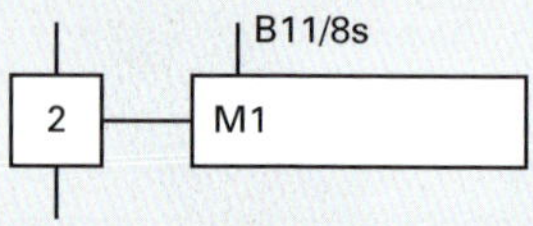	**Ausschaltverzögerung** Die Zeit wird bei fallender Flanke der Variablen gestartet und verlängert die Aktionsdauer. Voraussetzung: der Schritt muss noch aktiv sein.	Wenn Schritt 2 und B11 aktiv sind, wird der Motor M1 eingeschaltet. Bei einer fallenden Flanke von B11 bleibt der Motor für weitere 8 s eingeschaltet.
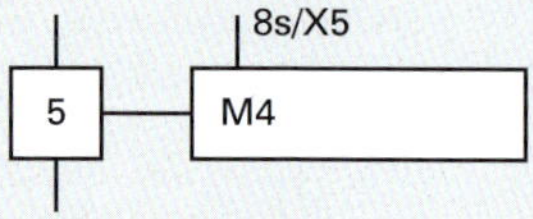	**Verzögerte Aktion** Die Aktion wird zeitverzögert ausgeführt. Als Zuweisungsbedingung wird die Schrittvariable angegeben.	Ist Schritt 5 aktiv, wird nach 8 s der Motor M4 eingeschaltet.
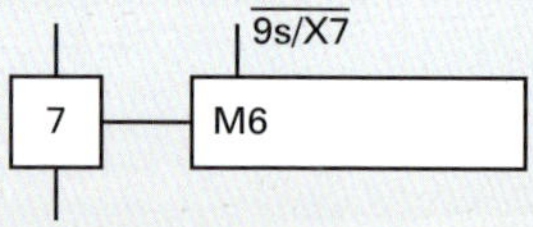	**Zeitbegrenzte Aktion** Durch die Negation der Bedingung wird eine zeitlich begrenzte Aktion angegeben.	Ist Schritt 7 aktiv, wird der Motor M6 für 9 s eingeschaltet.
Speichernde Aktionen		
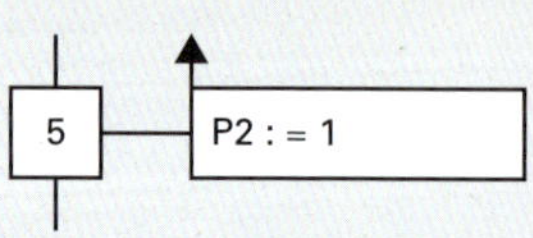	**Speichernd wirkende Aktion bei Aktivierung des Schrittes (Setzen)** Ist der Schritt aktiv, wird der Variablen im Aktionsfeld der Wert „1" zugewiesen. Der Zustand bleibt beim Verlassen des Schrittes gespeichert.	Im Schritt 5 wird die Meldeleuchte P2 eingeschaltet (gesetzt). Beim Verlassen des Schrittes bleibt sie eingeschaltet, bis P2 in einem anderen Schritt auf „0" gesetzt wird.
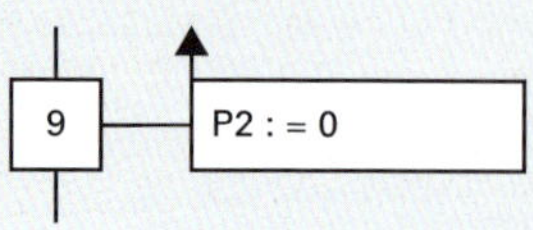	**Speichernd wirkende Aktion bei Aktivierung des Schrittes (Rücksetzen)** Ist der Schritt aktiv, wird der Variablen im Aktionsfeld der Wert „0" zugewiesen.	Im Schritt 9 wird die Meldeleuchte P2 ausgeschaltet (zurückgesetzt). Beim Verlassen des Schrittes bleibt sie ausgeschaltet.

Elemente für Ablaufsteuerungen GRAFCET 2 vgl. DIN EN 60848
Elements for Sequential Controls GRAFCET 2

Darstellung	Bedeutung	Verhalten im Beispiel
Speichernde Aktionen		
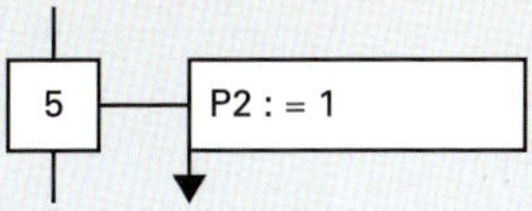	**Speichernd wirkende Aktion bei Deaktivierung des Schrittes (Setzen)** Beim *Verlassen des Schrittes* 5, wird der Variablen im Aktionsfeld der Wert „1“ dauerhaft zugewiesen.	Beim Verlassen von Schritt 5 wird die Meldeleuchte P2 so lange eingeschaltet, bis P2 in einem anderen Schritt auf „0“ gesetzt wird.
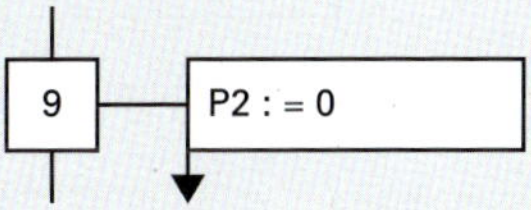	**Speichernd wirkende Aktion bei Deaktivierung des Schrittes (Rücksetzen)** Beim *Verlassen des Schrittes* 9, wird der Variablen im Aktionsfeld der Wert „0“ zugewiesen.	Beim Deaktivieren des Schrittes 9 wird die Meldeleuchte P2 ausgeschaltet (zurückgesetzt). Der Zustand wird gespeichert.
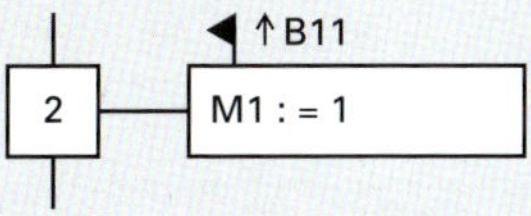	**Speichernd wirkende Aktion bei einem Ereignis** Die Aktion wird nur *speichernd* ausgeführt, wenn der Schritt aktiv ist und für die Zuweisungsbedingung eine *positive Flanke* auftritt.	Wenn Schritt 2 aktiv ist und B11 eine steigende Flanke gibt, dann wird der Motor M1 eingeschaltet. Der Zustand wird gespeichert.
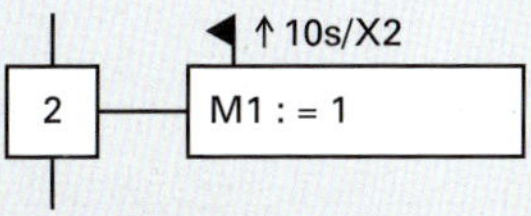	**Verzögert speichernde Aktion** Die Aktion wird *verzögert speichernd* ausgeführt, wenn der Schritt aktiv ist und die Zeit abgelaufen ist (*positive Flanke* der Zeit).	Wenn der Schritt 2 aktiv ist, wird der Motor M1 nach 10 Sekunden eingeschaltet. Der Zustand wird gespeichert.

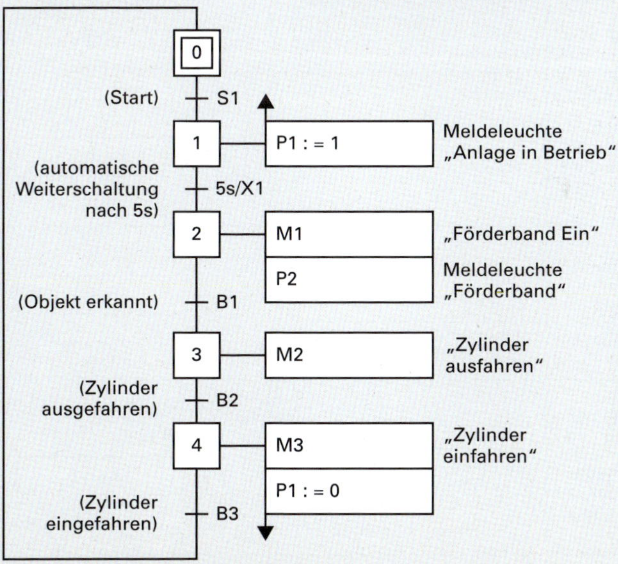

Beispiel einer GRAFCET-Ablaufsteuerung

Beim Einschalten der Anlage wird automatisch der Schritt 0 aktiviert.

Durch das Betätigen von S1 wird in den Schritt 1 gewechselt. Die Meldeleuchte P1 wird speichernd eingeschaltet.

5 Sekunden nach Beenden von Schritt 1 (X1) werden im Schritt 2 M1 und P2 eingeschaltet.

Durch ein Signal von B1 wird Schritt 2 verlassen, d. h. M1 und P2 werden ausgeschaltet.

Im Schritt 3 wird der Zylinder so lange ausgefahren, bis B2 ein Signal erhält.

Schritt 4 bewirkt ein Einfahren des Zylinders.

Wenn an B3 ein Signal anliegt, wird zu Schritt 0 gesprungen. Die Signallampe wird mit dem Deaktivieren von Schritt 4 speichernd ausgeschaltet.

Darstellung von Verküpfungen bei Transitionen

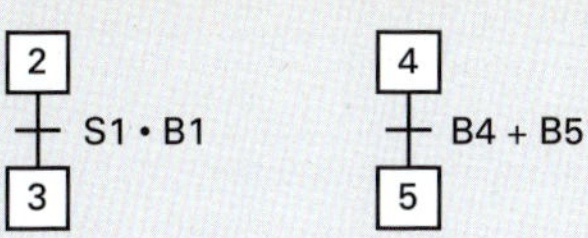

Transitionen werden vorzugsweise als Boole'scher Ausdruck geschrieben:

UND: A · B oder A * B
Negation: $\overline{A}$
Einschaltverzögerung: t1/A
Ausschaltverzögerung: A/t2

ODER: A + B
Steigende Flanke: ↑A
Fallende Flanke: ↓A
Schrittname als Variable: 3 → X3.

K

Ablauf-Funktionspläne Process Logic Diagrams

Aktion	Darstellung DIN EN 61131	Darstellung GRAFCET
Kontinuierlich wirkende Aktion Die Ausführung der Aktion erfolgt, solange der zugeordnete Schritt aktiv ist. Danach wird die Aktion automatisch beendet. Die Aktion, z. B. das Setzen eines Variablenwertes, ist nicht speichernd.	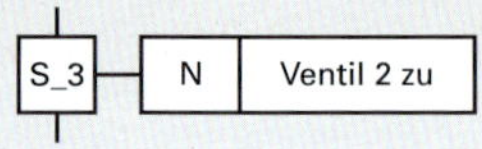	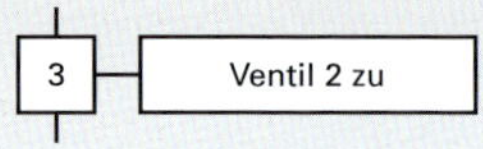
Verzögerte kontinuierlich wirkende Aktion Eine Aktion wird zeitlich verzögert ausgeführt, wenn der zugeordnete Schritt aktiv ist.	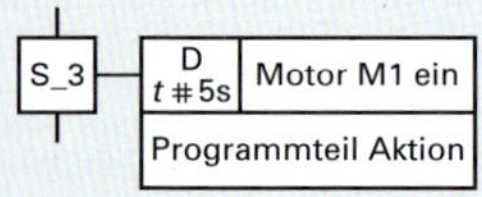	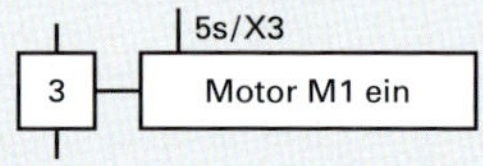
Zeitbegrenzte kontinuierlich wirkende Aktion Eine Aktion wird eine bestimmte Zeit lang ausgeführt, wenn der zugeordnete Schritt aktiv ist. Ist der Schritt weniger lang aktiv, so wirkt die Aktion entsprechend kürzer.	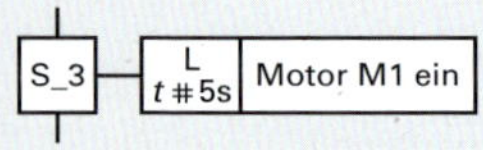	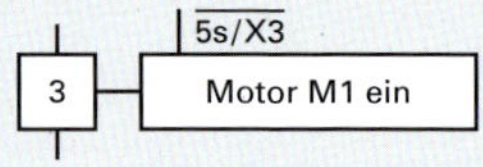
Kontinuierlich wirkende Aktion mit Zuweisungsbedingung Eine Aktion wird dann ausgeführt, z. B. das Zuweisen eines Wertes einer Variablen, wenn der zugeordnete Schritt aktiv und die Zuweisungsbedingung erfüllt ist.	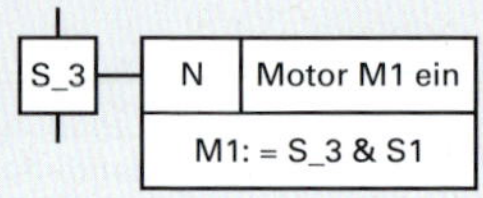	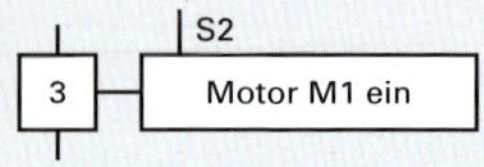
Kontinuierlich wirkende Aktion mit zeitabhängiger Zuweisungsbedingung Eine Aktion wird ausgeführt, wenn der zugeordnete Schritt aktiv und die zeitabhängige Zuweisungsbedingung erfüllt ist. Das Verhalten kann einer Einschaltverzögerung oder Abschaltverzögerung entsprechen.	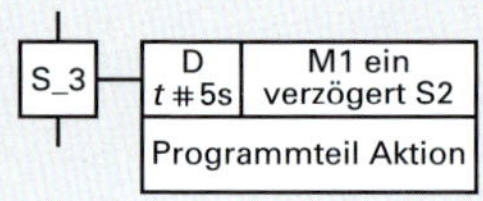	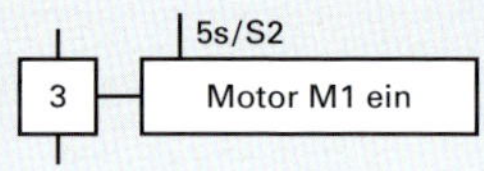
Speichernd wirkende Aktion bei Schrittaktivierung Eine Aktion, z. B. das Setzen eines Variablenwertes, wird ausgeführt, wenn der zugeordnete Schritt aktiv wird. Der Variablenwert bleibt so lange gespeichert, bis er von einer anderen Aktion überschrieben wird.	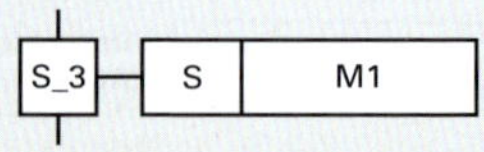	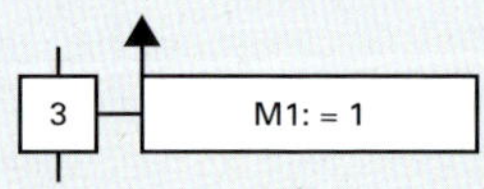
Speichernd wirkende Aktion bei Schrittdeaktivierung Eine Aktion, z. B. das Setzen eines Variablenwertes, wird ausgeführt, wenn der zugeordnete Schritt deaktiviert wird. Der Variablenwert bleibt gespeichert, bis er von einer anderen Aktion überschrieben wird.	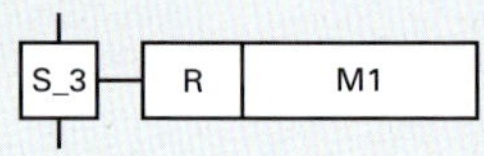	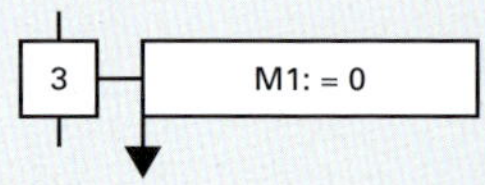
Speichernd wirkende Aktion bei Ereignis Eine Aktion, z. B. das Setzen eines Variablenwertes, wird ausgeführt, wenn der zugeordnete Schritt aktiv ist und das Ereignis für die zugewiesene Bedingung eintritt (steigende Flanke). Der Variablenwert bleibt gespeichert, bis er von einer anderen Aktion überschrieben wird.	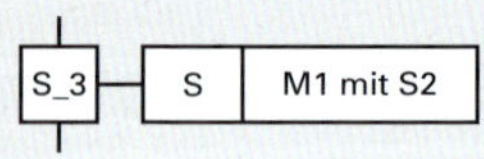	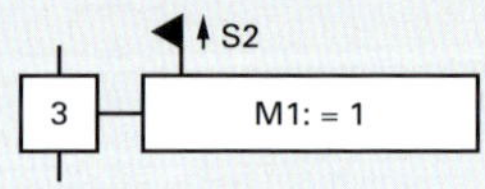
Verzögert speichernde Aktion Eine Aktion, z. B. das Setzen eines Variablenwertes, wird nach Ablauf einer Zeit nach Aktivwerden des zugeordneten Schrittes ausgeführt. Der Variablenwert bleibt gespeichert, bis er von einer anderen Aktion überschrieben wird.	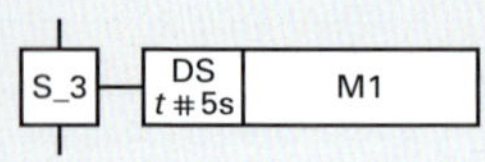	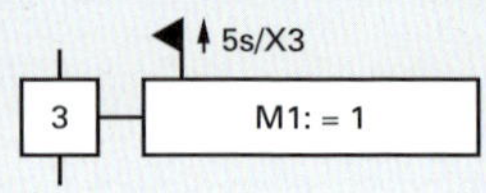

Aktionsbestimmungszeichen: keines oder N nicht gespeichert, R Rücksetzen, S Setzen, L zeitbegrenzt, P Impuls, D zeitverzögert, SD, DS SL sind Kombinationen.

K

Symbole zur Dokumentation in der Computertechnik
Graphical Symbols for Documentation in Computer Technology

Programmablaufplan

Symbol	Bedeutung
	Verarbeitung, allgemein, auch Ein-, Ausgabe
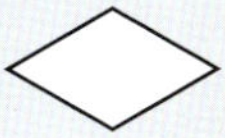	Verzweigung, genormte Darstellung
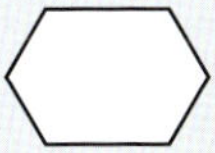	bei Bedarf Verzweigung, praxisüblich
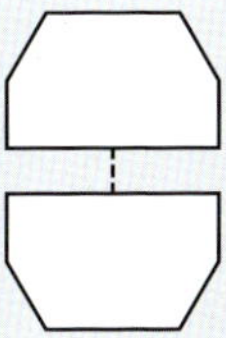	Schleifenbegrenzung Anfang (anstelle der gestrichelten Linie sind die Bestandteile der Schleife einzusetzen) Ende
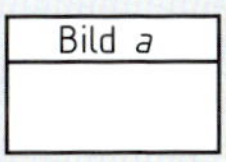	Hinweis auf detaillierte Darstellung an anderer Stelle derselben Dokumentation

Symbol	Bedeutung
	Hinweis auf Dokumentation an anderer Stelle, z. B. bei Unterprogramm
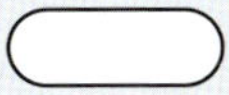	Grenzstelle, z. B. für START oder ENDE
	Verbindungsstelle
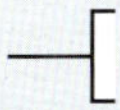	Bemerkung
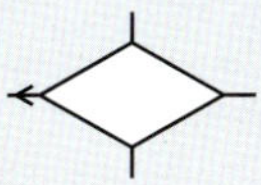	Dreifachverzweigung, z. B. JA-NEIN-SONST
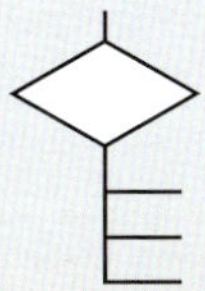	desgleichen, andere Darstellung, auch erweiterbar auf weitere Ausgänge

Beispiel Programmablaufplan

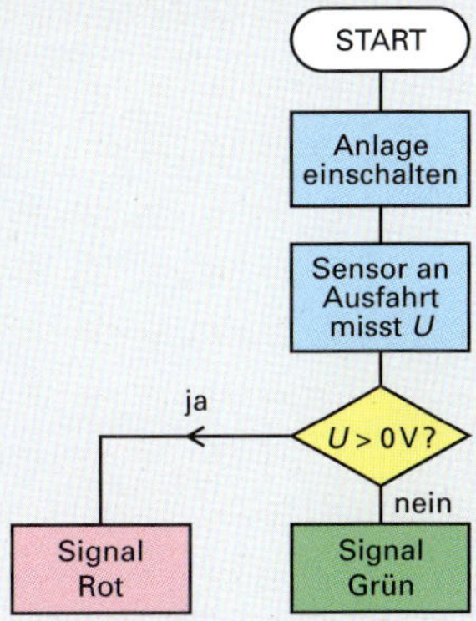

Überwachung einer Tiefgarageneinfahrt

Zustandsdiagramm

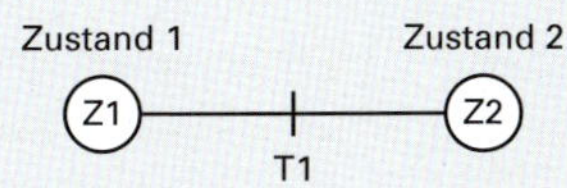

Transitionsbedingung 1 (Übergangsbedingung)

Struktogramm

Symbol	Bezeichnung, Bedeutung
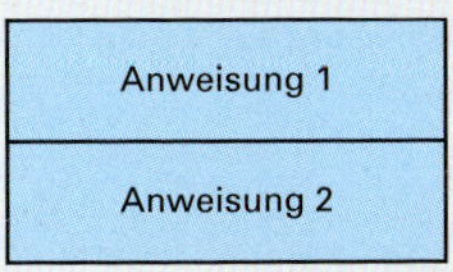	Folgeblock Enthält Rechenoperationen, Eingabeanweisungen oder Ausgabeanweisungen.
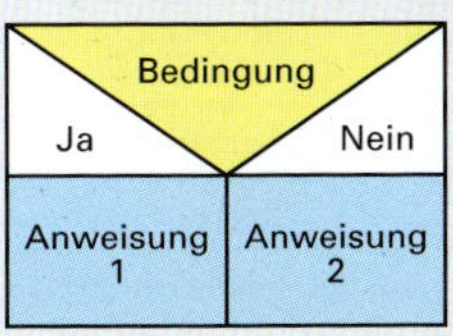	Verzweigungsblock (Auswahlblock), zweiseitig. Der Verzweigungsblock enthält eine Verzweigung mit den Alternativen Ja oder Nein.
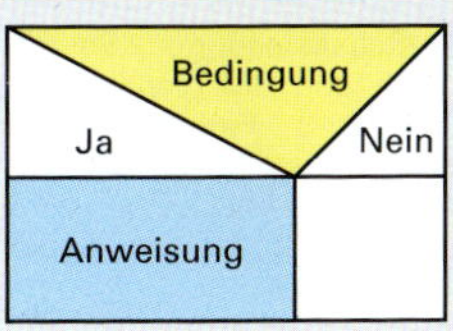	Verzweigungsblock, einseitig. Bei diesem Verzweigungsblock enthält nur ein Zweig Anweisungen. Der andere Zweig wird ohne Anweisungen durchlaufen.

Symbol	Bezeichnung, Bedeutung
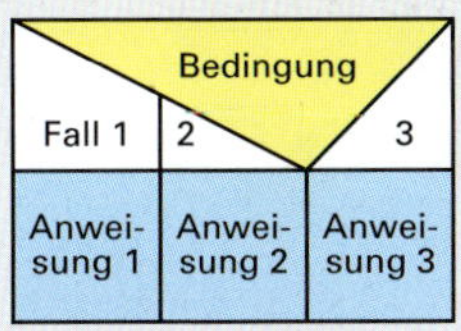	Verzweigungsblock, mehrfach. Beim mehrfachen Verzweigungsblock werden in Abhängigkeit von einer Bedingung mehrere Alternativen angeboten.
	Wiederholungsblock mit Anfangsbedingung. Die Anweisungen dieses Blockes werden wiederholt, solange die Bedingung erfüllt ist.
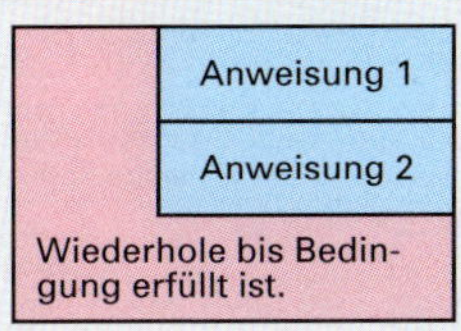	Wiederholungsblock mit Endebedingung. Die Anweisungen dieses Blockes werden wiederholt, bis die Bedingung erfüllt ist. Die Bedingung wird erst am Ende der Schleife geprüft.

Schaltzeichen der Pneumatik und Hydraulik 1
Graphic Symbols of Pneumatics and Hydraulics 1

vgl. ISO 1219

K

Wegeventile

Grundsymbole

Die 1. Ziffer gibt Anzahl der Anschlüsse an, die 2. Ziffer Anzahl der Schaltstellungen.
Anzahl der Rechtecke ist gleich Anzahl der Schaltstellungen.

- Grundsymbol für 2-Stellungs-Wegeventil
- Grundsymbol für 3-Stellungs-Wegeventil
- Anschlüsse an Ventile werden mit kurzen Strichen markiert

Durchflusswege

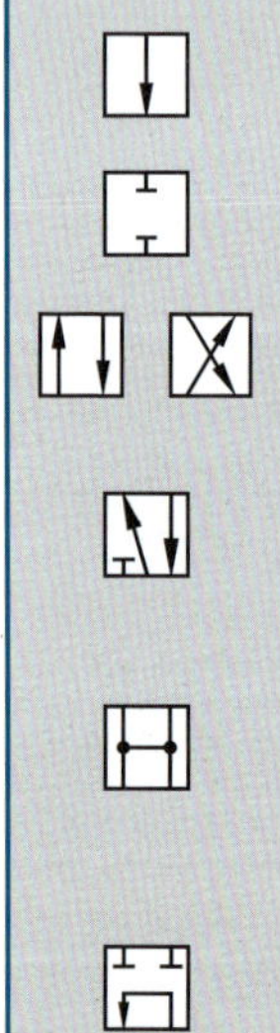

- ein Durchflussweg
- zwei gesperrte Anschlüsse
- zwei Durchflusswege
- zwei Durchflusswege und ein gesperrter Anschluss
- zwei Durchflusswege mit Verbindung zueinander
- ein Durchflussweg in Nebenschlussschaltung und zwei gesperrte Anschlüsse

Bauarten (der Wegeventile)

2/-Wegeventile

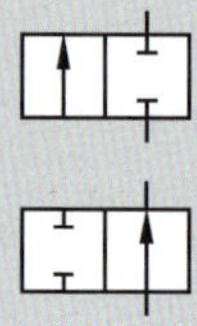

- 2/2-Wegeventil mit Sperr-Ruhestellung
- 2/2-Wegeventil mit Durchfluss-Ruhestellung

3/-Wegeventile

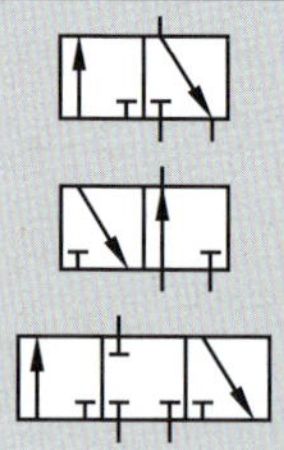

- 3/2-Wegeventil mit Sperr-Ruhestellung
- 3/2-Wegeventil mit Durchfluss-Ruhestellung
- 3/3-Wegeventil mit Sperr-Mittelstellung

4/-Wegeventile

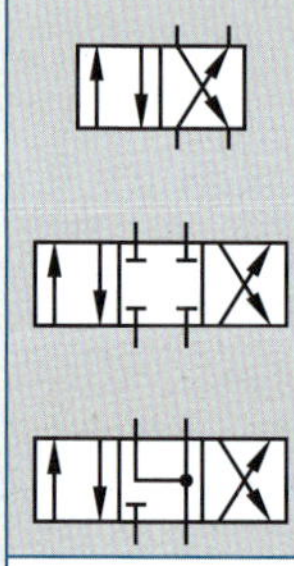

- 4/2-Wegeventil
- 4/3-Wegeventil mit Sperr-Mittelstellung
- 4/3-Wegeventil mit Schwimm-Mittelstellung

5/-Wegeventile

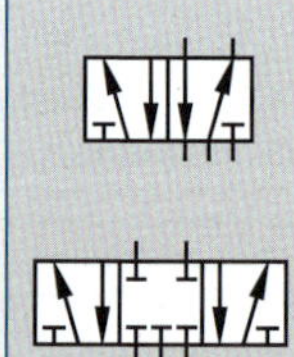

- 5/2-Wegeventil
- 5/3-Wegeventil mit Sperr-Mittelstellung

Betätigungsarten

Betätigung durch Muskelkraft

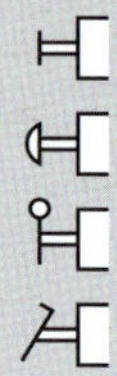

- allgemein
- durch Druckknopf
- durch Hebel
- durch Pedal

mechanische Betätigung

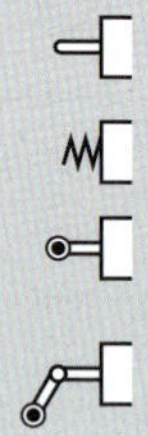

- durch Stößel
- durch Feder
- durch Rolle
- durch Rollenhebel, eine Betätigungsrichtung

Druckbetätigung

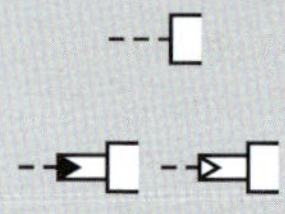

- direkt
- indirekt über Vorsteuerventil

elektrische Betätigung

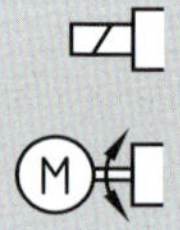

- durch Elektromagnet
- durch Elektromotor

kombinierte Betätigung

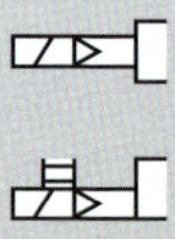

- durch Elektromagnet und Vorsteuerventil
- durch Elektromagnet mit Vorsteuerung und Handhilfsbetätigung

mechanische Bestandteile

- Raste

Kurzbezeichnung von Wegeventilen

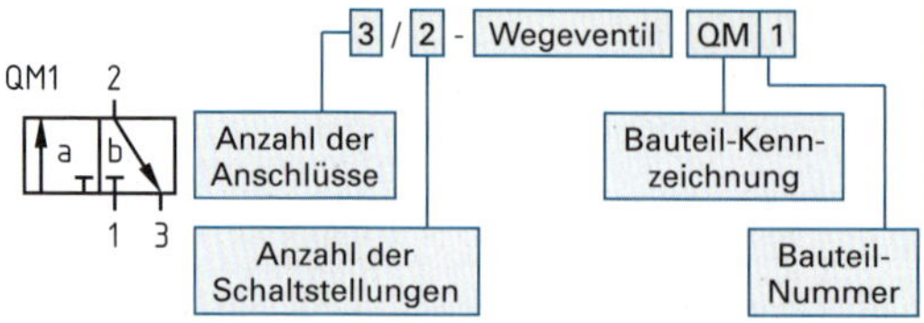

Anschlussbezeichnungen vgl. DIN EN 81 346-2

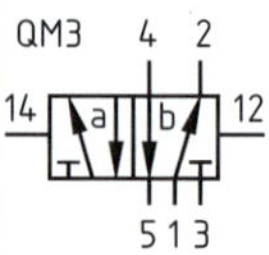

⇨ Wegeventil mit 5 Anschlüssen, 2 Schaltstellungen, Bauteilkennzeichnung QM (Ventil), Bauteilnummer 3. Ein Impuls an Steueranschluss 12 bewirkt eine Verbindung des Anschlusses 1 mit 2, ein Impuls an 14 eine Verbindung von 1 mit 4.

Schaltzeichen der Pneumatik und Hydraulik 2
Graphical Symbols of Pneumatics and Hydraulics 2

vgl. ISO 1219

Funktionssymbole

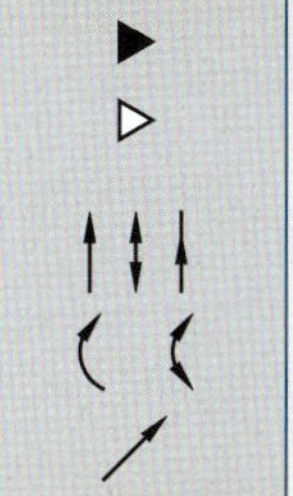

- Hydrostrom
- Druckluftstrom
- Strömungsrichtung
- Drehrichtung
- Verstellbarkeit

Energieübertragung

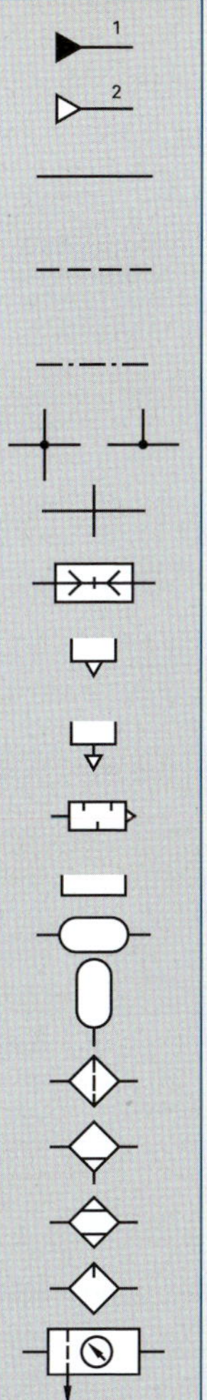

- Druckquelle
- Arbeitsleitung
- Steuerleitung, Leckstromleitung
- Umrahmung von Baugruppen
- Leitungsverbindung
- Leitungskreuzung
- Schnellkupplung
- Entlüftung ohne Anschluss
- Entlüftung mit Anschluss
- Geräuschdämpfer
- Behälter
- Druckbehälter
- Hydrospeicher
- Filter oder Sieb
- Wasserabscheider
- Lufttrockner
- Öler
- Aufbereitungs-Einheit

[1] hydraulisch [2] pneumatisch

Energieumformung

Pumpen, Kompressoren

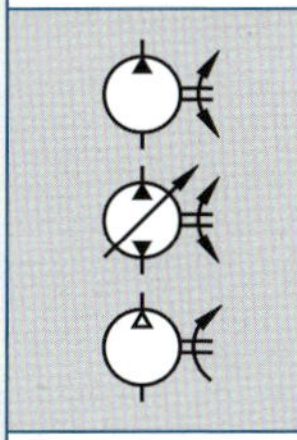

- Konstant-Hydropumpe, eine Drehrichtung
- Verstell-Hydropumpe, zwei Drehrichtungen
- Kompressor, eine Drehrichtung

Motoren

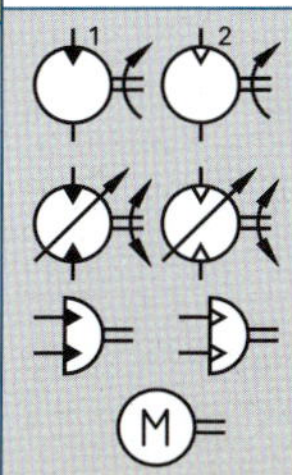

- Konstantmotor, eine Drehrichtung
- Verstellmotor, zwei Drehrichtungen
- Drehantrieb
- Elektromotor

einfach wirkende Zylinder

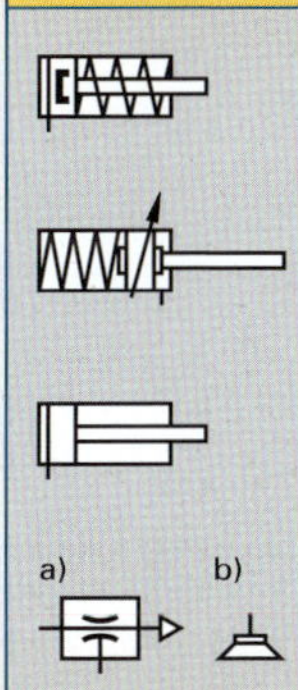

- Rückhub durch Feder, mit Magnet für Positionsabfrage
- Rückhub durch Feder, mit einstellbarer Endlagendämpfung
- Rückhub durch unbestimmte Kraft
- a) Vakuumerzeuger (Ejektorprinzip),
  b) Saugnapf

doppelt wirkende Zylinder

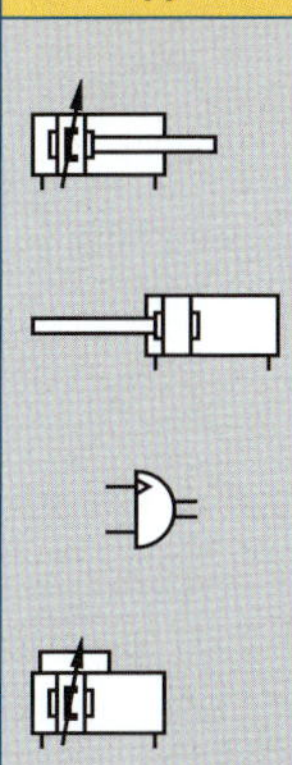

- einstellbare beidseitige Endlagendämpfung und Magnet für Positionsabfrage
- beidseitige nicht einstellbare Endlagendämpfung, gespiegelt
- Schwenkzylinder, Grundstellung durch Dreieck angezeigt
- mit Schlitten und Endlagendämpfung und Positionsabfrage

Sperrventile

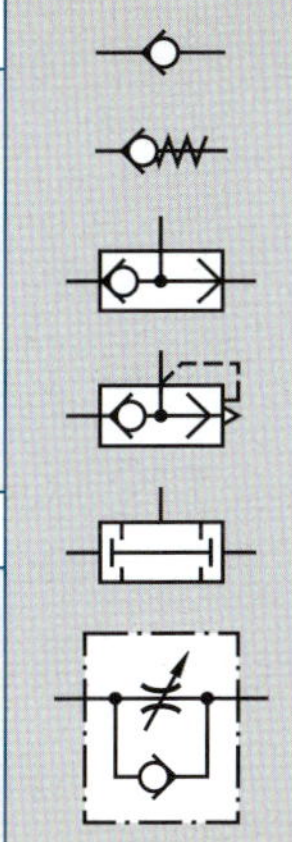

- Rückschlagventil unbelastet
- Rückschlagventil federbelastet
- Wechselventil (ODER-Funktion)
- Schnellentlüftungsventil
- Zweidruckventil (UND-Funktion)
- Drosselrückschlagventil, einstellbar

Druckventile

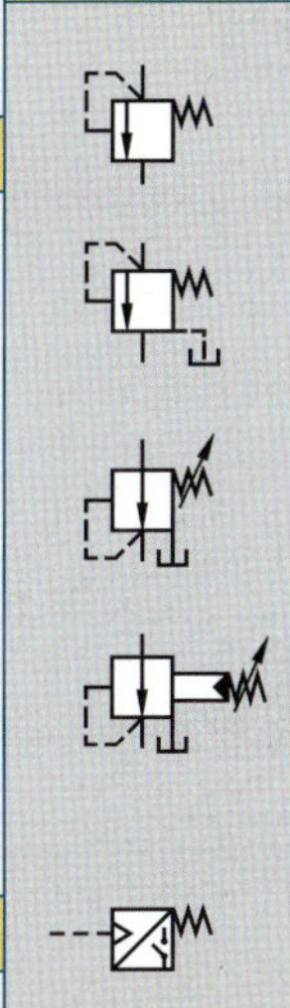

- Druckkbegrenzungsventil
- Folgeventil
- 2-Wege-Druckreduzierventil, direktwirkend
- 2-Wege-Druckreduzierventil, vorgesteuert
- Druckschalter (gibt bei einem voreingestellten Druck ein elektr. Signal ab)

Stromventile

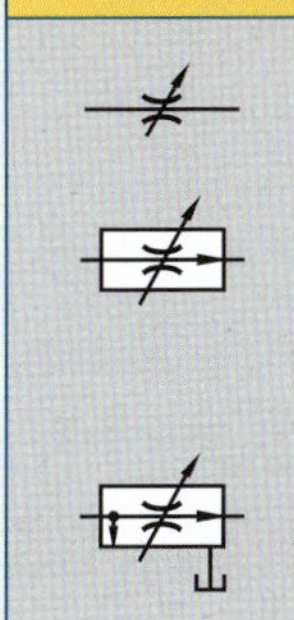

- Drosselventil verstellbar
- 2-Wege-Stromregelventil mit veränderlichem Auslassstrom
- 3-Wege-Stromregelventil mit veränderlichem Auslassstrom, Entlastungsöffnung zum Behälter

K

Pneumatik Grundschaltungen   Basic Pneumatic Circuits

Logische Bausteine kommen in jeder pneumatischen Steuerung vor. Durch die richtige Kombination wird ein hohes Maß an Ablaufsicherheit erreicht. www.festo-didactic.com; www.boschrexroth.com

UND-Funktion

Betriebsmittel kann man auch durch Zahlen kennzeichnen, z.B. BG1→1.1, KH1→1.2, (Nummer, Schaltkreis, Bauteil)

Siehe auch folgende Seite.

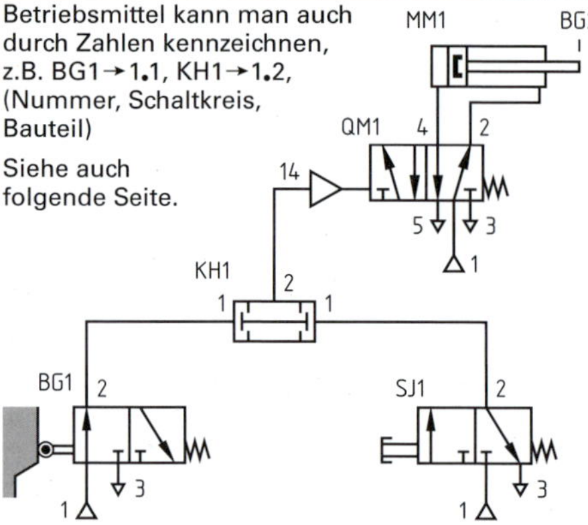

Ein UND-Ventil (KH1) wird dann eingesetzt, wenn **zwei** 1-Signale zur Funktionsausführung nötig sind. Mehrfach-UND zur Erfüllung zusätzlicher Bedingungen. Auch in Kombination mit ODER-Ventilen gebräuchlich.

ODER-Funktion

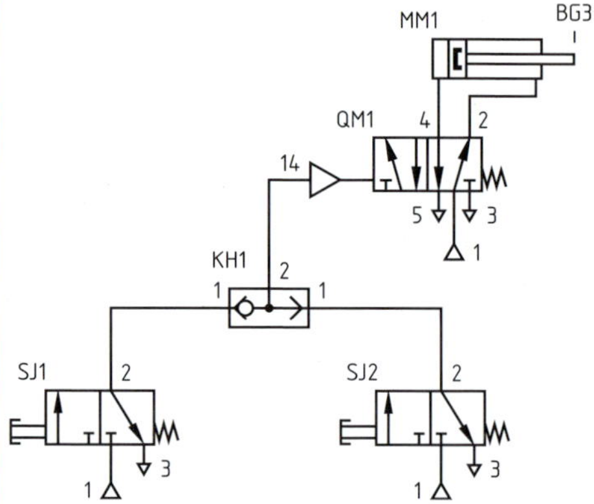

Ein ODER-Ventil (KH1) wird verwendet, wenn die Funktionsausführung von **2 voneinander unabhängigen** Stellen aus erfolgt. Ausgangssignal wird häufig als Eingangsbedingung für weitere ODER-Ventile eingesetzt.

Verzögerungsventil

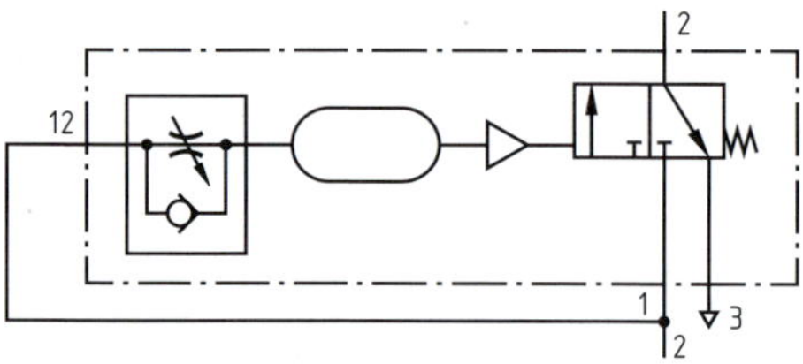

Das Verzögerungsventil schaltet erst nach einer **einstellbaren Zeit** durch.

Folgeventil

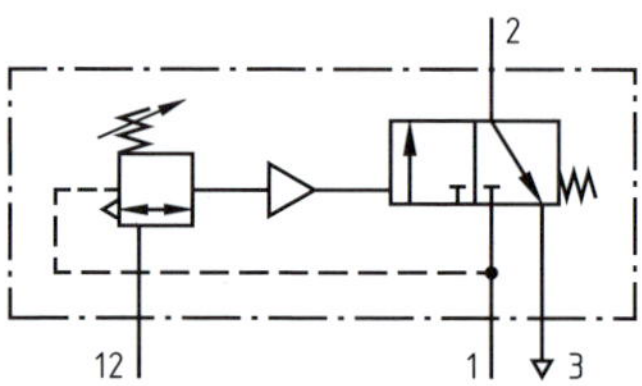

Mit Folgeventilen lässt sich der **Druck einstellen**, mit dem der Schaltvorgang ausgelöst wird.

Ventile zur Geschwindigkeitsregulierung

1

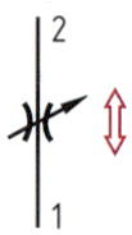

2

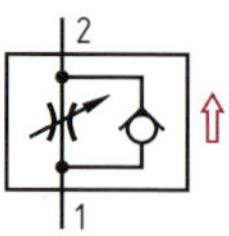

3

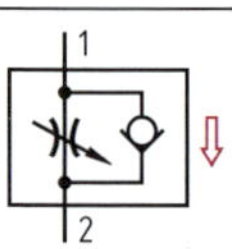

4

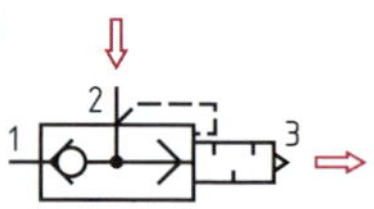

Drosselventile (Bild 1) drosseln den Volumenstrom in beiden Richtungen gleich.
Das **Drosselrückschlagventil** (Bild 2 und 3) wirkt nur in Pfeilrichtung.
Schnellentlüftungsventile (Bild 4) werden für schnelle Zylinderbewegungen und bei langen Druckluftleitungen eingesetzt.

Energieversorgung

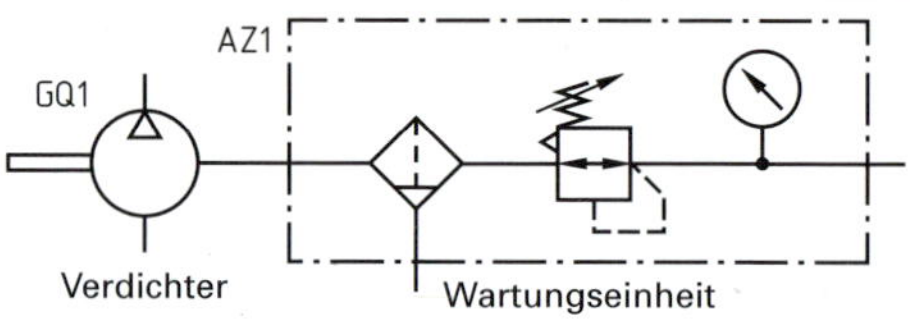

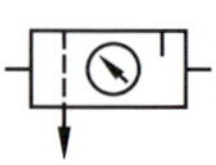

Kolben- oder Schraubenverdichter liefern einen Druck von 700 kPa bis 800 kPa (7 bar bis 8 bar).
Die **Wartungseinheit** beseitigt Schmutzpartikel und Kondensat, Schwankungen im Druckluftnetz werden ausgeglichen.
Der Energieversorgungsteil wird meist vereinfacht dargestellt.

Schaltpläne der Pneumatik und Hydraulik
Circuit Diagrams of Pneumatics and Hydraulics

vgl. DIN EN 81346-2

Aufbau eines Schaltplanes

- Die Steuerung wird untergliedert in Schaltkreise mit zusammenhängenden Steuerfunktionen.
- Baugruppen, wie z.B. Drosselrückschlagventile, werden durch eine strichpunktartige Linie umgrenzt.

Anordnung der Bauteile

- Die räumliche Anordnung der Bauteile in der Anlage wird nicht berücksichtigt.
- Bauteile eines Schaltkreises werden von unten nach oben in Richtung des Energieflusses und von links nach rechts angeordnet:
  - Energiequellen: unten links,
  - Steuerungselemente in fortlaufender Reihenfolge: aufwärts von links nach rechts,
  - Antriebe: oben von links nach rechts.
- Hydraulikbauteile werden in der Ausgangsstellung der Anlage dargestellt.
- Pneumatikbauteile werden in der Ausgangsstellung der Anlage mit Druckbeaufschlagung dargestellt.
- Gleichartige Bauelemente oder Baugruppen sollen innerhalb eines Schaltkreises in gleicher Höhe dargestellt werden.
- Geräte, die durch Antriebe betätigt werden, z.B. Grenztaster, werden an ihrer Betätigungsstelle durch einen kleinen Markierungsstrich und ihren Kennzeichnungsschlüssel dargestellt.

  Bei einseitig arbeitenden Rollenhebelventilen ist ein Richtungspfeil an den Markierungsstrich anzufügen.

Kennzeichnung der Bauteile

Ein Referenzkennzeichen dient zum Auffinden von Informationen zu diesem Objekt. Ein Referenzkennzeichen muss bestehen aus

- einem oder zwei Kennbuchstaben oder
- Kennbuchstaben mit Nummer oder
- einer Nummer.

Bei Bedarf, vor allem bei umfangreichen Plänen, wird ein Vorzeichen davorgesetzt.
Das Vorzeichen beschreibt die Betrachtungsweise (Aspekt) der Komponente.

= Funktionsaspekt – Produktaspekt
+ Ortsaspekt # andere Aspekte

Die Kennzeichnung von Objekten erfolgt nach dem gewünschten Zweck. Beispiel Ohm'scher Widerstand:

Zweck	Kennbuchstaben
Strombegrenzung	R oder RA
Heizen	E oder EB
Messwiderstand	B oder BA

Weitere Kennbuchstaben und Komponenten

AZ	Wartungseinheit	QM	Wegeventil
BG	Endschalter	RA	Drossel
KF	Hilfsschütz, Relais, CPU, SPS	RM	Rückschlagventil
KH	Ventilblock	RN	Pneumatische Drossel
MB	Elektromagnet	RZ	Drosselrückschlagventil
MM	Zylinder	SJ	Handbetätigte Ventile
QA	Schütz		

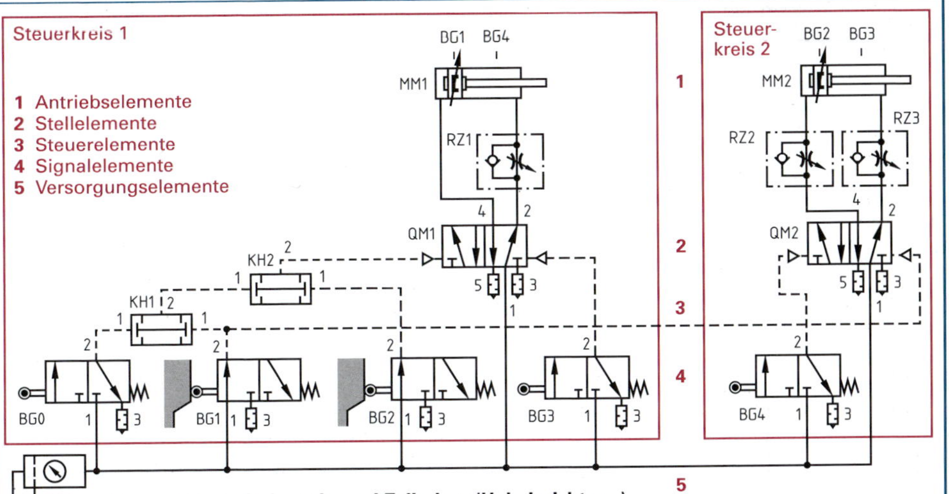

Pneumatikschaltplan mit zwei Zylindern (Hubeinrichtung)

Fließbilder P&I Diagrams vgl. DIN EN 62424 (VDE 0810-24)

Ein Fließbild ist die grafische Darstellung eines Prozesses mittels genormter und alphanumerisch beschrifteter Symbole. Die PCE-Aufgabe (PCE von Process Control Engineering) wird durch ein langlochförmiges Oval dargestellt, die PCE-Leitfunktion durch ein rechteckig verlängertes Sechseck.

Symbole für PCE-Aufgaben und PCE-Leitfunktion

PCE-Aufgabe

PCE von Process Control Engineering

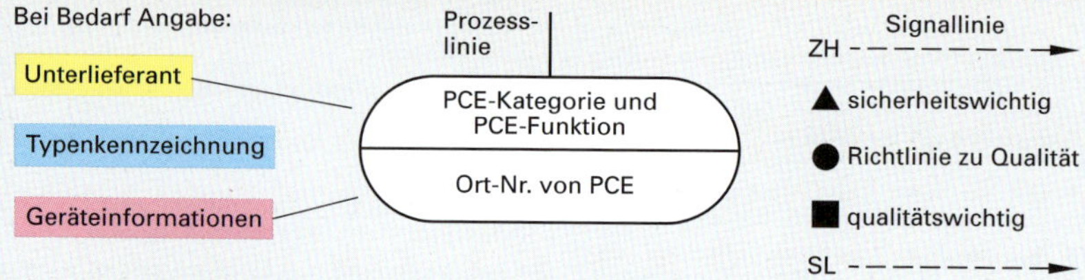

PCE-Leitfunktion

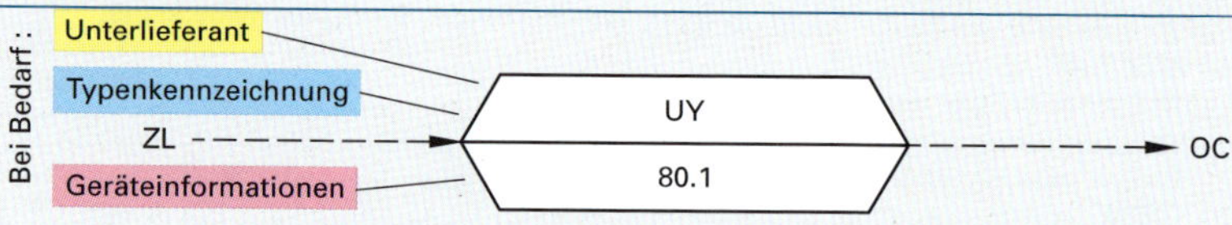

Bedienoberfläche

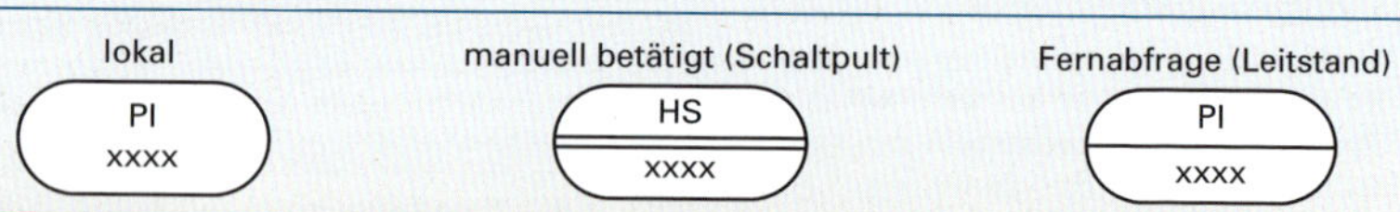

Beschriftung im Fließbild

Die Beschriftung der Fließbilder besteht aus einem Erstbuchstaben für die PCE-Kategorie und einem oder mehreren Folgebuchstaben für die Verarbeitungsfunktion, z.B. PI analoge Druckanzeige.

Buchstabe	Bedeutung des Erstbuchstabens für PCE-Kategorie	Bedeutung der Folgebuchstaben für PCE-Verarbeitungsfunktionen
A	Analyse	Alarm, Meldung,
B	Flammenüberwachung	Beschränkung, Eingrenzung
C	Anwender definiert und dokumentiert	Regelung
D	Dichte	Differenz
E	elektrische Spannung	N.A.
F	Durchfluss	Verhältnis
G	Abstand, Länge, Stellung	N.A.
H	Handeingabe, Handeingriff	oberer Grenzwert, an (on), offen
I	elektrischer Strom	Analoganzeige
J	elektrische Leistung	N.A.
K	zeitbasierte Funktion	N.A.
L	Füllstand	unterer Grenzwert, aus (off), geschlossen
M	Feuchte	N.A.
N	Motor	N.A.
O	Anwender definiert und dokumentiert	Statusanzeige von Binärsignalen
P	Druck	N.A.
Q	Menge oder Anzahl	Summe, Integral
R	Strahlungsgrößen	aufgezeichneter Wert
S	Geschwindigkeit, Drehzahl, Frequenz	Schaltfunktion, nicht sicherheitswichtig
T	Temperatur	N.A.
U	Steuerfunktion, Anwender dokumentiert	N.A..
V	Schwingung	N.A.
W	Masse, Gewicht, Kraft	N.A.
X	Anwender definiert und dokumentiert	Anwender definiert und dokumentiert
Y	Stellventil	Rechenfunktion
Z	Anwender definiert und dokumentiert	Schaltfunktion, sicherheitswichtig

N.A. in der Norm nicht angegebene Buchstaben, die in einem Fließbild ausnahmsweise angegeben werden können, wenn sie der Anwender definiert und dokumentiert hat.

Beispiele von Fließbildern   Examples of P&I Diagrams

vgl. DIN EN 62424 (VDE 0810-24)

Fließbild	Erklärung
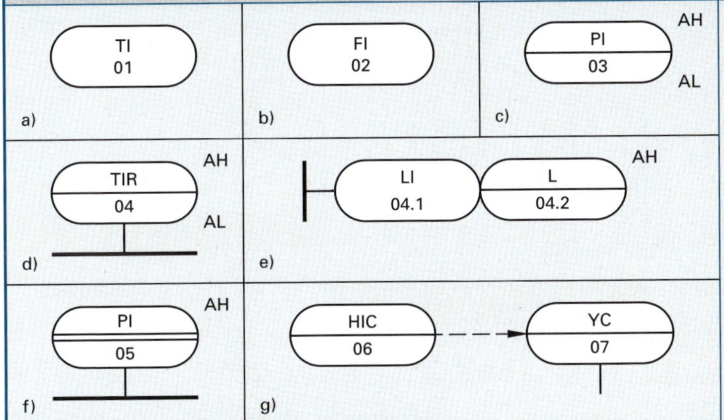	a) lokale, analoge Temperaturanzeige, b) lokale analoge Durchflussanzeige, c) im Leitstand Druckanzeige mit Alarm bei Grenzwerten, d) aufgezeichnete Temperaturanzeige im Leitstand, e) lokale Füllstandsanzeige und Hoch-Alarm im Leitstand, f) lokales Schaltpult mit Druckanzeige, g) Handregler mit Anzeige für Stellventil
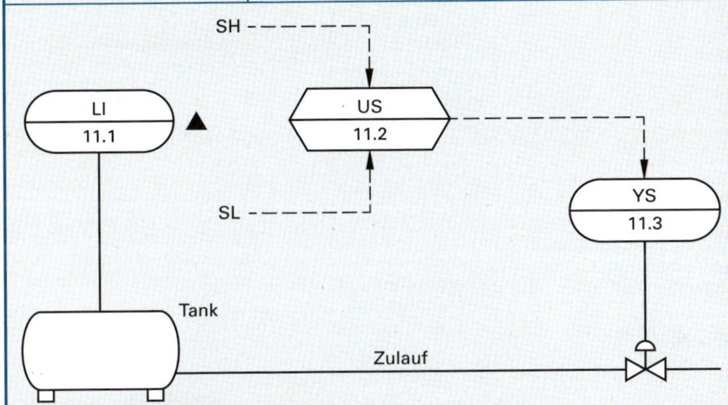**Füllstandsregelung mit Auf/Zu-Ventil und Leitstandskontrolle**	Die PCE-Funktionen 11.1 bis 11.3 erfolgen im Leitstand. Vom Tank zu 11.1 wird der für die Sicherheit wichtige analoge I Füllstand L über die Prozessleitung erfasst (LI). Die PCE-Leitfunktion 11.2 wird über Signalleitungen auf den zulässigen Bereich zwischen höchster H und kleinster L Füllgeschwindigkeit eingestellt. 10.2 befiehlt mit 11.3 dem Stellventil Y die Schaltfunktion S.
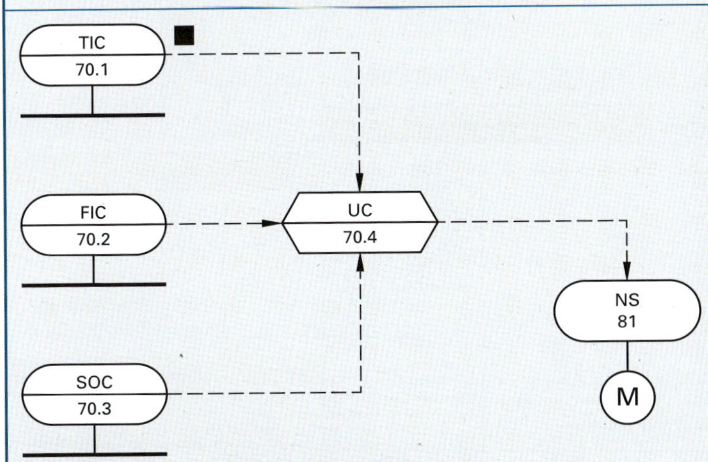**Mehrgrößenregelung für einen Antriebsmotor**	Die PCE-Funktionen 70.1 bis 70.3 erfolgen in einem Leitstand. Die PCE-Funktion erfolgt örtlich bei 81. 70.1 meldet die qualitätswichtige Temperatur analog der PCE-Leitfunktion 70.4. Diese steuert über eine Signalleitung für den Motor die Schaltfunktion NS von 81. In entsprechender Weise erfolgen Meldungen von Durchfluss an Kühlwasser und Drehzahl an 70.4.

K

K

Symbole der Verfahrenstechnik Symbols in Process Engineering

Symbol	Benennung
Leitungen	
1 mm	Leitung für Hauptprodukt
0,5 mm	Leitung für Nebenprodukt
0,25 mm	Steuerleitung
	Leitungskreuzung
	Leitungsabzweig
a) b)	Doppelabzweig
Fließpfeile	
	Fließrichtung, allgemein
	Eingang, Ausgang wichtiger Stoffe
Armaturen	
	Absperrarmatur, allgemein
	desgleichen (Eckform)
	desgleichen (Dreiwegeform)
	Absperrschieber
	Absperrklappe
Fördereinrichtungen	
	Pumpe, allgemein
	Verdichter, Vakuumpumpe, allgemein
	Stetigförderer, allgemein
	Schneckenförderer
Behälter	
	Behälter, allgemein
	Kugelbehälter

Symbol	Benennung
Kolonnen, Reaktoren	
	Kolonne mit Einbauten, allgemein
	Behälter mit Festbett
	Behälter mit Fließbett
Heizen und Kühlen	
	Heizen oder Kühlen, allgemein
	Wärmetauscher mit gekreuzten Fließlinien
	desgleichen, ohne Kreuzung
	desgleichen, mit Rohrschlange
	Doppelrohrwärmetauscher
	Dampfkessel
	Abzugshaube
	Schornstein
Zerkleinerung	
	Zerkleinerungsmaschine, allgemein
	Mühle, allgemein
	Prallbrecher
	Walzenbrecher

Symbol	Benennung
Sieben, Sichten	
	Siebapparat, Rechen, allgemein
	Sichter, allgemein
Filtern	
	Filterapparat, allgemein
	Gasfilter, Luftfilter, allgemein
Abscheider	
	Abscheider, allgemein
	Fliehkraftabscheider, Zyklon
	Elektrostatischer Abscheider
Zentrifugen	
	Zentrifuge, allgemein
	desgleichen, mit Siebmantel
Trocknen	
	Trockner, allgemein
	Zerstäubungstrockner
Sortieren	
	Sortierapparat, allgemein

Erstellen einer Dokumentation über Geräte oder Anlagen
Preparing Documentation on Equipment or Installations

Vorgang	Arbeitsablauf	Bemerkungen, Beispiel
Inhalts-verzeichnis erstellen	• Überschriften der Hauptabschnitte festlegen, • Umfang der Hauptabschnitte festlegen, • Unterteilung der Hauptabschnitte vornehmen und • Seitennummern den Abschnittsnummern zuordnen.	Nummerierung der Hauptabschnitte mit 1, 2, 3 usw., der nachgeordneten Abschnitte mit 1.1, 1.2 ... bzw. 1.1.1, 1.1.2 ... vornehmen. Überschriften in Fettdruck, evtl. nachgeordnete in kleinerer Type. Zuordnung der Seitennummern kann im Laufe der Bearbeitung geändert werden.
Sammlung geeigneter Bilder	• Bilder zu den Hauptabschnitten suchen bzw. Skizzen anfertigen. • Bei als Datei entnommenen Bildern (Computerbilder) soll die Auflösung mindestens 300 dpi betragen. • Aus dem Internet geladene Bilder sind wegen zu geringer Auflösung meist ungeeignet. Viele Betriebe stellen aber gerne geeignete Bilder als Datei zur Verfügung. • Tabellen (soweit nötig) zu den Hauptabschnitten suchen bzw. entwerfen und • prüfen, ob die wichtigsten Inhalte durch Bilder und Tabellen abgedeckt sind. • Bilder möglichst vereinfachen.	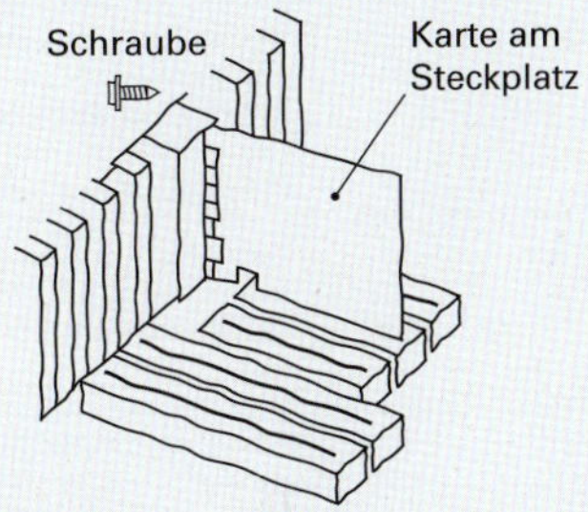 **Freihandskizze**
Bildbe-arbeitung	• Prüfen, ob einfarbig oder mehrfarbig, • Strichzeichnungen normgerecht erstellen, • Fotos evtl. durch Beschriftung ergänzen, • Bilder gleich breit machen und • Bildunterschriften zu jedem Bild festlegen. • Klären, ob bei Computerbildern die Auflösung genügt. • Sicherstellen, dass durch übernommene Bilder keine fremden Urheberrechte verletzt werden.	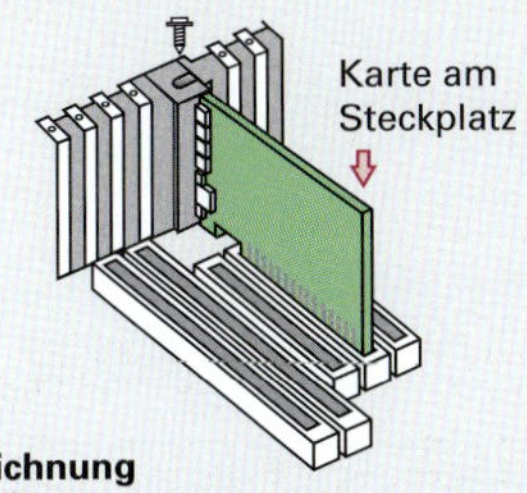 **Reinzeichnung**
Entwurf des Rohtextes	• Anhand der ausgewählten Bilder den Text formulieren, • dabei für Gleiches immer die gleichen Begriffe verwenden, • bei gleichen Sachverhalten auch gleiche Satzstrukturen verwenden.	Ergänzungen zu Stellen ohne Bilder vornehmen. In einer Dokumentation können Begriffe beliebig oft wiederholt werden, kein Literaturdeutsch anstreben. Fachworte, insbesondere Fremdworte, erklären.
Erstellung des endgültigen Textes	• Rohtext selber korrigieren, • Text durch Sachkundigen überprüfen lassen, • Korrekturen, wenn sinnreich, übernehmen, • Reinschrift vornehmen, • bei Bedarf in Fremdsprache übersetzen lassen.	Rechtschreibung und Kommasetzung beachten, Wörterbuch, z.B. Duden, gebrauchen. Bildhinweise im Text mindestens beim erstmaligen Gebrauch des Bildes einheitlich vornehmen. Der endgültige Text wird den Kunden oft als PDF-Datei (CD, DVD, Internet-Download) gegeben und nicht in Papierform.
Layout	• Festlegen, ob einspaltiger oder mehrspaltiger Satz, • angeben, ob Blocksatz oder Flattersatz, • beim Satz nicht mehr als 60 Zeichen je Zeile und bei mehrspaltigem Satz nicht weniger als 40 Zeichen je Zeile vorsehen.	Bilder einheitlich anordnen, z.B. in einer rechten Spalte oder vor dem entsprechenden Bildhinweis. Hauptabschnitte mit neuer Seite beginnen lassen. Auf eine Seite höchstens drei Überschriften setzen. Raum für Ergänzungen frei lassen.
Bildver-zeichnis und Tabellen-verzeichnis erstellen	• Nummerierung z.B. nach Seite und dortiger Nummer, z.B. 100/1, 100/2 usw. • Urheberrechte beachten, insbesondere bei Entnahme aus Lehrbüchern.	Bildinhalt (Bildunterschrift) und bei Bedarf Quelle des Bildes angeben. Bei Tabellen ist entsprechend zu verfahren.

Aufbau und Inhalt einer Betriebsanleitung
Structure and Content of an Operating Manual

Kapitel	Inhalt	Bemerkungen
Beschreibung	Kurze Beschreibung der Bedienungselemente, Anzeigeelemente, Buchsen für Eingangssignale und Ausgangssignale. Grafiken dienen zur Verdeutlichung.	Dieses Kapitel dient der schnellen Orientierung. Es setzt oft mindestens Grundkenntnisse des Gerätes oder der Anlage voraus.
Montage	Hinweise für Aufstellungsbedingungen und den Zusammenbau anhand einer Stückliste, meist mit Explosionszeichnungen ergänzt.	Wichtig sind Abmaße und Umgebungsbedingungen wie Temperatur, Feuchtigkeit. Teilweise wird sogar das zu verwendende Werkzeug beschrieben bzw. abgebildet.
Inbetriebnahme	Reihenfolge der Inbetriebnahmeabläufe, Sicherheitshinweise, Anschlussskizzen, Maßnahmen zum Einschalten, Ausschalten, Prüfen, Überwachen, Korrigieren. Hinweise zum Voreinstellen (Konfigurieren) von Grundfunktionen.	Hierunter ist das erstmalige Einschalten eines Gerätes oder einer Anlage beim Kunden gemeint.
Funktionen	Beschreibung der Funktionen und deren Zusammenwirken. Sind diese vom Benutzer beeinflussbar, so ist deren Bedienung zu beschreiben.	Sie stellen die Leistungsbeschreibung des Gerätes oder der Anlage dar.
Einstellungen	Standardeinstellwerte (Grundeinstellungen) von Komponenten, Baugruppen oder Softwaremodulen.	Zu beschreiben sind Starteinstellwerte bei der Inbetriebnahme und mögliche Einstellwerte im ungestörten Betrieb.
Betrieb	Einschalten, Ausschalten durch den Kunden im ungestörten Betrieb. Verhaltensweisen bei gestörtem Betrieb.	Vorsichtsmaßnahmen für einen ungestörten Betrieb sind zu beschreiben, z.B. bei Temperaturwechsel, Feuchtigkeit, Staub, EMV.
Fehlermeldungen, Fehlerbehandlung	Beschreibung der Fehlermeldungen (Störmeldungen, Alarmmeldungen) und Beschreibung der jeweils einzuleitenden Maßnahmen zur Beseitigung.	Die Fehlermeldungen müssen aussagefähig und vollständig sein. Die Darstellung erfolgt am übersichtlichsten tabellarisch.
Instandhaltung, Wartung	Beschreibung von Wartungsintervallen und den zu wartenden Komponenten oder Baugruppen mit den dazugehörenden Maßnahmen.	Es ist zu unterscheiden, welche Wartungsarbeiten vom Kunden selbst und welche Wartungsarbeiten vom Kundendienstpersonal des Herstellers vorzunehmen sind.
Kundendienst, Ersatzteilhaltung	Angaben über notwendige Daten zur Ersatzteilbeschaffung. Angaben über Kundendienstleistungen, Kundendienstadressen, Adressen zur Ersatzteilbeschaffung, Hotline-Adressen (Telefon, Fax, E-Mail).	Die Adressen für Kundendienst und Ersatzteilbeschaffung sind in Regionen einzuteilen.
Technische Daten	Angaben zur elektrischen Spannungsversorgung, elektrischen Leistungsaufnahme, Kennwerte für Hydraulikkomponenten, Pneumatikkomponenten. Angaben zu Schnittstellen, Datenübertragungsraten, Drehzahlen, Kraftmomente, Gewichte, Abmessungen, mitgeliefertes Zubehör.	Die technischen Daten sind oft als Anhang beschrieben. Die angegebenen Werte gelten für den störungsfreien Betrieb. Auf zulässige Toleranzen sollte hingewiesen werden.

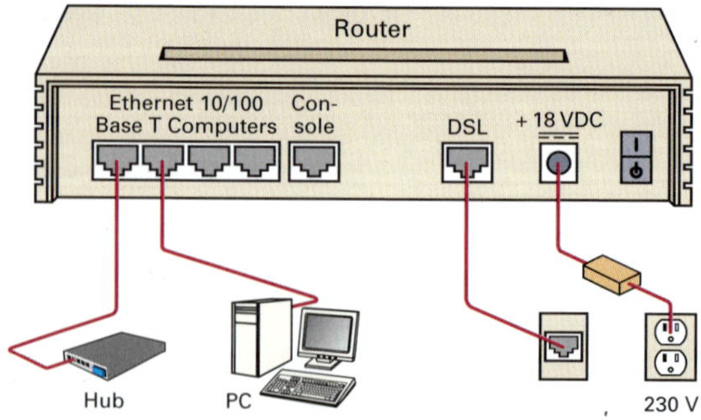

Auszug aus Betriebsanleitung für LAN-Router

Teil WF: Chemie, Werkstoffe, Fertigung Part WF: Chemistry, Materials, Production

Chemie

${}^{23}_{11}Na$ ${}^{238}_{92}U$

Werkstoffe

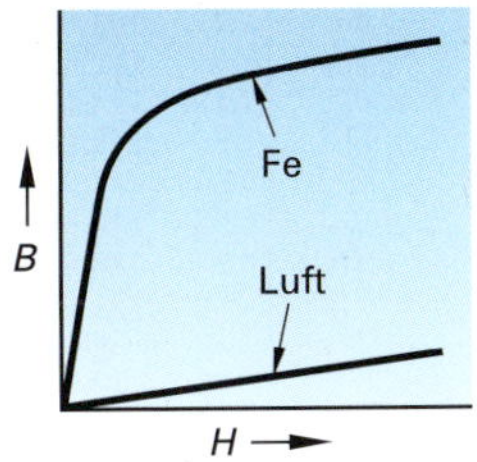

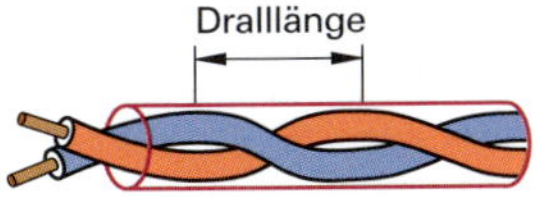

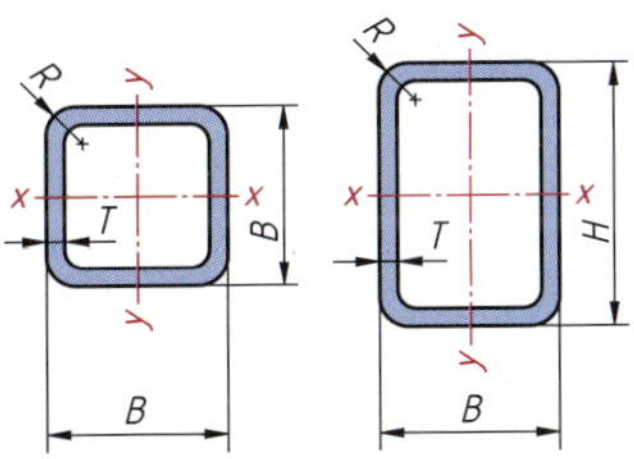

Fertigung

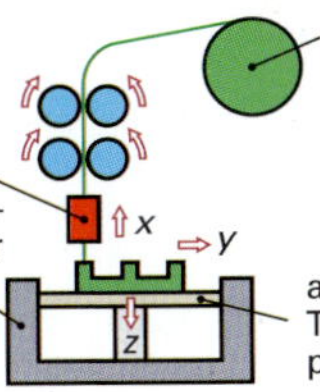

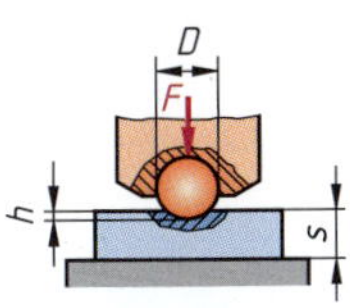

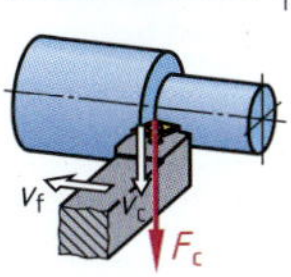

Chemie 1 Chemistry 1

WF

Periodisches System der Elemente Periodic Table of the Elements

Kurzzeichen	Element	Periode[1]	Gruppe[2]	Z[3]	relative Atommasse[4]	Art[5]
H	Wasserstoff	1	I	1	1,000	G
He	Helium		VIII	2	4,002	EG
Li	Lithium	2	I	3	6,941	M
Be	Beryllium		II	4	9,012	M
B	Bor		III	5	10,811	N
C	Kohlenstoff		IV	6	12,011	N
N	Stickstoff		V	7	14,000	G
O	Sauerstoff		VI	8	15,999	G
F	Fluor		VII	9	18,998	G
Ne	Neon		VIII	10	20,179	EG
Na	Natrium	3	I	11	22,989	M
Mg	Magnesium		II	12	24,305	M
Al	Aluminium		III	13	26,981	M
Si	Silicium		IV	14	28,086	N
P	Phosphor		V	15	30,974	N
S	Schwefel		VI	16	32,064	N
Cl	Chlor		VII	17	35,453	G
Ar	Argon		VIII	18	39,948	EG
K	Kalium	4	I	19	39,102	M
Ca	Calcium		II	20	40,080	M
Sc	Scandium		IIIa	21	44,956	M
Ti	Titan		IVa	22	47,900	M
V	Vanadium		Va	23	50,942	M
Cr	Chrom		VIa	24	51,996	M
Mn	Mangan		VIIa	25	54,938	M
Fe	Eisen		VIIIa	26	55,847	M
Co	Cobalt		VIIIa	27	58,933	M
Ni	Nickel		VIIIa	28	58,710	M
Cu	Kupfer		Ib	29	63,546	M
Zn	Zink		IIb	30	65,370	M
Ga	Gallium		III	31	69,720	M
Ge	Germanium		IV	32	72,590	M
As	Arsen		V	33	74,922	N
Se	Selen		VI	34	78,960	M
Br	Brom		VII	35	79,904	N
Kr	Krypton		VIII	36	83,800	EG
Rb	Rubidium	5	I	37	85,468	M
Sr	Strontium		II	38	87,620	M
Y	Yttrium		IIIa	39	88,905	M
Zr	Zirconium		IVa	40	91,220	M
Nb	Niob		Va	41	92,906	M
Mo	Molybdän		VIa	42	95,940	M
Tc	Technetium		VIIa	43	(98)	M
Ru	Ruthenium		VIIIa	44	101,070	EM
Rh	Rhodium	5	VIIIa	45	102,905	EM
Pd	Palladium		VIIIa	46	106,400	EM
Ag	Silber		Ib	47	107,868	EM
Cd	Cadmium		IIb	48	112,400	M
In	Indium		III	49	114,820	M
Sn	Zinn		IV	50	118,69	M
Sb	Antimon		V	51	121,75	M
Te	Tellur		VI	52	127,600	M
I	Iod (Jod)		VII	53	126,905	N
Xe	Xenon		VIII	54	131,300	EG
Cs	Caesium	6	I	55	132,905	M
Ba	Barium		II	56	137,340	M
–	Lanthanoide		IIIa	57..71	–	M
Hf	Hafnium		IVa	72	178,490	M
Ta	Tantal		Va	73	180,948	M
W	Wolfram		VIa	74	183,850	M
Re	Rhenium		VIIa	75	186,200	M
Os	Osmium		VIIIa	76	190,200	EM
Ir	Iridium		VIIIa	77	192,200	EM
Pt	Platin		VIIIa	78	195,090	EM
Au	Gold		Ib	79	196,967	EM
Hg	Quecksilber		IIb	80	200,590	M
Tl	Thallium		III	81	204,370	M
Pb	Blei		IV	82	207,200	M
Bi	Wismut		V	83	208,981	M
Po	Polonium		VI	84	(209)	M
At	Astat		VII	85	(210)	M
Rn	Radon		VIII	86	(222)	EG
Fr	Francium	7	I	87	(223)	M
Ra	Radium		II	88	(226)	M
Ac	Actinium		IIIa	89	(227)	M
Th	Thorium		IIIa	90	(232)	M
Pa	Protactinium		IIIa	91	(231)	M
U	Uran		IIIa	92	(238)	M
Np	Neptunium		IIIa	93	(237)	TU
Pu	Plutonium		IIIa	94	(244)	TU
Am	Americum		IIIa	95	(243)	TU
Cm	Curium		IIIa	96	(247)	TU
Bk	Berkelium		IIIa	97	(251)	TU
Cf	Californium		IIIa	98	(252)	TU
E	Einsteinium		IIIa	99	(252)	TU
Fm	Fermium		IIIa	100	(257)	TU
Mv	Mendelevium		IIIa	101	(258)	TU
No	Nobelium		IIIa	102	(259)	TU
Lr	Lawrentium		IIIa	103	(260)	TU
Ku	Kurchatorium		IVa	104	(261)	TU

1 Periode = Zahl der Elektronenschalen
2 Ordnungsgruppe im periodischen System; Elemente der gleichen Gruppe haben ähnliche Eigenschaften
3 Ordnungszahl im periodischen System (Kernladungszahl ≙ Protonenzahl)
4 Im Verhältnis zu 1/12 der Masse des häufigsten Kohlenstoffatoms; Werte in Klammern: zerfällt radioaktiv
5 M = Metall; N = Nichtmetall; G = Gas; EG = Edelgas; EM = Edelmetall; TU = künstliches Transuran

pH-Wert

Art der wässerigen Lösung	← zunehmend sauer							neutral	zunehmend basisch →						
pH-Wert	0	1	2	3	4	5	6	7	8	9	10	11	12	13	14
Konzentration H^+ in g/l	10^0	10^{-1}	10^{-2}	10^{-3}	10^{-4}	10^{-5}	10^{-6}	10^{-7}	10^{-8}	10^{-9}	10^{-10}	10^{-11}	10^{-12}	10^{-13}	10^{-14}

WF

Wichtige Chemikalien

Häufige Bezeichnung	Chemische Bezeichnung	Formel	Eigenschaften	Verwendung
Aceton	Aceton, Propanon	$(CH_3)_2CO$	farblose, brennbare, leicht verdunstende Flüssigkeit	Lösungsmittel für Farben, Acetylen und Kunststoffe
Acetylen	Ethin	C_2H_2	reaktionsfreudiges, farbloses Gas, hoch explosiv	Brenngas beim Schweißen, Ausgangsstoff für Kunststoffe
Borax	Natrium-tetraborat	$Na_2B_4O_7$	weißes Kristallpulver, Schmelze löst Metalloxide	Flussmittel beim Hartlöten, zur Wasserenthärtung, Glasrohstoff
Chlorkalk	Calcium-hypochlorit	CaCl (ClO)	weißes Pulver, spaltet Sauerstoff und hypochlorige Säure ab	als Bleich- und Desinfektionsmittel, Entgiftung von Bädern
Kochsalz	Natriumchlorid	NaCl	farbloses, kristallines Salz, leicht wasserlöslich	Würzmittel, für Kältemischungen, zur Chlorgewinnung
Kohlendioxid, Kohlensäure	Kohlenstoff-dioxid	CO_2	wasserlösliches, unbrennbares Gas, erstarrt bei – 78 °C	Schutzgas beim MAG-Schweißen, Kohlensäureschnee als Kältemittel
Korund	Aluminiumoxid	Al_2O_3	sehr harte, farblose Kristalle, Schmelzpunkt 2050 °C	Schleif- und Poliermittel, oxidkeramische Werkstoffe
Kupfervitriol	Kupfersulfat	$CuSO_4$	blaue, wasserlösliche Kristalle, mäßig giftig	galvanische Bäder, Schädlingsbekämpfung, zum Anreißen
Mennige Bleimennige	Blei(II,IV)oxid	Pb_3O_4	rotes Pulver hoher Dichte, stark giftig, umweltbelastend	Bestandteil von Rostschutzfarben, Glasherstellung
Salmiakgeist	Ammonium-hydroxid	NH_4OH	farblose, stechend riechende Flüssigkeit, schwache Lauge	Reinigungsmittel (Fettlöser), Neutralisation von Säuren
Salpeter	Natrium- oder Kaliumnitrat	$NaNO_3$ KNO_3	farblose, leicht schmelzbare Kristalle (337 °C)	Salzbäder, Oxidationsmittel, Sprengstoffe, Düngemittel
Salpetersäure	Salpetersäure	HNO_3	sehr starke Säure, löst Metalle (außer Edelmetalle) auf	Ätzen und Beizen von Metallen, Herstellung von Chemikalien
Salzsäure	Chlorwasser-stoff	HCl	farblose, stechend riechende, starke Säure	Ätzen und Beizen von Metallen, Herstellung von Chemikalien
Schwefelsäure	Schwefelsäure	H_2SO_4	farblose, ölige, geruchlose Flüssigkeit, starke Säure	Beizen von Metallen, galvanische Bäder, Akkumulatoren
Soda	Natrium-carbonat	Na_2CO_3	farblose Kristalle, leicht wasserlöslich, basische Wirkung	Entfettungs- und Reinigungsbäder, Wasserenthärtung
Spiritus	Ethanol	C_2H_5OH	farblose, leicht brennbare Flüssigkeit, Siedepunkt 78 °C	Lösungsmittel, Reinigungsmittel, für Heizzwecke, Treibstoffzusatz
Tetra	Tetrachlor-kohlenstoff	CCl_4	farblose, nicht brennbare Flüssigkeit, gesundheitsschädlich	Lösungsmittel für Fette, Öle und Farben
Tri	Trichlorethen	$CHCl{=}CCl_2$	nicht brennbare, leicht verdunstende Flüssigkeit, giftig	Lösungsmittel für Öle, Fette, Harze, Reinigungsmittel
Zyankali	Kaliumcyanid	KCN	sehr stark giftiges Salz der Blausäure	Salzbäder zum Carbonitrieren, galvanische Bäder

Häufig vorkommende Molekülgruppen

Molekülgruppe Bezeichnung	Molekülgruppe Formel	Erläuterung	Beispiel Bezeichnung	Beispiel Formel
Carbid	$\equiv C$	Kohlenstoffverbindungen; teilweise sehr hart.	Siliciumcarbid	SiC
Carbonat	$= CO_3$	Verbindungen der Kohlensäure; spalten bei Wärmeeinwirkung CO_2 ab.	Calciumcarbonat	$CaCO_3$
Chlorid	– Cl	Salze der Salzsäure; in Wasser meist leicht löslich.	Natriumchlorid	NaCl
Hydroxid	– OH	Hydroxide entstehen aus Metalloxiden und Wasser; sie reagieren basisch.	Calciumhydroxid	$Ca(OH)_2$
Nitrat	$- NO_3$	Salze der Salpetersäure; in Wasser meist leicht löslich.	Kaliumnitrat	KNO_3
Nitrid	$\equiv N$	Stickstoffverbindungen; teilweise sehr hart.	Siliciumnitrid	SiN
Oxid	= O	Sauerstoffverbindungen; häufigste 0Verbindungsgruppe der Erde.	Aluminiumoxid	Al_2O_3
Sulfat	$= SO_4$	Salze der Schwefelsäure; in Wasser meist leicht löslich.	Kupfersulfat	$CuSO_4$
Sulfid	= S	Schwefelverbindungen; wichtige Erze, Spanbrecher in Automatenstählen.	Eisen(II)sulfid	FeS

Stoffwerte 1 Material Characteristics 1

WF

Gasförmige Stoffe

Stoff	Dichte bei 0 °C und 1,013 bar ϱ kg/m³	Dichtezahl[1] ϱ/ϱ_L	Schmelztemperatur bei 1,013 bar ϑ °C	Siedetemperatur bei 1,013 bar ϑ °C	Wärmeleitfähigk. bei 20 °C λ W/(m · K)	Wärmeleitzahl[2] λ/λ_L	Spezifische Wärmekapazität bei 20 °C und 1,013 bar c_p[3] kJ/(kg · K)	c_v[4]
Acetylen (C_2H_2)	1,17	0,905	– 84	– 82	0,021	0,81	1,64	1,33
Ammoniak (NH_3)	0,77	0,596	– 78	– 33	0,024	0,92	2,06	1,56
Butan (C_4H_{10})	2,70	2,088	– 135	– 0,5	0,016	0,62	–	–
Kohlenstoffoxid (CO)	1,25	0,967	– 205	– 190	0,025	0,96	1,05	0,75
Kohlenstoffdioxid (CO_2)	1,98	1,531	– 57[5]	– 78	0,016	0,62	0,82	0,63
Luft	1,293	1,0	– 220	– 191	0,026	1,00	1,005	0,716
Methan (CH_4)	0,72	0,557	– 183	– 162	0,033	1,27	2,19	1,68
Propan (C_3H_8)	2,00	1,547	– 190	– 43	0,018	0,69	–	–
Sauerstoff (O_2)	1,43	1,106	– 219	– 183	0,026	1,00	0,91	0,65
Stickstoff (N_2)	1,25	0,967	– 210	– 196	0,026	1,00	1,04	0,74
Wasserstoff (H_2)	0,09	0,07	– 259	– 253	0,180	6,92	14,24	10,10

Flüssige Stoffe

Stoff	Dichte bei 20 °C ϱ kg/dm³	Zündtemperatur ϑ °C	Gefrier- bzw. Schmelztemperatur bei 1,013 bar ϑ °C	Siedetemperatur bei 1,013 bar ϑ °C	Spezif. Verdampfungswärme[6] r kJ/kg	Wärmeleitfähigkeit bei 20 °C λ W/(m · K)	Spezif. Wärmekapazität bei 20 °C c kJ/(kg · K)	Volumenausdehnungskoeffizient α_V in 1/K
Ethylether$(C_2H_5)_2O$	0,71	170	– 116	35	377	0,13	2,28	0,001 6
Benzin	0,72...0,75	220	– 30...– 50	25...210	419	0,13	2,02	0,001 1
Dieselkraftstoff	0,81...0,85	220	– 30	150...360	628	0,15	2,05	0,000 96
Heizöl EL	≈ 0,83	220	– 10	> 175	628	0,14	2,07	0,000 96
Maschinenöl	0,91	400	– 20	> 300	–	0,13	2,09	0,000 93
Petroleum	0,76...0,86	550	– 70	> 150	314	0,13	2,16	0,001
Quecksilber (Hg)	13,5	–	– 39	357	285	10	0,14	0,000 18
Spiritus 95%	0,81	520	– 114	78	854	0,17	2,43	0,001 1
Wasser, destilliert	1,00[7]	–	0	100	2256	0,60	4,18	0,000 18

Feste Stoffe

Stoff	Dichte ϱ kg/dm³	Schmelztemperatur bei 1,013 bar ϑ °C	Siedetemperatur bei 1,013 bar ϑ °C	Wärmeleitfähigkeit bei 20 °C λ W/(m · K)	Mittlere spezif. Wärmekapazität bei 0...100 °C c kJ/(kg · K)	Längenausdehnungskoeffizient zwischen 0...100 °C α_l 1/K	Spezif. Widerstand bei 20 °C ϱ_{20} Ω · mm²/m	elektr. Leitfähigkeit bei 20 °C γ_{20} $\frac{m}{\Omega \cdot mm^2}$
Aluminium (Al)	2,7	658	2447	204	0,94	0,000 023 8	0,0278	35, 38
Antimon (Sb)	6,69	630,5	1637	22	0,21	0,000 010 8	0,39	25,6
Beryllium (Be)	1,85	1280	≈ 3000	165	1,02	0,000 012 3	0,04	25
Beton	1,8...2,2	–	–	≈ 1	0,88	0,000 01	–	–
Bismut (Bi)	9,8	271	1560	8,1	0,12	0,000 012 5	1,25	0,8
Blei (Pb)	11,3	327,4	1751	34,7	0,13	0,000 029	0,208	4,8
Cadmium (Cd)	8,64	321	765	91	0,23	0,000 03	0,077	13
Chrom (Cr)	7,2	1903	2642	69	0,46	0,000 008 4	0,13	7,7
Cobalt (Co)	8,9	1493	2880	69,1	0,43	0,000 012 7	0,062	16,1
CuAl-Legierungen	7,4...7,7	1040	2300	61	0,44	0,000 019 5	–	–
CuSn-Legierungen	7,4...8,9	900	2300	46	0,38	0,000 017 5	0,02...0,03	50...33,3

[1] Dichtezahl = Dichte eines Gases ϱ geteilt durch die Dichte der Luft ϱ_L
[2] Wärmeleitzahl = Wärmeleitfähigkeit λ eines Gases geteilt durch die Wärmeleitfähigkeit λ_L der Luft
[3] bei konst. Druck [4] bei konst. Volumen [5] bei 5,3 bar
[6] bei Siedetemperatur und 1,013 bar [7] bei 4 °C

Stoffwerte 2 Material Characteristics 2

Feste Stoffe (Fortsetzung)

Stoff	Dichte ϱ kg/dm³	Schmelz-temperatur bei 1,013 bar ϑ °C	Spezif. Schmelz-wärme bei 1,013 bar q kJ/kg	Wärme-leitfähig-keit bei 20 °C λ W/(m · K)	Mittlere spezif. Wärme-kapazität bei 0...100 °C c kJ/(kg · K)	Längenaus-dehnungs-koeffizient zwischen 0...100 °C α_l 1/K	Spezif. Wider-stand bei 20 °C ϱ_{20} Ω · mm²/m	elektr. Leit-fähigkeit bei 20 °C γ_{20} m/(Ω · mm²)
CuZn-Legierungen	8,4...8,7	900...1000	167	105	0,39	0,000 018 5	0,05...0,07	20...14,3
Eis	0,92	0	332	2,3	2,09	0,000 051	–	–
Eisen, rein (Fe)	7,87	1536	276	81	0,47	0,000 012	0,13	7,7
Eisenoxid (Rost)	5,1	1570	–	0,58 (pulv.)	0,67	–	–	–
Fette	0,92...0,94	30...175	–	0,21	–	–	–	–
Gips	2,3	1200	–	0,45	1,09	–	–	–
Glas (Quarzglas)	2,4...2,7	520...550[1]	–	0,8...1,0	0,83	0,000 009	10^{18}	10^{-18}
Gold (Au)	19,3	1064	67	310	0,13	0,000 014 2	0,022	45,5
Grafit (C)	12,24	≈ 3800	–	168	0,71	0,000 007 8	–	–
Gusseisen	7,25	1150...1200	125	58	0,50	0,000 010 5	0,6...1,6	1,7...0,63
Hartmetall (K 20)	14,8	> 2000	–	81,4	0,80	0,000 005	–	–
Holz (lufttrocken)	0,20...0,72	–	–	0,06...0,17	2,1...2,9	≈ 0,000 04[2]	–	–
Iridium (Ir)	22,4	2443	135	59	0,13	0,000 006 5	0,053	18,9
Iod (I)	5,0	113,6	62	0,44	0,23	–	–	–
Kohlenstoff (C)	3,5	3800	–	–	0,52	0,000 001 18	–	–
Koks	1,6...1,9	–	–	0,18	0,83	–	–	–
Konstantan	8,89	1260	–	23	0,41	0,000 015 2	0,49	2,04
Kork	0,1...0,3	–	–	0,04...0,06	1,7...2,1	–	–	–
Korund (Al_2O_3)	3,9...4,0	2050	–	12...23	0,96	0,000 006 5	–	–
Kupfer (Cu)	8,96	1083	213	384	0,39	0,000 016 8	0,0178	56
Magnesium (Mg)	1,74	650	195	172	1,04	0,000 026	0,044	22,7
Magnesium-Leg.	≈ 1,8	≈ 630	–	46...139	–	0,000 024 5	–	–
Mangan (Mn)	7,43	1244	251	21	0,48	0,000 023	0,39	2,6
Molybdän (Mo)	10,22	2620	287	145	0,26	0,000 005 2	0,054	18,5
Natrium (Na)	0,97	97,8	113	126	1,3	0,000 071	0,04	25
Nickel (Ni)	8,91	1455	306	59	0,45	0,000 013	0,095	10,5
Niob (Nb)	8,55	2468	288	53	0,273	0,000 007 1	0,217	4,6
Phosphor, gelb (P)	1,82	44	21	–	0,80	–	–	–
Platin (Pt)	21,5	1769	113	70	0,13	0,000 009	0,098	10,2
Polystyrol	1,05	–	–	0,17	1,3	0,000 07	10^{10}	10^{-10}
Porzellan	2,3...2,5	≈ 1600	–	1,6[3]	1,2[3]	0,000 004	10^{12}	10^{-12}
Quarz, Flint (SiO_2)	2,1...2,5	1480	–	9,9	0,8	0,000 008	–	–
Schaumgummi	0,06...0,25	–	–	0,04...0,06	–	–	–	–
Schwefel (S)	2,07	113	49	0,2	0,70	–	–	–
Selen (Se)	4,4	220	83	0,2	0,33	–	–	–
Silber (Ag)	10,5	961,5	105	407	0,23	0,000 019 3	0,015	66,7
Silicium (Si)	2,33	1423	1658	83	0,75	0,000 004 2	$2{,}3 \cdot 10^{9}$	$0{,}43 \cdot 10^{-9}$
Stahl unlegiert	7,85	≈ 1500	205	48...58	0,49	0,000 011 9	0,14...0,18	7,1...5,6
Stahl legiert	7,9	≈ 1500	–	14	0,51	0,000 016 1	0,7	1,4
Steinkohle	1,35	–	–	0,24	1,02	–	–	–
Tantal (Ta)	16,6	2996	172	54	0,14	0,000 006 5	0,124	8,1
Titan (Ti)	4,5	1670	88	15,5	0,47	0,000 008 2	0,08	12,5
Uran (U)	19,1	1133	356	28	0,12	–	–	–
Vanadium (V)	6,12	1890	343	31,4	0,50	–	0,2	5
Wolfram (W)	19,27	3390	54	130	0,13	0,000 004 5	0,055	18,2
Zink (Zn)	7,13	419,5	101	113	0,4	0,000 029	0,06	16,7
Zinn (Sn)	7,29	231,9	59	65,7	0,24	0,000 023	0,115	8,7

[1] Transformationstemperatur [2] quer zur Faser [3] bei 800 °C

WF

Magnetwerkstoffe Magnetic Materials

Magnetisierungskennlinien

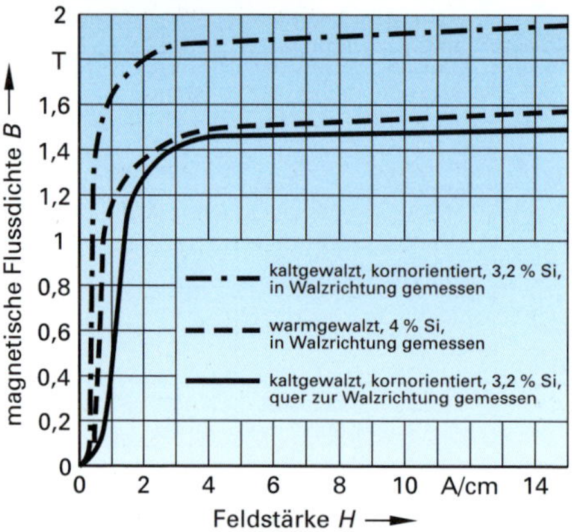

Magnetisierungskennlinien von weichmagnetischen Elektroblechen

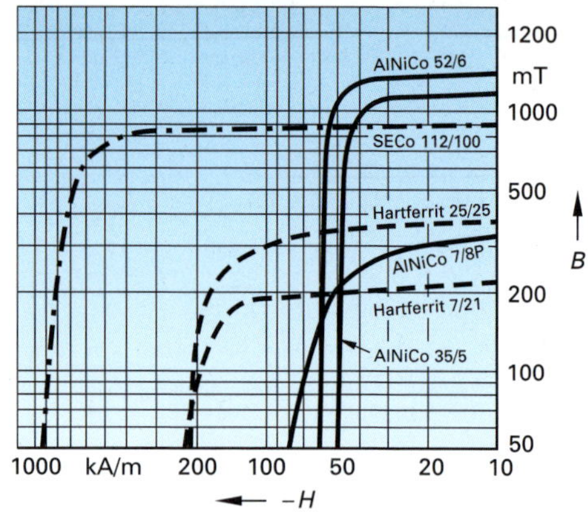

Entmagnetisierungskennlinien von Dauermagnetwerkstoffen

WF

Elektromagnetische Werkstoffe

Blechsorte	Zusammensetzung	Dichte ϱ kg/dm³	Spezif. Widerst. $\frac{\Omega \cdot mm^2}{m}$	Koerzitivfeldstärke A/cm	B bei Sättigung T	Curie-Temp.[1] °C	Permeabilität μ_{16}[2] bzw. μ_4	Handelsnamen	Verwendung
A 0 A 2 A 3	Stahl mit 2,5% bis 4,5% Si	7,7 7,63 7,57	0,40 0,55 0,68	1 0,6 0,35	2,03 2,0 1,92	750 750 750	400...450 700...850 500...850	Trafoperm Hyperm 4	Kerne für Übertrager, Relais, Messwandler, RCDs
C 2 C 5	Stahl mit 3,5% bis 4,5% Si	7,55 7,65	0,5 0,45	0,3 0,15	2,0 2,0	750 750	550...1300 –		
D 1 D 3	Stahl mit 36% bis 40% Ni	8,15 8,15	0,75 0,75	0,6 0,15	1,3 1,3	250 250	1500...2100 1000...2900	Permenorm	Relaisteile, Polschuhe
F 3	Ni-Fe-Legierung mit ≈ 50% Ni	8,25	0,45	0,1	1,5	470	μ_4 = 1200...4000	Permenorm Hyperm 50	Messwandler-, Übertrager-, Filterkerne
E 3	Ni-Fe-Legierung ≈ 75% Ni,	8,6	0,50	0,02	0,75	400	μ_4 = 2500...20 000	Mumetall, Permalloy	NF- und HF-Übertrager, Filter, Drosseln, magnetische Abschirmungen
E 4	Zusätze (Mn, Si, Mo, Cu, Cr)	8,7	0,55	0,01	0,70	270 bis 400	μ_4 = 4000...40 000	Hyperm 766	

[1] Bei der Curie-Temperatur (Curiepunkt) findet eine sprunghafte Entmagnetisierung statt.

[2] μ_{16} bzw. μ_4 bedeutet, dass die Permeabilitätswerte bei der Feldstärke 0,016 $\frac{A}{cm}$ bzw. 0,004 $\frac{A}{cm}$ ermittelt wurden.

Dauermagnetwerkstoffe

Werkstoff	Chemische Zusammensetzung Masse %, Rest Fe					Energiedichte $(B \cdot H)_{max}$	Remanenzflussdichte	Koerzitivfeldstärke	Permeabilitätszahl	Dichte ϱ
	Al	Co	Cu	Ni	Ti	kJ/m³	mT	kA/m	μ_r	kg/dm³
AlNiCo 9/5	11...13	bis 5	2...4	21...28	bis 1	9	550	47	4...5	6,8
AlNiCo 18/9	6...8	24...34	3...6	13...19	5...9	18	600	86	3...4	7,2
AlNiCo 52/6	8...9	23...26	3...4	13...16	–	52	1250	56	1,5...3	7,2
AlNiCo 35/5	8...9	23...26	3...4	13...16	–	35	1120	48	3...4,5	7,2
SECo 112/110	Seltenerdmetall-Kobalt-Legierung					112	750	1000	1,1	8,1
Hartferrit 7/21	Zusammensetzung: $MeO \cdot x \cdot Fe_2O_3$					6,5	190	210	1,2	4,9
Hartferrit 25/25	mit Me = Ba, Sr, Pb mit x = 4,5...6,5					25	370	250	1,1	4,8

Bezeichnungssystem für Stähle und Stahlguss

vgl. DIN EN 10 027-1 (2005-10)

Die Kurznamen für Stähle und Stahlguss bestehen aus Hauptsymbolen (DIN EN 10 027-1) und Zusatzsymbolen (DIN V 17 006-100), die ohne Zwischenräume aneinander gefügt werden.

Hauptgruppen

- **Unlegierte Stähle** → Bezeichnung im Hauptsymbol nach → Verwendungszweck (diese Seite, folgende Seiten) oder Chemischer Zusammensetzung
- **Legierte Stähle** / **Nichtrostende Stähle** → Bezeichnung im Hauptsymbol nach → Chemischer Zusammensetzung (Seite 135)

Bezeichnung nach dem Verwendungszweck

Verwendungszweck	Hauptsymbole		Zusatzsymbole für Stähle Gruppe 1	Zusatzsymbole für Stähle Gruppe 2	Zusatzsymbole für Stahlerzeugnisse
Stähle für den Maschinenbau	**E**	**360**		**C**	
Stähle für den Stahlbau	**S**	**235**	**J2G3**		
Stähle für Druckbehälterbau	**P**	**265**	**N**	**H**	
Flacherzeugnisse aus höherfesten Stählen	**H**	**420**	**M**		
Flacherzeugnisse zum Kaltumformen	**DX**	**52**	**D**		**+ Z**
Verpackungsblech und -band	**T**	**660**			**+ SE**
Stähle für Leitungsrohre	**L**	**360**	**N**		
Betonstähle	**B**	**500**	**H**		
Spannstähle	**Y**	**1770**	**C**		
Elektroblech und -band	**M**	**400**	**– 50A**		
Schienenstähle	**R**	**0880**	**Mn**		

Hauptsymbole		**Zusatzsymbole für Stähle Gruppe 1**	**Zusatzsymbole für Stähle Gruppe 2**	**Zusatzsymbole für Stahlerzeugnisse**
Kennbuchstabe für die Stahlgruppe	Buchstaben, Zahlen, z. B. zur Kennzeichnung von mechan. Eigenschaften	Buchstaben, Ziffern, z. B. zur Kennzeichnung der • Kerbschlagarbeit, • Wärmebehandlung, • Verwendung, • Desoxidation	Buchstaben, Ziffern nur in Verbindung mit Gruppe 1 zulässig, z. B. zur Kennzeichnung der Umformbarkeit	Buchstaben, Zahlen, die von den vorhergehenden mit einem Pluszeichen (+) getrennt sind (siehe folgende Seite).

Stähle für den Stahlbau

Hauptsymbole: **S** – Mindeststreckgrenze R_e in N/mm² für die geringste Erzeugnisdicke

Zusatzsymbole Gruppe 1:

Kerbschlagarbeit in Joule 27 J	40 J	60 J	Prüftemp. in °C
JR	KR	LR	+ 20
J0	K0	L0	0
J2	K2	L2	– 20
J3	K3	L3	– 30
J4	K4	L4	– 40
J5	K5	L5	– 50
J6	K6	L6	– 60

A ausscheidungshärtend
G1 ... G4 für den Maschinenbau folgende Seite

Zusatzsymbole Gruppe 2:

C mit besonderer Kaltumformbarkeit
D für Schmelzüberzüge
E für Emaillierung
F zum Schmieden
L für tiefere Temperaturen
M thermomechanisch umgeformt
N normalgeglüht oder normalisierend umgeformt
Q vergütet
S für Schiffsbau
T für Rohre
W wetterfest

Zusatzsymbole für Stahlerzeugnisse: nach Tabellen A, B und C, folgende Seite

z. B. +C, +F, +H, +Z, +ZE

⇨ **S235J2G3:** Stahlbaustahl, R_e = 235 N/mm², Kerbschlagarbeit 27 J bei –20 °C, vollberuhigt vergossen

Bezeichnungssystem für Stähle 2 Identification System for Steels 2

Bezeichnung nach dem Verwendungszweck (Fortsetzung)

Hauptsymbole		Zusatzsymbole		
Buchstabe	Eigenschaften	Gruppe 1	Gruppe 2	Stahlerzeugnisse
Stähle für den Maschinenbau				
E	Mindeststreckgrenze R_e in N/mm² für die geringste Erzeugnisdicke	G1 unberuhigt vergossen G2 beruhigt vergossen G3 vollberuhigt vergossen G4 vollberuhigt vergossen und vorgeschriebener Anlieferungszustand	C mit besonderer Kaltumformbarkeit	nach Tabelle B (unten) z.B. +A +QT

⇨ **E360C:** Maschinenbaustahl, R_e = 360 N/mm², mit besonderer Kaltumformbarkeit

Hauptsymbole		Zusatzsymbole		
Buchstabe	Eigenschaften	Gruppe 1	Gruppe 2	Stahlerzeugnisse
Flacherzeugnis zum Kaltumformen				
D	zweistellige Kennzahl	D Schmelztauchüberzüge EK für konventionelle Emaillierung ED für direkte Emaillierung T für Rohre chemische Symbole für vorgeschriebene Elemente, z.B. Cu	keine Symbole vorgesehen	nach Tabellen B und C (unten) z.B. +Z +ZE
DC	kalt gewalzt, zweistellige Kennzahl			
DD	warm gewalzt, zweistellige Kennzahl			
DX	Walzzustand nicht vorgeschrieben, zweistellige Kennzahl			

⇨ **DX52D+Z:** Flacherzeugnis zum Kaltumformen, ohne Walzvorschrift, Kennzahl 52, für Schmelztauchüberzüge, feuerverzinkt

⇨ **DC02+ZE:** Flacherzeugnis zum Kaltumformen, kalt gewalzt, Kennzahl 02, elektrolytisch verzinkt

WF

Zusatzsymbole für Stahlerzeugnisse

Tabelle A: Für besondere Anforderungen

+H	mit Härtbarkeit	+CH	mit Kernhärtbarkeit	+Z35	Mindestbrucheinschnürung senkrecht zur Oberfläche 35%
+Z15	Mindestbrucheinschnürung senkrecht zur Oberfläche 15 %	+Z25	Mindestbrucheinschnürung senkrecht zur Oberfläche 25 %		

Tabelle B: Für den Behandlungszustand[1]

+A	weichgeglüht	+FP	behandelt auf Ferrit-Perlit-Gefüge und Härtspanne	+Q	abgeschreckt bzw. gehärtet
+AC	geglüht zur Erzielung kugeliger Carbide	+HC	warm-kalt-geformt	+QA	luftgehärtet
+AR	wie gewalzt	+I	isothermisch behandelt	+QO	ölgehärtet
+AT	lösungsgeglüht	+LC	leicht kalt nachgezogen bzw. leicht nachgewalzt (Skin passed)	+QT	vergütet
+C	kaltverfestigt	+M	thermomechanisch gewalzt	+QW	wassergehärtet
+Cnnn	kaltverfestigt auf eine Mindestzugfestigkeit von nnn N/mm²	+N	normalgeglüht	+RA	rekristallisationsgeglüht
+CR	kaltgewalzt	+NT	normalgeglüht und angelassen	+S	behandelt auf Kaltscherbarkeit
+DC	Lieferzustand dem Hersteller überlassen	+P	ausscheidungsgehärtet	+SR	spannungsarmgeglüht
				+T	angelassen
				+TH	behandelt auf Härtespanne
				+U	unbehandelt
				+WW	warmverfestigt

[1] Um Verwechslungen mit anderen Symbolen aus den Tabellen A und C zu vermeiden, kann den Zusatzsymbolen für den Behandlungszustand der Buchstabe T vorangestellt werden, z.B. +TA.

Tabelle C: Für die Art des Überzuges[2]

+A	feueraluminiert	+OC	organisch beschichtet (Coilcoating)	+Z	feuerverzinkt
+AS	mit Al-Si-Legierung überzogen	+S	feuerverzinnt	+ZA	mit Zn-Al-Legierung überzogen
+AZ	mit Al-Zn-Legierung überzogen	+SE	elektrolytisch verzinnt	+ZE	elektrolytisch verzinkt
+CE	elektrolytisch spezialverchromt	+T	schmelztauchveredelt mit Pb-Sn-Legierung (Terne)	+ZF	diffusionsgeglühte Zn-Überzüge
+CU	Kupferüberzug	+TE	elektrolytisch mit Pb-Sn-Legierung überzogen	+ZN	Zn-Ni-Überzug
+IC	anorganische Beschichtung				

[2] Um Verwechslungen mit anderen Symbolen aus den Tabellen A und B zu vermeiden, kann den Zusatzsymbolen für die Art des Überzugs der Buchstabe S vorangestellt werden, z.B. +SA.

Bezeichnung nach der chemischen Zusammensetzung

Chemische Zusammensetzung	Hauptsymbole		Zusatzsymbole für Stähle Gruppe 1	Zusatzsymbole für Stahlerzeugnisse
unlegierte Stähle mit einem Mn-Gehalt < 1%, außer Automatenstähle	C	35	E4	+QT
unlegierte Stähle mit einem Mn-Gehalt > 1%		28Mn6		
unlegierte Automatenstähle		11SMn30		
legierte Stähle mit Gehalten der einzelnen Legierungselemente unter 5%		31CrMoV5-9		
legierte Stähle (außer Schnellarbeitsstähle). Der mittlere Gehalt mindestens eines Legierungselementes liegt über 5%	X	5CrNi18-10		
Schnellarbeitsstähle	HS	2-9-1-8		

Hauptsymbole			Zusatzsymbole für Stähle Gruppe 1	Zusatzsymbole für Stahlerzeugnisse
Kennbuchstabe **G** für Stahlguss (wenn erforderlich)	Kennbuchstabe für die Stahlgruppe	Buchstaben, Zahlen, z. B. zur Kennzeichnung von • Kohlenstoffgehalt, • Legierungselementen	Buchstaben, Ziffern, z. B. zur Kennzeichnung der Verwendung	Buchstaben, Zahlen, die von den vorhergehenden Symbolen mit einem Pluszeichen (+) getrennt sind.

C Unlegierte Stähle mit einem Mn-Gehalt < 1%, außer Automatenstähle

Hauptsymbole		Zusatzsymbole		
Buchstabe	Kohlenstoffgehalt	Gruppe 1		Stahlerzeugnisse
C	Kennzahl für den Kohlenstoffgehalt. Mittlerer C-Gehalt in % = Kennzahl x 100	E vorgeschriebener max. S-Gehalt[1] R vorgeschriebene Bereiche des S-Gehaltes[1] D zum Drahtziehen	C besondere Kaltumformbarkeit S für Federn U für Werkzeuge W für Schweißdraht	nach Tabelle B vorhergehende Seite z. B. +QT +A
		G1...G4 siehe Stähle für Maschinenbau, vorhergehende Seite		

[1] Steht hinter den Symbolen E und R eine Kennzahl, so gilt: Kennzahl = Schwefelgehalt x 100

⇨ **C35E4+QT**: Unlegierter Stahl, 0,35% C-Gehalt, maximaler S-Gehalt = 0,04%, vergütet

Hauptsymbole			Zusatzsymbole Stahlerzeugnisse
Buchstabe	Kohlenstoffgehalt	Legierungselemente	

Unlegierte Stähle mit einem Mn-Gehalt > 1%, unlegierte Automatenstähle, legierte Stähle (ohne Automatenstähle) **mit Gehalten der einzelnen Legierungselemente unter 5%**

Buchstabe	Kohlenstoffgehalt	Legierungselemente		Zusatzsymbole Stahlerzeugnisse
–	Kennzahl für den Kohlenstoffgehalt Kennzahl = 100 x mittlerer C-Gehalt	Symbole für die Legierungselemente Kennzahlen für den mittleren Gehalt der Elemente Kennzahl = mittlerer Gehalt x Faktor		nach Tabellen A und B vorhergehende Seite z. B. +U +A +N +QT
		Element	Faktor	
		Cr, Co, Mn, Ni, Si, W	4	
		Al, Be, Cu, Mo, Nb, Pb, Ta, Ti, V, Zr	10	
		Ce, N, P, S, C	100	
		B	1000	

⇨ **28Mn6**: Unlegierter Stahl, 0,28% C-Gehalt, 1,5% Mn-Gehalt

X Legierte Stähle (ohne Schnellarbeitsstähle). **Der mittlere Gehalt mindestens eines Legierungselementes liegt über 5%**

X	Kennzahl für den Kohlenstoffgehalt Kennzahl = 100 x mittlerer C-Gehalt	Symbole für die Legierungselemente Kennzahlen, durch Bindestrich getrennt, für den mittleren Gehalt der Elemente	nach Tabellen A und B vorhergehende Seite

⇨ **X5CrNi18-10**: Legierter Stahl, 0,05% C-Gehalt, 18% Cr-Gehalt, 10% Ni-Gehalt

HS Schnellarbeitsstähle, PM Pulvermetallurgie

HS	Schnellarbeitsstahl	Zahlen, durch Bindestrich getrennt, geben den prozentualen Gehalt in folgender Reihenfolge an: Wolfram (W) – Molybdän (Mo) – Vanadium (V) – Cobalt (Co)	nach Tabellen A und B vorhergehende Seite
PM	Pulvermetallurgie		

⇨ **HS2-9-1-8**: Schnellarbeitsstahl, 2% W, 9% Mo, 1% V, 8% Co

Stahl 1 Steel 1

WF

Unlegierte Baustähle, warmgewalzt

vgl. DIN EN 10025-2

Stahlsorte			DO[1]	S[2]	Zugfestigkeit R_m[3] N/mm²	Streckgrenze R_e in N/mm² für Erzeugnisdicken in mm				Bruchdehnung[4] A %	Eigenschaften, Verwendung
Kurzname	Werkstoffnummer	Bisheriger Kurzname				≤ 16	> 16 ≤ 40	> 40 ≤ 63	> 63 ≤ 80		
S185	1.0035	St 33	–	GS	290 bis 510	185	175	–	–	18	untergeordnete Teile, z. B. Geländer
S235JR	1.0038	St 37-2	–	GS	340 bis 470	235	225	–	–	26	Stähle für gering beanspruchte Teile im Maschinen- und Stahlbau; gut bearbeitbar
S235JRG1	1.0036	USt 37-2	FU	GS	340 bis 470	235	225	–	–	26	
S235JRG2	1.0038	RSt 37-2	FN	GS	340 bis 470	235	225	215	215	26	
S235JO	1.0114	St 37-3 U	FN	QS							
S235J2G3	1.0116	St 37-3 N	FF	QS	340 bis 470	235	225	215	215	26	
S235J2G4	1.0117	–	FF	QS							
S275JR	1.0044	St 44-2	FN	GS	410 bis 560	275	265	255	245	22	mäßig beanspruchte Teile, z. B. Achsen, Wellen, Hebel
S275JO	1.0143	St 44-3 U	FN	QS							
S275J2G3	1.0144	St 44-3 N	FF	QS	410 bis 560	275	265	255	245	22	
S275J2G4	1.0145	–	FF	QS							
E295	1.0050	St 50-2	FN	GS	470 bis 610	295	285	275	265	20	Teile mit mittlerer Beanspruchung
E335	1.0060	St 60-2	FN	GS	570 bis 710	335	325	315	305	16	Teile mit höherer Beanspruchung; schwer bearbeitbar, verschleißfest
E360	1.0070	St 70-2	FN	GS	670 bis 830	360	355	345	335	11	

[1] DO Desoxidationsart: FU unberuhigter Stahl; FN beruhigter Stahl; FF vollberuhigter Stahl.

[2] S Stahlart: GS Grundstahl; QS Qualitätsstahl.

[3] Die Werte gelten für Erzeugnisdicken von 3 mm bis 100 mm.

[4] Die Werte gelten für Längsproben und Erzeugnisdicken von 3 mm bis 40 mm.

Automatenstähle

vgl. DIN EN 10 087

Stahlsorte		B[5]	Für Erzeugnisdicken von 16 bis 40 mm				Eigenschaften, Verwendung
Kurzname	Werkstoffnummer		Härte HB	Zugfestigkeit R_m N/mm²	Streckgrenze R_e N/mm²	Bruchdehnung A %	
11SMn30	1.0715	+U	112 bis 169	380 bis 570	–	–	**Zur Wärmebehandlung nicht geeignet;** Kleinteile mit geringer Beanspruchung; Wellen, Bolzen, Stifte, Schrauben
11SMnPb30[6]	1.0718						
11SMn37	1.0736	+U	112 bis 169	380 bis 570	–	–	
11SMnPb37[6]	1.0737						
10S20	1.0721	+U	107 bis 156	360 bis 530	–	–	**Automateneinsatzstähle;** verschleißfeste Kleinteile; Wellen, Bolzen, Stifte
10SPb20[6]	1.0722						
15SMn13	1.0725	+U	128 bis 178	430 bis 600	–	–	
35S20	1.0726	+U	146 bis 195	490 bis 660	–	–	**Zum Vergüten geeignete Automatenstähle** größere Teile mit höherer Beanspruchung; Spindeln, Wellen, Zahnräder
35SPb20[6]	1.0756	+QT	–	600 bis 750	380	16	
38SMn28	1.0760	+U	156 bis 207	530 bis 700	–	–	
38SMnPb28[6]	1.0761	+QT	–	700 bis 850	420	15	

[5] B Behandlungszustand: +U unbehandelt; +QT vergütet [6] durch Blei-Zusatz besser zerspanbar.

Alle Automatenstähle sind unlegierte Qualitätsstähle. Die Ergebnisse der Wärmebehandlung bei Automaten-Einsatz- und Automaten-Vergütungsstählen entsprechen den Anforderungen der Qualitätsstähle.

Stahl 2 Steel 2

Vergütungsstähle

vgl. DIN EN 10 083-1 und DIN EN 10 083-2

Stahlsorte: Kurzname	Werkstoffnummer	Bisheriger Kurzname	S[1]	B[2]	Zugfestigkeit R_m[3] N/mm²	Streckgrenze R_e in N/mm² für Walzdurchmesser d in mm ≤ 16	> 16 ≤ 40	> 40 ≤ 100	Bruchdehnung A %	Eigenschaften, Verwendung
Unlegierte Stähle										
C22	1.0402	C 22	QS	+N	410	240	210	210	25	Teile mit geringer Beanspruchung und kleinen Vergütungsdurchmessern; z. B. Schrauben, Bolzen, Achsen, Wellen, Zahnräder
C22E	1.1151	Ck 22	ES	+QT	470 bis 620	340	290	–	22	
C25	1.0406	C 25	QS	+N	440	260	230	230	23	
C25E	1.1158	Ck 25	ES	+QT	500 bis 650	370	320	–	21	
C35	1.0501	C 35	QS	+N	520	300	270	270	19	
C35E	1.1181	Ck 35	ES	+QT	600 bis 750	430	380	320	19	
C45	1.0503	C 45	QS	+N	580	340	305	305	16	
C45E	1.1191	Ck 45	ES	+QT	650 bis 800	490	430	370	16	
C60	1.0601	C 60	QS	+N	670	380	340	340	11	
C60E	1.1221	Ck 60	ES	+QT	800 bis 950	580	520	450	13	
28Mn6	1.1170	28 Mn 6	ES	+N	600	345	310	310	18	
				+QT	700 bis 800	590	490	440	15	
Legierte Stähle										
38Cr2 38CrS2	1.7003 1.7023	38 Cr 2 38 CrS 2	ES	+QT	700 bis 850	550	450	350	15	Teile mit höherer Beanspruchung und größeren Vergütungsdurchmessern; z. B. Getriebewellen, Schnecken, Zahnräder
46Cr2 46CrS2	1.7006 1.7025	46 Cr 2 46 CrS 2	ES	+QT	800 bis 950	650	550	400	14	
34Cr4 34CrS4	1.7033 1.7037	34 Cr 4 34 CrS 4	ES	+QT	800 bis 950	700	590	460	14	
37Cr4 37CrS4	1.7034 1.7038	37 Cr 4 37 CrS 4	ES	+QT	850 bis 1000	750	630	510	13	
41Cr4 41CrS4	1.7035 1.7039	41 Cr 4 41 CrS 4	ES	+QT	900 bis 1100	800	660	560	12	
25CrMo4 25CrMoS4	1.7218 1.7213	25 CrMo 4 25 CrMoS 4	ES	+QT	800 bis 950	700	600	450	14	Teile mit höherer Beanspruchung und größeren Vergütungsdurchmessern; z. B. größere Schmiedeteile, Zahnräder, Wellen
34CrMo4 34CrMoS4	1.7220 1.7226	34 CrMo 4 34 CrMoS 4	ES	+QT	900 bis 1100	800	650	550	12	
42CrMo4 42CrMoS4	1.7225 1.7227	42 CrMo 4 42 CrMoS 4	ES	+QT	1000 bis 1200	900	750	650	11	
50CrMo4	1.7228	50 CrMo 4	ES	+QT	1000 bis 1200	900	780	700	10	
51CrV4	1.8159	51 CrV 4	ES	+QT	1000 bis 1200	900	800	700	10	
36CrNiMo4	1.6511	36 CrNiMo 4	ES	+QT	1000 bis 1200	900	800	700	11	Teile mit höchster Beanspruchung; große Vergütungsdurchmesser
34CrNiMo6	1.6582	34 CrNiMo 6	ES	+QT	1100 bis 1300	1000	900	800	10	
30CrNiMo8	1.6580	30 CrNiMo 8	ES	+QT	1250 bis 1450	1050	1050	900	9	
36NiCrMo16	1.6773	–	ES	+QT	1250 bis 1450	1050	1050	900	9	

[1] S Stahlart: QS Qualitätsstahl, ES Edelstahl
[2] B Behandlungszustand: +N normalgeglüht; +QT vergütet
[3] Die Werte gelten für Walzdurchmesser d von 16 mm bis 40 mm. Bei anderen Durchmessern gelten folgende Richtwerte: Bis 16 mm: Zugfestigkeit R_m = Tabellenwert · 1,1; über 40 mm: Zugfestigkeit R_m = Tabellenwert · 0,9

Stahl 3 Steel 3

Einsatzstähle (Auswahl)

vgl. DIN EN 10 084

Stahlsorte		Härtewerte im Lieferzustand[1]		Eigenschaften des Kerns nach der Einsatzhärtung[2]			Eigenschaften, Verwendung
Kurzname	Werkstoffnummer	+A HB	+FP HB	Zugfestigkeit R_m N/mm²	Streckgrenze R_e N/mm²	Bruchdehnung A %	
C10E C15E	1.1121 1.1141	131 143	– –	490 bis 640 590 bis 780	295 355	16 14	Teile mit geringer Beanspruchung; Hebel, Zapfen, Bolzen
17Cr3 17CrS3[3]	1.7016 1.7014	174	–	800 bis 1050	450	11	Teile mit höherer Beanspruchung und höherer Kernfestigkeit; Zahnräder, Spindeln, Wellen, Messzeuge
16MnCr5 16MnCrS5[3]	1.7131 1.7139	207	156 bis 107	880 bis 1180	590	11	
20MnCr5 20MnCrS5[3]	1.7147 1.7149	217	170 bis 217	1080 bis 1370	685	8	
20MoCr4 20MoCrS4[3]	1.7321 1.7323	207	156 bis 207	880 bis 1180	590	10	Teile mit höchster Beanspruchung und teilweise größeren Abmessungen; Getriebeteile, Zahnräder, Tellerräder, Kegelräder, Wellen, Bolzen
17CrNi6-6 15NiCr13	1.5918 1.5752	229	175 bis 229	880 bis 1180 1030 bis 1320	635 785	9 10	
20NiCrMo2-2 18CrNiMo13-4	1.6523 1.6587	212 229	161 bis 212 179 bis 229	980 bis 1270 1180 bis 1420	590 785	10 8	

[1] Lieferzustand: +A weichgeglüht; +FP behandelt auf Ferrit-Perlitgefüge und auf Härtespanne.
[2] Die Festigkeitswerte gelten für Proben mit 30 mm Nenndurchmesser.
[3] Stähle mit geregeltem Schwefelgehalt für bessere Zerspanung.
Die Stahlsorten C10E und C15E sind unlegierte Edelstähle, alle anderen Sorten sind legierte Edelstähle.

Nichtrostende Stähle

vgl. DIN EN 10 088-3 (2014)

Stahlsorte		B[4]	Dicke	Härte	Dehngrenze	Zugfestigkeit	Bruchdehnung	Eigenschaften, Verwendung
Kurzname	Werkstoffnummer		d mm	HB	$R_{p0,2}$ N/mm²	R_m N/mm²	A %	
X2CrNi12	1.4003	+A	≤ 100	200	260	450 bis 600	20	**Ferritische Stähle** Kaltumformbar, schlecht spanbar, schweißbar; z. B. Beschläge, Verkleidungen, Apparatebau
X6Cr13	1.4000	+A	≤ 25	200	230	400 bis 630	20	
X6Cr17	1.4046	+A	≤ 100	200	240	400 bis 630	20	
X6CrMoS17	1.4105	+A	≤ 100	200	250	430 bis 630	20	
X6CrMo17-1	1.4113	+A	≤ 100	200	280	440 bis 660	16	
X20Cr13	1.4021	+A	–	230	–	≤ 760	–	**Martensitische Stähle** Härtbar, gut zerspanbar, bedingt schweißbar, hohe Festigkeit; z. B. Achsen, Wellen, Schrauben, chirurgische Instrumente, Wälzlager
		+QT	≤ 160	–	500	700 bis 850	13	
X30Cr13	1.4028	+A	–	245	–	≤ 800	–	
		+QT	≤ 160	–	650	850 bis 1000	13	
X39Cr13	1.4031	+A	–	245	–	≤ 800	–	
X50CrMoV15	1.4116	+A	–	280	–	≤ 900	–	
X10CrNi18-8	1.4310	+AT	≤ 40	230	195	500 bis 750	40	**Austenitische Stähle** Gut kaltumformbar, gut schweißbar, schwer spanbar, z. B. chemische Industrie, Nahrungsmittelindustrie, Fahrzeugbau
X2CrNi18-9	1.4307	+AT	≤ 160	215	175	450 bis 680	45	
X2CrNi19-11	1.4306	+AT	≤ 160	215	180	460 bis 680	45	
X6CrNiTi18-10	1.4541	+AT	≤ 160	215	190	500 bis 700	40	

[4] B Behandlungszustand: +A weichgeglüht, +AT lösungsgeglüht, +QT vergütet
Die Werkstoffkennwerte gelten für Halbzeug, Stäbe, Walzdraht und Profile.

Stahlprofile Steel Sections

Querschnitt	Bezeichnung, Abmessungen	Norm	Querschnitt	Bezeichnung, Abmessungen	Norm
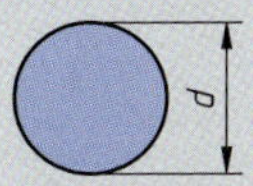	**Rundstahl** d = 8...200	DIN EN 10060	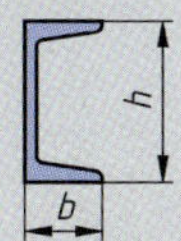	**U-Stahl** h = 30...400	DIN 1026-1
				U-Stahl h = 80...400	DIN 1026-2
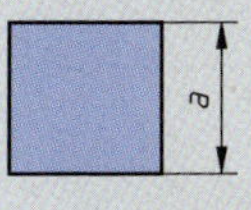	**Vierkantstahl** a = 8...120	DIN EN 10059	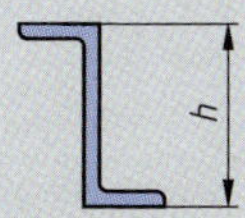	**Z-Stahl** h = 30...200	DIN 1027
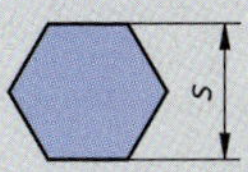	**Sechskantstahl** s = 13...103	DIN EN 10061	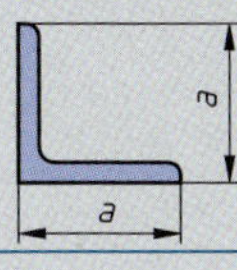	**Gleichschenkliger Winkelstahl** a = 20...250	DIN EN 10056-1
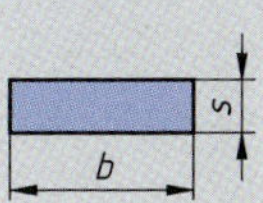	**Flachstahl** $b \times s$ = 10 × 5...150 × 60	DIN EN 10058	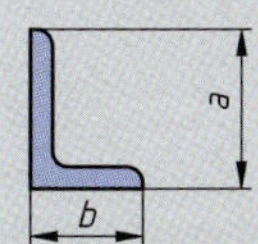	**Ungleichschenkliger Winkelstahl** $a \times b$ = 30 × 20...200 × 150	DIN EN 10056-1
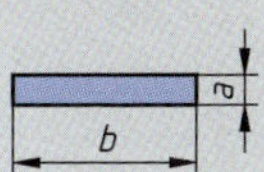	**Breitflachstahl** $b \times a$ = 160 × 5...1200 × 80	DIN 59200	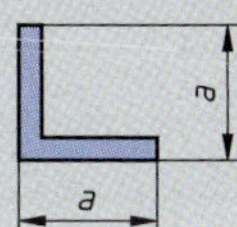	**Gleichschenkliger scharfkantiger Winkelstahl** a = 20...50	DIN 1022
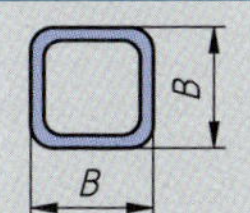	**Hohlprofil** B = 20...400	DIN EN 10210-2	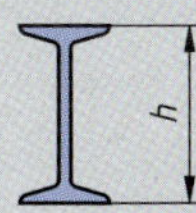	**Schmaler I-Träger** I-Reihe h = 80...600	DIN 1025-1
	Hohlprofil B = 20...400	DIN EN 10219-2			
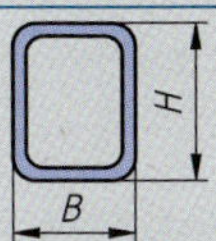	**Hohlprofil** $H \times B$ = 50 × 25...500 × 300	DIN EN 10210-2	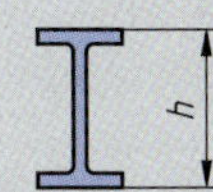	**Mittelbreiter I-Träger** IPE-Reihe h = 80...600	DIN 1025-5
	Hohlprofil $H \times B$ = 40 × 20...400 × 300	DIN EN 10219-2			
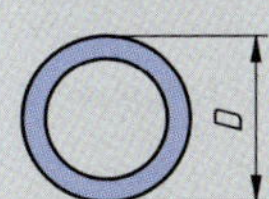	**Hohlprofil** D = 21,3...1219	DIN EN 10210-2	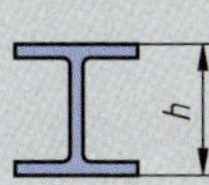	**Breiter I-Träger** IPB-Reihe[1] h = 100...1000	DIN 1025-2
	Hohlprofil D = 21,3...1219	DIN EN 10219-2			
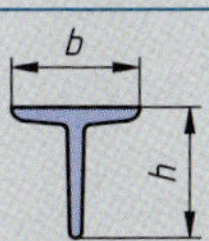	**Gleichschenkliger T-Stahl** $b = h$ = 30...140	DIN EN 10055	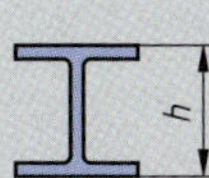	**Breiter I-Träger** IPBI-Reihe[1] IPBII-Reihe[1] h = 100...1000	DIN 1025-3
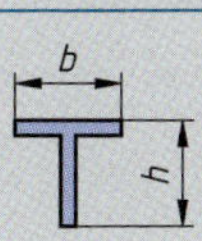	**Gleichschenkliger scharfkantiger T-Stahl** $b = h$ = 20...40	DIN 59051	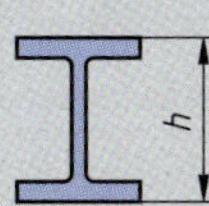	**Breiter I-Träger** IPBv-Reihe[1] h = 100...1000	DIN 1025-4

[1] Nach EURONORM 53-62: IPB = HE-B, IPBI = HE-A, IPBII = HE-AA, IPBv = HE-M

Bezeichnungssystem für Gusseisenwerkstoffe
Identification System for Cast Iron Materials

Werkstoffnummern für Gusseisenwerkstoffe
vgl. DIN EN 1560

Die neuen Werkstoffnummern nach DIN EN bestehen aus sieben Positionen, zwischen den einzelnen Angaben darf kein Zwischenraum sein, z. B. EN-JL1020.

EN Europäische Norm

J Eisen (Iron)

Bezeichnungspositionen 1	–	2	3	4	5+6	7	Gusseisensorte
EN	–	J	L	2	04	7	Gusseisen mit Lamellengrafit
EN	–	J	S	1	02	2	Gusseisen mit Kugelgrafit
EN	–	J	M	1	13	0	Temperguss

Grafitstruktur	Hauptmerkmal	Werkstoffkennziffer	Werkstoffanforderungen
L Lamellengrafit S Kugelgrafit M Temperkohle V Vermikulargrafit N grafitfrei Y Sonderstruktur	1 Zugfestigkeit 2 Härte 3 chemische Zusammen-setzung	Durch eine Zahl von 00 bis 99 wird der jeweilige Werkstoff in der zugehörigen Werkstoffnorm gekennzeichnet	0 keine besonderen Anforderungen 1 getrennt gegossenes Probestück 2 angegossenes Probestück 3 einem Gussstück entnommenes Probestück 4 Schlagzähigkeit bei Raumtemperatur 5 Schlagzähigkeit bei tiefer Temperatur 6 festgelegte Schweißeignung 7 Rohgussstück 8 wärmebehandeltes Gussstück 9 zusätzliche festgelegte Anforderungen

⇨ **EN-JL1040:** Werkstoffnummer für Gusseisen mit Lamellengrafit (siehe folgende Seite).

Kurznamen für Gusseisenwerkstoffe
vgl. DIN EN 1560 (1997-08)

Der Kurzname für einen Gusseisenwerkstoff besteht höchstens aus sechs Teilen, wobei nicht alle Positionen belegt werden müssen, z. B. EN-GJS-HB230.

EN Europäische Norm

G Guss
J Eisen (Iron)

Bezeichnungspositionen 1	–	2	3	4	–	5	6	Gusseisensorten
EN	–	GJ	L		–	150C		Gusseisen mit Lamellengrafit
EN	–	GJ	L		–	HB155		Gusseisen mit Lamellengrafit
EN	–	GJ	S		–	350-22U		Gusseisen mit Kugelgrafit
EN	–	GJ	S		–	400-18S-RT		Gusseisen mit Kugelgrafit
EN	–	GJ	M	B	–	600-3		Temperguss
EN	–	GJ	M	W	–	360-125	W	Temperguss
EN	–	GJ	N		–	X300CrNiSi9-5-2		Verschleißfestes Gusseisen
EN	–	GJ	L	A	–	XNiCuCr15-6-2		Austenitisches Gusseisen

Grafitstruktur	Mikro- oder Makrostruktur	zusätzliche Anforderungen
L Lamellengrafit S Kugelgrafit M Temperkohle V Vermikulargrafit N grafitfrei (Hartguss) ledeburitisch Y Sonderstruktur	A Austenit F Ferrit P Perlit M Martensit L Ledeburit Q abgeschreckt T vergütet B nicht entkohlend geglüht W entkohlend geglüht	D Rohgussstück H wärmebehandeltes Gussstück W Schweißeignung Z zusätzliche Anforderungen

Mechanische Eigenschaften oder chemische Zusammensetzung

a) Mechanische Eigenschaften

Beispiel	Erläuterung
350	Mindestzugfestigkeit in N/mm²
350-22	zusätzliche Mindestbruchdehnung in %
350-22S 350-22U 350-22C	getrennt gegossen angegossen am Gussstück entnommen } Probestückherstellung
350-22LT 350-22RT	Tieftemperatur Raumtemperatur } Prüftemperatur bei Messung der Schlagzähigkeit
HB155	maximale Brinellhärte
HV230	maximale Vickershärte
HR350	maximale Rockwellhärte

b) Chemische Zusammensetzung

Die Angaben orientieren sich an den Stahlbezeichnungen.

⇨ **EN-GJS-350-22S:** Gusseisen mit Kugelgrafit, Zugfestigkeit R_m = 350 N/mm², Bruchdehnung A = 22%.

Gusseisen Cast Iron

Gusseisen mit Lamellengrafit

vgl. DIN EN 1561

Sorten mit der Zugfestigkeit R_m als kennzeichnende Eigenschaft

Sorte: Kurzname	Sorte: Werkstoff-Nr.	Bisheriger Kurzname	Werte gemessen an getrennt gegossenen Probestücken: Wanddicke mm	Zugfestigkeit R_m N/mm²	Eigenschaften, Verwendung
EN-GJL-100	EN-JL1010	GG-10	5 bis 40	100 bis 200	Teile mit hoher Dämpfung und Wärmeleitfähigkeit
EN-GJL-150 EN-GJL-200	EN-JL1020 EN-JL1030	GG-15 GG-20	2,5 bis 300 2,5 bis 300	150 bis 250 200 bis 300	Teile für höhere Beanspruchung: z. B. Hebel, Lagergehäuse
EN-GJL-250	EN-JL1040	GG-25	5 bis 300	250 bis 350	Wärmebeständige und druckdichte Teile
EN-GJL-300 EN-GJL-350	EN-JL1050 EN-JL1060	GG-30 GG-35	10 bis 300 10 bis 300	300 bis 400 350 bis 450	Teile mit hoher Beanspruchung: z. B. Lagerschalen, Turbinengehäuse

⇨ **EN-GJL-100:** Gusseisen mit Lamellengrafit, R_m = 100 N/mm²

Sorten mit der Brinellhärte HB als kennzeichnende Eigenschaft

Sorte: Kurzname	Sorte: Werkstoff-Nr.	Bisheriger Kurzname	Werte gemessen an getrennt gegossenen Probestücken: Wanddicke mm	Brinellhärte HB 30	Eigenschaften, Verwendung
EN-GJL-HB155 EN-GJL-HB175 EN-GJL-HB195	EN-JL2010 EN-JL2020 EN-JL2030	GG-150 HB GG-170 HB GG-190 HB	40 bis 80 40 bis 80 40 bis 80	max. 155 100 bis 175 120 bis 195	Diese Kennzeichnung wird gewählt, wenn Gussstücke z. B. auf Verschleiß beansprucht werden oder mit hoher Schnittgeschwindigkeit bearbeitet werden sollen.
EN-GJL-HB215 EN-GJL-HB235 EN-GJL-HB255	EN-JL2040 EN-JL2050 EN-JL2060	GG-220 HB GG-240 HB GG-260 HB	40 bis 80 40 bis 80 40 bis 80	145 bis 215 165 bis 235 185 bis 255	

⇨ **EN-GJL-HB215:** Gusseisen mit Lamellengrafit, maximale Brinellhärte = 215 HB

Zusammenhang zwischen Mindestwerten der Zugfestigkeit und der Wanddicke von Gussstücken

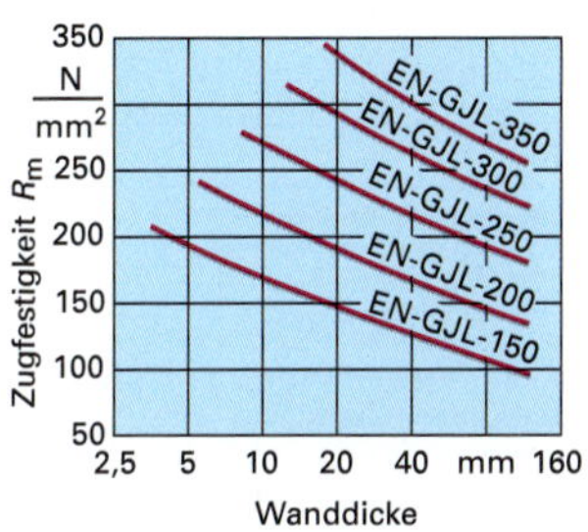

Zusammenhang zwischen Durchschnittswerten der Brinellhärte und der Wanddicke von Gussstücken

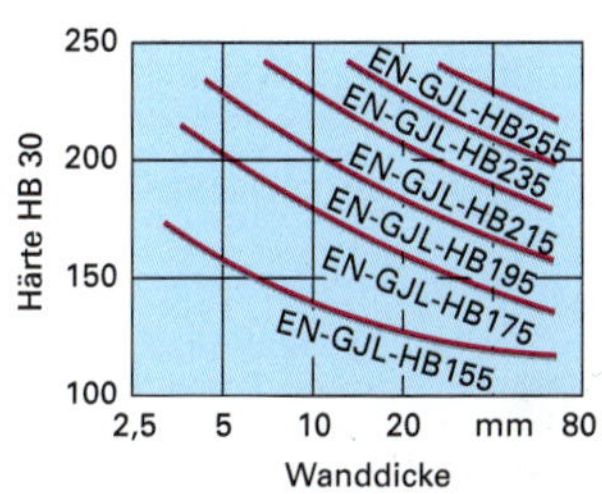

Zusammenhang zwischen Zugfestigkeit und Brinellhärte

Relative Härte

$$RH = \frac{HB}{100 + 0{,}44 \cdot R_m} \quad (1)$$

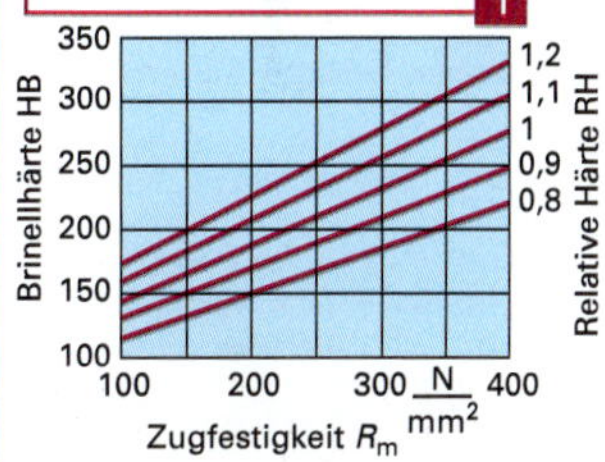

Bainitisches Gusseisen

vgl. DIN EN 1564 (2006-03)

Sorte: Kurzname	Sorte: Werkstoff-Nr.	Werte gemessen an getrennt gegossenen Probestücken: Zugfestigkeit R_m N/mm²	Dehngrenze $R_{p\,0,2}$ N/mm²	Bruchdehnung A %	Brinellhärte HB	Eigenschaften, Verwendung
EN-GJS-800-8 EN-GJS-1000-5	EN-JS1100 EN-JS1110	800 1000	500 700	8 5	260 bis 320 300 bis 360	Im Vergleich zu den Sorten nach DIN EN 1563 werden durch Wärmebehandlung höhere Festigkeits- und Zähigkeitseigenschaften erreicht.
EN-GJS-1200-2 EN-GJS-1400-1	EN-JS1120 EN-JS1130	1200 1400	850 1100	2 1	340 bis 440 380 bis 480	

⇨ **EN-GJS-1000-5:** Bainitisches Gusseisen, R_m = 1000 N/mm², A = 5%

Nahtlose kaltgezogene Rohre — vgl. DIN EN 10305-1
Geschweißte kaltgezogene Rohre — vgl. DIN EN 10305-2

Lieferzustände

Kurzzeichen	Benennung	Erklärung, Eigenschaften
+C	zugblank-hart	Ohne Wärmebehandlung nach dem abschließenden Kaltziehen.
+LC	zugblank-weich	Nach der letzten Wärmebehandlung folgt ein Kaltziehen in einem Stich.
+SR	zugblank und spannungsarmgeglüht	Nach dem letzten Kaltziehen wird unter kontrollierter Atmosphäre spannungsarmgeglüht.
+A	geglüht	Nach dem letzten Kaltziehen werden die Rohre unter kontrollierter Atmosphäre geglüht.
+N	normalgeglüht	Nach dem letzten Kaltziehen werden die Rohre unter kontrollierter Atmosphäre normalgeglüht.

Mechanische Eigenschaften nahtloser kaltgezogener Rohre — vgl. DIN EN 10305-1

Lieferzustand	+C		+LC		+SR			+A		+N		
Stahlsorte Kurzname	R_m N/mm²	A %	R_m N/mm²	A %	R_m N/mm²	R_{eH} N/mm²	A %	R_m N/mm²	A_5 %	R_m N/mm²	R_{eH} N/mm²	A %
E215	430	8	380	12	380	280	16	280	30	290 bis 420	215	30
E235	480	6	420	10	420	350	16	315	25	340 bis 480	235	25
E355	640	4	580	7	580	450	10	450	22	490 bis 630	355	22

Lieferzustand +C, +LC: Glatte, äußere und innere Oberfläche mit einer Rauheit $R_a \le 4\,\mu m$, Lieferzustand +SR, +A, +N: Glatte, äußere Oberfläche mit einer Rauheit $R_a \le 4\,\mu m$; R_{eH} obere Streckgrenze

Lieferart: Außendurchmesser von $D = 4$ mm bis 260 mm in Wanddicken $s = 0{,}5$ mm bis 25 mm
Herstelllänge: 3 m bis 8 m

Werkstoff: Stähle für den Maschinenbau

⇨ **Rohr-60 x ID56-EN 10305-1-E235+N:** Nahtloses kaltgezogenes Rohr, Außendurchmesser 60 mm, Innendurchmesser 56 mm, nach DIN EN 10305-2, gefertigt aus der Stahlsorte E235 in normalgeglühtem Zustand.

Mechanische Eigenschaften geschweißter kaltgezogener Rohre — vgl. DIN EN 10305-2

Lieferzustand	+C		+LC		+SR			+A		+N		
Stahlsorte Kurzname	R_m N/mm²	A %	R_m N/mm²	A %	R_m N/mm²	R_{eH} N/mm²	A %	R_m N/mm²	A %	R_m N/mm²	R_{eH} N/mm²	A %
E115	400	6	350	10	350	245	18	260	28	270 bis 410	155	28
E195	420	6	370	10	370	260	18	290	28	300 bis 440	195	28
E235	490	6	440	10	440	325	14	315	25	340 bis 480	235	25
E275	560	5	510	8	510	375	12	390	22	410 bis 550	275	22
E355	640	4	590	6	590	435	10	450	22	490 bis 630	355	22

Lieferzustand: Glatte, äußere und innere Oberfläche mit einer Rauheit $R_a \le 4\,\mu m$

Lieferart: Außendurchmesser von $D = 4$ mm bis 150 mm in Wanddicken $s = 0{,}5$ mm bis 10 mm
Herstelllänge: 3 m bis 8 m

Werkstoff: Stähle für den Maschinenbau

⇨ **Rohr-30 x ID22-EN 10305-2-E195+A:** Geschweißtes nahtloses Rohr, Außendurchmesser 30 mm, Innendurchmesser 22 mm, nach DIN EN 10305-2, gefertigt aus der Stahlsorte E195 in geglühtem Zustand.

Installationsrohre aus Kupfer, nahtlos gezogen — vgl. DIN EN 1057

Bezeichnung	Zustand	Außendurchmesser d in mm	Zugfestigkeit R_m in MPa	Bruchdehnung A in %	Verwendung
R220	weich	6 bis 54	220	40	Wasser- und Gasleitungen für Sanitärinstallationen und Heizungsanlagen
R250	halbhart	6 bis 66,7	250	30	
		6 bis 159		20	
R290	hart	6 bis 267	290	3	

Lieferart: In Ringen von $d = 6$ mm bis 54 mm im Zustand R220 mit Lieferlängen von 25 m oder 50 m.
In geraden Längen von $d = 6$ mm bis 267 mm im Zustand R250 oder R290, mit Lieferlängen von 3 m oder 5 m. Die Rohre können auch mit Ummantelung geliefert werden.

Werkstoff: Kupfer und Kupferlegierungen

⇨ **Kupferrohr EN 1057 – R220 – 12 x 1,0:** Kupferrohr nach DIN EN 1057, R220 (weich), $d = 12$ mm, Wanddicke $s = 1$ mm.

Systematische Bezeichnung (Auszug)

vgl. DIN EN 1173 (2008)

Nach dieser Norm werden die **Kurzzeichen** aller Nichteisenmetalle, mit Ausnahme von Aluminium und Aluminium-Legierungen, gebildet. Kurzzeichen von Aluminium und Aluminium-Legierungen auf den folgenden Seiten.

Beispiele:

GD – MgMn2 F20

ZnAl4Cu1

CuZn31Si R620

Gießverfahren

G Sandguss
GD Druckguss
GK Kokillenguss
GZ Schleuderguss

Festigkeitszahl F

F20 → Mindestzugfestigkeit
$R_m \approx 10 \cdot 20\ N/mm^2$
$= 200\ N/mm^2$

Chemische Zusammensetzung	
Beispiel	Bemerkungen
MgMn2	Mg-Legierung, 2 % Mn
CuSn5	Cu-Legierung, 5 % Sn
CuZn31Si	Cu-Legierung, 31 % Zn, Anteile Si
ZnAl4Cu1	Zn-Legierung, 4 % Al, 1 % Cu

Werkstoffzustand (nur bei Kupfer und Kupferlegierungen)	
Beispiel	Bedeutung
A007	Bruchdehnung $A = 7\%$
D	gezogen, ohne Festlegung mechanischer Eigenschaften
H160	Brinellhärte HB = 160 oder Vickershärte HV = 160
M	Herstellzustand, ohne Festlegung mech. Eigenschaften
R620	Mindestzugfestigkeit $R_m = 620\ N/mm^2$
Y450	Dehngrenze, Streckgrenze $R_e = 450\ N/mm^2$

WF

Werkstoffnummern (Auszug)

vgl. DIN 17 007 (2012-12)

Nach dieser Norm werden die **Werkstoffnummern** aller Nichteisenmetalle, mit Ausnahme von

- Aluminium und Aluminium-Legierungen,
- Kupfer- und Kupfer-Knetlegierungen (siehe unten)

gebildet.

Beispiele:

2 . 0241 . 01

3 . 5662 . 05

Hauptgruppe

2 Schwermetalle
3 Leichtmetalle

Behandlungszustand/Herstellung	
Erste Ziffer	Zweite Ziffer
0 unbehandelt	1 Sandguss 2 Kokillenguss 3 Druckguss

Sortennummer			
Sortennummer	Werkstoffgruppe	Sortennummer	Werkstoffgruppe
2.0000 bis 2.1799	Kupfer-, Kupfergusslegierungen	2.2000 bis 2.2490	Zink, Zinklegierungen
2.3000 bis 2.3499	Blei, Bleilegierungen	2.3500 bis 2.3999	Zinn, Zinnlegierungen
3.5000 bis 3.5999	Magnesium, Magnesiumlegierungen	3.7000 bis 3.7999	Titan, Titanlegierungen

Werkstoffnummern für Kupfer und Kupfer-Knetlegierungen

vgl. DIN EN 1412 (1995-12)

Beispiel:

C Kupfer, W Knetlegierung

CW 024 A

Zahl zwischen 000 und 999 ohne bestimmte Bedeutung (Zählnummer)

Kennbuchstabe für Werkstoffgruppen			
Buchstabe	Werkstoffgruppe	Buchstabe	Werkstoffgruppe
A oder B	Kupfer	H	Kupfer-Nickel-Legierungen
C oder D	Kupferlegierungen, Anteil der Legierungselemente < 5%	J K	Kupfer-Zink-Legierungen Kupfer-Zinn-Legierungen
E oder F	Kupferlegierungen, Anteil der Legierungselemente ≥ 5%	L oder M N oder P	Kupfer-Zink-Zweistoff-Legierungen Kupfer-Zink-Blei-Legierungen
G	Kupfer-Aluminium-Legierungen	R oder S	Kupfer-Zink-Mehrstoff-Legierungen

Bezeichnung von Aluminium und Aluminium-Knetlegierungen

Aluminium und Aluminium-Knetlegierungen werden nach Werkstoffnummern (DIN EN 573-1), nach ihrer chemischen Zusammensetzung (DIN EN 573-2) und eventuell nach dem Werkstoffzustand (DIN EN 515) bezeichnet.

Die Normen **gelten** für:	Die Normen **gelten nicht** für:
• Fertigerzeugnisse, z. B. Bleche, Stangen, Rohre, Bänder, Drähte • Vormaterial, z. B. Rohteile für Schmiedestücke • Schmiedeteile	• Gusserzeugnisse • Verbundprodukte • pulvermetallurgische Erzeugnisse

Bezeichnung nach der chemischen Zusammensetzung

vgl. DIN EN 573-1

Bezeichnungsbeispiele:

EN Europäische Norm

A Aluminium
W Halbzeug

EN	AW-	Al	99,98		
EN	AW-	Al	Mg1SiCu	–	H111

Chemische Zusammensetzung, Reinheitsgrad			
Beispiel	Bemerkungen	Beispiel	Bemerkungen
Al 99,98	Reinaluminium, 99,98% Al	Al Mg3Mn	3% Mg, Mn < Mg
Al 99,5Ti	99,5% Al, Ti	Al Mg1PbMn	1% Mg, Pb < Mg, Mn < Mg
Al Mg1	1% Mg	Al MgSi	Si < Mg

Werkstoffzustand (Auszug) vgl. DIN EN 515

Bezeichnung	Bedeutung
Herstellungszustand	
F	ohne Festlegung von Grenzwerten für die mechanischen Eigenschaften
Weichgeglüht zur Erzielung kleinster Festigkeiten	
O	Festigkeitswerte auch durch geeignete Warmumformung erzielbar
O1	lösungsgeglüht mit langsamer Abkühlung auf Raumtemperatur
O2	thermomechanisch behandelt für höchste Umformbarkeit
Kaltverfestigt zur Erzielung festgelegter mechanischer Eigenschaften	
H111	geglüht und geringfügig kaltverfestigt, z. B. durch Recken oder Richten
H112	geringfügig kaltverfestigt
H12	kaltverfestigt – $1/4$ hart
H14	kaltverfestigt – $1/2$ hart
H16	kaltverfestigt – $3/4$ hart
H18	kaltverfestigt – $4/4$ hart
Wärmebehandelt zur Erzielung stabiler Werkstoffzustände	
T1	abgeschreckt aus der Warmformungstemperatur und kaltausgelagert
T2	abgeschreckt wie T1, kaltumgeformt und kaltausgelagert
T3	lösungsgeglüht, kaltumgeformt und kaltausgelagert
T3510	lösungsgeglüht, entspannt und kaltausgelagert, nicht nachgerichtet
T3511	wie T3510 mit anschließendem Nachrichten zur Einhaltung der Grenzabmaße
T4	lösungsgeglüht und kaltausgelagert
T4510	lösungsgeglüht, entspannt und kaltausgelagert, nicht nachgerichtet
T6	lösungsgeglüht und warmausgelagert
T6510	lösungsgeglüht, entspannt und warmausgelagert, nicht nachgerichtet
T6511	wie T6510 mit anschließendem Nachrichten zur Einhaltung der Grenzabmaße
T8	lösungsgeglüht, kaltumgeformt, warmausgelagert
T9	lösungsgeglüht, warmausgelagert und kaltumgeformt

Aluminium, Aluminium-Knetlegierungen, nicht aushärtbar

vgl. DIN EN 754-2, 755-2

Bezeichnung nach DIN EN 573 Kurzname (Werkstoffnummer)	A[1]	Werkstoff-zustand[2]	Stangen *D*[3] mm	Stangen *S*[4] mm	Zug-festigkeit R_m N/mm²	Dehn-grenze $R_{p0,2}$ N/mm²	Bruch-deh-nung A_{50} %	Eigenschaften, Verwendung
EN AW-Al 99,5 (EN AW-1050A)	p	F, H112 O, H111	≤ 200	≤ 200	min. 60 60 bis 95	min. 20 min. 20	25 25	**Reinaluminium** Hohe Wärmeleitfähigkeit, elektrisch gut leitend, korrosionsbeständig, gut schweißbar, z. B. für Verpackungen, Dosen, Zierleisten, elektrische Leiter, geringe mechanische Festigkeit.
	z	O, H111 H14 H18	≤ 80 ≤ 40 ≤ 10	≤ 60 ≤ 10 ≤ 3	60 bis 95 100 bis 135 min. 145	– min. 70 min. 125	25 6 3	
EN AW-Al 99,0 (EN AW-1200)	p	F, H112	≤ 200	≤ 200	min. 75	min. 25	20	
	z	O, H111 H14 H18	≤ 80 ≤ 40 ≤ 10	≤ 60 ≤ 10 ≤ 3	70 bis 105 110 bis 145 min. 150	– min. 80 min. 130	20 5 3	
EN AW-Al Mn1 (EN AW-3103)	p	F, H112 O, H111	≤ 200	≤ 200	min. 95 95 bis 135	min. 35 min. 35	25 25	**AlMn-Legierungen** Gut umformbar, gut schweiß- und lötbar, beständig gegen alkalische Medien; z. B. für Verpackungen.
	z	O, H111 H14 H18	≤ 80 ≤ 40 ≤ 10	≤ 60 ≤ 10 ≤ 3	95 bis 130 130 bis 165 min. 180	min. 35 min. 110 min. 145	25 6 3	
EN AW-Al Mg1 (B) (EN AW-5005)	p	F, H112 O, H111	≤ 200	≤ 200	min. 100 100 bis 150	min. 40 min. 40	18 20	**Al-Mg- und AlMgMn-Legierungen** Höhere Festigkeiten und höhere Kaltverfestigung als AlMn-Legierungen, gute Zähigkeit bei tiefen Temperaturen, seewasser- und witterungsbeständig; z. B. für Verpackungen, Karosserieteile.
	z	O, H111 H14 H18	≤ 80 ≤ 40 ≤ 15	≤ 60 ≤ 10 ≤ 2	100 bis 145 min. 140 min. 185	min. 40 min. 110 min. 155	18 6 4	
EN AW-Al Mg2 (EN AW-5251)	p	F, H112 O, H111	≤ 200	≤ 200	min. 160 160 bis 220	min. 60 min. 60	16 17	
	z	O, H111 H14 H18	≤ 80 ≤ 30 ≤ 20	≤ 60 ≤ 5 ≤ 3	150 bis 200 200 bis 240 min. 240	min. 60 min. 160 min. 200	17 5 2	

Aluminium, Aluminium-Knetlegierungen, aushärtbar

vgl. DIN EN 754-2, 755-2

Bezeichnung nach DIN EN 573 Kurzname (Werkstoffnummer)	A[1]	Werkstoff-zustand[2]	Stangen[3] *D* mm	Zug-festigkeit R_m N/mm²	Dehn-grenze $R_{p0,2}$ N/mm²	Bruch-deh-nung A_{50} %	Eigenschaften, Verwendung
EN AW-Al CuPbMgMn (EN AW-2007)	p	T4, T4510	≤ 80	min. 370	min. 250	8	**Automatenlegierungen** Auch bei hohen Spanleistungen gut spanbar; z. B. für Drehteile, Frästeile.
	z	T3	≤ 30 30...80	min. 370 min. 340	min. 240 min. 220	7 6	
EN AW-Al Cu4PbMg (EN AW-2030)	p	T4, T4510	≤ 80	min. 370	min. 250	8	
	z	T3	≤ 30 30...80	min. 370 min. 340	min. 240 min. 220	7 6	
EN AW-Al MgSi (EN AW-6060)	p	T4 T6	≤ 150	min. 120 min. 190	min. 60 min. 150	16 8	**AlMgSi-Legierungen** Geringere Festigkeiten, gute Press- und Tiefziehbarkeit, witterungs- und korrosionsbeständig, gut schweißbar; z. B. für Fenster, Türen, Beschläge, Rollläden, Wärmetauscher, Fahrzeugbau, Maschinengehäuse, Walzenrohre.
	z	T4 T6	≤ 80	min. 130 min. 215	min. 65 min. 160	15 12	
EN AW-Al Mg1SiCu (EN AW-6061)	p	O, H111 T4 T6	≤ 200	max. 150 min. 180 min. 260	max. 110 min. 110 min. 240	16 15 8	
	z	O, H111 T4 T6	≤ 80	max. 150 min. 205 min. 290	max. 110 min. 110 min. 240	16 16 10	

[1] A Anlieferungszustand: p stranggepresst; z gezogen [2] Werkstoffzustand nach vorhergehender Seite
[3] *D* Stangendurchmesser [4] *S* Schlüsselweite von Vier- und Sechskantstangen, Dicke von Rechteckstangen

Al-Profile und -Bleche Al Sections and Al Sheets

Querschnitts-form	Bezeichnung Abmessungen	Norm	Querschnitts-form	Bezeichnung Abmessungen	Norm
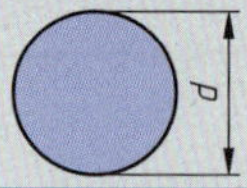	**Rundstangen** *d* = 3...100 mm	gezogen DIN EN 754-3	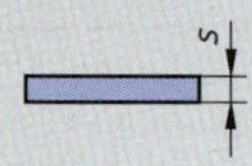	**Bleche, Bänder** *s* = 0,4...15 mm	gewalzt DIN EN 485-4 –
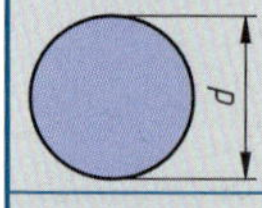	**Rundstangen** *d* = 8...320 mm	stranggepresst DIN EN 755-3	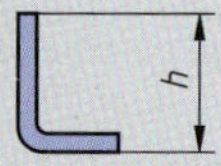	**L-Profil** rundkantig *h* = 10...80 mm	stranggepresst DIN 1771[1]
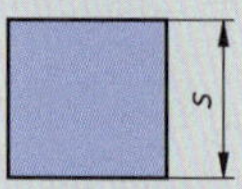	**Vierkantstangen** *s* = 3...100 mm	gezogen DIN EN 754-4	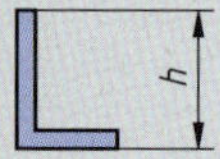	**L-Profil** scharfkantig *h* = 10...80 mm	stranggepresst DIN 1771[1]
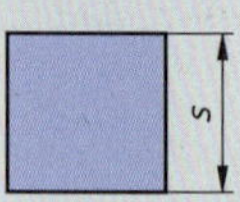	**Vierkantstangen** *s* = 10...220 mm	stranggepresst DIN EN 755-4	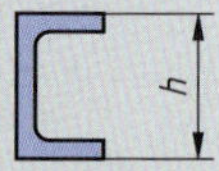	**U-Profil** rundkantig *h* = 20...140 mm	stranggepresst DIN 9713[1]
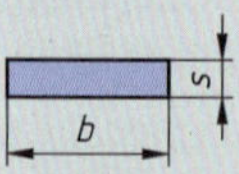	**Rechteckstangen** *b* x *s* = 5 x 2...200 x 60 mm	gezogen DIN EN 754-5	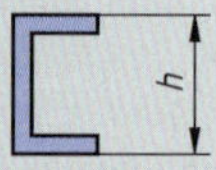	**U-Profil** scharfkantig *h* = 20...140 mm	stranggepresst DIN 9713[1]
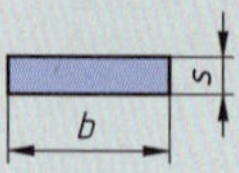	**Rechteckstangen** *b* x *s* = 10 x 2...600 x 240 mm	stranggepresst DIN EN 755-5	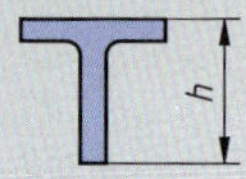	**T-Profil** rundkantig *h* = 15...80 mm	stranggepresst DIN 9714[1]
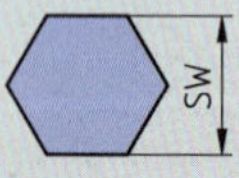	**Sechskantstangen** SW = 3...80 mm	gezogen DIN EN 754-6	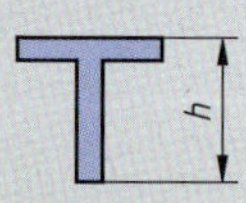	**T-Profil** scharfkantig *h* = 15...80 mm	stranggepresst DIN 9714[1]
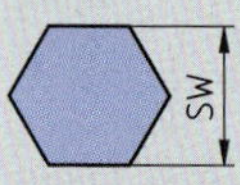	**Sechskantstangen** SW = 10...220 mm	stranggepresst DIN EN 755-6	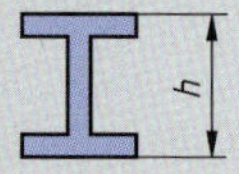	**I-Profil** *h* = 40...200 mm	stranggepresst DIN 9712[1] –
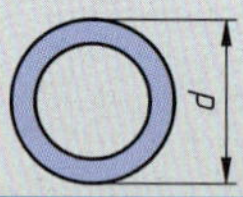	**Rundrohre** *d* = 20...250 mm	nahtlos gepresst DIN EN 755-7	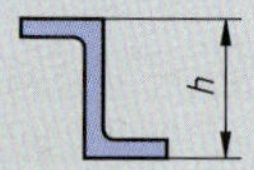	**Z-Profil** rundkantig *h* = 35...50	stranggepresst DIN 5517-2[1] –
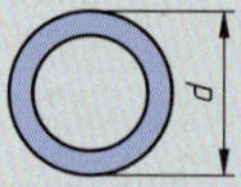	**Rundrohre** *d* = 3...273 mm	nahtlos gezogen DIN EN 754-7	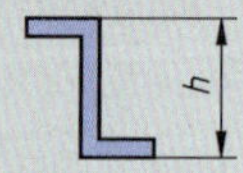	**Z-Profil** scharfkantig *h* = 13...49 mm	stranggepresst DIN 5517-2[1] –
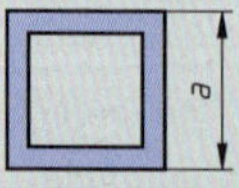	**Quadratrohre** *a* = 15...100 mm	stranggepresst DIN 5517-6[1]	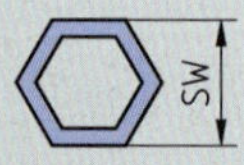	**Sechskanthohl-profile** SW = 13...65 mm	nahtlos gezogen DIN 59 751[1] –
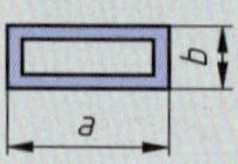	**Rechteckrohre** *a* x *b* = 20 x 15...100 x 40 mm	stranggepresst DIN 5517-6[1]	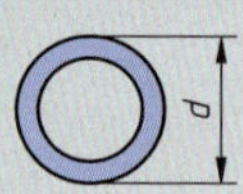	**Rohre** *d* = 16...100 mm	nahtlos gezogen DIN 59 751[1] –

[1] ersatzlos gestrichen. Der Fachhandel bietet aber weiterhin Profile nach diesen Normen an.

Kunststoffe 1 Plastics 1

Kurzzeichen für Basis-Polymere

vgl. DIN EN ISO 1043-1

Kurzzeichen	Bedeutung	Art	Kurzzeichen	Bedeutung	Art	Kurzzeichen	Bedeutung	Art
ABS	Acrylnitril-Butadien-Styrol	T	PAK	Polyacrylat	T	PTFE	Polytetrafluorethylen	T
			PAN	Polyacrylnitril	T	PUR	Polyurethan	D
AMMA	Acrylnitril-Methylmethacrylat	T	PB	Polybuten	T	PVAC	Polyvinylacetat	T
			PBT	Polybutylenterephthalat	T	PVB	Polyvinylbutyrat	T
ASA	Acrylnitril-Styrol-Acrylat	T	PC	Polycarbonat	T	PVC	Polyvinylchlorid	T
CA	Celluloseacetat	T	PCTFE	Polychlortrifluorethylen	T	PVDC	Polyvinylidenchlorid	T
CAB	Celluloseacetatbutyrat	T	PE	Polyethylen	T	PVF	Polyvinylfluorid	T
CF	Cresol-Formaldehyd	D	PET	Polyethylenterephthalat	T	PVFM	Polyvinylformal	T
CMC	Carboxymethylcellulose	AN	PF	Phenol-Formaldehyd	D	PVK	Poly-N-vinylcarbazol	T
CN	Cellulosenitrat	AN	PIB	Polyisobuten	T	SAN	Styrol-Acrylnitril	T
CP	Cellulosepropionat	T	PMMA	Polymethylmethacrylat	T	SB	Styrol-Butadien	T
EC	Ethylcellulose	AN	POM	Polyoxymethylen; Polyformaldehyd	T	SI	Silikon	D
EP	Epoxid	D				SMS	Styrol-α-Methylstyrol	T
EVAC	Ethylen-Vinylacetat	E	PP	Polypropylen	T	UF	Urea-Formaldehyd	D
MF	Melamin-Formaldehyd	D	PS	Polystyrol	T	UP	Ungesättigter Polyester	D
PA	Polyamid	T	PSU	Polysulfon	T	VCE	Vinylchlorid-Ethylen	T

Arten: AN abgewandelte Naturstoffe; E Elastomere; D Duroplaste; T Thermoplaste

Kennbuchstaben zur Kennzeichnung besonderer Eigenschaften

vgl. DIN EN ISO 1043-1

K[1]	Besondere Eigenschaften	K[1]	Besondere Eigenschaften	K[1]	Besondere Eigenschaften	K[1]	Besondere Eigenschaften
B	Block, bromiert	F	flexibel; flüssig	N	normal; Novolak	T	Temperatur
C	chloriert; kristallin	H	hoch; homo	O	orientiert	U	ultra; weichmacherfrei
D	Dichte	I	schlagzäh	P	weichmacherhaltig	V	sehr
E	verschäumt; Elastomer	L	linear, niedrig	R	erhöht; Resol; hart	W	Gewicht
		M	mittel, molekular	S	gesättigt; sulfoniert	X	vernetzt, vernetzbar

[1] Kennbuchstabe

⇨ **PVC-P:** Polyvinylchlorid, weichmacherhaltig; **PE-LLD:** Lineares Polyethylen niedriger Dichte

Kurzzeichen für Füll- und Verstärkungsstoffe

vgl. DIN ISO 1043-2

Kurzzeichen für Material[2]

Kurzzeichen	Material	Kurzzeichen	Material	Kurzzeichen	Material	Kurzzeichen	Material
B	Bor	G	Glas	P	Glimmer	T	Talk
C	Kohlenstoff	K	Calciumkarbonat	Q	Silikat	W	Holz
D	Aluminiumtrihydrat	L	Cellulose	R	Aramid	X	nicht festgelegt
E	Ton	M	Mineral, Metall[3]	S	Synthet. Stoffe	Z	andere Stoffe[2]

Kurzzeichen für Form und Struktur

Kurzzeichen	Form, Struktur	Kurzzeichen	Form, Struktur	Kurzzeichen	Form, Struktur	Kurzzeichen	Form, Struktur
B	Perlen, Kugeln, Bällchen	G	Mahlgut	N	Faservlies (dünn)	VV	Furnier
		H	Whisker	P	Papier	W	Gewebe
C	Chips, Schnitzel	K	Wirkwaren	R	Roving	X	Nicht spezifiziert
D	Pulver	L	Lagen	S	Schalen, Flocken	Y	Garn
F	Fasern	M	Matte, dick	T	Gedrehtes Garn, Cord	Z	andere[2]

⇨ **GF:** Glasfaser; **CH:** Kohlenstoff-Whisker; **MD:** mineralisches Pulver

[2] Diese Materialien können zusätzlich gekennzeichnet werden, z. B. durch ihr chemisches Symbol oder ein anderes Symbol aus entsprechenden internationalen Normen.

[3] Bei Metallen (M) muss die Art des Metalls durch das chemische Symbol angegeben werden.

Kunststoffe 2 Plastics 2

Verfahren zur Erkennung von Kunststoffarten

Optisches Untersuchen Aussehen der Probe ist transparent	trüb	Schwebeprobe Dichte d. Lösung in g/cm³	Kunststoffe schweben	Verhalten beim Erwärmen	Löslichkeit in Lösungsmitteln
CA, CAB, CP, EP, PC, PS, PMMA, PVC, SAN	ABS, ASA, PA, PE, POM, PP PTFE	0,9 bis 1,0	PB, PE, PIB, PP	• Thermoplaste erweichen u. schmelzen. • Duroplaste und Elastomere zersetzen sich direkt.	Duroplaste und PTFE nicht löslich. Sonstige Thermoplaste sind in bestimmten Lösungsmitteln löslich; z. B. PS ist in Benzol oder Aceton löslich.
		1,0 bis 1,2	ABS, ASA, CAB, CP, PA, PC, PMMA, PS, SAN, SB		
Untersuchen durch Abtasten		1,2 bis 1,5	CA, PBT, PET, POM, PSU, PUR	**Brennprobe**	
Wachsartiger Griff bei: PE, PTFE, POM, PP		1,5 bis 1,8	organisch gefüllte Pressmassen	• Flammenfärbung • Brandverhalten • Rußbildung • Geruch der Rauchschwaden	
		1,8 bis 2,2	PTFE		

Unterscheidungsmerkmale der Kunststoffe (siehe auch folgende Seiten)

Kurzzeichen	Dichte g/cm³	Brennverhalten	sonstige Merkmale
ABS	1,06...1,12	gelbe Flamme, rußt stark, riecht nach Leuchtgas	zähelastisch, wird von Tetrachlorkohlenstoff nicht angelöst, klingt dumpf
CA	1,31	gelbe, sprühende Flamme, tropft, riecht nach Essigsäure und verbranntem Papier	angenehmer Griff, klingt dumpf
CAB	1,19	gelbe, sprühende Flamme, tropft brennend, riecht nach ranziger Butter	klingt dumpf
MF	1,50	schwer entflammbar, verkohlt mit weißen Kanten, riecht nach Ammoniak	schwer zerbrechlich, klingt scheppernd (vgl. UF)
PA	1,04...1,15	blaue Flamme mit gelblichem Rand, tropft fadenziehend, riecht nach verbranntem Horn	zähelastisch, unzerbrechlich, klingt dumpf
PC	1,20	gelbe Flamme, erlischt nach Wegnahme der Flamme, rußt, riecht nach Phenol	zähhart, unzerbrechlich, klingt scheppernd
PE	0,92	helle Flamme mit blauem Kern, tropft brennend ab, Geruch paraffinartig, Dämpfe kaum sichtbar (vgl. PP)	wachsartige Oberfläche, mit dem Fingernagel ritzbar, unzerbrechlich, Verarbeitungstemperatur >230 °C
PF	1,40	schwer entflammbar, gelbe Flamme, verkohlt, riecht nach Phenol und verbranntem Holz	schwer zerbrechlich, klingt scheppernd
PMMA	1,18	leuchtende Flamme, fruchtiger Geruch, knistert, tropft	uneingefärbt glasklar, klingt dumpf
POM	1,41	bläuliche Flamme, tropft, riecht nach Formaldehyd	unzerbrechlich, klingt scheppernd
PP	0,91	helle Flamme mit blauem Kern, tropft brennend ab, Geruch paraffinartig, Dämpfe kaum sichtbar (vgl. PE)	nicht mit dem Fingernagel markierbar, unzerbrechlich
PS	1,05	gelbe Flamme, rußt stark, riecht süßlich nach Leuchtgas, tropft brennend ab	spröde, klingt metallisch blechern, wird u. a. von Tetrachlorkohlenstoff gelöst
PTFE	2,20	unbrennbar, bei Rotglut stechender Geruch	wachsartige Oberfläche
PUR	1,26	gelbe Flamme, stark stechender Geruch	Polyurethan, gummielastisch
PUR	0,03...0,06		Polyurethan-Schaum
PVC-U	1,38	schwer entflammbar, erlischt nach Wegnahme der Flamme, riecht nach Salzsäure, verkohlt	klingt scheppernd (U = hart)
PVC-P	1,20...1,35	je nach Weichmacher besser brennbar als PVC U, riecht nach Salzsäure, verkohlt	gummiartig flexibel, klanglos (P = weich)
SAN	1,06	gelbe Flamme, rußt stark, riecht nach Leuchtgas, tropft brennend ab	zähelastisch, wird von Tetrachlorkohlenstoff nicht gelöst
SB	1,05	gelbe Flamme, rußt stark, riecht nach Leuchtgas und Gummi, tropft brennend ab	nicht so spröde wie PS, wird u. a. von Tetrachlorkohlenstoff gelöst
UF	1,50	schwer entflammbar, verkohlt mit weißen Kanten, riecht nach Ammoniak	schwer zerbrechlich, klingt scheppernd (vgl. MF)
UP	2,00	leuchtende Flamme, verkohlt, rußt, riecht nach Styrol, Glasfaserrückstand	schwer zerbrechlich, klingt scheppernd

Kunststoffe 3 Plastics 3

Thermoplaste (Auswahl)

Kurzzeichen	Bezeichnung	Handelsnamen	Dichte g/cm^3	Zugfestigkeit N/mm^2	Schlagzähigkeit mJ/mm^2	Gebrauchstemperatur, langzeitig °C	Anwendungsbeispiele
ABS	Acrylnitril-Butadien-Styrol	Terluran, Novodur	1,06	35...56	80... k. B.[2]	85...100	Telefongehäuse, Armaturbretter, Surfbretter
PA 6	Polyamid 6	Durethan, Maranyl, Resistan, Ultramid, Rilsan	1,14	43	k. B.[2]	80...100	Zahnräder, Gleitlager, Schrauben, Seile, Gehäuse
PA 66	Polyamid 66		1,14	57	21[1]	80...100	
PE-HD	Polyethylen, hohe Dichte	Hostalen, Lupolen, Vestolen A	0,96	20...30	k. B.[2]	80...100	Batteriekästen, Kraftstoffbehälter, Mülltonnen, Rohre, Kabelisolationen, Folien, Flaschen
PE-LD	Polyethylen, niedere Dichte		0,92	8...10	k. B.[2]	60...80	
PMMA	Polymethylmethacrylat	Plexiglas, Degalan, Lucryl	1,18	70...76	18	70...100	Optische Gläser, Blinklichtgehäuse, Skalengehäuse, Leuchtbuchstaben
POM	Polyoxymethylen	Delrin, Hostaform, Ultraform	1,42	50...70	100	95	Zahnräder, Gleitlager, Ventilkörper, Gehäuseteile
PP	Polypropylen	Hostalen PP, Novolen, Procom, Vestolen P	0,91	21...37	k.B.[2]	100...110	Heizkanäle, Waschmaschinenteile, Fittings, Pumpengehäuse
PS	Polystyrol	Styropor, Polystyrol, Vestyron	1,05	40...65	13...20	55...85	Verpackungsmaterial, Geschirr, Filmspulen, Wärmedämmplatten
PTFE	Polytetrafluorethylen	Hostaflon, Teflon, Fluon	2,20	15...35	k.B.[2]	280	Wartungsfreie Lager, Kolbenringe (Maschinenbau), Dichtungen, Pumpen
PVC-P	Polyvinylchlorid, weichmacherhaltig	Vinoflex, Vestolit, Vinnolit, Solvic	1,20 ...1,35	20...29	2[1]	60...80	Schläuche, Dichtungen, Kabelummantelungen, Rohre, Fittings (Verbindungsstück bei Rohren), Behälter
PVC-U	Polyvinylchlorid, weichmacherfrei		1,38	35...60	k. B.[2]	< 60	
SAN	Styrol-Acrylnitril Copolymer	Luran, Vestyron, Lustran	1,08	78	23...25	85	Skalenscheiben, Batteriegehäuse, Scheinwerfergehäuse
SB	Styrol-Butadien Copolymer	Vestyron, Styrolux	1,05	22...50	40... k. B.[2]	55...75	Fernsehgehäuse, Verpackungsmaterial, Kleiderbügel, Verteilerdosen

[1] Kerbschlagzähigkeit; [2] k. B. ≙ kein Bruch der Probe

Kunststoffe 4 Plastics 4

Elastomere (Kautschuke)

Kurzzeichen	Bezeichnung	Dichte g/cm³	Zugfestigkeit[1] N/mm²	Bruchdehnung %	Anwendungs-Temperatur °C	Eigenschaften Verwendungsbeispiele
BR	Butadien-Kautschuk	0,94	2 (18)	450	−60...+90	hohe Abriebfestigkeit; Reifen, Gurte, Keilriemen
CO	Epichlorhydrin-Kautschuk	1,27 ...1,36	5 (15)	250	−30...+120 −10...+120	schwingungsdämpfend, öl- und benzinbeständig; Dichtungen, wärmebeständige Dämpfungselemente
CR	Chloropren-Kautschuk	1,25	11 (25)	400	−30...+110	öl- und säurebeständig, schwer entflammbar, Dichtungen, Schläuche, Keilriemen
CSM	Chlorsulfoniertes Polyethylen	1,25	18 (20)	300	−30...+120	alterungs- und wetterbeständig, ölbeständig; Isolierwerkstoff, Formartikel, Folien
EPM/ EPDM	Ethylen-Propylen-Kautschuk	0,86	4 (25)	500	−50...+120	guter elektrischer Isolator, gegen Öl und Benzin unbeständig; Dichtungen, Profile, Stoßfänger, Kühlwasserschläuche
FKM	Fluor-Kautschuk	1,85	2 (15)	450	−10...+190	abriebfest, beste thermische Beständigkeit; Luft- und Raumfahrt, Kfz-Industrie; Radialwellendichtringe, O-Ringe
IIR	Isobutan-Isopren-Kautschuk	0,93	5 (21)	600	−30...+120	wetter- und ozonbeständig; Kabelisolierungen, Autoschläuche
IR	Isopren-Kautschuk	0,93	1 (24)	500	−60...+60	wenig ölbeständig, hohe Festigkeit; Kfz-Reifen, Federelemente
NBR	Acrylnitril-Butadien-Kautschuk	1,00	6 (25)	450	−20...+110	abriebfest, öl- und benzinbeständig, elektr. Leiter; O-Ringe, Hydraulikschläuche, Radialwellendichtringe, Axialdichtungen
NR	Naturkautschuk	0,93	22 (27)	600	−60...+70	wenig ölbeständig, hohe Festigkeit; Kfz-Reifen, Federelemente
PUR	Polyurethan-Kautschuk	1,25	20 (30)	450	−30...+100	elastisch, verschleißfest; Zahnriemen, Dichtungen, Kupplungen
SIR	Styrol-Isopren-Kautschuk	1,25	1 (8)	250	−80...+180	guter elektr. Isolator, wasserabweisend; O-Ringe, Zündkerzenkappen, Zylinderkopf- und Fugendichtungen
SBR	Styrol-Butadien-Kautschuk	0,94	5 (25)	500	−30...+80	wenig öl- und benzinbeständig, Kfz-Reifen, Schläuche, Kabelummantelungen

[1] Klammerwert = mit Zusatz- oder Füllstoffen verstärktes Elastomer

Schaumstoffe

Schaumstoff besteht aus offenen oder aus geschlossenen Zellen oder aus einer Mischung von offenen und geschlossenen Zellen. Seine Rohdichte ist niedriger als diejenige der Gerüstsubstanz. Man unterscheidet harten, halbharten, weichen, elastischen und weich-elastischen Schaumstoff.

Steifigkeit, Härte	Rohstoff-Basis des Schaumstoffes	Zellstruktur	Dichte kg/m³	Temperatur-Anwendungsbereich °C[2]	Wärmeleitfähigkeit W/(K · m)	Wasseraufnahme in 7 Tagen Volumen-%
hart	Polystyrol	überwiegend geschlossen	15 ... 30	75 (100)	0,035	2...3
	Polyvinylchlorid		50 ...130	60 (80)	0,038	< 1
	Polyethersulfon		45 ... 55	180 (210)	0,05	15
	Polyurethan		20 ...100	80 (150)	0,021	1...4
	Phenolharz	offen	40 ...100	130 (250)	0,025	7...10
	Harnstoffharz		5 ... 15	90 (100)	0,03	> 20
halbhart bis weich-elastisch	Polyethylen	überwiegend geschlossen	25 ... 40	bis 100	0,036	1...2
	Polyvinylchlorid		50 ... 70	−60...+50	0,036	1...4
	Melaminharz		10,5... 11,5	bis 150	0,033	ca. 1
	Polyurethan Polyester-Typ	offen	20 ... 45	−40...+100	0,045	–
	Polyurethan Polyether-Typ					

[2] Gebrauchstemperatur langzeitig, in Klammern kurzzeitig

WF

Duroplaste

Kurzzeichen, chemische Bezeichnung	Handelsnamen, Auswahl	Aussehen, Dichte[2] g/cm³	Bruch-spannung[1] N/mm²	Schlag-zähigkeit kJ/mm²	Gebrauchs-temperatur[1] °C
PF Phenol-Formaldehyd	Bakelite, Kerit, Supraplast, Vyncolit, Ridurid	gelbbraun 1,25	40…90	4,5…5,0	140…150
MF Melamin-Formaldehyd Harz	Bakelite, Resopal, Hornit	farblos 1,45	30	6,5…7,0	100…130
UF Urea-Formaldehyd Harz	Bakelite UF, Resamin, Urecoll	farblos 1,5	35…55	4,5…7,5	80
UP Ungesättigtes Polyester Harz	Palatal, Rütapal, Polylite, Bakelite, Ampal, Resipol	gelblich, glasklar 1,12…1,27	50…80	5,0…10,0	50
EP Epoxid Harz	Epoxy, Rütapox, Araldit, Grilonit, Supraplast, Bakelite	gelb, trüb 1,15…1,25	55…80	10,0…22,0	80…100

Kurzzeichen, chemische Bezeichnung	mechanische Eigenschaften	Isoliereigenschaften	Kontakt mit Lebensmitteln; Wasseraufnahme[1]
PF Phenol-Formaldehyd	hart, spröde, Festigkeit vom Füllstoff abhängig	befriedigend	nicht zugelassen 50…300 mg
MF Melamin-Formaldehyd Harz	hart, spröde, weniger kerbempfindlich als UF, kratzfest, hohe Nachschwindung	befriedigend, kriechstromfest	teilweise zugelassen 180…250 mg
UF Urea-Formaldehyd Harz	hart, spröde, kerbempfindlich	befriedigend	nicht zugelassen 300 mg
UP Ungesättigtes Polyester Harz	spröde bis zäh, hohe Festigkeit und Steifigkeit, witterungsbeständig	gut; Kriechstromfestigkeit sehr gut	teilweise zugelassen 30…200 mg
EP Epoxid Harz	spröde bis zäh, hohe Festigkeit und Steifigkeit, witterungsbeständig	sehr gut; kriechstromfest	weitgehend unbedenklich 10…30 mg

Kurzzeichen, chemische Bezeichnung	beständig gegen	nicht beständig gegen	Verarbeitung[3]		Verwendung
			k	z	
PF Phenol-Formaldehyd	Öl, Fett, Alkohol, Benzol, Benzin, Wasser	starke Säuren und Laugen	++	+	Gehäuse, Lager, Griffe, Pumpen, Zündanlagen, Zahnräder, Lager; Topf- und Pfannengriffe
MF Melamin-Formaldehyd Harz	Öl, Fett, Alkohol, schwache Säuren und Laugen	starke Säuren und Laugen	+	+	hellfarbige Elektroartikel: Schalter, Stecker, Klemmen; Geschirr
UF Urea-Formaldehyd Harz	Lösungsmittel, Öl, Fett	starke Säuren und Laugen, kochendes Wasser	+	+	hellfarbige Verschraubungen; Sanitärartikel; Elektrotechnisches Installationsmaterial
UP Ungesättigtes Polyester Harz	Benzin, UV-Licht, Witterung, mineral. Schmierstoffe	Mineralsäuren, Aceton, organische Säuren, starke Laugen	+	++	Silos, Heizöl- und Getränketanks, Karosserien, Spoiler, Sportboote, Relais, Tennisschläger
EP Epoxid Harz	verdünnte Säuren und Laugen, Alkohol, Benzin, Öl, Fett	starke Säuren und Laugen; Aceton	++	+	Gießharze: Lehren, Modelle; Laminate: Fahrzeugindustrie; Formmassen: Präzisionsteile mit Metalleinlagen

[1] je nach Art und Anteil von Verstärkungsfasern und der Verarbeitung (Form- bzw. Spritzpressen);
[2] unverstärkt, [3] k kleben, z zerspanen, + gut, ++ sehr gut

Rohre aus Kunststoff Plastic Tubes

Rohre aus Polyvinylchlorid (PVC-U) DIN 8062

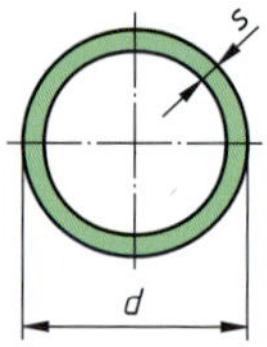

Kunststoff-Rohrleitungssysteme, bestehend aus Rohren, Formstücken, Armaturen und der verwendeten Verbindungstechnik, werden in der Regel mit niedrigen Betriebsdrücken betrieben. Die zulässigen Betriebsdrücke sind aus den Festigkeitswerten für PVC-U nach DIN 8061 berechnet und sind von der Betriebstemperatur und den Betriebsjahren abhängig.

Lieferart: Rohre mit $d = 5$ mm bis 1600 mm in Längen bis 12 m.
Werkstoff: Polyvinylchlorid ohne Weichmacher, PVC-U.
⇒ **Rohr DIN 8062 – 32 x 1,8 – PVC – U:** $d = 32$ mm, Wanddicke $s = 1,8$ mm, aus PVC-U

www.gfps.com

Außendurchmesser d mm	Wanddicke s in mm und längenbezogene Masse m' in kg/m für Dichte $\varrho = 1,42$ g/cm³													
	s	m'	s	m'	s	m'	s	m'	s	m'	s	m'	s	m'
25													1,5	0,18
32											1,6	0,24	1,9	0,28
40									1,6	0,31	1,9	0,35	2,4	0,44
50							1,5	0,37	2,0	0,47	2,4	0,56	3,0	0,68
63					1,6	0,49	1,9	0,57	2,5	0,74	3,0	0,87	3,8	1,08
75			1,5	0,56	1,9	0,68	2,2	0,79	2,9	1,01	3,6	1,24	4,5	1,52
90			1,8	0,78	2,2	0,96	2,7	1,15	3,5	1,46	4,3	1,77	5,4	2,18
110	1,8	0,96	2,2	1,18	2,7	1,41	3,2	1,66	4,2	2,14	5,3	2,65	6,6	3,24
125	1,8	1,10	2,5	1,50	3,1	1,84	3,7	2,16	4,8	2,75	6,0	3,39	7,4	4,13
140	1,8	1,23	2,8	1,86	3,5	2,31	4,1	2,69	5,4	3,47	6,7	4,24	8,3	5,18
160	1,8	1,41	3,2	2,44	4,0	2,99	4,7	3,49	6,2	4,55	7,7	5,55	9,5	6,75
180	1,8	1,59	3,6	3,06	4,4	3,71	5,3	4,43	6,9	5,66	8,6	6,97	10,7	8,54
200	1,8	1,77	3,9	3,67	4,9	4,56	5,9	5,44	7,7	7,02	9,6	8,64	11,9	10,5

Rohre aus Polyethylen (PE) DIN 8074

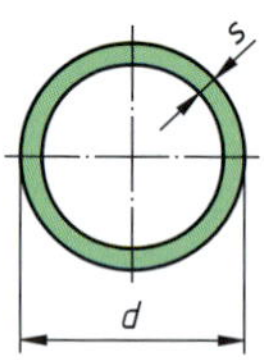

Die zulässigen Betriebsdrücke nach DIN 8074 sind für PE 63, PE 80 und PE 100 in Tabellen angegeben, sie sind von der Betriebstemperatur und den Betriebsjahren abhängig.

Lieferart: Rohre mit $d = 10$ mm bis 1600 mm in Längen bis 12 m.
Werkstoff: Polyethylen PE 63, PE 80, PE 100, PE-HD.
⇒ **Rohr DIN 8074 – 110 x 10,0 – PE 80:** $d = 110$ mm, Wanddicke $s = 1,8$ mm, aus PE 80

www.prokunststoff.de

Außendurchmesser d mm	Wanddicke s in mm und längenbezogene Masse m' in kg/m für Dichte $\varrho = 0,950$ g/cm³													
	s	m'	s	m'	s	m'	s	m'	s	m'	s	m'	s	m'
25													1,8	0,14
32											1,8	0,18	1,9	0,19
40					1,8	0,23	1,9	0,24	1,9	0,24	2,3	0,28	2,4	0,30
50			1,8	0,29	2,0	0,32	2,3	0,36	2,4	0,37	2,9	0,44	3,0	0,45
63	1,8	0,36	2,0	0,40	2,5	0,49	2,9	0,56	3,0	0,58	3,6	0,69	3,8	0,72
75	1,9	0,46	2,3	0,55	2,9	0,67	3,5	0,81	3,6	0,83	4,3	0,98	4,5	1,02
90	2,2	0,64	2,8	0,79	3,5	0,98	4,1	1,14	4,3	1,18	5,1	1,39	5,4	1,46
110	2,7	0,94	3,4	1,17	4,2	1,43	5,0	1,67	5,3	1,77	6,3	2,08	6,6	2,17
125	3,1	1,23	3,9	1,51	4,8	1,84	5,7	2,16	6,0	2,27	7,1	2,66	7,4	2,76
140	3,5	1,54	4,3	1,88	5,4	2,32	6,4	2,72	6,7	2,83	8,0	3,34	8,3	3,46
160	4,0	2,00	4,9	2,42	6,2	3,04	7,3	3,54	7,7	3,72	9,1	4,35	9,5	4,52
180	4,4	2,50	5,5	3,07	6,9	3,80	8,2	4,50	8,6	4,67	10,2	5,48	10,7	5,71
200	4,9	3,05	6,2	3,84	7,7	4,70	9,1	5,50	9,6	5,78	11,4	6,79	11,9	7,05

Kabel und Leitungen Cables and Wires

Kurzzeichen, Abbildungen	Aufbau, Eigenschaften	Verwendung
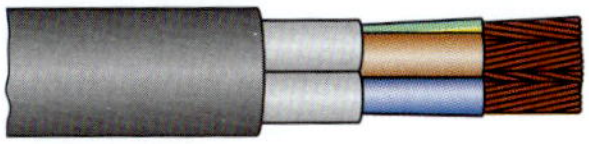 **NYY**	Kupferleiter blank, eindrähtig, rund oder sektorförmig mehrdrähtig, gemeinsame Aderumhüllung, Aderisolation und Außenmantel aus PVC, Mantelfarbe bis 1 kV schwarz und über 1 kV rot, UV-beständig.	**Energiekabel** in Kraftwerken, Industrie- und Schaltanlagen sowie in Ortsnetzen. Für feste Verlegung in Erde, in Innenräumen, in Kabelkanälen, im Freien, in Wasser, wenn mechanische Beschädigungen nicht zu erwarten sind.
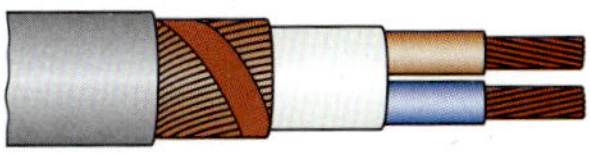 **NYCWY**	Wie NYY, jedoch mit zusätzlichem wellenförmig aufgebrachten konzentrischen Leiter und einer Querleitwendel (Kupferband).	Wie NYY, besonders, wenn Schutz gegen mechanische Beschädigungen erforderlich ist.
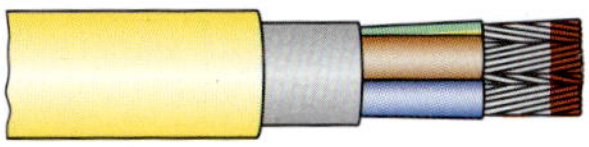 **NSSHÖU**	Verzinnte feindrähtige Kupferleiter, Aderisolation und Innenmantel aus Gummi, Außenmantel aus Polychloropren, Mantelfarbe gelb, ölbeständig, flammwidrig, hohe Abriebfestigkeit und Kerbzähigkeit.	**Schwere Gummischlauchleitung** im Bergbau, in der Industrie und auf Baustellen. Einsetzbar in trockenen, feuchten und nassen Räumen, sowie im Freien bei sehr hohen mechanischen Beanspruchungen.
 **H07BQ-F**	Verzinnte oder unverzinnte feindrähtige Kupferleiter, Aderisolation aus Gummimischung, innere Schutzhülle aus Kunststoffmischung, Außenmantel aus Polyurethan, Mantelfarbe orange, ölbeständig, hohe Abriebfestigkeit und Kerbzähigkeit, UV-beständig.	**PUR-Schlauchleitung** auf Baustellen, in gewerblichen und landwirtschaftlichen Betrieben. Einsetzbar in trockenen, feuchten und nassen Räumen, sowie im Freien bei hohen mechanischen Beanspruchungen.
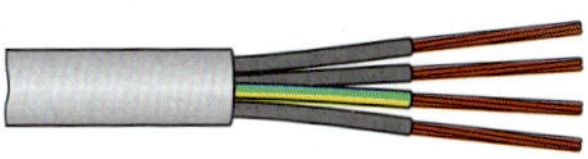 **H05VV5-F**	Blanke feindrähtige Kupferleiter, Aderisolation und Außenmantel aus weichem PVC, Mantelfarbe grau, flammwidrig, ölbeständig.	**PVC-Steuerleitung** im Maschinen- und Anlagenbau, sowie an Fertigungsstraßen. Einsetzbar in trockenen, feuchten und nassen Räumen bei geringen und mittleren mechanischen Beanspruchungen, jedoch nicht im Freien.
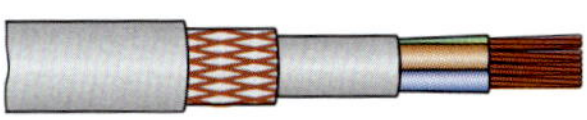 **H05VVC4V5-K**	Blanke feindrähtige Kupferleiter, Aderisolation und Außenmantel aus weichem PVC, Mantelfarbe grau, mit verzinntem Kupferdraht-Schirmgeflecht, flammwidrig, ölbeständig.	wie H05VV5-F
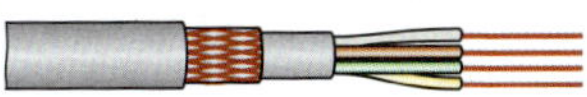 **LIYCY**	Blanke feindrähtige Kupferleiter, Aderisolation und Außenmantel aus PVC, Mantelfarbe lichtgrau, Bewicklung mit Kunststofffolie, mit verzinntem Kupferdraht-Schirmgeflecht.	**Elektronik-Steuerleitung** in der Steuer-, Mess- und Regeltechnik. Geeignet für ortsveränderliche Geräte. Einsetzbar in trockenen, feuchten und nassen Räumen.
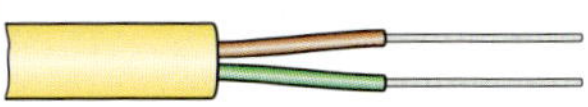 **AS-i-Busleitung**	Feindrähtiger Litzenleiter von 2 x 1,5 mm², Aderisolation und profilierter Außenmantel aus Gummi, Mantelfarbe gelb, ungeschirmt, verpolungssicher, ölbeständig.	**AS-i-Busleitung** für Verbindungen von AS-i-Komponenten (Sensor/Aktor-Ebene) in der Automatisierungstechnik. Für feste Verlegung in trockenen, feuchten und nassen Räumen.
 **PROFIBUS-Leitung**	Blanke feindrähtige Kupferleiter von 1 x 2 x 0,64 mm², Aderisolation aus Polyethylen, Innen- und Außenmantel aus PVC, Mantelfarbe violett, Abschirmung aus Alu-Folie und verzinntem Kupferdrahtgeflecht, flammwidrig, ölbeständig.	**PROFIBUS-Leitung** für Verbindungen von PROFIBUS-Komponenten in der Fertigungs- und Prozessautomation. Für feste Verlegung in trockenen, feuchten und nassen Räumen.

Isolierte Starkstromleitungen Insulated Power Wires

Kennfarben der Adern von isolierten Starkstromleitungen und Kabeln

Aderzahl	Leitungen mit Schutzleiter	Leitungen ohne Schutzleiter
1	gnge, bl, sw, br, gr, jedoch nicht gelb oder grün oder mehrfarbig	
2	gnge – sw (nur festverlegt ab 10 mm²)	br – bl (flexibel, für Geräte der Schutzklasse II)
3	gnge – br – bl (flexibel oder verlegt)	Mehraderleitungen für feste Verlegung sind ohne grüngelbe Ader nicht mehr verfügbar, da seit 2007 nach DIN VDE 0100-410 in jedem Stromkreis ein Schutzleiter vorhanden sein muss.
4	gnge – br – sw – gr	
5	gnge – bl – br – sw – gr	
mehr als 5	gnge – sw mit Zahlenaufdruck 1, 2, 3, 4, 5 ...	

Folgende Klammerangaben enthalten Kurzzeichen nach IEC 757 bl (BU für blue) blau, br (BN für brown) braun, gnge (GNYE für green-yellow) grün-gelb, gr (GY für grey) grau, sw (BK für black) schwarz

Buchstaben-Kurzzeichen für nicht harmonisierte isolierte Starkstromleitungen

Kurzzeichen	Bedeutung	Beispiel	Kurzzeichen	Bedeutung	Beispiel
A	Ader Aluminium	N4G**A** NYRAM**A**	PL	Pendelschnur (Pendel-Litze)	N**PL**
B BU	Bleimantel Bleimantel mit Umhüllung	N**B**UY NY**BU**Y	R RU	Rohrdraht Rohrdraht mit Umhüllung	NY**R**AMZ NY**RU**ZY
C	Abschirmung (C = kapazitiver Schutz)	NSH**C**ÖU	S SA SL SS	Sonderleitung Schnurleitung Schweißleitung sehr starke Ausführung	N**S**GAÖU N**SA** N**SL**F N**SS**HÖU
F FF	Flachleitung, feindrähtig Stegleitung feinstdrähtig	NI**F**LÖU NYI**F** NSL**FF**ÖU	T TK	Leitungstrosse Theaterkabel	N**T**M N**TK**
G	Gummi-Isolation	N2**G**SA	U	Umhüllung	NYR**U**ZY
H	Hochfrequenzschutz	N**H**YRUZY	V	Verdrehungsbeanspruchung, verdrehungssicher	NMH**V**ÖU
I	Stegleitung (Imputzleitung) Illuminationsleitung	NY**I**F N**I**FL	W	Wetterfeste Tränkmasse	NFY**W**
J	International gekennzeichneter grüngelber Schutzleiter	NYM-**J**	Y	Kunststoffisolierung, Kunststoffmantel	N**Y**IF NYBU**Y**
K	Kabel, Leitung	NT**K**	Z	Zinkmantel Zwillingsader Zugentlastung (je nach Norm)	NYRAM**Z** NYFA**Z**W NYM**Z**
L LR	Leitung Leuchtröhrenleitung	NY**L** NY**LR**ZY			
M MA MZ	Mantelleitung Metallmantel aus Aluminium Metallmantel aus Zink	NY**M** NYR**AMA** NYR**AMZ**	E M Ö R U ÖU	eindrähtig mehrdrähtig öl- und benzinbeständig gerillter Metallmantel flammwidrig, hitzefest ölbeständig und flammwidrig	– NYM2x10**M** NSSH**ÖU** NYRUZY**R** NSSH**ÖU** NIFL**ÖU**
N	Genormte Leitung	**N** ...			
O	Leitung ohne grüngelben Schutzleiter, nicht mehr vorkommend	NYM-**O**	W 4	erhöhte Wärmebeständigkeit wärmebest. Gummimischung	NYFA**W** N**4**GA

Angabe, ob Schutzleiter vorhanden

Anhang bei Leitung mit Schutzleiter	Anhang bei Leitung ohne Schutzleiter
Nach DIN VDE 0250: Anhang – J Nach DIN VDE 0281/0282: Anhang – G	Nach DIN VDE 0250: Anhang – O Nach DIN VDE 0281/0282: Anhang – X

Beispiele:

NYM-J 3 x 2,5: Mantelleitung 3 x 2,5 mm²

H07RN-F4G1,5: Schwere Gummischlauchleitung 4 x 1,5 mm²

Hinweis:

Nach DIN VDE 0100-410:6-2007 muss in Niederspannungsanlagen jeder Stromkreis einen geerdeten Schutzleiter enthalten, also bei Mehraderleitungen eine grüngelbe Ader. Mehraderleitungen zur festen Verlegung gibt es meistens nur mit Schutzleiter (s. auch Seite 246).

WF

Starkstromleitungen Power Wires

Schlüssel für harmonisierte Starkstromleitungen

Kennzeichen der Bestimmung
- H – Harmonisierte Bestimmung
- A – Anerkannter nationaler Typ

Bemessungsspannung (Nennspannung) U_0/U
- 01 – 100/100 V
- 03 – 300/300 V
- 05 – 300/500 V
- 07 – 450/750 V

Isolierwerkstoff
- V – PVC
- R – Natur- und/oder Styrol-Butadienkautschuk
- S – Silikon-Kautschuk

Mantelwerkstoff
- V – PVC
- R – Natur- und/oder Styrol-Butadienkautschuk
- N – Polychloroprenkautschuk
- J – Glasfasergeflecht
- T – Textilgeflecht

Besonderheiten im Aufbau
- H – flache, aufteilbare Leitung
- H2 – flache, nicht aufteilbare Leitung

Leiterart
- D – feindrähtig für Schweißleitungen
- E – feinstdrähtig für Schweißleitungen
- U – eindrähtig
- R – mehrdrähtig
- K – feindrähtig bei Leitungen für feste Verlegung
- F – feindrähtig bei flexiblen Leitungen
- H – feinstdrähtig bei flexiblen Leitungen
- Y – Lahnlitze (Litze aus dünnen Flachdrähten)

Aderzahl
- …

Schutzleiter
- X – ohne Schutzleiter
- G – mit Schutzleiter (grüngelbe Ader)

Bemessungsquerschnitt des Leiters
- …

Beispiele:

H07V-U 1,5 BK (NYA) Kunststoffaderleitung, 1,5 mm², schwarz

H05V-K 0,75 BN (NYAF) Kunststoffverdrahtungsleitung, feindrähtig, 0,75 mm², braun

Anerkannte nationale Typen isolierter Leitungen erhalten anstelle des Anfangsbuchstabens H den Buchstaben A.

Beispiel: A07RN-F 3 x 2,5 (NMHÖU)

Leitungen für feste Verlegung

Kurzzeichen	Bezeichnung U_0/U	Aufbau der Leitung	Aderzahl, Querschnitt in mm²	Verwendung
Kunststoffaderleitung				
H07V-U H07V-R H07V-K	PVC-Aderleitung (Verdrahtungsleitung) 450/700	einadrig, ein- oder mehrdrähtige oder feindrähtige Leiter (siehe oben), Kunststoffisolierhülle	1 x 1,5 bis 1 x 16 1 x 6 bis 1 x 400 1 x 1,5 bis 1 x 240	Bei geschützter Verlegung in Geräten sowie in und an Leuchten. Zugelassen für feste Verlegung in Rohren auf und unter Putz. Betriebstemperatur bis 90 °C.
Stegleitungen				
NYIF NYIFY	Stegleitung 230/400	PVC-isolierte Kupferleiter, Adern mit Abstand flach nebeneinander gelegt, gemeinsamer Steg aus Gummi (F) oder Kunststoff (FY).	3 x 1,5 (J) bis 5 x 1,5 3 x 2,5 (J) bis 5 x 2,5 3 x 4,0 (J) bis 4 x 4,0	In trockenen Räumen für feste Verlegung in oder unter Putz.
Mantelleitungen und Kabel				
NYM	PVC-Mantelleitung 300/500	PVC-isolierte Kupferleiter, Adern verseilt, Füllmantel, Kunststoffaußenmantel.	1 x 1,5 bis 12 x 1,5 1 x 2,5 bis 5 x 2,5 1 x 4; 3 x 4; 4 x 4 bis 7 x 1,5	In allen Räumen und im Freien für feste Verlegung über und auf Putz sowie in und unter Putz.
NYY	Kabel mit Isolierung und Mantel aus PVC 0,6/1kV	PVC-isolierte Kupferleiter, einadrig, ein- oder mehrdrähtige Leiter	Querschnitte in mm² 2,5 bis 150 Aderzahlen 1, 2, 3, 4, 5, 7, 12, 19, 24, 37	In Innenräumen, im Freien (mit Schutz vor Sonneneinstrahlung) in Erde, im Wasser sowie Beton. Mantelfarbe Schwarz

U_0 Spannung zwischen Außenleiter und Erde, U Spannung zwischen zwei Außenleitern, U_0/U Spannungsverhältnis, wird hier Nennspannung genannt.

WF

Leitungen zum Anschluss ortsveränderlicher Betriebsmittel
Wires for Mobile Equipment

Kurzzeichen	Bezeichnung	Aufbau der Leitung	Aderzahl	Querschnitt mm^2	Nennspannung U_0/U	Verwendung
Zwillingsleitungen						
H03VH-Y	Leichte Zwillingsleitung	Zweiadrig, Isolierhülle über beide Leiter aus thermoplastischem Kunststoff.	2	etwa 0,1	300/300	Zum Anschluss besonders leichter Handgeräte, z. B. elektrischer Rasierapparate.
H03VH-H	Zwillingsleitung	Wie H03VH-Y	2	0,5 und 0,75	300/300	Bei sehr kleiner mechanischer Beanspruchung in Haushalten oder Büroräumen für leichte Handgeräte.
Gummischlauchleitungen						
H05RR-F	Leichte Gummischlauchleitung	Verzinnte feindrähtige Kupferleiter, Trennschicht um den Leiter erlaubt, Isolierhülle aus Gummi, gummiertes Gewebeband um jeden Leiter zulässig, Mantel aus Gummi.	2 bis 5	0,75 bis 2,5	300/500	Bei kleiner mechanischer Beanspruchung in Haushalt, Küche und Büroräumen für leichte Handgeräte (Staubsauger, Bügeleisen, Küchengeräte, Lötkolben, Toaster).
H07RN-F	Schwere Gummischlauchleitung	Feindrähtige Kupferleiter, Trennschicht über Leiter, bei verzinnten Leitern nicht erforderlich. Isolierhülle aus Gummi, gummiertes Gewebeband um jede Ader zulässig. Mantel aus Polychloropren.	1	1,5 bis 400	450/750	Bei mittlerer mechanischer Beanspruchung in trockenen u. feuchten Räumen, im Freien, in explosionsgefährdeten Betrieben, z. B. für große Kochkessel, Heizplatten, Handleuchten, Elektrowerkzeuge, Heimwerkergeräte.
			2	1…25		
			3 und 4	1 bis 95		
			5	1…25		
Kunststoffschlauchleitungen						
H03VV-F H03VVH2-F	Leichte Kunststoffschlauchleitung (runde Ausführung). Flache Ausführung	Blanker, feindrähtiger Kupferleiter, Kunststoffisolierhülle, Außenmantel rund Außenmantel flach	2 und 3	0,5 und 0,75	300/300	Bei geringer mechanischer Beanspruchung in Haushalten, Küchen und Büroräumen, für leichte Handgeräte, z. B. für Rundfunkgeräte, Tischleuchten, Stehleuchten, Büromaschinen.
H05VV-F	Mittlere Kunststoffschlauchleitung	Isolierhülle über jedem Leiter, Zwickelfüllung, Trennschicht um die verseilten Adern zulässig, Kunststoffmantel.	2 bis 5	1 bis 2,5	300/500	Bei mittlerer mech. Beanspruchung in Haushalten, Küchen und Büroräumen, für Hausgeräte auch in feuchten Räumen, z. B. Waschmaschinen, Kühlschränke, Heimwerkergeräte.
Silikon-Aderschnüre						
N2GSA	Silikon-Aderschnur	Feindrähtige Cu-Leiter, Isolierhülle aus Silikon.	2 und 3	0,75 bis 1,5	300/300	Bei geringer mechanischer Beanspruchung in Hausgeräten und in gewerblichen Betrieben.
Sonstige Leitungen zum Anschluss ortsveränderlicher Stromverbraucher						
H01N2-D	Schweißleitung	Blanker, feindrähtiger Cu-Leiter, Gewebeband, Gummimantel.	1	16 bis 120 und 25 bis 70	100/200	Hochbewegliche Elektrodenanschlussleitung an Schweißgeräten.
NFLG	Gummischlauchleitung mit Tragorgan	Feindrähtiger umsponnener Cu-Leiter, Gummiisolierhülle, Gewebeband, Tragorgan aus Faserstoff.	ab 6	0,75 bis 6	300/500	Aufzugs- und Förderanlagen, Leitungen an Werkzeugmaschinen, in Innenräumen und feuchten Räumen.

U_0 Spannung zwischen Außenleiter und Erde, U Spannung zwischen zwei Außenleitern, U_0/U Spannungsverhältnis, wird hier Nennspannung genannt.

WF

Leitungen und Kabel für Melde- und Signalanlagen
Wires and Cables for Alarm and Signalling Systems

Schlüssel der Leitungen und Kabel für Melde- und Signalanlagen

A- | 2Y | C | Y | X | P | A

- A-: Typ
- 2Y: Isoliermaterial der Ader
- C: Schirm
- Y: Material von Mantel/Schutzhülle
- X: Verseil-Elemente, Aderzahl, Durchmesser in mm
- P: Verseilart, Anordnung
- A: Bewehrung

Es werden meist nicht alle Positionen angegeben.

Kurzzeichen	Bedeutung
Typ	
A-	Außenkabel
FL-	Flachleitung
J- (spricht i)	Installationsleitung
Li-	Litzenleiter
RG-	Koaxialleitung
S-	Schaltkabel
Isoliermaterial	
Y	PVC
Yu	PVC, flammwidrig
Yw	PVC, wärmebeständig
2Y	PE (Polyethylen)
02Y oder 2X	VPE (vernetztes PE)
2HX	YPE, flammwidrig
3Y	Polystyrol PS
4Y	Polyamid PA
5Y	Polytetrafluorethylen PTFE
8Y	Polyimid PJ
9Y	Polypropylen PP
11Y	Polyurethan PU
Schirm	
C oder Cb	Kupfergeflecht
(K)	Cu-Band über PE-Mantel
(L)	Aluminiumband
(mS)	Stahlband
(St)	statischer Schirm
Bewehrung	
A	Al-Drähte
B	Stahlband
Mantel, Schutzhülle	
Y, 2Y ...	siehe Isoliermaterial
G, 26 bis 86	Gummi
H	halogenfrei
L	Aluminium
M	Bleimantel
Verseilart, Anordnung	
DM	Dieselhorst-Martin (Seite 159)
P	Paarverseilung
St, Stl bis St VI	Sternvierer (nach Frequenz ansteigend)
Bd	Bündelverseilung
Lg	Lagenverseilung
rd	rund
se	sektorförmig

Leitungen und Kabel für Melde- und Signalanlagen zur festen Verlegung

Kurzzeichen	Bezeichnung	Aufbau	Verwendung
Y	Kunststoff-Aderleitung (Installationsdraht)	Ader: Cu-Draht 0,6 mm oder 0,8 mm, PVC-Isolierung oder PE-Isolierung. 1 Ader oder verseilt 2 bis 4 Adern	In trockenen Räumen zur festen Verlegung in Isolationsrohren aP und uP.
YR	Kunststoff-Mantelleitung	Ader: Cu-Draht 0,8 mm ∅, Isolierung wie bei Y, Mantel aus PVC oder PE, 2 bis 24 Adern.	In trockenen und feuchten Räumen zur festen Verlegung aP und uP.
YRE	Schwachstrom-Erdkabel	Aufbau wie YR, aber verstärkter Mantel. Aderzahl 4 bis 16.	Wie YR und zusätzlich zur Verlegung im Erdboden.
IFY	Klingel-Stegleitung	Ader: Wie bei Y. 2 oder 3 Adern verbunden durch flaches Kunststoffband.	In trockenen Räumen zur festen Verlegung iP und uP.
A 2Y (St) 2Y	Außen-Kunststoffkabel	Aufbau wie bei YRE. Aderzahl 2 x 2 bis 100 x 2.	Zur festen Verlegung oberirdisch und unterirdisch.
J-Y (St) Y	Installations-Kunststoffkabel	Adern wie bei Y, Aufbau wie YR, aber verstärkter Mantel mit Schirm. Aderzahl 2 x 2 bis 80 x 2.	Wie YR. Qualitätsleitung, z. B. für KNX.
JE-Y (St) Y	Installationsleitung für Industrieelektronik	Aufbau wie YR, aber verstärkter Mantel mit Schirm.	Wie J-Y (St) Y bei erhöhten Anforderungen.
YCYM	Installations-Kunststoffkabel mit Cu-Schirm	Aufbau wie J-Y (St) Y, aber mit Cu-Schirm.	Wie JE-Y (St) Y, z. B. für KNX mit 2 x 2 x 0,8.

aP auf Putz, iP im Putz, uP unter Putz, PVC Polyvinylchlorid

WF

Leitungen in Datennetzen Cables and Wires in Data Networks

Twisted-Pair-Leitungen, TP-Leitungen (Verdrillte Doppelader-Leitungen)

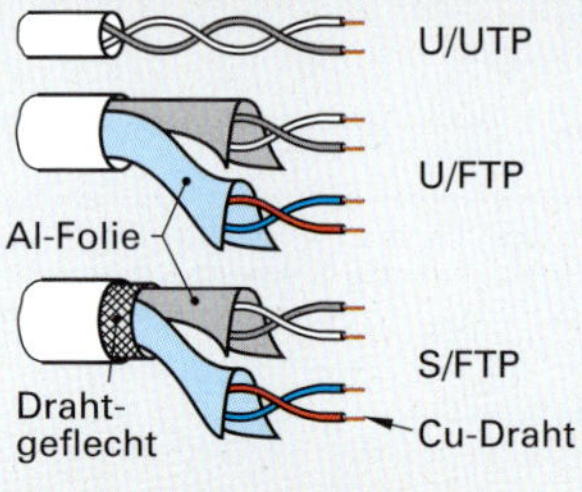

Art	Aufbau, Daten	Bemerkungen
Twisted-Pair-Leitungen	Geschirmte Doppelader U/FTP, ungeschirmte Doppelader U/UTP. Leitung mit Gesamtschirm und mit Doppelader-Schirmung S/FTP, Leitung mit Gesamtschirm aber ohne Doppelader-Schirmung S/UTP. Leitungen enthalten mehrere Doppeladern. U von Unschield, F von Foiled (Folie), T von Twisted, P von Pair, S von Shielded (Geflecht) Leitungslänge ≤ 25 m bis ≤ 100 m, Wellenwiderstand 85 Ω bis 115 Ω, Anschlussbeispiele Seite 482.	Baumförmige oder sternförmige Punkt-zu-Punkt-Verbindung. Bei Ethernet erfolgt der Anschluss ab einem Repeaterport oder Switchport zur Ethernet-Karte des PC. Je höher die Kategorie der Leitung ist (bis Cat 7), umso größer kann die Bitrate sein. **Anwendungsbeispiel:** Twisted-Pair-Ethernet (100 BASE-T, 1000 BASE-T)

Angabe der Leitungsqualität bei Twisted-Pair-Leitungen

Begriff	Erklärung
Kategorie 5 (Qualitätsstufe 5) CAT 5 (Klasse D)	Leitung geeignet für Frequenzen bis 100 MHz und Bitraten bis 100 Mbit/s. Besser Cat 7 verwenden.
Nebensprechen, Nebensprechdämpfung in dB (NEXT)	Unerwünschter Übergang des Signals von einer Doppelader zur nächsten.
ACR (Attenuation-to-Crosstalk-Ratio), Signaldynamik in dB	Verhältnis von Dämpfung zu Nebensprechen. ACR = A – NEXT. A Dämpfungsmaß in dB
Kategorie 6 (Qualitätsstufe 6) CAT 6 (Klasse E)	Geeignet für Duplexbetrieb, Frequenz bis 250 MHz.
Kategorie 7 (Qualitätsstufe 7) (in Vorbereitung Kategorie 8, 1,2 GHz) CAT 7 (Klasse F)	Doppelte Bandbreite von Cat. 5. Unterstützt Gigabit-Ethernet. ACR-Wert mindestens 10 dB bei 600 MHz.

Daten

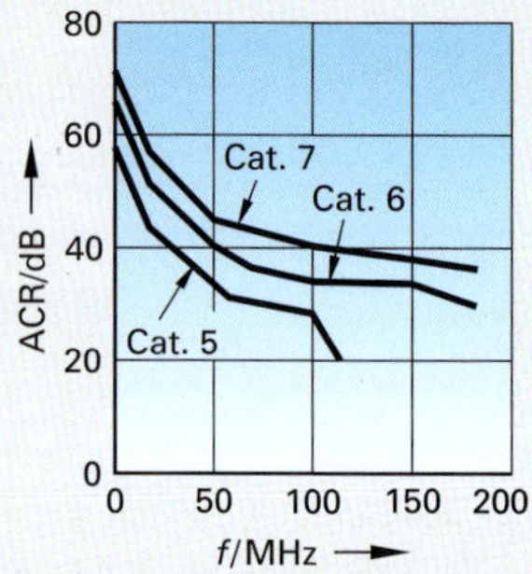

Eignung von Datenleitungen

Weitere Datenleitungen

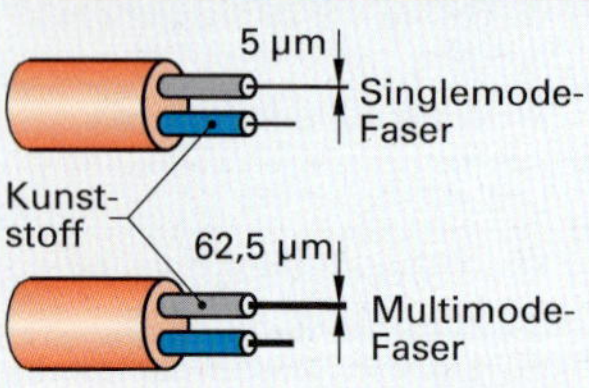

Glasfaserleitungen (LWL)

Art	Aufbau, Daten
Glasfaserleitungen (LWL)	Multimode-Doppelfaserkabel (Mm) oder Singlemode-Doppelfaserkabel (Sm). Baumförmige oder sternförmige Punkt-zu-Punkt-Verbindung. Anschluss an zwei Repeater-Ports. Meist Verwendung für Primärverkabelung. Anwendung z.B. bei Faseroptik-Ethernet (LWL-Ethernet), Seite 419. S short, L long, E extra long.

Bemerkungen:

Art	Faser	Leitung
10 BASE-F	Mm	≤ 1000 m
1000 BASE-SX (S: 850 nm)	Mm	≤ 550 m
1000 BASE-LX (L: 1300 nm)	Mm Sm	≤ 500 m ≤ 5000 m
10 GBASE-ER (E: 1550 nm, R: Codierung)	Sm	≤ 40 km

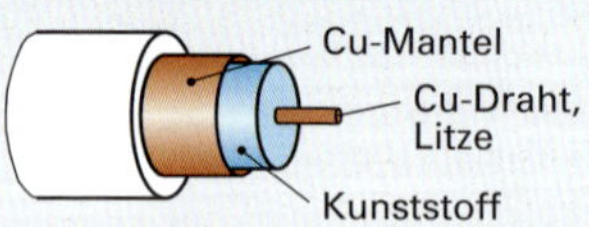

Koaxialleitung

Art	Aufbau, Daten	Bemerkungen
Koaxialleitung	Thick-Wire-Ethernet für 10 BASE-5, Thin-Wire-Ethernet (Cheapernet) für 10 BASE-2. Abschlusswiderstände sind erforderlich.	Wird für Daten-Neuanlagen nicht mehr verwendet. Wellenwiderstand 50 Ω, 75 Ω.

U/FTP 100 BASE- T

Name → U/FTP

Bitrate (etwa) in Mbit/s → 100

Kennbuchstaben, z.B. T (Twisted), F (Fibre = Faser), X (extended = erweitert) → T

U/FTP Unshielded/Foiled Screened Twisted Pair, d.h. Leitung ungeschirmt, Doppelader foliengeschirmt

WF

Kupferlitzenleiter der Informationstechnik
Copper Cords of Information Engineering

Strombelastbarkeit von Kupferlitzenleitern bei Umgebungstemperatur bis 25 °C

Querschnitt in mm²	Gruppe 1: I in A	Gruppe 2: I in A	Gruppe 3: I in A
0,14	5	3,5	2,2
0,25	7,5	5,2	3,3
0,34	8,5	5,8	3,7
0,5	11,5	7,8	5,1

Gruppeneinteilung

Gruppe 1
Einzeln frei in Luft verlegte ein- bis dreiadrige geschirmte Schaltlitzen, wenn sie mit Zwischenraum von mindestens Schaltlitzen-Außendurchmesser verlegt sind.

Gruppe 2
2 bis 4 Schaltlitzen, verseilt oder gebündelt, wenn sämtliche Leiter gleichzeitig belastet werden.

Gruppe 3
5 bis 10 Schaltlitzen, verseilt oder gebündelt, wenn sämtliche Leiter gleichzeitig belastet werden.

Belastbarkeit bei Umgebungstemperaturen > 25 °C

Umgebungstemperatur in °C	Belastbarkeit in % der Werte für 25 °C
30	94
35	88
40	82
45	75
50	67
55	58
60	47

Kupferlitzen

Kupferlitzen nach VDE-Normen

Querschnitt in mm²	Litzenaufbau (Drahtzahl × Draht-∅ in mm)	Litzen-∅ in mm	Leiterwiderstand bei 20 °C in Ω/km
0,14	f 18 × 0,1	f 0,35	132 bis 138
0,22	m 7 × 0,2	m 0,63	87,2 bis 89,9
0,25	f 14 × 0,15	f 0,66	75,5 bis 77,8
0,34	m 7 × 0,25	m 0,77	55,8 bis 57,5
0,5	m 7 × 0,3; f 16 × 0,2	m 0,91; f 0,94	37,1 bis 39,2

Kupferlitzen nach US-Normen

AWG-Größe	Querschnitt in mm²	Litzenaufbau (Drahtzahl × Draht-∅ in mm)	Leiterwiderstand bei 20 °C in Ω/km
26	0,141	m 7 × 0,15	137,99
24	0,227	m 7 × 0,2	86,29
22	0,355	m 7 × 0,25	53,69
20	0,563	m 7 × 0,32	33,79
18	0,963	f 19 × 0,25	21,1
16	1,229	f 19 × 0,29	15,59
14	1,941	f 19 × 0,36	0,98

Arten der Verseilung

Art	Erklärung	Bemerkungen
Dralllänge 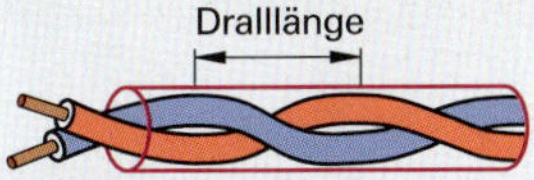 **Zweierverseilung (Paar)**	Zur Verringerung der Einstreuung von Feldern werden Adern verseilt (verdrillt). Meist angewendet ist die Zweierverseilung (1 Adernpaar oder mehrere Adernpaare).	Leitungen mit verseilten Doppeladern sind z. B. Twisted-Pair-Leitungen (siehe vorhergehende Seite). Ein vorgesetztes S (von screened = geschirmt) gibt einen Gesamtschirm an, z. B. bei S/FTP. Geschirmte Leitungen sind gegen induzierte Störspannungen geschützt, haben aber eine größere Dämpfung als nicht geschirmte Leitungen.
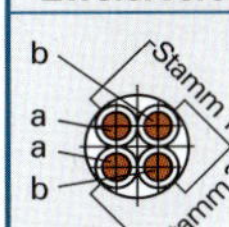 Sternverseilung 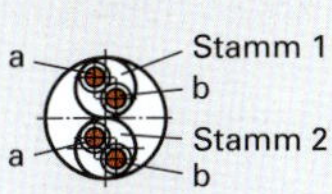 Dieselhorst-Martin-Verseilung **Viererverseilung**	Bei der Sternverseilung sind 4 Adern miteinander verseilt. Bei der Dieselhorst-Martin-Verseilung (DM-Verseilung) sind je 2 Adern verseilt und die beiden Adernpaare wieder miteinander.	

AWG von American Wire Gauge = Amerikanisches Drahtmaß (gab ursprünglich die Anzahl der Durchgänge durch Ziehsteine beim Drahtziehen an), f feindrähtig, m mehrdrähtig.

Strahlenoptik Geometrical Optics

Merkmal	Erklärung	Darstellungen
Reflektion	Bei der Reflexion auf einer ebenen glatten Fläche (Spiegel) sind der einfallende Strahl, der reflektierte Strahl und das Lot in einer Ebene. Das Lot steht senkrecht auf der Spiegeloberfläche und hat somit zwei rechte Winkel zum Spiegel. Es gilt das Reflexionsgesetz: Einfallswinkel = Reflexionswinkel $\alpha_1 = \alpha_2$ **1**	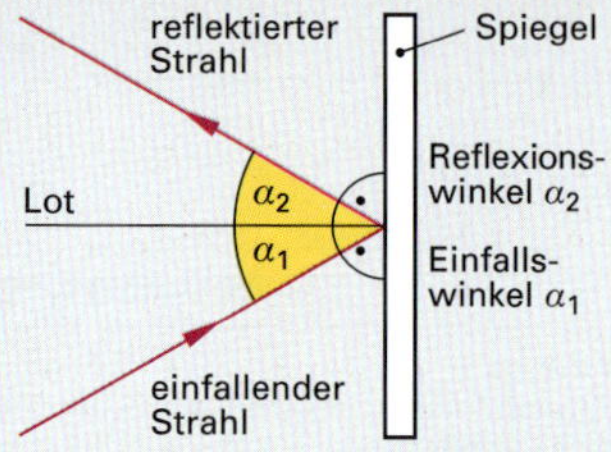
Licht-brechung • ebene Fläche	Ein Lichtstrahl tritt von einem optisch dünneren Medium mit der Brechzahl n_1 in ein optisch dichteres Medium mit der Brechzahl n_2 ein. Darin breitet er sich geradlinig aus und tritt wieder an einer anderen Stelle in das optisch dünnere Medium aus. Der Lichtstrahl wird gebrochen und es gilt das allgemeine Brechungsgesetz: $\frac{\sin \alpha_1}{\sin \alpha_2} = \frac{n_2}{n_1}$ **2**	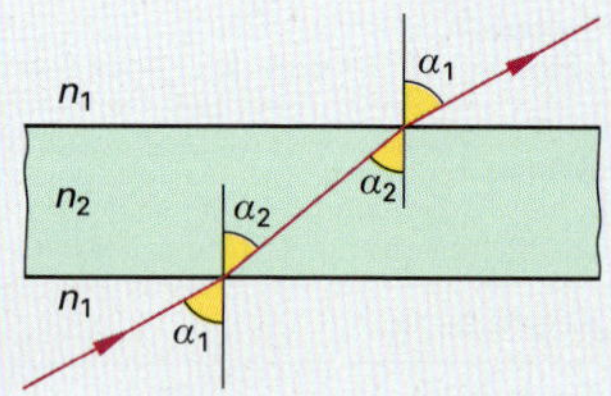
• Prisma	Beim Glasprisma sind die Durchgangsebenen des Lichtstrahles nicht parallel zueinander, sondern treffen unter einem Winkel γ (Prismenwinkel) aufeinander. Die Brechwinkel α_1 bis α_4 werden beim einfallenden Strahl zum Lot hin gebrochen und beim austretenden Strahl vom Lot weg gebrochen. Der Gesamtablenkungswinkel ε hängt von dem Einfallswinkel α_1, dem Prismenwinkel γ, der Glassorte und der Wellenlänge des Lichtes (Farbe) ab. Kurzwelliges Licht (Violett, ε_1) wird stärker gebrochen als langwelliges Licht (Rot, ε_2) mit $\varepsilon_1 > \varepsilon_2$. Daher wird weißes Licht in die Spektralfarben aufgefächert.	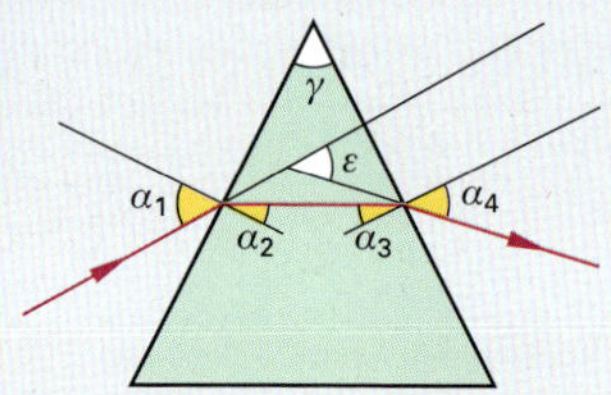
Sammel-linsen	Sammellinsen oder konvexe Linsen sind in der Körpermitte dicker als am Rand. Konkavkonvexe Linsen sind als Sehhilfen in Brillen weit verbreitet. Plankonvexe Linsen werden auch in Handlupen eingesetzt. Die bikonvexe Linse fokussiert parallele Lichtstrahlen in einem Brennpunkt F. Der Abstand der optischen Mittelebene und dem Brennpunkt ist die Brennweite *f*. Eine punktförmige Lichtquelle kann somit in parallele Lichtstrahlen aufgefächert werden.	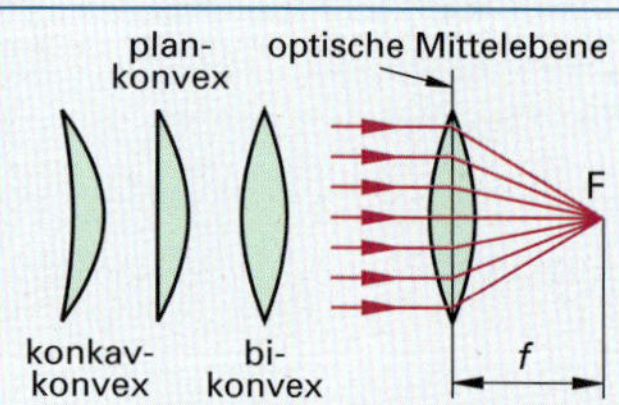
Zer-streuungs-linsen	Zerstreuungslinsen oder konkave Linsen sind in der Körpermitte dünner als am Rand. Die bikonkave Linse zerstreut parallele Lichtstrahlen nach außen. Die zerstreuten oder gebrochenen Strahlen scheinen von einem virtuellen Brennpunkt F auszutreten. Die Brennweite *f* ist der Abstand zwischen optischer Mittelebene der Linse und dem virtuellen Brennpunkt F. Da es sich um einen virtuellen Punkt handelt, hat die Brennweite *f* negative Werte; z. B. $f = -10$ cm.	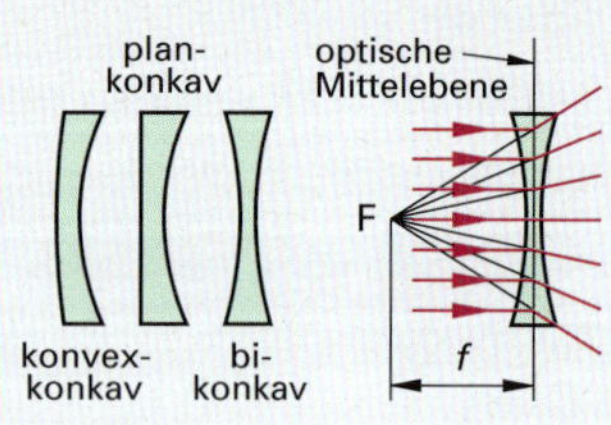
Licht-technische Größen	Fläche A — $[A] = m^2$ (Quadratmeter) Beleuchtungsstärke E — $[E]$ = lx (Lux) Belichtung H — $[H]$ = lx · s (Lux · Sekunde) Lichtstärke I — $[I]$ = cd (Candela) Strahlungsenergie W — $[W]$ = Ws = J (Joule) Zeit t — $[t]$ = s (Sekunde) Lichtstrom Φ — $[\Phi]$ = lm (Lumen) Raumwinkel Ω — $[\Omega]$ = sr (Steradiant)	$I_v = \frac{\Phi_v}{\Omega}$ **3** $\Phi_v = \frac{W}{t}$ **4** $H_v = E \cdot t$ **5** $E = \frac{\Phi}{A}$ **6**

WF

Glasfaserleitungen Fiber Optic Cables

Art	Erklärung, Wirkungsweise	Bemerkungen
Leitungen, Kabel		
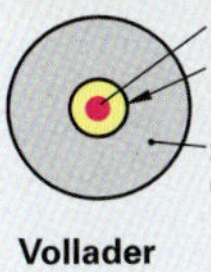 **Vollader**	Die Faser ist mit Kunststoff beschichtet. Durch das Primär-Coating (erste Beschichtung) wird die Faser biegsam. Das Sekundär-Coating sorgt für einen weiteren Schutz der Faser vor äußeren Einflüssen, z.B. mechanischer Biegebeanspruchung oder Nagetieren.	Die Fasern von Glasfaserleitungen (LWL, Lichtwellenleiter) bestehen aus reinem Quarzglas oder Kunststoff. Sie besitzen einen Kern (Core) und einen Mantel (Cladding). Fasern aus Quarzglas sind gegenüber Kunststofffasern thermisch und chemisch beständiger, durch ihre geringere Dämpfung sind längere Übertragungsstrecken möglich. Kunststofffasern sind kostengünstiger und mechanisch belastbarer. Im strahlungsführenden Kern wird das Strahlungssignal übertragen. Der Mantel ist auch strahlungführend, hat jedoch eine niedrigere Brechzahl. Der Mantel bewirkt dadurch eine Totalreflexion und somit eine Führung der Strahlung im LWL-Kern. Zwischen dem Mantel und der Beschichtung befindet sich eine 2 µm bis 5 µm dicke Lackierung. Diese dient als Schutz, um Feuchtigkeit von der Faser fernzuhalten.
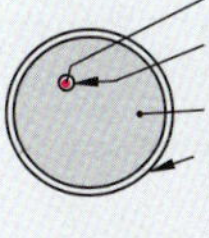 **Hohlader**	Bei ungefüllter Hohlader ist der Leiter mit Kunststoff lose umhüllt. Die Umhüllung kann mehrschichtig sein. Der Hohlraum innerhalb der Hülle ist ungefüllt. Bei gefüllter Hohlader ist der Hohlraum mit gelartiger Masse gefüllt. Dadurch wird bei Beschädigung der Hülle das Eintreten von Feuchtigkeit verhindert.	
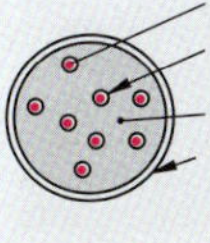 **Bündelader**	Eine Bündelader enthält zwei bis 48 Lichtwellenleiter (LWL). Zur Unterscheidung der LWL sind diese unterschiedlich eingefärbt. Der Hohlraum innerhalb der Umhüllung kann ungefüllt oder mit Gel gefüllt werden.	
Fasern		
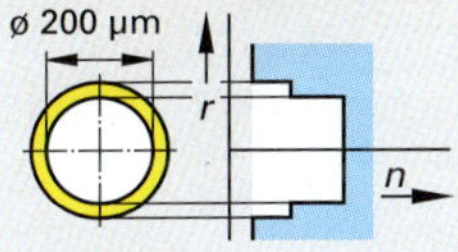 **Multimodefaser Stufenprofil**	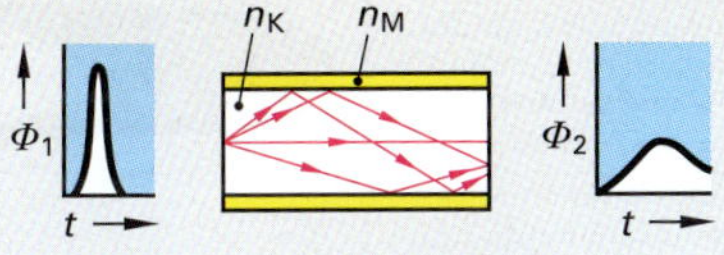 **Totalreflexion mit Laufzeitdifferenz**	Es werden mehrere Strahlen mittels jeweiliger Totalreflexion übertragen. Anwendung im Nahbereich, z.B. in oder zwischen Gebäuden. n_K Brechzahl Kern, n_M Brechzahl Mantel, Φ Strahlungsleistung, r Radius.
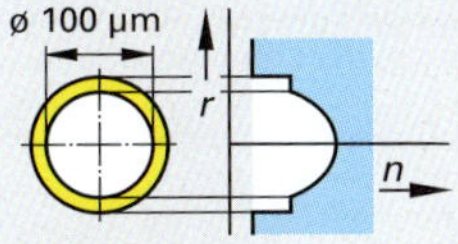 **Multimodefaser, Gradientenprofil**	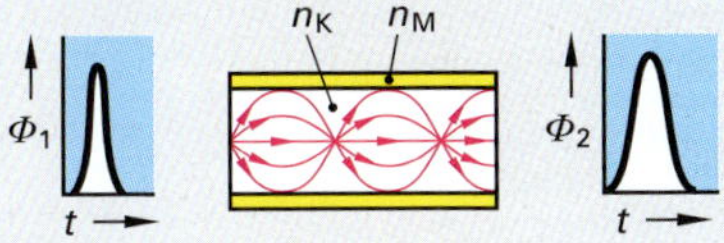 **Ablenkung**	Es werden mehrere Strahlen mittels jeweiliger Ablenkung übertragen. Der Kern des LWL besitzt eine nach außen hin sich verändernde Brechungszahl. Dadurch wird die Strahlung im LWL abgelenkt. Anwendung z.B. Strecke > 1 km.
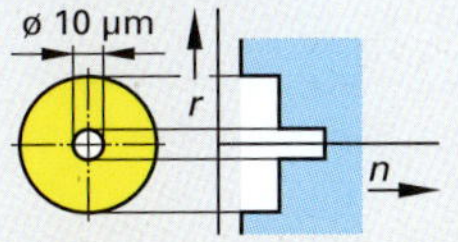 **Singlemodefaser Stufenprofil**	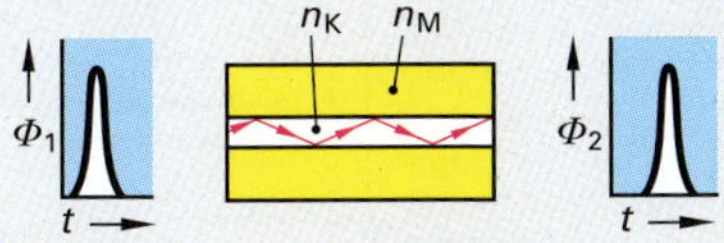 **Totalreflexion ohne Laufzeitdifferenz**	Es wird ein Strahl übertragen. Bei Leitungsbiegung tritt Totalreflexion auf. Anwendung im Fernbereich, z.B. Strecke > 100 km.
Stecker		
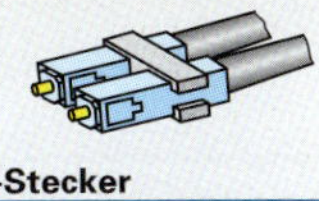 **SC-Stecker**	Hat ein quadratisches Design und kann für Multimodefasern und Singlemodefasern benutzt werden. Für Simplex-, Duplex- und Mehrfachverbindungen. Einsatz bei LAN. SC von Subscriber Connector.	Einfügedämpfung 0,2 dB bis 0,4 dB, Rückflussdämpfung bei Singlemodefasern 50 dB und bei Multimodefasern mindestens 40 dB.
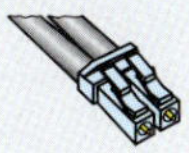 **LC-Stecker**	LC von Local Connector. Benötigt halb soviel Platz wie SC-Stecker. Small-Form-Factor-Stecker (SFF). Für Simplex-, Duplex-Betrieb. Angewendet für Singlemode, Multimode. Einsatz bei LAN und WAN.	Einfügedämpfung 0,2/0,12 dB. Rückflussdämpfung bei 55 dB (Verhältnis eingespeiste Lichtenergie zu reflektierte Lichtenergie).

Leitungsverlegung im Schaltschrank — Routing of Cables in electric Cabinet

Merkmal	Erklärung	Bemerkungen
Konzeption	Ausgehend von der Aufgabenstellung, z. B. in einem Schaltschrank die entsprechenden Leitungen zu verlegen und anzuschließen, wird mittels CAD-System, z. B. EPLAN, das Layout bzgl. Leitungsverbindungen, Kabelbäumen erstellt.	Die zu installierenden elektrischen Betriebsmittel im Schaltschrank, der Schaltplan sowie die Maße des Schaltschrankes müssen bekannt sein. Hiervon können die Schaltschranktemperatur, Leitungslängen, Leitungsarten, Leitungsquerschnitte, Leitungshäufungen abgeleitet werden. www.eplan.com; www.zuken.com
Vorschriften	Zu berücksichtigen sind die Vorschriften nach DIN VDE 0100 520 Kabel- und Leitungssysteme, DIN EN 50173 Leitungsanforderungen an anwendungsneutrale Verkabelungssysteme, DIN EN 50174 Installation von Verkabelungsanlagen, DIN VDE 0298 Verwendung von Kabeln und isolierten Leitungen für Starkstromanlagen.	Weiter von Interesse sind DIN VDE 0113 Sicherheit von Maschinen, Elektrische Ausrüstung von Maschinen, DIN VDE 0472 Prüfung an Kabel und isolierten Leitungen, DIN EN 61439 Niederspannungs-Schaltgerätekombinationen (DIN VDE 0660 600, DIN VDE 0660 507), DIN EN 61000-3-2 Elektromagnetische Verträglichkeit (EMV).
Vorbereitung Material	Die zur Leitungsinstallation außer den Leitungen selbst erforderlichen Komponenten sind zu planen: Leitungsanschlüsse (Schraubklemmen, Steckklemmen, Schneidklemmen), Leitungsführungssysteme (Kanäle, Stromschienen), Befestigungselemente, Kennzeichnungsetiketten, Kabelbinder, Zugentlastungen, Crimpverbinder, Isoliermaterial, Schrauben.	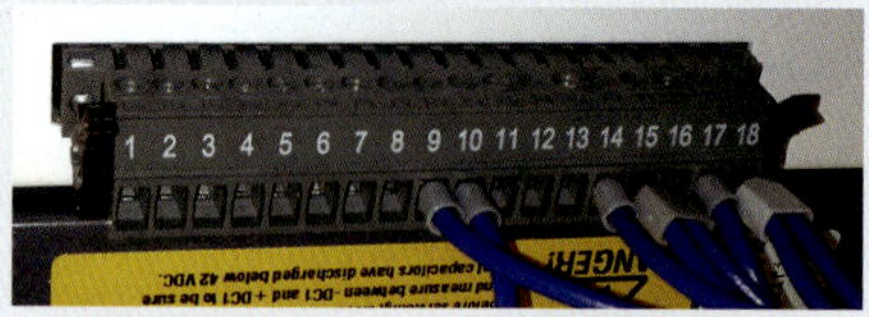 **Steckklemmen**
Werkzeug	Die zur Leitungsinstallation benötigten Werkzeuge sind zu planen, z. B. für Schneiden, Abisolieren, Abmanteln, Crimpen sowie Lötkolben, Lötpumpe, Schraubendreher, Zangen, Antistatik-Ausrüstung. Für die spätere Inbetriebnahme ist ein Universalmessgerät erforderlich.	 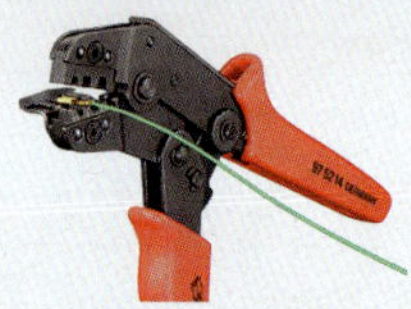
Temperaturen EMV	Bei der Leitungsauswahl/Leitungsbemessung sind spätere Schaltschranktemperaturen, Leitungshäufungen, EMV zu beachten.	**Abisolierzange** **Crimpzange**
Ausführung Erdung	Wegen EMV ist zu beachten: Schaltschranktüren und Seitenwände über Massebänder mit Schaltschrankkörper verbinden. Leitungsschirme sind großflächig an Steckern aufzulegen. Netzfilter unmittelbar in der Nähe der Leitungsdurchführung in den Schaltschrank anbringen und mit diesem verbinden.	Auf durchgängiges Verwenden gleicher Aderfarben ist zu achten. Die Biegeradien der Leitungen müssen mindestens sein: • mehradrige Leitungen kunststoffisolierter Kabel 4 × ∅ (äußerer Leitungsdurchmesser) • flexible Leitungen bei flexibler Verlegung ∅ = 8 mm bis 12 mm: 4 × ∅ ∅ = 12 mm bis 20 mm: 5 × ∅ • flexible Leitungen bei fester Verlegung ∅ = 8 mm bis 12 mm: 3 × ∅ ∅ = 12 mm bis 20 mm: 4 × ∅ • Glasfaserleitungen Biegeradien etwa 10- bis 15-facher Außen-∅
räumliche Trennung	Leistungs- und Steuer- bzw. Logikkomponenten im Schaltschrank räumlich getrennt anordnen. Verteilung der Versorgungsspannungen von zentralem Punkt aus, z. B. Sammelschiene.	
Leitungen	Leitungen möglichst kurz ausführen. Ungeschirmte Aderenden von geschirmten Leitungen kurz halten. Leistungs- und Steuerkabel getrennt verlegen, nach Möglichkeit nicht parallel, sondern in getrennten, geschirmten Kammern bzw. mit Mindestabstand 20 cm. Leitungskreuzungen mit Winkel 90°. Leitungsführungen waagrecht, senkrecht.	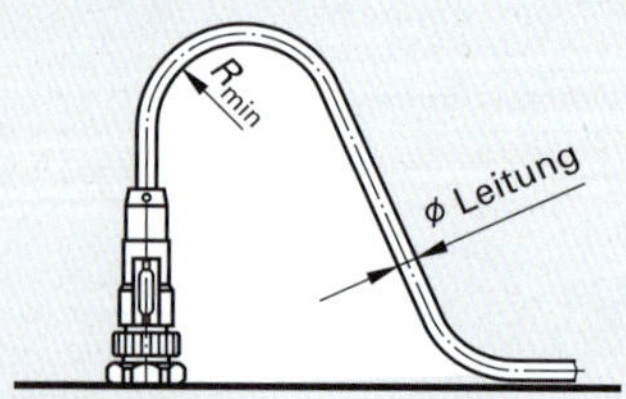
Geschirmte Kabel/Leitungen	Geschirmte Kabel/Leitungen für z. B. Datenleitungen, Motorleitungen von Stromrichtern (Servo-Endstufen, Frequenzumformer), Leitungen zwischen Komponenten und Entstörfiltern.	**Anfertigen von Leitungs-Biegeradien** Datenleitungen verändern nach mechanischen Belastungen durch Ziehen, Biegen ihre übertragungstechnischen Eigenschaften, dadurch Störungen, längere Antwortzeiten möglich.
Netzfilter	Hauptversorgungsleitungen und Erdung über ein Netzfilter in den Schaltschrank führen. Leiter idealerweise verdrillen.	

WF

Trennklassen der Kommunikationsverkabelung — Classes of IT-Cabling

vgl. DIN EN 50173-2 (VDE 0800-174-2)

Trennung der Kabel zur Erhöhung der Dämpfung von induktiven Störspannungen

zwischen IT-Kabeln

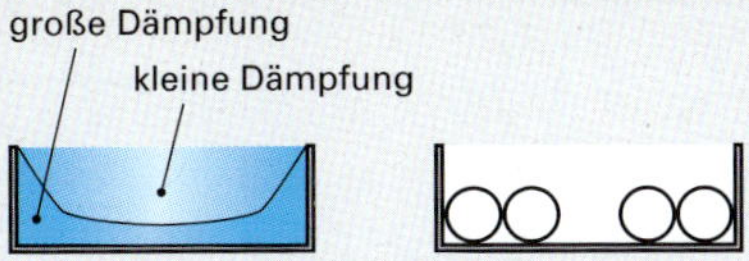

IT-Kabel in flachem metallischen Kanal

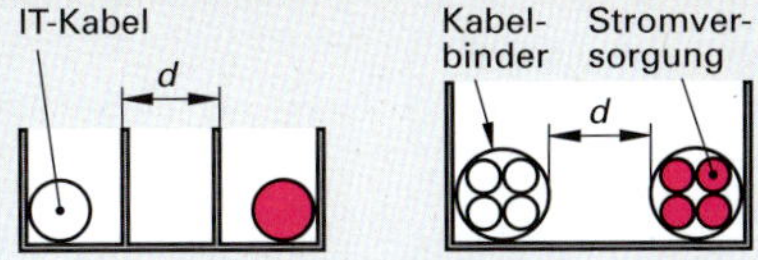

Trennung von IT-Kabel und Kabel der Stromversorgung

zwischen IT-Kabeln, Kabeln der Stromversorgung sowie sonstigen Kabeln

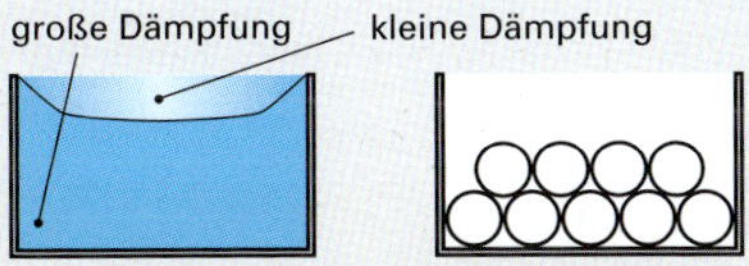

IT-Kabel in hohem metallischen Kanal

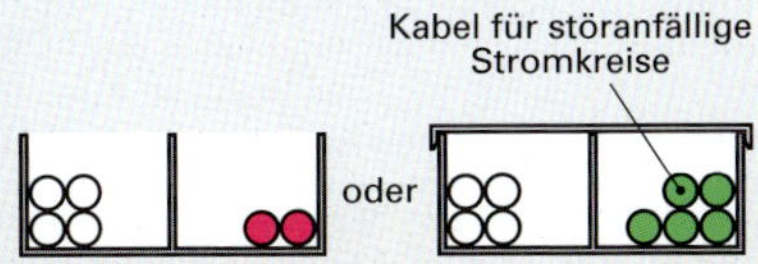

Trennung von IT-Kabeln und sonstigen Kabeln

Erforderliche Dämpfung und Mindesttrennabstände

Trennklasse (etwa Kategorie Cat)	Dämpfung von informationstechnischen Kabeln bei 30 MHz bis 100 MHz		Mindesttrennabstände *d* von IT- oder Stromversorgungskabeln bei 0 MHz bis 100 MHz		
	Kopplungs- und Schirmdämpfung, Kabel geschirmt	Dämpfung TCL, Kabel ungeschirmt	ohne elektromagnetische Barriere	offener Metall-Kabelkanal	Lochblech-Kabelkanal
a –	< 40 dB	< 50 dB – 10 · lg$f$	300 mm	225 mm	150 mm
b (Cat 5)	≥ 40 dB	≥ 50 dB – 10 · lg$f$	100 mm	75 mm	50 mm
c (Cat 6)	≥ 55 dB	≥ 60 dB – 10 · lg$f$	50 mm	38 mm	25 mm
d (Cat 7)	≥ 80 dB	≥ 70 dB – 10 · lg$f$	10 mm	8 mm	5 mm

Bei metallenen massiven Kabelkanälen ohne offene Stellen ist der Trennabstand 0 mm

Allgemeine Anforderungen

Begriff	Erklärung	Bemerkungen, Daten
Verkabelung	Verlegen von Kabeln. In der IT-Technik werden unter Kabeln Erdkabel und alle geschützten Leitungen verstanden.	Es kann sich um Kabel mit Kupferleitern oder sonstigen Metallleitern, aber auch mit optischen Faserleitern (Lichtwellenleiter) handeln.
Sicherheit	Die Sicherheit der Anlage muss gewährleistet sein bezüglich Gefahren und Fluchtwegen.	Metallene IT-Verkabelungen und Kabel der Stromversorgung müssen getrennt sein.
Zugänglichkeit	Die Verlegung soll auf Kabelwegen so erfolgen, dass die Kabel bei Störungen zugänglich sind.	Bei umfangreichen Verkabelungen Kabelwege bei Bedarf unter dem Fußboden anordnen.
Schirmung	IT-Kabel müssen gegen EMIs geschützt sein. Schutz gegen Eindringen von Signalen aus benachbarten Leitungen (Nebensprechen) muss durch eine Kopplungsdämpfung erfolgen, bei metallenen Leitungen durch Schirmung.	Ein Schirm muss lückenlos geschlossen und an beiden Enden geerdet sein. Manche Kabel sind geschirmt gefertigt. Außerdem kann der Kabelweg von mehreren Kabeln durch einen metallenen Kabelkanal geschirmt sein.
Dämpfung	Von einem Kabel zu benachbarten Kabeln findet Spannungsinduktion statt. Dämpfung (Begrenzung) durch geeignete Maßnahmen.	Je nach Aufgabe der IT-Kabel sind Mindestwerte der Dämpfung erforderlich. Dämpfung ist im logarithmischen Maß dB angegeben.
Trennung	Die Dämpfung wird durch Auswahl der Kabel nach Kabelkategorie und durch räumliche Trennung der Kabel erreicht.	Die räumliche Trennung kann durch metallene Schirmung und durch Abstand erreicht werden.
Dokumentation	Ist bei Errichtung und Änderung dem Anlagenbetreiber auszuhändigen.	Die Dokumentation besteht aus Schaltplänen und Wartungsplänen.

dB Dezibel — f Frequenz — lg Zehnerlogarithmus — d Mindesttrennabstand — EMI Electromagnetic Interference — TCL Quersprechdämpfung (Transverse Conversion Loss)

WF

Elektrochemische Spannungsreihe der Metalle

Als **Normalpotenzial** bezeichnet man die Spannung zwischen einem Elektrodenwerkstoff und einer mit Wasserstoff umspülten Platinelektrode in einem Elektrolyt (elektrisch leitende Flüssigkeit) von bestimmter Konzentration.

Metall bzw. Element	Normalpotenzial in Volt
K^{+}	–2,92
Na^{+}	–2,84
Li^{+}	–2,6
Mg^{2+}	–2,34
Al^{3+}	–1,67
Mn^{2+}	–1,05
Zn^{2+}	–0,76
Cr^{3+}	–0,71
Fe^{2+}	–0,44
Cd^{2+}	–0,40
Co^{2+}	–0,27
Ni^{2+}	–0,25
Sn^{2+}	–0,14
Pb^{3+}	–0,14
H^{+}	0
Cu^{2+}	+0,34
C^{2+}	+0,74
Hg^{2+}	+0,79
Ag^{+}	+0,80
Pt^{2+}	+1,2
Au^{3+}	+1,42

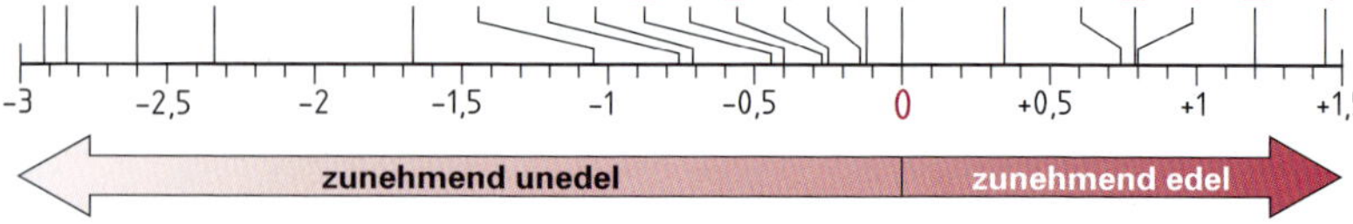

Beispiel: Elektrochemische Spannung Cu-Al = + 0,34 V – (– 1,67 V) = **2,01 V**

Beständigkeit der Metalle gegen aggressive Stoffe

Aggressive Stoffe	Ag	Al	Au	Cd	Co	Cr	Cu	Fe	Mg	Mo	Ni	Pb	Sn	Ta	Ti	W
Salzsäure	●	○	●	◐	○	○	◔	○	○	●	◔	◔	◐	●	◐	●
Schwefelsäure	◐	○	●	◔	◔	○	◔	○	○	●	◐	●	◐	●	◐	●
Salpetersäure	○	◐	●	○	○	●	○	◔	○	◔	◔	○	◐	●	●	◔
Natronlauge	●	○	●	◔	●	◔	●	●	●	●	◔	◔	◔	◔	◐	●
Luft, feucht	●	●	●	◐	◐	●	◐	○	◔	●	●	●	●	●	●	●
Luft, 400 °C	●	◐	●	◐	○	◐	◔	◔	○	○	◐	◐	◐	○	●	●

(Metalle)

Bedeutung der Zeichen:

● beständig, Angriff sehr gering

◐ bedingt beständig, Angriff abhängig von Konzentration, Temperatur und Zusammensetzung des aggressiven Stoffes

◔ wenig beständig

○ unbeständig, rasche Zersetzung

Reine Stoffe; bei Anwesenheit von Beimengungen bzw. Legierungselementen kann sich das Verhalten ändern.

Richtlinien für die Vorbehandlung bei passivem Oberflächenschutz

Grundmetall	Überzug	Behandlungsfolge
Stahl	Lack, Farbe	11-20-1-30-1-3-5-33
	Nickel, Chrom	10-1-12-1-20-1-31-1
	Zink, Cadmium	10-1-12-1-20-1-4-1
Kupfer	farbloser Lack	11-21-1-2-5
CuZn, CuSn	farbloser Lack	11-24-1-2-5
	Nickel, Chrom	10-1-13-1-21-1-31-1
Reinalumium	Anodisieren	10-1-22-1-26-1-5
Al-Legierungen, siliciumhaltig	Anodisieren	11-13-1-25-1-5
	Galvanisieren	10-1-12-1-25-1-32-1
Al-Legierungen, magnesiumhaltig	Anodisieren	11-13-1-22-1-26-1-5
	Galvanisieren	10-1-12-1-23-1-32-1
Zink	Galvanisieren	10-1-12-1-25-1-31-1

Erläuterung der Kennziffern für Behandlungsfolgen

Kennziffer	Behandlung
1	Spülen in Kaltwasser
2	Spülen in Heißwasser
3	Spülen in 0,2- bis 1%iger Sodalösung (Passivieren)
4	Spülen in 10%iger Cyanidlösung
5	Trocknen in Warmluft
10	Kochentfetten in alkalischen Entfettungsbädern
11	Entfetten mit organischen Lösungsmitteln durch Abwaschen, Tauchen, Dampfbad
12	Katodische Entfettung in alkalischer Lösung
13	Anodische Entfettung in alkalischer Lösung
20	Beizen in 10%iger Salzsäure, 20 °C, evtl. mit Zusatz von Phosphorsäure und Reaktionshemmern
21	Beizen in 5- bis 25%iger Schwefelsäure, 40 °C bis 80 °C
22	Beizen in 10%iger Natronlauge, 80 bis 90 °C
23	Beizen in 3%iger Salpetersäure, 80 °C
24	Gelbbrennen in einem Gemisch von konzentr. Salpetersäure mit konz. Schwefelsäure, 1 : 1
25	Beizen in 3- bis 10%iger Flusssäure
26	Beizen in 30%iger Salpetersäure
30	Phosphatieren, Chromatieren
31	Vorverkupfern als Zwischenschicht
32	Zinkatbeize (Ausfällen von Zink)
33	Grundieren mit Rostschutzfarbe

Lote und Flussmittel Solders and Fluxes

Weichlote

vgl. DIN EN 29 453 (2006-12)

Legierungsgruppe	Legierungs-Nr.	Legierungskurzzeichen	Schmelztemperatur °C	Hinweise für die Verwendung
bleifreie Lote (Biolote)	–	S-Sn42Bi58 S-Sn95,5Ag4Cu0,5 S-Sn96Ag4 S-Sn95Sb5 S-Sn97Cu3	138 217 221 240 250	temperaturempfindliche Bauteile Elektrogeräte, Elektronik Feinwerktechnik, Automobilbereich Elektrogerätebau, Feinwerktechnik Heizungs- und Kältetechnik
Zinn-Blei-Silber	31 33 34	S-Sn60Pb36Ag4 S-Pb95Ag5 S-Pb93Sn5Ag2	178 bis 180 304 bis 365 296 bis 301	bis 2005 in Betriebsmitteln der Elektronik verwendet, seither dort nicht zulässig

Flussmittel zum Weichlöten

vgl. DIN EN 29 454-1

Kennzeichen nach den Hauptbestandteilen

Flussmitteltyp	Flussmittelbasis	Flussmittelaktivator	Flussmitteltyp	Flussmittelbasis	Flussmittelaktivator
1 Harz	1 Kolophonium 2 ohne Kolophonium	1 ohne Aktivator 2 mit Halogenen aktiviert 3 ohne Halogene aktiviert	3 anorganisch	1 Salze	1 mit Ammoniumchlorid 2 ohne Ammoniumchlorid
2 organisch	1 wasserlöslich 2 nicht wasserlöslich			2 Säuren	1 Phosphorsäure 2 andere Säuren
siehe auch Weichlöt-Flussmittel nach DIN EN 29454-1:2.1.2				3 alkalisch	1 Amine und/oder Ammoniak

Hartlote für Schwermetalle, silberhaltig

vgl. DIN EN ISO 17672 (2010-11)

Lotwerkstoff			Schmelzbereich	Arbeitstemperatur	Hinweise für die Verwendung		
Gruppe	Kurzzeichen	Werkstoff-Nr.	°C	°C	Lötstoß	Lotzufuhr	Grundwerkstoffe
AgCuCdZn	L-Ag50Cd	2.5143	620 bis 640	640	S	a, e	Edelmetalle, Stähle, Kupferlegierungen
	L-Ag45Cd	2.5146	620 bis 635	620	S	a, e	
	L-Ag40Cd	2.5141	595 bis 630	610	S	a, e	Stähle, Temperguss, Kupfer, Kupferlegierungen, Nickel, Nickellegierungen
	L-Ag20Cd	2.1215	605 bis 765	750	S, F	a, e	
AgCuZn (Sn)	L-Ag45Sn	2.5158	640 bis 680	670	S	a, e	Stähle, Temperguss, Kupfer, Kupferlegierungen, Nickel, Nickellegierungen
	L-Ag44	2.5147	675 bis 735	730	S	a, e	
	L-Ag34Sn	2.5157	630 bis 730	710	S	a, e	
	L-Ag25	2.1216	700 bis 800	780	S	a, e	
AlSi	L-AlSi7,5	3.2280	575 bis 615	610	S	a, e	Aluminium und Al-Legierungen der Typen AlMn, AlMgMn, G-AlSi bedingt für Al-Legierungen der Typen AlMg, AlMgSi bis zu 2% Mg-Gehalt
	L-AlSi10	3.2282	575 bis 595	600	S	a, e	
	L-AlSi12	3.2285	575 bis 590	595	S	a, e	

Flussmittel zum Hartlöten

vgl. DIN EN 1045

Flussmittel	Wirktemperatur	Hinweise für die Verwendung
FH10	550 bis 800 °C	Vielzweckflussmittel; Rückstände sind abzuwaschen oder abzubeizen.
FH11	550 bis 800 °C	Cu-Al-Legierungen; Rückstände sind abzuwaschen oder abzubeizen.
FH12	550 bis 850 °C	Rostfreie und hochlegierte Stähle, Hartmetalle; Rückstände sind abzubeizen.
FH20	700 bis 1000 °C	Vielzweckflussmittel; Rückstände sind abzuwaschen oder abzubeizen.
FH21	750 bis 1100 °C	Vielzweckflussmittel; Rückstände sind mechanisch entfernbar oder abzubeizen.
FH30	über 1100 °C	Für Kupfer- und Nickellote; Rückstände sind mechanisch entfernbar.
FH40	600 bis 1000 °C	Borfreies Flussmittel; Rückstände sind abzuwaschen oder abzubeizen.
FL10	–	Leichtmetalle; Rückstände sind abzuwaschen oder abzubeizen.
FL20	–	Leichtmetalle; Rückstände nicht korrosiv, jedoch vor Feuchtigkeit zu schützen.

Druckflüssigkeiten Hydraulic Fluids

Hydrauliköle

vgl. DIN 51 524

Arten

Typ	Erläuterung
HL (DIN 51 524-1)	Druckflüssigkeiten mit Wirkstoffen zur Erhöhung des Korrosionsschutzes und der Alterungsbeständigkeit.
HLP (DIN 51 524-2)	Enthalten zusätzliche Wirkstoffe, die den Verschleiß im Mischreibungsbereich mindern. Sie werden in Hydraulikanlagen mit Hydropumpen und Hydromotoren verwendet, die mit mehr als 200 bar betrieben werden.

Eigenschaften

Eigenschaften		HL 10 HLP 10	HL 22 HLP 22	HL 32 HLP 32	HL 46 HLP 46	HL 68 HLP 68	HL 100 HLP 100
Kinematische Viskosität in mm²/s	bei −20 °C	600	–	–	–	–	–
	bei 0 °C	90	300	420	780	1400	2560
	bei 40 °C	10	22	32	46	68	100
	bei 100 °C	2,4	4,1	5,0	6,1	7,8	9,9
Pourpoint[1] gleich oder tiefer als		−30 °C	−21 °C	−18 °C	−15 °C	−12 °C	−12 °C
Flammpunkt höher als		125 °C	165 °C	175 °C	185 °C	195 °C	205 °C

[1] Der Pourpoint (Fließpunkt) ist ein international angewandtes Maß für das Kälteverhalten von Erdölprodukten. Nach DIN 51 597 ist der Pourpoint die Temperatur, bei der das Hydrauliköl unter Schwerkrafteinfluss gerade noch fließt. Der Pourpoint ersetzt den früher in der deutschen Norm verwendeten um etwa 3 K niedrigeren Stockpunkt (Erstarrungstemperatur).

⇨ **Hydrauliköl DIN 51 524 – HLP 46:** Hydrauliköl vom Typ HLP, kinematische Viskosität = 46 mm²/s bei 40 °C

WF

Viskositäts-Temperatur-Verhalten

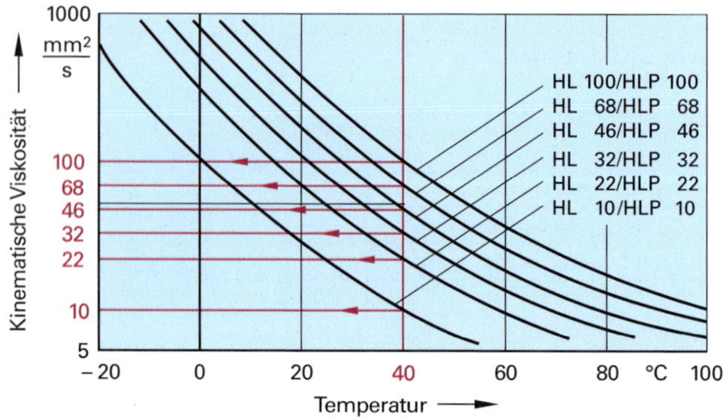

Schwer entflammbare Hydraulikflüssigkeiten

Bezeichnung	ISO-Viskositäts-klassen	Eignung für Temperaturen in °C	Eigenschaften	Verwendung
HFAE DIN 24 320	(nicht festgelegt)	+5 bis +55	Öl-in-Wasser-Emulsionen, üblicher Ölanteil 2%...3%, kleine Viskosität, geringe Schmierfähigkeit	Grubenausbau
HFAS	(nicht festgelegt)	+5 bis +55	Lösungen von Flüssigkeitskonzentraten in Wasser, Eigenschaften wie HFAE	Grubenausbau
HFC	15, 22, 32, 46, 68, 100	−20 bis +60	Wässerige Monomer- und/oder Polymerlösungen, Verschleißschutz besser als bei HFA	Bergbau, Druckgussmaschinen, Schweißautomaten, Stahlindustrie, Schmiedepressen
HFD	15, 22, 32, 46, 68, 100	−20 bis +150	Wasserfreie synthetische Flüssigkeiten. Gut alterungsbeständig, schmierfähig, großer Temperaturbereich	Hydraulische Anlagen mit hohen Betriebstemperaturen

Zugversuch

vgl. DIN EN 10 002-1 (2004-01)

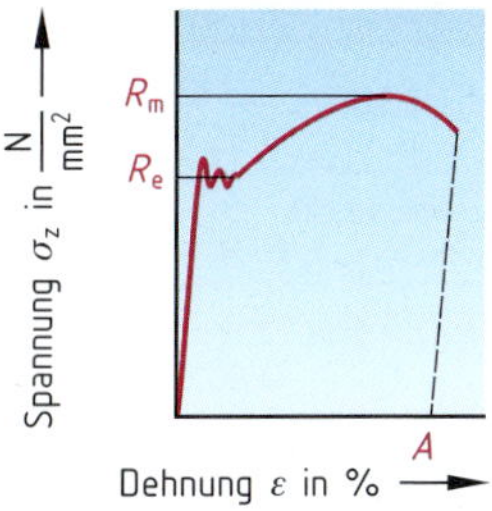

Spannungs-Dehnungs-Diagramm mit ausgeprägter Streckgrenze, z.B. bei weichem Stahl

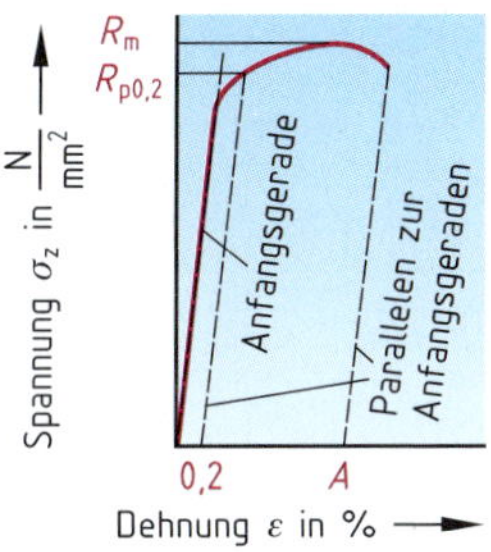

Spannungs-Dehnungs-Diagramm ohne ausgeprägte Streckgrenze, z.B. bei vergütetem Stahl

Zweck: Ermittlung des Werkstoffverhaltens bei gleichmäßig zunehmender Zugbeanspruchung.

Durchführung: Eine Zugprobe wird bis zum Bruch gedehnt. Die Änderungen von Zugspannung und Dehnung werden in einem Diagramm dargestellt.

- F Zugkraft
- F_e Kraft bei Streckgrenze
- F_m Höchstzugkraft
- L Messlänge
- L_0 Anfangsmesslänge
- L_u Messlänge nach Bruch
- d_0 Anfangsdurchmesser der Probe
- S_0 Anfangsquerschnitt der Probe
- S_u kleinster Probenquerschnitt nach Bruch
- ε Dehnung
- A Bruchdehnung
- Z Brucheinschnürung
- σ_z Zugspannung
- R_m Zugfestigkeit
- R_e Streckgrenze
- $R_{p\,0,2}$ Dehngrenze bei 0,2% bleibender Dehnung
- E Elastizitätsmodul

Beispiel:

Zugprobe, L_0 = 125 mm; d_0 = 25 mm
F_m = 340 kN; L_u = 143 mm; R_m = ?; A = ?

$$S_0 = \frac{\pi \cdot d_0^2}{4} = \frac{\pi \cdot (25\ \text{mm})^2}{4} = 490{,}9\ \text{mm}^2$$

$$\boldsymbol{R_m} = \frac{F_m}{S_0} = \frac{340\,000\ \text{N}}{490{,}9\ \text{mm}^2} = \mathbf{692{,}6\ \frac{N}{mm^2}}$$

$$\boldsymbol{A} = \frac{L_u - L_0}{L_0} \cdot 100\%$$

$$= \frac{143\ \text{mm} - 125\ \text{mm}}{125\ \text{mm}} \cdot 100\% = \mathbf{14{,}4\%}$$

Das Verhältnis der Streckgrenze R_e bzw. Dehngrenze $R_{p\,0,2}$ zur Zugfestigkeit R_m gibt Aufschluss über den Wärmebehandlungszustand und die Anwendungsmöglichkeiten des Werkstoffs.

Zugspannung

$$\sigma_z = \frac{F}{S_0} \qquad (1)$$

Zugfestigkeit

$$R_m = \frac{F_m}{S_0} \qquad (2)$$

Streckgrenze

$$R_e = \frac{F_e}{S_0} \qquad (3)$$

Dehnung

$$\varepsilon = \frac{L - L_0}{L_0} \cdot 100\% \qquad (4)$$

Bruchdehnung

$$A = \frac{L_u - L_0}{L_0} \cdot 100\% \qquad (5)$$

Brucheinschnürung

$$Z = \frac{S_0 - S_u}{S_0} \cdot 100\% \qquad (6)$$

Elastizitätsmodul

Beanspruchung im elastischen Bereich

$$E = \frac{\sigma_z}{\varepsilon} \cdot 100\% \qquad (7)$$

WF

Härteprüfung nach Vickers

vgl. DIN EN ISO 6507-1 (2006-03)

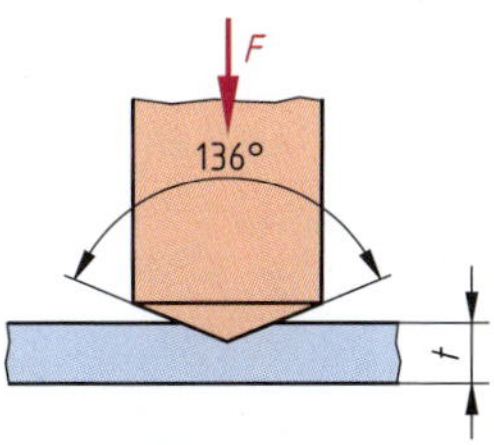

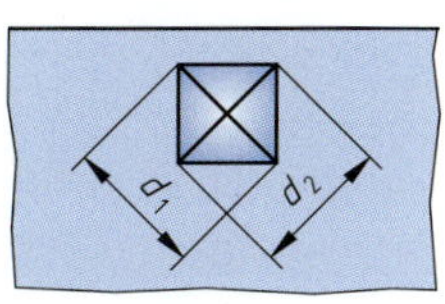

Eindruck der Diamantpyramide

Zweck: Härteprüfung für alle Metalle, besonders für dünne Proben geeignet.

Durchführung: Eine Diamantpyramide mit quadratischer Grundfläche wird in den Probekörper eingedrückt. Aus der Diagonale d des Eindrucks kann die Vickershärte HV bestimmt werden.

- F Prüfkraft
- d Diagonale des Eindrucks
- t Mindestdicke der Probe

Beispiele für die Angabe der Vickershärte:

540 HV 1 / 20
650 HV 5

Härtewert	Prüfkraft F	Einwirkdauer
Vickershärte 540	1 · 9,80665 N = 9,807 N	Wertangabe: 20 s
Vickershärte 650	5 · 9,80665 N = 49,03 N	ohne Angabe: 10 bis 15 s

Diagonale des Eindrucks

$$d = \frac{d_1 + d_2}{2} \qquad (8)$$

Mindestdicke

$$t \geq 1{,}5 \cdot d \qquad (9)$$

Vickershärte

$$\text{HV} = 0{,}1891 \cdot \frac{F}{d^2} \qquad (10)$$

Werkstoffprüfung 2 Material Testing 2

Härteprüfung nach Rockwell

vgl. DIN EN 10 109

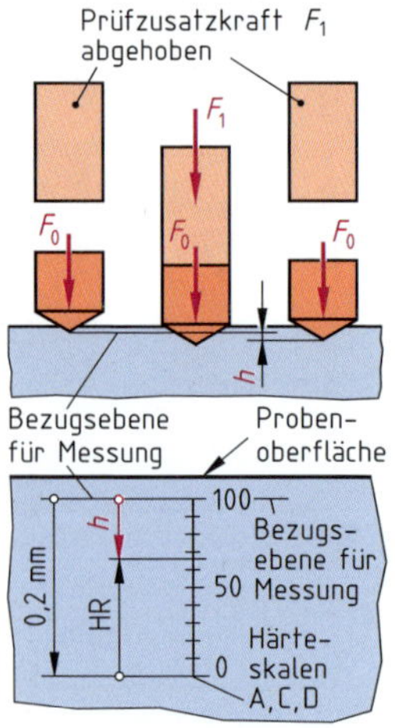

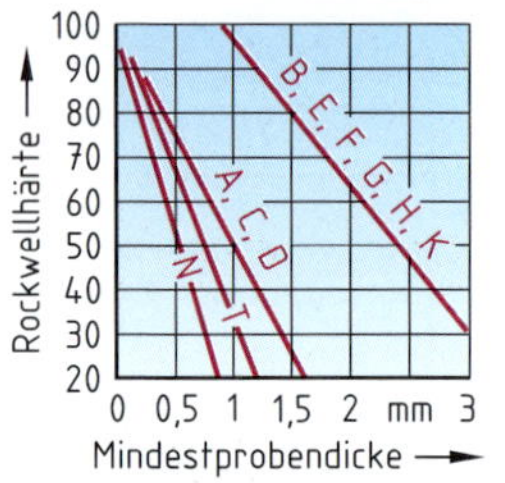

Zweck: Härteprüfung für alle Metalle.

Durchführung: Ein Eindringkörper wird in 2 Stufen in die Probe gedrückt. Aus der bleibenden Eindringtiefe *h* wird die Rockwellhärte abgeleitet.

F_0 Prüfvorkraft
F_1 Prüfzusatzkraft
h bleibende Eindringtiefe in mm

Beispiel für die Angabe der Rockwellhärte:

65 **HR** **C**

Härtewert	Prüfverfahren	Skale
65	Rockwell	Skale C

Rockwellhärte HR für Skalen A, C, D

$$HR = 100 - \frac{h}{0{,}002\,\text{mm}} \quad (1)$$

Rockwellhärte HR für Skalen B, E, F, G, H, K

$$HR = 130 - \frac{h}{0{,}002\,\text{mm}} \quad (2)$$

Rockwellhärte HR für Skalen N und T

$$HR = 100 - \frac{h}{0{,}001\,\text{mm}} \quad (3)$$

Skalen und Anwendungsbereiche der Härteprüfverfahren nach Rockwell

Skale	Härte	Eindringkörper	F_0 in N	F_1 in N	Anwendungsbereich
A	HRA	Diamantkegel Kegelwinkel 120°	98	490,3	20 bis 88 HRA
C	HRC		98	1373	20 bis 70 HRC
D	HRD		98	882,6	40 bis 77 HRD
B	HRB	Stahlkugel Ø 1,5785 mm	98	882,6	20 bis 100 HRB
F	HRF		98	490,3	60 bis 100 HRF
G	HRG		98	1373	30 bis 94 HRG
E	HRE	Stahlkugel Ø 3,175 mm	98	882,6	70 bis 100 HRE
H	HRH		98	490,3	80 bis 100 HRH
K	HRK		98	1373	40 bis 100 HRK
15N	HR15N	Diamantkegel Kegelwinkel 120°	29,4	117,7	70 bis 94 HR15N
30N	HR30N		29,4	264,8	42 bis 86 HR30N
45N	HR45N		29,4	411,9	20 bis 77 HR45N
15T	HR15T	Stahlkugel Ø 1,5785 mm	29,4	117,7	67 bis 93 HR15T
30T	HR30T		29,4	264,8	29 bis 82 HR30T
45T	HR45T		29,4	411,9	1 bis 72 HR45T

WF

Härteprüfung nach Brinell

vgl. DIN EN 10 003

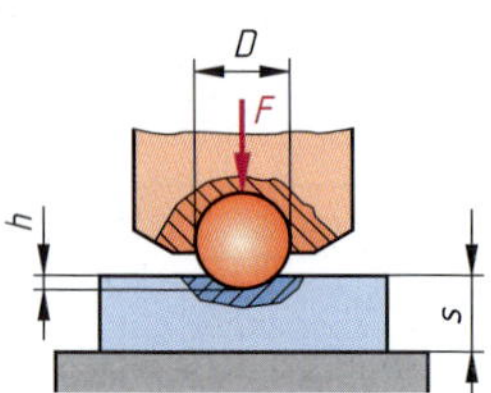

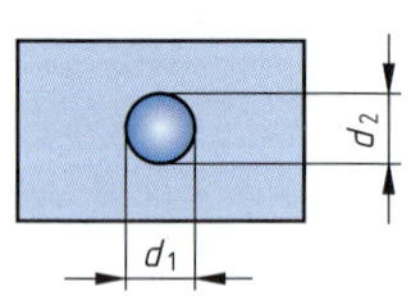

Eindruck der Kugel

Zweck: Härteprüfung für alle Metalle, deren Brinellhärte 650 nicht überschreitet, z.B. für ungehärteten Stahl, Gusseisen und NE-Metalle.

Durchführung: Eine gehärtete Stahlkugel (bis HBS 350) oder Hartmetallkugel (bis HBW 650) mit dem Durchmesser *D* wird mit einer genormten Prüfkraft *F* in die Oberfläche einer Probe eingedrückt. Der Eindruckdurchmesser *d* wird gemessen, der Härtewert HBS oder HBW berechnet oder Tabellen entnommen. Die Einwirkdauer beträgt meist 10 bis 15 s.

F Prüfkraft
D Kugeldurchmesser
d Eindruckdurchmesser
h Eindrucktiefe
s Mindestdicke der Probe

Eindruckdurchmesser

$$d = \frac{d_1 + d_2}{2} \quad (4)$$

$$0{,}24 \cdot D \leq d \leq 0{,}6 \cdot D \quad (5)$$

Mindestdicke

$$s \geq 8 \cdot h \quad (6)$$

Brinellhärte

$$\left.\begin{matrix}\text{HBS}\\ \text{HBW}\end{matrix}\right\} = 0{,}102 \cdot \frac{2 \cdot F}{\pi \cdot D \cdot \left(D - \sqrt{D^2 - d^2}\right)} \quad (7)$$

Beispiele für die Angabe der Brinellhärte:

220 HB S 10 / 3000
600 HB W 1 / 30 / 25

Härtewert	Art des Prüfkörpers	Kugeldurchmesser *D*	Prüfkraft *F*	Einwirkdauer
Brinellhärte 220 Brinellhärte 600	S Stahlkugel W Hartmetallkugel	10 mm 1 mm	3000 · 9,80665 N = 29420 N 30 · 9,80665 N = 294,2 N	ohne Angabe: 10 bis 15 s Wertangabe: 25 s

Fertigungsverfahren 1 Production Processes 1

Die Fertigungsprozesse sind in *sechs Hauptgruppen* zusammengefasst (vgl. DIN 8580). Merkmal der Einteilung ist der Begriff *Zusammenhalt* von Teilchen eines festen oder zusammengesetzten Körpers. Oft müssen mehrere Fertigungsverfahren miteinander kombiniert werden, um fertige Produkte herzustellen.

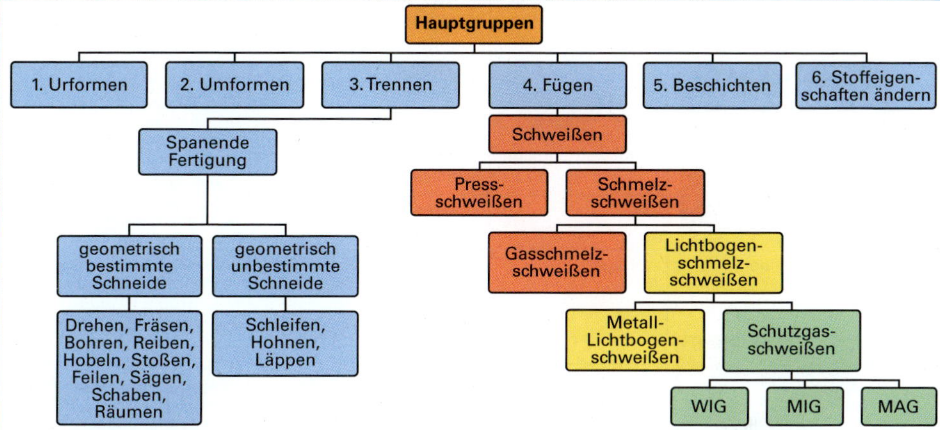

	Hauptgruppen	Fertigung	Verfahren	Bemerkungen
Zusammenhalt schaffen	**Urformen**	aus flüssigem und/oder teigigem Zustand	Gießen, Druckgießen, Thixoforming[1]	Fertigungsverfahren, bei denen aus formlosem Stoff ein Werkstück und der Zusammenhalt der Stoffteilchen hergestellt werden.
		aus festem Zustand	Sintern, Pressen	
		aus gasförmigem Zustand	Aufdampfen	www.heunisch-guss.com
		aus ionisiertem Zustand	Galvanoformen	Metall wird elektrolytisch aus einem wässrigen Salzbad abgeschieden. Beschichten sehr komplexer Geometrien möglich.
	Gussgehäuse	aus flüssigem auf festen Zustand	Sprühkompaktieren	Zur Herstellung von endkonturnahen Bauteilen wird Metallschmelze aus einer Düse versprüht.
Zusammenhalt beibehalten	**Umformen**	durch Zug	Tiefen, Weiten, Längen, Streckrichten	Fertigungsverfahren, oft als spanlose Formgebung bezeichnet, in denen Werkstücke aus festen Rohteilen durch bleibende Formänderung plastisch erzeugt werden. Voraussetzung ist die plastische (bildsame) Verformbarkeit des Werkstoffes.
		durch Druck	Schmieden, Walzen, Stauchen, Freiformen, Strangpressen, Gesenkformen, Eindrücken, Durchdrücken	
	Gesenk-Schmiedeteil	durch Zug und Druck	Tiefziehen, Durchziehen, Kragenziehen, Drücken, Knickbauchen, Innenhochdruckweitstauchen	Das Volumen des Rohteiles entspricht dem Volumen des Fertigteiles.
		durch Schub	Durchsetzen, Verdrehen, Verschieben	
		durch Biegen	Biegen, Runden, Wickeln	www.dew-stahl.com www.luitpoldhuette.de www.thyssenkrupp.com
	Motorhaube	durch Biegen und Druck	Falten	

[1] Vereint die Vorteile des Gießens und des Schmiedens.

Fertigungsverfahren 2 Production Processes 2

WF

Hauptgruppen		Fertigung	Verfahren	Bemerkungen
Zusammenhalt vermindern	**Trennen**  z. B. Drehen	Spanen mit geometrisch bestimmter Schneide	Drehen, Fräsen, Bohren, Senken, Reiben, Räumen, Sägen, Gewindebohren, Gewindeschneiden, Schaben, Feilen, Raspeln, Hobeln, Stoßen, Meißeln	Die Form des Werkstückes ist im Rohteil enthalten und wird durch die Aufhebung des Werkstoffzusammenhalts an der Bearbeitungsstelle geändert. Die Trennkraft des Werkzeugs muss größer sein als die Zusammenhaltkraft des Werkstoffes. Das Volumen des Fertigteiles ist kleiner als das Volumen des Rohteiles.
		Spanen mit geometrisch unbestimmter Schneide	Schleifen (rotierend), Bandschleifen, Hubschleifen, Läppen, Honen, Strahlspanen, Gleitspanen	
		Zerteilen	Scheren, Brechen, Spalten, Reißen, Lochen	
		Abtragen	Erodieren, Ätzen, Elysieren[1], Brennschneiden, Elektronenstrahlschneiden, Laserstrahlschneiden	Kriterien der Zerspanung: Werkstoff, Werkstückkonturen, -größe, Wanddicke, Einspannmöglichkeit, Schneidstoff, Werkzeugbeschichtung, Schneidengeometrie, Spanbildung, Spanabfuhr, Oberflächengüte, Maßhaltigkeit, Schnitttiefe, Temperatur, Kühlung, Maschinenleistung, Schnittkräfte, Vibrationen, Arbeitssicherheit.
	 z. B. Senkerodieren	Zerlegen	Demontieren, Ablöten, Lösen von Klebeverbindungen	
		Reinigen	Reinigungsstrahlen, chemisches Reinigen, thermisches Reinigen, Waschen	
		Evakuieren	Auspumpen, Entleeren	www.remmel.de www.eisenmenger-gmbh.de
Zusammenhalt vermehren	**Fügen**  z. B. Weichlöten	Stoffschluss	Schweißen, Löten, Kleben	Langfristiges Verbinden mehrerer Werkstücke geometrisch bestimmter fester Formen oder von formlosem Stoff. Eine neue, feste Form wird als unlösbare und/oder lösbare Verbindung geschaffen.
		Formschluss	Kaltnieten, Stiften, Federverbindung, Clinchen[2], Falzen, Ausgießen, Umgießen	
		Kraftschluss	Schrauben, Klemmen, Schrumpfen, Pressen, Warmnieten, Quetschen	
	Beschichten  z. B. TiN-Beschichtung	Stoffteilchen werden aufgebracht	Galvanisieren, Pulverbeschichten, Feuerverzinken, Auftragsschweißen, Spritzlackieren, Hammerplattieren, Phosphatieren	Aufbringen einer fest anhaftenden Schicht aus formlosem Stoff auf ein Werkstück, z. B. TiN-, TiCN-, TiAlN-Hartstoffschichten auf Wendeschneidplatten, HSS-Werkzeugen mittels PVD[3]-Technik. Korrosionsschutz, Haftgrund für Anstriche, Gleitschutz für Umformbleche, Erhöhung der Leitfähigkeit.
		Stoffteilchen erfahren neuen Zusammenhalt	Aufdampfen www.hoffmann.group.com www.sandvic.coromant.com	
Werkstoffeigenschaften ändern	**Stoffeigenschaft ändern**  z. B. Glühen	Stoffteilchen umlagern	Härten, Glühen, Anlassen, Vergüten, Magnetisieren, Sintern, Brennen, Tiefkühlen, Verfestigung durch Walzen, Ziehen, Schmieden, Verfestigungsstrahlen	Die Lage der Stoffteilchen und die Eigenschaften des Werkstoffes ändern sich, die feste Form des Werkstücks bleibt erhalten. Eine Übersicht, welche Gefügeart ein Eisenwerkstoff mit einem bestimmten Kohlenstoffgehalt bei einer bestimmten Temperatur hat, liefert das Eisen-Kohlenstoff-Zustandsdiagramm.
		Stoffteilchen aussondern	Tempern, Entkohlen	
		Stoffteilchen einbringen	Nitrieren, Aufkohlen (Zementieren)	

[1] Elektromagnetisches Abtragen, [2] form- und kraftschlüssige Verbindung durch punktuelle Umformung des Materials, [3] engl. **P**hysical **V**apour **D**eposition (Abscheidung dünner Schichten über die Dampfphase).

Schweißverfahren (siehe auch Seite 191)

Verfahren	Komponenten	Arten	Bemerkungen
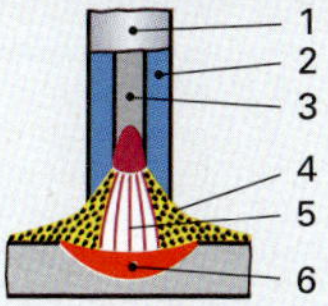 Elektrodenschweißen	1 Stabelektrode 2 Umhüllung: Rutil oder basisch 3 Kernstab 4 Schlacke und Gas 5 Lichtbogen 6 Aufschmelzzone	Schweißelektroden: Rutilelektroden werden am negativen Pol der Gleichstromquelle verschweißt, basische Elektroden am Pluspol.	Für fast alle Metalle geeignet, auch unter Wasser anwendbar. Die Schweißelektrode ist Lichtbogenträger und Zusatzmaterial. Der legierte oder unlegierte Kerndraht bildet die Schweißnaht, die Umhüllung schützt das Schmelzbad vor Luftsauerstoff und stabilisiert den Lichtbogen. Ihre Schlacke schützt und formt die Schweißnaht.
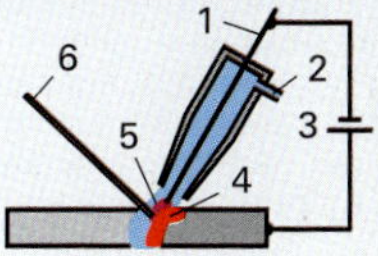 WIG-Schweißen	1 Wolframelektrode 2 Schutzgas 3 Stromquelle 4 Schmelzbad 5 Lichtbogen 6 Schweißzusatz	**W**olfram-**I**nert-**G**as-Schweißen WIG Wechselstromschweißen für Leichtmetalle, Gleichstromschweißen für legierte Stähle und NE-Metalle	Eingesetzt bei hohen Qualitätsanforderungen an die Schweißnahtgüte, ohne Spritzer und Schlacken, ebene Naht. Anwendungsbereich: Jeder schmelzschweißgeeignete Werkstoff. Minimaler Schweißverzug, geringere Gesundheitsbelastung durch Schweißrauche.
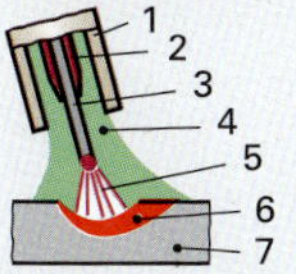 MIG/MAG-Schweißen	1 Schutzgasdüse 2 Stromdüse 3 Elektrode 4 Schutzgas 5 Lichtbogen 6 Aufschmelzzone 7 Grundwerkstoff	**M**etall-**I**nert-**G**as-Schweißen MIG **M**etall-**A**ktiv-**G**as-Schweißen MAG	Optimal für schnelle, gut haftende Schweißnähte ohne besondere optische Anforderungen. Das MAG-Verfahren eignet sich gut für unlegierten-, niedrig- und hochlegierten Stahl, Blechdicken ab 0,6 mm. Das MIG-Verfahren wird für Aluminium- und Kupferwerkstoffe eingesetzt.
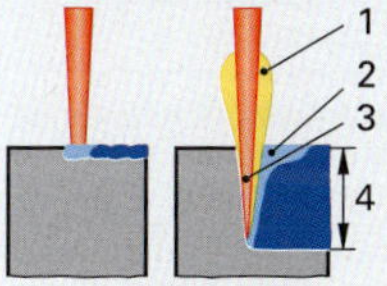 Laserschweißen	1 Plasmawolke 2 Schmelze 3 Dampfkanal (keyhole) 4 Schweißtiefe	Linkes Bild: Auftragsschweißen bis etwa 2 mm. Rechtes Bild: Tiefschweißen, bei Stahl bis etwa 25 mm.	Ein fokussierter Laserstrahl wird über die Naht der zu verbindenden Teile geführt. Durch die hohe Temperatur schmelzen beide Werkstücke lokal zusammen. Im Schmelzbad bildet sich eine Dampfkapillare (keyhole) aus, die ein tieferes Eindringen des Laserstrahles ermöglicht. Nach dem Erstarren entsteht eine gute metallurgische Verbindung.

Sonderverfahren

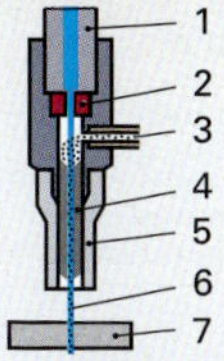 Wasserstrahlschneiden	1 Reinwasser 2 Reinwasserdüse 3 Abrasivmittel 4 Abrasivdüse 5 Fokussierrohr 6 Schneidstrahl 7 Werkstück	• Reinwasserschneiden für weiche Werkstoffe. • Abrasivschneiden (siehe Bild) für harte Werkstoffe. Abrasivmittel: Korund, Granat. (abrasiv = abschabend)	Strahlmedien: Druckluft oder Wasser, Wasserstrahldruck bis 6000 bar, Austrittsgeschwindigkeit bis 1000 m/s, Genauigkeit: bis 0,005 mm/m. Schalldruck beim Wasseraustritt bis 130 dB(A), Reduzierung der Schallemission durch Schneiden unter Wasser. Kanten sind gratfrei ohne Gefügebeeinträchtigung. Für fast alle Materialien geeignet. Komplizierte Formen möglich.
 Drahterodieren	• Bearbeitungselektrode ∅ 0,02 mm bis ∅ 0,33 mm • flüssiges Dielektrikum (entionisiertes Wasser)	• Drahterodieren • Senkerodieren • Bohrerodieren.	Drahterodieren (engl. wirecutting): Temperatur am Entladungskanal 1000 °C bis 5000 °C, der Schnitt erfolgt in einem Dielektrikum. Eine permanente Spülung entfernt den Erodierabfall aus dem Schnittspalt. Anwendung: Werkzeugbau, Miniaturbauelemente.
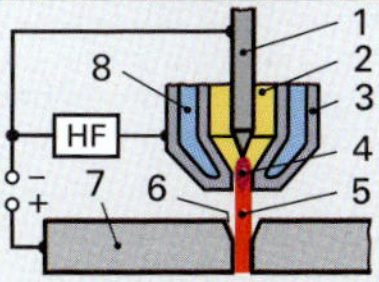 Plasmaschneiden	1 Elektrode 2 Plasmagas 3 Schneiddüse 4 Pilot-Lichtbogen 5 Plasmastrahl 6 Schnittfuge 7 Werkstück 8 Wasserkühlung	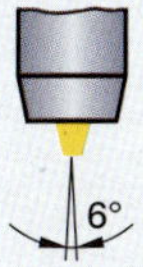 Plasmalichtbogenform	Ein elektrischer Lichtbogen brennt zwischen einer nicht abschmelzenden Elektrode und dem Werkstück. Die durch eine Düse geführte Druckluft schnürt den Lichtbogen zusätzlich ein. Dadurch werden Energiedichte, Intensität und Stabilität erhöht. Es entsteht ein ionisiertes Gas (Plasma) mit hohem Energiegehalt.

WF

Fertigungsverfahren 4 Production Processes 4

Verfahren	Komponenten	Arten	Bemerkungen
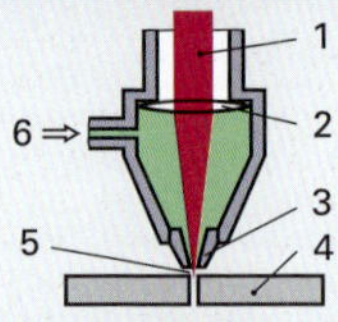 **Laserschneiden**	1 Laserstrahlquelle 2 Fokussieroptik 3 Schneiddüse 4 Werkstück 5 Laser-/Gasstrahl 6 Schneidgas	a) Laserstrahlschmelzschneiden b) Laserstrahlbrennschneiden c) Laserstrahlsublimierschneiden	Beim Laserschneiden trifft ein Laserstrahl zusammen mit einem starken Gasstrahl auf das Werkstück. Je nach erreichter Temperatur des abgetragenen Werkstoffes wird dieser als a) Flüssigkeit, b) Oxidationsprodukt oder c) Dampf aus der Schnittfuge geblasen. Gratfreie Schnittfuge 0,1 mm bis 0,3 mm. Schneidgeschwindigkeit bei dünnen Blechen bis 10 m/min.
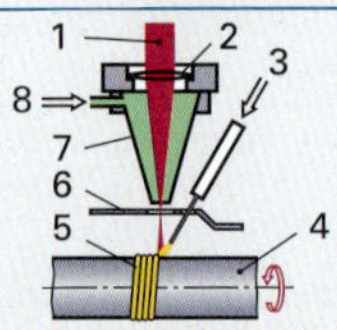 **Laserbeschichten**	1 Laserstrahlquelle 2 Fokussieroptik 3 Beschichtungspulver 4 Werkstück 5 Beschichtung 6 Schutzschild 7 Beschichtungsdüse 8 Schutzgas	a) Auftragen von Pulver oder Paste auf das Werkstück b) Aufbringen durch galvanische Weise c) Pulver und Laserstrahl simultan auf die Oberfläche richten (Beispiel).	Beschichtungen sollen die Werkstückoberfläche verbessern. Zugabe von Co, Cr verringert den Verschleiß, Zugabe von Ni steigert den Korrosionswiderstand. Der Laser dient als Wärmequelle, um das Beschichtungsmaterial auf das Trägermaterial aufzuschmelzen. Schichtdicke gut kontrollierbar, nicht porös, perfekte metallische Verbindung.

WF

Vergleich der Sonderverfahren

Verfahren	Materialdicke	Genauigkeit	Bemerkungen
Laserschneiden	Baustahl bis 25 mm, hochlegierter Stahl bis 15 mm, Al bis 10 mm.	bis 1 µm	Für Metalle und Nichtmetalle. Komplexe Umrisse möglich, hohe Prozessgeschwindigkeit, geringe Riefenbildung an der Schneidkante, kaum Nacharbeit. Hoher Energieeinsatz.
Brennplasmaschneiden	bis 160 mm	bis 0,2 mm	Höchste Flexibilität beim Schneiden elektrisch leitfähiger Werkstoffe. Hohe Schneidgeschwindigkeiten im unteren Dickenbereich. Randzone schmilzt auf, teilweise Gratbildung.
Drahterodieren	bis 120 mm	bis 1 µm	Für alle leitfähigen Materialien, gleich welcher Härte. Hohe Maß- und Formgenauigkeit. Auch für scharfkantige Konturen. Der Draht ist positiv, das Werkstück negativ gepolt. Der Erodiervorgang beginnt am Werkstückrand oder in einer Startlochbohrung. Lange Bearbeitungszeiten.
Wasserstrahlschneiden	bis 200 mm	bis 10 µm	Für fast alle Materialien geeignet. Feinste, sehr kleine Konturen möglich, gratfrei, keine Randzonenverhärtung oder Gefügebeeinträchtigung, schmale Fugen, hohe Präzision, verzugfrei. Keine Entstehung von Stäuben, Dämpfen oder Gasen. Geringe Bearbeitungskräfte, geeignet zum Schneiden von empfindlichen Werkstoffen.

Laserarten

Laser	Typ	Betriebsart	Leistung	Wellenlänge	Anwendungen
Gas-Laser	CO_2-Laser	kontinuierlich und gepulst	1 W bis 40 kW, 100 MW im Pulsbetrieb	10,6 µm	Materialbearbeitung, Medizin, Isotopentrennung
	Excimer-Laser[1]	gepulst, 10 ns bis 100 ns	1 kW bis 100 MW	193, 248 nm, 308, 351 nm	Mikrobearbeitung, Laserchemie, Medizin
	HeNe-Laser	kontinuierlich	1 mW bis 1 W	632,8 nm	Messtechnik, Holografie
	Argon-Ionen-Laser	kontinuierlich und gepulst	1 mW bis 150 W	515 nm bis 458 nm	Drucktechnik, Medizin
	Farbstoff-Laser	kontinuierlich	1 mW bis 1 W	Infrarot bis UV	Messtechnik, Medizin, Spektroskopie
Festkörperlaser	Nd YAG-Laser[2]	kontinuierlich und gepulst	1 W bis 3 kW	1,06 µm	Materialbearbeitung, Messtechnik, Medizin
	Rubin-Laser	gepulst	einige MW	rot	Messtechnik, Holografie
Halbleiter-Dioden-Laser	Einzeldioden-Laser	kontinuierlich und gepulst	1 mW bis 100 mW	Infrarot bis sichtbar	Optoelektronik
	Dioden-Laser-Barren	kontinuierlich und gepulst	bis 100 W	Infrarot bis sichtbar	Pumplichtquelle für Festkörperlaser

[1] laseraktives Medium: Edelgas-Halogenide, [2] Neodym-dotierter Yttrium-Aluminium-Granat-Laser.

Rapid Prototyping RP

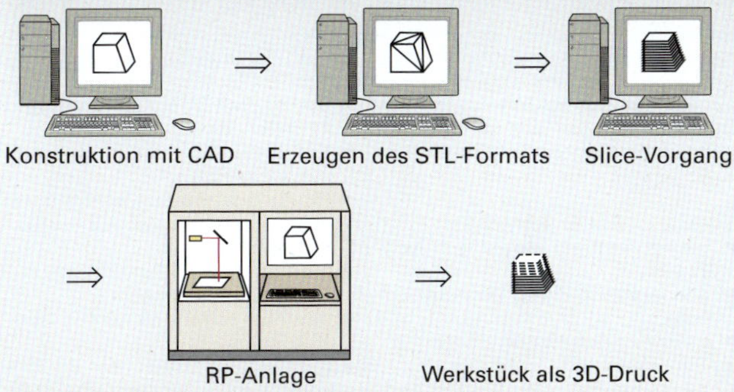

Prinzip der Rapid-Prototyping-Verfahren

Rapid Prototyping (schneller Prototypenbau) ist ein Verfahren zur schnellen Herstellung von Musterbauteilen, ausgehend von Konstruktionsdaten. RP-Verfahren sind somit Fertigungsverfahren, die das Ziel haben, aus vorhandenen CAD-Daten ohne manuelle Umwege oder Formen direkt und schnell Werkstücke zu erzeugen. Dabei erfolgt die Werkstückherstellung durch Aneinanderfügen sehr vieler dünner Schichten (Slicen) oder sehr vieler kleiner Volumenelemente, z. B. aus Kunststoff.

Rapid Prototyping ist ein additives Fertigungsverfahren.

Wichtige Verfahren des Rapid Prototyping

Verfahren	Beschreibung	Vorteile/Nachteile
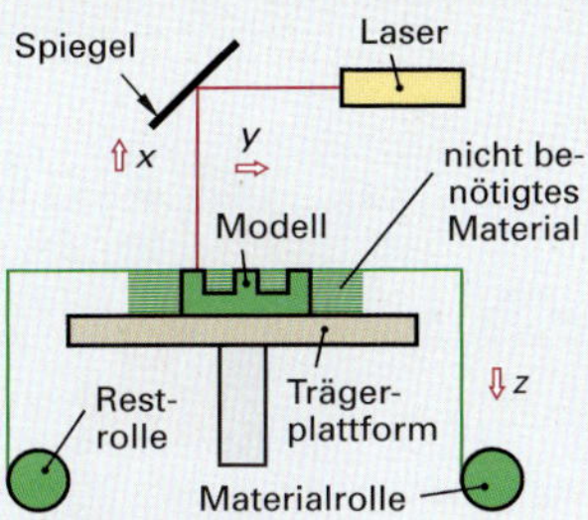 **Laminated Objekt Manufacturing LOM**	Als Ausgangsmaterial beim **LOM** werden Papier oder papierähnliche Folien auf Rollen verwendet. Das Endlospapier wird über Rollen über die Trägerplattform geführt und mit der darunterliegenden Schicht verklebt. Eine beheizte Rolle aktiviert die Binderschicht. Ein CO_2-Laser schneidet die Werkstückinnenkontur und Werkstückaußenkontur aus.	Vorteile: • für große massive Bauteile geeignet. Nachteile: • Hohlräume nur begrenzt herstellbar, • langer Produktionsprozess. Schichtdicke ~0,2 mm Lasergeschwindigkeit ~ 0,5 m/s Werkstückgenauigkeit ~ 0,2 mm Anwendungen: • große, massive Geometrie- und Funktionsmodelle fertigen, • Modelle, die große Sprünge in den Wandstärken aufweisen.
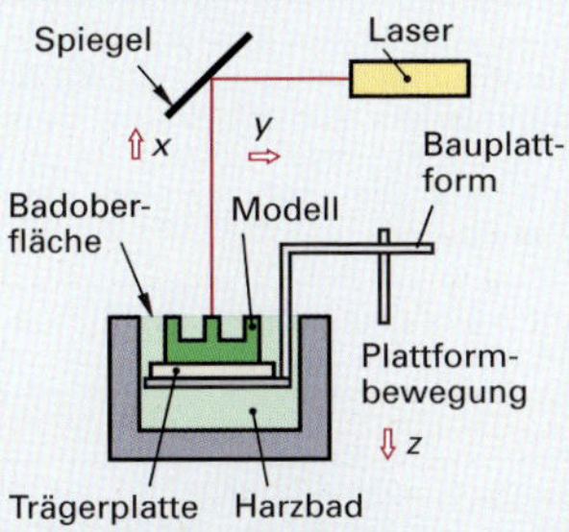 **Stereo-Lithography STL**	Ein Laserstrahl bewegt sich beim **STL** mit Hilfe numerisch schwenkbarer Spiegel über eine Wanne, die mit flüssigem Kunststoff gefüllt ist. Durch den Energieeintrag wandelt sich der flüssige Kunststoff (Monomer) in ein festes Polymer um. In dem Maße wie das Werkstück wächst, wird die Plattform abgesenkt und neues Monomer zugeführt.	Vorteile: • restlicher Kunststoff muss nur abfließen, • einfache Herstellung von Hohlräumen. Nachteile: • schlechte Werkstoffkennwerte. Schichtdicke ~ 0,01 mm Lasergeschwindigkeit ~ 5 m/s Werkstückgenauigkeit ~ 0,02 mm Anwendungen: • Konzept-, Geometrie-, Anschauungs-, Funktionsmodelle im Maschinenbau, im Automobilbau und in der Medizin • Architekturmodelle.
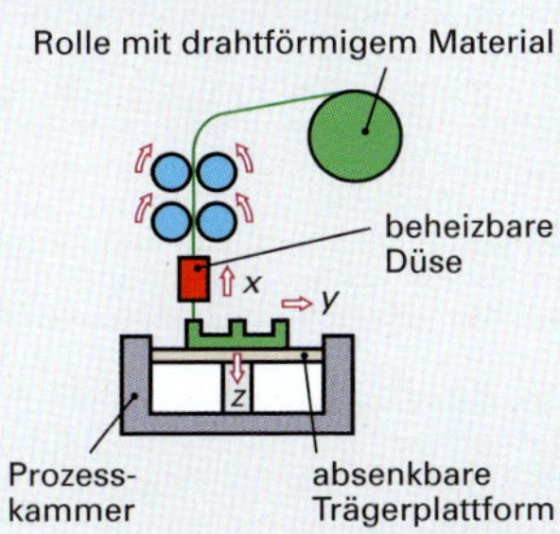 **Fused Deposition Modelling FDM**	Beim **FDM** wird ein drahtförmiges Material in einer beheizten Düse verflüssigt und Schichtweise aufgetragen. Der Düsenkopf wird dabei wie bei einem Plotter in der horizontalen Ebene bewegt. Nachdem eine Lage fertiggestellt ist, wird das Bauteil um die Schichthöhe abgesenkt und die nächste Lage aufgebracht. Es sind Wachs und Thermoplaste verarbeitbar.	Vorteile: • relativ einfache Technik, • kein Laser notwendig, • kein Materialverlust. Nachteile: • dünne Wandstärken nicht darstellbar, • nur für kleinere Teile geeignet. Schichtdicke ~ 0,1 mm Geschwindigkeit ~ 0,25 m/s Anwendungen: • dickwandige, voluminöse Bauteile mit geringeren Ansprüchen an die Oberfläche und • Funktionsprototypen fertigen.

Montage und Demontage Assembly and Disassembly

Grundlagen

Montage

Die Montage von Bauteilen erfolgt oft in Handarbeit. Die Serienmontage erfolgt dagegen als Fließmontage und wird häufig mit Robotern oder speziellen Montagemaschinen automatisiert durchgeführt.

Hauptfunktionen der Montage:
- Fügen (z.B. Schweißen),
- Justieren (Einstellen),
- Prüfen (Messen),
- Handhaben (Greifen),
- Sondertätigkeiten (Reinigen).

Demontage

Demontage tritt bei Wartungs- und Reparaturarbeiten und zunehmend beim Recycling von Werkstoffen auf.

Vorteile einfacher Demontage:
- kostengünstiger Austausch von Bauteilen,
- Wiederverwendung gebrauchter Teile,
- einfache Fehlersuche,
- Trennung von Schadstoffen,
- Recycling wertvoller Werkstoffe.

Regeln der Produktgestaltung

- Bauteil mit möglichst wenigen Einzelteilen planen.
- Komplexe Bauteile in Baugruppen aufgliedern.
- Produktvarianten sollen sich in den Unterbaugruppen unterscheiden.
- Montage- bzw. Fügerichtung einheitlich, z.B. senkrecht.
- Bauteile sollen möglichst symmetrisch sein.
- Die Zuführbarkeit der Bauteile soll einfach automatisierbar sein.
- Verbundwerkstoffe möglichst vermeiden (Recycling).

WF

Puffer

Durchlaufpuffer

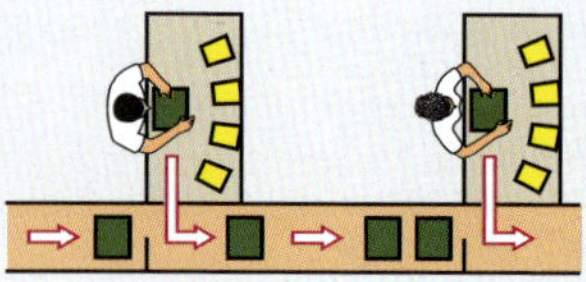

Mit einem Durchlaufpuffer lassen sich viele Transporttechniken realisieren, z.B. Rollenbahnen, Gurtförderer, Hängebahnförderer.

Umlaufpuffer

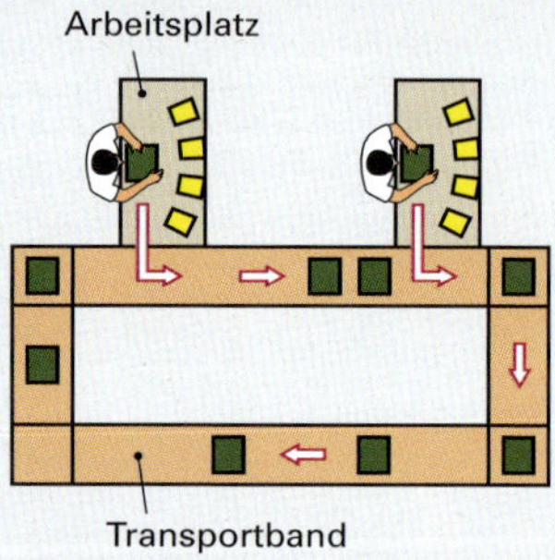

Die Umlaufpufferung wird hauptsächlich bei manuellen Montagearbeitsplätzen verwendet, wenn mehrere Arbeitsplätze mit unterschiedlichen Taktzeiten anfallen.

Direktzugriffspuffer

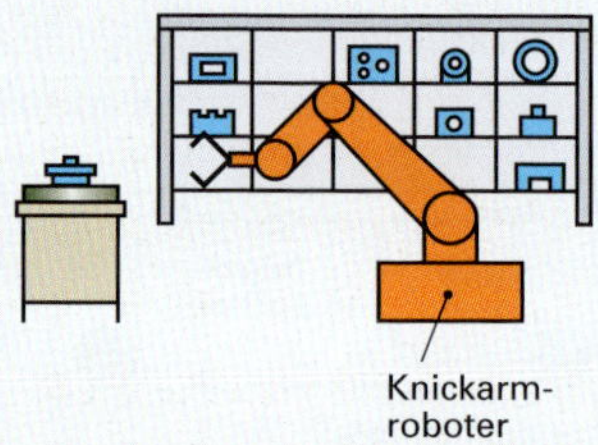

Direktzugriffspuffer, z.B. mit Knickarmrobotern, kommen immer dann zum Einsatz, wenn höchste Flexibilität und Dynamik gleichermaßen gefragt sind.

Pufferspeicher benötigt man zum Überbrücken von Störungen bei automatisierten Montageanlagen, zum Ermöglichen von Pausen bei manueller Montage sowie zum Entkoppeln vom Maschinentakt (lose Verkettung).

Maschinelle Montage

Allgemein

Die automatisierte Montage von Aggregaten und Geräten erfolgt im Allgemeinen nur in einer Fügerichtung; vorzugsweise senkrecht oder waagrecht. Besondere Hilfsbewegungen, wie etwa das Verriegeln oder Entriegeln von Verschlüssen, können auch in anderen Richtungen geschehen.

Die einzelnen Montagestationen sind entweder in einer Linie, einem Ring, einem Karree oder einem Mix davon angeordnet.

Montage mit Roboter

Besonders geeignet sind 4-achsige Waagrechtarmroboter vom Typ **SCARA** (**S**elective **C**ompilance **A**ssembly **R**obot **A**rm), da sie sehr steif in der senkrechten Fügerichtung konstruiert sind und dabei sehr nachgiebig in der Waagrechten sind.

Der Nachteil bei einer Montagestation mit Roboter ist, dass nur an der Stelle, an der sich die Roboterhand gerade befindet, gearbeitet wird.

Rundtaktmontage

Bei Rundtaktmontagemaschinen wird nach jedem Takt das Montageteil um eine Station weiter gedreht. Der große Vorteil liegt darin, dass jede Montagestation bei jedem Takt arbeitet. Üblich sind Maschinen mit 8, 12, 16 oder bis zu 24 Montagestationen, je nach Aufgabe und Platzverhältnis. Als Materialspeicher werden meist Vibrationsspeicher verwendet.

Starre Verkettung: kurze Durchlaufzeiten, der Ausfall einer Station wirkt auf die Gesamtanlage.

Montageplanung Assembly Planning

Erzeugnisgliederung, Beispiel: Pneumatikzylinder (Teilansicht)

Darstellung	Erklärung

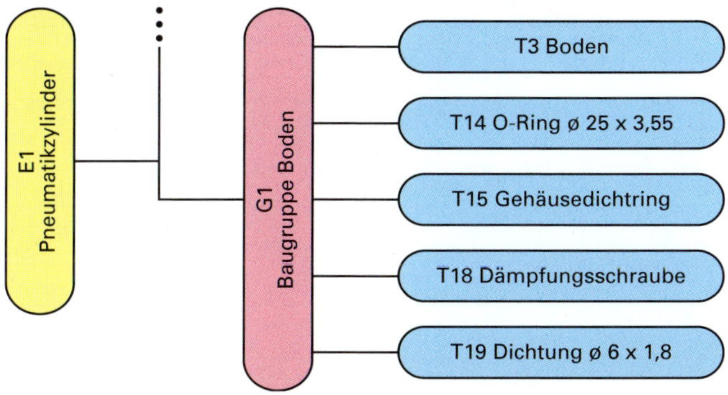

Grundlage der Planung ist die Erzeugnisgliederung

Sie gliedert ein Erzeugnis in Gruppen und Untergruppen bis zu den einzelnen Bauteilen auf. In grafischer Form enthält sie auch die Montagestruktur und Montageplanung für das Erzeugnis.

E Erzeugnis-Nummer
G Gruppen-Nummer
T Teile-Nummer

Struktur- und Baukastenstückliste, Beispiel: Pneumatikzylinder (Teilansicht)

Pos.	Stufe	T-Nr.	Benennung
1	.1	G1	Baugruppe Boden
2	..2	T3	Boden
3	..2	T14	O-Ring
4	..2	T15	Gehäusedichtring
5	..2	T18	Dämpfungsschraube
6	..2	T19	Dichtring Ø 6 x 18
7	.1	G2	Baugruppe Deckel

Strukturstückliste

Pos.	T-Nr.	Benennung	Art
1	G1	Baugruppe Boden	E
2	G2	Baugruppe Deckel	E
3	G4	Baugr. Kolbenstange	E
4	G5	Baugruppe Zugstange	E
5	T1	Gehäuse	E
6	T7	Mutter M8	F
7	T11	Kolbenstangenmutter	F

Baukastenstückliste

Die Strukturstückliste gliedert das Erzeugnis durch zusätzliche Stufung und entsprechende Reihenfolge aller Positionen.

Die Baukastenstückliste listet die in der Erzeugnisgliederung enthaltenen Baugruppen sowie die zur Montage nötigen Einzelpositionen auf.

E Eigenfertigung
F Fremdfertigung

Montage-Grobarbeitsplan (Auszug), Beispiel Baugruppe Boden G1

Plan-Nr. G1	Benennung Baugruppe Boden		Werkstoff	Abmessung			
Pos.	Platz	Platzbezeichnung	Lohnart	Split-faktor	Rüst-zeit	Zwischen-zeit	St.
10	401001	Bereitstelllager	ZL	1		17,25	1
AVG: Werkstück auf Aufforderung am Arbeitsplatz bereitstellen.							
20	400101	Montageplatz 1	ZL	1	5,75		1
AVG: Bauteile der Baugruppen fügen.							

Der Montage-Grobarbeitsplan enthält die Arbeitsschritte zur Fertigung oder Montage der Eigenfertigungskomponenten (Teile, Baugruppen und Erzeugnisse).

Bei einem Splitfaktor > 1 werden weitere Arbeitsplätze eingesetzt.

AVG Arbeitsvorgangsbeschreibung

Montage-Feinarbeitsplan (Auszug), Beispiel Baugruppe Boden G1

Platz-Nr. 400101	Platzbezeichnung Montageplatz 1	Benennung Baugruppe Boden	Werkstoff
Masse 0,35 kg	Verteil- und Erholzeitzuschlag 15%	Rüstzeit t_r 5,75 min	Stückzeit t_e 1,15 min
AVG-Nr.	Arbeitsvorgangsbeschreibung	Rüstgrundzeit t_{rg}	Grundzeit t_g
10	Montageplatz einrichten	5 min	
20	Gehäusedichtung anbringen		0,3 min
30	O-Ring einlegen		0,3 min
40	Dämpfungsschr. eindrehen		0,4 min

Ziel der Montage-Feinplanung ist die Ermittlung der Rüstzeit zum Einrichten des entsprechenden Montageplatzes sowie die Bestimmung der Zeit je Einheit für die Montage einer Baugruppe und des Erzeugnisses. Die Zeitermittlung stützt sich auf Richtwerttabellen.

Schneidstoffe Cutting Materials

Kennzeichnung der Schneidstoffe

vgl. DIN ISO 513 (2014-05)

Kennbuchstabe (Tabelle unten) — HC – K 20 N – M — zum Fräsen geeignet

- HC: Kennbuchstabe (Tabelle unten)
- K: Zerspanungs-Hauptgruppe: P (BLAU) M (GELB) K (ROT)
- 20: Anwendungsgruppe
- N: Kennbuchstabe für Werkstoffe: N NE-Metalle H Stahl, gehärtet S schwer spanbar
- M: zum Fräsen geeignet

K[1]	Schneidstoffgruppe
HW	Unbeschichtetes Hartmetall, vorwiegend aus Wolframcarbid (WC)
HT	Unbeschichtetes Hartmetall, vorwiegend aus Titancarbid (TiC) oder Titannitrid (TiN) [2]
HC	Beschichtetes Hartmetall
CA	Oxidkeramik, vorwiegend aus Aluminiumoxid (Al_2O_3)
CM	Mischkeramik, auf der Basis von Aluminiumoxid (Al_2O_3) und anderen oxidischen Bestandteilen
CN	Nitridkeramik, vorwiegend Siliciumnitrid (Si_3N_4)
CC	Beschichtete Schneidkeramik
DP	Polykristalliner Diamant [3]
BN	Kubisch kristallines Bornitrid [3]
⇨	**HC-K40N-M:** Beschichtetes Hartmetall, Zerspanungs-Anwendungsgruppe K40, für Nichteisenmetalle, zum Fräsen geeignet

[1] Kennbuchstabe [2] auch „Cermet“ genannt [3] auch „hochharte Schneidstoffe“ genannt

Zerspanungs-Hauptgruppen und Anwendungsgruppen der Schneidstoffe

vgl. DIN ISO 513 (2005-11)

Hauptgruppe, Kennfarbe	Zerspanungs-Anwendungsgruppe: Kurzzeichen	Schneidstoffeigenschaften	Werkstoffe	Arbeitsverfahren und Schnittbedingungen	Spanungswerte
P BLAU	P01	↑ zunehmende Verschleißfestigkeit; ↓ zunehmende Zähigkeit	Stahl, Stahlguss	Feindrehen und Feinbohren mit hohen Schnittgeschwindigkeiten und kleinen Spanungsquerschnitten	↑ zunehmende Schnittgeschwindigkeit; ↓ zunehmende Schneidenbelastung
	P10		Stahl, Stahlguss, langspanender Temperguss	Drehen, Fräsen, Gewindeherstellung; hohe Schnittgeschwindigkeit bei kleinen bis mittleren Spanungsquerschnitten	
	P20		Stahl, Stahlguss, langspanender Temperguss	Drehen, Kopierdrehen, Fräsen mit mittleren Schnittgeschwindigkeiten und mittleren Spanungsquerschnitten; Hobeln mit kleinem Vorschub	
	P30		Stahl, Stahlguss mit Lunkern	Drehen, Hobeln und Stoßen mit niedrigen Schnittgeschwindigkeiten und großen Spanungsquerschnitten	
	P40		Stahl, Stahlguss	Bearbeitung unter ungünstigen Spanungsbedingungen; große Spanwinkel möglich	
M GELB	M10	↑ zunehmende Verschleißfestigkeit; ↓ zunehmende Zähigkeit	Stahl, Stahlguss, Gusseisen, Manganhartstahl	Drehen mit mittleren bis hohen Schnittgeschwindigkeiten und kleinen bis mittleren Spanungsquerschnitten	↑ zunehmende Schnittgeschwindigkeit; ↓ zunehmende Schneidenbelastung
	M20		Stahl, Stahlguss, Gusseisen, austenitischer Stahl	Drehen und Fräsen mit mittlerer Schnittgeschwindigkeit und mittlerem Spanungsquerschnitt	
	M30		Stahl, Gusseisen, hochwarmfeste Legierungen	Drehen, Fräsen, Hobeln mit mittlerer Schnittgeschwindigkeit und mittleren bis großen Spanungsquerschnitten	
	M40		Automatenstahl, Nichteisenmetalle, Leichtmetalle	Drehen, Abstechen, besonders auf Automaten	
K ROT	K01	↑ zunehmende Verschleißfestigkeit; ↓ zunehmende Zähigkeit	hartes Gusseisen, Al-Si-Legierungen, Duroplaste	Drehen, Schäldrehen, Fräsen, Schaben	↑ zunehmende Schnittgeschwindigkeit; ↓ zunehmende Schneidenbelastung
	K10		Gusseisen HB ≥ 220, harter Stahl, Gestein, Keramik	Drehen, Fräsen, Bohren, Innendrehen, Räumen, Schaben	
	K20		Gusseisen HB ≤ 220, NE-Metalle	Drehen, Fräsen, Hobeln, Innendrehen; wenn große Zähigkeit des Schneidstoffes erforderlich ist	
	K30		Stahl, Gusseisen niedriger Härte	Drehen, Fräsen, Hobeln, Stoßen, Nutenfräsen; große Spanwinkel sind möglich	
	K40		NE-Metalle, Holz	Bearbeitung mit großen Spanwinkeln	

Drehzahlnomogramm   Nomogram of Revolutions

Die Bestimmung der Drehzahl (Umdrehungsfrequenz) n einer Werkzeugmaschine aus dem Werkstückdurchmesser d (z. B. Drehen) bzw. dem Werkzeugdurchmesser d (z. B. Bohren) und der gewählten Schnittgeschwindigkeit v_c kann

- rechnerisch mithilfe der Formel
- oder grafisch mit dem Drehzahlnomogramm erfolgen.

Drehzahlnomogramme enthalten die an der Maschine einstellbaren Lastdrehzahlen. Diese sind geometrisch gestuft. Bei stufenlosen Antrieben kann die ermittelte Drehzahl genau eingestellt werden.

Drehzahl

$$n = \frac{v_c}{\pi \cdot d} \quad (1)$$

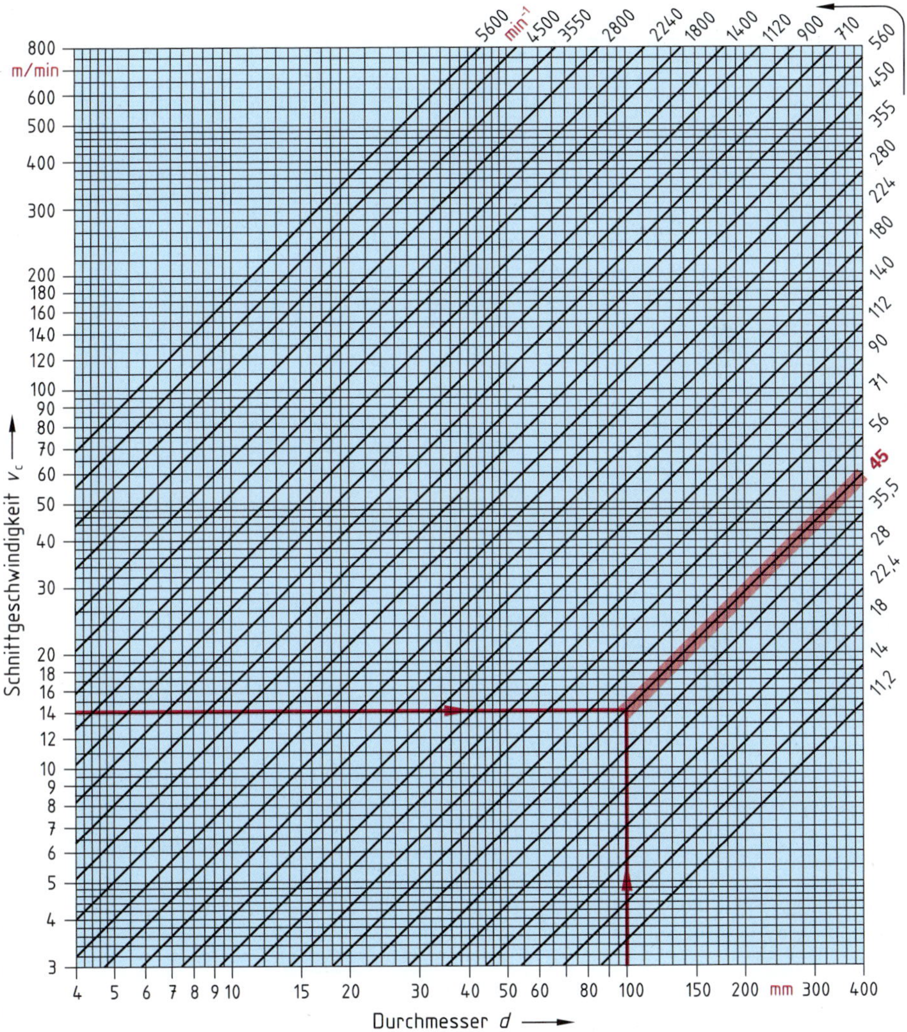

Drehzahlnomogramm mit logarithmisch geteilten Achsen

Berechnungsbeispiel: $d = 100$ mm; $v_c = 14\ \frac{\text{m}}{\text{min}}$; $n = ?$; $\boldsymbol{n} = \frac{v_c}{\pi \cdot d} = \frac{14\ \frac{\text{m}}{\text{min}}}{\pi \cdot 0{,}1\ \text{m}} = \mathbf{44{,}56}\ \frac{\mathbf{1}}{\mathbf{min}}$

Ablesebeispiel: $d = 100$ mm; $v_c = 14\ \frac{\text{m}}{\text{min}}$; $n = ?$; abgelesen: $\boldsymbol{n} \approx \mathbf{45}\ \frac{\mathbf{1}}{\mathbf{min}}$

WF

Kräfte und Leistungen beim Zerspanen 1 Cutting Forces and Cutting Powers 1

Spezifische Schnittkraft für Hartmetallwerkzeuge

Werkstoff	Spezifische Schnittkraft k_c in N/mm² bei h in mm									
	0,08	0,10	0,15	0,20	0,30	0,50	0,80	$k_{c1.1}$ **1,00**	1,50	m_c
S235JR	2735	2633	2458	2340	2184	2003	1850	**1780**	1661	**0,17**
E295	3838	3621	3258	3024	2721	2383	2108	**1990**	1791	**0,26**
C35	2998	2823	2531	2341	2098	1828	1612	**1516**	1359	**0,27**
C60	3356	3224	2996	2846	2645	2413	2215	**2130**	1980	**0,18**
11SMnPb30	1891	1816	1688	1603	1490	1359	1250	**1200**	1116	**0,18**
16MnCr5	4050	3821	3438	**3191**	2872	2515	2227	**2100**	1890	**0,26**
20MnCr5	3949	3734	3373	3140	2838	2497	2219	**2100**	1898	**0,25**
18CrMo4	3518	3387	3162	3011	2810	2576	2381	**2290**	2137	**0,17**
42CrMo4	4821	4549	4092	3799	3419	2994	2650	**2500**	2250	**0,26**
50CrV4	4281	4040	3635	3374	3036	2658	2354	**2220**	1998	**0,26**
X210CrW12	3510	3312	2981	2766	2489	2179	1931	**1820**	1638	**0,26**
X5CrNi18-10	3994	3811	3500	3295	3026	2718	2462	**2350**	2158	**0,21**
X30Cr13	3510	3312	2981	2766	2489	2179	1931	**1820**	1638	**0,26**
GJL-200	1918	1814	1638	1525	1378	1213	1081	**1020**	922	**0,25**
GJL-400	2835	2675	2408	2234	2010	1760	1558	**1470**	1323	**0,26**
GJS-600	2274	2189	2042	1946	1816	1665	1538	**1480**	1381	**0,17**
GJS-800	3439	3118	2608	2298	1923	1536	1250	**1132**	947	**0,44**
AlCuMg1	1484	1410	1285	1202	1095	973	873	**830**	756	**0,23**
AlMg3	1394	1325	1208	1129	1029	915	819	**780**	711	**0,23**
CuZn40Pb2	1229	1181	1096	1042	969	884	812	**780**	725	**0,18**

Spezifische Schnittkraft

$$k_c = \frac{k_{c1.1}}{h^{m_c}} \quad (1)$$

Korrekturfaktor C_1 für Schneidstoff	
Schnellarbeitsstahl	1,2
Hartmetall	1,0
Schneidkeramik	0,9

Korrekturfaktor C_2 für Schneidenverschleiß	
arbeitsscharf	1,0
abgestumpft	1,3

Spanwinkel γ_0 für ausgewählte Werkstoffe	
Stähle	+6°
Gusseisen	+2°
Kupferlegierungen	+8°

Drehen

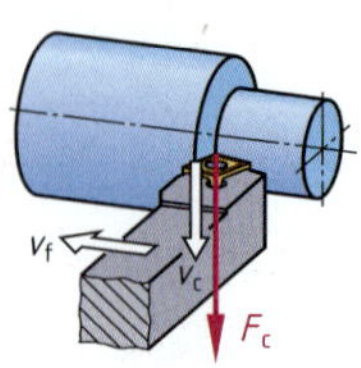

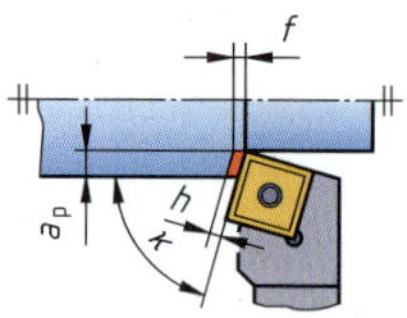

Beispiel:

Eine Welle aus 16MnCr5 wird mit arbeitsscharfer HM-Wendeschneidplatte gedreht.
$a_p = 5$ mm, $f = 0{,}21$ mm, $\varkappa = 75°$ und $v_c = 160$ m/min

Gesucht:

h; k_c; A; F_c; P_c

Lösung:

$\boldsymbol{h} = f \cdot \sin\varkappa = 0{,}21\ \text{mm} \cdot \sin 75° = \mathbf{0{,}2\ mm}$

$\boldsymbol{k_c} = \frac{k_{c1.1}}{h^{m_c}} = \frac{2100\ \frac{\text{N}}{\text{mm}^2}}{0{,}658} = \mathbf{3191\ \frac{N}{mm^2}}$

$\boldsymbol{A} = a_p \cdot f = 5\ \text{mm} \cdot 0{,}21\ \text{mm} = 1{,}05\ \text{mm}^2$

$\boldsymbol{F_c} = A \cdot k_c \cdot C_1 \cdot C_2 = 1{,}05\ \text{mm}^2 \cdot 3191\ \frac{\text{N}}{\text{mm}^2} \cdot 1{,}0 \cdot 1{,}0 = \mathbf{3351\ N}$

$\boldsymbol{P_c} = F_c \cdot v_c = \frac{3351\ \text{N} \cdot 160\ \text{m}}{60\ \text{s}} = 8936\ \text{W} = \mathbf{8{,}936\ kW}$

Spanungsdicke

$$h = f \cdot \sin\varkappa \quad (2)$$

Spanungsquerschnitt

$$A = a_p \cdot f \quad (3)$$

Schnittkraft

$$F_c = A \cdot k_c \cdot C_1 \cdot C_2 \quad (4)$$

Schnittleistung

$$P_c = F_c \cdot v_c \quad (5)$$

Zeitspanungsvolumen

$$Q = A \cdot v_c = a_p \cdot f \cdot v_c \quad (6)$$

A	Spanungsquerschnitt in mm²
a_p	Schnitttiefe in mm
C_1, C_2	Korrekturfaktoren
f	Vorschub je Umdrehung in mm
F_c	Schnittkraft in N
h	Spanungsdicke in mm
k_c	Richtwert für die spezifische Schnittkraft in N/mm²
m_c	Werkstoffkonstante
P_c	Schnittleistung in kW
Q	Zeitspanungsvolumen in mm³/min
v_c	Schnittgeschwindigkeit in m/min
v_f	Vorschubgeschwindigkeit in mm/min
$\varkappa$	Einstellwinkel (*Kappa*) in Grad

Bohren

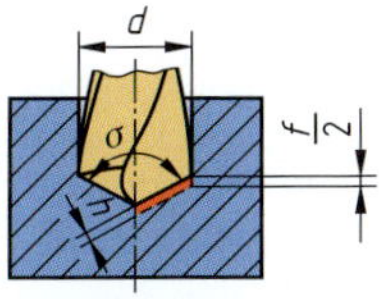

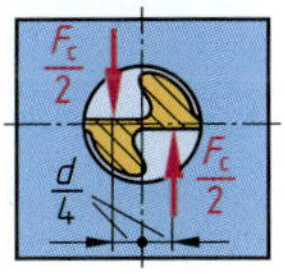

Beispiel:

Eine Platte aus S235JR wird mit arbeitsscharfem HSS-Bohrer gebohrt.
$d = 16$ mm, $v_c = 12$ m/min,
$f = 0{,}18$ mm und $\sigma = 118°$ (WAG N).

Gesucht: h, k_c, A, F_c, M_c

Lösung:

$\mathbf{h} = \frac{f}{2} \cdot \sin \frac{\sigma}{2} = \frac{0{,}18\ \text{mm}}{2} \cdot \sin 59° = \mathbf{0{,}08\ mm}$

$\mathbf{k_c} = 2735\ \frac{\text{N}}{\text{mm}^2}$ (vorhergehende Seite)

$\mathbf{A} = \frac{d \cdot f}{2} = \frac{16\ \text{mm} \cdot 0{,}18\ \text{mm}}{2} = \mathbf{1{,}44\ mm^2}$

$\mathbf{F_c} = A \cdot k_c \cdot C_1 \cdot C_2 = 1{,}44\ \text{mm}^2 \cdot 2735\ \frac{\text{N}}{\text{mm}^2} \cdot 1{,}2 \cdot 1{,}0$
$= \mathbf{4726\ N}$

$\mathbf{M_c} = \frac{F_c \cdot d}{4} = \frac{4726\ \text{N} \cdot 0{,}016\ \text{m}}{4} = \mathbf{18{,}9\ Nm}$

Spanungsdicke

$$h = \frac{f}{2} \cdot \sin \frac{\sigma}{2} \quad (1)$$

Spanungsquerschnitt

$$A = \frac{d \cdot f}{2} \quad (2)$$

Schnittkraft

$$F_c = A \cdot k_c \cdot C_1 \cdot C_2 \quad (3)$$

Spezifische Schnittkraft

$$k_c = \frac{k_{c1.1}}{h^{m_c}} \quad (4)$$

Zeitspanungsvolumen

$$Q = \frac{A \cdot v_c}{2} \quad (5)$$

Schnittleistung

$$P_c = \frac{F_c \cdot v_c}{2} = Q \cdot k_c \quad (6)$$

Schnittmoment

$$M_c = \frac{F_c \cdot d}{4} \quad (7)$$

WF

Fräsen

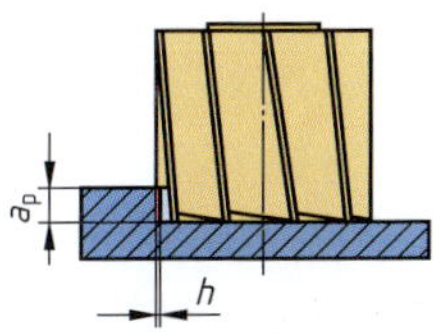

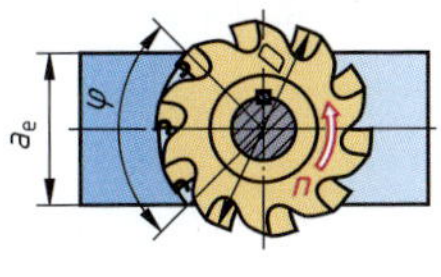

Beispiel:

Ein Werkstück aus 16MnCr5 wird mit abgestumpfter HM-Wendeschneidplatte gefräst.
$D = 160$ mm, $z = 12$, $a_e = 120$ mm,
$a_p = 6$ mm, $f_z = 0{,}2$ mm und $v_c = 85$ m/min

Gesucht: h, k_c, F_c, Q, P_c

Lösung:

$h \approx f_z = 0{,}2\ \text{mm}$

$\mathbf{k_c} = \mathbf{3191\ \frac{N}{mm^2}}$

$\mathbf{F_c} = A \cdot k_c \cdot C_1 \cdot C_2 = 3{,}88\ \text{mm}^2 \cdot 3191\ \frac{\text{N}}{\text{mm}^2} \cdot 1{,}0 \cdot 1{,}3$
$= \mathbf{16095\ N}$

$\mathbf{Q} = a_p \cdot a_e \cdot v_f = 6\ \text{mm} \cdot 120\ \text{mm} \cdot 406\ \frac{\text{mm}}{\text{min}} = \mathbf{292\ \frac{cm^3}{min}}$

$\mathbf{P_c} = F_c \cdot v_c = \frac{16095\ \text{N} \cdot 85\ \text{m}}{60\ \text{s}} = 22801\ \text{W} = \mathbf{22{,}8\ kW}$

Spanungsquerschnitt

$$A = a_p \cdot h \cdot z_e \quad (8)$$

Spanungsdicke

$$h \approx f_z \quad (9)$$

Schnittkraft

$$F_c = A \cdot k_c \cdot C_1 \cdot C_2 \quad (10)$$

Spezifische Schnittkraft

$$k_c = \frac{k_{c1.1}}{h^{m_c}} \quad (11)$$

Schnittleistung

$$P_c = F_c \cdot v_c = Q \cdot k_c \quad (12)$$

Schneidenzahl im Eingriff

$$z_e = z \cdot \varphi / 360° \quad (13)$$

Vorschubgeschwindigkeit

$$v_f = z \cdot f_z \cdot n \quad (14)$$

Zeitspanungsvolumen

$$Q = a_p \cdot a_e \cdot v_f \quad (15)$$

A	Spanungsquerschnitt in mm²
a_e	Arbeitseingriff (Fräsbreite) in mm
a_p	Schnitttiefe in mm
C_1	Korrekturfaktor Schneidstoff
C_2	Korrekturfaktor Schneidenverschleiß
D	Fräserdurchmesser in mm
d	Bohrerdurchmesser in mm
F_c	Schnittkraft in N
f	Vorschub in mm je Umdrehung
f_z	Vorschub in mm je Schneide
h	Spanungsdicke in mm
k_c	Richtwert für die spez. Schnittkraft in N/mm²
M_c	Schnittmoment in Nm
m_c	Werkstoffkonstante
n	Drehzahl in min⁻¹
P_c	Schnittleistung in kW
Q	Zeitspanungsvolumen in mm³/min
v_c	Schnittgeschwindigkeit in m/min
v_f	Vorschubgeschwindigkeit in mm/min
WAG	Werkstoffauswahlgruppe (H, N, W)
z	Schneidenzahl
z_e	Schneidenzahl im Eingriff
σ	Spitzenwinkel (*Sigma*) in Grad
φ	Winkel (*Phi*) zwischen Fräsereintritt und -austritt

Bohren Drilling

Spiralbohrer

vgl. DIN ISO 5419 (1998-06)

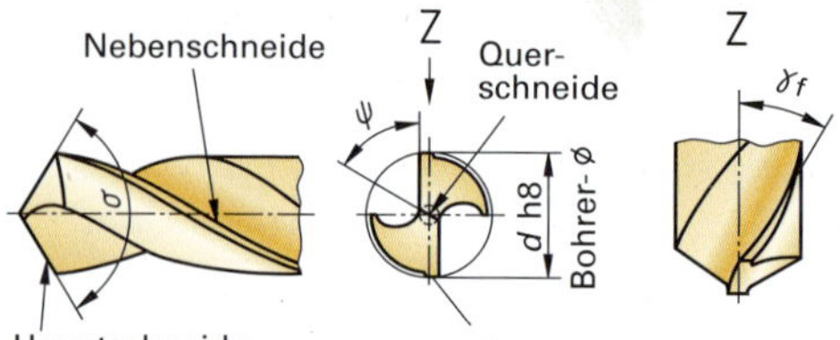

σ Spitzenwinkel, ψ Querschneidenwinkel,
γ_f Seitenspanwinkel

Winkel am Spiralbohrer

vgl. DIN 1414-1

Bohrer-Typ	Anwendungs-beispiele	Seitenspan-winkel γ_f [1]	Spitzen-winkel σ [2]
H	harte, zähharte Werkstoffe	10°… 19°	118°
N	allg. Baustähle, weiches Guss-eisen, mittel-harte NE-Metalle	19°… 40°	118°
W	weiche, zähe Werkstoffe	27°… 45°	130°

[1] Abhängig vom Bohrer-∅ d und von der Steigung;
[2] Regelausführung

⇨ **Bohrer DIN 338 – 9,8 L – H – 140 – B – ML-HSS:** Kurzer Spiralbohrer mit Zylinderschaft, Schneidendurchmesser d = 9,8 mm; linksschneidend, Werkzeuganwendungsgruppe H; Spitzenwinkel 140° (abweichend von der Regelausführung); Anschliffform B; Mitnehmer ML; Legierungsgruppe des Schnellarbeitsstahles HSS.

WF

Schnittdaten für das Bohren mit Spiralbohrern aus Schnellarbeitsstahl[3]

Werkstoffgruppe	Zug-festigkeit R_m N/mm²	Härte HB	Schnittgeschwindigkeit v_c in m/min unbe-schichtet	TiN[4]-be-schichtet	Vorschub f in mm je Umdrehung bei Bohrerdurchmesser d in mm 2…3,15	>3,15 …6,3	>6,3 …12,5	>12,5 …25	>25 …50	Kühl-schmier-stoffe[5]
Bau- und Automatenstähle	≤ 850	≤ 250	30	40	0,06 …0,10	0,13 …0,16	0,20 …0,25	0,32 …0,50	0,50 …0,80	E
Unlegierte Einsatzstähle	≤ 750	≤ 220	30	45						E
Legierte Einsatzstähle	850…<1000 1000…1200	250…<300 300…360	18 10	20 16	0,04 …0,06	0,08 …0,10	0,13 …0,16	0,20 …0,32	0,32 …0,50	Öl
Unlegierte Vergütungsstähle	≤ 700 700…850	≤ 210 210…250	30 25	45 32	0,05 …0,08	0,10 …0,13	0,16 …0,20	0,25 …0,4	0,40 …0,63	E
	850…1000	250…300	–	18	0,04 …0,06	0,08 …0,1	0,13 …0,16	0,20 …0,32	0,32 …0,50	E
Legierte Vergütungsstähle	850…<1000	250…<300	–	22						
	1000…1200	300…360	–	20	0,03 …0,05	0,06 …0,08	0,10 …0,13	0,16 …0,25	0,25 …0,40	E
Gusseisen	– –	≤ 240 ≤ 300	25 20	45 36	0,04 …0,06	0,08 …0,10	0,20 …0,25	0,32 …0,50	0,50 …0,80	E, L
Kugelgrafit- und Temperguss	– –	≤ 240 ≤ 300	30 20	40 28	0,063 …0,10	0,13 …0,16	0,20 …0,25	0,32 …0,50	0,50 …0,80	E
Al-Knetlegierungen	≤ 450	–	70	–	0,08 …0,13	0,16 …0,2	0,25 …0,32	0,40 …0,63	0,63 …1,0	E
Al-Guss-legierungen < 10% Si		–	45	90						
Al-Guss-legierungen > 10% Si	≤ 600	–	40	80	0,06 …0,10	0,13 …0,16	0,20 …0,25	0,32 …0,50	0,50 …0,80	E
Kupfer-Zink-Legierungen	≤ 600	–	45	55	0,05 …0,08	0,10 …0,13	0,16 …0,20	0,25 …0,4	0,40 …0,63	E

Schnittdaten für das Bohren mit Spiralbohrern aus Hartmetall[3]

Werkstoffgruppe	Zug-festigkeit R_m N/mm²	Härte HB	v_c in m/min	2…3,15	>3,15 …6,3	>6,3 …12,5	>12,5 …25	>25 …50	Kühl-schmier-stoffe[5]
Bau-, Einsatz-, Vergütungsstähle	≤ 850	≤ 250	70	0,04 …0,06	0,08 …0,10	0,13 …0,16	0,20 …0,32	0,32 …0,50	E
Gusseisen, Kugel-graphit-, Temperguss	–	≤ 300	70						Öl, L
Al-Knetlegierungen	≤ 450	–	180	0,08 …0,13	0,16 …2,0	0,25 …0,32	0,40 …0,63	0,63 …1,0	E
Al-Guss-legierungen < 10% Si > 10% Si	≤ 600	–	160 130	0,063 …0,10	0,13 …0,16	0,20 …0,25	0,32 …0,50	0,50 …0,80	E
Kupfer-Zink-Legierung	≤ 600	–	160	0,05 …0,08	0,10 …0,13	0,16 …0,20	0,25 …0,4	0,40 …0,63	E
Kupfer-Zinn-Legierung	≤ 850	–	120						

[3] Die Richtwerte beziehen sich auf eine Standzeit $T \approx 15$ min; eine Bohrtiefe ≤ 3 · d (HSS) bzw. ≤ 5 · d (HM). Die Hinweise der Werkzeughersteller sind zu beachten.

[4] TiN = Titannitrid [5] E Emulsion; L Luft

Schnittdaten für das Reiben mit Maschinenreibahlen aus Schnellarbeitsstahl[1]

Werkstoffgruppe	Zugfestigkeit R_m N/mm²	Härte HB	Schnittgeschwindigkeit v_c in m/min unbeschichtet	TiN[2]-beschichtet	Vorschub f in mm je Umdrehung für Werkzeugdurchmesser d in mm 2...3,15	>3,15 ...6,3	>6,3 ...12,5	>12,5 ...25	>25 ...50	Reibzugabe für d bis ≤20 mm	≤50 mm
Unlegierte und legierte Stähle	≤ 500	≤ 150	11	15	0,05 ...0,08	0,10 ...0,13	0,16 ...2,0	0,25 ...4,0	0,4 ...0,63	0,15...0,25	0,3...0,35
Bau-, Einsatz- und Vergütungsstähle	>500...850	> 150 ...250	7	9	0,4 ...0,63	0,80 ...1,0	0,13 ...0,16	0,20 ...0,32	0,32 ...0,50		
Vergütungs- und Werkzeugstähle	>850...1000	> 250 ...300	4	7	0,4 ...0,63	0,80 ...1,0	0,13 ...0,16	0,20 ...0,32	0,32 ...0,50		
Gusseisen Gusseisen, Temperguss	– –	≤ 240 ≤ 300	9 5	12 7	0,05 ...0,08	0,10 ...0,13	0,16 ...2,0	0,25 ...4,0	0,4 ...0,63		
Al-Knetlegierungen	≤ 450	–	18	–	0,08 ...0,13	0,16 ...0,20	0,25 ...0,32	0,40 ...0,63	0,63 ...1,0	0,2...0,35	0,5...0,7
Al-Gussleg. < 10% Si	170...280	–	13	–	0,063 ...0,10	0,13 ...0,16	0,20 ...0,25	0,32 ...0,50	0,50 ...0,80		
Kupfer-Zink-Legier.	≤ 600	–	13	18							
Thermoplaste	–	–	12	14	0,1 ...0,16	0,2 ...0,25	0,32 ...0,40	0,50 ...0,8	0,8 ...1,25		
Duroplaste	–	–	8	12							

Schnittdaten für das Reiben mit Maschinenreibahlen aus Hartmetall[1]

Werkstoffgruppe	Zugfestigkeit R_m N/mm²	Härte HB	Schnittgeschwindigkeit v_c in m/min	Vorschub f 2...3,15	>3,15 ...6,3	>6,3 ...12,5	>12,5 ...25	>25 ...50	Reibzugabe ≤20 mm	≤50 mm
Unlegierte und legierte Stähle	≤ 500	≤ 150	13	0,08 ...0,13	0,16 ...0,2	0,25 ...0,32	0,4 ...0,63	0,63 ...1,0	0,15...0,25	0,3...0,35
Einsatz- und Vergütungsstähle	>550...1200	> 360 ...550	8	0,05 ...0,08	0,10 ...0,13	0,16 ...2,0	0,25 ...4,0	0,4 ...0,63		
Werkzeugstähle	750...1000	220 ...300	8	0,04 ...0,06	0,08 ...0,1	0,13 ...0,16	0,20 ...0,32	0,32 ...0,50		
Gusseisen Gusseisen, Temperguss	– –	≤ 240 ≤ 300	10 8	0,08 ...0,13	0,16 ...0,20	0,25 ...0,32	0,40 ...0,63	0,63 ...1,0		
Al-Knetlegierungen	≤ 450	–	25	0,1 ...0,16	0,2 ...0,25	0,32 ...0,40	0,50 ...0,8	0,8 ...1,25	0,2...0,3	0,4...0,5
Al-Gussleg. < 10% Si > 10% Si	170...280 180...300	– –	20 20							
Cu-Zn-Legierungen	≤ 600	–	20							
Thermoplaste	–	–	30							
Duroplaste	–	–	30							

Schnittdaten für maschinelles Gewindebohren

Werkstoffgruppe	Zugfestigkeit R_m N/mm²	Härte HB	Schnellarbeitsstahl Schnittgeschw. v_c in m/min unbeschichtet	TiN-beschichtet	KSS[3]	Hartmetall Schnittgeschw. v_c in m/min unbeschichtet	TiCN-beschichtet	KSS[3]
Unlegierte Stähle	≤ 700	≤ 200	10	15	E, S	20	40	E, S
	≤ 850	≤ 250	11	15		15	35	
Legierte Stähle	≤ 1200	≤ 350	6	8		10	20	S
Gusseisen	–	≤ 150	10	15	E,T, P	30	60	E, T
	–	> 150	6	8		15	30	
Cu-Zn-Legierungen	≤ 550	–	10	15	S, E	35	70	E
Al-Legierungen	≤ 300	–	10	12	E	30	80	
Thermoplaste	–	–	20	–		40	80	E, T
Duroplaste	–	–	8	15	E, T	20	50	

[1] Die Richtwerte für Schnittdaten müssen den jeweiligen Einsatzbedingungen angepasst werden. Die Hinweise der Werkzeughersteller sind zu beachten.

[2] TiN = Titannitrid [3] KSS = Kühlschmierstoffe: E Emulsion; T trocken; S Schneidöl; P Petroleum

Drehen 1 Turning 1

Winkel am Drehmeißel

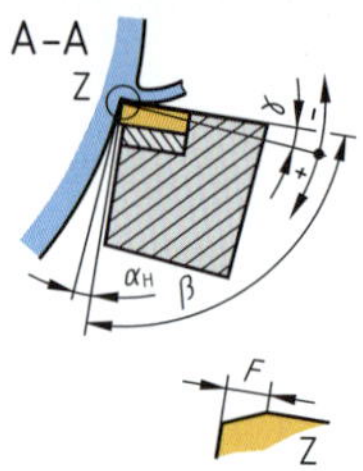

- α Freiwinkel
- α_H Freiwinkel der Hauptschneide
- α_N Freiwinkel der Nebenschneide
- β Keilwinkel
- γ Spanwinkel
- ε Eckenwinkel
- κ Einstellwinkel der Hauptschneide
- κ_N Einstellwinkel der Nebenschneide
- λ Neigungswinkel
- r Eckenradius
- F Fase an Schneidkante

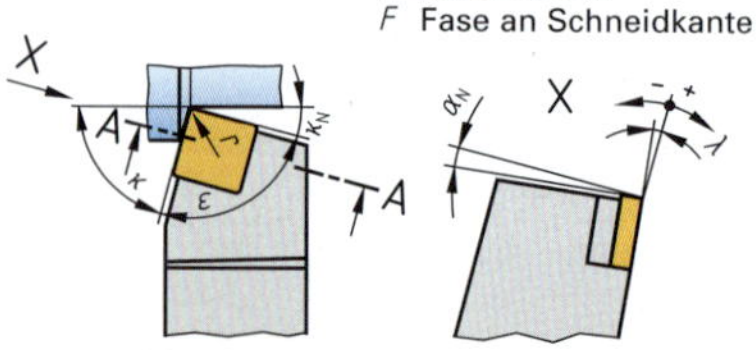

Rautiefe in Abhängigkeit vom Eckenradius und vom Vorschub

R_{th} theoretische Rautiefe r Eckenradius f Vorschub

Beispiel:

R_{th} = 25 µm; r = 1,2 mm; f = ?

$f \approx \sqrt{8 \cdot r \cdot R_{th}}$

$= \sqrt{8 \cdot 1{,}2\,\text{mm} \cdot 0{,}025\,\text{mm}} \approx$ **0,5 mm**

Theoretische Rautiefe[1]

$$R_{th} \approx \frac{f \cdot f}{8 \cdot r}$$ 1

[1] Bei kleinen Vorschüben weicht die gemessene Rautiefe von der berechneten (theoretischen) Rautiefe ab.

Eckenradius r in mm	Schruppen		Schlichten		Feindrehen	
	R_{th} 100 µm	R_{th} 63 µm	R_{th} 25 µm	R_{th} 16 µm	R_{th} 6,3 µm	R_{th} 4 µm
	Vorschub f in mm je Umdrehung					
0,4	0,57	0,45	0,28	0,2	0,14	0,1
0,8	0,80	0,63	0,4	0,3	0,2	0,16
1,2	1,0	0,8	0,5	0,4	0,25	0,2
1,6	1,13	0,9	0,6	0,45	0,3	0,23
2,4	1,4	1,3	0,7	0,55	0,35	0,28

Schnittdaten für das Drehen mit Schnellarbeitsstahl [2]

Werkstoffgruppe	R_m N/mm²	Härte HB	Bearbeitungsbedingungen	HSS unbeschichtet v_c m/min	HSS unbeschichtet f mm	HSS unbeschichtet a_p mm	HSS beschichtet[3] v_c m/min	HSS beschichtet[3] f mm
Unlegierte und legierte Bau-, Einsatz- und Vergütungsstähle	< 500	< 150	leicht mittel schwer	70 55 45	0,1 0,5 1,0	0,5 3 6	–	
Unlegierte und legierte Bau-, Einsatz-, Vergütungs- und Werkzeugstähle	500...700	150...200	leicht mittel schwer	60 40 30	0,1 0,5 1,0	0,5 3 6	... 80	
Vergütungs- und Nitrierstähle	...1180	> 200...350	mittel	–			... 60	bis 1,0
Gusseisen-Werkstoffe	–	< 250	leicht mittel schwer	35 30 20	0,1 0,3 0,6	0,5 3 6	60 50 35	
Aluminium-Legierungen	–	< 90	leicht schwer	180 120	0,3 0,6	3 6	... 800	
Kupfer-Legierungen	–	–	leicht schwer	125 100	0,3 0,6	3 6	... 200	

[2] Die angegebenen Richtwerte beziehen sich auf eine Standzeit von 15 Minuten. Die Hinweise der Werkzeughersteller sind zu beachten.

[3] Mit TiN/TiCN und TiAlN beschichtete HSS-Wendeschneidplatten.

Schnittdaten für das Drehen mit Schneidkeramik

Werkstoffgruppe	Zugfestigkeit R_m N/mm² bzw. Härte HB; HRC	Schnittgeschwindigkeit v_c m/min	Schnitttiefe a_p mm Schruppen	Schnitttiefe a_p mm Schlichten	Vorschub f mm Schruppen	Vorschub f mm Schlichten	Schneidstoff
Einsatz- und Vergütungsstähle	600...1000 > 1000...1300	400 250	> 1,5	0,3...1	0,3...0,45	0,2...0,35	Oxidkeramik + Zinkoxid
	600...900 > 900...1300	250 150	0,5...1,5	0,25...0,8	0,15...0,3	0,1...0,2	Cermets (TiC + TiN)
Gusseisen	140...210 HB	600	> 1,5	0,3...1	0,2...0,6	0,2...0,6	Siliciumnitride m. oxid. Zusatzschneidstoffen
	> 210...240 HB	500					
	> 240...280 HB	300					
Gehärteter Stahl	48...67 HRC	130	0,05...0,1		1,3...0,7		Oxidkeramik + TiC

WF

Drehen 2 Turning 2

Schnittdaten für das Drehen mit Hartmetallschneidplatten[1]

Werkstoffgruppe	Zugfestigkeit R_m N/mm²	Härte HB	Hartmetall	Bearbeitungsbedingungen[2]	Schnittgeschwindigkeit v_c^3 m/min	Vorschub je Umdrehung f mm	Schnitttiefe a_p mm
Allgemeine Baustähle, Einsatz- und Vergütungsstähle	500...850	–	beschichtet	leicht mittel schwer	320 220 180	0,12...0,35 0,2...0,6 0,5...0,8	0,5...2,0 2,0...5,0 4,0...8,0
Nichtrostende Stähle, Automatenstähle, warmfeste Legierungen	< 700	–	beschichtet	leicht mittel schwer	220 220 120	0,1...0,3 0,1...0,3 0,4...0,8	1,5...3,0 1,5...3,0 4,0...8,0
Gusseisen, Kugelgrafitguss, Temperguss	–	> 180	unbeschichtet beschichtet	leicht schwer	200 140	0,12...0,3 0,20...0,6	0,5...2,2 2,0...6,0
Aluminium-Knetlegierungen	< 530	–	unbeschichtet	mittel	700	0,1...0,4	0,5...6,0
Aluminium-Gusslegierungen	< 600	–	unbeschichtet	mittel	500	0,1...0,4	0,5...6,0
Magnesium-Legierungen	< 280	–	unbeschichtet	mittel	700	0,15...0,4	0,5...6,0
Kupfer-Legierungen, kurzspanend	< 600	–	unbeschichtet	mittel	240	0,2...0,5	2,0...5,0
Kupfer-Legierungen, langspanend	< 600	–	beschichtet	mittel	250	0,1...0,4	0,5...6,0

[1] Die angegebenen Richtwerte beziehen sich auf eine Standzeit von 15 Minuten. Stabilität und Leistung der Maschine, Einspannung des Werkstücks, Auskraglänge des Werkzeugs, Schnittunterbrechungen sowie Guss- oder Schmiedehäute beeinflussen die Schnittdaten. Die Hinweise der Werkzeughersteller sind zu beachten.

[2] **leicht**: Schlichten, geringe Schnitttiefen und Vorschübe zur Erzielung einer hohen Oberflächengüte. **mittel**: häufige Anwendung, größere Schnitttiefen und Vorschübe, kleinere Schnittunterbrechungen. **schwer**: Schruppen, große Schnitttiefen und Vorschübe, größere Schnittunterbrechungen.

[3] **„Startwerte"**, die je nach Bedarf nach unten bzw. nach oben zu verändern sind.

Anpassung der Schnittgeschwindigkeit an unterschiedliche Härten der Werkstücke

HM Hauptgruppe	Härte-Bezugswert	Faktoren für die Schnittgeschwindigkeit bei einer Abweichung vom Härte-Bezugswert um ← geringere Härte					größere Härte →			
		−80 HB	−60 HB	−40 HB	−20 HB	0	+20 HB	+40 HB	+60 HB	+80 HB
P	180 HB	1,26	1,18	1,12	1,05	1,0	0,94	0,91	0,86	0,83
M	180 HB	–	–	1,21	1,10	1,0	0,91	0,85	0,79	0,75
K	260 HB	–	–	1,25	1,10	1,0	0,92	0,86	0,80	–

Beispiel: Vergütungsstahl mit 240 HB; mittlere Bearbeitungsbedingungen; angepasste Schnittgeschwindigkeit $\boldsymbol{v}_{\mathbf{c\ 240\ HB}}$ = ? Härtebezugswert (Hauptgruppe P) = 180 HB; Härteunterschied = 240 HB − 180 HB = + 60 HB. Aus Tabelle: → Faktor 0,86. Schnittgeschwindigkeit (Bezugshärte 180 HB) aus obiger Tabelle: → $v_{c\ 180\ HB}$ = 300 m/min. Angepasste Schnittgeschwindigkeit: $\boldsymbol{v}_{\mathbf{c\ 240\ HB}}$ = 300 m/min · 0,86 ≈ **260 m/min**

Korrekturfaktoren für die Ermittlung der Schnittgeschwindigkeit bei veränderter Standzeit

Standzeit in min	10	15	20	25	30	45	60
Korrekturfaktor k	1,1	1,0	0,95	0,9	0,87	0,8	0,75

Beispiel: Wie muss die eingestellte Schnittgeschwindigkeit $v_{c\ 15}$ = 180 m/min (Standzeit 15 min) verändert werden, damit eine Standzeit von 30 min erreicht wird? → $\boldsymbol{v}_{\mathbf{c\ 30}} = \boldsymbol{v}_{\mathbf{c\ 15}} \cdot k$ = 180 m/min · 0,87 = **157 m/min**

Optimierung der Drehbedingungen und Beseitigung von Drehproblemen[4]

Drehbedingungen und -probleme	v_c	f	a_p	α	ε	$\varkappa$	F
großer Verschleiß, stumpfe Schneidkante	↘	–	–	↗	↗	–	↘
Vibrationen, Rattern (schlechte Oberfläche)	↘	↘	↘	↗	↘	↗	↘
Erhöhung der Standzeit	↘	↘	↘	–	–	–	–
Vermeidung von Aufbauschneiden	↗	↗	–	↗	–	–	↘
großer Freiflächenverschleiß	↘	–	–	↗	↗	–	↘
großer Kolkverschleiß	↘	↘	↘	↗	–	↘	–
schlechter Spanabfluss, lange Fließspäne	↘	↗	↗	–	↘	↗	–
zu kurze Späne	–	↘	↘	–	↗	↘	–

[4] Formelzeichen vgl. Bild vorhergehende Seite; ↘ Wert verkleinern; ↗ Wert erhöhen.

WF

Drehwerkzeuge Turning Tools

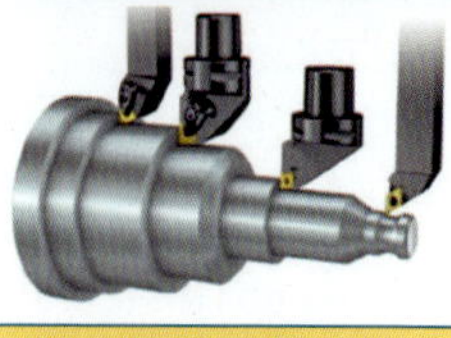

Die Produktivität wird maßgeblich von der Auswahl der Bearbeitungsmethode, der Werkzeugauswahl und den Schnittdaten beeinflusst.

Als Drehwerkzeuge kommen heute fast ausschließlich Klemmhalter mit **Wendeschneidplatten** zum Einsatz. Von diesen sind etwa 80% beschichtet.

Bilder: Sandvik Coromant AB

Wendeschneidplatten

vgl. DIN ISO 6987

Bezeichnungsbeispiel		**C**	**N**	**M**	**W**	**12**	**04**	**10**	**T**	**N**	**P10**
Bezeichnung	Spalte 1, Nr.	1	2	3	4	5	6	7	8	9	10

1 Plattenform

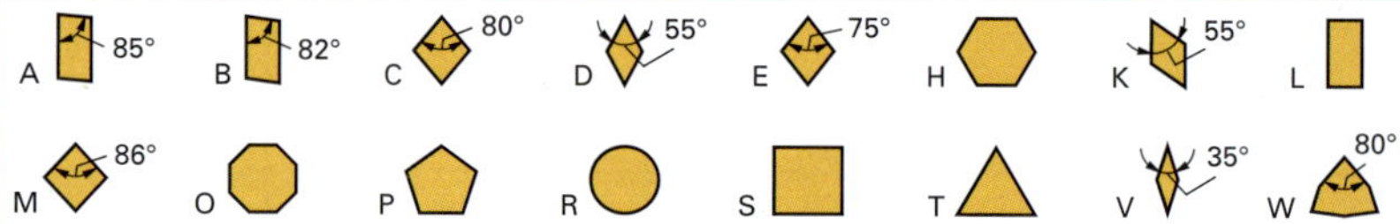

2 Freiwinkel	A = 3°	B = 5°	C = 7°	D = 15°	E = 20°	F = 25°	G = 30°	N = 0°	P = 11°
3 Toleranzen	Nicht anwenderrelevant								

4 Befestigung, Spanfläche

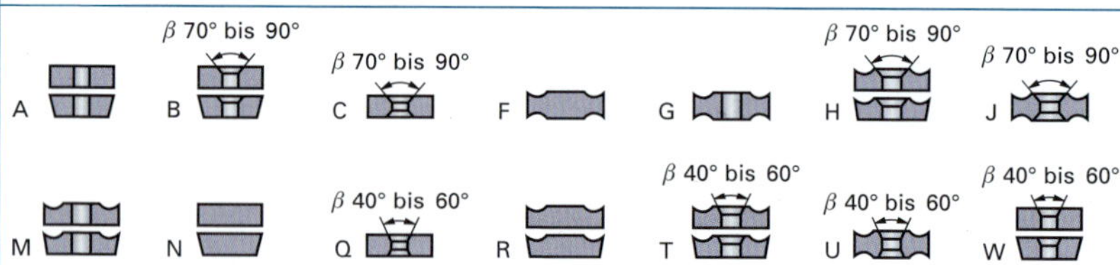

5 Plattengröße	Hauptschneidenlänge *l* in mm (bei ungleichseitigen die längste Seite), bei runden Platten Durchmesser *d* in mm, unter 10 mm wird eine Null vorangestellt.
6 Plattendicke	Schneidenplattendicke *s* in mm, unter 10 mm wird eine Null vorangestellt.
7 Schneide	Eckenradius $r_ε$ in mm (0,1 × Ziffer der 7. Stelle). 00 = scharfe Ecke, M0 runde Platte (metrisch).

8 Schneidkante

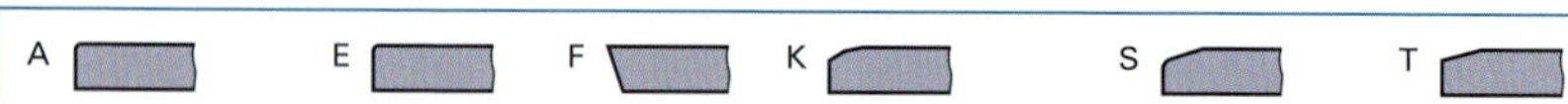

9 Richtung	**L** linksschneidend	**R** rechtsschneidend	**N** links- und rechtsschneidend

Vierkantschaft Klemmhalterbezeichnung

vgl. DIN 4983

Bezeichnungsbeispiel	**C**	**T**	**G**	**A**	**R**	**20**	**20**	**K**	**16**
Bezeichnung (unten, z.T. oben)	1	2	3	4	5	6	7	8	9

1	Befestigungsart	4	Freiwinkel an der Platte	7	Klammhalter Schaftbreite
2	Wendeschneidplattenform	5	Klemmhalterausführung	8	Klemmhalterlänge
3	Halterform, Eintrittswinkel	6	Schneideneckenhöhe	9	Wendeschneidplattengröße

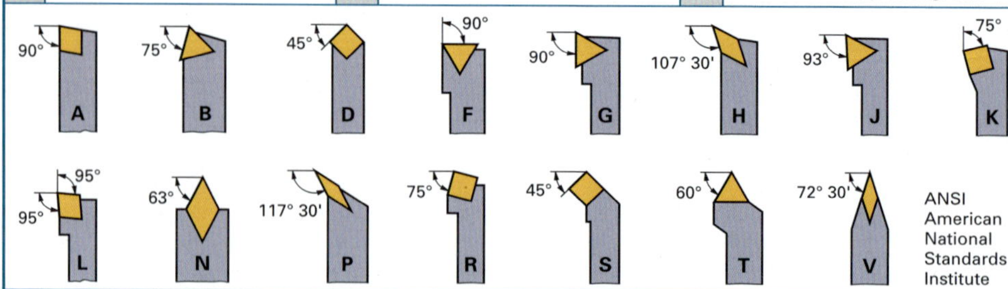

ANSI American National Standards Institute

WF

Fräsen 1 Milling 1

Schnittdaten für Fräser aus Schnellarbeitsstahl[1]

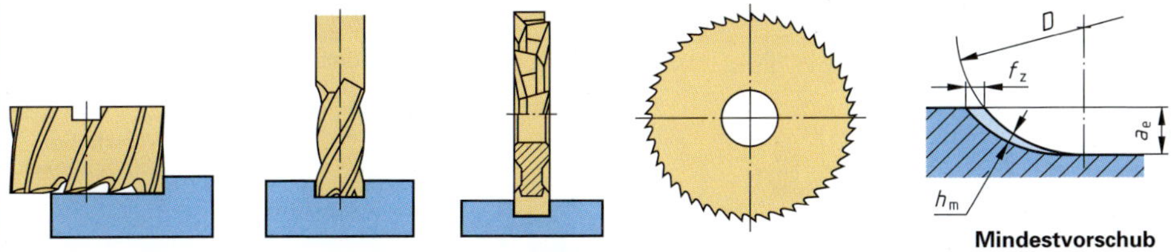

Walzenstirnfräser | Schaftfräser | Scheibenfräser | Kreissägeblatt | Mindestvorschub beim Scheibenfräser

Werkstoffgruppe	Zugfestigkeit R_m N/mm²	Härte HB	Schnittgeschwindigkeit v_c m/min unbeschichtet	Schnittgeschwindigkeit v_c m/min beschichtet[2]	Vorschub pro Zahn f_z mm bei d[3] ≤ 6	12	20	40	WSF[4]	SF[5]
Baustähle, unlegierte Automatenstähle, Einsatzstähle	500...850	< 200	25	65	0,002...0,017	0,013...0,11	0,025...0,16	0,04...0,16	0,06...0,13	0,04...0,13
Baustähle, unlegierte und legierte Einsatz- und Vergütungsstähle	750...850	≤ 240	23	55						
Unlegierte und legierte Einsatz- und Vergütungsstähle, Nitrierstähle, warmfeste Baustähle	1000...1200	> 240 ...380	14	40						
Vergütete Stähle, Schnellarbeitsstähle, nichtrostende Stähle	1100...1400	> 380	10	30						
Gusseisen	–	≤ 180	24	55						
	–	> 180	17	40						
Al-Gusslegierungen ≤ 10% Si	< 600	–	200[4]	350[4]	0,003 ...0,025	0,025 ...0,09	0,04... 0,14	0,06... 0,23	0,11... 0,18	0,10... 0,15
Al-Gusslegierungen > 10% Si	< 600	–	37	100						
Al-Knetlegierungen	< 530	–	200[4]	350[4]						
Kupfer-Zinn-Legierungen	< 600	–	37	90	0,002 ...0,019	0,019 ...0,12	0,035 ...0,2	0,06 ...0,2	0,08 ...0,18	0,05 ...016
Kupfer-Zink-Legierungen	< 600	–	70[4]	90[4]						

[1] Richtwerte für eine Standzeit von 60 Minuten. Die Hinweise der Werkzeughersteller sind zu beachten.
[2] Beschichtungen: TiN und TiCN ergeben längere Standzeiten; TiAlCN ist besonders für Trockenbearbeitung geeignet.
[3] *d* Durchmesser des Schaftfräsers; [4] WSF Walzenstirnfräser; [5] SF Scheibenfräser.

Mindestvorschub bei Scheibenfräsern[6]

Verhältnis $a_e : D$	0,01	0,02	0,04	0,06	0,10	0,30
Mindestvorschub/Zahn	0,10	0,08	0,05	0,04	0,03	0,02

[6] Mindestvorschubwerte sind zu beachten, damit bei Scheibenfräsern eine mittlere Spanungsdicke von 0,01 mm nicht unterschritten wird (siehe auch **Bild oben**).

Schnittdaten für Kreissägen aus Schnellarbeitsstahl (HSS) und Hartmetall (HM)

Werkstoffgruppe	Zugfestigkeit R_m N/mm²	Härte HB	Schnittgeschwindigkeit v_c m/min HSS	Schnittgeschwindigkeit v_c m/min HM	Vorschub pro Zahn f_z mm HSS / HM
Baustähle, unlegierte u. legierte Einsatz- und Vergütungsstähle	500...850	100...270	15...30	100...180	0,005...0,025
Nichtrostende Stähle	< 700	150...210	7...15	60...160	0,005...0,015
Gusseisen	< 180	240...270	25...30	100...150	0,005...0,010
Kupferlegierungen	< 600	–	400...1000	200...600	0,010...0,040
Aluminiumlegierungen	< 530	–	990	400...2000	0,010...0,040

Hinweise auf die Auswahl der Schnittdaten

- Für HSS-Fräser gelten dieselben Hinweise wie für die Hartmetall-Werkzeuge (folgende Seite). Bei der Bearbeitung von Stahl und Al-Legierungen muss mit reichlich Kühlschmierstoff gearbeitet werden.
- Bei der Wahl des Fräsers sowie der optimalen Schnittwerte sind die Hinweise der Werkzeughersteller zu beachten.
- Mindestwerte von Spanungsdicke und Vorschub beachten, damit ein günstiger Span entsteht.

Fräsen 2 Milling 2

Schnittdaten für Fräser mit Hartmetallschneiden [1]

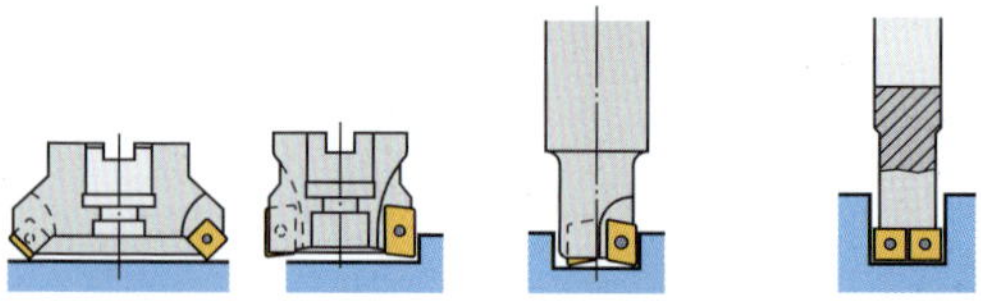

Planfräser Eckfräser Schaftfräser Scheibenfräser

v_c Schnittgeschwindigkeit
n Drehzahl des Fräsers
d Fräserdurchmesser
f_z Vorschub je Fräserzahn
v_f Vorschubgeschwindigkeit
z Zähnezahl des Fräsers
a Spantiefe
α Freiwinkel
ε Spitzenwinkel
F Fasenbreite an der Schneidkante

Drehzahl

$$n = \frac{v_c}{\pi \cdot d} \quad (1)$$

Vorschubgeschwindigkeit

$$v_f = f_z \cdot z \cdot n \quad (2)$$

Werkstoffgruppe	Zugfestigkeit R_m N/mm² ≈	Härte HB	HM Haupt-Gruppe	Bearbeitungsbedingungen [2]	Schnittgeschwindigkeit [3] v_c in m/min	Vorschub je Zahn f_z mm
Unlegierte und legierte Einsatz- und Vergütungsstähle, Automatenstähle, Nitrierstähle, Werkzeugstähle	500…850	180	P	leicht mittel schwer	280 230 200	0,14…0,2
Hochlegierte nichtrostende und warmfeste Stähle	<700	180	M	leicht mittel schwer	220 180 160	0,13…0,18
Gusseisen, Kugelgrafitguss, Temperguss	< 180	260	K	leicht schwer	230 180	0,14…0,18
Aluminium-Knetlegierungen	< 530	60	K	mittel	300…1000	0,1…0,15
Al-Gusslegierungen mit < 10% Si	< 600	75			300…850	
Al-Gusslegierungen mit > 10% Si	< 600	130			200…700	
Kupfer-Zink-Legierungen	< 600	90			300…1000	

[1] Die angegebenen Richtwerte beziehen sich auf eine Standzeit von 15 Minuten. Stabilität und Leistung der Maschine, Einspannung des Werkstücks, Auskraglänge des Werkzeugs, Schnittunterbrechungen sowie Guss- oder Schmiedehäute beeinflussen die Schnittdaten. Die Hinweise der Werkzeughersteller sind zu beachten.

[2] Leicht: Schlichten, geringe Schnitttiefen und Vorschübe: → hohe Oberflächengüte; mittel: häufige Anwendung, mittlerer Schnitttiefen- und Vorschubbereich; schwer: Schruppen, große Schnitttiefen und Vorschübe.

[3] „Startwerte"vorwiegend für Planfräser, die je nach Bedarf nach unten bzw. nach oben zu verändern sind.

Optimierung der Fräsbedingungen und Beseitigung von Fräsproblemen

Fräsbedingungen und -probleme[4]	v_c	f_z	a	α	ε	F	z
Erhöhung der Standzeit	↘	↘	↘	–	–	–	–
Bildung von Aufbauschneiden	↗	↗	–	↗	–	↘	–
Extremer Freiflächenverschleiß	↘	–	–	↗	–	↘	–
Extremer Kolkverschleiß	↘	↘	↘	↗	↗	↘	–
Bruch der Schneidkante	–	↘	↘	↗	–	↘	–
Schlechte Spanabfuhr, Spänestau	↗	↗	–	↗	–	–	↘
Vibrationen, Rattern	↘ (↗)	↘	↘	↗	↘	↘	↘
Schlechte Oberflächengüte	↗	↘	↘	–	–	↘	–

[4] ↗ Wert vergrößern; ↘ Wert verkleinern; Formelzeichen siehe oben

Anpassung der Schnittgeschwindigkeit an unterschiedliche Härten der Werkstücke

HM Haupt-gruppe	Härte HB	Faktoren für die Schnittgeschwindigkeit bei einer Abweichung vom Härte-Bezugswert um (← geringere Härte) −80 HB	−60 HB	−40 HB	−20 HB	0	+20 HB	+40 HB	(größere Härte →) +60 HB	+80 HB
P	180	1,26	1,18	1,12	1,05	1,0	0,94	0,91	0,86	0,83
M	180	–	–	1,21	1,10	1,0	0,91	0,85	0,79	0,75
K	260	–	–	1,25	1,10	1,0	0,92	0,86	0,80	–

Anwendung der Tabelle entsprechend Beispiel auf Seite 183.

Schleifen Grinding

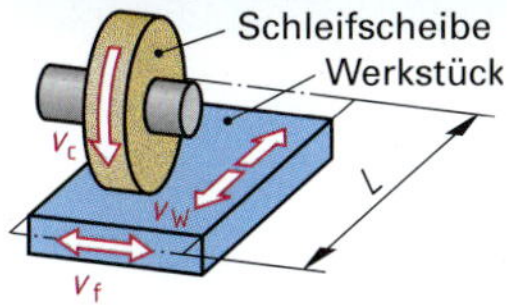

Planschleifen

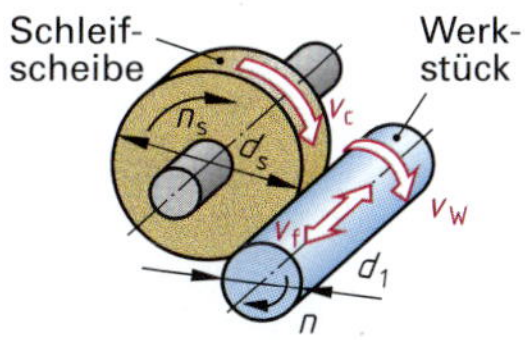

Längsrundschleifen

v_c Schnittgeschwindigkeit
d_s Durchmesser der Schleifscheibe
n_s Drehzahl der Schleifscheibe
v_f Vorschubgeschwindigkeit
v_W Werkstückgeschwindigkeit
L Vorschubweg
n_H Hubzahl
d_1 Durchmesser des Werkstücks
n Drehzahl des Werkstücks
q Geschwindigkeitsverhältnis

Beispiel:

v_c = 30 m/s, v_W = 20 m/min; q = ?

$$q = \frac{v_c}{v_W} = \frac{30 \cdot 60\ \text{m/min}}{20\ \text{m/min}} = \mathbf{90}$$

Schnittgeschwindigkeit

$$v_c = \pi \cdot d_s \cdot n_s \quad (1)$$

Werkstückgeschwindigkeit

Planschleifen

$$v_W = L \cdot n_H \quad (2)$$

Längsrund-schleifen

$$v_W = \pi \cdot d_1 \cdot n \quad (3)$$

Geschwindigkeits-verhältnis

$$q = \frac{v_c}{v_W} \quad (4)$$

WF

Schnittgeschwindigkeit v_c, Werkstückgeschwindigkeit v_W, Geschwindigkeitsverhältnis q

Werkstoff	Planschleifen						Längsrundschleifen					
	Umfangsschleifen			Seitenschleifen			Außenrundschleifen			Innenrundschleifen		
	v_c m/s	v_W m/min	q	v_c m/s	v_W m/min	q	v_c m/s	v_W m/min	q	v_c m/s	v_W m/min	q
Stahl	30	10…35	80	25	6…25	50	30…35	10	125	25	19…23	80
Gusseisen	30	10…35	65	25	6…30	40	25	11	100	25	23	65
Hartmetall	10	4	115	8	4	115	8	4	100	8	8	60
Al-Legierungen	18	15…40	30	18	24…45	20	18	24…30	50	16	30…40	30
Cu-Legierungen	25	15…40	50	18	20…45	30	25…35	16	80	25	25	50

Schleifdaten für Stahl und Gusseisen mit Korund- oder Siliciumcarbid-Schleifscheiben

Verfahren	Körnung	Aufmaß in mm	Zustellung in mm	Rautiefe in µm
Vorschleifen	30… 46	0,5 … 0,2	0,02 … 0,1	3 …10
Fertigschleifen	46… 80	0,02 … 0,1	0,005… 0,05	1 … 5
Feinstschleifen	80…120	0,005… 0,02	0,002… 0,008	1,6… 3

Hochleistungsschleifen metallischer Werkstoffe mit CBN-Schleifscheiben[1] vgl. VDI 3411

Bindungsart[3]	B	V	M	G
Höchstzulässige Umfangsgeschwindigkeit in m/s	140	160	180	280

Arbeitshöchstgeschwindigkeit für Schleifkörper in m/s vgl. DIN EN 12413

Schleifscheibenform	Schleifmaschinenart	Führung[2]	Höchstgeschwindigkeit in m/s bei Bindung[3]							
			B	BF	E	Mg	R	RF	PL	V
gerade Schleifscheibe	ortsfest	zg oder hg	50	63	40	25	50	–	50	40
	Handschleifmaschine	zg	50	80	–	–	50	80	50	–
gerade Trennschleifscheibe	ortsfest	zg oder hg	80	100	63	–	63	80	–	–
	Handschleifmaschine	Freihand	–	80	–	–	–	–	–	–

Farbstreifen für höchstzulässige Umfangsgeschwindigkeiten vgl. BGV D12[4]

Farbstreifen	blau	gelb	rot	grün	blau + gelb	blau + rot	blau + grün
$v_{c\,max}$ in m/s	50	63	80	100	125	140	160
Farbstreifen	gelb + rot	gelb + grün	rot + grün	blau + blau	gelb + gelb	rot + rot	grün + grün
$v_{c\,max}$ in m/s	180	200	225	250	280	320	360

[1] CBN kubisch kristallines Bornitrid;
[2] zg zwangsgeführt: Vorschub durch mechanische Hilfsmittel, hg handgeführt: Vorschub durch Bedienperson, Freihandschleifen: Schleifmaschine wird vollständig von Hand geführt;
[3] **Bindungsarten:** B Kunstharz, BF Kunstharz faserverstärkt, E Schellack, M Sintermetall, Mg Magnesit, R Gummi, RF Gummi faserverstärkt, PL Plastik, V Keramik;
[4] BGV Berufsgenossenschaftliche Vorschrift

Spanende Formung der Kunststoffe
Chip-forming of Plastics

Richtwerte für Drehen und Fräsen

Werkstoff			Schneid-stoff[1]	Drehen				Fräsen		
Gruppe	Kurz-zeichen	Bezeichnung		Schnitt-geschwin-digkeit v_c m/min	Frei-winkel α Grad	Span-winkel γ Grad	Einstell-winkel $\varkappa$ Grad	Schnitt-geschwin-digkeit v_c m/min	Frei-winkel α Grad	Span-winkel γ Grad
Duroplaste	PF, EP MF, UF Hp, Hgw	Press- und Schichtstoffe mit organischen Füllstoffen	HSS HC	≤ 80 ≤ 400	7 7	17 12	45 bis 60 45 bis 60	≤ 80 ≤ 1000	≤ 15 ≤ 10	20 10
Duroplaste	PF, EP MF, UF Hp, Hgw	Press- und Schichtstoffe mit anorganischen Füllstoffen	HC D	≤ 40 –	8 –	6 –	45 bis 60 –	≤ 1000 ≤ 1500	≤ 10 –	10 –
Thermoplaste	PA PE, PP	Polyamid Polyolefine	HSS	200...500	7	5	45 bis 60	≤ 1000	10	≤ 15
Thermoplaste	PC	Polycarbonat	HSS	200...300	7	3	45 bis 60	≤ 1000	7	≤ 10
Thermoplaste	PMMA	Polymethylmethacrylat	HSS	200...300	7	2	15	≤ 2000	6	3
Thermoplaste	POM	Polyoximethylen	HSS	200...300	7	3	45 bis 60	≤ 400	7	≤ 10
Thermoplaste	PS, ABS SAN, SB	Polystyrol und Styrol-Copolymere	HSS	50...60[2]	7	1	15	≤ 2000[2]	6	3
Thermoplaste	PTFE	Polytetrafluorethylen	HSS	100...300	12	18	9 bis 11	≤ 1000	7	≤ 15
Thermoplaste	PVC	Polyvinylchlorid	HSS	200...500	7	3	45 bis 60	≤ 1000	7	≤ 15

Drehen: Der Vorschub kann bis zu 0,5 mm, bei Polystyrol und seinen Copolymeren bis zu 0,2 mm gewählt werden. Die Spanabnahme erfolgt möglichst in einem Schnitt. Eine Spitzenrundung von mindestens 0,5 mm und eine Breitschlichtschneide verbessern die Oberfläche.

Fräsen: Bevorzugt wird Stirnfräsen mit Fräswerkzeugen geringer Schneidenzahl. Der Vorschub kann bis zu 0,5 mm/Zahn betragen.

Richtwerte für Bohren und Sägen

Werkstoff			Schneid-stoff[1]	Bohren		Sägen: Kreissäge		Sägen: Bandsäge	
Gruppe	Kurz-zeichen	Bezeichnung		Schnitt-geschwin-digkeit v_c m/min	Spitzen-winkel σ Grad	Schnitt-geschwin-digkeit v_c m/min	Span-winkel γ Grad	Schnitt-geschwin-digkeit v_c m/min	Span-winkel γ Grad
Duroplaste	PF, EP MF, UF Hp, Hgw	Press- und Schichtstoffe mit organischen Füllstoffen	HSS HC	30 bis 40 100 bis 120	110 110	≤ 3000 ≤ 5000	7 5	≤ 2000 –	7 –
Duroplaste	PF, EP MF, UF Hp, Hgw	Press- und Schichtstoffe mit anorganischen Füllstoffen	HC D	20 bis 40 ≤ 1500	90 Hohlbohrer	– ≤ 2000	– –	– ≤ 3000	– –
Thermoplaste	PA, PE, PP	Polyamid Polyolefine	HSS	50 bis 100	75	≤ 3000	7	≤ 3000	4
Thermoplaste	PC	Polycarbonat	HSS	50 bis 120	75	≤ 3000	7	≤ 3000	4
Thermoplaste	PMMA	Polymethylmethacrylat	HSS	20 bis 60	75	≤ 3000	7	≤ 3000	4
Thermoplaste	POM	Polyoximethylen	HSS	50 bis 100	75	≤ 3000	7	≤ 3000	4
Thermoplaste	PS, ABS SAN, SB	Polystyrol und Styrol-Copolymere	HSS	20 bis 80	75	≤ 3000	7	≤ 3000	4
Thermoplaste	PTFE	Polytetrafluorethylen	HSS	100 bis 300	130	≤ 3000	7	≤ 3000	4
Thermoplaste	PVC	Polyvinylchlorid	HSS	30 bis 80	95	≤ 3000	7	≤ 3000	4

Bohren: Der Seitenspanwinkel der Spiralbohrer beträgt 12° bis 16°. Für dünnwandige Teile werden Hohlbohrer (Kronenbohrer) verwendet.

Sägen: Verwendet werden feingezahnte Sägen mit genügendem Freischnitt (geschränkt oder hinterschliffen). Für Duroplaste mit anorganischen Füllstoffen wird Diamant angewandt.

[1] HC beschichtetes Hartmetall; HSS Schnellarbeitsstahl; D Diamant

[2] Kühlschmierung erforderlich

Lehren Working Gauges

Beim Prüfen mit Lehren wird festgestellt, ob **Istmaß** oder **Istform** eines Werkstückes vom **Sollmaß** oder der **Sollform** abweicht. Bilder: www.hahn-kolb.de

Ansichten	Ausführungen	Bemerkungen
Grenzlehren		
 **Grenzlehrdorn**	**Lehrdorne:** Grenzlehrdorne Gutlehrdorne Ausschusslehrdorne	Die Gutseite soll durch leichtes Drehen in die Bohrung gleiten, die Ausschussseite (roter Ring) darf nur „anschnäbeln". Toleranzfeld, Nennmaß und Abmaße stehen auf dem Lehrengriff.
 **Gewinde-Grenzlehrdorn**	Gewinde-Grenzlehrdorn Gewinde-Gutlehrdorn Gewinde-Ausschusslehrdorn	Die Gutseite muss sich leicht einschrauben lassen, die Ausschussseite höchstens zwei Gewindegänge tief. Sie hat nur drei Gewindegänge und trägt einen roten Ring.
 **Grenzrachenlehre**	**Rachenlehren:** Grenzrachenlehren Gutrachenlehren Ausschussrachenlehren Einstellbare Rachenlehren **Gewinde-Grenzrollenrachen-lehren**	Rachenlehren sollen durch ihr Eigengewicht mit der Gutseite über das Prüfteil gleiten. Die Ausschussseite darf nur „einschnäbeln". Sie ist kürzer als die Gutseite, oftmals abgeschrägt und mit einer roten Markierung versehen. Auf den Prüfbacken stehen oberes bzw. unteres Abmaß, Toleranzfeld und Nennmaß auf der Beschriftungsfläche.
 **Einstellring**	**Lehr- und Einstellringe:** Gutlehrring Ausschusslehrring Einstellring	Beim Gutlehrring stehen auf einer Seite: Toleranzfeld, Nennmaß und **oberes** Abmaß. Beim Ausschusslehrring Toleranzfeld, Nennmaß und **unteres** Abmaß. Einstellringe dienen zum Einstellen anzeigender Messgeräte.
 **Gewinde-Grenzlehrring**	**Gewinde-Lehrringe:** Gewinde-Gutlehrring Gewinde-Ausschusslehrring Gewinde-Grenzlehrring	Geprüft wird die Gängigkeit des Gewindes, nicht das Profil. Die Prüfung der Paarungsfähigkeit des Bolzengewindes mit dem Muttergewinde ist mit Gewindelehrringen genauer als mit Grenzrollenrachenlehren. Ausschusslehrring dünner mit rotem Ring oder Punkt.
Formlehren, Maßlehren		
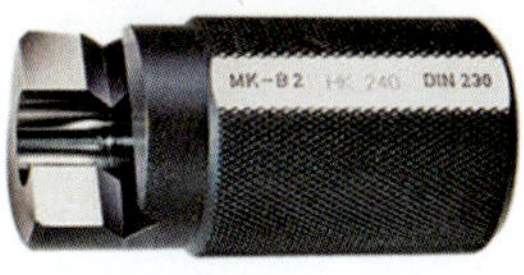 **Kegellehrhülse**	**Formlehren** verkörpern eine Form: Radienlehren Kegellehrdorne, -hülsen Winkellehren Schleiflehren Haarlineale, -winkel Schmiegen	Mit Radien-, Winkellehren, Haarwinkel, -lineal, Schmiegen wird auf **Lichtspalt** geprüft. Bei Kegelprüfungen müssen sich die **Mantelflächen** überall berühren. Prüfung: Kreidestrich axial auf den Kegel geben, Hülse auf dem Kegel drehen. Der Strich muss gleichmäßig verwischt sein. An Stellen wo das nicht der Fall ist, trägt der Kegel nicht.
 **Parallelendmaße**	**Maßlehren** verkörpern ein Maß: Parallelendmaße Messstifte Fühlerlehren Blechdickenlehren Innenlehren Außenlehren	Anwendung der Parallelendmaße: • Vor Handwärme und -schweiß schützen. • Mit dem kleinsten Endmaß beginnen, vorsichtig aufschieben. • Nicht unnötig lange aufgeschoben lassen (Kaltverschweißung). • Nach Gebrauch reinigen und einfetten.

Biegeumformen Bending

Kleinster zulässiger Biegeradius für Biegeteile aus NE-Metallen

vgl. DIN 5520

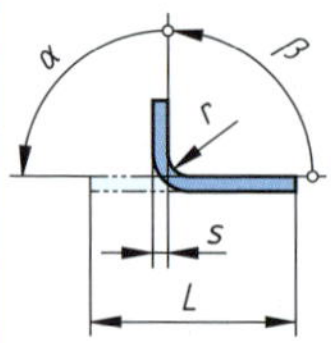

s Blechdicke
r Biegeradius
α Biegewinkel
β Öffnungswinkel

Werkstoff nach DIN 1745-1	Werkstoffzustand	Dicke s in mm über 0,8	1	1,5	2	3	4	5	6
		Mindest-Biegeradius r[1] in mm							
AlMg3W19	weichgeglüht	0,6	1	2	3	4	6	8	10
AlMg3F22	kaltverfestigt	1,6	2,5	4	6	10	14	18	–
AlMg3G22	kaltverfestigt und geglüht	1	1,5	3	4,5	6	8	10	–
AlMg4,5MnW28	weichgeglüht gerichtet	1	1,5	2,5	4	6	8	10	14
AlMg4,5MnG31	kaltverfestigt und geglüht	1,6	2,5	4	6	10	16	20	25
AlMgSi1F32	lösungsgeglüht und warm ausgelagert	4	5	8	12	16	23	28	36
CuZn37-R600	hart	2,5	4	5	8	10	12	18	24

[1] für Biegewinkel $\alpha = 90°$, unabhängig von der Walzrichtung

Kleinster zulässiger Biegeradius für das Kaltbiegen von Stahl

vgl. DIN 6935

Mindestzugfestigkeit R_m in N/mm² über ... bis	Kleinster Biegeradius[2] r für Blechdickenbereich s (über ... bis) in mm: 0 ...1	1 ...1,5	1,5 ...2,5	2,5 ...3	3 ...4	4 ...5	5 ...6	6 ...7	7 ...8	8 ...10	10 ...12	12 ...14	14 ...16	16 ...18	18 ...20
bis 390	1	1,6	2,5	3	5	6	8	10	12	16	20	25	28	36	40
390...490	1,2	2	3	4	5	8	10	12	16	20	25	28	32	40	45
490...640	1,6	2,5	4	5	6	8	10	12	16	20	25	32	36	45	50

[2] Werte gelten für Biegewinkel $\alpha \leq 120°$ und Biegen quer zur Walzrichtung. Beim Biegen längs zur Walzrichtung und Biegewinkeln $\alpha > 120°$ ist der Biegeradius der nächsthöheren Blechdicke zu wählen.

Ausgleichswerte v für Biegewinkel $\alpha = 90°$

vgl. Beiblatt 2 zu DIN 6935

Biege-radius r in mm	Ausgleichswert v je Biegestelle in mm für Blechdicke s in mm: 0,4	0,6	0,8	1	1,5	2	2,5	3	3,5	4	4,5	5	6	8	10
1	1,0	1,3	1,7	1,9	–	–	–	–	–	–	–	–	–	–	–
1,6	1,3	1,6	1,8	2,1	2,9	–	–	–	–	–	–	–	–	–	–
2,5	1,6	2,0	2,2	2,4	3,2	4,0	4,8	–	–	–	–	–	–	–	–
4	–	2,5	2,8	3,0	3,7	4,5	5,2	6,0	6,9	–	–	–	–	–	–
6	–	–	3,4	3,8	4,5	5,2	5,9	6,7	7,5	8,3	9,0	9,9	–	–	
10	–	–	–	5,5	6,1	6,7	7,4	8,1	8,9	9,6	10,4	11,2	12,7	–	–
16	–	–	–	8,1	8,7	9,3	9,9	10,5	11,2	11,9	12,6	13,3	14,8	17,8	21,0
20	–	–	–	9,8	10,4	11,0	11,6	12,2	12,8	13,4	14,1	14,9	16,3	19,3	22,3
25	–	–	–	11,9	12,6	13,2	13,8	14,4	15,0	15,6	16,2	16,8	18,2	21,1	24,1
32	–	–	–	15,0	15,6	16,2	16,8	17,4	18,0	18,6	19,2	19,8	21,0	23,8	26,7
40	–	–	–	18,4	19,0	19,6	20,2	20,8	21,4	22,0	22,6	23,2	24,5	26,9	29,7
50	–	–	–	22,7	23,3	23,9	24,5	25,1	25,7	26,3	26,9	27,5	28,8	31,2	33,6

Zuschnittsermittlung für 90°-Biegeteile

vgl. DIN 6935

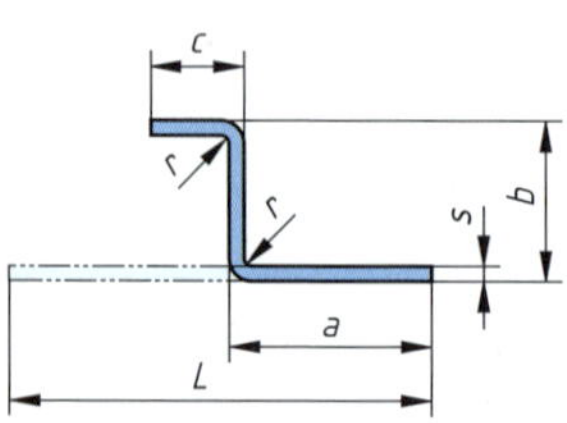

L gestreckte Länge
a, b, c Längen der Schenkel
s Dicke
r Biegeradius
n Anzahl der Biegestellen
v Ausgleichswert

Gestreckte Länge

$$L = a + b + c + ... - n \cdot v \quad (1)$$

L auf volle mm aufrunden

Beispiel (vgl. Bild):

a = 25 mm; b = 20 mm; c = 15 mm; n = 2; s = 2 mm;
r = 4 mm; Werkstoff: S235JR (St 37-2); v = ?; L = ?

v = 4,5 mm (aus Tabelle)
L = $a + b + c - n \cdot v$ = (25 + 20 + 15 – 2 · 4,5) mm = **51 mm**

Schweißverfahren und Ordnungsnummern N

vgl. DIN EN 24 063

N	Schweißverfahren	N	Schweißverfahren	N	Schweißverfahren
1	**Lichtbogenschweißen**	**2**	**Widerstandsschweißen**	**4**	**Pressschweißen**
101 111	Metall-Lichtbogenschweißen Lichtbogenhandschweißen	21 22	Widerstands-Punktschweißen Rollennahtschweißen	41 42	Ultraschallschweißen Reibschweißen
114	Metall-Lichtbogenschweißen mit Fülldrahtelektrode	225 23	Foliennahtschweißen Buckelschweißen	45 47	Diffusionsschweißen Gaspressschweißen
12 13	Unterpulverschweißen Metall-Schutzgasschweißen	24 25	Abbrennstumpfschweißen Pressstumpfschweißen	**7**	**Andere Schweißverfahren**
131 135	Metall-Inertgasschweißen Metall-Aktivgasschweißen	291	Widerstandspressschweißen mit Hochfrequenz	73 74	Elektrogasschweißen Induktionsschweißen
136	Metall-Aktivgasschweißen mit Fülldrahtelektrode	**3**	**Gasschmelzschweißen**	75 751	Lichtstrahlschweißen Laserstrahlschweißen
14 141	Wolfram-Schutzgasschw. Wolfram-Inertgasschweißen	311	Gasschweißen mit Sauerstoff-Ethin-Flamme	752 753	Lichtbogenstrahlschweißen Infrarotschweißen
149 151	Wolfram-Wasserstoffschweißen Plasma-MIG-Schweißen	312	Gasschweißen mit Sauerstoff-Propan-Flamme	76 78	Elektronenstrahlschweißen Bolzenschweißen

Gasschmelzschweißen
Hierbei wird das Metall durch ein Acetylen-Sauerstoff-Gemisch erhitzt. Meist wird ein Schweißdraht als Zusatzwerkstoff verwendet. Durch den großen Wärmeeinflussbereich wird ein hoher Verzug am Werkstück hervorgerufen. Das relativ langsame Verfahren ist zum Schweißen dünner Bleche und einiger NE-Metalle geeignet.

Metalllichtbogenschweißen
Ein elektrischer Lichtbogen zwischen einer als Zusatzwerkstoff abschmelzenden Elektrode und dem Werkstück wird als Wärmequelle genutzt. Je nach Anwendung und Elektrodentyp kann mit Gleichstrom oder Wechselstrom geschweißt werden. Die Gase aus der Stabumhüllung stabilisieren den Lichtbogen und schirmen das Schweißbad vor der Oxidation durch den Luftsauerstoff ab. Hauptanwendungsbereich ist der Stahl- und Rohrleitungsbau.

Wolfram-Inert-Gas-Schweißen (WIG)
Beim WIG-Schweißen brennt ein Lichtbogen zwischen dem Werkstück und einer nicht abschmelzenden Wolframelektrode. Meist wird zum Schweißen Argon, Helium oder ein Gemisch aus beiden Gasen eingesetzt. Stabförmige Zusatzwerkstoffe können seitlich zugeführt werden. Anwendungsbereiche sind beispielsweise im Rohrleitungs- und Apparatebau im Kraftwerksbau oder der chemischen Industrie.

Metallschutzgasschweißen (MSG): Metall-Inert-Gas-Schweißen (MIG), Metall-Aktiv-Gas-Schweißen (MAG)
Beim MSG wird der abschmelzende Schweißdraht von einem Motor mit veränderbarer Geschwindigkeit kontinuierlich nachgeführt. Gleichzeitig mit dem Drahtvorschub wird der Schweißstelle über eine Düse das Schutz- oder Mischgas zugeführt. Dieses Gas schützt das flüssige Metall unter dem Lichtbogen vor Oxidation. Beim MAG wird entweder mit reinem CO_2 oder einem Mischgas gearbeitet, beim MIG wird überwiegend Argon verwendet. Das MAG-Verfahren wird in erster Linie bei Stählen eingesetzt, das MIG-Verfahren bevorzugt bei NE-Metallen.

Allgemeintoleranzen für Schweißkonstruktionen

vgl. DIN EN ISO 13 920

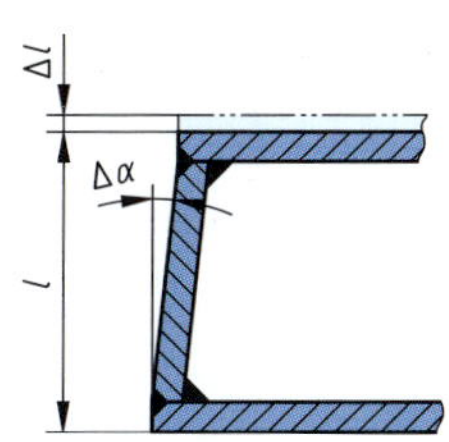

Genauig-keitsgrad	Zulässige Abweichungen für Längenmaße Δl in mm, Nennmaßbereich l[2]: bis 30	über 30 bis 120	über 120 bis 400	über 400 bis 1000	über 1000 bis 2000	über 2000 bis 4000	für Winkelmaße $\Delta\alpha$ in ° und ′, Nennmaßbereich l[2]: bis 400	über 400 bis 1000	über 1000
A	±1	±1	±1	±2	±3	± 4	±20′	±15′	±10′
B	±1	±2	±2	±3	±4	± 6	±45′	±30′	±20′
C	±1	±3	±4	±6	±8	±11	±1°	±45′	±30′

[2] Länge des längeren Schenkels

WF

Nahtvorbereitung

vgl. DIN EN 29 692

Benennung, Symbol der Schweißnaht	Werkstückdicke t mm	A[1]	Nahtvorbereitung Fugenform	Maße Spalt b mm	Maße Steg c mm	Winkel α in °	Empfohlene Schweißverfahren[2], Ord.-Nr.	Bemerkungen
Bördelnaht	0 … 2	e	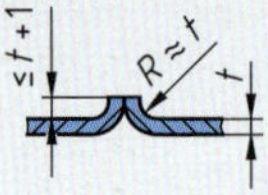	–	–	–	3, 111, 141, 131, 135	Dünnblechschweißung, meist ohne Zusatzwerkstoff
I-Naht ‖	0 … 4	e	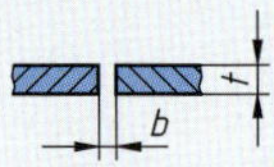	≈ t	–	–	3, 111, 141	wenig Zusatzwerkstoff, keine Nahtvorbereitung
	0 … 8	b		≈ $t/2$	–	–	111, 141	
				≤ $t/2$	–	–	131, 135	
V-Naht V	3 … 10	e	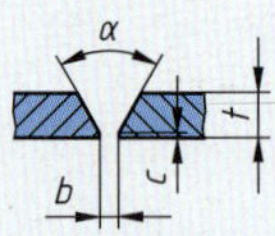	≤ 4	c ≤ 2	40° bis 60°	3	–
	3 … 40	b		≤ 3	c ≤ 2	≈ 60°	111, 141	mit Gegenlage
						40° bis 60°	131, 135	
Y-Naht Y	5 … 40	e	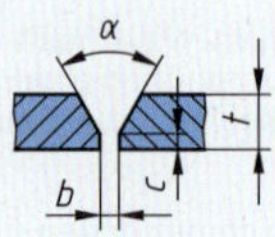	1 … 4	2 … 4	≈ 60°	111, 131, 135, 141	–
	>10	b		1 … 3	2 … 4	≈ 60°	111, 141	mit Wurzel- und Gegenlage
						40° bis 60°	131, 135	
D-V-Naht X	>10	b	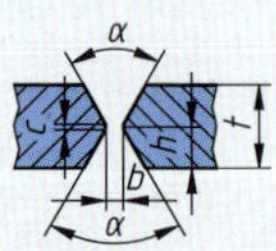	1 … 3	c ≤ 2	≈ 60°	111, 141	symmetrische Fugenform, $h = t/2$
						40° bis 60°	131, 135	
HV-Naht	3 … 10	e	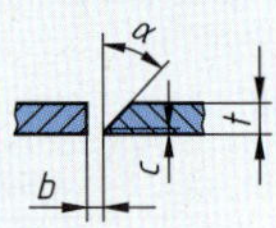	2 … 4	1 … 2	35° bis 60°	111, 131, 135, 141	–
	3 … 30	b		1 … 4	c ≤ 2	35° bis 60°	111, 131, 135, 141	mit Gegenlage
D-HV-Naht K	>10	b	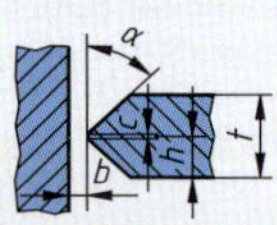	1 … 4	c ≤ 2	35° bis 60°	111, 131, 135, 141	symmetrische Fugenform, $h = t/2$
Kehlnaht	> 2	e	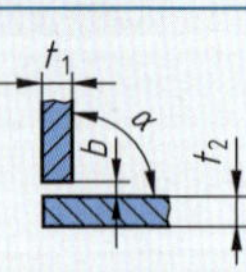	≤ 2	–	70° bis 100°	3, 111, 131, 135, 141	T-Stoß
	> 3	b	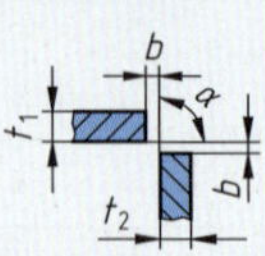	≤ 2	–	70° bis 110°	3, 111, 131, 135, 141	Doppelkehlnaht, Eckstoß

[1] A Ausführung: e einseitig geschweißt, b beidseitig geschweißt

[2] Schweißverfahren, vorhergehende Seite

Druckgasflaschen

vgl. DIN EN 1089 (2004-06)

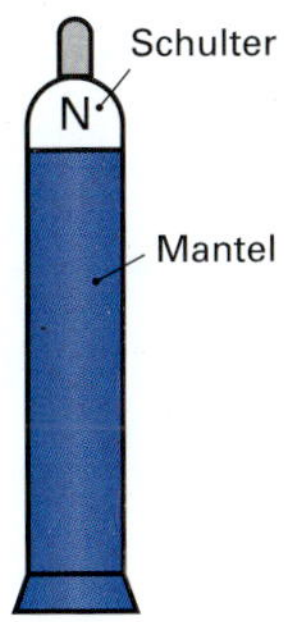

Gasart	Farbkennzeichnung nach DIN EN 1089-3 Mantel	Schulter	bisher	Anschlussgewinde	Volumen V l	Fülldruck p_F bar	Füllmenge
Sauerstoff	blau	weiß	blau	R3/4	40 50	150 200	6 m³ 10 m³
Ethin (Acetylen)	kastanienbraun	kastanienbraun	gelb	Spannbügel	40 50	19 19	8 kg 10 kg
Wasserstoff	rot	rot	rot	W21,80x1/14	10 50	200 200	2 m³ 10 m³
Argon	grau	dunkelgrün	grau	W21,80x1/14	10 50	200 200	2 m³ 10 m³
Helium	grau	braun	grau	W21,80x1/14	10 50	200 200	2 m³ 10 m³
Argon/CO_2-Gemisch	grau	leuchtendgrün	grau	W21,80x1/14	20 50	200 200	4 m³ 10 m³
Kohlenstoffdioxid CO_2	grau	grau	grau	W21,80x1/14	10 50	58 58	7,5 kg 20 kg
Stickstoff	grau	schwarz	dunkelgrün	W24,32x1/14	40 50	150 200	6 m³ 10 m³

WF

Gasverbrauch

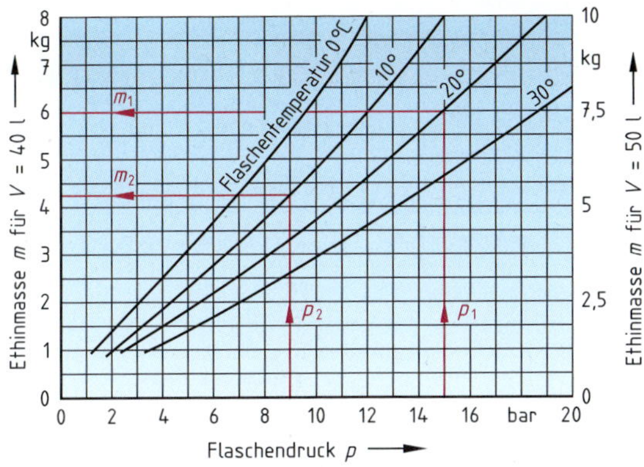

m(p)-Diagramm von Ethinflaschen

Beispiel: Ethinflasche V = 40 l, p_1 = 15 bar, p_2 = 9 bar, t_1 = 20 °C, t_2 = 10 °C; m_1 = ?; m_2 = ?; Δm = ?; ΔV = ?

Lösung: Aus Schaubild: $\boldsymbol{m_1}$ **= 6 kg**, $\boldsymbol{m_2}$ **= 4,3 kg**

$\boldsymbol{\Delta m} = m_1 - m_2 = 6\text{ kg} - 4{,}3\text{ kg} = \mathbf{1{,}7\text{ kg}}$

$\boldsymbol{\Delta V} = K \cdot \Delta m = 910\ \frac{\text{l}}{\text{kg}} \cdot 1{,}7\text{ kg} = \mathbf{1547\text{ l}}$

Zeichen	Bedeutung
V	Volumen der Gasflasche
ΔV	Gasverbrauch
Δm	Verbrauchte Gasmasse
K	Umrechnungskoeffizient 910 l/kg
p_1	Flaschendruck vor dem Schweißen
p_2	Flaschendruck nach dem Schweißen
t_1	Flaschentemperatur vor dem Schweißen
t_2	Flaschentemperatur nach dem Schweißen
m_1	Gasmasse vor dem Schweißen
m_2	Gasmasse nach dem Schweißen

Maximale Ethinentnahme bei Ethinflaschen mit V = 40 l und V = 50 l

Schweißbetrieb	Entnahme in Liter/h bei 15 °C und 1 bar
kurzzeitig	1000
Einschichtbetrieb	500
Dauerbetrieb	350

Gasverbrauch (Sauerstoff) bei konstanter Temperatur

$$\Delta V = \frac{V \cdot (p_1 - p_2)}{p_{amb}} \quad (1)$$

Ethinverbrauch
bei 15 °C und 1 bar

$$\Delta V = K \cdot \Delta m \quad (2)$$

$$K = 910\ \frac{\text{l}}{\text{kg}}$$

Über K wird die Ethinmasse (kg) in den Ethinverbrauch (l = Liter) umgerechnet.

Verbrauchte Ethinmasse

$$\Delta m = m_1 - m_2 \quad (3)$$

Gasschweißen Gas Welding

Gasschweißstäbe für das Verbindungsschweißen von Stählen

Einteilung und Eignung

Grundwerkstoffe			Schweißstabklasse					
Stahlart	Norm	Stahlsorte	G I	G II	G III	G IV	G V	G VI
Unlegierte Baustähle	EN 10 025	S235JR, S235JRG 1, S275JR S235JO, S275JO, S355JO		●	● ●	● ●		
Stahlrohre	DIN 1626 DIN 1629	St 37-0, St 44-0, St 52-0	●	●	●	●		
Rohre	DIN 17 175	St 35.8 St 45.8			●	● ●		
Blech, Band	EN 10 028	H I, H II			●	●		
Blech, Band, Rohre	EN 10 028 DIN 17 175	16Mo3 13CrMo4-5 10CrMo9-10, 11CrMo9-10				●	●[1]	●[1]

[1] bei Mehrlagenschweißung ● gut geeignet

Kennzeichnung und Schweißverhalten

Schweißstabklasse	G I	G II	G III	G IV	G V	G VI
Einprägung	I	II	III	IV	V	VI
Farbkennzeichnung	–	grau	gold	rot	gelb	grün
Fließverhalten	dünnfließend	weniger dünnfließend	zähfließend			
Spritzer	viel	wenig	keine			
Porenneigung	ja	ja	gering	nein		
Abmessungen	Nenndurchmesser: 1,6; 2; 2,5; 3; 4; 5 mm			Länge: 1000 m		
⇨	**Schweißstab DIN 8554 – G III – 2:** Schweißstabklasse G III, Durchmesser 2 mm					

Richtwerte für das Gasschmelzschweißen

Werkstoff: unlegierter Baustahl
Schweißposition: PA (w)

Betriebsüberdruck: Sauerstoff: 2,5 bar
Ethin (Acetylen): 0,03 bis 0,8 bar

Nahtplanung				Einstellwerte		Verbrauchswerte		Leistungswerte	
Nahtform	Nahtdicke *a* mm	Spalt *s* mm	SR[2]	Brennergröße	Stab-∅ mm	Sauerstoff l/h	Acetylen l/h	Abschmelzleistung kg/h	Schweißzeit min/m
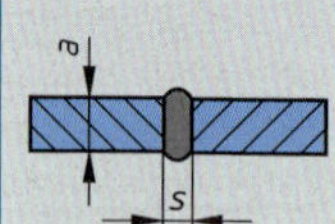	0,8	0	NL	0,5 bis 1	1,5	90	80	0,17	8,5
	1	0	NL	0,5 bis 1	2	100	90	0,19	7,6
	1,5	1,5	NL	1 bis 2	2	150	135	0,25	10
	2	2	NL	1 bis 2	2	165	150	0,25	11,5
	3	2,5	NL	2 bis 4	2,5	260	235	0,36	12,3
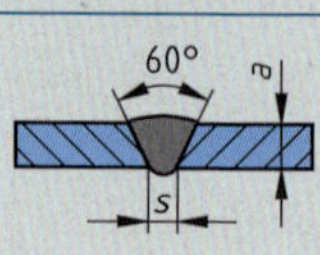	4	2 bis 4	NR	2 bis 4	3	320	300	0,33	15
	6	2 bis 4	NR	4 bis 6	4	520	490	0,68	22
	8	2 bis 4	NR	6 bis 9	5	840	800	0,95	28
	10	2 bis 4	NR	9 bis 14	6	1300	1250	1,2	35

[2] SR Schweißrichtung: NL Nachlinksschweißen; NR Nachrechtsschweißen

WF

Schutzgase zum Lichtbogenschweißen und Schneiden

vgl. DIN EN ISO 14175 (2008-06)

Kurzbezeichnung Gruppe	Kennzahl	Zusammensetzung in Volumen-% CO_2	O_2	Ar	He	H_2	Gasgruppe, Wirkung	Anwendung
R	1			Rest[1]		> 0 bis 15	Mischgase, reduzierend	WIG, Plasmaschweißen
	2			Rest[1]		> 15 bis 35		
I	1			100			inerte Gase, inerte Mischgase	MIG, WIG, Plasmaschweißen, Wurzelschutz
	2				100			
	3			Rest	> 0 bis 95			
M1	1	> 0 bis 5		Rest[1]	> 0 bis 5		Mischgase, schwach oxidierend	MAG
	2	> 0 bis 5		Rest[1]			↓	
	3		> 0 bis 3	Rest[1]				
M2	1	> 5 bis 25		Rest[1]				
	2		> 3 bis 10	Rest[1]				
	3	> 0 bis 5	> 3 bis 10	Rest[1]				
M3	1	> 25 bis 50		Rest[1]				
	2		> 10 bis 15	Rest[1]				
	3	> 5 bis 50	> 8 bis 15	Rest[1]				
C	1	100					stark oxidierend	
	2	Rest	> 0 bis 30					

[1] Argon kann bis zu 95 % durch Helium ersetzt werden.

⇨ **Schutzgas EN 439 – 13:** Mischgas mit 30 % Helium, Rest Argon

Drahtelektroden und Schweißgut zum Metall-Schutzgasschweißen

vgl. DIN EN ISO 14341 (2011-04)

Bezeichnungsbeispiel (Schweißgut):

EN 440 – G 46 3 M G3Si1

- EN 440: Norm-Nummer
- G: Kurzzeichen für Metall-Schutzgasschweißen
- 46: Kennziffer für die mechanischen Eigenschaften des Schweißgutes
- 3: Kennzeichen für die Kerbschlagarbeit des Schweißgutes
- M: Kennzeichen für Schutzgase
- G3Si1: Chemische Zusammensetzung der Drahtelektroden

Kennziffer für die mechanischen Eigenschaften des Schweißgutes

Kennziffer	Mindeststreckgrenze N/mm²	Zugfestigkeit N/mm²	Mindestbruchdehnung A_5 in %
35	355	440 bis 570	22
38	380	470 bis 600	20
42	420	500 bis 640	20
46	460	530 bis 680	20
50	500	560 bis 720	18

Kennzeichen für die Kerbschlagarbeit des Schweißgutes

Kennbuchstabe/ Kennziffer	Mindestkerbschlagarbeit 47 J bei °C
Z	keine Anforderungen
A	+ 20
0	0
2	– 20
3	– 30
4	– 40
5	– 50
6	– 60

Kennzeichen für Schutzgase

Kennzeichen	Verwendetes Gas nach DIN EN 439
M	Mischgas, M2, jedoch ohne Helium
C	Reines Kohlendioxid C1

Chemische Zusammensetzung der Drahtelektroden

Kurzzeichen	Hauptlegierungselemente	Kurzzeichen	Hauptlegierungselemente
G0	Jede vereinbarte Zusammensetzung	G3Ni1	0,5 bis 0,9% Si, 1,0 bis 1,6% Mn, 0,08 bis 1,5% Ni
G2Si1	0,5 bis 0,8% Si, 0,9 bis 1,3% Mn	G2Ni2	0,4 bis 0,8% Si, 0,8 bis 1,4% Mn, 2,1 bis 2,7% Ni
G3Si1	0,7 bis 1,0% Si, 1,3 bis 1,6% Mn	G2Mo	0,3 bis 0,7% Si, 0,9 bis 1,3% Mn, 0,4 bis 0,6% Mo
G3Si2	1,0 bis 1,3% Si, 1,3 bis 1,6% Mn	G4Mo	0,5 bis 0,8% Si, 1,7 bis 2,1% Mn, 0,4 bis 0,6% Mo
G2Ti	0,4 bis 0,8% Si, 0,9 bis 1,4% Mn, 0,05 bis 0,25% Ti	G2Al	0,3 bis 0,5% Si, 0,9 bis 1,3% Mn, 0,35 bis 0,75% Al

⇨ **EN 440 – G3Si1:** Drahtelektrode mit 0,8% Si und 1,5% Mn:

Schutzgasschweißen 2 Gas-shielded Welding 2

Nahtplanung: Nahtform	Nahtplanung: Nahtdicke a mm	Nahtplanung: Drahtdurchmesser mm	Nahtplanung: Anzahl der Lagen	Einstellwerte: Spannung V	Einstellwerte: Strom A	Einstellwerte: Drahtvorschubgeschw.[1] m/min	Einstellwerte: Schutzgas l/min	Leistungswerte: Schweißzusatz g/m	Leistungswerte: Hauptnutzungszeit min/m
Richtwerte für das MAG-Schweißen									
Werkstoff: unlegierter Baustahl Schweißposition: PB (h)					Schweißzusatz: Drahtelektrode DIN 8559 – SG2 Schutzgas DIN 32 526 – M21				
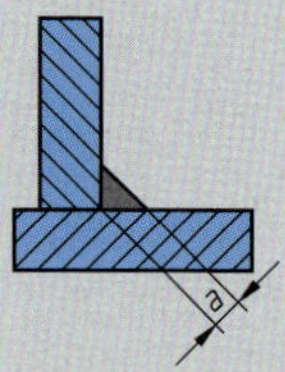	2	0,8		20	105	7		45	1,5
	3	1,0	1	22	215	11	10	90	1,4
	4	1,0		23	220	11		140	2,1
	5	1,0	1					215	2,6
	6	1,0	1	30	300	10	15	300	3,5
	7	1,2	3					390	4,6
	8	1,2	3	30	300	10	15	545	6,4
	10		4					805	9,5
Richtwerte für das MIG-Schweißen									
Werkstoffe: Aluminium, Aluminiumlegierungen Schweißposition: PA (w)					Schweißzusatz DIN 1732 – SG – AlMg5 Schutzgas DIN 32 526 – I1				
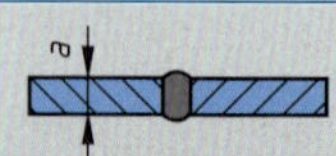	4	1,2	1	23	180	3	12	30	2,9
	5	1,6	1	25	200	4	18	77	3,3
	6	1,6	1	26	230	7	18	147	3,9
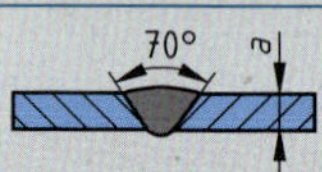	5	1,6	1	22	160	6	18	126	4,2
	6	1,6	2	22	170	6	18	147	4,6
	8	1,6	2	26	220	7	18	183	5,0
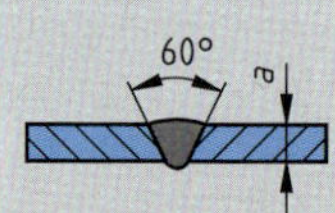		1,6	1	26	220	6	20		
	10	1,6	2	24	200	6	20	190	5,4
		1,6	1 G[2]	26	230	7	20		
	12	2,4	1	27	260	4	25	345	7,6
		2,4	2	27	280	4	25		
Richtwerte für das WIG-Schweißen									
Werkstoffe: Aluminiumlegierungen, nicht aushärtbar Schweißposition: PA (w)					Schweißzusatz DIN 1732 – SG – AlMg5 Schutzgas DIN 32 526 – I1				
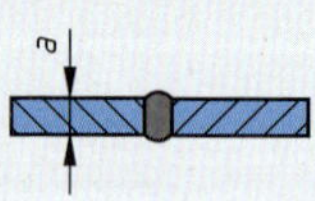	1	3	1	–	75	0,3	5	19	3,8
	1,5	3	1	–	90	0,2	5	22	4,3
	2	3	1	–	110	0,2	6	28	4,8
	3	3	1	–	125	0,2	6	28	5,9
	4	3	1	–	160	0,2	8	38	6,7
	5	3	1	–	185	0,1	10	47	7,1
	6	3	1	–	210	0,1	10	47	12
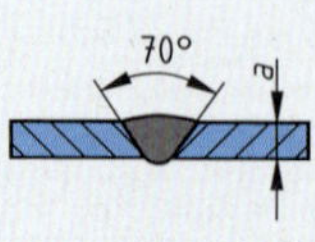	5	4	1. Lage	–	165	0,1	12	105	13
			2. Lage	–		0,2			
	6	4	1. Lage	–	165	0,1	12	190	16
			2. Lage	–		0,2			

[1] Beim MIG-Schweißen: Schweißgeschwindigkeit [2] G Gegenlage

Umhüllte Stabelelektroden für unlegierte Stähle und Feinkornbaustähle

vgl. DIN EN 499

Bezeichnungsbeispiel:

Norm-Nummer — EN 499 - E 46 3 1Ni B 5 4 H5

Kurzzeichen für umhüllte Stabelektrode

Kennziffer für die mechanischen Eigenschaften des Schweißgutes

Kennziffer	Mindeststreckgrenze N/mm²	Zugfestigkeit N/mm²	Mindestbruchdehnung A_5 in %
35	355	440 bis 570	22
38	380	470 bis 600	20
42	420	500 bis 640	20
46	460	530 bis 680	20
50	500	560 bis 720	18

Kennziffer für die Kerbschlagarbeit des Schweißgutes

Kennbuchstabe/ Kennziffer	Mindestkerbschlagarbeit 47 J bei °C
Z	keine Anforderungen
A	+ 20
0	0
2	– 20
3	– 30
4	– 40
5	– 50
6	– 60

Hinweis: Ist eine Elektrode für eine bestimmte Temperatur geeignet, ist sie auch für jede höhere Temperatur verwendbar.

Kurzzeichen für die chemische Zusammensetzung des Schweißgutes

Legierungskurzzeichen	Chemische Zusammensetzung in % Mn	Mo	Ni
Kein Kurzz.	2,0	–	–
Mo	1,4	0,3 bis 0,6	–
MnMo	>1,4 bis 2,0	0,3 bis 0,6	–
1Ni	1,4	–	0,6 bis 1,2
2Ni	1,4	–	1,8 bis 2,6
3Ni	1,4	–	>2,6 bis 3,8
Mn1Ni	>1,4 bis 2,0	–	0,6 bis 1,2
1NiMo	1,4	–	0,6 bis 1,2
Z	Vereinbarte Zusammensetzung		

Kennzeichen für den Wasserstoffgehalt

Kennzeichen	Wasserstoffgehalt in ml/100 g Schweißgut
H 5	5
H 10	10
H 15	15

Kennziffer für die Schweißposition

Kennziffer	Schweißposition
1	Alle Positionen
2	Alle Positionen, außer Fallnaht
3	Stumpfnaht in Wannenposition, Kehlnaht in Wannen- u. Horizontalposition
4	Stumpf- u. Kehlnaht in Wannenposition
5	Für Fallnaht und wie Ziffer 3

Kennziffer für Ausbringung und Stromart

Kennziffer	Ausbringung %	Stromart
1	> 105	Wechsel- u. Gleichstrom
2	> 105	Gleichstrom
3	> 105 ≤ 125	Wechsel- u. Gleichstrom
4	> 105 ≤ 125	Gleichstrom
5	> 125 ≤ 160	Wechsel- u. Gleichstrom
6	> 125 ≤ 160	Gleichstrom
7	> 160	Wechsel- u. Gleichstrom
8	> 160	Gleichstrom

Kurzzeichen für den Umhüllungstyp

Kurzzeichen	Art der Umhüllung
A	sauerumhüllt
C	zelluloseumhüllt
R	rutilumhüllt
RR	dick-rutilumhüllt
RC	rutilzellulose-umhüllt
RA	rutilsauer-umhüllt
RB	rutilbasisch-umhüllt
B	basisch-umhüllt

⇨ **EN 499 – E 42 A RR 12:** Schweißguteigenschaften: Mindeststreckgrenze = 420 N/mm², Kerbschlagarbeit bei 20 °C = 47 J; Umhüllungstyp: dick-rutil; Ausbringung > 105 %; für alle Schweißpositionen, außer für Fallnähte (senkrechte Nähte).

Abmessungen umhüllter Stabelektroden

vgl. DIN EN 2054

Durchmesser d in mm	Länge l in mm				Durchmesser d in mm	Länge l in mm				Durchmesser d in mm	Länge l in mm		
2,0	225	250	300	350	3,2	300	350	400	450	5,0	350	400	450
2,5	–	250	300	350	4,0	–	350	4500	450	6,0	350	400	450

WF

Lichtbogenschweißen 2 Arc Welding 2

Umhüllungstypen der Stabelektroden

Kurzzeichen	Schweißtechnische Eigenschaften, Anwendungsbereiche	Kurzzeichen	Schweißtechnische Eigenschaften, Anwendungsbereiche
A	feiner Tropfenübergang, flache, glatte Schweißnähte, begrenzter Einsatz in Zwangslagen	RR	vielseitig anwendbar, feinschuppige Nähte, gutes Wiederzünden
C	optimale Eignung zur Fallnahtschweißung	RA	hohe Abschmelzleistung, glatte Nähte
R	Dünnblechschweißung, alle Schweißpositionen außer Fallnaht	RB	gute Kerbschlagzähigkeit, rissicher, alle Schweißpositionen außer Fallnaht
RC	auch für Fallpositionen geeignet, mitteltropfig	B	beste Kerbschlagzähigkeit, rissicher

Neue und alte Bezeichnungen bei Stabelektroden (Beispiele)

Bezeichnung		Bezeichnung		Bezeichnung	
nach DIN EN 499	alt DIN 1913 T1	nach DIN EN 499	alt DIN 1913 T1	nach DIN EN 499	alt DIN 1913 T1
E 35 Z A 12	E 43 00 A 2	E 42 2 RB 12	E 51 43 RR(B) 7	E 38 5 B 73 H10	E 51 55 B(R) 12 160
E 38 0 RC 11	E 43 22 R(C) 3	E 38 2 RA 12	E 43 33 AR 7	E 42 6 B 42 H10	E 51 55 B 10
E 42 0 RC 11	E 51 32 R(C) 3	E 38 2 RA 73	E 51 43 AR 11 160	E 38 6 B 42 H10	E 53 55 B 10
E 38 A R 12	E 43 21 R 3	E 38 2 RA 73	E 43 43 AR 11 160	E 42 3 B 42 H10	E 51 54 B 10
E 46 0 RR 12	E 51 32 RR 5	E 38 0 RR 53	E 51 22 RR 11 160	E 46 3 B 83 H10	E 51 43 B 12 160
E 42 0 RC 11	E 51 22 RR(C) 6	E 42 0 RR 73	E 51 32 RR 11 160	E 42 4 B 32 H10	E Y42 53 Mn B
E 42 0 RR 12	E 51 22 RR 6	E 38 0 RR 73	E 51 32 RR 11 160	E 50 6 B 34 H10	E Y46 54 Mn B
E 42 A RR 12	E 51 21 RR 6	E 42 2 B 15 H10	E 51 43 B 9	E 42 6 B 42 H 5	E SY42 76 Mn B H5
E 42 0 RR 12	E 51 32 RR 6	E 38 2 B 12 H10	E 51 43 B(R) 10	E 42 6 B 32 H 5	E SY 42 76 Mn B
E 38 2 RB 12	E 43 43 RR(B) 7	E 42 4 B 32 H10	E 51 54 B(R) 10	E 46 6 1 Ni B 42 H 5	E SY42 76 1 Ni B H5

Schadstoffe beim Schweißen und Schneiden

Beim Schweißen und Schneiden entstehen Rauche, Gase und Dämpfe, die gesundheitsgefährdend sind. Schwellenwerte für die Konzentration gesundheitsgefährdender Stoffe in der Atemluft sind festgelegt in der EG-Richtlinie R 67/548 EWG, gemäß §1a der Gefahrstoffverordnung in Deutschland gültig.
AGW (**A**rbeitsplatz **G**renz**w**ert), BGW (**B**iologischer **G**renz**w**ert)

Schadstoffkomponenten beim Schweißen von Stahl

Einflussgröße	Gliederung	Schadstoffkomponenten, Wirkung	Grenzwert
Grundwerkstoff, Schweißzusatz	unlegiert	Schweiß-Rauchgase, lungenbelastend	AGW 6 mg/m³
	hochlegiert	Neben den üblichen Schweiß-Rauchgasen entstehen: • Chromate, evtl. krebserzeugend, • Nickelverbindungen, evtl. krebserzeugend, • Mangan, Manganverbindungen, giftig, • Fluoride, giftig.	 BGW 0,2 mg/m³ BGW 0,5 mg/m³ AGW 5 mg/m³ AGW 2,5 mg/m³
	Elektrodenumhüllung	rutil – sauer – basisch – zellulose → zunehmende Rauchgasentwicklung Bei basisch umhüllten Elektroden entstehen zusätzlich: • Fluoride, giftig	 AGW 2,5 mg/m³
Schweißverfahren	MIG, MAG	Neben den üblichen Schweiß-Rauchgasen entsteht • Eisenoxid in großer Menge, lungenbelastend Aus den Reaktionen mit dem Schutzgas bilden sich • Kohlenmonoxid, giftig • Ozon, giftig	 AGW 6 mg/m³ AGW 30 ml/m³ AGW 0,1 ml/m³
Beschichtung des Grundwerkstoffes	Anstriche, Metallüberzüge, Beschichtungen und Verunreinigungen verbrennen im Lichtbogen. Dabei können gesundheitsgefährdende Verbindungen entstehen.		

Teil BM: Bauelemente, Messen, Steuern, Regeln
Part BM: Discrete Components, Measuring, Open-loop and Closed-loop Control

Bauelemente

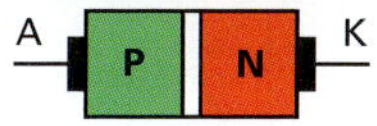

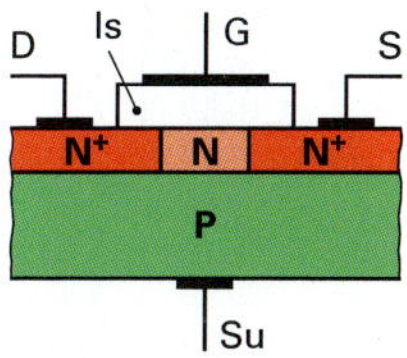

Messen

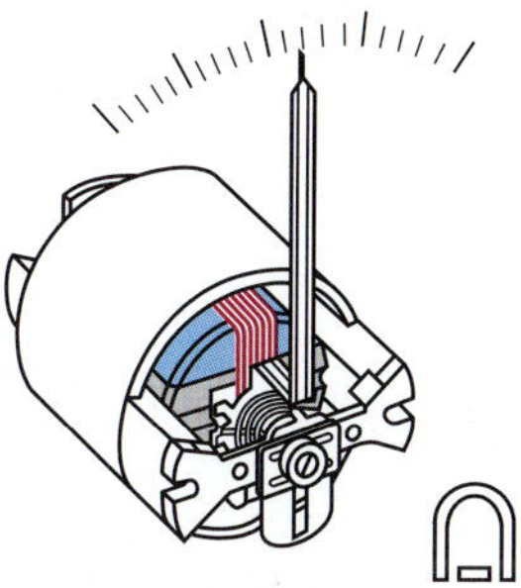

Steuern und Regeln

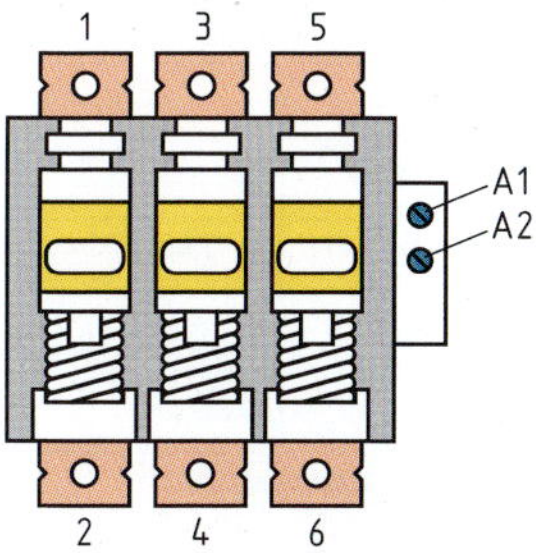

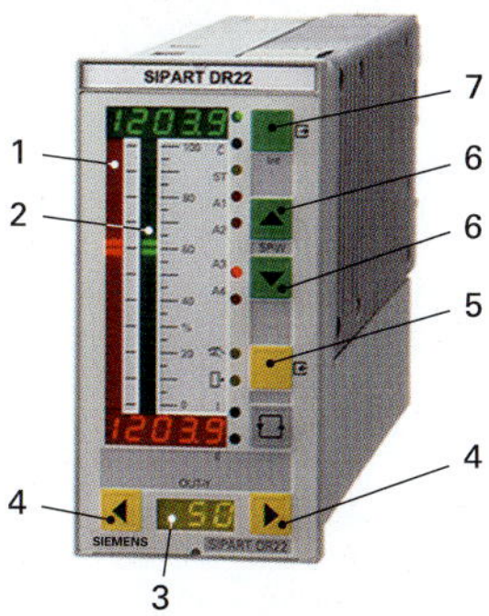

Widerstände und Kondensatoren   Resistors and Capacitors

Normreihen (Bemessungswerte)

de.wikipedia.org/E-Reihe

E-Reihen und Toleranzen												
E6 ± 20%	1,0		1,5		2,2		3,3		4,7		6,8	
E12 ± 10%	1,0	1,2	1,5	1,8	2,2	2,7	3,3	3,9	4,7	5,6	6,8	8,2
E24 ± 5%	1,0 1,1	1,2 1,3	1,5 1,6	1,8 2,0	2,2 2,4	2,7 3,0	3,3 3,6	3,9 4,3	4,7 5,1	5,6 6,2	6,8 7,5	8,2 9,1
E48 ± 2%	1,00 1,05 1,10 1,15	1,21 1,27 1,33 1,40	1,47 1,54 1,62 1,69	1,78 1,87 1,96 2,05	2,15 2,26 2,37 2,49	2,61 2,74 2,87 3,01	3,16 3,32 3,48 3,65	3,83 4,02 4,22 4,42	4,64 4,87 5,11 5,36	5,62 5,90 6,19 6,49	6,81 7,15 7,50 7,87	8,25 8,66 9,09 9,53
E96 ± 1%	1,00 1,02 1,05 1,07 1,10 1,13 1,15 1,18	1,21 1,24 1,27 1,30 1,33 1,37 1,40 1,43	1,47 1,50 1,54 1,58 1,62 1,65 1,69 1,74	1,78 1,82 1,87 1,91 1,96 2,00 2,05 2,10	2,15 2,21 2,26 2,32 2,37 2,43 2,49 2,55	2,61 2,67 2,74 2,80 2,87 2,94 3,01 3,09	3,16 3,24 3,32 3,40 3,48 3,57 3,65 3,74	3,83 3,92 4,02 4,12 4,22 4,32 4,42 4,53	4,64 4,75 4,87 4,99 5,11 5,23 5,36 5,49	5,62 5,76 5,90 6,04 6,19 6,34 6,49 6,65	6,81 6,98 7,15 7,32 7,50 7,68 7,87 8,06	8,25 8,45 8,66 8,87 9,09 9,31 9,53 9,76

Beispiele Werte E192: 1,00 1,01 1,02 1,04 1,05 1,06 1,07 1,09 1,10 1,11 1,13 1,14 1,15 1,17 1,18 1,20
1,21 1,23 1,24 1,26 1,27 1,29 1,30 1,32 1,33 1,35 1,37 1,38 1,40 1,42
Weitere Werte: de.wikipedia.org/wiki/E-Reihe

Toleranzen innerhalb der Reihen:

E6: ±20%; E12: ±10% (silber); E24: ±5% (gold); E48: ±2% (rot); E96: ±1% (braun), E192 ±0,5% (grün).

Leistungsnormwerte: 0,125 W; 0,25 W; 0,5 W; 1 W; 2 W; 5 W usw.

Die Werte erhält man aus $R = \sqrt[m]{10^n}$ nach Rundung, wobei m der Reihe entspricht, z. B. 24, und n eine ganze Zahl ist, mit $0 \leq n \leq m - 1$, Anzahl der Werte einer Dekade mit $z = 3 \cdot 2^n$ mit $n = 0, 1, 2, 3, 4, 5, 6$.

R-Reihen										
R10	1,00	1,25	1,60	2,00	2,50	3,15	4,00	5,00	6,30	8,00
R20	1,00 1,12	1,25 1,40	1,60 1,80	2,00 2,24	2,50 2,80	3,15 3,55	4,00 4,50	5,00 5,60	6,30 7,10	8,00 9,00

Bei den R-Reihen können die Toleranzen der E-Reihen gewählt werden, z. B. ± 5%.

Alphanumerische Kennzeichnung von Widerständen und Kondensatoren

Wider-stände	R27	2R7	27R	K27	2K7	27K	M27	2M7	27M
	0,27 Ω	2,7 Ω	27 Ω	0,27 kΩ	2,7 kΩ	27 kΩ	0,27 MΩ	2,7 MΩ	27 MΩ
Konden-satoren	3p9	39p	n39	3n9	39n	µ39	3µ9	39µ	m39
	3,9 pF	39 pF	0,39 nF	3,9 nF	39 nF	0,39 µF	3,9 µF	39 µF	0,39 mF

Farb-Kennzeichnung von Widerständen, keramischen Kondensatoren und Dünnfilmkondensatoren

(Werte für 1. und 2. Ring in Ω oder pF)

Farbe der Ringe oder Punkte		schwarz (sw)	braun (br)	rot (rt)	orange (or)	gelb (gb)	grün (gn)	blau (bl)	violett (vl)	grau (gr)	weiß (ws)	gold (au)	silber (ag)	ohne Farbe
1. Ring	1. Ziffer	–	1	2	3	4	5	6	7	8	9	–	–	–
2. Ring	2. Ziffer	0	1	2	3	4	5	6	7	8	9	–	–	–
3. Ring[1]	Multiplikator	10^0	10^1	10^2	10^3	10^4	10^5	10^6	10^7	10^8	10^9	0,1	0,01	–
4. Ring[1]	Toleranz in %	–	± 1	± 2	–	–	± 0,5	±0,25	± 0,1	± 0,05	–	± 5	± 10	± 20
5. Ring[1]	Zul. Betriebs-spannung in V	–	100	250	300	400	500	630	700	800	900	1000	2000	500
6. Ring	TK[2] in ppm[3]	250	100	50	15	25	20	10	5	1	–	–	–	–

[1] Bei Widerständen mit kleiner Toleranz (meist Metallfilm-Widerständen) ist der 3. Ring eine weitere Ziffer. Der 4. Ring gibt dann den Multiplikator an, der 5. Ring die Toleranz in %. Bei Kondensatoren bedeutet der 5. Ring oder Punkt die zulässige Betriebsspannung in V.

[2] TK von Temperaturkoeffizient, TK = α wird in 1/K angegeben. [3] ppm = parts per million = 10^{-6}.

Farbkennzeichnung von Widerständen und Kondensatoren
Color Identification of Resistors and Capacitors

Prinzip, Leserichtung, Ziffernreihenfolge	Beispiele	Bemerkungen
Widerstände		
Leserichtung 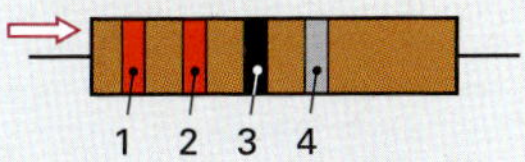 **Kohleschichtwiderstand**	Ziffernreihenfolge in Leserichtung: 1 2 3 4 rt rt sw ag 2 2 10^0 10% $\Rightarrow$ 22 Ω ± 10% = 22 Ω ± 10% (E12)	Der 4. Ring bedeutet 10% Toleranz. Sonstige Kennzeichnung der Toleranz siehe vorhergehende Seite. ⇒ Leserichtung
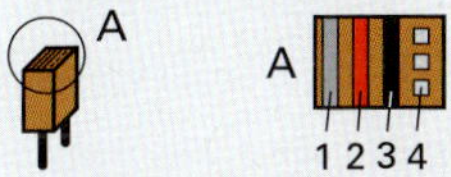 **Metallglasurschichtwiderstand**	Ziffernreihenfolge in Leserichtung: 1 2 3 4 gr rt sw ag 8 2 10^0 5% $\Rightarrow$ 82 Ω ± 2% = 82 Ω ± 5% (E24)	Der Farbstreifen 4 mit Unterbrechungen entspricht dem 4. Ring und kennzeichnet die Toleranz des Widerstandswertes.
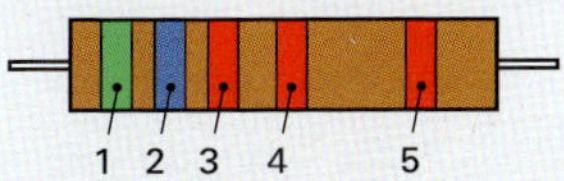 **Metallfilmwiderstand**	Ziffernreihenfolge in Leserichtung: 1 2 3 4 5 gn bl rt rt rt 5 6 2 10^2 2% $\Rightarrow$ 562 · 10^2 Ω ± 2% = 56 200 Ω ± 2% = 56,200 kΩ ± 2% (E48)	Der Abgleich auf den genauen Widerstandswert erfolgt durch Verkleinern der Widerstandsfläche mit einem Laserstrahl.
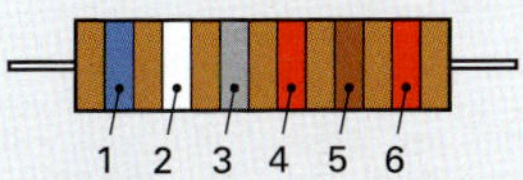 **Metallschichtwiderstand**	Ziffernreihenfolge in Leserichtung: 1 2 3 4 5 6 bl ws gr rt br rt 6 9 8 10^2 1% 50 ppm $\Rightarrow$ 698 · 10^2 Ω ± 1% = 69 800 Ω ± 1% = 69,800 kΩ ± 1% mit $\alpha = 50 \cdot 10^{-6}$ 1/K	Bei einer Temperaturänderung von 20 K ändert sich der Widerstand um $698 \cdot 10^2 \cdot 20 \cdot 50 \cdot 10^{-6}$ Ω = 69,8 Ω.
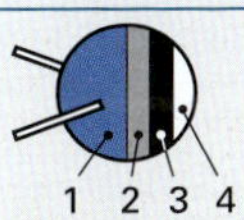 **NTC-Widerstand**	Ziffernreihenfolge in Leserichtung: 1 2 3 4 bl gr sw – 6 8 10^0 20% $\Rightarrow$ 68 Ω ± 20% = 68 Ω ± 20%	NTC von engl. Negative Temperature Coefficient, negativer Temperatur-Koeffizient. NTC-Widerstände sind Heißleiter. Angaben für 20 °C.
Kondensatoren		
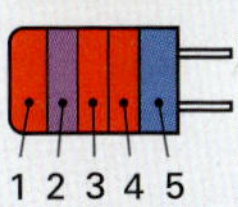 **Dünnfilmkondensator**	Ziffernreihenfolge in Leserichtung: 1 2 3 4 5 rt vl rt rt bl 2 7 10^2 2% 630 V $\Rightarrow$ 27 · 10^2 pF ± 2% = 2700 pF ± 2% = 2,7 nF ± 2%	Für die Betriebsspannungen gilt meist bl = 630 V und rt = 250 V. Der Wert muss nicht mit dem theoretischen Wert der Reihe übereinstimmen.
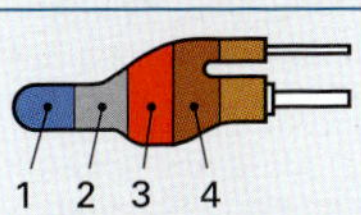 **Keramikkondensator**	Ziffernreihenfolge in Leserichtung: 1 2 3 4 bl gr rt – 6 8 10^2 20% $\Rightarrow$ 6800 pF ± 20% = 6,8 nF ± 20%	Die Spannungsangabe erfolgt meist mit Kleinbuchstaben, z. B. mit a für 50 V, d für 250 V, f für 500 V, h für 1000 V.
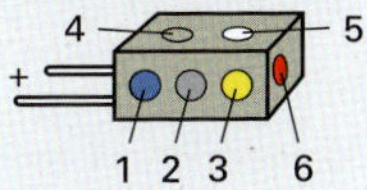 **Tantalkondensator**	Ziffernreihenfolge in Leserichtung: 1 2 3 4 5 6 bl gr gb – ws rt 6 8 10^4 20% 50 V + Pol $\Rightarrow$ 68 · 10^4 pF ± 20% = 0,68 µF ± 20%	Es werden meist firmeneigene Farbkennzeichnungen verwendet. Bei gepolten Tantalkondensatoren wird der Anschluss für die positive Elektrode durch den 6. Ring und/oder einen längeren Anschlussdraht gekennzeichnet.

Abkürzungen der Farben: deutsch (englisch)

sw (BK)	schwarz	rt (RD)	rot	gb (YE)	gelb	bl (BU)	blau	gr (GY)	grau	au (GD)	gold
br (BN)	braun	or (OG)	orange	gn (GN)	grün	vl (VT)	violett	ws (WH)	weiß	ag (SR)	silber

Bauarten von Widerständen und Kondensatoren
Types of Resistors and Capacitors

Bezeichnung	Aufbau	Daten	Bemerkungen
Bauarten von Widerständen			
Kohleschicht-widerstand	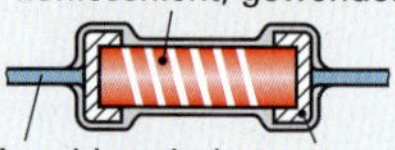	Widerstandswerte bis Reihe E24, Temperaturbereich −55 °C bis 125 °C, Toleranzen ±5% und ±10%, zul. Betriebsspannung ≤ 500 V, Isolationswiderstand > 10 GΩ, Isolationsspannung AC 1000 V, Bemessungsleistung bis 1 W, fast induktionsfrei.	Ausführungen ohne Metallkappen besitzen eine ungewendelte Widerstandsschicht aus Kohle. Die Anschlussdrähte im hohlen Schichtträgerrohr leiten die Wärme sehr gut ab.
Metallschicht-widerstand	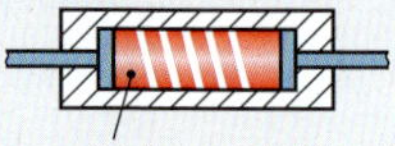	Widerstandswerte bis Reihe E192, Temperaturbereich −55 °C bis 125 °C, Toleranzen ±0,01% bis ±5%, Isolationswiderstand $>10^2$ GΩ, Isolationsspannung AC 1000 V, Bemessungsleistung bis 6 W.	Metalloxid-Schichtwiderstände (Metalloxidschicht auf Keramik, darüber Silikonzement-Überzug) sind mechanisch robust und höher belastbar als Kohleschichtwiderstände. EMS-Widerstände (**E**del-**M**etall-**S**chicht) sind Präzisionswiderstände.
Draht-widerstand	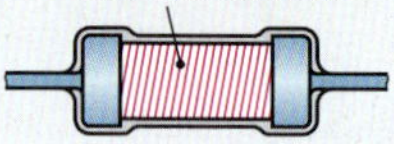	Widerstandswerte bis Reihe E24, Toleranzen ±0,5% bis ±10%, Bemessungsleistung 0,5 W bis 17 W, Hochlastwiderstände bis 500 W, nicht induktionsfrei.	Drahtwiderstände haben bei gleicher Belastbarkeit kleinere Abmessungen als Schichtwiderstände. Zementierte Drahtwiderstände sind nicht luftdicht, nicht feuchtigkeitsfest (nicht tropenfest). Glasierte Drahtwiderstände sind feuchtigkeitsfest.
Trimm-widerstand	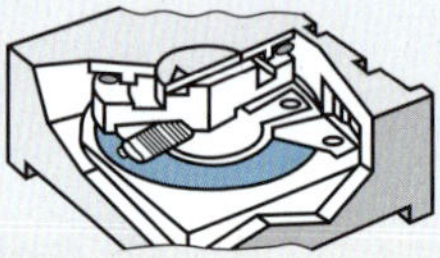	Kohleschicht-Trimmwiderstände: Bemessungsbelastbarkeit 0,05 W bis 0,5 W, Temperaturbereich –55 °C bis 125 °C, Widerstandsverlauf linear und logarithmisch, Draht-Trimmwiderstände: Bemessungsleistung bis 1 W.	Schicht-Trimmwiderstände in liegender und stehender Ausführung. Beide Arten auch voll gekapselt. Es gibt Präzisionstrimmwiderstände in Drahtausführung oder mit Cermetschicht (Cermet von Ceramic-Metall = Keramikmetall (TiN).
Bauarten von Kondensatoren			
Metallisierter Kunststofffolien-kondensator mit Polypropylen-Dielektrikum (MKP-Kondensator)	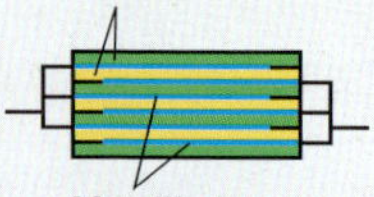	Kapazität 1 nF bis 500 µF, Bemessungsspannung 25 V bis 20 kV, bei 50 Hz Verlustfaktor $\tan\delta \approx 0{,}2 \cdot 10^{-3}$ = 0,2 W/kvar. Große MKP sind runde Zylinder, kleine sind flach oder rund im Rastermaß. Die MKP sind bei Neuanlagen vorherrschend. www.schneider-electric.de	**Aufbau:** Zwei Polypropylenfolien von etwa 0,6 µm Dicke, einseitig metallisiert, ohne Tränkung. Im Fehlerfall verdampft die Metallisierung (Selbstheilung). Bei zu hoher Temperatur verdampft auch der Kunststoff. Dann trennt eine Überdrucksicherung den Kondensator vom Netz.
Metallpapier-kondensator (MP)	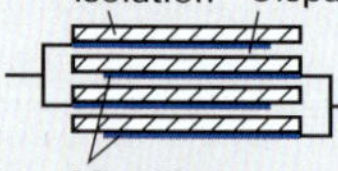	Kapazität 10 nF bis 500 µF, Bemessungsspannung 250 V bis 20 kV, nachlassende Bedeutung der mit PCB (Polychlorierte Biphenyle) getränkten MP, da große Verluste und PCB krebserregend.	MP: **M**etall-**P**apier Der Verlustfaktor $\tan\delta$ bei 50 Hz beträgt etwa $4 \cdot 10^{-3}$ = 4 W/kvar er nimmt mit steigender Frequenz stark zu. Selbstheilend bei Durchschlag.
Doppelschicht-kondensatoren, Speicher-kondensatoren, UltraCap-Kondensatoren	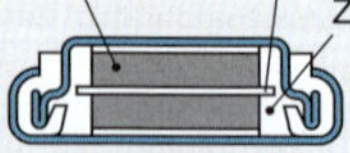	Kapazität 0,1 F bis 50 F, Bemessungsspannung U_N = 2,5 V, U_{Nmax} = 3 V, Temperaturbereich −25 °C bis 70 °C, Toleranzen −20% bis +80%, Verlustwiderstand (ESR) 15 mΩ bis 10 mΩ bei 1 kHz.	Bauformen: Massekondensatoren für kleinere Kapazitäten, Wickelkondensatoren für große Kapazitäten, Module für hohe Spannungen und sehr große Kapazitäten durch Serienschaltung und Parallelschaltung.
Tantal-Sinter-kondensator (Elektrolyt-kondensator)	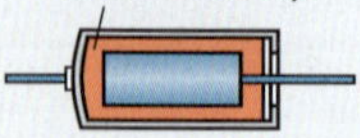	Kapazität 0,1 µF bis 1 F, Bemessungsspannung 3 V bis 100 V, Temperaturbereich −55 °C bis 125 °C, Toleranzen −20% bis +50%.	Tantal-Kondensatoren mit Sinteranode und festem Elektrolyt haben eine sehr große Betriebssicherheit. Flüssiger Elektrolyt ermöglicht bei gleicher Baugröße größere Kapazität und höhere Bemessungsspannung.

BM

Batterien Batteries

Merkmal, Typ	Erklärung	Spannung je Zelle	Bemerkungen, Beispiele
Primärbatterien			de.farnell.com
Funktionsweise	Primärbatterien bzw. Primärzellen sind nicht wiederaufladbar. Koppeln mehrerer Zellen ermöglicht höhere Kapazitäten und Spannungen.	siehe Bilder 1 bis 5 unten	Angaben zu Größe, Kapazität erfolgen über Kennungen. Zu unterscheiden IEC, ANSI, Hersteller Beispiele ANSI: AAA für ∅ 10,3 x *h* 45 mm (Micro), C für ∅ 27 x *h* 50 mm (Baby).
Zink-Braunstein $ZnMnO_2$	Für weniger anspruchsvolle Anwendungen. Preisgünstig. Haltbarkeit ohne Last 2 Jahre.	1,5 V	Taschenlampen, Warnleuchten, Spielzeuge, Fernbedienungen. Auch als Zink-Kohle-Element bezeichnet, da die Ableitung von MnO_2 durch Kohlestab erfolgt.
Alkali-Mangan	Für hohe Stromanforderung und Dauernutzung. Haltbarkeit 5 Jahre.	1,5 V	Tragbare Audio-Geräte, tragbare Telefone, PDAs, Spielzeuge.
Zink-Luft Zn-Luft	Hohe Belastbarkeit. Ohne Last unbegrenzte Haltbarkeit.	1,4 V	Personenrufgeräte, Hörgeräte.
Lithium Li	Hohe Belastbarkeit, niedrige Selbstentladung. Haltbarkeit 10 Jahre.	3 V	Elektronische Datenspeicher, Fotoapparate, Computer. Lithium ist entzündbar durch Wasser.
Silberoxid AgO	Hohe bis mittlere Belastbarkeit. Haltbarkeit ohne Last 5 Jahre.	1,55 V	Uhren, Fotoapparate, Taschenrechner.
Sekundärbatterien			www.sat-akku.ch
Funktionsweise	Sekundärbatterien sind wiederaufladbar, auch Akkumulatoren (Akku) genannt. Große Selbstentladung möglich (bis 30% je Monat). Explosionsgefahr bei Lithium-Akkus.	siehe Bilder 1 bis 5 unten	Durch Zuführung von Strom kann die elektrochemische Reaktion in der Batterie umgekehrt werden. Ein Energiefluss in zwei Richtungen ist möglich.
Blei Pb	Sehr hohe Belastbarkeit. Bis 1000 mal auf volle Kapazität aufladbar, kein Memory-Effekt. Selbstentladung 5%/Monat.	2 V	Fahrzeuge, Notstromanlagen, Notbeleuchtungsanlagen. Dauernde Erhaltungsladung (Daueraufladung) möglich.
Nickel-Cadmium NiCd	Sehr hohe Belastbarkeit. Wegen Memory-Effekt Daueraufladung vermeiden. Laden erst wenn leer, Ladegerät mit Entladefunktion einsetzen. Selbstentladung 10%/Monat.	1,2 V	Schnurlostelefone, Akku-Werkzeuge, Notbeleuchtungen. Gemäß Richtlinie 2006/66/EG seit 2008 Verkauf verboten, da Cd ein Umweltgift.
Nickel-Metall-Hydrid NiMH	Hohe Belastbarkeit. Memory-Effekt geringer (Lazy-Effekt). Ca. 1000 Ladezyklen. Selbstentladung 4% bis 30%/Monat.	1,2 V	Handys, Smartphones, Schnurlostelefone Camcorder, Digitalkameras, Notebooks, Elektrofahrzeuge.
Lithium-Eisen-Phosphat $LiFePO_4$	Belastbarkeit, Energiedichte hoch. Aufladezeit 15 min, sonstige Akkus > 1 h. Geringe Selbstentladung, ca. 1500 Ladezyklen.	3,3 V	Akku-Werkzeuge, Hilfsantrieb, z. B. Fahrrad, Hybridfahrzeuge. Lithium entzündet sich bei Wasserzutritt. Brandgefahr bei Überlastung.
Lithium-Polymer LiPO	Belastbarkeit, Energiedichte hoch. Kein Memory-Effekt, geringe Selbstentladung. Auslaufsicher, da fester Elektrolyt.	3,7 V	Handys, Smartphones, Akku-Werkzeuge, Camcorder, Digitalkameras, Notebooks Lithium entzündet sich bei Wasserzutritt. Brandgefahr bei Überlastung.
Lithium-Ionen Li-Ion	Belastbarkeit, Energiedichte hoch. Kein Memory-Effekt, geringe Selbstentladung, ca. 1000 Ladezyklen.	3,7 V	Handys, Smartphones, Akku-Werkzeuge, Camcorder, Digitalkameras, Notebooks, Hybridfahrzeuge. Brandgefahr bei Überlastung.

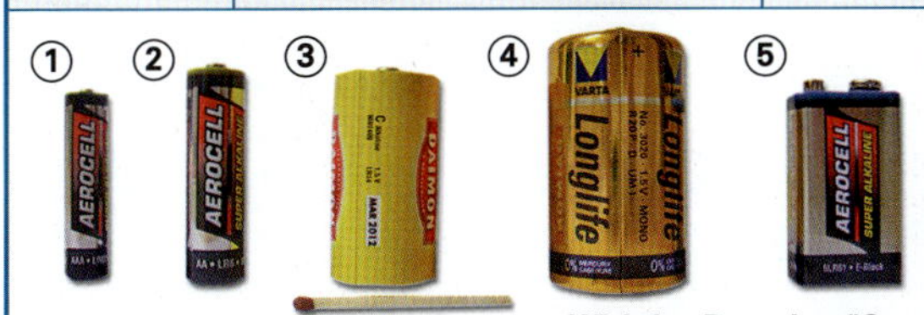

Wichtige Batteriegrößen

Bild	①	②	③	④	⑤
Spannung	1,5 V	1,5 V	1,5 V	1,5 V	9 V
Typ	Micro	Mignon	Baby	Mono	E-Block
ANSI	AAA	AA	C	D	9 V
IEC	LR03	LR6	LR14	LR20	6LR61
Panasonic	S	M	L	XL	9 V

Von physikalischen Größen abhängige Halbleiter-Bauelemente
Semiconductor Components dependent on physical Quantities

Namen, Symbole	Erklärung	Kennlinien	Aufbau, Bemerkungen, Anwendung
Temperaturabhängige Halbleiterwiderstände			
Heißleiter-widerstand, **NTC-Widerstand** (NTC von Negative Temperature Coefficient) 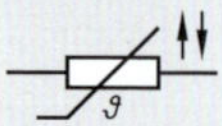	Die Eigenleitung des Halbleitermaterials nimmt mit der Temperatur zu, sodass der Widerstand abnimmt. **Temperaturkoeffizient** je nach Halbleitermaterial −0,02/K bis −0,06/K. **Bemessungswiderstände** bei 20 °C etwa 4 Ω bis 470 Ω.	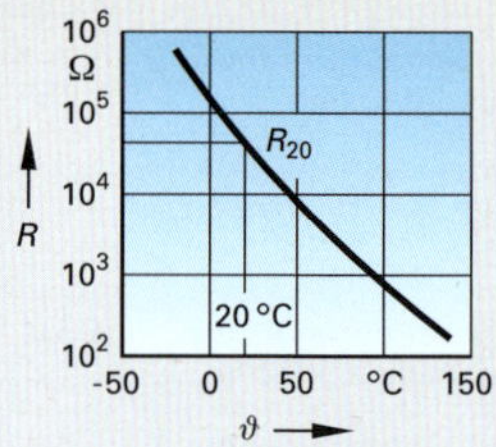 R_{20} Kaltwiderstand bei 20 °C	**Werkstoffe** Halbleitermaterial sind verschiedene Metalloxide, die zu Scheibchen oder Perlen durch Brennen keramisch verbunden sind. **Anwendungsbeispiele** Fremderwärmt als Temperatursensor, eigenerwärmt zur Begrenzung des Einschaltstromes.
Kaltleiter-widerstand, **PTC-Widerstand** (PTC von Positive Temperature Coefficient) 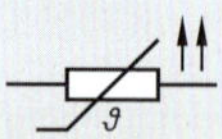	Die Eigenleitung nimmt mit der Temperatur bis etwa 40 °C zu, danach aber infolge Kristallumwandlung stark ab, sodass der Widerstand stark zunimmt. **Temperaturkoeffizient** je nach Halbleitermaterial 0,07/K bis −0,6/K. **Bemessungswiderstände** bei 20 °C etwa 4 Ω bis 1,2 kΩ. R_N Bemessungswiderstand R_E Endwiderstand	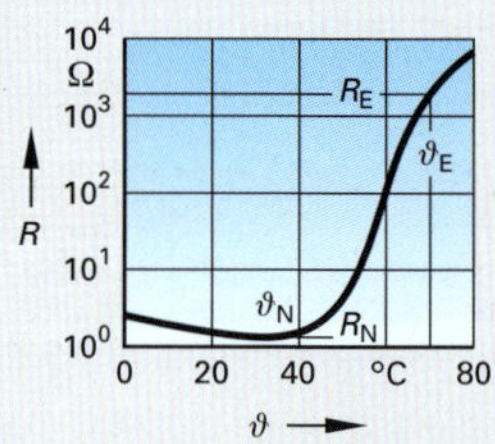	**Werkstoffe** Halbleitermaterial sind Bariumtitanat mit Metalloxiden oder Salzen, die zu Scheibchen oder Perlen durch Brennen keramisch verbunden sind. **Anwendungsbeispiele** Übertemperaturschutz, Stromregelung, selbstregelnde Heizkörper.
Spannungsabhängige Widerstände			
Varistor (von Variable Resistor) **VDR-Widerstand** (von Voltage Dependent Resistor) 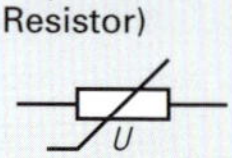	Der Widerstand fällt ab der Bemessungsspannung ab, weil dann zwischen den Teilchen des Materials die Isolierung einbricht. **Bemessungsspannungen** SiC-VDR 8 V bis 300 V, ZnO-VDR 60 V bis 600 V. **Maximalströme** SiC-VDR 1 A bis 10 A, ZnO-VDR bis 4500 A.	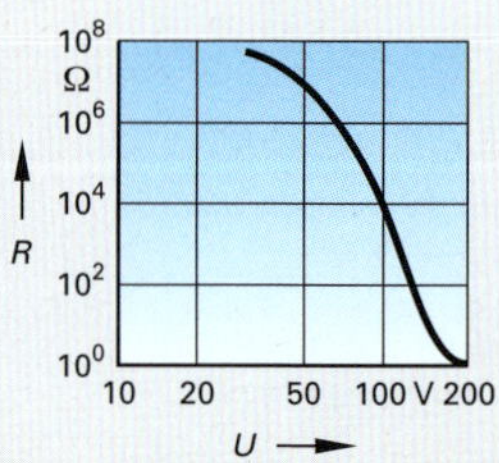	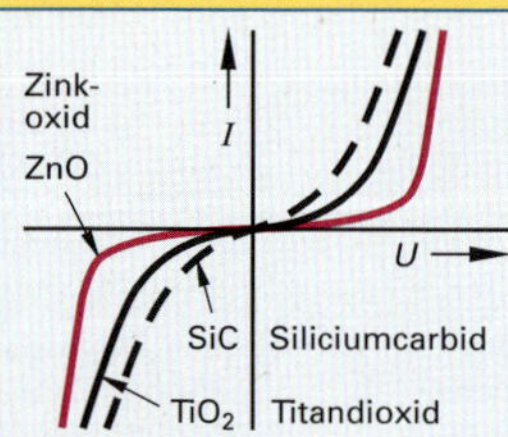 **Anwendung** Überspannungsschutz.
Magnetfeldabhängige Bauelemente			
Magnetfeld-abhängiger Widerstand, **Feldplatte** 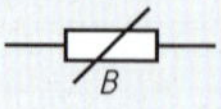	Mit zunehmender Flussdichte des Magnetfeldes wird der Strom so abgelenkt, dass er eine längere Strecke durch das schlecht leitende InSb (Indiumantimonid) fließen muss. Dadurch steigt der Widerstand mit der magnetischen Flussdichte an. R_0 Widerstand ohne Feld R_B Widerstand mit Feld	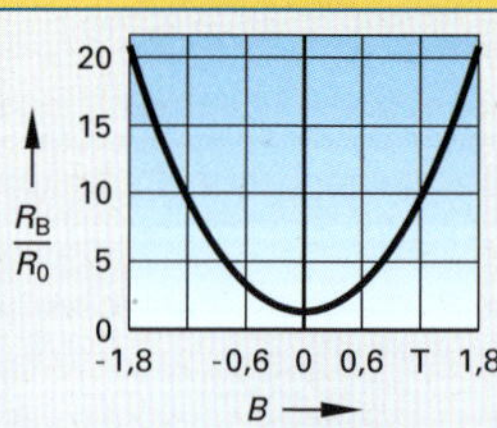	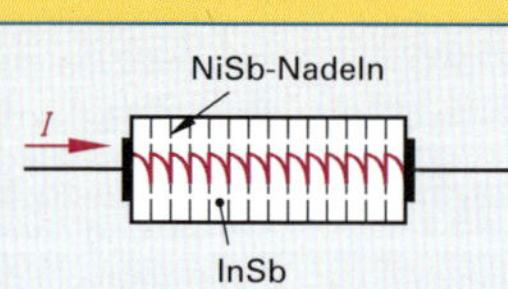 **Anwendung** Messung von Magnetfeldern, Erfassung von Magnetfeldern.
Hallgenerator **Hallsonde** 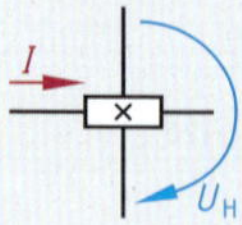	Der Strom wird abgelenkt, wenn er quer durch ein Magnetfeld geführt wird. Bei einem N-leitenden Halbleiterplättchen werden dann die Elektronen in die Ablenkungsrichtung bewegt, sodass eine Spannung (Hallspannung nach Physiker Hall) zwischen den beiden Seiten entsteht.	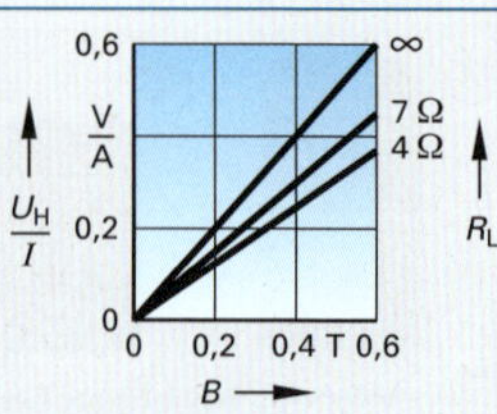	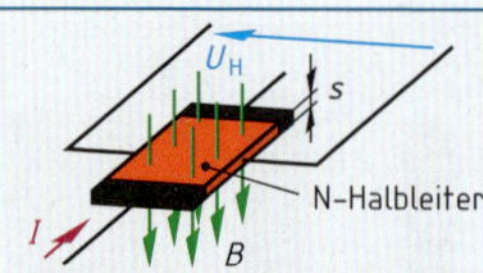 **Anwendung** Erfassung von Magnetfeldern, z. B. in RCDs Typ B.

Dioden Diodes

Prinzip, Bezeichnung	Gehäuse (Beispiele)	Schaltzeichen, Bezugspfeile	Typische Kennlinie	Anwendung, Spezialformen
Sperrschicht; A P N K; Flächendiode, z. B. Siliciumdiode	K; M 2:1; K; M 1:1; K; M 1:2	U_F; A K; I_F; U_R= -U_F; I_R= -I_F	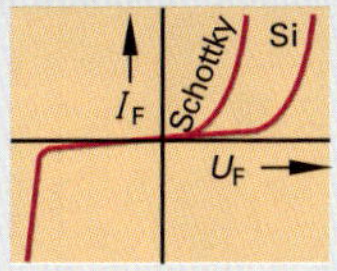	Si-Gleichrichterdiode U_{Rmax} = 100 V ... 3,5 kV I_{Fmax} = 150 mA ... 3 kA Scheibendiode, für Höchstleistung wassergekühlt.
A P N K; Z-Diode		U_Z; A K; I_Z	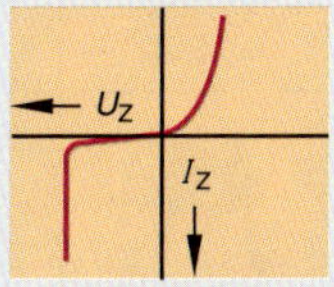	Spannungsbegrenzung, Stabilisierung, Überlastungsschutz. U_Z = 1,8 V ... 200 V Betrieb in Rückwärtsrichtung.
A P N K; Suppressordiode	K; gepolt; ungepolt	U_F; I_R; I; U	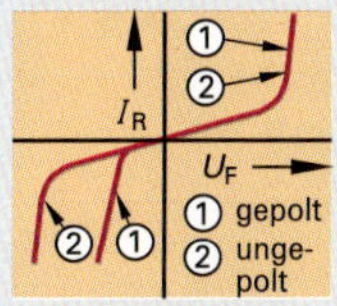	Schutzbeschaltung vor zu hohen Spannungsspitzen. U_R = 20 V ... 600 V I_R = 6 A ... 50 A Betrieb in Rückwärtsrichtung.
Sperrschicht; A N; Spitzendiode, Kleinflächendiode	K; K	U_F; A K; I_F	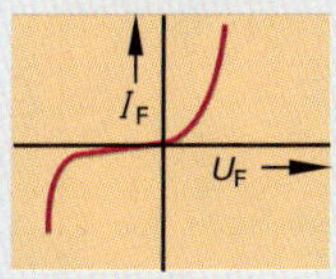	Universaldioden in der Hochfrequenz (HF)-Technik, z. B. für HF-Gleichrichtung, Modulation, Demodulation, Schalter.
P N; Kapazitätsdiode	K; K	U_R; A K	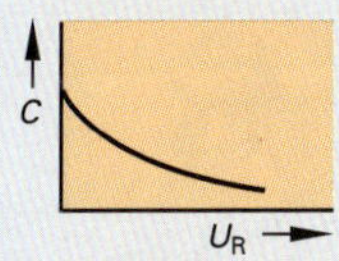	Abstimmung von Schwingkreisen anstelle von Drehkondensatoren U_R = 2 V ... 30 V C ≤ 60 pF ... 5 pF Betrieb in Rückwärtsrichtung.
P N; Tunneldiode	K; M 1:1 bis M 2:1	U_F I_F; I_F	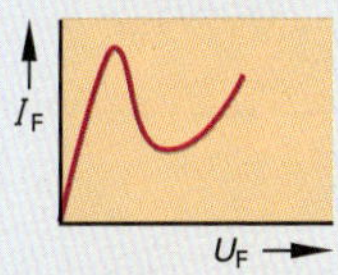	Verstärker bei UHF und VHF, Impulsformer.
Intrinsic-Zone (eigenleitend); P I N; PIN-Diode	K; M 1:1 bis M 1:5	PIN; I_F; nicht genormt	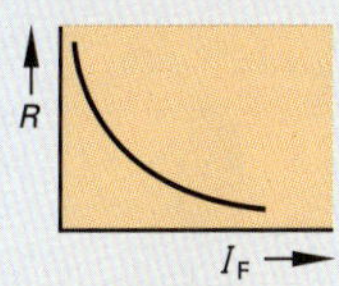	In der Hochfrequenztechnik ab 10 MHz als veränderliche Widerstände in Dämpfungsgliedern und als Schalter.
Rekombinationszone; P I N; Magnetdiode	Doppeldiode; M 1:1 bis M 2:1	B; U	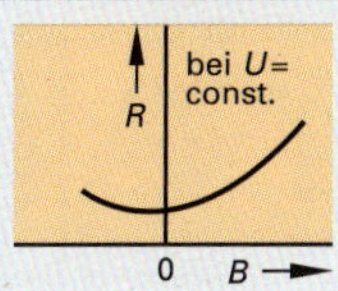	Fühler für Magnetfeld, z. B. in Elektronikmotoren.

A Anode, B magnetische Flussdichte, C Kapazität, Ge Germanium, I_F Vorwärtsstrom (Durchlassstrom), I_R Rückwärtsstrom (Sperrstrom), I_Z Zener-Strom, K Katode, R Widerstand, Si Silicium, U_F Vorwärtsspannung (Durchlassspannung), U_R Rückwärtsspannung (Sperrspannung), U_Z Z-Spannung

Feldeffekttransistoren, IGBTs   Field-effect Transistors, IGBTs

<table>
<tr><th>Prinzip, Bezeichnung</th><th>Gehäuse (Beispiele)</th><th>Schaltzeichen, Bezugspfeile</th><th>Typische Kennlinie</th><th>Anwendung, Spezialformen</th></tr>
<tr>
<td>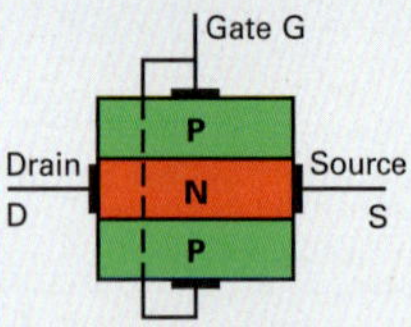

J-FET mit N-Kanal</td>
<td>

auch SDG statt SGD</td>
<td>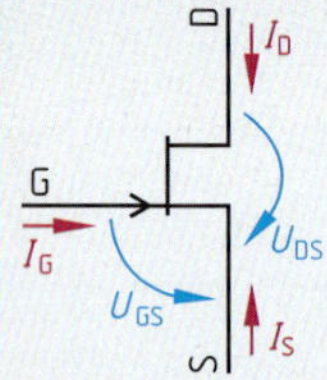
</td>
<td>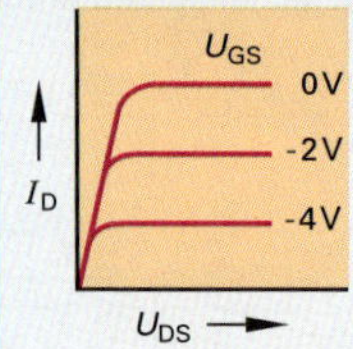
</td>
<td>Verstärkerschaltungen, Analogschalter, Vorverstärker Mikrofon, HF-Verstärker, Oszillatoren, Quarzoszillatoren, Mischstufen, Stellglieder bei Reglern.</td>
</tr>
<tr>
<td>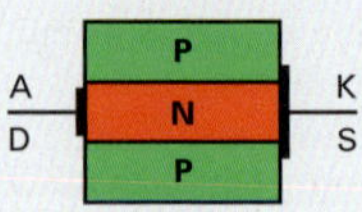

J-FET als Strombegrenzer</td>
<td>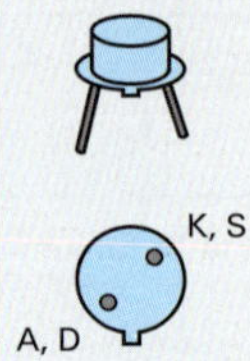
</td>
<td>Ersatzschaltung
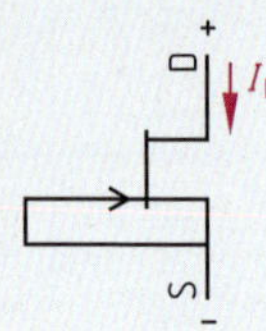
</td>
<td>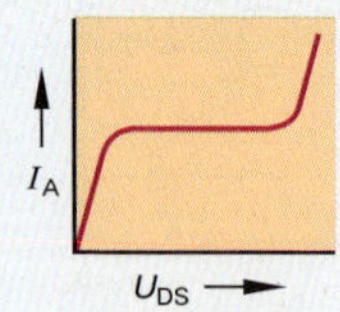
</td>
<td>Stabilisierung, Strombegrenzung.</td>
</tr>
<tr>
<td>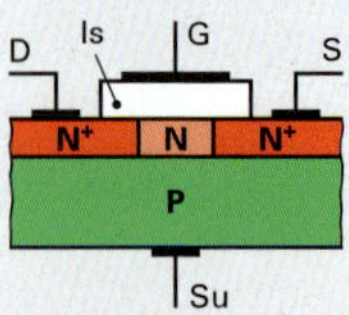

Selbstleitender IG-FET mit N-Kanal</td>
<td>
</td>
<td>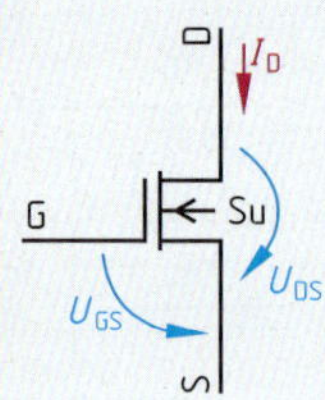
</td>
<td>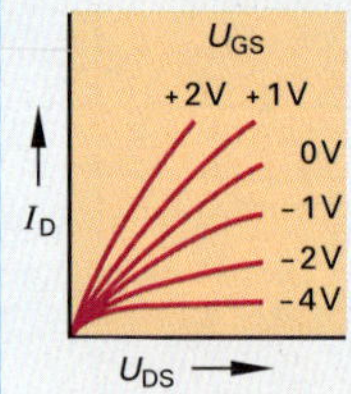
</td>
<td>Verstärkerschaltungen, insbesondere für Eingangsstufen, HF-Verstärker, Regelglieder, Leistungsverstärker.
Typische Grenzwerte für Leistungsverstärker:
U_{DS} = 50 V
U_{GS} = ± 20 V
I_D = 25 A
maximale Verlustleistung
P_{tot} = 75 W</td>
</tr>
<tr>
<td>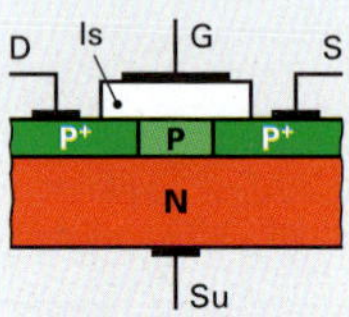

Selbstsperrender IG-FET mit P-Kanal</td>
<td>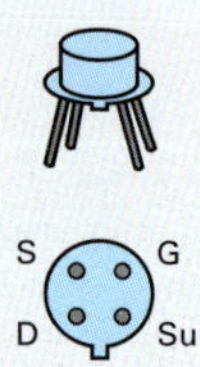
</td>
<td>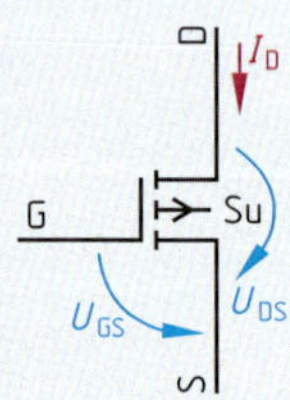
</td>
<td>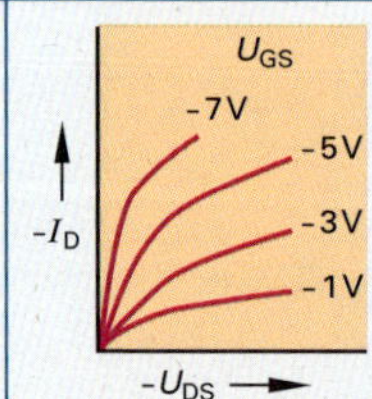
</td>
<td>In Operationsverstärkern, in integrierten Schaltungen.</td>
</tr>
<tr>
<td>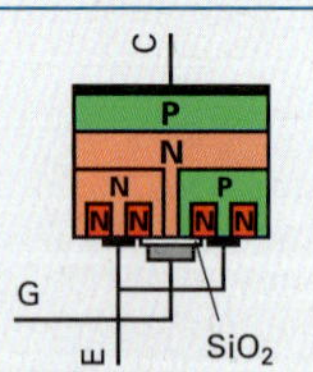

Selbstleitender IGBT</td>
<td rowspan="2">z. B. TO 220
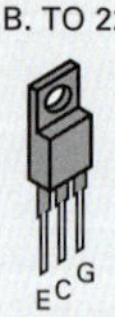

etwa M 1:2</td>
<td>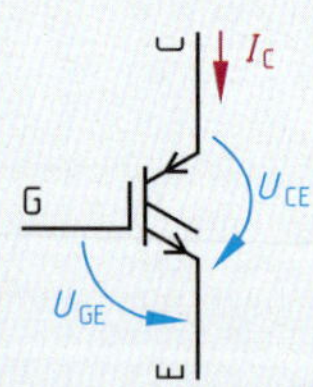
</td>
<td>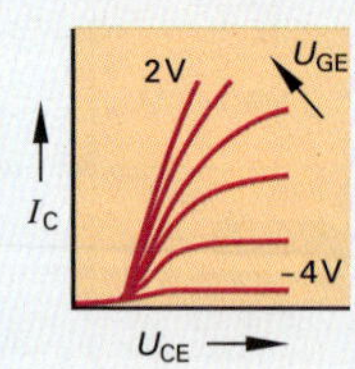
</td>
<td>IGBT von Insulated Gate Bipolar Transistor = Bipolarer Transistor mit isoliertem Gate.
U_{GE} von −4 V bis 2 V, $U_R \leq$ 1600 V, $I_F \leq$ 1 kA, Frequenzen bis 20 kHz.
In IGBT-Modulen sind oft Freilaufdioden oder Rückstromdioden enthalten.</td>
</tr>
<tr>
<td>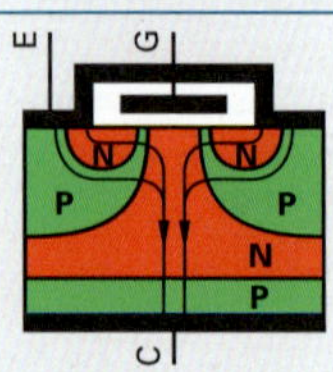

Selbstsperrender IGBT</td>
<td>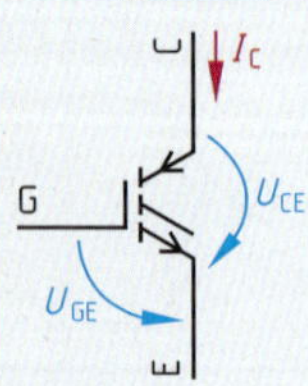
</td>
<td>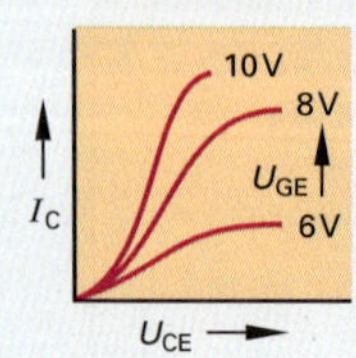
</td>
<td>U_{GE} von 6 V bis 10 V,
$U_R \leq$ 1600 V,
$I_F \leq$ 1 kA,
Frequenzen bis 20 kHz.
U_R Rückwärtsspannung (Sperrspannung)
I_F Vorwärtsstrom (Durchlassstrom)</td>
</tr>
<tr><td colspan="5">A Anode, C Kollektor, D Drain, E Emitter, G Gate, Is Isolierung mit SiO_2, K Katode, N N-dotiert, N+ stark N-dotiert, P P-dodiert, P+ stark P-dotiert, S Source, Su Substrat. Formelzeichen aus den Bildern erkennbar.</td></tr>
</table>

BM

Bipolare Transistoren Bipolar Transistors

Prinzip, Bezeichnung	Gehäuse (Beispiele)	Schaltzeichen, Bezugspfeile	Typische Kennlinie	Anwendungen, Bemerkungen
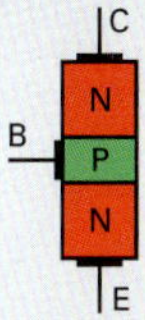 NPN-Transistor	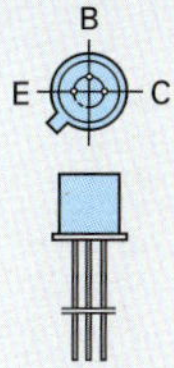	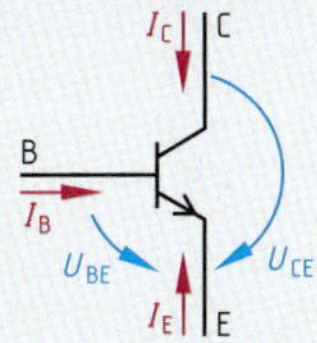	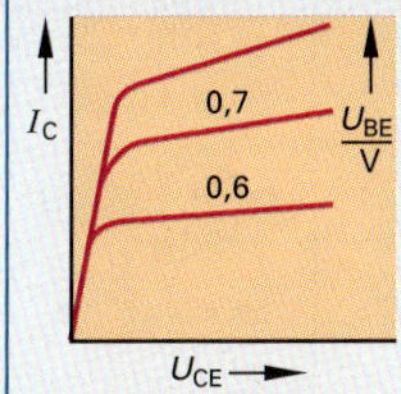	Verstärkerschaltungen, Oszillatoren, Leistungsstufen in Netzteilen. Typische Daten: $\beta = 100 \dots 500$ $B = 50 \dots 700$
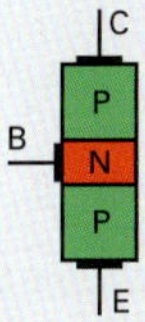 PNP-Transistor	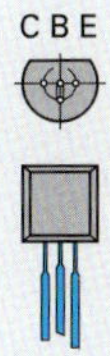	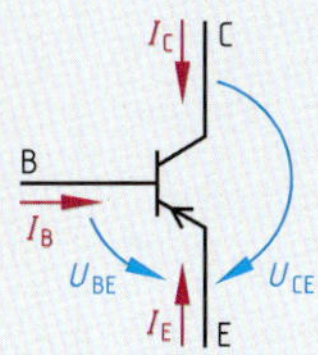	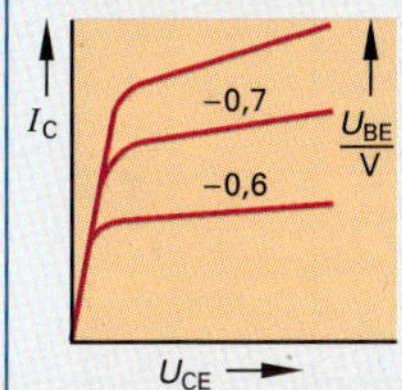	NPN-Transistoren: $I_C = 10\ \text{mA} \dots 30\ \text{A}$ $U_{BE} = 0{,}7\ \text{V}$ PNP-Transistoren: $I_C = -10\ \text{mA} \dots -30\ \text{A}$ $U_{BE} = -0{,}7\ \text{V}$
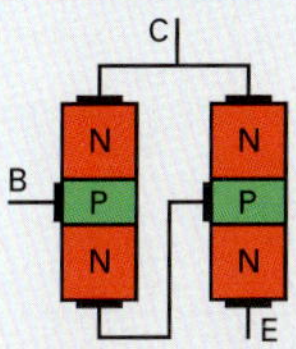 Darlington-Transistor		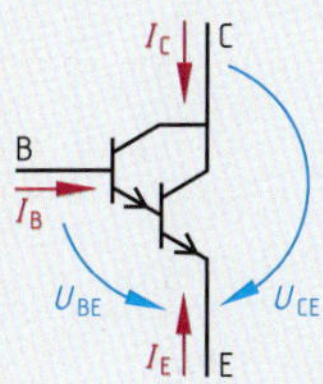	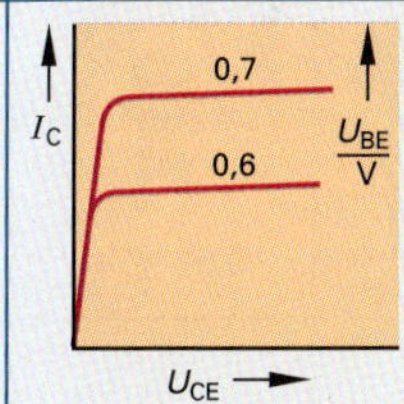	Leistungsverstärker für Relaissteuerungen, Motorsteuerungen Darlingtonstufen bestehen aus zwei Transistoren in einem Gehäuse.
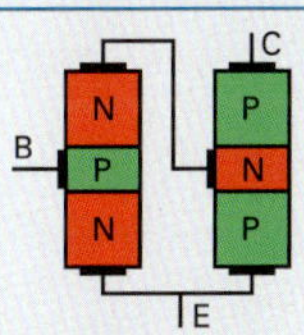 Komplementär-Darlington-Transistor	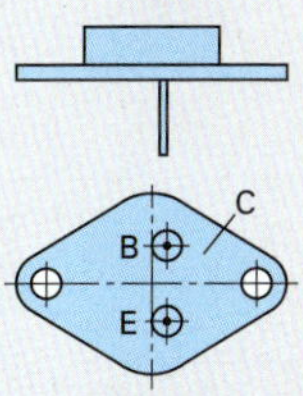	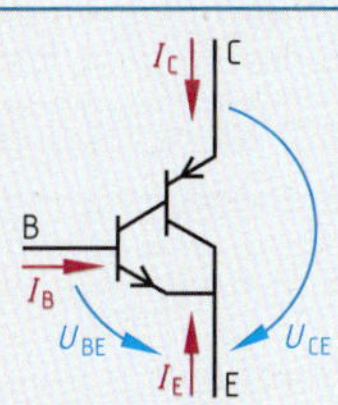	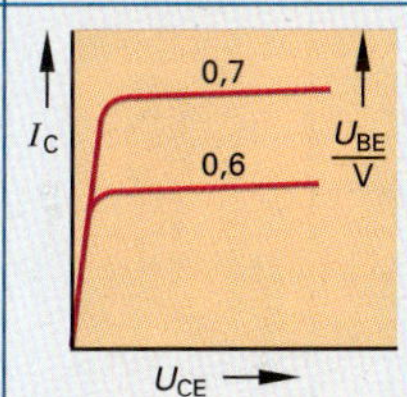	Der Stromverstärkungsfaktor ist sehr groß. Typische Daten: $\beta = 200 \dots 1000$ $B = 100 \dots 30\,000$ $I_C = 0{,}1\ \text{A} \dots 30\ \text{A}$
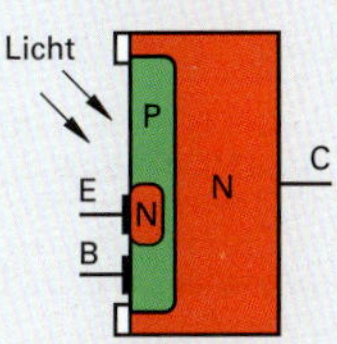 Foto-Transistor	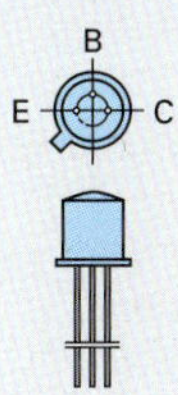	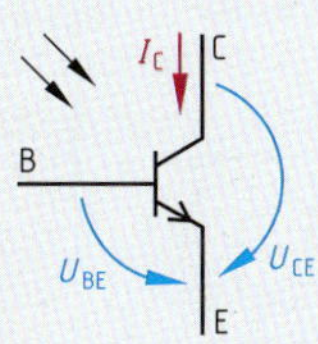	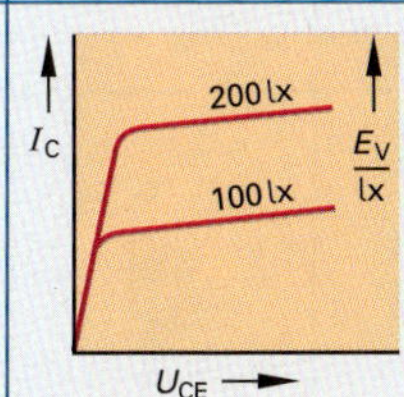	Optische Abtastung von Barcodes, Optokoppler. Fototransistoren gibt es mit und ohne Basisanschluss.
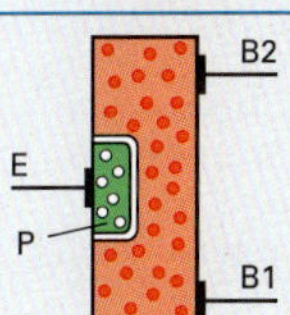 Doppelbasis-Transistor (UJT)	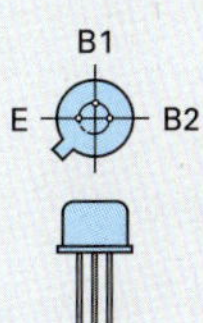	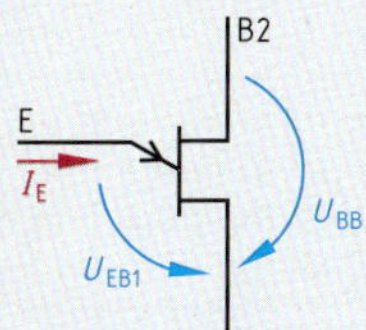	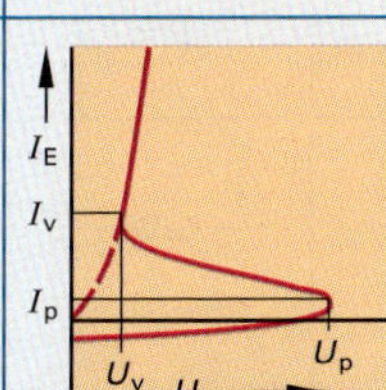	Zum Zünden von Thyristoren und in Kippschaltungen. I_v Talstrom I_p Höckerstrom U_v Talspannung U_p Höckerspannung

B Basis, B Gleichstromverhältnis, C Kollektor, E Emitter, E_v Beleuchtungsstärke, β Kurzschluss-Stromverstärkungsfaktor, I_C Kollektorstrom, UJT Unijunction Transistor

Thyristoren und Triggerdiode Thyristors and Trigger Diode

Prinzip, Bezeichnung	Gehäuse (Beispiele)	Schaltzeichen, Bezugspfeile	Typische Kennlinie	Anwendungen, Bemerkungen
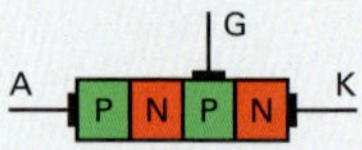 P-Gate-Thyristor	z. B. TO 48 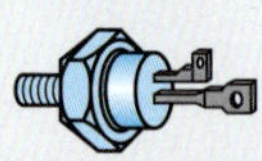 bis etwa M 1:5	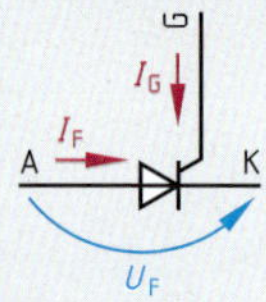 A an Gehäuse	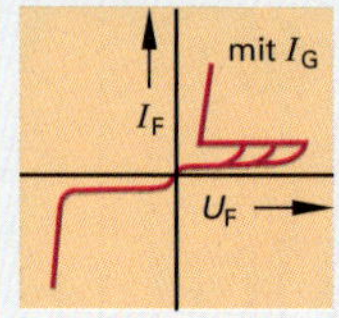	Steuerbarer Gleichrichter, kontaktloser Wechselstromschalter. von 100 V bis 8000 V 0,4 A bis 4500 A Scheibenthyristor für höchste Leistungen, meist mit Wasserkühlung
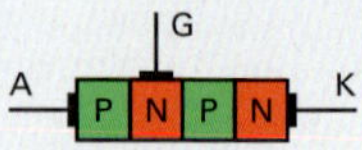 N-Gate-Thyristor	z. B. TO 66  etwa M 1:2	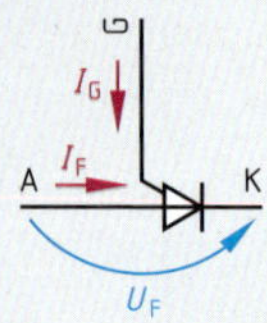	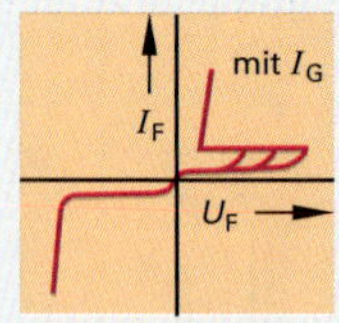	Wie P-Gate-Thyristor, jedoch nur für kleinere Leistungen. Beschaltet mit Spannungsteiler als PUT bezeichnet (Programmierbarer UJT).
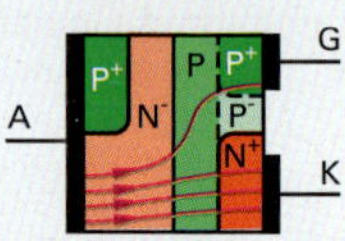 GTO-Thyristor	z. B. TO 39 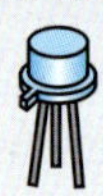 etwa M 1:1	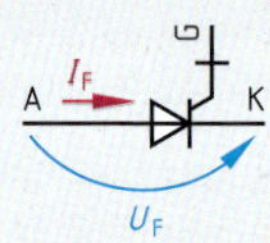	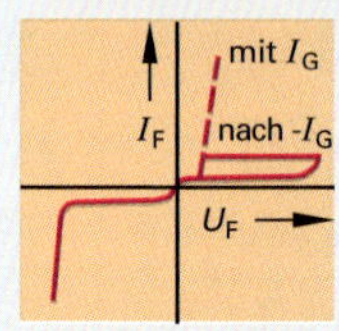	Abschaltbarer kontaktloser Schalter für Gleichstrom, z. B. in Stromrichtern mit Pulsweitenmodulation. von 100 V bis 4500 V 1 A bis 3000 A
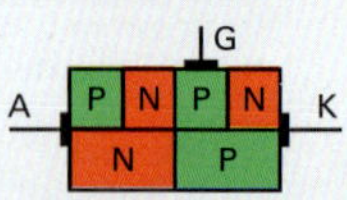 Rückwärts leitender Thyristor	z. B TO 220  etwa M 1:2	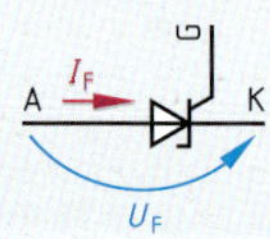	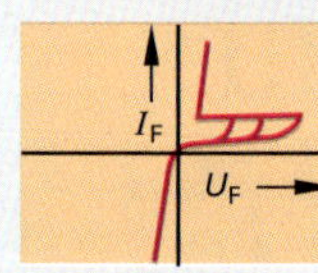	Für Wechselrichterschaltungen an Stelle von P-Gate-Thyristor mit gegenparalleler Diode.
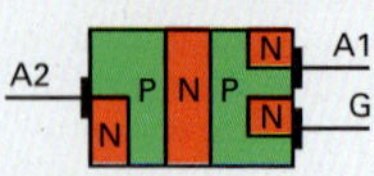 Triac		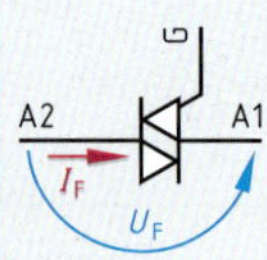	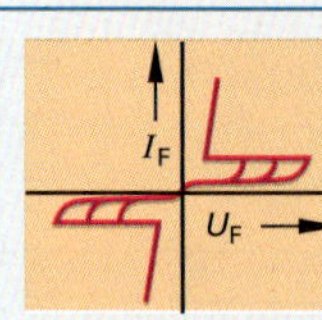	Wechselstromsteller für Dimmer und Drehzahlsteller bei Elektrowerkzeugen. von 100 V bis 1200 V 1 A bis 120 A
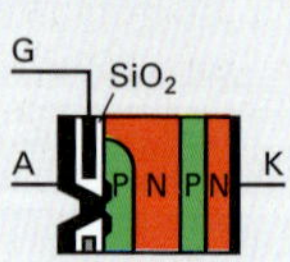 Gategesteuerter Thyristor MCT	z. B. TO 126  etwa M 1:2	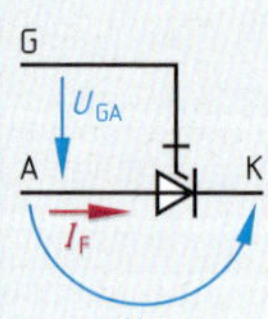	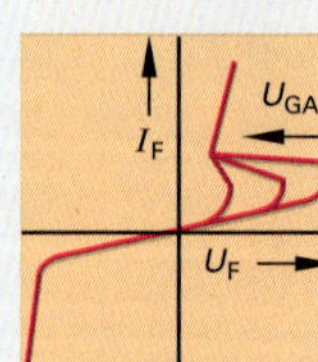	MCT von MOS-Controlled-Thyristor = MOSFET-gesteuerter Thyristor. Enthält einen FET zum Einschalten (U_{GA} < 0) und einen FET zum Ausschalten (U_{GA} > 0). U_{GA} muss dauernd anstehen. $U_F \leq 1{,}5$ V, $U_R \leq 1{,}6$ kV, $I_F \leq 800$ A.
 Diac	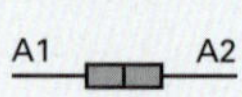 etwa M 2:1	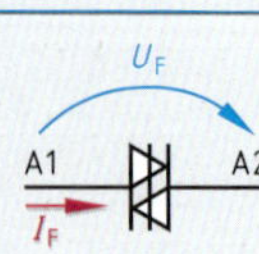	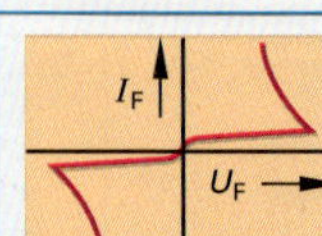	Triggerdiode, z. B. für Triacs. Schaltspannung 35 V 1 mA bis 10 mA

A Anode, A1 Hauptanschluss 1, A2 Hauptanschluss 2, G Gate, GA anodenseitiges Gate, GK katodenseitiges Gate, GTO von Gate Turn Off = über Gate abschaltbar, K Katode, UJT Unijunction Transistor = Transistor mit einer Sperrschicht, I_F Vorwärtsstrom, I_G Gatestrom, U_F Vorwärtsspannung.

BM

Fotoelektronische Bauelemente Opto-Electronic Components

Schaltzeichen, Bezugspfeile	Typische Kennlinie	Daten	Anwendungen
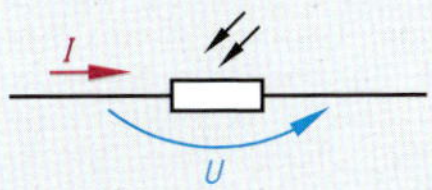 **Fotowiderstand**	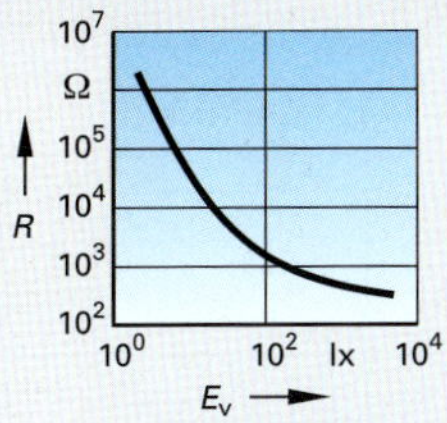	Dunkelwiderstand > 10 MΩ nach 10 s, Hellwiderstand < 1 kΩ, Betriebsspannung bis 300 V, Temperaturbereich −20 °C bis +80 °C, Belastbarkeit bis 500 mW.	Bei Gleichspannung und Wechselspannung. CdS- und CdSe-Zellen für den sichtbaren Strahlungsbereich, PbS- und InSb-Zellen für den Infrarotbereich. Für Beleuchtungsstärkemesser.
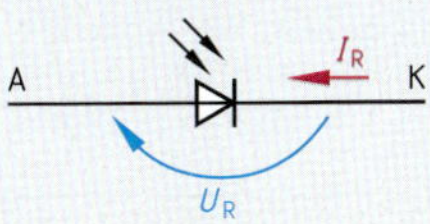 **Fotodiode**	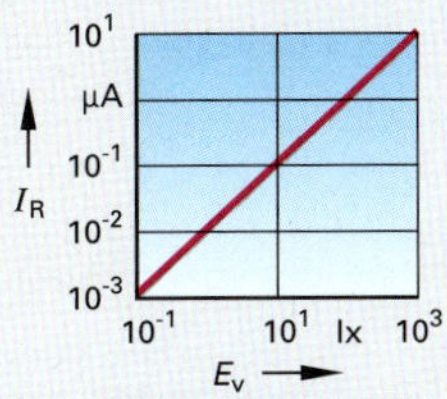	Maximale Empfindlichkeit: Si bei 800 nm bis 850 nm, Ge bei 1,5 μm, Betriebsspannung bis 10 V, Grenzfrequenz 10 MHz, Verlustleistung bis 100 mW, stark temperaturabhängig.	Für Messzwecke, in Optokopplern, bei Datenübertragung.
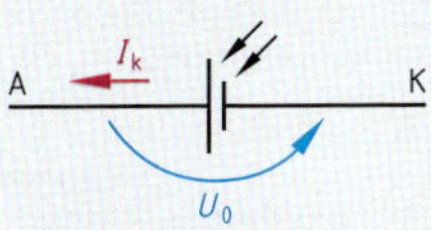 **Fotoelement**	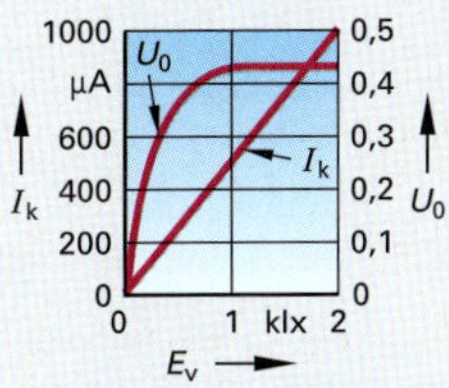	Leerlaufspannung bei 1 klx Si: $U_0 \approx 0{,}4$ V, GaAs: $U_0 \approx 0{,}9$ V, Se: $U_0 \approx 0{,}3$ V. Solarzellen aus polykristallinem Si: $U_0 \approx 0{,}55$ V; $P \approx 10$ mW/cm²; $\eta \approx 10\%$	Parallelschaltung erhöht die Stromstärke, Reihenschaltung die Spannung. Bei Solargeneratoren Leistungen bis in den kW-Bereich.
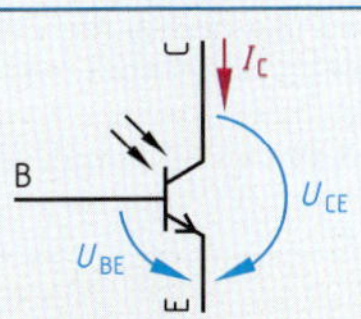 **Fototransistor**	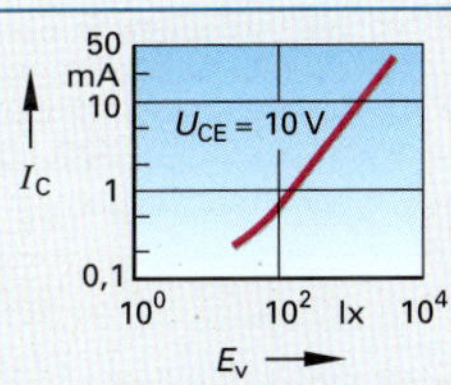	Sperrspannung 30 V, Verlustleistung 300 mW, Grenzfrequenz 0,5 MHz, Fotoempfindlichkeit bis 500-mal höher als bei Fotodioden.	Optische Signalübertragung und Datenübertragung, in Optokopplern, Lichtschranken.
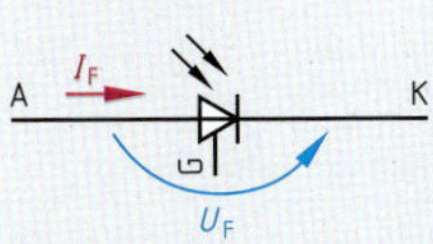 **Fotothyristor**	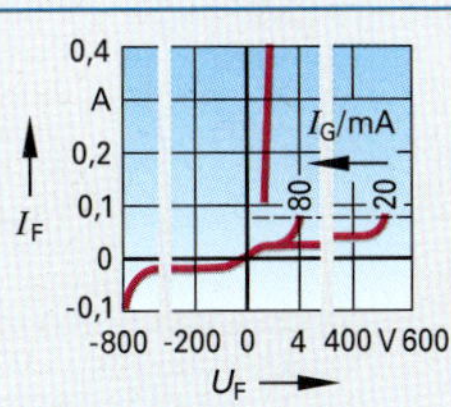	Durchlassstrom bis 10 A, sicheres Zünden bei ≈ 1000 lx. Grenzfrequenz ≈ 1 kHz, Verlustleistung bis 0,5 W.	Strahlungsgesteuerter elektronischer Schalter zum Schalten großer Ströme, z. B. in der Hochspannungstechnik. Auch zur galvanischen Trennung zusammen mit LED bzw. IRED in Optokopplern.
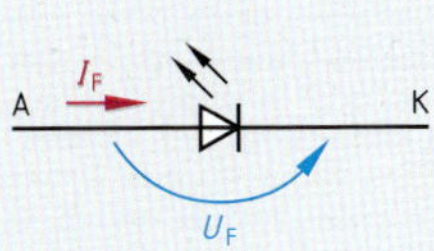 **LED, IRED**	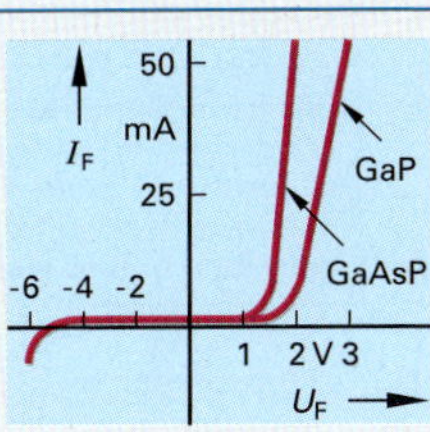	LED: Durchlassstrom bis 100 mA, Durchlassspannung bis 2 V je nach Farbe. Farben: rt, ge, or, gn, bl. Grenzfrequenz ≈ 20 MHz, Lebensdauer bei $I_F = 15$ mA etwa 10^5 h. IRED: Strahldichte bis 200 kW/(sr · cm²)	LED = Licht emittierende Diode: Ziffernanzeige, Signal- und Anzeigelampen. IRED = Infrarot emittierende Diode: In Optokopplern, Lichtschranken. Werkstoff: GaAs, GaAsP, GaAlAs, GaN, InGaN.

A Anode, B Basis, C Kollektor, E Emitter, E_v Beleuchtungsstärke, G Gate, I_C Kollektorstrom, I_F Durchlassstrom, I_k Kurzschlussstrom, I_R Rückwärtsstrom, K Katode, P Leistung, U_{BE} Basis-Emitterspannung, U_{CE} Kollektor-Emitterspannung, U_F Vorwärtsspannung, U_R Rückwärtsspannung, η Wirkungsgrad.

BM

Bauelemente für Überspannungsschutz Surge Protection Components

Art	Schaltung, Ansicht	Kennlinie	Bemerkungen
Bauelemente gegen Schaltüberspannungen			
RC-Element	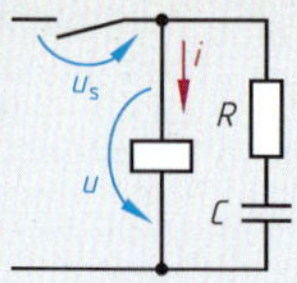	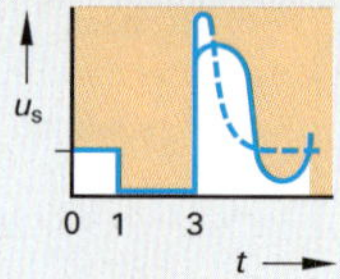	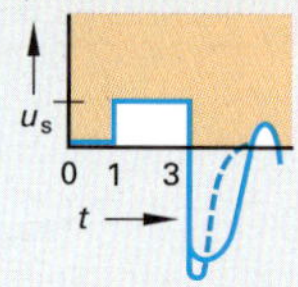 Die beim Schalten entstehende Überspannung lädt den Kondensator auf, der sich über R und die Spule entlädt. RC-Element oft ersetzt durch Varistor. Anwendung insbesondere bei AC.
Freilaufdiode	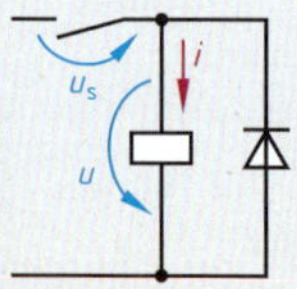	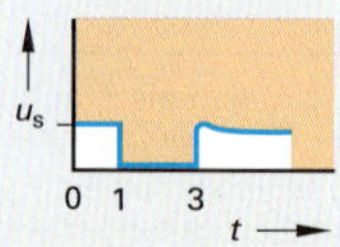	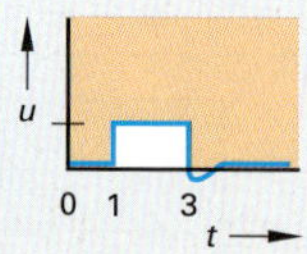 Die beim Schalten von Induktivitäten, z.B. Schützspulen, entstehende Spannung bewirkt ein Weiterfließen des Stromes bis zum Abklingen. Anwendung nur bei DC.
Bauelemente gegen Netzüberspannungen und Schaltüberspannungen			
Varistor	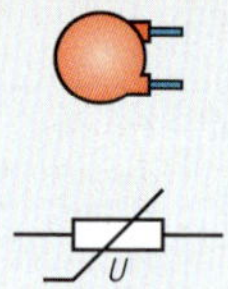	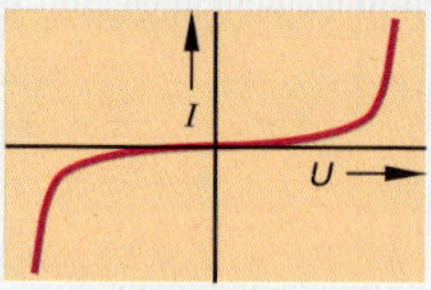	Varistoren sind VDR-Widerstände (Seite 204). Sie haben eine symmetrische I(U)-Kennlinie und sind robust, werden aber nicht so schnell leitend wie gasgefüllte Überspannungsableiter, Funkenstrecken oder Suppressordioden. Im leitenden Zustand treten je nach Netzimpedanz große Ströme auf. Abhilfe durch thermische Trenneinrichtung.
Suppressordiode Silicium-Überspannungsableiter	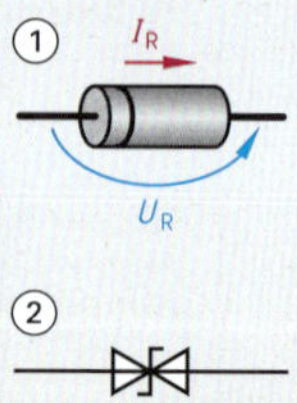	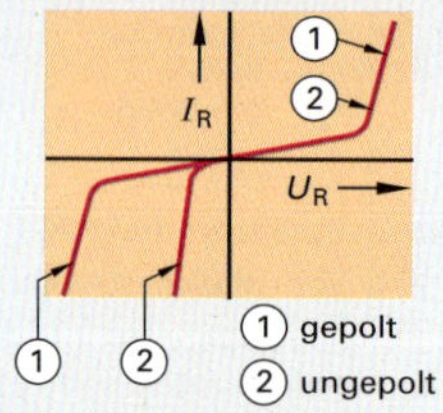	Die Suppressordiode (lat. suppressor = Unterdrücker) verhält sich wie eine Z-Diode, kann aber mit einem höheren Strom belastet werden (je nach Typ bis 100 A). Die ungepolte Suppressordiode besteht im Prinzip aus zwei gegeneinander geschalteten gepolten Suppressordioden. Ansprechspannungen bis 3 kV. Der Silicium-Überspannungsbegrenzer hat einen PNP-Aufbau.
Bauelemente gegen Netzüberspannungen			
gasgefüllte Überspannungsableiter	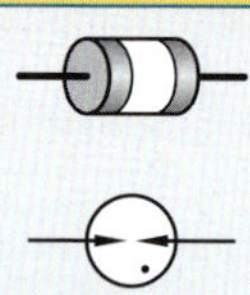	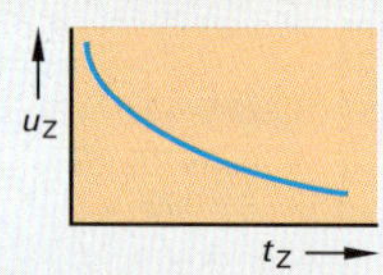	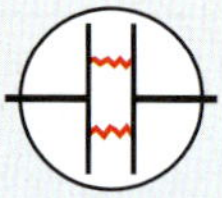 Zwei Plattenelektroden sind in einem mit Edelgas gefüllten Rohr. Je nach Typ erfolgt Zündung bei Spannungen von 70 V bis einige Hundert V. Der folgende Lichtbogen erlischt danach von selbst (Selbstlöschung).
getriggerte gasgefüllte Überspannungsableiter	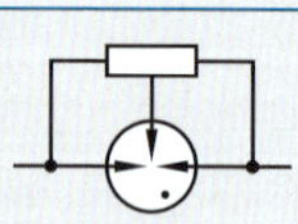	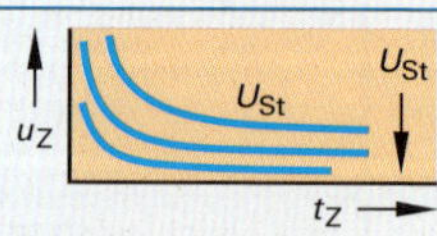	Zwischen den beiden Plattenelektroden liegt eine Zündelektrode, die über eine Elektronik dauernd an Spannung liegt. Mit der Höhe dieser Spannung ist die Ansprechspannung des Überspannungsableiters einstellbar.
Funkenstrecken (Blitzstromableiter)	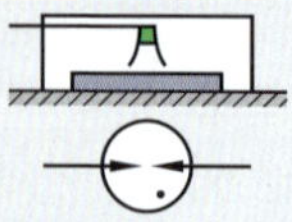	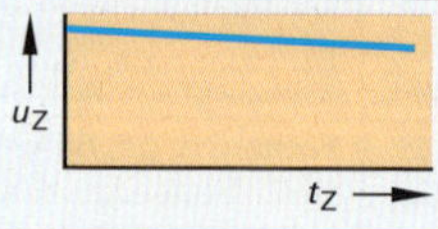	Bei genügend hoher Überspannung erfolgt die Zündung der gekapselten oder offenen Funkenstrecken am Ende vom Isoliersteg. Der Lichtbogen wird zum offenen Ende der Funkenhörner getrieben und an der Prallplatte zerschmettert.

BOD	von Break-Over-Diode = Durchbruchdiode	U, u	Spannung
I, i	Stromstärke	U_{BO}	Kippspannung (Spannung, bei der die BOD leitend wird)
I_D	Blockierstrom (Strom in Vorwärtsrichtung ohne Zündung)	U_F	Vorwärtsspannung
I_F	Vorwärtsstrom	U_R	Rückwärtsspannung
I_R	Rückwärtsstrom	u_S	Schalterspannung
t_Z	Zündimpulsdauer	u_Z	Zündspannung

BM

Schaltung, Kennlinie	Erklärung	Bemerkungen

Differenzverstärker

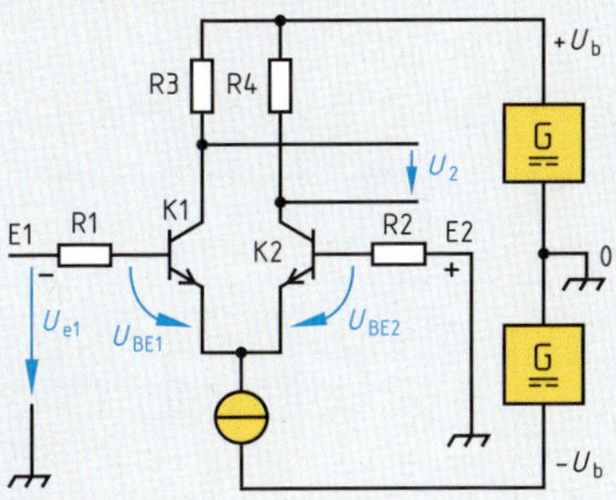

Differenzverstärker als Invertierer geschaltet

Ein Differenzverstärker besteht aus zwei Transistorstufen mit einer gemeinsamen Konstantstromquelle. R3 und K1 sowie R4 und K2 lassen sich als Zweige einer Brückenschaltung auffassen. Die Basis E2 des Transistors K2 wird an Masse gelegt. Die zweite Basis dient als Eingang E1. Durch Anlegen einer kleinen Spannung an E1 wird K1 angesteuert, d. h. sein Durchlasswiderstand ändert sich. Dadurch ändern sich gleichzeitig U_{BE2} gegensinnig und damit auch der Widerstand von K2. Die Ausgangsspannung U_2 ist proportional zur Differenz der Eingangsspannungen an E1 und E2. Je nach Eingangssignal liegt die Ausgangsspannung zwischen einem positiven oder negativen Maximalwert ($\pm U_b$).

Meist werden zur Spannungsversorgung zwei Spannungsquellen benötigt (z. B. $U_b = \pm 15$ V).

Die Eingänge werden nach ihrer Wirkung auf den Ausgang als −Eingang (invertierender Eingang) oder +Eingang (nicht invertierender Eingang) bezeichnet.

Die Eingangsströme können bei bipolaren Transistoren bis zu 100 µA betragen, bei Feldeffekttransistoren weniger als 10 pA.

Die meisten Verstärker-IC haben als erste Stufe eine Differenzverstärkerschaltung.

Verhalten des Operationsverstärkers

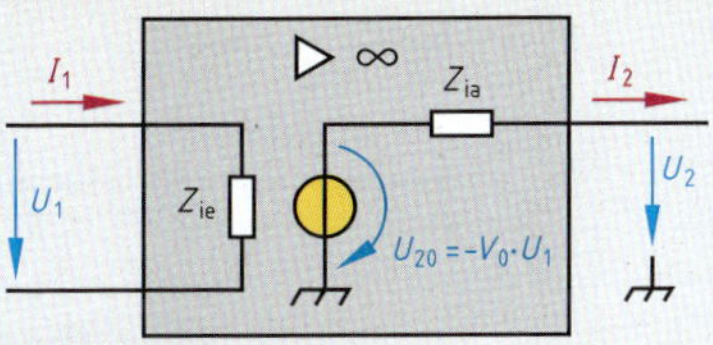

Ersatzschaltung des Operationsverstärkers

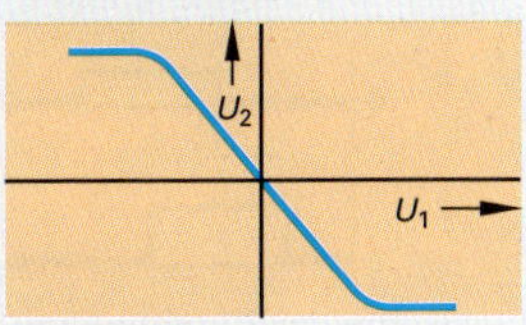

Ausgangsspannung U_2 des Invertierers als Funktion von U_1

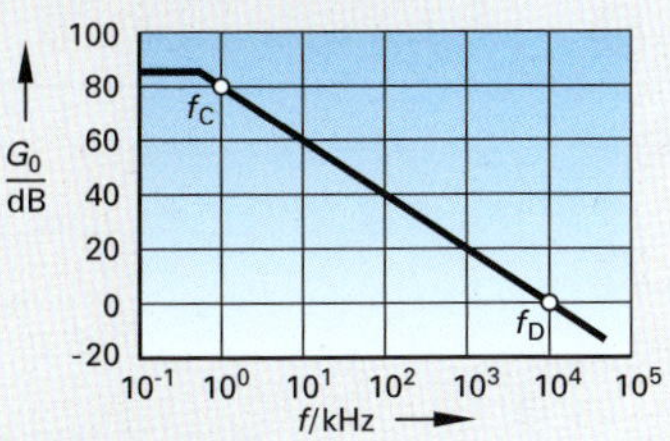

Frequenzverhalten

Ein Operationsverstärker besteht meist aus einem Differenzverstärker als Eingangsschaltung und mehreren gleichspannungsgekoppelten Verstärkerstufen, sodass sein Leerlaufverstärkungsfaktor V_0 sehr groß ist. Selbst sehr kleine Eingangsspannungen bewirken recht große Ausgangsspannungsänderungen, die nur durch U_b begrenzt werden. Daher wird der Operationsverstärker beschaltet.

Ein Operationsverstärker wirkt invertierend, da U_2 positiv bei negativer Ansteuerung an E1 ist. Der Eingang E1 erhält im Schaltzeichen deshalb ein Minuszeichen. Ein Operationsverstärker wirkt dann nicht invertierend, wenn bei positiver Ansteuerung an E2 auch die Ausgangsspannung U_2 positiv ist.

Infolge interner Phasendrehung bei hohen Frequenzen besteht Schwingneigung. Daher ist eine Reduzierung der Verstärkung um 20 dB/Dekade notwendig. Es wird dazu eine Gegenkopplung mit einer RC-Schaltung verwendet. Meist ist diese bereits im IC vorhanden.

Kenngrößen

Größe	Typischer Wert	Näherung
V_0	10^4 bis 10^6	∞
Z_{ie}	100 kΩ bis 10^3 GΩ	∞
Z_{ia}	10 Ω bis 5 kΩ	0

Schaltzeichen und Formelzeichen

DIN-Form

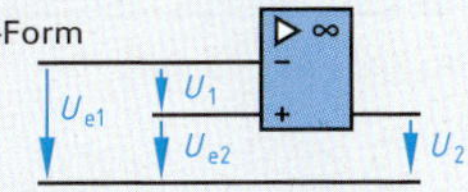

übliche Form

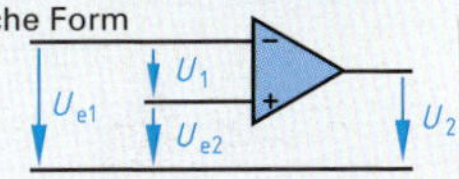

$$Z_{ie} = \frac{U_1}{I_1} \quad (1)$$

$$Z_{ia} = \frac{\Delta U_2}{\Delta I_2} \quad (2)$$

$$V_0 = \frac{U_2}{U_1} \quad (3)$$

$$G_0 = 20 \lg \frac{U_2}{U_1} \quad (4)$$

$$G_{CM} = 20 \lg \frac{U_2}{U_{1CM}} \quad (5)$$

$$f_c = \frac{f_D}{V} \quad (6)$$

f_c	Grenzfrequenz (c von cut-off)
f_D	Durchtrittsfrequenz
G_0	Leerlauf-Spannungsverstärkungsmaß in dB
G_{CM}	Gleichtaktverstärkungsmaß in dB
I_1	Eingangsstrom
I_2	Ausgangsstrom
U_{e1}, U_{e2}	Eingangsspannungen
U_1	Differenzeingangsspannung
U_2	Differenzausgangsspannung
U_{1CM}	Eingangsspannung bei gleichphasiger Ansteuerung beider Eingänge
U_b	Betriebsspannung
V	Spannungsverstärkungsfaktor
V_0	Leerlauf-Spannungsverstärkungsfaktor
Z_{ie}	Eingangsinnenwiderstand bei Differenzansteuerung
Z_{ia}	Ausgangsinnenwiderstand
Δ	Zeichen für Differenz

Schaltungen mit Operationsverstärkern Circuits with Operational Amplifiers

Schaltung	Formeln	Spannungsverläufe
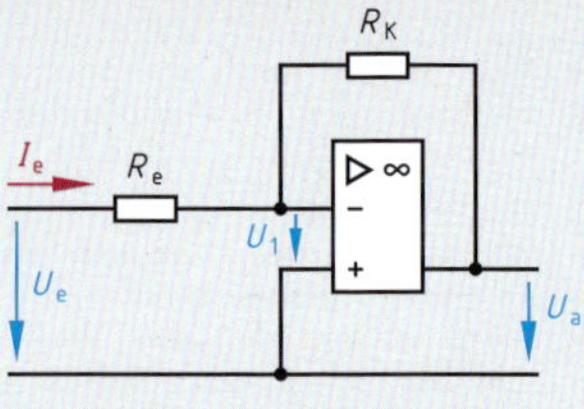 **Invertierer, Umkehrverstärker**	$U_1 \approx 0$ $I_e \cdot R_K + U_a - U_1 = 0$ $I_e \cdot R_e + U_1 = U_e$ $U_a = -I_e \cdot R_K$ $U_e = I_e \cdot R_e \Rightarrow U_a/U_e = -R_K/R_e$ $U_a = -\frac{R_K}{R_e} \cdot U_e$ **1** $V_u = \frac{U_a}{U_e}$ **2** Minuszeichen bedeutet Invertieren.	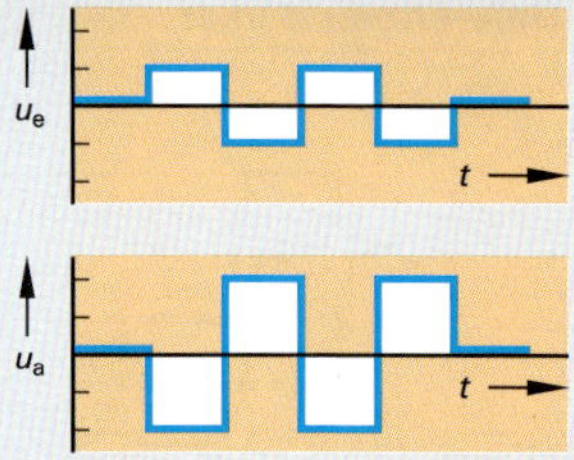
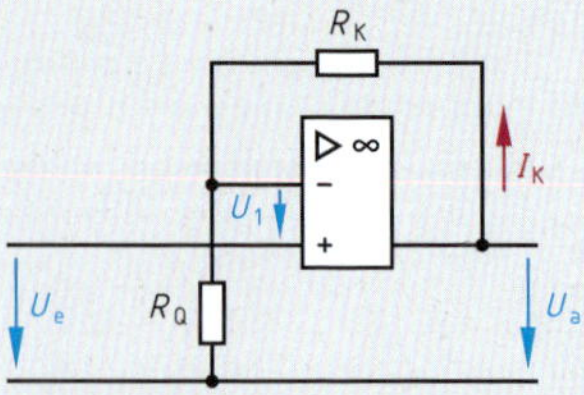 **Nichtinvertierer**	$U_1 \approx 0$ $U_e = -I_K \cdot R_Q$ $U_a = -I_K\,(R_Q + R_K)$ $\frac{U_a}{U_e} = 1 + \frac{R_K}{R_Q}$ **3** $V_u = 1 + \frac{R_K}{R_Q}$ **4** Pluszeichen am Symbol bedeutet Nichtinvertieren.	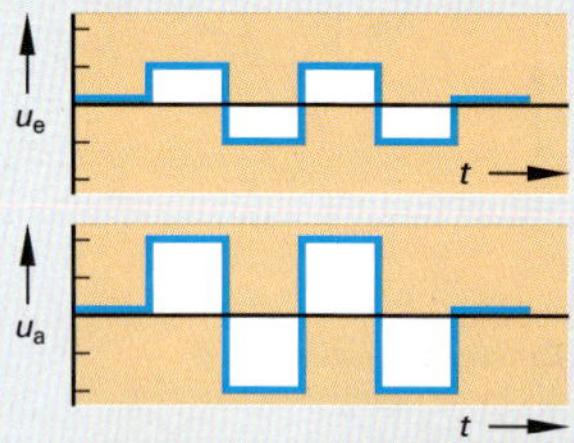
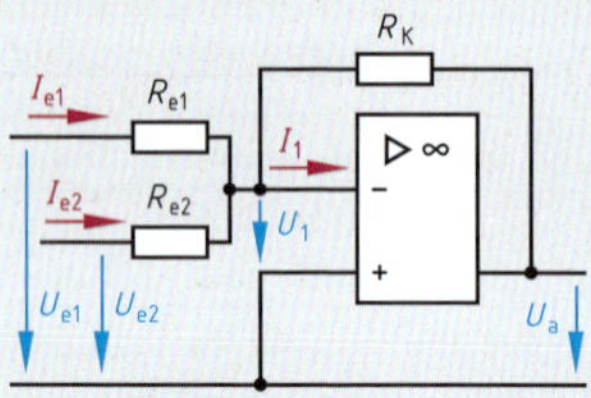 **Summierverstärker**	$U_{e1} = I_{e1} \cdot R_{e1} + U_1$ $U_{e2} = I_{e2} \cdot R_{e2} + U_1$ $U_1 = R_K\,(I_{e1} + I_{e2}) + U_a$ $U_1 \approx 0;\ I_1 \approx 0$ $U_a = -R_K\,(I_{e1} + I_{e2})$ $U_a = -\left[\frac{R_K}{R_{e1}} \cdot U_{e1} + \frac{R_K}{R_{e2}} \cdot U_{e2}\right]$ **5**	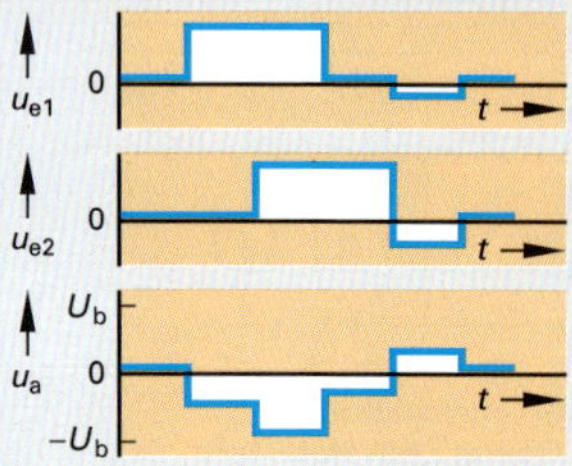
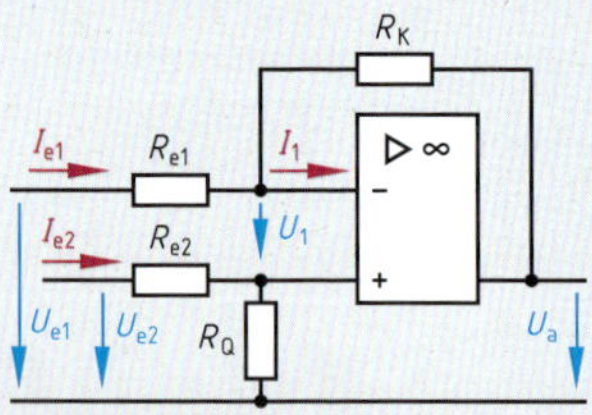 **Subtrahierverstärker**	$U_1 \approx 0;\ I_1 \approx 0$ $U_{e1} - U_{e2} = I_{e1} \cdot R_{e1} - I_{e2} \cdot R_{e2}$ $I_{e1} = (U_{e1} - U_a)/(R_{e1} + R_K)$ $I_{e2} = U_{e2}/(R_{e2} + R_Q)$ $U_a = \frac{R_Q(R_{e1}+R_K)}{R_{e1}(R_{e2}+R_Q)} \cdot U_{e2} - \frac{R_K}{R_{e1}} \cdot U_{e1}$ **6**	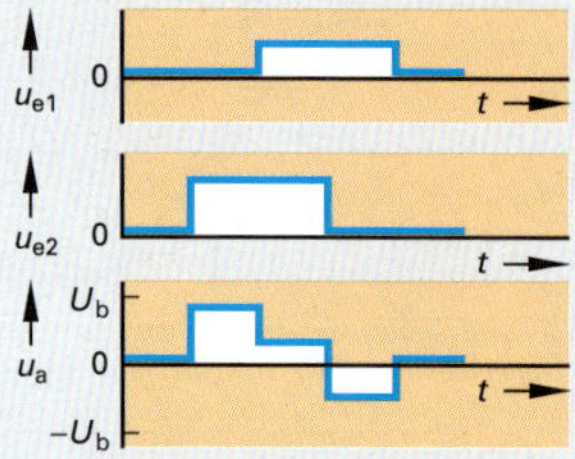
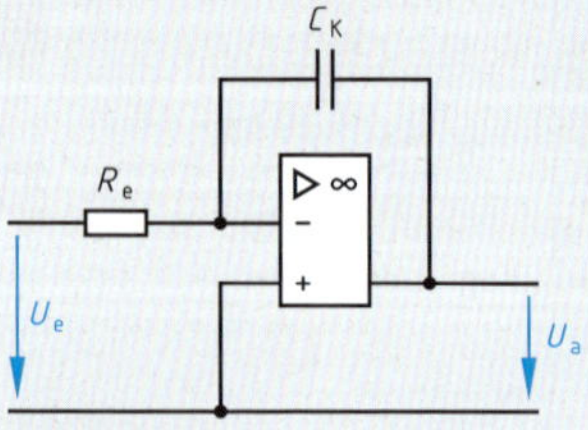 **Integrierer**	Für nicht sinusförmige Größen: $\Delta U_a = -\frac{U_e}{C_K \cdot R_e} \cdot \Delta t$ **7** Für sinusförmige Größen: $\frac{U_{a\sim}}{U_{e\sim}} = -\frac{X_C}{R_e}$ $U_{a\sim} = -\frac{1}{R_e \cdot \omega \cdot C_K} \cdot U_{e\sim}$ **8**	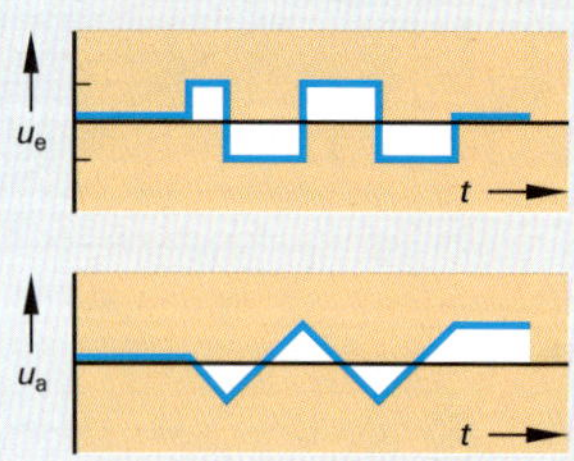

I_e Eingangsstrom, I_K Kopplungsstrom, R_e Eingangswiderstand, R_K Rückkopplungswiderstand, R_Q Querwiderstand, U_1 Spannung zwischen invertierendem und nicht invertierendem Eingang, U_a Ausgangsspannung, $U_{a\sim}$ Ausgangswechselspannung, U_e Eingangsspannung, $U_{e\sim}$ Eingangswechselspannung, V_u Spannungsverstärkungsfaktor, X_C kapazitiver Blindwiderstand

Elektrische Analogmesswerke Electrical Analog Meters

Ansicht, Name	Aufbau	Wirkungsweise	Eigenschaften
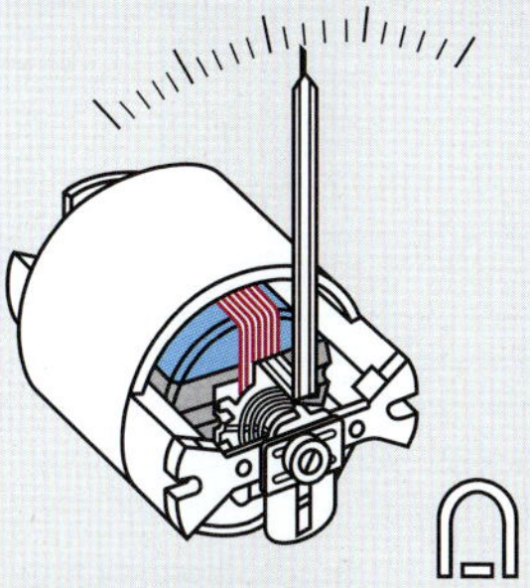 **Drehspulmesswerk**	Drehspule, auf Aluminiumrahmen gewickelt, im homogenen Magnetfeld zwischen zylindrischem Dauermagnet und äußerem Weicheisenrohr. Zeiger fest mit Drehspule verbunden. Stromzuführung über gegensinnig gewickelte Spiralfedern (Spitzenlagerung) oder Spannband (keine Lagerreibung).	Spulenstrom (Messstrom oder Teil davon) verursacht proportionales Kraftmoment (Drehmoment), das die Spule so weit dreht, bis das von den Federn oder von den Spannbändern erzeugte Rückstellmoment gleich groß ist. Dämpfung des Zeigerausschlags durch Wirbelströme im Aluminiumrahmen.	Eignet sich zur Messung von Gleichstrom und Gleichspannung (lineare Skale). Richtung des Zeigerausschlags abhängig von Stromrichtung (Nullpunkt in Skalenmitte möglich). Messwerk misst arithmetischen Mittelwert. Kleiner Eigenverbrauch: 1 µW bis 100 µW. Für Wechselstrommessung Gleichrichtung nötig.
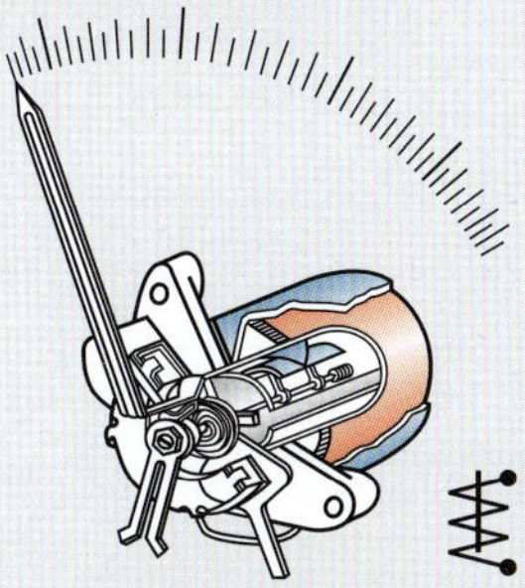 **Dreheisenmesswerk**	In feststehender Spule festes, trapez- oder dreieckförmiges Weicheisenplättchen und drehbar gelagertes zweites Plättchen, das über einen Hebelarm mit der Zeigerachse verbunden ist. Gegenmoment durch Spiralfeder und Spannband. Keine beweglichen stromführenden Teile.	Spulenstrom (Messstrom) magnetisiert die Weicheisenplatten gleichsinnig, die sich dadurch abstoßen. Ändert sich die Stromrichtung, stoßen sich die Platten ebenfalls ab. Entstehendes Kraftmoment spannt die Spiralfeder. Luftkammerdämpfung lässt Zeigerschwingungen rasch abklingen.	Messwerk misst Effektivwert. Für Gleich- und Wechselstrom geeignet. Gleichmäßige Skalenteilung beginnt erst nach dem 1. oder 2. Zehntel der Skale. Mechanisch und elektrisch robust . Bis zum 10-fachen Bemessungsstrom überlastbar. Hoher Eigenverbrauch (0,5 VA bis 1 VA als Strom- und 2 VA bis 5 VA als Spannungsmesser).
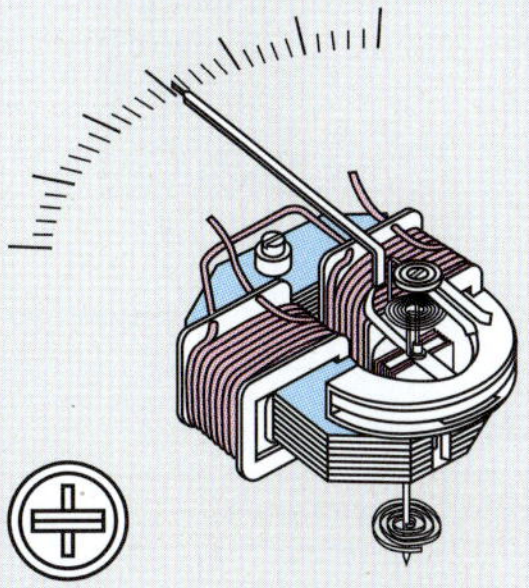 **Elektrodynamisches Messwerk**	Drehspule im Feld eines Elektromagneten. Feststehende Spule beim eisengeschlossenen Messwerk auf geblättertem Weicheisenkern. Gegensinnig gewickelte, spiralförmige Stromzuführungsfedern liefern entgegengesetztes Kraftmoment. Für Gleichstrom und Wechselstrom geeignet.	Messwerk misst Produkt aus Strom durch feststehende Spule und Strom durch Drehspule (Leistungsmesser: Feststehende Spule als Strompfad und Drehspule als Spannungspfad). Auch für Wechselstrom geeignet, weil sich die Stromrichtung gleichzeitig in beiden Pfaden ändert. Zeiger stellt sich durch Luftkammerdämpfung überschwingungsfrei ein.	Skalenteilung fast linear. Zeiger stellt sich wegen Trägheit des beweglichen Teils auf arithmetischen Mittelwert ein. Misst als Leistungsmesser die Wirkleistung, weitgehend unabhängig von Frequenz und Kurvenform des Wechselstroms. Eigenverbrauch des Strompfades etwa 0,3 W, des Spannungspfades wenige mW.
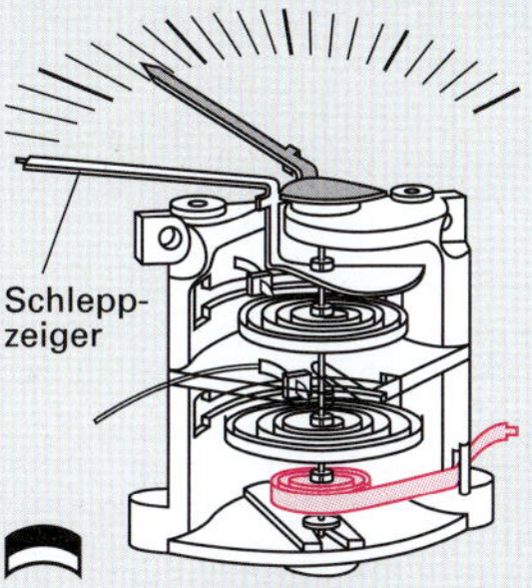 **Bimetallmesswerk**	Zeigerachse ist mit einer Bimetall-Spiralfeder verbunden, die aus zwei Metallen unterschiedlicher Wärmedehnung besteht. Auf gleicher Achse sind eine oder zwei Bimetall-Kompensations-Federn angebracht, die aber im entgegengesetzten Drehsinn an der Achse angreifen.	Der durchfließende Strom erwärmt die Bimetall-Spiralfeder und dreht sie auf. Die entgegengesetzt wirkenden, stromlosen Bimetall-Kompensations-Federn gleichen den Einfluss der Umgebungstemperatur aus. Die Achse kann wegen des erzeugten hohen Kraftmoments den Schleppzeiger für Höchstwertanzeige mitnehmen.	Messwerk zeigt unabhängig von Stromart, Frequenz und Kurvenform den Effektivwert an. Eigenverbrauch etwa 1 VA. Thermisch träge (Einstell- und Beruhigungszeit 10 min bis 15 min). Eignet sich zum Überwachen der Belastung von Kabeln und Transformatoren. Kurzzeitige Stromspitzen beeinflussen die Anzeige nicht (Messunsicherheit 2,5%).

Leistungsmessgeräte Wattage Meters

Schaltungen von Wirkleistungsmessgeräten

Schaltung
AC: 3200
DC: 1210

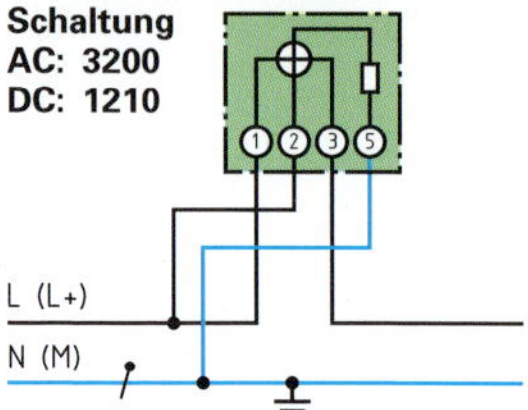

für Einphasenwechselstrom oder Gleichstrom

Schaltung
4251

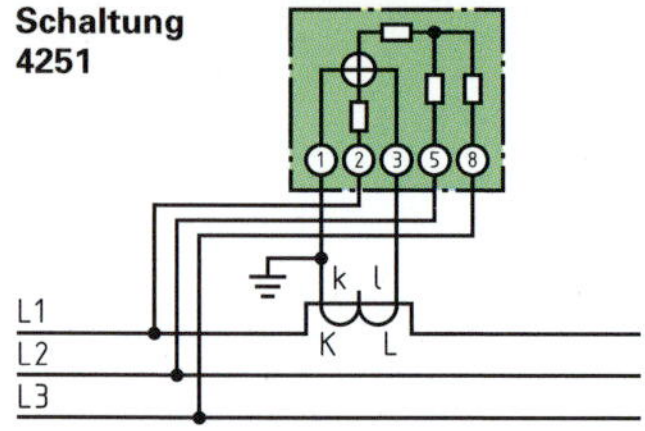

für Dreileiterdrehstrom mit gleicher Leiterbelastung

Schaltung
4260

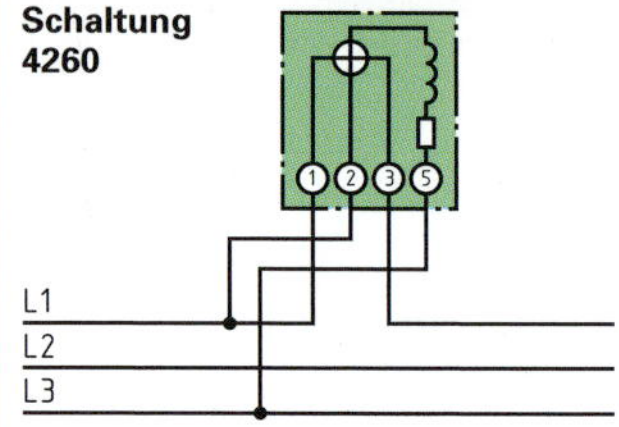

für Dreileiterdrehstrom gleicher Belastung mit eingebauter Kunstschaltung

Schaltung
5201

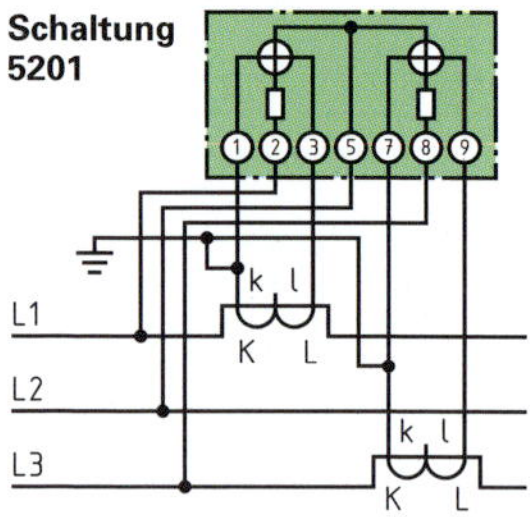

für Dreileiterdrehstrom mit Stromwandlern

Schaltung
6200

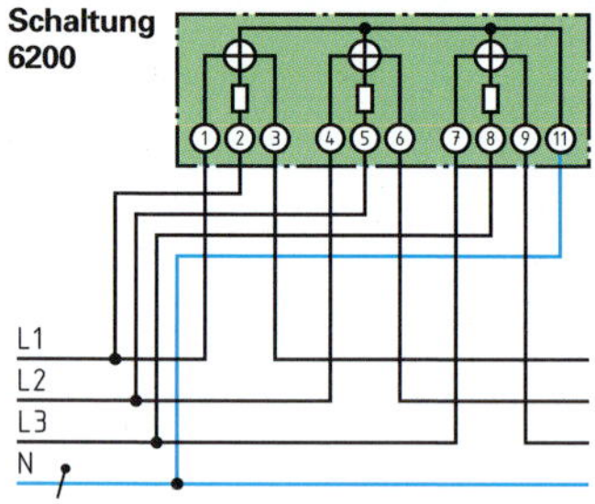

für Vierleiterdrehstrom mit beliebiger Belastung

Schaltung
6201

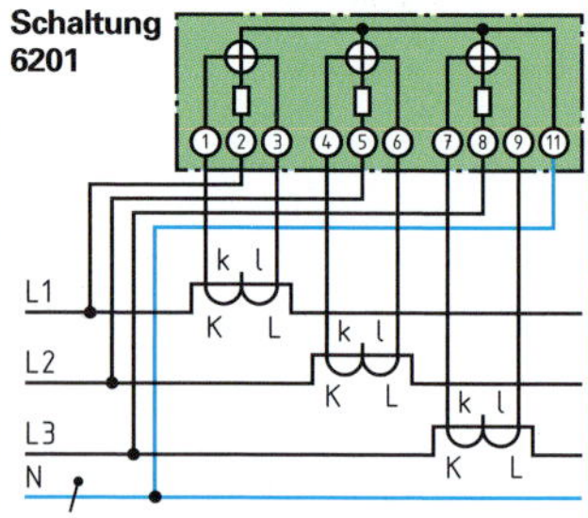

für Vierleiterdrehstrom mit Stromwandlern

Schaltungen von Blindleistungsmessgeräten

Schaltung
3301

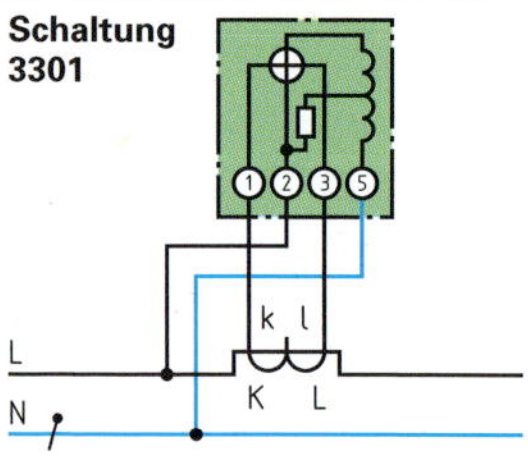

für Einphasenwechselstrom

Schaltung
5301

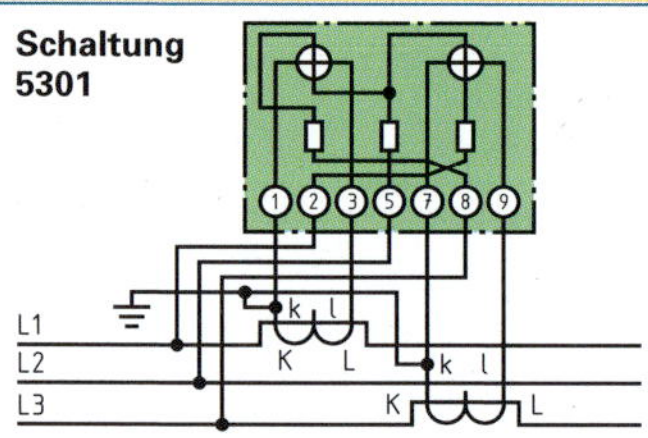

für Dreileiterdrehstrom mit beliebiger Belastung

Leistungsfaktormessgerät

Schaltung
3401

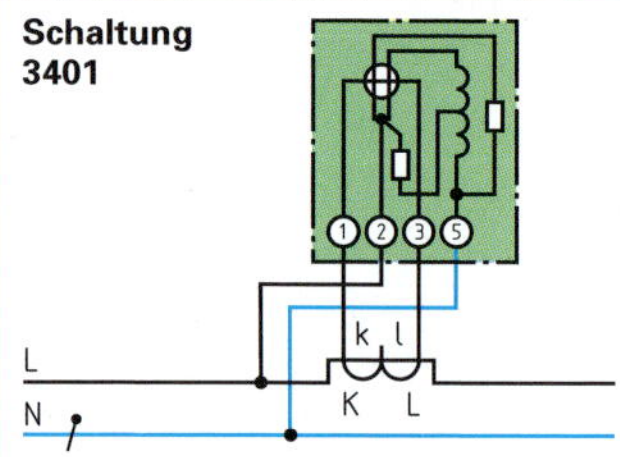

für Einphasenwechselstrom

Schaltungen von Wirkleistungsmessgeräten mit Messzusatz (mit Hall-Generatoren)

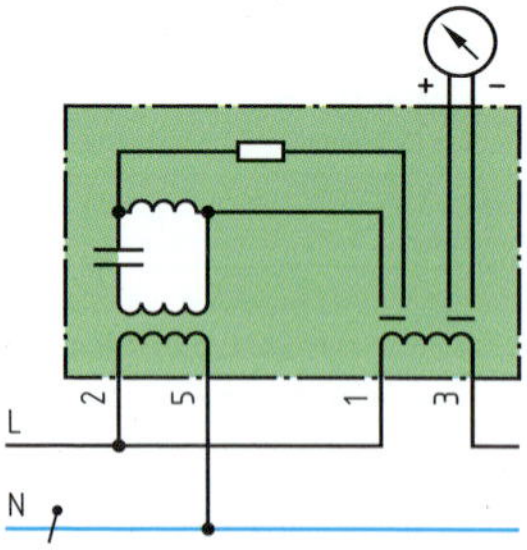

für Einphasenwechselstrom

Beim Messzusatz mit Hallgeneratoren wird das einzelne analoge Messwerk zur Multiplikation von *U* und *I* durch je einen Hallgenerator (Seite 204) ersetzt. Dabei erzeugt der Strompfad des Messzusatzes das Magnetfeld des Hall-Generators und sein Strom wird aus der Messspannung gebildet. Die Spannung des Hall-Generators ist das Produkt von *U* und *I*.

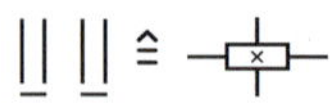

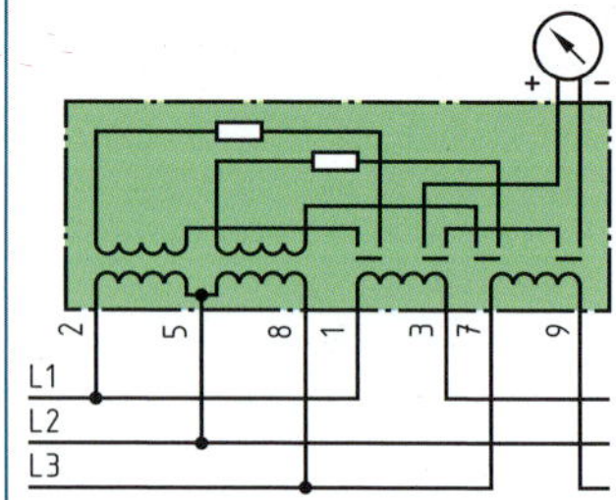

für Dreileiterdrehstrom beliebiger Belastung (Aron-Schaltung)

Kennzeichnungsbeispiel: 3 3 0 1

Stromart: Einphasenwechselstrom (3)
Messgröße: Blindleistung (3)
Messart: ohne besondere Angabe (0)
Anschlussart: an Stromwandler (1)

Schaltungen zur Widerstandsbestimmung Measuring of Resistances

Indirekte Widerstandsbestimmung

Schaltung	Erklärung	Formeln
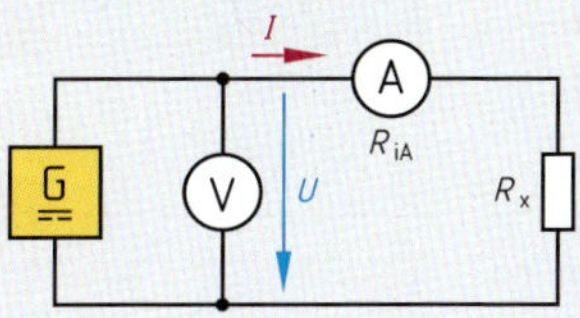 **Spannungsfehlerschaltung**	**Nicht elektronische Spannungsmessgeräte** Die *Spannungsfehlerschaltung* wird für große Widerstände verwendet (R_x > etwa 20 R_{iV} des Strommessers). Bei kleineren Widerständen wird das Messergebnis durch die Fehlerspannung U_F verfälscht. In diesem Fall ist die Formel für $R_x < 20\ R_{iA}$ zu verwenden.	Bei $R_x > 20\ R_{iA}$: $R_x \approx \frac{U}{I}$ **1** Bei $R_x < 20\ R_{iA}$: $R_x = \frac{U - U_F}{I}$ **2** $R_x = \frac{U}{I} - R_{iA}$ **3**
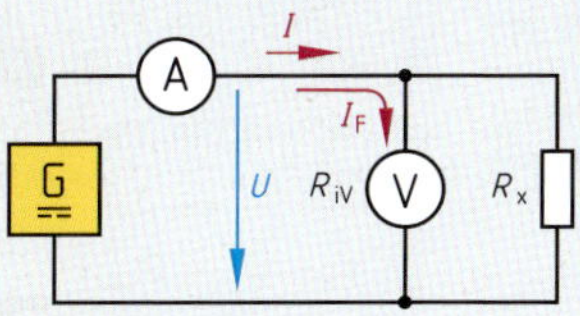 **Stromfehlerschaltung**	Die *Stromfehlerschaltung* wird für kleine Widerstände verwendet (R_x < etwa $1/20$ R_{iV} des Spannungsmessers). Bei größeren Widerständen wird das Messergebnis durch den Fehlerstrom I_F verfälscht. In diesem Fall ist die Formel für $R_x > 1/20\ R_{iV}$ zu verwenden.	Bei $R_x < 1/20\ R_{iV}$: $R_x \approx \frac{U}{I}$ **4** Bei $R_x > 1/20\ R_{iV}$: $R_x = \frac{U}{I - I_F}$ **5** $R_x = \frac{U}{I - U/R_{iV}}$ **6**
Spannungsfehlerschaltung oder Stromfehlerschaltung	**Elektronischer Spannungsmesser** Bei Verwendung von digitalen Spannungsmessern mit hochohmigem R_{iV} ist die Schaltungsart beliebig.	$R_x = \frac{U}{I}$ **7**

Widerstandsmessung mit Konstantstromquelle

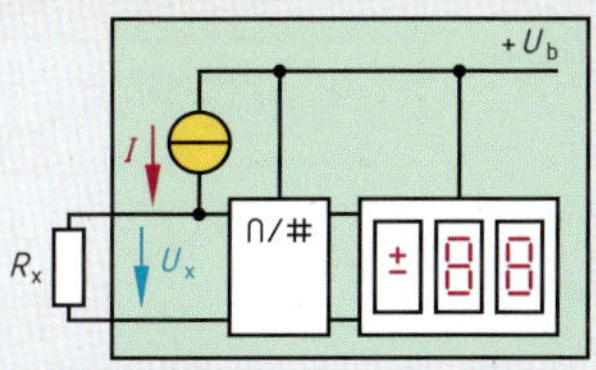 **Digital-Multimeter**	Die Widerstandsmessung wird auf eine Spannungsmessung zurückgeführt. Durch Verwenden einer Konstantstromquelle wird $U_x \sim R_x$. Durch umschaltbare Konstantströme kann man verschiedene Widerstandsbereiche einstellen, z. B. $I = 1$ mA ⇒ Anzeige von kΩ $I = 1$ µA ⇒ Anzeige von MΩ	$U_x = I \cdot R_x$, I = const. $R_x \sim U_x$ **8**

Wheatstone – Messbrücke

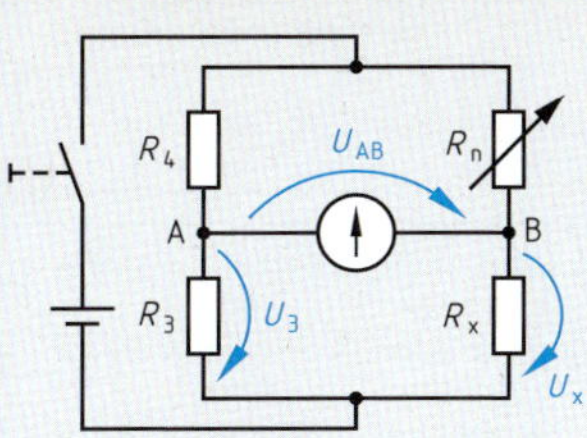	Bei der abgeglichenen Brücke ist der Brückenpfad stromlos und spannungslos. Die Spannungsteiler R_3R_4 und R_xR_n sind bei abgeglichener Brücke unbelastet und auf gleiches Teilerverhältnis eingestellt.	Bei Abgleich: $U_{AB} = U_3 - U_x = 0$ $\frac{R_4}{R_3} = \frac{R_n}{R_x}$ $R_x = R_n \frac{R_3}{R_4}$ **9**

I	Stromstärke	R_x	gesuchter Widerstand	U_3	Spannung an R_3
R_{iV}	Innenwiderstand des Spannungsmessers	R_n	Abgleichwiderstand	U_x	gemessene Spannung
R_{iA}	Innenwiderstand des Strommessers	R_3, R_4	Wirkwiderstände	U	Spannung am Spannungsmesser
		U_{AB}	Brückenspannung	U_F	Fehlerspannung
		U_b	Betriebsspannung		

BM

Messbereichserweiterung Extension of Measurement Range

Messwandler

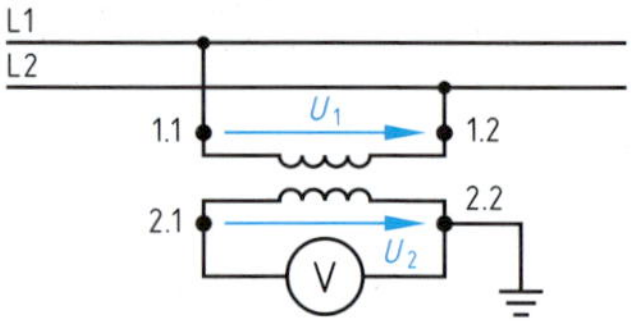

Messbereichserweiterung mit Spannungswandler

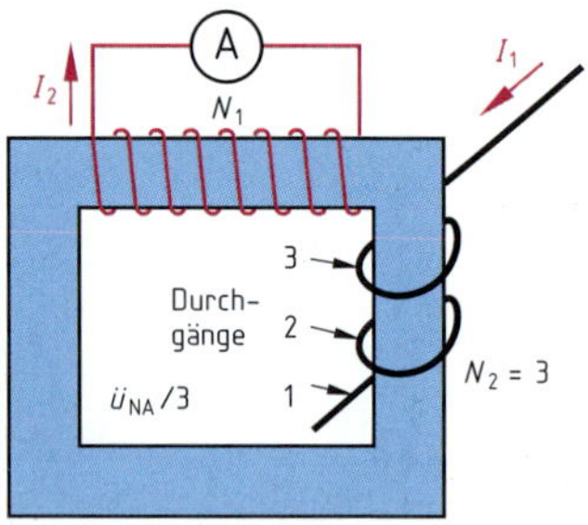

Messbereichsverkleinerung mit Durchsteckstromwandler

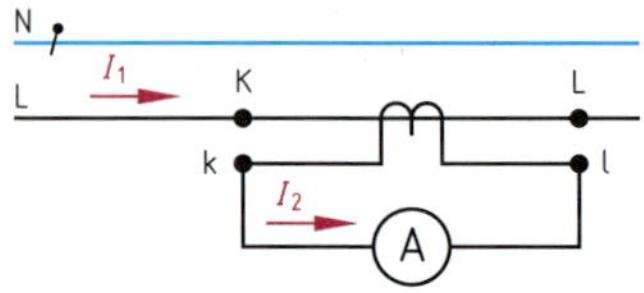

Messbereichserweiterung mit Stromwandler bei Niederspannung

Bei Hochspannung ist k zu erden.

Bei hohen Wechselspannungen werden Spannungswandler und Stromwandler zur Potenzialtrennung, bei großen Wechselströmen nur Stromwandler verwendet.

Beim Durchsteckstromwandler wird $ü_{NA}$ für einfaches Durchstecken angegeben. Bei z Durchgängen wird $ü_{NA}$ um z verkleinert zu $ü_{NA}/z$.

Beim Durchsteckstromwandler:

$$I_{2N} = \frac{I_{1N} \cdot z}{ü_{NA}} \quad (6)$$

$$ü_{NV} = \frac{U_{1N}}{U_{2N}} = \frac{N_1}{N_2} \quad (1)$$

$$U_1 = ü_{NV} \cdot U_2 \quad (2)$$

$$ü_{NA} = \frac{I_{1N}}{I_{2N}} = \frac{N_2}{N_1} \quad (3)$$

$$I_1 = ü_{NA} \cdot I_2 \quad (4)$$

Bei Wirkverbrauchsmessung:

$$c_a = ü_{NV} \cdot ü_{NA} \quad (5)$$

$$W_1 = c_a \cdot W_2 \quad (7)$$

BM

Messbereichserweiterung in Messinstrumenten

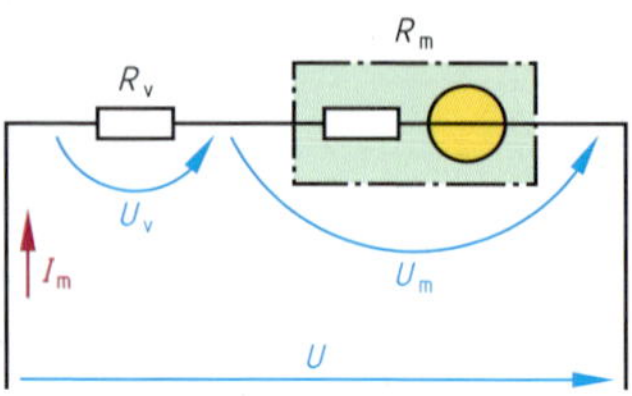

Spannungsmesser

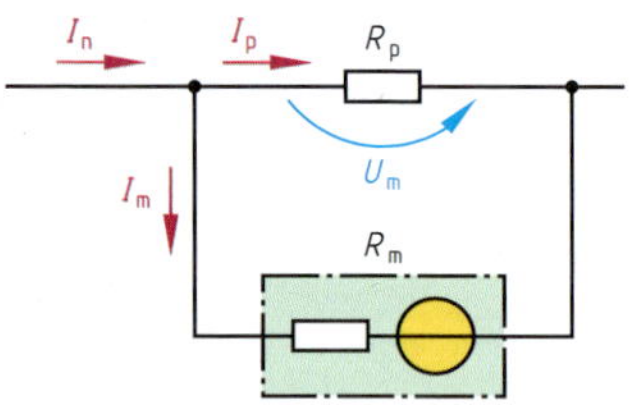

Strommesser

Durch internes Vorschalten eines Vorwiderstandes oder eines Spannungsteilers kann der Messbereich eines Spannungsmessers erweitert werden. Über Wahlschalter können mehrere Messbereiche angesprochen werden.

Analoge Messinstrumente sind ihrem Wirkprinzip nach Strommesser. Die Spannungsmessung wird daher auf eine Strommessung zurückgeführt.

Bei digitalen Messinstrumenten wird das analoge Messsignal über einen Verstärker und einen AD-Umsetzer einer Digitalanzeige zugeführt.

$$R_v = \frac{U_n - U_m}{I_m} \quad (8)$$

$$R_v = (n-1) \cdot R_m \quad (9)$$

$$R_p = \frac{U_m}{I_n - I_m} \quad (10)$$

$$R_p = \frac{R_m \cdot I_m}{I_n - I_m} \quad (11)$$

Für n-fache Messbereichserweiterung:

$$R_p = \frac{R_m}{n-1} \quad (12)$$

c_a Ablesekonstante
I_m Messwerkstrom bei Vollausschlag
I_n Messbereich der zu messenden Stromstärke
n Faktor der Messbereichserweiterung
N_1 Windungszahl der Eingangswicklung
N_2 Windungszahl der Ausgangswicklung
R gesuchter Widerstand
R_m Messwerkwiderstand
R_p paralleler Widerstand
R_v Vorwiderstand
U gemessene Spannung
U_m Spannung für Vollausschlag des Messwerks bzw. Messinstruments
U_n Messbereich der zu messenden Spannung
$ü_N$ Bemessungsübersetzung
W_1 elektrische Arbeit am Wandlereingang
W_2 elektrische Arbeit am Wandlerausgang
z Anzahl der Durchgänge beim Durchsteckstromwandler

Indizes:
A Strommesser
N Bemessungs-
V Spannungsmesser

Bedeutung weiterer Formelzeichen aus den Bildern erkennbar.

Messen mit Multimeter Measuring by Multimeter

Messung, Test	Vorgehensweise	Bemerkungen
Gleichspannung DC V	Rotes Prüfkabel in Buchse V/Ω, schwarzes Prüfkabel in Buchse „COM" (Masse) stecken. Drehschalter in Position DC V oder V⎓ drehen. Die Prüfkabel mit dem Messobjekt verbinden, an dem die Gleichspannung gemessen werden soll. Spannungswert am Display des Messinstrumentes ablesen.	Sofern die zu messende Spannung nicht bekannt ist, ist mit höchstem Messbereich zu beginnen. Dieser ist zu reduzieren, bis die Anzeige passend ist. www.gossenmetrawatt.de
Wechselspannung AC V	Gleiches Vorgehen wie bei Messung von Gleichspannung. Drehschalter in Position AC V oder V~ drehen. Angezeigt wird der Effektivwert.	Siehe Messung einer Gleichspannung. www.amateurfunkbasteln.de
Gleichstrom DC A	Rotes Prüfkabel in Buchse V/Ω, schwarzes Prüfkabel in Buchse „COM" stecken. Drehschalter in Position DC A oder A⎓ drehen. Die Prüfkabel mit der zu messenden Gleichstromquelle in Reihe setzen.	Für Messungen zwischen 200 mA und 10 A ist das rote Prüfkabel in die Buchse 10 A zu stecken, für kleinere mA-Messungen in Buchse 2 A. Die Zahlenangaben stellen obere Grenzwerte der Bereiche dar.
Wechselstrom AC A	Sofern mit dem Messgerät möglich, ähnliches Vorgehen wie Gleichstrommessung. Drehschalter auf Position AC bzw. A~ stellen.	Der Strom kann auch aus gemessener Spannung und dem Widerstand nach Ohm'schen Gesetz berechnet werden.
Widerstand	Rotes Prüfkabel in Buchse V/Ω, schwarzes Prüfkabel in Buchse „COM" stecken. Drehschalter in Ohm-Position drehen. Die Prüfkabel an den zu messenden Widerstand legen.	Der zu messende Stromkreis muss beim Messen von Widerständen absolut spannungsfrei sein. Alle Kondensatoren müssen entladen sein.
Frequenz	Sofern mit dem Messgerät möglich, Drehschalter auf Frequenzmessbereich stellen, rotes Prüfkabel in Buchse z.B. „V Ω Hz", schwarzes Prüfkabel in Buchse „COM". Prüfkabel mit Messobjekt verbinden.	Spannungshöchstwerte des Messgerätes sind zu beachten. images.ett-online.de www.elv-downloads.de
Diode	Rotes Prüfkabel in Buchse V/Ω, schwarzes Prüfkabel in Buchse „COM" stecken. Drehschalter in Position Diode drehen. Rotes Prüfkabel mit Anode, schwarzes Prüfkabel mit Katode verbinden. Durchlassspannung in mV wird angezeigt.	Bei unsinnigem Anzeigewert Prüfkabel an der Diode vertauschen.
Transistor	Drehschalter in Position h_{FE} drehen, sofern Funktion vorhanden ist. Entscheiden, ob Transistor Typ NPN oder PNP ist. Anschlüsse Basis, Emitter, Kollektor in Sockel des Messgerätes stecken.	Das Messgerät zeigt den h_{FE}-Wert (Stromverstärkungsfaktor) bei z.B. Basisstrom 10 µA, Kollektor-Emitter-Spannung 2,8 V an.
Temperatur	K-Typ-Thermofühler in Buchsen V/Ω und „COM" stecken. Drehschalter in Position Temperaturmessung drehen.	Temperaturwert wird in °C angezeigt. Ohne angeschlossenen Thermofühler wird Umgebungstemperatur angezeigt.
Durchgang	Rotes Prüfkabel in Buchse V/Ω, schwarzes Prüfkabel in Buchse „COM" stecken. Drehschalter in Position 5 drehen. Die Prüfkabel an zwei Punkte der zu prüfenden Schaltungsstrecke legen. Summer ertönt, wenn Widerstand z.B. < 30 Ω.	Mittels Durchgangsprüfung wird festgestellt, ob zwei Punkte elektrisch miteinander verbunden sind. Kondensatoren vor Test entladen.

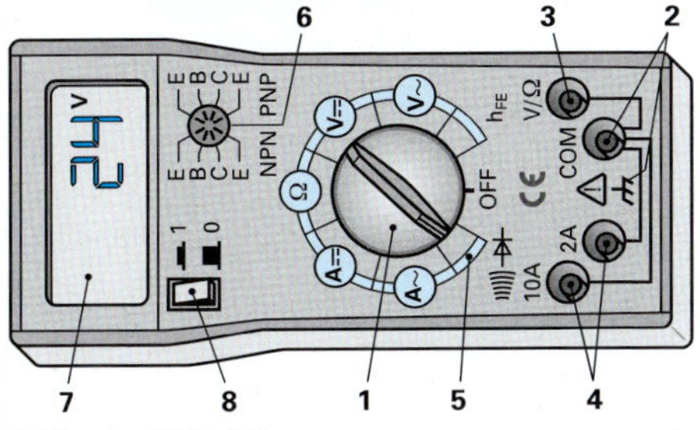

Multimeter (Beispiel)

1 Umschalter für Messbereiche
2 gemeinsame Masse COM
3 Eingang zur Messung von Spannung und Widerstand
4 Eingänge für Stromstärken max. 10 A oder 2 A
5 Schalterstellung für Durchgangsprüfung
6 Steckplatz für Messungen an Transistoren
7 Display zur Anzeige
8 Schalter On/Off (Ein/Aus)

BM

Wattstundenzähler Watthour Meters

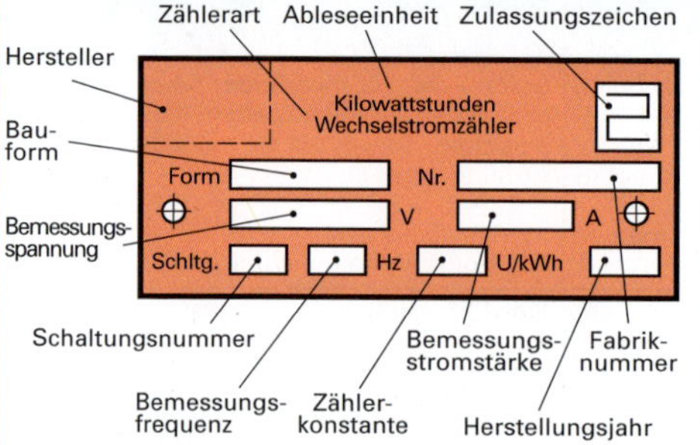

Zählerkonstanten C_z

C_z in Umdrehungen je kWh

120; 150; 187,5; 240; 300; 375; 480; 600; 750; 960

Es werden auch dekadische Vielfache (10-fach, 100-fach usw.) oder dekadische Teile (1/10, 1/100 usw.) von C_z verwendet, z. B. 1200; 60.

Bemessungsströme (Nennströme) I_N in A:

5; 10; 15; 20; 30; 40; 50

Bei größeren Stromstärken werden Stromwandler verwendet.

Fehlergrenzen

Einphasenzähler und Mehrphasenzähler mit symmetrischer Belastung

Stromstärke	Leistungsfaktor	Fehlergrenze in %
$0{,}05 \cdot I_N$	1	± 2,5
von $0{,}1 \cdot I_N$ bis I_{max}	1	± 2,0
$0{,}1 \cdot I_N$	0,5 induktiv	± 2,5
von $0{,}2 \cdot I_N$ bis I_{max}	0,5 induktiv	± 2,0

Mehrphasenzähler bei unsymmetrischer Last

Stromstärke	Leistungsfaktor	Fehlergrenze in %
von $0{,}2 \cdot I_N$ bis I_N	1	± 3
I_N	0,5 induktiv	± 3
von I_N bis I_{max}	1	± 4

Zählerschaltungen (Auswahl, siehe Leistungsmessgeräte)

Schaltung 1000

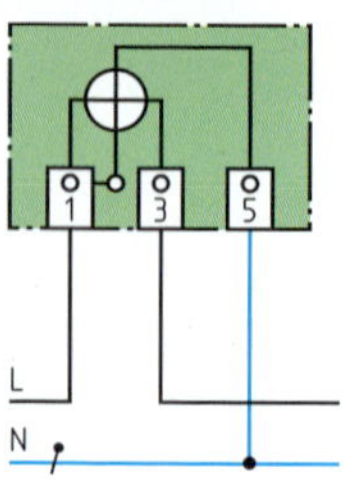

Anschluss einpolig

Schaltung 1101

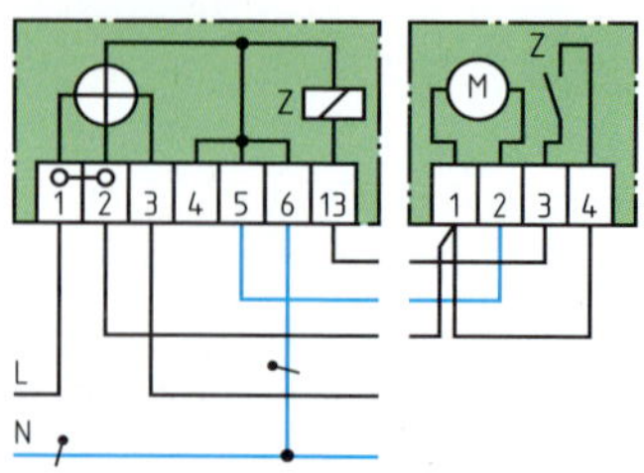

Anschluss zweipolig mit Zweitarifeinrichtung

Schaltung 4000

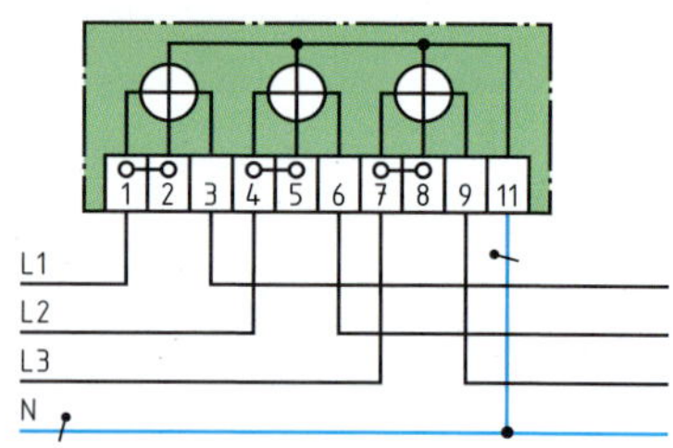

Anschluss dreipolig

Schaltung 3020

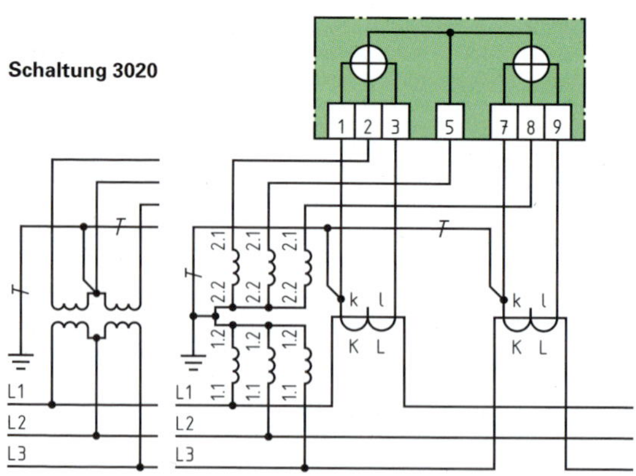

Anschluss an Stromwandler und Spannungswandler

Schaltung 4010

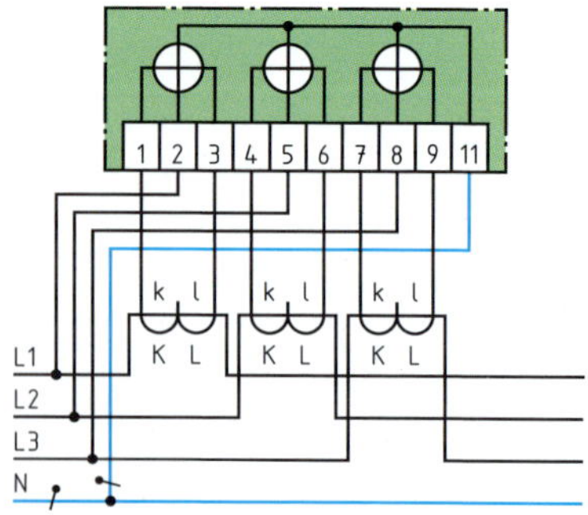

Anschluss an Stromwandler

Sensoren Sensors

Prinzip von Sensoren

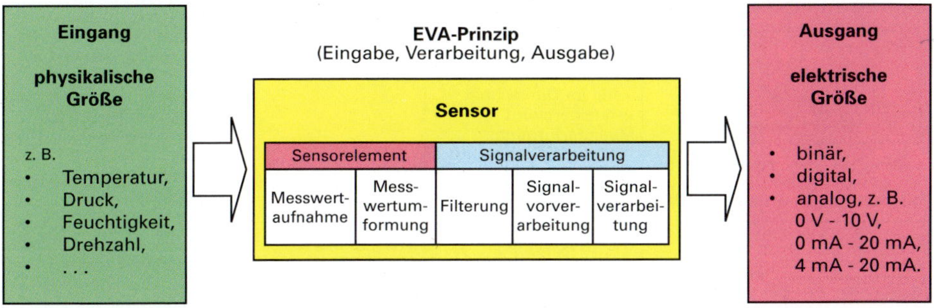

Verschiedene Bedeutungen des Begriffs Sensor

Bereich	Erklärung	Bemerkungen, Beispiel
Wort-erklärung	von lat. sentire = fühlen, sensus = Gefühl	Sensor = fühlendes Bauteil, Messfühler, Messaufnehmer, Detektor
Messtechnik	Der Sensor setzt eine zu messende physikalische Größe in eine elektrische Größe um und stellt diese als elektrisches Signal zur Verfügung.	Temperaturmessung mit Thermoelement (direkte Berührung an der Messstelle) oder mit Fernthermometer (Pyrometer, Messung der Infrarotstrahlung).
konventionelle Steuerungs-technik	Der Senor setzt eine zu messende Größe, z. B. den Abstand zu einem Werkstück, in ein elektrisches Signal um und sendet dieses direkt an einen Aktor, z. B. ein Relais.	Erfassung eines Abstandes induktiv, kapazitiv, durch Ultraschall, durch Infrarot. Optoelektronisch (Seite 225, 226).
Bustechnik	Wie bei der Messtechnik und der Steuerungstechnik. Zusätzlich erzeugt die Betätigung durch den Benutzer die Eingangsgröße.	Die Befehlsschalter (Taster) des Bussystems geben die Befehle an die Aktoren weiter und werden ebenfalls als Sensoren bezeichnet.
computer-gestützte Steuerungs-technik	Die Sensoren setzen die Messgrößen in elektrische Signale um und stellen diese digital dem Computer zur Verfügung. Dieser veranlasst die Steuermaßnahmen.	Als Computer kommen je nach Umfang der Anlage und der Aufaben PC, Einbau-Computer (embedded PC), SPS oder Universalregler zum Einsatz.

Sensoren der konventionellen Steuerungstechnik

Sensortyp	induktiv	kapazitv	Ultraschall	Optoelektr.	Infrarot (IR)	magnetisch	mechanisch
Schalt-zeichen							
Schaltung durch	Einfluss auf elektromagnetisches Wechselfeld des Sensors. Induktiv durch Metalle. Kapazitiv durch Metalle oder Nichtmetalle sowie von Flüssigkeiten.		Ermittlung der Laufzeit von Ultraschallimpulsen bis zum Messobjekt und zurück.	Reflexion eines Lichtstrahls von der Sensorstelle zum Messobjekt und zurück zur Messstelle.	*Aktiv:* Wie bei Optoel. aber mit IR. *Passiv PIR*: IR von bewegten Wärmestrahlern.	Dauermagnet, der dem Schaltaktor genähert und von diesem erkannt wird.	direkte Betätigung über Stößel, Rollen, Hebel und Schwimmer.
Objekt-distanz	bis etwa 70 mm	bis etwa 70 mm	bis etwa 15 m	bis etwa 6 m	bis etwa 12 m	bis etwa 70 mm	Berührung

Kraftmessung und Druckmessung — Force and Pressure Measurement

Prinzip, Art	Wirkungsweise	Eigenschaften	Messgröße, Anwendung
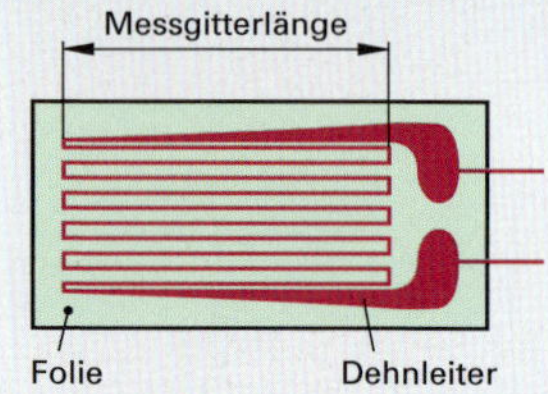 **Foliendehnungsmessstreifen (DMS)**	Der Widerstand eines metallischen Leiters erhöht sich, wenn er durch Dehnung verlängert und damit gleichzeitig im Querschnitt verkleinert wird. Mäanderförmige Anordnung des Leiters ergibt eine größere wirksame Leiterlänge.	Längenänderung 0,1 µm bis 10 µm. Nennwiderstände $R = 120\ \Omega$, $350\ \Omega$ und $600\ \Omega$.	Kraft, Druck, Biegemoment, Torsion. Dehnungsmessungen an Maschinen und Brückenträgern. Messen von statischer oder wechselnder (dynamischer) Belastung, Kraftmessdosen, Eigenspannungsmessung.
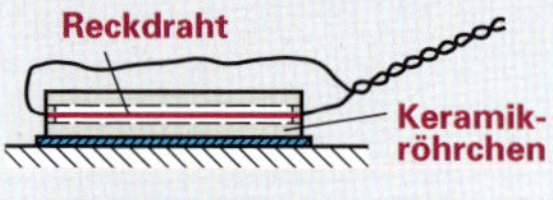 **Reckdrahtdehnungssensor**	Der Widerstand eines metallischen Leiters, z. B. eines Konstantan-Leiters erhöht sich durch Recken (Verlängern).	Drahtdurchmesser 20 µm bis 30 µm.	Druck, Geschwindigkeit. Zylinderdruckmessungen an Kolbenprüfständen bei häufigem Lastwechsel, Geschwindigkeitsmessungen bei Hubschraubern (Staudruckmessung). Öldrucküberwachung bei Getriebeprüfständen.
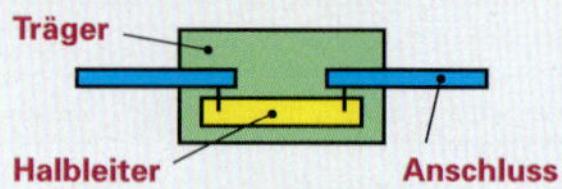 **Halbleiter-Dehnungsmessstreifen**	Der Widerstand eines Silicium-Streifens ändert sich durch Dehnung.	Dicke des Silicium-Streifens 15µm.	
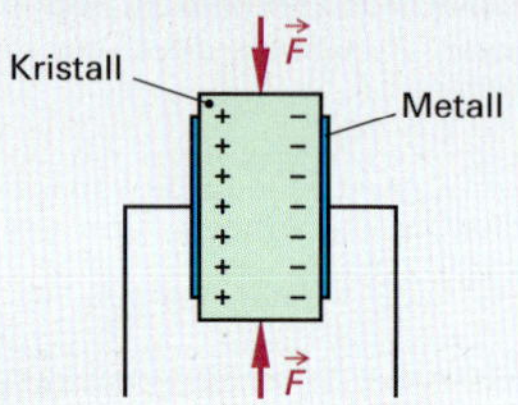 **Piezoelektrischer Sensor**	Bei Belastung durch Zugkräfte, Druckkräfte oder Schubkräfte wird eine elektrische Ladungsverschiebung und dadurch eine elektrische Spannung erzeugt. Meist werden Piezo-Element und Ladungsverstärker zu einer Einheit zusammengefasst.	Druck $p = 0{,}01$ MPa bis 275 MPa, große Linearität, kleine Hysterese, große Temperaturbeständigkeit.	Druck, Kraft. Messen von Schockwellen. Messen von Verbrennungsdrücken, z. B. in Verbrennungsmotoren. Messen der Drücke bei Wirbelbildung in Gasen oder Flüssigkeiten. www.noliac.com
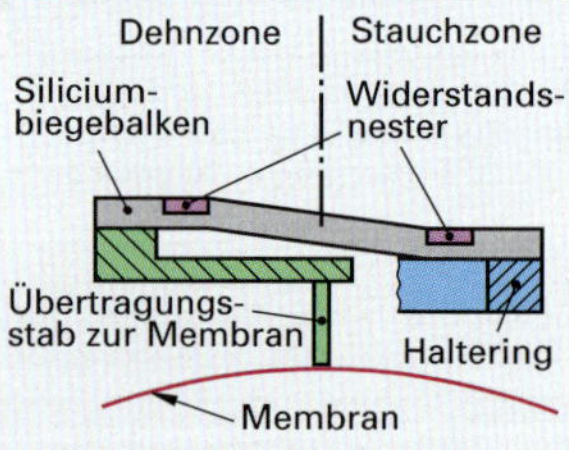 **Piezoresistiver Sensor**	Durch Druckkraft von der Membran erfährt der Biegebalken eine s-förmige Auslenkung. In der Stauchzone und in der Dehnzone werden die dort integrierten Widerstände verändert.	$p_{rel} = -0{,}1$ MPa bis $+0{,}2$ MPa, $U_b = 7{,}5$ V Empfindlichkeit $s = 95$ mV/MPa ± 15% bei $\vartheta_u = 25$ °C. Hysterese ± 0,2% von s Berstdruck $p_{berst} > 1$ MPa, kleine Abmessungen.	Füllstandsüberwachung, Wasserspiegelmessungen bei Trinkwasserbrunnen, Überwachung von Drücken in Schiffsdieselmotoren, Fernwärmenetzen und Gasverteilungssystemen. www.hamamatsu.com
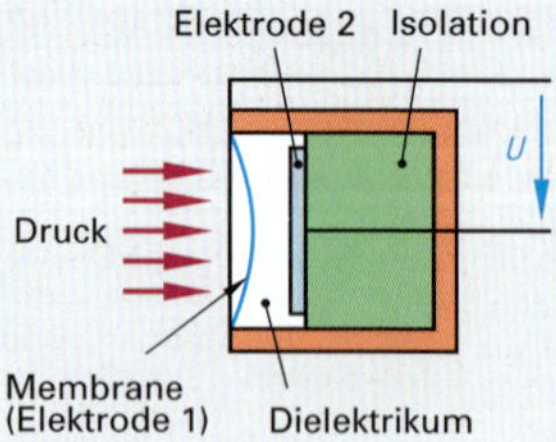 **Kapazitiver Sensor**	Durch Verändern des Abstandes der Kondensatorplatten (Elektroden) wird eine Kapazitätsänderung hervorgerufen. Die Druckänderung und damit die Kapazitätsänderung wird mit einer Wechselspannungsmessbrücke gemessen.	Frequenzbereich (± 2 dB) $f = 0{,}4$ Hz bis 200 kHz. Übertragungskoeffizient 1 mV/Pa bis 100 mV/Pa. Polarisationsspannung 28 V bis 200 V, teilweise werden dauerpolarisierte Mikrofone (Elektretmikrofone) verwendet. Hydrophone (Unterwasserschallaufnehmer) für Wassertiefen bis 1000 m.	Druck. Messung von Pegeln, Messung von Frequenzen (Mikrofone). Schalldruckmessungen, z. B. von Überschallknall oder Wasserschallmessungen. Schallpegelmessungen, Sprach- und Musikaufnahmen.

F Kraft, f Frequenz, k Widerstandsänderungsfaktor, p_{rel} Druckbereich, p_{berst} Berstdruck, s Empfindlichkeit, U_b Betriebsspannung, ϑ_u Umgebungstemperatur.

BM

Bewegungsmessung Motion Measurement

Prinzip, Art	Wirkungsweise	Eigenschaften	Messgröße, Anwendung
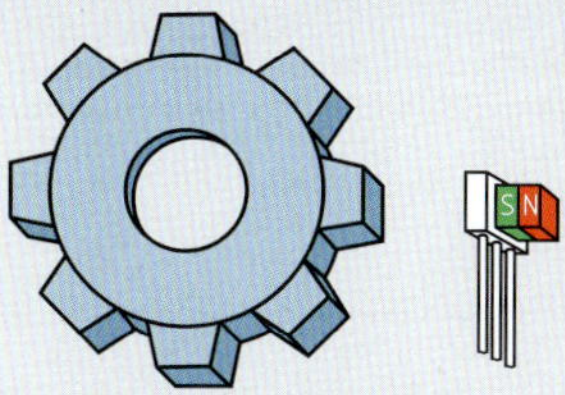 **Drehzahlmessung mit Hallsensor**	Jeder Zahn erzeugt bei Annäherung an den Sensor eine Spannung. Diese wird verstärkt und mit Schwellwertschaltern in ein rechteckförmiges Ausgangssignal umgeformt.	Hohe Empfindlichkeit, Magnetfelder von $B = 2{,}5$ mT bis $B = 20$ mT: Bemessungsstrom $I_N = 5$ mA.	Zur Drehzahlmessung durch Zählen der Zahnradzähne. In der Kfz-Technik, z. B. Zündzeitpunktbestimmung, Prüfungstechnik. www.hallsensors.de
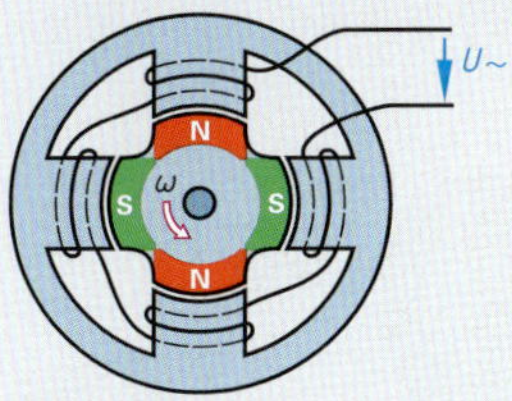 **Wechselspannungs-tachogenerator**	Durch Drehen des dauermagnetischen Läufers wird in die Ständerwicklung eine Spannung induziert. Zur Auswertung kann die Wechselspannung gleichgerichtet werden.	Drehzahlmessung $n = 0{,}1$/min bis $n = 100\,000$/min. Restwelligkeit der Ausgangsspannung < 1%.	Drehzahl. Drehzahlmessung bei geregelten Antrieben für eine Drehrichtung. www.ltn.de
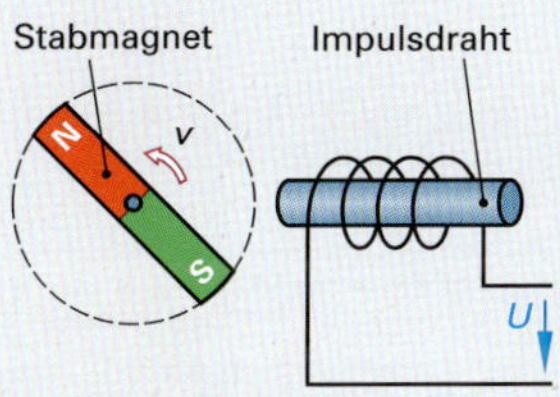 **Impulsdrahtsensor (Wieganddraht)**	Ein Spannungsimpuls in der Spule wird durch ein ummagnetisierendes Feld ausgelöst. Der Impuls entsteht, wenn der senkrechte Teil der Hysteresekurve **(Bild)** durchfahren wird. Dabei ändert sich die Induktion sprunghaft. Die Rückmagnetisierung erfolgt ohne sprunghafte Änderung der Induktion.	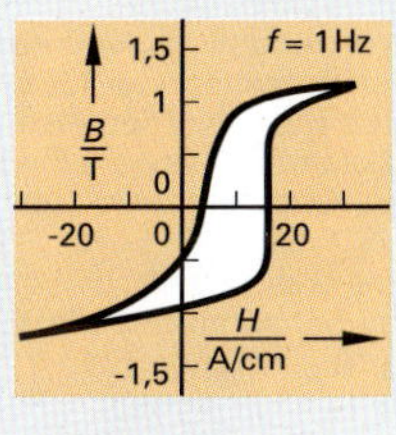 **Hysteresekurve**	Digitale Drehzahlerfassung, z. B. bei Fahrzeugantrieben. 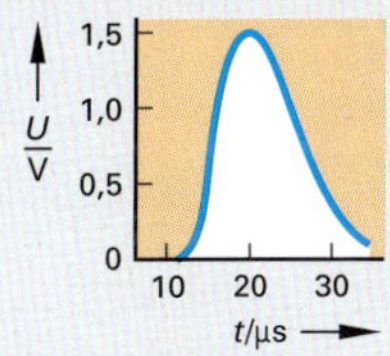 **Spannungsimpuls**
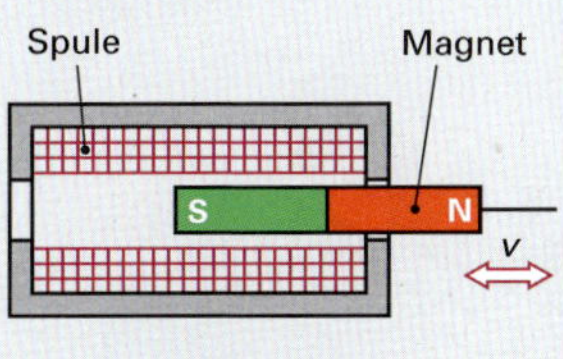 **Tauchmagnetsensor**	Tauchmagnetsensoren bestehen aus einer Spule, in die ein Magnet eintaucht. Die induzierte Spannung ist verhältnisgleich zur Bewegungsgeschwindigkeit des Magneten. Ist v = konstant, ergibt sich für kurze Zeit eine konstante Spannung.	Messlänge $l = 1$ mm bis $l = 500$ mm. Messbereich $v = 1$ mm/s bis $v > 10$ m/s. Genauigkeit 1%. Grenzfrequenz $f = 100$ kHz.	Geschwindigkeit. Geschwindigkeitsmessung bei kleinen Hublängen. Messen von Schwingungsgeschwindigkeiten.
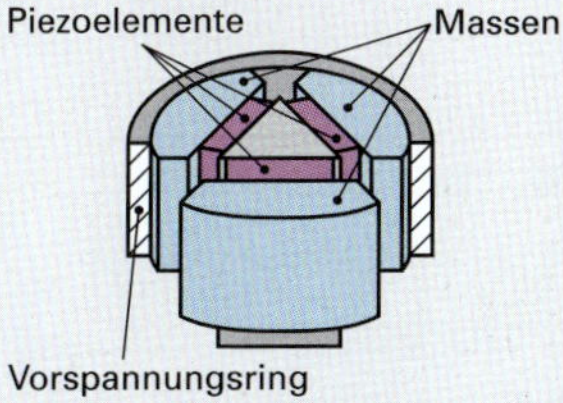 **Piezoelektrischer Beschleunigungssensor**	Eine frei schwingende Masse übt eine zur Beschleunigung verhältnisgleiche Kraft auf ein Piezoelement, z. B. ein Quarzkristall, aus. Durch Verwendung von drei Quarzen kann die Beschleunigung in einer Ebene gemessen werden.	Frequenzbereich $f = 0{,}5$ Hz bis 26 kHz. Beschleunigungsbereich $-50\ g$ bis $+50\ g$. Überlast > 3000 g. $g \approx 9{,}81\ \frac{\text{m}}{\text{s}^2} \approx 10\ \frac{\text{m}}{\text{s}^2}$	Beschleunigungsmessung. Messen mechanischer Stöße und Schwingungen, Aufprallverzögerung zur Auslösung von Airbags (Luftsäcken) in Sicherheitssystemen von Autos und Flugzeugen. www.freescale.com

B magnetische Flussdichte, f Frequenz, g Fallbeschleunigung, Ortskoeffizient, H Feldstärke, I Stromstärke, I_N Bemessungsstrom, l Länge, n Drehzahl, s Weg, t Zeit, U_S Sensorspannung, v Geschwindigkeit.

Wegmessung, Winkelmessung Distance Measurement, Angual Measurement

Merkmal	Erklärung	Bemerkungen
Aufgabe Anforderung	Wegmessung und Winkelmessung finden Anwendung z. B. bei CNC-Bearbeitungsmaschinen zum Positionieren der Werkzeugachsen und Maschinenachsen. Hierbei müssen µm-Längsbewegungen oder Winkelsekunden-Drehbewegungen möglich und messbar sein.	Zur Wegmessung dienen Linear-Maßstäbe sowie scheibenförmige Maßstäbe, z. B. bei Vorschubspindeln. Scheibenförmige Maßstäbe dienen auch zur Winkelmessung. Anschlussmöglichkeiten der Messgeräte z. B. an PROFINET, CAN, RS484. www.renishaw.de
Optisch inkremental Durchlichtverfahren Auflichtverfahren	Optisch inkrementale Sensoren (Inkremente = Zuwachswerte) besitzen beim Durchlichtverfahren einen Strichmaßstab aus Glas (linear oder kreisringförmig) mit lichtundurchlässigen Strichen. Der Strichmaßstab wird zur Messung an einer Abtastplatte aus Glas mit ebenfalls lichtundurchlässigen Strichen vorbeibewegt. Eine Abtasteinrichtung erkennt dies über Fotodioden bei Belichtung inkremental. Die Abtastplatte ist zum Erkennen der Bewegungsrichtung des Strichmaßstabes zweigeteilt. Beim Auflichtverfahren besteht der bewegbare Strichmaßstab aus Stahl mit lichtreflektierenden Strichen und lichtabsorbierenden Strichen.	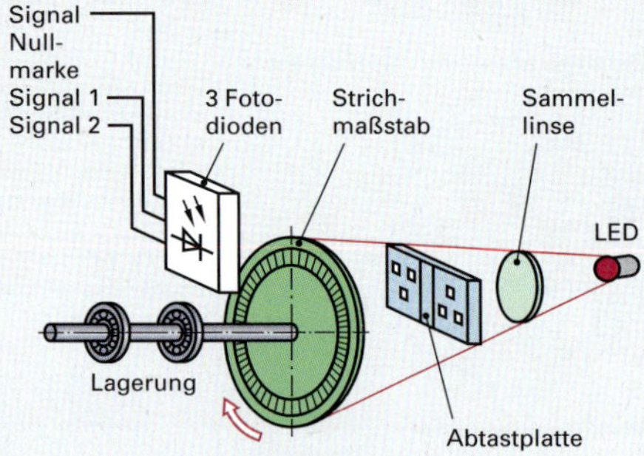 **Optisch inkrementelles Winkelmesssystem**
Magnetisch inkremental Hall-Sensoren	Magnetisch inkrementale Sensoren besitzen eine Metallschiene oder Metallscheibe mit magnetischen Nordpolen und Südpolen im Abstand von etwa 0,5 mm. Das magnetische Streufeld wird über Hall-Sensoren erfasst. Bei Bewegung der Metallschiene oder Metallscheibe werden von den Hall-Sensoren Signale mit periodisch unterschiedlicher Stärke gemäß der inkrementalen Änderung erzeugt. www.balluff.com	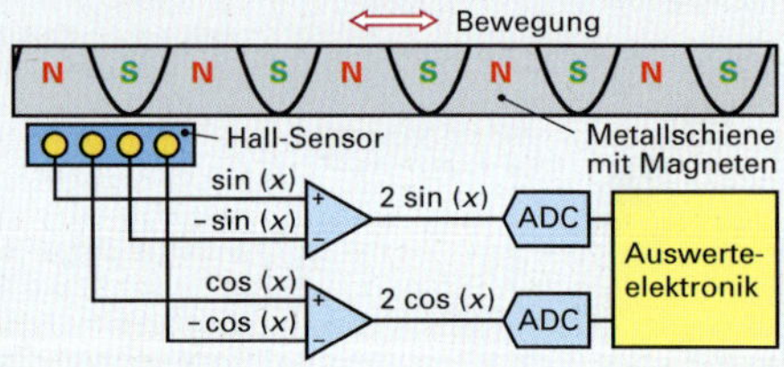 **Magnetisch inkrementeller Sensor**
Digital absolut Codierung	Die digitale absolute Messung beruht auf codierten Maßstäben (lineare oder scheibenförmige Maßverkörperungen), die sich gemeinsam mit z. B. einer Maschinenachse oder Spindelachse bewegen. Jeder Maßstabsposition ist eindeutig ein codierter Zahlenwert zugeordnet. Häufige Codierungen sind ein 5-Bit-Dualcode, 5-Bit-Gray-Code oder ein serieller Code mit 2 Strichspuren. Die Codierungen sind als schwarze und weiße bzw. lichtundurchlässige und lichtdurchlässige Felder am Maßstab abgebildet und werden über eine Abtasteinrichtung ausgewertet.	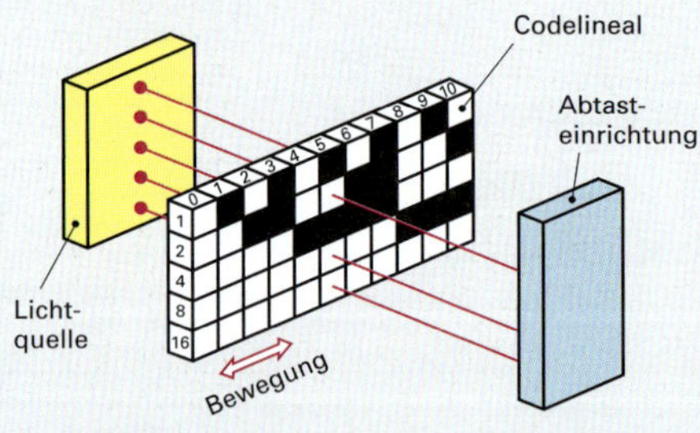 **Codelineal**
Zyklisch analog Drehmelder Linearinduktosyn	Mittels Drehmelder werden zwei Wicklungen des Stators mit zwei um 90° phasenverschobenen Sinusspannungen gespeist. In der Rotorwicklung wird bei Drehung eine Spannung mit Phasenverschiebung zwischen 0° und 360° induziert, was dem Drehwinkel entspricht. Maßstab und Gleiter mit mäanderförmigen Leiterbahnen. Die Phasenverschiebung der induzierten Spannungen wiederholt sich zyklisch, z. B. alle 2 mm.	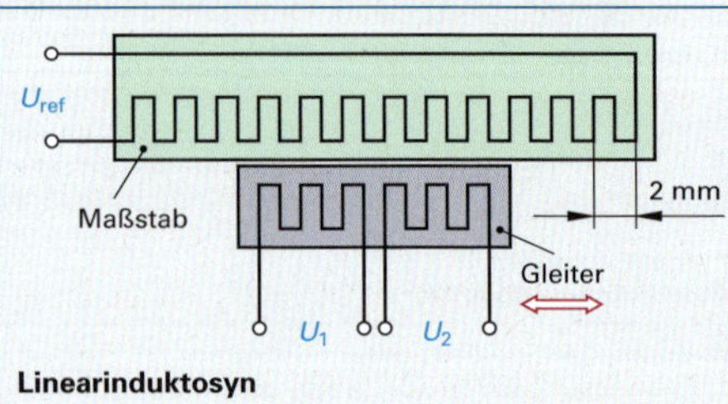 **Linearinduktosyn**

BM

Temperaturmessung Temperature measuring

Ansicht, Prinzip Schaltzeichen	Wirkungsweise	Eigenschaften	Anwendung, Schaltung
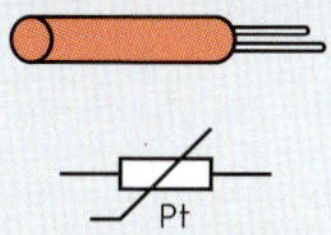 **Widerstandsthermometer**	Der Widerstand einer Platinschicht nimmt fast linear mit der Temperatur zu. Platinschicht auf Aluminiumoxid, durch Glasüberzug oder Keramik geschützt.	$\alpha = 3{,}85 \cdot 10^{-3}$/K (etwa 0,4%/K) Temperaturbereich −50 °C bis 600 °C Bemessungswiderstände 100 Ω, 500 Ω, 1000 Ω. Für genaue Messungen geeignet.	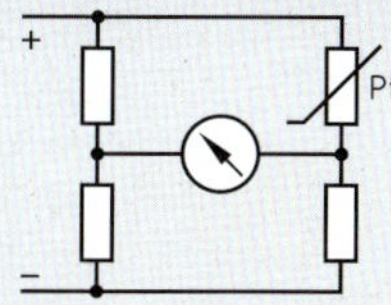
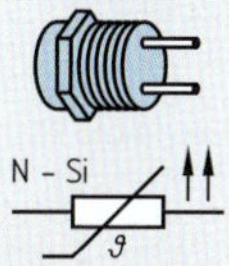 **Silicium-Temperatursensor**	N-leitendes Silicium hat zwischen zwei Kontaktflächen einen positiven Temperaturkoeffizienten. Dieser ist erheblich größer als der Temperaturkoeffizient von Metallen.	Je nach Reinheit ist $\alpha \leq 200 \cdot 10^{-3}$/K. Temperaturbereich −50 °C bis 150 °C. Wegen der Eigenerwärmung darf der Messstrom nur etwa 0,1 mA betragen.	Messen, Steuern und Regeln der Temperatur von Luft, Gasen oder Flüssigkeiten. Temperaturüberwachung im Auto und in Heißwassergeräten.
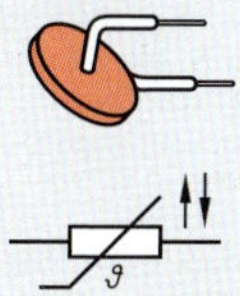 **Heißleiter-Temperatursensor**	Heißleiterwiderstand (NTC-Widerstand) mit großem Temperaturkoeffizienten. Dadurch hohe Empfindlichkeit, sodass kleine Temperaturänderungen von 0,1 mK erfassbar sind.	Temperaturkoefizient von $\alpha = -30 \cdot 10^{-3}$/K bis $\alpha = -50 \cdot 10^{-3}$/K. Temperaturbereich −50 °C bis 120 °C. Durch kleine Bauform ist schnelles Erfassen der Temperaturänderung möglich.	Messen, Steuern und Regeln der Temperatur in Automobilen, in Klimaanlagen, Kühlschränken und Waschmaschinen. Temperaturkompensation in elektronischen Schaltungen.
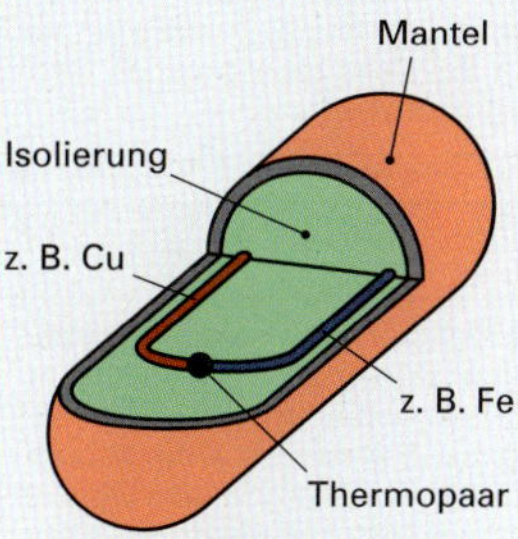 **Thermoelement-Sensor**	Zwei miteinander verschweißte Leiter von unterschiedlicher Elektronenkonzentration liefern beim Erwärmen eine Spannung, die proportional zur Temperatur ist. Anschluss an die kalte Messeinrichtung mit einer Ausgleichsleitung aus den Werkstoffen des Thermoelements.	Platin-Rhodium (+) zu Platin (–) 12 µV/K für −200 °C bis 1600 °C. Eisen (+) zu Kupfernickel (–) 56 µV/K für −200 °C bis 700 °C. Wolfram (+) zu Rhenium (–) 56 µV/K für −200 °C bis 2200 °C.	Genaue Temperaturmessung an festen Körpern und Gasen. 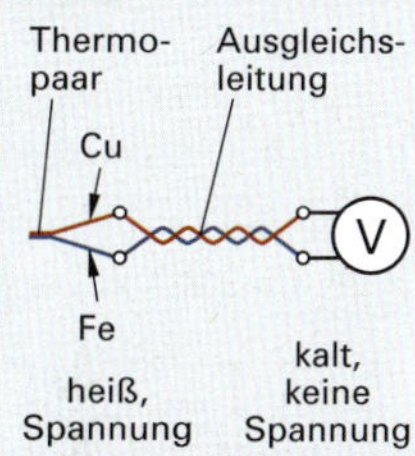 **Prinzipieller Aufbau**
 **Infrarot-Thermometer** 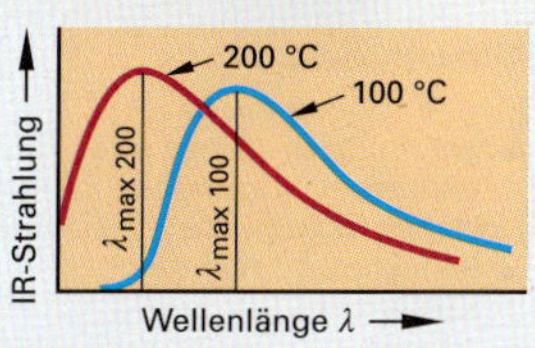 **IR-Strahlung bei verschiedenen Temperaturen**	Jeder Körper, der wärmer als −273 °C (0 K) ist, sendet Infrarot-Strahlung (IR-Strahlung) mit Wellenlängen von 1 µm bis 1000 µm aus. Infrarot-Thermometer verwerten IR-Strahlung von z. B. 8 µm bis 14 µm. Die Wellenlänge der stärksten Strahlung nimmt mit steigender Temperatur ab, hängt aber auch vom Material der strahlenden Oberfläche ab. Deshalb muss der Emissionsgrad je nach Material eingestellt werden. www.impacinfrared.com	Oft Zielhilfe durch Laserstrahl. Stromversorgung z. B. zwei Zellen (AA) Alkali. **Typische Werte:** Temperaturbereich z. B. −40 °C bis 550 °C. Auflösung 0,1 °C. Einstellzeit 500 ms. Betriebstemperatur 0 °C bis 50 °C. Ungenauigkeit bei IR-Thermometer 1% vom Messwert, mindestens aber 1 °C. Masse 500 g, Batterie-Betriebsdauer 8 h, Datenspeicher für 100 Messpunkte.	IR-Thermometer für schnelle Messungen aus kurzer oder großer Entfernung. Berührungslose Messung heißer oder unter elektrischer Spannung stehender Teile, z. B. bei der vorausschauenden Instandhaltung. Bei manchen IR-Thermometern ist ein Kontaktthermometer mit Thermoelement sowie eine Digitalkamera zur Dokumentation eingebaut.

α Temperaturkoeffizient bei 20 °C

Näherungsschalter (Sensoren) 1 Proximity Switches (Sensors) 1

BM

Arten von Näherungsschaltern

<table>
<tr><th>Schaltung</th><th>Erklärungen</th><th>Bemerkungen</th></tr>
<tr><td>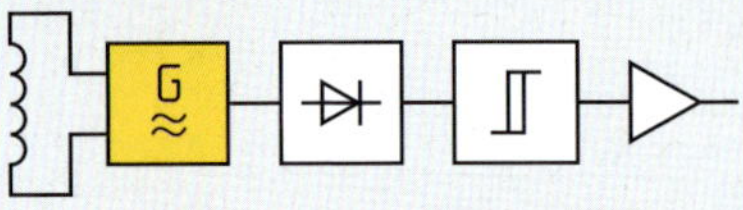
Induktiver Näherungsschalter</td><td>Die Schwingkreisspule des Oszillators erzeugt ein hochfrequentes, elektromagnetisches Streufeld. Dies tritt aus der aktiven Fläche des Schalters heraus. Ein Metallteil, das in das Streufeld eintaucht, dämpft den Schwingkreis und durch die Signaländerung schaltet der Schmitt-Trigger.</td><td>Induktive Näherungsschalter erfassen alle Metalle. Der Sensor arbeitet berührungslos und verschleißfrei. Die Schaltfunktion am Ausgang ist als Schließer oder als Öffner wählbar.
Betriebsspannungen:
DC 10 V bis 60 V,
AC 20 V bis 250 V,
Strombelastbarkeit bis 500 mA,
Schaltabstand bis 70 mm.</td></tr>
<tr><td>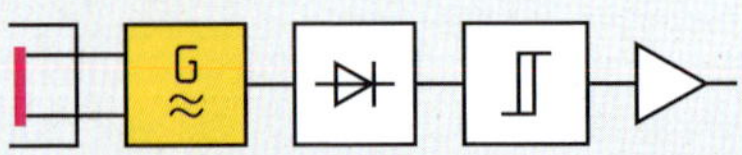
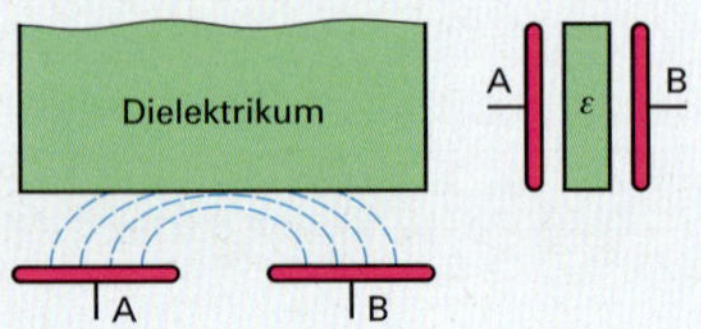
Kapazitiver Näherungsschalter</td><td>Der Schwingkreis des Oszillators ist nach dem Kondensatorprinzip aufgebaut. Gelangt ein Gegenstand in das elektrische Feld vor der aktiven Fläche, erhöht sich die Kapazität des Kondensators. Dadurch ändert sich der Schwingkreis und damit das Signal. Diese Signaländerung schaltet den Schmitt-Trigger und somit ändert sich der Ausgangszustand. Die Kapazität und damit der Schaltabstand ist abhängig von der Permittivitätszahl des zu erfassenden Gegenstandes.</td><td>Kapazitive Näherungsschalter erfassen alle Stoffe, auch flüssige. Der Sensor arbeitet berührungslos und verschleißfrei. Die Schaltfunktion am Ausgang ist als Schliefler oder als Öffner wählbar.
Betriebsspannungen:
DC 10 V bis 60 V,
AC 20 V bis 250 V,
Strombelastbarkeit bis 500 mA,
Schaltabstand abhängig vom Material bis 70 mm.

Berechnungsfaktoren zur Ermittlung des Schaltabstandes (max. Schaltabstand des Sensors × Faktor):
<table>
<tr><td>Metalle etwa 1</td><td>Wasser 1,0</td></tr>
<tr><td>Holz 0,2 bis 0,7</td><td>PVC 0,6</td></tr>
<tr><td>Glas 0,5</td><td>Öl 0,1</td></tr>
</table></td></tr>
<tr><td>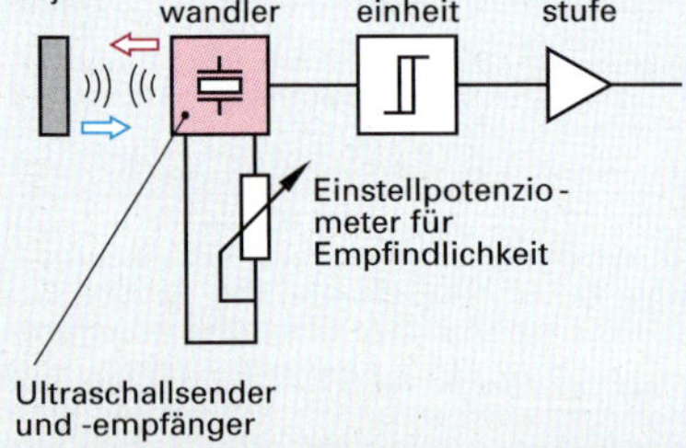
Ultraschall-Näherungsschalter</td><td>Ein Ultraschall-Wandler sendet Ultraschallimpulse aus, schaltet dann auf Empfang um und wertet die vom Objekt reflektierten Signale aus. Die Zeit bis zum Eintreffen des Echos ist proportional zum Abstand des Objektes vom Näherungsschalter.</td><td>Möglich sind Schaltsignale, sowie analoge Signale zur Entfernungsbestimmung oder digitale Signale zur Objekterkennung. Das Material des Objekts muss Ultraschallwellen reflektieren können. Der Sensor arbeitet berührungslos und verschleißfrei.
Betriebsspannungen:
DC 20 V bis 30 V
Bemessungsspannung:
DC 24 V
Strombelastbartkeit bis 300 mA
Schaltabstand abhängig von der Größe und Oberflächenbeschaffenheit bis 15 m.</td></tr>
</table>

Mögliche Störbeeinflussungen von Näherungsschaltern

Induktiver Sensor

Beeinflussung durch

- fremde magnetische Felder (Motoren, elektrisches Schweißen),
- weichmagnetische Werkstoffe (magnetische Werkstücke, Bauteile und Werkzeuge),
- Ablagerungen und Verschmutzungen durch Metallstaub und -späne,
- andere induktive Sensoren.

Kapazitiver Sensor

Beeinflussung durch

- Schmutz,
- Luftfeuchtigkeit,
- externe elektromagnetische Störquellen (Frequenzumrichter).

Ultraschall-Sensor

Beeinflussung durch

- gegenüberliegende oder parallele Ultraschall-Näherungsschalter,
- benachbarte Wände oder Körper.

Optoelektronische Näherungsschalter

Schaltung	Erklärungen	Bemerkungen
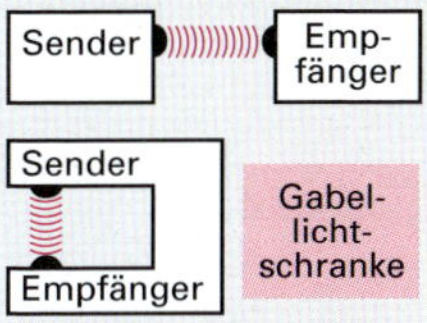 **Einweglichtschranke**	Sender und Empfänger sind räumlich getrennt und einander gegenüberliegend montiert. Der Sender strahlt seine IR-Strahlung (Infrarot-Strahlung) gebündelt auf den gegenüberliegenden Empfänger. Die Unterbrechung des Lichtstrahls löst beim Empfänger den Schaltvorgang aus.	Hohe Störsicherheit gegen Fremdlicht. Großer Montageaufwand durch exakte Ausrichtung von Sender und Empfänger (Ausnahme Gabellichtschranke). Erkennung kleinster Gegenstände bei kleinen Abständen. Sehr große Reichweite (bis 2500 m).
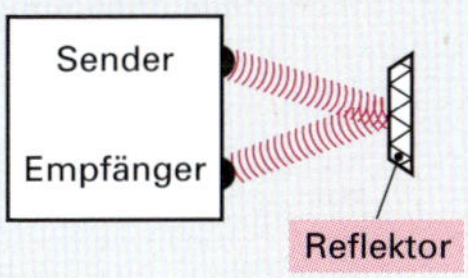 **Reflexionslichtschranke**	Sender und Empfänger sind in einem Gehäuse untergebracht. Der Sender strahlt die gebündelte IR-Strahlung auf einen gegenüberliegenden Reflektor aus Glas oder Kunststoff. Dieser wirft den Lichtstrahl in die Empfängeroptik zurück. Eine Unterbrechung löst im Empfänger den Schaltvorgang aus.	Hohe Störsicherheit gegen Reflexionsverwechslungen. Weniger Montageaufwand als bei der Einweglichtschranke. Geringere Reichweite (bis 65 m).
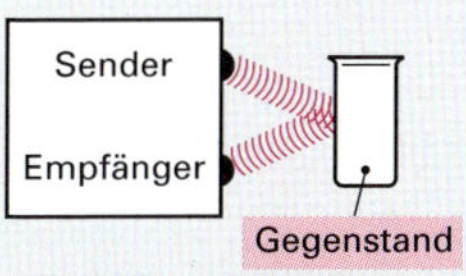 **Reflexionslichttaster**	Sender und Empfänger sind in demselben Gehäuse untergebracht. Der vom Sender ausgesandte IR-Strahl wird von einem Gegenstand auf den Empfänger reflektiert. Um unempfindlich gegen Störlicht zu sein, wird der IR-Strahl mit einer hohen Frequenz gepulst.	Einfacher Montageaufwand, deshalb flexibel in der Anwendung. Da jede Oberfläche verschieden reflektiert, ist ein Erkennen verschiedener Objekte möglich. Große Abhängigkeit der Reichweite (max. bis 6 m) von der Farbe, Oberflächenbeschaffenheit und Größe des zu erfassenden Objektes.

Alle Lichtschranken sind sehr störanfällig gegen Verschmutzung der Optik.
Technische Daten sind je nach Typ unterschiedlich:

- Betriebsspannungen DC 10 V bis 240 V / AC 20 V bis 250 V,
- Strombelastbarkeit bis 250 mA.

Anschlussmöglichkeiten von Näherungsschaltern

2-Leiter-Anschluss	3- und 4-Leiter-Anschluss
Der Anschluss des Näherungsschalters (auch Sensor genannt) erfolgt wie bei mechanischen Grenztastern in Reihe zur Last. Seine Versorgungsspannung (DC 10 V bis 60 V oder AC 20 V bis 250 V) erhält der Sensor über den Verbraucher. Es fließt deshalb ein Ruhestrom von etwa 3 mA bis 5 mA auch im gesperrten Zustand. Im durchgeschalteten Zustand tritt am Sensor bei maximalem Strom ein Spannungsfall von 5V bis 10 V auf. Gegen Spannungsspitzen (z. B. aus dem Netz) sind Wechselspannungsschalter meist geschützt. Wechselspannungsschalter sind oft für den 2-Leiter-Anschluss ausgelegt. Gleichspannungsschalter sind verpolungssicher oder mit beliebiger Polarität anschließbar.	Beim 3-Leiter-Anschluss wird die Versorgungsspannung dem Sensor über einen zusätzlichen Leiter zugeführt. Im gesperrten Zustand ist der Reststrom über den Verbraucher vernachlässigbar klein. Im durchgeschalteten Zustand beträgt der Spannungsfall bei maximalem Strom nur 2 V bis 4 V. Sensoren mit 4-Leiter-Anschluss können als Wechselschalter eingesetzt werden. Gegen Kurzschluss, Überlast und Zerstörung durch Spannungsspitzen (z. B. beim Schalten induktiver Lasten) sind beide Ausführungen geschützt. Gleichspannungsschalter sind verpolungssicher oder mit beliebiger Polarität anschließbar.

Näherungsschalter können auch in den AS-i-Bus integriert oder an ein SPS-Eingangsmodul angeschlossen werden.

2-Leiter-Anschluss

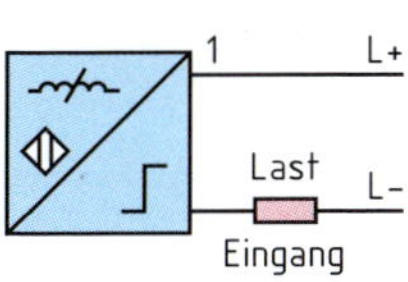

3-Leiter-Anschluss

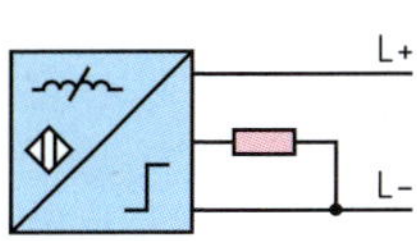

3-Leiter-Anschluss

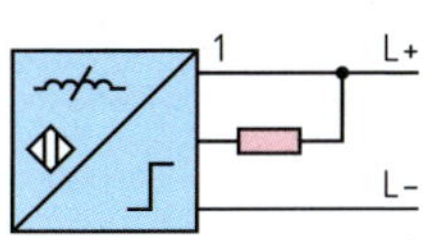

4-Leiter-Anschluss

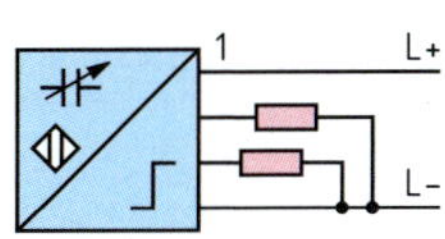

Schaltungsbeispiele von Näherungsschaltern

BM

Spezielle optoelektronische Sensoren Special optoelectronic Sensors

Art	Erklärung	Bemerkungen
Licht-laufzeit-sensor	Mittels Messen der Lichtlaufzeit wird zwischen Sensor und Objekt die Entfernung berührungslos gemessen. Zu unterscheiden sind die Anwendungen Entfernungsmessung und Objekterkennung. Laserimpulse werden vom Messobjekt reflektiert und über eine Linse auf einen optoelektronischen Empfänger fokussiert. Aus Lichtgeschwindigkeit und gemessener Laufzeit der Impulse sowie mit zusätzlicher Messung der Phasenverschiebungen zwischen gesendeten und reflektierten Laserimpulsen wird die Entfernung berechnet.	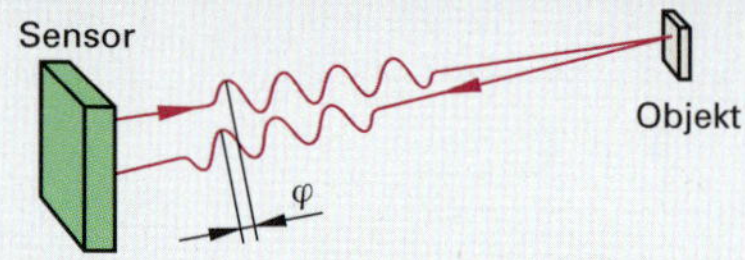 **Phasenverschiebung φ bei Lichtreflexion** Anwendungen: Objekthöhen messen, Objekte zählen, Abstände regeln, Zugriffe kontrollieren, Kollisionsschutz an fahrerlosen Transportsystemen. www.wenglor. com; www.sick.com; www.leuze.de
Licht-gitter Licht-vorhang Muting, Blan-king	Funktion als Lichtschranke mit mehreren Lichtstrahlen. Soll Material aus oder in eine Gefahrenzone transportiert werden, kann das Lichtgitter über Muting-Sensoren (Stummschaltung) gesteuert werden. Bei Blanking (Unterdrückung) sind einzelne Strahlen im Lichtgitter abschaltbar. Überwachen von Sicherheitszonen, z. B. bei Roboterarbeitsplätzen, Zugangsabsicherungen.	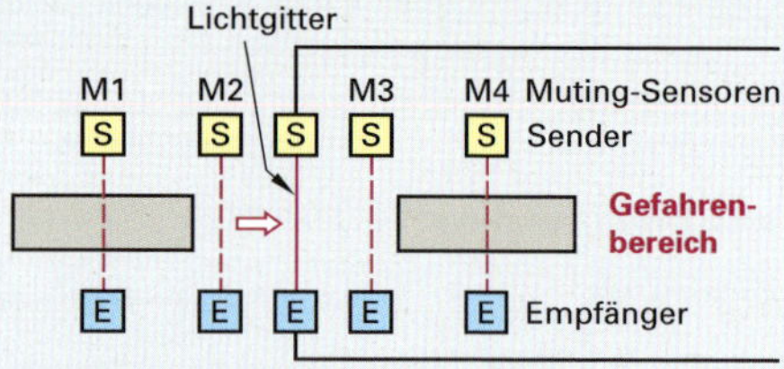 **Lichtgittersteuerung über Muting-Sensoren** www.schmersal.com
Spiegel-reflex-schranke	Lichtschranke mit Reflektor und Rotlicht oder Laserlicht. Mittels Polarisationsfilter glänzende, Oberflächen erkennbar.	Anwendungen: Erkennen von Objekten auf Förderbändern, Durchführen von Zuführkontrollen.
Farb-sensor	Die Sensoren senden gepulstes Weißlicht auf das zu prüfende Objekt. Das reflektierte Licht wird von drei Empfängern (rot, grün, blau) aufgenommen. Die Farbwertanteile werden berechnet und mit zuvor gespeicherten Referenzfarbwerten (Teach-in) verglichen.	Die erkannten Farben werden z. B. über RS 232 als Digitalwerte oder durch unterschiedliche Spannungen an einem Schaltausgang abgebildet. Anwendungen: Erkennen farbiger Objekte, Flüssigkeiten, Farbcodierungen.
Glanz-sensor	Unter 60° zur Senkrechten strahlt z. B. eine Weißlicht-LED auf die zu kontrollierende Oberfläche. Ein Teil des reflektierten Lichts wird von einem 60° zur Senkrechten angeordneten Empfänger aufgenommen, die diffuse Reflexion von einem Empfänger unter 15°→ Glanzgradermittlung.	Die Kalibrierung erfolgt auf Schwarzglas unter 60°. Dieser Wert dient als prozentualer Glanzwert (100 %). Während der Kalibrierung wird ein Referenzwert für die späteren Messungen abgespeichert. Anwendungen: Für Bewertungen metallischer Oberflächen, lackierter Oberflächen.
Lichtleit-kabel-Sensor	Sensoren zum Anschluss an Lichtleitkabel aus Kunststoff oder Glasfasern. Auswertung des vom Objekt reflektierten Lichtes (Tastbetrieb, Tastweite → Entfernung) oder unterbrochenen Lichtes (Schrankenbetrieb). Anwendung bei engen Platzverhältnissen.	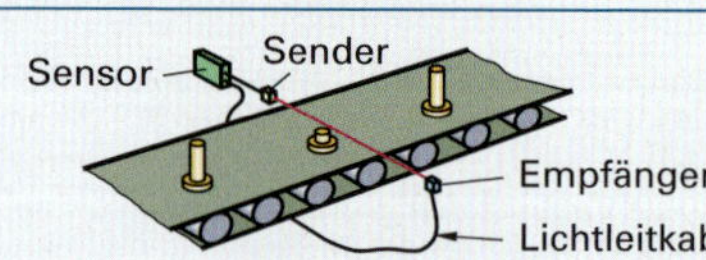 **Anwendung Lichtleitkabel-Sensor**
Vision Senso-ren	Besitzen CCD-Sensoren (charge coupled device, lichtempfindliches Bauelement zur Bildaufnahme), Objektiv, Speicher, zur Beleuchtung Leuchtdioden. Farbige Bildverarbeitung. Arbeitsweise z. B. mit gesendetem Weißlicht. Unabhängigkeit des Objektes von Position, Drehwinkel. Sensor-Einstellung erfolgt über PC.	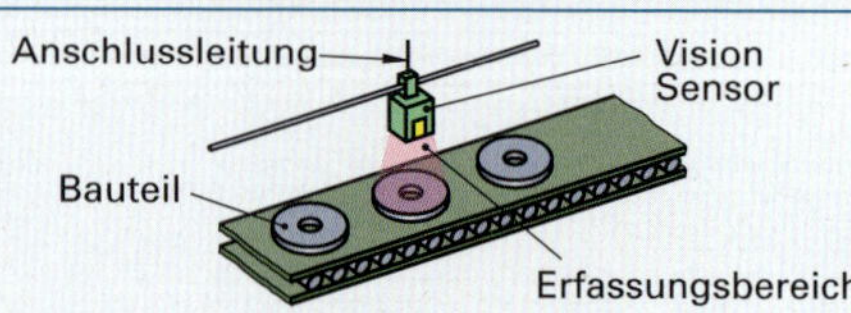 **Vision Sensor zu Objekterkennung**

Als Schnittstellen zur Datenkommunikation mit PC, SPS sind bei den Sensoren verfügbar z. B. RS232, USB, IO-Link, Schaltausgänge mit unterschiedlichen Spannungen, auch Anschluss an Industrial Ethernet möglich.

Messumformer und Signalumsetzer für Fernwirksysteme
Measuring Converter and Transducer for Remote Control Systems

Aufbau | Erklärung | Daten

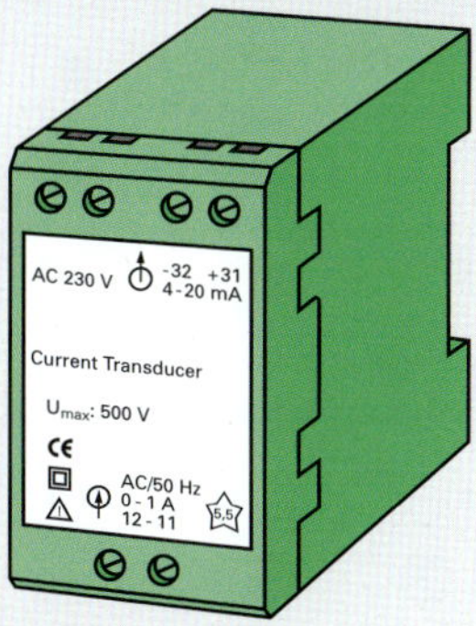

Messumformer

Messumformer gibt es für das Messen von Wechselspannungen und Wechselströmen. Messumformer, die ihre Betriebsspannung dem Messsignal entnehmen, nennt man passive Umformer. Diese Umformer sind nur für sinusförmige Eingangsgrößen geeignet. Messumformer mit eigener Betriebsspannung werden aktive Umformer genannt. Die Messumformer gibt es für Wechselstrom mit linearer Kennlinie. Für Wechselspannungen gibt es auch eine Kennlinie mit gedehntem Endbereich.

Eingangsspannungen: AC 40 V bis 500 V.

Bemessungsfrequenzen: AC 50 Hz und 60 Hz.

Eingangsbemessungsströme: AC 1 A bis 10 A.

Die Messumformer besitzen eine Schnappbefestigung für Hutschienen mit 35 mm Breite. Über zwei zusätzliche Schraubklemmen wird die Betriebsspannung angeschlossen. Störfestigkeit gegen elektromagnetische Felder 10 kV/m.

Auswertung in Zentralen online oder direkt mit PC.

www.automation.siemens.com

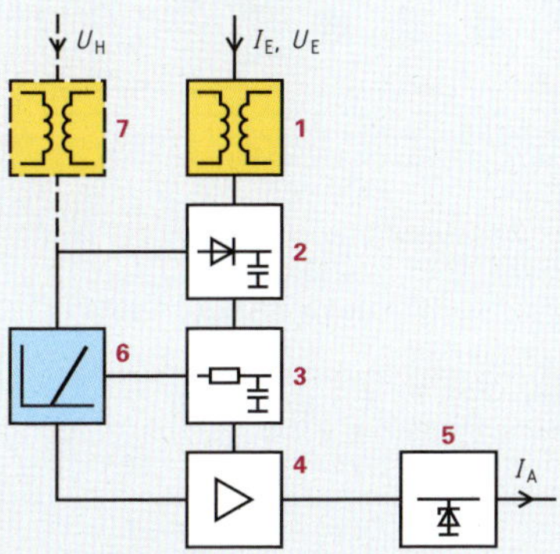

Übersichtsschaltplan eines aktiven Messumformers

Aktiver Messumformer

Das Eingangssignal U_e oder I_e wird über einen Transformator **1** an die Gleichrichterbaugruppe **2** angeschlossen. Ein Tiefpass-Filter **3** beseitigt Störfrequenzen und steuert den Ausgangsverstärker **4** an. Eine Schutzbeschaltung **5** schützt den Ausgang bei Kurzschluss und Überspannungen.

Mit einer Nullpunktunterdrückungsschaltung **6** kann der Ausgangsstrom gedehnt dargestellt werden. Transformator **7** für die Betriebsspannung.

Passiver Messumformer

Baugruppe **7** entfällt.

Ausgangsströme der Messumformer:

0 mA bis 1 mA, 0 mA bis 2,5 mA, 0 mA bis 5 mA, 0 mA bis 10 mA und 20 mA.

Es gibt auch Messumformer mit Drahtbruchüberwachung > 0 mA (5 mA bis 20 mA)

Restwelligkeit
0,5% von $\hat{\check{i}}_A$.

Einstellzeit
≤ 350 ms für 99% vom Endwert von $\hat{\check{i}}_A$.

Eingangssignale aktiver Messumformer:
Sinussignal, Rechtecksignal, Dreiecksignal und Signale mit Phasenanschnitt.

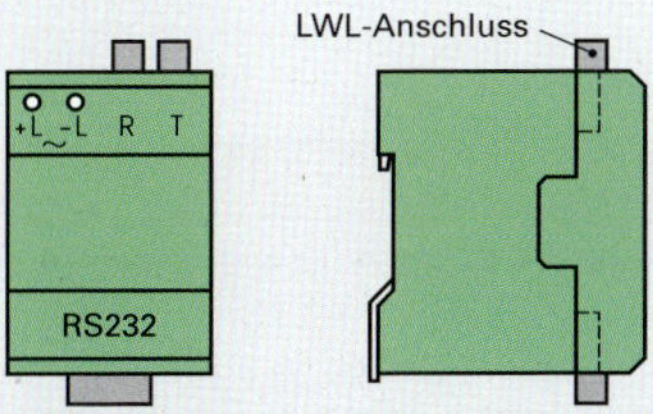

Signalumsetzer für LWL

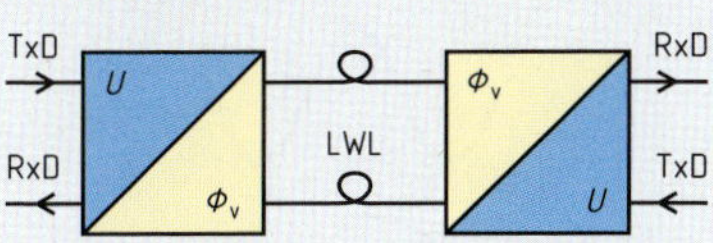

Übersichtsschaltplan einer Übertragungsstrecke mit Signalumsetzern für LWL

Für die störsichere Datenübertragung werden Signalumsetzer mit LWL (Lichtwellenleiter) verwendet.

Es gibt Signalumsetzer für die Schnittstelle RS232 mit 9-poligem Sub-D-Stecker **(Bild)**, die Schnittstelle RS485 mit Schraubanschlüssen A und B und USB. Damit können verschiedene Topologien aufgebaut werden, z. B. Buslinien und Linien in Sternstruktur. Der Anschluss der Lichtwellenleiter erfolgt mit SMA-Schraubanschlüssen.

Glasfaserdurchmesser: 50 µm oder 125 µm.

Glasfaserlänge bis 3000 m.

Bei Schnittstelle RS232 bedeutet
- Licht AUS ≙ L-Pegel,
- Licht EIN ≙ H-Pegel.

Die Zuordnung ist umschaltbar.

Bei Schnittstelle RS485 bedeutet
- Licht EIN ≙ H-Pegel,
- Licht AUS ≙ L-Pegel.

Betriebsspannung U_b: AC oder DC
Die Richtungsumkehr erfolgt automatisch.

I_e	Eingangsstrom	$\hat{\check{i}}_A$	Spitze-Tal-Wert von I_A	U_b	Betriebsspannung	SMA	Subminiatur-Adapter
I_a	Ausgangsstrom	U	Signalspannung	U_e	Eingangsspannung	Φ_v	Lichtstrom

Oszilloskop Oscilloscope

Bedienung des Oszilloskops

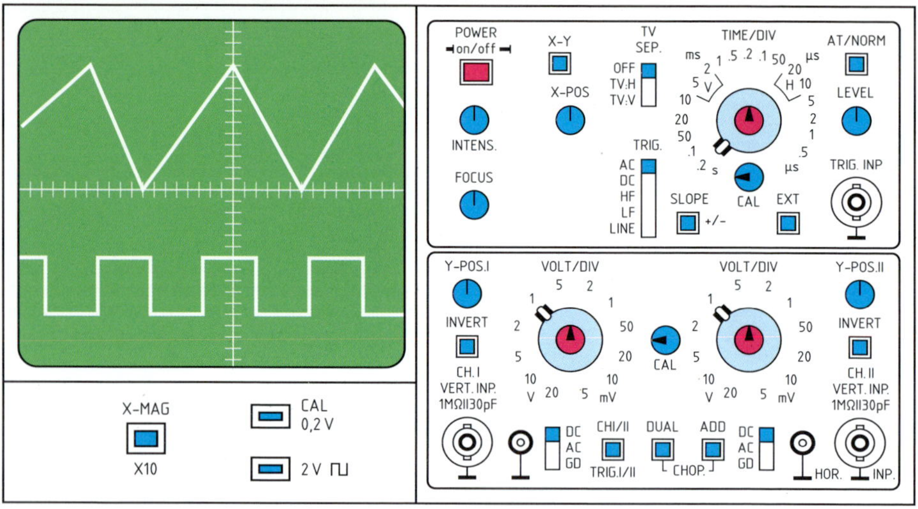

Englische Bezeichnung	Deutsche Bezeichnung, Wirkung	Englische Bezeichnung	Deutsche Bezeichnung, Wirkung
Allgemeine Bezeichnungen		**Zeitablenkung, Triggerung**	
AC	Wechselspannung	$\overline{\text{Y}}$ und INVERT	invertierender Eingang
CAL	Kalibriert	+/−	positive/negative Flanke
CH(ANNEL)	Kanal	AUTO, AT	freischwingend
CHOP(PED)	bei Zweikanalbetrieb (s. u.)	DLY'D TRIG	verzögerte Triggerung
DEFL(ECTION)	Ablenkung	DLY-TIME	Verzögerungszeit
FOCUS	Schärfe	EXT(ERNAL)	von außen
HOR(IZONTAL)	Horizontal-	HF/LF	hohe/tiefe Frequenzen
ILLUM(INATION)	Rasteraufhellung	INT(ERNAL)	intern, geräteeigen
INP(UT)	Eingang	LEVEL	Pegel der Triggerung
INTENS(ITY)	Helligkeit	MAINS, LINE	Triggerung mit Netzfrequenz
INVERT, INV	Signalumkehr	MODE	Art des Triggersignals
MAG(NIFICATION)	Vergößerung	NORM(AL)	normal triggerbar
POWER(ON)	Netzschalter (EIN)	SINGLE SWEEP	einmalige Ablenkung
VOLT/DIV	VOLT je Teileinheit	SLOPE	Anstieg des Triggersignals
X-Y	XY-Betrieb	SOURCE	Quelle des Triggersignals
Y-POS(ITION)	Senkrechte Verschiebung	TIME/DIV	Zeit je Teileinheit
		TRIG I/II	Triggerung durch Kanal I/II

Zweikanaloszilloskop

Schaltung	Wirkung bei tiefen Messfrequenzen (f_m < Umschaltfrequenz f_u)	Wirkung bei hohen Messfrequenzen (f_m > Umschaltfrequenz f_u)
Ein elektronischer Schalter legt die beiden Eingänge abwechselnd an die Oszilloskopröhre.	Der Elektronenstrahl springt zwischen beiden Messkurven hin und her (chopped = zerhackt).	Die beiden Messkurven werden abwechselnd geschrieben (alternating = abwechselnd).

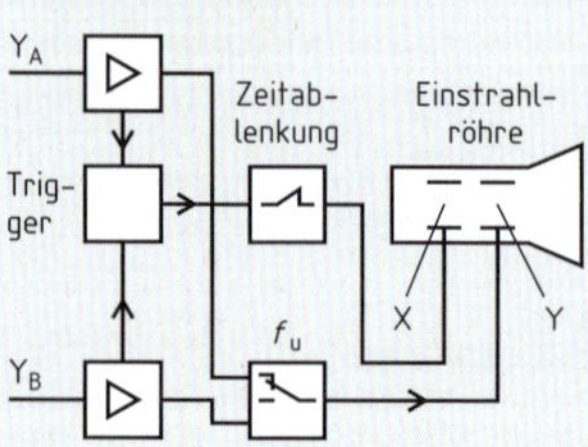

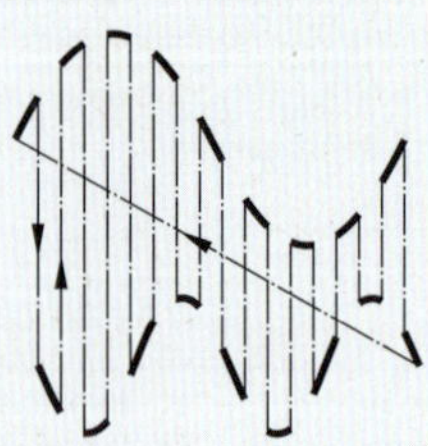

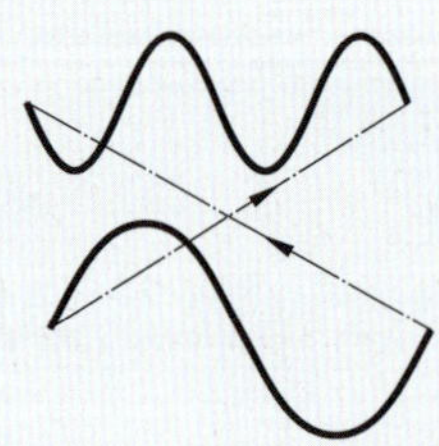

Messen mit dem Oszilloskop Measuring by oscilloscope

Spannungsmessung

Ohne X-Ablenkung

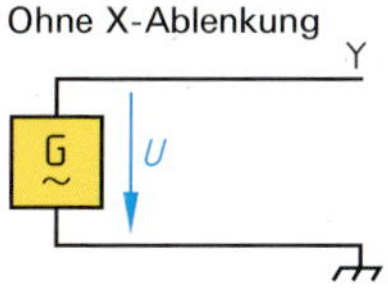

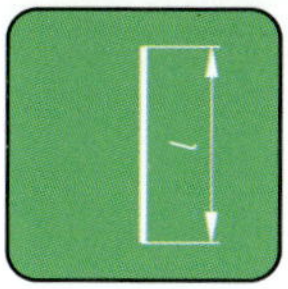

$\hat{\check{u}}$ Spitze-Tal-Spannung
l Strichlänge
A_y Y-Ablenkkoeffizient
U Spannung (Effektivwert)

$$\hat{\check{u}} = l \cdot A_y$$

$$U = \frac{\hat{\check{u}}}{2 \cdot \sqrt{2}}$$ **1**

Strommessung (mit Hilfswiderstand)

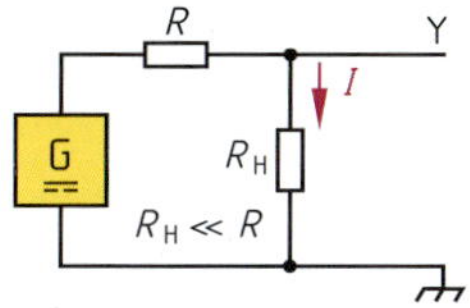

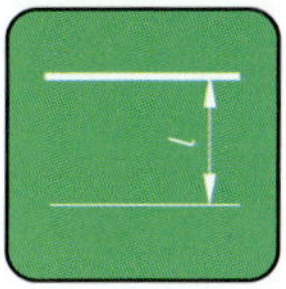

U Spannung
I Stromstärke
R_H Hilfswiderstand
A_y Y-Ablenkkoeffizient
l Länge der Nulllinien-Verschiebung

$$U = l \cdot A_y$$

$$I = \frac{U}{R_H}$$ **2**

Frequenzmessung mit Zeitablenkung

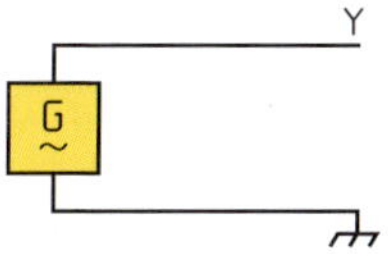

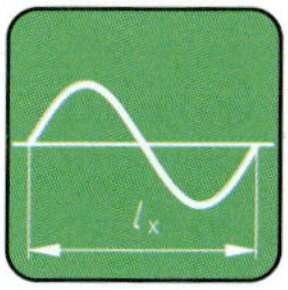

T Periodendauer
l_x Abstand in cm bzw. DIV
A_x Zeitablenkkoeffizient in s/cm bzw. s/DIV
f Frequenz

$$T = l_x \cdot A_x$$ **3**

$$f = \frac{1}{T}$$ **4**

Messung der Phasenverschiebung mit Zweikanaloszilloskop

Beispiel: Phasenverschiebung von U und I an Kondensator $R_H \ll X_C$

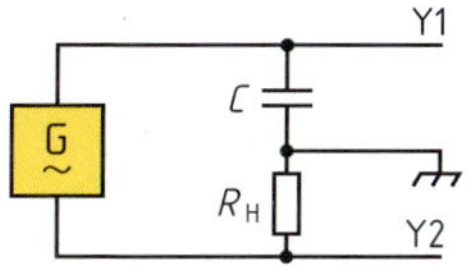

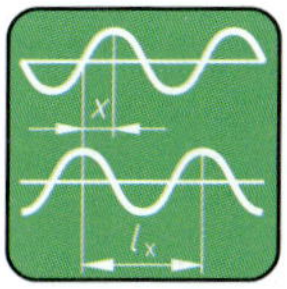

$$\frac{\varphi}{x} = \frac{360°}{l_x}$$

$$\varphi = \frac{x}{l_x} \cdot 360°$$ **5**

l_x Periodendauer
Generator mit erdfreiem Ausgang verwenden.

$U(I)$-Kennlinie einer Diode

Zeitablenkung abgeschaltet

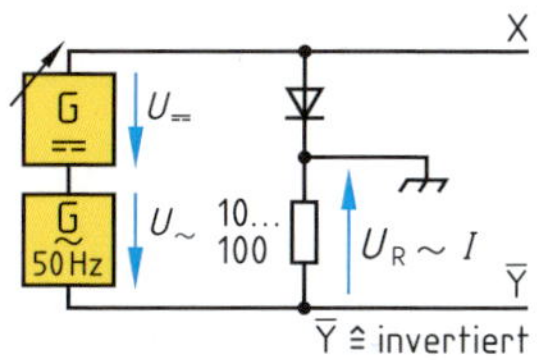

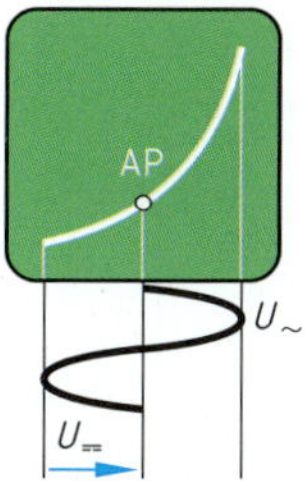

Mit DC-Vorspannung gewünschten Ausschnitt der Kennlinie einstellen.
Oszilloskop mit Trenntransformator betreiben.

$U(I)$-Kennlinie eines Diac

Zeitablenkung abgeschaltet

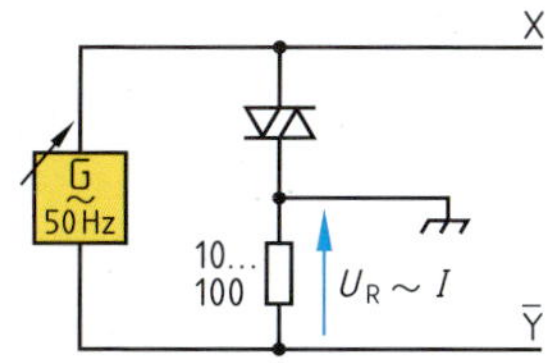

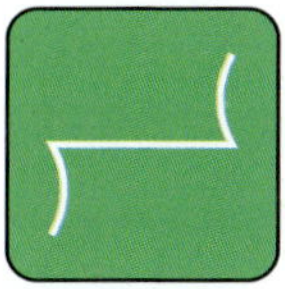

Wechselspannung bis zum Erreichen der Schaltspannung des Diac steigern.
Oszilloskop mit Trenntransformator betreiben.

Messung der Impulsanstiegszeit eines Verstärkers

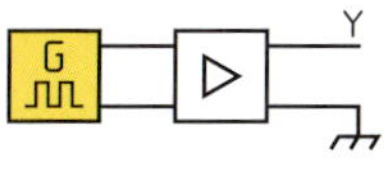

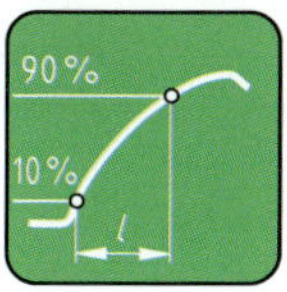

t_r Anstiegszeit
l Länge in cm bzw. DIV
A_x Zeitablenkkoeffizient in s/cm bzw. s/DIV

$$t_r = l \cdot A_x$$ **6**

Messung des Impuls-Tastgrades

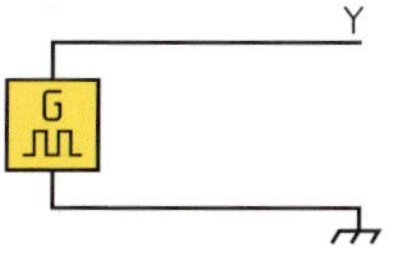

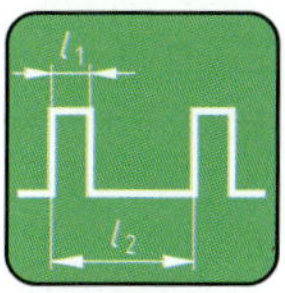

t_i Impulsdauer
l_1, l_2 Abstände in cm bzw. DIV
T Periodendauer
A_x Zeitablenkkoeffizient in s/cm bzw. s/DIV
g Tastgrad

$$t_i = l_1 \cdot A_x$$

$$T = l_2 \cdot A_x$$

$$g = \frac{l_1}{l_2} = \frac{t_i}{T}$$ **7**

BM

Messwerterfassung mit dem PC Measured Value Acquisition by PC

Hardware zur Messwerterfassung

Art	Erklärung	Beispiel, Daten
Sensoren (jeweils aus Sensorelement und Signalverarbeitungsstufe)	Umsetzung der Messgrößen in ein elektrisches Signal.	Piezoelektrischer Sensor zur Messung von Kräften.
Signal-Konditionierung	Umsetzung der Signale in eine Form, die zur Weiterverarbeitung in der folgenden Stufe geeignet ist.	Potenzialfreiheit herstellen, Verstärkung, Rauscheinfluss durch Filter beseitigen, auch Spannungs-Strom-Umsetzung.
Steckkarte für PC bzw. Datenerfassungsmodul Anschlüsse: PCI-Bus, USB, RS 232, RS 485, CAN-Bus	Umsetzung des konditionierten Signals z. B. in Bitfolgen, die vom PC weiterverarbeitet werden können.	Das analoge konditionierte Signal wird durch einen AD-Umsetzer digitalisiert.
Modul mit analogen Eingängen und digitalen Ausgängen	Modul mit z. B. 64 Analogeingängen, die z. B. über einen Multiplexer und AD-Umsetzer an die Ausgänge gelegt werden.	Die Wortbreite jedes Kanals beträgt 8 bit bis 32 bit. Die Abtastrate beträgt bis 500 MS/s. (S = Samples = Abtastungen)
Multifunktionskarte	Karte mit allen Arten von Eingängen und Ausgängen.	Die Werte entsprechen denen der übrigen Karten.
Herkömmliches Messgerät	Übliche Messgeräte mit geeigneter Schnittstelle, z. B. USB oder RS 232, können ihre Messwerte an die Datenerfassungskarte des PC abgeben.	Das Messgerät arbeitet z. B. meist unabhängig vom PC (Stand-Alone-Betrieb). Die Messwerte werden aber durch den PC von Zeit zu Zeit abgerufen, erfasst und ausgewertet.

BM

Virtuelle Instrumente (VI)

Bildschirmansicht	Erklärung
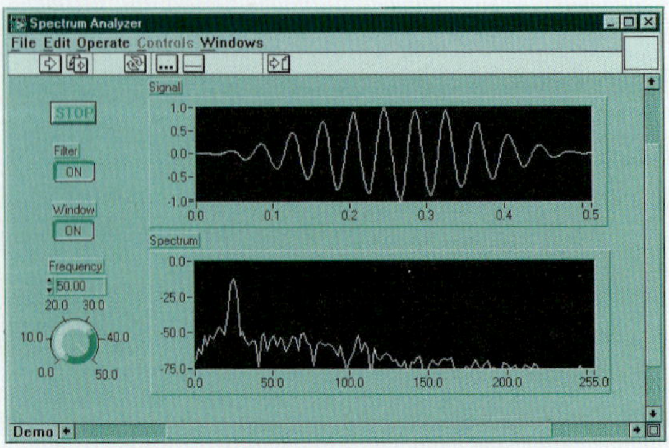 **Front Panel (Benutzeroberfläche) eines virtuellen Instruments (VI)**	Der PC wird mit einer speziellen Software betrieben, welche auf dem Bildschirm die Ansicht der Frontseite (Front Panel) eines Messgerätes erzeugt (**Bild**). Die Schalter und Drehköpfe können mit der Maus betätigt werden. Über Buttons (Schaltflächen) können weitere Parameter verändert werden. Grafische Software-Systeme sind • LabVIEW oder • DASYLab. Die Aufgabe wird in einem Blockdiagramm angegeben (programmiert) und mit Paletten (z. B. Bedienelementepalette) in das Front-Panel umgesetzt. Ein VI besteht aus einem Front-Panel und dem Blockdiagramm. www.labview-service.de www.dasylab-service.de

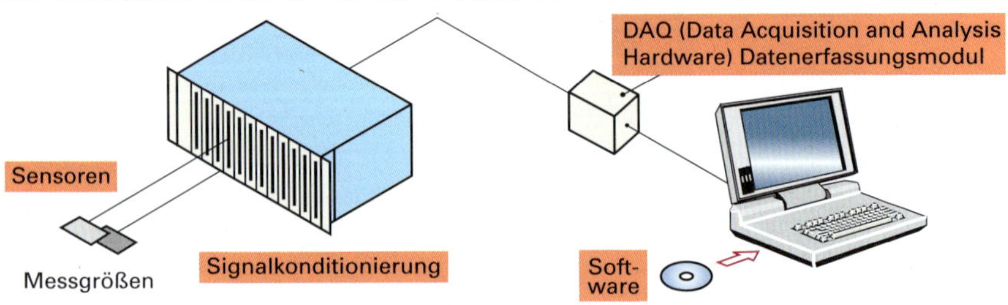

Bestandteile eines Datenerfassungssystems (DAQ-Systems)

Allgemeine Begriffe bei Messkarten

Begriff	Erklärung	Bemerkungen, typische Beispiele
AD-Umsetzer, ADU, ADC	Modul zur Umsetzung (Convertierung) von Analogsignalen in Digitalsignale.	Bei sehr hoher Umsetzrate Parallel-Umsetzer, sonst Umsetzer für schrittweise Ergebnis-Annäherung (mit SAR).
Bandbreite	Frequenzbereich der erfassbaren Signale	30 Hz bis 200 MHz. In diesem Bereich gilt aber nicht die angegebene Genauigkeit.
CMRR	Common Mode Rejection Ratio (Gleichtakt-Unterdrückungsverhältnis) Kenngröße des auf der Messkarte enthaltenen Operationsverstärkers.	70 dB bei Verstärkungsfaktor 1
Eingangsimpedanz	Scheinwiderstand, der am Eingang der Messkarte gemessen werden kann.	80 kΩ, 100 kΩ, 10 GΩ
Eingangskanal	Weg für die Erfassung der Messdaten eines Sensors.	8 oder 12 oder 16 oder 32 Kanäle
Einstellzeit	Zeit, welche bis zur Ausgabe eines Ergebnisses vergeht.	0,1 ms
Externer Speicher	Speicher außerhalb der Datenerfassungskarte	bis TB-Bereich
Messbereich	Bereich, für den die angegebene Genauigkeit gilt.	−10 V bis +10 V und 0 Hz bis 1 MHz
On-Board-Speicher	Speicher auf der Datenerfassungskarte.	Je nach Art bis 4 GB
Quantisierungsfehler	Fehler, der bei der Quantisierung eines bisherigen Analogsignals entstehen kann.	Maximal 1 % oder 0,1 % bei Verstärkungsfaktor 1000
Wandlungsrate, Abtastrate	Anzahl der je Sekunde maximal durchführbaren AD-Umsetzungen.	Bis 500 kHz bzw. 500 kSPS = 500 Kilosamples Per Second (500000 Abtastungen je Sekunde)

Genauigkeit bei Messungen mit dem PC

Begriff	Erklärung, Beispiel	Formel, Daten
Auflösung	Anzahl der Abschnitte, in die der Messbereich unterteilt wird. Bei einer 12-Bit-Karte ist $A = 2^n = 2^{12} = 4096$.	**Auflösung** $A = 2^n$ (1)
Auflösung in Bits	Gleichbedeutend mit der Bitzahl der Karte.	Bei einer 12-Bit-Karte ist die Auflösung z.B. 12 bit.
Auflösung in Volt	Messbereich geteilt durch Auflösung. Bei einer 8-Bit-Karte mit dem Messbereich −5 V bis +5 V ist $A = A_V = B_M/2^n = 10\,V/2^8 = 39\,mV$.	**Auflösung in V** $A_V = \frac{B_M}{2^n}$ (2)
Eingangsgenauigkeit, Messgenauigkeit, absoluter Messfehler	Angaben sind nicht einheitlich. Möglich ist Angabe in % + LSB, z.B. 0,24% + 1 LSB, oder in Bits, z.B. −2 Bits, oder in FSR (Full Scale Range = gesamter Messbereich), z.B. +0,048%. Alle diese Beispiele geben dieselbe Genauigkeit an.	Bei Angabe in % + LSB: $F = B_M \cdot (f/100 + 1/2^n)$ Bei Angabe in Bits: $F = 2 \cdot (B_M/2^n)$ Bei Angabe in FSR: $F = B_M \cdot f/100$
Genauigkeit	siehe Eingangsgenauigkeit.	Eigentlich wird der Messfehler angegeben.
LSB	Last Significant Bit = Bit mit der niedrigsten Wertigkeit.	Bei einer 12-Bit-Karte hat das LSB den Wert $1/2^{12}$.
Spannungsbereich, Eingangsbereich	Messbereich, in dem die Spannungen der Sensorsignale liegen.	Wenn z.B. Bereich von −10 V bis +10 V, dann $B_M = 20\,V$.

A Auflösung, A_V Auflösung in Volt, B_M Messbereich, F absoluter Messfehler, f relativer Messfehler in %, n Anzahl der Bits, SAR Succesive Approximation Register = schrittweises Annäherungsregister

Begriffe der Mess- und Prüftechnik Terms of Measuring and Testing Technology

Begriff	Erklärung
Ansprechschwelle	Kleinste Wertänderung der Eingangsgröße des Messgerätes, welche zu einer wahrnehmbaren Wertänderung der Ausgangsgröße des Messgerätes führt.
Anzeigebereich	Bereich zwischen größter und kleinster Anzeige, bei dem Fehlergrenzen meist eingehalten werden.
Eichen	Amtliche Kennzeichnungen eines Messgerätes anhand von Eichvorschriften.
Empfindlichkeit	Änderung der Ausgangsgröße dividiert durch Änderung der Eingangsgröße eines Messgerätes.
Einflussgröße	Beeinflusst fälschlicherweise die Messgröße.
Einstelldauer	Zeit, bis nach sprunghafter Änderung des Wertes der Eingangsgröße die Werte der Ausgangsgröße dauerhaft innerhalb vorgegebener Grenzen bleiben.
Erwartungswert	Ihm nähert sich das arithmetische Mittel einzelner Messwerte.
Genauigkeit	Grad der Übereinstimmung eines angezeigten Wertes mit dem wahren Wert.
Genauigkeitsklasse	Fehler in % bei Messungen im Messbereichs-Endwert.
Hysterese	Anzeige-Differenz für gleichen Wert der Messgröße, wenn a) von kleineren zu größeren Werten und b) von größeren zu kleineren gemessen wird.
Justieren	Einstellen und Abgleichen eines Messgerätes, um systematische Messabweichungen zu minimieren.
Kalibrieren	Ermitteln der systematischen Messabweichung durch Vergleich der durch Normale festgelegten Messwerte.
Konformität	Erfüllung festgelegter Anforderungen.
Linearität	Konstanter Zusammenhang von Ausgangsgröße zu Eingangsgröße.
Maßverkörperung	Messmittel, welches eine Maßeinheit verkörpert, z. B. eine Lehre.
Messabweichung	Abweichung eines aus Messungen gewonnenen und der Messgröße zugeordneten Wertes vom wahren Wert. Unterschieden werden systematische (Mittelwert von Messungen minus wahrer Wert der Messgröße), zufällige (Messergebnis minus Mittelwert von Messungen) und messgeräteresultierende Messabweichungen.
Messbereich	Wertebereich für die zu messende Größe, für den die Messabweichungen des Messgerätes innerhalb vereinbarter Grenzen liegen.
Messbeständigkeit	Fähigkeit eines Messgerätes, dauerhaft gleiche Messergebnisse unter gleichen Voraussetzungen zu liefern.
Messgröße	Zu messende physikalische Größe.
Messmittel	Messgeräte, Messeinrichtungen, Referenzmaterialien, Hilfsmittel zum Messen physikalischer Größen.
Messspanne	Differenz zwischen Endwert und Anfangswert des Messbereichs.
Messunsicherheit	Angabe des Messfehlers, der mit einer bestimmten Wahrscheinlichkeit nicht überschritten wird.
Messwertumkehrspanne	Anzeigen-Unterschied bei Messungen zwischen fallenden bzw. steigenden Messwerten.
Normal	Messmittel, mit welchem eine Einheit oder bekannte Werte einer Größe dargestellt werden können, um diese anderen Messmitteln zum Vergleichen bereitzustellen.
Prüfen	Feststellung, inwieweit ein Prüfobjekt Forderungen erfüllt.
Prüfmittel	Messmittel zur Ermittlung der Erfüllung gestellter Anforderungen an ein Objekt.
Referenzbedingung	Vorgeschriebene Bedingungen zum Prüfen eines Messmittels oder zum Vergleichen von Messergebnissen.
Richtiger Wert	Bekannter Wert für Vergleiche, dessen Abweichung vom wahren Wert vernachlässigbar ist.
Richtigkeit	Fähigkeit, ohne systematische Messabweichungen zu messen.
Rückverfolgbarkeit	Aufzeichnung von Messergebnissen unter Angabe der Messbedingungen.
Rückwirkung des Messgerätes	Beeinflussung der Messung der physikalischen Größe durch das Messgerät.
Validierung	Bestätigung durch Untersuchung, dass die gestellten Anforderungen erfüllt sind.
Wahrer Wert	Messwert, den man in einer absolut fehlerfreien Messung erhalten würde.
Wiederholbarkeit	Grad der Übereinstimmung von Messergebnissen mehrerer Messungen für denselben Eingangswert und unter denselben Betriebsbedingungen (Reproduzierbarkeit).
Wiederholpräzision	Eigenschaft, dass das Ausgangssignal eines Messgerätes bei mehrfachen Messungen der gleichen Messgröße unter gleichen Bedingungen fast den gleichen Wert hat.

BM

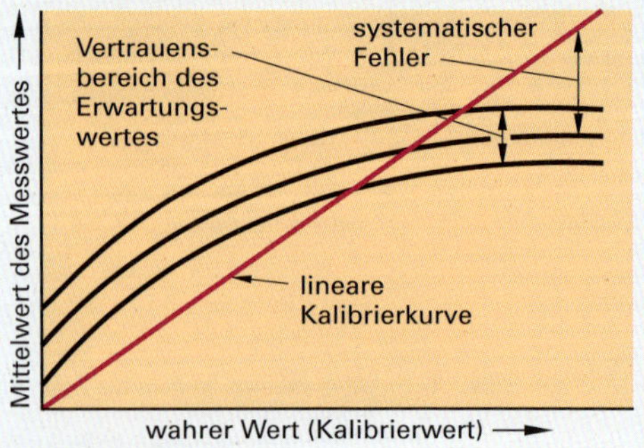

Systematische Messabweichung (systematischer Fehler)

Elektromagnetische Schütze Electromagnetic Contactors

Arten und Wirkungsweise

Diagramm, Schaltung	Erklärung	Bemerkungen
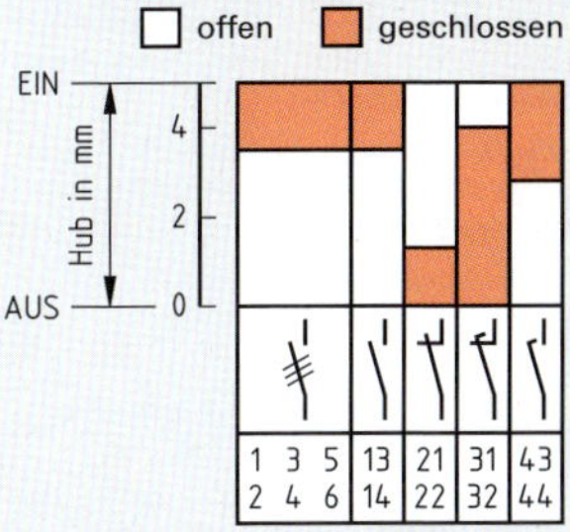 **Schaltdiagramm eines Schützes**	Elektromagnetische Schütze sind elektromagnetisch betätigte Fernschalter und bestehen aus Erregerspule, beweglichem Anker, festen und beweglichen Schaltstücken (Kontakten). Je nach Art des Schützes erfolgen die Schaltvorgänge der Schaltstücke getrennt oder überlappt **(Bild)**. Schütze haben für den Hauptstromkreis meist drei Schaltstrecken 1-2, 3-4, 5-6 und für die Hilfsstromkreise (Steuerstromkreise) mehrere Hilfskontakte.	Wechselstromschütze werden durch AC gesteuert, Gleichstromschütze durch DC. AC-Steuerung verursacht Brummen, DC-Steuerung ist geräuschlos. Es gibt elektromagnetische Schütze mit elektronischem Eingangskreis für AC- und DC-Ansteuerung in einem breiten Spannungsbereich und auch zur direkten Ansteuerung durch SPS. Hilfsschütze sind kleine Schütze mit mehreren Hilfskontakten zum Steuern des Erregerstromes von großen Schützen.
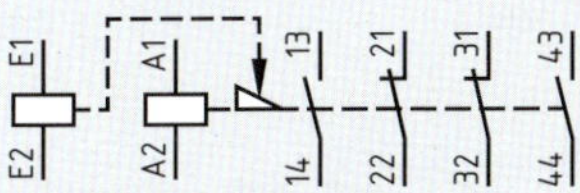 **Verklinkbares Hilfsschütz**	Verklinkte Hilfsschütze werden eingesetzt, wenn nach Ausfall der Steuerspannung die Schaltstellung erhalten bleiben soll. Nach Anlegen der Steuerspannung verklinken sie mechanisch.	Zum Entklinken muss ein Spannungsimpuls an die Anschlüsse einer Entklinkspule E1-E2 gelegt werden. Meist ist über eine Betätigungstaste auch Entklinken von Hand möglich. www.siemens.de, www.moeller.net

Kennzeichnung der Schaltglieder

(vgl. EN 50012 und EN 50013)

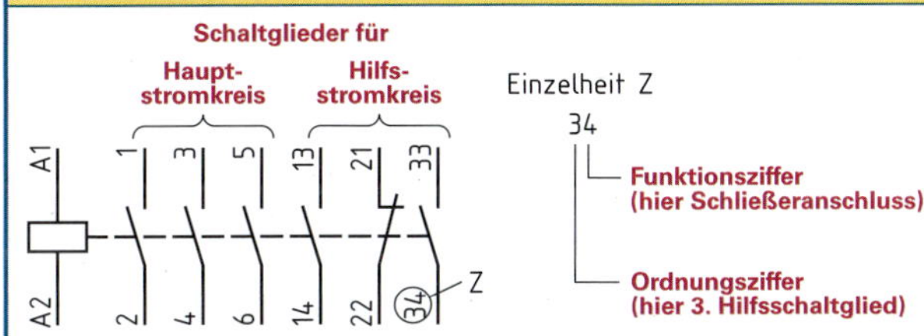

Die Ordnungsziffer nummeriert die Hilfsschaltglieder.

Die Funktionsziffer gibt deren Aufgabe an.

Anschlüsse	Art des Schaltgliedes	Anschluss mit Ordnungsziffer	Art des Schaltgliedes	Anschluss mit Funktionsziffer	Art des Schaltgliedes
1–2 3–4 5–6	Schaltglied (meist Schließer) für den Hauptstromkreis	1X, 2X, 3X ... z. B. 11, 12...	Hilfsschaltglieder in der Reihenfolge der Anordnung	Y1, Y2 Y3, Y4 Y1, Y2, Y4	Öffner-Hilfsschaltglied Schließer-Hilfsschaltglied Wechsler-Hilfsschaltglied
Zwei Ziffern z. B. 11, 21...	Hilfsschaltglieder z. B. Öffner-Eingänge	9 X z. B. 95, 96	Hilfsschaltglieder für Überlast-Schutzeinrichtung	Y5, Y6 Y7, Y8	Öffner- / Schließer- } Hilfsschaltglied mit besonderer Funktion

Grundschaltung von Schützen mit Schaltfunktion

Hauptstromkreis, Schaltfunktion	Hilfsstromkreis, Schaltfunktion	Benennung, Bemerkungen
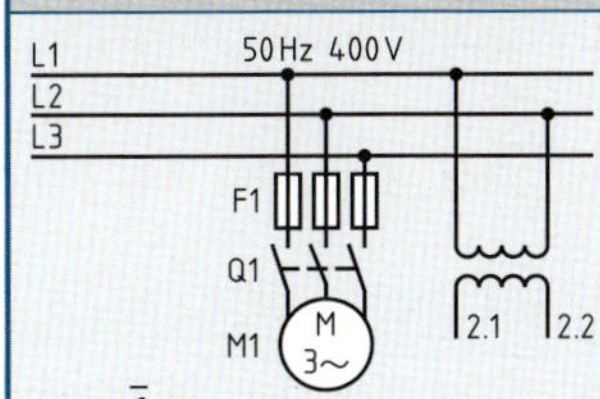 $y_{M1} = \bar{f}_1 \wedge q_1$	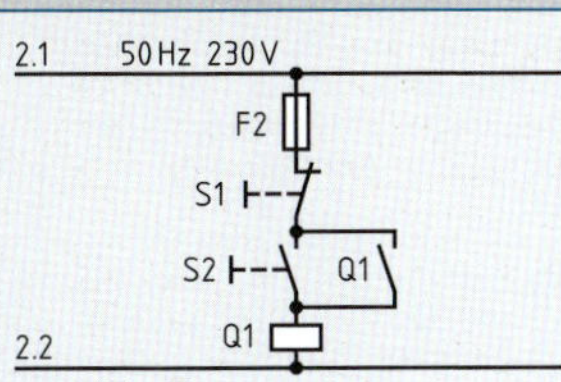 $y_{K1} = \bar{f}_2 \wedge \bar{s}_1 \wedge (s_2 \vee q_1)$	*Schütz mit Haltekontakt* Betätigung von S2 bringt Q1. Q1 schaltet M1 ein und hält sich über den Haltekontakt (Schließer) Q1. Betätigen von S1 führt zur Abschaltung von Q1 und damit von M1. Übliche Grundschaltung der Schützschaltungen. Anwendungen der Grundschaltung Seite 236.

Verriegelte Schützschaltung: Zwei Schütze, bei denen vor der Antriebsspule der Öffner des anderen Schützes in Reihe geschaltet ist, z. B. Wendeschützschaltung Seite 236.
Entriegelte Schützschaltung (Folgeschaltung): Zwei Schütze, bei denen vor der Antriebsspule eines der beiden Schütze ein Schließer in Reihe geschaltet ist.

BM

Gebrauchskategorien und Antriebe von Schützen
Application Categories and Excitations of Contactors

Gebrauchskategorien von Schützen, Motorstartern und Hilfsstromschaltern

Kategorie	Typische Anwendungsfälle	Kategorie	Typische Anwendungsfälle
AC-1	Nicht induktive oder leicht induktive Lasten, Widerstandsöfen.	DC-1	Nicht induktive oder leicht induktive Lasten, Widerstandsöfen.
AC-2	Schleifringläufermotoren mit Anlassen und Reversieren (Drehrichtungsumkehr).	DC-2	Fremderregte Motoren (Nebenschlussmotoren) mit Anlassen und Ausschalten von laufenden Motoren.
AC-3	Käfigläufermotoren mit Anlassen und Ausschalten des laufenden Motors.	DC-3	Motoren wie bei DC-2, aber zusätzlich mit Reversieren (Drehrichtungsumkehr) und Tippbetrieb.
AC-4	Käfigläufermotoren mit Anlassen, Reversieren (Drehrichtungsumkehr) und Tippbetrieb.	DC-4	Reihenschlussmotoren mit Anlassen und Ausschalten von laufenden Motoren.
		DC-5	Reihenschlussmotoren mit Anlassen, Reversieren und Tippbetrieb.
AC-11	Elektromagnete, z. B. für Spannzeuge oder Hubmagnete	DC-11	Elektromagnete, z. B. für Spannzeuge oder Hubmagnete

Antriebe von elektromagnetischen Schützen

Antrieb	Erklärung	Bemerkungen
AC-Antrieb, konventionell	Antrieb durch AC-Magneten. Beim Einschalten hat das Magnetsystem einen großen Luftspalt. → Kleine Impedanz → großer Einschaltstrom → ruckartiges Anziehen. Nach dem Anziehen ist der Luftspalt sehr klein. → Große Impedanz → kleiner Haltestrom → kleine Halteleistung. Im Eisenkern ist ein Spaltpolring angeordnet. → Induzierter Strom im Spaltpolring mit Phasenverschiebung gegen den Spulenstrom → Magnetwirkung auch beim Nulldurchgang des Spulenstroms → bessere Gleichförmigkeit der Haltekraft. **Vorteil:** Einfacher Aufbau. **Nachteil:** Brummgeräusch, Schlag beim Einschalten, enger Spannungsbereich der Magnetspule.	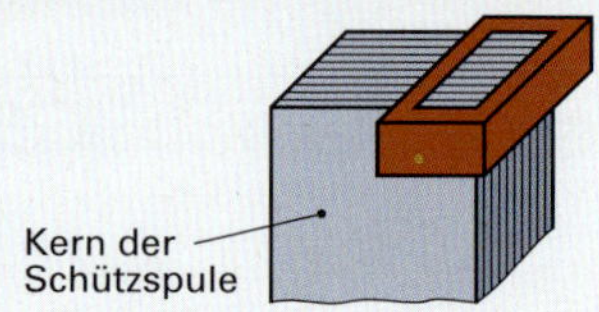 **Anordnung des Spaltpolrings** Der konventionelle AC-Antrieb ist am weitesten verbreitet, wird aber bei Neukonstruktionen oft ersetzt.
DC-Antrieb, konventionell	Antrieb durch DC-Magneten. Der Einschaltstrom steigt wegen der Induktivität langsam an. → Sanfter Anzug. Nach dem Anziehen wird der Spulenstrom mittels Widerstand verkleinert (**Bild**). → Kleiner Haltestrom und kleine Halteleistung. **Vorteil:** Kein Brummgeräusch, kaum Einschaltschlag, **Nachteil:** Hilfskontakt und Widerstand erforderlich, enger Spannungsbereich der Magnetspule.	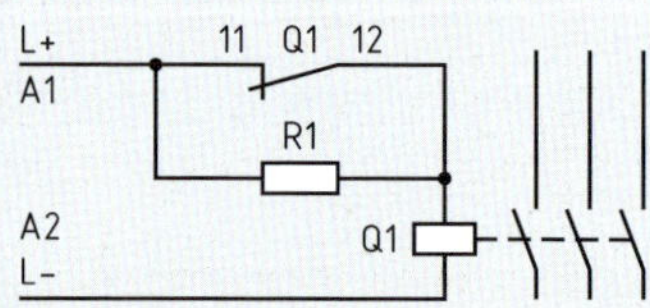
UC-Antrieb, konventionell	Antrieb durch DC-Magneten, der an eine Dioden-Brückenschaltung angeschlossen ist (**Bild**). Wirkung wie beim DC-Antrieb. Wird eine DC-Spannung an die Brückenschaltung angeschlossen, so kann diese beliebig gepolt sein. **Vorteil:** Wie bei DC-Antrieb, auch bei AC-Ansteuerung.	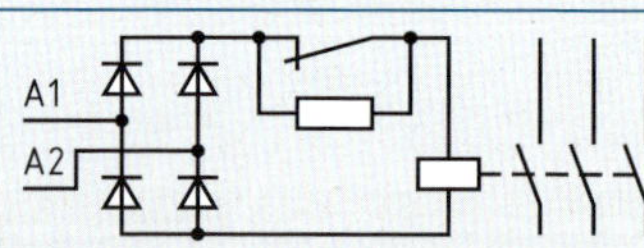
elektronischer Antrieb	Vor der DC-Antriebsspule liegt eine elektronische Schaltung mit Stromversorgung vom Netz zur Verstärkung der Steuerspannung und zur Regelung des Spulenstromes (**Bild**). Stromverkleinerung mittels Widerstand wie beim DC-Antrieb ist überflüssig. Die kleine Steuerleistung der Antriebsschaltung ermöglicht direkten Anschluss an SPS oder an Kleinsteuerungen.	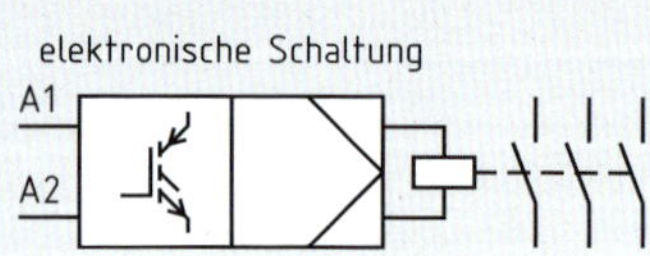
Weitbereichs-Antrieb	Aufbau wie bei beschriebenem elektronischen Antrieb. Die elektronische Schaltung ist erweitert um eine Weitbereichsstufe, die aus einer fast beliebig hohen Eingangsspannung eine konstante Ausgangsspannung für die Magnetspule erzeugt. Im Prinzip besteht die Weitbereichsstufe aus Gleichrichterbrücke und geregeltem Gleichstromsteller zur Pulsweitenmodualtion.	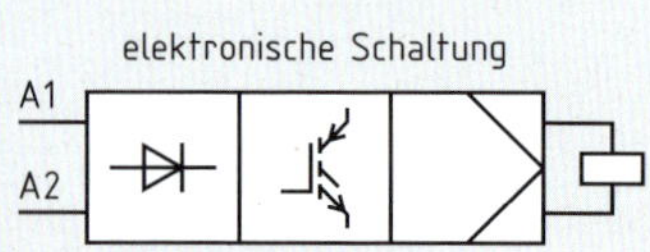

AC Wechselstrom (von Alternating Current), DC Gleichstrom (von Direct Current); UC Universalstrom

Prinzip, Ansicht	Erklärung	Bemerkungen
Vakuumschütze		
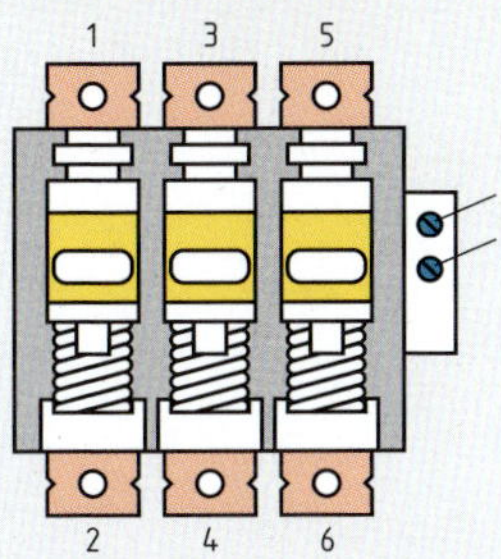 **Ansicht eines Vakuumschützes bei abgenommenem Deckel**	*Antrieb:* Elektromagnetisch; Schützspule UC (AC oder DC); seltener elektronisch (Elektronik vorgeschaltet). *Lastdaten* 3 AC 400 V, je nach Typ 185 A bis 820 A. Für DC nicht geeignet. *Steuerspannungen* DC 24 V bis 250 V, AC 48 V bis 600 V. Der Hauptkontakt jedes Pols bewegt sich in einer luftdichten Vakuumschaltröhre. Dadurch entsteht beim Abschalten kein Lichtbogen, der Strom reißt beim folgenden Richtungswechsel ab. Die Schaltüberspannung wird durch Überspannungsableiter begrenzt.	1 beweglicher Leiter 2 Faltenbalg 3 Vakuum 4 Getter (bindet eindringende Luft) 5 beweglicher Kontakt 6 Fenster für Stellungsanzeige 7 fester Kontakt 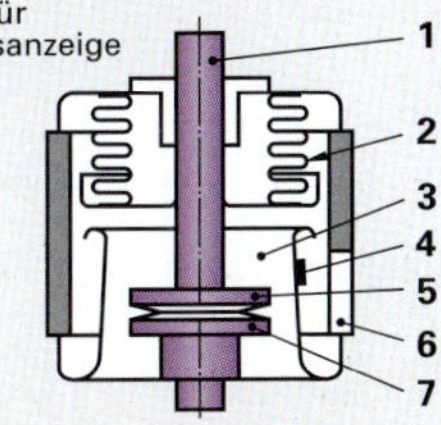 **Vakuumschaltröhre eines Poles des Vakuumschützes**
Halbleiterschütze		
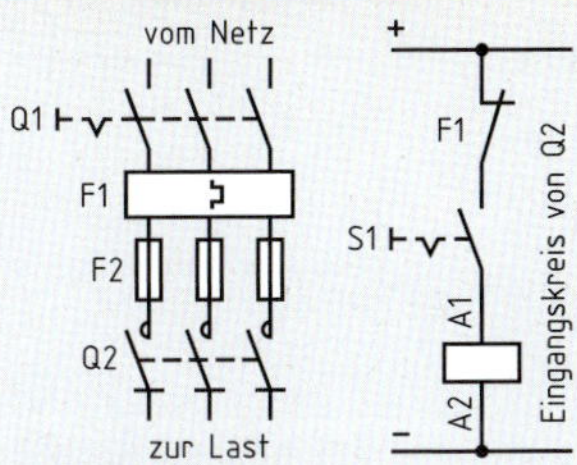 **Stromlaufplan eines Halbleiterschützes**	*Vorteil von Halbleiterschützen:* geräuschloses Schalten. *Nachteile von Halbleiterschützen:* keine sichere Trennung vom Netz, in jedem Fall zusätzliche trennende Schalter nötig. Die große Wärmeentwicklung erfordert meist Kühlkörper. Abhilfe: elektromagn. Bypass-Schütz. Die Empfindlichkeit gegen Überströme erfordert Sicherungen vom Typ Z und meist getrennte Bimetallrelais.	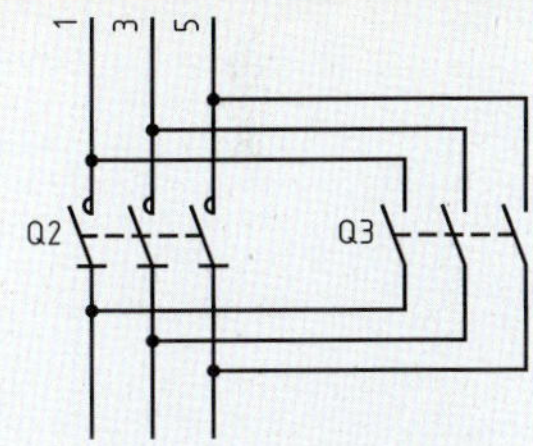 **Schaltung eines Bypass-Schützes ohne Eignung als Wendeschütz**
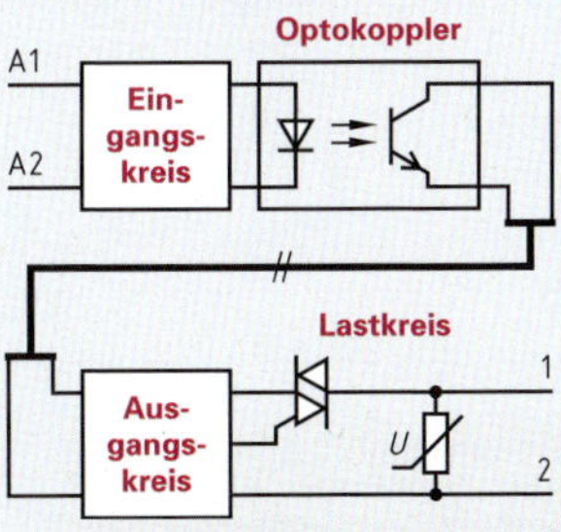 **Bestandteile eines Halbleiterschützes**	*Eingangskreis* zur Anpassung des Steuersignals, z. B. durch Gleichrichtung eines AC-Signals. *Optokoppler* zur Potenzialtrennung der Steuerspannung. *Ausgangskreis* zur Erzeugung der Steuerspannungen für die bis sechs Thyristoren des Lastkreises in der Weise, dass der Laststrom beim Nulldurchgang der Spannung einsetzt (Nullspannungsschalter). *Lastkreis* zur Steuerung der Last mittels Thyristoren. Überspannungsableiter sind zum Schutz der Last integriert (eingebaut).	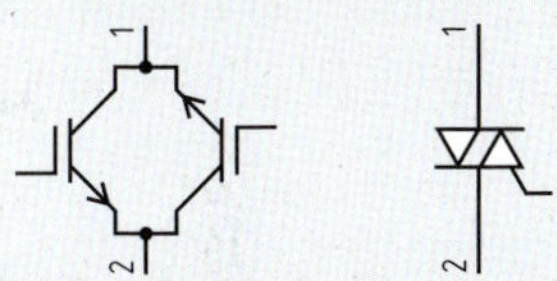 **Leistungsteil je Pol von Halbleiterschützen** Jeder Pol des Schützes steuert eine Phase des Laststromes mittels Einphasenwechselwegschaltung von Thyristoren oder bei kleiner Leistung mittels Triac.
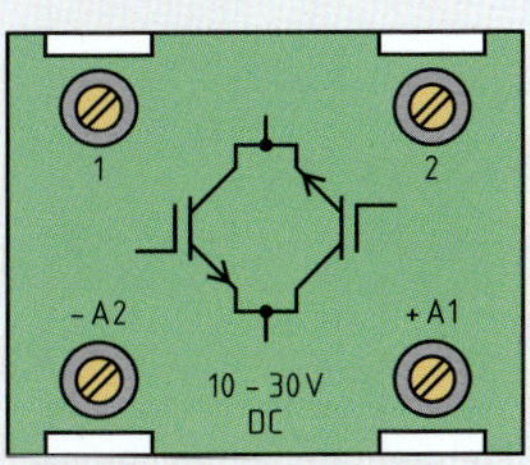 **Ansicht eines einpoligen Halbleiterschützes**	*Lastdaten* 3 AC 400 V/230 V, bis 50 A. *Steuerspannungen* DC oder AC von 10 V bis 240 V. *Kühlkörper* bei kleiner Leistung, z. B. 0,55 kW, nicht erforderlich. *Einpoliges Halbleiterschütz,* z. B. zur Steuerung von Einphasenstrom. *Zweipoliges Halbleiterschütz* zur Steuerung von Drehstrom, auch mit zwei zusätzlichen Wechselwegschaltungen als Wendeschütz. *Dreipoliges Halbleiterschütz* zur Steuerung von Drehstrom.	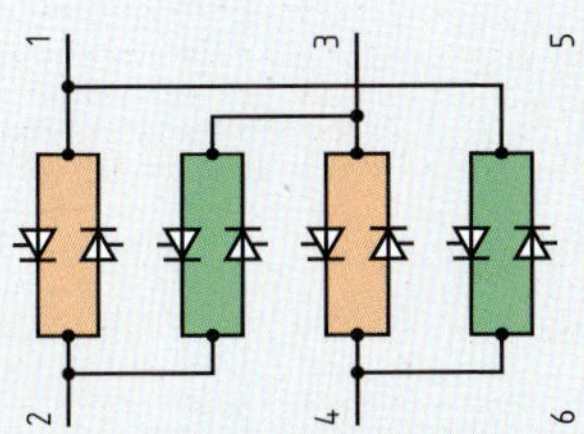 **Schaltung eines zweipoligen Halbleiterschützes für Drehstromantrieb als Wendeschütz**

Schützschaltungen Circuits for Contactors

Art	Hauptstromkreis	Steuerstromkreis
Schützschaltung mit thermischem Überstromrelais	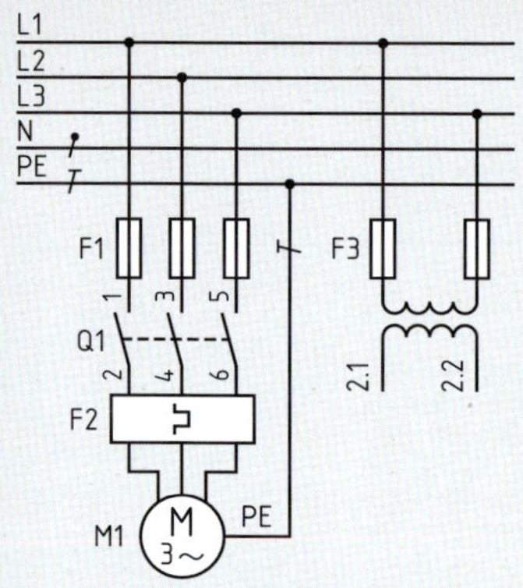	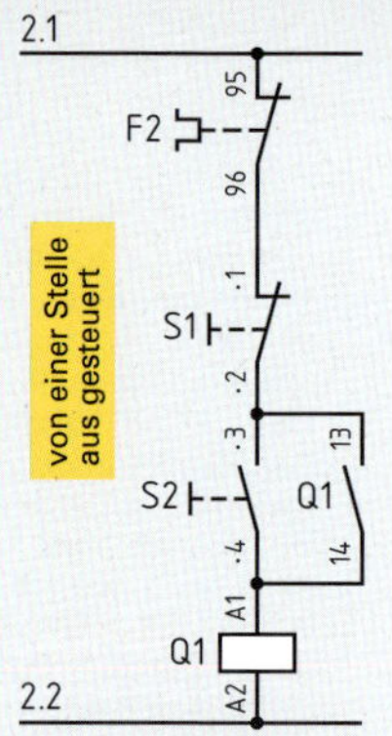 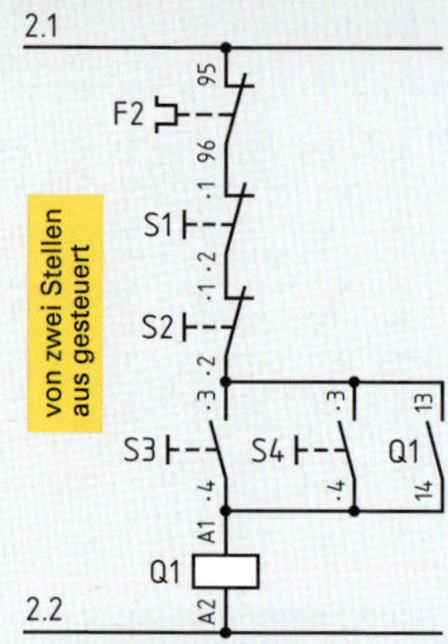
Wendeschützschaltung	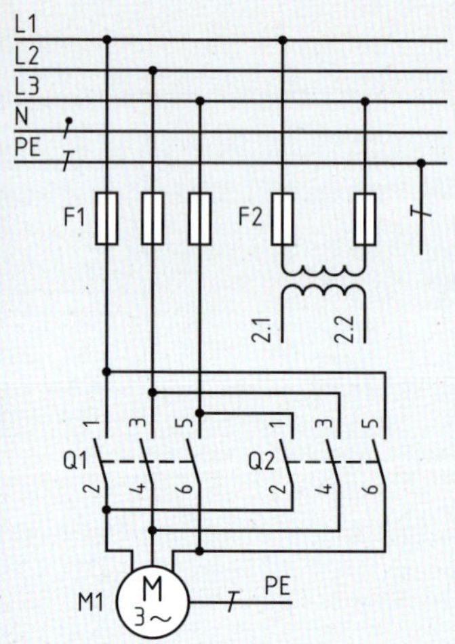	Drehrichtung über AUS umschaltbar 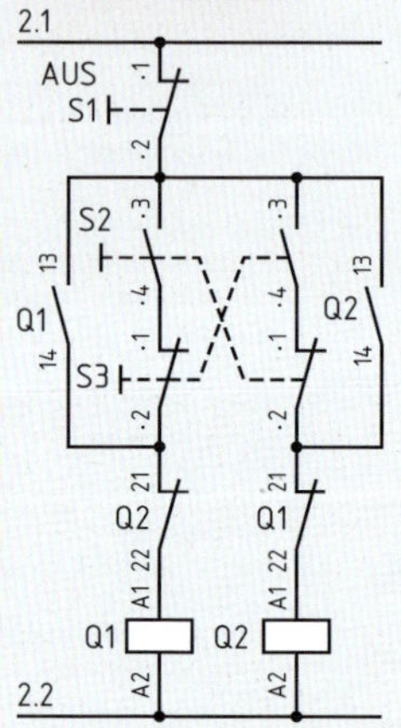 Drehrichtung direkt umschaltbar 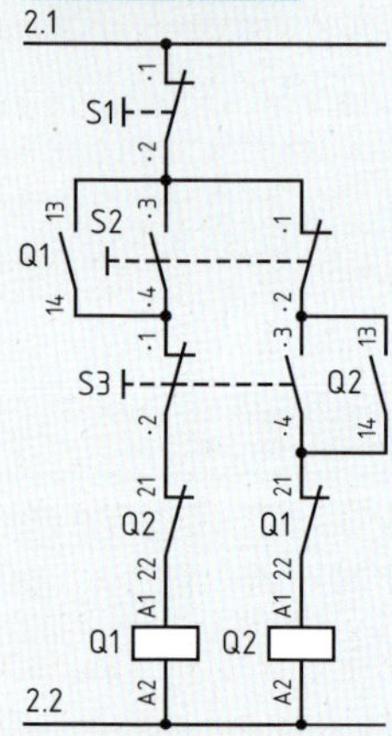
Automatische Sterndreieck-Schützschaltung mit Überstromrelais (für Anordnung von F2 gibt es weitere Möglichkeiten)	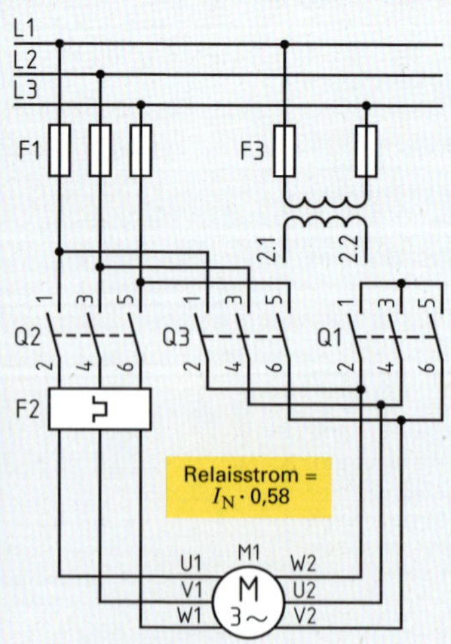 	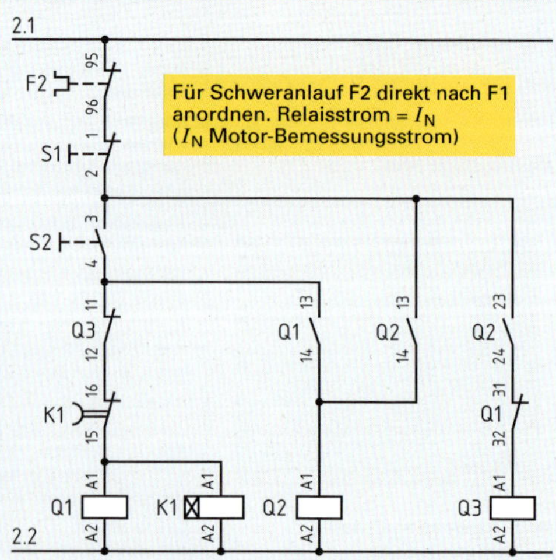

BM

Hilfsstromkreise Auxiliary Circuits vgl. DIN VDE 0100-557

Begriff	Erklärung	Schaltungen
Hilfs-stromkreis Stromver-sorgung Trans-formator	Ein *Hilfsstromkreis* ist ein Stromkreis, der kein Hauptstromkreis ist. *Steuerstromkreise* und *Messstromkreise* sind Hilfsstromkreise. *Stromversorgung* des Hilfsstromkreises erfolgt durch AC 50 Hz bis 230 V, AC 60 Hz bis 227 V oder DC bis 220 V. Meist erfolgt sie aus dem Hauptstromkreis, bei DC über einen Gleichrichter. Ein *Transformator* bewirkt die erwünschte *Trennung* vom Hauptstromkreis. Bei SELV oder PELV muss das ein Sicherheitstransformator sein.	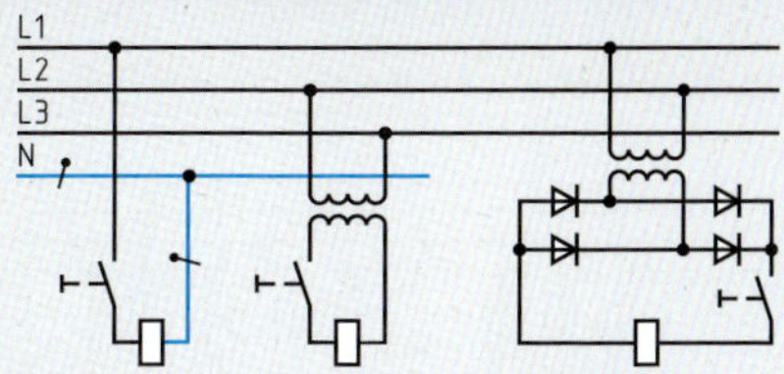 **Stromversorgungen für den Hilfsstromkreis**
Trennung vom Haupt-stromkreis Über-strom-Schutzein-richtung	Die Transformatoren müssen beim Drehstromnetz eingangsseitig (primärseitig) an zwei Außenleiter angeschlossen sein. Hilfsstromkreise ohne Trennung vom Hauptstromkreis muss man an einen Außenleiter und den Neutralleiter anschließen. Ungeerdete Hilfsstromkreise erfordern eine Isolationsüberwachungseinrichtung. Überstromschutz dient nur dem Kurzschlussschutz.	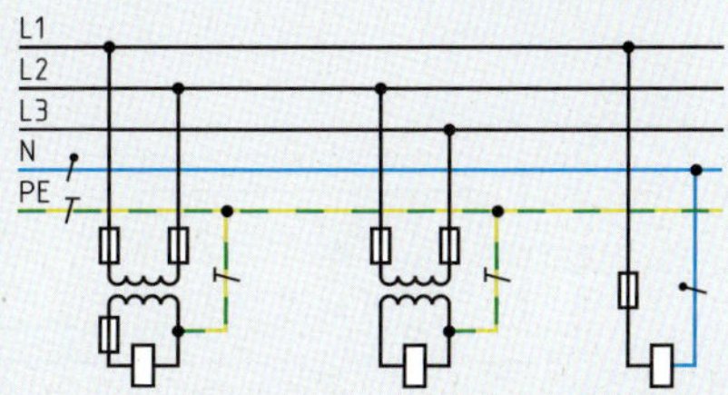 **Anordnung der Überstrom-Schutzeinrichtungen**
Ein-schalten Abschalten Wirk-glieder, z. B. Schütz-spulen	Hilfsstromkreise müssen so ausgeführt sein, dass ein einzelner Leiterbruch, Körperschluss oder Erdschluss die Anlage in einem sicheren Zustand, z. B. AUS, erhält oder in einen solchen überführt. Deshalb erfolgt das Abschalten durch Öffner und das Einschalten durch Schließer. *Wirkglieder*, z. B. Schützspulen, sind auf einer Seite direkt (ohne Schaltglieder) mit dem geerdeten Leiter zu verbinden. Beim IT-System dürfen Wirkglieder an zwei Außenleiter angeschlossen sein. Dann sind die Außenleiter durch zweipolige Schaltglieder zu schalten. Die Außenleiter sind gegen Kurzschluss zu sichern.	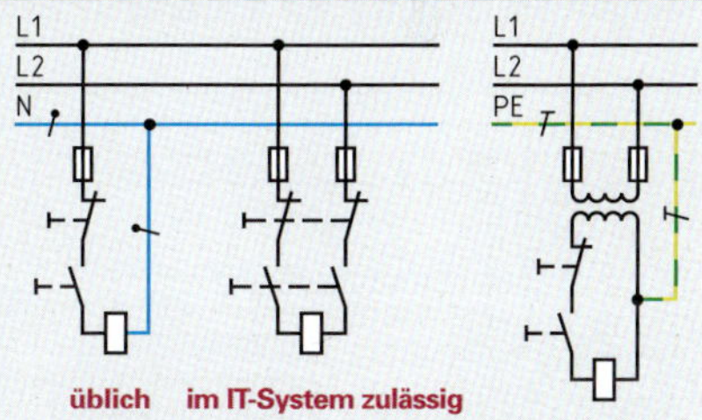 **Anordnung der Taster (ohne Haltestromkreis)**
Doppelte Schlüsse (Körper-schlüsse, Erd-schlüsse)	Hilfsstromkreise müssen auch bei doppelten Schlüssen gegen Fehlschaltungen, z. B. Einschalten ohne Einschaltsignal, geschützt sein. Das wird bei geerdeten Hilfsstromkreisen durch Überstrom-Schutzeinrichtungen bewirkt, die beim 1. Körperschluss oder Erdschluss innerhalb von 5 s die Stromversorgung abschalten. Bei ungeerdeten Hilfsstromkreisen muss eine Anzeige den Isolationsfehler optisch und/oder akustisch melden. Der Isolationswiderstand muss je V der Nennspannung mindestens 100 Ω betragen.	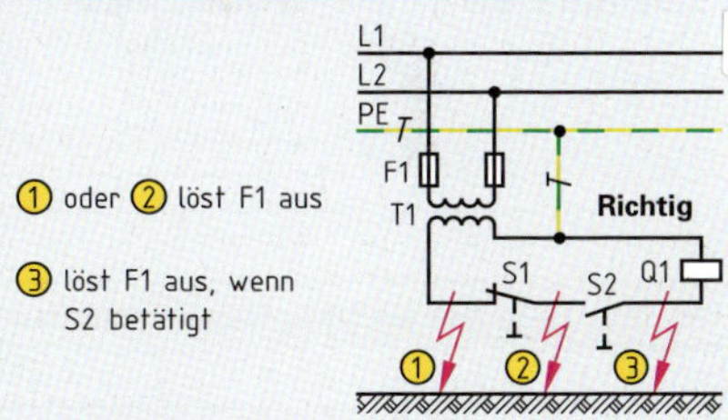 **Verhinderung von Fehlschaltungen bei Erdschluss**
Mess-stromkreis Direkt-messung Wandler-messung	Bei direktem Anschluss von Messstromkreisen an den Hauptstromkreis sind anzuwenden • Überstrom-Schutzeinrichtungen zum Kurzschlussschutz oder • kurzschluss- und erdschlusssichere Verlegung, z. B. Mantelleitung, Verlegung nicht in der Nähe von brennbaren Stoffen. Bei *Spannungswandlern* muss die Ausgangsseite (Sekundärseite) geerdet und gegen Kurzschluss gesichert sein. Bei *Stromwandlern* erfolgt nie eine Sicherung gegen Kurzschluss und bei Niederspannung auch keine Erdung.	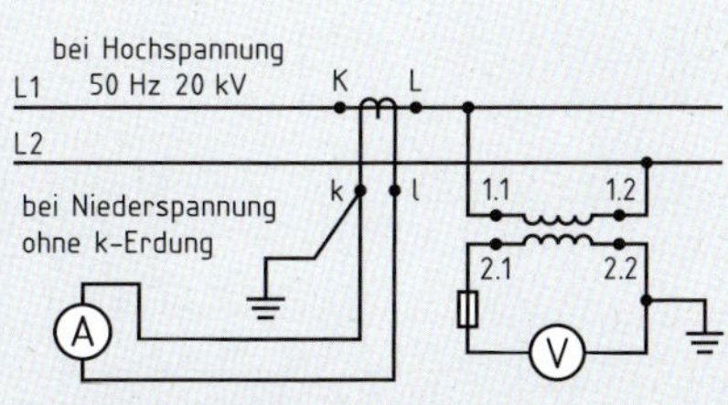 **Wandlermessungen**

BM

Schützschaltungen mit Motorschutzschalter
Circuits for Contactors with Motor Protection Switch

Hauptstromkreise	Steuerstromkreise

Manuelle Stern-Dreieck-Anlassschaltung mit Motorschutzschalter

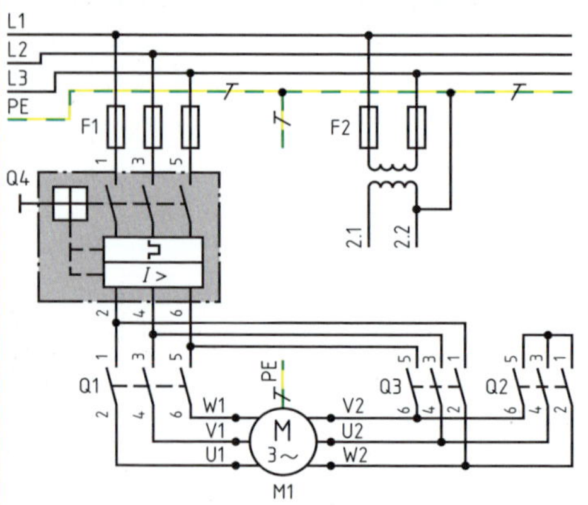

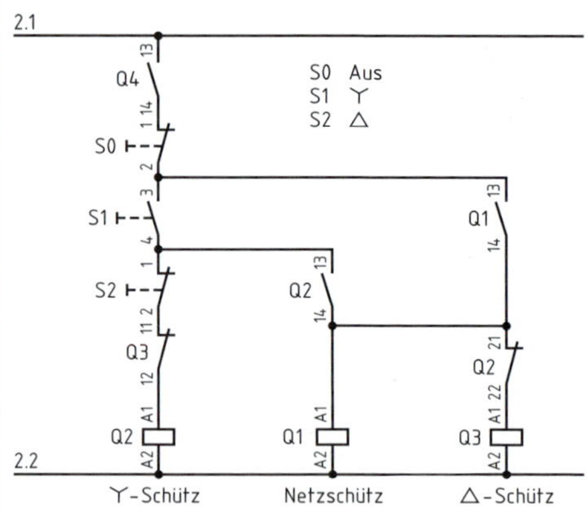

Dahlanderschaltung mit Motorschutzschalter

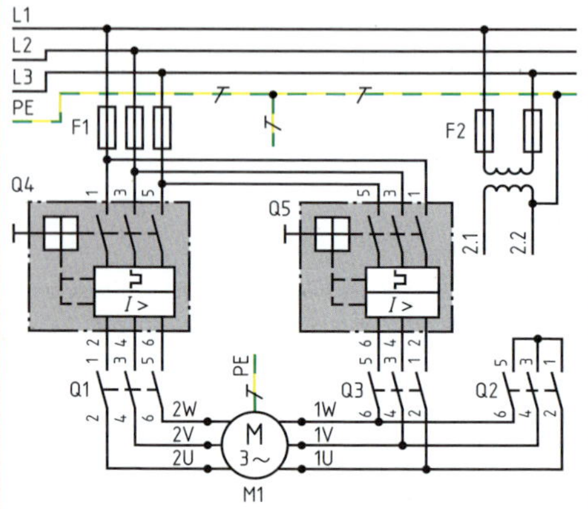

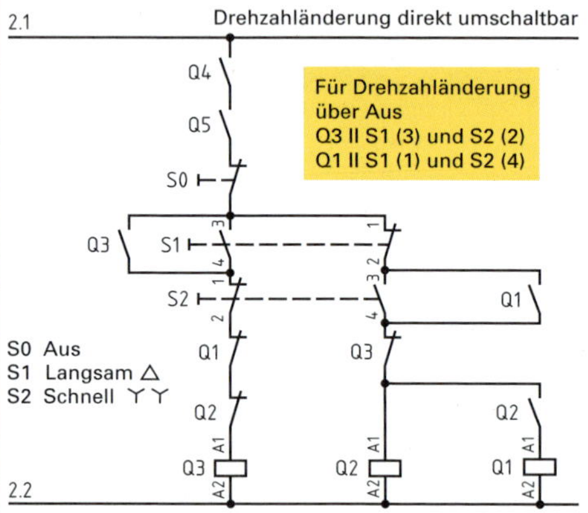

Schleifringläufer-Selbstanlasserschaltung mit Motorschutzschalter

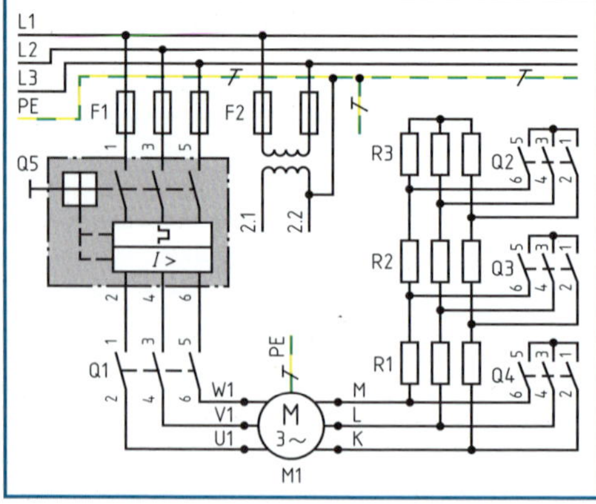

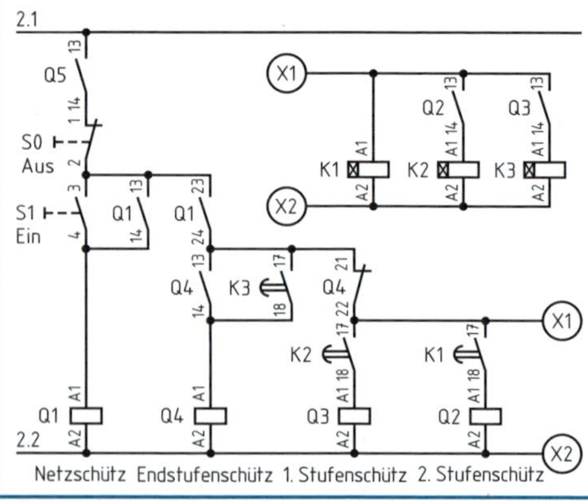

BM

Polumschaltbare Drehstrommotoren Chance-Pole Motors

Motorart	Dahlandermotor	Motor mit zwei getrennten Wicklungen und zwei Drehzahlen	Motor mit zwei getrennten Wicklungen und drei Drehzahlen
Anschluss für Rechtslauf	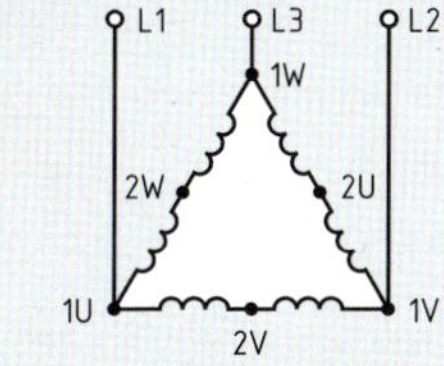 △ : niedrige Drehzahl 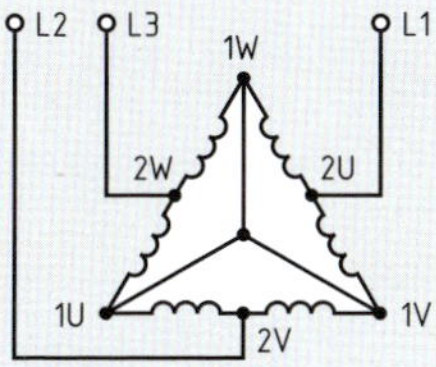 YY : hohe Drehzahl	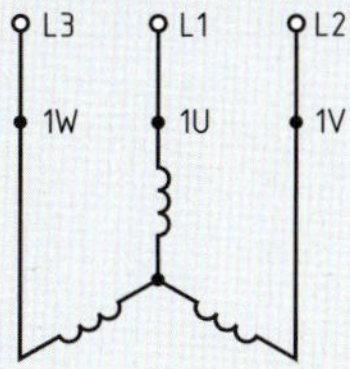 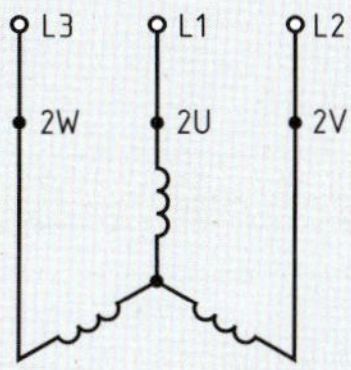	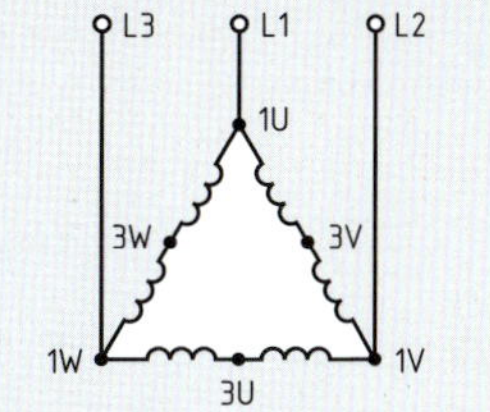 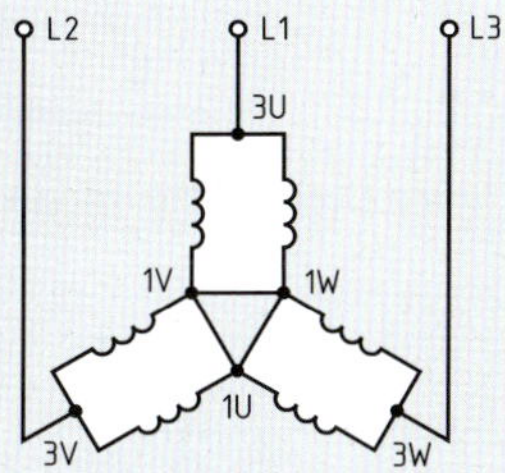
Kraftmomentkennlinie	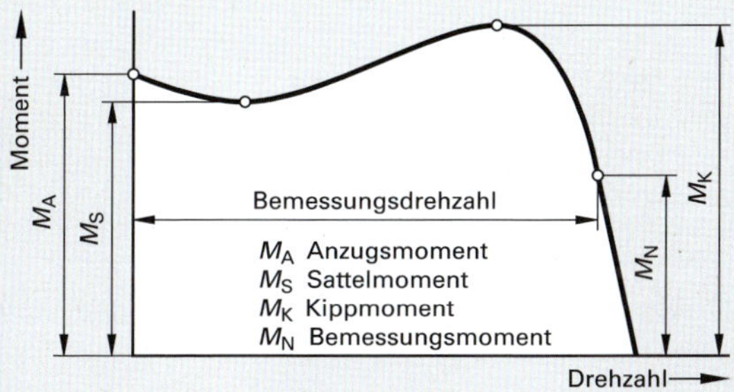		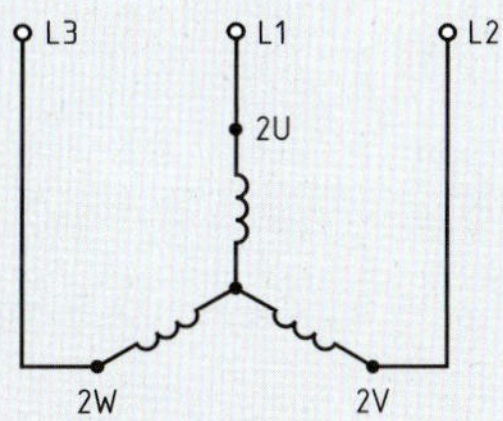
Drehrichtungsumkehr	Durch Vertauschen von zwei der drei Anschlussleiter kehrt sich die Drehrichtung des Drehfeldes und damit die Läuferdrehrichtung um.		
Anschlüsse am Motorklemmbrett	1U 1V 1W 2U 2V 2W PE	1U 1V 1W 2U 2V 2W PE	1U 1V 1W 3U 3V 3W 2U 2V 2W PE
Eigenschaften der drei Asynchronmotoren	Dahlandermotoren können nur mit zwei Drehzahlen im Verhältnis 1:2 betrieben werden. Die Dahlanderschaltung erlaubt durch Halbieren der Polzahl eine Drehzahlverdoppelung.	Zwei getrennte Ständerwicklungen mit verschiedenen Polzahlen ermöglichen zwei Drehzahlen, die in einem beliebigen, ganzzahligen Verhältnis zueinander stehen können. Nur die Wicklung mit der benötigten Drehzahl wird an die Betriebsspannung angeschlossen.	Zwei getrennte Ständerwicklungen mit verschiedenen Polzahlen ermöglichen drei Drehzahlen. Die Ständerwicklung mit den Anschlüssen 1U, 1V, 1W, 3U, 3V, 3W ist als Dahlanderwicklung ausgeführt und ermöglicht 2 Drehzahlen. Die Anschlüsse 2U, 2V, 2W gehören zur zweiten Wicklung mit der 3. Drehzahl.
Anwendungen	Werkzeugmaschinen (Dreh- u. Fräsmaschinen) mit zwei Grunddrehzahlen (langsam- oder schnelllaufend), 2-stufige Lüfterantriebe.	Werkzeugmaschinen, Hub- und Fahrwerke, Maschinen für Großküchen, Transportbänder, Ständerbohrmaschinen.	Werkzeugmaschinen, Hub- und Fahrwerke, Maschinen für Großküchen, Transportbänder, Ständerbohrmaschinen.

BM

Steuerungen mit Motorschalter   Controls with Motor Switches

Wendeschaltungen

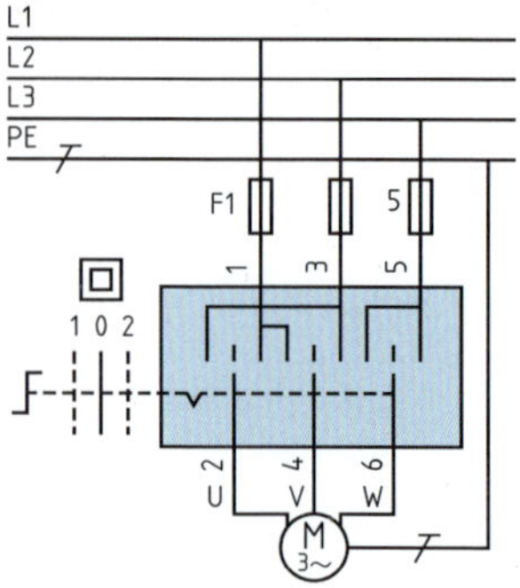

Wendeschaltung Form 1

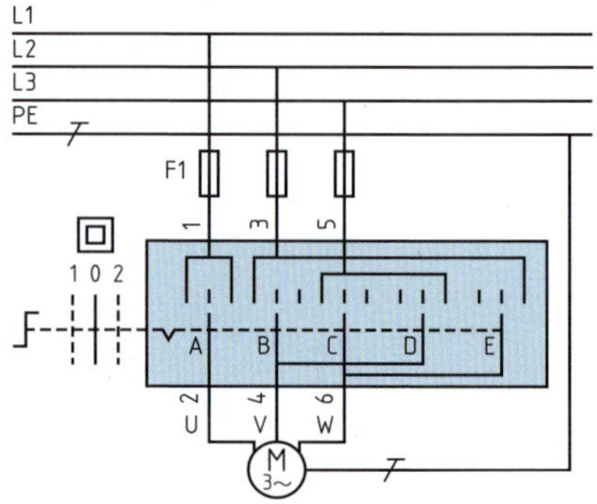

Wendeschaltung Form 2

Schalt-stellung	Schaltglied A	B	C	D	E
0					
1	X	X	X		
2	X			X	X

X Schaltglied geschlossen

Schaltglied offen

Stern-Dreieckschaltungen

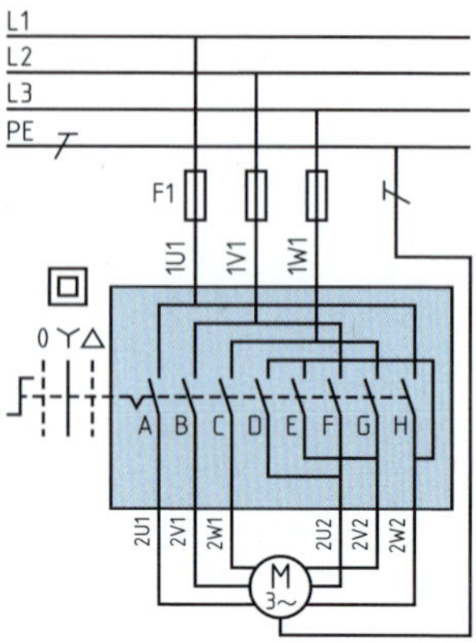

Stern-Dreieckschaltung

Schalt-stellung	Schaltglied A	B	C	D	E	F	G	H
1 (0)								
2 (Y)	X	X	X	X	X			
3 (△)	X	X	X			X	X	X

X Schaltglied geschlossen

Schaltglied offen

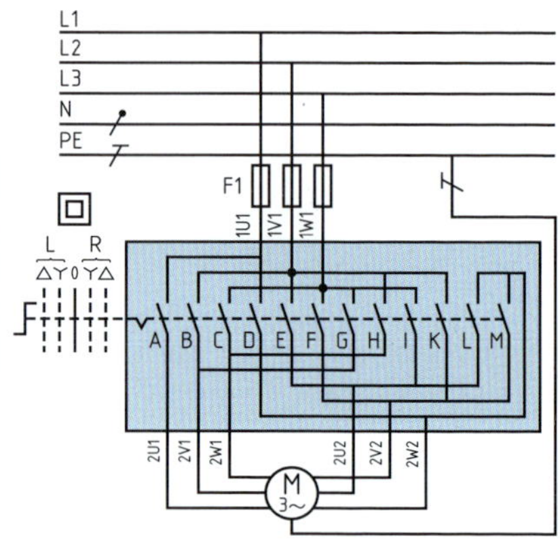

Stern-Dreieck-Wendeschaltung

Polumschaltungen

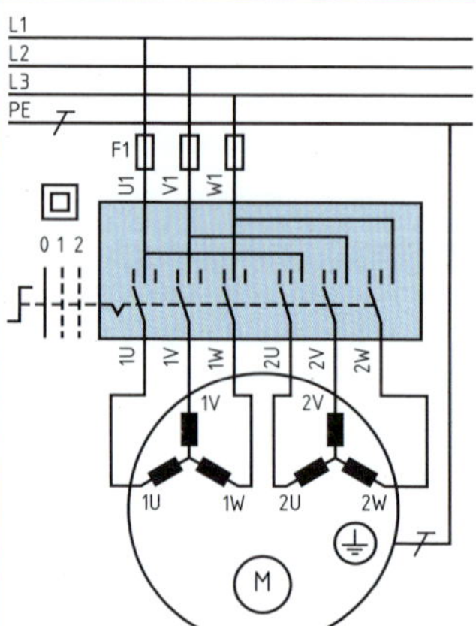

Polumschaltung mit zwei getrennten Wicklungen

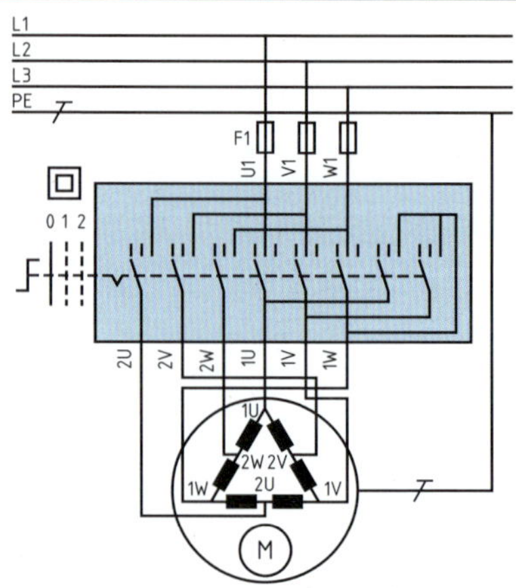

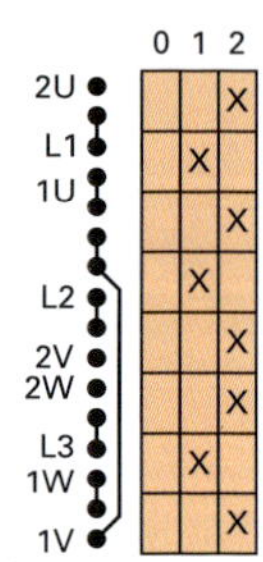

X Schaltglied geschlossen

Schaltglied offen

Dahlanderschaltung

BM

Ausschaltung, Serienschaltung, Wechselschaltung, Kreuzschaltung
On-off Circuit, Series Connection, Two-way Switch Circuit, Four-way Switch Circuit

Schaltung	Übersichtsschaltplan	Stromlaufplan
Ausschaltung Ausschaltung mit Wechselschalter Ausführung mit Mehraderleitungen Seite 246	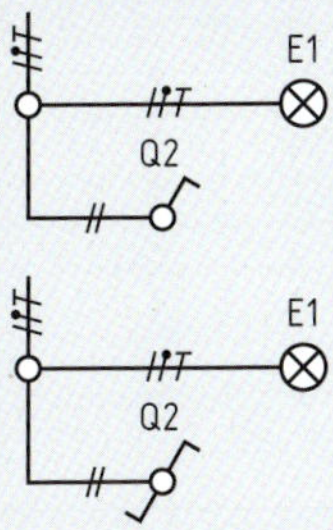	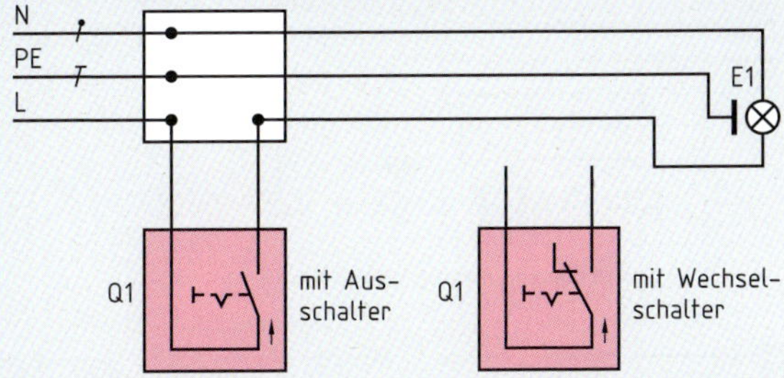
Ausschaltung mit Kontroll-Ausschalter Ausführung mit Mehraderleitungen Seite 246	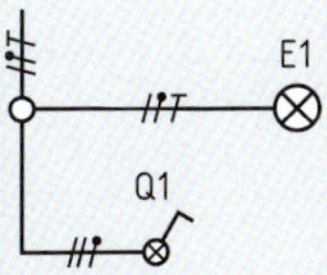	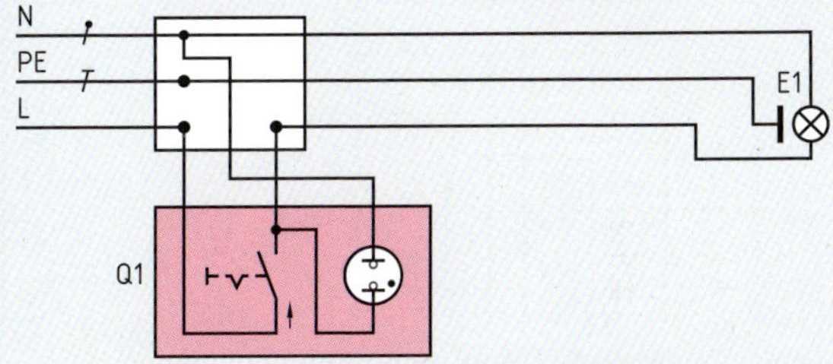
Serienschaltung mit beleuchtetem Serienschalter Ausführung mit Mehraderleitungen Seite 246	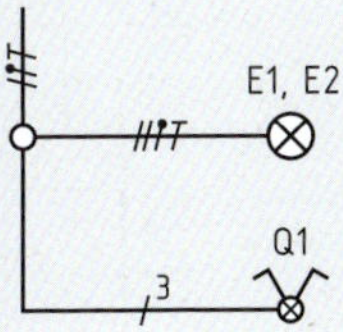	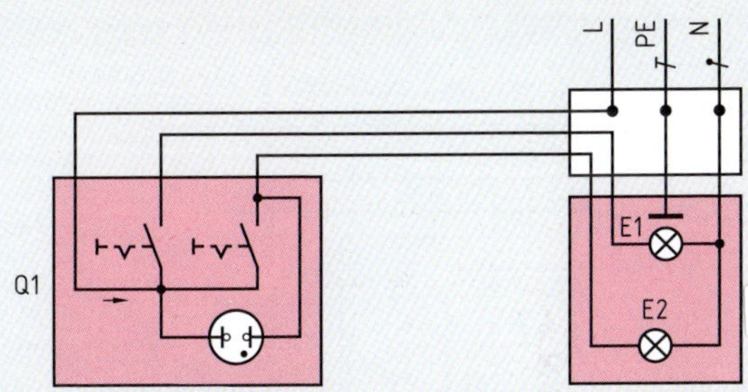
Wechselschaltung mit beleuchteten Wechselschaltern Ausführung mit Mehraderleitungen Seite 246	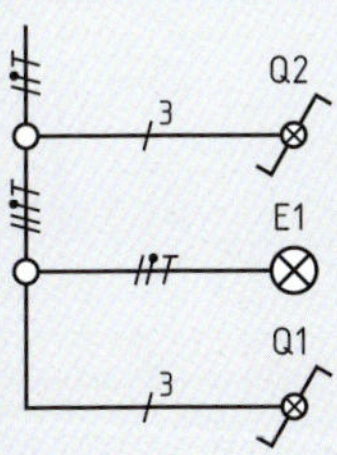	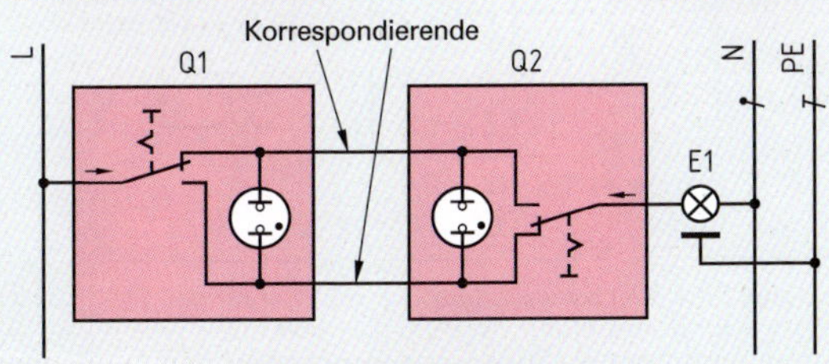
Kreuzschaltung mit äußeren Wechselschaltern Ausführung mit Mehraderleitungen Seite 246	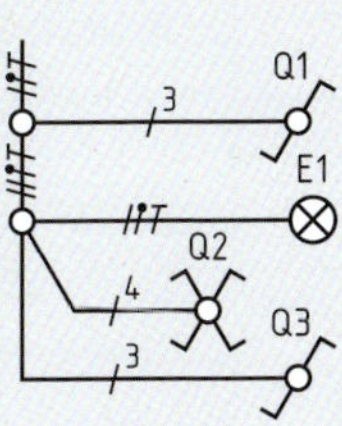	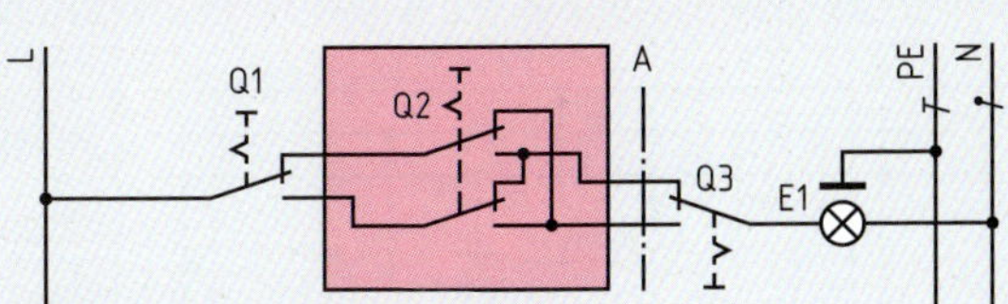Bei A können weitere Kreuzschalter angeschlossen werden, Anschluss wie Q2.

BM

Stromstoßschalter Latching Relays

Installationsschaltungen

Stromlaufplan 230 V

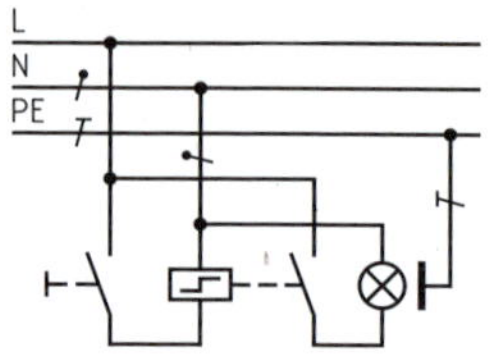

Übersichtsschaltplan 230 V

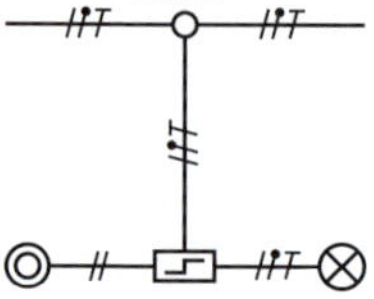

Mit Netzspannung gesteuert

Stromlaufplan 230V/24V

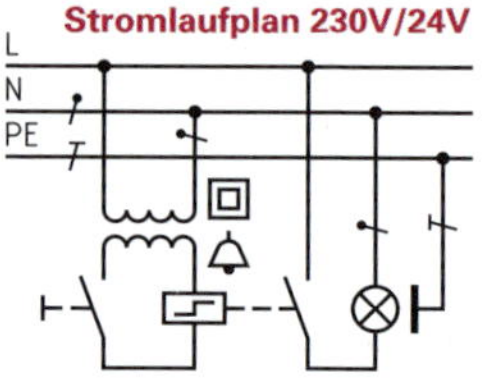

Übersichtsschaltplan

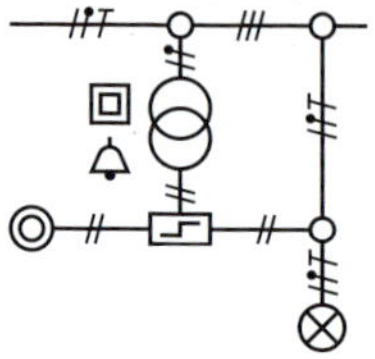

Mit Kleinspannung gesteuert

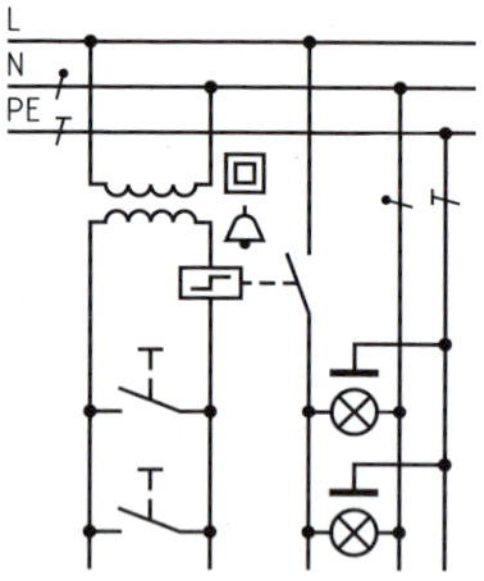

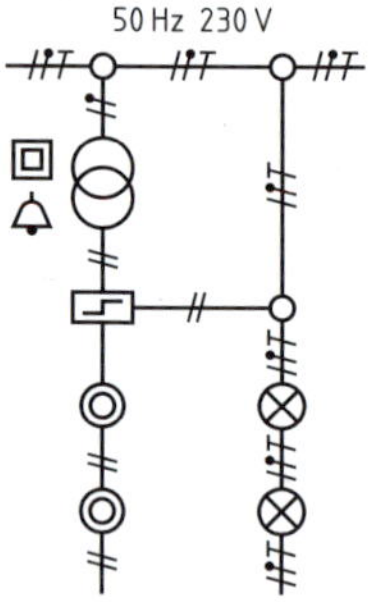

Wechselschaltung, erweiterbar

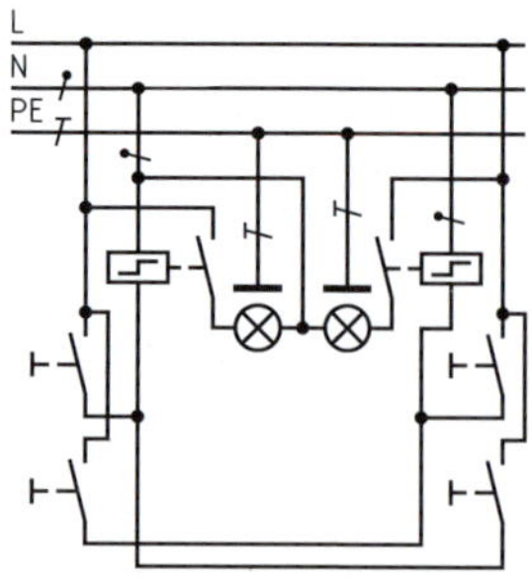

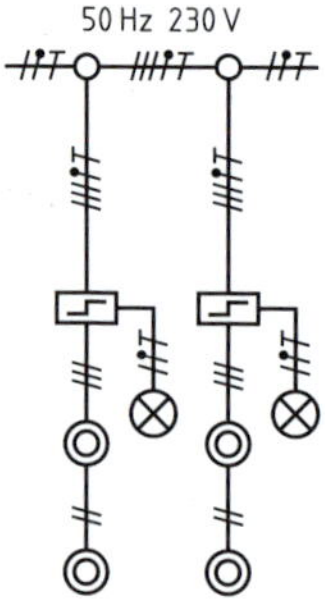

Serienwechselschaltung

Starkstromanlage und Schwachstromanlage kombiniert

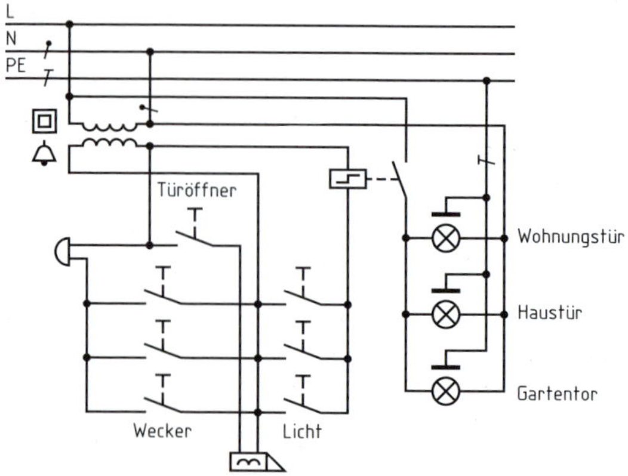

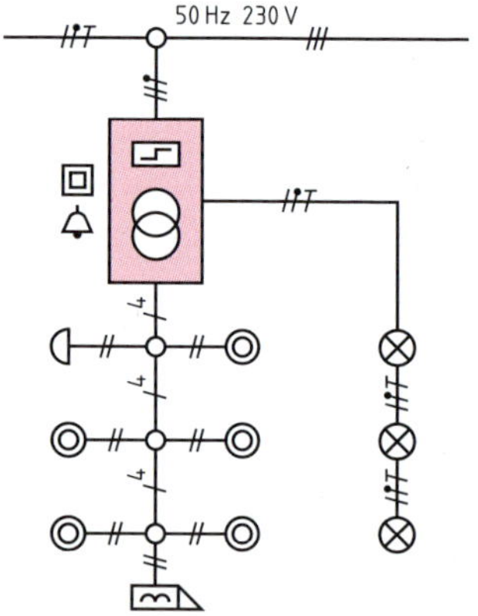

Beispiel: Eine Wechselschaltung ist mit vieradriger Leitung ausgeführt. Nachträglich soll unter jedem Schalter eine Steckdose angebracht werden.

Lösung: Mit Stromstoßschaltern und Tastern.

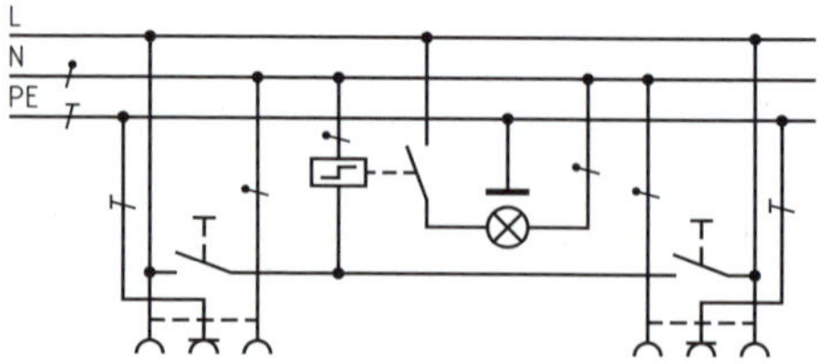

Daten von Stromstoßschaltern

Schaltleistung	Arbeitskontakte 10 A bei AC 250 V, Hilfskontakte 1 A		
Steuerspannung	AC 8 V	AC 24 V	AC 230 V
Steuerstrom	380 mA	140 mA	15 mA
Einschaltdauer	100%		
Betriebsbereich	von AC 6 V bis AC 230 V (3,5 VA) von DC 1,6 V bis DC 60 V (2 W)		

Lampenschaltungen mit Dimmern Lamp Circuits with Dimmers

Art	Bemerkungen, Übersichtsschaltplan	Schaltung
Prinzip der Dimmerschaltung	K1 Triggerdiode (Diac) Q1 Triac R1 Ladewiderstand für C1 R2 C2 Netzwerk zur Verhinderung der Schalthysterese Je nach Einstellung von R1 findet ein symmetrischer Phasenanschnitt statt.	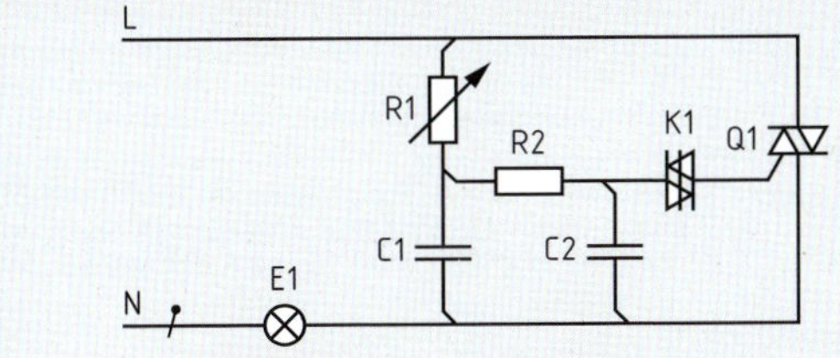
Dimmer mit Leistungszusatz (Innenschaltung dargestellt)	Dimmer haben eine Bemessungsleistung von 300 W bis 1000 W bei Glühlampenlast. Sind 4 Anschlussklemmen vorhanden, kann ein Leistungszusatz angeschlossen werden. Die Wirk-Grundlast muss mindestens 20 W betragen.	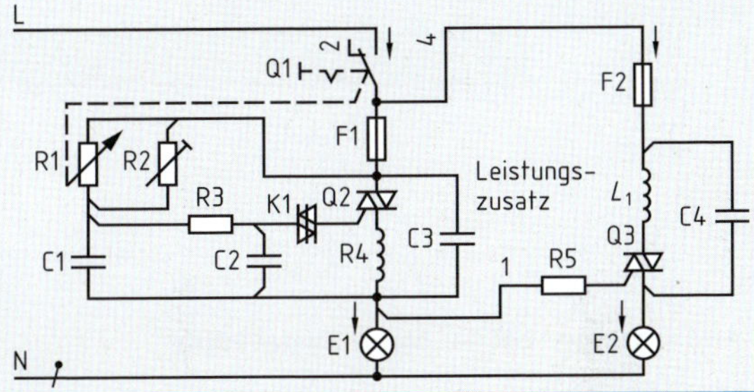
Dimmer mit Leistungszusatz (Dimmer beleuchtet) (siehe auch Seite 246)	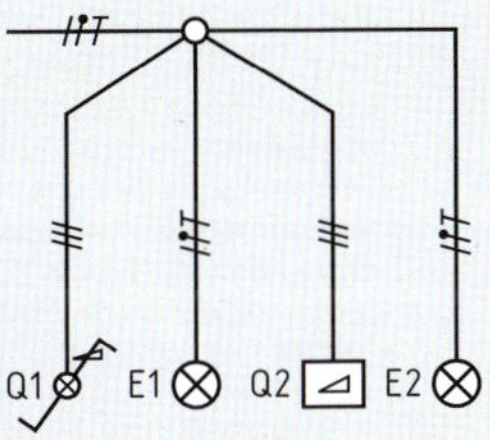	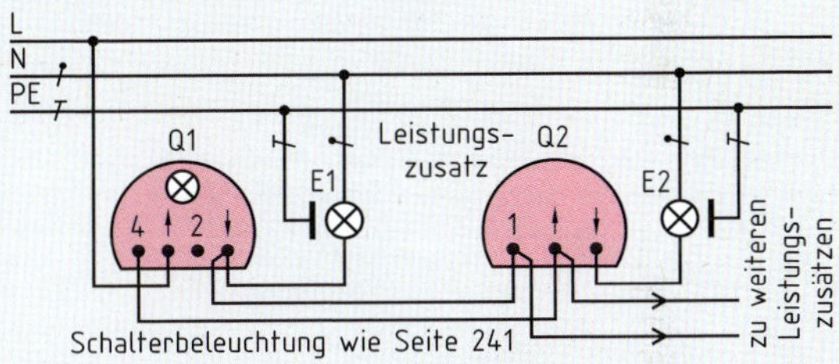
Wechselschaltung mit beleuchtetem Wechselschalter und beleuchtetem Dimmer (siehe auch Seite 246)	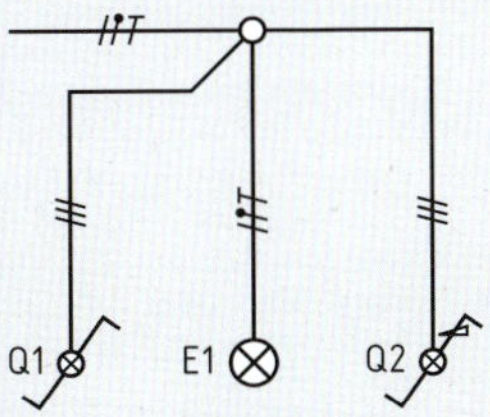	
Schaltung von Leuchtstofflampen an dimmbaren EVG (Elektronischen Vorschalt-Geräten) (siehe auch Seite 246)	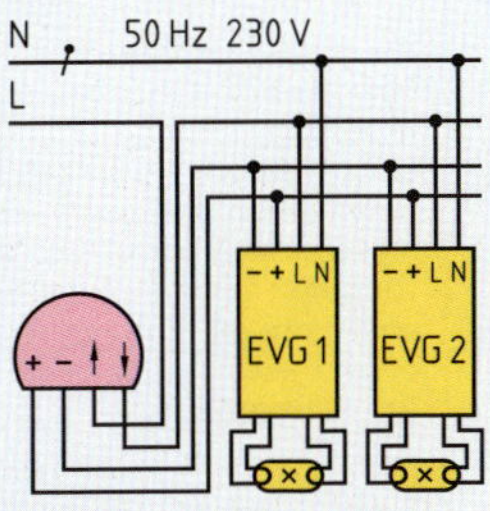 **Schaltung mit so genanntem elektronischem Potenziometer**	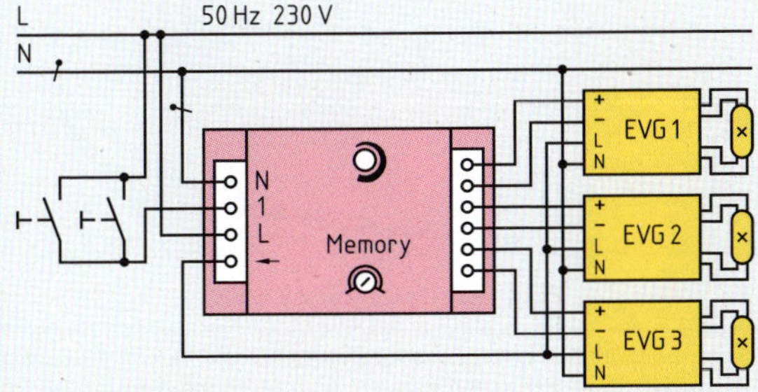 **Anschluss an Steuereinheit für 1 V bis 10 V Steuerspannung**

BM

Steuerung mittels Funk   Wireless Control

Art	Erklärung, Prinzip	Bemerkungen
Eigenschaften elektromagnetischer Wellen		
Entstehung	Jeder Wechselstrom ruft ein sich änderndes Magnetfeld und damit ein elektrisches Feld hervor. Beide zusammen bilden ein elektromagnetisches Feld.	Das elektromagnetische Feld wird umso leichter wellenförmig abgestrahlt, je höher die Frequenz des erregenden Stromes ist.
Frequenzen der Funksteuerung	Es werden immer Frequenzen im ISM-Band (ISM von Industrial Scientific Medicine) von etwa 434 MHz, 860 MHz oder etwa 2,5 GHz verwendet.	Funkbus der Elektroinstallation 434 MHz, Bluetooth 2,4 GHz bis 2,48 GHz, Wireless LAN 2,4 GHz bis 2,483 GHz.
Ausbreitung der abgestrahlten Wellen	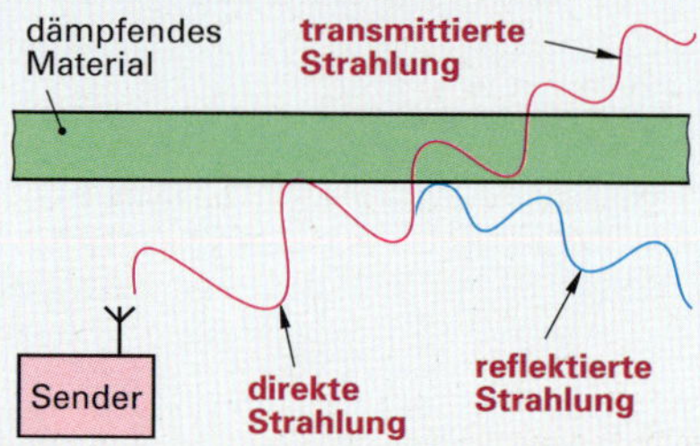	**Ausbreitung:** im freien Raum direkte (geradlinige) Strahlung, an leitenden Flächen, z. B. Beton, durchgeleitete (transmittierte) Strahlung und durch Reflexion reflektierte Strahlung. Bei der Reflexion kann nicht vorhersehbar Dämpfung (bei Gegenphasigkeit) oder Verstärkung (bei Gleichphasigkeit) eintreten. **Dämpfung** durch leitende Körper umso stärker, je besser die Leitfähigkeit ist. **Metall:** Direkte Strahlung wird abgeschirmt, starke Reflexion.
Anwendungen bei der Elektroinstallation		
Bezeichnung	Je nach Hersteller sind verschiedene Bezeichnungen gebräuchlich. Teilweise kompatible Module.	Funkbus (Berker), Funk-Management (Jung), Funkbussystem (Gira)
Sender zur Einleitung des Steuervorgangs	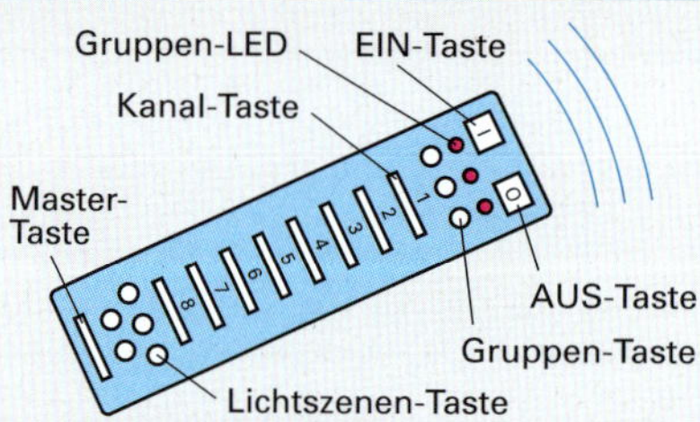 **8-Kanal-Handsender**	**Frequenz:** etwa 434 MHz, **Modulation:** Amplitudentastung ASK, Kanalunterscheidung durch verschiedene Bitmuster der ASK-Impulspakete. **Handsender:** 8, 4 oder 2 Kanäle, Stromversorgung durch Batterie oder Piezo-Signalgeber. **Wandsender:** je nach Typ bis 8 Kanäle, Stromversorgung durch Batterie, vom Netz oder Piezo-Signalgeber. **Programmierung** nur vom Hersteller durch fest eingegebenen Sendertyp und jeweilige Seriennummer.
Aktor mit Empfänger zum Steuern des Verbrauchsmittels, z. B. der Beleuchtung.	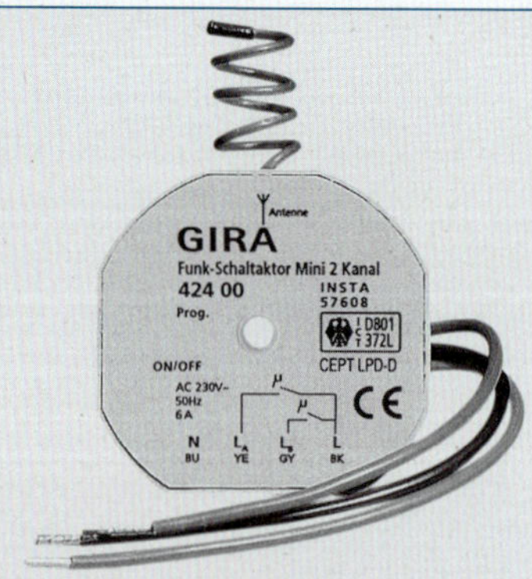 **Funk-Schaltaktor für 2 Kanäle**	**Typen:** Einbaugeräte EG, Schalterdosengeräte UP (Unterputz), **Anschluss** an das 230-V-Netz, **Kanalzahl** 1 oder 2, **Aufgabe:** je nach Typ Schalten oder Dimmen, **Schaltleistung:** bei UP-Geräten z. B. Glühlampen 1000 W oder unkompensierte Leuchtstofflampen 500 W, bei EG-Geräten meist das Doppelte. **Nebenstellen:** mechanische Taster, **Programmierung** durch Anwender. Aktor auf Lernmodus schalten (LED blinkt) und mit Sender den gewünschten Kanal einstellen, nach Abschluss der Programmierung den Lernmodus abschalten. www.gira.de www.busch-jaeger.de www.jung.de
Einschränkung der Anwendung	Nicht für Zwecke geeignet, die der Sicherheit von Personen dienen, weil Funkübertragung nicht so sicher ist wie leitungsgebundene Übertragung.	Nicht ohne Weiteres geeignet für Notrufanlagen, NOT-AUS-Schaltung, NOT-HALT-Schaltung, Signalanlagen, Warnlampen.

Elektroinstallation mit Funksteuerung
Electrical Installation with Wireless Control

Art der Schaltung	Übersichtsschaltplan	Stromlaufplan in halb zusammenhänger Darstellung (Reale Installation siehe auch folgende Seite)

Funksender der Elektroinstallation als Wandsender

Funksender für Tasterbetrieb von zwei Kanälen

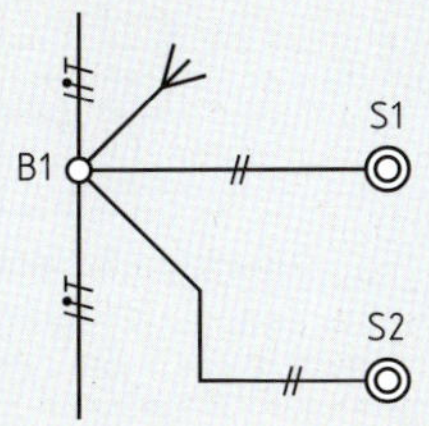

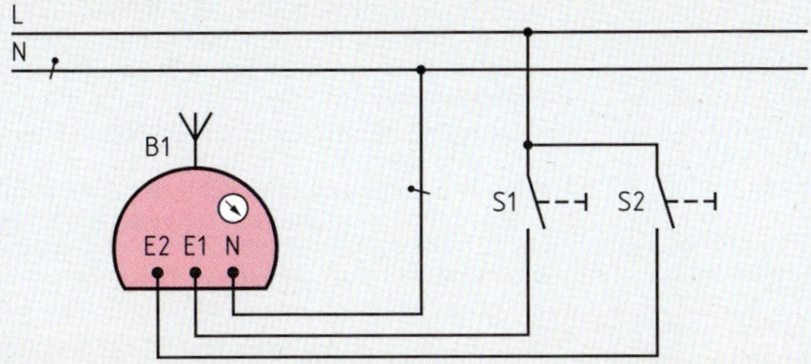

Funkaktoren bei der Elektroinstallation

Funk-Schaltaktor UP für 2 Kanäle z. B. für Serienschaltung

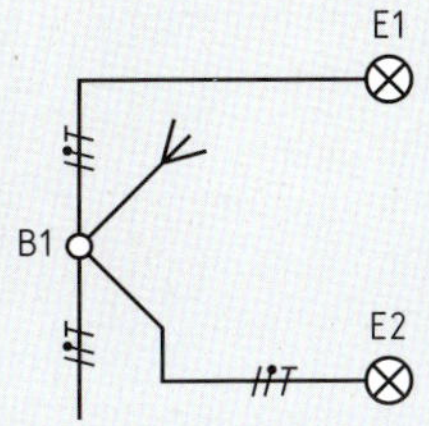

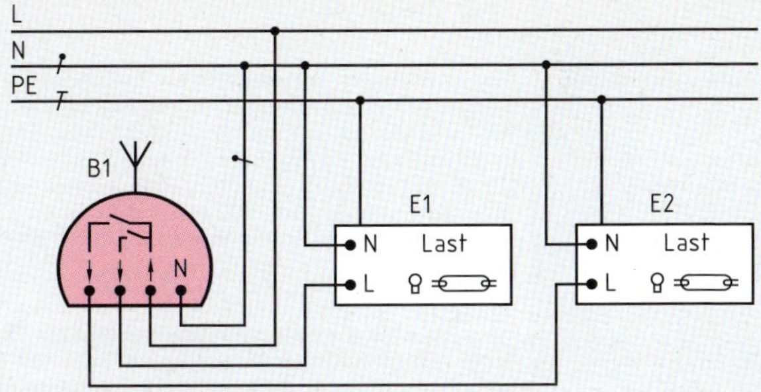

Funk-Schaltaktor für 1 Kanal mit Nebenstelle

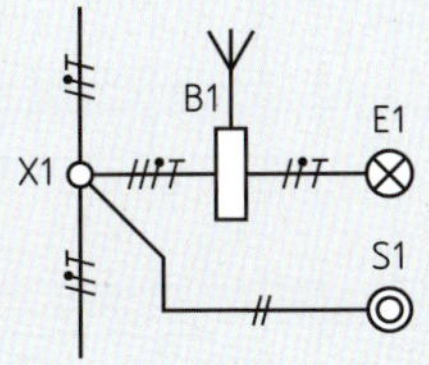

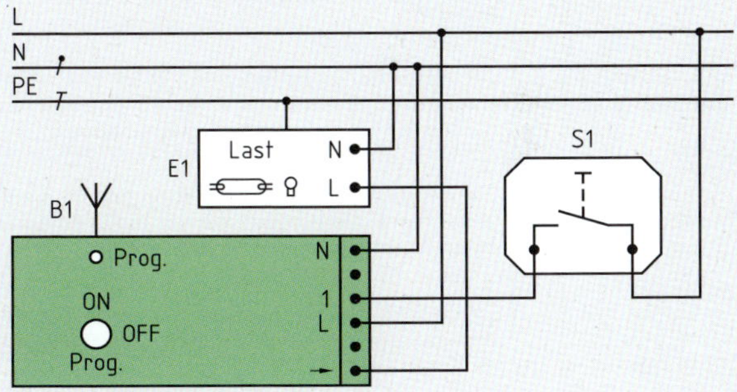

Funk-Universal-Dimmer mit Nebenstelle

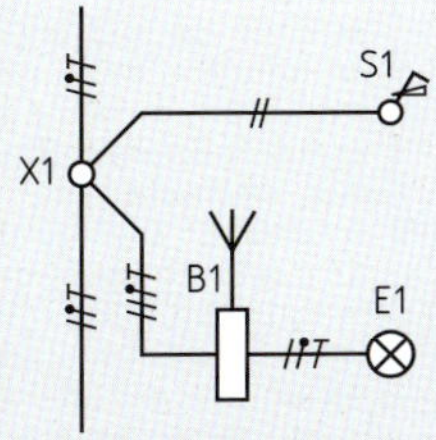

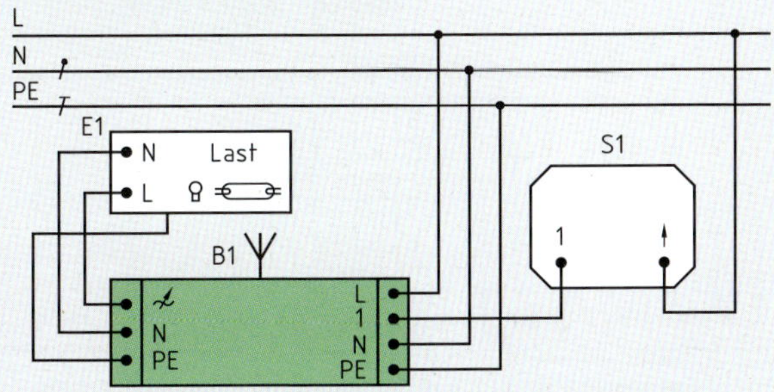

Ausführung von Installationsschaltungen
Execution of Installation Circuits

Anlass, Begriff	Erklärung
Grundschaltungen Fehlerschutz Forderungen von VDE 0100-410 Leiter für den Fehlerschutz	Bei Installationsschaltungen wird in Prospekten und Schaltungsbüchern meist nur der für den Betriebsstrom wichtige Stromweg angegeben, also z. B. vom Außenleiter L über Schalter und Last zum Neutralleiter N. Die für den Fehlerschutz erforderlichen Leitungen sind oft nicht oder nur teilweise angegeben. • „In jedem Stromkreis muss ein Schutzleiter vorhanden sein“. • Bei Schutzklasse II: „Ein Schutzleiter muss in der gesamten Leitungsanlage mitgeführt werden“. Der PE wird deshalb oft bei der Grundschaltung zu jeder Last und jeder Steckdose angegeben.
Mehraderleitung, Aderleitung	Die 2. Forderung legt nahe, den PE bei Schalterleitungen mitzuführen. Das ist bei Mehraderleitungen zu empfehlen, während bei Aderleitungen bei Bedarf der PE auch später als weitere Ader eingezogen werden kann.
Lagerhaltung des Materials grüngelbe Ader, blaue Ader	Die Anzahl der vorzuhaltenden Leitungen sollte wegen der Kosten möglichst niedrig bleiben. So wird in vielen Betrieben die Aderzahl von vorrätigen Mehraderleitungen auf 3 und 5 beschränkt. Dabei ist eine Ader grüngelb, also nur als PE, PB oder Erde verwendbar. Die blaue Ader kann als N verwendet werden oder anderweitig, nicht aber als PE oder PEN.
dreiadrige Leitung anstelle einer zweiadrigen	Für die Leitung zu einem Ausschalter oder Taster kann eine dreiadrige Leitung verwendet werden, wobei die grüngelbe Ader am Ausschalter bzw. Taster nicht zur Stromleitung angeschlossen werden darf.
PE erleichtert die Überwachung	Ein PE in der Schalterleitung dient der Überwachung der Leitungsanlage. Der PE ermöglicht z. B. die Messung des Isolationswiderstandes.
RCD verhindert Missbrauch	Die missbräuchliche Verwendung des PE als PEN-Leiter wird verhindert, wenn der Fehlerschutz durch Abschaltung mittels RCD erfolgt.
fünfadrige Leitung anstelle von dreiadriger	Ermöglicht bei der Ausschaltung eine Steckdose und außerdem die Verwendung des Ausschalters als Kontrollschalter.

Beispiel

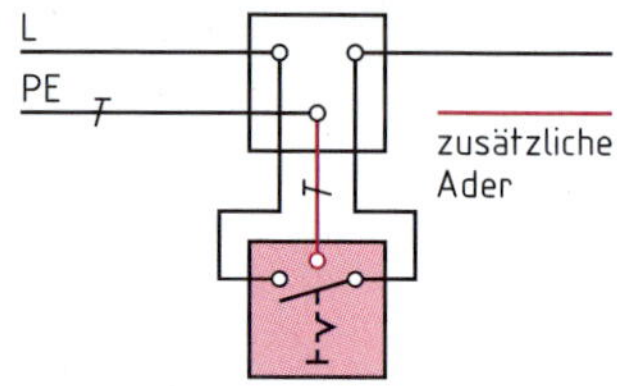

Dreiadriger Schalteranschluss

Ein nicht benötigter PE ist am Schalter an einer festen oder in die Schalterdose eingelegten Klemme zu befestigen und an der Abzweigdose an der PE-Klemme.

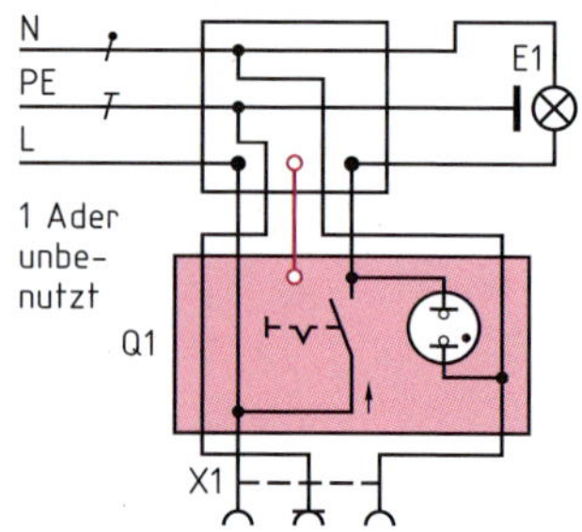

Ausschaltung mit fünfadriger Schalterleitung und Steckdose

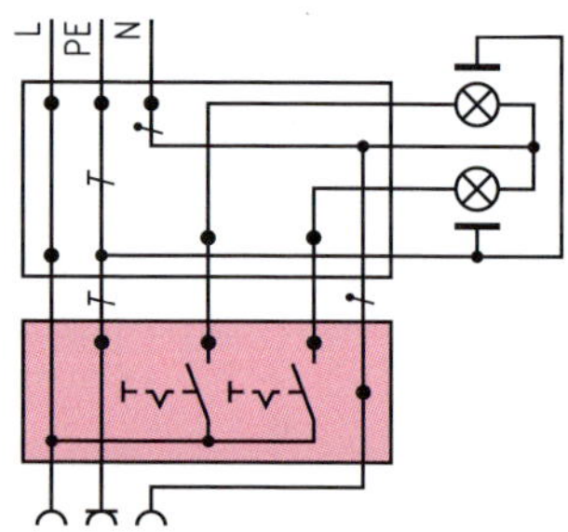

Serienschaltung mit fünfadriger Schalterleitung und Steckdose

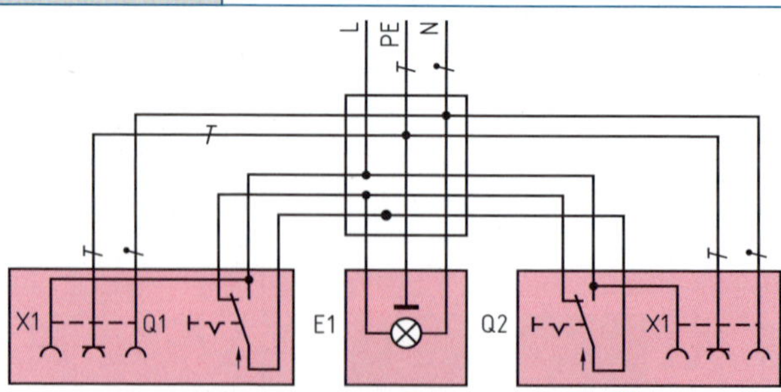

Sparwechselschaltung mit Steckdosen an beiden Schaltern

Bei der *üblichen Wechselschaltung* ermöglichen fünfadrige Schalterleitungen eine Steckdose nur unter dem Schalter, der an L angeschlossen ist. Als Kontrollschalter ist nur der Schalter möglich, an den der Schalterdraht angeschlossen ist. Dasselbe gilt für die Wechselschalter einer *Kreuzschaltung*. Die *Sparwechselschaltung* erlaubt bei fünfadrigen Schalterleitungen unter jedem Schalter eine Steckdose. Dabei geht der Außenleiter bei beiden Schaltern zu einem Anschluss für Korrespondierende (Schalter verbindende Leiter).

BM

Steuerungstechnik Control Technology

Begriff	Beispiel	Bemerkungen
Steuer-kette	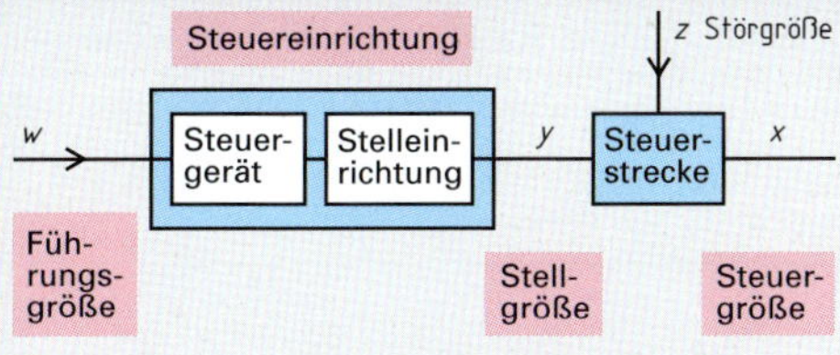 **Offener Wirkungsweg einer Steuerkette**	Die Steuergröße *x*, meist gleichzeitig die Aufgabengröße *x*, soll der Führungsgröße *w* in vorgegebener Abhängigkeit folgen. Die Führungsgröße *w* ist Eingangsgröße der Steuerkette. Die Aufgabengröße *x* wird von der Steuerung beeinflusst. Die Steuerstrecke ist der gemäß Aufgabe zu beeinflussende Teil der Steuerungsanlage. Die Störgröße *z* wirkt auf die Steuerkette von außen in unerwünschter Weise ein.
Führungs-steuerung	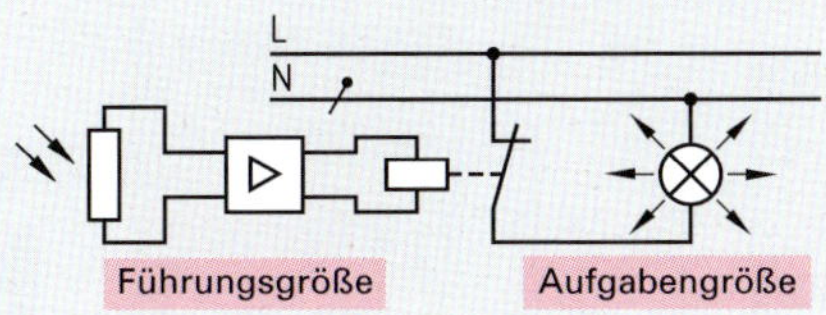 **Dämmerungsschalter**	Bei der Führungssteuerung wird durch Änderung der Führungsgröße die Aufgabengröße unmittelbar geändert. Bei einem Dämmerungsschalter ist die Führungsgröße das Tageslicht oder die Objekthelligkeit.
Halteglied-steuerung	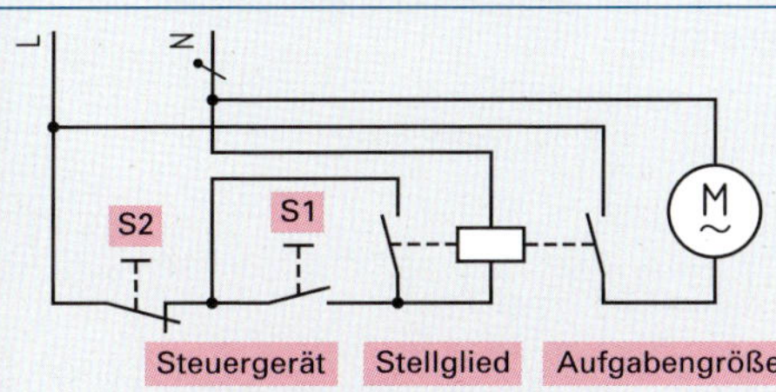 **Motorschützschaltung**	Eine Haltegliedsteuerung ist z.B. eine Schützschaltung mit Selbsthaltekontakt. Das Schütz bleibt auch dann angesteuert, wenn die Führungsgröße nicht mehr wirkt. Die Ausgangslage muss dann durch ein entsprechendes Signal erwirkt werden. Eine Motorschützschaltung besitzt einen Taster für EIN S2 und einen Taster für AUS S1. Die Abschaltung erfolgt meist von Hand.
Ablauf-steuerung (Folge-steuerung)	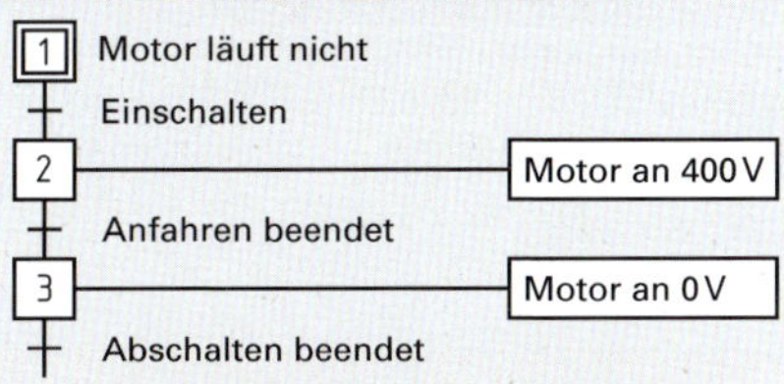 **Funktionsplan für Teil einer Förderanlage**	Bei einer Ablaufsteuerung (Folgesteuerung) erfolgt der nächste Steuerungsschritt erst, wenn der vorhergehende Schritt abgeschlossen ist. Das Weiterschalten kann zeitabhängig oder prozessabhängig erfolgen. Ablaufsteuerungen werden mit Wegdiagrammen, Zustandsdiagrammen oder Funktionsplänen dargestellt. Beispiele von Ablaufsteuerungen sind Förderanlagen, Ampelsteuerungen, maschinelle Anlagen.
Zeitge-führte Ablauf-steuerung	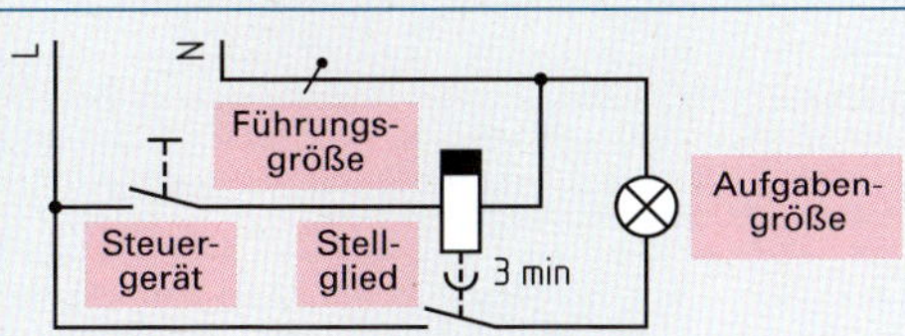 **Treppenhausschaltung**	Bei einer zeitgeführten Ablaufsteuerung sind die Steuerschritte von der Zeit abhängig. Zum Einsatz kommen hierzu Uhrwerke, Zeitrelais, Nockenschaltwerke oder Programmanweisungen, die auf den Timer des Mikrocontrollers zugreifen. Beispiele mit zeitgesteuerten Führungsgrößen sind Treppenhausschaltungen, Heizungsanlagen.
Wegplan-steuerung	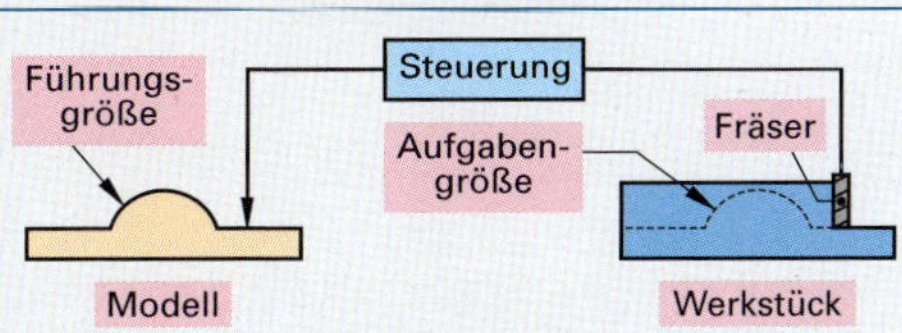 **Nachformfräsen**	Bei der Wegplansteuerung liefert z.B. eine Schablone eine wegabhängige Führungsgröße. Wegplansteuerungen sind Ablaufsteuerungen. Typische Anwendungen sind Nachformfräsmaschinen, Graviermaschinen, in der Vergangenheit waren Anwendungsbeispiele auch Nachformdrehmaschinen (Kopierdrehmaschinen).

Führungssteuerungen und Ablaufsteuerungen werden oft durch Mikrocomputer, PC oder Speicherprogrammierbare Steuerungen (SPS) verwirklicht. Funktionspläne sind zu unterscheiden nach GRAFCET und DIN EN 61131-3.

Grundbegriffe

vgl. DIN 19 226-1 bis 5

Beim **Steuern** wird die Ausgangsgröße der Steuerstrecke, z.B. die Temperatur in einem Härteofen, von der Eingangsgröße, z.B. dem Strom in der Heizwicklung, beeinflusst. Die Ausgangsgröße wird nicht gemessen und wirkt nicht auf die Eingangsgröße zurück. Die Steuerung hat einen offenen Wirkungsweg.

Beim **Regeln** wird die Ausgangsgröße der Regelstrecke, z.B. die Ist-Temperatur in einem Härteofen, fortlaufend erfasst, mit der Soll-Temperatur als Führungsgröße verglichen und bei Abweichungen angeglichen. Die Regelung hat einen geschlossenen Wirkungsweg.

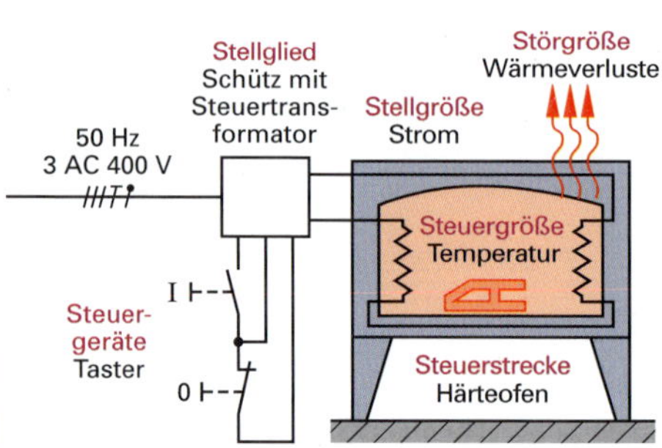

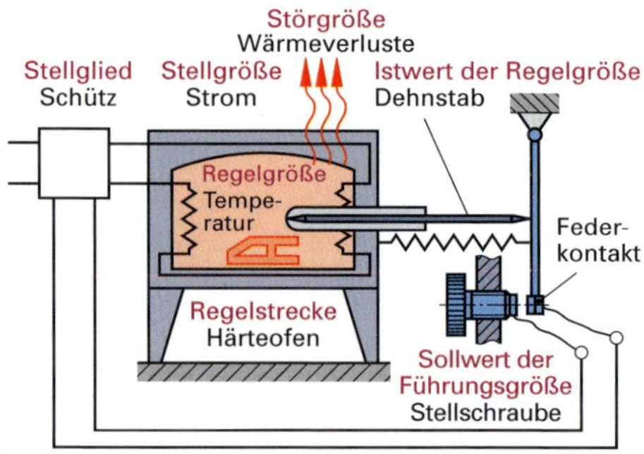

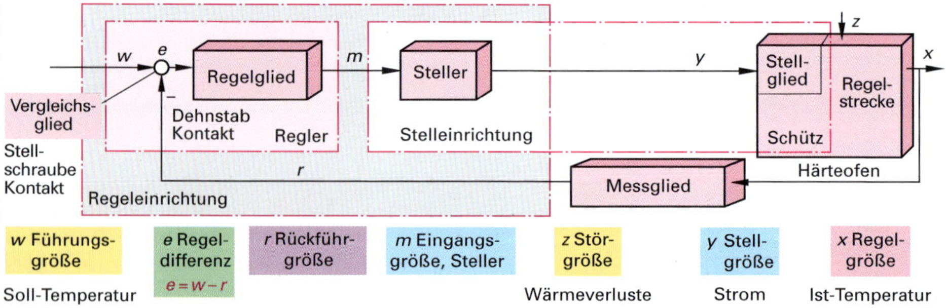

Bestandteile des Regelkreises

Automatisierung technischer Prozesse

Art	Beschreibung
Produktions- und Fertigungsautomation	Sie umfasst die Bearbeitung und Herstellung von Einzelstücken in einer Sonderanfertigung oder eine Vielzahl von Stücken bei der Massenproduktion. Steuerungs- und Regelungstechnik finden Anwendungen in der Handhabungstechnik und bei Robotersystemen, Transportsystemen, CNC und Sondermaschinen.
Verfahrens- und Prozessautomation	Die chemische Industrie, Nahrungsmittelindustrie und Papierherstellung sind Beispiele für die Automation von kontinuierlichen Prozessen; von einfachen Regelungen bis hin zu Kaskadenregelungen bei verfahrenstechnischen Prozessen.
Netzautomation	Steuerung und Regelung von Energieströmen (Wärme, elektrischen Strom) oder Materialflüssen (Wasser, Gas) über große Entfernungen. SCADA-Systeme (Supervision Control And Data Acquisition) werden eingesetzt, um dem Netzbetreiber die Datenerfassung, Datenübertragung und Steuerung zu ermöglichen.
Verkehrsleitsysteme	Steuerung des Individualverkehrs auf dem Straßennetz. Durch eine Wegeplanung jedes einzelnen Fahrzeuges sollen Staus verhindert und Hindernisse umfahren werden.
Gebäudeautomation	Sie beinhaltet z.B. Jalousienensteuerungen, effiziente Nutzung der Wärmeenergie, optimal ausgeleuchtete Räume. KNX z.B. zur Datenübertragung innerhalb von Gebäuden.

Grafische Symbole der Prozessleittechnik
Graphical Symbols of Process Control Engineering

Symbole in RI-Fließbildern
vgl. DIN 19 227-2

PCE-Aufgabe und Bedienort

Symbol	Erläuterung
	vor Ort
	Prozessleitwarte
	örtlicher Leitstand
	PCE-Leitfunktion zur Steuerung von Stellgliedern

Einzelheiten Seite 122

Messort, Signallinien

Symbol	Erläuterung
— — — —	Signallinie
———	Prozesslinie
○	Messort, Fühler

Einwirkung auf die Strecke

Symbol	Erläuterung
	Stellantrieb, allgemein
	Stellantrieb; bei Ausfall der Hilfsenergie wird die Stellung für minimalen Massenstrom oder Energiefluss eingestellt.

Beispiele:

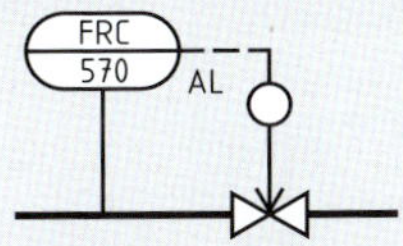

Durchflussregelung: Registrierung der Regelgröße und Störungsmeldung bei Erreichen des unteren Grenzwertes in der Prozessleitwarte; Messstelle 570

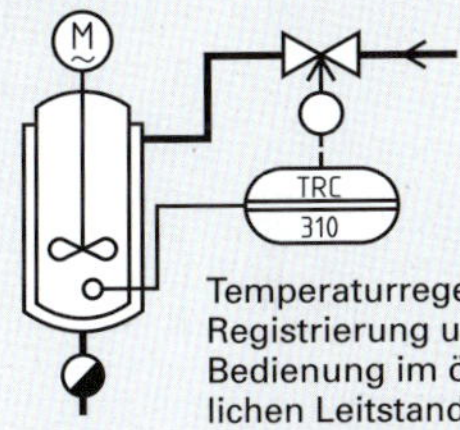

Temperaturregelung; Registrierung und Bedienung im örtlichen Leitstand: Messstelle 310

Aufnehmer

Symbol	Erläuterung
	Aufnehmer für Temperatur
	Aufnehmer für Druck
	Aufnehmer für Durchfluss
	Aufnehmer für Stand mit Schwimmer
	Aufnehmer für Gewichtskraft, Waage, anzeigend
	Anzeiger allgemein

Regler

Symbol	Erläuterung
	Regler, allgemein
	Zweipunktregler mit schaltendem Ausgang

Umformer, Transmitter

Symbol	Erläuterung
	Messumformer für analoges in elektr. Einheitssignal
	Messumformer für Druck mit pneumatischem Signalausgang

Stell- und Bediengeräte

Symbol	Erläuterung
	Ventilstellglied mit Motor-Antrieb
	Ventilstellglied mit pneumatischem Antrieb
	Signaleinsteller für elektrisches Signal

Signalkennzeichen

Symbol	Erläuterung
E	Signal, elektrisch
A	Signal, pneumatisch
∩	Analogsignal
#	Digitalsignal

Ausgeber

Symbol	Erläuterung
	Basissymbol, Anzeiger allgemein
	Schreiber, analog, Anzahl der Kanäle als Ziffer
	Bildschirm

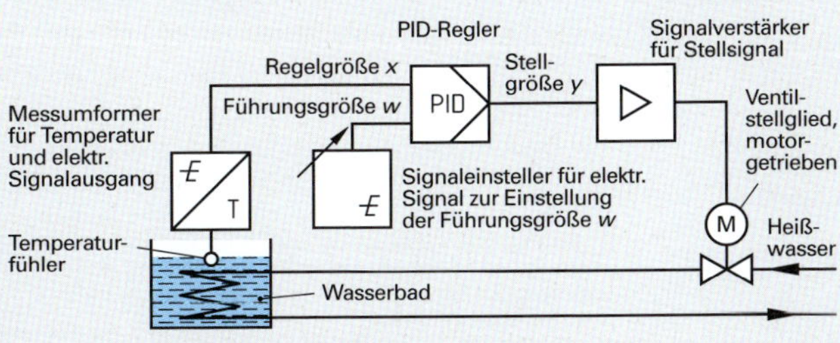

Beispiel: Temperaturregelung eines Wasserbades

BM

Analoge Regler Analog Controller

vgl. DIN 19 225 und vgl. DIN 19 226-2

Bei analogen Reglern kann die Reglerausgangsgröße *m* im Regelbereich jeden Wert annehmen.

Reglerart	Beispiel, Beschreibung	Übergangsfunktion	Symbol[1] Blockdarstellung[2]
P-Regler (Proportional wirkender Regler) Die Ausgangsgröße ist proportional der Eingangsgröße. Bei P-Regelstrecken verbleibt eine Regeldifferenz.	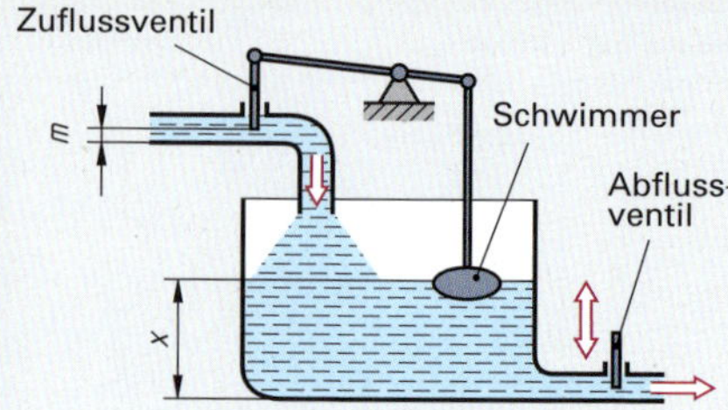	— Sprungfunktion — Sprungantwort 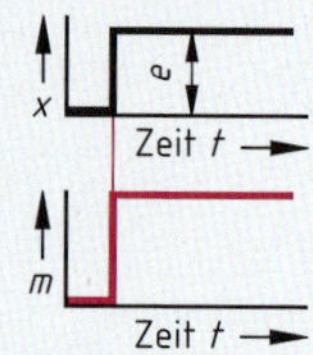	*x* Regelgröße *m* R-ausgangsgröße *e* Regeldifferenz 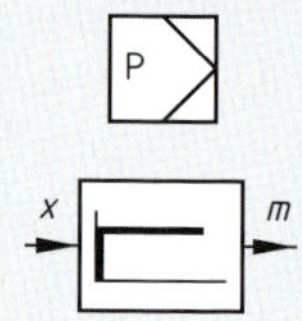
I-Regler Integral wirkender Regler I-Regler sind langsamer als P-Regler, beseitigen aber bei Regelstrecken mit P-Verhalten die Regeldifferenz vollständig.	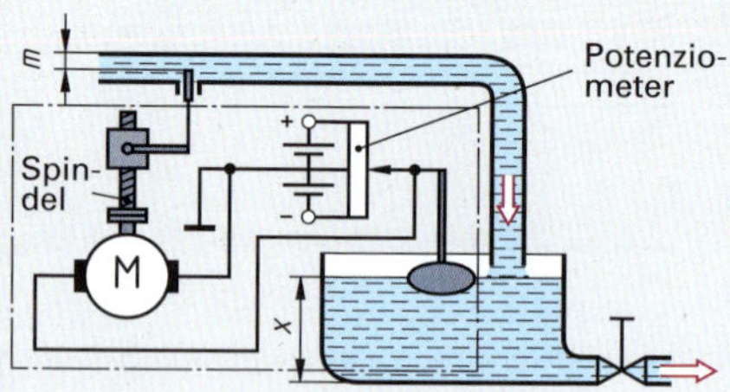	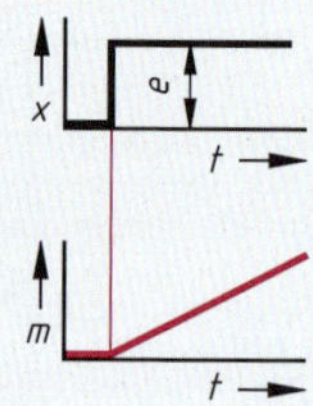	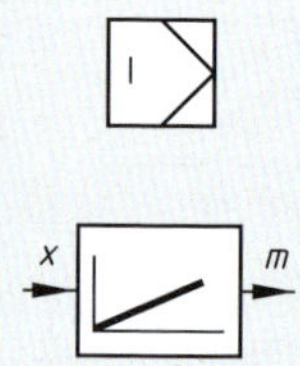
PI-Regler Proportional-integral wirkender Regler Beim PI-Regler werden ein P-Regler und ein I-Regler parallel geschaltet.	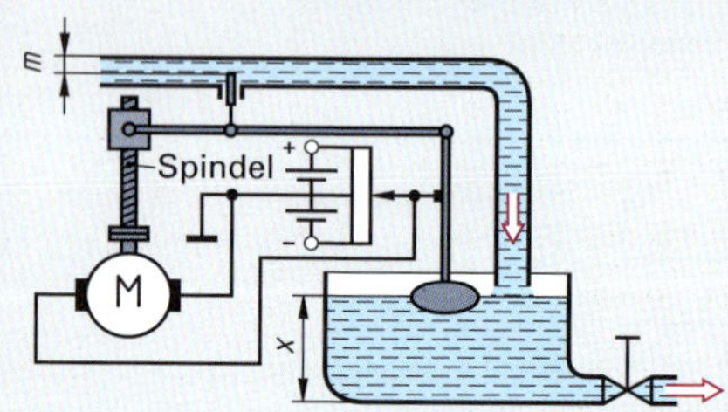	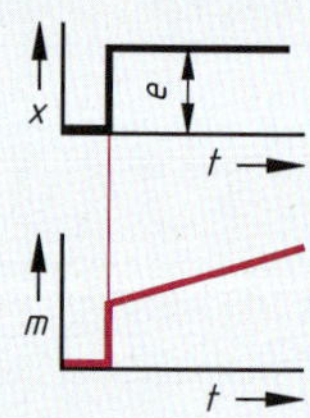	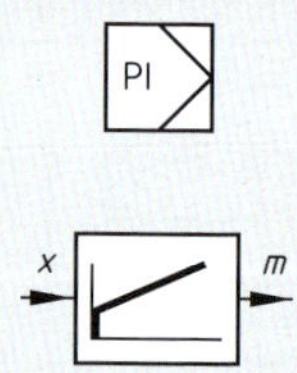
D-Regler Differenzierend wirkender Regler	D-Regeleinrichtungen kommen nur zusammen mit P- oder PI-Regeleinrichtungen vor, da reines D-Verhalten bei konstanter Regeldifferenz keine Stellgröße und damit keine Regelung liefert.	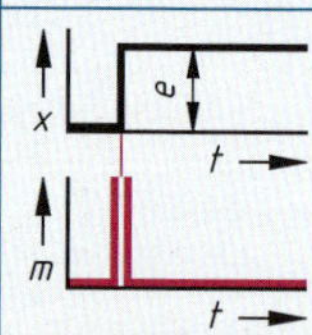	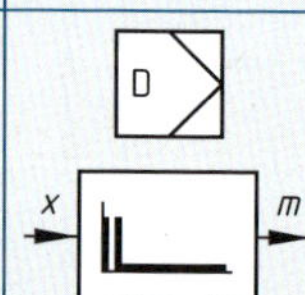
PD-Regler Proportional-differenzierend wirkender Regler	PD-Regler entstehen durch die Parallelschaltung eines P-Reglers mit einem D-Glied. Der D-Anteil ändert die Ausgangsgröße proportional zur Änderungsgeschwindigkeit der Eingangsgröße. Der P-Anteil ändert die Ausgangsgröße proportional zur Eingangsgröße. PD-Regler wirken schnell.	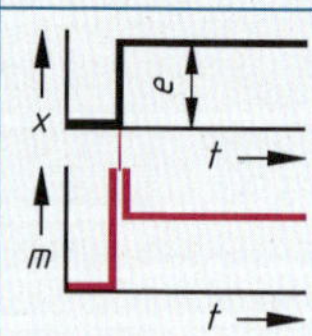	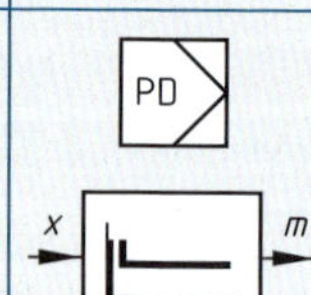
PID-Regler Proportional-integral-differenzierend wirkender Regler	PID-Regler entstehen durch die Parallelschaltung eines P-, eines I- und eines D-Reglers. Am Anfang reagiert der D-Anteil mit einer großen Steuersignaländerung, danach wird diese Veränderung etwa bis zum Anteil des P-Gliedes verringert, um anschließend durch den Einfluss des I-Gliedes linear anzusteigen.	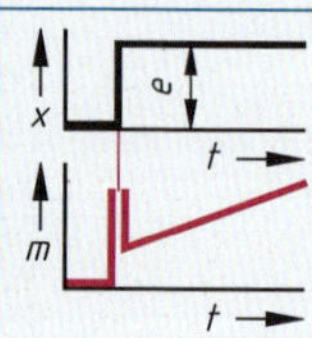	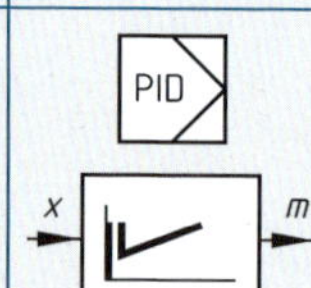

[1] Symbol nach DIN 19 227-2 [2] Blockdarstellung nach DIN 19 226-2

BM

Schaltende (unstetige) Regler

vgl. DIN 19 225 und DIN 19 226-2

Schaltende Regler verändern die Reglerausgangsgröße m unstetig durch Schalten in mehreren Stufen.

Reglerart	Beispiel, Beschreibung	Übergangsfunktion Schaltverhalten	Symbol Blockdarstellung
Zweipunktregler (2P)	**Bimetall-Regler** 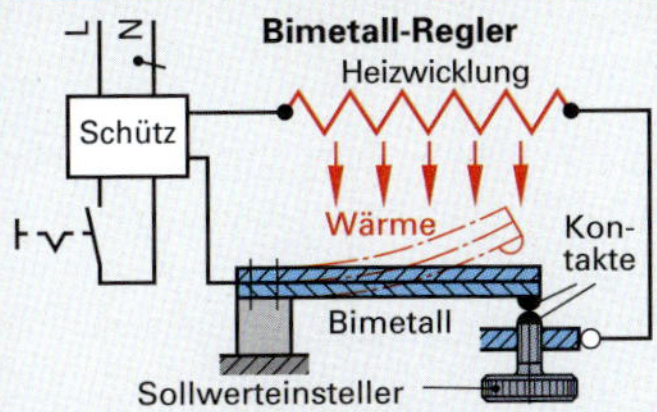	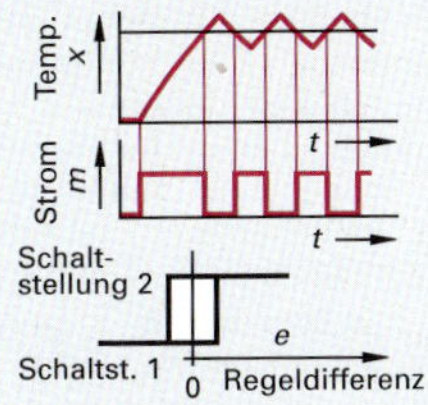	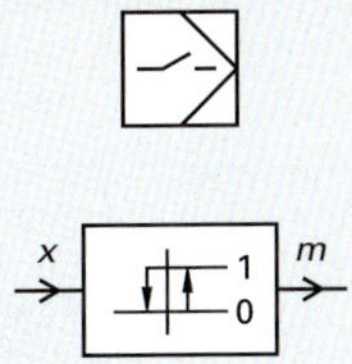
Dreipunktregler (3P)	**Klima-Anlage** Bei einer Klima-Anlage können den drei Temperaturbereichen drei Schaltstellungen zugeordnet werden: • Heizung EIN • Heizung/Kühlung AUS • Kühlung EIN	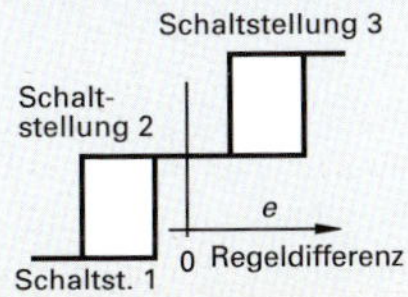	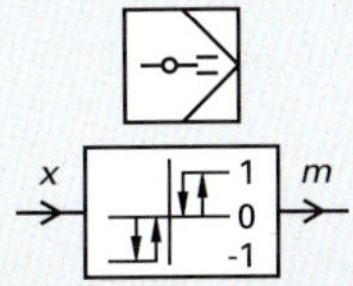

Regelstrecken

Regelstrecke	Beispiel	Übergangsfunktion	Anwendungsbeispiele
Regelstrecken mit Ausgleich (P-Strecken)			
ohne Verzögerung (P_0)	**Drehzahlregelung** 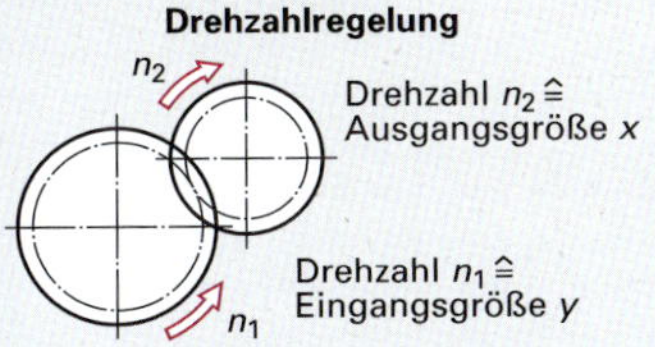	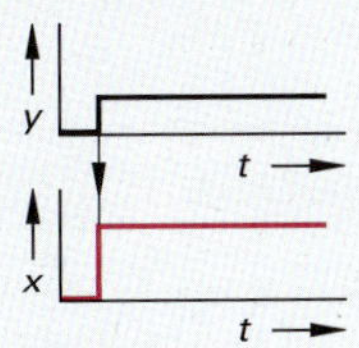	Eine Änderung der Drehzahl n_1 bewirkt eine sofortige Änderung der Drehzahl n_2.
mit Verzögerung erster Ordnung (PT_1)	**Füllen eines Gasbehälters** 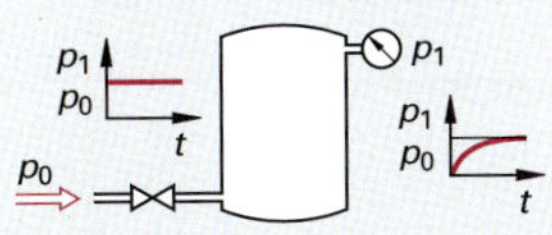	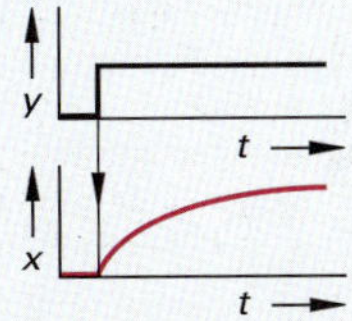	Wird der Druckbehälter über ein Ventil durch einen Gasstrom gefüllt, erreicht der Druck p_1 im Behälter allmählich den Druck des Gasstroms (Signalverzögerung).
mit Verzögerung zweiter Ordnung (PT_2)	**Füllen von zwei Gasbehältern** 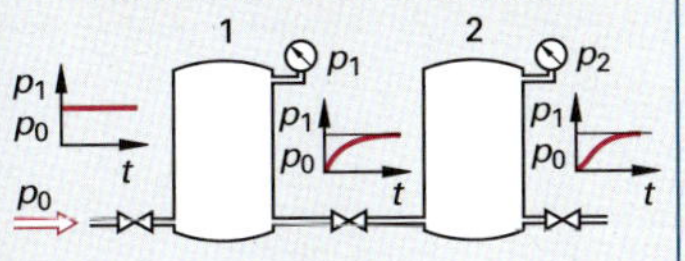	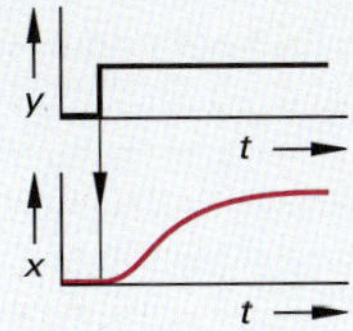	Werden zwei Behälter hintereinandergeschaltet, steigt der Druck p_2 im zweiten Behälter noch langsamer an als der Druck p_1 im ersten Behälter.
Regelstrecken ohne Ausgleich (I-Strecken)			
ohne Verzögerung (I_0)	**Spindelantrieb für Vorschub** Weg s ≙ Ausgangsgröße x 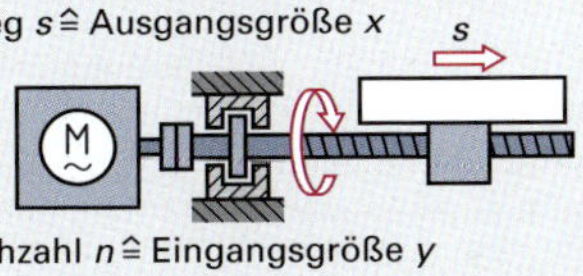 Drehzahl n ≙ Eingangsgröße y	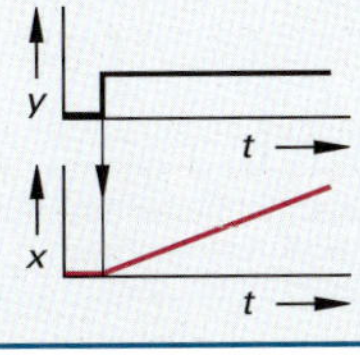	Wird beim Vorschubantrieb der Vorschubmotor eingeschaltet, vergrößert sich der Weg des Maschinentisches stetig.

BM

Reglereinstellungen, Reglerauswahl — Adjustment, Selection of Controllers

Merkmal	Erklärung	Bemerkungen

Reglereinstellungen

Merkmal	Erklärung	Bemerkungen
Verfahren nach Ziegler und Nichols Schwingungen	Zwei Verfahren sind möglich. Beide Verfahren sind für stark verzögernde Prozesse geeignet. Verfahren 1: Sind die Daten der Regelstrecke nicht bekannt, ist wie folgt vorzugehen: Regler als P-Regler betreiben, d. h. $T_i = \infty$, $T_d = 0$, K_P klein wählen, dass der Regelkreis stabil ist. Dann K_P erhöhen bis Dauerschwingungen der Regelgröße entstehen (Instabilität) $\rightarrow K_{Pk}$. T_k ist die Periodendauer dieser Dauerschwingung. Beiwerte und Zeitwerte der entsprechenden Regler erhält man anhand K_{Pk} und T_k. Näherungsweise sind $T_S \approx T_e$ und $T_t \approx T_b$.	Verfahren 2: Mittels Sprungantwort sind von der Regelstrecke (PT_1T_t-Glied) mittels Wendetangentenverfahren Verstärkung K_S, Zeitkonstante T_S und Totzeit T_t zu ermitteln. 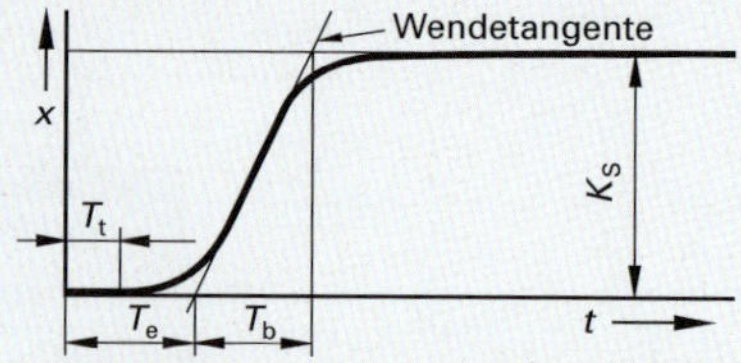 **Wendetangentenverfahren anhand der Sprungantwort der Regelstrecke**

Einstellwerte für Regler						
	P	$K_P = 0{,}5\ K_{Pk}$	–	P	$K_P = T_S/(K_S \cdot T_t)$	–
	PI	$K_P = 0{,}45\ K_{Pk}$	$T_i = 0{,}85\ T_k$	PI	$K_P = 0{,}9\ T_S/(K_S \cdot T_t)$	$T_i = 3{,}3\ T_t$
	PID	$K_P = 0{,}6\ K_{Pk}$	$T_i = 0{,}5\ T_k$ $T_d = 0{,}12\ T_k$	PID	$K_P = 1{,}2\ T_S/(K_S \cdot T_t)$	$T_i = 2\ T_t$ $T_d = 0{,}5\ T_t$

Merkmal	Erklärung	Bemerkungen
Verfahren nach Chien, Hrones, Reswick	Zu unterscheiden sind aperiodischer Regelgrößenverlauf oder periodischer mit 20 % Überschwingen, ferner Regeln von Störungen oder nach Führungsgröße.	Kennwerte der Regelstrecke nach Wendetangenverfahren bestimmen. **Regelbar:** gut $T_b/T_{tE} > 10$; mäßig $T_b/T_{tE} > 4$ bis 9; schlecht $T_b/T_{tE} < 3$. $T_{tE} = T_t + T_e$.

Einstellkriterien für Strecke mit Ausgleich, Verzögerung 1. Ordnung (nicht integrierendes Verhalten)	Regler	(Aus-)Regeln von Störungen		Regeln nach Führungsgröße	
		aperiodisch	periodisch 20 % Ü	aperiodisch	periodisch 20 % Ü
	P	$K_P = 0{,}3 \cdot \frac{T_b}{K_S \cdot T_{tE}}$	$K_P = 0{,}7 \cdot \frac{T_b}{K_S \cdot T_{tE}}$	$K_P = 0{,}3 \cdot \frac{T_b}{K_S \cdot T_{tE}}$	$K_P = 0{,}7 \cdot \frac{T_b}{K_S \cdot T_{tE}}$
	PI	$K_P = 0{,}6 \cdot \frac{T_b}{K_S \cdot T_{tE}}$ $T_i = 4 \cdot T_{tE}$	$K_P = 0{,}7 \cdot \frac{T_b}{K_S \cdot T_{tE}}$ $T_i = 2{,}3 \cdot T_{tE}$	$K_P = 0{,}35 \cdot \frac{T_b}{K_S \cdot T_{tE}}$ $T_i = 1{,}2 \cdot T_b$	$K_P = 0{,}6 \cdot \frac{T_b}{K_S \cdot T_{tE}}$ $T_i = T_b$
	PID	$K_P = 0{,}95 \cdot \frac{T_b}{K_S \cdot T_{tE}}$ $T_d = 0{,}42 \cdot T_{tE}$ $T_i = 2{,}4 \cdot T_{tE}$	$K_P = 1{,}2 \cdot \frac{T_b}{K_S \cdot T_{tE}}$ $T_d = 0{,}42 \cdot T_{tE}$ $T_i = 2 \cdot T_{tE}$	$K_P = 0{,}6 \cdot \frac{T_b}{K_S \cdot T_{tE}}$ $T_d = 0{,}5 \cdot T_{tE}$ $T_i = T_b$	$K_P = 0{,}95 \cdot \frac{T_b}{K_S \cdot T_{tE}}$ $T_d = 0{,}47 \cdot T_{tE}$ $T_i = 1{,}35 \cdot T_b$

Zusammenwirken von Reglern und Regelstrecken, stabile und instabile Regelgrößen x

Regelstrecken	Regler (– ungeeignet, + geeignet)					
	P	I	PI	PD	PID	2P
P_0	–	+	++	–	–	–
PT_1	+	+	+	–	–	+
PT_2	–	–	+	–	++	+
PT_t	–	+	++	–	–	–
PT_tT_1 [1]	+	–	++	+	+	+
PT_tT_1 [2]	–	–	+	–	+	–
I_0	+	–	+	–	–	+
IT_1	–	–	+	+	++	+
IT_t	–	–	–	+	+	–

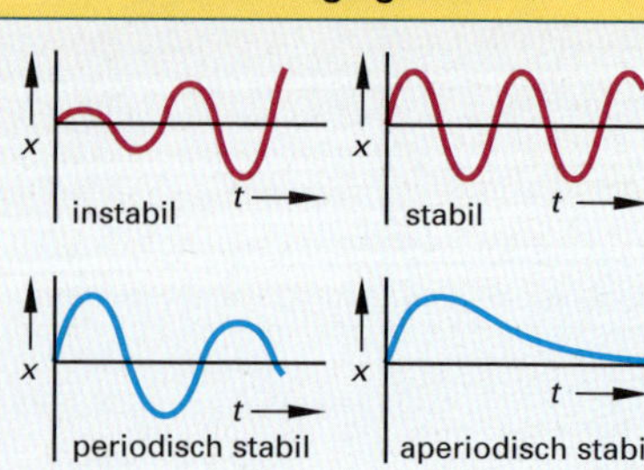

K_P P-Beiwert Regler, K_{Pk} kritischer K_P, K_S Übertragungsbeiwert Regelstrecke, T_b Ausgleichszeit Strecke, T_d Vorhaltezeit, T_e Verzugszeit Strecke, T_i Nachstellzeit, T_k kritische Schwingungszeit (Instabilität), T_S Zeitkonstante Strecke, T_t Totzeit Strecke, T_{tE} Ersatztotzeit Strecke, Ü Überschwingen. [1] Zeitkonstante $\gg T_t$, [2] Zeitkonstante $> T_t$

BM

Digitale Regelung   Digital Closed Loop Control

Beispiel	Erläuterung

Digitale Hardware-Regler

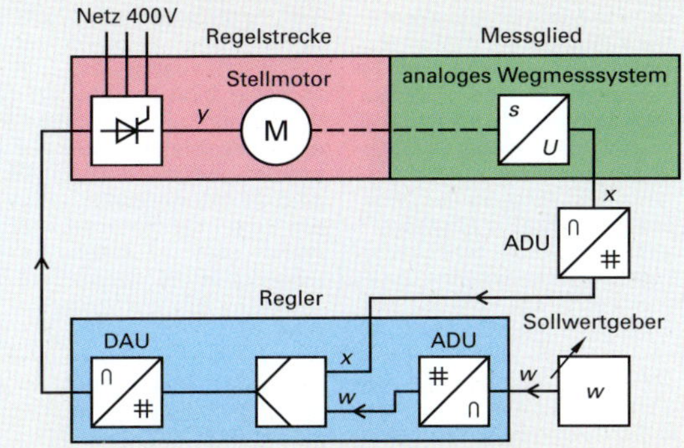

Bei digitalen Hardware-Reglern sind die Eingangssignale und Ausgangssignale digital. Die Regelparameter und der Regelalgorithmus können nicht verändert werden.

Beispiel: Die vom analogen Messwertgeber erzeugte Regelgröße „Weg“ wird im Analog-Digital-Umsetzer ADU in ein digitales Signal umgewandelt. Im Vergleicher wird in digitaler Form die Differenz zwischen diesem Eingangssignal und dem Sollwertsignal gebildet. Diese Regelabweichung $e = w - x$ wird dann durch den Regelalgorithmus bearbeitet. Der Digital-Analog-Umsetzer DAU wandelt diesen Digitalwert in ein analoges Ausgangssignal um.

Digitale Regelung durch Computer (Software-Regler)

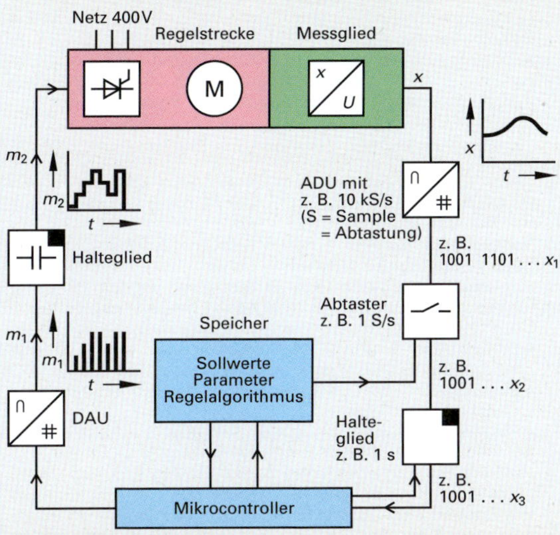

Bei der Regelung durch Computer sind die Regelparameter, die Sollwerte und der Regelalgorithmus als Programm im Computer abgelegt.

Beispiel: Das analoge Prozesssignal x wird über den Analog-Digital-Umsetzer in ein digitales Signal x_1 umgewandelt. Ein Impulsgeber tastet in bestimmten Zeitabständen diese Digitalwerte ab x_2. Der Signalspeicher hält diesen Wert bis zur nächsten Abtastperiode aufrecht (x_3). Entsprechend dem Regelalgorithmus werden die Stellgrößen errechnet, danach im DA-Umsetzer digital-analog umgewandelt und nach dem analogen Signalspeicher der Regelstrecke zugeführt.

Man unterscheidet zwischen:

DDC-Betrieb (Direct Digital Control), bei dem der Computer unmittelbar auf die Stellglieder einwirkt und dem SPC-Betrieb (Set Point Control), bei dem der Computer nur die Führungsgrößen gespeichert hat.

PID-Regelalgorithmus im Computer

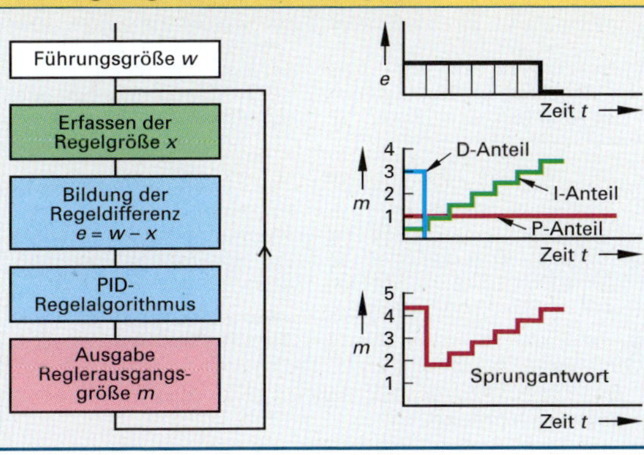

Aufgaben des Computerprogramms:

- Bildung der Regeldifferenz e,
- Berechnung der Reglerausgangsgrößen m auf Grund der Regelalgorithmen.

Bei der Sprungantwort werden alle P-, D- und I-Anteile aufsummiert.

Die Abtastung der analogen Signale und deren Umwandlung in digitale Werte sowie der interne Programmablauf bewirken eine zeitliche Verzögerung bei der Berechnung der Reglerausgangsgröße m.

$$m_n = K_P \left[e_n + \frac{T_A}{T_i} \sum_{i=0}^{n} e_i + \frac{T_d}{T_A} (e_n - e_{n-1}) \right]$$

T_A Abtastzeit, T_i Nachstellzeit, T_d Vorhaltezeit

Schaltung, Benennung	Erklärung	Bemerkungen
Steuerung mit dem PC		
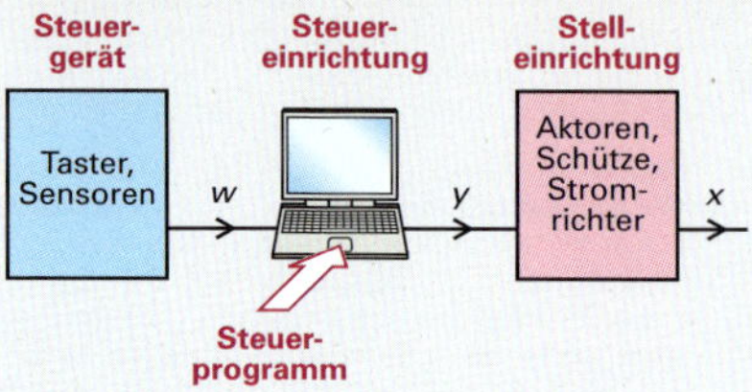 **Steuerkette mit PC**	Der PC wird von Steuergeräten angesteuert, z. B. von Tastern oder Sensoren. Er verarbeitet deren Signale nach seinem Programm, das vorher eingegeben wurde, und steuert die Stelleinrichtung, z. B. Aktoren, an. Diese steuern ihrerseits die Steuerstrecke an, z. B. einen oder mehrere Motoren. Eine Rückwirkung der Steuergröße zum Eingang findet nicht statt.	Die Leistungsschalter, z. B. Schütze oder Stromrichter, für die Steuerstrecke, z. B. Motoren, sind getrennt vom PC angeordnet. Sie können als Teil der Steuerstrecke aufgefasst werden. Dagegen sind die Aktoren zum Ansteuern der Leistungsschalter meist auf Steckplatinen (Boards) im PC angeordnet. Der PC ist also die Steuereinrichtung.
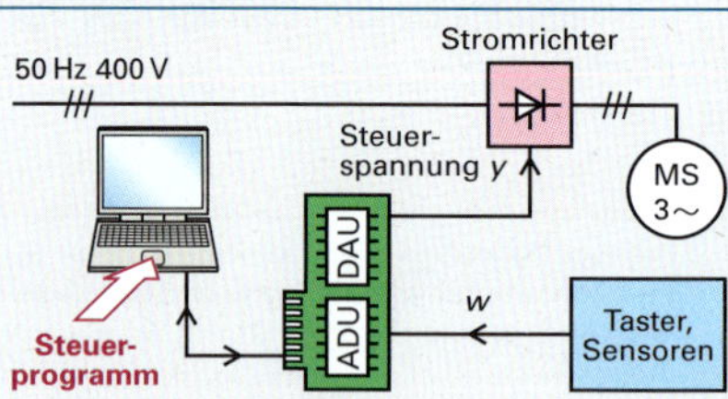 **Motorsteuerung mit PC**	Die Steuersignale, z. B. von Tastern oder Sensoren, sind meist Analogsignale. Deshalb muss der PC eine Datenerfassungskarte mit einem ADU besitzen. Seine verarbeiteten Ausgangssignale sind Digitalsignale. Da die Aktoren mit Analogsignalen anzusteuern sind, muss der PC ein Output-Board (Ausgangskarte) mit einem DAU enthalten.	ADU und DAU können auf verschiedenen Boards oder auf einem einzigen Board angeordnet sein. Auf den Boards sind zusätzliche Module zur Anpassung (Konditionierung) der Input-Signale und der Output-Signale, z. B. zur Verstärkung oder zur Potenzialtrennung.
Regelung mit dem PC		
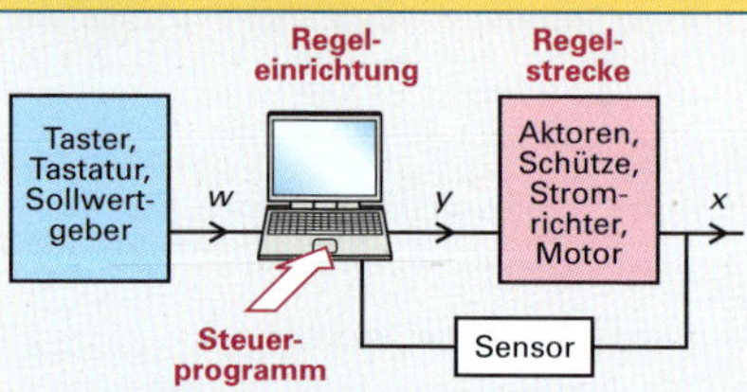 **Regelkreis mit PC**	PC ist die *Regeleinrichtung*. Im PC ist gespeichert ein *Regelungsprogramm*, das über Datenträger, Internet-download, oder über Tastatur eingegeben wurde. Der PC wird angesteuert von • *Sollwert* über Tastatur (Simulation) oder Sollwertgeber, • *Regelgröße* der Regelstrecke durch Sensor.	Der PC muss Boards (Karten) für Signaleingabe und Signalausgabe enthalten **(Bild unten)**. Unterschiedlich zur Steuerung mit dem PC ist nur das Regelungsprogramm und die Erfassung der Regelgröße über einen Sensor. Den *Regelkreis* bilden PC, Regelstrecke und Sensor.
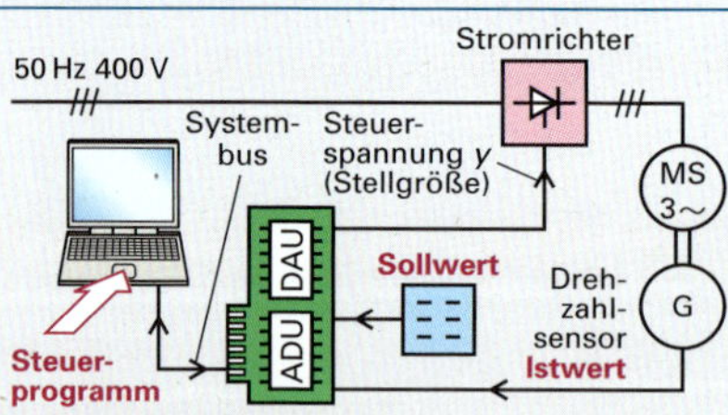 **Drehzahlregelung mit PC**	Bei der Drehzahlregelung wird der Sollwert über einen Sollwertgeber, z. B. Tastatur, eingegeben und über einen ADU dem Systembus des PC zugeführt. Ebenfalls über ADU zugeführt wird die Regelgröße (Drehzahl). Das digitale Ausgangssignal vom Systembus wird über eine DAU der Stelleinrichtung zugeführt.	Der Leistungsteil für die Stelleinrichtung, z. B. die Thyristoren des Stromrichters, ist meist getrennt vom PC angeordnet, weil in ihm Wärme und EMIs entstehen. Dagegen können die Baugruppen zur Ansteuerung des Leistungsteils, z. B. für den Phasenanschnitt, auf den Boards des PC angeordnet sein oder außerhalb des PC liegen.
Industrie-PC (IPC)		
Industrie-PCs (IPCs) • mechanisch und elektrisch widerstandsfähiger als Büro-PCs • mit oder ohne Display, • mit oder ohne Tastatur, • mit oder ohne rotierende Festplatte.	Verbreitet sind IPCs mit Festplatte und ohne Display und Tastatur. Man kann sie in Schaltschränke einbauen, z. B. auf die Hutschiene.	Parametrierung und evtl. Programmeingabe erfolgen ggf. über Laptop, sofern IPC ohne Tastatur, Bildschirm. www.addi-data.com www.beckhoff.de

BM

ADU Analog-Digital-Umsetzer
DAU Digital-Analog-Umsetzer
w Führungsgröße, Sollwert
x Regelgröße, Istwert
y Stellgröße

Universalregler SIPART
Universal Closed Loop Controller SIPART

Merkmal	Erklärung	Darstellungen, Bemerkungen
Aufbau	Der digitale Universalregler SIPART besteht aus einem Grundgerät mit Bedienfeld, analogen und binären Eingängen und Ausgängen, in welches rückseitig Steckkarten für DAU (Digital-Analog-Umsetzer), ADU (Analog-Digital-Umsetzer), weitere Eingänge und Ausgänge (analog, digital), Schnittstellen für RS232 oder für PROFIBUS gesteckt werden können. Verschiedene Messwertaufnehmer sind anschließbar. **1** Anzeige Regelgröße, **2** Anzeige Sollwert, **3** Anzeige Stellgröße, **4** Taster für Stellgröße, **5** Taster Hand/Automatik, **6** Taster für Sollwert, **7** Taster intern/extern. www.siemens.com	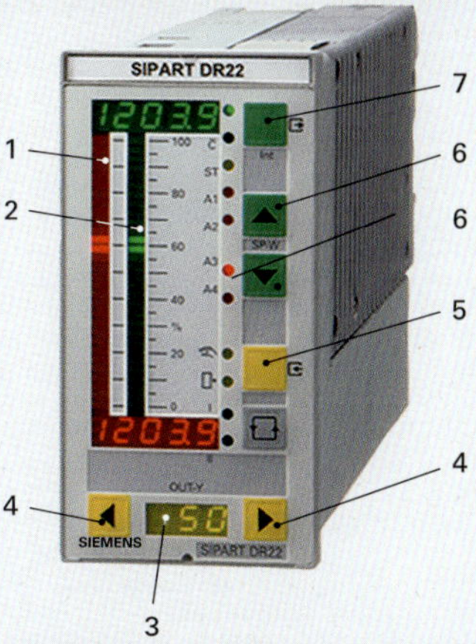 **Bedienfeld des Universalreglers SIPART**
Funktionen	SIPART bestitzt folgende Reglerfunktionen: Handregelung, automatische Regelung, Festwertregelung, Folgeregelung, Zweipunktregelung, Dreipunktregelung, Regelungen P, PI, PD und PID. SIPART enthält eine Bibliothek von Grundfunktionen, z.B. Absolutwertbildung, Addition, Subtraktion, Division, Multiplikation, Wurzelberechnung, Logarithmusberechnung, e-Funktion, UND, ODER, NICHT. Auch Zählerfunktionen, Zeitfunktionen und Filterfunktionen sind vorhanden. SIPART kann über spezielle Baugruppen an den PROFIBUS-DP oder an Geräte mit einer Schnittstelle RS 232 oder RS 485 angeschlossen werden.	Mit einem digitalen Regler können meist mehrere Regelkreise unabhängig voneinander betrieben werden.
Bedienung	Mit drei Bedienebenen erfolgt das Einstellen des Reglers. In der Auswahlebene wird eine Parameterliste ausgewählt, deren Parameter in der Konfigurierebene geändert und aktiviert werden können. Es gibt Listen für Parameter des On-line-Betriebs, des Off-line-Betriebs, von Zeitprogramm-Reglern sowie der Strukturschalter. Mit Strukturschaltern (menügeführter Dialog) werden die Funktion und Struktur des Reglers, z.B. Festwertregler, Folgeregler, Zweipunktregler, P-Regler und Ansprechschwellen, einschließlich der Art der Eingangssignale und Ausgangssignale, festgelegt. In der Liste für die Parameter des On-line-Betriebs sind z.B. enthalten die Reglerparameter K_P, T_i, T_d, V_d. In der Konfigurierebene werden den jeweiligen Parametern der ausgewählten Liste ihre Werte manuell zugewiesen.	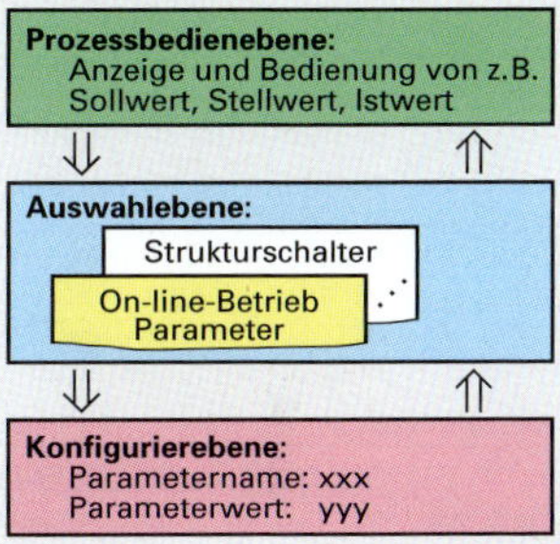 **Bedienebenen des digitalen Reglers SIPART**
Einstellung eines PID-Reglers	Zu Beginn des Einstellvorganges wird der Sollwert der Regelgröße eingestellt und die Regeldifferenz im Handbetrieb automatisch ausgeregelt. Der werkseingestellte K_P (0,1) wird dann im Automatikbetrieb vergrößert, bis der Regelkreis zum Schwingen neigt. Dann T_d auf 1 s stellen (werkseitige Einstellung off=aus). T_d langsam vergrößern bis die Schwingungen beseitig sind. K_P langsam vergrößern bis wieder Schwingungen einsetzen. Diese beiden Vorgänge so oft wiederholen, bis die Schwingungen nicht wieder beseitigt werden können. T_d und K_P dann verkleinern, bis die Schwingungen aufhören. T_i verringern, bis der Regelkreis wieder zum Schwingen neigt. T_i geringfügig vergrößern, bis die Schwingungsneigung beseitigt ist.	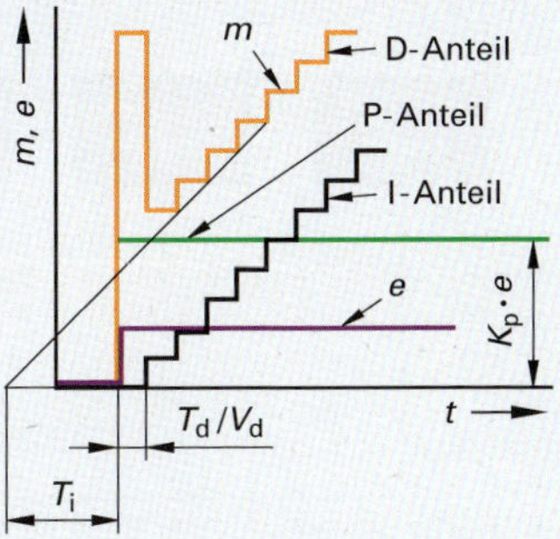 **Sprungantwort des PID-Reglers**

K_P Proportional-Beiwert (Verstärkungsfaktor) T_i Nachstellzeit, T_d Vorhaltezeit, V_d Vorhalteverstärkung

BM

Lageregelung bei Arbeitsmaschinen Position Control for Work Machines

Begriff	Erklärung	Bemerkungen
Lageregelung	Mithilfe der Lageregelung sollen z.B. Werkstück und Werkzeug derart bewegt werden, dass bei Werkzeugeingriff die gewünschte Kontur im Werkstück entsteht. Die Vorschubbewegung und das Bewegen des Maschinentisches mit aufgespanntem Werkstück oder des Werkzeugs in eine vorgegebene Position erfolgt durch Eingabe von Lage-Sollwerten.	Eine Längsbewegung kann durch Antreiben der Vorschubspindel durch einen Motor (Servoantrieb) erfolgen. Leistungsmerkmale der Lageregelung sind • exaktes Verfahren sehr kleiner und großer Wege, • hohe Positioniergeschwindigkeit, • hohe Einlaufgeschwindigkeit, • großer Geschwindigkeitsstellbereich, • überschwingungsfreies Einlaufen in die Zielposition.
Kaskadenregelung	In der Kaskadenregelung können mehr Regelgrößen zurückgeführt werden als im einschleifigen Regelkreis. Das erlaubt ein genaueres Beschreiben des Zustandes und damit ein Verbessern des dynamischen Verhaltens des Gesamtsystems.	Störungen werden z.T. bereits in den inneren Regelkreisen ausgeregelt. Die Regelkreise werden von innen (Stromregelkreis) nach außen (Lageregelkreis) eingestellt. Nachteil: zeitlicher Versatz der Wirkung der einzelnen Regelungen.
Lageregler	Meist ein P-Regler, der die Differenz (Schleppfehler) aus Lage-Sollwert und Lage-Istwert, z.B. des Maschinentisches, berechnet. Lage kann auch ein Drehwinkel eines Antriebs sein.	Die Lagedifferenz wird mit der einstellbaren Proportionalverstärkung multipliziert und stellt die Ausgangsgröße des Lagereglers dar. Sie ist die Eingangsgröße des Drehzahlreglers.
Drehzahlregler	Meist ein PI-Regler, der die Differenz von Sollwert und Istwert der Drehzahl bzw. Winkelgeschwindigkeit des Motors berechnet. Ausgangsgröße Kraftmoment-Sollwert ist bei Gleichstrommotoren dem Strom-Sollwert proportional.	Auch Geschwindigkeitsregler genannt. Wegen des *I*-Anteils entsteht mit zunehmender Zeit ein zunehmender Strom-Sollwert, was zum Ansteuern des Stellers bzw. Umrichters führt.
Beschleunigungsregler	Meist ein PI-Regler, der die Differenz von Beschleunigungs-Sollwert und Beschleunigungs-Istwert berechnet. Er soll das als Störgröße wirkende Lastmoment ausgleichen. Nicht immer vorhanden.	Der Beschleunigungs-Istwert kann entweder direkt über einen externen Beschleunigungsaufnehmer (Kraftmoment-Aufnehmer) an der Welle oder indirekt durch Differenziation der Drehzahl gewonnen werden.
Stromregler, Kraftmomentregler	Meist ein PI-Regler, der die Differenz von Strom-Sollwert und Strom-Istwert berechnet. Der Steller bzw. Umrichter wird damit angesteuert. Der Stromregler bei Drehfeldmotoren ist im Frequenzumrichter integriert.	Wegen der Proportionalität von Kraftmoment und Strom bei Gleichstrommotoren wird hier auch von Kraftmomentregelung gesprochen. Bei Drehstromantrieben wirkt der Stromregler auf Stromstärke und Phasenlage des Stromes.
Vorsteuerung	Steuert unterlagerte Regelkreise in der Weise, indem z.B. aus dem Verlauf der Lage-Sollwerte die theoretischen Drehzahl-Sollwerte berechnet und diese direkt dem Drehzahlregler zugeführt werden. Damit wird die zeitlich versetzte Wirkung der unterlagerten Regelkreise umgangen.	Eine Vorsteuerung ruft bei Lageregelungen einen kleineren Schleppfehler hervor als die reine Kaskadenregelung. Bei starken Änderungen im Verlauf der Lage-Sollwerte entstehen jedoch starke Schwingungen.

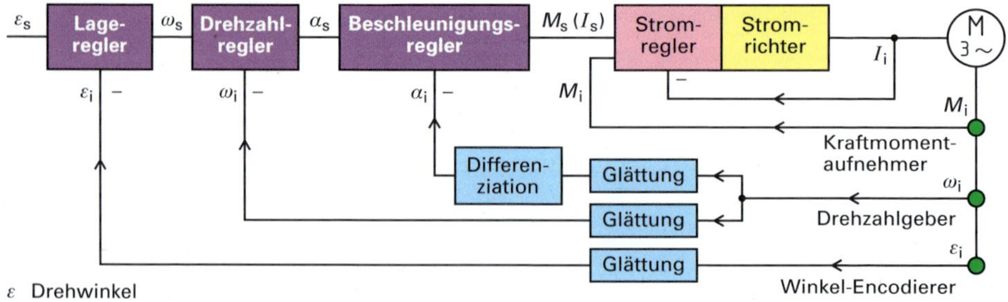

ε Drehwinkel
ω Winkelgeschwindigkeit
α Winkelbeschleunigung
I Strom
M Kraftmoment
Index i Ist
Index s Soll

Kaskadenregelung bei einer Werkzeugmaschine

Logikmodul LOGO! Logic Module LOGO!

Merkmal	Übersicht	Bemerkungen, Anwendung
Ausführungen und Zubehör		
Produkt-familie	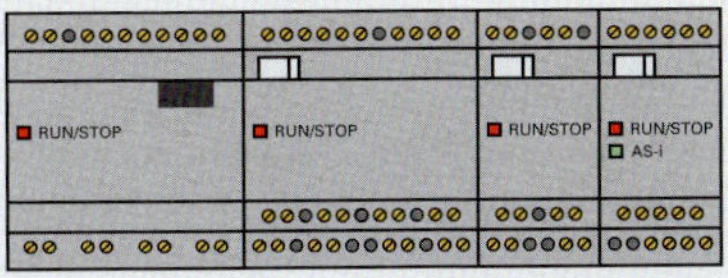	• Modulare Familie von SPS-Kleinsteuerungen, • maximal 20 binäre und 8 analoge Eingänge, 16 bin. und 2 analoge Ausgänge, Bus-Schnittstellen, • Schutzart IP20, • Betrieb mit 12/24V=, 24V=, 24V~ oder 230 V~, • Anwendung z.B. zum Steuern von Förderbändern, Rolladen, Rührwerken, Beleuchtungsanlagen.
Grund-Module „Basic"	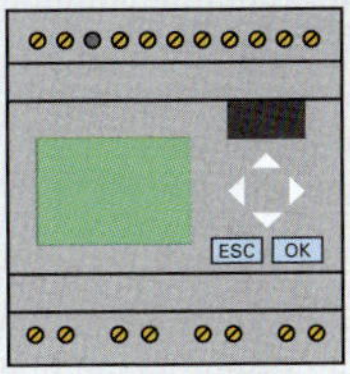 mit Display 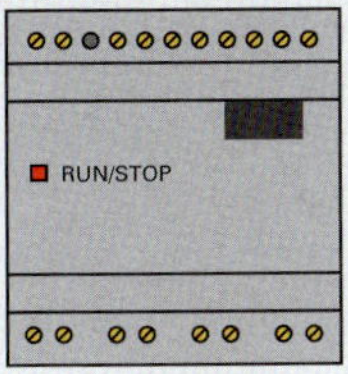 ohne Display	• 8 binäre Eingänge I, 4 binäre Ausgänge Q, mit und ohne Display, Tasten, • bei DC-Typen 2 Eingänge I, auch analog AI, • Programmierschnittstelle, auch für Programmmodul „Memory Card" (mit Ausleseschutz), • Programmierung mit „LOGO!Soft" über Laptop; bei Display-Typen auch über die Bedien-Tasten, • Reiheneinbaugerät 72 mm für 35-mm-Hutschienen- und Wandmontage, • bei Betrieb mit 230 V~ nur eine Phase zulässig.
Zusatz-Module	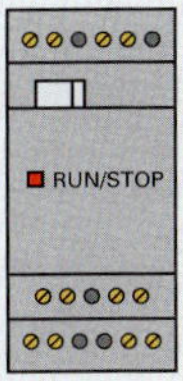 analog 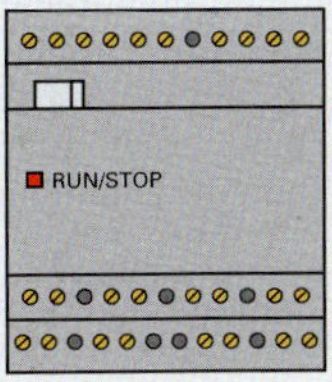 digital 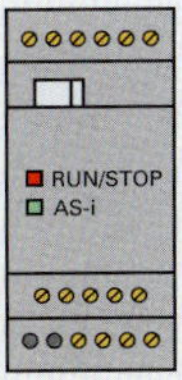 Schnitt-stelle	• Diverse binäre und analoge Module, • Schnittstellen-Module zu KNX und AS-i, • Netzteil-Module für 12V und 24 V= LOGO!, • Belastbarkeit Relais-Kontakt 3 A bei induktiver und 5 A bei ohmscher Last, Absicherung nötig, • Belastbarkeit Transistorausgang 0,3 A überlastfest, • spezielles Modul zum Schalten von Motoren bis 3 x 20 A bzw. 4 kW erhältlich, • Verbindung mit LOGO! und weiteren Modulen durch Anstecken von links mit Verriegelung verbundener Module durch ein Schiebestück.
Programmierung		
Vorberei-tung	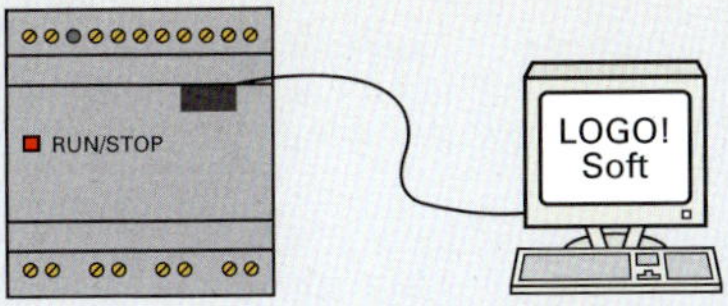	• LOGO!Soft auf Programmier-PC installieren, • Anschluss des PCs mit LOGO!-PC-Kabel, • LOGO! mit Display in Betriebsart PC ↔ LOGO schalten. Achtung: Version der LOGO! beachten, • LOGO!-Version an der Endziffer der Teilenummer 0BA0 (älteste) bis 0BA5 (neueste) identifizieren, • LOGO!-Handbuch beachten.
Program-mierung (Beispiel)	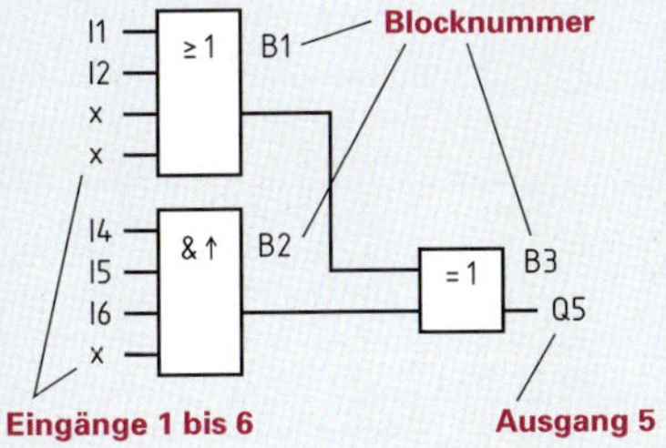	• Programmierung grafisch ähnlich SPS-FUP, • keine numerischen Funktionen (außer Sonderfunktion „Analogverstärker"), • logische Grundfunktionen AND, NAND mit und ohne Flankenauswertung, OR, NOR, XOR, NOT, Softwareschalter und Schieberegister, • Sonderfunktionen Ein-/Ausschaltverzögerungen, Wischer, Impulsgeber, Zufallsgenerator, Zähler, Schwellwertschalter für Frequenzen, • analoger Schwellwertschalter, Komparator, Analogverstärker und -wertüberwachung, • Selbsthalte- und Stromstoßrelais, • vorprogrammierte Komfortfunktionen Treppenlichtschalter, Komfortschaltuhr, Wochen- und Jahresschaltuhr, Betriebsstundenzähler. • logische Funktionen haben feste Anzahl Eingänge, unbenutzte Eingänge bleiben frei („x"). • Eingänge I, AI und Ausgänge Q, AQ liegen gemäß der Reihenfolge der Anschlüsse fest. • Schaltzustände und Zählerinhalte auch remanent.
Sonder-funktion (Beispiel)	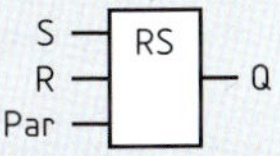 RS-Flipflop Par remanenter Speicher 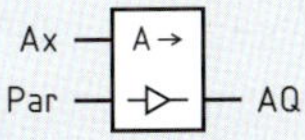 Analogverstärker Parameter Par A → Verstärkung	

BM

Funktionen für LOGO! 1 Functions for LOGO! 1

Symbol	Erklärung	Symbol	Erklärung
Konstanten, Klemmen			
I	**Eingang** digitaler Eingang	Q	**Ausgang** digitaler Ausgang
C	**Cursortaste** Cursortasten C1 bis C4 auf dem LOGO!-Basismodul	X	**Offene Klemmen** Platzhalter für nicht genutzte Ausgänge
S	**Schieberegisterbit** Schieberegisterbit S1 bis S8	M	**Merker** Zwischenspeicher
lo	**Zustand 0 (low)** dauerhaftes 0-Signal	AQ	**Analogausgang** Ausgang mit analogem Signal
hi	**Zustand 1 (high)** dauerhaftes 1-Signal	AM	**Analoger Merker** Zwischenspeicher für analoges Signal
AI	**Analogeingang** Eingang für analoges Signal	F	**LOGO! TD-Funktionstaste** Taste auf dem LOGO!-Textdisplay
Grundfunktionen			
&	**AND (UND)** UND-Verknüpfung mit 4 Eingängen.	& ↑	**AND mit Flankenauswertung pos. Flanke)** Das Ausgangssignal ist kurzzeitig „1" bei Signalwechsel von „0" auf „1" (positive Flanke) am Eingang.
≥ 1	**OR (ODER)** ODER-Verknüpfung mit 4 Eingängen.	= 1	**XOR** Exklusiv-ODER-Verknüpfung.
1	**NOT (NICHT, Inverter, Negation)** Negierung des Eingangssignals.	&	**NAND (UND NICHT)** UND-Verknüpfung mit negiertem Ausgang.
& ↓	**NAND mit Flankenauswertung (negative Flanke)** Das Ausgangssignal ist kurzzeitig „1" bei Signalwechsel von „1" auf „0" (negative Flanke) am Eingang.	≥ 1	**NOR (ODER NICHT)** ODER-Verknüpfung mit negiertem Ausgang.
Sonderfunktionen			
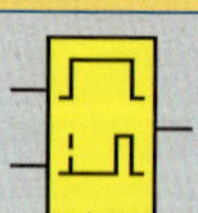	**Einschaltverzögerung** Der Ausgang wird erst nach einer parametrierbaren Zeit eingeschaltet.	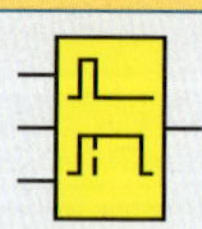	**Ausschaltverzögerung** Der Ausgang wird erst nach einer parametrierbaren Zeit ausgeschaltet.
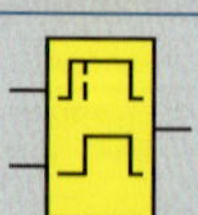	**Ein-/Ausschaltverzögerung** Der Ausgang wird erst nach einer parametrierbaren Zeit ein- bzw. ausgeschaltet.	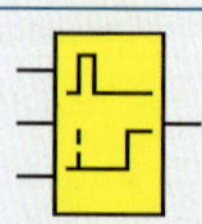	**Speichernde Einschaltverzögerung** Der Ausgang wird erst nach einem Eingangsimpuls und einer parametrierbaren Zeit geschaltet.
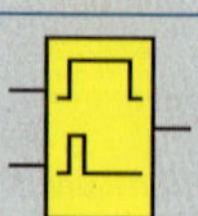	**Wischrelais/Impulsausgabe** Ein Eingangssignal erzeugt am Ausgang ein parametrierbares Signal.	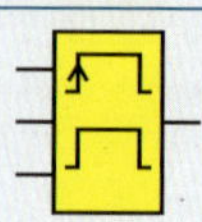	**Wischrelais, flankengetriggert** Ein Eingangsimpuls erzeugt nach einer einstellbaren Zeit ein parametrierbares Ausgangssignal.

Symbol	Erklärung	Symbol	Erklärung
Sonderfunktionen (Fortsetzung)			
	**Impulsgeber** Erzeugung eines Ausgangssignals mit parametrierbarem Impuls-/Pausen-Verhältnis.	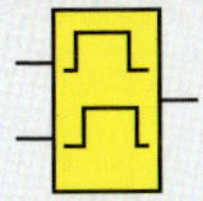	**Zufallsgenerator** Der Ausgang wird innerhalb einer parametrierbaren Zeit ein- bzw. ausgeschaltet.
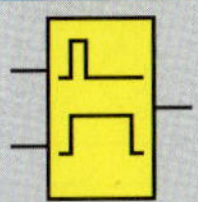	**Treppenlichtschalter** Automatisches Ausschalten eines Ausganges nach einer parametrierbaren Zeit.	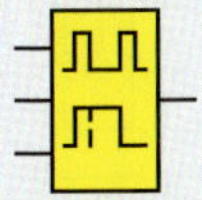	**Komfortschalter** Kombination aus Stromstoßschalter mit Ausschaltverzögerung und Schalter für Dauerlicht.
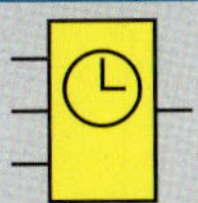	**Wochenschaltuhr** Schaltuhr mit einstellbarem Wochentag und parametrierbarer Zeit.	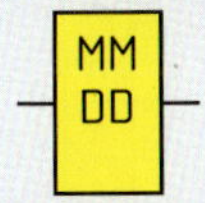	**Jahresschaltuhr** Schaltuhr mit einstellbarem Monat und Tag.
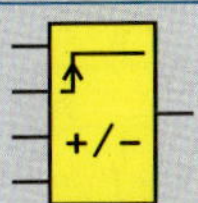	**Vor-/Rückwärtszähler** Zähler zum Vor- und Rückwärtszählen. Der Ausgang wird bei einem Schwellwert gesetzt.	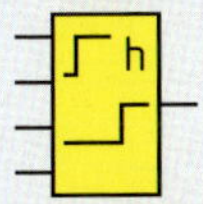	**Betriebsstundenzähler** Erfassung von Betriebsstunden. Der Ausgang wird nach einstellbarer Zeit gesetzt.
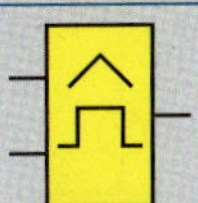	**Schwellwertschalter** Der Ausgang wird in Abhängigkeit von zwei parametrierbaren Frequenzen geschaltet.	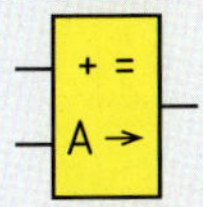	**Analoge Arithmetik** Der analoge Ausgang gibt den Wert einer benutzerdefinierten Gleichung wieder.
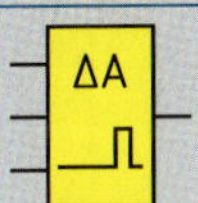	**Analogkomparator** Der Ausgang wird in Abhängigkeit der Differenz zweier Analogeingänge geschaltet.	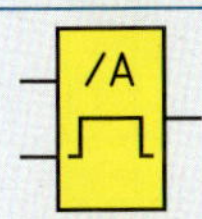	**Analoger Schwellwertschalter** Der Ausgang wird in Abhängigkeit zweier Schwellwerte geschaltet.
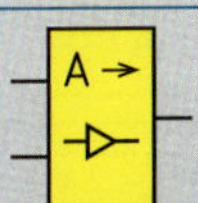	**Analogverstärker** Der Wert eines Analogeinganges wird verstärkt und an einen analogen Ausgang ausgegeben.	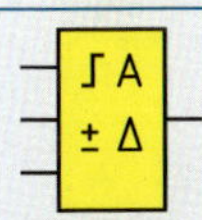	**Analogwertüberwachung** Vergleich eines aktuellen Analogwertes mit einem gespeicherten Analogwert.
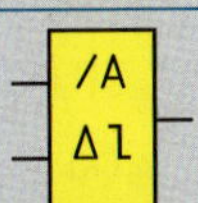	**Analoger Differenz-Schwellwert-schalter** Der Ausgang schaltet abhängig vom Schwell-/Differenzwert.	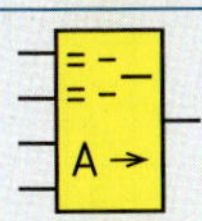	**Analoger Multiplexer** Einer von vier einstellbaren Analogwerten wird an einen analogen Ausgang ausgegeben.
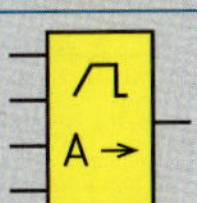	**Analogrampe** Der Ausgang kann mit einer parametrierbaren Geschwindigkeit diverse Stufen anfahren.	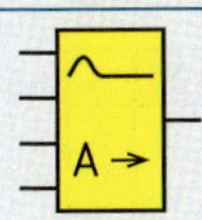	**PI-Regler** Die Proportional- und Integralregler können einzeln oder auch kombiniert eingesetzt werden.
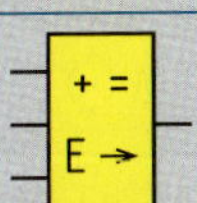	**PWM Impulsdauermodulator** Der digitale Ausgang wird anhand eines analogen Einganges gesetzt.	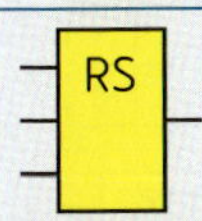	**Selbsthalterelais (RS-Flipflop)** Rücksetzdominantes Flipflop mit einstellbarer Remanenz.
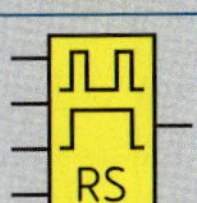	**Stromstoßrelais** Ein- und Ausschalten des Relais durch einen Impuls am Eingang.	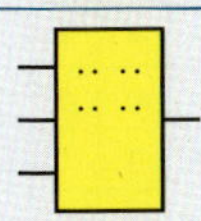	**Meldetext** Meldetexte/Parameter werden auf dem LOGO!-Display oder auf dem externen Display angezeigt.
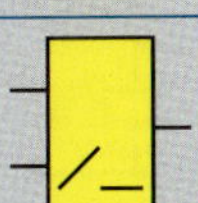	**Softwareschalter** Die Funktion hat die Wirkung eines mechanischen Tasters bzw. Schalters.	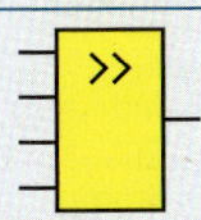	**Schieberegister** Mit der Funktion kann der Wert eines Einganges ausgelesen und bitweise verschoben werden.

Binäre Verknüpfungen der Steuerungs- und Regelungstechnik
Binary Logic Operations of Control Engineering

vgl. DIN EN 60 617-12

Spalten: Funktion | Schaltzeichen, Schaltfunktion | Funktionstabelle | technische Realisierung: pneumatisch, elektrisch

UND (AND)

Schaltzeichen, Schaltfunktion:

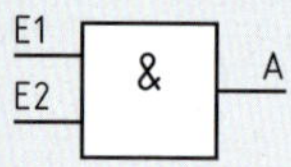

$A = E1 \wedge E2$

Funktionstabelle:

E2	E1	A
0	0	0
0	1	0
1	0	0
1	1	1

pneumatisch:

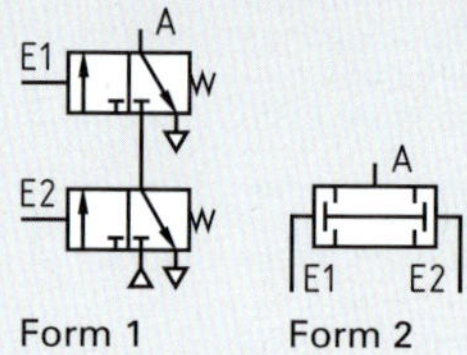

elektrisch:

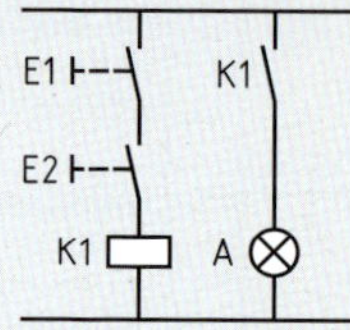

ODER (OR)

Schaltzeichen, Schaltfunktion:

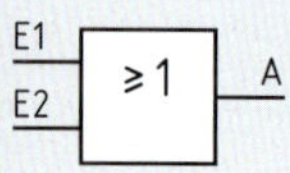

$A = E1 \vee E2$

Funktionstabelle:

E2	E1	A
0	0	0
0	1	1
1	0	1
1	1	1

pneumatisch:

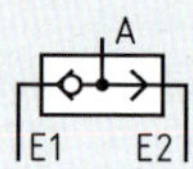

elektrisch:

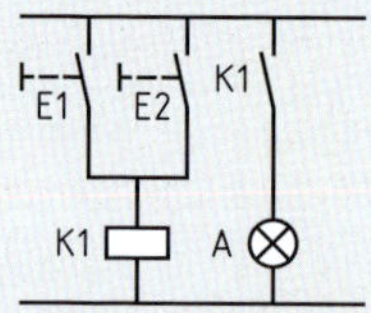

NICHT (NOT)

Schaltzeichen, Schaltfunktion:

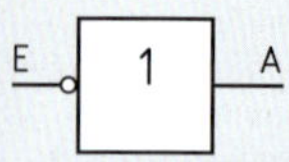

$A = \overline{E}$

Funktionstabelle:

E	A
0	1
1	0

pneumatisch:

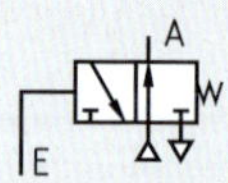

elektrisch:

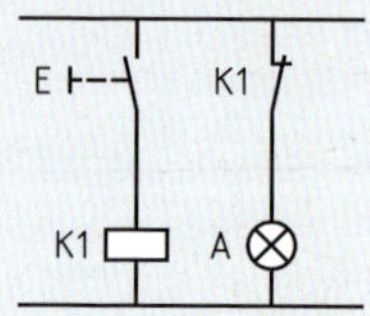

UND-NICHT (NAND)

Schaltzeichen, Schaltfunktion:

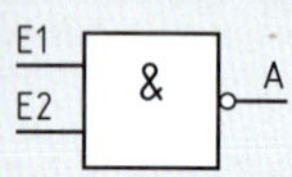

$A = \overline{E1 \wedge E2}$

Funktionstabelle:

E2	E1	A
0	0	1
0	1	1
1	0	1
1	1	0

pneumatisch:

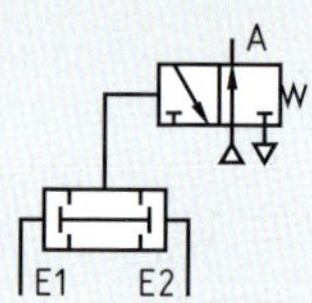

elektrisch:

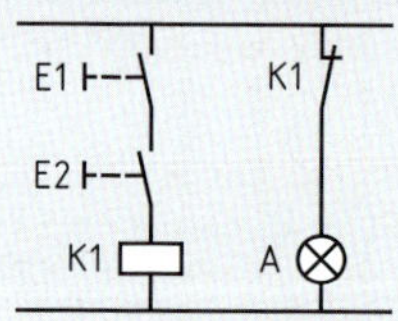

ODER-NICHT (NOR)

Schaltzeichen, Schaltfunktion:

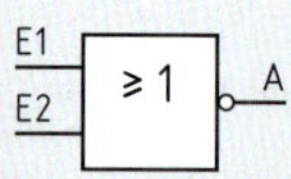

$A = \overline{E1 \vee E2}$

Funktionstabelle:

E2	E1	A
0	0	1
0	1	0
1	0	0
1	1	0

pneumatisch:

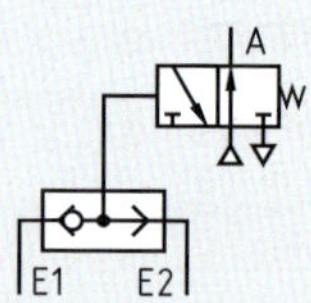

elektrisch:

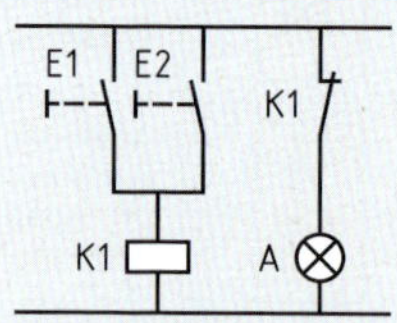

exclusiv ODER (XOR)

Schaltzeichen, Schaltfunktion:

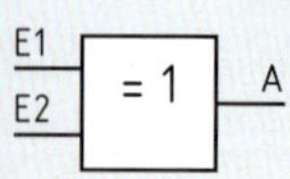

$A = (E1 \wedge \overline{E2}) \vee (\overline{E1} \wedge E2)$

Funktionstabelle:

E2	E1	A
0	0	0
0	1	1
1	0	1
1	1	0

pneumatisch:

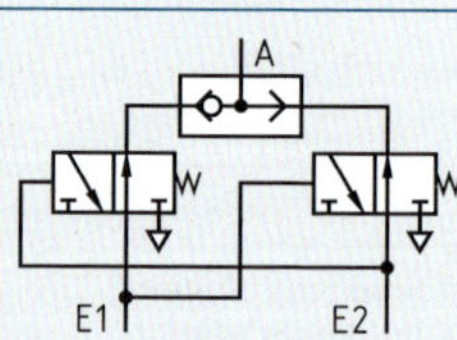

elektrisch:

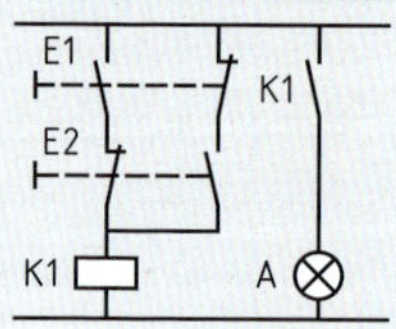

Speicher (RS-Flipflop)

Schaltzeichen, Schaltfunktion:

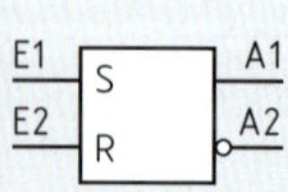

S Setzen
R Rücksetzen

Funktionstabelle:

E2	E1	A2	A1
0	0	•	•
0	1	0	1
1	0	1	0
1	1	□	□

• Zustand unverändert
□ Zustand unbestimmt

pneumatisch:

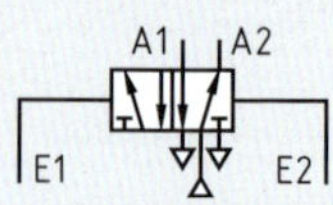

elektrisch:

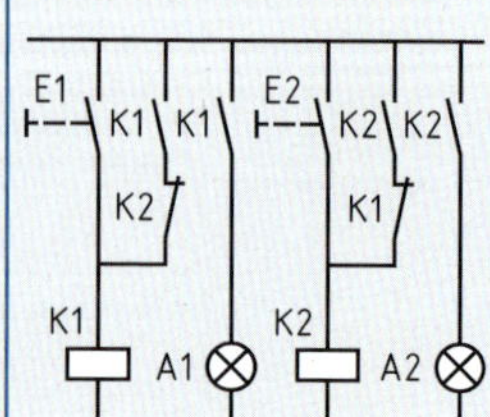

BM

Speicherprogrammierbare Steuerung SPS 1
Programmable Logic Control PLC 1

Programmverarbeitung

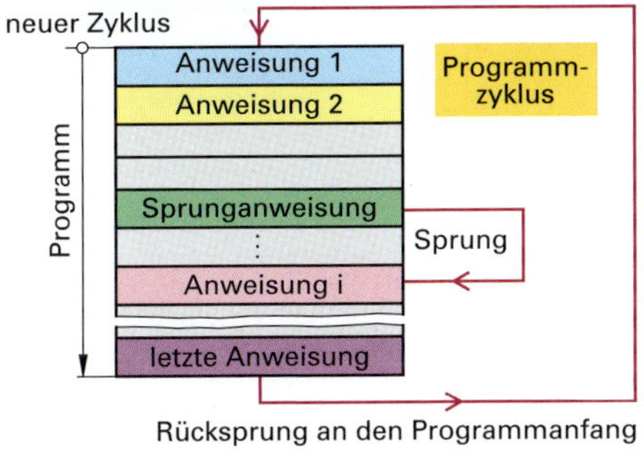

Beschaltung einer SPS

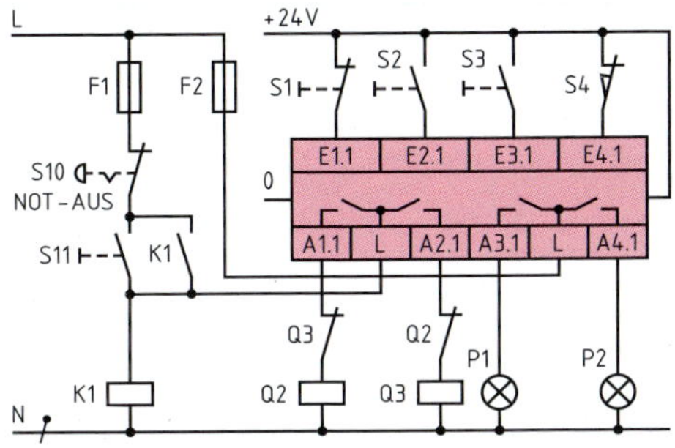

Begriffe	Erklärung
Ausgabeeinheit	Verbindet die Steuersignale mit den Stellgliedern, z. B. Schützen.
AWL	Anweisungsliste, enthält die einzelnen Programmbefehle.
Buskopplung	Steckbare Baugruppe zum Anbinden an ein LAN-Netzwerk.
Datenbaustein DB	Speicherbereich im RAM, z. B. zum Speichern von Istwerten, Grenzwerten (Seite 263).
Eingabeeinheit	Verbindet die SPS mit den verschiedenen Signalgebern.
Funktionsbaustein FB	Programmteil für z. B. Steuerungs-Teilaufgaben, aufrufbares Programmstück mit Steuerungsanweisungen (≙ Unterprogramm).
Funktion FC	Baustein zum Umsetzen z. B. mathematischer Funktionen.
FUP	Funktionsplan, entspricht dem Blockschaltplan binärer Verknüpfungen. Grafisches Programmierverfahren.
Kommunikationsprozessor	Steckbare Baugruppe zur seriellen Punkt-zu-Punkt-Verbindung, z. B. zweier SPS.

Begriffe	Erklärung
KOP	Kontaktplan, entspricht dem Stromlaufplan. Andere Symbole für Schließer, Öffner und Schützspulen. Grafisches Programmierverfahren.
Merker	Speicher, wird gesetzt, wenn gleiche Anweisungsfolgen mehrfach auftreten. Stattdessen auch Anwendung Programmvariable.
Organisationsbaustein OB	Baustein, der beim Eintreffen eines Ereignisses aufgerufen wird.
Programm	Folge von Steueranweisungen.
Simulator	Simuliert die Eingangssignale für die Eingabeeinheit.
SCL ST	Von Structured Control Language, Strukturierter Text. Programmiersprache für SPS.
Zähler	Standard-Funktionsbaustein.
Zeitglied	Standard-Funktionsbaustein zur Erzeugung von Verzögerungszeiten, z. B. Ausschaltverzögerungen.
Zykluszeit	Programmierbare Zeitdauer der Bearbeitung eines Zyklus des sich zyklisch wiederholenden Programmes.

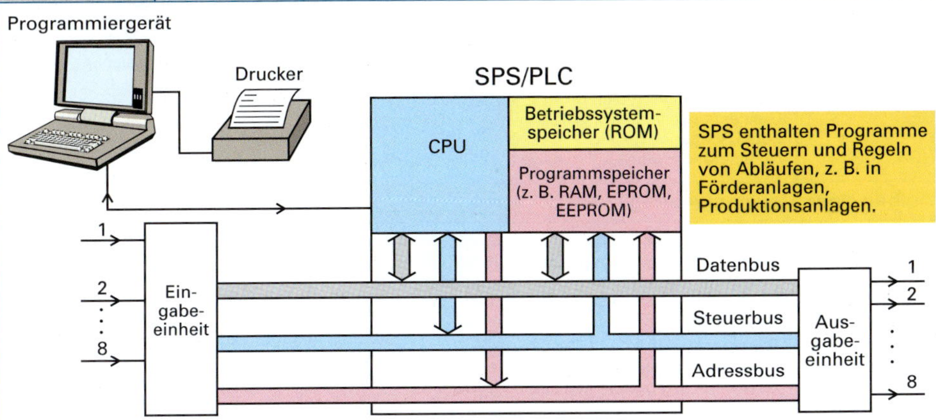

SPS enthalten Programme zum Steuern und Regeln von Abläufen, z. B. in Förderanlagen, Produktionsanlagen.

Aufbau einer SPS mit Programmiergerät

BM

Symbole für SPS

Benennung	Symbol für FUP	Symbol für KOP	Benennung	Symbol, Bemerkung	
UND	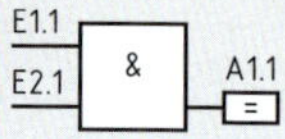	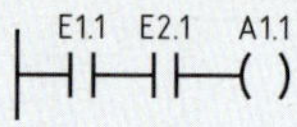	Zeitglied	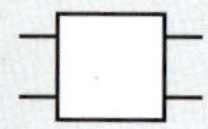	Kennzeichnung des Zeitverhaltens ist einzutragen. (vom Hersteller abhängig)
ODER	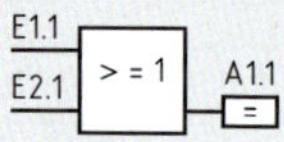	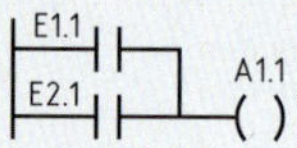	Impuls	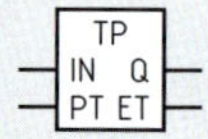	Impulsdauer gesetzt mit PT (nach DIN EN 61131-3)
NICHT Eingang	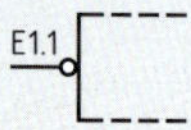	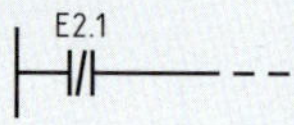	Einschaltverzögerung	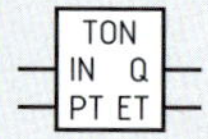	Verzögerungszeit, z. B. 100 ms, gesetzt mit PT (nach DIN EN 61131-3)
NICHT Ausgang	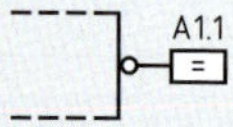	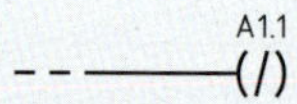	Ausschaltverzögerung	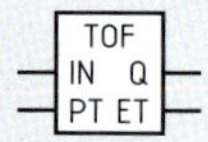	Verzögerungszeit, z. B. 50 ms, gesetzt mit PT (nach DIN EN 61131-3)
Exklusiv ODER	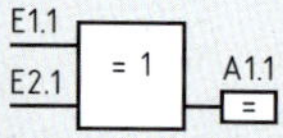	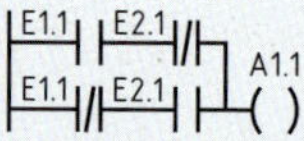	SR-Speicher	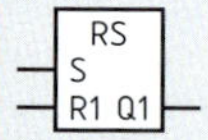	dominierendes Rücksetzen (nach DIN EN 61131-3)
Zuweisung	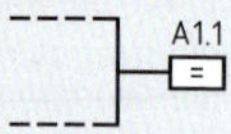		RS-Speicher	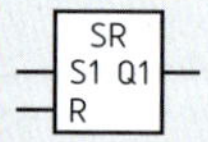	dominierendes Setzen (nach DIN EN 61131-3)
Setzen	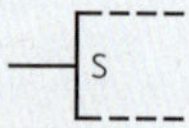	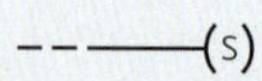	Zählen vorwärts	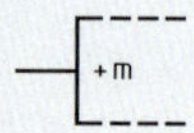	Zählen (+1) bei Signalwechsel von „0" nach „1"
Rücksetzen	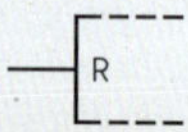	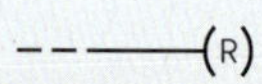	Zählen rückwärts	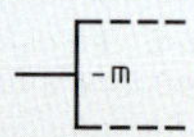	Zählen (–1) bei Signalwechsel von „0" nach „1"

BM

Zeichen für Anweisungen der AWL

Zeichen	Benennung	Zeichen	Benennung
U, AND, &	UND-Verknüpfung	NE	Not equal, Vergleich ungleich, <>
O, OR	ODER-Verknüpfung	LE	Less equal, Vergleich kleiner gleich
XOR	Exklusiv-ODER-Verknüpfung	LT	Less than, Vergleich kleiner als, <
LD, L	Load, Wert laden in Akkumulator	CALL	Call, Aufruf von FB, FC
ST, =	Store, Speichern eines Wertes unter eine Adresse	RET	Return, Rücksprung aus Funktion oder Funktionsbaustein
ADD	Addition	JMP	Jump, Sprung auf eine Marke
SUB	Subtraktion	S, SL	Setzen eines Speichers, set latch
MUL	Multiplikation	R, RL	Rücksetzen eines Speichers, reset latch
DIV	Division		
GT	Greater than, Vergleich größer, >	SIN	Sinusfunktion
GE	Greater equal, Vergleich größer gleich	COS	Kosinusfunktion
EQ	Equal, Vergleich gleich, =	SHL	Shift left, Bits im Akkumulatorregister nach links schieben
NOP	No Operation, leere Anweisung		

Aufbau einer Steueranweisung

Ein SPS-Programm besteht aus einer Folge von Steueranweisungen. Eine Steueranweisung setzt sich aus dem *Operationsteil* und dem Operandenteil zusammen. Der Operationsteil gibt die auszuführende Operation an, z. B. eine UND-Verknüpfung. Der Operandenteil enthält die Adresse, auf welche die Operation wirken soll, z. B. den Eingang E1.2.

Bei Signalgabe durch (externe) Schließer oder Öffner ist zu berücksichtigen, dass die SPS nur prüft, ob an den Eingängen Spannung für den erforderlichen Schaltvorgang vorhanden ist oder nicht.

Operation	Operand	
	Kennzeichen	Parameter

Beispiel für Einschalten durch Schließer an E0.1 und Abschalten (ohne Rücksetzen) durch Öffner an E0.2:

U	E 0.1	nach	LD	%IX0.1
U	E 0.2	DIN EN	AND	%IX0.2
=	A 0.1	61131-3:	ST	%QX0.1

Programmstruktur der SPS S7 Program Structure of PLC S7

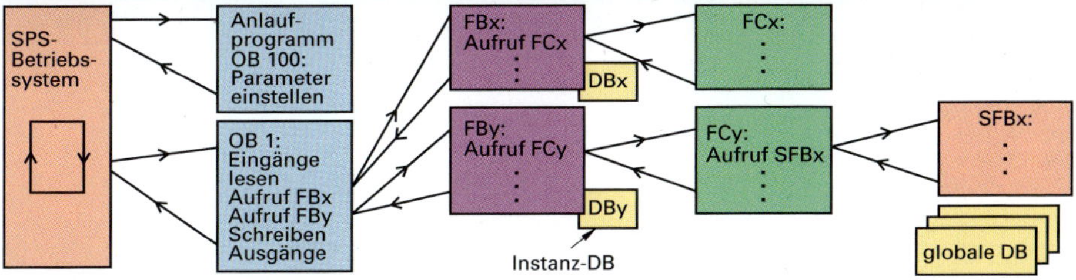

Struktur eines SPS-S7-Programmes

Programmelement	Erklärung	Bemerkungen
Organisations-bausteine OB	Organisationsbausteine werden vom SPS-Betriebssystem aufgerufen. Mit ihnen wird die zyklische Programmbearbeitung gesteuert, ferner die Alarmbehandlung. Das Anwenderprogramm besteht aus dem OB 1 und meist noch anderen Programmelementen (Bild). Der OB 1 wird zyklisch vom Betriebssystem aufgerufen und abgearbeitet und nur von alarmbehandelnden OB unterbrochen.	Unterschieden werden neben dem zyklischen OB 1, Uhrzeitalarme, Verzögerungsalarme, Weckalarme, Prozessalarme, Fehleralarme (z.B. bei Zeitfehler, Stromversorgungsfehler, CPU-Hardwarefehler) oder Hintergrundzyklus. Dieser besitzt die niederste Priorität bzgl. dem Unterbrechen anderer OB. Die Prioritäten sind vorgegeben. Von manchen OB können sie verändert werden. Daneben gibt es noch OB für Neustart (OB 100) und Wiederanlauf (OB 101). Diese OB werden, z.B. nach Netz-EIN, vom SPS-Betriebssystem gestartet.
Funktions-bausteine FB	FB besitzen zugeordnete Datenbausteine (DB) zur Speicherung von Daten (Instanz-Datenbausteine). Ein FB kann auch auf verschiedene DB zugreifen. Nur im FB wirksame (lokale) Variable sind mit # gekennzeichnet. Globale Variablen sind mit " begrenzt.	Anwendung für Programmabläufe. FB können wiederum FB oder FC, SFB, SFC aufrufen. Werden vom SPS-Hersteller erworben oder von Anwender programmiert.
Funktionen FC (function)	Der Aufruf erfolgt in anderen Programmelementen (Bausteinen). Während dem Programmlauf erzeugte Daten gehen nach dem Programmlauf verloren. Zur Speicherung von Daten muss auf globale Datenbausteine zugegriffen werden.	Anwendung für Steuerungsprogramm und z.B. für mathematische Funktionen (Wurzelziehen (Radizieren), Logarithmieren, trigonometrische Funktionen). Werden vom SPS-Hersteller erworben oder vom Anwender programmiert.
Datenbausteine DB	DB dienen zur Speicherung von Daten, mit denen das Anwenderprogramm arbeitet. Auf DB können OB, FB und FC zugreifen. Unterschieden werden Instanz-Datenbausteine und globale Datenbausteine.	In den Instanz-Datenbausteinen sind die aktuellen Parameterwerte und statischen Daten der zugeordneten FB gespeichert. Einem FB können mehrere Instanz-DB zugeordnet sein. Auf globale DB können alle OB, FB und FC zugreifen.
Systemfunktions-bausteine SFB	SFB sind Teil des SPS-Betriebssystems. Sie werden vom Hersteller mitgeliefert und können vom Anwenderprogramm aus aufgerufen werden. Für SFB müssen mit dem Anwenderprogramm zugeordnete Instanz-Datenbausteine angelegt werden.	SFB gibt es z.B. zum Datenaustausch mit externen Geräten, zum Betreiben externer Geräte (Remotebetrieb, von remote = entfernt).
Systemfunktionen SFC	SFC sind ebenfalls Teil des SPS-Betriebssystems.	SFC gibt es z.B. zum Kopieren von Daten, zum Übertragen von Daten von und zu Signalbaugruppen, zum Meldungserzeugen, zum Verändern von Baugruppenparametern, zum Aktualisieren von Uhrzeiten.
Systemdaten-bausteine SDB	SDB werden nur vom SPS-Betriebssystem ausgewertet. In SDB sind z.B. Zuordnungslisten bzgl. Peripheriegeräten und Schnittstellen sowie Parameterlisten von Baugruppen mit ihren Voreinstellwerten (Defaultwerten) gespeichert.	Jede CPU besitzt eigene SDB. Beim Speichern veränderter Voreinstellwerte werden SDB erzeugt, auf die dann bei Neustart oder Wiederanlauf zugegriffen wird.

Programmierregeln für SPS Programming Rules for PLC

<table>
<tr><th>Regel</th><th>Kontaktplan</th><th>Funktionsplan</th><th>Anweisungsliste</th></tr>
<tr><td>Verknüpfungen beginnen geräteabhängig mit dem UND-, dem Lade- oder dem ODER-Befehl und enden mit einer Zuweisung.</td><td>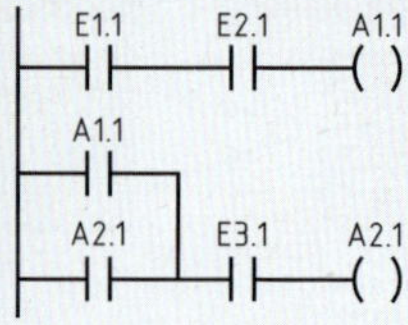
</td><td>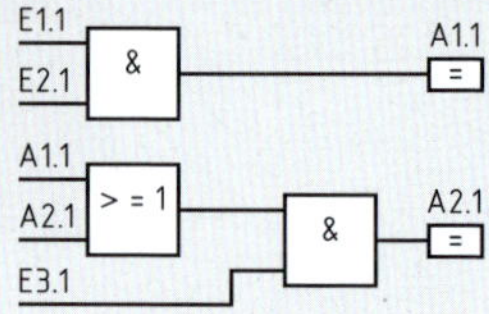
</td><td>U E1.1
U E2.1
= A1.1
U A1.1
O A2.1
U E3.1
= A2.1</td></tr>
<tr><td>Ein Operand kann mehrfach programmiert werden.</td><td>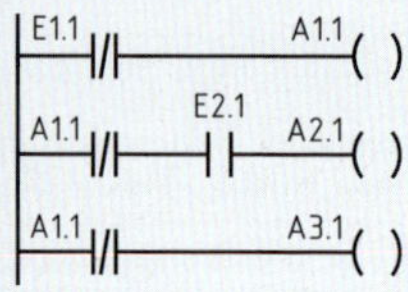
</td><td>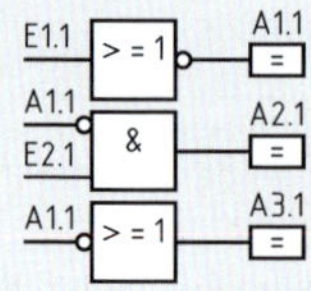
</td><td>UN E1.1
= A1.1
UN A1.1
U E2.1
= A2.1
UN A1.1
= A3.1</td></tr>
<tr><td>Geräteabhängig kann ein Befehl bzw. eine Verknüpfung von Befehlen mehrere Operanden, z. B. Ausgänge, ansteuern.</td><td>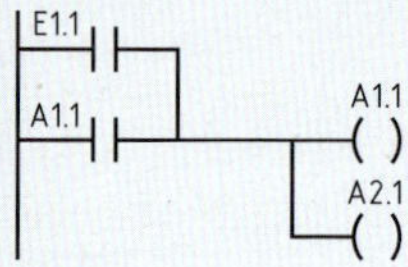
</td><td>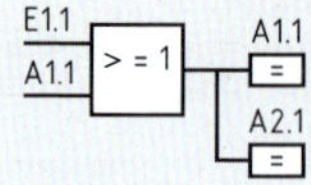
</td><td>U E1.1
O A1.1
= A1.1
= A2.1</td></tr>
<tr><td>Zum Speichern von Zwischenergebnissen dienen Merker (Hilfsspeicher).</td><td>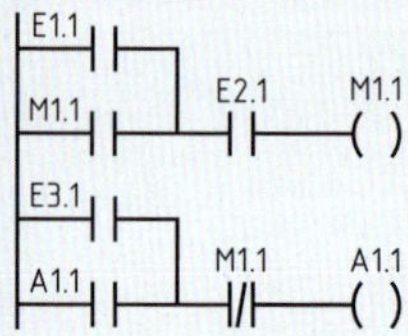
</td><td>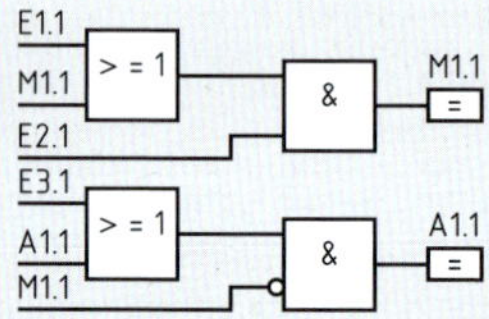
</td><td>U E1.1
O M1.1
U E2.1
= M1.1
U E3.1
O A1.1
UN M1.1
= A1.1</td></tr>
<tr><td>Eine ODER-Verknüpfung muss vor einer UND-Verknüpfung programmiert werden, wenn keine Klammern gesetzt oder keine Merker verwendet werden.</td><td>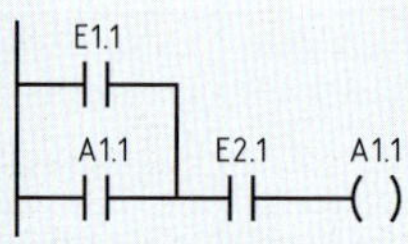
</td><td>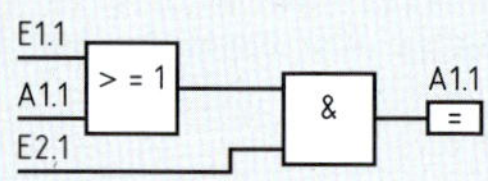
</td><td>U E1.1
O A1.1
U E2.1
= A1.1</td></tr>
<tr><td>Mittels Klammertechnik ist die ODER-vor-UND-Regel nicht zu beachten. Allerdings wird dadurch etwas mehr Rechenzeit benötigt.</td><td>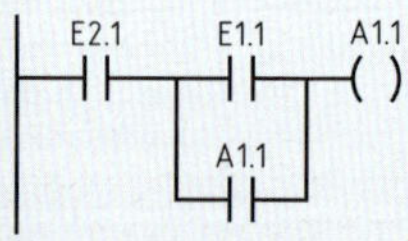
</td><td>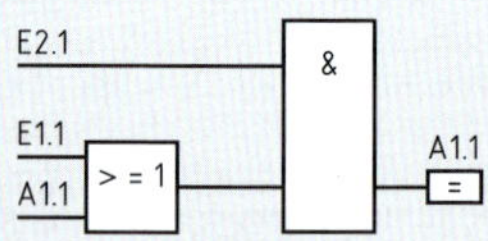
</td><td>U E2.1
U(
U E1.1
O A1.1
)
= A1.1</td></tr>
<tr><td>Programmierung mit Speicher:
Es dominiert (herrscht vor) die Funktion, die in AWL nach nicht dominierender Funktion steht.
Dominierendes Rücksetzen:
• oben nach Siemens S7
• unten nach DIN EN 61131-3</td><td>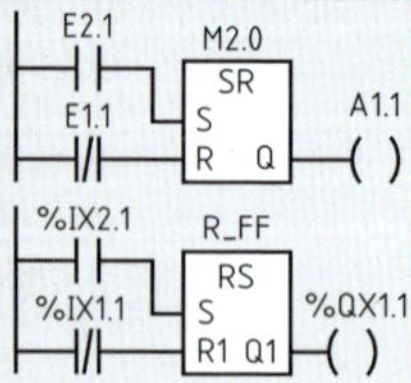
</td><td>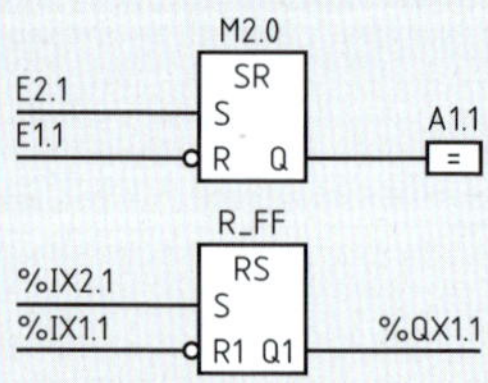
</td><td>dominierendes Rücksetzen:
U E2.1
S M2.0
UN E1.1
R M2.0
U M2.0
= A1.1
(nach Siemens S7)</td></tr>
</table>

Je nach Hersteller unterscheidet sich die Programmierung der SPS. Für Variable zur Beschreibung von Eingangssignalen, Ausgangssignalen, Zeiten und Zählwerten können neben Standardnamen oft beliebige Namen verwendet werden. Die Variable sind dann mit ihrem Datentyp zu vereinbaren (deklarieren), z. B. BOOL, INT, REAL, TIME, STRING, BYTE, WORD.
Beispiel: VAR E=LED1, EIN1, BOOL; Aus3: BOOL; VAR=END;

Zähler und Zeitglieder in SPS Counters and Time Elements in PLC

Funktion	Kontaktplan	Anweisungsliste	Bemerkungen
Vorwärtszähler mit Startwert 20	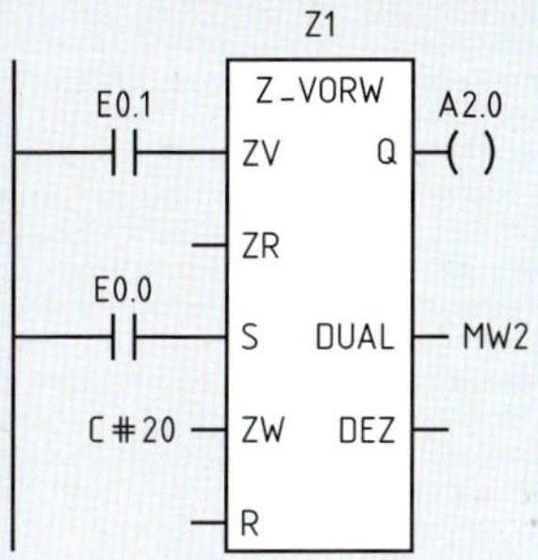	U E 0.1 ZV Z 1 U E 0.0 L C#20 S Z 1 L Z 1 T MW 2 U Z 1 = A 2.0	Der Vorwärtszähler Z1 wird mit dem Startwert 20 geladen, wenn E 0.0 von 0 auf 1 wechselt. Wechselt der Signalzustand an E 0.1 von 0 auf 1, wird der Zähler Z1 um 1 erhöht. A 2.0 ist 1, wenn der Zählerwert ungleich Null ist. Mit L Z1 wird der Zählerwert dualcodiert in den Akkumulator geladen, dann ins Merkerwort 2, mit LC Z1 ist BCD-codiertes Auslesen möglich. www.siemens.com
Rückwärtszähler von 10 bis 0	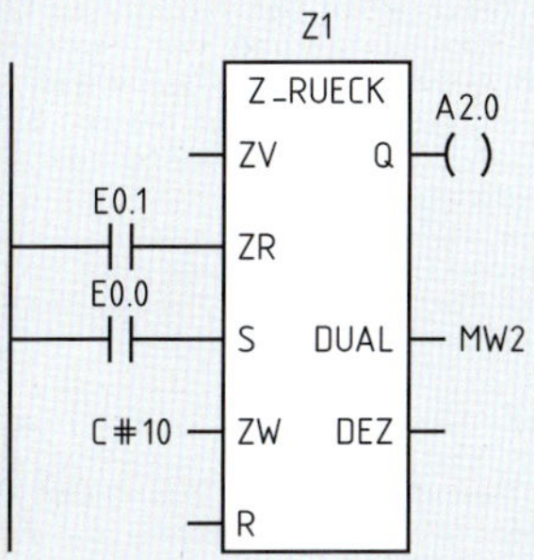	U E 0.1 ZR Z 1 U E 0.0 L C#10 S Z 1 L Z1 T MW 2 U Z 1 = A 2.0	Der Rückwärtszähler Z1 wird mit dem Startwert 10 geladen, wenn E 0.0 von 0 auf 1 wechselt. Wechselt der Signalzustand an E 0.1 von 0 auf 1, wird der Zählerwert um 1 erniedrigt. A 2.0 ist 1, wenn der Zählerwert ungleich Null ist. Mit L Z1 wird der Zählerwert dualcodiert in den Akkumulator geladen, mit LC Z1 BCD-codiert.
Einschaltverzögerung mit Zeitwert 100 ms	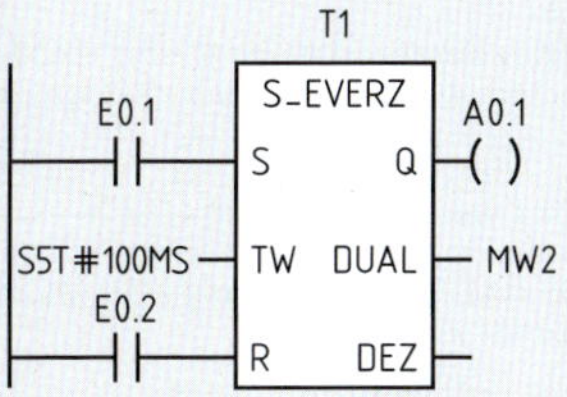	U E 0.1 L S5T#100MS SE T 1 U E 0.2 R T 1 L T 1 T MW 2 U T 1 = A 0.1	Wechselt der Signalzustand an E 0.1 von 0 nach 1, wird die Zeit im Zeitglied T1 gestartet. Wechselt der Signalzustand an E 0.1 erneut von 0 nach 1 bevor die Zeit abgelaufen ist, wird sie erneut gestartet. Mit SE T1 wird die Einschaltverzögerungsfunktion programmiert. Stunden (H), Minuten (M), Sekunden (S) und Millisekunden (MS) können eingestellt werden, z.B. 3 h, 5 min, 10 s mit L S5T#3H5M10S.
Ausschaltverzögerung mit Zeitwert 10 s	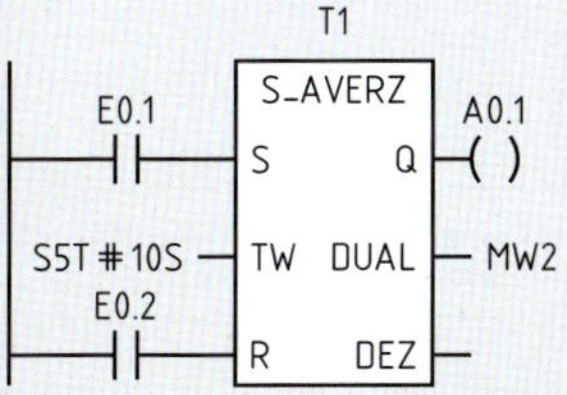	U E 0.1 L S5T#10S SA T 1 U E 0.2 R T 1 LC T 1 T MW 2 U T 1 = A 0.1	Wechselt der Signalzustand an E 0.1 von 1 nach 0, wird die Zeit im Zeitglied T1 gestartet. Mit SA T1 wird die Ausschaltverzögerungsfunktion programmiert. Das Signal an A 0.1 bleibt bis zum Ablauf der Zeit auf 1. Der aktuelle Zeitwert kann über L bzw. LC dualcodiert oder BCD-codiert abgefragt werden.

DEZ	aktueller Wert BCD-codiert	S	Setzen	ZR	Rückwärtszählen
DUAL	aktueller Wert dualcodiert	R	Rücksetzen	ZW	Zählerwert
L	Laden dualer Wert	T	Transferieren, Übertragen	LC	Laden BCD-codiert
MW	Merkerwort (2 Byte)	TW	Zeitwert Voreinstellung	SA	Setze Ausschaltverzögerung
Q	binärer Ausgang	ZV	Vorwärtszählen	SE	Setze Einschaltverzögerung

Anwendung bei SPS SIMATIC S7

Begriff	Erklärung	Bermerkungen
Techno-logie-objekt	Die physikalischen Antriebe sind als Technologieobjekte derart abgebildet, dass ihre Eigenschaften über Parameterwerte eingestellt werden können. Softwaretechnisch sind Technologieobjekte Datenbausteine (Technologie-Datenbausteine).	Technologieobjekte können Achsen (Drehzahlachse, Positionierachse, Gleichlaufachse), Nocken, Messtaster, Geber (Messsystem) darstellen. Die Technologieobjekte werden in einem Bereich innerhalb der SIMATIC-SPS angelegt und dort zusammen mit ihren Funktionen ausgeführt. Im SPS-Anwenderprogramm erfolgt deren Aktivierung.
Techno-logie-funktion	Technologiefunktionen werden auf Technologieobjekte angewendet und im Anwenderprogramm als Funktionsbausteine aufgerufen. Sie steuern auch z.B. die Frequenzumrichter SIMODRIVE, SINAMICS an.	Beispiele für Technologiefunktionen sind Positionieren, Fahren auf Festanschlag, Drehzahlvorgabe, Vorschubvorgabe, Geschwindigkeitsvorgabe, Referenzpunkt anfahren.
Techno-logie-Daten-baustein (DB)	Die aktuellen Werte eines Technologieobjekts stehen im zugeordneten Technologie-Datenbaustein. Statusmeldungen und Fehlermeldungen, die sich während der Programmabarbeitung ergeben, werden ebenfalls in den Technologie-DB geschrieben.	Das Beschreiben der Technologie-DB erfolgt während der Ausführung der Technologiefunktionen nach Aktivierung im SPS-Anwenderprogramm. Im SPS-Anwenderprogramm werden die Zustandsmeldungen und Fehlermeldungen der Technologie-DB ausgewertet.
Projektie-ren	Mit dem S7-SIMATIC-Manager wird ein Projekt angelegt, d.h. eine Ordnerstruktur, welche den gewünschten Hardwareaufbau (Baugruppen) wiedergibt.	Über den PROFIBUS erfolgt die Kommunikation zwischen SPS und dem Frequenzumrichter für den Antriebsmotor, z.B. SIMODRIVE.
Konfigu-rieren Schnitt-stellen	Ferner werden die Schnittstelle, z.B. zum PROFIBUS, in Abhängigkeit der gewünschten Antriebstechnik sowie die Achsen, Nocken, Messtaster oder Geber konfiguriert und Anpassungen bzgl. der zu bewegenden Mechanik vorgenommen.	Das Konfigurieren (Anpassen) der Technologieobjekte umfasst z.B. die Art des Antriebs und des Motors mit Nenndrehzahl, die Zuordnung des passenden Gebers inkl. Datentelegramm und Adresse, die Eingabe von Spindelsteigung und Übersetzungsverhältnissen, das Festlegen von Geschwindigkeitsprofilen, Endschalterpositionen, Reglereinstellungen und Achsen-Nullpunkten.
Auswahl-felder	Auswahlfelder stehen in den Bediendialogen zur Verfügung. www.automation.siemens.com/simatic	Auf Konsistenz (Gleichheit) der eingegebenen Daten in unterschiedlichen Bediendialogen ist zu achten.

Program-mieren	Neben dem zyklischen Bearbeiten der unterschiedlichen Organisationsbausteine erfolgt auch das Aktualisieren der Technologie-DB zyklisch. Hierzu können verschiedene Systemtakte genutzt werden.
	
	Im SPS-Anwenderprogramm sind folgende Schritte umzusetzen:
	• Aktivierung der Technologieobjekte über die Technologiefunktionen.
	• Zustand, Fehler der Technologieobjekte/ Technologiefunktionen abfragen und auswerten.
	Das Überprüfen der Ausgabemeldungen erfolgt im Anschluss an den Aufruf der Technologie-Funktionsbausteine im SPS-Anwenderprogramm.
		Auswertung einer Fehlermeldung aus Funktionsbaustein (BIE-Bit, Binärergebnis-B) ist im SPS-Anwenderprogramm möglich.
		
		`CALL "MC_Power" , DB401` — **Aufruf FB**
		`Axis : = 1`
		`Enable : = E5.0`
		`Mode : = 0`
		`StopMode : = 0`
		`Status : = M100.0`
		`Busy : = M100.1`
		`Error : = M100.2`
		`ErrorID : = MW102` — **Übergabe Parameterwerte**
		
		`UN BIE`
		`= A 16.0` — **Auswertung Fehlermeldung**
		
		Aufruf eines Technologie-Funktionsbausteins im SPS-Anwenderprogramm

Auswahl von Technologie-Funktionsbausteinen

FB 401	MC_Power; Achse freigeben, sperren	FB 432	MC_ExternalEncoder; externen Geber freigeben, sperrren
FB 403	MC_Home; Achse referenzieren	FB 433	MC_MeasuringInput; Messtaster
FB 405	MC_Halt; Normalhalt	FB 437	MC_SetTorqueLimit; Kraftmomentbegrenzung aktivieren/ deaktivieren
FB 410	MC_MoveAbsolute; absolut positionieren		
FB 411	MC_MoveRelative; relativ positionieren		
FB 414	MC_MoveVelocity; Fahren mit Drehzahlvorgabe		

Programmiersprachen Strukturierter Text ST, Ablaufsprache AS
Structured Control Language SCL, Sequence Language AS

Strukturierter Text für SPS

Anweisungen

Schlüsselwort	Anweisung	Beispiel	Erklärung

IF...THEN...
END_IF
	IF *Bedingung*
	THEN *Anweisung 1;*
	[ELSE *Anweisung 2;*]
	END_IF;
		IF temp<17 THEN
		heizen:=true;
		END_IF;
			Wenn-Dann-Anweisung. Wenn Temperatur kleiner als 17 °C ist, Ausgang heizen ansteuern.

CASE...OF... END_CASE	CASE *Var* OF *Wert 1: Anweisung 1;* *Wert n: Anweisung n;* [ELSE *Anweisung;*] END_CASE;	CASE wert OF 1: ausg1:= true; ausg2:`= true; 2: ausg3:= true; END_CASE;	Anweisung für Fallunterscheidungen. Ist wert = 1, Variablen ausg1, ausg2 setzen. Bei wert = 2 ausg3 setzen.

FOR...TO...
END_FOR
	FOR *Zählervar.* = *Startwert* TO *Endwert* [BY *Schrittweite*] DO *Anweisungen*; END_FOR;	FOR i:= 1 TO 10 DO
		ausg[i]:= true;
		END_FOR;
			Zählschleife. Vom Feld ausg[i] werden die ersten 10 Elemente mit dem Wert true belegt.

WHILE...DO...
END_WHILE
	WHILE *Bedingung* DO *Anweisungen*; END_WHILE;	WHILE eing1 DO
		sum:= sum + 1;
		END_WHILE;
			Schleife mit Bedingungsprüfung am Anfang. Solange eing1 true ist, wird sum hochgezählt.

REPEAT...
UNTIL...
END_REPEAT
	REPEAT *Anweisungen;*
	UNTIL *Bedingung*
	END_REPEAT;
		REPEAT
		sum:= sum + 1;
		UNTIL eing1:=false
		END_REPEAT;
			Schleife mit Bedingungsprüfung am Ende. Sum wird hochgezählt bis eing1 false ist.

Operatoren

Schlüsselwort	Erklärung	Beispiel	Bemerkung

AND
OR
XOR
NOT
	UND
	ODER
	Exklusiv-ODER
	Negation
		a:= b AND c;
		a:= b OR c;
		a:= b XOR c;
		a:= b NOT b;
			UND wirkt auf jedes Bit.
			ODER wirkt auf jedes Bit.
			XOR wirkt auf jedes Bit.
			NOT wirkt auf jedes Bit.

+, –, *, /
**
MOD
	Grundrechenarten
	Potenzieren
	Modulofunktion
		a:= b+3*4;
		a:= b**2;
		a:= b MOD 2;
			$a = b+12$
			$a = b^2$
			Restermittlung bei Division

<, > <=, >= =, <>	kleiner, größer kleiner gleich, größer gleich gleich, ungleich	IF a > b THEN… IF a >= c THEN… IF a <> b THEN	Wenn $a > b$ dann … Wenn $a \geq c$ dann … Wenn $a \neq b$ dann …

Ablaufsprache AS für SPS

Beschreibung	Parallelverzweigung	Alternativverzweigung
Die Ablaufsprache wird zur Strukturierung eines Programmes in Schritte S bzw. Aktionen eingesetzt, die über Weiterschaltbedingungen T (Transitionen) verknüpft sind. Jede Aktion und jede Transition muss entweder in AWL, KOP, FUP oder ST geschrieben sein. Aktionen sind SPS-Programmteile. Zum nächsten Schritt bzw. zur nächsten Aktion wird weitergeschaltet, wenn z. B. eine Variable > 0. *Parallelzweige* hängen an einer gemeinsamen Transition. An der Stelle, an der die Parallelzweige zusammenkommen, wird gewartet, bis die Aktion des letzten Schrittes abgearbeitet worden ist. *Alternativzweige* besitzen jeweils an ihrem Eingang eine eigene Transition. Es ist immer nur ein Zweig in Bearbeitung.	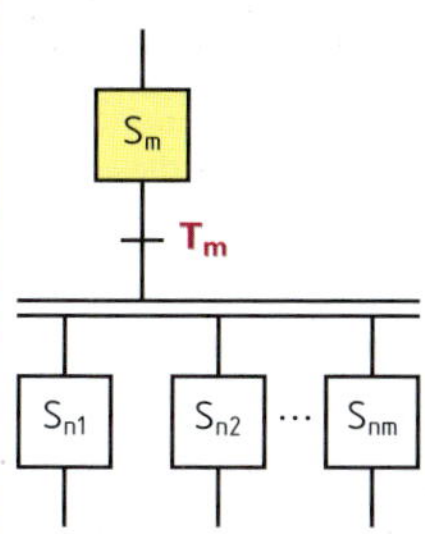	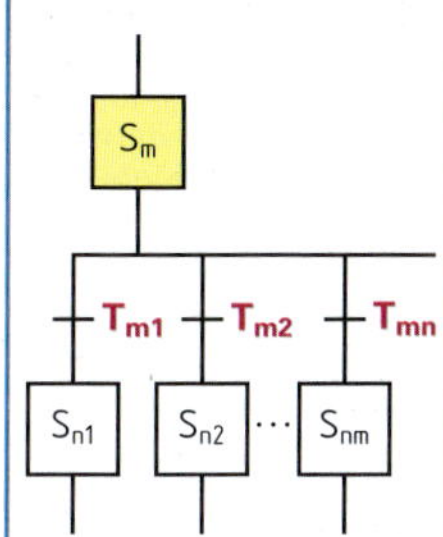

[] in Spalte Anweisung: optional, wahlweise bei Bedarf. Variable sind je nach Datentyp mit INT, REAL, BOOL, BYTE, STRING, DATE oder TIME zu vereinbaren.

Anwenden von SPS-Bausteinen in ST Usage of PLC moduls in SCL

Vorgehen	Erklärung	Bermerkungen
Baustein-struktur festlegen Baustein-arten	Mittels SPS-Programm zu lösende Aufgaben werden in Teilaufgaben strukturiert. Diese werden dann soweit als möglich als SPS-Bausteine abgebildet. Hierbei erfolgt die Auswahl und Zuordnung möglicher Bausteinarten (OB, FB, FC, DB, SFC, SFB, siehe Seite Programmstruktur der SPS S7). Festzulegen ist, welche Aufgaben z.B. zyklisch, als Ablauf oder als mathematische Funktionen umzusetzen sind und wie das Speichern der Daten erfolgen soll. www.siemens.com	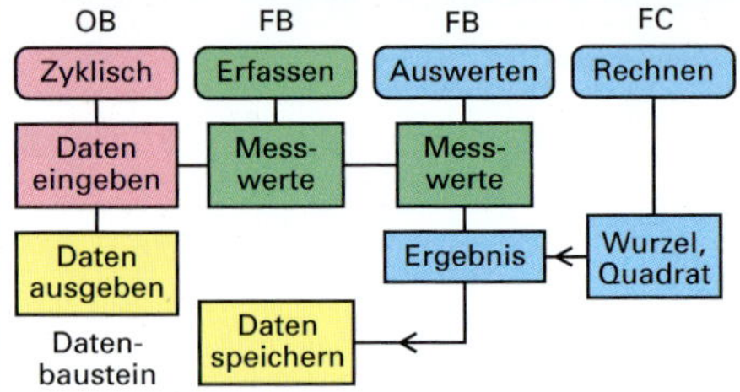 **Bausteinstruktur anhand Teilaufgaben**
Vorhan-dene Bausteine bewerten Baustein-bibliothek	Standardmäßig gibt es bei den SPS-Herstellern fertig programmierte SPS-Bausteine als Baustein-Bibliothek zu kaufen. Die Bausteine besitzen definierte Schnittstellen in Form von Eingangs-Parametern und Ausgangs-Parametern. Diese sind mit Werten zu versorgen, bzw. die bereitgestellten Ausgabe-Werte können weiterverarbeitet werden. Manche SPS-Bausteine sind abhängig von der eingesetzten SPS-CPU, z.B. S7-400. Zur Auswahl sind die CPU-Datenblätter erforderlich.	OB: zyklische Programmbearbeitung, Prozessalarme, Zeitfehlermeldungen FB: Achse freigeben/sperren, absolutes Positionieren, fahren mit Drehzahlvorgabe SFB: Daten speichern, Daten senden, empfangen, drucken Gerätestatus von Partner abfragen **Beispiele von Hersteller-SPS-Bausteinen**

Bausteine program-mieren
 	
Zähler, Funk-tionen
 	
Variablen
	Das Programmieren der Bausteine kann in der ST-Hochsprache erfolgen. Neben Anweisungen wie IF, CASE, FOR, WHILE sind SPS-typische Funktionen verfügbar. Für das Programmieren von SPS-Bausteinen ist eine vorgegebene Struktur für Baustein-Anfang und Baustein-Ende einzuhalten.
	SPS-typische Funktionen sind Zähler, Zeitverzögerungen, Datenkonvertierer, Logikfunktionen. Darüber hinaus sind auch mathematische Funktionen, z.B. Wurzelziehen, Quadrieren, Logarithmus, Absolutbetrag, e-Funktion, trigonometrische Funktionen, verfügbar.
	Die Variablen sind bzgl. ihres Datentyps zu vereinbaren. Ebenso ist zu vereinbaren, ob es sich um globale Variablen, also bausteinübergreifende Variablen, oder um bausteininterne (lokale) Variablen handelt.
		`ORGANIZATION_BLOCK` *`ob_name`*
		`...`
		`END_ORGANIZATION_BLOCK`
		Organisationsbaustein OB
		
		`FUNCTION` *`fc_name:funktionstyp`*
		`...`
		`END_FUNCTION`
		Funktion FC
		
		`FUNCTION_BLOCK` *`fb_name`*
		`...`
		`END_FUNCTION_BLOCK`
		Funktionsbaustein FB
		
		`DATA_BLOCK` *`db_name`*
		`...`
		`END_DATA_BLOCK`
		Datenbaustein DB

Bausteine aufrufen
 	
Parameter-werte
	Bausteine können mit einem symbolischen Namen oder mit absoluter Nummer in einer Programmanweisung als Prozedur aufgerufen werden. Beim Aufruf müssen den Parametern der Schnittstelle, deren Namen und Datentypen bei der Erstellung des Bausteins festgelegt wurden, die entsprechenden Parameterwerte vom aufrufenden Programm zugeordnet werden. Mit diesen Werten arbeitet der Baustein dann zur Laufzeit des Programmes.	`FUNCTION_BLOCK FB30`
		`VAR`
		`    Ergebnis: INT;`
		`END_VAR`
		`BEGIN`
		`...`
		`Ergebnis:=`
		`    SFC31(OB_NR:=10,STATUS:=MW100);`
		`...`
		`END_FUNCTION_BLOCK`
		Aufbau eines Funktionsbausteins mit SFC

ST-Programm testen	Syntaxfehler werden beim Übersetzen des ST-Programmes erkannt und angezeigt. Laufzeitfehler in der Ausführung des ST-Programms werden durch Systemalarme angezeigt. Logische Programmierfehler können mit Testfunktionen (Debug-Funktionen) gefunden werden.	Als Debug-Funktionen stehen zur Verfügung Einzelsatzbetrieb, Setzen von Haltepunkten (Breakpoints), Variablen beobachten/verändern. Test mit Simulationsprogramm. Alternativ ist das SPS-Programm in die SPS-CPU zu laden, eine Online-Verbindung zwischen Programmier-PC und SPS-CPU muss hergestellt sein.

ST Strukturierter Text, SCL Structured Control Language, SFB System-FB, SFC Systemfunktion

BM

SPS-Programmierung 1 nach DIN EN 61131-3
PLC Programming 1 according to DIN EN 61131-3

Schlüssel-wort	Erklärung	Beispiele
Datentypen		
BOOL INT REAL TIME DATE STRING BYTE WORD	Boolesch, Werte wahr oder nicht wahr. Integer, ganzzahlige Werte, auch SINT Short Integer, DINT Double Integer, LINT Long Integer, UINT (USINT, UDINT, ULINT) Unsigned Integer vorzeichenlose ganze Zahl. Reelle Zahl, auch LREAL Long Real. Time, Zeit. Zeitdauer in Stunde, Minute, Sekunde, Millisekunde. Date, Datum. Datum in Tag, Monat, Jahr oder Jahr, Monat, Tag. String, Zeichenkette Folge mit 8 Bits (Byte) Folge mit 16 Bits (Wort), auch DWORD Double Word, LWORD Long Word möglich.	VAR A : INT; B: TIME := 10ms; C : BOOL; D : REAL; END_VAR **Deklarationen (Vereinbarungen)**
Funktionen		
ABS SQRT SIN ASIN LEN LEFT INSERT FIND REPLACE	Absolut. Bilden des Absolutwertes. Square Root. Berechnen der Quadratwurzel. Sinusfunktion. Ebenfalls verfügbar sind COS, TAN. Funktion Arkussinus. Ebenfalls verfügbar sind die Umkehrfunktionen ACOS, ATAN. Length, Länge. Ermittlung der Länge eines Strings. Left, links. Ermittlung des linken Teils eines Strings. Auch verfügbar sind Funktionen RIGHT und MID für Ermittlung des rechten und mittleren Teils eines Strings. Insert, einfügen eines Strings in einen anderen String. Find, finden. Suchen eines Teilstrings innerhalb eines Strings. Replace, ersetzen eines Teilstrings in einem String.	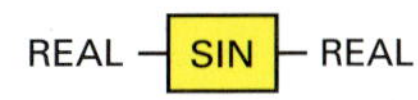 A: = SIN (B); 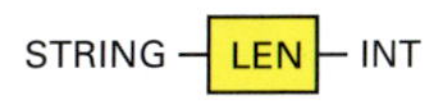 A: = LEN ('WLAN'); → A = 4
Operatoren		
ADD MUL MOD MOVE SHL AND OR XOR NOT MAX GT GE EQ	Addition von Zahlen, auch Subtraktion SUB verfügbar. Multiplikation von Zahlen, auch Division DIV verfügbar. Modulofunktion Zuweisung eines Wertes in z. B. den Akkumulatorspeicher. Shift Left. Schieben der Bits in einem Wort um x Stellen nach links. Auch Schieben nach rechts mit SHR möglich. UND-Verknüpfung von Bitfolgen (Bits). ODER-Verknüpfung von Bitfolgen (Bits). Exklusiv-ODER-Verknüpfung von Bitfolgen (Bits). NICHT-Verknüpfung von Bitfolgen (Bits). Ermittlung des Maximal-Wertes von Zahlen. Mit Operator MIN auch minimaler Wert ermittelbar. Greater Than, Vergleich zweier Zahlen auf größer als, auch LT (Less Than) für Vergleichen auf kleiner als verfügbar. Greater Equal, Vergleich zweier Zahlen auf größer als oder größer gleich, auch LE (Less Equal) für Vergleichen auf kleiner als oder kleiner gleich verfügbar. Equal, Vergleich zweier Zahlen auf gleich, mit NE (not equal) auch Vergleich auf ungleich möglich.	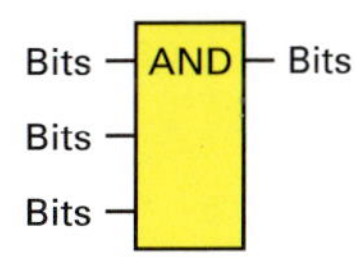 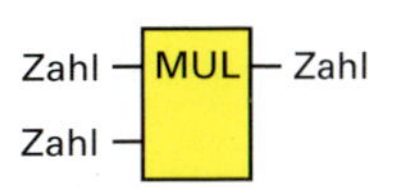 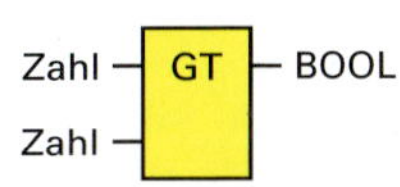
Speicherorte		
I O M X, B, W, D, L *Nummer* *Variable*	Input, Eingang, Zusatzkennung X, B, W, D, L und Nummer werden ergänzt. Output, Ausgang, Zusatzkennung X, B, W, D, L und Nummer werden ergänzt. Merker, Zusatzkennung X, B, W, D, L und Nummer werden ergänzt. X Bit, B Byte, W Wort, D Doppelwort, L Langwort. Die *Nummer*, ggf. durch Punkte unterteilt, gibt eine hierarchische physikalische und logische Adresse an, z. B. Kanal, Modul, Baugruppenträger, EA-Port. Speichern von Werten in beliebige Variablen ist möglich. Definition des Datentyps siehe oben.	VAR AT QW5 : Word; AT MW6: INT; AT QX7.1 : Bool; AT IW4 : INT; END_VAR **Deklaration (Vereinbarung) von Ausgängen, Merker, Eingängen**

EA Eingabe, Ausgabe, FBS Funktionsbausteinsprache, ST Strukturierter Text (SCL Structured Control Language)

SPS-Programmierung 2 nach DIN EN 61131-3
PLC Programming 2 according to DIN EN 61131-3

Funktion	Grafische Darstellung	Bermerkungen, Darstellung SCL (ST)
Speicher (Flipflop) RS-Flipflop, SR-Flipflop	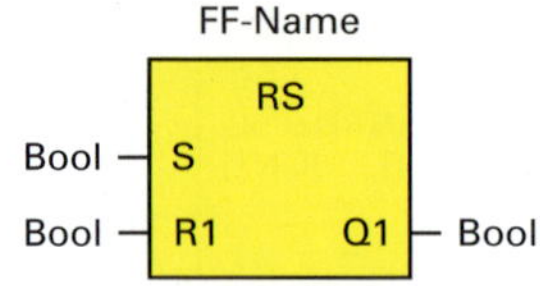	Zu unterscheiden sind vorrangiges Setzen (SR; S1/R) oder Rücksetzen (RS; R1/S). Für nachfolgendes Beispiel sind %IX1, %IX2, %QX1 als Datentyp Bool zu vereinbaren, der FB (Funktionsbaustein) RS_FF als RS-Funktion. VAR RS_FF : RS; END_VAR RS_FF (S := %IX1,R1 := %IX2); %QX1 := RS_FF.Q1
Teilstring LEFT, RIGHT, MID	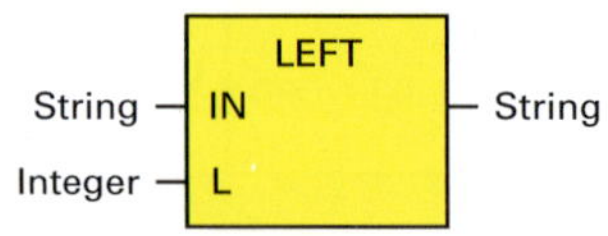	Aus einem String kann ein Teil ausgeschnitten werden, entweder von links, rechts oder der Mitte her beginnend. A := LEFT (IN := abcde , L := 2); Ergebnis: A := ab ;
Zeitgeber TON, TOF, TP	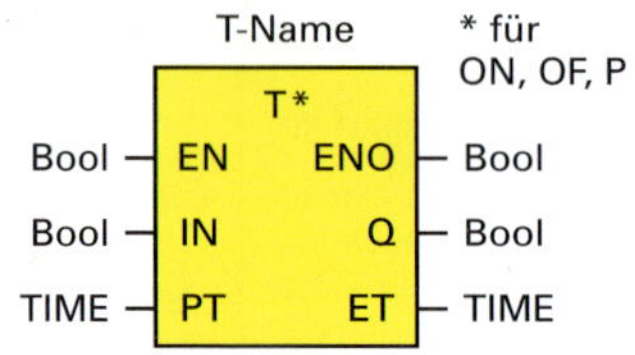	Unterschieden werden Einschaltverzögerung TON, Ausschaltverzögerung TOF, Zeitimpuls TP. Der FB mit T-Name, z. B. TEIN, ist zu vereinbaren und als FB aufzurufen. VAR a,b,out :BOOL; c: TIME := 5ms; TEIN : TON; END_VAR TEIN (EN := a, IN := b, PT := c); out := TEIN.Q
Zähler CTU, CTD, CTUD	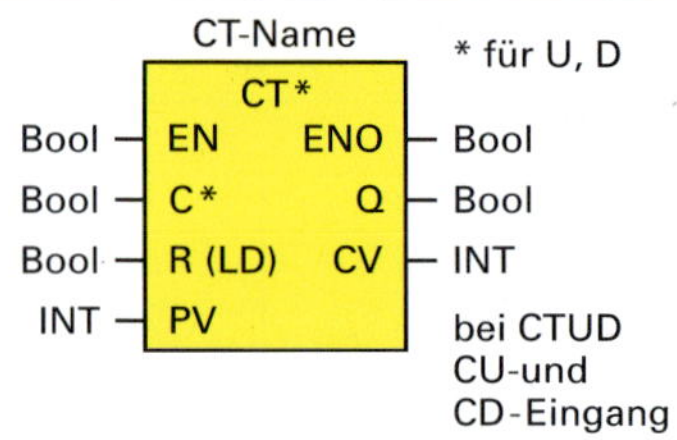	Unterschieden werden Vorwärtszähler CTU (counter up), Rückwärtszähler CTD (counter down), Vorwärts-Rückwärtszähler CTUD. Ein FB für einen Vorwärtszähler enthält z. B. die folgenden Programmzeilen: IF R THEN CV := 0 ; ELSEIF CU AND (CV < PVmax) THEN CV := CV + 1 ; END_IF ; Q := (CV >= PV) ;
Flankenerkennung F-Trig, R-Trig	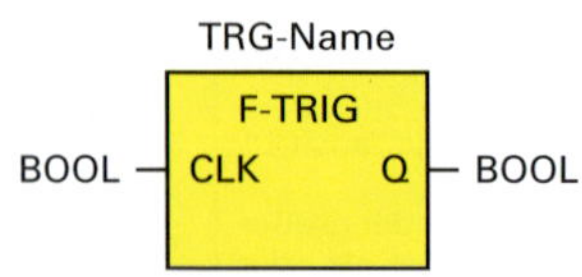 CLK clock	Unterschieden werden Erkennen der fallenden Flanke (F, falling edge) und der steigenden Flanke (R, rising edge). Folgende Programmzeilen definieren den FB für fallende Flankenerkennung: FUNCTION_BLOCK F_TRIG VAR_INPUT CLK: BOOL; END_VAR VAR_OUTPUT Q: BOOL; END_VAR VAR M: BOOL; END_VAR Q := NOT CLK AND NOT M; M := NOT CLK; END_FUNCTION_BLOCK
Schritt Aktion Transition	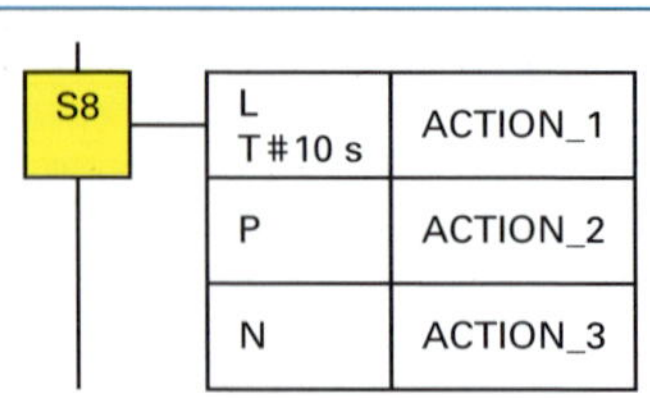 L zeitbegrenzt (time limited), P Puls, N nicht-gespeichert	Schritte, Aktionen, Transitionen, können grafisch oder textuell dargestellt werden: STEP S8 ACTION_1 (L; t#10s) ; ACTION_2 (P) ; ACTION_3 (N) ; END_STEP Aktionen werden mit ACTION ... END_ACTION und Transitionen mit TRANSITION ... END_TRANSITION dargestellt.

CV counter value, EN zusätzlicher Eingang (enable), ENO zusätzlicher Ausgang (output), ET elapsed time, IN Eingang (input), PT preset time, PV preset value, Q Ausgang, R Rücksetzen, S Setzen

BM

Phasen der SPS-Programmentwicklung
Sequences of the Development of PLC Programs

Phase	Erklärung	Bemerkungen, Hilfsmittel
Vorbereitung	Die zu lösende Aufgabe muss durch den Auftraggeber in Form eines Lastenheftes beschrieben sein. Durch den Auftragnehmer muss das Lastenheft auf Verständlichkeit und Vollständigkeit geprüft werden.	Häufig sind die Auftraggeber nicht in der Lage, aussagekräftige Lastenhefte zu erstellen. Der Auftragnehmer muss hier meist mitwirken.
Analyse	Machbarkeitsuntersuchungen sind vorzunehmen. Randbedingungen für z.B. notwendige SPS-Hardware, Peripheriegeräte, Sensoren, Aktoren und Datenschnittstellen sind zu untersuchen. Durch Programmentwicklung oder Softwarebeschaffung umzusetzende Funktionen und Prozesse (Abläufe) sind zu analysieren. Lösungsvarianten sind zu bewerten. Notwendige Personalkapazitäten, Realisierungstermine (Meilensteintermine) und eine mögliche Projektorganisation sind festzulegen.	Die gestellten Anforderungen müssen für Auftragnehmer und Auftraggeber klar sein. Soll-Abläufe müssen grob grafisch dargestellt sein. Auf den Ergebnissen dieser Phase muss eine Auftragserteilung durch den Auftragsgeber möglich sein. Internetrecherchen, Dokumentationen, Handbücher, Office-Systeme, grafische Dokumentationssysteme.
Konzeption	Genaue Beschreibung und Bewertung der Lösungsansätze zum Umsetzen der geforderten Funktionen und Abläufe. Erstellen von Funktionsplänen und detaillierten Ablaufplänen. Festlegen von Eingabemasken, Ausgabelisten, Datenstrukturen, Datenschnittstellen und Hardwareschnittstellen. Planung der Automatisierungsinfrastruktur sowie der Durchführung von Tests und Anwenderschulungen.	Ergebnis dieser Phase ist das ausführliche Pflichtenheft, anhand dessen die Umsetzung erfolgt. Erstellen von Programmablaufplänen, Funktionsplänen, Datenflussplänen, Zustandsdiagrammen durch Office-Systeme und grafische Dokumentationssysteme.
Umsetzung	Notwendige Beschaffungen sind zu tätigen. Festlegen von Programmmodulen, Programmstrukturen und Datenformaten. Programmieren von Programmmodulen, Datenstrukturen und Dateistrukturen. Programmtechnische Anpassung (Customizing, Parametrierung) von Programmmodulen. Bei Bedarf Übertragen von Daten eines Altsystems.	Ergebnis dieser Phase ist der Aufbau eines Testsystems (Testumgebung). Einsatz von Softwaremodellierungswerkzeugen, Compilern. Nutzung von Handbüchern, Internetrecherchen für downloadbare Programmmodule.
Test	Erstellen von Testplänen, Testfällen und Testbeschreibungen. Testen der entwickelten und angepassten Programmmodule gemäß der Aufgabenstellung hinsichtlich Funktionen und Abläufen. Beseitigen von Fehlern. Das Testen erfolgt z. B. in zwei Stufen. Zunächst wird vom Entwickler schrittweise in der Enwicklungsumgebung mit Testdaten getestet. Anschließend erfolgen, sofern möglich, in einer produktiven Testumgebung Tests durch den Entwickler und den Anwender mit Testdaten und realen Daten (entsprechend den später benutzten Daten). Je mehr die Testsysteme dem späteren produktiven System entsprechen, desto effizienter können die Tests durchgeführt werden. Die Testfälle und Testergebnisse sind zu dokumentieren.	Bei erfolgreichen Tests in der Entwicklungsumgebung erfolgt durch den Entwickler eine Freigabe. Danach erfolgen die Tests in der produktiven Testumgebung. Ergebnis dieser Phase ist die Freigabe (Abnahme) durch den Anwender. Zum Einsatz kommen Entwicklungssysteme, Debugsysteme, Emulationssysteme. Bereits während der späten Testphase sollte der Aufbau einer Schulungsumgebung erfolgen und mit den Schulungen der Anwender begonnen werden.
Produktivstellung, Inbetriebnahme	Die Produktivstellung erfolgt am späteren produktiven System. Die anhand von Testplänen durchgeführten Tests müssen zu einer Abnahme durch den Auftraggeber führen.	Zur Abnahme durch den Auftraggeber müssen alle Dokumentationen einschließlich Schulungsunterlagen und Bedienungsanleitungen vorliegen.

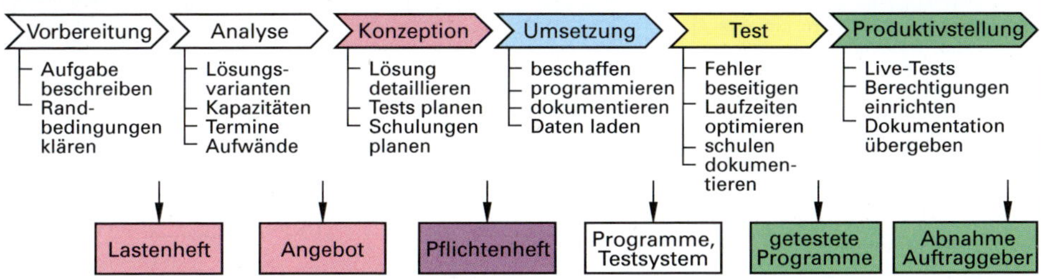

Ablauf der SPS-Programmentwicklung

BM

Regelung mittels SPS 1 Close Loop Control with PLC 1

Merkmal	Darstellung, Bemerkungen

Aufgabenstellung

Eine Füllstandsregelung soll im linken Tank T2 realisiert werden. Ein Schwimmerschalter S112 zeigt an, ob T2 leer ist. Ein Motor treibt eine Pumpe P101 an und fördert ein Medium vom Tank T1 in den Tank T2. Ein Ultraschallsensor B1 misst den Füllstand in T2. Mit einem Handventil Y104 wird eine Störgröße simuliert, so dass der Ist-Wert vom Soll-Wert abweicht. Die Regelgröße muss ständig nachgeführt werden.

Dazu sind ein P-Reglerbaustein innerhalb einer SPS zu programmieren und der ganze Regelungsablauf zu projektieren.

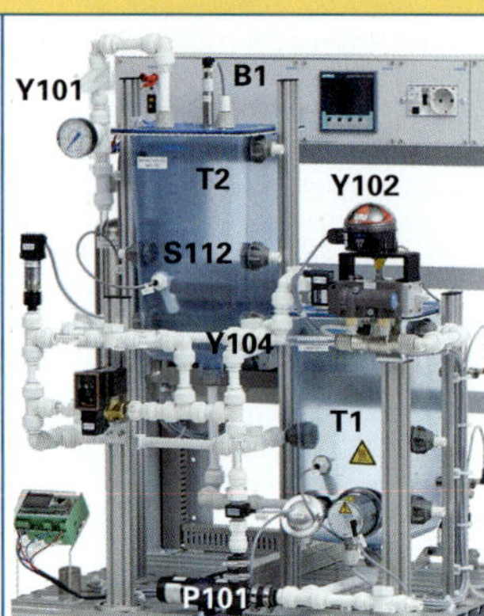

Füllstandsregelung

In der Verfahrenstechnik wird ein Behälter auch als Tank bezeichnet und mit dem Kennbuchstaben T versehen.

Üblich ist auch der Kennbuchstabe B. Die Bezeichnung T (Tank) ist allgemeiner und wird daher hier verwendet.

Der Kennbuchstabe B für einen elektrischen Sensor wird in der Automatisierungstechnik im Berufsfeld Elektrotechnik verwendet.

Das pneumatisch betätigte Kugelhahnventil Y102 wird mit einem Impulsventil angesteuert.

www.festo.de

Analyse der Aufgabenstellung

In der Verfahrenstechnik wird das R&I-Fließbild (Seite 122) angewendet. Die Kreiselpumpe P101 ist das Stellglied. Die Regelstrecke beginnt bei P101 und führt durch die Rohrleitung über Y101 in den Tank T2. Die Regelgröße ist der Füllstand (L für Level) in T2.

Die drei Buchstaben der Messstelle LIC 103.1 zeigen an, dass der Füllstand gemessen, das Messsignal angezeigt (I für Instrument) und es von einer Regelung verarbeitet wird (C für Control). Dessen Ausgangssignal wird als Stellgröße dem Stellglied Motor zugeführt (Strichlinie).

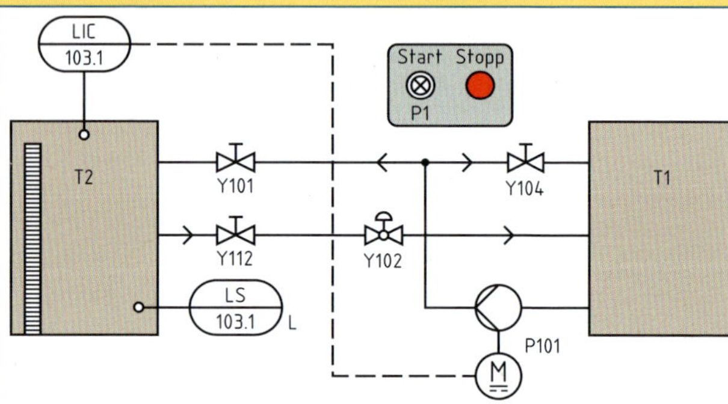

R&I-Fließbild (Rohrleitungs- und Instrumentenschema)

Nach der verfahrenstechnischen Analyse werden die elektrischen Komponenten verdrahtet. Grundlage ist der EMSR-Stellenplan. Im Feld werden der Ultraschallsensor und die Fördereinrichtung installiert. Der analoge Sensor ist im Schaltraum mit dem Transmitter zu verdrahten. Hier werden die Komponenten auch an 24 V DC angeschlossen. Das elektrische Einheitssignal des Transmitters wird dem analogen Input-Modul der SPS zugeführt. Ein P-Regler als Funktionseinheit regelt die Füllstandshöhe und über ein Bussystem gelangen die Anzeigen auf ein Touch-Panel. Touch-Panel und Reglerbaustein sind Komponenten des Prozessleitsystems. Das Output-Modul steuert den Motor über einen Stellantrieb mit einer galvanischen Trennung an.

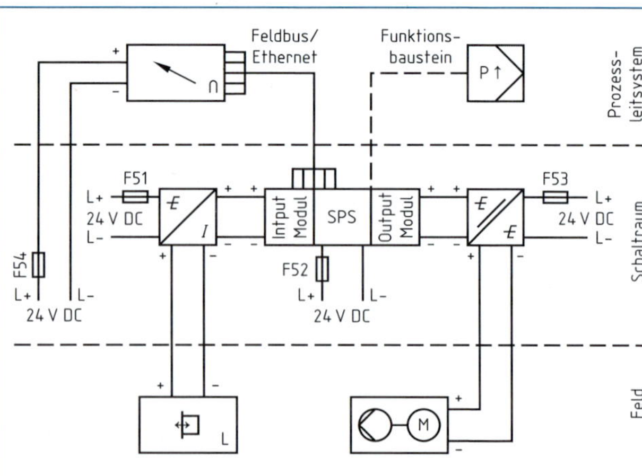

EMSR-Stellenplan (Elektro-, Mess-, Steuer- und Regelungstechnik)

BM

Merkmal	Darstellung, Bemerkungen

Regelgröße in SPS einlesen

Der Füllstand L im Tank hat eine Höhe von 300 mm. Die Messkette aus Füllstandssensor und Transmitter wandelt diesen Längenwert (0 mm bis 300 mm) in ein elektrisches Einheitssignal von 0 V bis 10 V um. Dieses ist das Eingangssignal in das Analog-Input-Modul (AI) der SPS.

Dargestellt ist ein AI-Modul mit zwei Eingangskanälen. Somit können zwei analoge Messgrößen an dieses Modul angeschlossen werden. In diesem Beispiel ist der obere Kanal belegt.

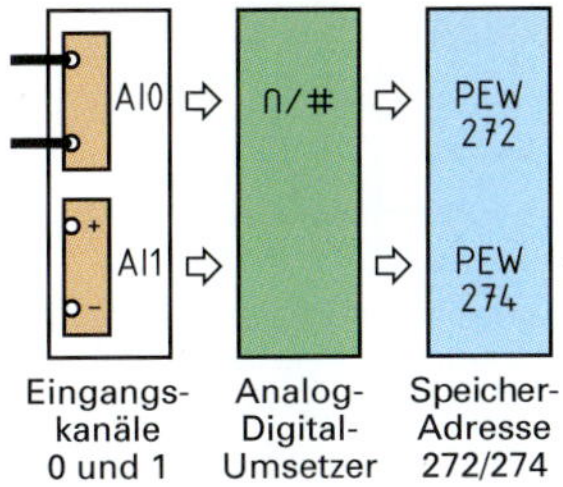

Technologieschema eines Analog-Input-Moduls

Die CPU verarbeitet Digitalwerte. Daher enthält das AI einen Analog-Digital-Umsetzer (ADU). Er wandelt das analoge Einheitsignal in einen Digitalwert aus dem Bereich von 0 bis 32767 um. Dieser Zahlenwert wird in einem 16 Bit breiten Peripherieeingangswort (PEW) gespeichert (15 bit + Vorzeichen). In der Hardware-Projektierung der SPS erhält jedes PEW eine Speicheradresse, unter der das Programm den digitalisierten Messwert einlesen kann.

Die Funktionsplanblöcke MOVE, I_DI und DI_R wandeln den anliegenden digitalen Füllstandswert vom Datentyp Word in eine Gleitpunktzahl vom Datentyp Real.

Erst mit diesem Datentyp können Rechnungen mit Dezimalzahlen durchgeführt werden.

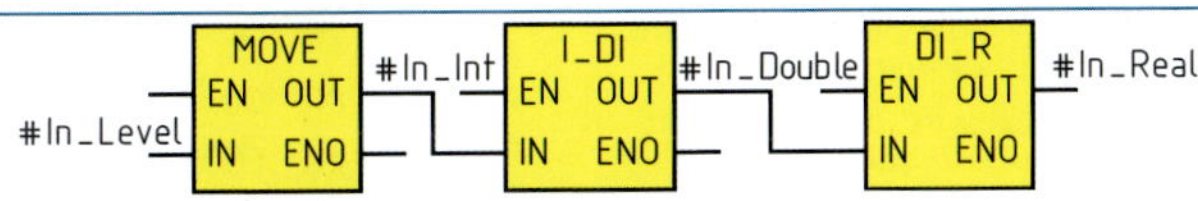

Umwandlung Typ Word nach Typ Real

Die MOVE-Funktion wandelt vom Typ Word in den Datentyp Int (Integer). Die Funktion I_DI erweitert den 16 Bit breiten Datentyp (Integer) auf 32 Bit (Double Integer). Die Funktion DI_R bildet natürliche Zahlen auf Dezimalzahlen ab. # markiert die lokale Variable.

Die Division DIV_R teilt die maximale Füllstandshöhe (Max_Level) durch die möglichen digitalen Werte 27648. Diese digitale Teilung (mm / Digit) wird dann mit der digitalen Füllstandshöhe (In_Real) multipliziert. Dies ergibt die normierte Füllstandshöhe in mm.

Normierung: Umrechnung des Digitalwertes in den physikalischen Wert, z. B. mm.

Normierung des digitalen Messwertes

Die Funktion FC1 "Normiertes Input_Signal" muss vom Organisationsbaustein OB1 aufgerufen werden. Der OB1 ist das *Hauptprogramm*, aus dem die *Unterprogramme* aufgerufen werden. Im Online-Modus werden das digitale Eingangssignal, das am PEW 272 anliegt, und das normierte Füllstandssignal (globale Variable: ("IW_Level") angezeigt.

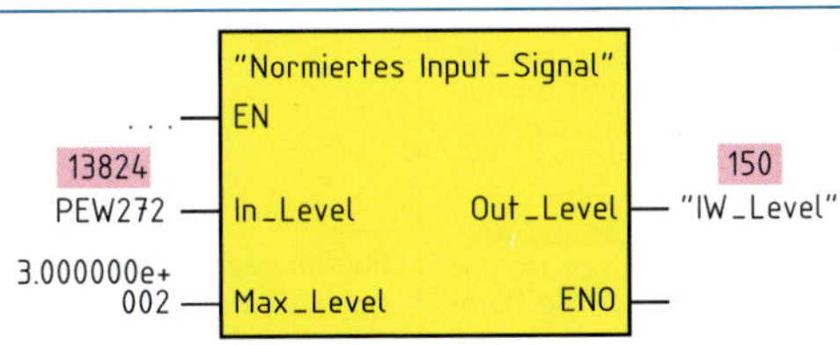

Funktionsaufruf FC1 "Normiertes Input_Signal" (im Online-Modus)

Aufgabe der Funktion FC3 ist es, die Regeldifferenz ($e = w - x$) zu berechnen und diese mit dem Proportionalbeiwert K_{PR} zu multiplizieren. Es ist wichtig, ob die Regeldifferenz $e \geq 0$ oder < 0 ist. Die temporäre boolsche Variable *e_neg* speichert den Zustand. Der Reglerbaustein hat die drei Eingangsgrößen *x_in*, *w_in* und K_{PR}. Die Ausgangsgröße ist das Stellsignal *y_out* in den Grenzen von 0 bis 10 V für die Ansteuerung der Pumpe über die Funktion FC2.

Name	Datentyp	Name	Datentyp
IN		TEMP	
x_in	Real	e	Real
w_in	Real	y_r	Real
K_{PR}	Real	ok_yes	Bool
OUT		ok_no	Bool
y_out	Real	e_neg	Bool

Variablendeklaration der Funktion FC3 "P-Regler"

BM

Merkmal	Darstellung, Bemerkungen

P-Regler programmieren

Der Regelalgorithmus eines P-Reglers darf eine Pumpe nicht mit negativen Werten ansteuern. Der Pumpenmotor ist ein Gleichstrommotor und wird mit 0 V bis 24 V betrieben.

Wenn der Ist-Wert größer als der Soll-Wert ist, dann soll die Stellgröße den Wert 0 V besitzen. Daher wird am Beginn der Funktion die Regeldifferenz berechnet und der Wert kontrolliert.

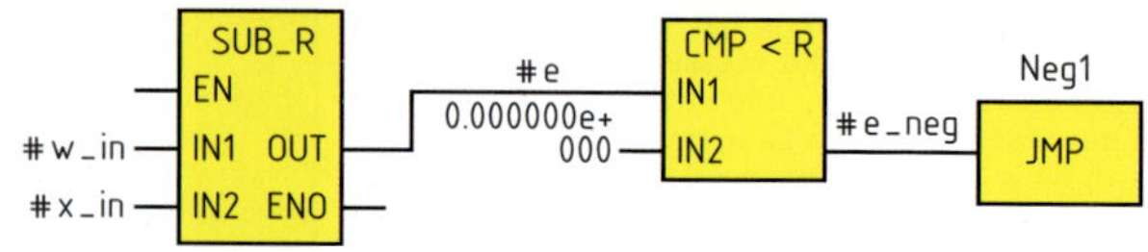

Kontrolle der Regelabweichung

Die Funktion SUB_R subtrahiert den Inhalt des Register IN2 vom Register IN1 und speichert das Ergebnis im Register OUT. Die Vergleichsfunktion CMP<R vergleicht den Inhalt der beiden Register IN1 und IN2. Falls IN1 kleiner als der Wert von IN2 ist, wird der Ausgang (*e_neg*) auf 1 gesetzt.

Die Multiplikation der Regeldifferenz mit dem Proportionalbeiwert K_{PR} ist die charakteristische Funktion eines P-Reglers.

Das Ergebnis wird der reglerinternen Stellgröße *m* zugeordnet.

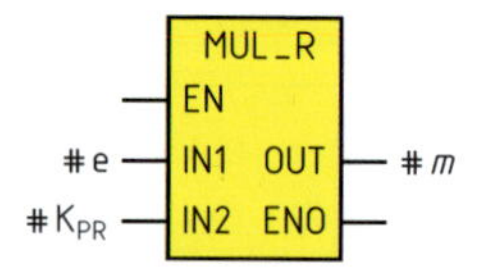

Berechnung der reglerinternen Stellgröße *m* durch die Funktion MUL_R.

Das Register IN1 (e) wird mit dem Register IN2 (K_{PR}) multipliziert und das Ergebnis wird im Register OUT (*m*) gespeichert.

SPS Operation Multiplikation

Bei großem Wert der Regeldifferenz *e* und der Multiplikation mit K_{PR} kann $m > 10$ sein.

Eine Kontrolle des Wertebereiches erlaubt die Begrenzung auf 0 V bis 10 V.

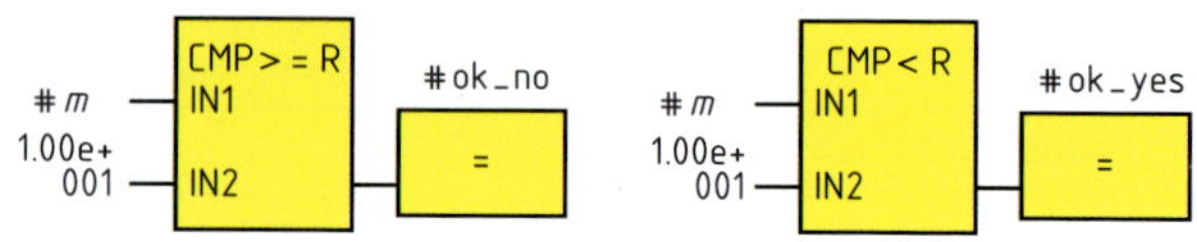

Kontrolle des Wertes der berechneten Stellgröße

Aufgerufen wird diese Funktion FC3 im Organisationsbaustein OB1 im SPS-Programm. Mit einem Schlüsselschalter kann der Bediener von der manuellen Regelung zur automatischen Reglung umschalten. Der Soll-Wert ist auf 150 mm eingestellt und K_{PR} hat den Wert 2. Die Funktion FC1 "Normiertes Input-Signal" liefert den Ist-Wert in der Variablen IW_Level. Der P-Reglerbaustein hat drei Eingangsgrößen (*x_in*, *w_in* und K_{PR}). Die Ausgangsgröße *y_out* ist das normierte Stellsignal für die Pumpe.

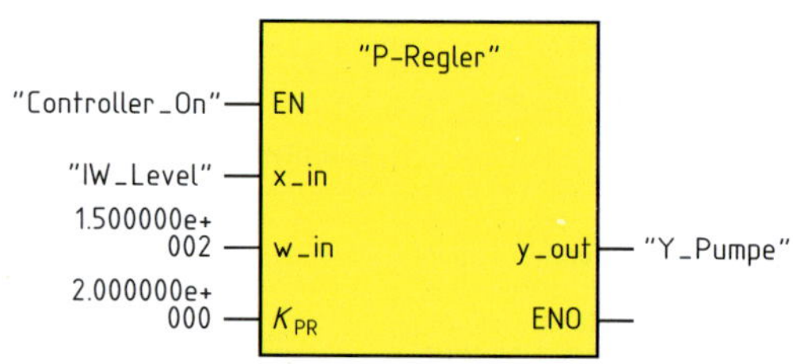

Funktionsaufruf FC 3 "P-Regler"

Mit der Variablen Controller_On am Freigabeeingang EN wird der Reglerbaustein ein- und ausgeschaltet.

Stellgröße skalieren

Die Reglerfunktion FC3 ermittelt den normierten Wert der Stellgröße für den Bereich von 0 bis 10 V (Norm_Pumpe). Daher muss durch die Funktion FC2 für die Weitergabe an ein Analog-Ausgabemodul der normierte Wert auf den digitalen Wertebereich von 0 bis 27648 skaliert werden (DI_Pumpe). Ferner wandelt FC2 eine Variable vom Datentyp Real in eine Variable vom Datentyp Word um.

Name	Datentyp	Name	Datentyp
IN		TEMP	
Norm_Pumpe	Real	Dig_Step	Real
Max_Pumpe	Real	Real_Pumpe	Real
OUT		DI_Pumpe	DInt
Dig_Out	Word		

Variablendeklaration der Funktion FC9 "Analoges Stellsignal"

BM

Regelung mittels SPS 4 Close Loop Control with PLC 4

Merkmal | **Darstellung, Bemerkungen**

Stellgröße skalieren (Fortsetzung)

Der erste Schritt ist die Berechnung der digitalen Teilung des Wertebereiches der Pumpe (10 V) auf 27648. Danach folgt die Multiplikation der Teilung mit dem normierten Stellsignal für die Pumpe. Die Funktion DIV_R dividiert den Inhalt des Registers IN1 durch den Inhalt des Registers IN2. Die digitale Teilung pro 1 Volt wird mit dem normierten Stellsignal multipliziert.

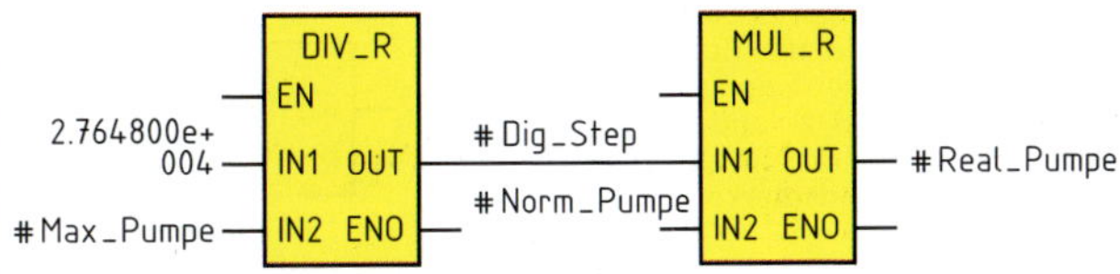

Berechnung des digitalen Wertes der Stellgröße

Letzter Schritt ist die Umwandlung vom Datentyp Real nach Datentyp Word. Das hier verwendete Analog-Ausgabemodul verarbeitet Daten, die im Datentyp Word vorliegen. Die Funktion ROUND trennt die Stellen hinter dem Komma ab und erzeugt einen Wert vom Datentyp Double Integer.

Die Funktion MOVE entfernt das Vorzeichen und erzeugt einen Wert vom Datentyp WORD.

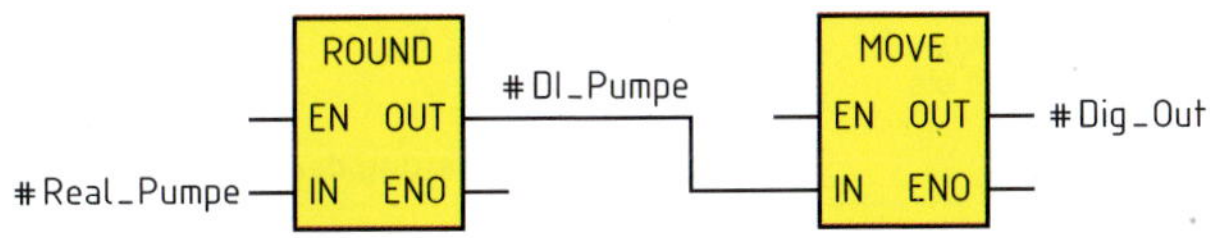

Zuweisung des digitalen Wertes zu dem Datentyp Word

Aufgerufen wird die Funktion FC2 im Organisationsbaustein OB1. Am Eingang Max_Pumpe wird das maximale Stellsignal für die Pumpe eingetragen. Es beträgt 10 V.

Den Wert für den Eingang Norm_Pumpe liefert die Funktion FC3 "P-Regler" mit Y-Pumpe .

Die Funktion FC2 "Analoges Stellsignal" hat zwei Eingangsgrößen (Norm_Pumpe und Max_Pumpe). Ausgang Dig_Out liefert den Wert für das Analog-Ausgabemodul.

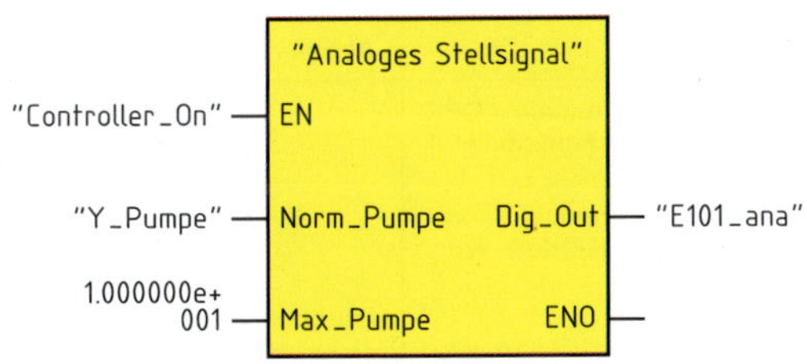

Funktionsaufruf FC2 "Analoges Stellsignal"

Steuerung des Prozesses

Nachdem die Regelungsaufgabe gelöst ist, muss die Steuerung ein Bedienen der Anlage ermöglichen. Das Blinken der Startleuchte P1 zeigt an, dass die Anlage im Zustand *Bereit* ist. Der Bediener startet den Prozess mit dem Betätigen des Tasters Start.

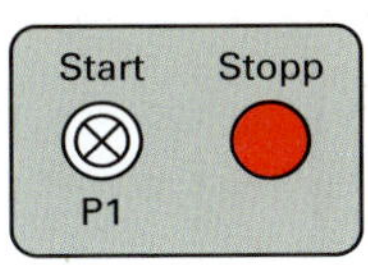

Bedienfeld

P1 leuchtet und zeigt an, dass die Anlage im Zustand *Ablauf* ist. Die Pumpe P101 fördert das Medium in den Tank 2. Mit Druck auf die Taste Stopp stoppt der Förderprozess. Das Kugelhahnventil Y102 öffnet und das Medium fließt zurück in den Tank 2.

Die Anlage befindet sich im Zustand *Bereit*, wenn der untere Schwimmschalter S112 im Tank 2 nicht betätigt ist und der Merker *Ablauf* nicht gesetzt ist.

Der erste Schritt (SM_1) der Ablaufkette setzt den Merker *Ablauf* und der zweite und auch letzte Schritt (SM_2) setzt ihn wieder zurück.

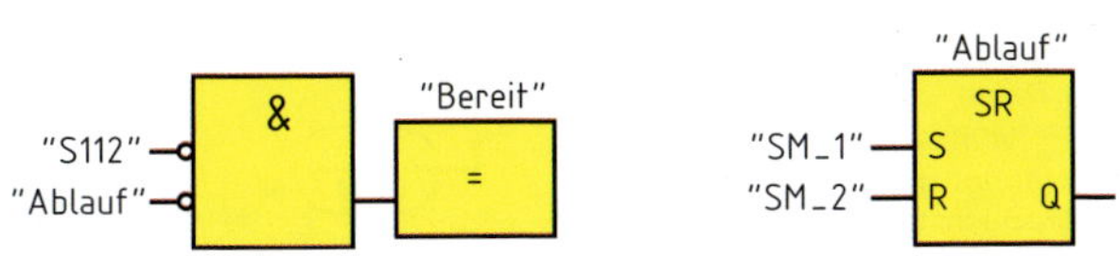

Zwei Zustandsmerker: Bereit und Ablauf

BM

Regelung mittels SPS 5 Close Loop Control with PLC 5

Merkmal	Darstellung, Bemerkungen

Steuerung des Prozesses (Fortsetzung)

Die Taste Start setzt den Schrittmerker SM_1 und startet damit den Förderprozess und die Regelung. Die Taste Stopp setzt den zweiten Schrittmerker SM_2 und dieser setzt SM_1 zurück. SM_2 wird durch den Zustandsmerker *Bereit* zurückgesetzt.

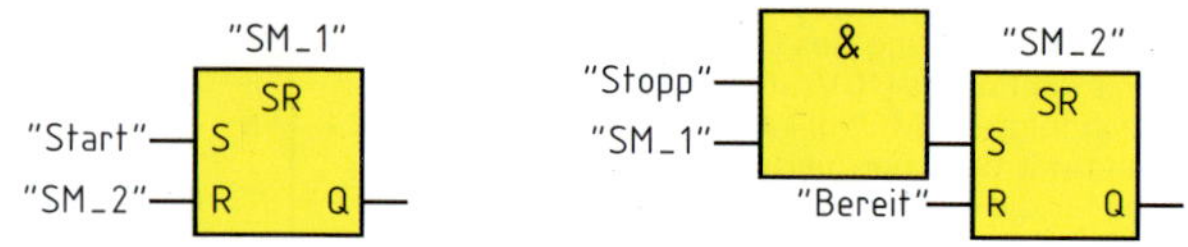

Schrittkette mit den zwei Schritten SM_1 und SM_2

Das Merkerbit M 100.5 wechselt mit einer Frequenz von 1 Hz zwischen 0 und 1. Das Betriebssystem der SPS steuert diesen Wechsel.

Im Betriebszustand *Bereit* blinkt daher die Leuchte P1. Im Zustand *Ablauf* leuchtet sie.

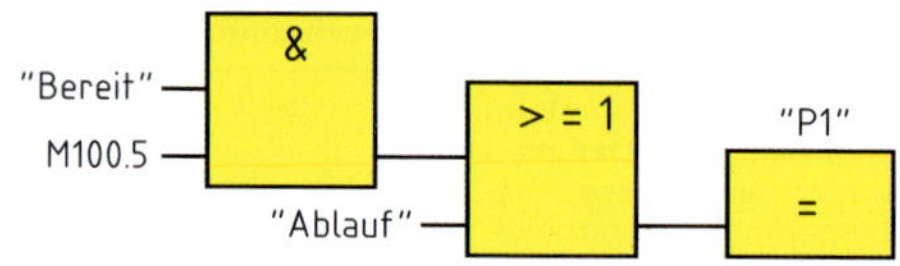

Ansteuerung der Startleuchte P1

Die Steuerung der Regelung besteht aus einer Schrittkette mit zwei Schritten. SM_1 startet die Regelung und damit den Förderprozess. SM_2 stoppt die Förderung und leert den Behälter T2 bis die Anlage wieder im Zustand *Bereit* ist.

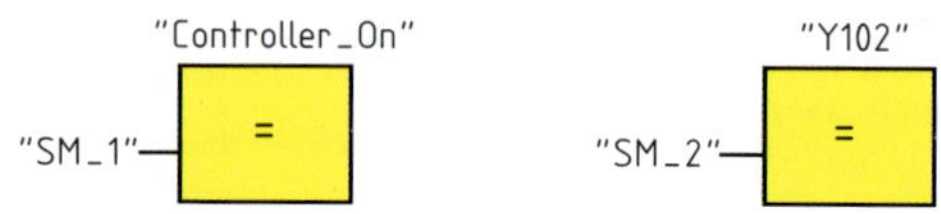

Aktivierung der Regelung und Ansteuerung des Kugelhahnventils Y102

Der Organisationsbaustein OB1 enthält den Aufruf der Funktion FC4 "Steuerung".

Diese Funktion ist ohne Ein- und Ausgabevariablen deklariert worden.

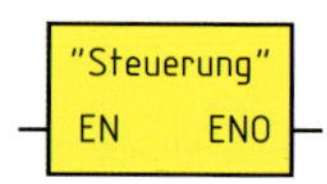

Die verwendeten Variablen sind in der Symboltabelle enthalten. Deren Variablen sind global für alle Funktionen aufrufbar.

Funktionsaufruf FC4 "Steuerung"

Auf einem Touch-Panel ist das R&I-Fließbild abgebildet. Der Tank 2 ist als Balkendiagramm mit einer Skala dargestellt.

Bei der Projektierung dieser Prozessvisualisierung wird dem Objekt *Balkendiagramm* die Variable IW_Level (Ist-Wert Füllstand) aus der Symboltabelle zugewiesen.

Diese Variable hat eine Länge von 32 Bits, ist vom Datentyp Real und erfüllt die Anforderungen für den Datenaustausch.

Der Datenaustausch zwischen SPS und Touch-Panel wird mit PROFIBUS als Feldbus durchgeführt. Das Betriebssystem der SPS übernimmt die zyklische Aktualisierung der Daten zwischen SPS und Touch-Panel.

Bedeutung der Kennbuchstaben: erster Buchstabe L für Füllstand, zweiter Buchstabe I für Anzeige, eränzende Angaben A für Alarm, S für Steuerung, H/L oberer/unterer Grenzwert.

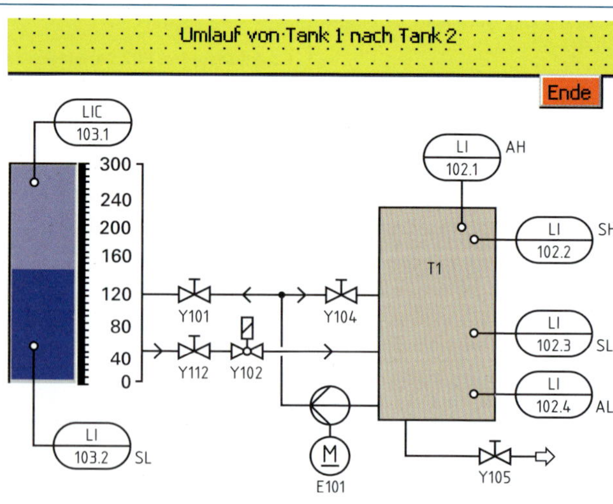

Touch-Panel mit Prozessvisualisierung

BM

Teil A: Elektrische Anlagen und Antriebe, mechatronische Systeme
Part A: Electric Installations and Drives, Mechatronic Systems

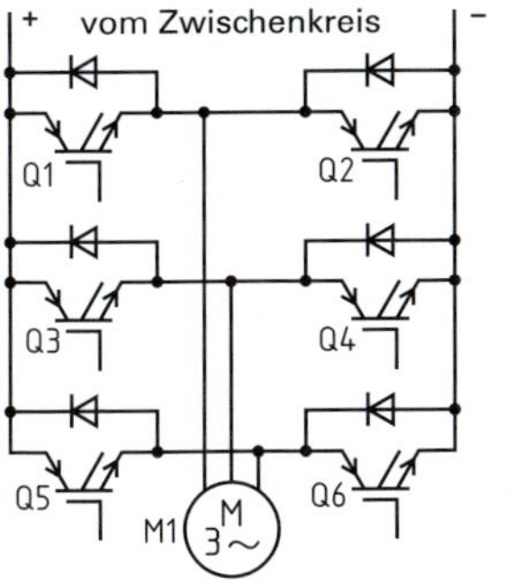

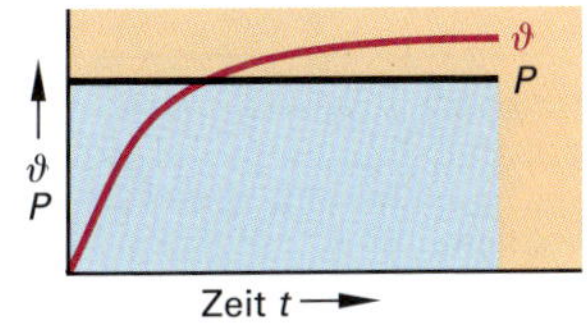

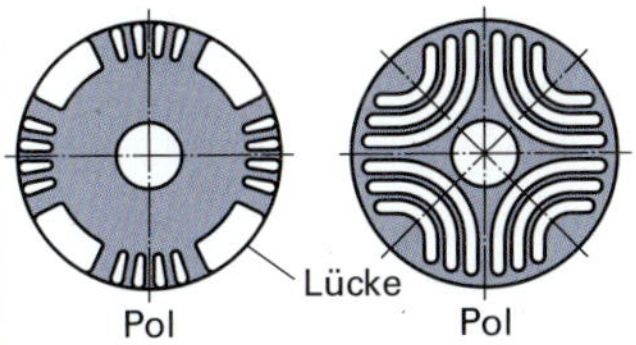

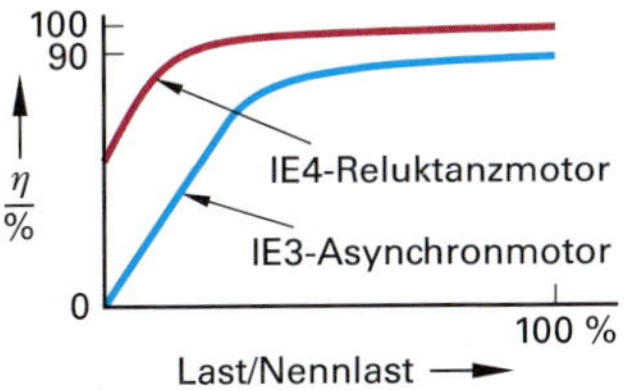

Grenzwerte der Anschlussleistung im öffentlichen Netz
Limit Values for Loads connected to the National Grid

Symmetrische Anschnittsteuerung oder Abschnittsteuerung, Gleichrichtung

Steuereinrichtung	Maximale Anschlussleistung je Verbrauchseinheit		
	AC 230 V	AC 400 V	3 AC 400 V
Steller für Glühlampen	1,7 kW	3,4 kW	5,1 kW
Steller für Motoren oder Entladungslampen mit induktivem Vorschaltgerät	3,4 kVA	6,8 kVA	10,2 kVA
Röntgengeräte, Tomographen und ähnliche medizinische Geräte	1,7 kVA	–	5 kVA
Kopiergerät	4 kVA	–	7 kVA
symmetrische Anschnittsteuerung bzw. Abschnittsteuerung	bei Wärmegeräten 200 W, bei Netzteilen 75 W		
symmetrische Anschnittsteuerung bzw. Abschnittsteuerung nur während des Einschaltvorganges	bis zur zulässigen Bemessungsleistung		
unsymmetrische Gleichrichtung (Einwegschaltung) bei Wärmegeräten	bei Wärmegeräten 100 W, bei Netzteilen 75 W		
Gleichrichtung in Netzteilen zur Stromversorgung elektronischer Geräte, z.B. in Computern	Keine Begrenzung in TAB, da nach EN 61000 ab 75 W der Aufnahmestrom oberschwingungsarm, also sinusförmig, sein muss.		

Vielperiodensteuerung

Schalthäufigkeit je Minute		Maximale Anschlussleistung je Verbrauchseinheit bei		
		AC 230 V	AC 400 V	3 AC 400 V
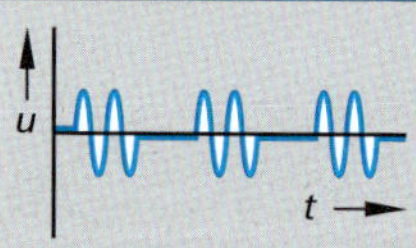	≥ 1000 300 bis < 1000 55 bis < 300 7,5 bis < 55 4,5 bis < 7,5	0,4 kW 0,6 kW 1,0 kW 1,7 kW 2,3 kW	1,0 kW 1,5 kW 2,4 kW 4,3 kW 5,6 kW	2,0 kW 3,2 kW 4,8 kW 8,7 kW 11,3 kW
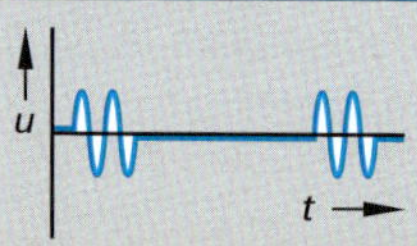	3,5 bis < 4,5 2,5 bis < 3,5 1,5 bis < 2,5 0,76 bis < 1,5 < 0,76	2,5 kW 2,7 kW 2,9 kW 3,7 kW 4,0 kW	6,0 kW 6,6 kW 7,3 kW 9,2 kW 10,0 kW	12,0 kW 13,3 kW 14,7 kW 18,7 kW 20,0 kW

A

Motoren, Schweißgeräte

Art	Maximale Leistung oder maximaler Anzugstrom		
	AC 230 V	AC 400 V	3 AC 400 V
gelegentlich geschalteter Motor	1,7 kVA	–	5,2 kVA oder $I_a = 60$ A
Motoren mit störender Netzrückwirkung (häufiges Schalten, schwankende Last)	30 A	–	$I_a = 30$ A
Schweißgeräte	2 kVA	2 kVA	2 kVA

AC 230 V: Anschluss an einen Außenleiter und den Neutralleiter.
AC 400 V: Anschluss an zwei Außenleiter.
3 AC 400 V: Anschluss an drei Außenleiter und evtl. Neutralleiter, Belastung gleichmäßig auf die Außenleiter verteilt.

I_a Anzugstrom; cos φ Verschiebungsfaktor (bei Sinusform Leistungsfaktor)

TAB Technische Anschlussbedingungen für den Anschluss an das Niederspannungsnetz des VDEW (Verband der Elektrizitätswirtschaft).

Die angegebenen Grenzwerte dürfen nur mit Genehmigung des VNB (Verteilungsnetzbetreiber) überschritten werden.

Allgemeine Sicherheitsregeln

Regel	Erklärung	Bemerkungen
1. **Freischalten**	Allseitiges *Abschalten* und *Abtrennen* aller nicht geerdeter Leiter. Das Abtrennen muss zuverlässig erfolgen.	Nicht geeignet zum Trennen sind Installationsschalter und Halbleiterschalter. Geeignet sind z. B. Leitungsschutzschalter und RCDs.
2. **Gegen Wiedereinschalten sichern**	Sichern z. B. durch Mitnahme der Schmelzsicherungen, Abschließen oder Zukleben der Verteilung.	Zusätzlich soll ein Warnschild mit Text „Nicht Schalten, es wird gearbeitet" oder mit Symbol „durchgestrichener Schalter" angebracht sein.
3. **Spannungsfreiheit feststellen**	Die Spannungsfreiheit muss an der *Arbeitsstelle* mit einem zweipoligen Spannungsmesser oder Spannungsprüfer festgestellt werden. Diese Prüfgeräte müssen unmittelbar vorher überprüft worden sein.	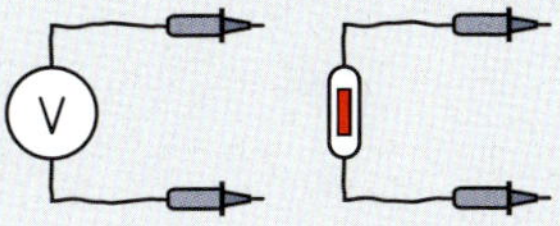 **Prüfgeräte**
4. **Erden und Kurzschließen**	Erforderlich in Anlagen bis AC 1000 V bzw. DC 1500 V nur bei *Freileitungen* und in *Kabelnetzen*. Bei höheren Spannungen immer erforderlich. Erst erden, dann kurzschließen.	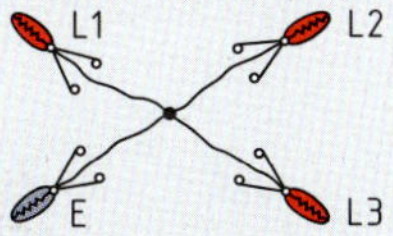 **Kurzschlusseinrichtung**
5. **Benachbarte unter Spannung stehende Teile abdecken oder abschranken**	Anwendung nur, wenn benachbart zur Arbeitsstelle Spannung führende Teile *anderer Stromkreise* oder anderer Spannungsquellen vorliegen.	Bei unmittelbarer Nähe zur Arbeitsstelle erfolgt das Abdecken mit Gummiisoliermatten oder Formstücken. Bei größerem Abstand, z. B. in Prüffeldern, kann abgeschrankt werden.

Arbeiten unter Spannung

Spannung	Elektrofachkraft	unterwiesene Person	Laie
Bis AC 50 V oder DC 120 V	Alle Arbeiten		
Über AC 50 V oder DC 120 V bis AC 1000 V oder DC 1500 V	1. Heranführen von geeigneten Prüf- und Justiereinrichtungen, z. B. Spannungsprüfern. 2. Heranführen von geeigneten Werkzeugen und Hilfsmitteln zum Reinigen oder zum Bewegen von Teilen. 3. Herausnehmen und Einsetzen von nicht gegen zufälliges Berühren geschützten Sicherungen mit geeigneten Hilfsmitteln. 4. Anspritzen von unter Spannung stehenden Teilen bei der Brandbekämpfung. 5. Arbeiten an Akkumulatoren unter Beachtung geeigneter Vorsichtsmaßnahmen. 6. Arbeiten in Prüffeldern und Laboratorien unter Beachtung geeigneter Vorsichtsmaßnahmen, wenn es die Arbeitsbedingungen erfordern.		nicht zulässig
	Elektrofachkraft mit besonderen Kenntnissen, Erfahrung, Ausbildung für Arbeiten unter Spannung (AuS) außerdem: 7. Fehlereingrenzung in Hilfsstromkreisen (z. B. Signalverfolgung in Stromkreisen, Überbrückung von Teilstromkreisen). 8. Sonstige Arbeiten, auch bei Hochspannung, wenn a) zwingende Gründe und b) Anweisung vorliegen.	nicht zulässig	nicht zulässig
Über AC 1000 V, DC 1500 V	Entsprechend wie bei AC bis 1000 V oder DC bis 1500 V 1. und 3. bis 6. Alle Arbeiten, wenn eine Spezialausbildung für AuS (Arbeiten unter Spannung) vorliegt.		nicht zulässig
	Arbeiten zum Abwenden erheblicher Gefahren, z. B. für Leben und Gesundheit von Personen oder Brand- und Explosionsgefahren.	nicht zulässig	nicht zulässig

Messungen in elektrischen Anlagen 1 Measurement in electrial Installations 1

Messschaltung	Planen und durchführen	Messwertanalyse

Messung der Durchgängigkeit des Schutzleiters

vgl. DIN VDE 0100-600

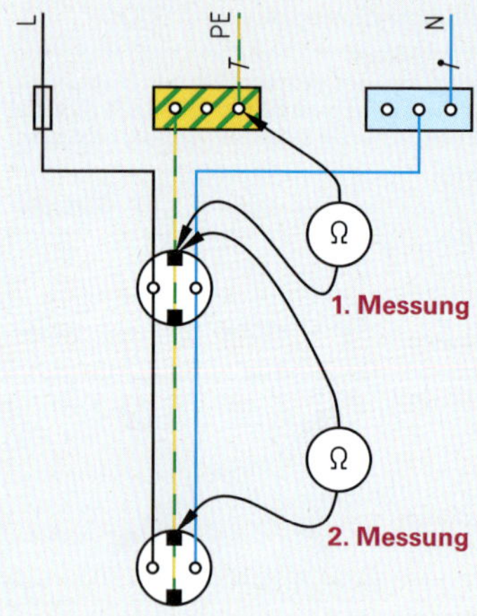

- Niederohmige Widerstandsmessung
- Widerstandsmessgerät entsprechend der Sicherheitsnorm DIN EN 61557-4; VDE 0413-4:2007-12 verwenden.
- Funktionstüchtigkeit des Widerstandsmessgeräts vor der ersten Messung prüfen.
- Multimeter sind für diese Messungen ungeeignet.
- Messung der Schutzleiter PE, Potenzialausgleichsleiter PB.
- Messung der niederohmigen Verbindung von Anlagenteil zu Anlageteil sowie zu Schutzleitern und Erdern.
- Nur bei ringförmigen Netzen sind die aktiven Leiter zu messen.

Messspannung	Messstrom	Mess- und Prüfmittel
≥ 4 V bis 24 V DC	≥ 0,2 A	Widerstandsmessgerät

Plausibilität der Messergebnisse

Beispiel: Kupferleiter, Schutzleiterquerschnitt 1,5 mm², Länge 18 m

$$R = \frac{l}{\gamma \cdot A}$$

$$R = \frac{18\ \text{m}}{56\ \frac{\text{m}}{\Omega \cdot \text{mm}^2} \cdot 1{,}5\ \text{mm}^2}$$

$$= \mathbf{0{,}21\ \Omega}$$

Praxis: Messerwert und errechneter Wert müssen annähernd übereinstimmen.

Fazit: Bei deutlich überhöhtem Messwert liegt ein Fehler vor, z. B. lose Klemmstelle.

Messung der Schleifenimpedanz

vgl. DIN VDE 0100-600

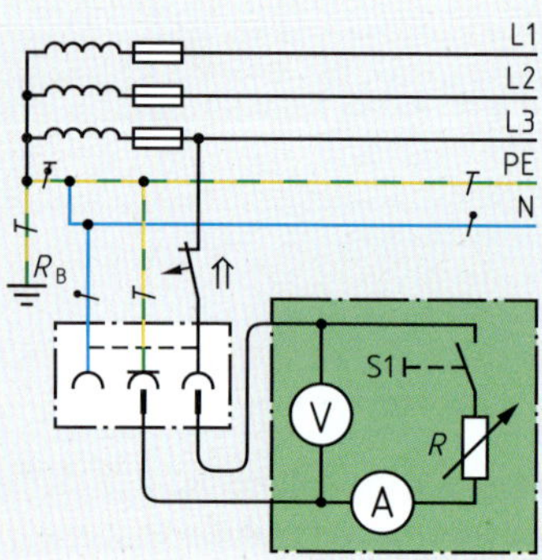

Schleifenimpedanz

$$Z_S = \frac{U_0 - U}{I} \quad \text{(1)}$$

U Lastspannung bei der Messung
I Stromstärke bei der Messung

Messung der Schleifenimpedanz

- Schleifenimpedanz, Fehlerschleifenimpedanz und „Schleifenwiderstand“ sind für den Messpraktiker gleichbedeutend.
- Schleifenwiderstands-Messgerät entsprechend der Sicherheitsnorm DIN EN 61557-4; VDE 0413-4:2007-12 verwenden.
- Die Anlage muss am Netz und unter Spannung sein.
- Die Schleifenimpedanz Z_S ist der resultierende Messwert der Fehlerschleife.
- Die Fehlerschleife ist eine Reihenschaltung, aus Leitungswiderständen, Impedanz des Ortsnetztrafos und Übergangswiderständen (z. B. Sicherungen).
- Gemessen wird in jedem Stromkreis, am entferntesten Punkt (z. B. Steckdose).
- Wenn bei Messung vorhandene RCD abschaltet, dann anstelle von PE den Neutralleiter N anschließen (Netz-Innenwiderstand ≈ Z_S).

- Im Kurzschlussfall begrenzt die Schleifenimpedanz Z_S den Kurzschlussstrom I_k.
- Der Kurzschlussstrom I_k muss im Fehlerfall am entferntesten Punkt des Netzes bis zum erforderlichen Abschaltstrom I_a der vorgelagerten Überstrom-Schutzeinrichtung ansteigen, um auszulösen.

Zulässige Schleifenimpedanz bei Messung mit Universalprüfgeräten

$Z_S \leq \frac{2}{3} \cdot \frac{U_0}{I_a}$	$I_k = \frac{U_0}{Z_S}$	$I_k > I_a$

Z_S Schleifenimpedanz
U_0 Bemessungsspannung Außenleiter L gegen Schutzleiter PE
I_a Abschaltstrom der Schutzeinrichtung
I_k Kurzschlussstrom

Maximale Abschaltzeiten t_a im TN-System

Endstromkreise $I_B \leq 32$ A
- $U_0 = 130$ V ($t_a \leq 0{,}8$ s)
- $U_0 = 230$ V ($t_a \leq 0{,}4$ s)
- $U_0 = 400$ V ($t_a \leq 0{,}2$ s)
- $U_0 = 690$ V ($t_a \leq 0{,}1$ s)

A

Messungen in elektrischen Anlagen 2 Measurement in electrial Installations 2

Messschaltung	Planen und durchführen	Messwertanalyse

Messung des Isolationswiderstands

vgl. DIN VDE 0100-600

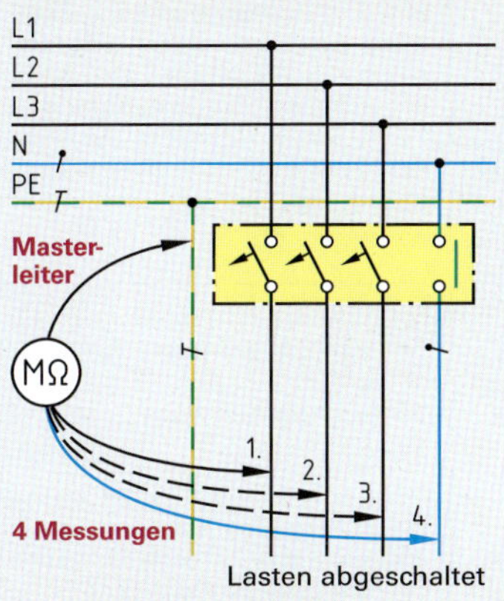

Isolationsmessung bei TN

- Isolationsmessgeräte messen mit Gleichspannung, um kapazitive Einflüsse zu vermeiden.
- Funktionstüchtigkeit des Messgeräts vor der ersten Messung prüfen.
- Die Anlage muss vom Netz getrennt und spannungsfrei sein.
- Stromkreise schließen, um die Schalterleitungen mit zu messen.
- Die Verbraucher, z. B. Lampen, von der Anlage trennen.
- Stromkreise mit Überspannungs-Schutzeinrichtungen dürfen nur mit 250 V geprüft werden.

Stromkreis	Messspannung	Isolationswiderstand
Bemessungsspannung U_B ≤ 500 V	500 V DC	≥ 1 MΩ
Bemessungsspannung U_B > 500 V	1000 V DC	≥ 1 MΩ
FELV	500 V DC	≥ 1 MΩ

Messung des Isolationswiderstands bei SELV, PELV, Schutztrennung

vgl. DIN VDE 0100-600

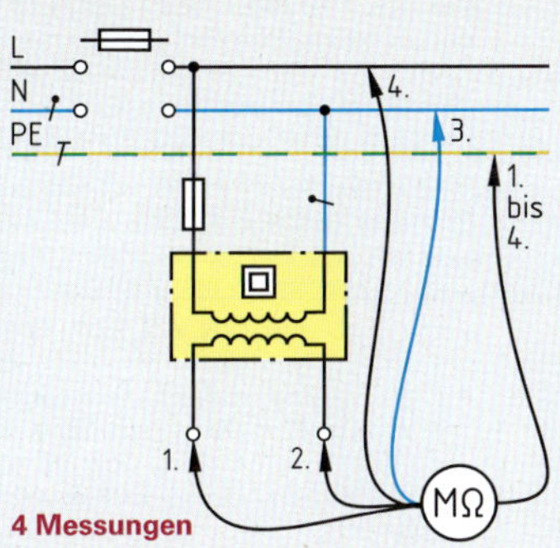

Isolationsmessung bei SELV u. a.

- Funktionstüchtigkeit des Messgeräts vor der ersten Messung prüfen.
- Die Anlage muss vom Netz getrennt und spannungsfrei sein.
- Bei SELV und Schutztrennung ist die sichere Trennung der aktiven Teile aller Stromkreise voneinander und gegen Erde nachzuweisen.
- Bei PELV ist die sichere Trennung der aktiven Teile aller Stromkreise nachzuweisen.

Stromkreis	Messspannung	Isolationswiderstand
SELV	250 V DC	≥ 0,5 MΩ
PELV	250 V DC	≥ 0,5 MΩ
Schutztrennung, U_B ≤ 500 V	250 V DC	≥ 1 MΩ

Messung des Isolationswiderstands von Fußböden und Wänden

vgl. DIN VDE 0100-600

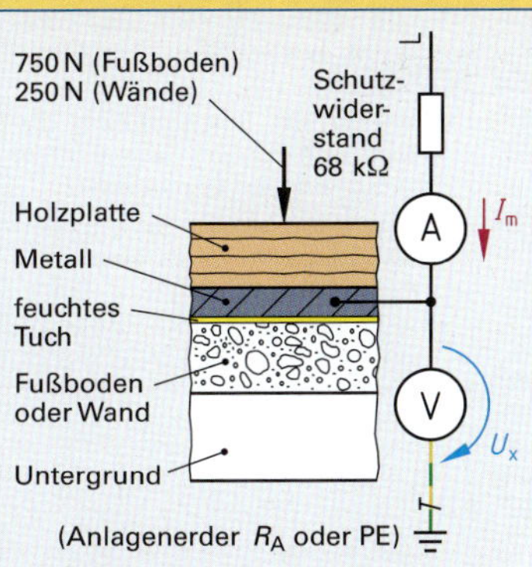

Isolationsmessung – Raumflächen

- Funktionstüchtigkeit des Messgeräts vor der ersten Messung prüfen.
- Messungen mit Bemessungsspannung an ≥ 3 Stellen im Raum durchführen.
- Bei zusätzlicher Isolationsprüfung, darf die Messspannung auch 25 V AC betragen.
- Bei Gleichstromanlagen genügt eine Isolationsprüfung.
- Stromkreise mit Überspannungs-Schutzeinrichtungen dürfen nur mit 250 V geprüft werden.

Stromkreis	Messspannung	Isolationswiderstand
Bemessungsspannung U_B ≤ 500 V	500 V DC	≥ 50 kΩ
Bemessungsspannung U_B > 500 V	1000 V DC	≥ 100 kΩ

A

Messungen in elektrischen Anlagen 3 Measurement in electrial Installations 3

Messungen und Prüfung bei Anlagen mit Fehlerstromschutzschalter (RCD) vgl. DIN VDE 0100-600

Messschaltung

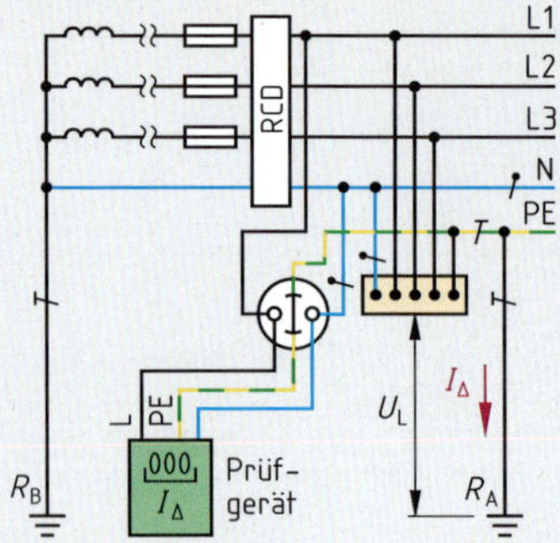

Messung bei einer RCD

- ΔI Differenzstrom (Messwert)
- $I_{\Delta N}$ Bemessungsdifferenzstrom (Beschriftung auf dem RCD)
- Δt Auslösezeit (Messwert)
- t_a maximal zulässige Abschaltzeit (DIN VDE 0100- 410)
- U_F Fehlerspannung (Messwert)
- U_L maximal zulässige Berührungsspannung (DIN VDE 0100-410)

Planen und durchführen	Messwertanalyse
RCD-Messgerät entsprechend der Sicherheitsnorm DIN EN 61557-3; VDE 0413-3:2008-2 Messung zum Nachweis, dass die RCD mindestens beim Bemessungsdifferenzstrom $I_{\Delta N}$ auslöst.	Ein Fehlerstromschutzschalter muss auslösen, wenn aufgrund eines Körperschlusses ein genügend hoher Differenzstrom entsteht. Dieser Teilstrom ΔI fließt dann über den Schutzleiter ab. Bedingung erfüllt wenn: $\Delta I \leq I_{\Delta N}$
Messung zum Nachweis, dass die RCD innerhalb der geforderten Abschaltzeit t_a auslöst.	Die Auslösezeit Δt muss innerhalb der maximal zulässigen Abschaltzeit t_a liegen. Bedingung erfüllt wenn: $\Delta t \leq t_a$
Messung zum Nachweis, dass dabei die höchstzulässige Berührungsspannung U_L nicht überschritten wird.	Die RCD schaltet bei einer Fehlerspannung z. B. 2 V nach 50 ms den Fehlerstromkreis ab. Bedingung erfüllt wenn: $U_F \leq U_L$
Prüfung (ohne RCD-Messgerät) zum Nachweis, dass beim Betätigen der Prüftaste die RCD auslöst.	Bei der Prüfung einer RCD wird durch einen künstlich erzeugten Fehler der Auslösemechanismus getestet. Dabei wird nur die Funktionstüchtigkeit der RCD überprüft. Bedingung erfüllt wenn: Prüftaste betätigt, RCD löst sofort aus.

A

Messung des Erdungswiderstandes vgl. DIN VDE 0100-600

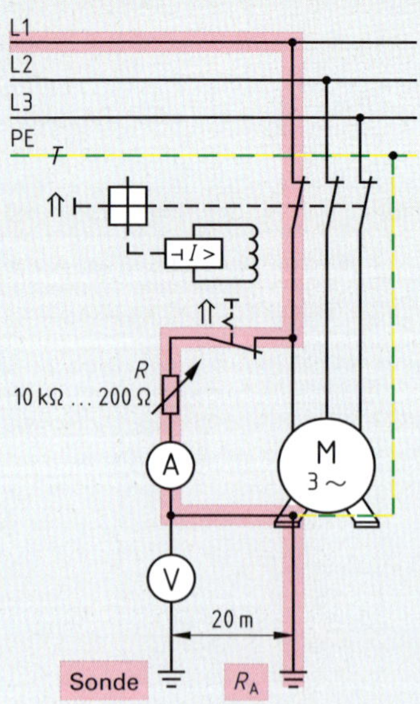

Planen und durchführen	Messwertanalyse
• Erdungswiderstands-Messgerät für das Kompensations-Messverfahren entsprechend der Sicherheitsnorm DIN EN 61557-5; VDE 0413-5:2007-12 • Messung erfolgt mit Wechselstrom, außerhalb des 50-Hz-Frequenzbereiches. • Der Messwechselstrom fließt über die Primärwicklung eines Stromwandlers zwischen dem zu messenden Erder und einem Hilfserder. • In der Sekundärwicklung entsteht ein proportionaler Strom, der im einstellbaren Spannungsteiler eine Spannung erzeugt. • Die Position des Schleifers ist ein Maß für den Erdungswiderstand, dadurch ist dort eine direkte Kalibrierung (Skaleneinteilung in Ω) möglich.	• Der Erdungswiderstand setzt sich aus dem Ausbreitungswiderstand des Erders und dem Widerstand der Erdleitung zusammen. • Erdungsmessungen sind sehr von der Leitfähigkeit des Erdreichs abhängig. • Bodenfeuchtigkeit, Temperatur und Beschaffenheit des Erdreichs beeinflussen das Messergebnis. • Wiederholt durchgeführte Erdungsmessungen führen oft zu verschiedenen Ergebnissen. • Der zulässige Erdungswiderstand ist vom Netzsystem oder Anlagentyp abhängig. • Höchstzulässige Erdungswiderstände sind in der DIN VDE 0100 sowie in den TAB der EVU verankert.

Alphanumerische Kennzeichnung der Anschlüsse
Alphanumeric Identification of Connectors

Elektrische Maschinen

Kennzeichen	Bei drehenden Maschinen	Bei Transformatoren	Beispiele
Ziffer vor dem Kennbuchstaben (Vorsetzzeichen)	Unterscheidung gleichartiger Wicklungen, z. B. für verschiedene Drehzahlen.	Unterscheidung von Oberspannung (kleinere Ziffer) und Unterspannung (größere Ziffer).	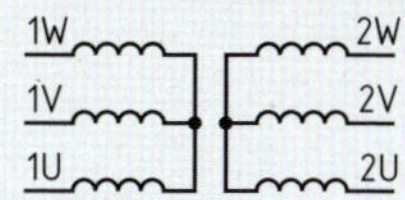
Kennbuchstabe für (Art der Wicklung)	A Ankerwicklung B Wendepolwicklung C Kompensationswicklung D Reihenschluss-Feldwicklung E Nebenschluss-Feldwicklung F Fremderregte Feldwicklung H Hilfswicklung Längsachse J Hilfswicklung Querachse K, L, M } auf der Sekundärseite von Induktionsmaschinen, z. B. Schleifringläufermotoren Z Hilfswicklung Kondensatormotor U, V, W, N wie bei Transformatoren	U Strang 1 V Strang 2 W Strang 3 N Sternpunkt Bei Spannungswandlern entfällt der Kennbuchstabe, z. B. 1.1 Anfang Oberspannung 2.2 Ende Unterspannung Bei Stromwandlern K, L Primärwicklung (K Kraftwerksseite) k, l Sekundärwicklung Bei Drosselspulen wie bei Transformatoren.	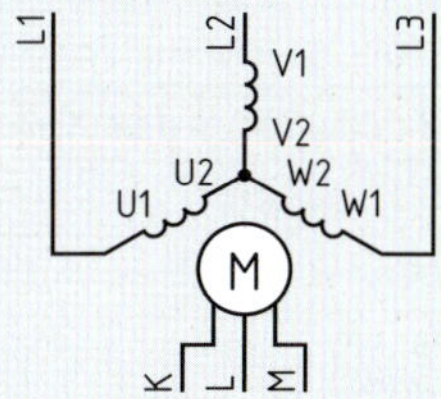 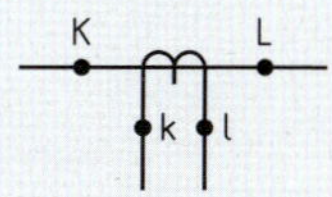
Ziffer nach dem Kennbuchstaben (Nachsetzzeichen)	1 Anfang 2 Ende Weitere Ziffern für Abgriffe zwischen 1 und 2 (Form 1)	1 Anschluss an Netzleiter (Anfang) 2 Anschluss an Sternpunkt oder Netzleiter (Ende) Weitere Ziffern für Abgriffe zwischen 1 und 2 (Form 2)	Form 1 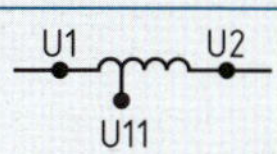 Form 2 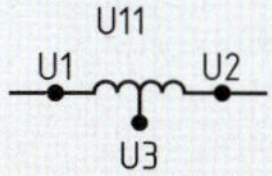

Bei drehenden Maschinen sind nach VDE 0530-8 alle Wicklungen mit 3 Locken (Halbkreisen) gezeichnet, nach DIN EN 60617-6 sind es 4 bei Fremderregung, 3 bei Reihenschluss, 2 bei Wendepolen und Kompensation.

Stromrichtersätze und Stromrichtergeräte

Kennzeichen	Bei Stromrichtersätzen	Bei Stromrichtergeräten	Beispiele
Kennbuchstabe (Art des Anschlusses)	A Anodenseitiger Anschluss K Katodenseitiger Anschluss G Steueranschluss 1 (Gate) H Steueranschluss 2 (Hilfskatode) M Zusammenschaltung zu Gleichstromanschluss	C Gleichstromanschluss (bei Gleichrichterbetrieb auch + zulässig) D Gleichstromanschluss (bei Gleichrichterbetrieb auch – zulässig) U, V, W, N } Wechselstromanschlüsse (entsprechend wie bei Transformatoren)	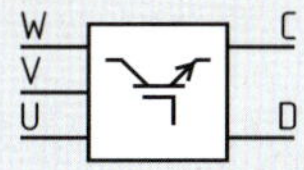 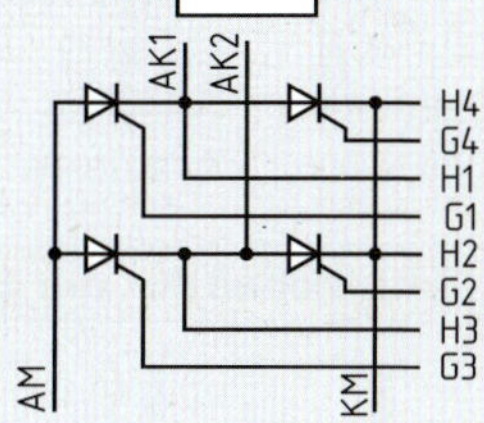
Ziffer nach dem Kennbuchstaben	Reihenfolge der Pulszahl	1 Eingang 2 Ausgang	

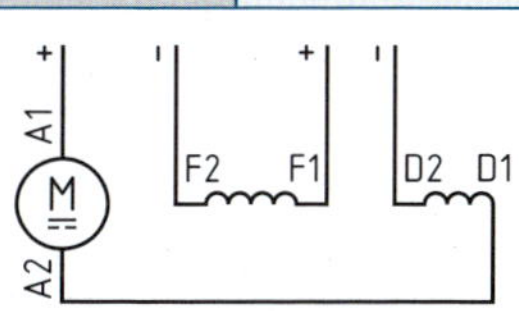

Fremderregter Motor mit Reihenschluss-Hilfswicklung

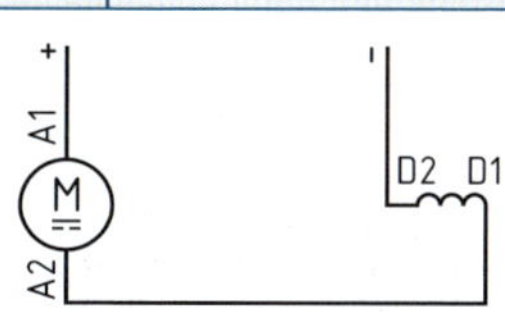

Reihenschlussmotor

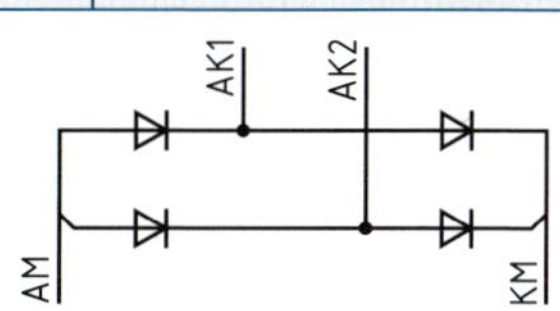

Stromrichter B2U

A

Schutzarten elektrischer Betriebsmittel
Types of Protection of Electrical Equipment

Aufbau der Kennzeichnung für die Schutzart IP

Kennzeichen	Bedeutung	Bemerkungen
Kennbuchstaben IP	Schutz gegen Berühren und gegen Eindringen von Fremdkörpern und Wasser.	IP von engl. International Protection = internationale Schutzart.
1. Kennziffer 0 bis 6	Schutzgrade gegen Berühren und Eindringen von Fremdkörpern, z. B. Schmutz.	Bei einem großen Teil der Betriebsmittel kommen nicht alle Kennziffern für die Schutzart IP vor.
2. Kennziffer 0 bis 8	Schutzgrade gegen Eindringen von Wasser.	

Wenn nur eine einzige Kennziffer der Schutzart gebraucht wird, so wird die andere Kennziffer durch X ersetzt.

Bedeutung der Kennziffern nach IP

Schutzart	Bedeutung	Bemerkungen
Berührungsschutz und Fremdkörperschutz		
IP 0X	Kein Berührungs- und Fremdkörperschutz	(Bildzeichen siehe unten)
IP 1X	Schutz gegen Fremdkörper mit ≥ ∅ 50 mm	„Handrückenschutz"
IP 2X	Schutz gegen Fremdkörper mit ≥ ∅ 12,5 mm	„Fingerschutz"
IP 3X	Schutz gegen Fremdkörper mit ≥ ∅ 2,5 mm	„Werkzeugschutz"
IP 4X	Schutz gegen Fremdkörper mit ≥ ∅ 1,0 mm	„Drahtschutz"
IP 5X	Schutz gegen schädliche Staubablagerung im Inneren	„staubgeschützt"
IP 6X	Schutz gegen Eindringen von Staub	„staubdicht"
Wasserschutz		
IP X0	Kein Wasserschutz	
IP X1	Schutz gegen senkrecht fallendes Tropfwasser	„tropfwassergeschützt"
IP X2	Schutz gegen schräg fallendes Tropfwasser	„fast regengeschützt"
IP X3	Schutz gegen Sprühwasser	„regengeschützt"
IP X4	Schutz gegen Spritzwasser aus allen Richtungen	„spritzwassergeschützt"
IP X5	Schutz gegen Strahlwasser	„strahlwassergeschützt"
IP X6	Schutz gegen starkes Strahlwasser	„fast wasserdicht"
IP X7	Schutz gegen zeitweiliges Untertauchen	„wasserdicht"
IP X8	Schutz gegen dauerndes Untertauchen	„druckwasserdicht"
IP X9K	Schutz gegen Hochdruckreinigung	„hochdruckdicht"

Beim selben Betriebsmittel können einzelne Teile von der übrigen Schutzart abweichen. Die Angabe ist dann z. B. Gehäuse IP 32 – Anschlüsse IP 11. Bei Bedarf geben *zusätzliche* Buchstaben (A, B, C, D) Schutz gegen Berühren (mit Handrücken, Finger, Werkzeug, Draht) an und *ergänzende* Buchstaben (H, M, S, W) weitere Informationen, z. B. Hochspannungsgerät.

Tropfwasser, senkrecht | Tropfwasser, schräg | Sprühwasser | Spritzwasser, Strahlwasser | Überfluten | Untertauchen | Hochdruck-reinigung

Bildzeichen für die Schutzarten

Tropfwasser-geschützt | Regen-geschützt | Spritzwasser-geschützt | Strahlwasser-geschützt | Wasserdicht | Druckwasser-dicht | Staub-geschützt | Staub-dicht

Allgemeine Kennzeichnung für Explosionsschutz

Nach der allgemeinen Kennzeichnung wird bei Schlagwetterschutz EExI und bei Explosionsschutz EExII gesetzt. Daran wird die besondere Schutzart durch einen Kleinbuchstaben angehängt. Dabei bedeuten:

d	druckfeste Kapselung	e	erhöhte Sicherheit
q	Sandkapselung	i_a, i_b	Eigensicherheit
o	Ölkapselung	p	Überdruckkapselung

A

Name	Liniendiagramme	Bemerkungen, Schaltungsprinzip
Symmetrische Sektorsteuerung	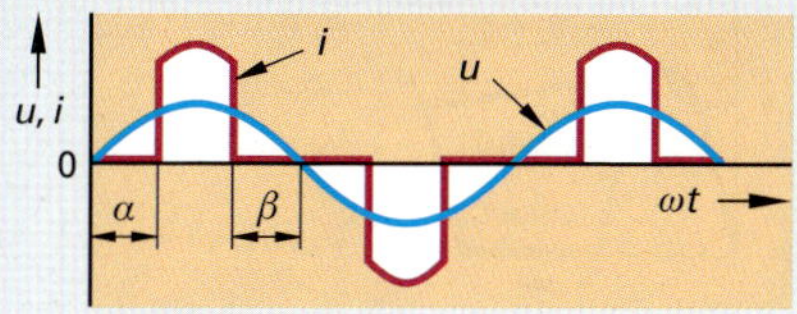	Steuerung von Wechselstromlasten, z.B. mit Dimmern vom Typ RLC. Die Sektorsteuerung ist eine Kombination von Anschnittsteuerung und Abschnittsteuerung. Sie hat den Vorteil, dass sie keine Phasenverschiebung hervorruft. Sie erzeugt aber eine impulsartige Netzbelastung und Oberschwingungen. Die Anwendung nimmt zur Zeit stark zu.
Symmetrische Anschnittsteuerung (symmetrische Phasenanschnittsteuerung)	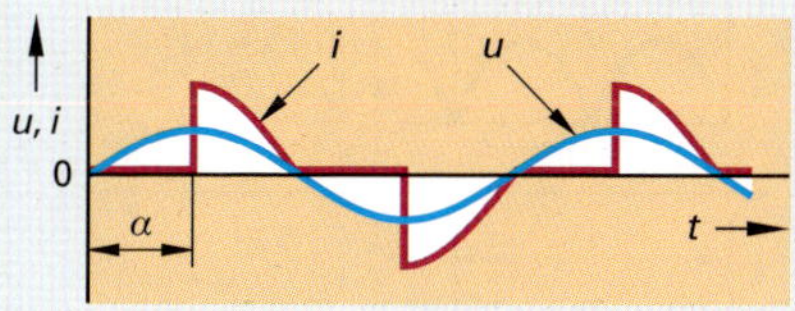	Verfahren zur Steuerung von Wechselstromlasten, insbesondere von Beleuchtungsanlagen mittels Dimmer. Nachteil: Induktiver Blindleistungsbedarf und Oberschwingungen. 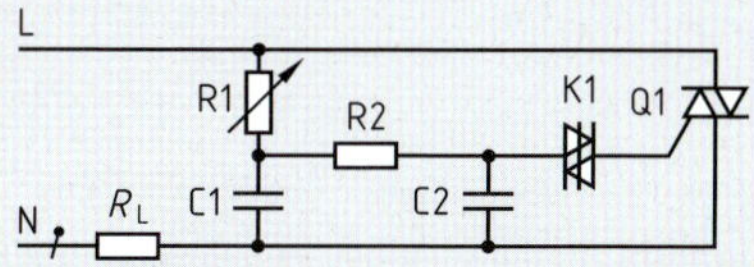
Symmetrische Abschnittsteuerung (symmetrische Phasenabschnittsteuerung)	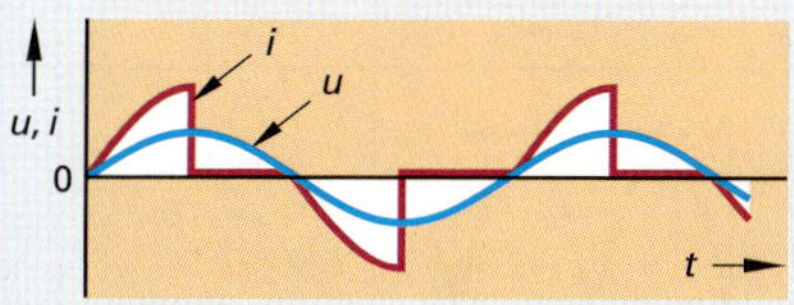	Weniger häufiges Verfahren zur Steuerung von Wechselstromlasten. Das Einschalten erfolgt mittels Nullspannungsschalter, das Abschalten mit GTO-Thyristor oder Transistor. Vorteile gegen Anschnittsteuerung: Weniger Oberschwingungen. Aufnahme von kapazitiver Blindleistung wie Kondensator.
Symmetrische Vielperiodensteuerung (symmetrische Schwingungspaketsteuerung)	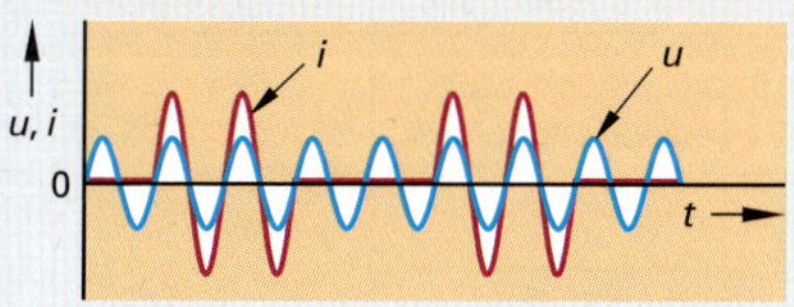	Häufiges Verfahren zur Steuerung von Wechselstromlasten, insbesondere von elektrischen Heizungsanlagen. Nicht geeignet zur Beleuchtungssteuerung und zur Drehzahlsteuerung. Einschalten erfolgt durch Nullspannungsschalter, Abschalten durch Thyristor infolge Unterschreiten des Haltestroms.
Unsymmetrische Anschnittsteuerung	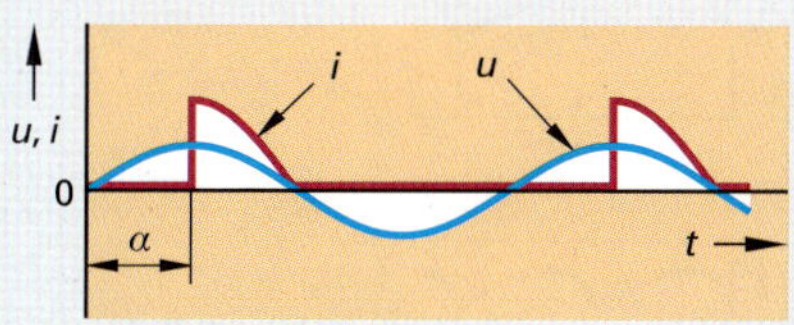	Stromrichter zur Steuerung kleiner Gleichstromlasten. Nachteil: Magnetisierung des vorgeschalteten Transformators. Ohne Magnetisierung des Transformers arbeiten Schaltungen B2H (folgende Seite). 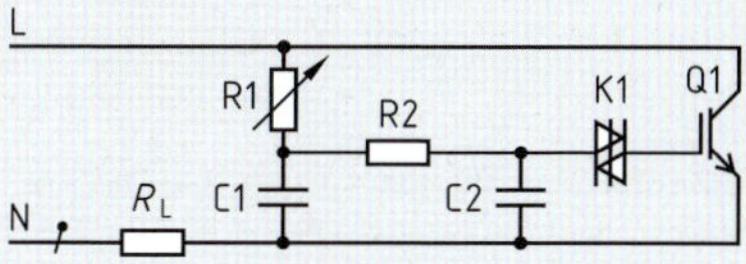
Unsymmetrische Vielperiodensteuerung	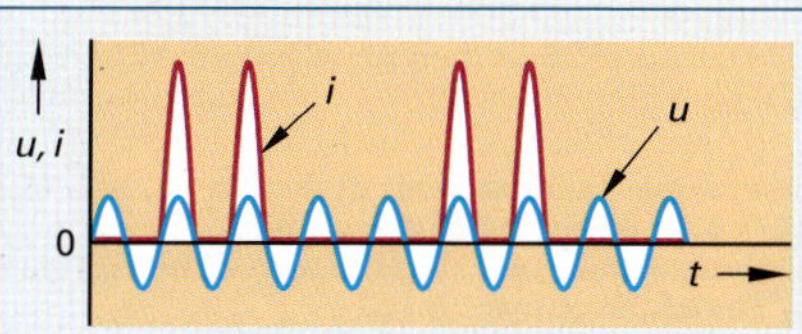	Verfahren zur Steuerung von Gleichstromlasten, bei denen stromlose Pausen von mehreren Perioden möglich sind, z.B. beim Laden von Akkumulatoren. Einschalten und Abschalten wie bei der symmetrischen Vielperiodensteuerung. Nachteil ihr gegenüber: Magnetisierung vorgeschalteter Transformatoren.

Anschnittsteuerung und Abschnittsteuerung dürfen nur angewendet werden, wenn eine andere Steuerung, z.B. mit Schwingungspaketen, nicht ausreicht, z.B. bei der Helligkeitssteuerung von Lampen. Alle elektronischen Steuerungen rufen störende Einflüsse im Netz (Netzrückwirkung) hervor. Deshalb gelten Grenzwerte der Anschlussleistung (siehe Seite 278).

i Stromstärke, *t* Zeit, *u* Spannung, *α* Zündwinkel, Steuerwinkel.

A

Stromrichter, Gleichrichter   Converters, Rectifiers

Benennung	Schaltplan	Spannungsverlauf	Formeln	Bemerkungen
Einwegschaltung E1	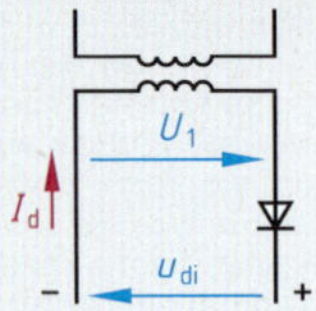	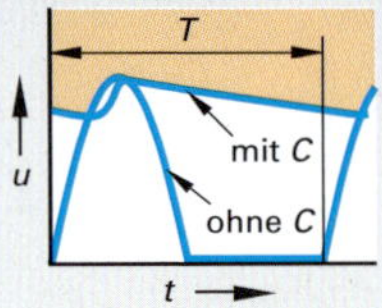	$P_T/P_d = 3{,}1$ Ohne C: $U_{di}/U_1 = 0{,}45$ Mit C: $U_{di}/U_1 = 1{,}41$ $I_Z = I_d$	Belastung mit Gegenspannung, z.B. mit C, verdoppelt die Sperrspannung.
Zweipuls-Mittelpunktschaltung M2	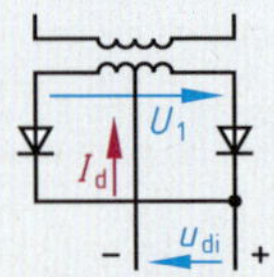	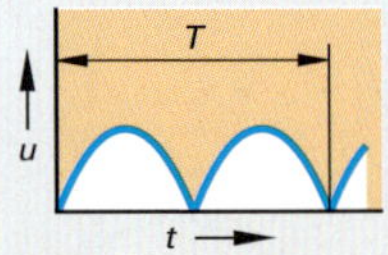	$U_{di}/U_1 = 0{,}45$ $P_T/P_d = 1{,}5$ $I_Z = I_d/2$	Transformator muss einen Mittelabgriff haben.
Dreipuls-Mittelpunktschaltung (Sternschaltung) M3	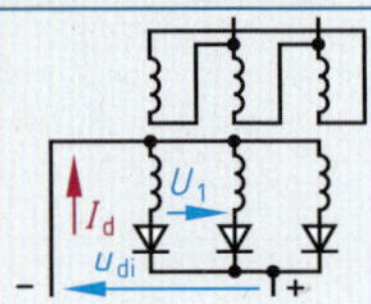	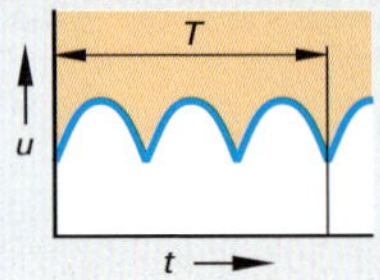	$U_{di}/U_1 = 0{,}676$ $P_T/P_d = 1{,}5$ $I_Z = I_d/3$	Im Sternpunktleiter fließt der gesamte Gleichstrom.
Zweipuls-Brückenschaltung B2	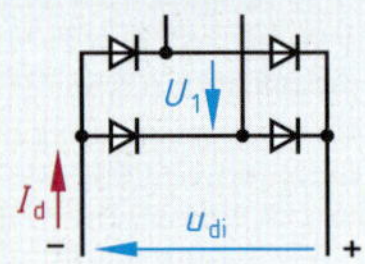	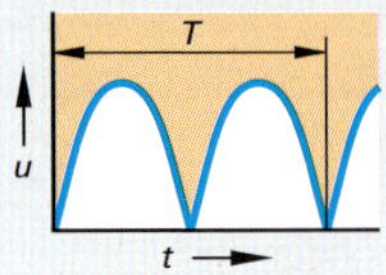	$U_{di}/U_1 = 0{,}9$ $P_T/P_d = 1{,}23$ $I_Z = I_d/2$	Für niedrige Spannungen (< 5 V) weniger geeignet, weil U_d um das Doppelte der Schleusenspannung kleiner ist als U_{di}. Dadurch wäre der Wirkungsgrad klein.
Sechspuls-Brückenschaltung B6	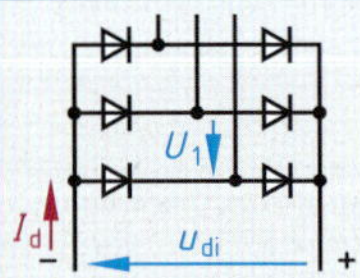	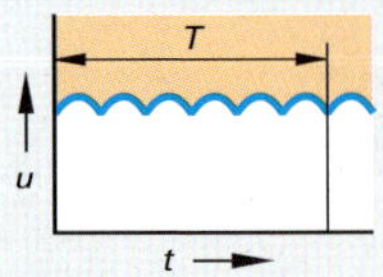	$U_{di}/U_1 = 1{,}35$ $P_T/P_d = 1{,}1$ $I_Z = I_d/3$	
Einpuls-Verdopplerschaltung D1	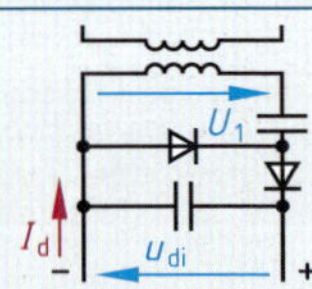	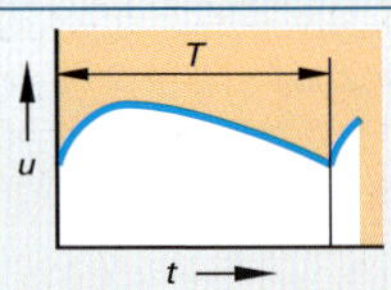	$U_{di}/U_1 = 2{,}82$ $P_T/P_d = 1{,}55$ $I_Z = I_d$	Sperrspannung ist gleich der Summe von Gleichspannung und Anschlusswechselspannung.
Zweipuls-Verdopplerschaltung D2	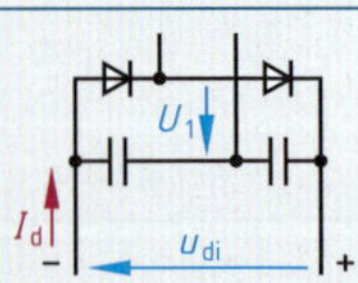	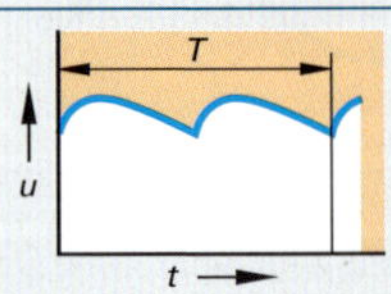	$U_{di}/U_1 = 2{,}82$ $P_T/P_d = 1{,}55$ $I_Z = I_d$	
Gesteuerte Stromrichterschaltungen	Die Schaltungen E1, M2, M3, B2 und B6 werden zu gesteuerten Stromrichterschaltungen, wenn Dioden durch IGBTs oder Einrichtungsthyristoren ersetzt werden. Dabei gilt für die Schaltungen: **Bei voll gesteuerten Schaltungen (Kennzeichen C) sind in E1, M2, M3, B2 und B6 alle Dioden ersetzt durch IGBTs oder Einrichtungsthyristoren.** **Bei halbgesteuerten Schaltungen (Kennzeichen H) sind in B2 und B6 die Hälfte der Dioden ersetzt durch IGBTs oder Einrichtungsthyristoren.**			

I_d	Gleichstrom	T	Periodendauer	U_d	Gleichspannung
I_Z	Stromstärke im Zweig	t	Zeit	U_{di}	ideelle Leerlauf-Gleichspannung
P_d	Gleichstromleistung	u	Spannung		
P_T	Transformatorbauleistung	U_1	Anschlussspannung		

A

Benennung von Stromrichtern   Identification Codes for Converters

Kennzeichen der Grundschaltungen

vgl. DIN IEC 60971: 94-08

Kennbuchstabe	Schaltungsfamilie	Kennzahl	Benennung
E M B D	Einwegschaltung mit einzelnem Hauptzweig Mittelpunktschaltung Brückenschaltung Verdopplerschaltung (praxisüblich, nicht genormt)	Pulszahl p (p = 1, 2, 3, 6)	p-Puls-Mittelpunktschaltung p-Puls-Brückenschaltung Zweipuls-Verdopplerschaltung p-Puls-Vervielfacherschaltung
V	Vervielfacherschaltung (praxisüblich, nicht genormt)		
W	Wechselwegschaltung	Phasenzahl m	m-Phasen-Wechselwegschaltung m-Phasen-Polygonschaltung

Ergänzende Kennzeichen

Kennzeichen	Bedeutung	Kennzeichen	Bedeutung
A	anodenseitig gesteuert	K	katodenseitig gesteuert
C	vollgesteuerte Schaltung	L	Zweigpaar in Zweiwegschaltungen
D	Polygonschaltung, z.B. Dreieck	N	Sternschaltung mit Neutralleiteranschluss
F	Freilaufzweig	P	Parallelschaltung
FC	gesteuerter Freilaufzweig	Q	Löschzweig
G	Hauptzweig in Polygonschaltung	R	Rücklaufzweig
H	halb gesteuerte Schaltung	S	Reihenschaltung
HA	anodenseitig halb gesteuert	U	ungesteuerte Schaltung
HK	katodenseitig halb gesteuert	Y	Sternschaltung ohne Neutralleiteranschluss
HZ	im Zweigpaar halb gesteuerte Zweipuls-Brückenschaltung	+	Verbindungszeichen für mehrere Grundschaltungen oder Sätze
I	Gegenparallelschaltung (I von invers)		

Benennungsbeispiele

Benennung, Kennzeichen	Schaltung	Benennung, Kennzeichen	Schaltung
Zweipuls-Mittelpunktschaltung M2CK oder M2C oder M2K oder M2	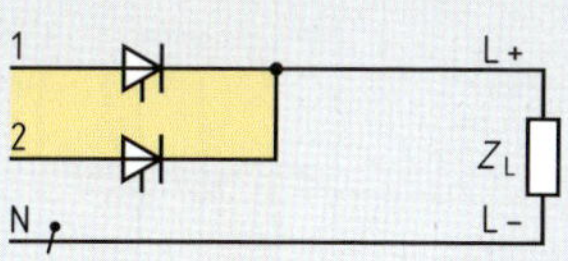	Einphasen-Wechselwegschaltung W1C oder W1	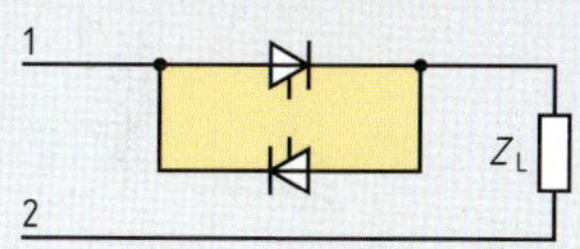
Zweipuls-Brückenschaltung vollgesteuert B2C oder B2	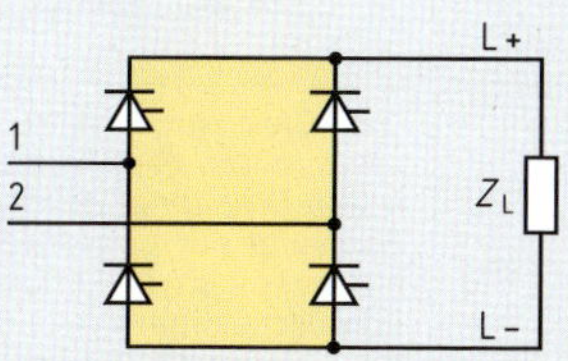	Dreiphasen-Polygonschaltung G3C-3D oder G3-3D	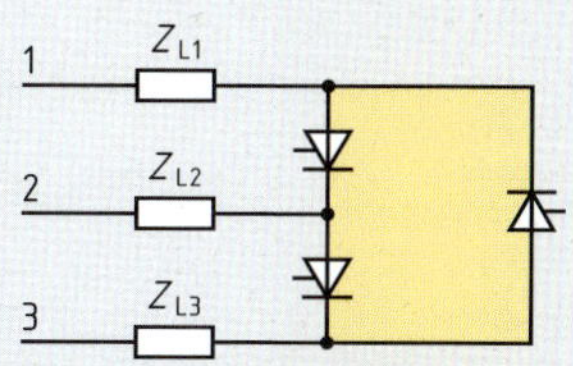
Sechspuls-Brückenschaltung halbgesteuert mit Freilaufdiode B6HKF oder B6HF oder B6KF oder B6F oder B6	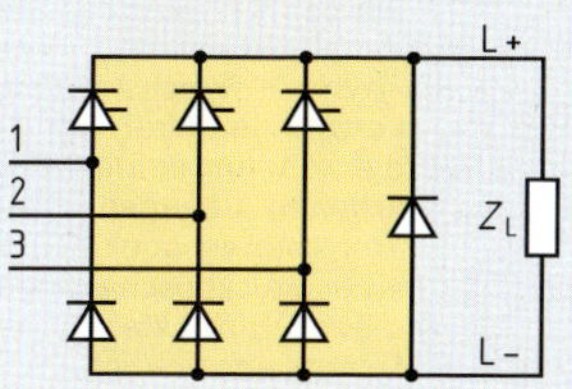	Zweipuls-Brückenschaltung mit steuerbarem Kurzschlusszweig B2U + E1C	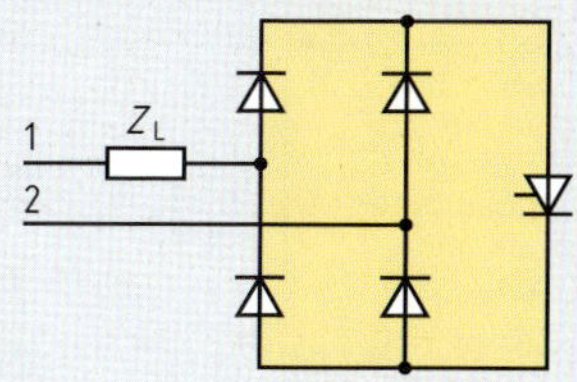

In Niederspannungsanlagen werden an Stelle der Thyristoren IGBTs eingesetzt.

A

U-Umrichter, Gleichstromsteller U-Converter, DC-Chopper

Art, Eignung	Schaltung des Leistungsteils	Bemerkungen
U-Umrichter (Umrichter mit Gleichspannungs-Zwischenkreis)		
Prinzip eines Umrichters mit Gleichspannungs-Zwischenkreis	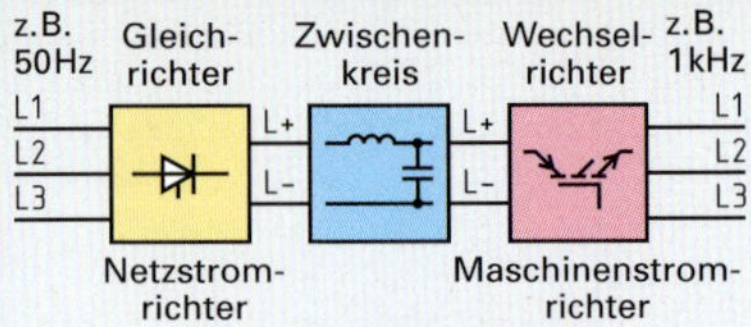	**Gleichrichter** einphasige oder dreiphasige Brückenschaltung aus Dioden oder/und Thyristoren. **Zwischenkreis** mit Energiespeicherung durch Induktivität und/oder Kapazität. **Wechselrichter** Brückenschaltung z.B. aus IGBTs oder Thyristoren und Dioden.
Gleichrichter T1 bei Bedarf mit Rückspeise-Wechselrichter T2, bezeichnet als Netzstromrichter (B 6 U) I (B 6 C)	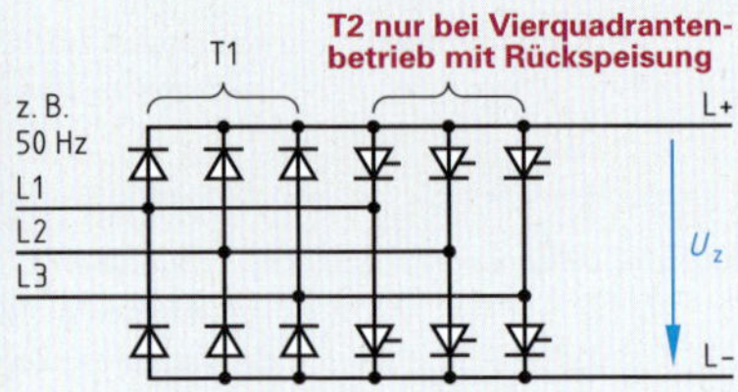	**Netzstromrichter ohne Rückspeisung** T1 für konstante U_z mit sechs (für Dreiphasenbrücke) bzw. vier (für Einphasenbrücke) Dioden. Für steuerbare U_z zur Hälfte ersetzt durch Thyristoren bzw. IGBTs. Dann ist *Zweiquadrantenbetrieb* möglich. **Netzstromrichter mit Rückspeisung** Zusätzlich T2 aus Thyristoren oder IGBTs gegenparallel zur Stromrückspeisung beim Bremsen. *Vierquadrantenbetrieb.*
Wechselrichter mit Rückstromdioden, bezeichnet als Maschinenstromrichter (B 6 C) I (B 6 U) Benennung nach vorhergehender Seite	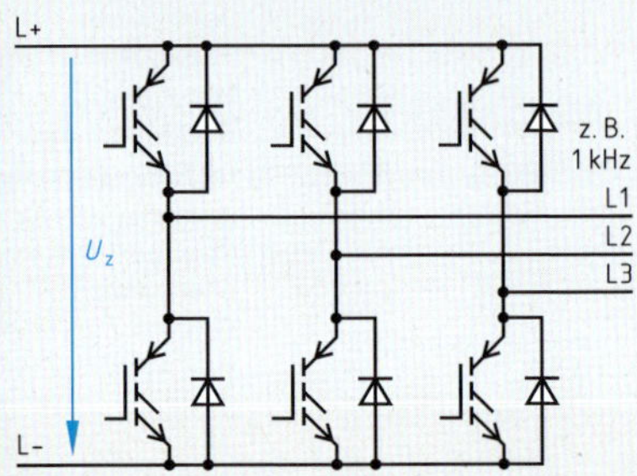	**Maschinenstromrichter** Wechselrichter für *Vierquadrantenbetrieb* als voll gesteuerte Brückenschaltung aus sechs (für Dreiphasenbrücke) bzw. vier (für Einphasenbrücke) gesteuerten Elementen, z.B. IGBTs oder GTOs. Wegen der induktiven Last sind sechs bzw. vier *Rückstromdioden* (Blindleistungsdioden) gegenparallel zu den gesteuerten Elementen integriert. Diese bewirken beim Bremsbetrieb die Rückspeisung des Stromes in den Zwischenkreis durch Gleichrichtung. Die Ansteuerung der steuerbaren Elemente erfolgt durch einen Steuergenerator.
Gleichstromsteller		
Prinzip (Gleichstromsteller mit Thyristor oder IGBT für Einquadrantenbetrieb)	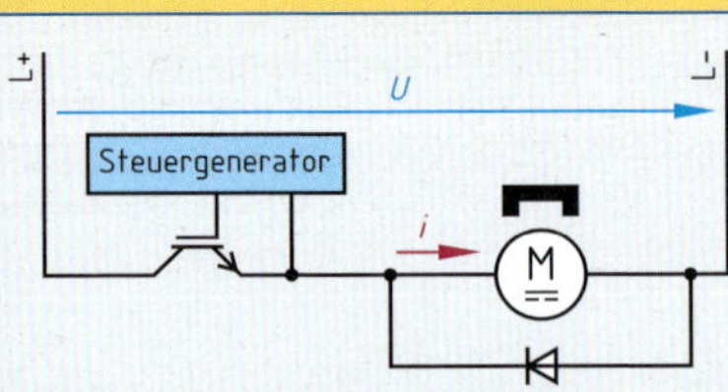	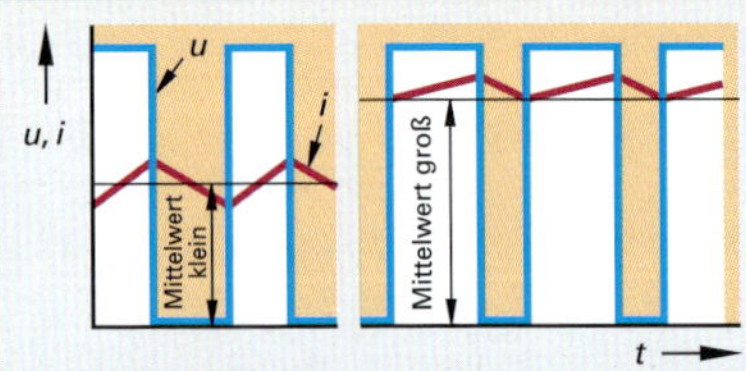
Gleichstromsteller für Einquadrantenbetrieb	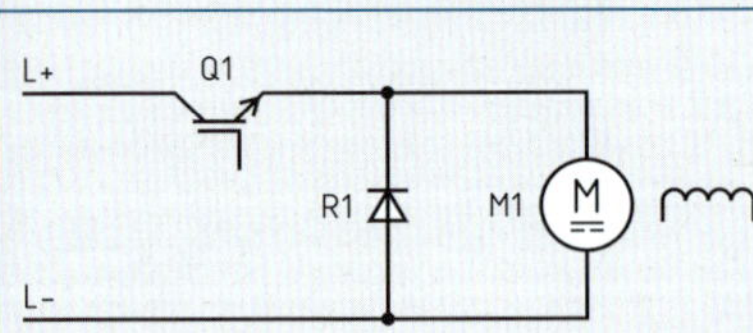	Der Gleichstromsteller für einen Gleichstrommotor besteht aus einem elektronischen *Schalter* und einer *Freilaufdiode.* Die Speisung der gesamten Schaltung erfolgt z.B. aus einem Akkumulator oder aus einem vorgeschalteten Gleichrichter. Meist arbeitet der Gleichstromsteller mit gleichbleibender Frequenz des Steuergenerators.
Gleichstromsteller mit IGBT-Brücke für Vierquadrantenbetrieb ohne Totzeit	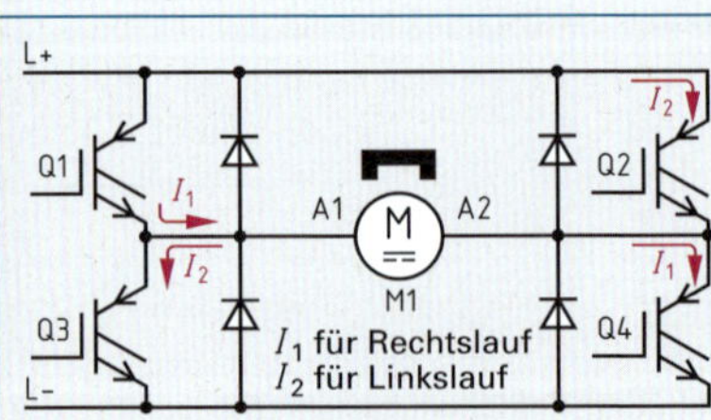	Thyristor-Gleichstromsteller arbeiten nicht verzögerungsfrei, weil *innerhalb* des Taktes die Zündung erfolgt. Fast verzögerungsfrei arbeiten dagegen Gleichstromsteller mit Transistoren oder IGBTs. Diese werden in einer Brückenschaltung betrieben. Freilaufdioden sind wegen der Induktivität des Motors erforderlich.

A

Art, Eignung	Schaltung des Leistungsteils	Bemerkungen, Anwendungen

Zwischenkreisumrichter (U-Umrichter) mit Pulsamplitudenmodulation PAM

Art, Eignung: Maschinenstromrichter eines U-Umrichters für Vierquadrantenbetrieb ohne Energierückspeisung, mit Blindleistungsdioden (Netzstromrichter B 6 U oder B 6 C)

Schaltung des Leistungsteils:

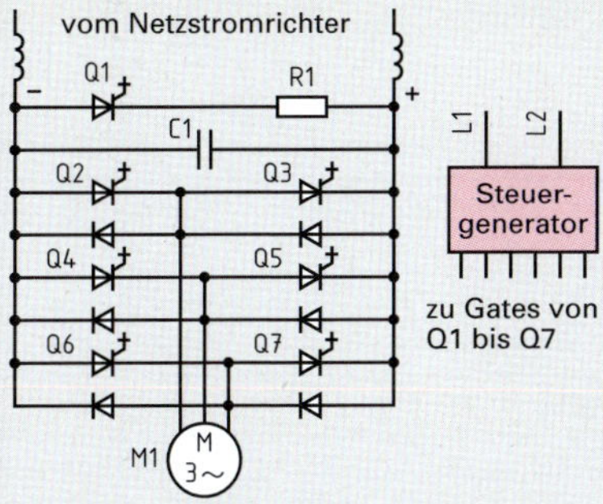

Für Energierückspeisung entfallen R1 und Q1, jedoch muss dann der Netzstromrichter ein gegenparalleler Stromrichter sein.

Bemerkungen, Anwendungen:

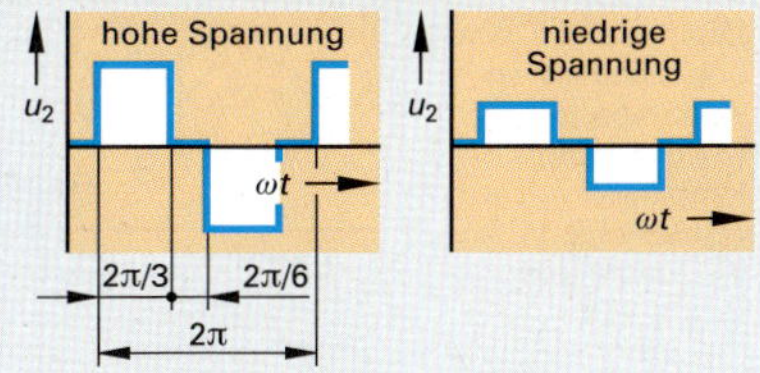

Wegen C1 besteht nicht dauernd eine Verbindung zwischen Last und Netz. Deshalb werden *Blindleistungsdioden* gegenparallel zu den Thyristoren bzw. IGBTs geschaltet.

Bei der *Pulsamplitudenmodulation (PAM)* wird die Höhe der Rechteckimpulse je nach Spannungsbedarf durch Steuern der Zwischenkreisspannung eingestellt.

Zwischenkreisumrichter (U-Umrichter) mit Pulsweitenmodulation PWM

Art, Eignung: Maschinenstromrichter eines U-Umrichters für Vierquadrantenbetrieb (Netzstromrichter B 6 U oder B 6 C, Zwischenkreis wie bei Pulsamplitudenmodulation)

Schaltung des Leistungsteils:

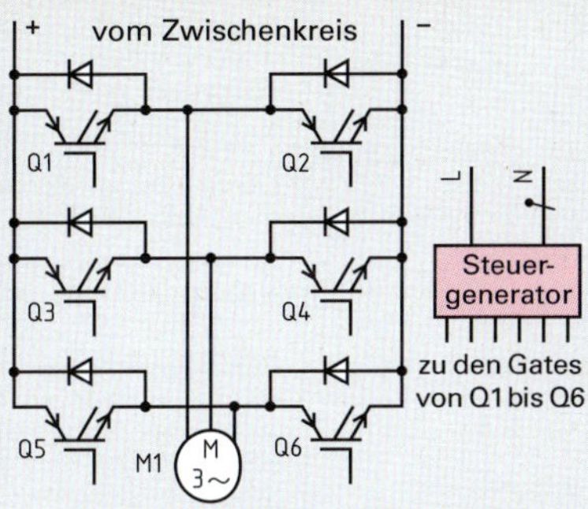

Für Vierquadrantenbetrieb mit Energierückspeisung muss der Netzstromrichter eine Gegenparallelschaltung von (B6U) I (B6C) oder (B6C) I (B6C) sein.

Bemerkungen, Anwendungen:

Maschinenstromrichter mit Transistoren haben beim Ansteuern fast keine Totzeit.

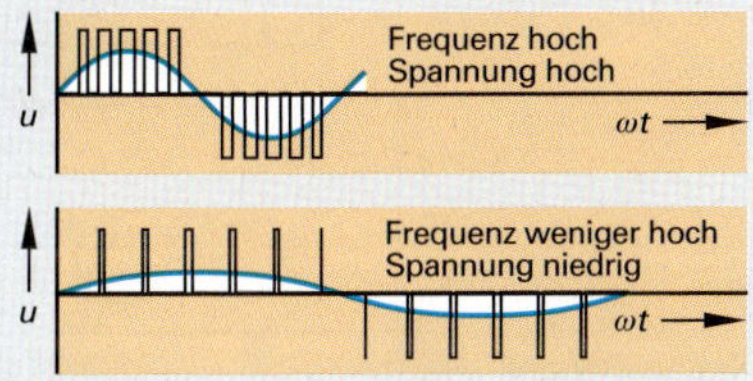

Bei der *Pulsweitenmodulation (PWM)* wird innerhalb jeder Halbperiode die Weite der Impulse der erforderlichen Spannung angepasst. Die *Spannungssteuerung* erfolgt oft (siehe auch weiter unten) durch Einstellung der Pausendauer, die *Frequenzsteuerung* durch Steuerung der Impulsanzahl einer Halbperiode.

Art, Eignung: U-Umrichter für PWM mit variabler Amplitude für Zweiquadrantenbetrieb

Schaltung des Leistungsteils:

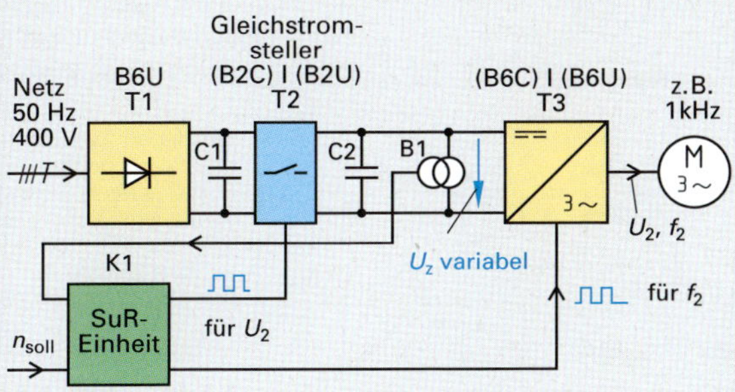

Bemerkungen, Anwendungen: Am Ausgang von T1 liegt wegen B 6 U eine konstante U_z. Diese wird von einem Gleichstromsteller T2 je nach Bedarf herabgesetzt. In T3 wird die variable U_z mit hoher Frequenz (bis 50 kHz) so getaktet, dass eine PWM entsteht, bei der aber je nach Funktion von T2 die Höhe des Pulses verschieden ist. Die Spannungssteuerung erfolgt durch Steuerung der Pausendauer und durch Steuerung der Höhe von U_z.

B1	Spannungswandler DC/DC	U_z	Zwischenkreis-Spannung
SuR	Steuern und Regeln	I	Gegenparallelschaltung

Stromrichter für Antriebe Converter for Drives

Quadranten der Antriebstechnik

Erklärung	Form 1 (zu bevorzugende Form)	Form 2
Quadranten 1 bis 4 von elektrischen Antrieben je nach Art der Motorkennlinie (Unterschiede in Quadranten 2 und 4)	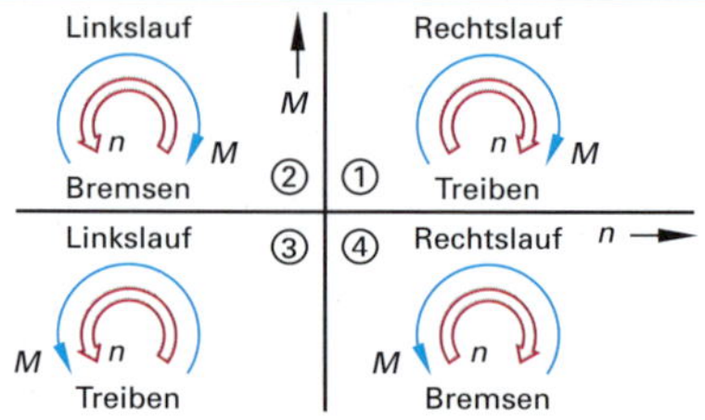	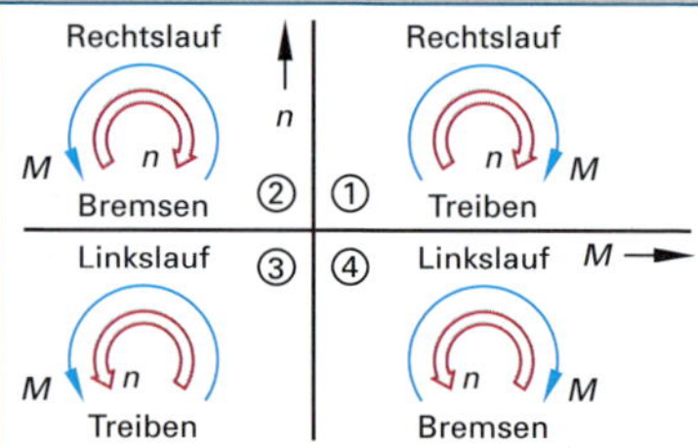

Stromrichter für Gleichstromantriebe

Art, Eignung	Schaltung des Leistungsteils	Bemerkungen, Anwendungen
Halbgesteuerte Brückenschaltung B6HK für den Anker und ungesteuerte Brückenschaltung B2U für die Erregerwicklung Quadrant 1 oder 3	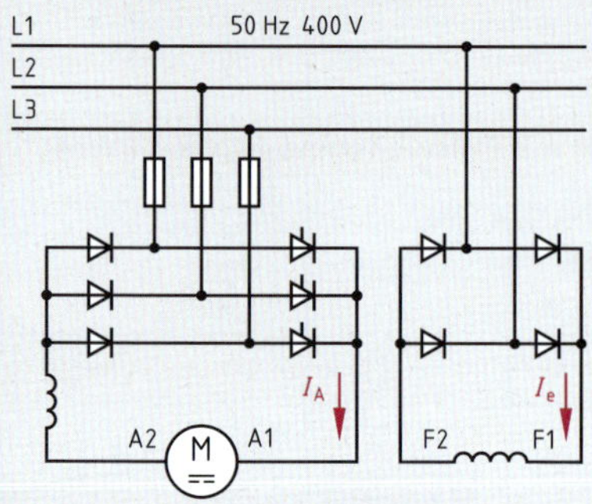	Diese Gleichrichterschaltung dient zur Drehzahlsteuerung von fremderregten Gleichstrommotoren, die nur in *einer* Drehrichtung arbeiten müssen. Die Gleichrichterschaltung B2U wird bei Motorleistungen bis etwa 4 kW angewendet, darüber Schaltung B6U. Die Drehrichtung kann mit einem Wendeschalter im Ankerkreis oder im Erregerkreis geändert werden. Nutzbremsung ist nicht möglich. Die Schaltung wird nur bei einfachen Antrieben angewendet. An Stelle der Thyristoren werden in Niederspannungsanlagen IGBTs eingesetzt.
Halbgesteuerte Brückenschaltung (B2HK) I (B2HK) für den Anker Quadranten 1 und 3	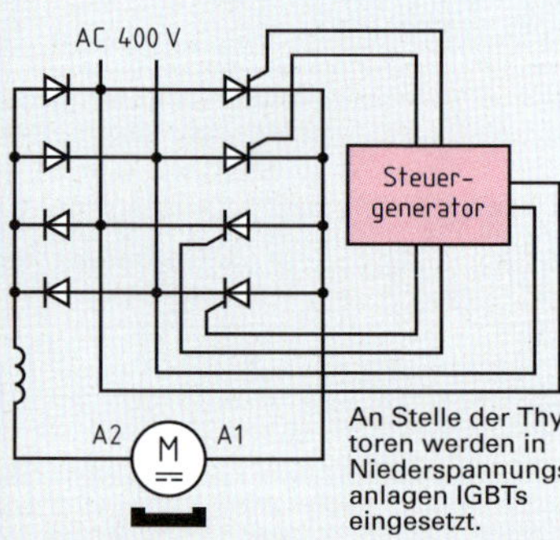An Stelle der Thyristoren werden in Niederspannungsanlagen IGBTs eingesetzt.	Bei diesem Umkehrgleichrichter sind zwei Brückenschaltungen gegenparallel an den Anker des fremderregten Motors angeschlossen. Der Steuergenerator für die Anschnittsteuerung muss so beschaffen sein, dass entweder nur die eine oder die andere Brückenschaltung arbeitet. Die Drehrichtung des Motors kann durch Änderung der Ansteuerung beeinflusst werden. Bei Motorleistungen über etwa 4 kW werden B6-Schaltungen verwendet. Nutzbremsung ist nicht möglich. Die Schaltung wird bei Antrieben mit beiden Drehrichtungen verwendet. I (von invers) Gegenparallelschaltung
Vollgesteuerte Brückenschaltung (B6C) I (B6C) für den Anker Quadranten 1, 2, 3, 4	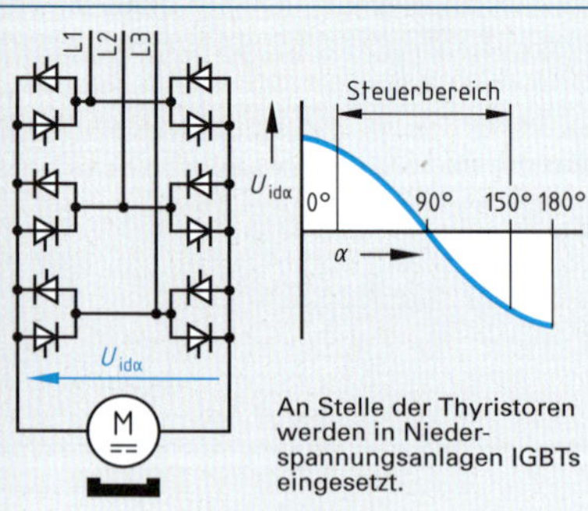An Stelle der Thyristoren werden in Niederspannungsanlagen IGBTs eingesetzt.	Für diesen Zweirichtungs-Stromrichter für beide Drehrichtungen (Umkehrstromrichter) ist je nach Ansteuerung der einen oder der anderen vollgesteuerten Brückenschaltung Gleichrichterbetrieb oder Wechselrichterbetrieb möglich. Wird immer mit derselben Drehrichtung gearbeitet, dann genügt eine vollgesteuerte Brückenschaltung B6C. Nutzbremsung ist möglich. Bei Motorleistungen bis etwa 4 kW verwendet man B2-Schaltungen. Anwendung bei hochwertigen Antrieben, z. B. von Werkzeugmaschinen. I (von invers) Gegenparallelschaltung

Transformatoren der Energietechnik Transformers for Power Engineering

Ansicht	Erklärung	Bemerkungen
Einphasentransformatoren		
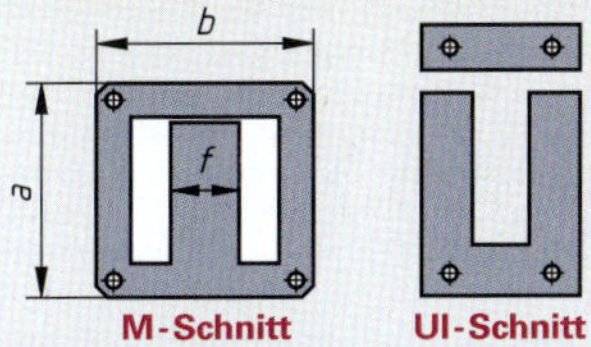**Blechschnitte für Kleintransformatoren**	Der Kern (Seite 54) ist der Teil des Transformators, der OS und US magnetisch verbindet. Er ist Träger der Wicklungen (Seite 54) und besteht aus dünnem Stahlblech von etwa 0,3 mm Dicke. Zur Verringerung von Wirbelströmen ist dieses isoliert und mit Silicium legiert.	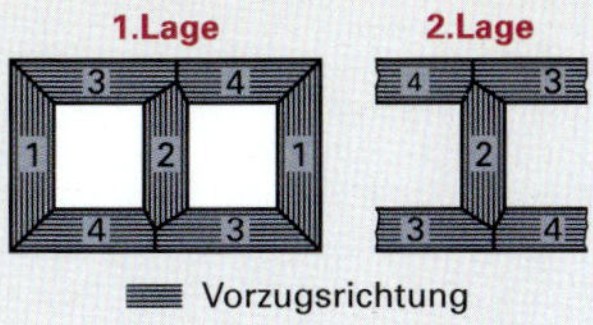**Schichtplan für Trafo 50 kVA**
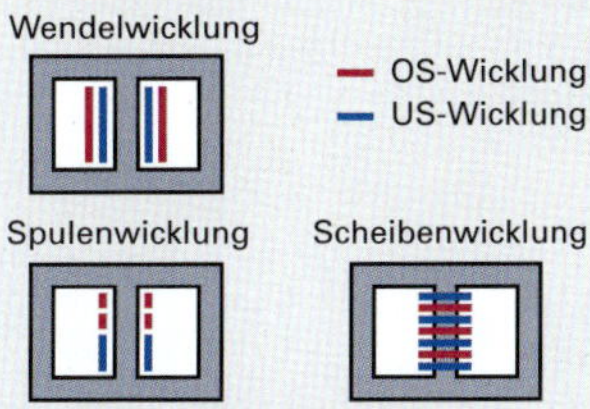**Wicklungsanordnungen bei M-Form oder EI-Form**	Die Wicklung ist geteilt in OS-Wicklung und US-Wicklung. Sie besteht aus isoliertem Cu (Seite 54) und liegt auf einem oder mehreren Schenkeln des Kernes. Bei Kernen der M-Form oder der ähnlichen EI-Form liegen US-Wicklung und OS-Wicklung gemeinsam auf dem mittleren Schenkel. Bei UI-Schnitten liegen OS- und US-Wicklung meist getrennt auf je einem Schenkel.	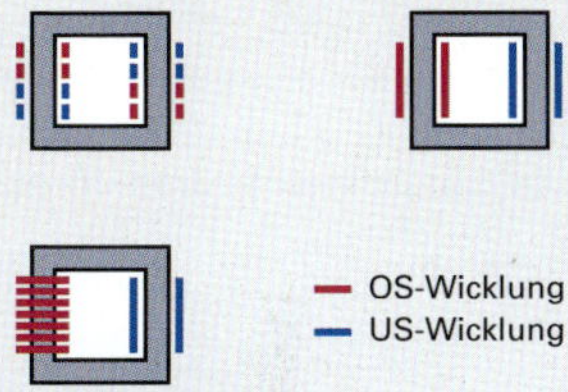**Wicklungsanordnungen bei UI-Form**
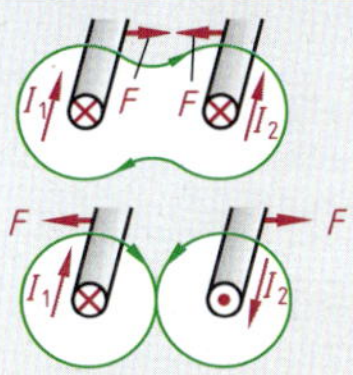**Kräfte bei Strömen**	Nebeneinander liegende Leiter, die vom selben Strom durchflossen werden, ziehen einander an. Nebeneinander liegende Leiter, die von Strömen mit entgegengesetzter Richtung durchflossen werden, stoßen sich ab. Die auftretenden Kräfte sind bei Kurzschluss sehr groß. Deshalb müssen Transformatoren mechanisch fest sein.	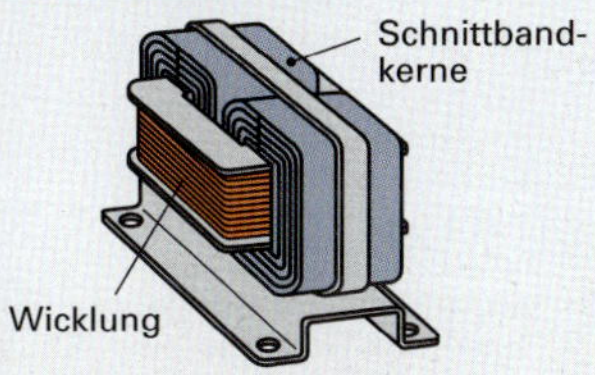**Trafo mit Schnittbandkern**
Drehstromtransformatoren		
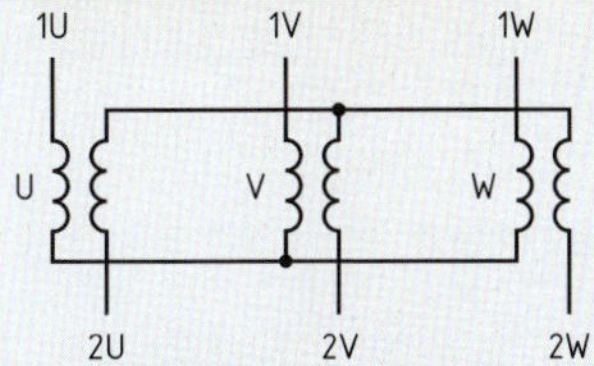**Transformatorensatz für 3AC**	Grundsätzlich wirken bei Drehstrom (Dreiphasenwechselstrom) drei Einphasentrafos als Drehstromtransformator. An die Außenleiter L1, L2, L3 werden angeschlossen die Stränge U, V, W. Eine vorgesetzte 1 bedeutet höhere Spannung bzw. 2 tiefere Spannung (Seite 283).	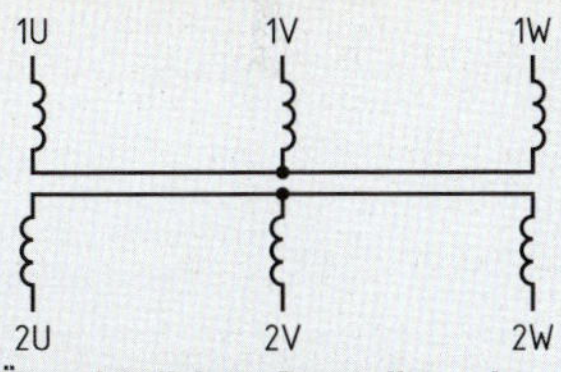**Übersichtlichere Darstellung des Transforatorensatzes**
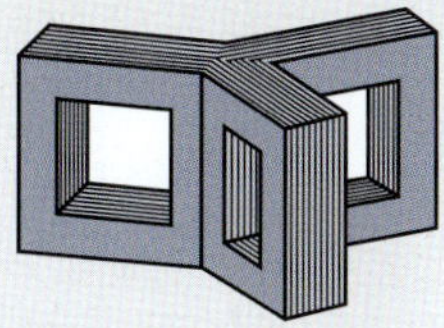**Zur Herleitung des Dreischenkelkerns**	Meist werden Dreischenkelkerne verwendet, die wie drei UI-Kerne wirken. In den drei mittleren Kern-Schenkeln ist $\Sigma\Phi = 0$, sodass die Schenkel entfallen können. Die übrig bleibenden Schenkel liegen in einer Ebene. Schaltungen der 3AC-Transformatoren siehe folgende Seite.	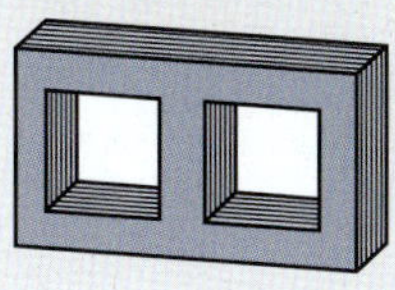**Dreischenkelkern**

AC Wechselstrom	3AC Drehstrom	Cu Kupfer	Σ Summe
OS Oberspannung	US Unterspannung		Φ magnetischer Fluss

A

Transformatoren für Drehstrom   Transformers for Three-phase Current

Leistungsschild

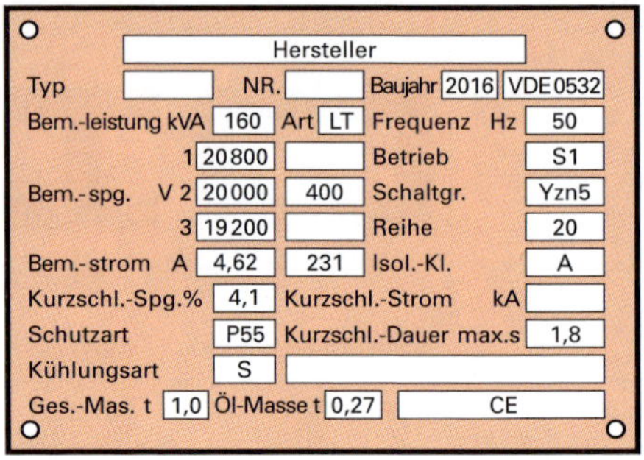

Angegeben sind Name des Herstellers, Transformatortyp, Herstellungsnummer, Baujahr, zugrunde liegende VDE-Bestimmung, Bemessungsleistung, Art des Transformators (z.B. LT für Leistungstransformator), Frequenz, Bemessungsbetriebsart, Oberspannungen (je nach Einstellung des Umspanners), Unterspannung, Schaltgruppe, Reihe (für Isolation maßgebende Spannung in kV), Bemessungsströme, Isolationsklasse, Schutzart IP, Kühlungsart, z.B. S für Selbstkühlung, relative Kurzschlussspannung.

Weitere Angaben sind möglich. Einzelne Angaben können aber auch fehlen.

Statt Bemessungs-, z.B. Bemessungsleistung, verwenden manche Bestimmungen auch Nenn-, z.B. Nennleistung.

Die Angaben auf Leistungsschildern können herstellerabhängig verschieden angeordnet sein.

Übliche Drehstromtransformatoren

Zeigerbild OS	Übersetzung $U_1 : U_2$	Schaltgruppe	Schaltung OS US	Zeigerbild US	Schaltgruppe	Schaltung OS US	Zeigerbild US
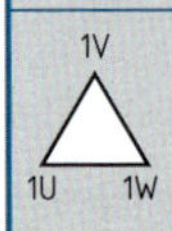	$\frac{N_1}{N_2}$	Dreieck-Dreieck Dd0	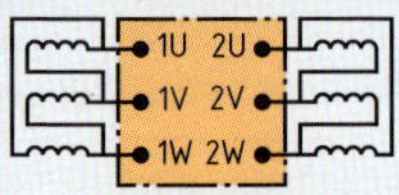	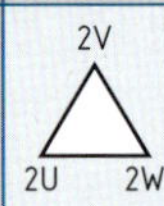	Dreieck-Dreieck Dd6	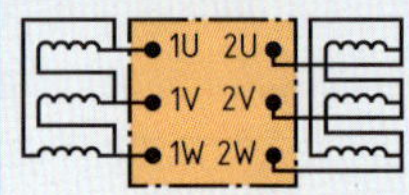	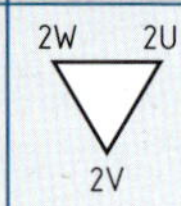
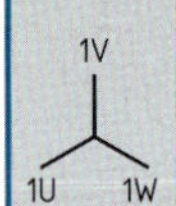	$\frac{N_1}{N_2}$	Stern-Stern Yy0	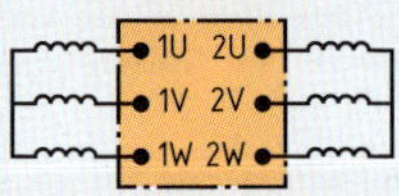	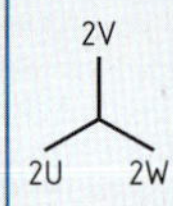	Stern-Stern Yy6	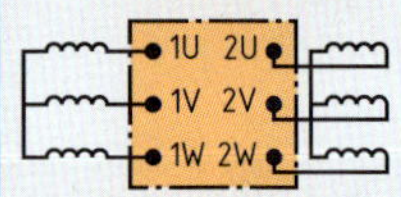	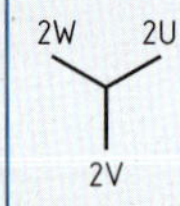
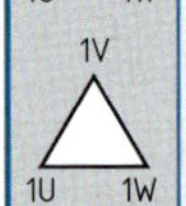	$\frac{N_1}{\sqrt{3}\,N_2}$	Dreieck-Stern Dy5	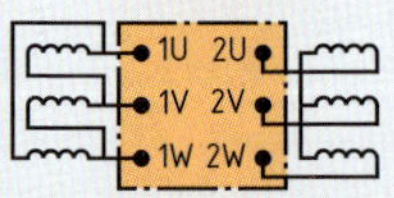	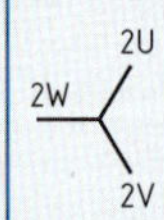	Dreieck-Stern Dy11	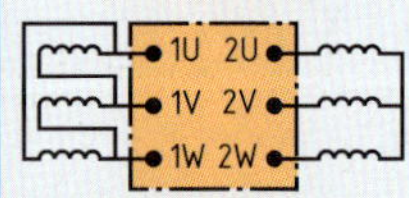	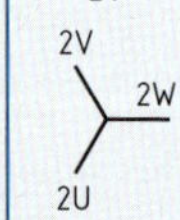
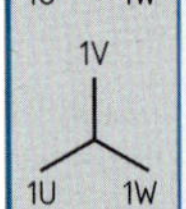	$\frac{\sqrt{3}\,N_1}{N_2}$	Stern-Dreieck Yd5	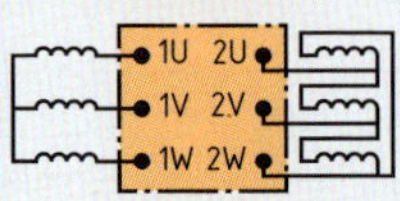	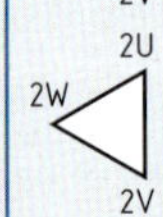	Stern-Dreieck Yd11	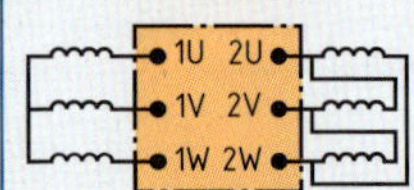	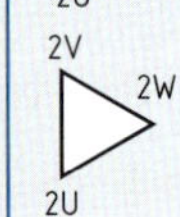
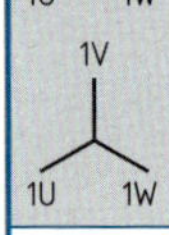	$\frac{2\,N_1}{\sqrt{3}\,N_2}$	Stern-Zickzack Yz5	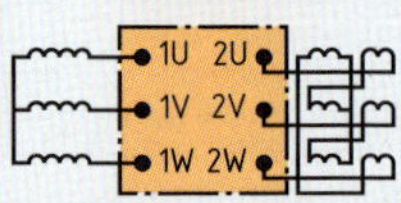	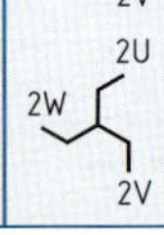	Stern-Zickzack Yz11	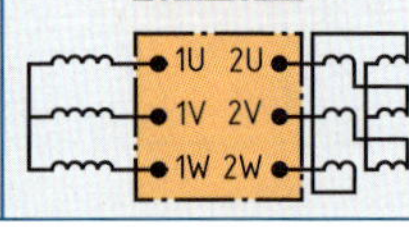	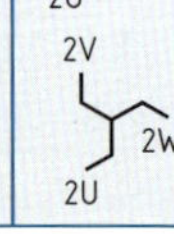

N_1 und N_2 sind Windungszahlen je Strang; U_1 und U_2 sind Leiterspannungen (Dreieckspannungen) bei Leerlauf. Ist der Sternpunkt herausgeführt, wird an die betreffende Schaltung ein n bzw. N angehängt, z.B. Dyn5 oder YNd5.

Spartransformator, Transformatorensätze

Schaltgruppe	Zeigerbild OS	Schaltung OS US	Zeigerbild US	Schaltgruppe	Zeigerbild OS	Schaltung OS US	Zeigerbild US
Y0	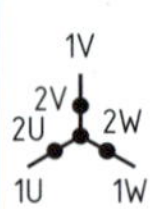	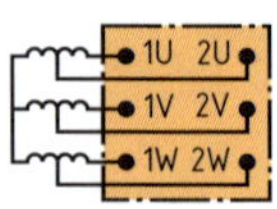	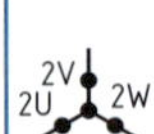	Ii0		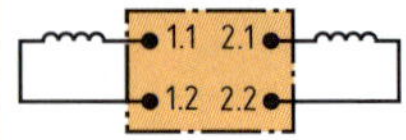 Einphasentransformator für Drehstromsätze	

Transformatorensätze (Transformatorenbänke) bestehen aus Einphasentransformatoren, die wie die Wicklungen eines Drehstromtransformators geschaltet sind, z.B. zu Dy11 (Oberspannungsseiten OS in Dreieck, Unterspannungsseiten US in Stern).

Regelung der Netzspannung   Controlling of Grid Voltage

Begriffe	Erklärung	Schaltung, Daten
Umsteller stromlose Betätigung nicht für Regelung	Die Änderung der Spannung erfolgt durch Änderung der Windungszahl durch einen Umsteller genannten Schalter, und zwar über Anzapfungen der OS-Wicklung in Stufen bis etwa 4 % der Nennspannung vom Trafo. Der Umsteller darf gegen Kurzschlüsse beim Umschalten nur stromlos betätigt werden und ist deshalb ungeeignet für eine fortlaufende Regelung.	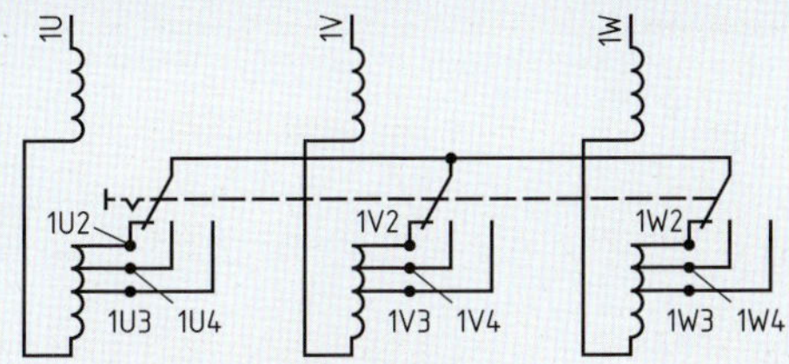 **Schaltung des Umstellers**
Stelltransformator Wicklungsanzapfung Stufenwicklung Stammwicklung	Für die fortlaufende Regelung sind *Stelltransformatoren* geeignet, bei denen die Windungszahl unter Netzspannung geändert werden kann. Dafür wird wegen des kleineren Stroms die Windungszahl der Oberspannungswicklung über Anzapfungen mittels eines Stufenschalters eingestellt. Meist genügt eine Änderung der Windungszahl bis etwa 4 %. Deshalb sind etwa 4 % der OS-Wicklung als Stufenwicklung mit Anzapfungen ausgeführt. Der Teil der OS-Wicklung ohne Anzapfungen ist die *Stammwicklung*.	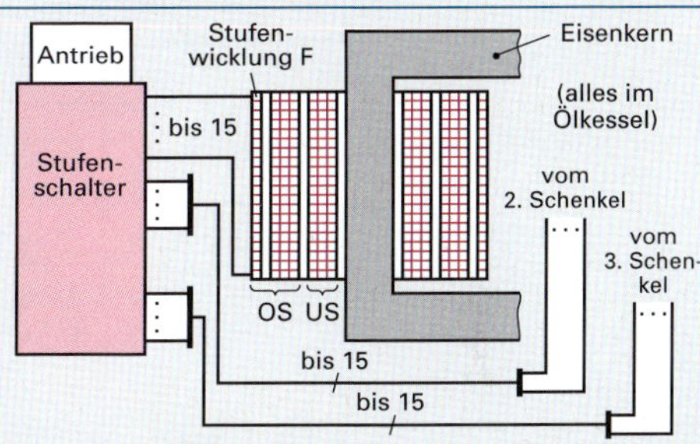 **Anschluss des Stufenschalters am Stelltransformator**
Stufenschalter häufige Spannungsänderung elektronische Regelung Stufenwähler Lastwähler Thyristoren Wendeschalter	Die Trafospannung muss wegen der täglichen Änderung von Last und Einspeisung, z. B. bei Änderung von Wind oder Beleuchtung, täglich bis zu 1000 Mal geregelt werden. Dazu wird die Spannung im 400-V-Netz gemessen und elektronisch im Oberspannungsnetz geregelt. Beim dafür erforderlichen Stufenschalter wird die beabsichtigte Windungszahl der Stufenwicklung stromlos über Stufenwähler eingestellt und dann über dämpfende Widerstände durch Lastwähler umgeschaltet. Die Umschaltung erfolgt z. B. mit Thyristoren. Ein Wendeschalter Q1 ermöglicht das Umschalten der Stufenwicklung von Erhöhung der Spannung auf Herabsetzung derselben.	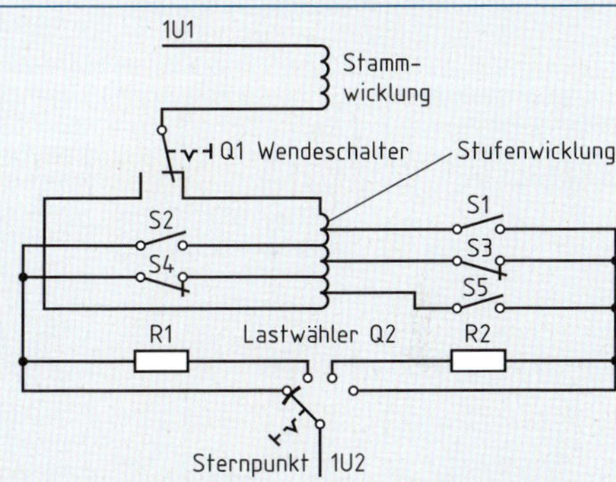 **Prinzip eines Stranges des Stufenschalters für 3AC-Trafo**
Zusatztransformator Längsregelung Querregelung	Beim obigen Stelltransformator haben die Spannungszeiger von Stufen- und Stammwicklungen dieselbe Richtung. Man spricht von Längsrichtung und *Längsregelung*. Man kann aber die Stränge der Stufenwicklung mit Teilen der Stammwicklung zu einem *Zusatztransformator* schalten. Hat dieser statt der Sternschaltung eine Dreieckschaltung, so können die Zeiger der Spannungen von Stamm- und Stufenwicklung quer zueinander liegen. Die Regelung ist dadurch eine *Querregelung*.	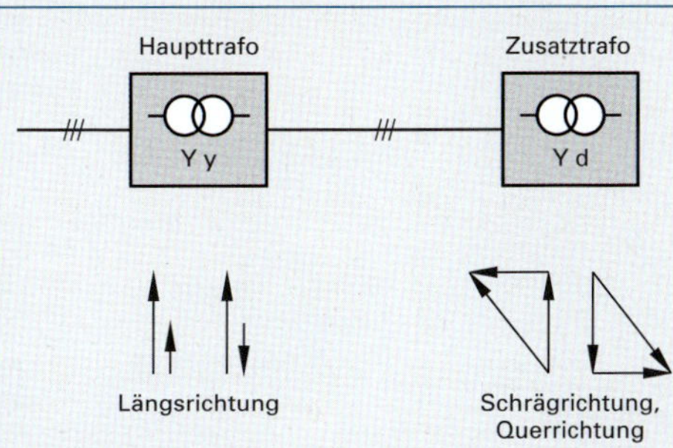 **Zeiger bei Längs- und Querregelung von Drehstromtransforatoren**

A

Betriebsarten Operating Modes

Betriebsarten S1 bis S9

Betriebsart	Leistung, Temperatur	Betriebsbedingungen, Bemerkungen, Anwendungen
Dauerbetrieb **S1**	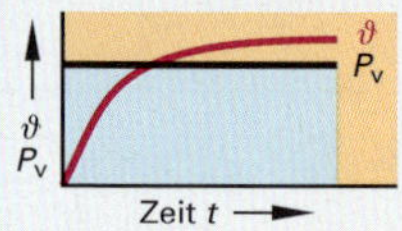	Unter Bemessungslast wird eine gleichbleibende Temperatur erreicht, die auch bei längerem Betrieb nicht mehr ansteigt. Das Betriebsmittel kann pausenlos unter Bemessungslast arbeiten, ohne dass die zulässige Temperatur überschritten wird. Beispiel: Antriebsmotor für Wasserwerkspumpe.
Kurzzeitbetrieb **S2**	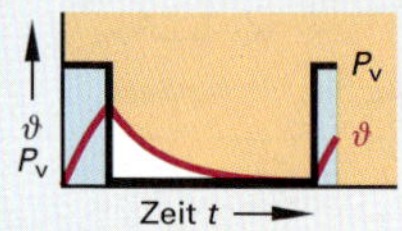	Die Betriebsdauer unter Bemessungslast ist kurz im Vergleich zur folgenden Pause. Bei Betriebsdauern von 10 min, 30 min, 90 min kann das Betriebsmittel unter Bemessungslast arbeiten, ohne dass die zulässige Temperatur überschritten wird. Beispiel: Antriebsmotor für Garagentor.
Aussetzbetriebe[1] **S3, S4, S5**	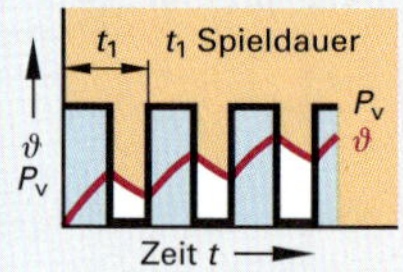	Betriebsdauer unter Bemessungslast und die folgende Pause sind kurz. Das Betriebsmittel kann unter Bemessungslast nur während der angegebenen ED (Einschaltdauer) in % der Spieldauer arbeiten. Genormte ED: 15%, 25%, 40%, 60%. Die Spieldauer beträgt 10 min, wenn nicht anders angegeben. Beispiele: Hebezeugmotor (S3), Antriebsmotor für Schalttisch (S4), Antriebsmotor für Positionierung (S5).
Ununterbrochener periodischer Betrieb mit Aussetzbelastung **S6**	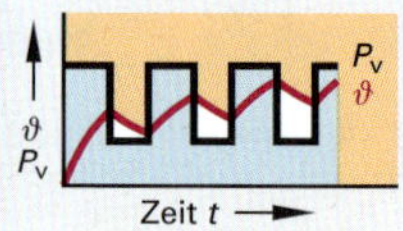	Diese Betriebsart entspricht S3, jedoch bleibt in den Belastungspausen das Betriebsmittel eingeschaltet, arbeitet also im Leerlauf. Einschaltdauer und Spieldauer werden wie bei S3 angegeben. Beispiel: Bohrmaschine (sofern leer durchlaufend).
Ununterbrochener periodischer Betrieb mit elektrischer Bremsung **S7**	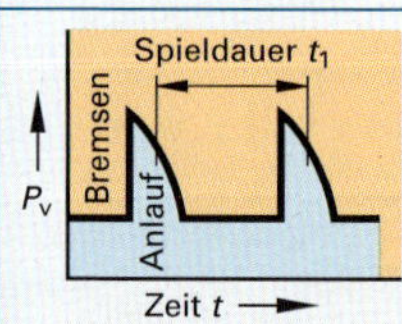	Die Maschine läuft dauernd unter wechselnder Last und mit häufig wechselnder Drehzahl. Die Maschine kann in dieser Weise pausenlos arbeiten, wenn für jede Drehzahl die angegebenen Werte nicht überschritten werden (Trägheitsmomente J_M Motor und J_{ext} Last, Spieldauer, wenn von 10 min abweichend, Bemessungsleistungen und Einschaltdauer). Beispiel: Aufzugsmotor.
Ununterbrochener periodischer Betrieb mit Drehzahländerung **S8**	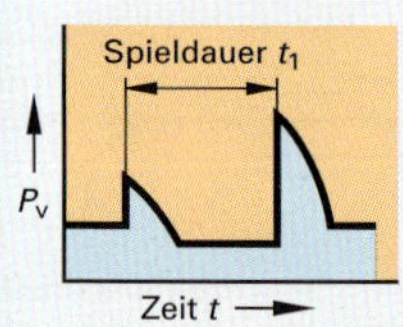	Die Maschine läuft an, wird belastet und danach elektrisch gebremst, z. B. durch Einspeisen von Gleichstrom. Anschließend läuft sie sofort wieder hoch. Die Maschine kann in dieser Weise pausenlos arbeiten, wenn die angegebenen Trägheitsmomente J_M des Motors und J_{ext} der Last sowie die Spieldauer nicht überschritten werden. Wenn keine Spieldauer angegeben ist, so beträgt sie 10 min. Beispiel: Antriebsmotor für Fertigungseinrichtung.
Ununterbrochener Betrieb mit nichtperiodischer Last- und Drehzahländerung **S9**	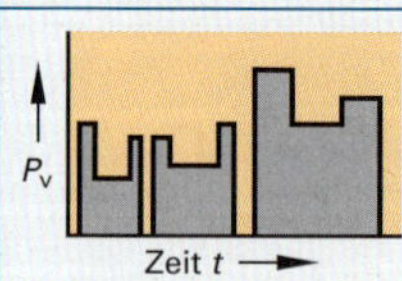	Ein Betrieb, bei dem sich Last und Drehzahl innerhalb des Betriebsbereiches nichtperiodisch ändern. Dabei treten Lastspitzen auf, die weit über der Bemessungsleistung liegen können. Beispiel: Motor für Presse.
Betrieb mit einzelnen konstanten Lasten **S10**	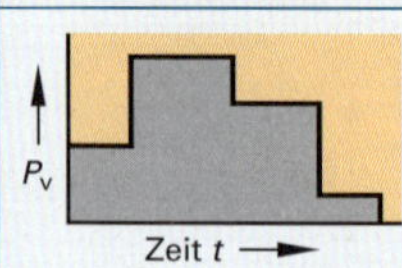	Bei S10 sind bis zu vier verschieden große Lasten vorhanden. Jede dieser Lasten hält so lange an, bis die Maschine eine konstant bleibende Temperatur erreicht hat. Die kleinste Last darf den Wert null haben, z. B. stromlose Pause. Die Kennzeichnung S10 muss ergänzt werden durch die Angabe von $P_v/\Delta t$ (Verlustleistung je Zeitanteil der Spieldauer, z. B. S10 1,2/0,4).

[1] Bei S3 ist der Anlaufstrom für die Erwärmung unerheblich. Bei S4 ist der Anlaufstrom für die Erwärmung erheblich. Bei S5 erwärmt zusätzlich der Bremsstrom die Maschine. Bei S4 und S5 sind zusätzlich zur Einschaltdauer ED das Trägheitsmoment J_M des Motors und das externe (äußere) Trägheitsmoment J_{ext} der Last angegeben.

A

Temperaturbeständigkeitsklassen von Isolierstoffen

Thermische Klasse, Isolierstoffklasse	Höchstzulässige Dauertemperatur in °C	Isolierstoffe (Beispiele)	Zulässige Übertemperatur bei Wicklungen in K	
			mit Widerstandsmessung gemessen	mit Temperaturfühlern gemessen
90 Y	< 105	Organische Faserstoffe (Baumwolle, Seide, Papier), Polyvinylchlorid, Polystyrol	50	55
105 A	< 120	Organische Faserstoffe, getränkt Abgewandelte Öllacke für Drähte Zelluloseacetatfolien, Polyester-Harze, synthetischer Gummi	60	65
120 E	< 130	Hartpapier, Hartgewebe, ausgehärtete Pressmassen (Phenol-, Melamin-, Polyester-, Epoxid-Harze), Kunstharzlacke Elektropressspan in Verbindung mit Folien Kl. E Triacetatfolien, Spritzgussmassen aus Polyamid	75	–
130 B	< 155	Glas, Glimmer mit Bindemitteln der Klasse E, Kunstharzlacke der Klasse B, getränkt Polycarbonatfolien, Spritzgussmassen aus Polycarbonat, getränkt	80	85
155 F	< 180	Glas, Glimmer mit abgewandelten Silikonharzen, Terephthalsäureesterlacke, getränkt	105	110
180 H	< 200	Glas, Glimmer mit Silikonharzen, Silikon-Kautschuk, aromatische Polyamide, getränkt	125	130
C	< 220	Glas, Glimmer, Keramik, Quarz, Polyimide, Polytetrafluorethylen, getränkt	begrenzt durch Einfluss auf benachbarte Isolierung	

Thermische Klasse ist nach DIN EN 60085 ein Zahlenwert, der mit dem Zahlenwert derjenigen *Temperatur* in Grad Celsius identisch (übereinstimmend) ist, die von dem elektrischen Isoliermaterial EIM auf Dauer ausgehalten wird, ohne dass die *Lebensdauer* der Isolierung verkürzt wird. Daneben wird nach DIN EN 60085 ein *relativer thermischer Lebensdauer-Beständigkeitsindex RTE* (RTE von Relative Thermal Existance) angegeben, der den Bereich angibt, in dem das EIM verwendet werden kann, allerdings je nach Höhe der Temperatur zu Lasten der Lebensdauer. Für die thermische Klasse 90 reicht der RTE von ≥90 °C bis < 105 °C. Die zweite Temperatur von < 105 °C bezeichnen wir hier als *höchstzulässige Dauertemperatur*. Diese kann lange Zeit auf das EIM wirken, jedoch ist die Lebensdauer der Isolierung dann kürzer als bei 90 °C.

Isolierstoffklasse ist die frühere Bezeichnung nach DIN VDE, die aber noch häufig angewendet wird.

A

Drehende elektrische Maschinen, Bemessungsleistungen bei Dauerbetrieb

Leistungsabgabe (Bem.-leistung) kW	Ströme in A bei Motoren mit voller Belastung bei $\cos \varphi = 0{,}8$									
	Drehstrommotoren				Einphasenmotoren		Gleichstrommotoren			
	400 V	Läuferspannung und -strom beim Schleifringläufer V	A	bei η	230 V	bei η	110 V	220 V	440 V	bei η
0,06	0,3			0,4	1,1	0,3	1,5	0,7	0,4	0,4
0,09	0,4			0,4	1,6	0,3	2,0	1,0	0,5	0,4
0,12	0,5			0,5	1,7	0,4	2,2	1,1	0,6	0,5
0,18	0,7			0,5	2,4	0,4	3,5	1,6	0,8	0,5
0,25	0,8			0,6	2,7	0,5	4,0	1,9	1,0	0,6
0,37	1,2	49	5	0,6	4,0	0,5	5,8	2,8	1,4	0,6
0,55	1,7	53	7	0,6	6,0	0,5	7,5	3,6	1,8	0,7
0,75	2,0	57	10	0,7	6,8	0,6	10	4,9	2,4	0,7
1,1	2,5	65	12	0,8	10	0,6	13	6,3	3,1	0,8
1,5	3,4	80	14	0,8	14	0,6	17,5	8,6	4,3	0,8
2,2	5,0	82	19	0,8	17	0,7	24	12	6,3	0,8
3	6,8	100	21	0,8	23	0,7	34	17	8,5	0,8
4	9,0	114	23	0,8	31	0,7	46	23	11	0,8
5,5	12,4	145	26	0,8	37	0,8	62	31	16	0,8
7,5	16,9	160	32	0,8	51	0,8	84	42	21	0,8
11	24	184	40	0,8	78	0,8	–	59	29	0,85
15	30	220	44	0,9	106	0,8	–	80	40	0,85
18,5	37	240	47	0,9	–	–	–	99	49	0,85
22	44	270	52	0,9	–	–	–	118	59	0,85
30	60	310	59	0,9	–	–	–	160	80	0,85

Betriebsdaten von Käfigläufermotoren Operating Data of Squirrel Cage Motors

Größe	P_N in kW	n_N in 1/min	I_N in A	M_N in Nm	η in %	$\cos\varphi$	$\frac{I_A}{I_N}$	$\frac{M_A}{M_N}$	$\frac{M_K}{M_N}$	m in kg
Drehstrommotoren S1 bei 50 Hz/400 V, nicht polumschaltbar IP55, Oberflächenkühlung										
Drehfelddrehzahl n_s = 3 000/min										
56	0,12	2 760	0,4	0,42	55	0,80	4,5	2,0	2,0	3,5
63	0,25	2 765	0,7	0,86	65	0,81	4,5	2,3	2,2	4,0
71	0,55	2 800	1,3	1,88	70	0,85	4,9	2,3	2,2	6,5
80M	1,1	2 850	2,4	3,69	77	0,85	5,2	2,4	2,3	11
90S	1,5	2 860	3,2	5,0	82	0,82	6,2	2,5	2,4	12,9
90L	2,2	2 860	4,6	7,3	82	0,85	6,8	2,8	2,6	14,8
100L	3	2 895	6,1	9,9	83	0,85	7,2	2,4	2,6	21
112M	4	2 895	7,8	13	84	0,88	7,6	2,4	2,8	25
132S	5,5	2 925	10,6	18	85	0,88	7,0	2,2	2,6	43
132M	7,5	2 925	14,3	24	86	0,88	7,5	2,4	2,6	50
160M	15	2 935	29	49	90	0,84	7,1	2,1	3,0	82
160L	18,5	2 940	34	60	91	0,86	7,5	2,3	3,1	92
Drehfelddrehzahl n_s = 1500/min										
56	0,09	1 300	0,3	0,66	52	0,75	2,7	1,7	2,0	3,3
63	0,18	1 325	0,6	1,30	60	0,77	2,7	1,7	2,0	3,8
71	0,37	1 375	1,1	2,6	62	0,78	3,2	1,7	2,0	4,5
80M	0,75	1 400	1,8	5,1	74	0,80	5,0	2,3	2,1	8,0
90S	1,1	1 405	2,6	7,5	75	0,81	5,0	2,1	2,2	12,3
90L	1,5	1 410	3,5	10	75	0,82	5,2	2,2	2,2	14,5
100L	3	1 415	6,5	20	81	0,82	6,2	2,7	2,5	24
112M	4	1 435	8,4	27	83	0,83	7,0	2,9	2,6	29
132S	5,5	1 450	11	36	84	0,85	7,0	2,2	2,3	39
132M	7,5	1 450	15	49	86	0,85	7,6	2,4	2,7	53
180S	18,5	1 460	35	121	91	0,85	6,2	2,6	2,8	165
180M	22	1 460	41	144	91	0,85	6,4	2,6	2,8	180
Polumschaltbare Drehstrommotoren in Dahlanderschaltung n_s = 1500/min bzw. 3 000/min										
71	0,37	1 370	1,2	2,6	62	0,72	3,2	1,6	2,0	5,0
	0,55	2 760	1,7	1,9	65	0,74	3,3	1,7	2,0	
80	0,55	1 400	1,6	3,8	65	0,75	4,3	1,7	1,9	8,0
	0,75	2 850	2,0	2,6	70	0,77	4,5	1,8	2,0	
90S	1,0	1 430	2,7	6,7	69	0,77	5,3	1,8	2,0	13
	1,2	2 890	3,0	4,0	75	0,78	5,4	1,9	2,0	
100L	2,0	1 450	5,0	13	72	0,80	5,9	2,1	2,1	21
	2,6	2 900	5,8	8,36	76	0,85	6,6	2,2	2,1	

Einphasenwechselstrommotoren mit Betriebskondensator bei 50 Hz/230 V

Größe	P_N in kW	n_N in 1/min	I_N in A	$\cos\varphi$	$\frac{I_A}{I_N}$	$\frac{M_A}{M_N}$	C_B in µF	U_C in V	$\frac{M_K}{M_N}$	m in kg
63	0,12	2 800	1,2	0,94	3,0	0,6	4	400	2,0	5
71	0,5	2 760	2,4	0,95	3,0	0,45	10	400	2,0	8
80	0,9	2 800	6,2	0,97	4,0	0,35	20	400	2,0	11
90S	1,1	2 820	7,4	0,97	3,4	0,38	30	400	2,6	14
90L	1,7	2 800	11	0,97	3,5	0,35	40	400	2,8	17
63	0,12	1 390	1,2	0,94	2	0,54	5	400	3,0	5
71	0,3	1 380	1,6	0,95	2,6	0,52	12	400	3,0	8
80	0,6	1 380	4,1	0,94	3,3	0,64	16	400	2,9	11

C_B Kapazität des Betriebskondensators, $\cos\varphi$ Leistungsfaktor, I_A Anzugsstrom, I_N Bemessungsstrom, m Masse, M_A Anzugsmoment, M_K Kippmoment, M_N Bemessungsmoment, n_N Bemessungsdrehzahl, n_s Drehfelddrehzahl, P_N Bemessungsleistung, U_C Kondensatorspannung, η (Eta) Wirkungsgrad, φ (Phi) Phasenverschiebungswinkel.
S von short = kurz, L von long = lang, M von medium = mittel

Die Werte der Tabelle wurden Firmenkatalogen entnommen und entsprechen nicht immer den Normen.

Bauformen von drehenden elektrischen Maschinen

vgl. DIN EN 60034-7

Types of Construction of Rotating Electrical Machines

Bild	Erklärung IEC-Code I IEC-Code II
Maschinen ohne Lager	
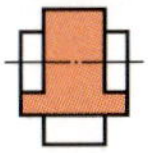	Ohne Welle, Füße hochgezogen A2, IM 5510
Maschinen mit Schildlagern für waagerechte Anordnung B	
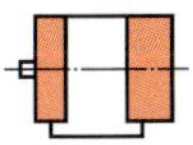	2 Schildlager, 1 freies Wellenende IM B3, IM 1001
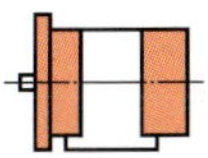	Flanschmotor mit Füßen IM B35, IM 2001
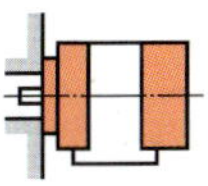	Wie IM B35, aber kein Zugang von der Gehäuseseite IM B34, IM 2101
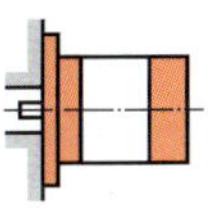	Wie IM B35, aber ohne Füße (Flanschanbau) IM B5, IM 3001
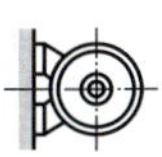	Wie IM B3, aber für Wand-befestigung; Füße links IM B6, IM 5051
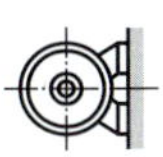	Wie IM B3, aber für Wand-befestigung; Füße rechts IM B7, IM 1061
	Wie IM B3, aber für Decken-befestigung IM B8, IM 1071
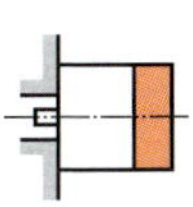	Wie IM B5, aber nur 1 Schild-lager IM B9, IM 9101
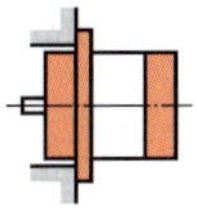	Wie IM B35, aber ohne Füße IM B10, IM 4001
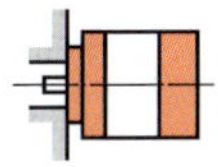	Wie IM B34, aber ohne Füße IM B14, IM 3601
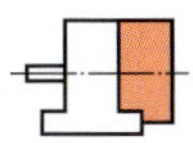	Wie IM B3, aber ohne Lager auf Antriebsseite IM B15, IM 1201
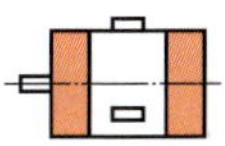	Ohne Füße, ohne Flansch (Einbau in Rohr) IM B30, IM 9201
Maschinen mit Schildlagern und/oder Stehlagern	
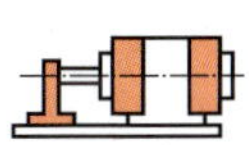	2 Schildlager, 1 Stehlager, Grundplatte C2, IM 6010
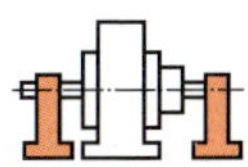	2 Stehlager, mit Füßen D9, IM 7201
Maschinen für senkrechte Anordnung V	
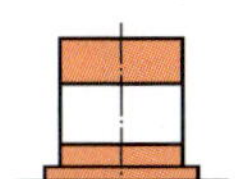	Mit 2 Führungs-lagern, Flansch und Wellenende unten, Flansch in Lagernähe IM V 1, IM 3011
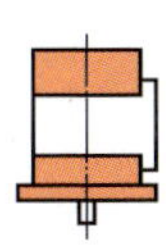	2 Schildlager, Flansch unten, mit Füßen zur Wandbefestigung IM V15, IM 7201
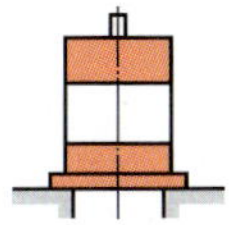	Wie IM V 1, aber Wellenende oben IM V2, IM 3231
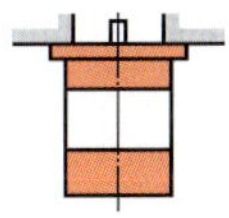	Wie IM V2, aber mit Flansch oben IM V3, IM 3031
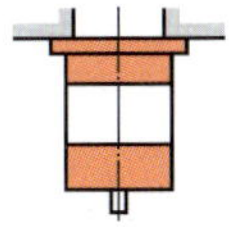	Wie IM V3, aber Wellenende unten IM V4, IM 3211
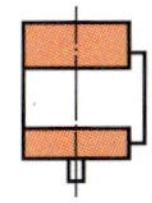	Wie IM V15, aber ohne Flansch IM V5, IM 1011
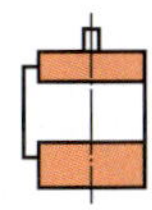	Wie IM V5, aber Wellenende oben IM V6, IM 1031
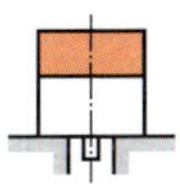	1 Schildlager, ohne Wälzlager am Wellenende IM V8, IM 9111
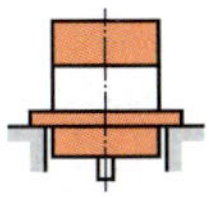	Wie IM V1, aber Flansch in Gehäusenähe IM V10, IM 4011
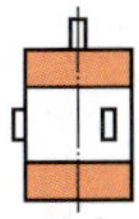	Ohne Füße, ohne Flansch, zum Einbau in Rohr IM V31, IM 9231
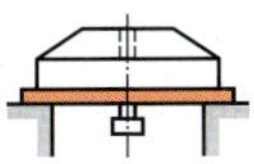	Querlager oben, Kupplungsflansch unten W1, IM 8015

IM-Code I (alphanumerisch = Buchstabe + Zahl)

Grundzeichen: [IM] [1] + [2]

Buchstabe [1]: B mit Lagerschildern, Welle horizontal
V mit Lagerschildern, Welle vertikal

Bauformen mit A, C, D, W nur in alten Anlagen.

Zahl [2]: codiert Lager, Befestigung, Wellenende

IM-Code II (numerisch = nur Zahlen)

Grundzeichen: [1] + [2] + [3] + [4]

[1] Fußanbau, Flanschanbau, Lager (codiert)
[2] Befestigung, Lager
[3] Lage Wellenende und Befestigung
[4] Art Wellenende

Leistungsschilder von drehenden elektrischen Maschinen
Nameplates of Rotating Electrical Machines

Motoren, Generatoren, Umformer

Feld	Erklärung
1	Firmenzeichen
2	Typenbezeichnung, CE-Kennzeichnung
3	Stromart
4	Arbeitsweise (z. B. Motor, Generator)
5	Maschinennummer der Fertigung
6	Schaltart der Ständerwicklung bei Synchron- und Induktionsmaschinen:

Phasenzahl (Strangzahl)		Zeichen
1 ~	Hauptstrang	|
	mit Hilfsstrang	⊥
3 ~	unverkettet	|||
3 ~ verkettet in Schaltung	Stern	Y
	Dreieck	△
	Stern mit herausgeführtem Mittelpunkt	⅄
6 ~ verkettet in Schaltung	Doppeldreieck	✡
	Sechseck	⬡
	Stern	✳
2 ~	unverkettet	I 2
	verkettet, allgemein, z. B. in L-Schaltung	L
n ~	unverkettet	I n

Feld	Erklärung
7	Bemessungsspannung
8	Bemessungsstrom
9	Bem.leistung (Abgabe). Bei Synchrongeneratoren in kVA oder VA, sonst in kW oder W.
10	Einheiten kW, W, kVA, VA
11	Betriebsart (entfällt bei S1 = Dauerbetrieb) und Bemessungs-Betriebszeit bzw. relative Einschaltdauer. Beispiel: S2 30 min

Feld	Erklärung	
12	Bemessungs-Leistungsfaktor cos φ. Bei Synchronmaschinen ist das Zeichen u (untererregt) anzufügen, wenn Blindleistung aufgenommen werden soll.	
13	Drehrichtung (auf die Antriebseite gesehen): → (Rechtslauf) ← (Linkslauf)	
14	Bem.-Drehzahl. Außerdem wird angegeben: Bei Motoren mit Reihenschlussverhalten die Höchstdrehzahl n_{max}; bei Generatoren, die von Wasserturbinen angetrieben werden, die Durchgangsdrehzahl n_d der Turbine; bei Getriebemotoren die Enddrehzahl n_z des Getriebes.	
15	Bemessungsfrequenz	
	bei Schleifringläufer	bei Gleichstrommaschine und Synchronmaschine
16	„Läufer" bzw. „Lfr"	„Erreger" bzw. „Err"
17	Schaltart, wenn keine 3 AC-Schaltung	–
18	Läuferstillstandsspannung in V	Bemessungs-Erregerspannung in V
19	Läuferstrom	Erregerstrom
	in Bemessungsbetrieb. Angabe entfällt, falls Ströme kleiner als 10 A.	
20	Thermische Klasse (Isolierstoffklasse). Gehören Ständer und Läufer zu verschiedenen Klassen, wird zuerst die Klasse des Ständers, dann die des Läufers angegeben (z. B. E/F).	
21	Schutzart, z. B. IP 23	
22	a) IE-Klasse (Seiten 301, 313). b) Angenähertes Gewicht, nur wenn ≥ 1 t.	
23	Zusätzliche Vermerke, z. B. VDE 0530/... .	

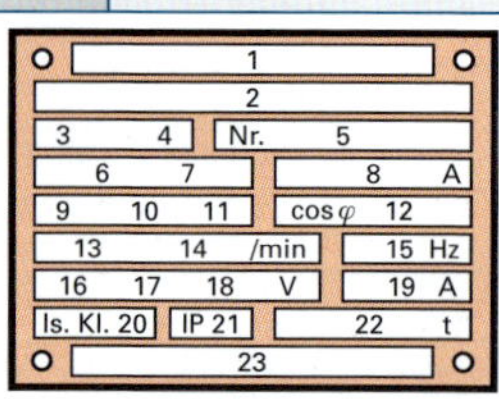

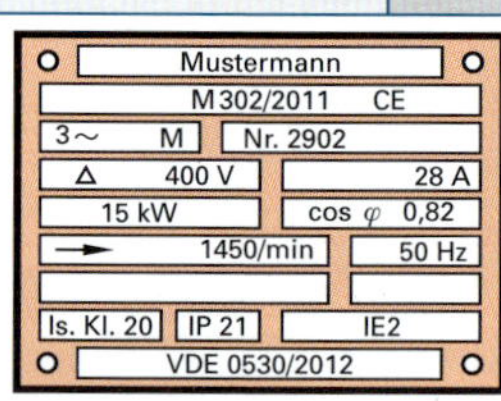

Anordnung der Felder beim Leistungsschild

Die auf Leistungsschildern anzugebenden Daten sind in den Normen genannt. Gestaltung und Design unterliegen keiner Norm.

Wird die Wicklung einer Maschine neu gewickelt oder umgeschaltet, so muss zusätzlich ein weiteres Schild mit Firmenbezeichnung, Jahreszahl und gegebenenfalls neue Angaben angebracht werden.

Geräte mit elektrischen Maschinen

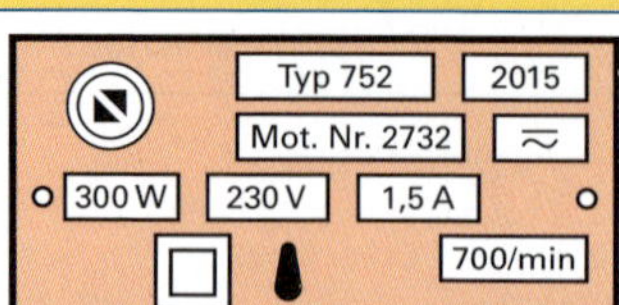

Leistungsschild einer Handbohrmaschine

Außerdem sind anzugeben:
Bemessungsaufnahme in W;
bei Schutzklasse II Sinnbild ⧈;
ein Sinnbild für die Feuchtigkeits-Schutzart, z. B. 💧.

Bei Kleingeräten, wie tragbaren Elektrowerkzeugen, Staubsaugern, Küchenmaschinen, wird kein genormtes Leistungsschild verwendet. Die Inhalte folgender Felder sind meist aber auf dem Leistungsschild angegeben: Felder 1, 2, 3, 6, 7, 11, 14, 15 (teilweise).

A

Einphasen-Wechselstrommotoren Single-phase Motors

Motorart	Asynchronmotoren mit Käfigläufer	Drehstrom-Käfigläufermotor in Steinmetzschaltung	Universalmotor
Schaltzeichen und Anschluss für Rechtslauf (Wicklung nach VDE 0530-8)	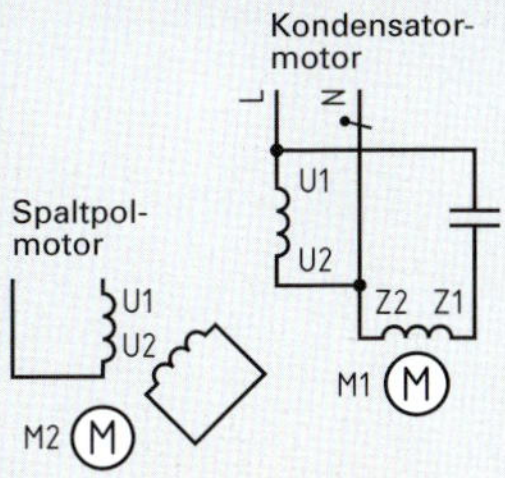	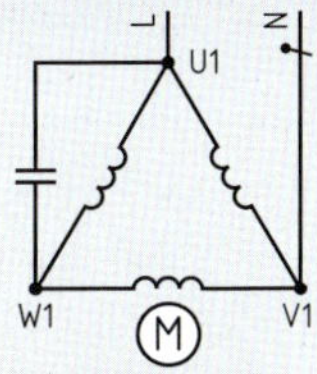	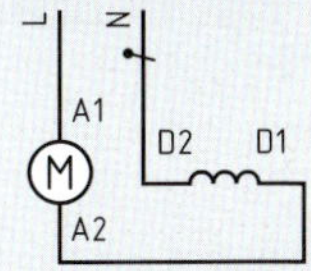 Feldwicklung D1D2 meist in zwei Hälften geteilt und eine Hälfte vor A1, die andere nach A2 geschaltet (Funkentstörung).
Kraftmomentkennlinien $M(n)$	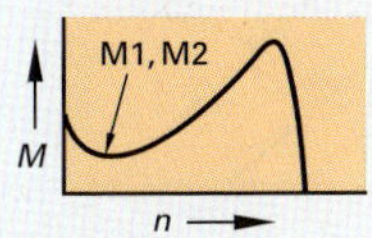	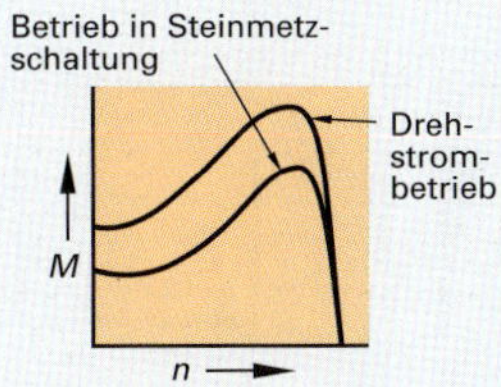	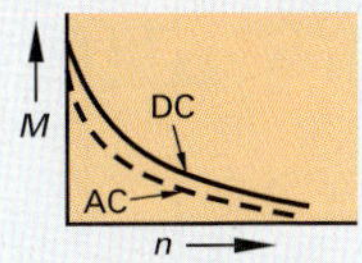
Drehrichtungsumkehr	Kondensatormotor M1: Umpolen der Hilfswicklung Z1 Z2. Spaltpolmotor M2: meist nicht umschaltbar.	Kondensator am anderen Netzleiter anschließen.	Umpolen des Ankers A1 A2 oder der Erregerwicklung (Feldwicklung) D1 D2.
Schaltung an den Anschlussklemmen	Kondensatormotor M1 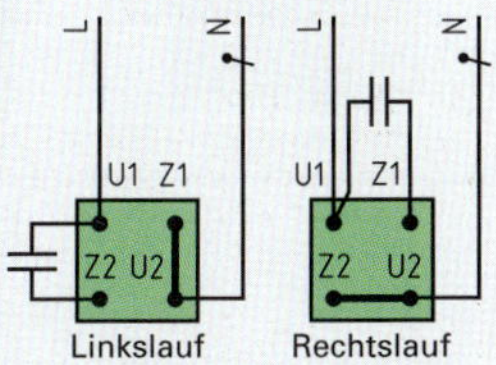	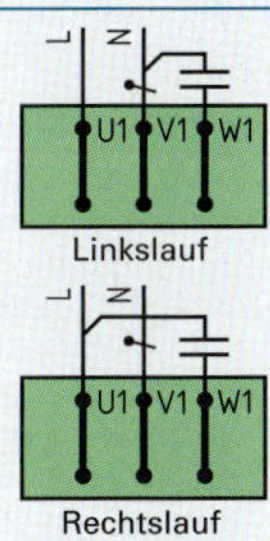	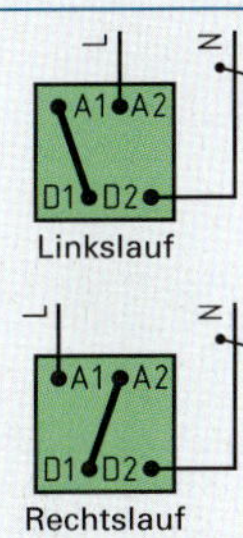
Anzugsmoment / Bem.moment M_A/M_N	M1: ohne Anlaufkondensator 0,3 bis 0,5 mit Anlaufkondensator bis 3,5	0,2 bis 0,7 abhängig von der Kondensatorkapazität	bis 3 abhängig von der Spannung
Anzugsstrom / Bem.strom I_A/I_N	M2: bis 2 M1: bis 5	2 bis 5 abhängig von der Kondensatorkapazität	bis 4 abhängig von der Spannung
Kurzzeitige Überlastbarkeit	M1: bis 2,5-fach M2: bis 1,5-fach	bis 2,2 x Bemessungsleistung	bis 3 x Bemessungsleistung
Steuern der Drehzahl durch	Polumschaltung, Frequenzänderung	Polumschaltung, Frequenzänderung	Steuern der Anschlussspannung
	Änderung der Anschlussspannung, z. B. mit Thyristoren, Vorwiderständen, Stelltransformatoren.		
Drehzahlstellbereich	1 : 2 bis 1 : 4 geregelt bis 1 : 1000	1 : 2 geregelt bis 1 : 1000	1 : 10 bis 1 : 50
Elektrisches Bremsen	Polumschaltung beim Herunterschalten, Gleichstrombremsung	Polumschaltung beim Herunterschalten, Gleichstrombremsung	nicht üblich
Anwendungsbeispiele	Kleinmaschinen bis etwa 2 kW	Umwälzpumpe, Ölbrenner Kleinmaschinen bis etwa 1 kW	Haushaltsmaschinen, Hand-Werkzeugmaschinen

A

Drehstrommotoren, Gleichstrommotoren
Three-phase Motors, Direct Current Motors

Motorart	Drehstrom-Käfigläufermotor	Drehstrom-Synchronmotor	Fremderregter Gleichstrommotor	Gleichstrom-Reihenschlussmotor
Anschluss für Rechtslauf (Wicklung nach VDE 0530-8, Seite 283)	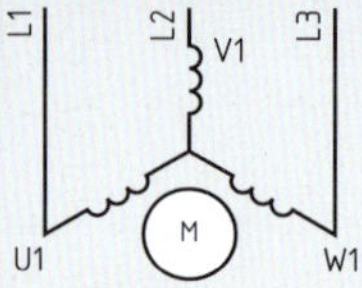	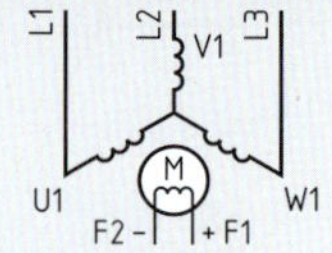 auch mit Dauermagneterregung	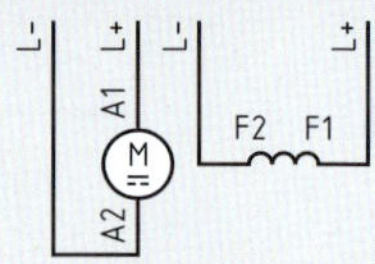 auch mit Dauermagneterregung	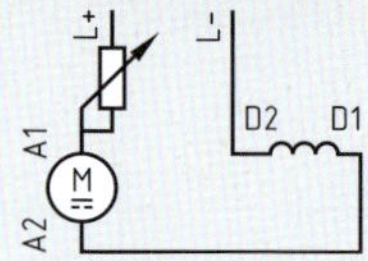 In Reihe B1B2, C1C2 für Wende-/Kompensationspole
Kraftmomentkennlinie	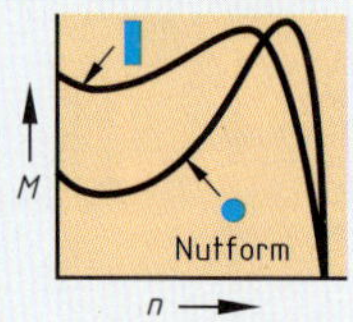	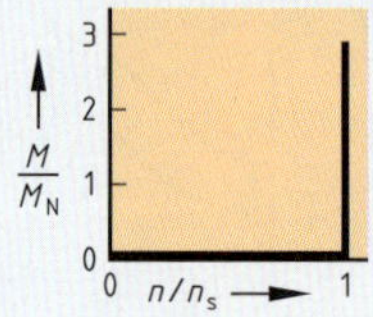	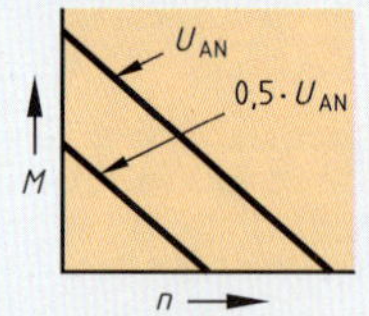	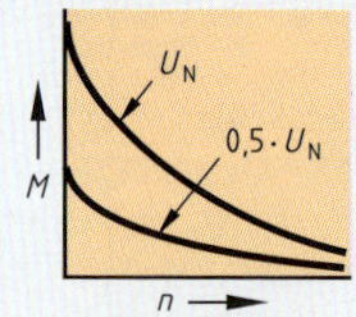
Drehrichtungsumkehr	Durch Vertauschen von zwei Netzleitern, z. B. L1 und L2		Umpolen des Ankerstromkreises oder des Erregerstromkreises	
Schaltung an den Anschlüssen Anschlussbezeichnung Seite 283	bei Sternschaltung 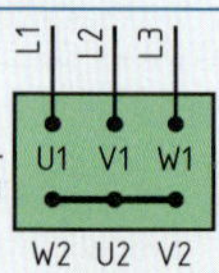 bei Dreieckschaltung 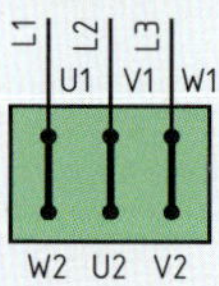	Anschluss des Ständers wie beim Drehstrom-Käfigläufermotor Siehe auch Reluktanzmotor, folgende Seite 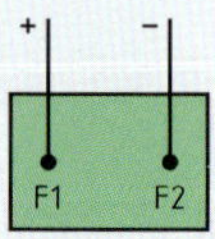	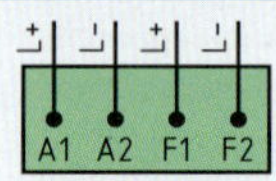 für Rechtslauf 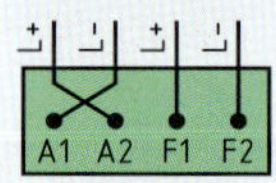 für Linkslauf	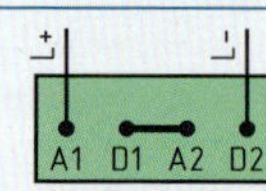 für Rechtslauf 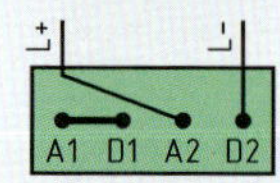 für Linkslauf
			A1, A2 Anschlüsse des Ankerstromkreises, auch mit Wicklungen B und C (VDE 0530-8).	
Häufigster Anlauf (Anlassen)	Direktes Einschalten mit Motorstarter, ab 7,5 kW auch Stern-Dreieck-Anlauf	Servomotoren: Anlauf mit zunehmender Frequenz. Sonst mit Anlauf-Käfig wie Käfigläufer	Anlauf mit zunehmender Ankerspannung bei fester Erregung	Anlauf mit zunehmender Spannung
M_A/M_N	0,4 bis 3	Servomotoren: bis 5 sonst mit Anlaufkäfig 0,5 bis 1	Je nach Anlassschaltung bis 2,5	
I_A/I_N	3 bis 7	3 bis 7	Je nach Anlassschaltung bis 2,5	
Steuern der Drehzahl	Häufig durch Polumschaltung. Durch Änderung der Netzfrequenz mit Umrichter.	Durch Änderung der Netzfrequenz mit Umrichter, insbesondere bei Servomotoren.	Durch Steuern der Ankerspannung, z. B. mit Thyristor-Stromrichter oder durch Steuern der Erregerspannung.	Durch Steuern der Netzspannung
Drehzahlstellbereich	Bei Polumschaltung bis 1 : 8 sonst bis 1 : 50	Bis 1 : 10000	Ohne Drehzahlregler bis 1 : 10, mit Drehzahlregler bis 1 : 5000	
Elektrisches Bremsen	Nutzbremsung durch Generatorbetrieb; Gegenstrombremsung	Nutzbremsung durch Generatorbetrieb	Widerstandsbremsung und Nutzbremsung durch Generatorbetrieb	

I_A Anzugsstrom
I_N Bemessungsstrom
M Kraftmoment
M_A Anzugsmoment
M_N Bemessungsmoment
n Drehzahl, Umdrehungsfrequenz
n_s Drehfelddrehzahl
U_{AN} Ankerbemessungsspannung
U_N Bemessungsspannung

A

Drehstrommotoren für Stromrichterspeisung
Threephasemotors for connverter feed

Benennung	Aufgabe, Ausführung	Darstellung, Symbol, Daten, M(n)-Kennlinen
Geeignete Motoren, Effizienz und Wirtschaftlichkeit		
Käfigläufermotor	Häufigster Drehstrommotor. Effizienzklassen bis IE 3 sind erreichbar.	Anlaufmoment, Sattelmoment, Nennmoment, Kippmoment Seite 312.
Permanenterregter Synchronmotor	Der Motor, der mit entsprechender Elektronik den höchsten Wirkungsgrad erzielt. Effizienzklassen bis IE4 sind möglich. Erforderlich ist ein Stromrichter zur Frequenzregelung. Zum Anlauf wird, gesteuert von einem Sensor, die Frequenz von 0 Hz an hochgefahren bis zur Frequenz der erforderlichen Arbeitsdrehzahl des Motors. Nachteilig sind aufwendige und anfällige Elektronik sowie Bedarf an teuren Permanentmagneten mit Elementen der seltenen Erden.	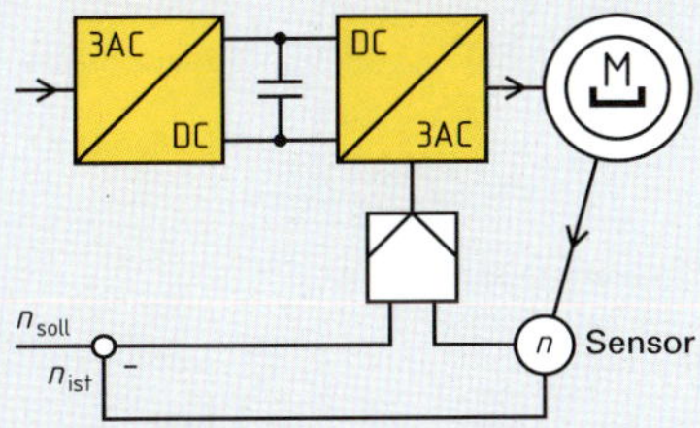
Reluktanzmotor	Die hohen Beschaffungskosten der permanent-erregten Synchronmotoren führten zur Wiederentdeckung der Reluktanzmotoren. Wegen der kleinen Läuferverluste sind Effizienzklassen bis IE4 möglich. Der Motor ist über Frequenzumrichter in seiner Drehzahl steuerbar und dabei ohne Sensor und Computerprogramm selbstanpassend. Es liegt ein sychronisierter Asynchronmotor mit sychroner Drehzahl vor.	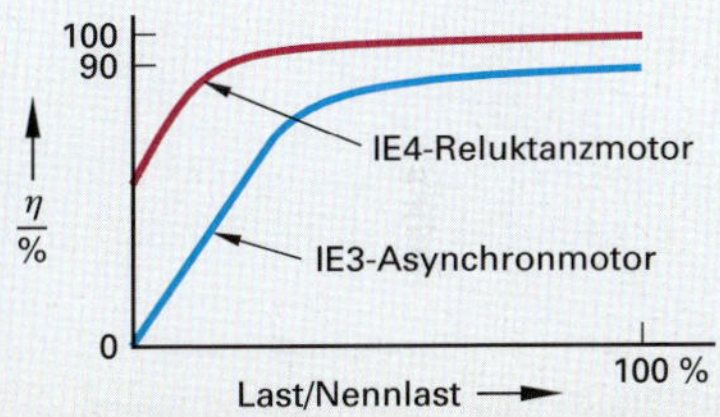
Bestandteile der geeigneten Motoren		
Ständer (Stator)	Erzeugung des magnetischen Ständerdrehfeldes. Enthält die dreiphasige Wicklung mit den Strängen U1U2, V1V2, W1W2. Diese können je nach Spannung in Stern Y oder in Dreieck Δ geschaltet sein (Seite 56).	
Läufer (Rotor) als Käfigläufer (Induktionsmotor, Asynchronmotor)	Das magnetische Ständerdrehfeld induziert in den Stäben des Käfigs eine Spannung, wenn das Drehfeld des Ständers sich schneller dreht als der Läufer. Dadurch entsteht ein magnetisches Läuferdrehfeld mit derselben Polzahl wie das Ständerfeld. Ständerdrehfeld und Läuferdrehfeld bewirken zusammen das Kraftmoment auf den Läufer.	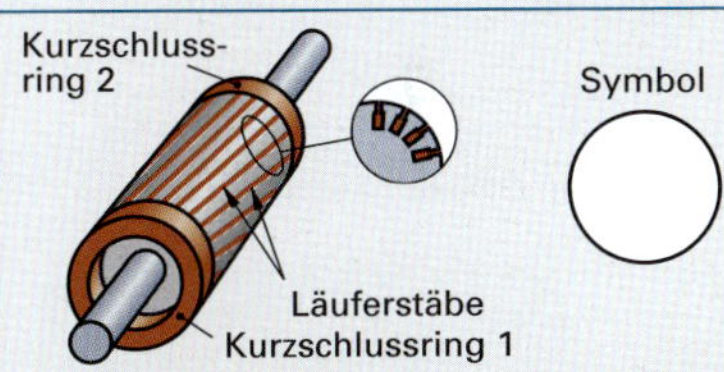
Läufer (Rotor) beim permanenterregten Synchronmotor	Der Läufer enthält so viele Pole aus Permanentmagneten, wie das Ständerdrehfeld Pole hat, z. B. 4 Pole (2 Polpaare). Der sich drehende Läufer dreht sich auch unter Belastung durch eine Arbeitsmaschine synchron (mit derselben Drehzahl) zum Ständerdrehfeld. Allerdings ist eine Anlaufhilfe erforderlich, da im Stillstand des Läufers die Kraftmomente in schneller Folge die Richtung ändern.	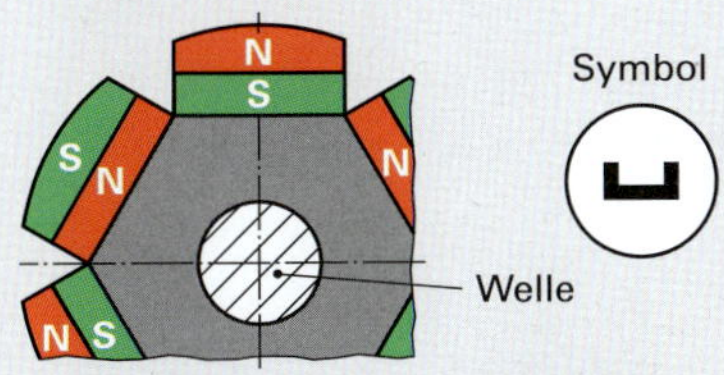
Läufer beim Reluktanzmotor (Reluktanz = magnetischer Widerstand)	Beim Reluktanzmotor ist der magnetische Widerstand quer zur Läuferachse verschieden, sodass Polpaare wie beim Synchronmotor entstehen. Anlasshilfen sind Läuferstäbe wie beim Käfigläufer oder ein spezieller Ständer-Stromrichter. Der Motor läuft asynchron an, geht dann bei einer Drehzahl nahe der Drehfelddrehzahl in den Synchronismus.	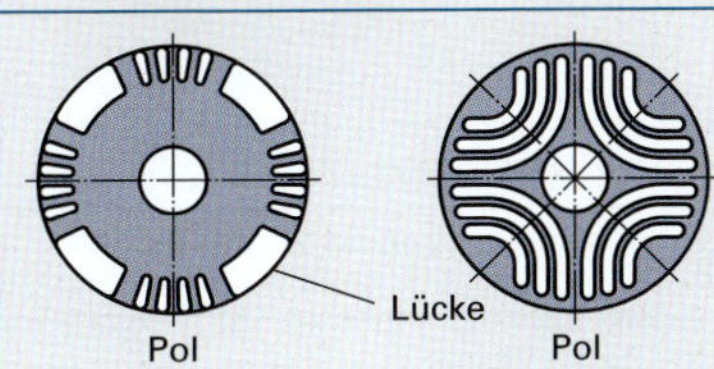

A

Servomotoren Servomotors

Aufbau, Benennung	Erklärung	Typische Daten, Anwendung

Aufbau, Benennung

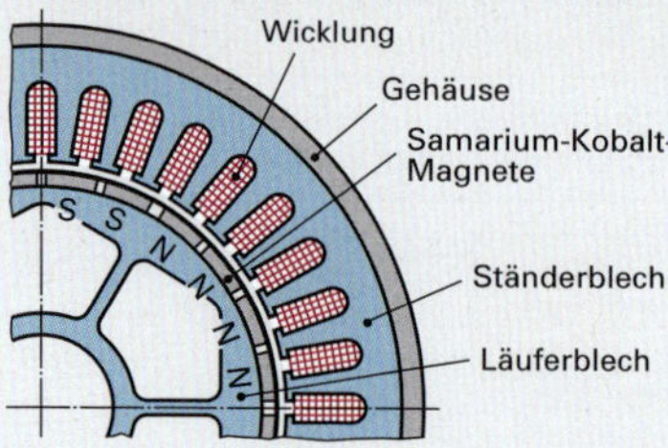

Drehstrom-Servomotor

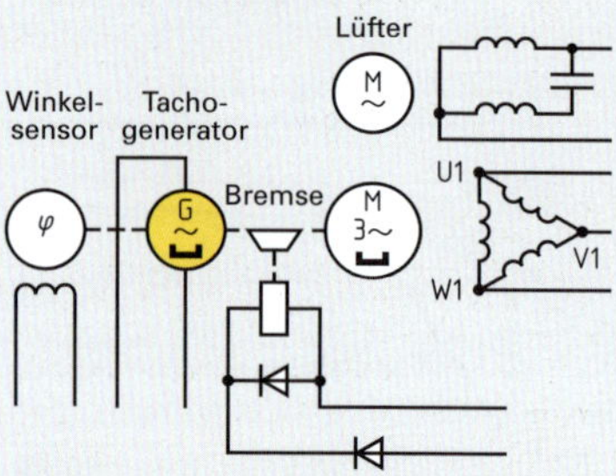

Schaltung eines Drehstrom-Servomotors

Erklärung

Drehstrom-Servomotoren haben oft einen dauermagneterregten Läufer **(Bild)**. Oft ist eine Fremdbelüftung vorhanden **(Bild)**. Ein *Tachogenerator* gibt die Ist-Drehzahl an die elektronische Steuerung. Drehzahl und Drehrichtung werden durch Pulsweitenmodulation vom Steuergerät eingestellt. Beim Anlauf wird die Frequenz schnell von null zum Sollwert hochgefahren.

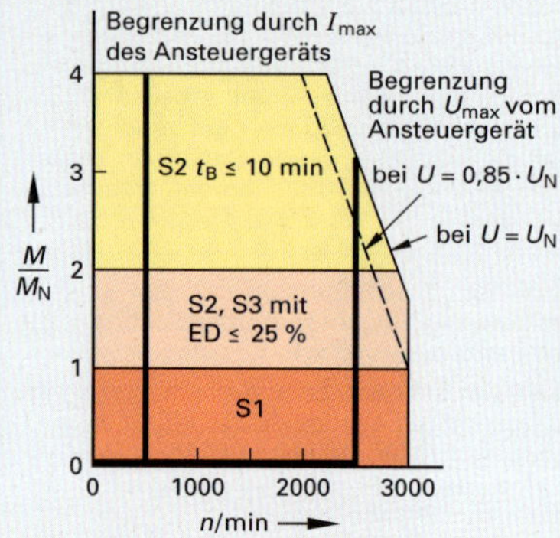

Arbeitsbereich eines Drehstrom-Servomotors mit Ansteuergerät

Typische Daten, Anwendung

J	= 0,006 kgm²
n_{max}	= 3000/min
m	= 22 kg
M_N	= 11 Nm
I_N	= 22 A
I_{max}	105 A
K	= 0,5 Nm/A
(M_{max}	= 53 Nm)
τ_{mech}	= 5 ms
τ_{el}	= 10 ms

Für Vorschubantriebe, Positionierungsantriebe und Roboterantriebe in Verbindung mit Getrieben.

Servomotoren als Reluktanzmotoren (vorhergehende Seite) haben eine einfachere Steuerung und werden oft eingesetzt.

Aufbau, Benennung

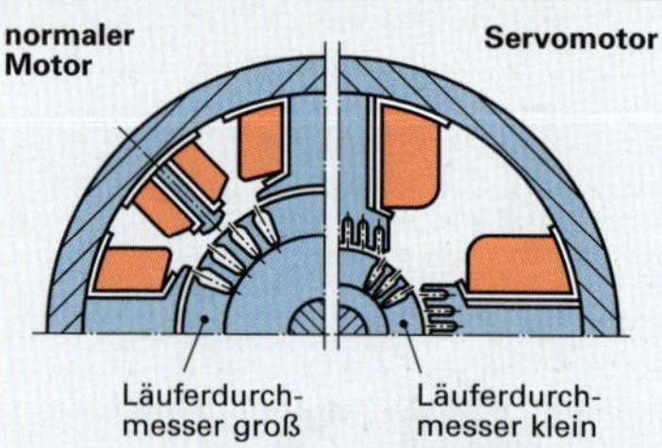

Aufbau von Gleichstrommotoren

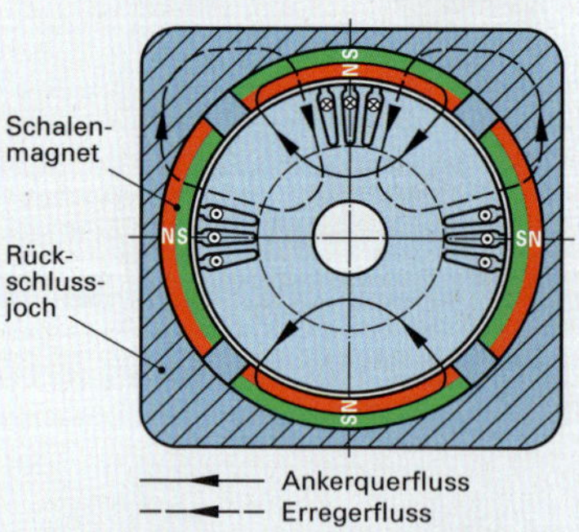

Aufbau von Gleichstrom-Servomotoren mit Dauermagneterregung

Erklärung

Gleichstrom-Servomotoren sind fremderregte Gleichstrommotoren **(Bild)**. Wegen der möglichen Überlastbarkeit ist eine *Kompensationswicklung* vorhanden. Das verfügbare Kraftmoment hängt von der Betriebsart (S1, S2, S3) und der Drehzahl ab **(Bild)**. Die Ansteuerung erfolgt fast verzögerungsfrei über *Transistor-Stellglieder* oder mit einer Totzeit von einigen Millisekunden über *Thyristor-Stellglieder*.

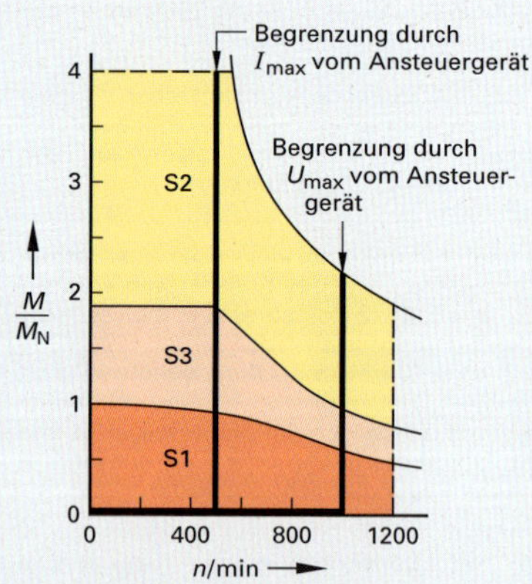

Arbeitsbereich eines Gleichstrom-Servomotors

Typische Daten, Anwendung

J	= 0,008 kgm²
n_{max}	= 6000/min
m	= 30 kg
M_N	= 9 Nm
I_N	= 15 A
I_{max}	= 100 A
K	= 0,6 Nm/A
(M_{max}	= 60 Nm)
τ_{mech}	= 7 ms
τ_{el}	= 15 ms

τ_{mech} erhöht sich durch zusätzliche Trägheitsmomente erheblich.

Eisenloser Läufer: für besonders reaktionsschnelle Antriebe.

Läufer mit Eisen: wie bei Drehstrom-Servomotoren, aber weniger reaktionsschnell.

I_{max} maximale Stromstärke, I_N Bem.stromstärke, J Trägheitsmoment des Läufers, K Kraftmomentkoeffizient, m Masse, M_{max} maximales Kraftmoment, M_N Bem.moment, n Drehzahl, n_{max} maximale Drehzahl, S1 Dauerbetrieb, S2 Kurzzeitbetrieb, S3 Aussetzbetrieb, t_B Betriebsdauer, τ_{el} elektrische Zeitkonstante, τ_{mech} mechanische Zeitkonstante.

A

Ansteuerung von Servomotoren   Activation of Servomotors

Komponente	Erklärung	Bemerkungen
Steuerung	Zum Steuern eines Servomotors werden eine Steuerung, ein Frequenzumrichter und Messsysteme benötigt. Das Ansteuern des Frequenzumrichters kann über SPS mit Funktionen bzgl. Positionierung und Regelungen oder über eine vergleichbare Multifunktionsbaugruppe, z. B. SIMOTION, erfolgen. Als Schnittstellen sind bei SIMOTION analoge und digitale Eingänge und Ausgänge, PROFIBUS, PROFINET sowie eine Onboard-Antriebsschnittstelle für Antriebssysteme mit Analogschnittstelle oder mit Puls-Richtungsschnittstelle (Schrittantriebe) verfügbar.	Möglichkeiten zum Ansteuern von Servomotoren mit den Schnittstellen A bis E **(Bild)**: • A als Onboard-Antriebsschnittstelle mit C, E ohne B, D. • Oder: mit B, C ohne D, E. • A als PROFIBUS-Schnittstelle mit C, D ohne B, E. Lage-Istwert wird über A zurückgemeldet. • A als PROFINET-Schnittstelle mit C, D ohne B, E. Lage-Istwert wird über A zurückgemeldet. www.automation.siemens.com/mc
Frequenzumrichter Umrichtersystem	Die Frequenzumrichter z. B. der Umrichtersysteme SIMODRIVE, SIMATIC ET 200, SINAMICS, steuern den Servomotor an. Diese Umrichter besitzen Funktionen zur • Motordatenidentifikation, • Überwachung, z. B. Lastmoment, Überlast, Temperatur, insbesondere als Motorschutz, • Wiedereinschaltung, • elektromechanischen Bremsung, • Regelung, z. B. Drehzahlregelung, Kraftmomentregelung, *U*(*f*)-Regelung (Schlupfkompensation). Ferner ermöglichen sie auch die Betriebsart JOG (Tipp-Betrieb, to jog = trotten). Umrichtersysteme werden mit Hilfe von Parametern an ihre Aufgaben angepasst.	Die Betriebsart JOG ermöglicht das Positionieren des Motors in eine bestimmte Lage. Über eine Winkelschrittgeberschnittstelle (WSG) können Lage-Istwert und Nullpunkt an die SIMOTION-Steuerung übertragen werden. Das Eingeben von Parameterwerten erfolgt über spezielle Bediengeräte, z. B. einen anzuschließenden PC. Parameter gibt es z. B. bzgl. anzuschließendem Motor, Gebern, Umrichterfunktionen, Sollwerten, Motorsteuerung, Motorregelung, Datenübertragung.
Servomotor	Als Servomotoren kommen meist Synchronmotoren zum Einsatz, die mit integrierten Gebern (Einbaugeber) zum Erfassen der Lage und der Geschwindigkeit (Drehzahl) des Rotors ausgestattet sind.	An Einbausensoren werden hohe Anforderungen bzgl. der zulässigen Betriebstemperatur gestellt, da sie in unmittelbarer Umgebung der aktiven Motorteile betrieben werden.
Messsystem (Sensor)	Angewendet werden optoelektronische inkrementelle oder absolute Messsysteme linearer oder rotatorischer Ausprägung, induktive Messsysteme (Resolver), kapazitive Messsysteme. Die Lageerfassung mit Einbausensoren ist nicht immer ausreichend genau. Die Drehbewegung des Servomotors kann über Getriebe oder Riemen auf Kugelrollspindeln übertragen werden. Um nun die Lage auch z. B. bei Elastizität oder Schlupf korrekt zu erfassen, werden Messsysteme direkt an der Maschine angebracht (Anbausensoren).	Der optoelektronische Sensor beruht z. B. auf Glasmaßstäben mit Strichteilungen oder auf Codescheiben, über die durch Lichtbestrahlung bei Lageänderungen Lichtwechsel erzeugt werden, die durch Fotodioden in elektrische Signale umgesetzt werden und dadurch auswertbar sind. www.asm-sensor.com

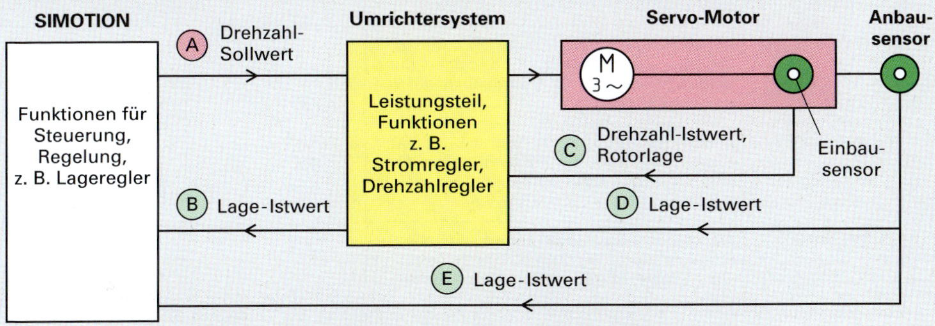

Möglichkeiten zum Antrieb eines Servomotors mit Frequenzumrichter

A

Prüfung elektrischer Maschinen   Testing Electrical Machines

Prüfungsart	Zweck der Prüfung	Anwendung der Prüfung
Erwärmungsprüfung	Nachweis, dass in der Bemessungsbetriebsart die höchstzulässige Übertemperatur nicht überschritten wird.	Bei Großmaschinen und Neukonstruktionen, sonst nur Stichproben (Typenprüfung).
Wicklungsprüfung	Nachweis des Isoliervermögens der Wicklungsisolation.	Bei allen gefertigten oder reparierten Maschinen (Serienprüfung).
Stromüberlastbarkeitsprüfung	Nachweis, dass die Maschine gelegentlich kurzzeitig überlastbar ist.	Wie bei Erwärmungsprüfung.
Kurzschlussprüfung	Nachweis der mechanischen Festigkeit gegenüber dem Kurzschlussstrom.	Nur bei Synchrongeneratoren.
Schieflastprüfung	Nachweis, dass die Maschine an einem Netz mit unsymmetrischer Last arbeiten kann.	Nur bei Drehstrom-Synchrongeneratoren.
Kommutierungsprüfung	Nachweis, dass die Kommutierung vom Leerlauf bis zur zulässigen Überlastung einwandfrei (feuerfrei) arbeitet.	Wie bei der Erwärmungsprüfung, aber nur bei Stromwendermaschinen.
Kurvenformprüfung	Nachweis, dass die Maschine nicht unzulässig starke Oberschwingungen von 200 Hz bis 5 kHz (Fernsprechbereich) erzeugt.	Nur bei Synchronmaschinen ≥ 300 kVA.

Wicklungsprüfung

Wicklungsart	Bem.werte der Maschine, Bemerkungen	Prüfspannung in V
Alle Wicklungen außer den nachfolgend genannten	< 1 kW bzw. < 1 kVA, < 100 V < 10 MW bzw. 10 MVA ≥ 10 MW (MVA) und $U_N \leq 24$ kV ≥ 10 MW (MVA) und $U_N > 24$ kV	$U_P = 2\ U_N + 500$ V $U_P = 2\ U_N + 1000$ V (mind. aber 1,5 kV) $U_P = 2\ U_N + 1000$ V nach Vereinbarung mit Besteller
Schleifringläuferwicklung	Falls Drehfeldumkehr möglich. Falls Drehfeldumkehr nicht möglich.	$U_P = 4\ U_{L0} + 1000$ V $U_P = 2\ U_{L0} + 1000$ V
Erregerwicklung von Synchronmaschinen	Bei Synchronmaschinen für asynchronen Anlauf. Die Erregerwicklung muss dabei auf einen äußeren Widerstand geschaltet sein.	$U_P = 10\ U_e$ mindestens 1,5 kV, höchstens 3,5 kV
Fremderregte Erregerwicklung	Bei Gleichstrommaschinen.	$U_P = 2\ U_e + 1000$ V (mindestens aber 1,5 kV)
Ständig kurzgeschlossene Wicklungen	Z.B. bei Kurzschlussläufern.	Keine Wicklungsprüfung erforderlich.
Teilweise erneuerte Wicklungen	Alter Wicklungsteil ist zu reinigen und zu trocknen.	$U_{PT} = 0{,}75\ U_P$ (U_P von oben)
Wicklungen bei Maschinenrevision	$U_N < 100$ V $U_N \geq 100$ V	Nach Reinigung u. Trocknung: $U_P = 500$ V $U_P = 1{,}5\ U_N$ (mindestens 1 kV)

Prüfdauer	Anlegen von U_P, Maschinennennwerte	Prüfschaltung
1 min (nach Erreichen von U_P) Einminutenprüfung	Bei allen Maschinen: Man beginnt mit $U_P/2$ bzw. $U_{PT}/2$ oder weniger und steigert dann innerhalb von $t \geq 10$ s allmählich auf die volle Prüfspannung.	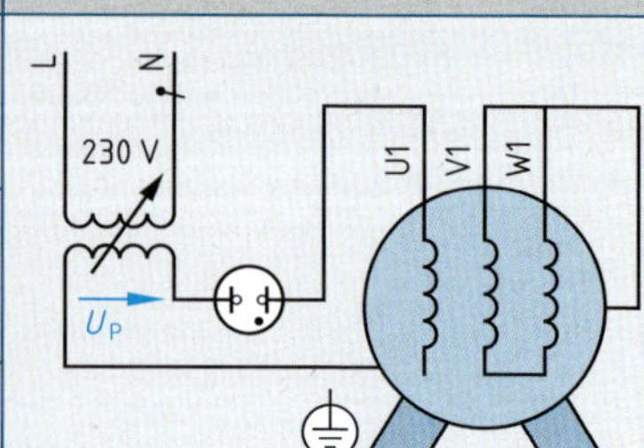
5 s (nur bei Serienprüfung)	Maschinen ≤ 200 kW (kVA) und $U_N \leq 660$ V können anstelle der Einminutenprüfung sofort an die volle Prüfspannung gelegt werden.	
1 s (nur bei Serienprüfung)	Maschinen ≤ 5 kW (kVA) können anstelle der Einminutenprüfung auch für nur 1 s sofort an die 1,2-fache Prüfspannung gelegt werden.	

U_e Erregerspannung (Nennerregerspannung bzw. höchste Erregerspannung), U_{L0} Läuferstillstandsspannung, U_N Bemessungsspannung, Nennspannung, U_P Prüfspannung, U_{PT} Prüfspannung bei teilweise erneuerter Wicklung.

A

Schrittmotoren Stepping Motors

Art, Benennung	Wirkungsweise, Erklärung

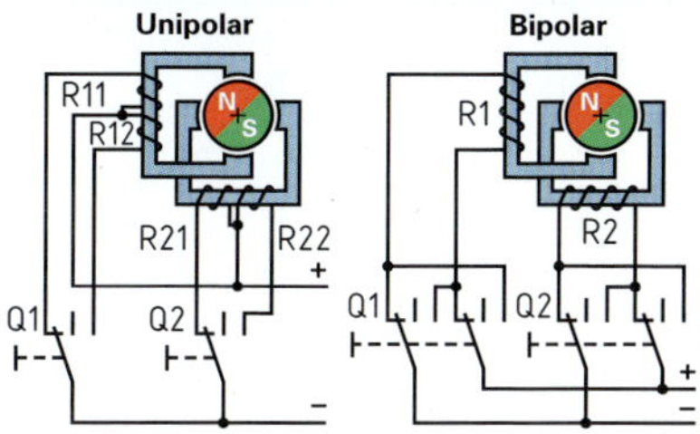

Zweistrang-Schrittmotoren

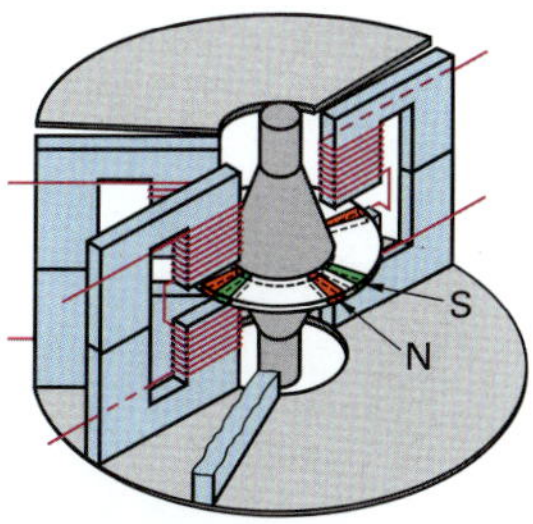

Scheibenmagnet-Schrittmotor

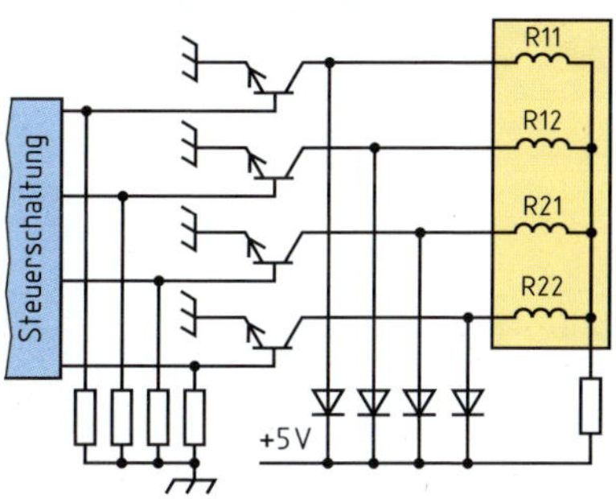

Prinzip einer unipolaren Schrittmotor-Steuerschaltung

Prinzip:

Der Dauermagnetläufer dreht sich bei jedem Rechteckimpuls einer Gleichspannung um den Schrittwinkel weiter.

Betrieb:

Eine elektronische Ansteuerschaltung liefert die Impulse in der richtigen Reihenfolge.

Arten:

Es gibt Einstrang-Schrittmotoren, Zweistrang-Schrittmotoren, Vierstrang-Schrittmotoren und Fünfstrang-Schrittmotoren.

Anstelle von Strang spricht man bei den Schrittmotoren oft von Phase, z. B. Zweiphasenmotoren.

Wicklung:

Die Wicklung jedes Stranges kann unipolar oder bipolar ausgeführt sein. Bei der unipolaren Form fließt der Strom im Wicklungsstrang in derselben Richtung, bei der bipolaren Form auch in wechselnden Richtungen.

Anwendung der Schrittmotoren:

Genaues Positionieren (Erreichen einer vorgegebenen Lage) z. B. bei Druckern, Plottern, Büromaschinen, Vorschub von Werkzeugmaschinen, Zuführen von Schweißdraht.

Taktfolge für einen Zweistrang-Schrittmotor

Schritt-Nr., Reihenfolge		Vollschrittbetrieb schwarz Halbschrittbetrieb zusätzl. rot	
Linkslauf ↑	Rechtslauf ↓	Schalter Q1	Schalter Q2
0 ≙ 4	0 ≙ 4	←	←
$3^1/_2$	$^1/_2$	←	Mitte
3	1	←	→
$2^1/_2$	$1^1/_2$	Mitte	→
2	2	→	→
$1^1/_2$	$2^1/_2$	→	Mitte
1	3	→	←
$^1/_2$	$3^1/_2$	Mitte	←

Die Schalter Q1 und Q2 sind durch die Transistoren der Steuerschaltungen verwirklicht.

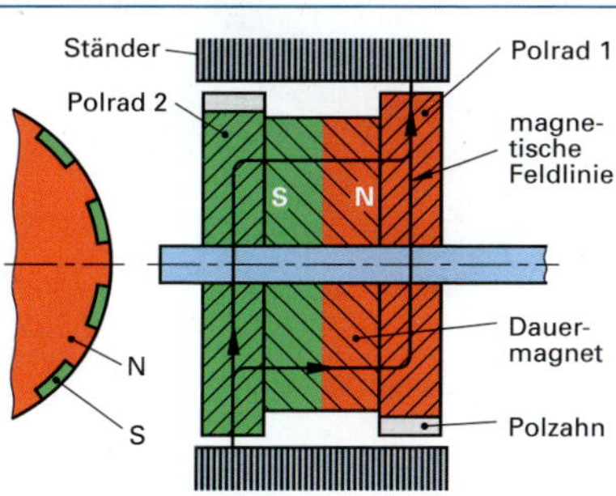

Läufer mit Gleichpolprinzip für Schrittmotor mit kleinem Schrittwinkel

Bei Halbschrittbetrieb:

$$\alpha = \frac{180°}{2p \cdot m} \quad (1)$$

$$z_u = 2 \cdot 2p \cdot m \quad (3)$$

$$n = \frac{f_{sch}}{2 \cdot 2p \cdot m} \quad (5)$$

Bei Vollschrittbetrieb:

$$\alpha = \frac{360°}{2p \cdot m} \quad (2)$$

$$z_u = 2p \cdot m \quad (4)$$

$$n = \frac{f_{sch}}{2p \cdot m} \quad (6)$$

Durch eine elektronische Schaltung kann beim Halbschrittbetrieb die Phasenverschiebung in vier Teile geteilt werden, sodass der Vollschritt in acht Mikroschritte unterteilt wird *(Mikroschrittbetrieb)*.

$2p$ Polzahl, f_{sch} Schrittfrequenz, m Strangzahl, n Drehzahl (Umdrehungsfrequenz), z_u Schrittzahl/Umdrehung, α Schrittwinkel

A

Kleinstantriebe 1 Microdrives 1

Begriffe	Erklärung, typische Daten	Ansichten
Leistungsarten Umgebungstemperatur Leistungsbereich Kurzzeitbetrieb Anwendungen	*Typenleistung* ist die im empfohlenen Leistungsbereich maximale Abgabeleistung. *Dauerbetriebsbereich* ist der Bereich für dauernde Belastung bei einer Umgebungstemperatur von 25 °C. *Empfohlener Leistungsbereich* ist kleiner als der Dauerbetriebsbereich. Motor darf *kurzzeitig* und wiederholt überlastet werden. Roboter, Positionierungsantriebe, zahnärztliche Geräte, Dialysegeräte, Lüfter, Kfz-Mechatronik, Nivelliergeräte, Beamer, Fahrtenschreiber, Lesegeräte.	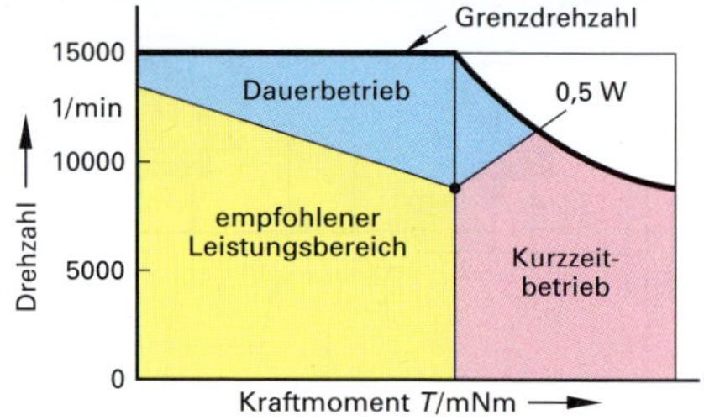 **Betriebsbereiche eines Kleinstmotors 0,5 W**
EC-Motor elektronische Kommutierung Ständer mit Spezialwicklung Innnen- oder Außenläufer mit Permanentmagneten Ansteuerung der drei Stränge	Im Prinzip liegt ein dreiphasiger Synchronmotor vor, der über die Elektronik mit Gleichspannungen angesteuert wird. Die drei Stränge sind in Stern oder in Dreieck geschaltet. P_{typ} = 1,5 W bis 400 W, z. B. bei P_{typ} = 15 W: $\eta \leq$ 50 000/min, $T \leq$ 44 mNm bei 10 000/min, η = 0,68, U_N = 24 V Je nach Elektronik der Steuerschaltung wird jeder Strang mit *blockförmiger* oder *sinusförmiger* Spannung angesteuert. Dadurch entsteht ein magnetisches Drehfeld. 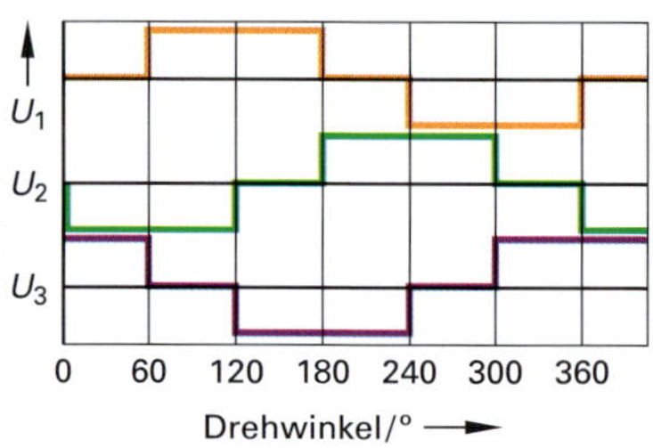 **Ansteuerung der Stränge**	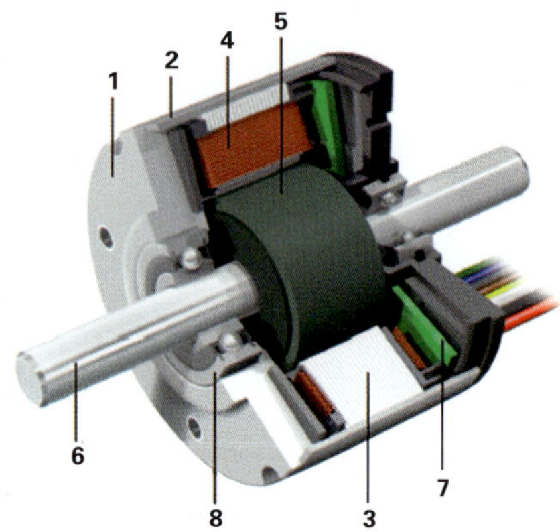 **EC-Motor mit Innenläufer** 1 Flansch, 2 Gehäuse, 3 Ständerpaket, 4 Wicklung, 5 Permanentmagnet (Läufer), 6 Welle, 7 Leiterplatte mit Hall-Sensoren, 8 Kugellager www.maxonmotor.com
DC-Motor mit Edelmetallbürsten Permanentmagnete eisenloser Außenläufer Spezialwicklung	Der Läufer ist eisenlos mit einer Spezialwicklung aus Cu-Drähten und läuft als Außenläufer um den innen liegenden Dauermagnet-Ständer. Die Welle besteht oft aus Keramik. P_{typ} = 0,5 W bis 8 W, z. B. bei P_{typ} = 0,5 W: $n \leq$ 16 000/min, $T \leq$ 0,6 mNm η = 0,6, U_N = 12 V, $I_a \leq$ 130 mA 1 Flansch, 2 Permanentmagnet, 3 Gehäuse (magnetischer Rückschluss), 4 Welle, 5 Wicklung, 6 Kollektor-Wicklung-Platte, 7 Kollektor, 8 Gleitlager, 9 Bürsten, 10 Deckel, 11 Anschluss	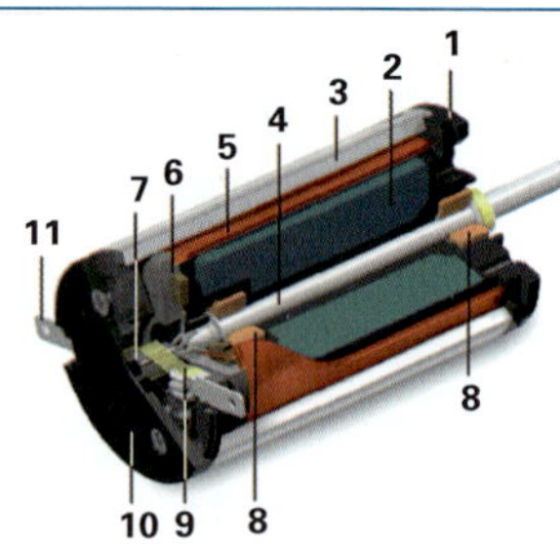 **DC-Motor mit Edelmetallbürsten** www.maxonmotor.com
DC-Motor mit Grafitbürsten	P_{typ} = 1,5 W bis 250 W, z. B. bei P_{typ} = 60 W: $n \leq$ 7 800/min, $T \leq$ 47 mNm η = 0,79, U_N = 12 V, $I_a \leq$ 60 A	Aufbau entsprechend wie bei DC-Motor mit Edelmetallbürsten, jedoch hier mit Graphitbürsten, Kupferkollektor und Kugellagern. Geeignet für größere Leistungen.

I_a maximaler Anlaufstrom
T maximales Dauerkraftmoment
n Grenzdrehzahl
U_N Bemessungsspannung
P_{typ} Typenleistung
η Wirkungsgrad

A

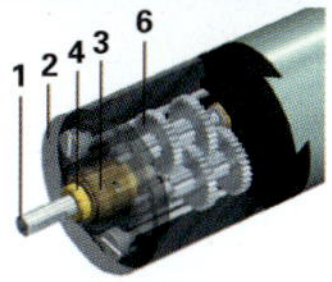

Stirnradgetriebe

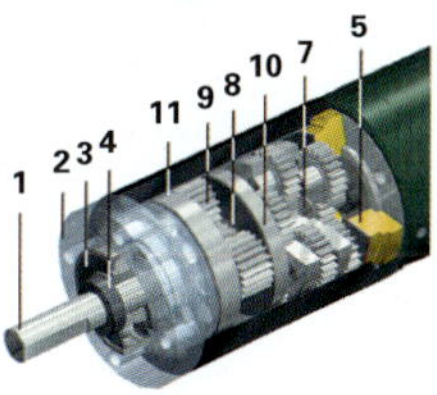

Planetengetriebe

Oft sollen Kleinstmotoren ein größeres Kraftmoment abgeben als ihrer Baugröße entspricht. Mechanische Getriebe setzen die Drehzahl herunter, das Kraftmoment aber fast im umgekehrten Verhältnis herauf. Wird z.B. die Drehzahl auf 1/10 herabgesetzt, steigt das Kraftmoment auf das 10-Fache. Besonders große Untersetzungsverhältnisse bis 6000:1 werden mit Planetengetrieben möglich. Diese besitzen mehrere Planetenzahnräder, die um ein Sonnenzahnrad kreisen.

1 Abgangswelle, 2 Flansch, 3 Lager Abgangswellle, 4 axiale Sicherung, 5 Zwischenplatte, 6 Zahnrad, 7 Motorritzel, 8 Planetenräder, 9 Sonnenrad, 10 Planetenträger, 11 Hohlrad

Stirnradgetriebe bestehen meist aus mehreren Stufen. Jede Stufe besteht aus der Paarung eines kleinen Zahnrades mit einem großen. Das erste Zahnrad ist direkt auf die Motorwelle gesetzt. Je nach Stufenzahl sind Untersetzungen bis etwa 5000:1 möglich.

www.maxonmotor.com

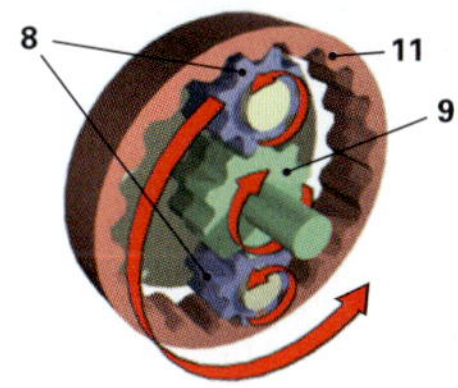

Prinzip des Planetengetriebes

Getriebedaten

Typ	ø in mm	Länge in mm	Getriebeart	Moment (je nach Länge) in Nm	Masse (je nach Länge) in g	Untersetzung (je nach Länge)
GP6	6	7 bis 17,3	PG	0,002 bis 0,03	1,8 bis 3,4	3,9:1 bis 854:1
GS 16 K	16	11,8 bis 20,8	SG	0,01 bis 0,03	9 bis 11,7	12,1 bis 5752:1
GP 81	81	84 bis 127	PG	20 bis 120	2300 bis 3700	3,7:1 bis 308:1

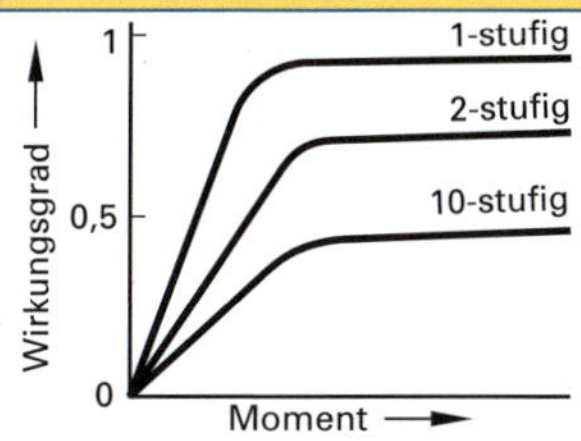

Wirkungsgradverlauf

Daten von Kleinstantrieben

Typ	Ø in mm	Länge in mm	Kommutierung	Typenleistung in W	Masse in g	maximaler Wirkungsgrad in %
RE8	8	16	EB	0,5	4,1	68
RE13	13	19,2/21,6	EB	1,2	12/15	68/70
RE13	13	31,4/33,8	EB	2,5	12–15	78/80
RE15	15	22,3	EB CLL	1,6	20	71 bis 74
RE35	35	70,9	GB	90	340	66 bis 86
RE40	40	71	GB	150	480	83 bis 92
RE75	75	201,5	GB	250	2800	77 bis 84
EC6	6	21	BL	1,2	2,8	41 bis 50
EC16	16	40,2	BL	15	34	67 bis 68
EC22	22	bis 67,7	BL	bis 50	85 bis 130	73 bis 86
EC6 flach	6	2,2	BL	0,03	0,32	–
EC14 flach	13,6	11,7	BL	1,5	8,5	39,4
EC20 flach	20	9,5	BL	3	15	62,5
EC90 flach	90	27,1	BL	90	648	86

Schaltung zur Stromversorgung

www.maxonmotor.com

4-Q-Servoverstärker

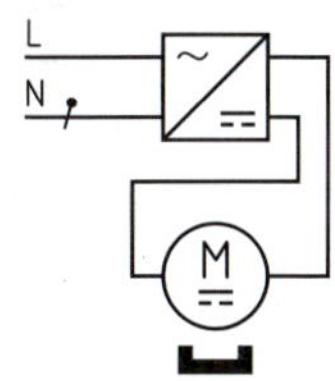

DC-Motor

4-Q-EC-Servoverstärker

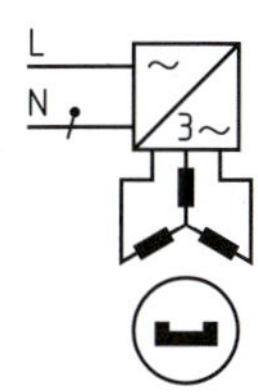

EC-Motor

BL	bürstenlos	EC	elektronisch kommutiert	RE	Rotor, eisenlos
CLL	Capacitor Long Life	GB	Graphitbürsten	SG	Stirnradgetriebe
DC	Gleichstrom	K	Kunststoffausführung	Q	Quadrant
EB	Edelmetallbürsten	PG	Planetengetriebe		

A

Getriebe Gears

Planetengetriebe

Funktion: Das Planetengetriebe ist eine besondere Bauform der Zahnradgetriebe. Die Änderung der Übersetzung erfolgt durch Verbinden oder Festhalten einzelner Zahnräder bzw. deren Träger.

Merkmale: Koaxiale Lage von Antrieb und Abtrieb, kompakte Bauweise, hoher Wirkungsgrad, schaltbar unter Last, leise, einfache Umkehr der Drehrichtung.

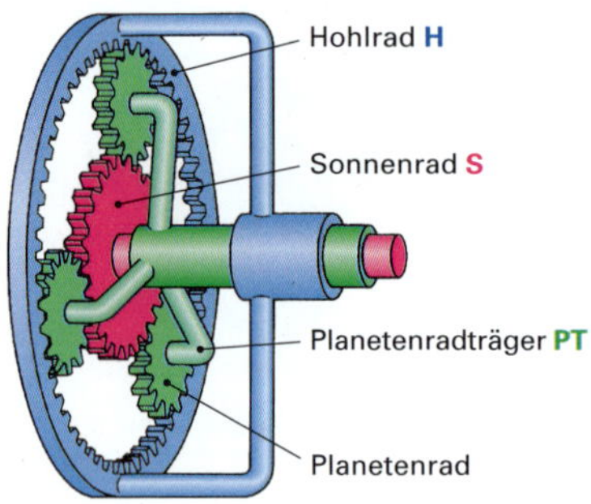

n_1 Drehzahl Sonnenrad
z_1 Zähnezahl Sonnenrad
n_2 Drehzahl Planetenradträger
z_2 Zähnezahl Planetenradträger
n_3 Drehzahl Hohlrad
z_3 Zähnezahl Hohlrad

Übersetzungen am einfachen Planetenradsatz

Antrieb	fest	Abtrieb	Übersetzung	Bereich
S	H	PT	$i = \frac{n_1}{n_2} = 1 + \frac{z_3}{z_1}$	Übersetzung ins Langsame
S	PT	H	$i = \frac{n_1}{n_3} = -\frac{z_3}{z_1}$	langsamer Rückwärtsgang
PT	H	S	$i = \frac{n_2}{n_1} = \frac{1}{1 + \frac{z_3}{z_1}}$	große Übersetzung ins Schnelle
PT	S	H	$i = \frac{n_2}{n_3} = \frac{1}{1 + \frac{z_1}{z_3}}$	Übersetzung ins Schnelle
H	S	PT	$i = \frac{n_3}{n_2} = 1 + \frac{z_1}{z_3}$	kleine Übersetzung ins Langsame
H	PT	S	$i = \frac{n_3}{n_1} = -\frac{z_1}{z_3}$	schneller Rückwärtsgang
S + H + PT verbunden			$i = 1$, $n_1 = n_2 = n_3$	direkte Übersetzung

Wechselgetriebe

Aufgaben: Drehzahl wandeln, Kraftmoment wandeln, Leerlauf ermöglichen, Drehsinn umkehren

Übersetzungsverhältnis:
$i < 1$ Drehzahl wird größer, Kraftmoment wird kleiner, z. B. $i = 0{,}55$
$i = 1$ Drehzahl und Kraftmoment bleiben gleich
$i > 1$ Drehzahl wird kleiner, Kraftmoment größer, z. B. $i = 3{,}3$

A

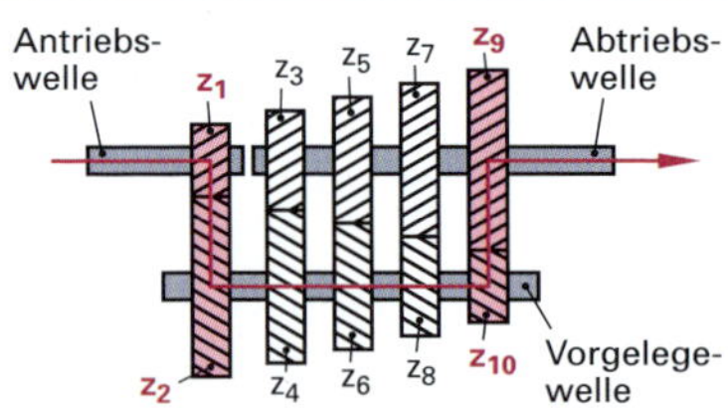

Gleichachsiges Wechselgetriebe (5-Gang)

Bei gleichachsigen Getrieben liegen die An- und die Abtriebswelle in der gleichen Ebene.

Die Übersetzung i_G der einzelnen Gänge erfolgt jeweils über zwei Zahnradpaarungen. Dabei ist die Zahnradpaarung z_1/z_2 immer wirksam.

$$i_G = \frac{n_{an}}{n_{ab}} \quad (1)$$

$$i_G = \frac{M_{ab}}{M_{an} \cdot \eta} \quad (2)$$

z. B. Kraftfluss für 4. Gang:
AnW → z_1 → z_2 → z_9 → z_{10} → AbW

z. B. Übersetzung 4. Gang:

$$i_{4.\,Gang} = \frac{z_2 \cdot z_{10}}{z_1 \cdot z_9} \quad (3)$$

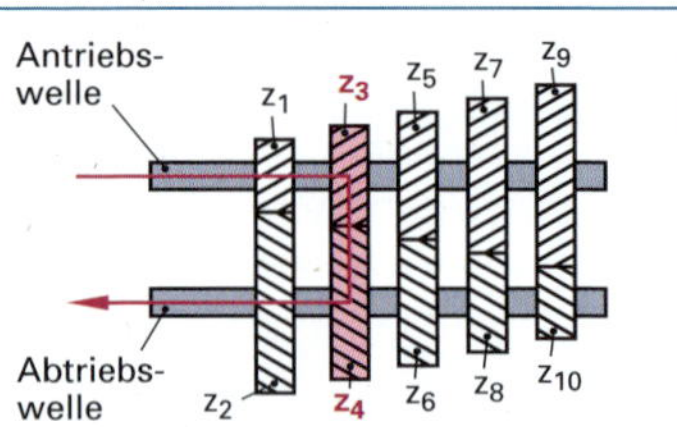

Ungleichachsiges Wechselgetriebe (5-Gang)

Bei ungleichachsigen Getrieben liegen die An- und die Abtriebswelle in verschiedenen Ebenen.

Die Übersetzung i_G der einzelnen Gänge erfolgt über je eine Zahnradpaarung.

$$i_G = \frac{n_{an}}{n_{ab}} \quad (4)$$

$$i_G = \frac{M_{ab}}{M_{an} \cdot \eta} \quad (5)$$

z. B. Kraftfluss für 4. Gang:
AnW → z_3 → z_4 → AbW

z. B. Übersetzung 5. Gang:

$$i_5 = \frac{z_4}{z_3} \quad (6)$$

Antriebswelle	AnW	Zahnräder (treibend)	$z_1, z_3, z_5, z_7, z_9, z_{11}$	Getriebeübersetzung	i_G
Abtriebswelle	AbW	Zahnräder (getrieben)	$z_2, z_4, z_6, z_8, z_{10}, z_{12}$	Drehzahl Antriebswelle	n_{an}
Überstzung	i	Rücklaufrad	z	Drehzahl Abtriebswelle	n_{ab}
Wirkungsgrad	η	Antriebskraftmoment	M_{an}	Abtriebskraftmoment	M_{ab}

Linearantriebe 1 Linear Drives 1

Begriff, Name	Erklärung, Prinzip	Bemerkungen, Ansichten, Daten
Arten der Linearantriebe LA		
Linearmotoren	Elektromagnetischer, nicht drehender Motor, beruhend auf der Kraftwirkung von Strom im Magnetfeld.	AC-Linearmotoren und DC-Linearmotoren. (Siehe Seite 311)
Hydraulische LA	Lineare Verstellung eines Kolbens durch eine Flüssigkeit unter Wirkung einer Pumpe.	Ähnliche Wirkung durch Pneumatik möglich. (Siehe Seite 373)
LA mit drehendem Motor	Die Drehbewegung des drehenden Motors wird durch mechanische Mittel in eine Linearbewegung (Längsbewegung) umgesetzt.	Typische Größen: Geschwindigkeiten 0,2 mm/s bis 150 mm/s, Positioniergenauigkeit 0,04 mm.
Sonstige LA	Wirkung von Piezoeffekt und Ultraschall oder Wirkung von Joule-Effekt (Magnetostriktion).	Beim Piezo-LA erreichbare Genauigkeit bis 0,02 µm.

Linearantriebe mit drehenden Elektromotoren

Spindelantriebe: Bei Spindelantrieben wird eine *Mutter* durch die Spindeldrehung axial zur Spindel bewegt. Die Mutter ist dabei verbunden mit dem zu bewegenden Teil, z. B. einem Werkzeugträger.

Spindelarten:
- Metrische Spindel mit metrischem Gewinde,
- Trapezspindel mit Trapezgewinde,
- Kugelumlaufspindel (Kugelspindel) mit Rundgewinde.

Spindelmutter: Die *Spindelmutter* hat ein entsprechendes Gewinde.

metrische Spindel:
- Preiswert, einfache Herstellung
- selbsthemmend,
- niedriger Wirkungsgrad, nicht spielfrei, geringe Genauigkeit,

Trapezspindel:
- wie metrische Spindel aber
- stärker belastbar.

Kugelumlaufspindel (Kugelspindel, Kugelgewindetrieb): In der Kugelspindel wälzen sich Kugeln durch die geschliffenen Laufrinnen der Spindel und der Mutter und gelangen anschließend über einen Rückführkanal in der Mutter zurück **(Bild)**. Es ist im Gegensatz zu den anderen Spindeln fast nur Rollreibung vorhanden. Spielfreiheit erreicht man durch zwei gegeneinander verdrehte Spindelmuttern (Doppelspindelmutter). Die Spindelmutter darf man wegen der Kugeln nicht von der Spindel trennen.
- Großer Wirkungsgrad,
- nicht selbsthemmend,
- hohe Tragfähigkeit,
- aufwendige Herstellung.

Antriebsmotor: Synchronmotor mit Dauermagneterregung oder Asynchronmotor, meist über Elektronik (Zwischenkreisumrichter) vom Netz gespeist. Oft mit Untersetzungsgetriebe des Motors, z. B. Planetengetriebe. Motordrehzahl bis 8000 /min.

Anwendung: Antriebe an Maschinen für die Zustellung von Werkzeugen oder Bearbeitungsmodulen in beliebigen Richtungen mit Verschiebelängen von 0,10 m bis etwa 2 m.

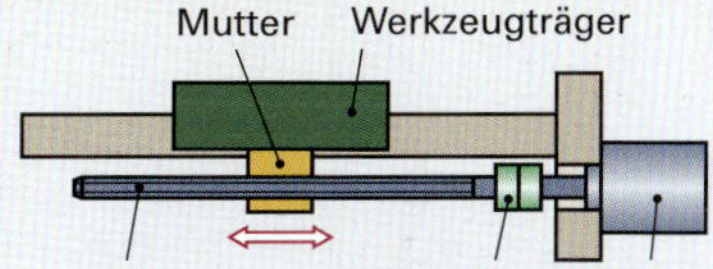

Teile des Spindelantriebs

Metrische Spindel mit Spindelmotor
www.maxonmotor.de

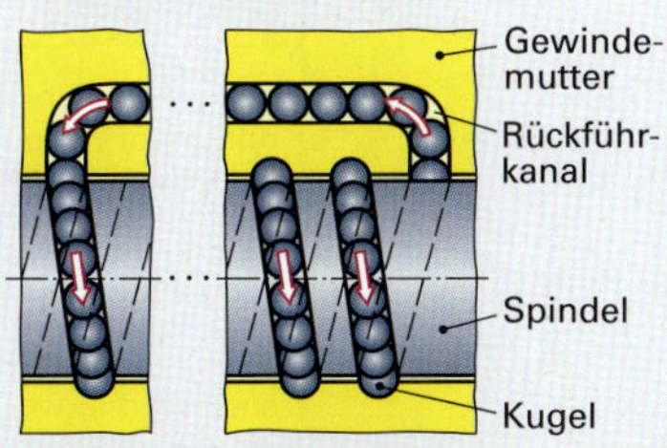

Teile der Kugelumlaufspindel

Daten von Spindelantrieben

Spindel	i	F	v mm/s	η
M6 x 1	1:1 bis 850:1	350 N	0,2 bis 5,6	0,2 bis 0,35
Kugeluml.sp. 6 x 2		500 N	0,3 bis 150	0,47 bis 0,81

F max. Vorschubkraft, i Untersetzung, v Vorschubgeschwindigkeit, η Wirkungsgrad

A

Linearantriebe 2 Linear Drives 2

Begriff, Name	Erklärung, Daten	Ansichten

Linearantriebe mit drehenden elektromagnetischen Motoren (Fortsetzung)

Zahnriemenantrieb

Zahnriemen, Antriebswelle, Schlitten

Die motorisch angetriebene Antriebswelle greift mit ihren Zähnen in einen Zahnriemen ein und bewegt ihn. Am Zahnriemen ist ein Schlitten befestigt. Dieser bewegt sich mit dem Zahnriemen in einer Führung und trägt das Arbeitsgerät, z.B. eine Transportwanne oder auch ein Werkzeug.

Zahnstangentrieb

Beim Zahnstangentrieb greift ein Zahnrad als Antrieb in eine Zahnstange ein, sodass ein Schlitten bewegt wird. Die Genauigkeit ist wegen des Spiels bei beiden Antrieben gering.

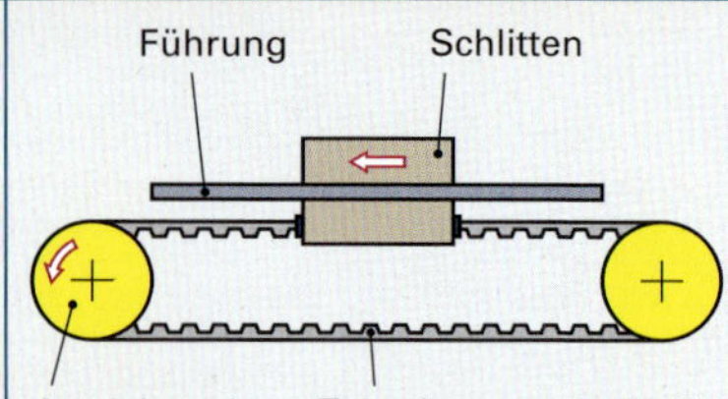

Zahnriementrieb

Piezo-Aktoren und Piezo-Antriebe

Piezo-Effekt

Piezokeramik

Bei manchen Kristallen, z.B. Quarz SiO_2, und an speziellen Keramiken entsteht eine Ladungsverschiebung, wenn sie durch eine Kraft verformt werden. Dadurch entsteht zwischen leitenden Begrenzungen des Kristalls eine Spannung. Dieser Piezo-Effekt (von griech. pièzein = drücken) ist umkehrbar. Wenn an derartige Piezo-Stoffe eine Spannung angelegt wird, entsteht eine Längenänderung und damit eine Kraft. Die Längenänderung ist klein, wirkt aber sehr schnell.

Piezo-Aktor

Beim Piezo-Aktor werden dünne Piezoscheiben aufeinander geschichtet und parallel an Spannung angeschlossen **(Bild)**. Piezo-Aktoren verwendet man zur Feineinstellung, z.B. bei der Chipherstellung.

Daten eines Piezo-Aktors	
Längenänderung je Aktorlänge 1 kV/mm	0,0005 = 0,05%
Stellkraft je Aktorquerschnitt	20 N/mm²
Grenzfrequenz	bis 100 kHz

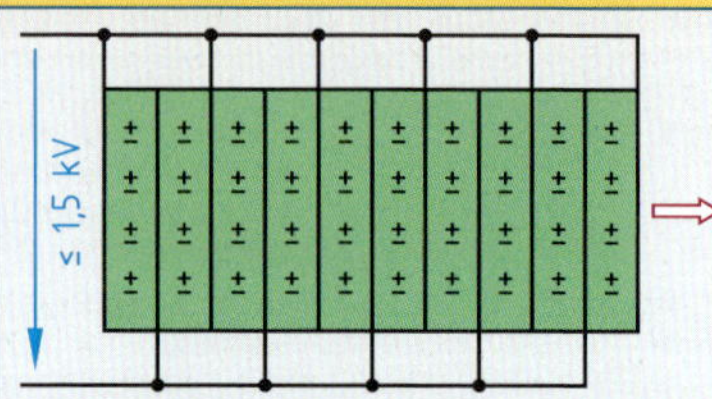

Aufbau eines Piezo-Aktors

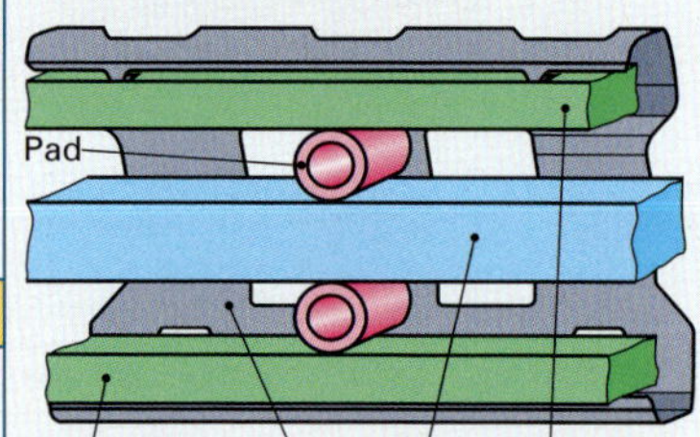

Aufbau eines Piezo-Ultraschallmotors
www.faulhaber.com

Piezo-Ultraschallmotor

Reibschiene

Beim Piezo-Ultraschallmotor wirken zwei oder mehr Piezo-Aktoren von beiden Seiten auf einen Stab **(Bild)**. Mittels einer Feder ist jeder Aktor über Polster (engl. Pads) gegen den Stab gespannt und bewirkt so die Selbsthaftung. Die Aktoren werden elektrisch mit hoher Frequenz erregt. Dabei schwingen sie mechanisch, z.B. in Form einer Wanderwelle **(Bild)** oder einer Ellipse. Je nach der Frequenz der elektrischen Ansteuerung der Piezo-Aktoren verläuft die Schwingung in die gewünschte Richtung und bewegt so den Stab.

Daten eines Piezo-Ultraschallmotors	
Geschwindigkeit	bis 0,80 m/s
Auflösung	0,02 µm
Stellweg	unbegrenzt
Ansteuerung	Generator für Ultraschallfrequenz

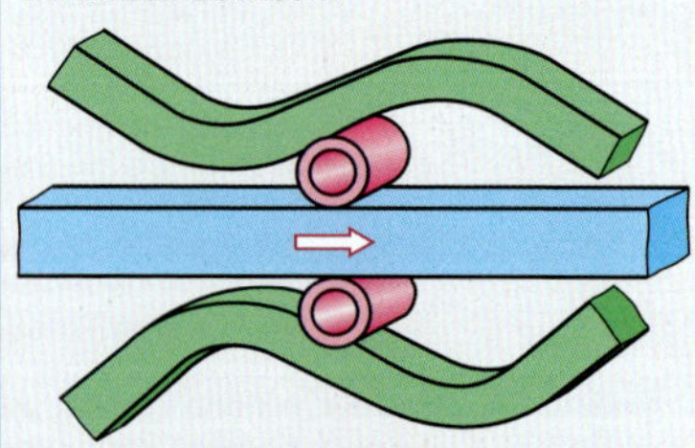

Wirkung der Wanderwelle

Piezo-Ultraschallmotor
www.physikinstrumente.de

A

Linearmotoren Linear Motors

Aufbau, Bezeichnung

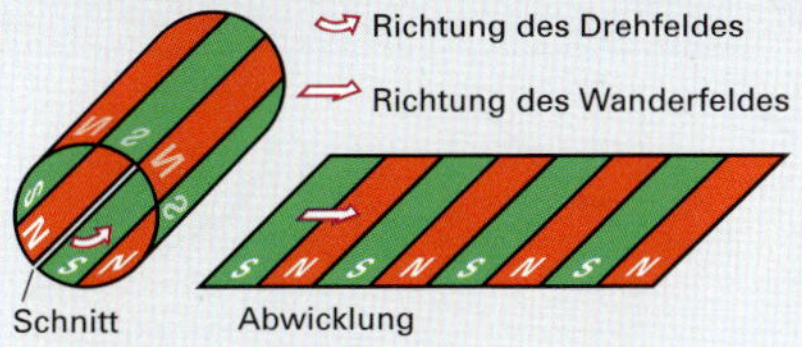

Entstehung des Linearmotors aus dem Kurzschlussläufermotor

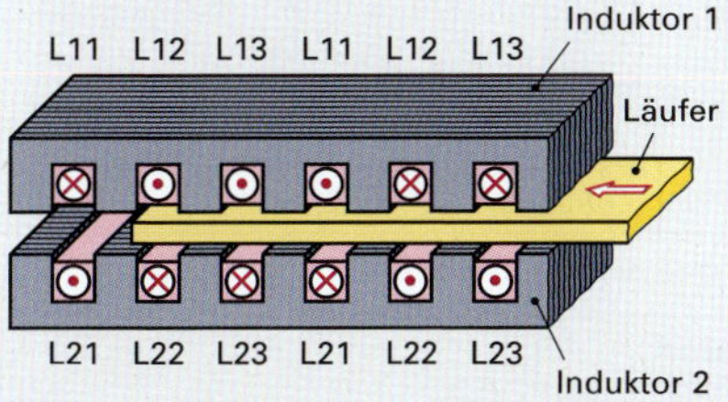

Wechselstrom-Linearmotor mit zwei Induktoren

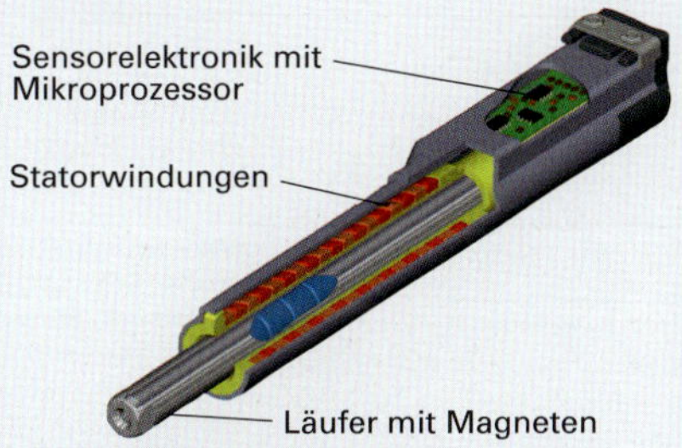

Schnittmodel eines Synchron-Linearmotors

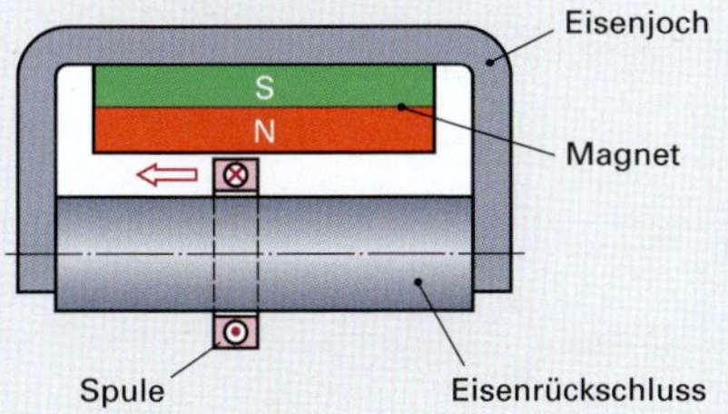

Gleichtrom-Linearmotor in Gleichpolausführung

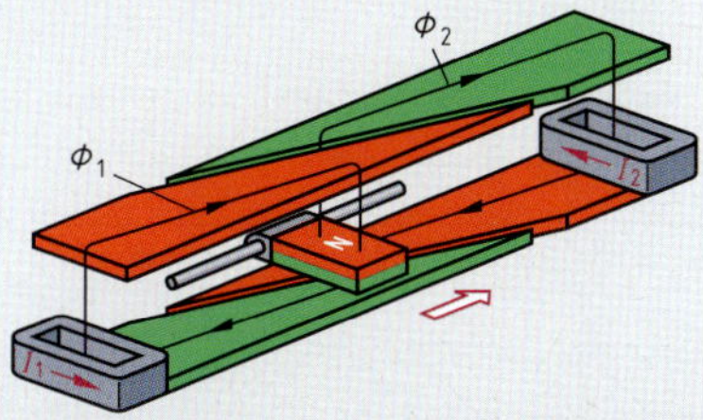

Gleichstrom-Linearmotor in Wechselpolausführung (obere Polbleche angehoben dargestellt)

Wirkungsweise

Linearmotoren sind Antriebsmaschinen, die eine lineare (gerade) Bewegungskraft hervorrufen. Lineare Maschinen besitzen fast die gleichen Baukomponenten wie herkömmliche Elektromotoren. Sie unterscheiden sich lediglich in ihrem geometrischen Aufbau.

Normale Elektromotoren besitzen einen Ständer und einen sich darin drehenden Läufer. Zum Verständnis des Linearmotors denkt man sich den Ständer eines Drehstrommotors am Umfang aufgeschnitten und gestreckt. Wird die in eine Ebene gestreckte Drehstromwicklung mit Drehstrom gespeist, so bewegt sich das Magnetfeld in eine Richtung. Somit wird die elektrische Energie direkt in eine lineare Bewegung umgewandelt. Statt eines Drehfeldes entsteht also ein Wanderfeld.

Während der Läufer eines Asynchron-Linearmotors aus einer leitenden Metallplatte besteht, besitzt der Läufer eines Synchron-Linearmotors Elektro- oder Permanentmagnete.

Gleichstrom-Linearmotoren besitzen ein mit Gleichstrom durchflossenes Spulensystem und Permanentmagnete. Der Gleichstrom muss bei Bewegungsänderung umgepolt werden.

Bei der Gleichpolausführung sind die Dauermagnete im Stator und die Spulen im Läufer angebracht (Stromzuführung über Schleppkabel, Schleifkontakte).

Bei der Wechselpolausführung ist die Anordnung umgekehrt (keine Stromzuführung zu beweglichen Teilen).

Linearmotoren werden über ein Motorkabel zusammen mit der zugehörigen Regelelektronik betrieben. Ein Lagemesssystem misst und überwacht die aktuelle Position des Linearmotors nicht nur im Stillstand, sondern auch während der Bewegung.

Bemerkungen

Als Motorprinzipien werden Asynchron-Linearmotoren, permanenterregte Synchron-Linearmotoren und Gleichstrom-Linearmotoren verwendet. Bei linearen Maschinen muss man zwischen zwei Ausführungsmöglicheiten unterscheiden:

Langstatorbauweise:

Wird der Ständer längs der Strecke verlegt, so spricht man bei Linearmotoren von der Langstatorbauweise. Hier wird der Stator direkt mit einer Drehstromquelle versorgt, so dass bewegte Kontakte zum Läufer vollständig entfallen.

Kurzstatorbauweise:

Wird der Rotor längs der Strecke verlegt, so spricht man von der Kurzstatorbauweise. Bei dieser Variante werden Schleifringe, die den bewegten Ständer mit elektrischer Energie versorgen, benötigt.

Linearmotoren werden in unterschiedlichen Anwendungen eingesetzt und lösen Aufgaben, die zuvor mit Pneumatikzylindern, Servomotoren oder mechanischen Kurvenscheiben gelöst wurden.

Vorteile von Linearmotoren:
- hohe Geschwindigkeiten und Beschleunigungen,
- dynamische und präzise Positionierung der Last,
- hohe Dauerkräfte,
- überlastsicher,
- keine Haft- und Gleitreibung,
- geringer Verschleiß,
- hohe Energieausbeute,
- hohe Verfügbarkeit.

Nachteile des Linearmotors:
- hohe Kosten (Betriebskosten der Anlage können aber geringer sein),
- sensibler und aufwändiger bezüglich der Regelung,
- wenig Möglichkeiten zur Kraftübersetzung.

Typische Anwendungen:
- Transport- u. Positioniersysteme,
- Magnetschwebebahn,
- Automatisierungstechnik.

Antriebstechnik Drive Engineering

Momente von Arbeitsmaschinen und Elektromotoren

Widerstandsmoment von Arbeitsmaschinen			Kraftmoment von Elektromotoren	
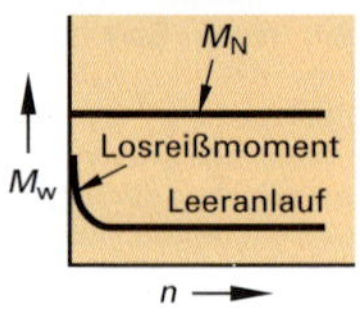	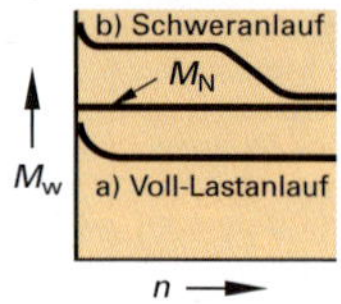	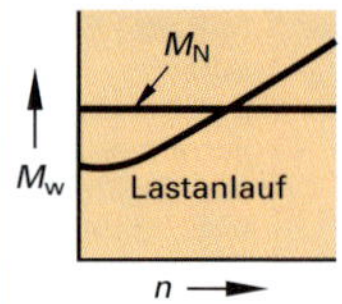	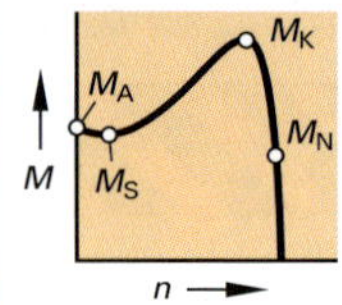	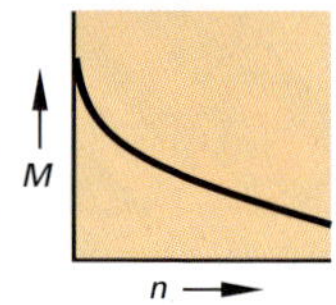
Belastung erst nach dem Hochlauf, z. B. Drehmaschinen, Fräsmaschinen, Sägen, Pressen, Stanzen.	Widerstandsmoment a) fast so groß wie Bemessungsmoment des Motors M_N. b) größer als M_N.	Widerstandsmoment steigt mit Drehzahl, z. B. bei Lüftern, Kreiselpumpen, Verdichtern.	M_A Anzugsmoment, M_S Sattelmoment, M_K Kippmoment, M_N Bemessungsmoment Kurzschlussläufermotor.	Kraftmoment steigt mit abnehmender Drehzahl. Reihenschlussmotor, Universalmotor.

M Kraftmoment, M_N Motorbemessungsmoment, M_w Widerstandsmoment der Arbeitsmaschine, *n* Drehzahl.

Bremsen von Antrieben mit Drehstromasynchronmotoren

Bezeichnung	Erklärung	Schaltung (Prinzip)	Anwendung
Brems-Lüftmagnet (Federdruck-bremsung)	Bremskraft durch Feder. Sobald die Erregerspule eingeschaltet ist, wird die Bremse gelöst (gelüftet). Verlustbremsung.	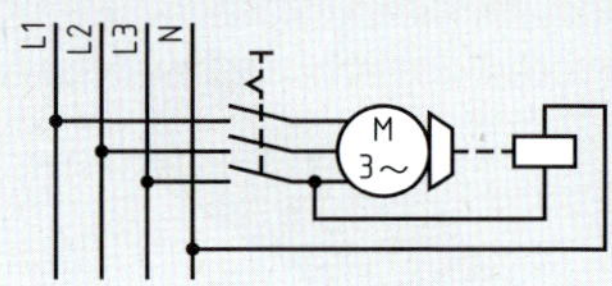	Werkzeugmaschinen, Hebezeuge. Sonderform: Bremsmotor (Stopp-Motor).
Gegenstrom-bremsung	Die Bremskraft wird vom Motor hervorgerufen, weil dessen Drehfeld durch Vertauschen zweier Außenleiter einen anderen Drehsinn erhält. Nach Stillsetzen des Antriebes muss abgeschaltet werden, da sonst Anlauf in umgekehrter Drehrichtung erfolgt. Verlustbremsung.	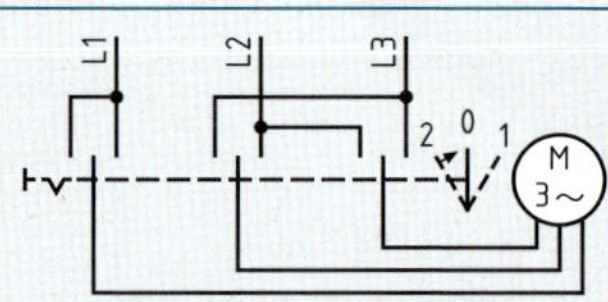	Maschinen mit großer Schwungmasse, z. B. Bandsägen, Pressen; auch Hebezeuge beim Kontern (Gegensteuern).
Über-synchrone Brems-schaltung	Motor wird von der Last angetrieben und arbeitet als Asynchrongenerator. Nutzbremsung.	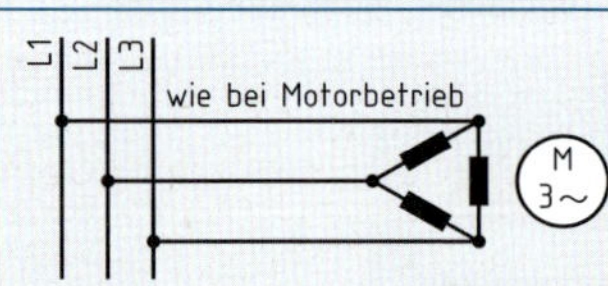	Hebezeuge (beim raschen Senken), besonders bei polumschaltbaren Motoren.
Unter-synchrone Brems-schaltung	Schleifringläufermotor, mit großem Widerstand im Läuferkreis und als Einphasenmotor geschaltet, entwickelt bei Rechtslauf ein Kraftmoment nach links. Im Stillstand keine Bremskraft. Verlustbremsung.	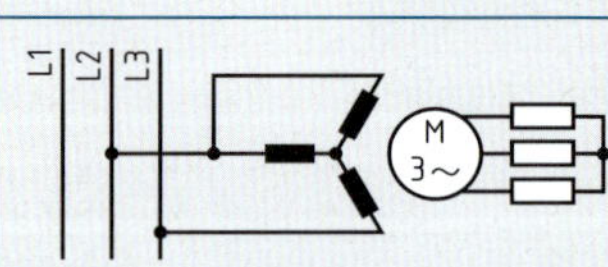	Hebezeuge (beim langsamen Senken).
Gleichstrom-bremsung	Ständerwicklung des Motors wird an niedrige Gleichspannung gelegt. Der durch Induktion entstehende Läuferstrom bremst. Verlustbremsung.	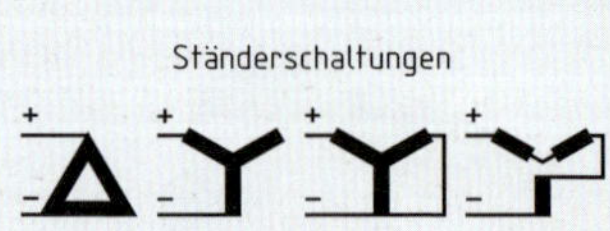	Werkzeugmaschinen, Fördermaschinen.
Geregelter Drehstrom-motor (Syn-chronmotor oder Asyn-chronmotor)	Die Bremskraft wird durch fortlaufendes Einregeln einer niedrigeren Drehzahl bis Null erreicht. Vom Regler werden die Frequenzen beider Stromrichter herabgesetzt, M1 arbeitet dann als Generator, U2 als Gleichrichter und U1 als Wechselrichter. Nutzbremsung.	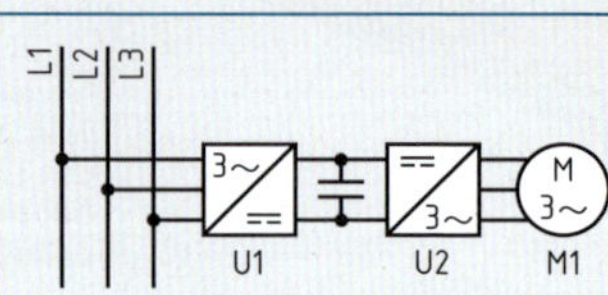	Universelle Anwendung mit Bemessungsleistungen von 200 W bis 200 kW

A

Effizienz von elektrischen Antrieben — Efficiency of Electrical Drive

Daten	Erklärung	Bemerkungen

Standards für effiziente Antriebe

IEC-Bezeichung	US-Bezeichnung	alte EU-Bezeichnung
IE1	Standard Efficiency	EFF3
IE2	High Efficiency	EFF2
IE3	Premium Efficiency	EFF1
IE4	Super Premium Efficiency	–

Elektromotoren benötigen weltweit etwa die Hälfte des erzeugten Stromes. Bei Antrieben besteht ein großes Potenzial zum Energiesparen. Deshalb werden elektrische Antriebe nach ihrer Effizienz unterschieden. Bei Neuanlagen ist seit 2011 mindestens IE2 erforderlich.

Eine Möglichkeit zur Erhöhung der Effizienz ist der Einsatz von Cu anstelle von Al für den Läuferkäfig und von besserem Magnetmaterial (Elektroblech) mit kleineren Verlusten bei Käfigläufermotoren.

Mindestwirkungsgrade η von Motoren verschiedener Klassen, Polzahlen und Frequenzen

vgl. EN DIN 60034-30

Klasse	IE1			IE2			IE3			IE4		
P_N in kW	Anzahl der Pole (doppelte Polpaarzahl)											
	2	4	6	2	4	6	2	4	6	2	4	6
Motoren für 50 Hz												
0,12	53,6	53,6	53,2	64,0	69,7	63,2	68,5	73,7	67,1	76,1	77,1	72,7
0,75	72,1	72,1	70,0	77,4	79,6	75,9	80,7	82,5	78,9	85,0	85,7	82,8
1,5	77,2	77,2	75,2	81,3	82,8	79,8	84,2	85,3	82,5	87,6	88,2	85,9
4	83,1	83,1	81,4	85,8	86,6	84,6	88,1	88,6	86,8	90,6	91,2	89,5
7,5	86,0	86,0	84,7	88,1	88,7	87,2	90,1	90,4	89,1	92,1	92,7	91,4
30	90,7	90,7	90,2	92,0	92,3	91,7	93,3	93,6	92,9	94,6	95,1	94,3
160	93,8	93,8	93,8	94,8	94,9	94,8	95,6	95,8	95,6	96,2	96,5	96,0
800	94,8	94,8	94,4	95,8	95,7	95,4	96,5	96,5	96,3	96,7	96,8	96,6

Bei 50 Hz entsprechen 2 Pole der synchronen Drehzahl (Drehfelddrehzahl) von 3000/min,
4 Pole der synchronen Drehzahl (Drehfelddrehzahl) von 1500/min und
6 Pole der synchronen Drehzahl (Drehfelddrehzahl) von 1000/min.

P_N in kW	IE1 2	IE1 4	IE1 6	IE2 2	IE2 4	IE2 6	IE3 2	IE3 4	IE3 6	IE4 2	IE4 4	IE4 6
Motoren für 60 Hz												
0,75	77,0	78,0	73,0	75,5	82,5	80,0	77,0	85,5	82,5	85,0	85,7	82,8
1,5	81,0	81,5	77,0	84,0	84,0	86,5	85,5	86,5	88,5	87,6	88,2	85,9
7,5	87,5	87,5	86,0	89,5	89,5	89,5	90,2	91,7	91,0	91,7	92,8	92,5
30	90,2	91,7	91,7	91,7	93,0	93,0	92,4	94,1	94,1	94,6	95,1	94,3
800	94,1	94,5	94,1	95,4	95,8	95,0	95,8	96,2	95,8	96,7	96,8	96,7

Bei 60 Hz entsprechen 2 Pole der synchronen Drehzahl (Drehfelddrehzahl) von 3600/min,
4 Pole der synchronen Drehzahl (Drehfelddrehzahl) von 1800/min und
6 Pole der synchronen Drehzahl (Drehfelddrehzahl) von 1200/min.

Wirkungsgrade nach IEC 60034 bei vierpoligen Motoren (gerundete Werte)

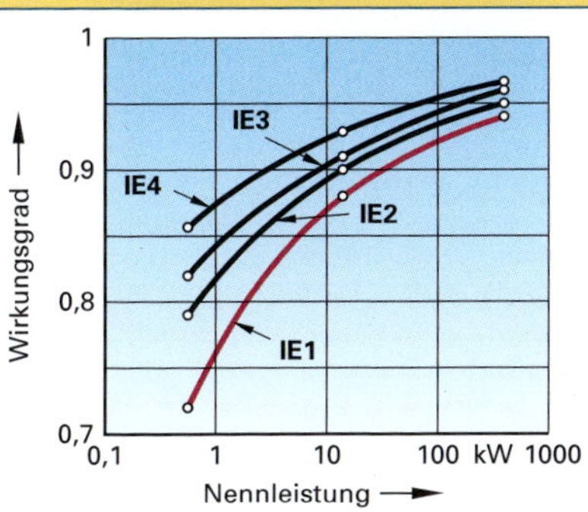

Mindestwirkungsgrade von vierpoligen Elektromotoren bei voller Last für Nennleistungen von 0,75 kW bis 370 kW für 50 Hz

Der Wirkungsgrad großer Motoren ist höher als bei kleinen Motoren, weil durch die kompakte Bauart weniger verloren geht vom Magnetfeld und von der magnetischen Wirkung des Stromes. Der Wirkungsgrad von vierpoligen Motoren ist meist am größten, weil für diese häufige Bauart die Abmessung der Maschine günstiger als bei anderen Motoren gewählt wird. Bei sechspoligen Motoren ist dagegen der Wirkungsgrad kleiner, weil bei gleicher Leistung das Kraftmoment größer sein muss. Der Wirkungsgrad von Motoren für 60 Hz ist größer als der von 50 Hz, weil bei 60 Hz die Drehzahl größer ist als bei 50 Hz.

Die angegebenen Wirkungsgrade gelten nur für den Betrieb bei Nennlast. Bei herabgesetzter Belastung sinkt der Wirkungsgrad stark ab, weil dann der Leistungsfaktor der Maschine sinkt.

Deshalb wird bei von Umrichtern gespeisten Antrieben bei Teillast die Spannung oft herabgesetzt. Dadurch verhält sich der Motor wie ein Motor mit kleinerer Nennlast.

Für niedrige Drehzahlen sind Motoren mit großer Polzahl weniger geeignet als Getriebemotoren mit hoher Drehzahl.

A

Wahl des Antriebsmotors Selection of the Drive Motor

Wichtige Motorarten für Antriebe

Art	Vorteile	Nachteile
Drehstrom-Kurzschlussläufer	Wartungsarm, robust, preiswert, funkstörfrei.	Großer Einschaltstrom. Drehzahl beim polumschaltbaren Motor in 2 (selten in 3 oder 4) Stufen steuerbar. Sonst nur über Umrichter steuerbar.
Synchronmotor	Konstante Drehzahl. Kraftmoment von Spannungsschwankung wenig abhängig. Bei Permanentmagneten großer Wirkungsgrad bis IE4.	Drehzahl über Umrichter steuerbar, z. B. Zwischenkreisumrichter mit Pulsweitenmodulation. Moderner Antriebsmotor mit angebautem Umrichter für AC, 3AC und DC. Reluktanzmotor bis IE3.
Drehstrom-Schleifringläufer	Sehr großes Anzugsmoment bei kleinem Anlaufstrom. Drehzahl beschränkt steuerbar.	Anlasser erforderlich, Kohlebürsten brauchen Wartung. Im Betrieb Bürstenfeuer. Gesteuerte Drehzahl ist lastabhängig.
Fremderregter Motor für Gleichstrom	Drehzahl sehr gut steuerbar. Nutzbremsung unter Energierücklieferung möglich. Häufiges Einschalten möglich.	Gleichstrom nötig. Erfordert sorgfältige Wartung. Anlasseinrichtung, z. B. steuerbarer Gleichrichter, notwendig. Teuer in der Anschaffung. Im Betrieb Bürstenfeuer.
Reihenschlussmotor für Gleichstrom	Sehr großes Anzugsmoment. Mit geblechtem Ständer Universalmotor (für Gleich- und Wechselstrom geeignet).	Wie bei den anderen Gleichstrommotoren. Ferner: Geht im Leerlauf durch, daher sind Riementrieb oder Kettentrieb unzulässig. Drehzahl ist stark lastabhängig.

Motordaten für Antriebe

Art der Arbeitsmaschine	Motorart	Betriebsart	Bem.leistung in kW
Aufzüge			
Speiseaufzug	Dk, Dkp	S 2 30 min	0,55 bis 1,1
sonstige Aufzüge mit Gegengewicht		S 2 60 min	2,2 bis 11
Baumaschinen			
Betonmischmaschine	Dk	S 1	3 bis 7,5
Hebezeuge			
Kran, Hubwerk	Ds, Dk, S	S 3 60% ED	3 bis 30
Kranfahrwerk		S 3	4 bis 15
Drehwerk		40% ED	0,75 bis 5,5
Holzbearbeitungsmaschinen			
Bandsäge	Dk, Dkp, S	S 1	2,2 bis 5,5
Hobelmaschine			3 bis 15
Fräsmaschine			3 bis 11
Kreissäge			4 bis 15
Landwirtschaftsmaschinen			
Gebläsehäckselmaschine	Dk	S 1	15 bis 22
Heubelüfter			4 bis 11
Melkmaschine			1,1 bis 2,2

Art der Arbeitsmaschine	Motorart	Betriebsart	Bemessungsleistung in kW
Lüfter	Dk, S, Dkp	S 1	bis 1,1
Metallbearbeitungsmaschinen			
Bohrmaschine	Dk, Dkp, S	S 1	0,12 bis 5,5
Drehmaschine			0,55 bis 45
Fräsmaschine			0,75 bis 45
Kaltsäge			1,1 bis 7,5
Schlagschere			1,1 bis 11
Schleifbock			1 bis 3
Nahrungsmittelmaschinen			
Fleischwolf	Dk, S	S 1	0,75 bis 5,5
Teigknetmaschine			1,1 bis 7,7
Pumpen			
Kolben- und Kreiselpumpe	Sy, Dk, S	S 1, selten S 2	0,12 bis 200
Textilmaschinen			
Spinnereimaschine	Dk, Ds, S, Sy	S 1	0,55 bis 3
Webmaschine			0,25 bis 5,5
Flachstrickmaschine			0,55 bis 1,1

Dk Drehstromkurzschlussläufer; Dkp Drehstromkurzschlussläufer, polumschaltbar; Ds Drehstromschleifringläufer; S über Stromrichter gespeister Drehstrommotor oder Stromwendermotor für Gleichstrom; Sy Synchronmotor.

Vibrationsantriebe

Vibrationsantriebe verwendet man für Rüttler, Förderer, Sortierer, Entwässerer, Siebe.

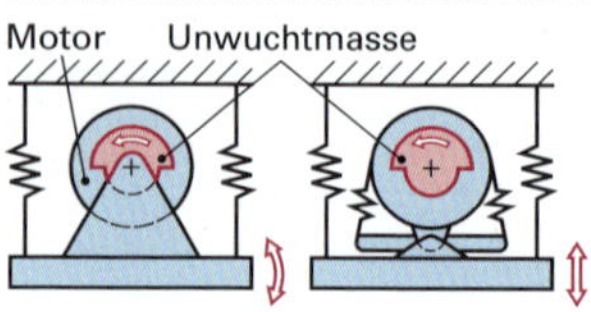

Kreisrüttler Pendelrüttler

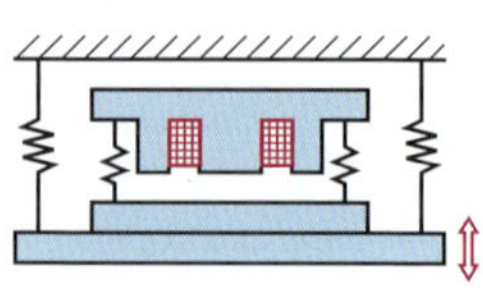

Elektromagnetischer Vibrator

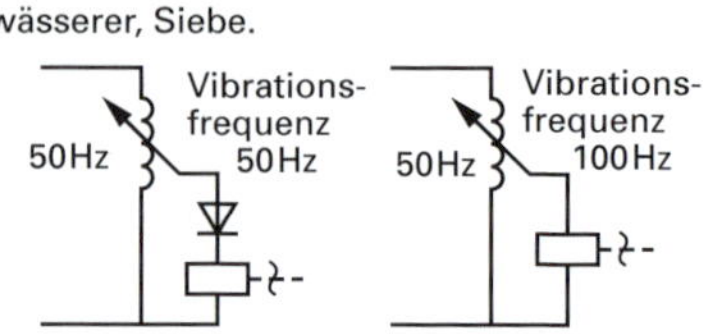

Schaltungen für 50 Hz und 100 Hz

Motorschutz Motor Protection

Schaltung	Wirkungsweise	Bemerkungen

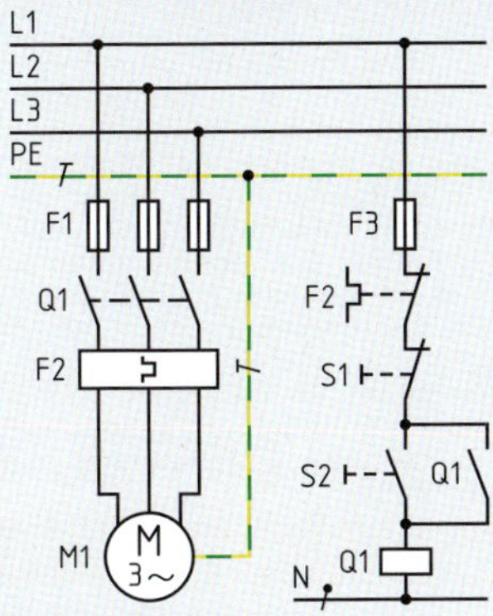

Motorschutzrelais

Wirkungsweise: Fließt bei Überlastung des Motors ein zu großer Strom durch das Bimetall, so biegt es sich und betätigt einen Öffner. Bei welcher Stromstärke dies geschieht, ist mit Hilfe einer Einstellvorrichtung am Motorschutzrelais wählbar. Der Öffnerkontakt unterbricht die Stromzufuhr zum Steuerstromkreis des Schützes, das den Motor schaltet. Das Schütz fällt ab und trennt den Motor vom Netz. Bei Handbetrieb muss die Rückstellung der Wiedereinschaltsperre manuell erfolgen.

Bemerkungen: Motorschutzrelais, auch Bimetall- oder Überlastrelais genannt, schützen den Motor vor Überlast. Sie sind mit einer thermischen Auslöseeinrichtung (Bimetallauslöser) ausgestattet und überwachen die Motortemperatur über den Motorstrom. Die Bimetallauslösung ist nicht für den Kurzschlussschutz geeignet, deshalb sind Sicherungen vorzusehen. Die Abschaltung erfolgt indirekt über den Steuerstromkreis. Es kann die Betriebsart Hand- oder Automatikbetrieb gewählt werden.

Der Einstellstrom des Motorschutzes ist bei der Sterndreieckschützschaltung (Seite 236) je nach Einbauort wie folgt einzustellen:

Vor dem Netzschütz in der Zuleitung (Standardausführung):
Einstellstrom = Motor-Bemessungsstrom

Nach dem Netzschütz vor den Motoranschlüssen:
Einstellstrom = Motor-Bemessungsstrom · 0,58

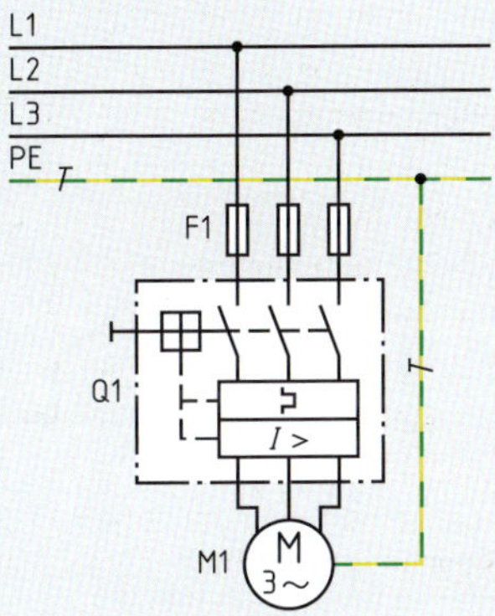

Motorschutzschalter

Wirkungsweise: Die thermische Auslösung eines Motorschutzschalters funktioniert nach dem Prinzip eines Motorschutzrelais. Anstatt des Öffnerkontakts wird aber ein Schaltschloss betätigt. Der elektromagnetische Auslöser besteht aus einer Spule mit einem beweglichen Anker. Wird die Spule von einem ausreichend großen Strom (Kurzschlussstrom) durchflossen, zieht sie den Anker an, der mechanisch auf das Schaltschloss einwirkt. Das öffnet die Schaltkontakte und trennt den Motor vom Netz. Über die Handbetätigung kann man den Motor einschalten und ausschalten.

Bemerkungen: Motorschutzschalter sind Leistungsschalter und schützen den Motor vor Überlast und Kurzschluss. Sie sind mit einer thermischen (Überlastungsschutz) und einer elektromagnetischen (Kurzschlussschutz) Auslöseeinrichtung ausgerüstet. Die Abschaltung erfolgt direkt über den Hauptstromkreis. Durch Hilfsanbauschalter kann man zusätzlich den Steuerstromkreis abschalten. Soll ein selbsttätiger Wiederanlauf eines Antriebsmotors nach einem Spannungsausfall vermieden werden, kann man Motorschutzschalter mit einem zusätzlichen Unterspannungsauslöser ausrüsten.

Hinweis! Bei einphasiger Last muss der Verbraucherstrom durch alle drei in Reihe zu schaltende Bimetallelemente fließen, um die Auslösecharakteristik des Motorschutzes zu garantieren.

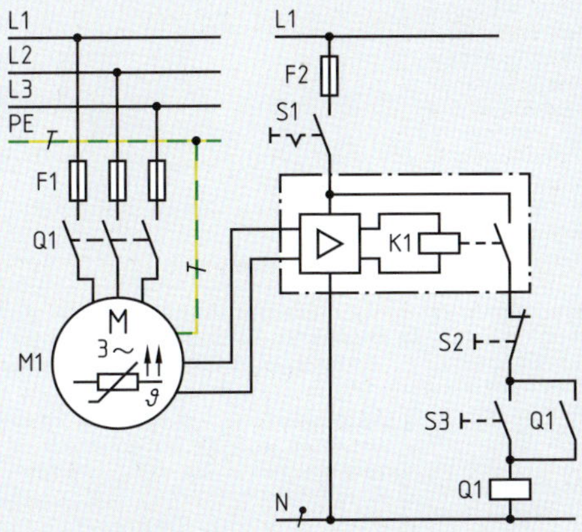

Motorvollschutz

Im Betriebszustand ist das Relais K1 angezogen. Der Widerstand der in Reihe geschalteten Kaltleiter ist niedrig. Die Schaltung arbeitet nach dem Ruhestromprinzip (drahtbruchsicher). Wird die zulässige Temperatur in einer oder mehreren Wicklungen überschritten, so steigt der Widerstandswert der Kaltleiter stark an. Infolgedessen fällt K1 ab. Dadurch wird der Steuerstromkreis des Hauptschützes Q1 unterbrochen. Q1 fällt ab und trennt den Motor vom Netz.

Der Motorvollschutz wird auch Thermistor-Motorschutz genannt und schützt den Motor vor Überlast und unzulässiger Temperaturerhöhung durch verminderte Kühlung. Beim Motorvollschutz wird die Wicklungstemperatur des Motors überwacht, nicht seine Stromaufnahme. In allen Motorwicklungen sind temperaturabhängige Widerstände (PTC) eingebaut und erfassen jeden Temperaturanstieg. Die Abschaltung erfolgt indirekt über den Steuerstromkreis. Den Kurzschlussschutz müssen Schmelzsicherungen übernehmen.

Anlassen von Kurzschlussläufermotoren — Start-up of Squirrel-cage Motors

Prinzip

Ursache

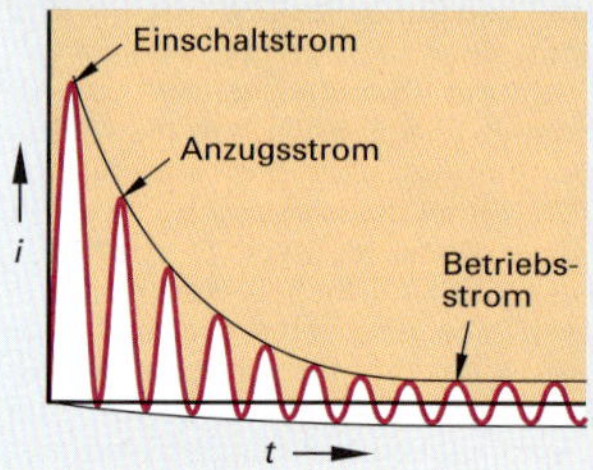

Stromverlauf

Bedingung

Anschluss an das öffentliche Niederspannungsnetz nach TAB

Motorenart	Bedingung
Einphasen-Wechselstrom-motoren	Bemessungsleistung nicht über 1,7 kVA.
Drehstrom-motoren	Anzugsstrom nicht über 60 A oder Bemessungsleistung bis 5,2 kVA bei gelegentlichem Schalten (bei 400 V Bemessungsstrom 7,5 A).

Folgerung

Bei Drehstrom-Kurzschlussläufermotoren mit einer Bemessungsleistung von mehr als 4 kW muss beim Einschalten die Spannung heruntergesetzt sein, damit der Einschaltstrom, der bis zum 10-Fachen des Bemessungsstromes betragen kann, begrenzt bleibt. Der Einschaltstrom sinkt im selben Verhältnis, wie die Spannung herabgesetzt wird. Dagegen nimmt das Kraftmoment etwa quadratisch ab, bei halber Spannung also auf ein Viertel.

Anlaufschaltungen

Schaltung	Erklärung	Bemerkungen
Direktes Einschalten	Einschalten z.B. mit Motorschalter oder Schützschaltung.	Am öffentlichen Netz bei Drehstrommotoren bis 4 kW möglich.
Einschalten mit Stern-Dreieck-Schalter	In der Sternschaltung beträgt der Einschaltstrom nur ein Drittel des Einschaltstroms wie in der Dreieckschaltung.	Am öffentlichen Netz für Bemessungsleistung bis 11 kW. (Anzugsstrom ≤ 60 A)

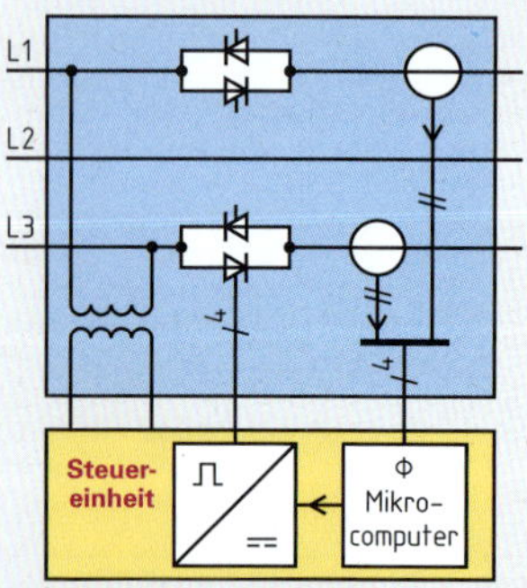

Elektronischer Motorstarter

Der *Steuerteil* enthält einen Mikrocomputer und eine Steuereinheit zur Erzeugung der Zündimpulse für die IGBTs oder Thyristoren.

Elektronische Motorstarter erhöhen während der Anlaufzeit die Spannung an den Motorklemmen von etwa 40% auf 100% der Bemessungsspannung U_N des Motors; meist mit Abschnittsteuerung.

Elektronische Motorstarter sind zweiphasig **(Bild)** ausgeführt (zwei Antiparallelschaltungen von IGBTs oder Thyristoren) oder einphasig oder dreiphasig. Immer muss ein Schalter mit Trennvermögen vorgeschaltet sein.

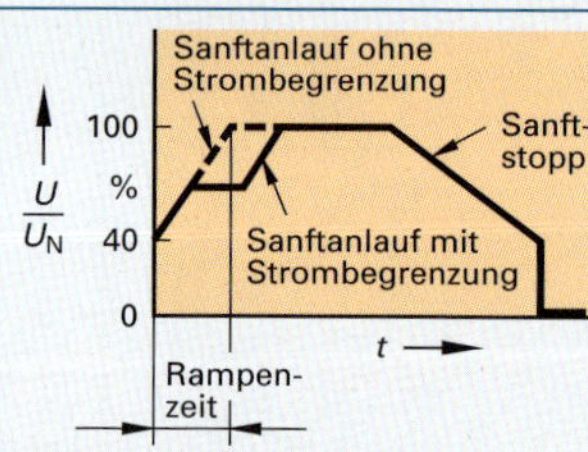

Spannungsverlauf beim elektronischen Motorstarter

Am öffentlichen Netz für Drehstrom-Kurzschlussläufermotoren bis zu einer Bemessungsleistung von 11 kW.

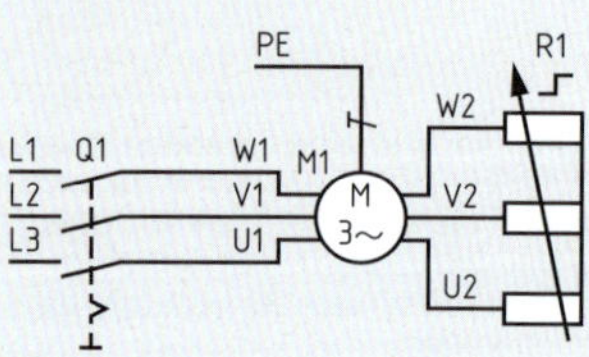

Schaltung mit Sternpunktanlasser

Herabsetzung der Spannung durch drei Drosselspulen, drei Wirkwiderstände oder einen Flüssigkeitsanlasser mit Elektrolyt. Bei Drehstrommotoren mit der Angabe Y 400 V kann am 400-V-Netz ein Sternpunktanlasser verwendet werden. Für Motoren bis 2 kW kann die Kusa-Schaltung (Kusa von Kurzschlussläufer-Sanftanlauf) mit nur einem Widerstand verwendet werden.

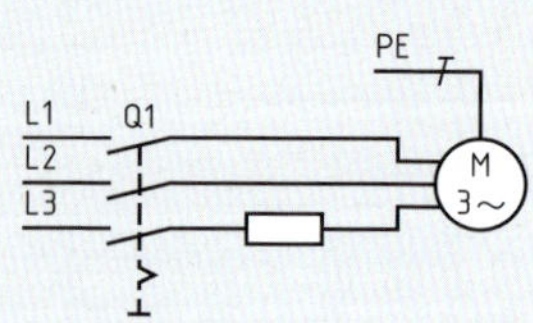

Kusa-Schaltung

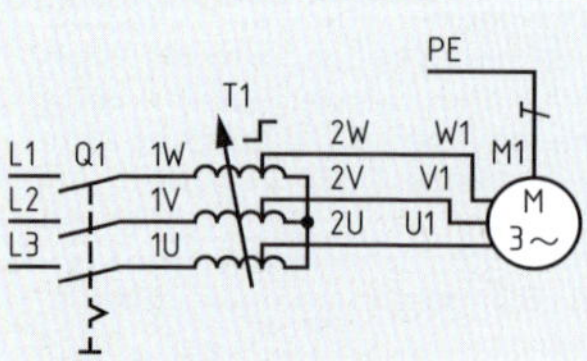

Schaltung mit Anlauftransformator

Herabsetzung der Spannung durch einen stellbaren Drehstromtransformator, meist in Sternschaltung. Der Einschaltstrom aus dem Netz wird dabei herabgesetzt durch die kleinere Spannung und durch die Stromübersetzung des Transformators. Nimmt der Motor bei halber Netzspannung z.B. 60 A auf, so nimmt der Transformator aus dem Netz nur etwa 30 A auf.

Mit Anlauftransformatoren können Drehstrom-Kurzschlussläufermotoren bis zu einer Bemessungsleistung von 15 kW angelassen werden.

Nachteilig beim Anlassen mit Transformator sind die hohen Anschaffungskosten. Deshalb werden Anlauftransformatoren vor allem bei Hochspannungsmotoren großer Leistung verwendet und sind sonst ziemlich selten.

A

Netze der Energietechnik Systems of Energy Engineering

Netzformen (Topologie)

Art	Kennzeichen	Anwendung	Vorteile und Nachteile
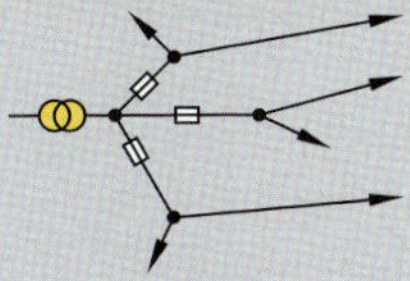 **Strahlennetz**	Die Energieversorgung verteilt sich strahlenförmig von einem gemeinsamen Einspeisepunkt aus. An jedem Strahl sind ein oder mehrere Verbraucher angeschlossen.	In Mittel- und Niederspannungsnetzen. Zur Energieversorgung von Reihendörfern oder Siedlungen in engen Tälern.	Hoher Spannungsfall am Ende der Leitung. Große Spannungsschwankungen abhängig von den Anschlusswerten der Verbraucher. Sichere Energieversorgung ist nicht gewährleistet. Große Leiterquerschnitte sind erforderlich.
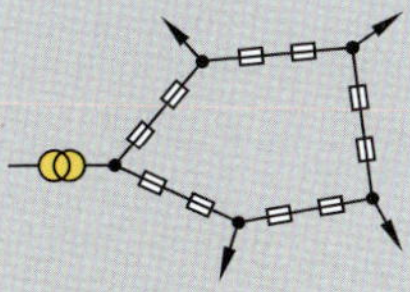 **Ringnetz**	Das Ende eines Versorgungsstrahls wird an den Einspeisepunkt zurückgeführt. Mehrere Einspeisungen sind möglich.	Bei flächenförmiger Anordnung weniger Verbraucher, die relativ weit auseinander liegen, z. B. bei Aussiedlerhöfen oder Industrieanlagen mit mehreren Fertigungsabteilungen. Mittel- und Niederspannungsnetze.	Aufwendiger als das Strahlennetz, da Rückführung erforderlich. Größerer Aufwand am Einspeisepunkt. Hohe Versorgungssicherheit, da von beiden Seiten eingespeist werden kann, falls in einem Teilstück eine Störung vorliegt.
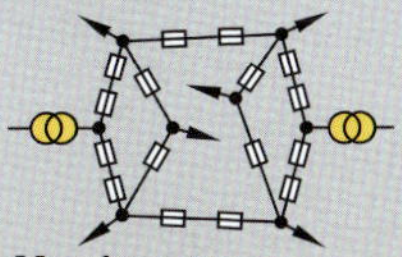 **Maschennetz**	Mehrere Einspeisepunkte. Diagonalverbindungen versorgen die in der Masche liegenden Verbraucheranlagen.	Für Hoch-, Mittel- und Niederspannungsanlagen. Versorgung von Großstädten.	Hohe Spannungskonstanz. Kleine Leitungsverluste. Große Versorgungssicherheit. Hoher Aufwand für Schutzgeräte und Netzschalteinrichtungen durch hohe Kurzschlussströme.

Unterscheidung nach Spannung

Bezeichnung	Bemessungsspannung in kV	Anwendung	Mastbauart	Spannweite in m
Niederspannungsnetz	0,23/0,4	Energieversorgung von Wohnungen, Gewerbebetrieben und Landwirtschaft.	Holz, Beton, Stahlrohr	40 bis 80
Mittelspannungsnetz	6, 10, 20, 30, 60 (66, 69)	Energieversorgung von Ortsnetzstationen, Industriebetrieben und großen Wohneinheiten. Regionalnetz.	Holz, Beton, Stahlgitter	80 bis 220
Hochspannungsnetz 1	110, 220, 380	Energieversorgung von Großstädten, große Industriebetriebe. Kraftwerksverbund.	Stahlgitter, Stahlbeton	200 bis 350
Hochspannungsnetz 2	500, 750	Internationale Fernversorgung (Kanada) HGÜ (Hochspannungs-Gleichstrom-Übertragung)	Stahlgitter, Stahlbeton	bis 750

Unterscheidung nach Leitungsart

Bezeichnung	Spannungsbereich	Anwendung	Bemerkungen
Freileitungsnetz	Niederspannung	Ortsnetze	Alte Anlagen u. Erweiterungen. Billiger als Kabelnetze.
	Mittelspannung	Regionale und überregionale Energieversorgung. Europäisches Verbundnetz zur Absicherung nationaler Versorgung.	Preisgünstiger als Kabelnetz. Weniger Verluste. Kleinere Kapazität. Leicht überwachbar.
	Hochspannung		
Kabelnetz	Niederspannung	Ortsnetze	Kunststoffisolierte Kabel (PVC oder VPE)
	Mittelspannung	Verbindungskabel zu den Umspannstationen in Ortsnetzen oder großen Industrieanlagen. Über 110 kV sind nur kurze Verbindungsstrecken möglich.	Anlagen bis 1980: bis 60 kV Massekabel, darüber Gasdruck- und Öldruckkabel. Neuere Anlagen: Meist VPE-Kabel.
	Hochspannung		

Kurzzeichen an elektrischen Betriebsmitteln — Symbols on Electrical Equipment

Prüfzeichen

Kurzzeichen	Erklärung
CE	Bescheinigung des Herstellers für Übereinstimmung mit EU-Richtlinien
GS geprüfte Sicherheit	„Geprüfte Sicherheit" Sicherheitszeichen zum Maschinenschutzgesetz
◁VDE▷	VDE-Leitungskennzeichen
◁HAR▷	Zusatz bei harmonisierten Leitungen
	Zulassungszeichen für Messwandler und Elektrizitätszähler der Physikalisch-Technischen Bundesanstalt (PTB)
	Funkschutzzeichen. Im freien Ausschnitt: Funkstörgrad G, N, K oder Zahl
	Geräte zugelassen in:
D V E	Deutschland
ÖVE	Österreich
+ S	Schweiz
	Frankreich
UL	USA

Schweißmaschinen

Kurzzeichen	Erklärung
42 V	Die Klemmenspannung von 42 V darf im Leerlauf nicht überschritten werden.
K	Schweißgleichrichter für Arbeiten in engen Räumen.

Kondensatoren

Kurzzeichen	Erklärung
F	Feuersicher
FP	Feuersicher und platzsicher

Kleintransformatoren

Kurzzeichen	Erklärung
	Offener Sicherheitstransformator
	Zeichen für bedingte Kurzschlussfestigkeit
	Steuertransformator (nicht kurzschlussfest)
	Spielzeugtransformator (auch Kinderkochgerät, Kinderbügeleisen)
	Haushalt-Spartransformator
	Klingeltransformator
	Handleuchtentransformator
	Auftautransformator
med	Transformator für medizinische und zahnmedizinische Geräte
	Trenntransformator
	Transformator, nicht kurzschlussfest
	Transformator, unbedingt kurzschlussfest
	gekapselter Sicherheitstransformator, kurzschlussfest
	Rasiersteckdosen-Einheit

Schutzklassen

Kurzzeichen	Erklärung
	Schutzklasse I: Schutzmaßnahme mit Schutzleiter
	Schutzklasse II doppelte oder verstärkte Isolierung
III	Schutzklasse III: SELV, PELV

Leuchten

Kurzzeichen	Erklärung
D	für Montage auf normal entflammbarer Oberfläche
	Leuchte für rauen Betrieb
	Erhöhte Sicherheit für Lampen in schlagwetter- und explosionsgeschützten Hängeleuchten
	Vorschaltgerät wird im Fehlerfall nicht zu heiß.

Sonstige Zeichen

Kurzzeichen	Erklärung
EX	explosionssicher
	Träge Sicherung
	Sicherung eingebaut
H	Gerätedosen, Verbindungsdosen, Kleinverteiler für Hohlwandinstallation
B	Gerätedosen, Verbindungsdosen, Leuchtenanschlussdosen für Installation in Beton

Elektromedizin

Kurzzeichen	Erklärung
	Hochspannungsteil eines Gerätes
	Anschlussstelle für Betriebserdung
CATH	Patientenanschluss an einen Elektrokardiographen, der bei Herzkatheterisierung nicht mit dem Patienten verbunden sein darf.
CORT	Patientenanschluss an einen Elektroencephalographen, der während einer Untersuchung am Gehirn nicht mit dem Patienten verbunden sein darf.

A

Überlastschutz und Kurzschlussschutz von Leitungen
Overload Protection and Short Circuit Protection of Conductors

Art	Erklärung	Bemerkungen, Formeln
Überlastschutz		
Bedingungen	*Bemessungsstromregel, Nennstromregel:* Bei Überlastung muss die Überstrom-Schutzeinrichtung ansprechen, bevor die Leitung unzulässig heiß wird.	$I_B \leq I_N \leq I_Z$ (1) $I_2 \leq 1{,}45 \cdot I_Z$ $I_Z \geq 0{,}69 \cdot I_2$ (2)
Anwendung	Die Bedingungen sind erfüllt, wenn I_N der Überstrom-Schutzeinrichtungen höchstens so groß ist wie I_Z.	Dabei müssen Überstrom-Schutzeinrichtungen nach den VDE-Bestimmungen verwendet werden.
Anordnung der Überstrom-Schutzeinrichtung	Grundsätzlich am Anfang des Stromkreises und dort, wo die Strombelastbarkeit verringert wird.	Versetzen der Überstrom-Schutzeinrichtungen zum Verbrauchsmittel hin ist zulässig, wenn der Schutz bestehen bleibt.
Wegfall der Überstrom-Schutzeinrichtung	Soll erfolgen, wenn eine Abschaltung gefährlicher ist als Überlastung, z.B. bei Hubmagneten.	Darf erfolgen, wenn eine Überlastung ausscheidet, z.B. bei Hilfsstromkreisen.
Kurzschlussschutz		
Normalfall	Schutz bei Kurzschluss (Ksch.) erfolgt zugleich durch den Überlastschutz am Stromkreisanfang. Die Leitungen dürfen nicht zu lang sein (Tabelle unten).	Einpoliger Ksch.: $I_k = \frac{U_0}{Z_S}$ (3) Dreipoliger Ksch.: $I_k \approx \frac{2 \cdot U_0}{Z_S}$ (4)
Ausschaltzeit (höchstzulässige Erwärmungszeit bei Kurzschluss)	Bei sehr kurzen Ausschaltzeiten ist zu prüfen, ob der I^2t-Wert (Herstellerangabe) genügt. $I^2t < (k \cdot A)^2$	$t \leq (k \cdot A / I_k)^2$ (5) Bei PVC $k = 115 \cdot \sqrt{s}$ A/mm² bei Gummi $k = 141 \cdot \sqrt{s}$ A/mm²
Anwendung	Die Ausschaltzeit ist nicht zu prüfen, wenn Leitungsschutzschalter (LS-Schalter) eingesetzt werden.	Bei Leiterquerschnitten ≥ 1,5 mm² Cu sind die Bedingungen erfüllt, wenn $I_N \leq 63$ A ist.
Anordnung der Überstrom-Schutzeinrichtung	Am Anfang des Stromkreises und dort, wo Belastbarkeit verringert ist und der Kurzschlussschutz nicht ausreicht.	Versetzung bis 3 m ist zulässig, wenn die Leitung vor der Schutzeinrichtung kurzschlusssicher ist.
Wegfall der Überstrom-Schutzeinrichtung	Wie beim Überlastschutz, z.B. bei Sicherheitsbeleuchtungen, Erregerstromkreisen, Stromwandler-Sekundärkreisen.	Verzicht darf erfolgen, wenn Leitung kurzschlusssicher und nicht in Nähe von brennbaren Stoffen ist.

Größte Leitungslängen von Kupferleitungen vgl. DIN VDE 0100 Bbl. 5

A in mm²	I_N in A	bei LS-Sch. B I_{kmin} A	Z_S = 300 mΩ LS-Sch. B m	Z_S = 300 mΩ LS-Sch. C m	Z_S = 300 mΩ Sicherung gG	Z_S = 600 mΩ LS-Sch. B m	Z_S = 600 mΩ LS-Sch. C m	Z_S = 600 mΩ Sicherung gG
1,5	16	80	82	36	103	73	27	94
	20	100	64	27	49	54	17	40
2,5	20	100	104	44	125	89	28	110
	25	125	80	32	93	65	16	78
4	25	125	131	53	152	106	26	127
	32	160	96	35	105	71	8	79
6	32	160	145	53	158	107	12	119
	40	200	109	35	116	70	0	77
10	40	200	182	58	195	116	0	130
	50	250	132	33	125	66	0	58
16	50	250	210	52	198	104	0	91

A Leiterquerschnitt
I_2 Auslösestrom der Überstrom-Schutzeinrichtung
I_B Betriebsstrom
I_k Kurzschlussstrom
I_{kmin} Mindest-I_k
I_N Bemessungsstrom der Überstrom-Schutzeinrichtung
I_Z Strombelastbarkeit der Leitung
k Material-Koeffizient
t Ausschaltzeit
U_0 Netz-Sternspannung
Z_S Schleifenimpedanz vor der Schutzeinrichtung

A

Mindest-Leiterquerschnitte, Leitungsschutzschalter
Minimum Conductor Cross Sections, Protective Circuit Breakers

Mindest-Leiterquerschnitte

Verlegungsart	Querschnitt in mm²	Verlegungsart	Querschnitt in mm²
feste geschützte Verlegung	Cu 1,5, Al 2,5	bewegliche Leitungen für den Anschluss von • leichten Handgeräten bis 1 A, Länge der Anschlussleitung ≤ 2 m • Geräten bis 2,5 A, Länge der Anschlussleitung ≤ 2 m • Geräten bis 10 A • Gerätesteckdosen und Kupplungsdosen bis I_N = 10 A • Geräten über 10 A • Mehrfachsteckdosen, Gerätesteckdosen und Kupplungsdosen bis I_N = 10 A	 Cu 0,5 Cu 0,5 Cu 0,75 Cu 0,75 Cu 1,0 Cu 1,0
Leitung in Schaltanlagen und Verteilern • bis 2,5 A • über 2,5 A bis 16 A • über 16 A	 Cu 0,5 Cu 0,75 Cu 1,0		
offene Verlegung auf Isolatoren mit Isolatorabstand bis 20 m über 20 m bis 45 m	Cu 4,0 Cu 6,0		
Fassungsadern	Cu 0,75		
Starkstromfreileitungen aus • Kupfer • Stahl • Aluminium • Aluminium-Stahl	 16 16 25 25/4	Lichtketten für Innenräume • zwischen Lichtkette und Stecker • zwischen den einzelnen Lampen	 Cu 0,75 Cu 0,5

Leitungsschutzschalter (LS-Schalter)

vgl. VDE 0641/Teil 11 und VDE 0660/Teil 101

Typ	Anwendung
B	Leitungsschutz, hauptsächlich Licht- und Steckdosenkreise
C	Leitungsschutz, bei höheren Einschaltströmen (Lampengruppen, Motoren)
D	Leitungsschutz, bei sehr hohen Einschaltströmen (Schweißtrafos, Motoren)
E	selektiver Hauptsicherungsautomat (Vorzählerbereich und Hauptverteilungen)
K	Leitungsschutz, bei hohen Einschaltströmen (Kraftstromkreise, Motoren, Trafos)
Z	Halbleiterschutz und Schutz von Messkreisen mit Spannungswandlern

Auslösekennlinien

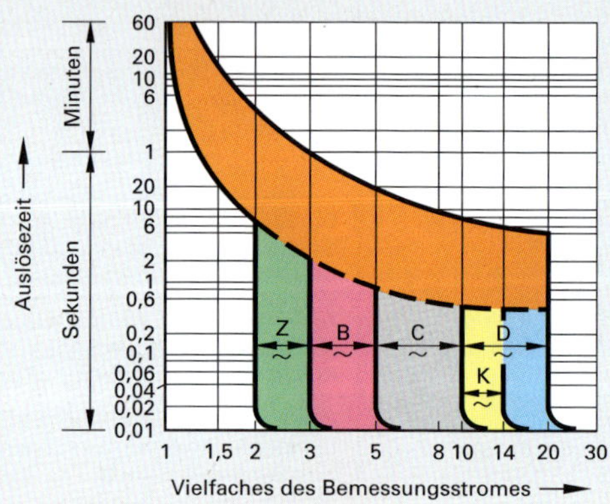

Typ (Auslöse-charakteristik)	Thermischer Auslöser: Prüfströme I_1 I_2	Thermischer Auslöser: Auslösezeit $I_N \leq$ 63 A	Thermischer Auslöser: Auslösezeit $I_N \leq$ 125 A	Elektromagnetischer Auslöser: Prüfströme halten	Elektromagnetischer Auslöser: Prüfströme auslösen	Elektromagnetischer Auslöser: Auslösezeit
B	1,13 · I_N 1,45 · I_N	> 1 h < 1 h	> 2 h < 2 h	3 · I_N	5 · I_N	je nach Typ ≤ 0,1 s oder ≤ 0,2 s
C				5 · I_N	10 · I_N	
D				10 · I_N	20 · I_N	
K	1,05 · I_N 1,20 · I_N	> 1 h < 1 h	> 2 h < 2 h	10 · I_N	14 · I_N	
Z				2 · I_N	3 · I_N	

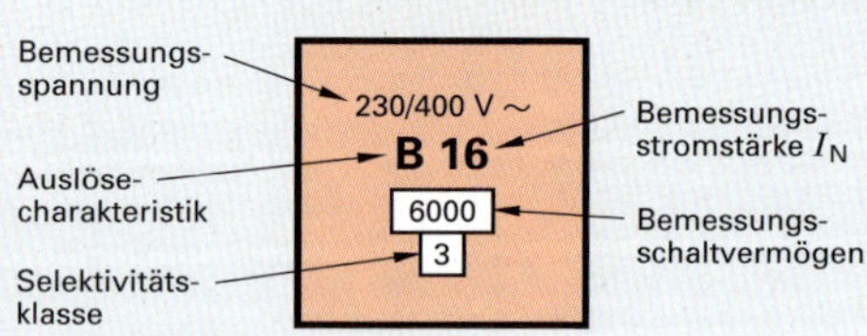

Kenngrößen eines LS-Schalters

Bemessung von Überstrom-Schutzorganen
1. Bemessungsstromregel: $I_B \leq I_N \leq I_Z$
2. Auslösestromregel: $I_2 \leq 1{,}45 \cdot I_Z$

Bemessungsströme von Leitungsschutzschaltern in A:
0,5; 1; 1,6; 2; 3; 4; 6; 8; 10; 13; 16; 20; 25; 32; 40; 50; 63

I Stromstärke
I_B Betriebsstrom
I_N Bemessungsstrom der Schutzeinrichtung
I_Z zulässige Strombelastbarkeit der Leitung
I_1 Auslösestrom der Schutzeinrichtung (kleiner Prüfstrom)
I_2 Auslösestrom der Schutzeinrichtung (großer Prüfstrom)
t Auslösezeit

Schmelzsicherungen Melting Fuses

Sicherungseinsätze

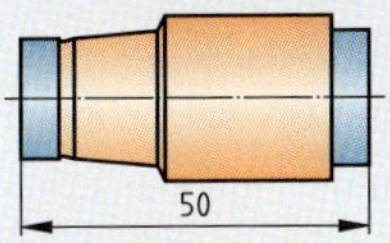

D-System Diazed,
500 V bis 100 A,
AC 660 V,
DC 600 V bis 63 A

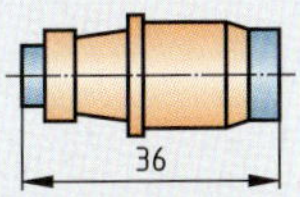

D0-System Neozed,
AC 400 V,
DC 250 V bis 100 A

Bemessungsstrom in A	Farbe des Kennmelders	Größe des Schmelzeinsatzes System D	Größe des Schmelzeinsatzes System D0	Bemessungsverlustleistung in W System D	Bemessungsverlustleistung in W System D0
2	Rosa	ND und DII	D0 1	3,3	2,5
4	Braun			2,3	1,8
6	Grün			2,3	1,8
10	Rot			2,6	2,0
16	Grau			2,8	2,2
20	Blau	DII	D0 2	3,3	2,5
25	Gelb			3,9	3,0
35	Schwarz	DIII		5,2	4,0
50	Weiß			6,5	5,0
63	Kupfer			7,1	5,5
80	Silber	DIV H	D0 3	8,5	6,5
100	Rot			9,1	7,0

Schraubkappe System	Gewinde	Passeinsatz
ND	E 16	Passring
DII	E 27	Passschraube
DIII	E 33	Passschraube
DIV H	R 1¼"	Passhülse
D0 1	E 14	Hülsenpasseinsatz
D0 2	E 18	Hülsenpasseinsatz
D0 3	M30 x 2	Hülsenpasseinsatz

Die Abmessungen der Sicherungseinsätze hängen vom Bemessungsstrom ab.

Strom-Zeit-Bereiche für Leitungsschutzsicherungen

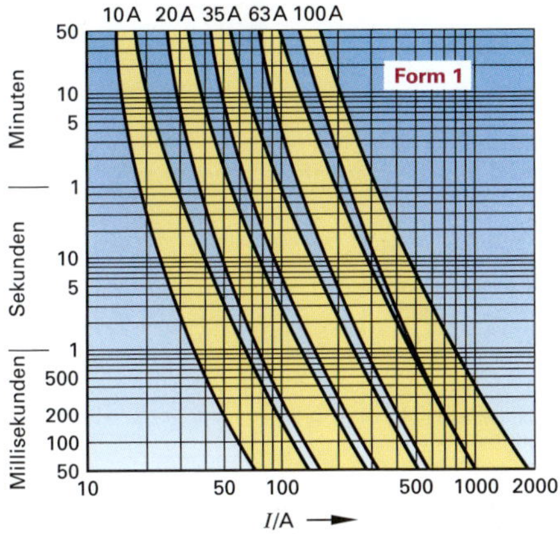

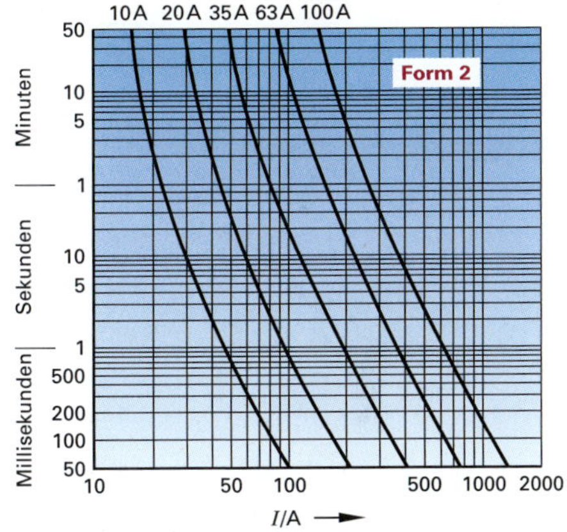

NH-Sicherungen

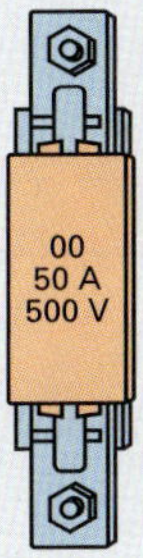

AC 500 V bis 1250 A
AC 600 V
DC 400 V

Bemessungsstrom in A Einsatz	Bemessungsstrom in A Unterteil	Größe	Bemessungsverlustleistung in W bei AC 50 Hz 500 V	Bemessungsverlustleistung in W bei AC 50 Hz 600 V	Länge in mm
35 bis 100	100	00	7,5	9	80
35 bis 160	160	0	16	19	125
80 bis 250	250	1	23	28	135
125 bis 400	400	2	34	41	150
315 bis 630	630	3	48	58	150
500 bis 1000	1000	4	80	90	200
500 bis 1250	1250	4 a	110	110	200

A

Überstrom-Schutzeinrichtungen für Geräte Fuses and Protection Switchgears

Schmelzsicherungen, Feinsicherungen

Ansicht, Kennlinie	Erklärung	Bemerkungen, Daten
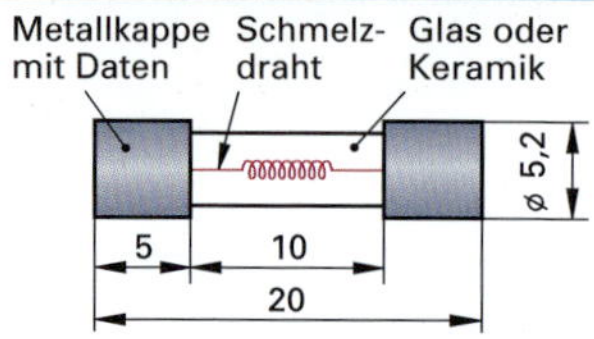	Bei Überstrom schmilzt der Schmelzdraht bzw. Schmelzleiter und unterbricht den Stromkreis. Bei Nennströmen über etwa 500 mA ist der Körper (Glas oder Keramik) mit Sand gefüllt, damit der Lichtbogen gelöscht wird. Auf den Metallkappen stehen die Daten der Sicherung.	Größte Ausschaltströme (see table below)
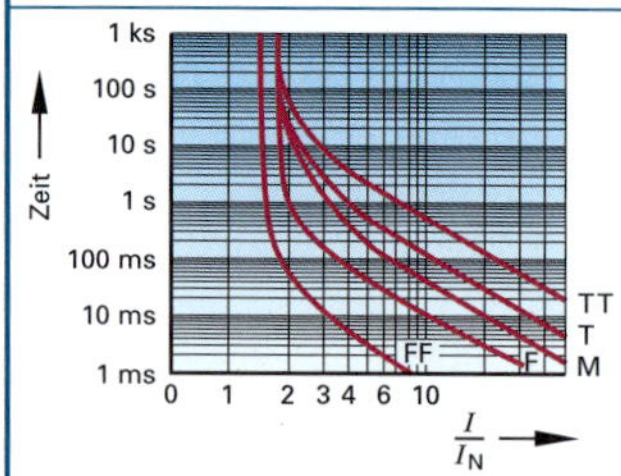 Auslösekennlinie	**Nennströme in mA:** 25 / 32 / 40 / 50 / 56 / 71 / 80 / 91 / 100 / 112 / 140 / 160 / 200 / 224 / 250 / 280 / 315 / 365 / 450 / 500 / 560 / 630 / 710 / 800 **Nennströme in A:** 1 / 1,12 / 1,25 / 1,4 / 1,6 / 1,8 / 2,5 / 3,15 / 4 / 5 / 6,3 / 8 Diese Nennströme sind nicht für jeden Sicherungstyp lieferbar. Die Einheit ist meist nicht angegeben, sondern aus der Zahl erkennbar.	Sicherungstypen (see table below)

Größte Ausschaltströme

Typ	Erklärung
H (High)	AC 1550 A
L (Low)	AC 10 · I_N, mindestens AC 35 A
E (Extende)	gegenüber L erhöht AC 150 A

Sicherungstypen

Kennzeichnung	Auslöseverhalten, I_a
FF	superflink, $I_a = 3 \cdot I_N$
F	flink, $I_a = 10 \cdot I_N$
M	mittelträge $I_a = 20 \cdot I_N$
T	träge, $I_a = 30 \cdot I_N$
TT	superträge, $I_a \approx 100 \cdot I_N$

I_a Auslösestrom für Abschaltung innerhalb etwa 10 ms

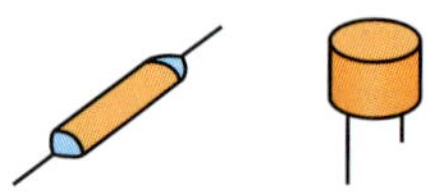

Kleinstsicherungen

Kleinsicherungen

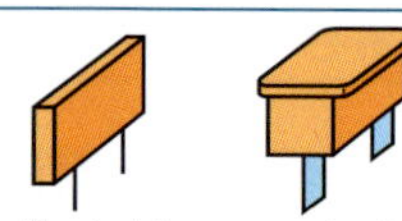

Flachsicherungseinsätze

Geräteschutzschalter (GS-Schalter)

Ansicht, Name	Erklärung	Schaltung
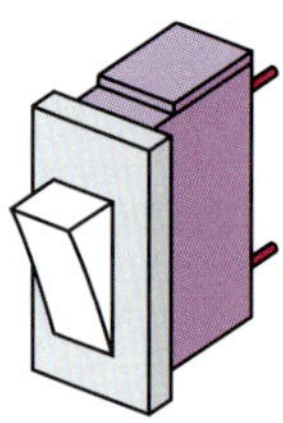 GS-Schalter STM	GS-Schalter mit elektromagnetischer Auslösung schalten bei Überschreitung des Nennstromes sofort ab, solche mit thermischer Auslösung schalten je nach Überschreitung mehr oder weniger verzögert ab. Solche mit elektromagnetischer und thermischer Auslösung schalten entsprechend wie Leitungsschutzschalter. GS-Schalter mit Unterspannungsauslöser schalten bei Unterschreitung des unteren Grenzwertes der Nennspannung ab.	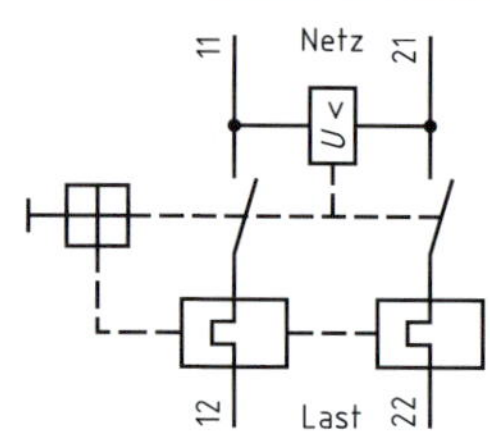 **GS-Schalter mit thermischem Auslöser und Unterspannungs-Auslöser**

Typ	Bedeutung nach IEC 934	Typ	Bedeutung nach IEC 934	Typ	Bedeutung nach IEC 934
R	manuell nur Rückstellung	TO	nur thermische Auslösung	HM	elektromagnetische Auslösung, hydraulische Dämpfung
M	gelegentliche manuelle Schaltung	TM	Auslösung thermisch und elektromagnetisch	EH	elektronische Überstromerkennung und elektromagnetische Abschaltung
S	häufige manuelle Schaltung	MO	nur elektromagnetische Auslösung		

Sonderformen von GS-Schaltern ohne galvanische Trennung

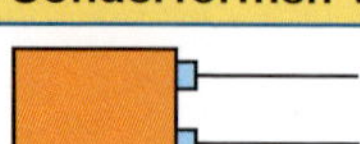 6,5 × 2,6 mm	**Limitor:** Bei Temperaturanstieg öffnet ein Kontakt. Oft für Abschalten der Stromversorgung verwendet.	Nennstrom typisch 5 A Größe 6,5 × 2,8 mm Abschaltvermögen 240 V
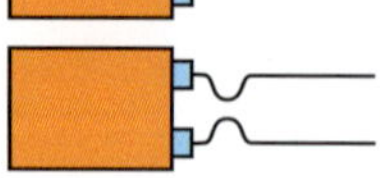 6,6 × 3 mm	**Elektronische Sicherung:** PTC-Widerstand, schnelle Umschaltung in den hochohmigen Zustand.	maximale Spannung AC 60 V Haltestrom je nach Typ 0,05 A–9 A max. Abschaltstrom typisch 40 A

A

Strombelastbarkeit von flexiblen oder wärmefesten Leitungen
Ampacity of Flexible or Heat-resistant Cords

vgl. DIN VDE 0298-4

Belastbarkeit flexibler Leitungen mit $U_N \leq 1000$ V bei Umgebungstemperatur $\vartheta_U = 30$ °C

Anzahl stromführender Leiter Verlegeart	ϑ_B in °C Isolierwerkstoff	Bauart-Kurzzeichen Beispiele	Belastung in A bei einem Bemessungsquerschnitt in mm²												
			0,75	1	1,5	2,5	4	6	10	16	25	35	50	70	95
1 V1	70 Polyvinylchlorid	H05V-U H07V-U H07V-K	15	19	24	32	42	54	73	98	129	158	198	245	292
2 oder (3) V2, V3	60 Gummi	H05RN-F H07RN-F NMHVÖU	6 (6)	10 (10)	16 (16)	25 (20)	32 (25)	40 –	63 –	– –	– –	– –	– –	– –	– –
2 oder 3 V2, V3	70 Polyvinylchlorid	H05VVH6-F H07VVH6-F NYMH11YÖ	12	15	18	26	34	44	61	82	108	135	168	207	250

Belastbarkeit flexibler Leitungen ab 6 kV/10 kV bei Umgebungstemperatur $\vartheta_U = 30$ °C

Anzahl Strom führender Leiter U_N Verlegeart	ϑ_B in °C Isolierwerkstoff	Bauart-Kurzzeichen Beispiele	Belastung in A bei einem Bemessungsquerschnitt in mm²												
			2,5	4	6	10	16	25	35	50	70	95	120	150	185
3 ≤ 6 kV/10 kV V2	80 Ethylenpropylen-Kautschuk	NSSHÖU	30	41	53	74	99	131	162	202	250	301	352	404	461
3 > 6 kV/10 kV V2	80 Ethylenpropylen-Kautschuk	NSSHÖU	–	–	–	–	105	139	172	215	265	319	371	428	488

Umrechnungsfaktoren für die Belastbarkeit von wärmebeständigen Leitungen

Anzahl Strom führender Leiter Verlegeart	ϑ_B in °C Isolierwerkstoff	Bauart-Kurzzeichen Beispiele	Umrechnungsfaktoren bei ϑ_U in °C												
			50	60	70	80	90	100	110	120	130	140	150	160	170
1, 2 oder 3 V1, V2	90 Polyvinylchlorid	NYFAFW NYPLYW	1,00	0,87	0,71	0,50	–	–	–	–	–	–	–	–	–
1 V1	110 Ethylen-Vinylacetat-Copolymer	N4GA N4GAF	1,00	1,00	1,00	1,00	0,82	0,58	–	–	–	–	–	–	–
1 V1	135 Ethylen-Tetrafluorethylen	N7YA N7YAF	1,00	1,00	1,00	1,00	1,00	0,94	0,79	0,61	0,35	–	–	—	–
1, 2 oder 3 V1, V2	180 Silikon-Kautschuk	H05SJ-K N2GSA	1,00	1,00	1,00	1,00	1,00	1,00	1,00	1,00	1,00	1,00	1,00	0,82	0,58

Verlegearten von Leitungen

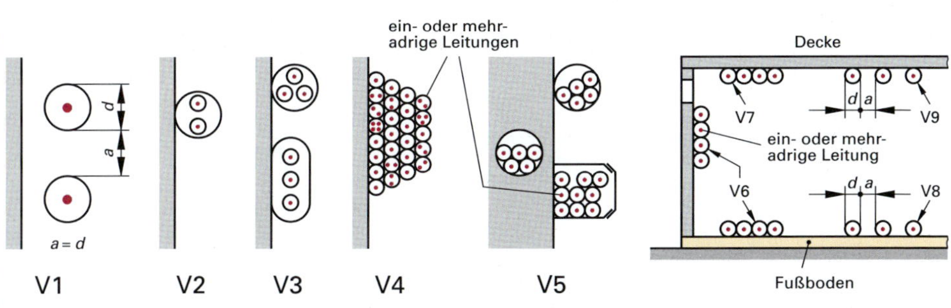

a Leiterabstand	ϑ_B höchstzulässige Betriebstemperatur
d Durchmesser des Leiters	ϑ_U Umgebungstemperatur
U_N Bemessungsspannung	V Verlegeart

A

Schutz gegen thermische Auswirkungen Protection against thermal Effects

vgl. DIN VDE 0100-420

Aufgaben		
Schutz gegen	Erklärung	Bemerkungen
Verbrennung	In elektrischen Anlagen kann der Strom Verbrennungen und Brände hervorrufen, z. B. durch Überstrom, Überspannung, Wärmestau oder Isolationsfehler.	Dieselbe Folge kann auch eintreten durch Oberschwingungen, Blitzeinschlag, Isolationsfehler, fehlerhafte Schutzgeräte, z. B. Leistungsschutzschalter.
Flammen	Im Brandfall treten Flammen und Rauch auf. Gegenmaßnahmen sind einzuhalten.	Brandausbreitung muss begrenzt bleiben. Fluchtwege sind vorzubereiten.
Sichere Funktion	Die Anlage muss sicher funktionieren, insbesondere die Sicherheitseinrichtungen.	Installation muss die thermischen Wirkungen begrenzen, z. B. durch Brandschutzschalter.
Schutz gegen Verbrennungen und Brände in feuergefährdeten Anlagen		
Mittel	Erklärung	Beispiele
Kabel und Leitungen	Auf Flucht- und Rettungswegen dürfen nur Kabel und Leitungen mit wenig Rauchentwicklung im Brandfall verlegt werden. Blanke Leitungen sind unzulässig.	Halogenfreie Kabel und Leitungen mit verbessertem Brandverhalten sind z. B. NHXMH, NHMH, H05Z-U, H05Z-K, H07Z-U, H07Z-R, NHXH, N2XH, N2XCH.
Verbindungsklemmen	Dürfen nur zur Stromversorgung des jeweiligen Raumes vorkommen. Sonst müssen sie feuerbeständig umhüllt sein.	Verbindungsklemmen können sich lockern oder korrodieren und rufen dann Störungen bis zu kleinen Lichtbögen hervor.
Leuchten	Die Befestigung auf brennbarer Unterlage ist bei Dreieck-Kennzeichnung der Leuchte zulässig, wenn Bauanweisungen des Herstellers eingehalten werden.	**Kennzeichnung der begrenzten Oberflächentemperatur** 
Endstromkreise	In TN- und TT-Systemen müssen RCDs mit $I_{\Delta N} \le 300$ mA eingesetzt sein und bei Brandgefahr RCDs mit $I_{\Delta N} \le 30$ mA.	Durch RCDs werden Isolationsfehler aufgespürt, die einen Fehlerstrom im PE oder zur Erde hervorrufen, nicht aber im Neutralleiter.
Lichtbogenschutz	Trotz Leitungsschutzschalter und RCDs können in elektrischen Anlagen kleine Lichtbögen entstehen zwischen Außenleiter und Neutralleiter, z. B. durch Korrosion der Verbindungsklemmen. Diese kleinen Lichtbögen rufen im TV-Netz Störungen hervor, durch die sie durch Filter und Verstärkung mittels AFDD (Arc Fault Detection Device) erkannt werden.	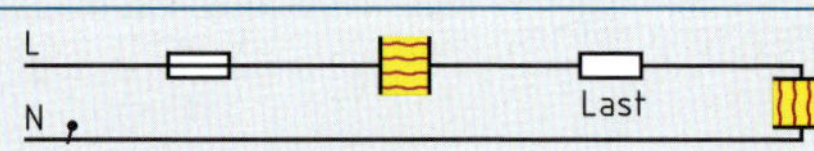 **Serielle Fehlerlichtbögen** 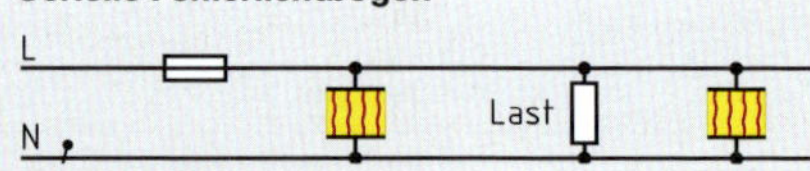 **Parallele Fehlerlichtbögen**
Prinzip der Störlichtbogenschutzeinrichtung	Diese Einrichtungen enthalten AFDDs, die einen Leitungsschutzschalter oder eine RCD (Fehlerstromschutzeinrichtung) oder eine RCBO (BO von Break Out, RCD mit Leitungsschutzschalter) ansteuern.	 **AFDD mit LS-Schalter** 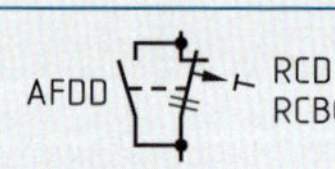 **AFDD mit RCD**
Brandschutzschalter	Brandschutzschalter sind Kombinationen von AFDD mit Schutzschaltern zum Aufbringen auf die Hutschiene in einer Verteilung. Sie sollen nach DIN VDE 0100-420 in Anlagen mit Brandgefahr angewendet werden, z. B. in Betrieben der Holzverarbeitung, aber auch in Wohnungen mit Kinderzimmern und Schlafräumen. Von den in Deutschland elektrisch hervorgerufenen Bränden gehen etwa 40 000 auf Intallationsfehler zurück und davon etwa 30 % auf Störlichtbögen. Deshalb wurden von Siemens Brandschutzschalter entwickelt. www.siemens.com/low-medium-voltage	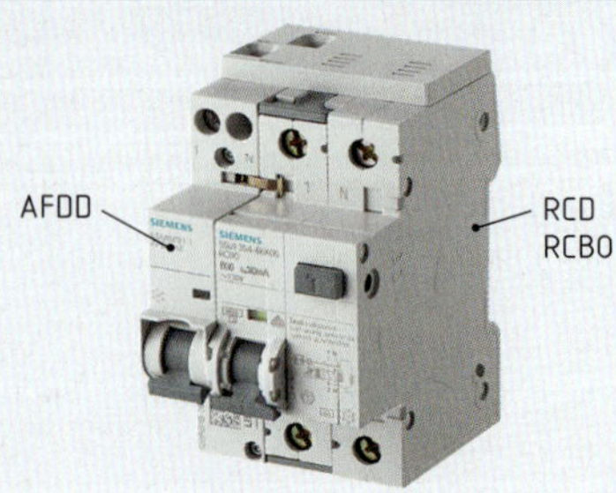 **Brandschutzschalter**

A

Verlegearten für feste Verlegung
Installation Methods for fixed Installation

vgl. DIN VDE 0298-4

Verlegeart	Beschreibung	Verlegeart	Beschreibung
A 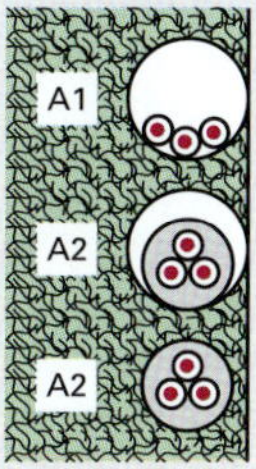	Verlegung in einer Wand mit wärmedämmendem Material mit dem spezifischen Wärmeleitwiderstand für die Wandinnenseite $R_K \leq 0{,}1 \frac{K \cdot m}{W}$ • sehr schlechte Wärmeabfuhr	A 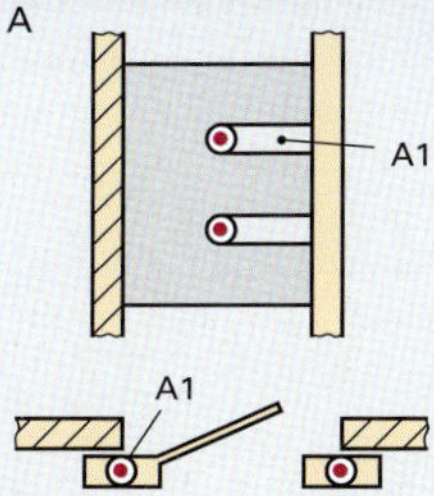	Verlegung von Aderleitungen • in Formleisten oder Formteilen, • im Elektroinstallationsrohr in Türfüllungen, • im Elektroinstallationsrohr in Fensterrahmen.
B 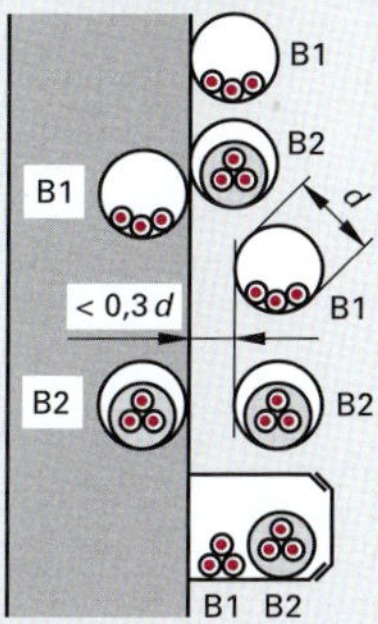	Verlegung im geschlossenen Elektroinstallationskanal • auf Putz, • vertikal oder horizontal. Verlegung im Elektroinstallationsrohr • unter Putz, wenn $R_K \leq 2 \frac{K \cdot m}{W}$ • auf Putz, • vertikal und horizontal. Unterflurverlegung	B 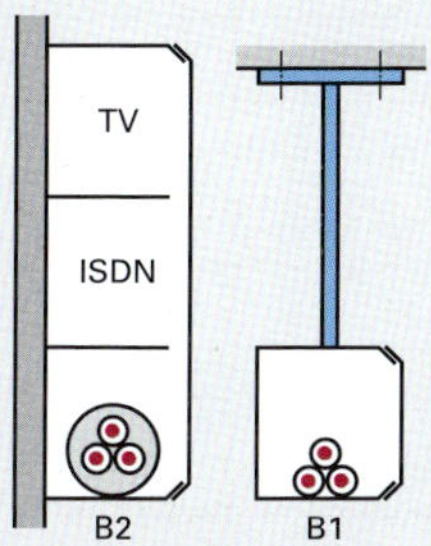	Verlegung von Aderleitungen, einadrigen Kabeln, mehradrigen Kabeln • im Fußbodenleistenkanal, • im abgehängten Elektroinstallationskanal.
C 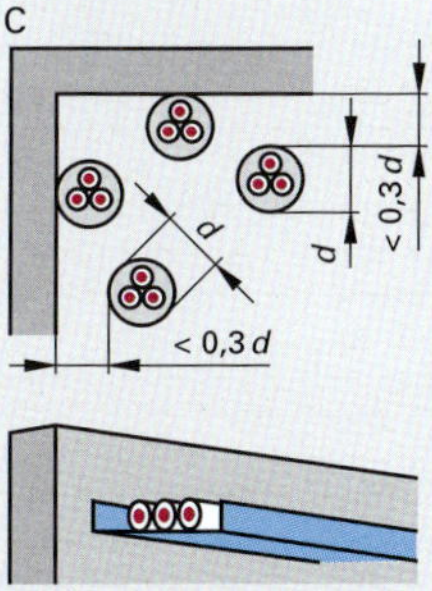	Verlegung von ein- oder mehradrigem Kabel oder Mantelleitungen • auf einer Wand, • mit Abstand zur Wand, • unter der Decke, • mit Abstand zur Decke, • auf einer Kabelwanne, wenn $A_{\text{Löcher}} < 0{,}3 \cdot A$.	C 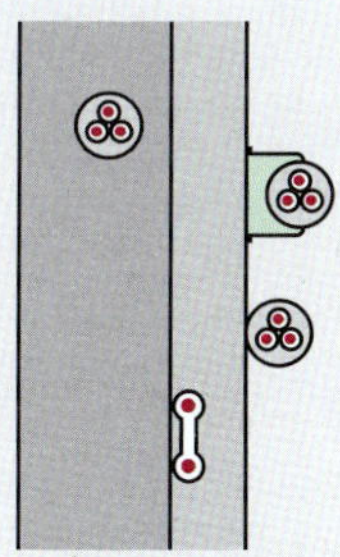	Verlegung von ein- oder mehradrigem Kabel oder Mantelleitungen • unter Putz, wenn $R_K \leq 2 \frac{K \cdot m}{W}$ • mit und ohne zusätzlichen mechanischen Schutz. Verlegung von Stegleitungen im und unter Putz.
D belastbar etwa wie Gruppe A2	Verlegung von mehradrigem Kabel im Elektroinstallationsrohr oder Kabelschacht im Erdboden.	E F G 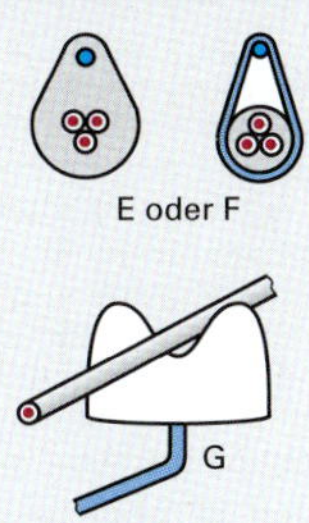	Verlegung von ein- oder mehradrigem Kabel oder Mantelleitungen • abgehängt an einem Trageseil, • bei eingebautem Trageseil. Blanke Leiter oder Aderleitungen auf Isolatoren.
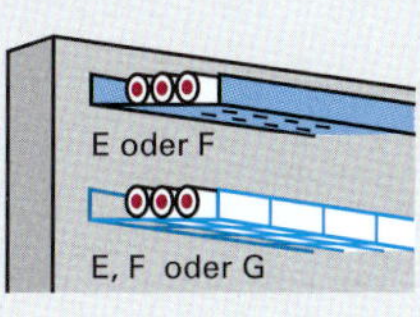	Verlegung von ein- oder mehradrigem Kabel oder Mantelleitungen • auf gelochter Kabelwanne, wenn $A_{\text{Löcher}} \geq 0{,}3 \cdot A$, • auf Kabelkonsolen, • auf Kabelpritschen.		

A Fläche, *d* Durchmesser, R_K spezifischer Wärmeleitwiderstand in Kelvin · Meter je Watt (K · m/W)
Kabel und Leitungen, z. B. NYM, NYMT, NYIF, NYDY, NYBUY, NHMH, NYY, H07V-U, H07V-R, H07V-K
Weitere Verlegearten sind DIN VDE 0298-4 zu entnehmen.

 Aderleitung  Mantelleitungen  Stegleitung  Elektroinstallationsrohr  Elektroinstallationskanal

A

Strombelastbarkeiten für Kabel und Leitungen für ϑ_U = 25 °C

Ampacities of Cables and Wires for ϑ_U = 25 °C

vgl. DIN VDE 0100 Teil 430 Bbl. 1

25/70

Bemessungsquerschnitt in mm²	A1		A2		B1		B2		C		E		F		G	
höchstzulässige Belastbarkeit in A bei Betriebstemperatur ϑ_B≤70°C / Bemessungsstrom der Überstrom-Schutzeinrichtung in A / Verlegeart, Anzahl der Strom führenden Leiter	2	3	2	3	2	3	2	3	2	3	2	3	2	3[1]	3h[2]	3v[2]
1,5	16,5	14,5	16,5	14	18,5	16,5	17,5	16	21	18,5	23	19,5	–	–	–	–
	16	10	16	10	16	16	16	16	20	16	20	16	–	–	–	–
2,5	21	19	19,5	18,5	25	22	24	21	29	25	32	27	–	–	–	–
	20	16	16	16	25	20	20	20	25	25	32	25	–	–	–	–
4	28	25	27	24	34	30	32	29	38	34	42	36	–	–	–	–
	25	25	25	20	32	25	32	25	35	32	40	35	–	–	–	–
6	36	33	34	31	43	38	40	36	49	43	54	46	–	–	–	–
	35	32	32	25	40	35	40	35	40	40	50	40	–	–	–	–
10	49	45	46	41	60	53	55	49	67	60	74	64	–	–	–	–
	40	40	40	40	50	50	50	40	63	50	63	63	–	–	–	–
16	65	59	60	55	81	72	73	66	90	81	100	85	–	–	–	–
	63	50	50	50	80	63	63	63	80	80	100	80	–	–	–	–
25	85	77	80	72	107	94	95	85	119	102	126	107	139	117	155	138
	80	63	80	63	100	80	80	80	100	100	125	100	125	100	125	125
35	105	94	98	88	133	117	118	105	146	126	157	134	172	145	192	172
	100	80	80	80	125	100	100	100	125	125	125	125	160	125	160	160
50	126	114	117	105	160	142	141	125	178	153	191	162	208	177	232	209
	125	100	100	100	160	125	125	125	160	125	160	160	200	160	224	200
70	160	144	147	133	204	181	178	158	226	195	246	208	266	229	298	269
	150	125	125	125	200	160	160	125	224	160	224	200	250	224	250	250
95	193	174	177	159	246	219	213	190	273	236	299	252	322	280	361	330
	160	160	160	125	224	200	200	160	250	224	250	250	315	250	355	315
120	223	199	204	182	285	253	246	218	317	275	348	293	373	326	420	384
	200	160	200	160	250	250	224	200	300	250	315	250	355	315	400	355

Bemerkungen: Die Tabelle gilt für Kupferleiter bei einer Betriebstemperatur von ϑ_B≤70 °C.

Die Strombelastbarkeiten für andere Verlegearten, weitere Bemessungsquerschnitte der Kupferleiter, vieladrige Kabel oder Leitungen und für andere Betriebstemperaturen sowie Betriebsbedingungen sind DIN VDE 0298-4 zu entnehmen.

[1] Dreiadriges Kabel oder Mantelleitung, mit einem Abstand zur Wand, der dem Durchmesser entspricht.

[2] 3h = drei einadrige Kabel oder Mantelleitungen, horizontal verlegt, mit einem Abstand untereinander und zur Wand, der dem Durchmesser entspricht.

3v = wie bei 3h, jedoch vertikal und nebeneinander verlegt.

A

Strombelastbarkeiten für Kabel und Leitungen für ϑ_U = 30 °C
Ampacities of Cables and Wires for ϑ_U = 30 °C

vgl. DIN VDE 0298-4

30/70

Bemessungsquerschnitt in mm^2	höchstzulässige Belastbarkeit in A bei Betriebstemperatur $\vartheta_B \leq 70$°C / Bemessungsstrom der Überstrom-Schutzeinrichtung in A / Verlegeart, Anzahl der Strom führenden Leiter															
	A1		A2		B1		B2		C		E		F		G	
	2	3	2	3	2	3	2	3	2	3	2	3	2	3[1]	3h[2]	3v[2]
Werkstoff: Kupfer Cu																
1,5	15,5	13,5	15,5	13	17,5	15,5	16,5	15	19,5	17,5	22	18,5	–	–	–	–
	13	13	13	13	16	13	16	13	16	16	20	16	–	–	–	–
2,5	19,5	18	18,5	17,5	24	21	23	20	27	24	30	25	–	–	–	–
	16	16	16	16	20	20	20	20	25	20	25	25	–	–	–	–
4	26	24	25	23	32	28	30	27	36	32	40	34	–	–	–	–
	25	20	25	20	32	25	25	25	35	32	40	32	–	–	–	–
6	34	31	32	29	41	36	38	34	46	41	51	43	–	–	–	–
	32	25	32	25	40	35	35	32	40	40	50	40	–	–	–	–
10	46	42	43	39	57	50	52	46	63	57	70	60	–	–	–	–
	40	40	40	35	50	50	50	40	63	50	63	50	–	–	–	–
16	61	56	57	52	76	68	69	62	85	76	94	80	–	–	–	–
	50	50	50	50	63	63	63	50	80	63	80	80	–	–	–	–
25	80	73	75	68	101	89	90	80	112	96	119	101	131	110	146	130
	80	63	63	63	100	80	80	80	100	80	100	100	125	100	125	125
35	99	89	92	83	125	110	111	99	138	119	148	126	162	137	181	162
	80	80	80	80	125	100	100	80	125	100	125	125	160	125	160	160
50	119	108	110	99	151	134	133	118	168	144	180	153	196	167	219	197
	100	100	100	80	125	125	125	100	160	125	160	125	160	160	200	160
70	151	136	139	125	192	171	168	149	213	184	232	196	251	216	281	254
	125	125	125	125	160	160	160	125	200	160	224	160	250	200	250	250
Werkstoff: Aluminium Al																
25	63	57	58	53	79	70	71	62	83	73	89	78	98	84	112	99
	63	50	50	50	63	63	63	50	80	63	80	63	80	80	100	80
35	77	70	71	65	97	86	86	77	103	90	111	96	122	105	139	124
	63	63	63	63	80	80	80	63	100	80	100	80	100	100	125	100
50	93	84	86	78	118	104	104	92	125	110	135	117	149	128	169	152
	80	80	80	63	100	100	100	80	125	100	125	100	125	125	160	125
70	118	107	108	98	150	133	131	116	160	140	173	150	192	166	217	196
	100	100	100	80	125	125	125	100	160	125	160	125	160	160	200	160
95	142	129	130	118	181	161	157	139	195	170	210	183	235	203	265	241
	125	125	125	100	160	160	125	125	160	160	200	160	224	200	250	224

Die Tabelle gilt für Kupfer- und Aluminiumleiter bei einer Betriebstemperatur von $\vartheta_B \leq 70$ °C.

Die Strombelastbarkeiten für andere Verlegearten, weitere Bemessungsquerschnitte, vieladrige Kabel oder Leitungen und für andere Betriebstemperaturen sowie Betriebsbedingungen sind DIN VDE 0298-4 zu entnehmen. Umrechnungsfaktoren bzgl. anderer Temperaturen ϑ_U siehe übernächste Seite.

[1] Dreiadriges Kabel oder Mantelleitung, mit einem Abstand zur Wand, der dem Durchmesser entspricht.

[2] 3h = drei einadrige Kabel oder Mantelleitungen, horizontal verlegt, mit einem Abstand untereinander und zur Wand, der dem Durchmesser entspricht.

3v = wie bei 3h, jedoch vertikal und nebeneinander verlegt.

A

Strombelastbarkeiten für Kabel und Leitungen für ϑ_U = 30 °C
Ampacities of Cables and Wires for ϑ_U = 30 °C

vgl. DIN VDE 0298-4

30/90

Erste Zeile je Querschnitt: höchstzulässige Belastbarkeit in A bei Betriebstemperatur $\vartheta_B \leq 90$°C; zweite Zeile: Bemessungsstrom der Überstrom-Schutzeinrichtung in A. Spaltenköpfe: Verlegeart, Anzahl der Strom führenden Leiter.

Bemessungsquerschnitt in mm²	A1		A2		B1		B2		C		E		F		G	
	2	3	2	3	2	3	2	3	2	3	2	3	2	3[1]	3h[2]	3v[2]
Werkstoff: Kupfer Cu																
1,5	19,0	17,0	18,5	16,5	23	20	22	19,5	24	22	26	23	–	–	–	–
	16	16	16	16	20	20	20	16	20	20	25	20				
2,5	26	23	25	22	31	28	30	26	33	30	36	32	–	–	–	–
	25	20	25	20	25	25	25	25	32	25	35	32				
4	35	31	33	30	42	37	40	35	45	40	49	42	–	–	–	–
	35	25	32	25	40	35	40	35	40	40	40	40				
6	45	40	42	38	54	48	51	44	58	52	63	54	–	–	–	–
	40	40	40	35	50	40	50	40	50	50	63	50				
10	61	54	57	51	75	66	69	60	80	71	86	75	–	–	–	–
	50	50	50	50	63	63	63	50	80	63	80	63				
16	81	73	76	68	100	88	91	80	107	96	115	100	–	–	–	–
	80	63	63	63	100	80	80	80	100	80	100	100				
25	106	95	99	89	133	117	119	105	138	119	149	127	161	135	182	161
	100	80	80	80	125	100	100	100	125	100	125	125	160	125	160	160
35	131	117	121	109	164	144	146	128	171	147	185	158	200	169	226	201
	125	100	100	100	160	125	125	125	160	125	160	125	200	160	224	200
50	158	141	145	130	198	175	175	154	209	179	225	192	242	207	275	246
	125	125	125	125	160	160	160	125	200	160	224	160	224	200	250	224
70	200	179	183	164	253	222	221	194	269	229	289	246	310	268	353	318
	200	160	160	160	250	200	200	160	250	224	250	224	250	250	315	315
Werkstoff: Aluminium Al																
25	84	76	78	71	105	93	94	84	101	90	108	97	121	103	138	122
	80	63	63	63	100	80	80	80	100	80	100	80	100	100	125	100
35	103	94	96	87	130	116	115	103	126	112	135	120	150	129	172	153
	100	80	80	80	125	100	100	100	125	100	125	100	125	125	160	125
50	125	113	115	104	157	140	138	124	154	136	164	146	184	159	210	188
	125	100	100	100	125	125	125	100	125	125	160	125	160	125	200	160
70	158	142	145	131	200	179	175	156	198	174	211	187	237	206	271	244
	125	125	125	125	200	160	160	125	160	160	200	160	224	200	250	224
95	191	171	175	157	242	217	210	188	241	211	257	227	289	253	332	300
	160	160	160	125	224	200	200	160	224	200	250	224	250	250	315	250

Die Tabelle gilt für Kupfer- und Aluminiumleiter bei einer Betriebstemperatur von $\vartheta_B \leq 90$ °C.

Die Strombelastbarkeiten für andere Verlegearten, weitere Bemessungsquerschnitte, vieladrige Kabel oder Leitungen und für andere Betriebstemperaturen sowie Betriebsbedingungen sind DIN VDE 0298-4 zu entnehmen. Umrechnungsfaktoren bzgl. anderer Temperaturen ϑ_U siehe nächste Seite.

[1] Dreiadriges Kabel oder Mantelleitung, mit einem Abstand zur Wand, der dem Durchmesser entspricht.

[2] 3h = drei einadrige Kabel oder Mantelleitungen, horizontal verlegt, mit einem Abstand untereinander und zur Wand, der dem Durchmesser entspricht.
3v = wie bei 3h, jedoch vertikal und nebeneinander verlegt.

Umrechnungsfaktoren für die Strombelastbarkeit
Correction Factors for the Ampacity

vgl. DIN VDE 0298-4

Umrechnungsfaktoren für andere Umgebungstemperaturen ϑ_U

Isolierwerkstoff	ϑ_B in °C	Umrechnungsfaktoren bei ϑ_U in °C									
		10	15	20	25	**30**	35	40	45	50	60
Naturkautschuk, synthetischer Kautschuk	60	1,29	1,22	1,15	1,08	**1,0**	0,91	0,82	0,71	0,58	–
Polyvinylchlorid	70	1,22	1,17	1,12	1,06	**1,0**	0,94	0,87	0,79	0,71	0,5
Ethylenpropylenkautschuk	80	1,18	1,14	1,10	1,05	**1,0**	0,95	0,89	0,84	0,77	0,63

Umrechnungsfaktoren bei Häufung von Leitungen

Anordnung	Verlegeart[1]	Umrechnungsfaktoren bei Anzahl der mehradrigen Leitungen oder Anzahl der Wechselstromkreise oder Drehstromkreise aus einadrigen Leitungen							
		1	2	4	6	8	10	14	20
Gebündelt direkt auf der Wand, dem Fußboden, im Elektroinstallationsrohr oder Elektroinstallationskanal, auf oder in der Wand	V4, V5	1,00	0,80	0,65	0,57	0,52	0,48	0,43	0,38
Einlagig auf Wand oder Fußboden mit gegenseitiger Berührung	V6	1,00	0,85	0,75	0,72	0,71	0,70	0,70	0,70
Einlagig unter der Decke mit gegenseitiger Berührung	V7	0,95	0,81	0,68	0,64	0,62	0,61	0,61	0,61
Einlagig auf der Wand oder auf dem Fußboden $a = d$	V8	1,00	0,94	0,90	0,90	0,90	0,90	0,90	0,90
Einlagig unter der Decke $a = d$	V9	0,95	0,85	0,85	0,85	0,85	0,85	0,85	0,85

Die Umrechnungsfaktoren gelten für Leitungen für feste Verlegung und für flexible Leitungen, wenn die Anzahl der belasteten Adern, die Art der Leitung und die Verlegeart übereinstimmen.

Umrechnungsfaktoren bei Häufung von Leitungen auf Kabelwannen und Kabelpritschen

Art	Anordnung	Anzahl der Pritschen	Umrechnungsfaktoren bei Anzahl der Leitungen					
			1	2	3	4	6	9
Unperforierte Kabelwanne	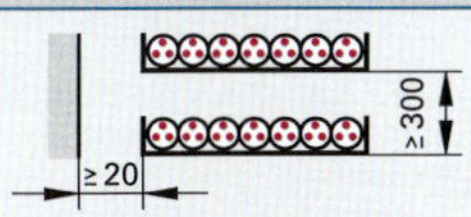	1	0,97	0,84	0,78	0,75	0,71	0,68
		2	0,97	0,83	0,76	0,72	0,68	0,63
		3	0,97	0,82	0,75	0,71	0,66	0,61
		6	0,97	0,81	0,73	0,69	0,63	0,58
Perforierte Kabelwanne (Kabelroste)	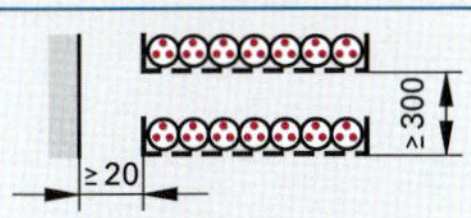	1	1,0	0,87	0,81	0,78	0,75	0,73
		2	1,0	0,86	0,79	0,76	0,72	0,68
		3	1,0	0,85	0,78	0,75	0,70	0,66
		6	1,0	0,84	0,77	073	0,68	0,64
Kabelpritsche	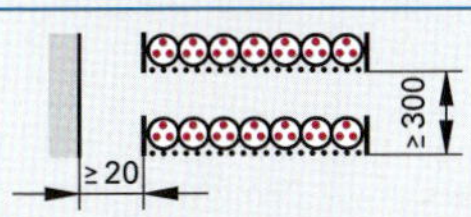	1	1,0	0,88	0,83	0,81	0,79	0,78
		2	1,0	0,86	0,81	0,78	0,75	0,73
		3	1,0	0,85	0,79	0,76	0,73	0,70
		6	1,0	0,83	0,76	0,73	0,69	0,66

Die Kabelwanne hat hochgezogene Seitenteile, aber keine Abdeckung. Die Perforation muss 30% der Gesamtfläche betragen. Bei Kabelpritschen darf die Auflagefläche 10% der Gesamtfläche der Konstruktion betragen.

Umrechnungsfaktoren für vieladrige Leitungen mit Leiter-Bemessungsquerschnitten ≤ 10 mm²								Umrechnungsfaktoren für aufgewickelte Leitungen			
Anzahl der Strom führenden Leiter								Anzahl der Lagen			
5	7	10	14	19	24	40	61	1	2	3	4
0,75	0,65	0,55	0,50	0,45	0,40	0,35	0,30	0,80	0,61	0,49	0,42

a Leiterabstand, *d* Durchmesser des Leiters, ϑ_B höchstzulässige Betriebstemperatur, ϑ_U Umgebungstemperatur

[1] Verlegearten siehe vorhergehende Seiten.

A

Stromgefährdung, Berührungsarten, Fehlerarten
Endangering by Current, Kinds of Touches, Types of Faults

Stromgefährdung

vgl. DIN VDE 0140-479-1

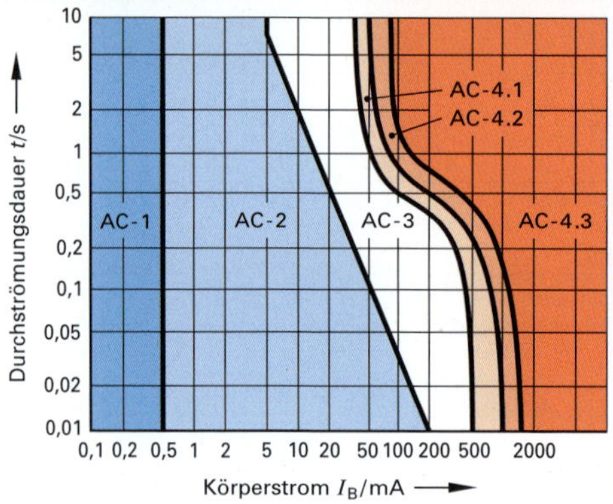

Sicherheitskurven nach VDE 0140–479–1 für AC 15 Hz bis 100 Hz, Stromweg von der linken Hand zu den Füßen

Zone	Physiologische Wirkung
AC-1	Normalerweise keine Wirkung.
AC-2	Meist keine schädliche Wirkung.
AC-3	Meist kein organischer Schaden, Krampfartige Muskelreaktionen möglich und Schwierigkeiten beim Atmen.
AC-4-3	Wahrscheinlichkeit von Herzkammerflimmern, über 50%.
AC-4-1	Wahrscheinlichkeit von Herzkammerflimmern, ansteigend bis etwa 5%.
AC-4-2	Wahrscheinlichkeit von Herzkammerflimmern, ansteigend bis etwa 50%.
AC-4	Herzstillstand, Atemstillstand und schwere Verbrennungen zusätzlich zu den Wirkungen der Zone 3.

In kleinen Strombereichen hat erst die dreifache Gleichstromstärke dieselbe Wirkung wie ein Wechselstrom.

Berührungsarten

vgl. DIN VDE 0100-410

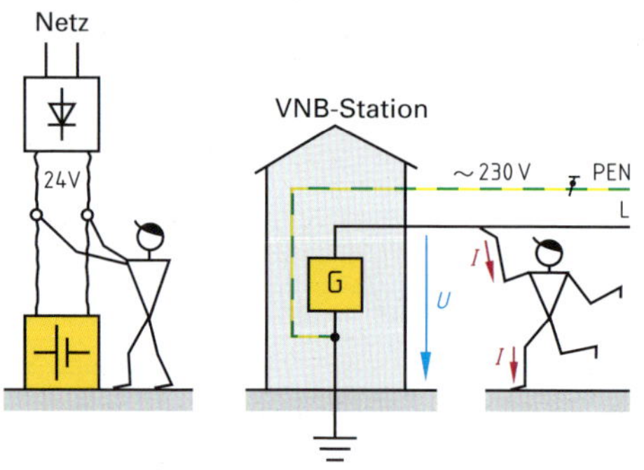

Direktes Berühren

Direktes Berühren: Berühren eines aktiven Teiles, z.B. eines blanken Außenleiters **(Bild links)**.

Indirektes Berühren: Berühren eines leitenden Teiles, das erst infolge eines Fehlers („Schlusses") eine Berührungsspannung führt **(Bild unten)**.

Basisschutz nennt man den Schutz gegen direktes Berühren. Er wird meist durch Isolieren, durch Abdecken oder durch Umhüllen aktiver (unter Spannung stehender) Teile bewirkt.

Fehlerschutz nennt man den Schutz gegen indirektes Berühren (Schutz gegen Berühren von erst durch einen Fehler unter Spannung gesetzen Teilen).

Bei allen Anlagen und Betriebsmitteln müssen Basisschutz, Fehlerschutz und meist zusätzlicher Schutz erfüllt sein.

A

Fehlerarten

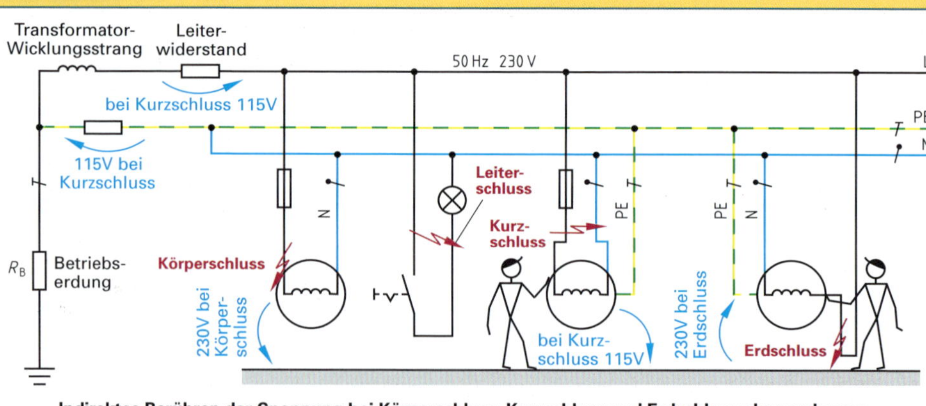

Indirektes Berühren der Spannung bei Körperschluss, Kurzschluss und Erdschluss ohne ordnungsgemäße Schutzmaßnahmen gegen indirektes Berühren

Stromgefährdung bei verschiedenen Wegen des Körperstromes

Der Stromweg des Körperstromes ist umso gefährlicher, je mehr er zu einem Stromweg über das Herz führt. Der Herzfaktor *F* gibt an, um welchen Faktor die Stromwirkung anders ist als bei einem Strom derselben Größe, der von der linken Hand zum Fuß fließt.

I_B Körperstrom
I_{Bn} Körperstrom Hand zu Fuß

Herzstromfaktor

$$F = \frac{I_B}{I_{Bn}} \quad (1)$$

Beispiel 1: Bei einer sitzend verrichtenden Arbeit erhält ein Techniker bei Arbeit unter Spannung einen Schlag von Hand zu Hand mit AC 50 mA. Wie groß hätte der Schlag sein können, wenn der Techniker auf einem leitenden Fußboden gestanden wäre?

Lösung: $F = 0{,}4 \rightarrow I_{Bn} = 50\text{ mA} / 0{,}4 =$ **125 mA**

Stromweg bei AC oder DC	Herzstromfaktor *F*
linke Hand zu einem Fuß oder beiden Füßen	1,0
Beide Hände zu beiden Füßen	1,0
Linke Hand zur rechten Hand	0,4
Rechte Hand zu einem oder beiden Füßen	0,8
Rücken zur rechten Hand	0,3
Rücken zur linken Hand	0,7
Brust zur rechten Hand	1,3
Brust zur linken Hand	1,7
Gesäß zu einer Hand, rechten Hand oder beiden Händen	0,7
Linker Fuß zum rechten Fuß	0,04

Stromgefährdung bei Gleichstrom

vgl. VDE V 0140-479-1

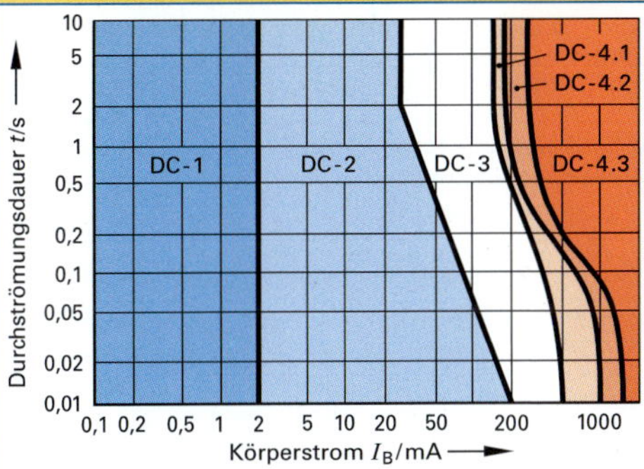

Sicherheitskurven nach VDE V 0140-479-1 für DC von linker Hand zu den Füßen

Bereiche	physiologische Wirkung
DC-1	Leicht stechende Empfindung bei schneller Änderung des Stroms.
DC-2	Unwillkürliche Muskelreaktion bei schneller Stromänderung, aber meist nicht schädliche Wirkung.
DC-3	Starke Muskelkontraktion und Störungen der Reizleitung im Herzen können mit zunehmender Stromstärke und Dauer auftreten, meist aber noch kein organischer Schaden.
DC-4	Schädliche Wirkungen wie Herzstillstand, Atemstillstand, Zellschäden und Verbrennungen. Herzkammerflimmern Wahrscheinlichkeit DC-4.1 ≤ 5%, DC-4.2 ≤ 50%, DC-4.3 ≥ 50 %

Sich ändernde Bedeutung von Gleichstrom

Jahre	Anwendungsbeispiele
bis 1800	Entwicklung der Elektrophysik mit DC, Anwendung von DC z. B. Telegrafie. DC-Generatoren
1801 bis 1900	Entwicklung Nachrichtentechnik mit DC, Antriebe mit DC wegen Steuerbarkeit, sonst AC und 3AC. Netztechnik zunehmend 3AC.
1901 bis 2000	AC und 3AC haben sich durchgesetzt bis auf DC-Anwendungen bei Fahrzeugen und Kommunikationstechnik.
ab 2001	DC wird wichtiger, bleibt aber bisher für die Energietechnik weiter hinter AC und 3AC. Ausnahmen: Netztechnik über große Entfernung (HGÜ = Hochspannungs-Gleichstrom-Übertragung). Photovoltaik, Elektromobilität und Energieausgleich mit Akkumulatoren.

Einige Normen wegen Gleichstrom

Norm	Bezeichnung (gekürzt)
VDE-0122-1	Laden von Elektrofahrzeugen an DC bis 1500 V.
VDE-AR-E 2100-712	Maßnahmen für den DC-Bereich einer PV-Anlage zum Einhalten der elektrischen Sicherheit bei einer technischen Hilfeleistung.
VDE 0117-3	Sicherheitsanforderugen mit Nennspannungen bis 240 V für Flurförderfahrzeuge.
VDE 05531-1	Hochspannungs-Gleichstrom-Energieübertragung
DIN EN ISO 16230-1	Sicherheit in Landmaschinen mit DC 75 V bis 1500 V.
VDE 0845-3-1	Überspannungsschutzgeräte in IT-Netzwerken mit DC bis 1500 V.

A

Schutzmaßnahmen-Übersicht

Schutz	Schutz durch	Bemerkungen
Basisschutz (Schutz gegen direktes Berühren), allgemein	Isolierung aktiver Teile	Farben und Lacke sind kein ausreichender Basisschutz.
	Abdeckung oder Umhüllung	Schutzart mindestens IP 2X. Sichere Befestigung. Entfernung darf nur mit Hilfe von Werkzeugen oder nach Abschaltung möglich sein.
	Schutzkleinspannung SELV	Speisung aus besonders zuverlässigen Stromquellen mit Bemessungsspannung von höchstens AC 25 V oder DC 60 V.
	Zusätzlicher Schutz durch Fehlerstrom-Schutzeinrichtung (RCD)	Ergänzung von Schutzmaßnahmen gegen direktes Berühren. Ist als alleinige Schutzmaßnahme nicht zulässig.
Fehlerschutz (Schutz bei indirektem Berühren), allgemein	Abschalten oder Meldung	Im Fehlerfall soll durch automatisches Abschalten verhindert werden, dass eine Berührungsspannung so lange fortbesteht, bis sich daraus eine Gefahr ergibt.
	Schutzklasse II	Schutz durch doppelte oder verstärkte Isolierung.
	Zusätzlicher Schutz durch örtlichen Schutzpotenzialausgleich.	Alle gleichzeitig berührbare Körper und fremde leitfähige Teile müssen durch Schutzpotenzialausgleichsleiter verbunden werden. Das örtliche Potenzialausgleichssystem darf weder über Körper noch über leitfähige Teile mit der Erde verbunden sein.
	Schutztrennung	Verhindert Gefahren beim Berühren von Körpern, die durch Fehler in der Basisisolierung Spannung annehmen können.
	Schutzkleinspannung SELV oder PELV	Wie gegen direktes Berühren, aber höchstens AC 50 V oder DC 120 V, wenn nicht kleinere Spannung vorgeschrieben ist.
Weitere Möglichkeiten für den Schutz in fachlich überwachten Anlagen (siehe auch Seite 339)	**Basisschutz:** Hindernisse Abstand	 Z. B. Schutzleisten, Geländer, Gitterwände. Müssen absichtliches Berühren nicht ausschließen. Im Handbereich (≤ 2,50 m) dürfen sich keine gleichzeitig berührbaren Teile verschiedenen Potenzials befinden.
	Fehlerschutz: Isolierende Umgebung Örtlicher, erdfreier Schutzpotenzialausgleich	 Leitfähige Körper sind so angeordnet, dass sie nicht gleichzeitig berührbar sind. Alle Körper sind an einen Schutzpotenzialausgleichsleiter anzuschließen.

Schutzklassen elektrischer Betriebsmittel

Klasse	Art	Kennzeichen	Beispiel
I	Schutzleiterschutz		Elektromotor mit Metallgehäuse
II	Schutz durch doppelte oder verstärkte Isolierung, Schutzklasse II		Haushaltsgeräte mit Kunststoffgehäuse
III	Schutzkleinspannung SELV oder PELV		Handleuchten in Kesseln, z. B. 50 V AC bzw. 120 V DC

Systeme und Fehlerschutz mit Schutzleiter
Systems and Fault Protection with Protective Conductor

Schutz durch	TN-Systeme	TT-System	IT-System

Abschaltung durch Fehlerstrom-Schutzeinrichtung (RCD)

TN-Systeme

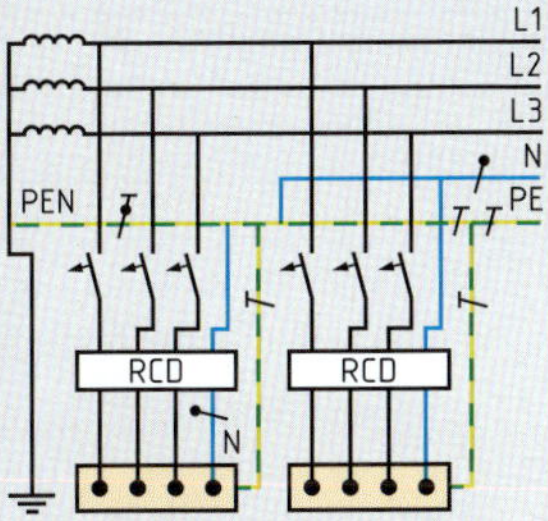

TT-System

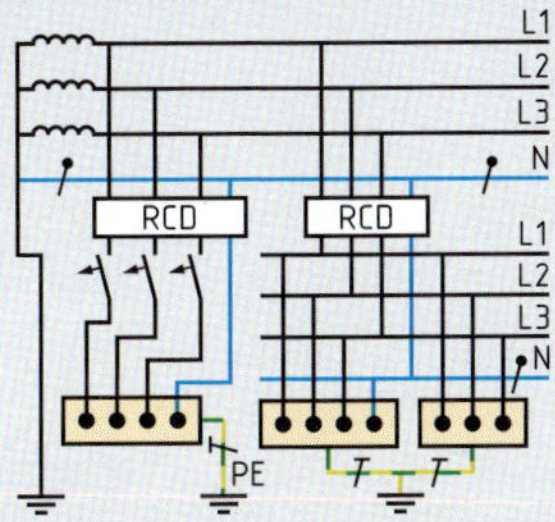

IT-System

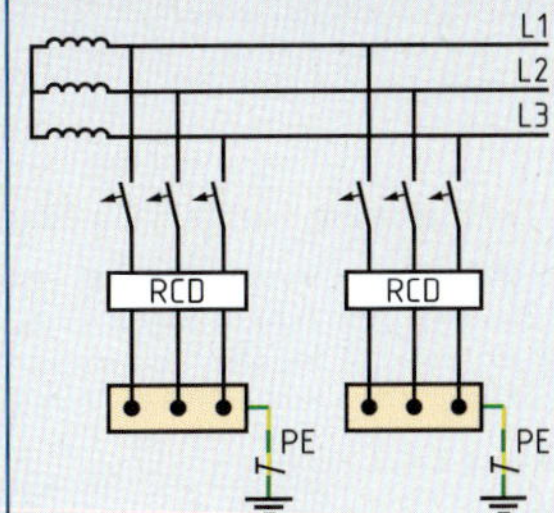

Abschaltung durch Überstrom-Schutzeinrichtung, z. B. Leitungsschutzschalter

TN-Systeme

TN-S-System

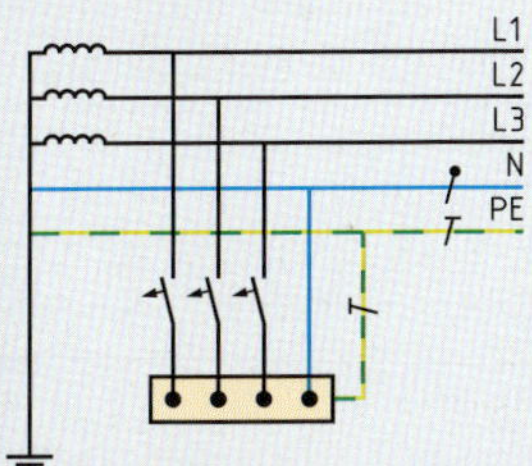

TN-C-System
TN-C-S-System

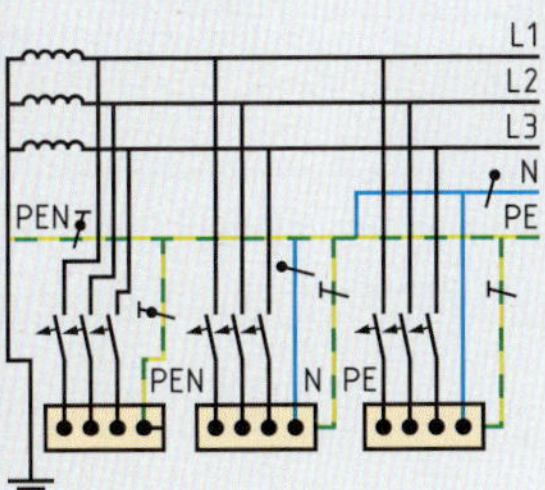

TN-C-System nur, wenn PEN ≥ 10 mm², fest verlegt und keine Gefährdung.

TT-System

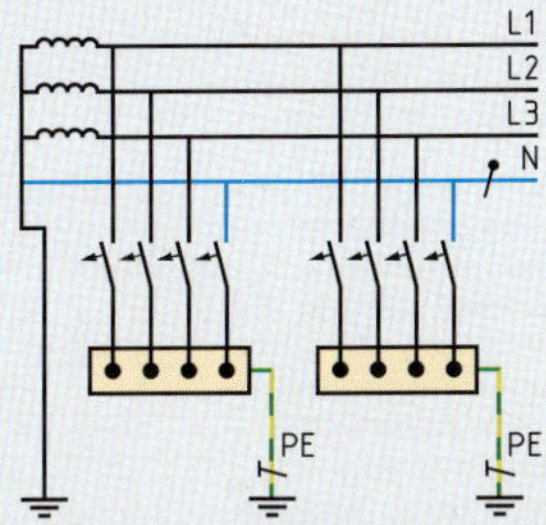

Meist nicht anwendbar, da die erforderlichen kleinen Erdungswiderstände kaum erreichbar sind.

Sicherung des Neutralleiters entfällt, wenn bei einem Körperschluss Abschaltung innerhalb von 0,2 s erfolgt bei $U_0 \leq 230$ V, aber 0,07 s bei 230 V $\leq U_0 \leq 400$ V und 0,04 s bei $U_0 > 400$ V (AC).

IT-System

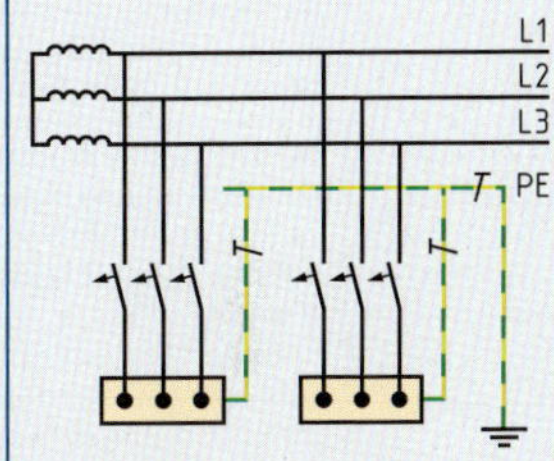

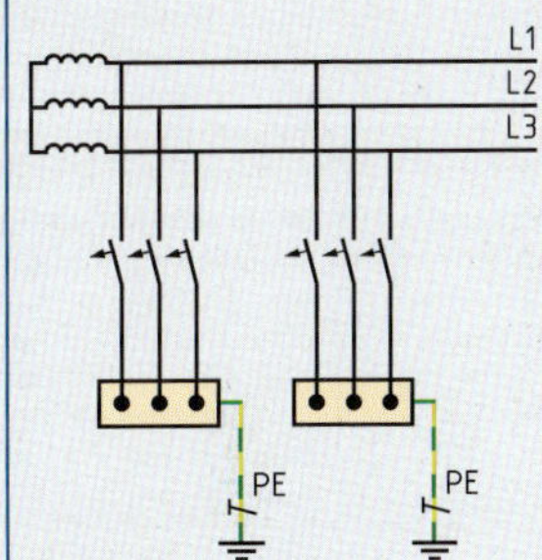

Erdungswiderstände müssen so klein sein, dass 2. Fehler zur Abschaltung führt.

Meldung durch Isolationsüberwachungseinrichtung

IT-System

In jedem Fall ist ein zusätzlicher Schutzpotenzialausgleich erforderlich.

Überstrom-Schutzeinrichtungen sind erforderlich gegen Kurzschluss und meist auch gegen Überlast.

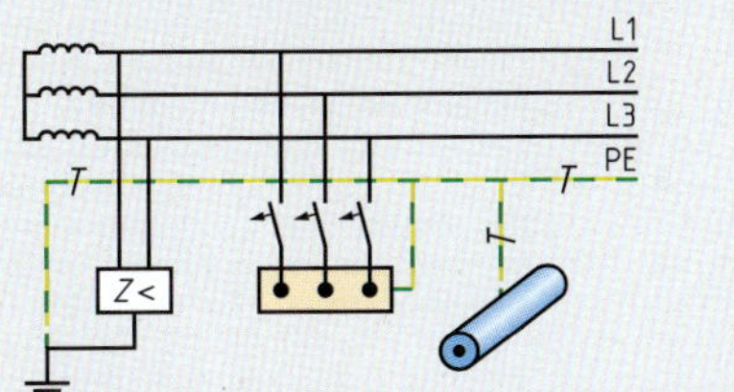

Bedingungen

TN-Systeme: Schleifenimpedanz und Gesamterdungswiderstand nach Seiten 280, 282.

PEN-Leiter darf allein nicht schaltbar sein. Im Netz Anschluss des PEN an alle Fundamenterder.

TT-System: Alle Körper, die von derselben Schutzeinrichtung geschützt werden, müssen an einen gemeinsamen Erder angeschlossen werden.

Erdungswiderstand nach Seiten 280, 282.

IT-System: IT-System entweder gegen Erde isoliert oder über große Impedanz geerdet.

Körper sind einzeln, gruppenweise oder insgesamt mit einem PE zu verbinden.

A

Basisschutz und Fehlerschutz Basic Protection and Fault Protection

Schutzart	Erklärung	Bemerkungen, Ansichten
Höchstzulässige bestehenbleibende Berührungsspannungen, Bemessungsspannungen von SELV und PELV		
AC 50 V, DC 120 V	Übliche Anlage, z. B. Wohnhausinstallation, in Werkstätten.	Beleuchtungsstromkreise, Steckdosenstromkreise, Motorstromkreise.
AC 25 V, DC 60 V	Anlagen, in denen mit niedrigem Körperwiderstand der Menschen zu rechnen ist.	Stromkreise in medizinisch genutzten Bereichen, Stromkreise in unmittelbarer Nähe zu Schwimmbecken.
AC < 25 V, DC < 60 V	Anlagen, in denen mit extrem niedrigem Körperwiderstand zu rechnen ist.	AC ≤ 12 V bzw. DC ≤ 30 V für Stromkreise z. B. in Schwimmbecken und in der Nähe von Fontänen.
Maßnahmen für den Basisschutz		
Normaler (allgemeiner) Basisschutz	**Basisisolierung** verhindert das Berühren aktiver (unter Spannung stehender) Teile. Die Isolierung muss so beschaffen sein, dass sie nur durch Zerstörung entfernt werden kann. **Abdeckung oder Umhüllung** verhindert ebenfalls direktes Berühren. Es muss mindestens die Schutzart IP2X vorhanden sein, bei horizontalen Abdeckungen IP4X. Öffnen oder Entfernen darf nur mit Werkzeug oder Schlüssel möglich sein.	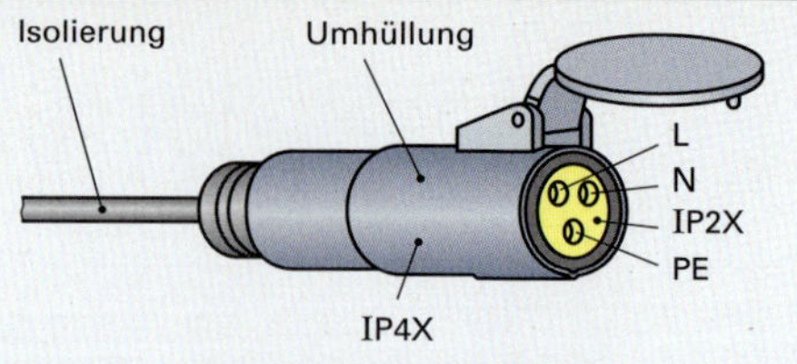 **Beispiel der Basisisolierung**
Basisschutz in fachlich überwachten Anlagen	**Schutz durch Anordnung außerhalb des Handbereiches** muss das *unbeabsichtigte Berühren* aktiver Teile verhindern. **Schutz durch Hindernisse** muss nur die *unbeabsichtigte* Annäherung an aktive Teile verhindern. Hindernisse müssen so gesichert sein, dass sie nicht *unbeabsichtigt* entfernt werden können. **Fachliche Überwachung** (kein Normbegriff) ist gegeben, wenn die Anlage von einer Elektrofachkraft oder elektrotechnisch unterwiesener Person betrieben und beaufsichtigt wird (VDE 0100-410).	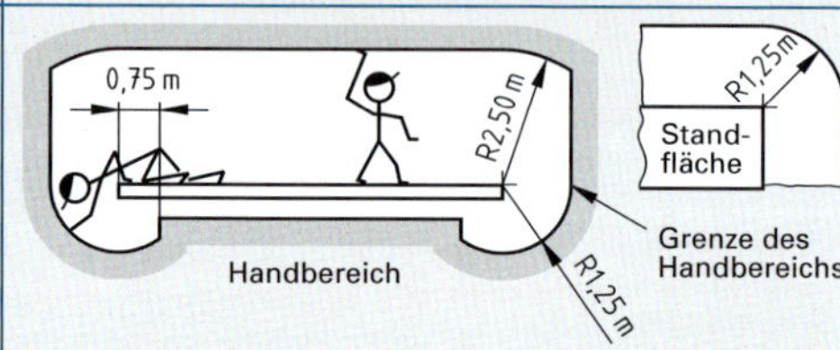 Beim Schutz durch Anordnung außerhalb des Handbereiches dürfen innerhalb des Handbereiches gleichzeitig berührbare Teile verschiedenen Potenzials nicht vorhanden sein.
Maßnahmen für gleichzeitigen Basisschutz und Fehlerschutz		
Schutz durch Kleinspannungen SELV und PELV	**SELV (Sicherheitskleinspannung)** ist als Basisschutz meist geeignet bis AC 25 V bzw. DC 60 V, als Fehlerschutz bis AC 50 V bzw. DC 120 V. Aktive Teile nicht mit PE oder Erde verbinden. Leitungen getrennt von anderen Stromkreisen verlegt. SELV-Stromkreise sind gegen Erde ohne Spannung. **PELV (Schützende Kleinspannung)** Der Stromkreis und die Betriebsmittel können geerdet sein. Basisschutz, z. B. durch Isolierung, ist erforderlich. Isolationswiderstand ≥ 0,5 MΩ. Getrennte Verlegung wie bei SELV. Beim geerdeten PELV-Stromkreis führt ein Fehler, z. B. ein Erdschluss, zur Abschaltung.	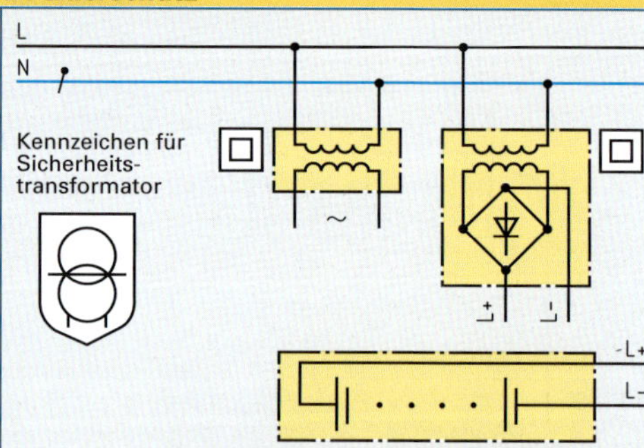 **Stromquellen für SELV und PELV**
Doppelte oder verstärkte Isolierung	Eine zusätzliche oder verstärkte Isolation der aktiven Teile verhindert eine gefährliche Spannung auch bei schadhafter Basisisolierung. Alle leitfähigen Teile eines Betriebsmittels, die von aktiven Teilen nur durch die Basisisolierung getrennt sind, müssen in Schutzart IP2X umhüllt sein. Isolationswiderstand ≥ 2 MΩ. Leitfähige Teile dürfen nicht an den PE angeschlossen sein. Enthält die Anschlussleitung einen PE, so wird dieser an den Stecker angeschlossen, nicht aber an das Betriebsmittel der Schutzklasse II.	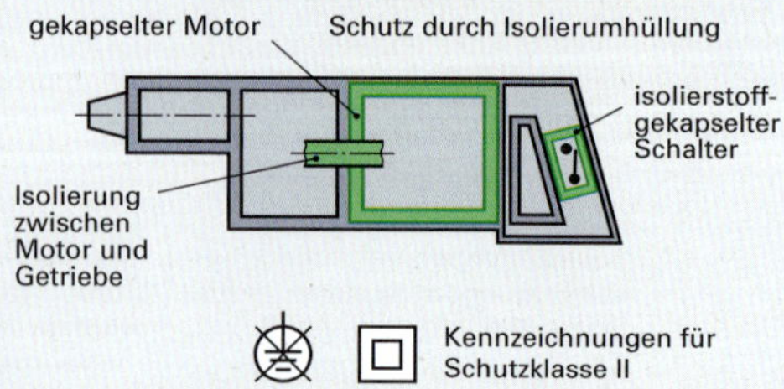 **Handwerkzeug mit Schutzklasse II**

AC Alternating Current
DC Direct Current
SELV Safety Extra Low Voltage
PELV Protective Extra Low Voltage

A

Differenzstromschutzschalter RCD   Residual current Protective Device RCD

Schaltung, Kennzeichnung

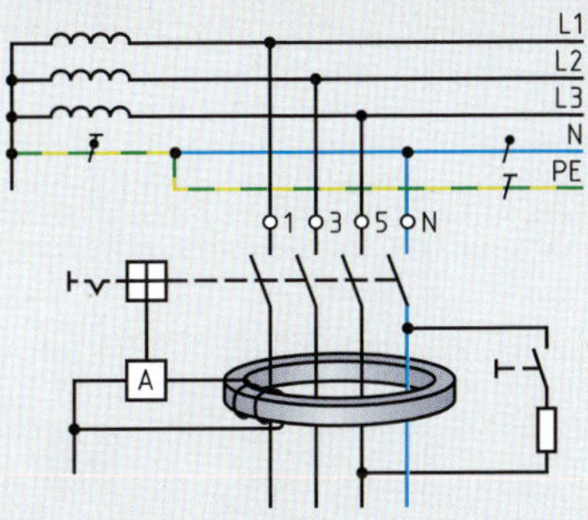

Summenstromwandler einer RCD vom Typ A

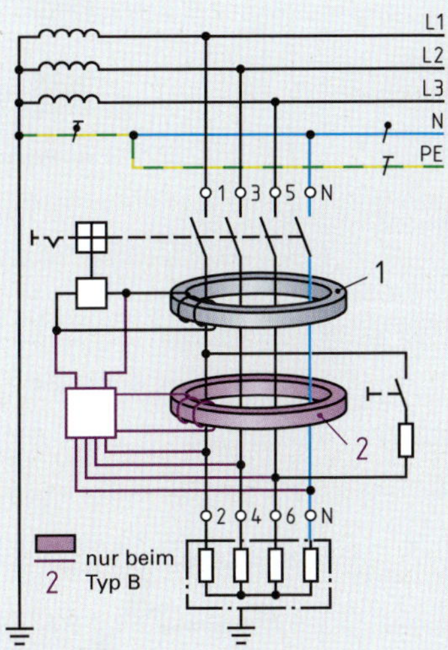

Aufbau einer RCD vom Typ B

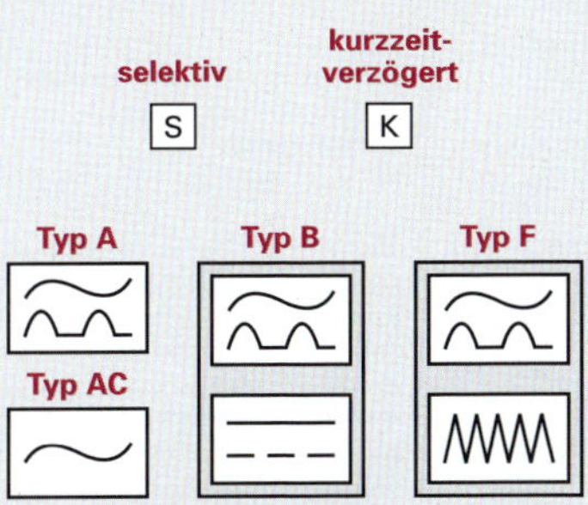

Kennzeichnungen an RCDs

Erklärung

Differenzstromschutzschalter (nach Norm *Fehlerstromschutzschalter*) erfassen Fehlerströme in elektrischen Niederspannungs-Anlagen, die z. B. durch Isolationsfehler entstehen. Sie enthalten einen *Summenstromwandler*. Durch ihn werden alle Außenleiter L und der Neutralleiter N zu der Anlage geführt, nicht aber der Schutzleiter PE **(Bild links)**.

Der Summenstromwandler summiert die *Augenblickswerte* der Leiterströme, die zur Anlage hinein- oder herausfließen. Im fehlerfreien Zustand der Anlage ist die Summe gleich Null.

Fließt aber ein Teil des Stromes über Erde oder den PE zurück, so ruft der *Differenzstrom* ein magnetisches Wechselfeld hervor, das in der Wandlerwicklung Spannung erzeugt. Diese löst das Schaltschloss eines Schalters, der die Anlage abschaltet.

Geräte mit dem Eisenkern nur eines Summenstromwandlers sind vom Typ A (VDE 0100-530). Sie erfassen Wechselströme AC und pulsierende DC-Ströme (Bild rechts). Sollen auch „glatte" DC-Ströme **(Bild rechts)** erfasst werden, so sind Geräte vom Typ B (VDE 0100-530) erforderlich. Bei diesen ist ein zweiter Eisenkern mit Hall-Generator **(Bild links)** vorhanden.

Bei „glattem" DC-Fehlerstrom entsteht im zweiten Eisenkern ein magnetisches Gleichfeld, das von einem Hall-Generator erfasst wird. Dessen Ausgangsspannung wird über eine Elektronik verstärkt und als DC-Fehlerstrom ausgegeben und zum Abschalten verwendet.

Der Typ F entspricht dem Typ A, ist aber besonders für Stromkreise nach einphasigen Umrichtern geeignet. Der Typ AC erfasst nur Wechselströme und ist in Deutschland nicht zugelassen.

Ergänzung, Bemerkungen

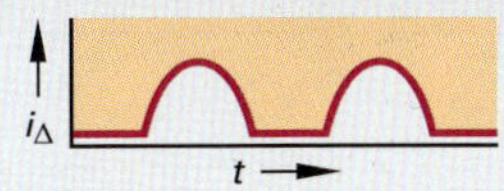

Pulsierender DC-Strom

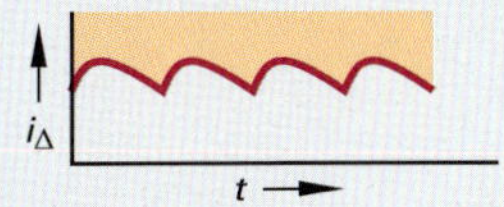

„Glatter" DC-Strom

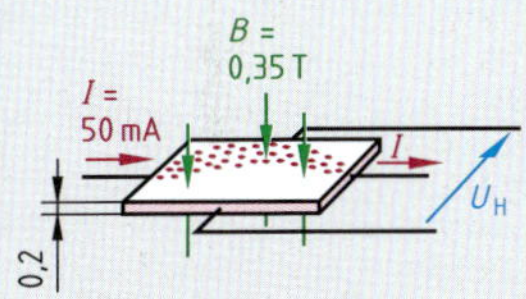

Halleffekt beim N-Leiter

Hinweise

Differenzstromgeräte sind nur in AC-Netzen verwendbar, nicht in DC-Netzen.

Vom Speisepunkt aus gesehen dürfen Geräte vom Typ A nicht nach Geräten vom Typ B angeordnet werden, da sonst falsche Spannung bzw. Abschaltung.

Nennströme I_N: 25 A, 40 A, 63

Nenndifferenzströme $I_{\Delta N}$: (10 mA), 30 mA, 0,1 A, 0.3 A, 0,5 A (Klammerwert nicht bei Typ B)

Sonderformen:

RCBO RCD mit Overload Broker = RCD mit LS-Schalter

CBR für I_N > 63 A (Leistungsschalter mit RCU Fehlerstromauslöser)

A

Differenzstromüberwachungsgerät RCM — Residual Current Monitor RCM

Schaltung, Kennzeichnung	Erklärung	Ergänzung, Bemerkungen

Prinzip

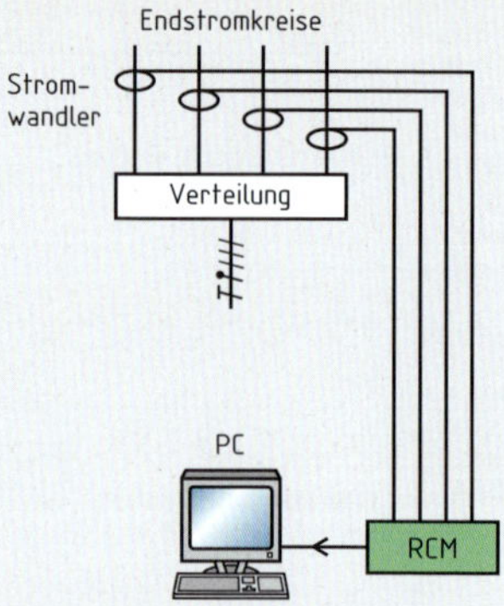

RCM-System für vier Stromkreise

Ein RCM-System besteht aus einem Summenstromwandler für jeden zu überwachenden Stromkreis und einer Auswerteeinheit z. B. für vier Summenstromwandler von vier Stromkreisen. Die Eingabe der Programmier-Software und die Ausgabe der Messdaten erfolgen am PC.

Für kleine Anlagen gibt es Stromwandler kombiniert mit einer Auswerteeinheit als Differenzstrommelderelais (www.doepke.de).

Beim RCM (von Residual Current Monitor) werden wie beim RCD die durch einen Summenstromwandler erfassten Ströme summiert. Der Summenstromwandler kann hier, anders als beim RCD, getrennt von der Auswerteeinheit sein.

Bei einem Isolationsfehler entsteht ein Differenzstrom. Die Auswerteeinheit RCM gibt je nach Einstellung ein Signal ab oder leitet die Messwerte über eine verdrillte Aderleitung zur weiteren Auswertung und zur Anzeige an ein Anzeigegerät, z. B. einen PC.

Anwendungsbeispiele für RCM
- RCD-ungeeignete Anlagen, z. B. Großküchen wegen deren hohen Ableitstromwerte,
- medizinisch genutzte Bereiche,
- Versorgungsnetze für Anlagen im IT-System,
- Sicherheitseinrichtungen.

Vorteile der RCM-Überwachung
- Abnahme der Isolationsfestigkeit wird rechtzeitig erkannt,
- Erdschlüsse werden beim Entstehen erkannt,
- Instandsetzung kann geplant werden.

RCMs können auch in der Gebäude-Hauptverteilung eingebaut sein. Zur Fehlerlokalisierung ist aber der Einbau in die zu überwachenden Endstromkreise notwendig.

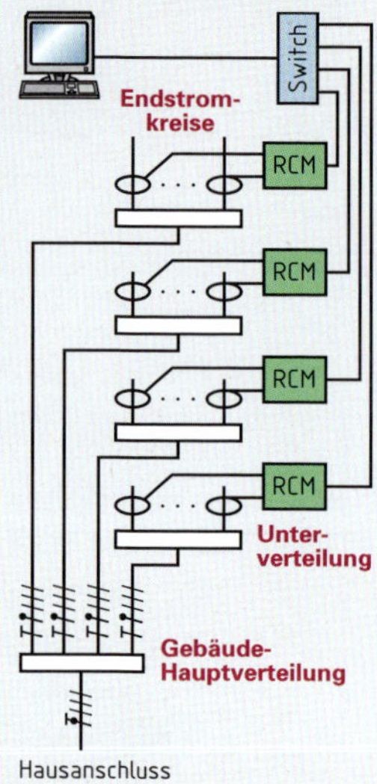

Überwachung eines TN-S-Systems

Hinweise

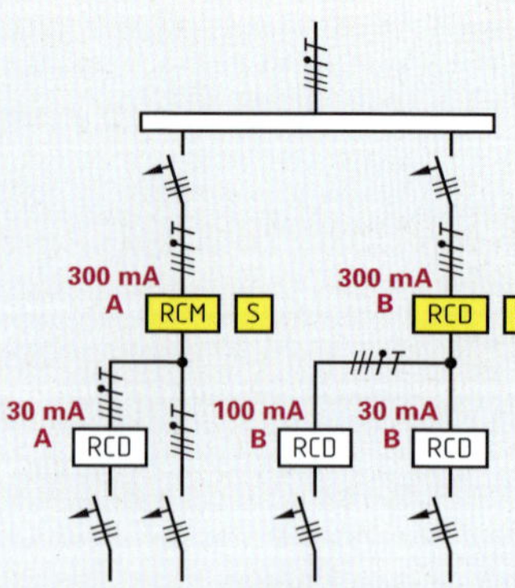

Anlage mit RCDs und RCM

RCMs sind wie RCDs im Typ A oder B lieferbar. Wie bei den RCDs darf ein Gerät vom Typ A vom Speisepunkt aus gesehen nicht hinter einer RCM oder RCD vom Typ B liegen.

RCMs sind geeignet zur Fehleranzeige in Anlagen, die beim Auftreten eines Fehlers nicht sofort abgeschaltet werden können. RCMs sind aber nicht geeignet für die Schutzmaßnahme „Schutz durch automatische Abschaltung der Stromversorgung".

Einsatzgebiete sind
- Stromversorgungen im T-S-, T-C-S- und IT-System, z.B. in Serverräumen von Rechenzentren,
- vorbeugende Instandhaltung durch Erkennen von einer Isolationsalterung.

Nicht geeignet sind Anlagen
- mit TN-C-System,
- mit Gleichstromnetzen.

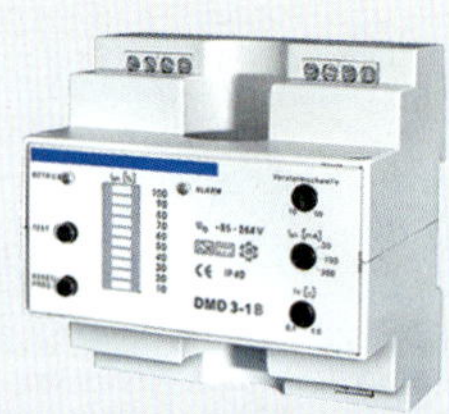

Differenzstrommelderelais DMD2 mit Durchsteckstromwandler
www.doepke.de

Die Höhe des Differenzstromes wird auf einer LED-Balkenanzeige fortlaufend angezeigt. Bei Überschreitung eines einstellbaren Schwellenwertes schließt und öffnet ein Relais-Wechselkontakt etwas zeitverzögert. Kurzzeitige Stromimpulse bleiben dadurch ohne Folge.

Schaltung; Formeln	Erklärung	Ergänzung, Bemerkungen

Fehlerschutz durch automatische Abschaltung der Stromversorgung durch RCD

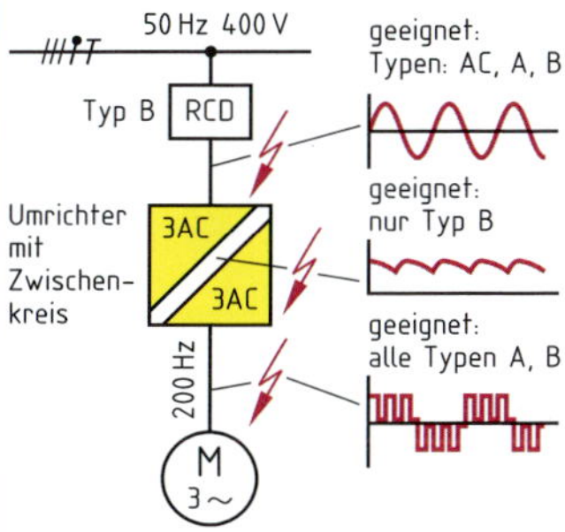

Fehlerströme bei einem Umrichter

Fehlerstrom

$$I_F \geq I_a \quad (1)$$

Isolationsfehler rufen im AC-Stromkreis je nach Fehlerort hervor
- AC-Fehlerströme,
- pulsierende DC-Fehlerströme und
- „glatte" DC-Fehlerströme.

„Glatte" Fehlerströme treten bei Umrichtern mit DC-Zwischenkreis auf.

Bedingungen für Fehlerschutz durch automatische Abschaltung der Stromversorgung:

- Verbindung der Körper über den PE mit dem Erdungssystem („Schutzerdung" nach VDE 0100-410),
- Schutzpotenzialausgleich über die Haupterdungsschiene: Verbinden der Erdungsleiter mit allen metallenen Systemen an einer Haupterdungsschiene,
- Abschaltung innerhalb der maximalen Abschaltzeit **(Tabelle)**.

Maximale Abschaltzeiten für den Fehlerschutz

Stromkreis	System TN	System TT
AC-Endstromkreise mit $I_N \leq 32$ A		
$U_0 \leq 230$ V	0,4 s	0,2 s
$U_0 \leq 400$ V	0,2 s	0,07 s
$U_0 \geq 400$ V	0,1 s	0,04 s
sonstige Stromkreise	5 s	1 s
AC-Endstromkreise mit $I_N \leq 32$ A		
$U_0 \leq 230$ V	5 s	0,4 s
$U_0 \leq 400$ V	0,4 s	0,2 s
$U_0 \geq 400$ V	0,1 s	0,1 s
sonstige Stromkreise		
alle U_0	5 s	1 s
U_0 Leiterspannung gegen Erde		

Im TT-System ist eine kleinere Abschaltzeit als im TN-System erforderlich, da im Fehlerfall größere Spannungen als im TN-System auftreten.

Automatische Abschaltung durch Fehlerstrom-Schutzeinrichtung RCD

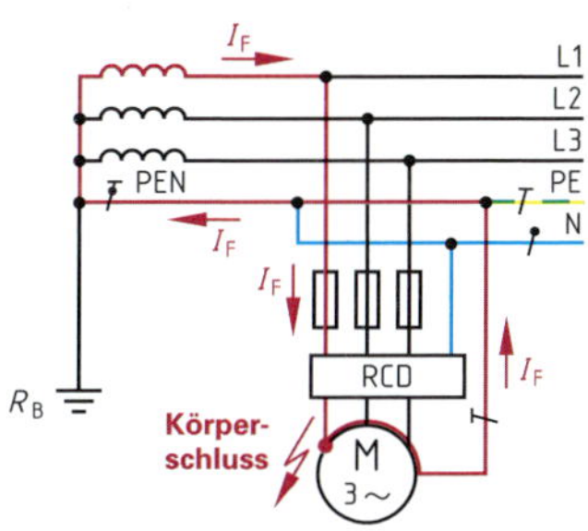

Fehlerschutz durch RCD im TN-System

Fehlerstrom

$$I_F \geq I_{\Delta N} \quad (2)$$

Spannungswaage

$$\frac{R_B}{R_E} \leq \frac{50\ \text{V}}{U_0 - 50\ \text{V}} \quad (3)$$

Schleifenimpedanz

$$Z_S \leq \frac{U_0}{I_a} \quad (4) \qquad Z_{Sm} \leq \frac{2}{3} \cdot \frac{U_0}{I_a} \quad (5)$$

Meist erfolgt der Fehlerschutz durch automatische Abschaltung der Stromversorgung durch RCDs (von Residual Current protective Device = Reststrom-Schutzgerät). Oft sind auch für Teile von alten Anlagen die RCDs bindend vorgeschrieben. Bei einem Fehlerstrom (Differenzstrom) I_Δ wird der Eisenkern der RCD magnetisiert, sodass bei ausreichender Stärke des Magnetfeldes Abschaltung erfolgt (vorhergehende Seite).

Die Verteilungsnetzbetreiber halten die Widerstände der Erder im öffentlichen Netz durch Erdungen bei Hausanschlüssen so klein, dass die Spannungswaage erfüllt ist. Dadurch erfolgt die Abschaltung durch RCDs mit $I_{\Delta N} \leq 300$ mA in jedem Fall unterhalb der Berührungsspannung von 50 V.

Beim Fehlerschutz durch RCD im TT-Netz muss dagegen der Anlagenerderwiderstand oder die Schleifenimpedanz genügend klein sein, also bei Errichtung gemessen werden.

Die gemessene Fehlerstrom-Impedanz Z_{Sm} muss Formel 5 erfüllen, da die Messung im kalten Zustand der Anlage erfolgt.

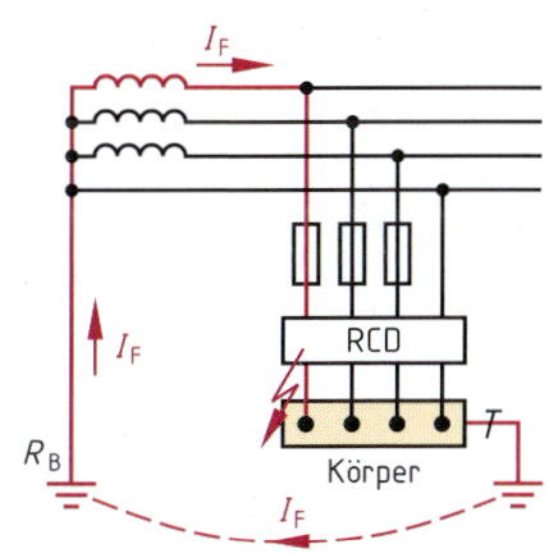

Fehlerschutz durch RCD im TT-System

Anlagenerderwiderstand im TT-System

$$R_A \leq \frac{50\ \text{V}}{I_{\Delta N}} \quad (6)$$

Wenn R_A nicht bekannt oder nicht messbar ist, kann es durch Z_{Sm} nach Formel 5 ersetzt werden.

gemessene Schleifenimpedanz

$$Z_S \leq U_0/I_{\Delta N} \quad (7)$$

Messung von Z_S folgende Seite

I_a Abschaltstrom, I_N Bemessungsstrom, Nennstrom, I_F Fehlerstrom, I_Δ Differenzstrom, $I_{\Delta N}$ Bemessungsdifferenzstrom, R_A Anlagen-Erderwiderstand, U_0 Leiterspannung gegen Erde, Z_S Fehlerschleifen-Impedanz

A

Fehlerschutz 2 Fault Protection 2

vgl. DIN VDE 0100-410

Schaltung	Erklärung	Ergänzung, Bemerkungen

Automatische Abschaltung durch Überstrom-Schutzeinrichtung

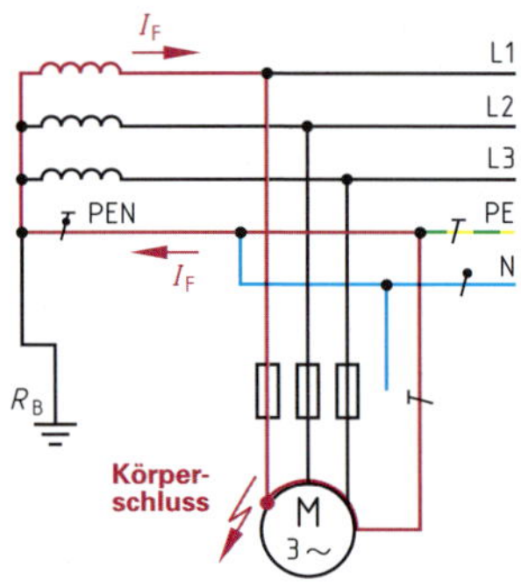

Fehlerschutz durch Überstrom-Schutzeinrichtung im TN-C-S-System

Bedingung:

$$I_F \geq I_a \quad (5)$$

Abschaltströme der Überstrom-Schutzeinrichtungen Seiten 320, 322

Die Abschaltung durch Überstrom-Schutzeinrichtung muss wie bei der RCD kurzzeitig erfolgen. Dazu ist eine erheblich größere Stromstärke als bei der RCD erforderlich. Deshalb muss hier die Fehlerschleifen-Impedanz Z_S genügend klein sein, sodass sie gemessen werden muss. Die Temperatur der Leitung ist im Fehlerfall größer als bei der Messung, sodass für eine genaue Bemessung im TN-System $Z_S = 1{,}5 \cdot Z_{Sm}$ gesetzt wird.

Die kalt gemessene Fehlerschleifen-Impedanz muss also sein:

$$Z_{Sm} \leq \frac{2}{3} \cdot \frac{U_0}{I_a} \quad (4)$$

Im TT-System ist der erforderliche kleine Erdungswiderstand kaum erreichbar, sodass im TT-System meist eine RCD erforderlich ist.

Siehe auch zusätzlicher Schutz (Seite 343).

Beim TN-System

$$Z_S \leq U_0/I_a \quad (1)$$

$$1{,}5 \cdot Z_{Sm} \leq U_0/I_a \quad (2)$$

Beim TT-System

$$R_A \leq 50\,\text{V}/I_a \quad (3)$$

Z_S wie beim TN-System

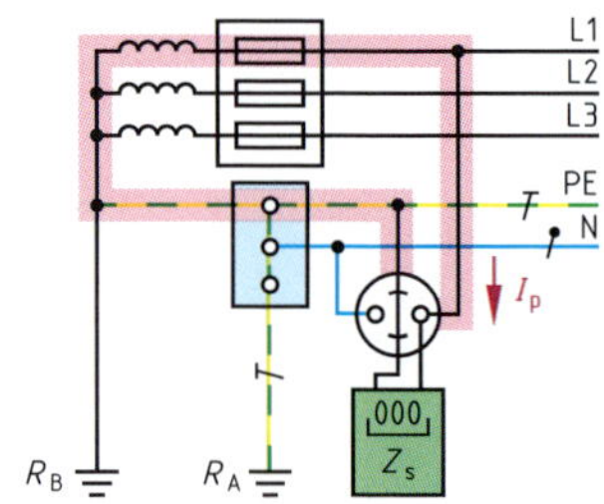

Direkte Messung der Fehlerschleifen-Impedanz

Schutz durch Meldung

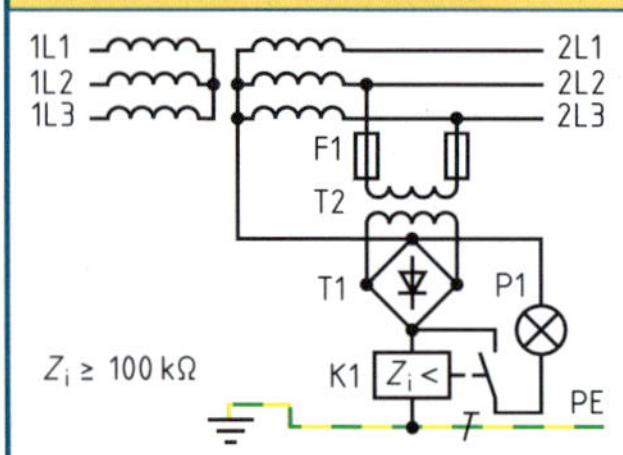

Isolationsüberwachungs-einrichtung

Schutz durch Meldung ist in einem IT-System (Seite 333) vorgeschrieben. Bei diesem wird der Endstromkreis durch einen nicht geerdeten Trafo gespeist. Eine *Isolationsüberwachungseinrichtung* gibt beim 1. Fehler nur ein optisches und akustisches Signal. Erst bei einem 2. Fehler erfolgt Abschaltung, z.B. durch eine RCD. Anwendung z.B. in Operationsräumen.

Beim IT-System

$$R_A \cdot I_d \leq 50\,\text{V} \quad (6)$$

I_d enthält für den 1. Fehler den Ableitstrom einschließlich seines kapazitiven Anteils. Deshalb kann die Anlage nicht umfangreich sein, weil sonst auch ohne Fehler eine Abschaltung erfolgt.

Schutztrennung

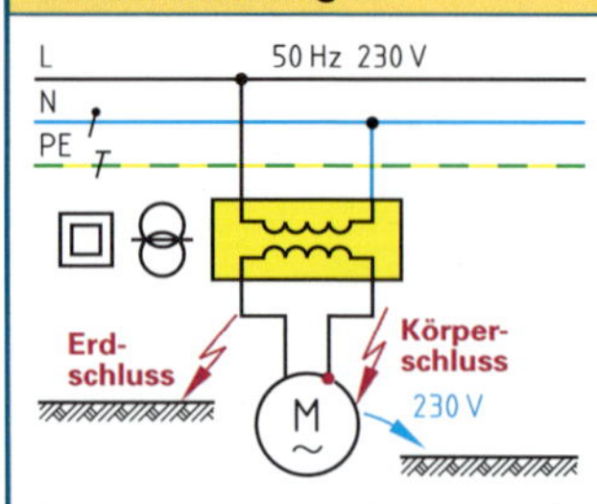

Schutztrennung unwirksam durch Schlüsse

Der Fehlerschutz erfolgt hier durch Trennung vom Netz meist mittels Trenntransformator nach VDE 0550.

- Ausgangsspannung ≤ 500 V,
- aktive Teile dürfen nicht mit Erde oder anderen Stromkreisen verbunden sein.
- Körper der Verbrauchsmittel dürfen nicht am PE angeschlossen sein.
- Flexible Leitungen müssen bei mechanischer Beanspruchung gesichert sein.

Die Schutztrennung ist bei einem Erdschluss unwirksam. Deshalb darf im Allgemeinen an eine Sekundärwicklung des Trenntrafo nur ein Verbrauchsmittel angeschlossen werden. Bei mehreren Sekundärwicklungen dürfen dann an den Trafo auch mehrere Verbrauchsmittel angeschlossen sein. Siehe auch folgende Seite.

I_a Abschaltstrom der Überstrom-Schutzeinrichtung, I_d Fehlerstrom nach dem 1. Fehler, I_F Fehlerstrom, R_A Anlagen-Erderwiderstand, U_0 Nennspannung Außenleiter gegen Erde, Z_S Fehlerschleifen-Impedanz, Z_{Sm} kalt gemessene Fehlerschleifen-Impedanz

A

Weiterer Fehlerschutz in fachlich überwachten Anlagen
More Fault Protection in Expert controlled Installations

Schutz durch	Schaltung, Anlage	Erklärung
Isolierende Umgebung	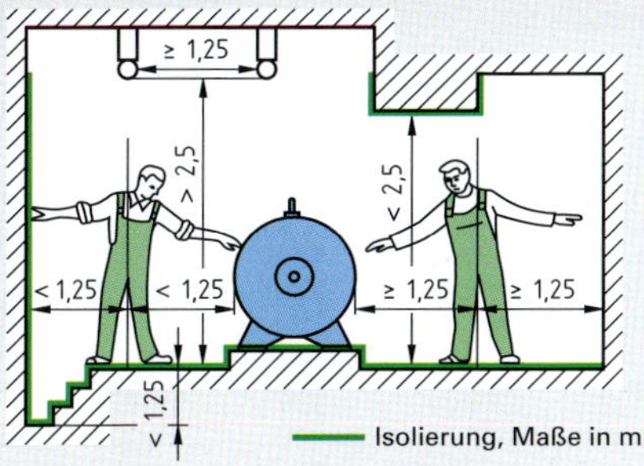 **Schutz durch isolierende Umgebung**	**Bedingungen** • Betriebsmittel haben Basisschutz, • leitfähige Körper sind so angeordnet, dass Personen nicht gleichzeitig zwei Körper oder einen Körper und ein fremdes leitfähiges Teil berühren können, • leitfähige Umgebung ohne PE. Die Isolierung muss eine Prüfspannung von 2 kV aushalten. Der Ableitstrom darf nicht größer als 1 mA sein. Der Isolationswiderstand darf nicht überschreiten • 50 kΩ bei Anlagen bis 500 V, • 100 kΩ bei Anlagen über 500 V.
Örtlicher, erdfreier Schutzpotenzialausgleich	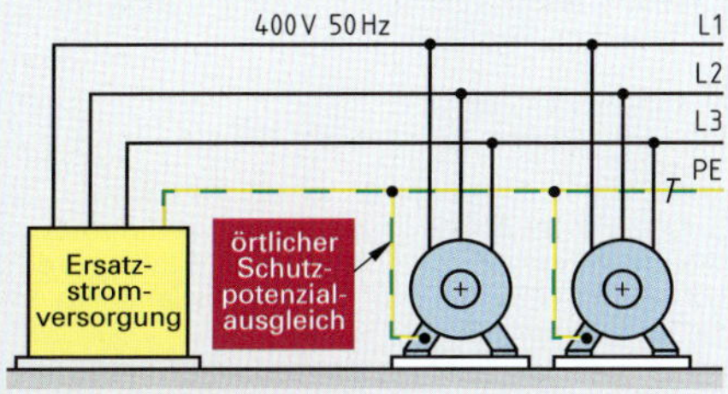 **Erdfreier örtlicher Schutzpotenzialausgleich bei einer Ersatzstromversorgung**	Für diesen Schutz in fachlich überwachten Anlagen[1] müssen • die Betriebsmittel einen Basisschutz haben, • gleichzeitig berührbare Körper und fremde leitfähige Teile über Schutzpotenzialausgleichsleiter verbunden sein, • die Schutzpotenzialausgleichsleiter ohne Verbindung zur Erde sein, • Personen vor Potenzialunterschieden geschützt sein, z. B. beim Betreten der Anlage.
Schutztrennung mit mehreren Verbrauchsmitteln	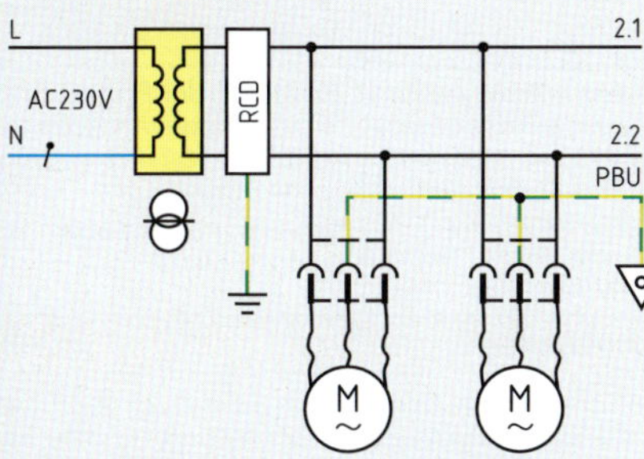 **Schutztrennung mit mehreren Verbrauchsmitteln**	Der Schutz durch Schutztrennung ist eingeschränkt, wenn mehrere Verbrauchsmittel an *dieselbe* Sekundärwicklung eines Trenntransformators angeschlossen werden. Tritt ein Erdschluss an einem Verbrauchsmittel auf, so bleibt dieser meist unbemerkt. Jedoch haben jetzt die aktiven Leiter aller Verbrauchsmittel Spannung gegen Erde. **Bedingungen** • Betriebsmittel müssen Basisschutz haben. • Getrennter Stromkreis muss mechanisch geschützt sein. • Körper sind über ungeerdete, isolierte Schutzpotenzialausgleichsleiter zu verbinden. • Beim Auftreten von je einem Fehler in verschiedenen Außenleitern muss automatische Abschaltung erfolgen. • Die Leitungslängen des getrennten Stromkreises sollen 500 m nicht übersteigen. • Produkt aus Leitungslängen und Nennspannung soll 100 kVm nicht übersteigen.
Schutztrennung bei metallischer Umgebung	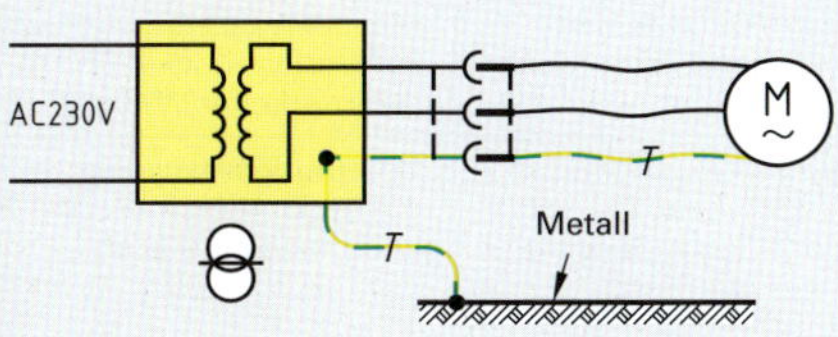 **Schutztrennung bei metallischem Standort**	In beengter Umgebung sind die Körper des getrennten Stromkreises über einen Schutzpotenzialausgleichsleiter mit dem metallischen Standort zu verbinden.

[1] Fachlich überwachte Anlagen sind Anlagen, die „von Elektrofachkräften oder elektrotechnisch unterwiesenen Personen betrieben und beaufsichtigt werden" (VDE 0100-410).

Wegfall von Bestimmungen: Die außerhalb von fachlich überwachten Anlagen gültigen Bestimmungen des zusätzlichen Schutzes für Steckdosenstromkreise und Stromkreise in Außenanlagen durch RCDs entfallen bei fachlicher Überwachung.

Erstprüfung der Schutzmaßnahmen
Initial Verification of Protective Measures

vgl. DIN VDE 0100-600

Schutzmaßnahme	Prüfung	Prüfverfahren
Prüfung der Schutzmaßnahmen mit Schutzleiter		vgl. DIN VDE 0100-600
Alle Schutzmaßnahmen mit Schutzleiter	Besichtigen. Es ist insbesondere zu prüfen, ob Schutzeinrichtungen richtig ausgewählt sind und Schutzleiter, Schutzpotenzialausgleichsleiter und Erdungsleiter den richtigen Querschnitt haben und richtig gekennzeichnet sind.	
Durchgängigkeit Isolationswiderstand	Die Durchgängigkeit von Schutzleitern PE und Schutzpotenzialausgleichsleitern PB ist mit Messgeräten von mindestens 4 V bis 24 V Leerlaufspannung durch einen Strom $\geq 0{,}2$ A nachzuweisen, nicht mit einem hochohmigen Widerstandsmesser von wenigen Milliampere.	*Prüfung*, ob PE nicht mit Neutralleiter oder Außenleiter verbunden ist, z.B. durch Spannungsmessung gegen Erde. *Isolationsmessung* in der Verteilung (bei $U_N \leq 500$ V messen mit DC 500 V, Isolationswiderstand $R_x \geq 1$ MΩ. Wenn aber $U_N > 500$ V, messen mit DC 1000 V und $R_x \geq 1$ MΩ).
Schutz infolge automatischer Abschaltung durch RCD (Fehlerstrom-Schutzeinrichtung)	Prüfung, ob die RCD richtig arbeitet. Prüfung, ob die Fehlerspannung beim Auslösen durch künstlichen Fehler ≤ AC 50 V ist. Beim TT-System auch Messung des Erdungswiderstands R_A. Prüfung, ob die RCD vom richtigen Typ ist (Typ B, wenn glatte DC-Fehlerströme auftreten können, sonst Typ A).	Betätigung der Prüftaste. Messung mit Prüfgerät für RCD. Beim TT-System muss sein $R_A \leq \frac{50\ \text{V}}{I_{\Delta N}}$ 1
Schutz infolge automatischer Abschaltung durch Überstrom-Schutzeinrichtung	Prüfung, ob bei einpoligem Kurzschluss genügend schnell Abschaltung erfolgt (Seite 337). Prüfung, ob beim TN-System die gemessene Schleifenimpedanz Z_{Sm} und beim TT-System der Erdungswiderstand der Anlagenerder ausreichen. Da Z_{Sm} bei einer kleineren Leitungstemperatur als der Betriebstemperatur gemessen wird, muss sein $Z_{Sm} \leq \frac{2}{3} \cdot \frac{U_0}{I_a}$.	Schleifenimpedanzmessung an der entferntesten Stelle. Erdungswiderstandsmessung. Isolationsmessung bei Erstprüfung. Bei $U_N \leq 500$ V messen mit DC 500 V, Isolationswiderstand $R_x \geq 1$ MΩ, bei $U_N > 500$ V messen mit DC 1000 V und $R_x \geq 1$ MΩ. Bei Wiederholungsprüfung: ≥ 1 kΩ/V, bei Feuchtigkeit ≥ 0,5 kΩ/V.
Schutz infolge Meldung durch Isolationsüberwachungseinrichtung	Prüfung, ob Isolationsüberwachungsgerät richtig arbeitet. Prüfung, ob Isolationsüberwachung bei Erdschluss arbeitet. Messung, ob Erdungswiderstand genügend klein ist ($R_A \leq U_L/I_{\Delta N}$). Prüfung, ob alle leitfähigen Konstruktionsteile miteinander niederohmig verbunden sind.	Betätigen der Prüftaste. Künstlichen Fehler über Widerstand zwischen Außenleiter und PE herstellen. Erdungswiderstandsmessung. Widerstandsmessung, z.B. zur Haupterdungsschiene.
Prüfung der Schutzmaßnahmen ohne Schutzleiter		vgl. DIN VDE 0100-600
Alle Schutzmaßnahmen	Besichtigen. Dabei ist zu überwachen, dass Stecker, Leitungen und Spannungserzeuger richtig ausgewählt sind, die Schutzisolierung nicht beschädigt und bei Schutz durch nicht leitende Umgebung die Standortisolierung richtig ausgeführt ist.	
Doppelte oder verstärkte Isolierung (Schutzklasse II)	Prüfung der Verbrauchsmittel ist nur nach Reparatur nötig. Der Netzanschluss ist zu prüfen.	
Nicht leitende Umgebung	Messung des Isolationszustandes. (Als Fehlerschutz ausreichend nur in fachlich überwachten Anlagen).	Messung des Isolationswiderstandes von Fußboden und Wänden (bei $U_N \leq 500$ V erforderlicher Widerstand $R_x \geq 50$ kΩ).
SELV und PELV	Messung, ob Bemessungsspannung $U_N \leq$ AC 50 V bzw. AC 25 V bzw. DC 120 V bzw. DC 60 V. Prüfung des Sekundärkreises auf Erdschluss oder auf Verbindung mit höherer Spannung.	Spannungsmessung, Isolationsmessung gegen Erde (mit $U \geq$ DC 250 V, Isolationswiderstand ≥ 500 kΩ).
Schutztrennung	Prüfung, ob Sekundärstromkreis ohne Erdschluss ist. Prüfung, ob Produkt aus Spannung und Leitungslänge ≤ 100 000 Vm ist.	Isolationsmessung gegen Erde mit DC 500 V bei Bemessungsspannung ≤ 500 V, Isolationswiderstand ≥ 1 MΩ.

I_a Abschaltstrom, $I_{\Delta N}$ Bemessungsdifferenzstrom der RCD (Residual Current protective Device = Reststrom-Schutzgerät), R_A Anlagenerderwiderstand; R_x Isolationswiderstand; U_L höchstzulässige Berührungsspannung, U_N Bemessungsspannung, U_0 Bemessungsspannung gegen Erde, Z_{Sm} gemessene Schleifenimpedanz.

A

Wiederkehrende Prüfungen   Repetitive Testings   vgl. DIN VDE 0105-100

Aufgaben

Art	Erklärung	Bemerkungen
Zweck der wiederkehrenden Prüfung: Elektrische Anlagen (auch nicht gewerbliche Anlagen) sind in ordnungsgemäßem Zustand zu erhalten. Deshalb müssen sie in geeigneten Zeitabständen geprüft werden.	Die Prüfung erfolgt durch • Besichtigen, • Erproben und • Messen. Durchführung von Elektrofachkräften, die Kenntnisse durch Prüfung vergleichbarer Anlagen haben. Die Führung eines Protokollbuches ist erforderlich.	In gewerblichen und landwirtschaftlichen Anlagen ist der Unternehmer (Betreiber) verantwortlich für die Durchführung der wiederkehrenden Prüfung. Nach BGV A3 (Unfallverhütungsvorschrift der Berufsgenossenschaften) müssen Anlagen ständig durch eine Elektrofachkraft überwacht werden oder bestimmte Prüffristen eingehalten werden.
Messungen: Ermitteln der Werte, die eine Beurteilung der Schutzmaßnahmen bei indirektem Berühren ermöglichen.	Vor allem ist eine regelmäßige Messung des Isolationszustandes vorgeschrieben. Erforderliche Messwerte siehe weiter unten.	Der Isolationszustand ist beim 230-V-Netz mit DC 500 V zu messen. Die Spannungsquelle muss bei einer Belastung von 1 mA mindestens eine Spannung in Höhe der Bemessungsspannung der zu prüfenden Anlage abgeben.

Größtzulässige Prüffristen   vgl. BGV A3

Betriebsmittel, Anlage	Prüffrist, Prüfer	Art der Prüfung
RCDs bei nicht stationären Anlagen	An jedem Arbeitstag durch Benutzer. Durch Elektrofachkraft monatlich.	Erproben der Prüfeinrichtung der RCD. Prüfung der Wirksamkeit durch Messung, z. B. der Auslösespannung.
RCDs bei stationären Anlagen	Alle 6 Monate durch Benutzer.	Erproben der Prüfeinrichtung.
Bewegliche Anschlussleitungen und Verlängerungsleitungen einschließlich der Steckverbinder	Wenn benutzt, alle 6 Monate durch Elektrofachkraft.	Besichtigen auf ordnungsgemäßen Zustand, bei Bedarf Messen z. B. des Schutzleiterwiderstands.
Isolierende Schutzkleidung	Vor jeder Benutzung durch Benutzer. Wenn benutzt, alle 6 Monate durch Elektrofachkraft.	Prüfen auf auffällige Mängel. Prüfen auf Zustand.
Spannungsprüfer, isolierte Werkzeuge	Vor jeder Benutzung durch Benutzer.	Prüfung auf Mängel und Funktion.
Anlagen und ortsfeste Betriebsmittel	Alle 4 Jahre durch Elektrofachkraft.	Prüfung auf ordnungsgemäßen Zustand, auch mit Messungen.

Kleinstzulässiger Isolationswiderstand bei wiederkehrenden Messungen

Anlage	Mindest-Isolationswiderstand bezogen auf die Bemessungsspannung des Stromkreises	Schaltungsbeispiel
Normale Räume, Verbrauchsmittel eingeschaltet.	300 Ω/V (am 230-V-Netz also 69 kΩ)	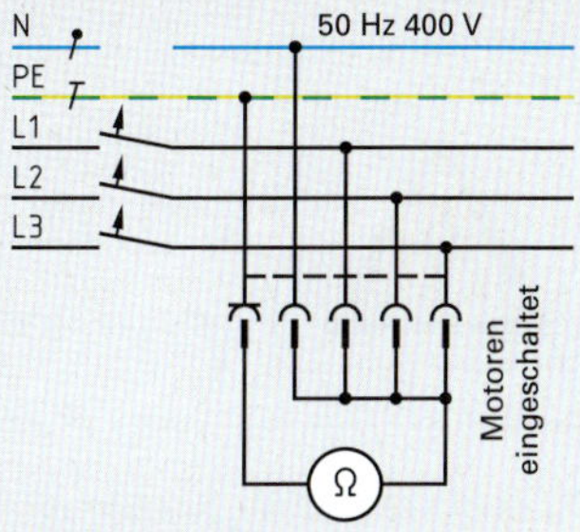
Normale Räume, Verbrauchsmittel abgeschaltet.	1000 Ω/V (am 230-V-Netz also 230 kΩ)	
Anlagen im Freien, Räume in denen zur Reinigung Fußboden oder Wände bespritzt werden.	Verbrauchsmittel EIN: 150 Ω/V Verbrauchsmittel AUS: 500 Ω/V (bei 230 V also 115 kΩ)	
IT-System	50 Ω/V	
SELV und PELV (ELV Extra Low Voltage, S safety, P Protective)	250 kΩ bei Messgleichspannung 250 V	
FELV (Functional ELV, Funktionskleinspannung) hat selbst keine Schutzwirkung.	Wie beim System mit höherer Spannung, dessen Schutzleiter mit den Körpern des FELV-Stromkreises verbunden ist.	**Messung des Isolationswiderstandes bei einem Motorstromkreis**

A

Spezielle Niederspannungs-Anlagen   Special Low-Voltage Installations

Anlage	Beispiele, Schutz gegen elektrischen Schlag	Überstromschutz, Geräteschutz	Norm, Bemerkungen, Material
Medizinisch genutzte Bereiche 	Untersuchungsräume, Arztpraxen, Operationsräume. Basisschutz immer durch Isolierung, Fehlerschutz je nach Gefährdung durch RCDs, SELV und PELV, IT-Systeme.	Es muss dafür gesorgt sein, dass bei Überlastung die Überstrom-Schutzeinrichtung abschaltet, die dem Fehlerort am nächsten ist (Selektivität).	VDE 0100-710 Die IT-Systeme müssen Isolationsüberwachungseinrichtungen haben. In Behandlungsräumen ist Sicherheitsstromversorgung erforderlich.
Ausstellungen, Vorführungen und Stände 	Messestände, Verkaufsbuden. Trenneinrichtung muss leicht erreichbar sein. Basisschutz nur durch Isolierung. TN-System muss TN-S-System sein. Für Endstromkreise Schutz durch RCDs mit $I_{\Delta N} \leq 30$ mA.	Motoren müssen durch Schutzeinrichtung gegen hohe Temperaturen geschützt sein. Leuchten müssen so beschaffen sein, dass keine Brandgefahr entsteht.	VDE 0100-711 Kabel und Leitungen müssen besonders widerstandsfähig sein. Ohne Feueralarmsystem müssen Leitungen raucharm oder in Rohren verlegt sein.
Elektrische Anlagen auf Fahrzeugen oder in transportablen Baueinheiten	Wohncontainer auf Baustellen, Toilettenwagen. Betrifft Ausrüstung mit Steckdosen für 400 V/230 V. Zusätzlicher Schutz durch RCDs mit $I_{\Delta N} \leq 30$ mA für Steckdosen für Verwendung außerhalb.	Stromversorgung über ≥ 2,5 mm² H07RN-F. Überstrom-Schutzeinrichtungen nach VDE 0100-430. Zu empfehlen sind RCBOs (FI/LS-Schalter, Seite 335).	VDE 0100-717 Leitungen und Kabel wie bei feuchten Bereichen. Stecker und Steckdosen innerhalb ≥ IP 44, Steckdosen außerhalb ≥ IP 54, Gerätegehäuse ≥ IP 55.
Bauliche Anlagen für Menschenansammlungen 	Bahnhöfe, Flughäfen, Theater. Die Schutzmaßnahmen von VDE 0100-410. Die dem Fehlerort vorgeschaltete Schutzeinrichtung muss zuerst abschalten (selektiv wirken). Der Kurzschlussstrom an jeder Stelle der Anlage muss während ≤ 5 s abschalten.	Überstromschutz nach VDE 0100-430. In DC-Stromkreisen für Sicherheitszwecke muss Überstromschutz zweipolig sein. Nicht dauernd beaufsichtigte Motoren mit $P_N \geq 500$ W müssen thermisch geschützt sein, z. B. mit Motorschutzschalter.	VDE 0100-718 Sicherheit muss gewährleistet sein (Sicherheitsanlage mit Brandschutz). Schaltpläne der Sicherheitsanlage müssen vorhanden sein.
Unterrichtsräume	Siehe folgende Seite		VDE 0100-723
Feuchte und nasse Bereiche, Anlagen im Freien 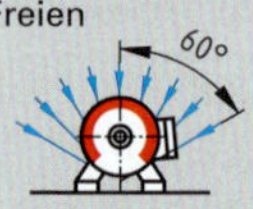	Duschräume, Wagenwaschräume, Weinkeller. Schutz der Steckdosenstromkreise in Wohnhäusern durch RCDs mit $I_{\Delta N} \leq 30$ mA.	Schutzart (Seite 284) mindestens IP X1, im Freien ohne Dach IP X3, in Wagenwaschräumen IP X4. Bei direktem Abspritzen mit Wasserschlauch oder Hochdruckreiniger ist mehr als IP X5 nötig.	VDE 0100-737 Für feste Verlegung Feuchtraumleitung mit Kunststoffumhüllung oder Kabel. Als bewegliche Leitungen mindestens H07RN-F oder gleichwertige.
Vorübergehend errichtete elektrische Anlagen 	Vergnügungsparks, Zirkusse. Basisschutz durch Isolierung, Fehlerschutz durch zeitverzögerte RCD mit $I_{\Delta N} \leq 300$ mA am Anlagenanfang und zusätzlicher Schutz durch RCDs mit $I_{\Delta N} \leq 30$ mA für Steckdosen und ortsveränderliche Betriebsmittel von $I_N \leq 32$ A und für Beleuchtungsstromkreise.	Betriebsmittel mindestens IP 44. Motoren, Trafos und Umrichter, die nicht dauernd beaufsichtigt sind, müssen gegen zu hohe Temperaturen geschützt sein, z. B. durch Motorschutzschalter. Das System TN-C darf nicht verwendet werden, Verbindung von N mit PE unzulässig.	VDE 0100-740 Die Anlage muss einen leicht zugänglichen Trennschalter haben, z. B. den RCD mit $I_{\Delta N} \leq 300$ mA. Kabel und Leitungen im Freien mit $U_N \geq 450/700$ V, z. B. H07RN-F oder gleichwertig. Im Inneren mit $U_N \geq 300/500$ V, z. B. H05RN-F.

I_N Bemessungsstrom, Nennstrom
P_N Bemessungsleistung, Nennleistung
$I_{\Delta N}$ Bemessungsdifferenzstrom, Nennfehlerstrom,
U_N Bemessungsspannung, Nennspannung

Elektroinstallation in Unterrichtsräumen mit Experimentiereinrichtungen
Electrical Installation in Teaching Rooms with Experimental Equipment vgl. VDE 0100-723

Begriffe	Erklärung	Beispiele
Unterrichts-räume	Räume zur Wissensvermittlung in Schulen (auch Hochschulen) und Bildungsstätten.	Schulsaal, Vorlesungssaal, Elektrolabor, Physiklabor, Praktikumsraum.
Experi-mentieren	Vorführen, Beobachten und Üben zum Verständnis naturwissenschaftlicher oder technischer Vorgänge.	Messen von Strömen, Spannungen und Leistungen in elektrotechnischen oder mechanischen Anlagen.
Experimentier-einrichtung EE	Einrichtung, mit der Experimente oder Vorführungen möglich sind.	Platz mit Stromversorgung zum Vorführen oder Experimentieren.
Geltungsbereich von VDE 0100-723	Unterrichtsräume mit EE, in denen berührungsgefährliche Spannungen auftreten können.	Alle Unterrichtsräume mit Stromversorgungen, deren Nennspannung größer ist als AC 50 V bzw. DC 120 V.
SELF oder PELV	Räume, in denen für EE die Stromversorgung nur aus SELF oder PELV besteht, unterliegen nicht der VDE 0100-723 und erfordern nicht deren zusätzliche Maßnahmen.	Spannungen nach SELV oder PELV ermöglichen außerhalb der elektrotechnischen Fachausbildung die meisten Grundlagen-Versuche und alle elektrochemischen Übungen.
Basisschutz	Zunächst gelten alle Bestimmungen von VDE 0100-410. Zusätzlich müssen einpolige Anschlussstellen berührungssicher sein.	Es werden berührungssichere Laborsteckbuchsen verwendet. www.conrad.de
Zusätzlicher Schutz durch RCDs	Ein zusätzlicher Schutz durch allstromsensitive RCDs (Typ B) mit einem Bemessungsdifferenzstrom $I_{\Delta N} \leq 30$ mA ist vorzusehen. Auf diesen Schutz darf verzichtet werden, wenn die Stromversorgung durch ein IT-System erfolgt, bei dem die Isolationsüberwachungseinrichtung beim 1. Fehler eine Abschaltung bewirkt. www.doepke.de	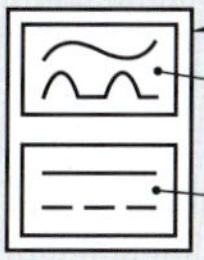 **Kennzeichen für allstromsensitive RCD**
Fehlerschutz (Schutz bei indirektem Berühren)	Zusätzlich zu VDE 0100-410 gilt Folgendes: Werden bei der Fachausbildung Messungen vorgenommen, die mit RCD nicht möglich sind, z. B. Messung der Schleifenimpedanz, dann muss bei überbrückter RCD die Stromversorgung sicher abschaltbar sein, z. B. über ein Schütz der Klasse 1 nach EN 954-1 (Sicherheitsbezogene Steuerungen) und einen Schüsseltaster der Klasse 1.	 **Schlüsseltaster** www.moeller.de
Zusätzlicher Schutzpotenzialausgleich ZSPA	Alle fremden leitfähigen Teile, die ein Potenzial einbringen können, z. B. Heizkörper, müssen untereinander durch Schutzpotenzialausgleichsleiter von mindestens 4 mm² Cu verbunden sein. An den Schutzpotenzialausgleich ist der PE anzuschließen.	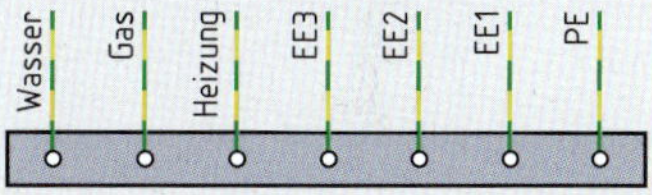 **Schutzpotenzialausgleichsschiene des ZSPA**
Trennen und Schalten	Die EE müssen durch Trenneinrichtungen (trennende Schalter) von allen aktiven Leitern der Stromversorgung (einschließlich N-Leiter) getrennt werden können. www.siemens.de	Schalter zum Trennen müssen eine Trennstrecke haben. Geeignet sind die ohnehin vorhandenen RCDs. Nicht geeignet sind Halbleiterschütze.
Handlungen im Notfall	Jede EE muss eine NOT-AUS-Einrichtung haben. Über deren Betätigungseinrichtung, z. B. den NOT-AUS-Taster , werden alle EE des Raumes von der Stromversorgung getrennt. Zusätzlich muss an jedem Raumausgang eine Betätigungseinrichtung für NOT-AUS vorhanden sein. Die NOT-AUS-Einrichtung besteht dann aus NOT-AUS-Tastern und einem zuverlässigen Schütz, beides mindestens nach Klasse 1 von EN 954-1.	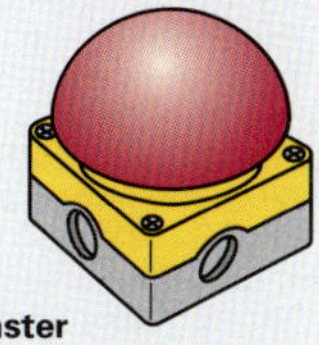 **NOT-AUS-Taster** www.moeller.de
Zusätzliche Maßnahmen	Gefahr bei einpoligem Berühren wird durch isolierenden Fußboden besonders wirksam verringert, wenn die Bestimmungen über nicht leitende Umgebung nach VDE 0100-410 eingehalten werden.	Ein isolierender Fußboden wird im Gegensatz zu früheren Ausgaben von VDE 0100-723 nicht mehr verlangt, kann aber empfohlen werden.

Stromversorgung elektronischer Geräte — Power Supply for Electronic Devices

Name	Erklärung	Schaltung, Bemerkungen
Linearer Spannungsregler	Lineare Spannungsregler geben eine fast konstante Ausgangsspannung U_2 ab, auch bei sich ändernder Eingangsspannung U_1 und Last. Die Regelung erfolgt durch Ändern des Spannungsfalls vom Regler, z.B. bei zunehmendem Laststrom durch abnehmenden Spannungsfall. Die Regler bestehen aus mit Kondensatoren und Widerständen beschalteten ICs. Da U_1 größer als U_2 sein muss, ist der Wirkungsgrad klein.	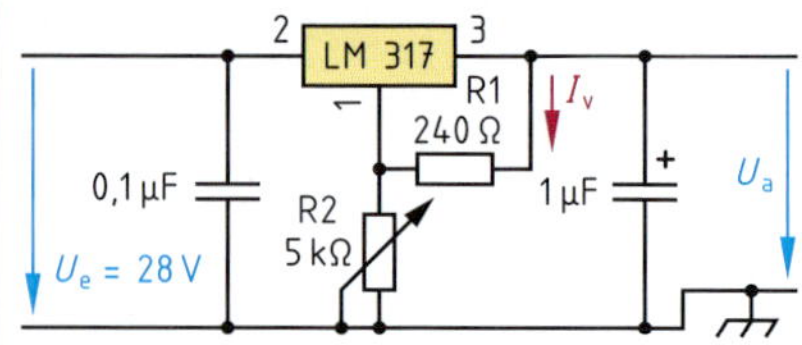 **Einstellbarer Spannungsregler 1,2 V bis 25 V**
Netzteil mit linearem Spannungsregler	Das Netzteil besteht im Prinzip aus einem Transformator, einer Gleichrichterschaltung, einem Ladekondensator und dem Spannungsregler. Der Ladekondensator C_L wird immer dann nachgeladen, wenn die Gleichrichterspannung die Kondensatorspannung übersteigt. Der Netzstrom ist nicht sinusförmig und enthält starke Oberschwingungen. Nach EN 61000 nur zulässig bis Bemessungsleistung 75 W.	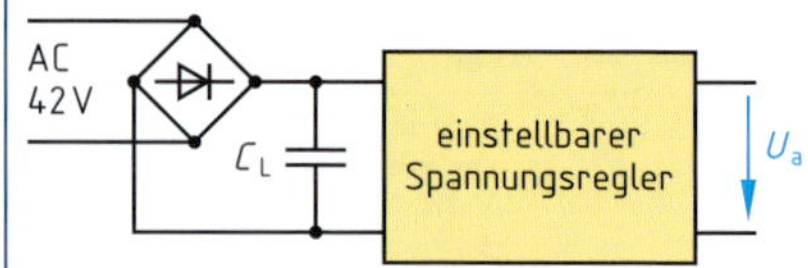 **Prinzipschaltung eines Netzteils mit linearem Spannungsregler**
Schaltregler, Schaltnetzteil ohne PFC (PFC von Power Factor Correction)	Schaltregler bzw. Schaltnetzteile arbeiten mit Energiespeicherung in Kondensatoren und Spulen und oft ohne Transformator. Die Netzspannung wird gleichgerichtet und über Schalter Q1 und L_1 an C2 gelegt. Die Schaltspannung von Q1 ist für den Sollwert von U_a bemessen. Sobald dieser an C2 erreicht ist, öffnet Q1. Die Last wird nun von L_1 und C2 weiter versorgt, bis die Spannung an C2 abnimmt und Q1 schließt. Wirkungsgrade bis 0,92, jedoch ist wegen C1 und C2 der Netzstrom nicht sinusförmig. Nur zulässig bis Bemessungsleistung 75 W.	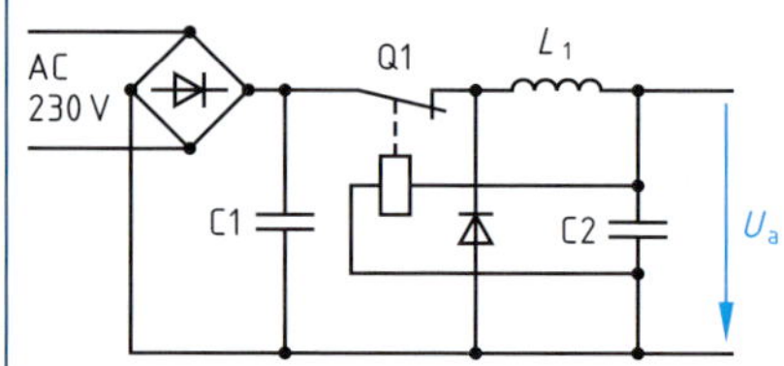 **Prinzipschaltung eines Netzteils mit Sperrwandler (Schaltnetzteil)**
Schaltnetzteil mit PFC (Schaltnetzteil mit Leistungsfaktor-Korrektur)	Das Schaltnetzteil mit PFC enthält einen *Sperrwandler* aus L_1, elektronischen Schalter Q1 und R1. Schließt Q1, nimmt L_1 Strom auf und lädt sein Magnetfeld auf. Öffnet Q1, so wird in L_1 eine Spannung induziert, die über R1 den Ladekondensator C2 auflädt. Man nennt den Sperrwandler *Hochsetzsteller* oder *Boost-Converter* (engl. to boost = hochschieben). Q1 kann mit hoher Frequenz in PWM (Pulsweitenmodulation) so angesteuert werden, dass der Gleichrichter einen Strom aufnimmt, dessen Sinuslinie gegen die Spannung keine Phasenverschiebung hat. Es erfolgt also Leistungsfaktor-Korrektur PFC. Die Ansteuerung von Q1 erfolgt durch einen PWM-PFC-IC. PFC ist für elektrische Geräte über 75 W bis 16 A je Leiter erforderlich, nicht bei Anlagen mit Transformatorstation (EN 61000).	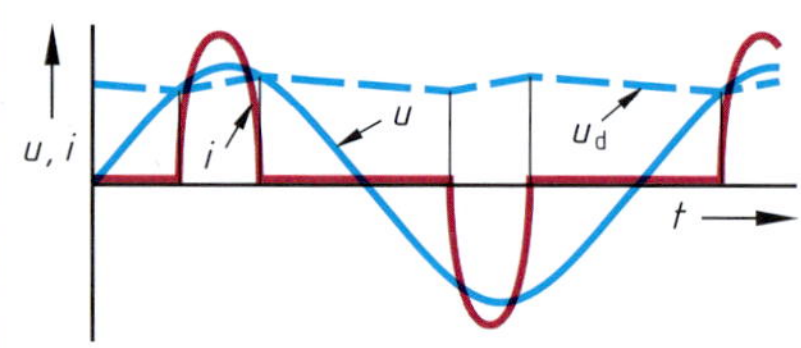 **Netzstrom bei Gerät mit Gleichrichter und Glättungskondensator ohne PFC** 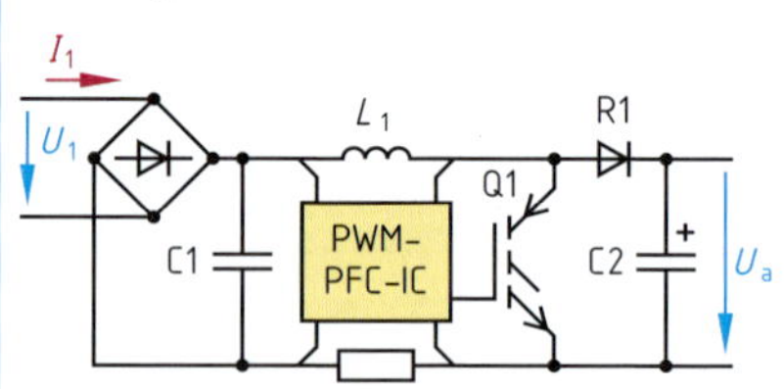 **Prinzipschaltung eines Schaltnetzteils mit PFC**
Stromversorgung mit Weitbereichs-Eingangsspannung und PFC	Ein Sperrwandler erlaubt auch den Aufbau einer Stromversorgung für den *Weitbereichs-Eingang* (Eingang mit verschiedenen Eingangsspannungen). Die Bemessungs-Eingangsspannung von z.B. 110 V bis 260 V ergibt mit einer Schaltung B2U eine Bemessungs-Zwischenkreisspannung von DC 130 V bis 373 V. Mit einem Sperrwandler wird diese Spannung mittels PWM über einen Transformator und eine Gleichrichterschaltung auf eine Spannung von DC 24 V heruntergesetzt. Die Regelung erfolgt mittels eines PWM-IC, der von einem analogen Spannungsregler am Ausgang angesteuert wird. Der Sperrwandler wird so lange an Spannung gelegt, bis beim jeweiligen Laststrom die Ausgangsspannung DC 24 V beträgt. www.deutronic.com, www.hardware.net	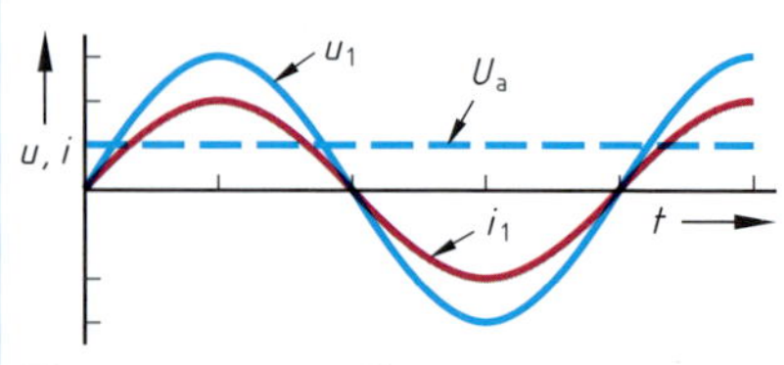 **Eingangsspannung, Eingangsstrom und Ausgangsspannung beim Schaltnetzteil mit PFC**

A

Sicherheits-Stromversorgungsanlagen
Safety Power Supply Systems

Prinzipschaltung	Erklärung	Bemerkungen
Anlagen mit Umschaltzeit		
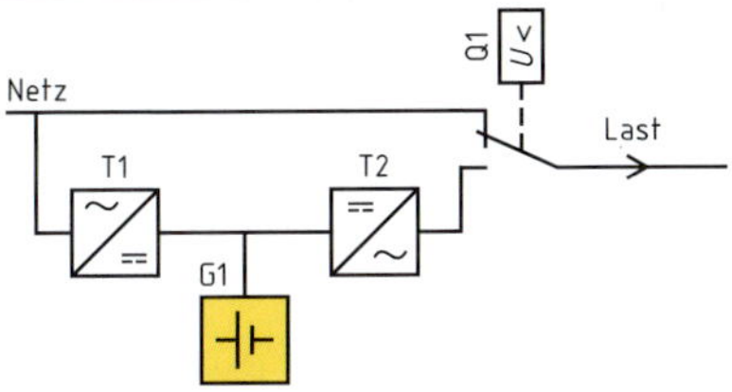 **SSV-Anlage mit Akkumulator**	Bei vorhandener Netzspannung liegt die Last über ein Schütz direkt am Netz. Am Netz liegt auch ein Gleichrichter, der eine Akkumulatorenbatterie auf voller Ladung hält. Bei Netzausfall schaltet die Schützschaltung die Last an den Wechselrichter. www.rs-components.de	Umschaltzeit je nach Ausführung bei *Handstart* > 15 s, *Ersatzstromversorgung* ≤ 15 s, *Schnellbereitschaftsanlage* ≤ 1 s oder ≤ 0,5 s. Anwendung z.B. in Krankenhäusern, nicht ausreichend bei Computeranlagen (folgende Seite).
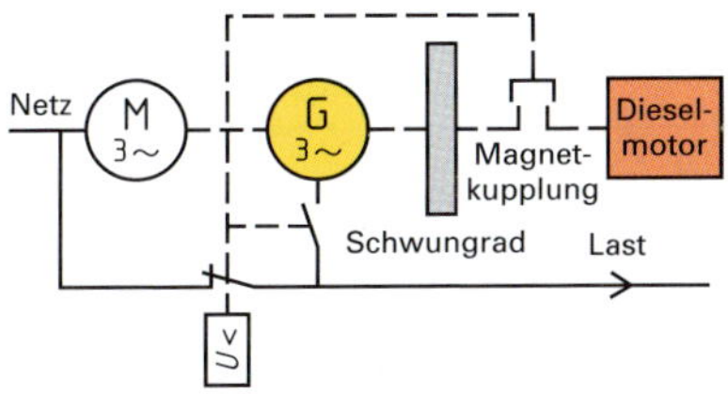 **SSV-Anlagen mit Verbrennungsmotor**	Bei Netzspannung liegt die Last wie bei der Anlage mit Akkumulator am Netz. Am Netz liegt auch ständig ein Motor, der einen Generator mit Schwungrad im Leerlauf treibt. Bei Netzausfall wird der Verbrennungsmotor angeworfen und der Generator an die Last geschaltet.	Umschaltzeit je nach Ausführung bei *Handstart* > 15 s, *Ersatzstromversorgung* ≤ 15 s. Wird nur bei großen Anlagen verwendet, z.B. Flugplatzbeleuchtung. Vorteil gegenüber Anlagen mit Akkumulator: Kleinere Verlustleistung.
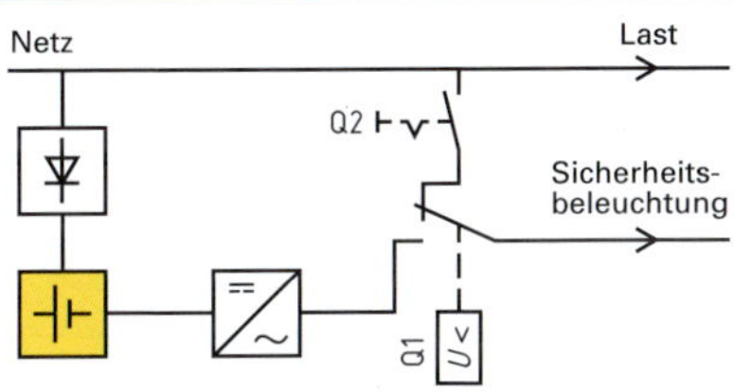 **Sicherheitsbeleuchtung mit Akkumulator**	Ein Akkumulator wird ständig über einen Gleichrichter auf voller Ladung gehalten. Bei Netzausfall wird der Akkumulator, bei Gleichstrombedarf direkt oder bei Wechselstrombedarf über einen Wechselrichter, mit der Sicherheitsbeleuchtung verbunden. Q2 dient zum Prüfen.	Die Sicherheitsbeleuchtung schaltet sich meist nur bei Netzausfall ein. Anwendung z.B. in Krankenhäusern und in Gebäuden für Menschen-Ansammlungen, z.B. Schulen oder Warenhäusern. Für Glühlampen genügt Speisung mit Gleichstrom.

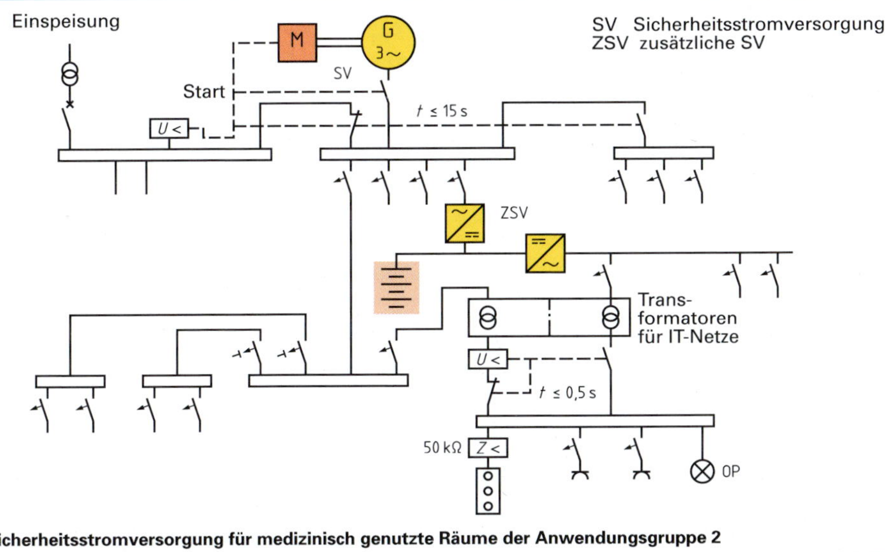

Sicherheitsstromversorgung für medizinisch genutzte Räume der Anwendungsgruppe 2

A

Unterbrechungsfreie Stromversorgungssysteme USV
Power Supply Systems free of Interruption

Klassifizierung der USV
vgl. EN 50091-3 (IEC 620040-3)

Position	Vorgang	Zeit	IEC-Klasse	USV-Klasse
1 2 3	Netzausfall Spannungseinbruch Spannungsspitze	> 10 ms < 16 ms < 16 ms	VFD (Voltage + Frequency Dependent)	3 Offline Stand by
1 bis 5 4 5	Positionen 1 bis 3 Unterspannung Überspannung	– dauernd dauernd	VI (Voltage Independent)	2 Line interactive
1 bis 10 6 7	Positionen 1 bis 10 Blitzeinwirkungen Spannungsstöße (Surges)	– sporadisch < 4 ms	VFI (Voltage + Frequency Independent)	3 Online real Double-Conversion
8 9 10	Frequenzschwankung Verzerrung (Burst) von U Oberschwingungen	sporadisch periodisch dauernd		

Schaltungen

Schaltung, Bezeichnung	Erklärung	Bemerkungen, Daten
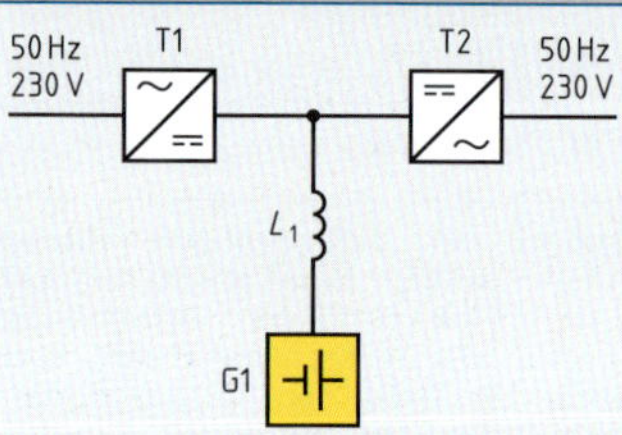 **Prinzipielle Schaltung**	Der Akkumulator G1 (meist Blei-Akkumulator) wird vom Gleichrichter T1 ständig geladen und speist über L_1 und Wechselrichter T2 die Last. L_1 ist erforderlich, damit im Netz keine impulsartige Belastung auftritt **(Bild)**. **Vorteil:** Preiswert. **Nachteile:** Kleiner Wirkungsgrad, wegen L_1 kleiner $\cos\varphi$, beim Akkumulator tritt ein Kapazitätsverlust ein (Memoryeffekt).	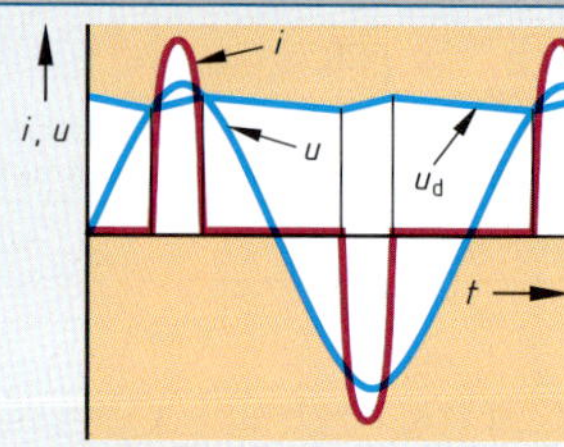 **Stromverlauf bei zu kleiner Glättungsdrossel**
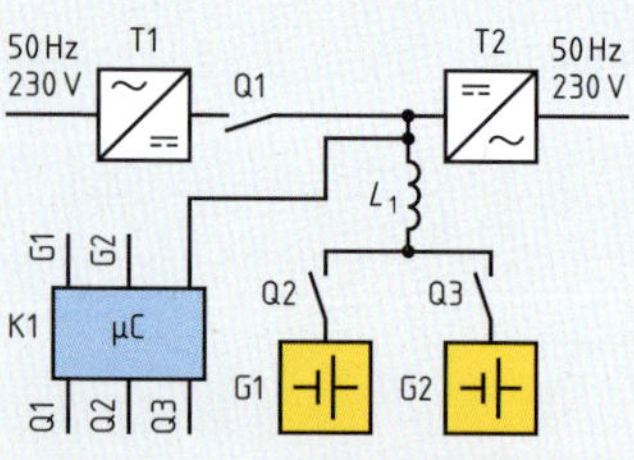 **Schaltung mit überwachten Akkumulatoren**	Die Last wird über L_1 und den Wechselrichter T2 ständig aus den Akkumulatoren G1 und G2 gespeist. G1 und G2 werden bei Bedarf über T1 und Q1 geladen. Ein Mikrocontroller K1 überwacht die Spannung von G1 und G2 und steuert die Schalter Q1, Q2, Q3 an. Q2 und Q3 sind abwechselnd geschlossen, sodass abwechselnd G1 oder G2 entladen werden. Nennleistung S_n 200 VA bis 200 kVA. **Vorteil:** Kein Memoryeffekt.	Bei vorhandener Netzspannung sind Q1 und z. B. Q3 offen und G1 trägt die Last. Bei sinkender Spannung von G1 schließt Q1, sodass G1 geladen wird. Nach Vollladung von G1 öffnen Q1 und Q2 und G2 trägt die Last. Bei sinkender Spannung von G2 schließt Q1 und der Vorgang wiederholt sich entsprechend. **Nachteile:** Kleiner Wirkungsgrad, wegen L_1 kleiner $\cos\varphi$. www.piller.com, www.sicon-socomee.de
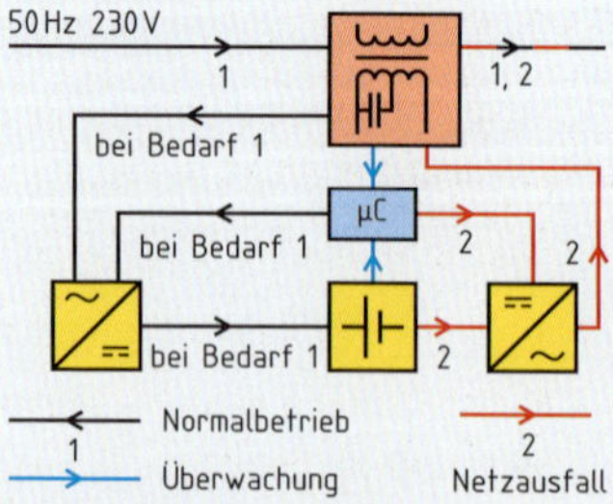 **USV-System mit ferroresonantem Transformator**	Der ferroresonante Transformator gleicht Spannungsschwankungen aus. Bei Netzausfall speist die Energie der Felder des Kernes und des Kondensators für einige Halbperioden die Last. Während dieser Zeit steuert ein Mikrocontroller den Wechselrichter an, der nach seinem Anlauf die Last übernimmt. S_n von 500 VA bis etwa 20 kVA. **Vorteile:** Akkumulator arbeitet nur bei Netzausfall, großer Wirkunggrad, Memoryeffekt durch entsprechende Steuerschaltung vermeidbar.	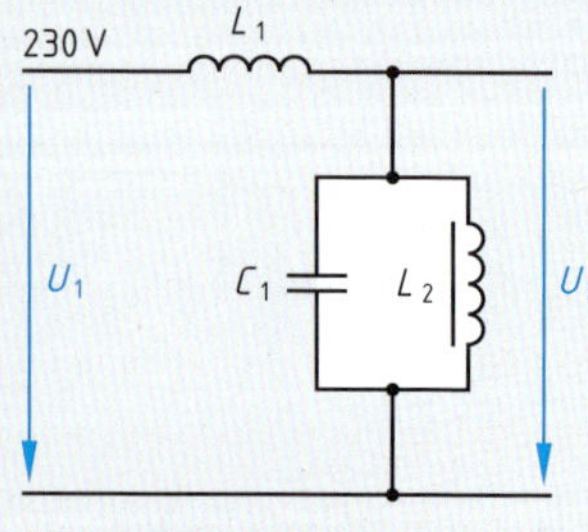 **Magnetischer Spannungskonstanthalter**

Akkumulatorenräume Rooms for Accumulators

Akkumulatorenräume mit offenen Zellen

Art	Erklärung	Bemerkungen, Formeln
Batterieraum	Raum, in dem Batterien für den Betrieb aufgestellt oder eingebaut sind.	Einen Batterieladeraum, in dem auch die Ladeanlage untergebracht ist, nennt man eine Ladestation.
Batterieladeraum	Raum, in dem Batterien nur zum Laden aufgestellt sind.	**Ladeleistung** $P_L = U_N \cdot I_{Lmax}$ (1)
Belüftung	Natürliche oder künstliche Belüftung muss die explosiven Gase auf ungefährliche Mischung verdünnen.	Durch Belüftung ist z.B. ein Wasserstoff-Luftgemisch auf unter 3,8% zu verdünnen.
Natürliche Belüftung	Lüftung durch Fenster und/oder Türen, evtl. verstärkt durch Abzugsrohre oder Abzugskanäle.	Natürliche Belüftung ist anzustreben. Für Wasserfahrzeuge oder in Behältern oder Schränken ist sie nur bis zu einer Ladeleistung P_L von 2 kW zulässig. Für künstliche Belüftung: **Volumenstrom** $\frac{V}{t} \geq s \cdot n \cdot I_L$ (2)
Künstliche Belüftung	Lüfter sind vor Beginn des Ladens einzuschalten.	s = 55 l/(Ah) für Anlagen an Land und in Landfahrzeugen, s = 110 l/(Ah) für Wasserfahrzeuge.
Batterieaufstellung	Batterien sind so unterzubringen, dass sie leicht zugänglich und zu warten sind.	Abzugskanäle oder Abzugsrohre dürfen nicht in Schornsteine oder Feuerungen münden.

Für Akkumulatorenräume mit gasdichten Batterien gelten keine zusätzlichen Bestimmungen. Dabei werden auch keine Anforderungen an die Belüftung gestellt.

Ladekennlinien von Akkumulatoren

Bezeichnung	Kennlinie	Erklärung, Anwendungen
Konstantstrom-Kennlinie	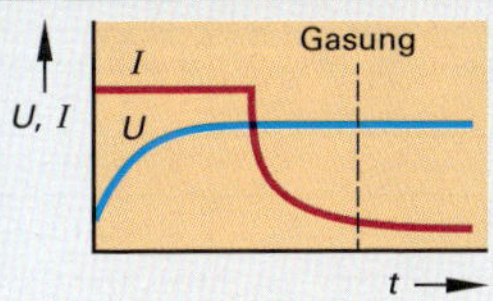	Das Ladegerät arbeitet mit eingeprägtem Strom, d.h., es ändert die Ladespannung so, dass der Ladestrom konstant bleibt. Laden von Blei-Starterbatterien, Ausschalten meist von Hand. Laden von Nickel-Cadmium-Batterien, Nickel-Metallhydrid-Batterien und Nickel-Eisen-Batterien, ausgenommen gasdichte Batterien.
Konstantspannungs-Kennlinie	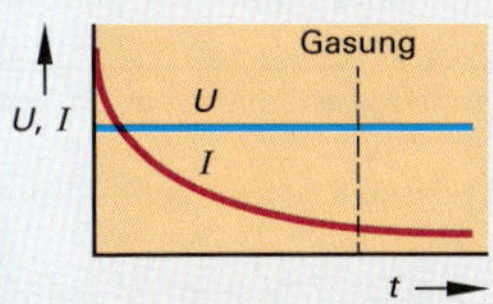	Das Ladegerät arbeitet mit eingeprägter Spannung, sodass der Ladestrom mit zunehmender Ladung abnimmt. Laden parallel geschalteter Bleibatterien oder Nickel-Cadmium-Batterien bzw. Nickel-Eisen-Batterien jeweils gleicher Zellenzahl unabhängig vom Ladezustand oder von der Kapazität.
Fallende Kennlinie *W*	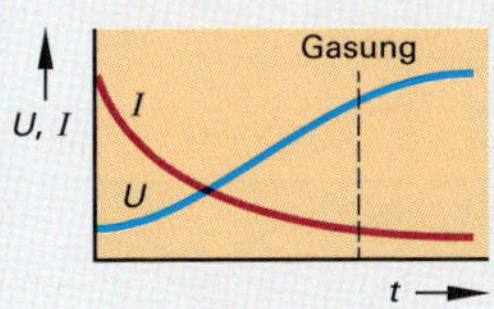	Das Ladegerät ist so gesteuert, dass bei ansteigender Spannung der Ladestrom bis auf den Ladeschlussstrom abfällt. Laden von GiS- und PzS-Fahrzeugbatterien, Starterbatterien bzw. offenen Nickel-Cadmium-Batterien. Abschalten meist von Hand. (Gi Gitterplatten, Pz Panzerplatten, S Spezialseparation)
a selbsttätige Ausschaltung O selbsttätige Umschaltung	Reihenfolge der Kurzzeichen entspricht dem Ladeverlauf, z.B. W O W a (fallende Kennlinie, selbsttätige Umschaltung, fallende Kennlinie, selbsttätige Ausschaltung).	

I_L Ladestrom
I_{Lmax} maximaler Ladestrom
n Anzahl der Zellen
P_L Ladeleistung
$\frac{V}{t}$ Volumenstrom der Luft l/h
s Luftbedarfskoeffizient
U_N Bemessungsspannung

A

Elektrische Energieversorgung von Werkstätten und Maschinenhallen
Electrical Power Installation in Workshops and Machine Halls

Anordnung der Schienensysteme

Ringstrang
mit 2 Einspeisungspunkten

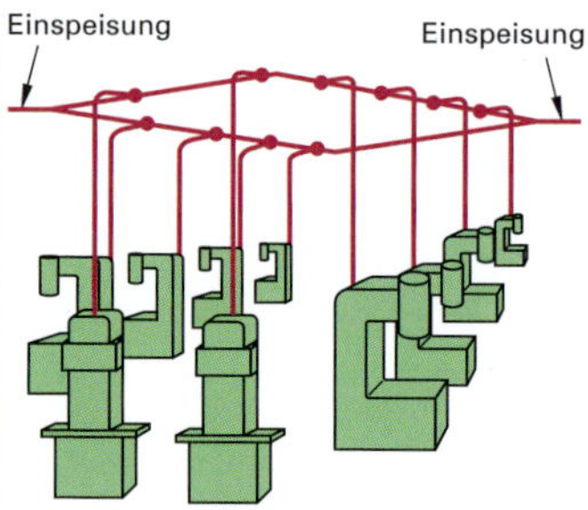

Maschennetz
mit 3 Einspeisungspunkten

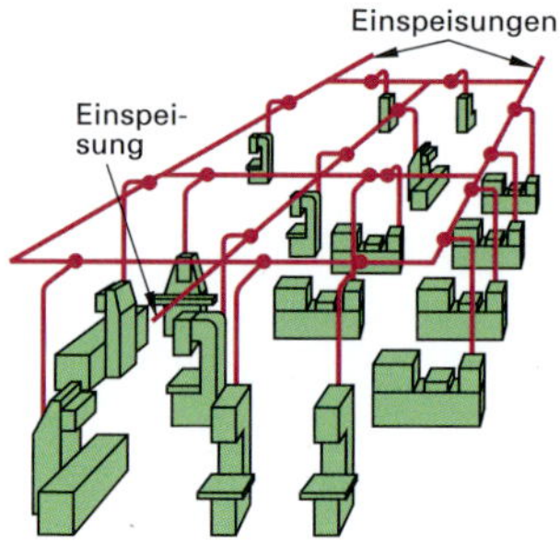

Hauptstrang
mit Untersträngen

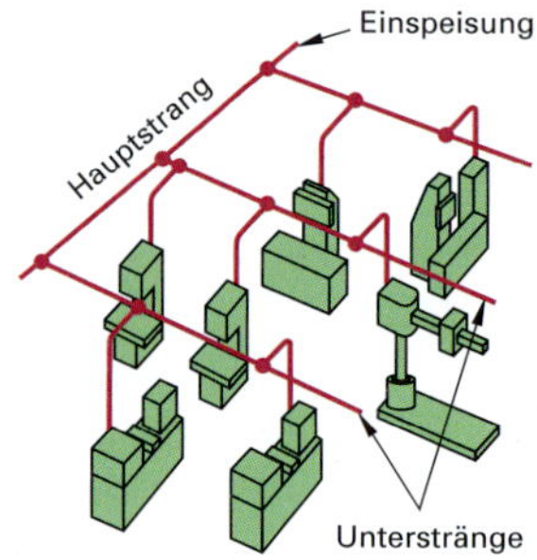

Der Spannungsfall muss erst ab 100 m Leitungslänge berücksichtigt werden.

Stromschienensysteme

Bezeichnung		Anwendung	Bemerkungen
Schienenverteiler, fabrikfertig	ohne Abgänge	Stromversorgung in Gebäuden	Horizontale oder vertikale Anordnung, Ersatz für Kabel
	mit Abgängen	Hauptleitungen in Hochhäusern	Ersatz für Kabel
	mit veränderbaren Abgängen	Versorgung von Verbrauchsmitteln	Maschinen, leicht umstellbar
	mit Stromabnehmerwagen	Versorgung ortsveränderlicher Verbraucher	Für Elektrowerkzeuge
	für Leuchten	Lichtbänder	Auch kombiniert mit Kraftversorgung
Stromschienensystem, nicht fabrikfertig	abgedeckt, umhüllt, z. T. offen	Verbindung von Transformator mit Niederspannungs-Hauptschaltanlage	Ersatz für Kabel, Ersatz für Hauptleitungen in Hochhäusern.
Schleifleitungen	abgedeckt, z. T. offen	Stromversorgung von Hebezeugen	Nur außerhalb des Handbereichs zulässig.

Schutzmaßnahmen: Körper der Stromschienensysteme Schutzklasse I müssen an der gekennzeichneten Stelle mit dem Schutzleiter verbunden werden.

Für Stromschienensysteme der Schutzklasse II gelten die Bestimmungen für Schaltanlagen und Verteiler.

Anschlussstellen: Auch nach dem Errichten der Anlage noch ohne Schwierigkeiten zugänglich halten.

Befestigung: Zuverlässig. Bei Übergang von horizontal in vertikal muss gewichtsbedingte Verschiebung berücksichtigt werden.

Längendehnung: Abhilfe durch Einbau von Dehnungsbändern.

Schienensysteme

Bem.strom der Schienen in A		125	250	400
Bemessungsstrom der Vorsicherung in A		125	225	355
Höchste entnehmbare Leistung in kVA	bei 230 V	47	95	150
	bei 400 V	82	165	260
Höchstzulässige Transformatorleistung in kVA	bei 230 V	u_k = 8%	1250	u_k = 4%: 800
	bei 400 V		2000	1250
Zulässiger Stoßkurzschlussstrom		50 000 A		

Anbringung

an der Decke	an der Wand	auf Stützen	zwischen Maschinen	unter dem Boden

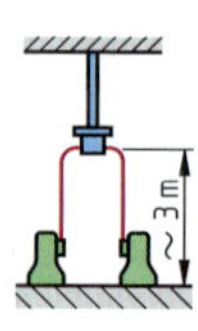

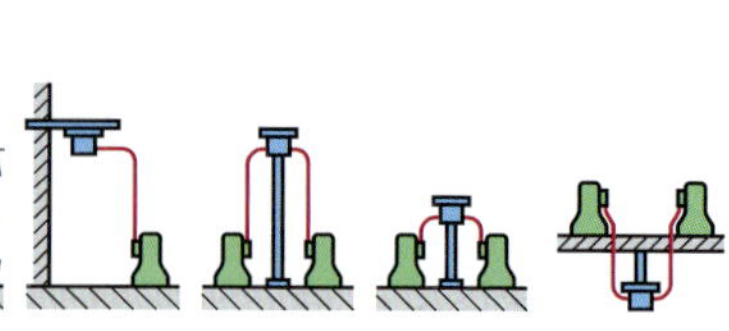

A

Schaltschrank-Klimatisierung Switchboard Air Conditioning

Schrankkühlverfahren, allgemein

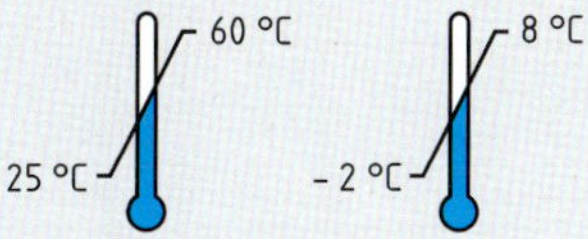

Temperaturüberwachungsbereiche

Ursache

- Elektrische und elektronische Bauteile strahlen thermische Energie ab.
- Hohe Temperaturen beeinflussen die Lebensdauer der eingebauten Komponenten äußerst negativ.
- Geschlossene Schaltschränke und Gehäuse behindern die Wärmeabfuhr.
- Überhitzung führt oftmals zur Einschränkung der Funktion oder zum Totalausfall.

Maßnahmen

- Innerhalb des Schaltschrankes verursachen elektronische Bauteile die meiste Wärme. Diese wird u. a. mit Kühlkörpern und Kleinstventilatoren im Schrank verteilt.
- Die erzeugte Wärme wird durch passive oder aktive Kühlung dem Schaltschrank entzogen.
- Wärmeabgabe (z. B. Gleichrichter) und Luftbelastung (z. B. Staub) sind beim Auswählen der optimalen Kühlungsvariante vorrangig zu berücksichtigen.

Aufstellungsart für Schaltschränke nach ICE 890

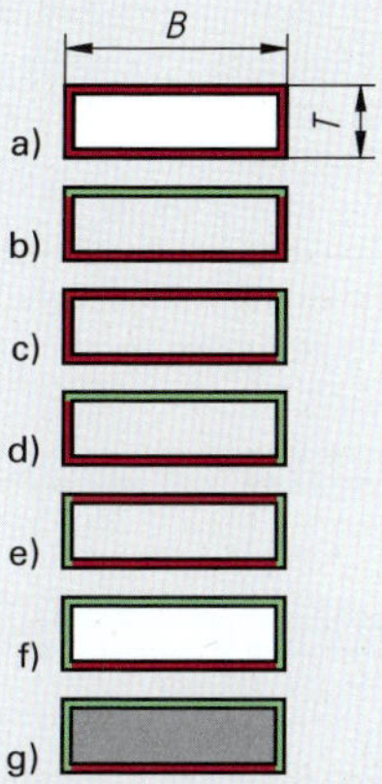

Symbole Schaltschrank-Montage

Schaltschrankoberfläche	Effektive Schaltschrankoberfläche A in m²
a) Einzelgehäuse allseitig freistehend	$A = 1{,}8 \cdot H \cdot (B + T) + 1{,}4 \cdot B \cdot T$
b) Einzelgehäuse für Wandeinbau	$A = 1{,}4 \cdot B \cdot (H + T) + 1{,}8 \cdot T \cdot H$
c) Anfangs- oder Endgehäuse freistehend	$A = 1{,}4 \cdot T \cdot (H + B) + 1{,}8 \cdot B \cdot H$
d) Anfangs- oder Endgehäuse für Wandeinbau	$A = 1{,}4 \cdot H \cdot (B + T) + 1{,}4 \cdot B \cdot T$
e) Mittelgehäuse freistehend	$A = 1{,}8 \cdot B \cdot H + 1{,}4 \cdot B \cdot T + T \cdot H$
f) Mittelgehäuse für Wandeinbau	$A = 1{,}4 \cdot B \cdot (H + T) + T \cdot H$
g) Mittelgehäuse für Wandeinbau, abgedeckte Dachflächen	$A = 1{,}4 \cdot B \cdot H + 0{,}7 \cdot B \cdot T + T \cdot H$

A Effektive Schaltschrankoberfläche in m²; B Schaltschrankbreite in m; H Schaltschrankhöhe in m; T Schaltschranktiefe in m

Wärmeübertragung

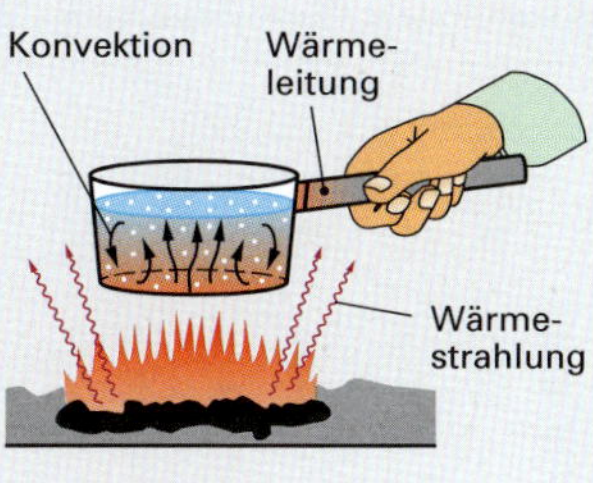

Arten der Wärmeübertragung

Konvektion

- Kennzeichnet eine Wärmeströmung, deren Mechanismus zur Wärmeübertragung von thermischer Energie von einem Ort zum anderen dient.
- Thermische Energie wird mittels Teilchen transportiert.
- Die Eigenschaft der Konvektion tritt bei Gasen und Flüssigkeiten auf.

Wärmeleitung

- Eine Form der Wärmeübertragung, bei der thermische Energie, ohne Transport von Teilchen, durch Körper hindurch von Bereichen höherer Temperatur zu Bereichen niedrigerer Temperatur übertragen wird.
- Es werden gute (z. B. Stahl) und schlechte Wärmeleiter (z. B. Luft) unterschieden.

Wärmestrahlung

- Eine Art der Wärmeübertragung, bei der Wärme durch elektromagnetische Wellen (z. B. infrarote Strahlung), übertragen wird.
- Im Unterschied zur Konvektion und Wärmeleitung breitet sich Wärmestrahlung auch im Vakuum aus.
- Beispiele für Wärmestrahlung: Feuer, Glühdraht.

Klimatisierung von Schaltschränken Air Conditioning of Switchboards

Art	Erklärung
Passive Klimatisierung	Unter passiver Klimatisierung versteht man das Abführen von Wärme ausschließlich über die Schaltschrankwände bzw. infolge natürlicher Luftzirkulation über Öffnungen in den Schaltschrankwänden (Eigenkonvektion). www.rittal.com
Aktive Klimatisierung	Bei der aktiven Klimatisierung sind Lüfter, Wärmeübertrager oder Kühlgeräte im oder am Schaltschrank eingebaut. Die Differenz aus der installierten Verlustleistung P_V aller Bauelemente sowie der von der Schaltschrankoberfläche abgeführten Wärmeleistung Q_S ist durch ein wärmeabführendes Gerät abzuführen.

Prinzip, Bemerkungen

Verlustleistungen (Beispiele)			
P_n bzw. I_n	P_V	P_n bzw. I_n	P_V
Frequenzumrichter		Leistungsschütz AC	
2,2 kW	110 W	25 A	9 W
45 kW	1100 W	80 A	30 W
NH-Sicherungen		Sicherungsautomat	
16 A	3 W	16 A	3 W
500 A	35 W	500	27 W
Transformatoren		Netzteil 24 V	
100 VA	25 W	5 V	35 W
1000 VA	100 W	20 V	110 W

Art	Erklärung	Prinzip, Bemerkungen
Luft-Luft-Wärmetauscher	Die Wärme der Luft-Luft-Wärmetauschern über Lüfter zugeführten Schaltschrankluft wird an die noch kalte ihnen ebenfalls über Lüfter zugeführte Zuluft abgegeben. Beide Luftströme sind durch wärmeleitendes Material voneinander getrennt und werden nicht miteinander vermischt. Einsatz in durch Staub und aggressive Gase belasteten Umgebungen. Wenn $\vartheta_I > \vartheta_U$.	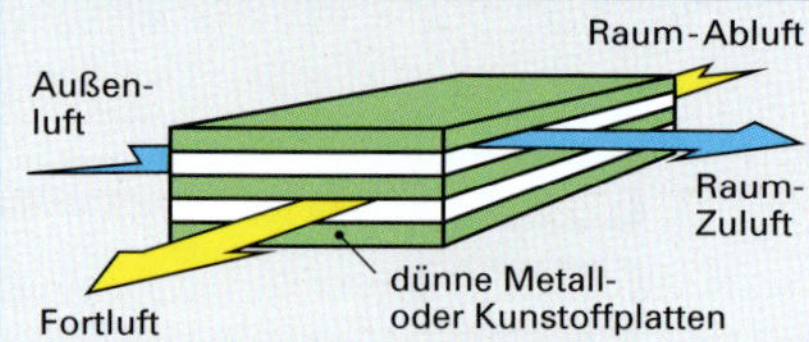 **Funktion des Luft-Luft-Wärmetauschers**
Heatpipe	Eine Heatpipe (Hitzerohr) nimmt die Wärme im Inneren des Schaltschranks auf und gibt sie über Kühlrippen oder Lüfter am anderen Ende der Heatpipe an die Außenluft ab. Die Heatpipe ist z. B. mit Wasser oder Ammoniak gefüllt. Dieses verdampft durch die zugeführte Wärme. Der Dampf kondensiert an einem Kondensator, gibt dabei Wärme ab und wird wieder flüssig. Diese Flüssigkeit wird dann zum Verdampfer in der Heatpipe zurückgeführt.	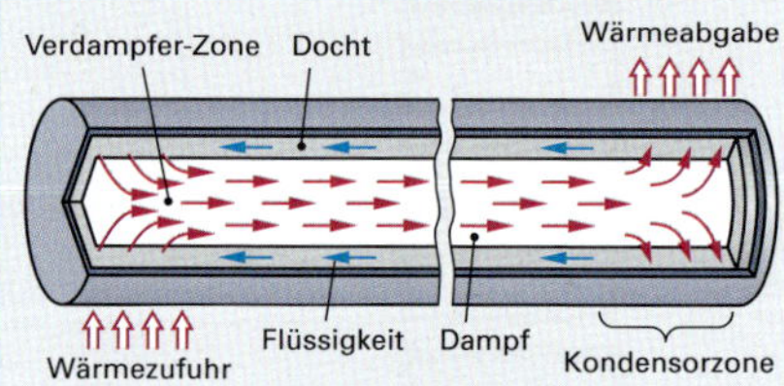 **Wirkungsweise einer Heatpipe**
Luft-Wasser-Wärmetauscher	Die Innenluft des Schaltschranks wird von einem Lüfter angesaugt und an den Wärmetauscher geblasen. Eine Rückkühlanlage sorgt für die Abkühlung des erwärmten Kühlwassers. Die angesaugte Innenluft wird danach wieder in den Schaltschrank eingeführt. Geeignet für Einsatz in extremen Umgebungen bzgl. Schmutz und Temperaturen, bei $\vartheta_I < \vartheta_U$.	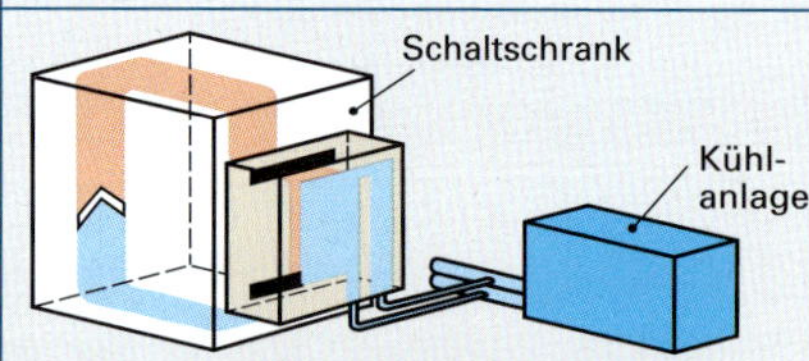 **Funktion des Luft-Wasser-Wärmetauschers**
Kühlgerät	Kühlgeräte als Kompressionskälteanlagen bestehen aus Verdampfer, Kältemittelverdichter (Kompressor), Verflüssiger (Kondensator) sowie Drosselventil. Rohrleitungen mit leicht siedendem Kältemittel verbinden diese Komponenten.	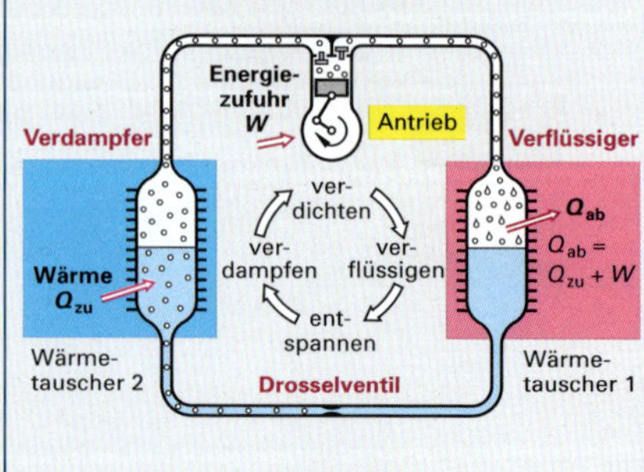 **Wirkungsweise eines Kühlgerätes**
Kältemittel	Flüssiges Kältemittel geht im Verdampfer durch Wärmeentzug der Schaltschrankluft in den gas-förmigen Zustand über. Im Verdichter wird es komprimiert, dadurch im Verflüssiger höher temperiert als die Umgebungsluft. Die überschüssige Wärme wird über die Oberfläche des Verflüssigers an die Umgebungsluft abgegeben. Kältemittel wird dabei abgekühlt, wieder verflüssigt und dem Verdampfer zugeführt. Wenn $\vartheta_I < \vartheta_U$.	

A

Instandsetzung, Änderung und Prüfung elektrischer Geräte
Repair, Modification and Check of Electrical Devices

<table>
<tr><th>Prüfungen</th><th>Erklärungen</th><th>Messschaltungen</th></tr>
<tr><td>Sichtkontrolle</td><td>Die zur Sicherheit des Betreibers beitragenden Teile dürfen weder sichtbar beschädigt noch ungeeignet sein. Die Geräteanschlussleitung ist auf Beschädigung und auf wirksamen Sitz in den Zugentlastungen zu überprüfen. Der Schutzleiter muss im gesamten Verlauf in ordnungsgemäßem Zustand sein. Schutzleiteranschlüsse müssen kritisch besichtigt und durch Handprobe auf richtigen Sitz geprüft werden. Fehlende oder unleserliche Typenschilder sind zu ersetzen.</td><td rowspan="6">
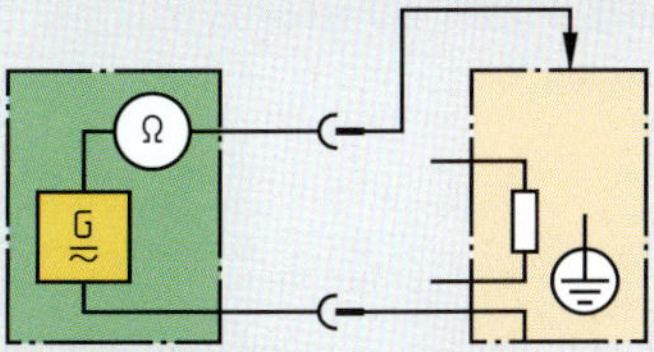

Messen des Schutzleiterwiderstandes

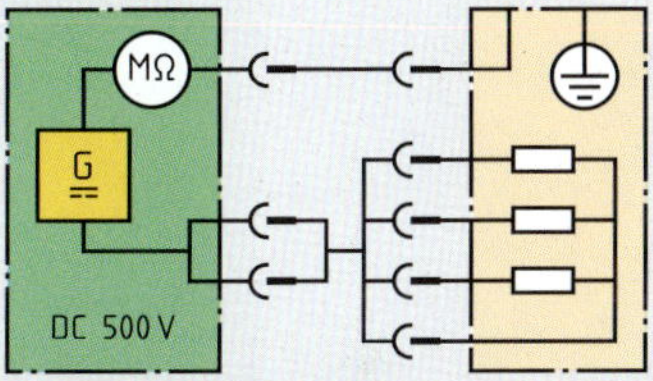

Messen des Isolationswiderstandes bei dreiphasigen Geräten der Schutzklasse I

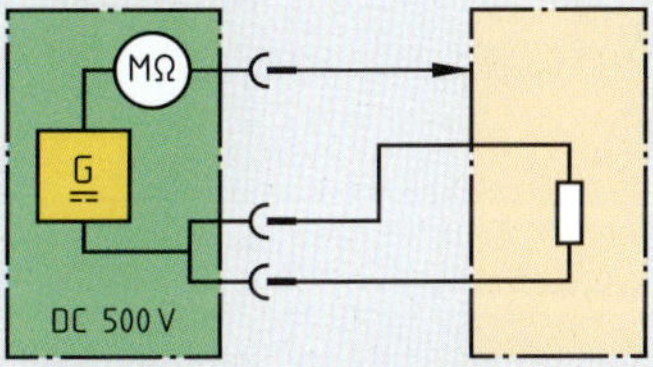

Messen des Isolationswiderstandes bei Geräten der Schutzklasse II

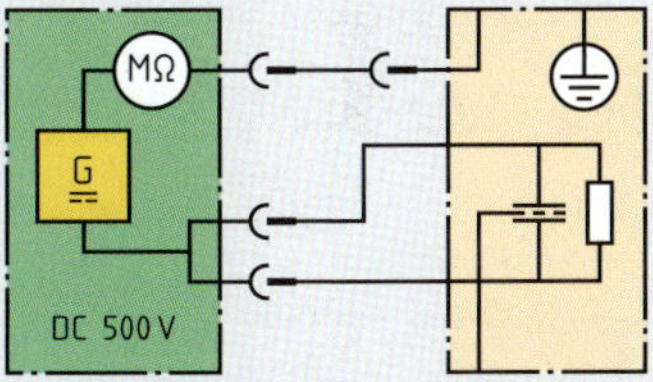

Messen des Isolationswiderstandes bei Geräten der Schutzklasse III

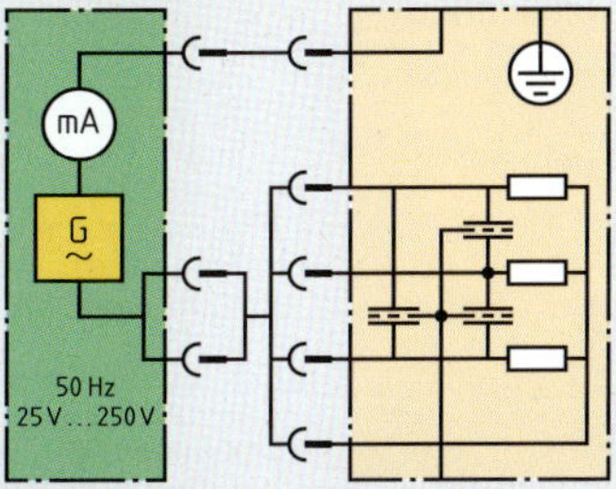

Messen des Ersatz-Ableitstromes bei dreiphasigen Geräten
</td></tr>
<tr><td>Messung des Schutzleiterwiderstandes</td><td>Der Widerstand des Schutzleiters muss ≤ 0,3 Ω sein. Je weitere 7,5 m Leitungslänge darf ein zusätzlicher Widerstand von 0,1 Ω sein. Insgesamt dürfen aber nicht mehr als 1 Ω gemessen werden.
Er ist zu messen zwischen dem Gehäuse und dem
• Schutzkontakt des Netzsteckers,
• Schutzkontakt des Gerätesteckers oder dem
• Schutzleiter am netzseitigen Ende des festen Anschlusses.</td></tr>
<tr><td>Messen des Isolationswiderstandes</td><td>Der Isolationswiderstand wird zwischen den betriebsmäßig unter Spannung stehenden Teilen eines Gerätes und dem Metallgehäuse bei Geräten der SK (Schutzklasse) I bzw. den berührbaren Metallteilen bei SK II oder III gemessen.
<table>
<tr><th colspan="3">Isolationswiderstand bei Schutzklasse SK</th></tr>
<tr><td>I</td><td>II</td><td>III</td></tr>
<tr><td>≥ 1 MΩ</td><td>≥ 2 MΩ</td><td>≥ 250 kΩ</td></tr>
</table>
Die Messspannung des Isolationsmessgerätes muss mindestens 500 V Gleichspannung betragen.
Die Messung des Isolationswiderstandes muss bei vom Netz getrennten, aber eingeschaltetem Gerät erfolgen.
Achtung! Elektronikkomponenten müssen vor der hohen Messspannung geschützt werden.</td></tr>
<tr><td>Messung des Schutzleiterstromes</td><td>Sie ist durchzuführen bei Geräten der SK I. Die Messung des Schutzleiterstromes ist an Netzspannung bei eingeschaltetem Gerät vorzunehmen. Bei ungepoltem Netzstecker muss die Messung in allen Positionen des Netzsteckers vorgenommen werden. Ergeben die Messungen unterschiedliche Werte, so ist der größte Wert als Messergebnis zu betrachten. Folgende drei Messverfahren sind zulässig:
• die direkte Messung,
• das Differenzstrommessverfahren,
• das Ersatz-Ableitstrommessverfahren.
Der Schutzleiterstrom darf 3,5 mA nicht überschreiten. Ausnahmen sind Geräte mit Heizelementen mit einer Gesamtleistung > 3,5 kW. Bei diesen Geräten darf der Schutzleiterstrom nicht größer als 1 mA je kW Heizleistung mit einem Höchstwert von 10 mA sein.</td></tr>
<tr><td>Messung des Berührungsstromes</td><td>Die Messung des Berührungsstromes ist an allen berührbaren leitfähigen Teilen von Geräten der SK II durchzuführen. Das gilt auch für berührbare leitfähige Teile von Geräten der SK I, die nicht an den Schutzleiter angeschlossen sind. Die Durchführung des Messverfahrens ist identisch wie bei der Schutzleiterstrommessung. Der Grenzwert des Berührungsstromes darf aber 0,5 mA nicht überschreiten.</td></tr>
<tr><td>Funktionsprüfung</td><td>Das reparierte oder geänderte Gerät ist gemäß den Bestimmungen des Herstellers zu betreiben. Es muss kontrolliert werden, ob ein bestimmungsgemäßer Gebrauch des Gerätes möglich ist. Das Gerät muss auf Sicherheitsmängel überprüft werden.</td></tr>
</table>

Elektrische Ausrüstung von Maschinen 1 Electrical Equipment of Machines 1

vgl. VDE 0113/Teil 1

Begriff	Erklärungen	Bemerkungen
Allgemeine Anforderungen		
Netzanschluss	Die elektrische Ausrüstung einer Maschine sollte man nur an eine einzige Energieversorgung anschließen. Die Zuleitung ist direkt an die Netz-Trenneinrichtung (Hauptschalter) anzuschließen.	Ausnahme: Ein Stecker ist für den Anschluss der Maschine an die Versorgung vorgesehen.
Hauptschalter Netz-Trenneinrichtung	Ein Hauptschalter muss für jeden Netzanschluss einer Maschine vorgesehen werden. Der Hauptschalter muss zuverlässig die Maschine vom Netz trennen können (Netz-Trenneinrichtung). Meist ist der Hauptschalter von Hand zu betätigen.	Zulässige Arten von Netz-Trenneinrichtungen: • Lasttrennschalter mit oder ohne Sicherung, • Trennschalter mit oder ohne Sicherung bzw. mit Lastabwurf, • Leistungsschalter, • Stecker/Steckdosen-Kombination mit einem Bemessungsstrom von max. 16 A und einer Gesamtbemessungsleistung von max. 3 kW.
Schutz gegen elektrischen Schlag	Schutz von Personen gegen elektrischen Schlag: • Basisschutz (Schutz bei direktem Berühren), • Fehlerschutz (Schutz gegen indirektes Berühren).	Gliederung und Einzelheiten siehe Schutzmaßnahmen (ab Seite 332).
Schutz der Ausrüstung Schutzeinrichtungen	Die elektrische Ausrüstung muss gegen folgende Einflüsse geschützt werden: • Kurzschlussstrom, • Überlaststrom, • Erdschluss, • Überspannung, • anormale Temperatur, • Ausfall oder Absinken der Versorgungsspannung, • Überdrehzahl von Maschinen, • falsches Drehfeld.	Arten von Schutzeinrichtungen: • Leitungsschutzschalter, • Schmelzsicherungen, • Motorschutzschalter, • Bimetallrelais, • Fehlerstrom-Schutzeinrichtung RCD, • Isolationswächter, • Bauelemente gegen Überspannung (z. B. Varistoren), • Thermistorschutzgeräte, • Unterspannungsauslöser, • Fliehkraftschalter.
Schutzpotenzialausgleich Schutzleitersystem	Schutzleiteranschlusspunkte müssen gekennzeichnet sein und dürfen keine andere Funktion haben, z. B. nicht gleichzeitig als Befestigungspunkte für Geräte oder Teile dienen. Alle leitfähigen Körper der elektrischen Ausrüstung und der Maschine müssen mit dem Schutzleitersystem durchgehend verbunden sein. Wo ein Teil aus irgendeinem Grund entfernt wird, darf das Schutzleitersystem für die verbleibenden Teile nicht unterbrochen werden. Im Schutzleitersystem dürfen keine Schaltgeräte vorhanden sein.	Das Schutzleitersystem besteht aus: • PE-Klemme(n), • den leitfähigen Konstruktionsteilen der elektrischen Ausrüstung und der Maschine, • den Schutzleitern in der Ausrüstung der Maschine. Man unterscheidet den Schutzpotenzialausgleich über die Haupterdungsschiene und den zusätzlichen Schutzpotenzialausgleich.
Verdrahtung		
Verdrahtungstechnik Zugentlastung	Alle Anschlüsse, besonders die des Schutzleitersystems, sind gegen Selbstlockern zu sichern. Es darf nur ein Schutzleiter je Klemmanschlusspunkt angeschlossen werden. Die Anschlüsse müssen für den Querschnitt, die Art und der Anzahl der anzuschließenden Leiter geeignet sein. Kabel und Leitungen sind mit Zugentlastungen zu versehen, um mechanischen Beanspruchungen der Leiteranschlüsse vorzubeugen. Die Verlegung von flexiblen Elektro-Installationsrohren sowie Kabeln und Leitungen muss derart sein, dass Flüssigkeiten von den Verschraubungen fortlaufen.	Vorschriften zu Kennzeichnung: Klemmen an Klemmleisten müssen deutlich gekennzeichnet sein und mit den Kennzeichnungen auf den Plänen übereinstimmen. Kabel und Leitungen müssen mit dauerhaft lesbaren Kennzeichnungsanhängern versehen werden. Vorschriften für Anschlüsse: Gelötete Anschlüsse sind nur erlaubt, wenn die Anschlüsse zum Löten geeignet sind. Flexible Leitungen müssen mit Aderendhülsen, Kabelschuhen oder Ähnlichem versehen werden. Lötzinn darf für diesen Zweck nicht verwendet werden.

Elektrische Ausrüstung von Maschinen 2 Electrical Equipment of Machines 2

vgl. VDE 0113/Teil 1

Farbkennzeichnung

	Farbe	Verwendung
Farben der Leitungen	Schwarz Blau Grüngelb Rot Blau Orange	Hauptstromkreis für Gleich- und Wechselspannung Neutralleiter Schutzleiter Steuerstromkreis für Wechselspannung Steuerstromkreis für Gleichspannung Verriegelungsstromkreise, extern gespeist
	Achtung! In der Industrie gelten zum Teil betriebsinterne Sonderregelungen.	

Farben der Taster, Leuchtmelder und Leuchttaster	Farbe	Taster	Leuchtmelder	Leuchttaster
	Rot	Halt, Aus, Stopp	Gefahr, Alarm	Halt, Aus, Stopp
	Gelb	Eingriff zur Beseitigung abnormaler Zustände	Vorsicht, abnormaler, kritischer Zustand	Achtung, Vorsicht (Start einer Handlung zur Vermeidung gefährlicher Zustände)
	Grün	Start, Ein	Normaler, sicherer Betriebszustand	Maschine oder Einheit einschaltbereit
	Blau	Zwingend betätigen, wenn Handlung erforderlich	Zwingende Aufforderung zum Handeln	Zwingende Aufforderung zum Handeln
	Keiner speziellen Bedeutung zugeordnet sind Schwarz und Weiß.			
	Weiß	z. B. Start, Ein	Neutral, allgemeine Information	Neutral, Bestätigung
	Schwarz	z. B. Stopp, Aus		

Steuerfunktionen

Begriff	Erklärungen	Bemerkungen
Grundanforderungen an die NOT-AUS-Einrichtung	Der NOT-AUS-Schalter muss überall leicht erreichbar sein. NOT-AUS-Schalter müssen selbsttätig einrasten und die Kontakte zwangsöffnend sein. Der NOT-AUS-Stromkreis darf nach Unterbrechung nur zurückgestellt werden können, wenn dieser von Hand quittiert wurde.	Die Farbe des NOT-AUS-Schalters muss auffällig rot auf gelbem Hintergrund sein. Der Auslöser muss vom Standplatz des Bedienenden schnell und gefahrlos erreichbar sein. Es sind nur mit Drucktasten betätigte Schalter und Reißleinenschalter zulässig.
NOT-AUS-Funktion	Das Stillsetzen im Notfall muss • nach Kategorie 0 oder 1 erfolgen, • gegenüber allen anderen Funktionen Vorrang haben und • alle Antriebe abschalten, die gefährliche Zustände verursachen können.	Das Rücksetzen der NOT-AUS-Funktion darf keinen Wiederanlauf einleiten. Für die NOT-AUS-Funktion dürfen nur fest verdrahtete, elektromechanische Betriebsmittel verwendet werden.
Start-Funktion	Start-Funktionen müssen durch Erregen des entsprechenden Kreises erfolgen. Betriebsstart darf nur möglich sein, wenn alle Schutzeinrichtungen funktionsbereit sind.	Als Ausnahmen zur Aufhebung von technischen Schutzmaßnahmen sind z. B. Einrichtarbeiten oder Instandhaltungsarbeiten möglich.
Stopp-Funktion	Es gibt folgende drei Kategorien von Stopp-Funktionen: • **Kategorie 0:** ungesteuertes Stillsetzen, • **Kategorie 1:** gesteuertes Stillsetzen, • **Kategorie 2:** gesteuertes Stillsetzen.	**zu 0:** Die Energiezufuhr zu den Antrieben wird sofort abgeschaltet. **zu 1:** Die Energie wird erst unterbrochen, wenn der Stillstand erreicht ist. **zu 2:** Die Energiezufuhr zu den Antrieben wird beibehalten.

Prüfung der elektrischen Ausrüstung von Maschinen

Die Prüfung der elektrischen Ausrüstung muss nach folgenden Kriterien erfolgen:

1. Überprüfung, ob die elektrische Ausrüstung mit der technischen Dokumentation übereinstimmt.
2. Messung der durchgehenden Verbindung des Schutzleitersystems mit Sichtprüfung.
3. Isolationswiderstandsprüfung.
4. Spannungsprüfung (Achtung! Hochspannung).
5. Schutz gegen Restspannungen.
6. Funktionsprüfungen.
7. Messungen zur Elektromagnetischen Verträglichkeit (EMV).
8. Nachprüfungen, wenn ein Teil der elektrischen Ausrüstung ausgewechselt oder geändert wird.

Sicherheits-NOT-AUS-Relais Emergency Switching-off Device

Art	Schaltung	Art	Schaltung
Einkanalige NOT-AUS-Schaltung mit Masseanschluss-Überwachung Kategorie 1, PL c (PL Performance Level)	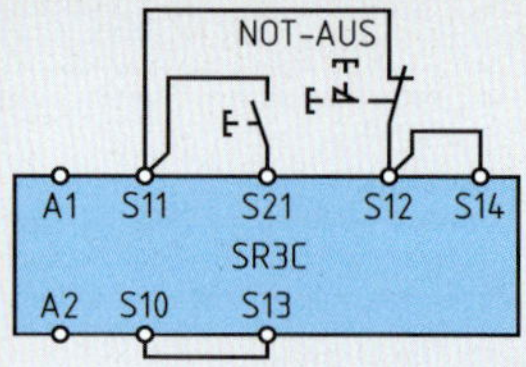	Einkanalige NOT-AUS-Schaltung ohne Fehlerüberwachung von NOT-AUS-Taster und Zuleitungen Kategorie 2, PL c	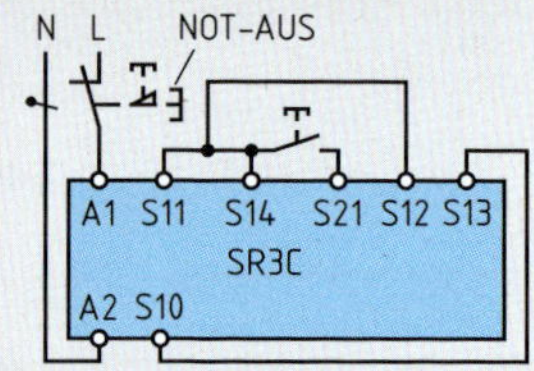
Zweikanalige NOT-AUS-Schaltung mit Masseanschluss-Überwachung Kategorie 3, PL d	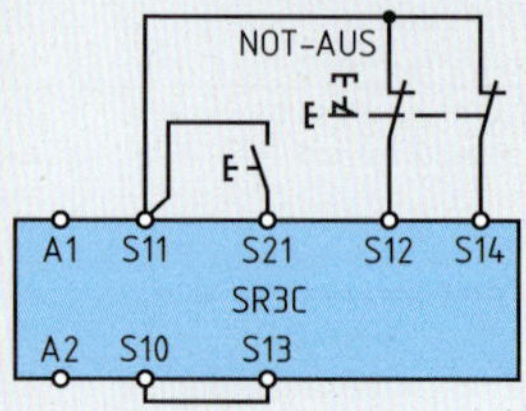	Zweikanalige NOT-AUS-Schaltung ohne Fehlerüberwachung von NOT-AUS-Taster und Zuleitungen Kategorie 3, PL d	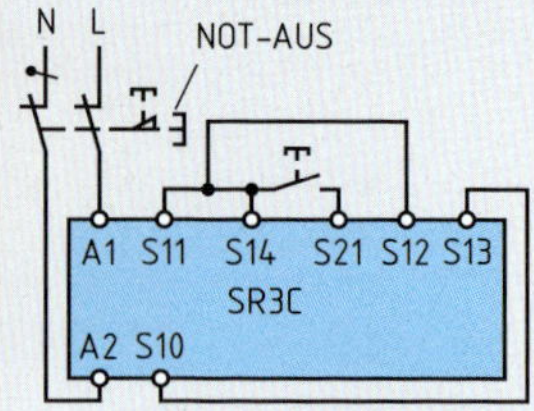
Zweikanalige NOT-AUS-Schaltung mit Querschluss- und Masseanschluss-Überwachung Kategorie 4, PL e	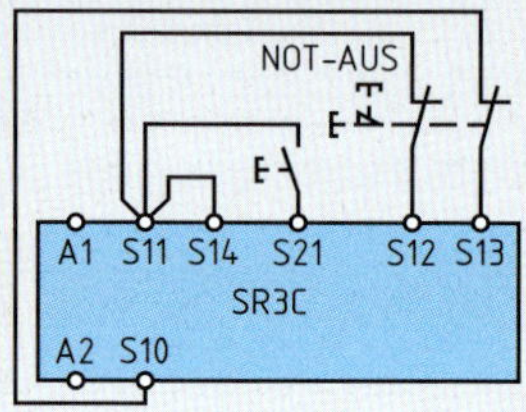	Zweikanalige Schiebeschutztür-Überwachung mit Querschluss- und Masseanschluss-Überwachung Kategorie 4, PL e	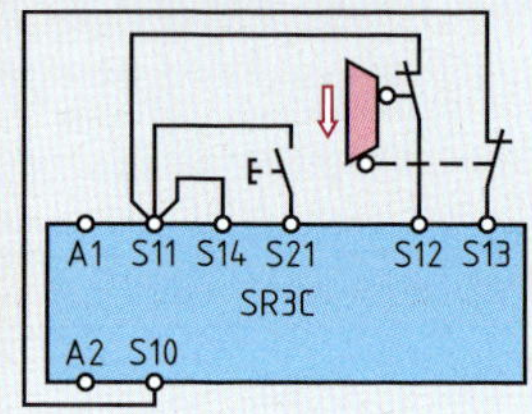
Manueller Start Überwachung des Öffnens des Start-Tasters vor Schließen des NOT-AUS-Tasters	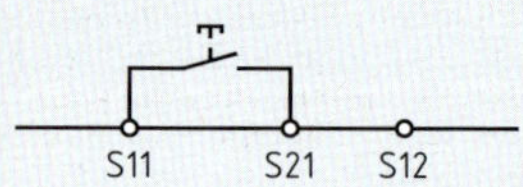	Automatischer Start Verzögerungen beim Schließen der Sicherheitsschalter: S12 vor S13 300 ms S13 vor S12 beliebig	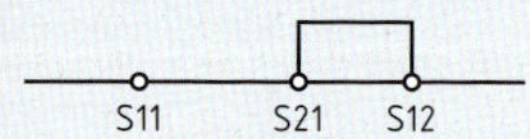
Überwachung extern angeschlossener Schütze oder Erweiterungsmodule Rückführkreis	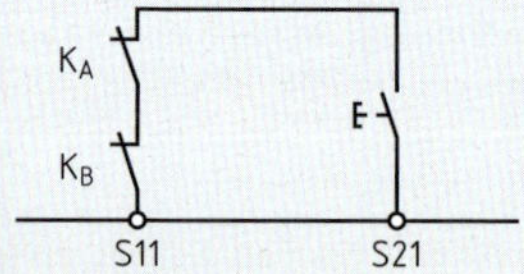	Mittels Start-Taster werden die zwangsgeführten Sicherheitskontakte durch die schalterinterne Logikschaltung geschlossen. Durch Öffnen des Sicherheitsschalters werden die zwangsgeführten Sicherheitskontakte geöffnet und führen zur sicheren Anlagenabschaltung. Die Anschlüsse sind herstellerabhängig verschieden.	
Blockschaltplan Einsatz: • NOT-AUS, • Schutztürüberwachung www.zander-aachen.de	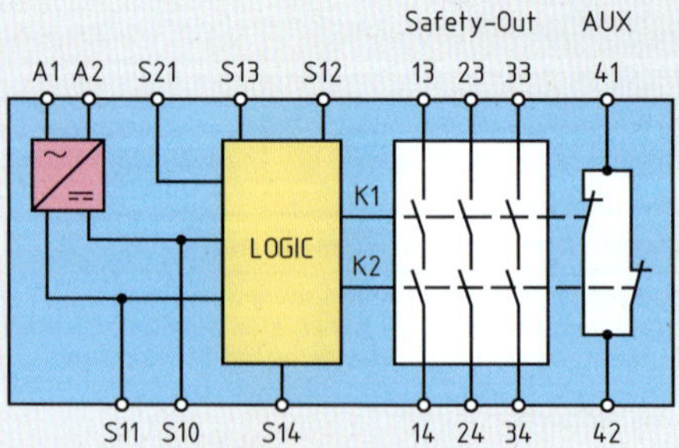 **Blockschaltplan des Sicherheitsrelais SR3C**		 **Sicherheitsrelais SR3C**

A

Sicherheitskategorien, Performance-Levels (PL)

Kategorie	Erklärung	Bemerkungen
B PL a, b	Basiskategorie, Grundlage der nachfolgenden Kategorien. Sicherheitsbezogene Teile von Steuerungen und/oder deren Schutzeinrichtungen sowie deren Bauteile müssen den zu erwartenden Einwirkungen standhalten, z.B. Schalthäufigkeiten, elektromagnetische Felder, Vibrationen. Ihr Aufbau und ihre Auswahl sind entsprechend zu gestalten. Das Auftreten eines Fehlers kann zum Verlust der Sicherheitsfunktion führen. Das Erreichen der Sicherheit erfolgt u.a. durch die Auswahl geeigneter Bauteile, z.B. Sicherheitsrelais. Je nach Ausfallwahrscheinlichkeit der Bauelemente können in einer Kategorie verschiedene Performance-Levels (PL, Leistungsklasse) erreicht werden.	Im Gegensatz zu üblichen Koppelrelais existiert bei Sicherheitsrelais eine Zwangsführung der Kontakte, sodass Öffnerkontakte und Schließerkontakte nie gleichzeitig geschlossen sein können. 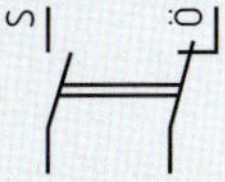 **Sicherheitsrelais** 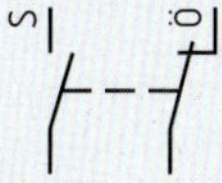 **übliches Koppelrelais**
1 PL c	Anforderungen von B müssen erfüllt sein. Bewährte Bauteile und Sicherheitsprinzipien sind anzuwenden. Kategorie 1 zielt auf Vermeidung von Fehlern ab. Auftreten eines Fehlers kann zum Verlust der Sicherheitsfunktion führen.Wahrscheinlichkeit für Ausfall geringer als bei B.	Bewährte Sicherheitsprinzipien sind z.B. Überdimensionierung der Bauteile oder Beanspruchung der Bauteile unterhalb ihrer Bemessungsgrenze. Das Erreichen der Sicherheit erfordert ebenfalls die Auswahl geeigneter Bauteile.
2 PL a, b, c, d	Wie bei Kategorie 1. Außerdem: In geeigneten Zeitabständen muss die Sicherheitsfunktion durch die Maschinensteuerung selbst überprüft werden.	Das Auftreten eines Fehlers kann zum Verlust der Sicherheitsfunktion zwischen den Überprüfungsabständen führen. Durch die Prüfung wird der Verlust der Sicherheitsfunktion erkannt.
3 PL b, c, d, e	Wie bei Kategorie 1. Außerdem: Sicherheitsbezogene Teile sind so auszulegen, dass ● ein einzelner Fehler in einem Teil nicht zum Verlust der Sicherheitsfunktion führt und dass ● der einzelne Fehler mit nach dem Stand der Technik geeigneten Mitteln erkennbar ist, sofern die Prüfung in angemessener Weise durchführbar ist.	Die Sicherheitsfunktion muss bei Auftreten eines einzelnen Fehlers immer erhalten bleiben. In Kategorie 3 werden nicht alle Fehler erkannt. Eine Anhäufung von Fehlern kann zum Verlust der Sicherheitsfunktion führen. Maßnahmen: Redundante Schaltungen, z.B. Reihenschaltung von Schaltgliedern zum Abschalten, Parallelschaltung von Schaltgliedern zum Einschalten.
4 PL e	Wie bei Kategorie 1. Außerdem: Sicherheitsbezogene Teile sind so auszulegen, dass ● ein einzelner Fehler in jedem dieser Teile nicht zum Verlust der Sicherheitsfunktion führt und dass ● der einzelne Fehler vor oder bei der nächsten Anforderung der Sicherheitsfunktion erkannt wird. Eine Anhäufung von Fehlern darf nicht zum Verlust der Sicherheitsfunktion führen.	Um den Verlust der Sicherheitsfunktion zu verhindern, müssen Fehler rechtzeitig erkannt werden. Bei Kategorie 2,3 und 4 ist gefordert, dass Fehler erkannt werden. Maßnahmen: Steuerung so aufbauen, dass das Einschalten nur bei voller Funktion erfolgen kann, z.B. durch selbst kontrollierende Relais.

Festlegen des sicherheitstechnischen Performance-Levels

S	Mittels des Risikographen kann der erforderliche Performance Level einer Steuerung festgestellt werden. Schwere der Verletzung: S1 leichte, heilbare Verletzung S2 schwere Verletzung mit meist bleibender Schädigung, auch Todesfall
F	Häufigkeit und/oder Dauer der Gefährdung: F1 selten bis öfter auftretende Gefährdung kurzer Dauer oder eine Gefährdung kurzer Dauer F2 häufige bis dauernde Gefährdung langer Dauer oder eine Gefährdung langer Dauer
P	Möglichkeit des Vermeidens der Gefährdung: P1 möglich unter bestimmten Voraussetzungen P2 kaum möglich

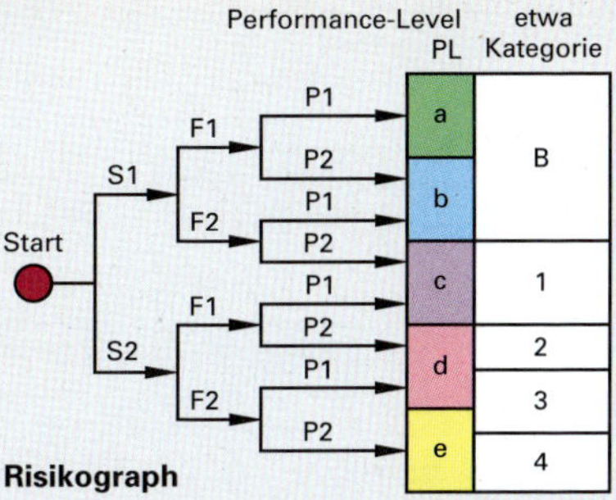

Risikograph

Sicherheitsbezogene Steuerung: Steuerungsfunktion beliebig umsetzbar, z.B. durch SPS. Sicherheitsfunktion nur durch Komponenten (Taster, Schütze) nach Sicherheitskategorien B, 1 bis 4 umsetzbar.

A

Sicherheitsbezogenen Teile von Steuerungen 2 Safety related Machine Controls 2

Steuerungsstrukturen

Sicherheitskategorien B und 1

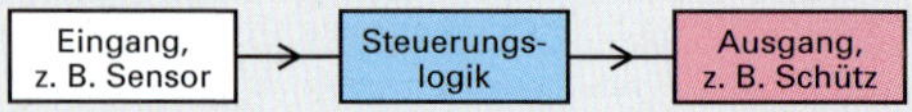

Kategorie B und Kategorie 1 haben dieselben Steuerungsstrukturen (Architektur). Die Anforderungen an die Sicherheitsfunktionen sind jedoch verschieden. Kommen Sicherheitsrelais zum Einsatz, so sind diese meist je nach Beschaltung für bis Kategorie 4 geeignet. www. pilz.de; www.elan.de

Sicherheitskategorie 2

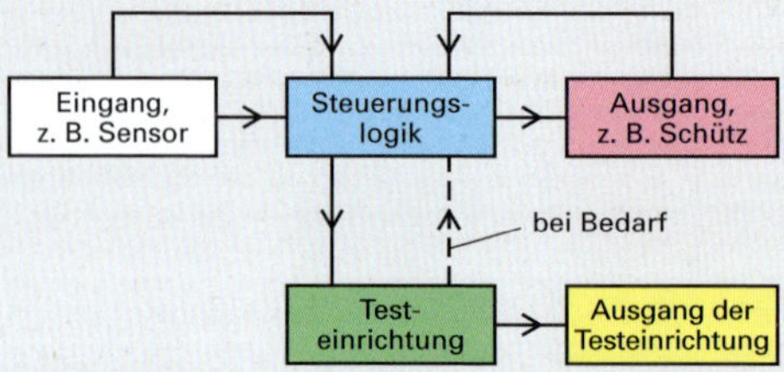

Bevor mit einer Maschine produziert werden kann, muss z.B. die Sicherheitsfunktion „Schutztüre" getestet werden.

Sicherheitskategorie 3

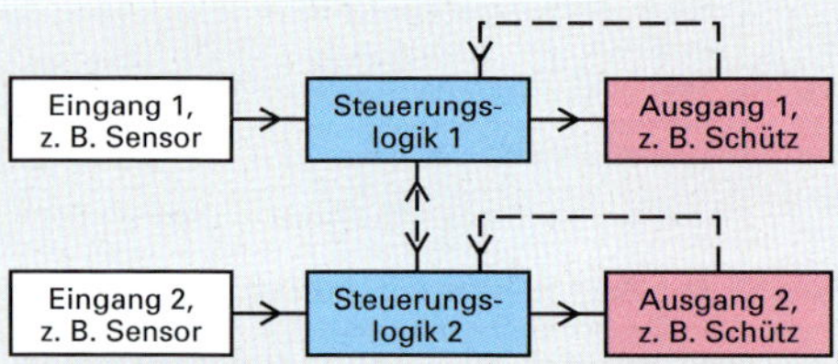

Die sicherheitsbezogenen Teile sind doppelt ausgeführt. Die Ausgänge werden, wenn möglich, von der Steuerungslogik überwacht. Die doppelt ausgelegten Steuerungslogiken überwachen sich, wenn möglich, gegenseitig.

Sicherheitskategorie 4

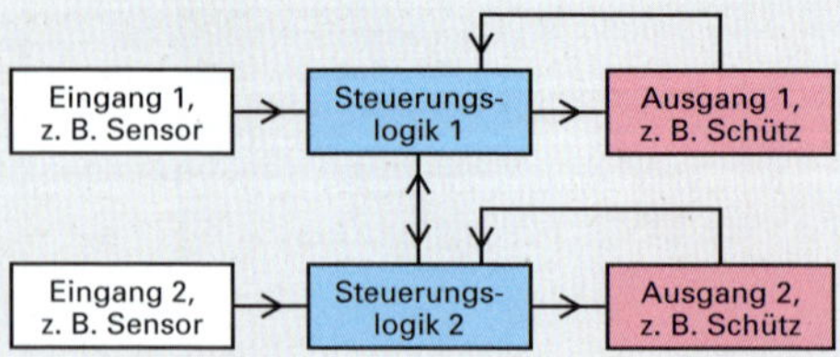

Die sicherheitsbezogenen Teile sind doppelt ausgeführt. Die Ausgänge werden von der Steuerungslogik ständig oder häufig überwacht. Die doppelt ausgelegten Steuerungslogiken überwachen sich gegenseitig.

Schaltungsmaßnahmen

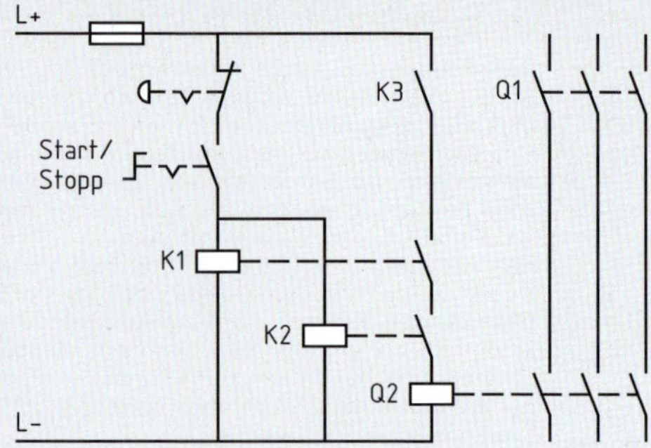

Redundanz ohne Rückmeldung, z. B. in Kategorie 1

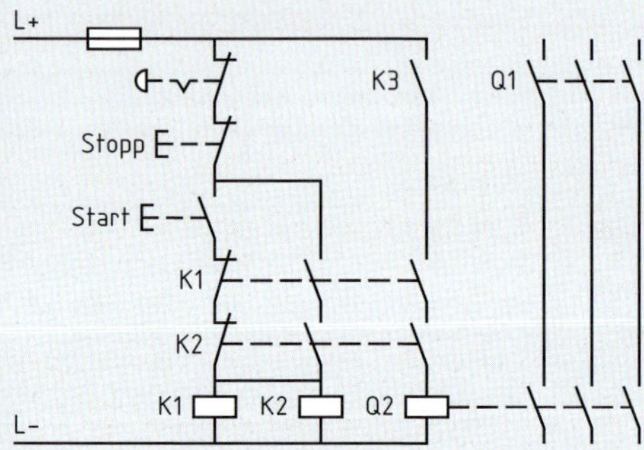

Redundanz mit Rückmeldung (Kategorie 3)

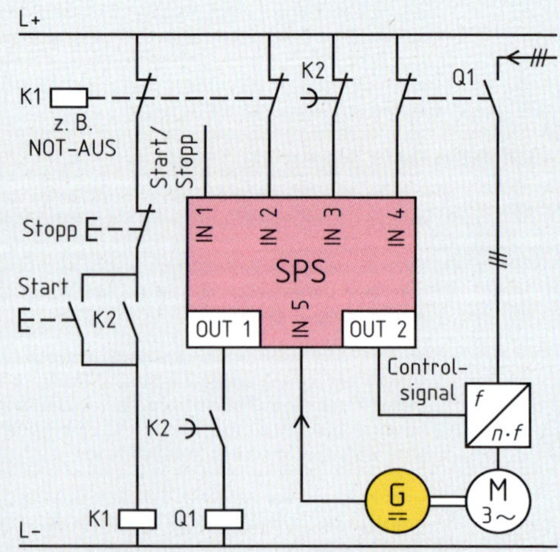

Einbindung der SPS in die Sicherheitsfunktion (Kategorie 4)

A

Funktionale Sicherheit nach SIL Functional Safety – SIL Ranking

Merkmal	Erklärung	Bemerkungen

SIS – Safety Instrumented System

Sicherheitstechnisches, sicherheitsbezogenes, sicherheitsgerichtetes System zum Verwirklichen von Sicherheitsfunktionen. Technische Anlagen, Maschinen werden damit überwacht und beim Erkennen definierter Gefahrensituationen abgeschaltet oder in einen sicheren Zustand überführt. Das SIS besteht aus

- Sensoren,
- fehlersicheren Verarbeitungseinheiten und
- Aktoren.

Ein Restrisiko des Ausfalls der Sicherheitsfunktionen bleibt dennoch bestehen.

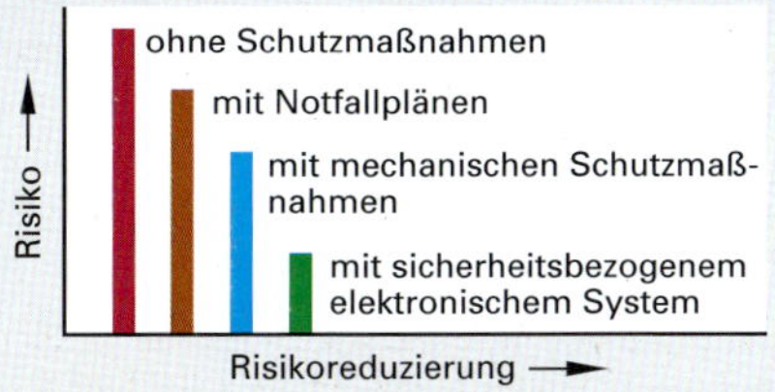

Möglichkeiten zur Risikoreduzierung

SIL – Safety Integrity Level

Mit zunehmendem Gefahren-Risiko von Anlagen, Maschinen oder Anlagenteilen bei Ausfall von Sicherheitsfunktionen steigen die Anforderungen an die Fehlersicherheit des SIS. Man unterscheidet vier Sicherheitsstufen zum Beschreiben der Maßnahmen zur Risikobeherrschung, Safety Integrity Levels (SIL). Je höher der SIL-Zahlenwert ist, desto kleiner muss die Fehlerrate (Wahrscheinlichkeit) für einen Ausfall einer Sicherheitsfunktion sein.

www.pilz.de; www.dke.de

Die SIL-Werte 1 bis 4 (EN ISO 62061) finden Anwendung bei komplexen Anlagen, Maschinen mit SPS und Bussystemen für das Umsetzen von Sicherheitsfunktionen. Nicht elektrische Technologien (Hydraulik, Pneumatik, Mechanik) sind nicht abgedeckt. Anwendung der Performance-Level PL (EN ISO 13849-1) auch für diese Technologien. Beide Normen entsprechen einander mit weitgehend gleichem Ziel:

SIL	–	1	1	2	3	4
PL	a	b	c	d	e	–

SIL-Werte – Ausfallgrenzwerte

Unterschieden werden Ausfallsgrenzwerte niederer und höherer Anforderungen für Sicherheitsfunktionen (SIS), je nach deren Inanspruchnahme.

Für SIS mit maximal einer Aktivierung im Jahr wird die zulässige Fehlerrate der Sicherheitsfunktion zum Zeitpunkt der Inanspruchnahme angegeben. Beispiel Prozessindustrie.

Für Sicherheitsfunktionen, die sehr häufig (mehrmals im Jahr) oder dauernd aktiv sind, wird die zulässige gefährliche Fehlerrate der Sicherheitsfunktion PFH_d bezogen auf eine Zeiteinheit, z. B. Stunde, angegeben.

Ausfallgrenzwerte bzgl. niederer Anforderung

SIL	PFD	max. akzept. Ausfall des SIS
1	$\geq 10^{-2}$ bis $< 10^{-1}$	1 gefährl. Ausfall in 10 J
2	$\geq 10^{-3}$ bis $< 10^{-2}$	1 gefährl. Ausfall in 10^2 J
3	$\geq 10^{-4}$ bis $< 10^{-3}$	1 gefährl. Ausfall in 10^3 J
4	$\geq 10^{-5}$ bis $< 10^{-4}$	1 gefährl. Ausfall in 10^4 J

Ausfallgrenzwerte bzgl. hoher Anforderung

SIL	PFH_d	max. akzept. Ausfall des SIS
1	$\geq 10^{-6}$ bis $< 10^{-5}$	1 gefährl. Ausfall in 10^5 h
2	$\geq 10^{-7}$ bis $< 10^{-6}$	1 gefährl. Ausfall in 10^6 h
3	$\geq 10^{-8}$ bis $< 10^{-7}$	1 gefährl. Ausfall in 10^7 h
4	$\geq 10^{-9}$ bis $< 10^{-8}$	1 gefährl. Ausfall in 10^8 h

J Jahre, h Stunden

PFD

Probability of a failure on demand, Wahrscheinlichkeit eines Ausfalls einer Sicherheitsfunktion bei Anforderung (Aktivierung).

PFH_d

PFH_d probability of a dangerous failure per hour, Wahrscheinlickeit eines gefährlichen Ausfalls einer Sicherheitsfunktion je Stunde. Ggf. Addition der Einzelwerte der Teilsysteme.

$MTTF_d$

Mean time to a dangerous failure. Mittlere Betriebszeit bis zum gefährlichen Ausfall einer Sicherheitsfunktion. Anwendung insbesondere bei PL.

Die Ausfallwahrscheinlichkeit je Stunde kann in eine Betriebszeit bis zum Ausfall umgerechnet werden -> $MTTF_d$.

Betriebszeiten bis zum gefährlichen Ausfall

$MTTF_d$	Zeit
niedrig	3 Jahre bis 10 Jahre
mittel	10 Jahre bis 30 Jahre
hoch	30 Jahre bis 100 Jahre

Diversität

Zum Erfüllen der Sicherheitsaufgabe mit hoher Zuverlässigkeit sind die Betriebsmittel derart redundant auszulegen, dass die Umsetzung mit ungleichartigen Mitteln erfolgt.

Eine Drehzahlüberwachung wird z. B. durch einen analogen Tachogenerator und einen digitalen Impulszähler verwirklicht.

Fehlerarten

Zu unterscheiden sind in einem SIS systematische und zufällige Fehler. Beide Fehlerarten sind zum Erfüllen eines SIL jeweils für sich zu betrachten.

Systematische Fehler sind schon bei der Auslieferung eines Gerätes existent, z. B. Entwicklungsfehler bzgl. Software, Geräte-Auslegung.

Zufällige Fehler treten *zufällig* während des Betriebes auf, z. B. ein Kurzschluss.

FMEA

Failure Mode Effect Analysis = Fehlermöglichkeits- und Einflussanalyse. Methode zum systematischen Erfassen potenzieller Fehler und Ausfallzuständen von Anlagen- Komponenten.

Eine FMEA ist während der Konzeptionsphase einer Anlage durchzuführen.

A

Sicherheits-SPS Safety PLC

Merkmal	Erklärung	Bemerkungen
Architekturen getrennte Busse, getrennte Eingabe-/Ausgabeeinheiten EA	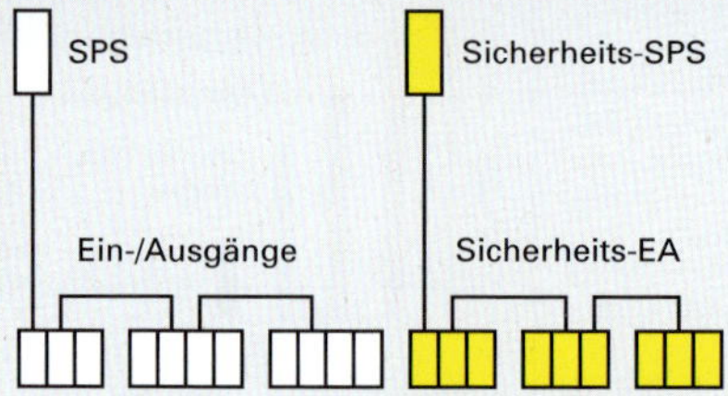 **Standardbereich, Sicherheitsbereich getrennt**	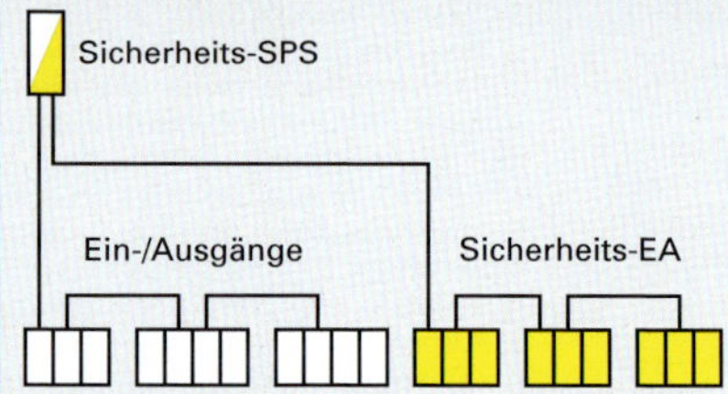 **Sicherheits-SPS mit getrennten EA und Bussen**
gemeinsamer Sicherheitsbus	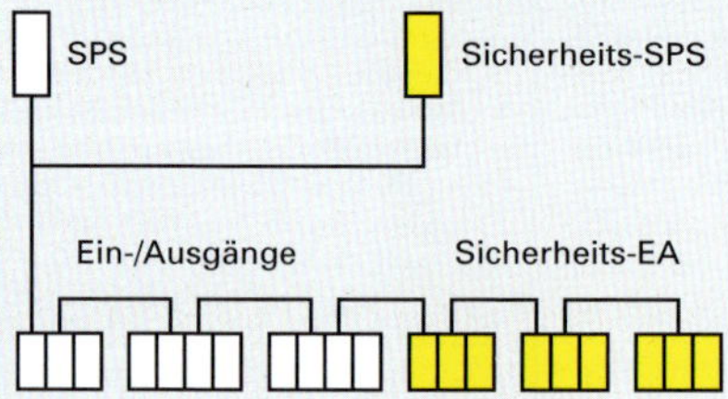 **Gemeinsamer Bus, getrennte SPS und Eingänge/Ausgänge**	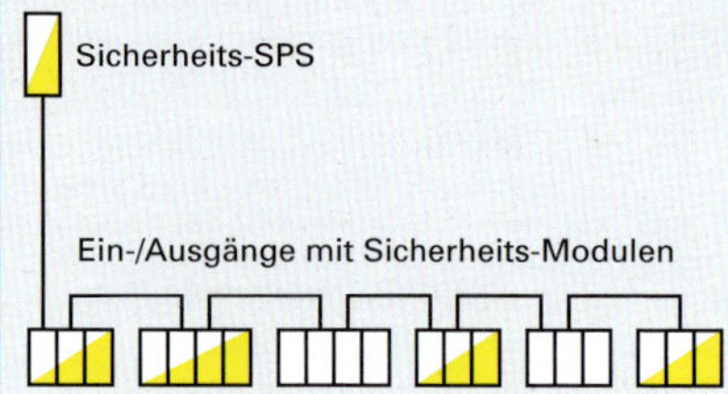 **Sicherheits-SPS, gemeinsamer Bus, gemischte Eingänge/Ausgänge**
Hardwaremodule F-Komponenten	Sicherheits-SPS arbeiten mit fehlersicheren Controllern (F-Controller, F-CPU) und fehlersicheren Peripheriemodulen (F-Module: Eingänge, Ausgänge, Schnittstellen). Diese sind zweikanalig (redundant, diversitär) aufgebaut, d. h. zwei Prozessoren überwachen und testen sich gegenseitig. Selbsttests der SPS von z. B. Datenspeichern, Schnittstellen, übertragenen Daten erfolgen zyklisch. SPS-Sicherheitsmodule sind meist gelb.	Eine Sicherheits-SPS ermöglicht das gleichzeitige Verarbeiten von Standard-SPS-Anwendungsprogrammen und SPS-Sicherheitsprogrammen. Im Fehlerfall kann ein sicherer Systemzustand gewährleistet werden. Sollten im Fehlerfall die vom Anwender programmierten Sicherheitsfunktionen nicht mehr ausführbar sein, schaltet die SPS z. B. entsprechende Ausgänge ab, die F-CPU geht in STOP-Zustand.
Programmierung Sicherheitsprogramm	Das Programmieren von Sicherheits-SPS wird durch Anwenden TÜV-zertifizierter Sicherheits-Funktionsbausteine (F-Bibliothek, z. B. der SPS-Hersteller) unterstützt. Diese werden gemäß üblicher SPS-Programmierung im SPS-Sicherheitsprogramm aufgerufen. Bei S7 wird das SPS-Sicherheitsprogramm z. B. über einen OB (Organisationsbaustein) aufgerufen, der auch Funktionsbausteine des Standard-SPS-Anwendungsprogrammes für die allgemeinen Automatisierungsaufgaben aufruft.	Die Aktualisierungszeitpunkte der Prozessabbilder (Eingänge, Ausgänge) bzgl. Standard-SPS-Anwenderprogramm und SPS-Sicherheitsprogramm sind verschieden. Sollen im Standard-Anwenderprogramm Daten des Sicherheitsprozessabbildes (Ein-/Ausgangsdaten der Sicherheitsfunktionen) verarbeitet werden, sind entsprechende Programmiervorkehrungen zu treffen. www.siemens.com; www.pilz.de; www.eckelmann.de; www.jakobsafety.com
Projektierung	Mittels eines Sicherheits-Projektierungssystems, z. B. S7 Distributed Safety, PASmulti, können für die funktionalen Einheiten einer Anlage Programmmodule mit Untermodulen erstellt werden. Diese Module werden mit Symbolen grafisch am Bildschirm dargestellt und mittels Maus „verdrahtet“.	Letztlich werden Symbole für z. B. Eingänge, Ausgänge, Funktionsbausteine (FB) am Bildschirm platziert und gemäß Funktion „verdrahtet“ und parametriert. Es können vom Projektierungssystem bereitgestellte Sicherheits-FB eingefügt werden. Eigene FB werden gemäß üblicher SPS-Programmierung erstellt.
Anwendung	Sicherheitsfunktionen einer Anlage, z. B. Not-AUS, Abschaltungen über Lichtvorhang oder Schutztür-Kontakte, Einschalten/Freischalten über Zweihandbedienung, können mittels Sicherheits-SPS ausgeführt werden.	Der Einsatz von Sicherheits-SPS ermöglicht Einsparungen bzgl. Schützen und Leitungen. Die Verdrahtung von Bauelementen ist weniger komplex. Sicherheits-SPS wirken meist zusammen mit Sicherheitsfeld-Bussen, z. B. Powerlink Safety oder PROFINET, PROFIBUS mit PROFISafe-Protokoll.

Mechatronische Systeme Mechatronic Systems

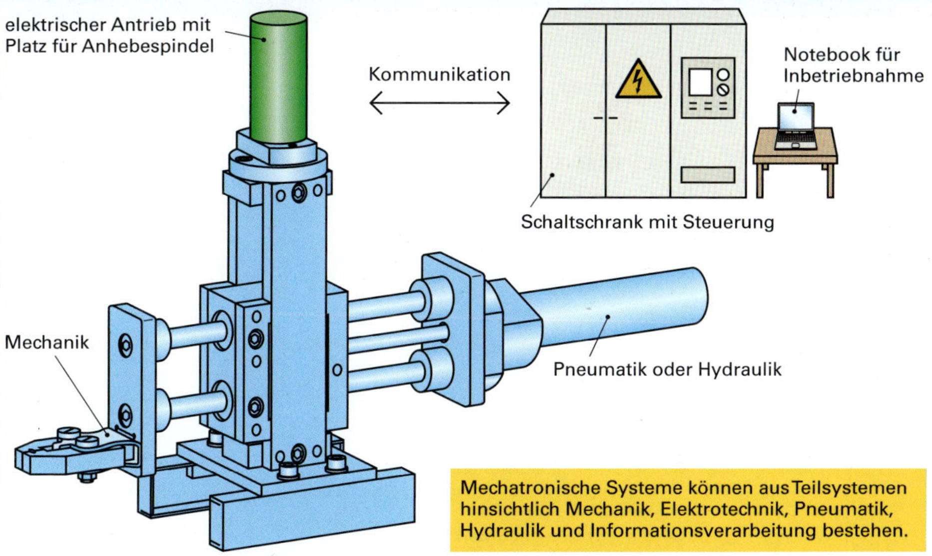

Mechatronisches System am Beispiel eines Handhabungsgerätes

Teilsystem	Erklärungen	Merkmale
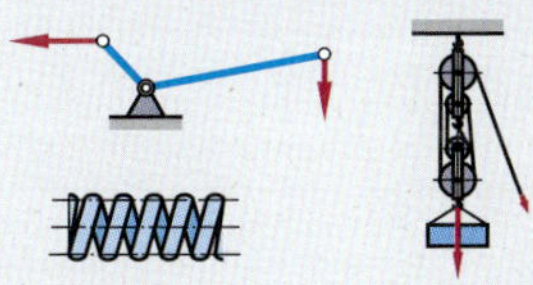 **Mechanik**	Die **Mechanik** beschäftigt sich mit dem Gleichgewicht und der Bewegung von Körpern unter dem Einfluss von Kräften. Sie wird eingeteilt in die Mechanik der ... ... festen Körper (Statik, Kinematik, Dynamik), ... Flüssigkeiten (Hydrostatik, Hydrodynamik), ... Gase (Aerodynamik).	Energieträger: Wellen, Zahnräder Energiequelle: Elektromotor Energiespeicherung: Federn, Pendel Energieleitung: Wellen, Gestänge
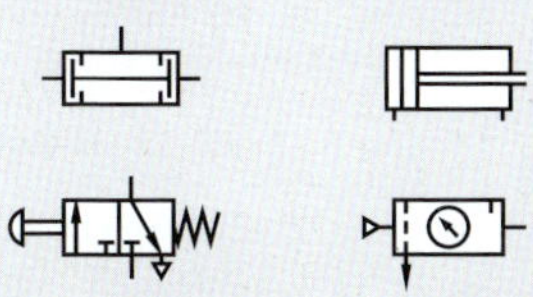 **Pneumatik/Hydraulik**	Das Wort **Pneumatik** bezeichnet den Einsatz von Druckluft. Sie kann zum Antrieb von Druckluftmotoren in Werkzeugen oder als Linearantriebe in Form von Pneumatikzylindern verwendet werden. Die **Hydraulik** bezeichnet die technischen Bestandteile von Antrieben und Kraftübertragungen, die mit Flüssigkeiten erfolgen.	Energieträger: Luft, Öl Energiequelle: Verdichter, Pumpe Energiespeicherung: Druckflaschen, Kessel Energieleitung: Rohre, Schläuche
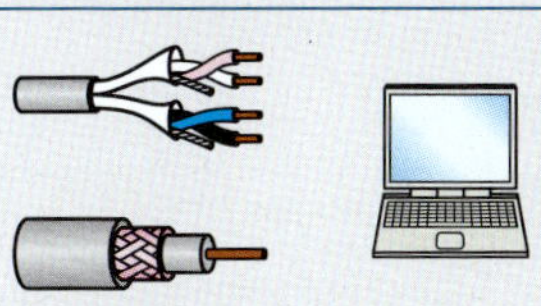 **Informationsverarbeitung**	Die **Informationsverarbeitung** beschäftigt sich mit der systematischen Verarbeitung von Informationen, insbesondere der automatischen Verarbeitung mit Hilfe von Computern und Computerprogrammen (Software). Historisch hat sich die Informatik aus der Mathematik entwickelt, während die ersten Computer aus der Elektrotechnik entstanden.	Energieträger: Strom, Licht Energiequelle: Batterie, Photodiode Daenspeicherung: Festplatte, USB-Stick Energieleitung: Leitungen, Lichtquellen
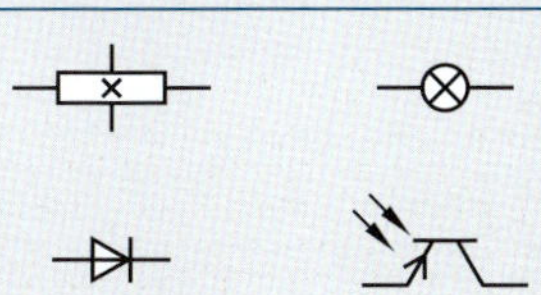 **Elektrotechnik**	Die **Elektrotechnik** befasst sich mit der elektrischen Energieerzeugung, der Energieübertragung sowie mit allen Arten ihrer Nutzung. Dies reicht von den elektrisch betriebenen Maschinen über alle Arten elektrischer Schaltungen für die Steuer-, Mess-, Regelungs- und Computertechnik bis hin zur Kommunikationstechnik.	Energieträger: elektrischer Strom Energiequelle: Generator, Batterie Energiespeicherung: Akkumulatoren Energieleitung: leitende Drähte

A

Mechatronisches System mit Steuerrelais LOGO!
Mechatronical System with Control Relay LOGO!

Merkmal	Erklärung, Aktion	Bemerkungen
Technologie-Schema	Band EIN M1, 10 s zeitverzögert, Zerkleinerer EIN M2 Signal 3 s für Abfahrt des Lkw. 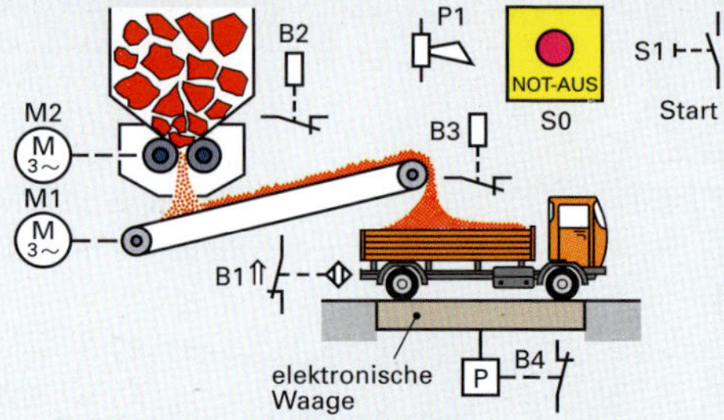 **Zerkleinerer von Steinen mit automatischem Beladen und Wiegen**	In Ladeposition des Lkw gibt der Näherungssensor B1 den Start des Transportbandes durch S1 für M1 frei. Nach 10 s wird der Zerkleinerer gestartet nach Freigabe durch die Waage. Wird das eingestellte Ladegewicht erreicht oder die Füllhöhe überschritten, wird der Zerkleinerer ausgeschaltet, das Förderband 10 s später. Die Hupe P1 signalisiert für 3 s das Ende des Beladens.
Sensoren	Lkw-Annäherung B1 Signal 1 Anlage einschaltbar Signal 0 Anlage nicht einschaltbar Überwachung Bandbefüllung B2 Signal 1 Band mit Material gefüllt, Band läuft Signal 0 Band ist leer, Band stoppt Überlauf Füllhöhe B3 Signal 1 Zerkleinerer bis zur Füllhöhe Ein Signal 0 Bei Erreichen der Füllhöhe, Zerkleinerer Aus Waage Ladegewicht B4 Signal 1 Gewicht 0, Zerkleinerer Ein Signal 0 Ladegewicht erreicht, Zerkleinerer Aus	B1 Näherungssensor, erkennt Ladeposition des Lkw. B2 Lichtschranke am Ladeband B3 Lichtschranke über Ladefläche. B4 Druckmessung mit Waage.
Zuordnungsliste	**Baugruppe – Eingänge:** Taster S0 – I1 Taster S1 – I2 Sensor B1 – I3 Sensor B2 – I4 Sensor B3 – I5 Sensor B4 – I6 **Baugruppe – Ausgänge:** Bandmotor M1 – Q1 Signalhupe H1 – Q2 Zerkleinerermotor M2 – Q3	Vor Beginn der Programmierung muss für die Eingänge und Ausgänge der Steuerung eine feste Zuordnung bzgl. der Betriebsmittel vorgenommen werden.
Programmierschritte	1. Eingänge I2 ∧ I3 (B001, UND) → von RS-FF (B002) → Q1 2. Eingänge I4 ∨ I6 (B003, NOR) → R von RS-FF B002 3. RS-FF B004 einfügen, Ausgang von B001 → S von RS-FF (B004), Ausgang von RS-FF → Zeitglied (B005, Einschaltverzögerung 3 s) → Q2. 4. Eingang I6 und Eingang I5 negieren mit B007, B008 → B009 → R von RS-FF (B004). 5. Eingang I1 mit B011 negieren → B006 und I1→ B010 6. Eingänge I4 ∨ I6 (B012, NOR) → Zeitglied (B013, Verzögerungszeit 3s)→ Q3	1. Sensor B1 und Taster S1 verunden. RS-Flipflop B002 setzen, ⇒ Band EIN. 2. Sensor B2 und Sensor B4 verodern. RS-Flipflop zurücksetzen ⇒ Band Aus. 3. Zerkleinerer verzögert über RS-Flipflop B004 einschalten. 4. Wenn Füllhöhe und Ladegewicht erreicht, Zerkleinerer ausschalten. 5. Band und Zerkleinerer ausschalten. 6. NOT-AUS schaltet Band und Zerkleinerer sofort ab. 7. Signalhupe P1 für 3 s einschalten. → Verbindung im LOGO!-Programm erzeugen, ∨ ODER, ∧ UND.
Programmauszug bis zu Schritt 4	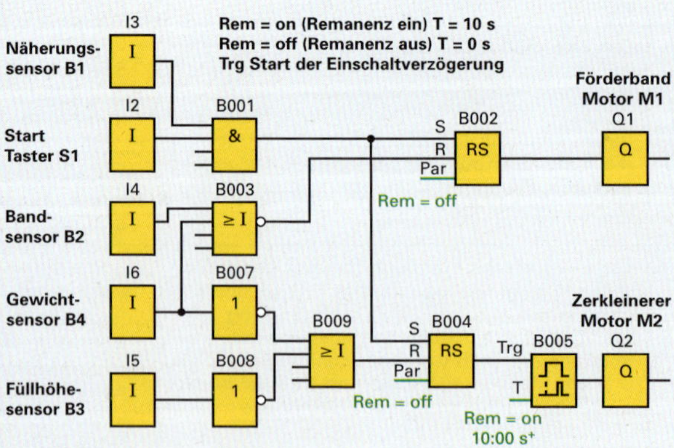 	

A

In Funktionsdiagrammen werden die Zustände und Zustandsänderungen von Arbeitsmaschinen und Fertigungsanlagen grafisch dargestellt. *Wegdiagramme* stellen die Wege eines Arbeitsgliedes durch Bildzeichen dar. *Zustandsdiagramme* stellen die Funktionsfolgen einer oder mehrerer Arbeitseinheiten und die steuerungstechnische Verknüpfung der zugehörigen Bauglieder in zwei Achsen dar. Auf der senkrechten Achse wird der Zustand der Bauglieder, auf der waagrechten werden die Zeit und/oder die Schritte des Steuerungsablaufes aufgetragen.

Wege und Bewegungen

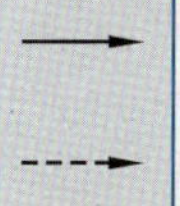

Geradlinige Arbeitsbewegung

Geradlinige Leerbewegung

Funktionslinien

Ruhe- oder Ausgangsstellung der Bauglieder

Für alle von der Ruhe- oder Ausgangsstellung abweichenden Zustände

Wegbegrenzungen und Bewegungsabgrenzungen

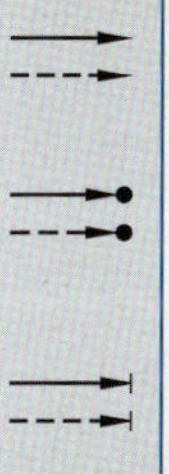

Wegbegrenzung allgemein

Wegbegrenzung über Signalglied

Wegbegrenzung durch einstellbaren mechanischen Festanschlag

Signalglieder muskelbetätigt

EIN

AUS

EIN/AUS

TIPPEN

AUTOMATIK EIN

Signalglieder mechanisch betätigt

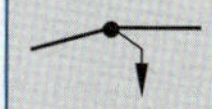

Grenztaster in Endlage betätigt

Signalglieder pneumatisch bzw. hydraulisch betätigt

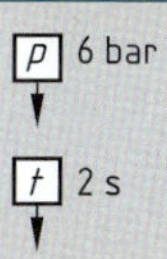

Druckschalter mit Einstellwert, z.B. 6 bar

Zeitglied mit Einstellwert, z.B. 2 s

Signalverknüpfungen

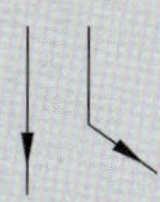

Signallinie

Sie beginnt am Signalausgang und endet an der Stelle, wo eine Änderung des Zustandes eingeleitet wird.

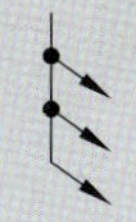

Signalverzweigung

Die Verzweigungslinie wird mit einem Punkt markiert.

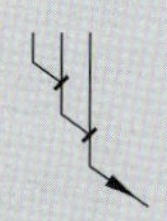

UND-Bedingung:

Die Verzweigungsstelle wird mit einem breiten Schrägstrich markiert.

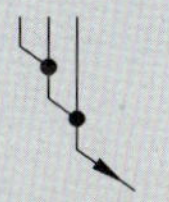

ODER-Bedingung:

Die Vereinigungsstelle wird mit einem Punkt markiert.

Ausführung eines Funktionsdiagramms

Darstellung	Beschreibung
Zylinder oder Hubmagnet	
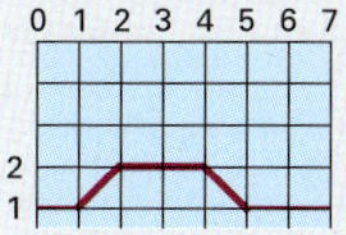	Schritt 1: von der Ausgangsstellung 1 zur Lage 2 fahren. Schritt 2 und 3: verharren Schritt 4: von der Lage 2 zur Ausgangsstellung 1 fahren.
Ventil mit zwei Schaltstellungen	
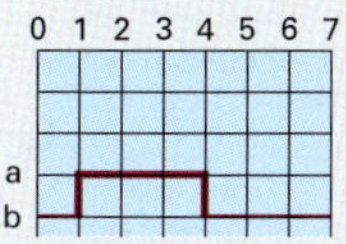	Schritt 1: Umschalten von Ausgangsstellung b in Stellung a. Schritt 2 und 3: verharren Schritt 4: Umschalten von Stellung a in Ausgangsstellung b.
Signalglied muskelbetätigt	
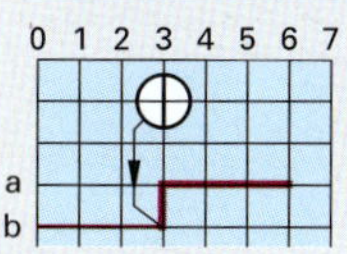	Schritt 3: einschalten; Steuerglied schaltet von b nach a.

Beispiel	Beschreibung
Stellglied mechanisch betätigt	
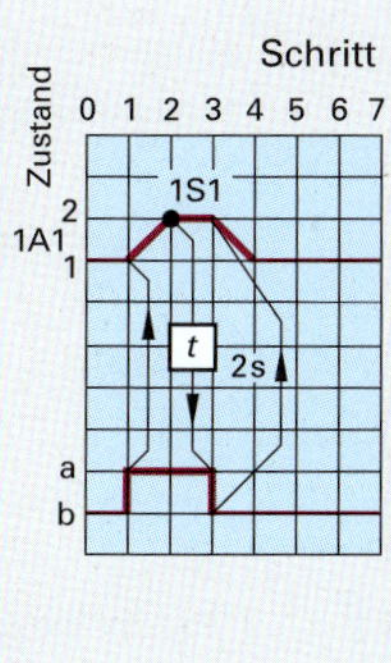	Schritt 1: Stellglied schaltet von b nach a und bewirkt Ausfahren von Zylinder 1A1. Schritt 2: Zylinder betätigt Signalglied 1S1; Signalglied 1S1 steuert Zeitglied an; Zeitglied läuft ab (2 s). Schritt 3: Zeitglied steuert Stellglied von a nach b; Zylinder 1A1 fährt wieder ein.

A

Ablaufsteuerung einer Biegevorrichtung 1
Sequence Control of a Bending Fixture 1

Phase	Ansicht/Plan	Bemerkungen
Lageplan und Aufgabenbeschreibung (Layout and Task Description)	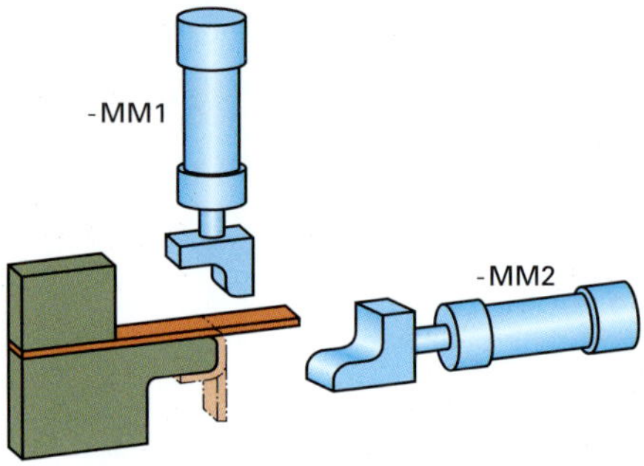	Eine Biegevorrichtung nutzt zwei pneumatische Antriebe: Zylinder -MM1 sorgt für die erste Biegung, Zylinder -MM2 für die zweite. Die Einspannung des Werkstücks und Sicherheitseinrichtungen, wie z.B. Zwei-Hand-Sicherheit, werden hier nicht berücksichtigt. Die Aufgabe wird auf unterschiedliche Arten gelöst: • rein pneumatisch, • mittels einer SPS mit löschender Taktkette, • mit einer SPS in Ablaufsprache, • mit einer SPS in Anweisungsliste mit Sprungleiste.
Weg-Schritt-Diagramm (Displacement step Diagramm)	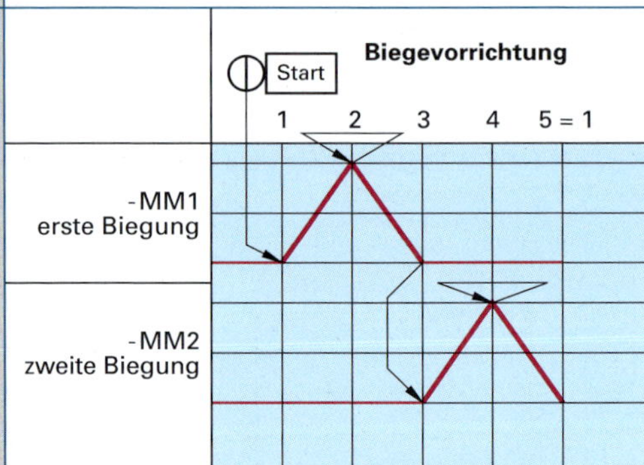	Das Weg-Schritt-Diagramm WSD ist eine Form des Funktionsdiagramms. In diesem WSD werden nur die Bewegungen der Aktoren sowie die Abhängigkeiten der Bewegungen zueinander gezeigt. Nach Betätigen von „Start" erfolgt die erste Biegung. Wenn diese ausgeführt ist, erfolgt die zweite. **Hinweis** Vorzeichen der Kennzeichnungen siehe folgende Seite.
GRAFCET (Grafcet)	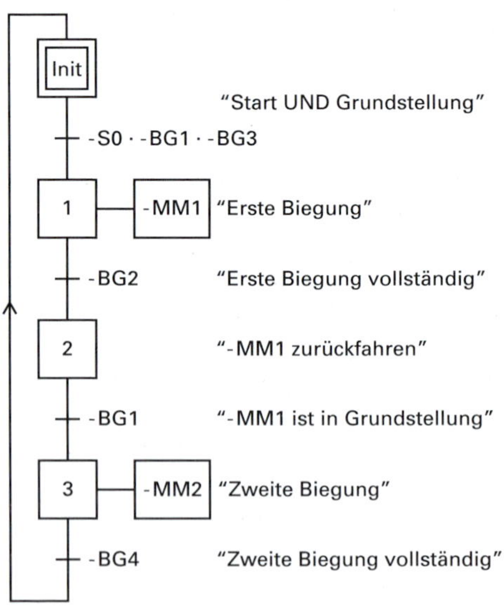	Der GRAFCET zeigt den Ablaufteil einer Steuerung. Dieser GRAFCET zeigt die Schrittkette, ohne darauf einzugehen, wie die Zylinder angesteuert werden. Der GRAFCET benutzt kontinuierlich (nicht speichernd) wirkende Aktionen. Beispiel: Die Aktion zu Schritt 1 (-MM1) ist nur genau so lange '1' (TRUE, WAHR), wie Schritt 1 aktiv ist. Im Weg-Schritt-Diagramm wie im GRAFCET ist zu erkennen, dass es Signalüberschneidungen gibt: • Wenn Zylinder -MM2 und -MM1 eingefahren sind, soll in Schritt 1 der Zylinder -MM1, in Schritt 3 der Zylinder -MM2 ausfahren. • Wenn Zylinder -MM1 wieder eingefahren ist (Schritt 3), soll Zylinder -MM2 erst ausfahren und dann einfahren. Daher muss das Programm die Schrittstruktur abbilden.

Ablaufsteuerung einer Biegevorrichtung 2
Sequence Control of a Bending Fixture 2

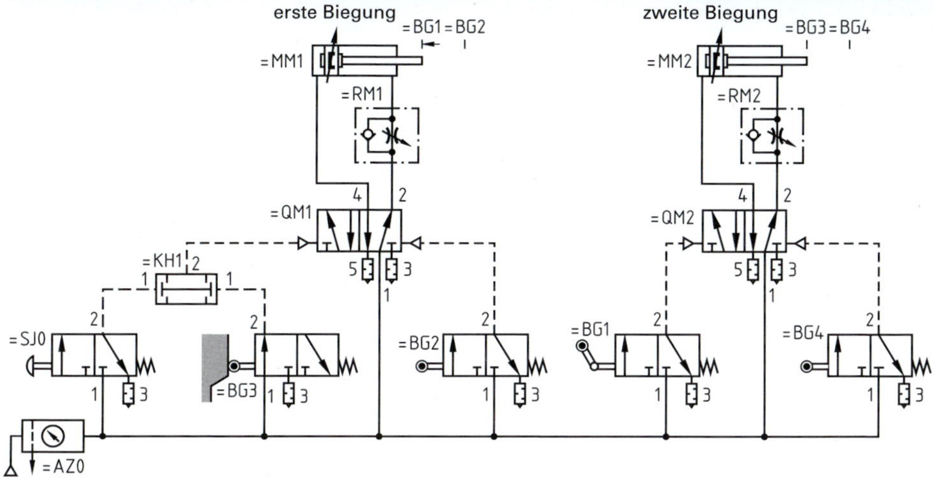

Pneumatische Lösung (Pneumatic Solution)

Die Grenztaster sind mechanische Grenztaster, =BG1 mit Leerrücklaufrolle. Mit Hilfe der Leerrücklaufrolle wird die Signalüberschneidung aufgelöst: =BG1 löst nur ein Signal aus, wenn der Zylinder einfährt, nicht wenn er eingefahren ist (Transition von Schritt 2 nach Schritt 3).

Leistungsteil (Power Section)

Sobald die Anlage elektrisch gesteuert wird, ist der Pneumatikplan auf den Leistungsteil reduziert.

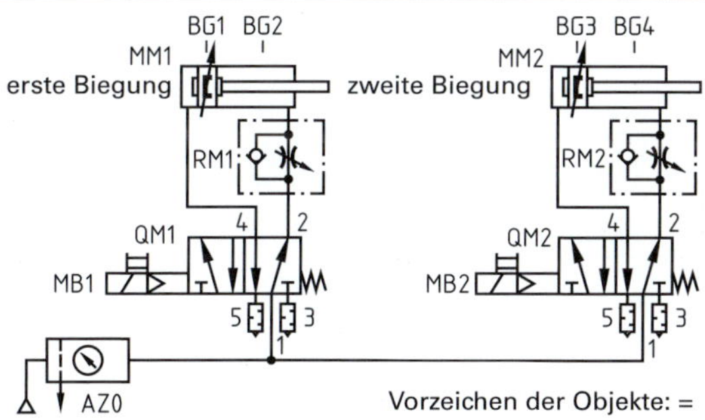

Die Vorzeichen stehen für die Aspekte (Betrachtungsweisen) der Objekte eines Systems, bezogen bei
– auf Produkt, = auf Funktion, + auf Ort, # auf Sonstiges.

Wenn die Objekte eines Systems dasselbe Vorzeichen haben, kann dieses auf dem Dokument gemeinam angegeben sein.

Stromlaufplan

In diesem Beispiel werden Ein/Ausgangsadressen einer modularen SPS benutzt.

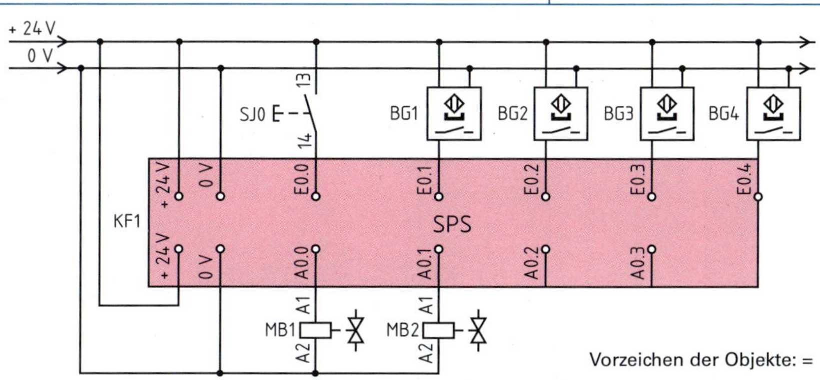

GRAFCET

Auf die Wiederholung des GRAFCET wird verzichtet. Der als Programmiervorlage dienende GRAFCET benutzt in den Aktionen die Bezeichnungen der Ventilspulen statt der Zylinder. Im übrigen entspricht er dem GRAFCET auf der vorhergehenden Seite.

A

Ablaufsteuerung einer Biegevorrichtung 3
Sequence Control of a Bending Fixture 3

Lösung	Programm	Bemerkungen
Programmierung mit löschender Taktkette	Bei der Programmierung mit löschender Taktkette werden die Schrittkette (Schritte und Transitionen) und die Aktionen getrennt programmiert. Für jeden Schritt wird ein eigener Speicher benutzt.	Der Speicher wird • gesetzt durch den vorherigen Schritt UND die vorangehende Transition, • zurückgesetzt durch den nachfolgenden Schritt.

Netzwerk: 1 Initialisierungsschritt

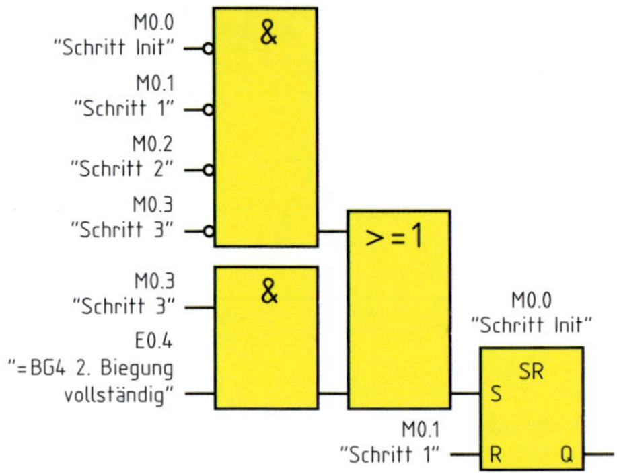

Netzwerk: 2 Schritt 1: Erste Biegung

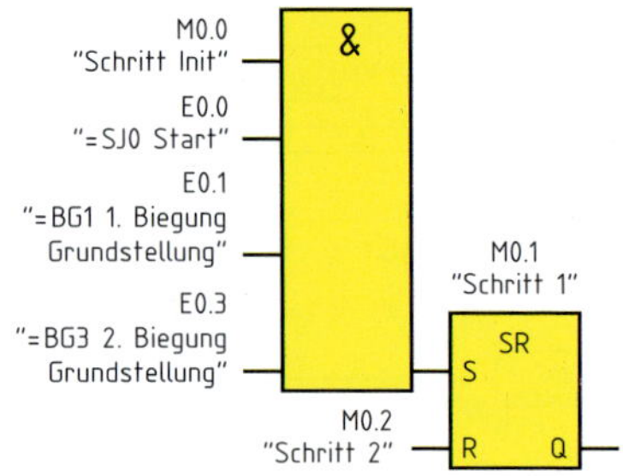

Netzwerk: 3 Schritt 2: Zylinder =MM1 in Grundstellung fahren

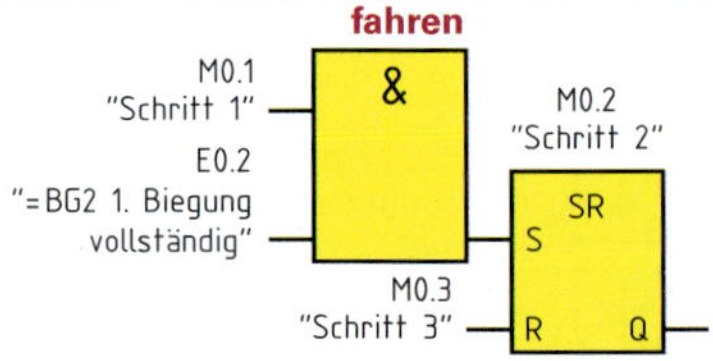

Netzwerk: 4 Schritt 3: Zweite Biegung

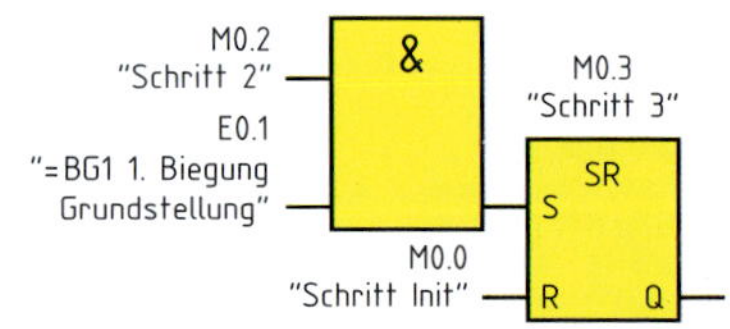

Im Aktionsbaustein wird für jeden Ausgang (Aktor) genau ein Netzwerk programmiert.

Netzwerk: 1
=MB1: Zylinder für die erste Biegung

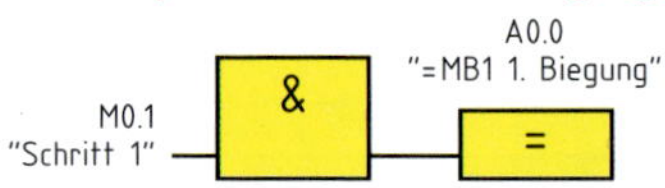

Netzwerk: 2
=MB2: Zylinder für die zweite Biegung

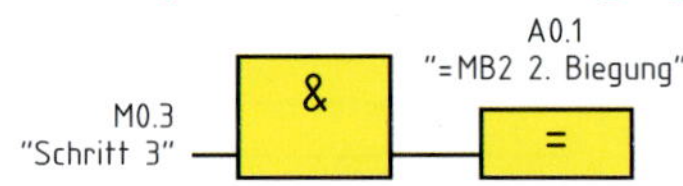

Lösung	Programm	Bemerkungen
Programmierung in Ablaufsprache AS Sequential Function Chart SFC	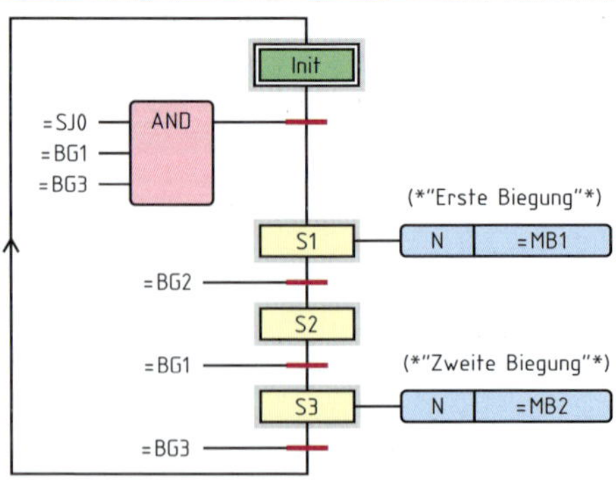	Die Ablaufsprache (DIN IEC 61131-3) ähnelt dem GRAFCET. Die Transitionen werden aber meist grafisch dargestellt, die Aktionen bestehen aus zwei Feldern, dem Qualifizierer (hier N für Nichtspeichernd) und dem Namen der Aktion oder des Aktors (hier z. B. =MB1). Erstellt mit Multiprog (www.kw-software.com).

A

Ablaufsteuerung einer Biegevorrichtung 4
Sequence Control of a Bending Fixture 4

Lösung	Programm	Bemerkungen
Programmierung in Anweisungsliste	Die „Sprungleiste“ sorgt für kürzere Zykluszeiten als die Programmierung mit einer Taktkette, weil immer nur exakt das Netzwerk mit dem gerade aktiven Schritt bearbeitet wird.	Die Sprungleiste ist ein Step7-eigener Befehl. Die Schritte werden mit einem Schrittzähler verwaltet.

Anweisungsliste mit der Sprungleiste	**Netzwerk 1: Sprungleiste**
	`L "Schrittzähler" MW0`
	`SPL Fehl //Sprung bei falschem Zählerwert`
	`SPA Init //Initialisierungsschritt`
	`SPL S1 //Schritt 1`
	`SPL S2`
	`SPL S3`
	`Fehl: BEA //Baustein beenden im Fehlerfall`
		Im ersten Netzwerk wird für jeden Schritt ein Sprungziel angegeben sowie der Inhalt des Schrittzählers geprüft. Ist der Inhalt des Schrittzählers unsinnig, wird zu Fehl: gesprungen und der Baustein abgebrochen (BEA).

Die nachfolgenden Netzwerke beginnen mit dem zum Schritt gehörenden Sprungziel, z.B. S1.
Ist die Transitionsbedingung zum nachfolgenden Schritt WAHR, dann wird der Schrittzähler um 1 hochgezählt.
Ist die Transitionsbedingung UNWAHR, wird die Bearbeitung des Bausteins beendet (BEB).
Beim nächsten Aufruf wird über den Sprungverteiler wieder an den Beginn dieses Netzwerkes gesprungen.

Netzwerk 2: Initialisierungsschritt

```
Init:   U(
        U       "=SJ0 Start"
        U       "=BG1"
        U       "=BG3"
        )
        NOT
        BEB
        L       "Schrittzähler"
        +       1
        T       "Schrittzähler"
```

Netzwerk 3: Schritt 1: Erste Biegung

```
S1:     U       "=BG2"
        NOT
        BEB
        L       "Schrittzähler"
        +       1
        T       "Schrittzähler"
```

Netzwerk 4: Schritt 2: Erster Zylinder zurück

```
S2:     U       "-BG1"
        NOT
        BEB
        L       "Schrittzähler"
        +       1
        T       "Schrittzähler"
```

Netzwerk 5: Schritt 3: Zweite Biegung

```
S3:     U       "=BG4"
        NOT
        BEB
        L       0
        T       "Schrittzähler"
```

Im Aktionsbaustein wird für jeden Ausgang (Aktor) genau ein Netzwerk programmiert. Der Ausgang wird geschaltet, wenn der Schrittzähler im gewünschten Schritt steht.

Netzwerk 1: Erste Biegung
Wenn der Zählerstand des Schrittzählers auf 1 steht, dann …

```
L       "Schrittzähler"
L       1
==I
=       "=MB1 1.Biegung"
```

Netzwerk 2: Zweite Biegung

```
L       "Schrittzähler"
L       3
==I
=       "=MB2 2.Biegung"
```

Aktionsbaustein in Anweisungsliste

Netzwerk: 1
Erste Biegung: Wenn der Zählerstand des Schrittzählers auf 1 steht, dann . . .

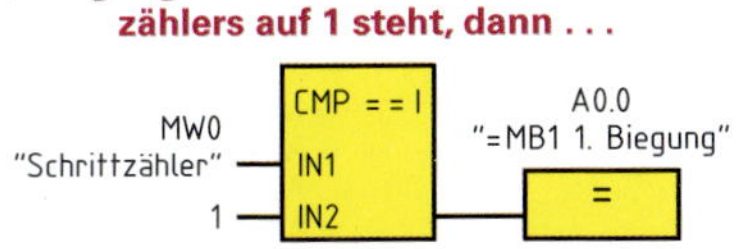

Netzwerk: 2
Zweite Biegung

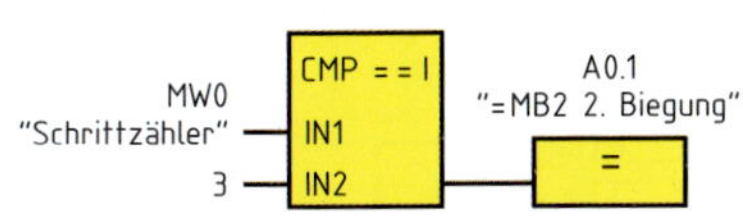

Aktionsbaustein in Funktionsplan

A

Ablaufsteuerung einer Vorschubeinheit Sequence Control of a Feed Unit

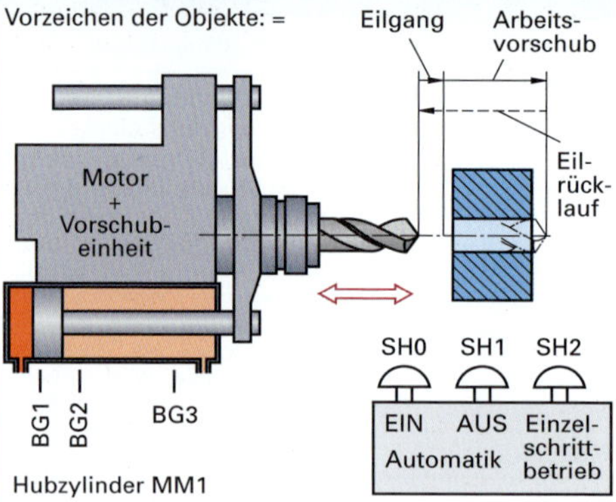

Technologie-Schema

Der Hydraulikzylinder fährt im Eilgang aus und wird durch den Näherungsschalter =SH2 auf Arbeitsvorschub umgeschaltet. In der vorderen Endlage wird durch den Näherungsschalter =BG3 nach einer Zeitverzögerung von 4 s auf Eilrücklauf geschaltet.

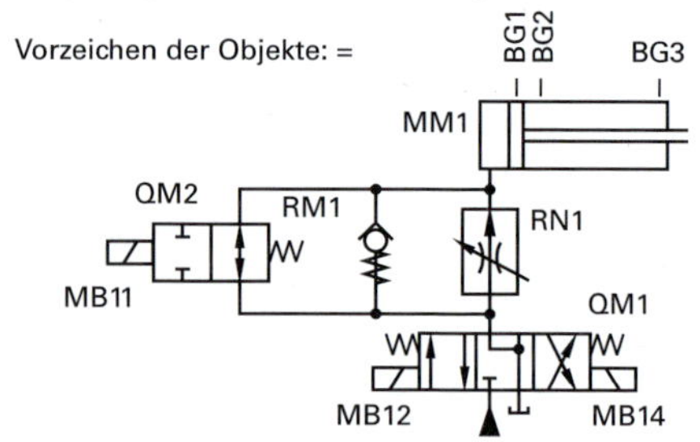

Hydraulik-Schaltplan

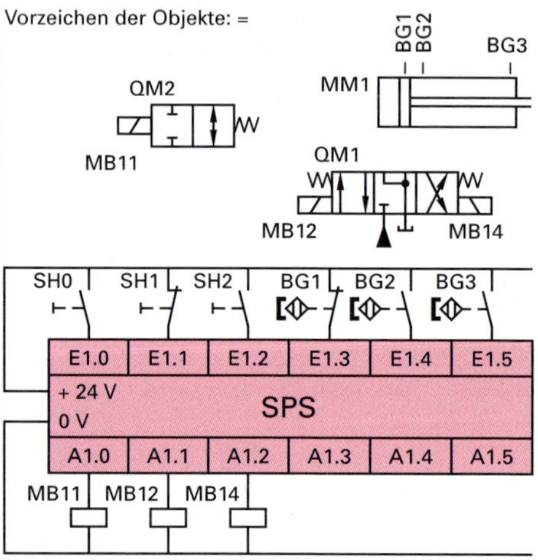

Schaltplan

Bauteil und Aktion	Symbol	Adresse
Taster Automatikbetrieb EIN	=SH0	E1.0
Taster Automatikbetrieb AUS	=SH1	E1.1
Taster Einzelschrittbetrieb EIN	=SH2	E1.2
Näherungsschalter Zylinder eingef. auf =BG1	=BG1	E1.3
Näherungsschalter Zylinder eingef. auf =SH2	=SH2	E1.4
Näherungsschalter Zylinder eingef. auf =BG3	=BG3	E1.5
Magnetventil =MB11 Zylinder =MM1 langs. ausf.	=MB11	A1.0
Magnetventil =MB12 Zylinder =MM1 ausfahren	=MB12	A1.1
Magnetventil =MB14 Zylinder 1A einfahren	=MB14	A1.2

Belegungsliste

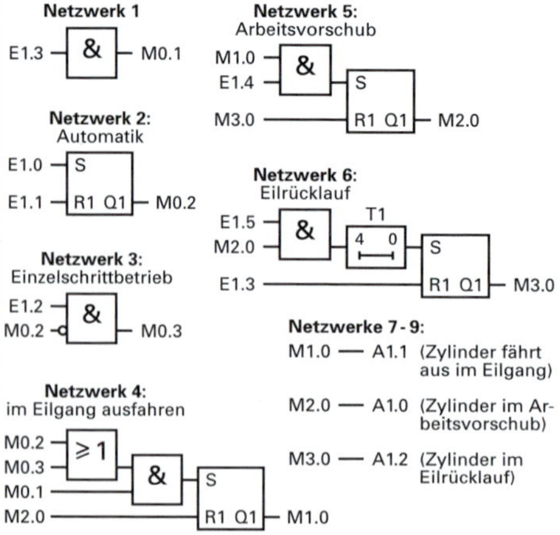

Funktionsbaustein-Sprache FBS

Netzw. 1: Grundstellung
U E1.3
= M0.1
Netzw. 2: Automatik
U E1.0
S M0.2
U E1.1
R M0.2
Netzw. 3: Einzelschritt
U E1.2
UN M0.2
= M0.3
Netzwerk 4: Eilgang
U M0.2
O M0.3
U M0.1
S M1.0
U M2.0
R M1.0

Netzw. 5: Arb. Vorschub
U M1.0
U E1.4
S M2.0
U M3.0
R M2.0
Netzw. 6: Eilrücklauf
U E1.5
U M2.0
= T1
U T1
S M3.0
U E1.3
R M3.0
Netzw. 7 bis 9: Zyl.-Beweg.
U M1.0
= A1.1
U M2.0
= A1.0
U M3.0
= A1.2
PE

Anweisungsliste AWL

A

Ablaufsteuerung eines Rührwerks   Sequence Control of an Agitator

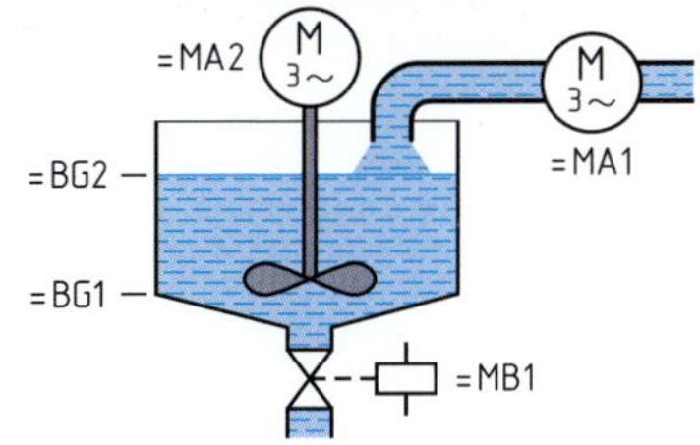

Technologie-Schema

Bohremulsion soll im Automatikbetrieb in einen Behälter gepumpt, dort umgerührt und danach wieder abgelassen werden.

Durch Einschalten des Pumpenmotors =MA1 läuft die Emulsion bis zur Füllstandsmarke =BG2 ein.

Danach wird der Rührwerkmotor =MA2 eingeschaltet und die Emulsion 15 Sekunden gemischt. Danach öffnet das Ablassventil =MB1, bis der Behälter leer ist. Danach schließt wegen =BG1 das Ablassventil =MB1.

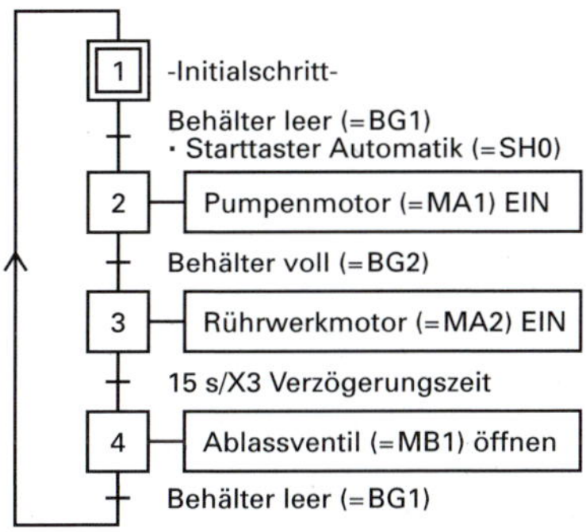

Funktionsplan der Ablaufsteuerung GRAFCET

Belegungsliste

Bauteil und Aktion	Symbol	Adresse	Bemerkung
Taster Automatik START	=SH0	E1.0	Schließer
Taster Automatik STOP	=SH1	E1.1	Öffner
Drucksensor Behälter leer	=BG1	E1.2	Schließer
Füllstandssensor Behälter voll	=BG2	E1.3	Schließer
Pumpenmotor =MA1 Flüssigkeit einfüllen	=QA1	A1.0	Schließer
Rührwerkmotor =MA2 Flüssigkeit rühren	=QA2	A1.1	Schließer
Ablassventil Flüssigkeit ablassen	=MB1	A1.2	Öffner

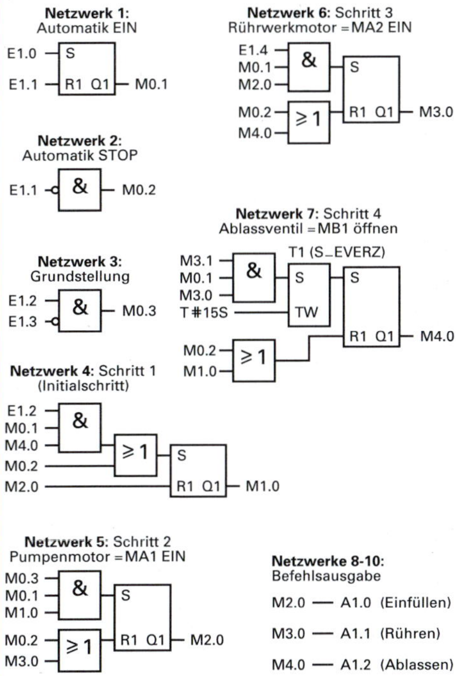

Funktionsbaustein-Sprache FBS

Netzw. 1: Autom. EIN
U E1.0
S M0.1
U E1.1
R M01
Netzw. 2: Autom. STOP
UN E1.0
= M0.2
Netzw. 3: Grundstellung
U E1.2
UN E1.3
= M0.3
Netzwerk 4: Schritt 1
U E1.2
U M0.1
U M4.0
O M0.2
S M1.0
U M2.0
R M1.0
Netzwerk 5: Schritt 2
U M0.3
U M0.1
U M1.0
S M2.0
O M0.2
O M3.0
R M2.0

Netzw. 6: Schritt 3
U E1.4
U M0.1
U M2.0
S M3.0
Netzwerk 7: Schritt 4
U(
U M3.1
U M0.1
U M3.0
L T#15S
SE T1
U T1
)
S M4.0
O M0.2
O M1.0
R M4.0
Netzwerke 8–10: Befehle
U M2.0
= A1.0
U M3.0
= A1.1
U M4.0
= A1.2
PE

Anweisungsliste AWL

A

Ablaufsteuerung eines Prägewerkzeugs — Sequence Control of a Mint Tool

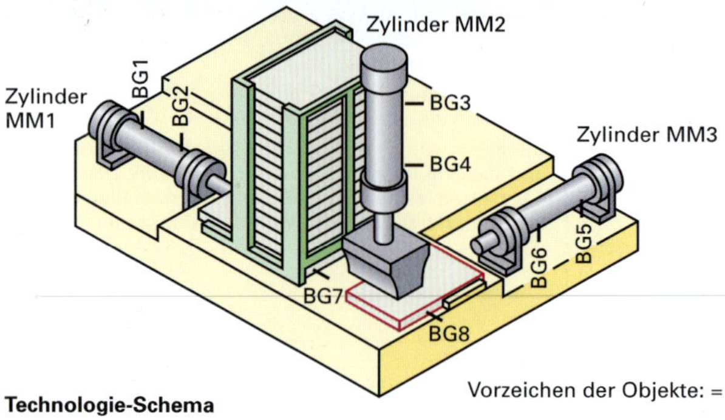

Technologie-Schema

In einem Prägewerkzeug sollen Werkstücke eine Werkstücknummer erhalten.

Der Sensor =BG7 kontrolliert, ob noch Material im Stapelmagazin vorhanden ist. Der Pneumatikzylinder =MM1 schiebt nun das Werkstück aus dem Magazin in die Arbeitsposition. Anschließend fährt der Prägezylinder =MM2 aus und prägt das Werkstück. Zuerst fährt dann der Prägezylinder =MM2 und danach der Schiebezylinder =MM1 zurück. Zylinder =MM3 dient als Auswerfer für das geprägte Werkstück. Sensor =BG8 stellt fest, ob das Werkstück tatsächlich ausgeworfen wurde.

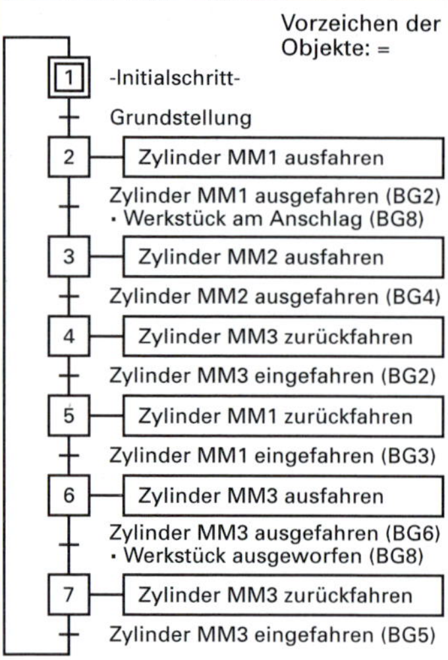

Funktionsplan GRAFCET

Belegungsliste

Bauteil und Aktion	Symbol	Adresse
Taster START (Schließer)	=SH0	E1.0
Taster STOP (Öffner)	=SH1	E1.1
Sensoren (Schließer)	=BG1 bis =BG8	E1.2 bis E1.9
Zylinder =MM1 mit Magnetventil =MB1 und =MB2	=MB1 und =MB2	A1.0/A2.0
Zylinder =MM2 mit Magnetventil =MB3 und =MB4	=MB3 und =MB4	A3.0/A4.0
Zylinder =MM3 mit Magnetventil =MB5 und =MB6	=MB5 und =MB6	A5.0/A6.0

Netzwerk 1: Funktionsbaustein

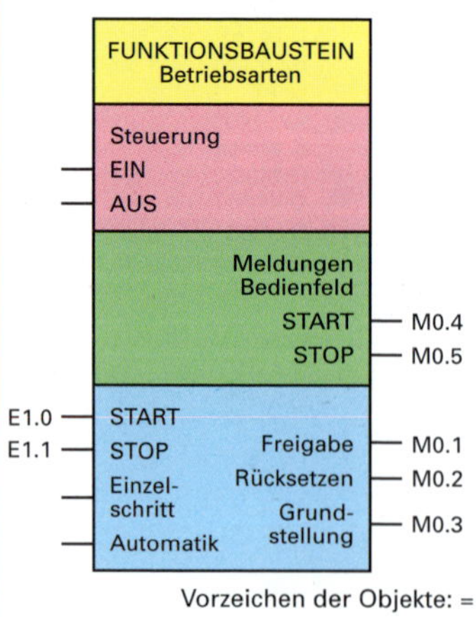

Netzwerk 2: Schritt 1 (Initialschritt)

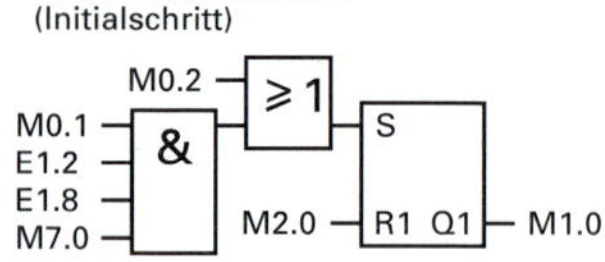

Netzwerk 3: Schritt 2
Zylinder MM1 ausfahren

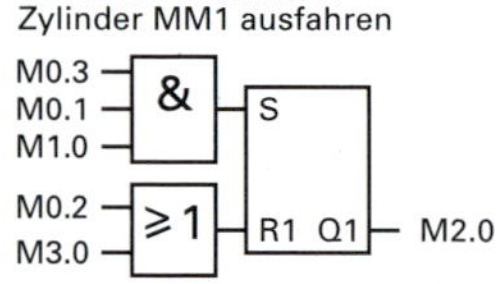

Netzwerk 4: Schritt 3
Zylinder MM2 ausfahren

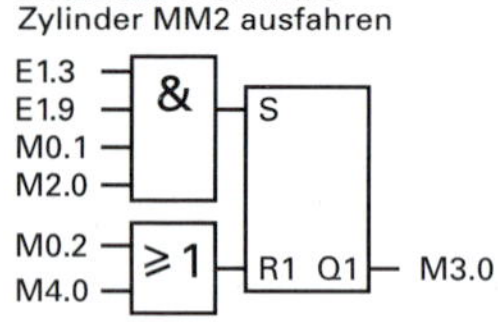

Netzwerk 4: Schritt 4
Zylinder MM2 einfahren

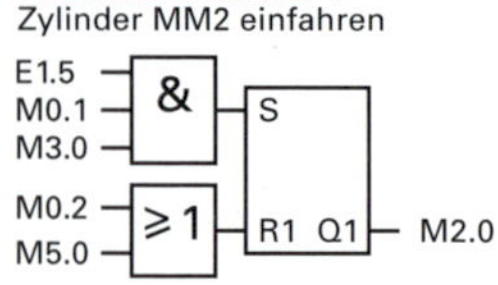

Netzwerk 6: Schritt 5
Zylinder MM1 einfahren

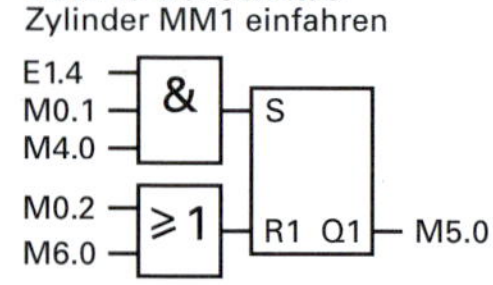

Netzwerk 7: Schritt 6
Zylinder MM3 ausfahren

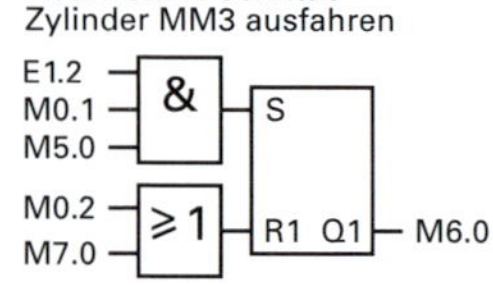

Netzwerk 8: Schritt 7
Zylinder MM3 einfahren

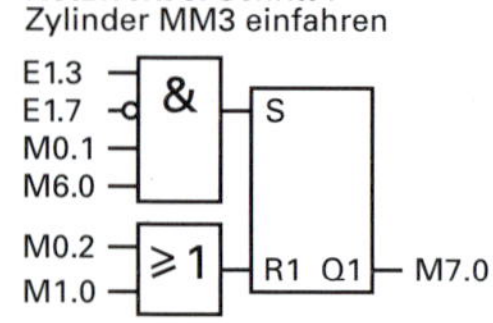

Netzwerk 9-14:
Befehlsausgabe

M2.0 — A1.0 (MM1 ausfahren)
M3.0 — A3.0 (MM2 ausfahren)
M4.0 — A4.0 (MM2 einfahren)
M5.0 — A2.0 (MM1 einfahren)
M6.0 — A5.0 (MM3 ausfahren)
M7.0 — A6.0 (MM3 einfahren)

Programmierung der Steuerung in Funktionsbaustein-Sprache FBS

Ablaufsteuerung einer Paket-Hebeanlage 1
Sequential Control of a Packet Lift Station 1

Planung	Ansicht/Plan	Bemerkungen
Lageplan und Aufgabenbeschreibung (Layout and Task Description)	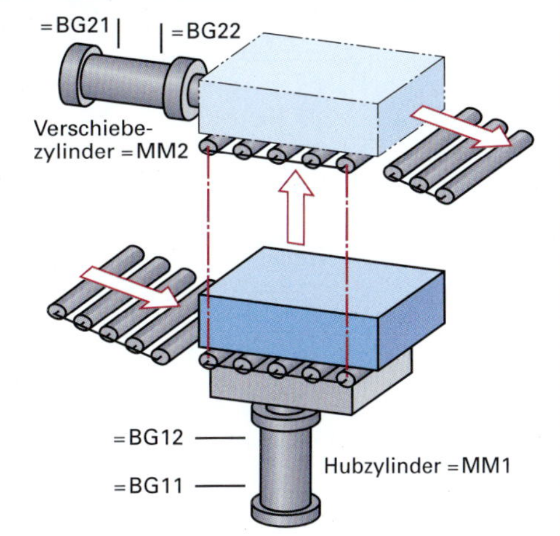	Pakete werden mit dem Hubzylinder =MM1 angehoben und durch den Verschiebezylinder =MM2 auf eine Rollenbahn verschoben. Der Hubzylinder fährt aus, wenn ein Sensor =BG0 (nicht im Bild zu erkennen) ein Paket erkannt hat, und betätigt in der Endlage den Grenztaster =BG12. Darauf schiebt der Verschiebezylinder das Paket auf die obere Rollenbahn und betätigt =BG22. Der Hubzylinder fährt in Grundstellung, betätigt =BG11, woraufhin auch der Verschiebezylinder wieder in Grundstellung fährt.
Weg-Schritt-Diagramm (Displacement step-diagram) Schrittnummer	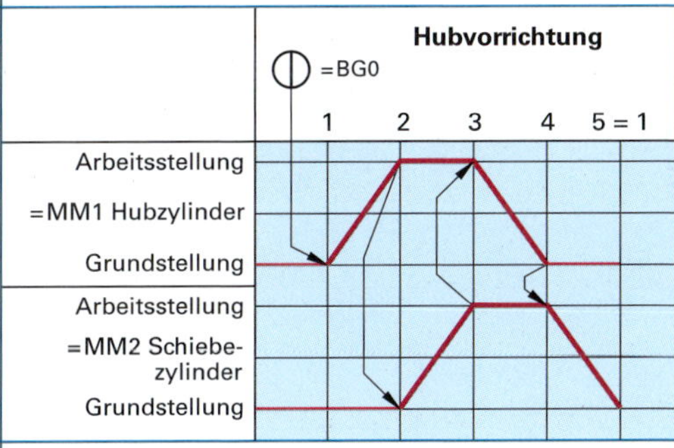	Das Weg-Schritt-Diagramm WSD ist eine Form des Funktionsdiagramms. In diesem WSD werden nur die Bewegungen der Aktoren sowie die Abhängigkeiten der Bewegungen zueinander gezeigt. Die Wirklinien zeigen die Abhängigkeiten: =BG0 startet =MM1, die Arbeitsstellung von =MM1 startet =MM2, die Arbeitsstellung von =MM2 lässt =MM1 in Grundstellung fahren, die Grundstellung von =MM1 lässt =MM2 in Grundstellung fahren.
GRAFCET (Grafcet) Initialisierungsschritt Transition (Übergangsbedingung) Schritt Aktion Aktion wird ausgeführt bei Aktivierung des Schritts	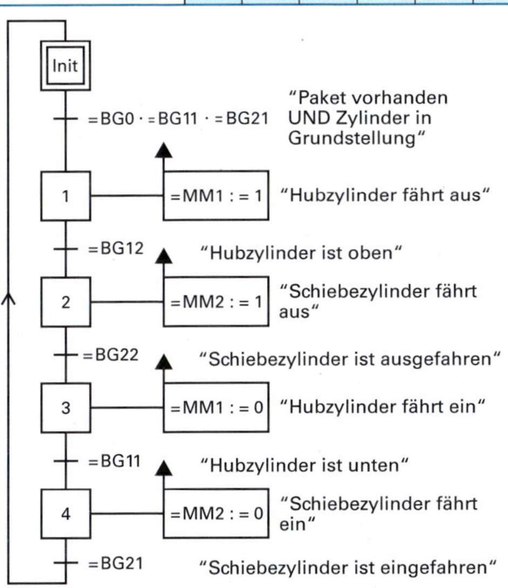	Der GRAFCET zeigt den Ablaufteil einer Steuerung. Dieser GRAFCET zeigt die Schrittkette, ohne darauf einzugehen, wie die Zylinder angesteuert werden. Im Weg-Schritt-Diagramm wie im GRAFCET ist zu erkennen, dass kein Signal mehrfach genutzt wird. Es liegt also keine Signalüberschneidung vor. Bei der Realisierung der Steuerung muss kein Schritt zwischengespeichert werden. Die Aktionen in diesem Beispiel sind speichernd („Zuordnung“), in Schritt 1 wird Zylinder =MM1 gesetzt, in Schritt 3 zurückgesetzt, entsprechend wird =MM2 in Schritt 2 gesetzt, in Schritt 4 zurückgesetzt.

A

Ablaufsteuerung einer Paket-Hebeanlage 2
Sequential Control of a Packet Lift Station 2

<table>
<tr><th>Lösungen</th><th>Schaltung, Plan</th><th>Bemerkungen</th></tr>
<tr><td>Pneu-
matisch
(Pneu-
matic
Solution)
Ein Pneu-
matikplan
wird in
Grundstel-
lung und
unter
Druck ge-
zeichnet.</td><td>Vorzeichen der Objekte: =

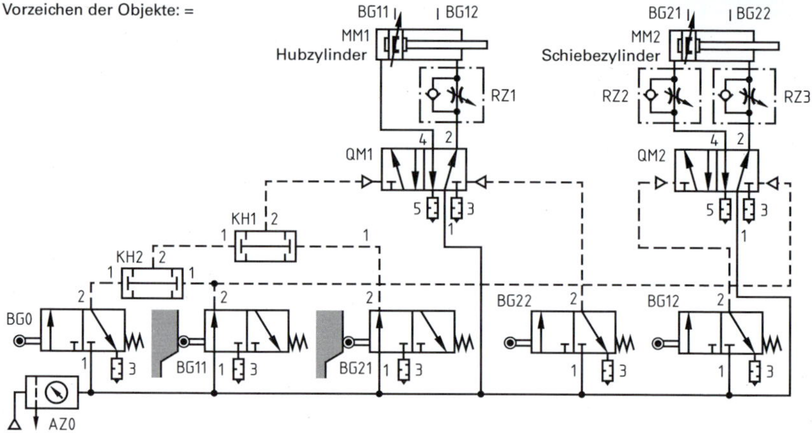

</td><td></td></tr>
<tr><td>Leistungs-
teil
(Power
Section)
Sobald die
Anlage
elektrisch
gesteuert
wird, ist
der Pneu-
matikplan
auf den
Leistungs-
teil redu-
ziert.</td><td>
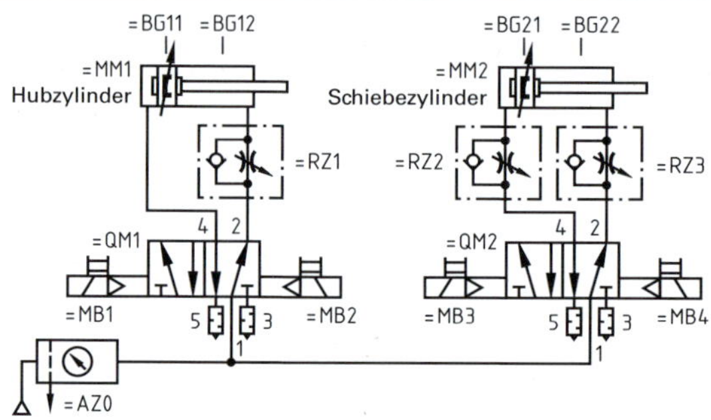

</td><td>Die Zylinder sind doppeltwirkende Zylinder mit einstellbarer beidseitiger Endlagendämpfung und Permanentmagnet für die Positionsabfrage.
Die Ventile sind 5/2-Wegeventile, beidseitig elektrisch angesteuert (Impulsventile) mit Vorsteuerung und Handhilfsbetätigung.</td></tr>
<tr><td>GRAFCET

Konti-
nuierlich
wirkende
Aktion</td><td>
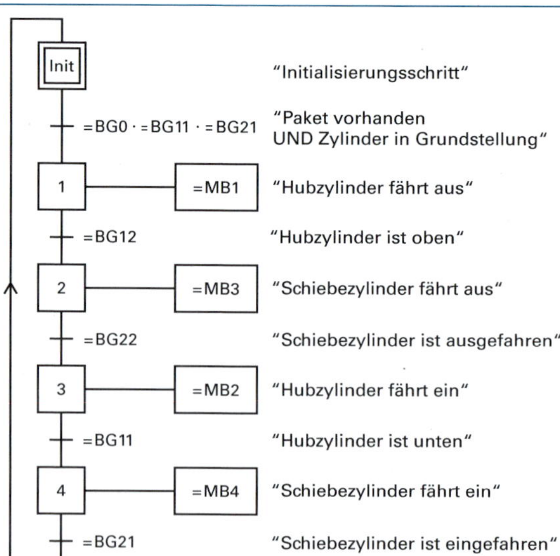

</td><td>Dieser GRAFCET (im Gegensatz zum GRAFCET auf vorheriger Seite) ist die Vorlage für die Programmierung der Steuerung.
Da die pneumatischen Stellglieder die Speicherfunktion übernehmen (Impulsventile), kann die speichernde Aktion (Zuordnung) zugunsten der nicht-speichernden (Zuweisung) entfallen.
In den Transitionen und Aktionen werden exakt die Bauteilbezeichnungen benutzt, die auch im Stromlaufplan (Anschluss an die Steuerung) und in der Symboltabelle der Steuerung benutzt werden. Damit kann der Ablaufteil einer Steuerung mit Hilfe des GRAFCET direkt programmiert werden.</td></tr>
</table>

A

Ablaufsteuerung einer Paket-Hebeanlage 3
Sequential Control of a Packet Lift Station 3

Lösungen	Schaltung, Schaltplan, Vorzeichen der Objekte: =

Relais-steuerung (relais control)

Direkte Ansteuerung der Verbraucher ohne Hilfsrelais.

Das Relais KF1 dient der Kontaktvervielfachung.

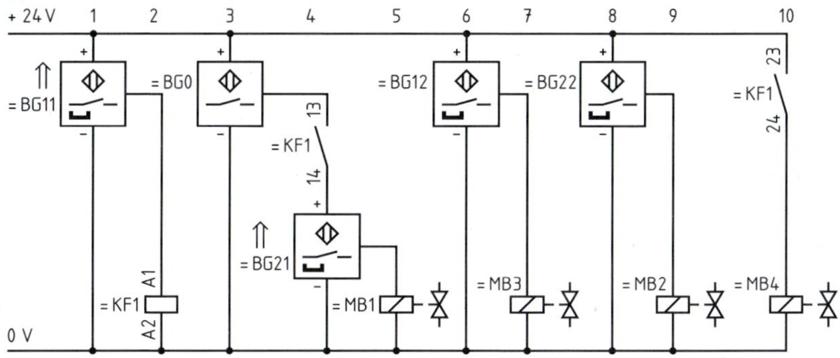

Programmierbare Steuerung: **Stromlaufplan** (circuit diagramm)

Voraussetzung für die Nutzung einer programmierbaren Steuerung (SPS) ist die Kenntnis der Anschlüsse und damit der Adressierung.

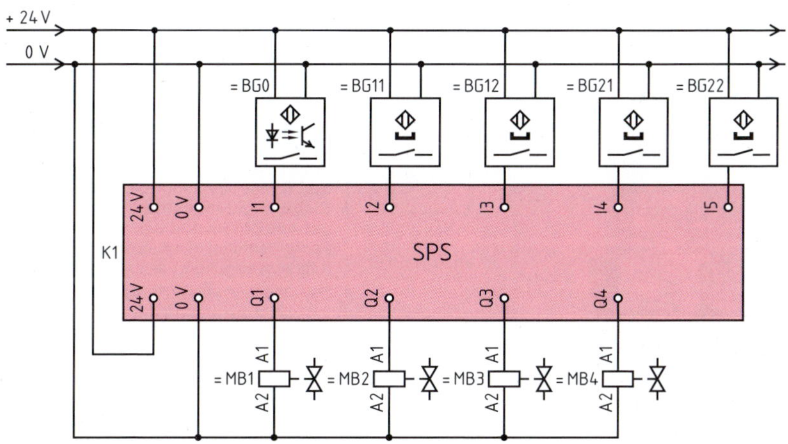

Vereinfachte Darstellung ohne Klemmen, Not-Aus.
Die Ventilspulen werden direkt ohne Löschdiode angesteuert.

Programm

Programmierbare Kleinsteuerungen haben die Relaissteuerung und die pneumatische Steuerung weitgehend ersetzt.

www.moeller.net

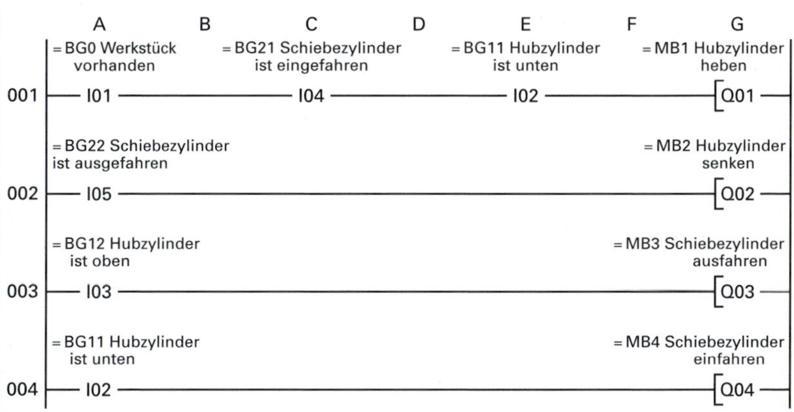

Programm als Kontaktplan

A

Druckluftaufbereitung Compressed-air Conditioning

Bauteil	Schaltzeichen	Erklärung
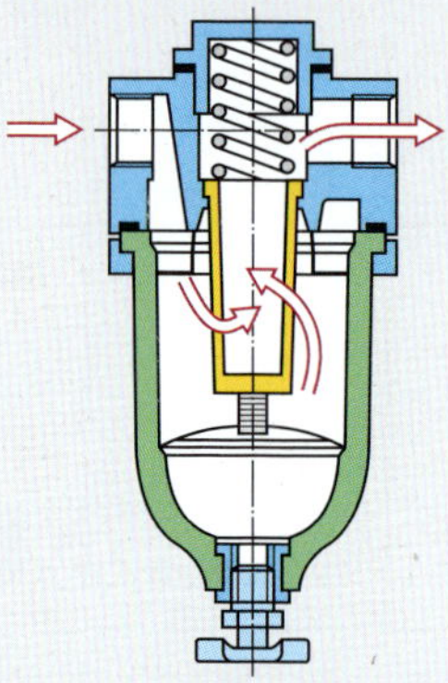 **Druckluftfilter**	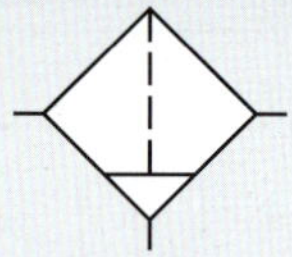 mit manueller Entwässerung 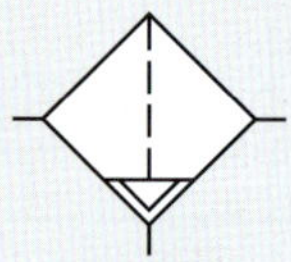 mit automatischer Entwässerung	Die Luft strömt seitlich in das Druckluftfilter ein und wird verwirbelt. Dabei werden grobe Schmutz- und Flüssigkeitsteilchen durch die Fliehkraft an die Behälterwand geschleudert. Sie können bei Bedarf über eine Ablassschraube am Behälterboden abgelassen werden. Entsprechend der Porengröße des Filtereinsatzes werden die kleineren Partikel im auswechselbaren Filter zurückgehalten. Die Filtereinsätze bestehen hauptsächlich aus Bronze-, Messing- oder Stahlsieben. Der Einsatz eines Druckluftfilters führt zu einer von dampfförmigen, flüssigen und festen Fremdstoffen freien Druckluft. Bauarten und Anwendungen: • Mehrzweckfilter: als Einzelfilter zur Abscheidung von Kondensat und Ölaerosolen • Aktivkohlefilter: in der Pharma-, Elektro- und Lebensmittelindustrie • Staubfilter: zur Abscheidung von Staub- und Schmutzpartikel • Hochleistungsfilter: vor Druckluftwerkzeugen, pneumatischen Fördereinrichtungen
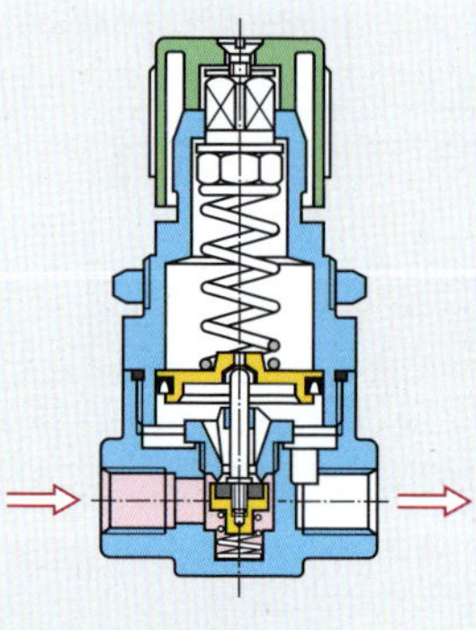 **Druckregelventil**	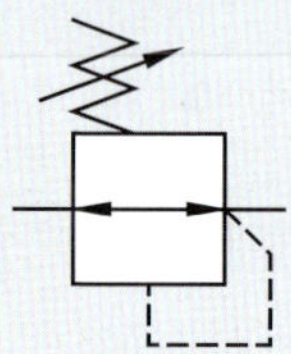 allgemein 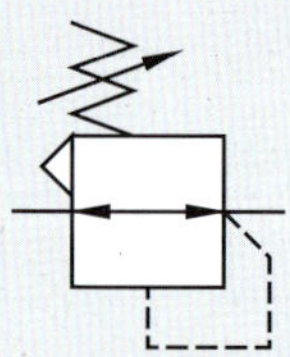 mit Abflussöffnung	Die Regelung erfolgt durch den großen Ventilteller, dessen eine Seite durch eine einstellbare Feder und dessen zweite Seite vom Arbeitsdruck beaufschlagt wird. Sinkt der Arbeitsdruck unter den voreingestellten Wert, so drückt die Feder über den Ventilteller den Stift nach unten und öffnet das Ventil. Jetzt strömt durch den geöffneten Ringspalt solange Druckluft ein, bis der Arbeitsdruck wieder erreicht ist und das Ventil sich schließt. Das System Feder/Ventilteller erreicht eine Gleichgewichtslage und hält so weitgehend den Arbeitsdruck konstant. Der Einsatz eines Druckluftregelventils führt zu einer Druckluft mit annähernd konstantem Druck, der unabhängig von Schwankungen des Primärdrucks und vom Luftbedarf gehalten werden soll. Im Gegensatz dazu sorgt ein Druckminderer (Druckminderungsventil, Reduzierventil) dafür, dass trotz unterschiedlich hoher Drücke auf der Eingangsseite ein bestimmter Ausgangsdruck auf der Ausgangsseite nicht überschritten wird. www.festo.com
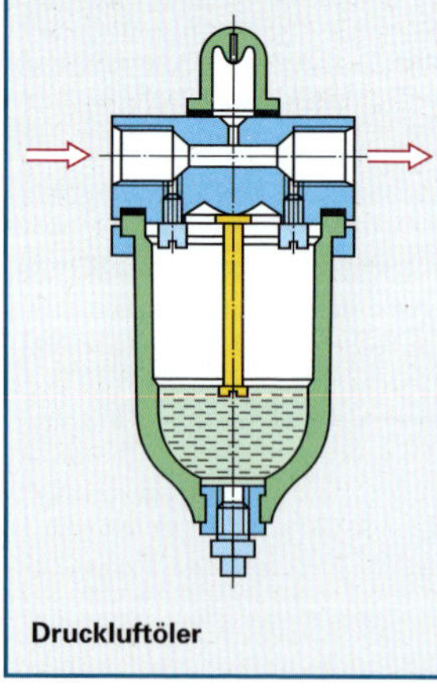 **Druckluftöler**	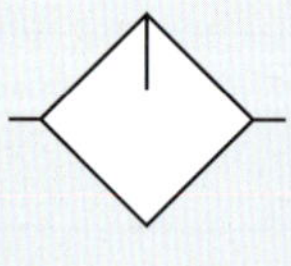	Der Druckluftöler erzeugt einen ununterbrochenen Ölnebel. Er arbeitet dabei nach dem Venturiprinzip, d. h. durch die Verkleinerung des Leitungsquerschnittes entsteht an der Engstelle eine Erhöhung der Strömungsgeschwindigkeit, wodurch ein Unterdruck entsteht. Durch diesen Effekt wird aus dem unteren Behälter Öl durch ein Steigrohr nach oben gedrückt, tropft in die Strömung und wird dabei vernebelt. Durch eine Drossel kann die Anzahl der Öltropfen, die in den Luftstrom gelangen, dosiert werden. Der Einsatz eines Druckluftölers führt zu einer schmiermittelhaltigen oder schmiermittelfreien Druckluft. Die vom Kompressor ankommende Druckluft ist in der Regel noch nicht in dem Zustand, um die nachfolgenden Geräte einwandfrei und störungsfrei arbeiten zu lassen. Man setzt daher Druckluftaufbereitungsgeräte ein, nämlich Filter und Regler als Einzelgeräte oder ein Kombinationsgerät, den Filterregler und den Öler. Der Öler in der Druckluft hat in den letzten Jahren an Bedeutung verloren, da der Trend zu ölungsfreien Pneumatikkomponenten geht.

Zylinder und Pumpen Cylinders and Pumps

Bauteil	Schaltzeichen	Erklärung
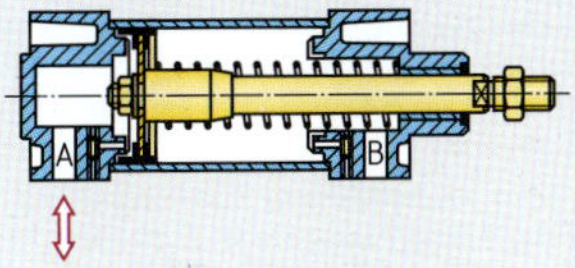 **Einfachwirkender Zylinder**	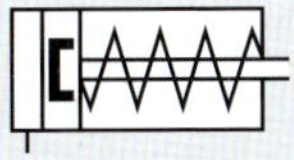	Einfachwirkende Zylinder gibt es als Kolben- oder Membranzylinder. Da nur eine Seite des Kolbens oder der Membrane mit Druck beaufschlagt wird, können diese Zylinder nur auf einer Seite Arbeit verrichten. Je nach Bauart ist dies die Ausfahr- oder die Einfahrbewegung. Eine eingebaute Feder auf der anderen Seite schiebt den Kolben nach erfolgter Entlüftung in die Ausgangsstellung zurück. Einfach wirkende Zylinder werden zum Spannen, Pressen, Zuführen oder Auswerfen eingesetzt.
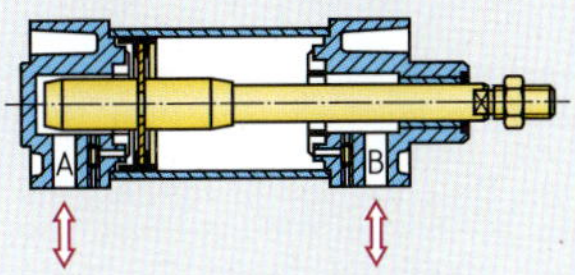 **Doppeltwirkender Zylinder**	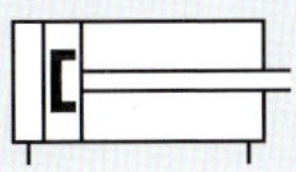	Der Kolben eines doppeltwirkenden Zylinders wird wechselseitig mit Druckluft beaufschlagt. Somit ist an beiden Seiten ein Arbeitshub möglich. Da auf der einen Seite der Kolbenboden um die Fläche der Kolbenstange kleiner ist, entstehen beim Einfahren und Ausfahren des Kolbens unterschiedlich große Kräfte. Vorteile: • längere Hublänge, • Kolbengeschwindigkeiten können in beiden Richtungen eingestellt werden.
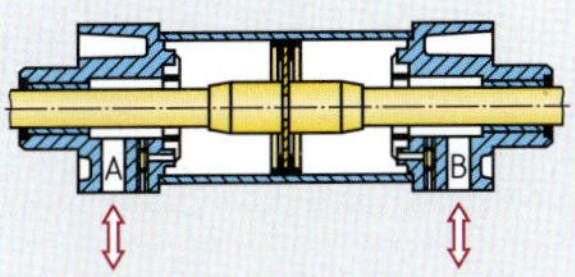 **Zylinder mit zweiseitiger Kolbenstange**	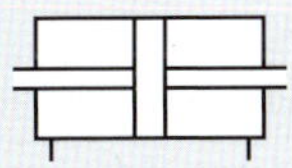	Da die durchgehende Kolbenstange auf beiden Seiten des Kolbens die gleichen Ringflächen haben, ergeben sich für beide Bewegungsrichtungen die gleichen Kräfte. Durch die beidseitige Lagerung der Kolbenstange können größere Querkräfte aufgenommen werden. Zylinder mit zweiseitiger Kolbenstange werden z. B. als Betätigungselemente für Spannfutter eingesetzt. www.festo-didactic.com www.boschrexroth.com
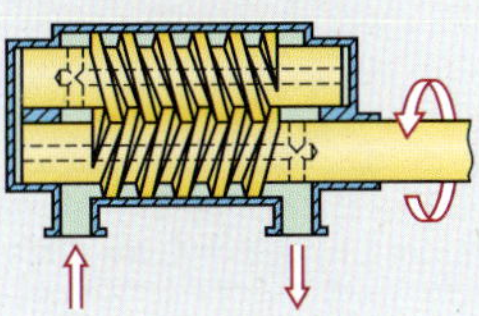 **Schraubenpumpe**	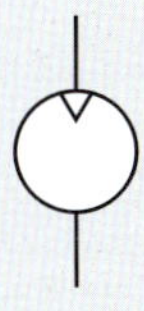	Sie besitzt mehrere Spindeln, die wie schrägverzahnte Zahnräder die Flüssigkeit in den Gewindelücken entlang der Gehäusewand fördern. Die Spindeln sind besonders passgenau gearbeitet, sodass sie eine gegeneinander abdichtende Form besitzen, die ein Rückströmen der Flüssigkeit verhindert. Vorteile: • geringe Laufgeräusche, • pulsationsfreier Förderstrom. Nachteil: • hohe Herstellungskosten, • niedriger Wirkungsgrad.
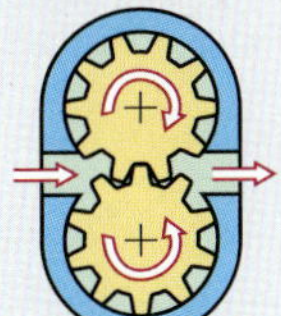 **Zahnradpumpe**	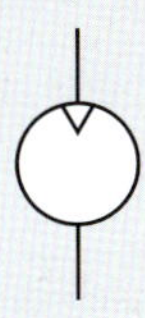	Bei der Zahnradpumpe wird ein Zahnrad angetrieben und dreht das andere Zahnrad mit. Die bei der Drehbewegung auseinander laufenden Zähne lassen neue Zahnkammern frei werden. Diese Kammern werden befüllt und das Medium wird von der Saug- zur Druckseite befördert. Hier greifen die Zähne wieder ineinander und verdrängen z. B. die Flüssigkeit aus den Zahnkammern. www.linn-pumpen.de
 **Lamellenpumpe**	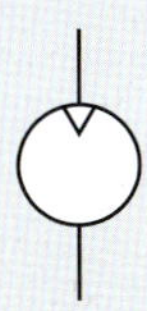	Bei der Lamellenpumpe dreht sich ein Rotor exzentrisch in einem Gehäuse. Die in Schlitzen radial beweglichen Schieber werden durch die Zentrifugalkraft nach außen gedrückt und dichten somit die einzelnen Zellen ab. Vorteile: • gleichmäßige Förderung, • kleine Baugröße. Nachteil: • schlechter Wirkungsgrad.

A

Druckventile und Wegeventile   Pressure and Direction Control Valves

Bauteil	Schaltzeichen	Erklärung
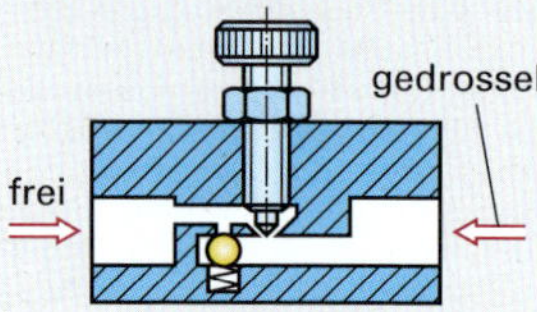 **Drosselrückschlagventil**	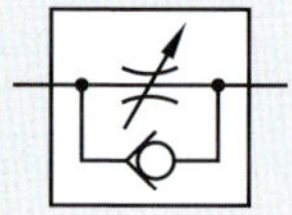	Das Drosselrückschlagventil kombiniert ein Drosselventil und ein Rückschlagventil. In einer Strömungsrichtung hat die Druckluft ungestört Durchgang, während in der Gegenrichtung eine stufenlose Einstellung des Durchflusses möglich ist. Drosselrückschlagventile werden zur Geschwindigkeitssteuerung in die Arbeitsleitungen von Zylindern in Zylindernähe eingebaut, z.B. Eilvorlauf, Eilrücklauf oder Arbeitsgeschwindigkeit. www.festo.com
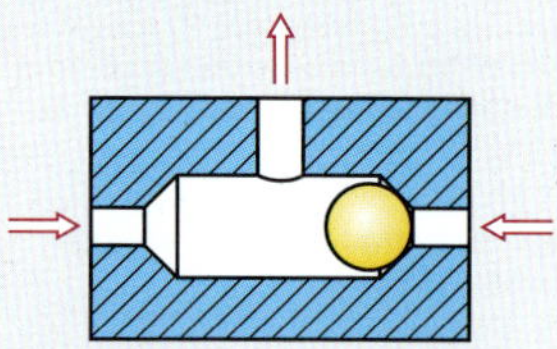 **Wechselventil**	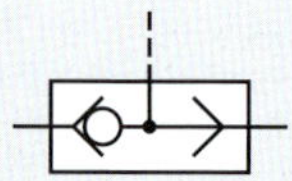	Das Wechselventil erfüllt in einer pneumatischen Steuerung die Funktion eines ODER-Gliedes. Dazu besitzen Wechselventile zwei Steueranschlüsse und einen Arbeitsanschluss. Druckluft strömt zum Arbeitsanschluss, wenn eine der beiden Eingangsleitungen oder beide gleichzeitig unter Druck stehen. Dabei verhindert das Wechselventil, dass die mit Druck beaufschlagte Steuerleitung über den parallel geschalteten Steueranschluß entlüftet wird.
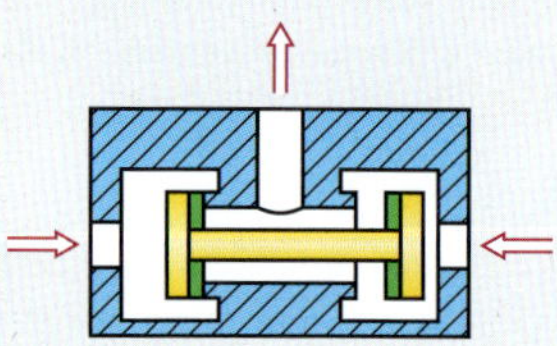 **Zweidruckventil**	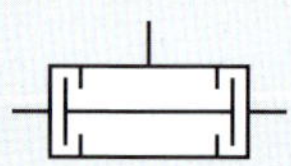	Das Zweidruckventil erfüllt in einer pneumatischen Steuerung die Funktion eines UND-Gliedes. Dazu besitzen Zweidruckventile zwei Steueranschlüsse und einen Arbeitsanschluss. Druckluft strömt nur dann zum Arbeitsanschluss, wenn beide Eingangsleitungen gleichzeitig unter Druck stehen. Bei unterschiedlich großen Steuerdrücken schließt der größere das Ventil und der kleinere Steuerdruck gelangt zum Ausgang. www.hawe.de
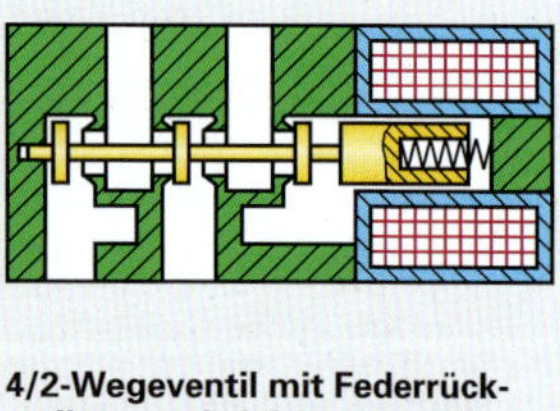 **4/2-Wegeventil mit Federrückstellung und elektromagnetischer Betätigung**	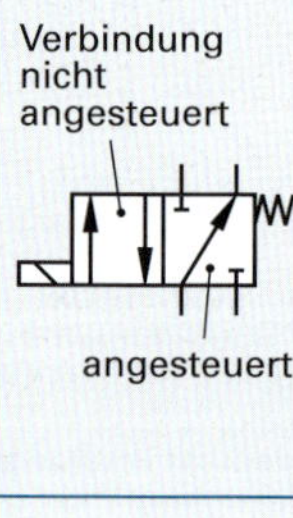	Sitzventile zeichnen sich durch einen dicht schließenden Ventilkörper aus, wobei sie oft nur unter großem Kraftaufwand zu schalten sind, da der Systemdruck den Ventilkörper belastet. Bei der elektromagnetischen Ansteuerung wird in spannungslosem Zustand der Kolben durch eine Feder auf den Ventilsitz gedrückt. Nach Betätigung wird der Kolben durch die Magnetkraft angezogen und gibt eine andere Verbindung frei.
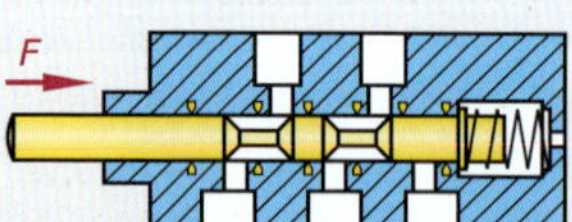 **5/2-Wegeventil mit Federrückstellung und mechanischer Betätigung durch Stößel**	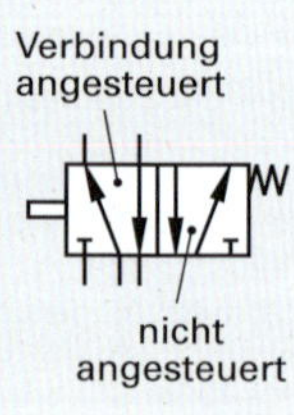	Da Kolbenschieberventile druckentlastet sind, lassen sie sich mit einer vom Betriebsdruck nahezu unabhängigen Betätigungskraft schalten. Wegen des Bewegungsspiels des Kolbenschiebers kann es zu Abdichtproblemen kommen. www.esska.de

A

Automatisierte Schraubersysteme   Automated Wrench Systems

Begriff	Erklärung	Bemerkungen
Schrauber-antrieb	Der Antrieb eines Elektroschraubers erfolgt durch einen bürstenlosen Servomotor, der von einer Schraubersteuerung überwacht wird. Bei Erreichen z. B. des vorgegebenen Kraftmomentes wird der Motor abgeschaltet. Wegen Linkslauf, Rechtslauf können Schrauben angezogen bzw. gelöst werden. www.synatec.de www.atlascopco.com	Momenthaltezeit, Kraftmoment, Wiederanlaufzeit, Drehzahl und Drehrichtung werden von der Schraubersteuerung vorgegeben. Elektronische Schrauber kommen insbesonders dann zum Einsatz, wenn hohe Kraftmomentgenauigkeit und Dokumentation der Verschraubung gefordert sind. Das Umsetzen der Motordrehzahlen in kleinere Schrauberdrehzahlen mit notwendigem Moment erfolgt über Planetengetriebe.
Schrauber-steuerung Auswer-tungen Protokollie-rung	Die Steuerungen sind speziell für das Ansteuern der Antriebe der Schrauberspindeln ausgelegt. Über Schnittstellen sind IT-Geräte anschließbar. Daten für statistische Auswertungen werden gespeichert und z. B. an einen angeschlossenen PC wegen erforderlicher Nachweispflicht übertragen: Auftragsnummer, Anzugsdaten (Kraftmoment, Drehwinkel), Datum. Das Protokollieren der Schraubzyklen umfasst auch Meldungen zu überschrittenen Grenzwerten. Ein Schraubzyklus wird ggf. dann abgebrochen.	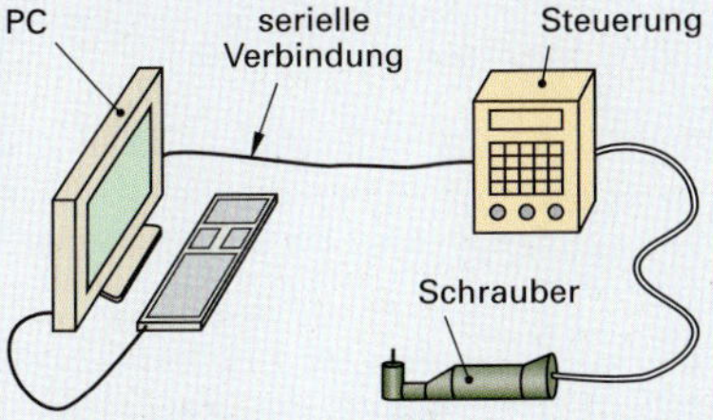 **Schraubersystem**
Schrauber-programmie-rung Sollwerte, Grenzwerte	Die Programmierung des Schraubers erfolgt an der Steuerung oder über einen daran angeschlossenen PC. Parameter für die Schrauberspindel sind einzugeben. Das Anziehen der Schrauben ist z. B. als kraftmomentgesteuert, kraftgesteuert mit Drehwinkelkontrolle oder drehwinkelgesteuert mit Kraftmomentkontrolle programmierbar. Hierbei werden Kraftmomente, Drehwinkel, Drehzahlen und zugehörende Grenzwerte programmiert (konfiguriert).Ferner ist die Anzahl der Verschraubungen programmierbar (Satzzählung).	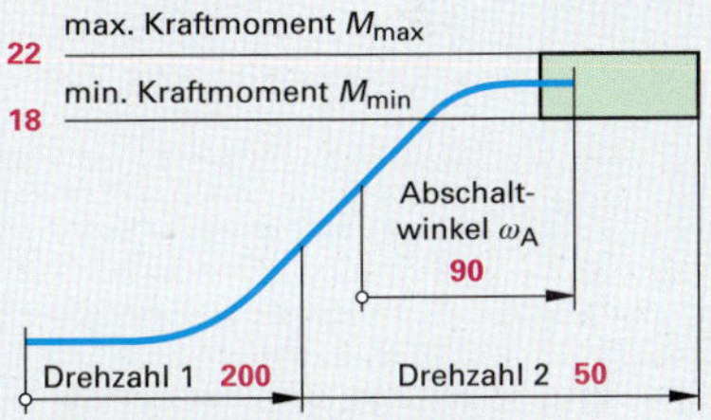 **Programierung Schraubprozess**
Schnittstellen Schrauber-Steuerung Anschluss, Schrauber	Mittels Bus-Steckkarten sind Anbindungen über Ethernet, PROFIBUS, CAN-Bus möglich. Ferner sind die Schnittstellen V.24 und USB verfügbar. Über digitale EA (Eingänge, Ausgänge, 0 V, 24 V) können z. B. bei angeschlossener SPS Ansteuersignale erzeugt und Rückmeldesignale geliefert werden. Für das Anschlusskabel zum Schrauber existiert an der Schraubersteuerung eine Buchse, über die auch die Spannungsversorgung erfolgt.	Die Anbindung der Schraubersteuerung an einen PC erfolgt z. B. über Ethernet. Mit den anderen Schnittstellen können z. B. Drucker oder Barcodescanner angeschlossen werden. Mittels Barcode kann das einem Auftrag zugeordnete Schrauberprogramm aktiviert werden.
Mess-sensorik Kraftmoment Drehwinkel	Das Messen des Kraftmomentes erfolgt während des Schraubvorganges kontinuierlich direkt über eine Messbrücke aus Dehnungsmessstreifen, die an der rotierenden Welle angebracht sind, oder indirekt über den Motorstrom, der dem Kraftmoment proportional ist (geringere Wiederholgenauigkeit). Das Messen des Drehwinkels erfolgt über Resolver oder Inkremental-Geber. www.ibes-electronic.de	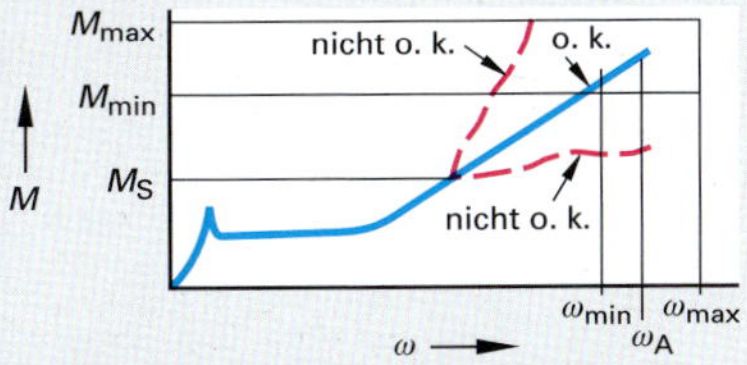 **Drehwinkelgesteuertes Anziehverfahren mit Kraftmomentüberwachung**
Schrauber im Prozess Poka Yoke	Schrauber werden in Montageprozessen eingesetzt. Abhängig von eingestellten Grenzwerten oder Anzahl durchzuführender Verschraubungen werden von der Schraubersteuerung Meldungen erzeugt, die von einem angeschlossenen Computer (PC, SPS) derart ausgewertet werden können, dass z. B. ein Montageband angehalten wird.	Das gezielte Reagieren auf Meldungen der Schraubersteuerung im Montageprozess wirkt sich auf die Produktqualität infolge Fehlervermeidung aus (Poka-Yoke-Prinzip).

Inbetriebnahme mechatronischer Systeme Start Up of Mechatronic Systems

Phase	Elektrotechnik	Pneumatik	Hydraulik
Einbau und Ausbau	• Die Überprüfung der technischen Kenndaten der einzubauenden Anlagenteile unter Spannung erfolgt meist schon beim Hersteller, z. B. bei Motoren die elektrische und mechanische Festigkeit, Betriebstemperatur, Überlastbarkeit. • Spannungsart, Spannungshöhe und Netzfrequenz der anzuschließenden Anlagenteile sind einzuhalten.	• Einbau und Ausbau der Anlagenkomponenten müssen gemäß der Bedienungsanleitung des Herstellers erfolgen. • Stabile Befestigung der Druckluftleitungen ist erforderlich, um Leckagen an Lötstellen und Verschraubungen zu verhindern. • Bewegte Anlagenteile, wie z. B. freiliegende Teile der Zylinder, sind entsprechend den Unfallverhütungsvorschriften, z. B. durch Abdeckungen, zu sichern.	• Überprüfung der technischen Kenndaten der gelieferten Anlagenteile. • Rohrleitungen sind so zu befestigen, dass Bewegungen oder Schwingungen verhindert werden. • Bei Schlauchleitungen ist der minimale Biegeradius zu beachten und Knickstellen oder Scheuerstellen sind zu vermeiden.
Vorarbeiten	• Prüfen der verwendeten Schutzmaßnahmen durch Besichtigen, Messen und Erproben; vgl. Erstprüfung. • Überstrom-Schutzeinrichtungen auf Bemessungswerte einstellen, z. B. Motorschutzrelais auf Bemessungsstrom. • SPS-Programme auf typische Fehler, z. B. fehlende Zuweisung für Ausgänge oder Mehrfachzuweisung von Adressen für Merker, überprüfen.	• Anlage in drucklosen Zustand bringen. • Alle Arbeitselemente in Grundstellung fahren, z. B. remanente Speicher der SPS durch gezielte Richtimpulse oder Handhilfsbetätigung umsteuern, Drosselventile für Kolbengeschwindigkeit schließen.	• Leitungen, Filter und Behälter auf Verunreinigen prüfen und gegebenenfalls reinigen. • Ventile in vorgeschriebene Grundstellungen (OFFEN, GESCHLOSSEN) bringen, z. B. Stromventile und Drosselventile voll öffnen.
Inbetriebnahme	• SPS-Software getrennt von der Hardware zuerst mittels Simulator und dann anschließend mit angeschlossener Hardware testen. • SPS-Programm im Online-Betrieb beobachten. • Elektromotoren mit vorgesehener Last anfahren und mit Bemessungslast betreiben, bei Sanftanlauf Drehzahl langsam hochfahren. • Motor auf erhöhte Temperatur überprüfen.	• Anlagenlauf ohne Werkstück. • Über Handbetätigung am Druckregler oder automatisch durch ein Sicherheitseinschaltventil die Druckluft für Ventile und Zylinder allmählich erhöhen. • Drosselventile schrittweise öffnen. • Anlage auf mögliche Fehler stellen, z. B. unkorrekte Einstellung bzw. Funktion der Grenztaster, kontrollieren. • Anlagenanlauf mit Werkstück und dabei Kenndaten, z. B. Geschwindigkeit, kontrollieren.	• Ventile in Arbeitsstellung bringen. • Sicherheits-, Strom-, Druck- und Drosselventile auf Grenzwerte bzw. Kenndaten einstellen und mit einer Plombe versehen. • Anlage für mehrere Stunden im Schwachlastbereich (Leerlauf) betreiben und auf mögliche Fehlerstellen wie Druckabfall, Leckage oder zu hohe Temperaturen von Anlagenteilen kontrollieren. • Beim Anfahren auf Bemessungslast (Volllast) System wiederholt entlüften.
Wartung, Inspektion	• Während des Betriebs regelmäßige Kontrolle von Maschinentemperatur, Leistung, Leistungsfaktor und Stromstärke. • Periodische Prüfung der angewendeten Schutzmaßnahmen (vgl. wiederkehrende Prüfungen) und gegebenenfalls Erneuerung von beweglichen Anlagenteilen, z. B. Lager von Motoren oder deren Zuleitungen sowie Bürsten.	• Während des Betriebs regelmäßige Kontrolle von Leistung, Temperatur, Druck und Dichtheit der Anlage. • Periodische Prüfung von Filtern, Kondensatablass, Funktion der Messgeräte, Zustand und Gasfülldruck im Druckflüssigkeitsspeicher.	• Während des Betriebs regelmäßige Kontrolle von Leistung, Temperatur, Druck und Dichtheit der Anlage. • Periodische Prüfung von Filtern, Sieben, Magnetabscheidern, Funktion der Messgeräte, Zustand und Druck.

A

Fehler bei Inbetriebnahme mechatronischer Teilsysteme
Errors at Start Up of Mechatronic Subsystems

Teil	Elektrotechnik	Pneumatik	Hydraulik
Antriebs-teil	*Elektromotoren:* • Einbauvorschriften nicht beachtet, • Anschlussleitung nicht richtig montiert, • Drehsinn vertauscht, • Fremdkühlung nicht angeschlossen. *Linearantriebe:* • Linearachse nicht richtig eingebaut, • Motor nicht richtig aufgestellt und ausgerichtet.	*Pneumatikmotoren:* • Fehlerhafte Montage des Antriebs (Spindel oder Zahnriemen, Riementrieb, Kupplungen), • Rohrleitungen und Schlauchleitungen (Abluft) falsch montiert. *Pneumatikzylinder:* • Befestigung des Zylinders unzureichend, • Rohrleitungen und Schlauchleitungen nicht richtig montiert (Abluft), • falsche Einstellung der Endlagendämpfung.	*Hydraulikmotoren:* • Drehsinn vertauscht, • Leckölanschluss nicht montiert, • fehlerhafte Montage des Antriebs (Kupplungen, Spindel oder Zahnriemen, Riementrieb). *Hydraulikzylinder:* • Ungenaue Ausrichtung des Zylinders, • Luft im Zylinder, • falsche Grundstellung der Zylinder, • falsche Einstellung der Endlagendämpfung.
Energie-steuerteil	*Elektrische Schaltgeräte (Schütze, Relais):* • Schaltgerät für falsche Stromart (Wechselstrom oder Gleichstrom) ausgewählt, • Anschlussspannung nicht richtig gewählt, • nicht richtig nach Stromlaufplan verdrahtet. *Eingabegeräte, Sensoren:* • Schließer und Öffner vertauscht. *Schutzgeräte:* • Motorschutzrelais nicht auf Bemessungsstrom eingestellt.	*Stromventile:* • Anschlüsse falsch verlegt, • nicht richtig eingestellt. *Druckventile:* • Verschraubungen nicht richtig montiert, • vorgeschriebene Werte nicht richtig eingestellt. *Sperrventile:* • Rückschlagventil nicht richtig eingebaut, • Verschraubungen fehlerhaft montiert (undicht), • Anschlüsse falsch verlegt.	*Stromventile:* • Rückschlagventil nicht richtig angeordnet, • nicht richtig eingestellt. *Druckventile:* • Verschraubungen nicht richtig montiert, • vorgeschriebene Werte nicht richtig eingestellt. *Sperrventile:* • Rückschlagventil nicht richtig eingebaut, • falsche Schaltstellung des Absperrventils, • fehlende Sicherung der Endlagendämpfung.
Energie-versor-gungsteil	*Energiespeicherung:* • Notstromaggregat, Akkubatterie nicht richtig aufgestellt und angeschlossen. *Energieverteilung:* • Falscher Leitungstyp gewählt, • Leiterquerschnitt, Leiterlänge und Schleifenimpedanz falsch gewählt, • Leitungen/Kabel beim Verlegen beschädigt, • minimale Biegeradien von Leitungen/Kabeln nicht beachtet, • Lötstellen, Klemmverbindungen nicht sauber ausgeführt, • Kabelbefestigungen, Kabelabdeckungen nicht vorschriftsmäßig angebracht, • vorgeschriebene Zugentlastung bei Kabeln und Leitungen bei ortsveränderlichen Betriebsmitteln nicht eingehalten.	*Verdichteranlage mit Filter und Trockner:* • Plombe am Druckbegrenzungsventil (Sicherheitsventil) nicht angebracht, • Ansaugfilter nicht eingebaut, • Messbereich des Manometers falsch gewählt, • falsche Drehrichtung des Verdichters, • Kühlmedium nicht eingefüllt, • Ablassventil am Wasserabscheider nicht geschlossen oder nicht dicht. *Rohr- und Schlauchleitungen:* • Verschraubungen nicht richtig angezogen, • Leitungsknick. *Wartungseinheit:* • Kondensatablass des Filters der Wartungseinheit offen, • Füllstand des Nebelölers nicht korrekt.	*Hydraulischer Antrieb mit Zubehör:* • Filtereinsatz nicht eingebaut, • Temperaturschalter der Heizung/Kühlung auf falschen Wert eingestellt, • fehlerhafte Einstellung des Druckbegrenzungsventils (Sicherheitsventil), • falsche Drehrichtung der Pumpe, • Saugleitung der Pumpe locker montiert, • Nullpunkt des Druckmessers falsch eingestellt. *Flüssigkeitsbehälter:* • Behälter nicht richtig aufgestellt, • falsche Abdichtung eingelegt, • elektrische Füllstandsanzeige nicht richtig angeschlossen, • Luftfilter vor Einbau nicht gereinigt. *Rohr- und Schlauchleitungen:* • Rohrleitungen nicht spannungsfrei verlegt.

Fehlerdiagnose in mechatronischen Systemen
Error Diagnosis in Mechatronic Systems

Fehlerart	Prüfen, Messen	mögliche Ursache, Diagnose, Abhilfe
Hydraulik		
Kein Anlagendruck vorhanden.	1. Betriebszustand Pumpe prüfen. 2. Ölstand messen. 3. Stellung des Handhebelventils und der Wegeventile kontrollieren. 4. Funktionsfähigkeit des Öldruckmessers prüfen.	→ Pumpe einschalten. → Öl auffüllen. → Ventile gemäß Ölflussdiagramm einstellen. → Manometer reparieren/tauschen.
Zylinder fährt nicht gleichförmig (ruckweise) aus.	1. Schaltung des Wegeventils prüfen. 2. Anlage auf Undichtigkeiten besichtigen. 3. Kontrolle, ob Zylinder mechanisch gebremst wird. 4. Kontrolle, ob Arbeitskolben oder Kolbenstange festgefressen sind.	→ Steuerdruck zu niedrig, Drosselventil nicht richtig eingestellt, Drosselspalt verschmutzt, kein ausreichender Gegendruck am Druckdifferenzventil. → Luft in Leitung und Zylinder vorhanden. → Kolbenstange und Führung nicht gefluchtet, kein ausreichender Schmierölfluss, minderwertiges Schmieröl, Dichtung verschlissen. → Kolbenstange, Arbeitskolben und Zylinderbohrung reparieren/tauschen.
Anlagentemperatur zu hoch.	1. Kühlung der Behälter prüfen. 2. Ölqualität kontrollieren. 3. Druckventileinstellung ablesen.	→ Luftzirkulation für Behälter durch falschen Standort zu gering, Behälteroberfläche zu klein, Kühllamellen verschmutzt, Lüftermotor ausgefallen. → Falsche Ölviskosität. → Druck zu hoch eingestellt, schlechte Ventilcharakteristik.
Anlage erzeugt zu hohe Geräusche.	1. Ölstand messen. 2. Saugstrom messen/prüfen. 3. Öl auf Luftfreiheit prüfen.	→ Ölstand zu niedrig. → Saugfilter verschmutzt, Pumpendrehzahl zu hoch, Saugleitungsschlauch eingeschnürt/geknickt, Speisepumpe arbeitet nicht. → Dichtung Pumpe oder Verbindungsteile Saugrohr defekt, Saugrohrende oder Rücklaufrohrende über Mindestölstand.
Pneumatik		
Zylinder fährt nicht aus.	1. Steuerspannung messen. 2. Druckluft vor Wartungseinheit messen. 3. Stellung des Absperrventils der Wartungseinheit prüfen. 4. Einstellung des Druckminderventils kontrollieren. 5. Filter kontrollieren. 6. Schaltzustand des Magneten kontrollieren. 7. Einbau des Drosselrückschlagventils kontrollieren. 8. Druckluftmanometer kontrollieren.	→ Steuerspannung zuschalten, evtl. Spannungsquelle reparieren/tauschen, Spannung wegen Fehler in der Steuerung nicht vorhanden, Magnetspule defekt, Anker klemmt. → Verdichteranlage reparieren/tauschen. Undichtigkeiten beseitigen, Absperrventil Druckluft Wartungseinheit öffnen. → Ventil öffnen. → Druckminderungsventil auf richtigen Betriebswert einstellen. → Filter reinigen/tauschen. → Ansteuerschaltung für Magnet ändern, Magnet tauschen, Ventil tauschen. → Drosselrückschlagventil richtig einbauen. → Druckluftmanometer tauschen.
Zylinder läuft unruhig.	Kolbendichtung auf Undichtigkeit prüfen.	→ Kolbendichtung verschlissen, tauschen.
Starkes Zischen beim Austreten der Luft aus dem Zylinder.	Ventil/Zylinder auf Undichtigkeit prüfen.	→ Dichtungen beschädigt, tauschen. → Schalldämpfer fehlt.
Kolben fährt nicht ein.	1. Steuerspannung messen. 2. Funktion Vorsteuerventil prüfen.	→ Elektrische Spannung aufgrund Fehler in der Steuerung nicht vorhanden. → Ventilsitz undicht, Entlüftung am Pilotventil geschlossen.

Fehlerdiagnose der Elektrik in mechatronischen Systemen
Error Diagnosis of Electric Equipment in Mechatronic Systems

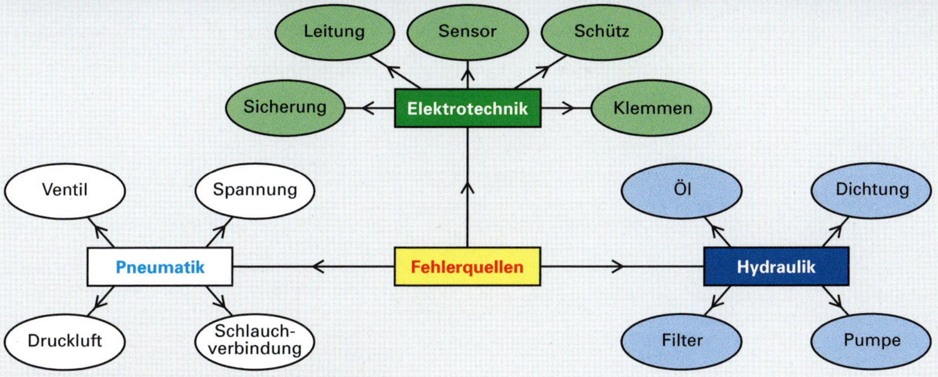

Fehlerquellen in mechatronischen Systemen

Fehlerart	Prüfen, Messen	mögliche Ursache, Diagnose, Abhilfe
Motor läuft beim Einschalten nicht an.	1. Überstrom-Schutzeinrichtungen besichtigen. 2. Spannung am Motor messen. 3. Widerstandsmessung.	→ Schmelzsicherung, Leitungsschutzschalter, Motorschutzschalter, Motorschutzrelais, elektronischer Motorvollschutz ausgelöst bzw. defekt. → Leitung oder Schalter der Zuleitung defekt, Klemmen am Motorklemmbrett gelöst. → Wicklungsunterbrechung.
Motor läuft zögernd an und brummt, Überstromschutzeinrichtungen lösen sofort oder nach kurzer Zeit aus.	1. Motorwelle von Hand nur schwer drehbar. 2. Spannung am Motor zu klein.	→ Achslager defekt. → Leiterschluss. Leitung überprüfen bzw. ersetzen.
Motor brummt und/oder ist heiß.	1. Überstrom-Schutzeinrichtung überprüfen. 2. Spannung am Motor zu gering oder fehlt teilweise. 3. Widerstandmessung, Strommessung. 4. Isolationsmessung.	→ Überstromschutzeinrichtung einer Phase defekt oder ausgelöst. → Schaltgerät oder Zuleitung fehlerhaft. → Wicklungsschluss, Wicklungsunterbrechung bzw. Körperschluss. → Genaue Eingrenzung von Isolationsfehlern.
Thermischer Überlastschutz schaltet Motor trotz Normallauf nach einiger Zeit ab.	Daten Motorschutzschalter ablesen, Einstellung des Motorschutzrelais berichtigen.	→ Thermischer Überlastschutz nicht auf Motorbemessungsstrom eingestellt.
Schütz zieht nicht an.	1. Ankerspannung messen. 2. Schützart prüfen. 3. Spulenwiderstand messen. 4. Verbindungsklemmen an Kontakten kontrollieren.	→ Sicherung ausgelöst, betätigter Verriegelungskontakt (Öffner) eines anderen Schützes unterbricht Stromkreis. → Gleichstromschütz, Wechselstromschütz nicht zu passender Stromart eingesetzt. → Spule durchgebrannt, z. B. eines Wechselstromschützes im Gleichstromkreis. → Verbindung lose, Anschlussleitung mit Isolation untergeklemmt.
Schütz zieht an, aber Kontakte werden nicht betätigt.	Schaltmechanismus sofern zugänglich prüfen.	→ Schaltmechanismus defekt, Schütz tauschen.
Schütz fällt nicht ab („klebt").	1. Drucktasterkontakt kontrollieren. 2. Unterlegblech bei Gleichstromschützen besichtigen.	→ Schließer mit Öffner vertauscht, Selbsthaltung parallel zum Öffner geschaltet. → Unterlegblech verschlissen. → Schützkontakte verschweißt.

Diagnose von Anlagen Diagnosis of Plants

Merkmal	Erklärung	Bemerkungen
Arten	Diagnosen (Untersuchungsergebnisse) zur Zustandsermittlung von Anlagen werden meist aufgrund automatisierter Abläufe durchgeführt. Insbesondere *Ferndiagnose*, und auch die sich anschließende *Fernwartung*, sind von Bedeutung.	Eine hohe Anlagenverfügbarkeit erfordert das ständige Wissen um den Zustand einer Anlage und ihrer Prozesse (Condition Monitoring).
Strategien Überwachen	Fehler entdecken: Aufzeichnen und Beobachten von Messwerten. Überwachen von Sollwerten und Istwerten bzgl. erlaubter Grenzwerte (Monitoring).	Zu überwachen sind z.B. Drücke, Durchflüsse, Endschalter, Stromverläufe bzgl. Kurzschluss, Überlast, Spannungen, Laufzeiten, Schwingungen, Schall, Temperaturen, Drehzahlen, Kraftmomente. Fehler, die zu sicherheitskritischen Situationen führen, erfordern besondere Maßnahmen.
Auswerten	Fehler lokalisieren: Auswerten der gemessenen Signale und Datenwerte, insbesondere auch die Beziehung von Messwerten an unterschiedlichen Messstellen.	• Festlegen zu überwachender Zustände • Festlegen zu überwachender Komponenten • Planen von Zugangspunkten/Messpunkten • Planen der später einzuleitenden Maßnahmen abhängig vom Diagnoseergebnis
Sensoren	Fehler identifizieren: Durch Anbringen zusätzlicher Sensoren, z.B. für Druck, Durchfluss, in eine Anlage.	**Überlegungen zur Diagnosefähigkeit**
Hilfsmittel	Grundlegende Diagnose-Hilfsmittel sind Sensoren und Messgeräte, die z.T. Computer besitzen (intelligente Feldgeräte) oder an Computer angebunden werden können. Dadurch können Messergebnisse angezeigt, ausgewertet und ggf. sogar Maßnahmen eingeleitet werden. Mittels IT-Programmen können Situationen auch durch Simulation vorausberechnet werden.	IT-unterstützte Diagnose erfolgt über zentrale Computer oder dezentrale, intelligente Feldgeräte vor Ort. Hierarchische Diagnose ist die Kombination davon. Auf Feldbusebene, z.B. PROFIBUS, CAN-Bus, sind Diagnosemodule verfügbar, die Statusinformationen überwachen und protokollieren können.
Ergebnisse	*Alarmmeldungen* werden automatisch erzeugt, wenn ein Prozess oder Bauelement vom Sollverhalten abweicht. *Störungsmeldungen* zeigen an, dass ein Prozess oder Bauelement in seiner Funktionsfähigkeit beeinträchtigt ist. Bei Nichterfüllung einer Funktion liegt ein Ausfall vor. Angezeigt werden Betriebszustände grundsätzlich, z.B. betriebsbereit, in Betrieb, unterbrochener Betrieb, gestörter Betrieb.	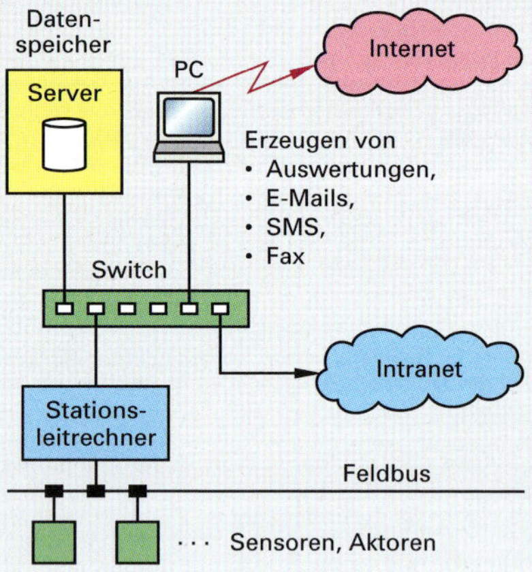 **Netzwerk mit Feldbus**
E-Mails, SMS	Durch Internet-/Intranet-Anschluss von Anlagen können Meldungen von Alarmen und Störungen mittels E-Mail oder SMS an das Servicepersonal des Herstellers oder im Unternehmen, auch an Vorgesetzte, versendet werden. Die E-Mails können auch Speicheraufzeichnungen und Signalverläufe als Dateianlage enthalten.	
Smartphones, Tablet-Pads	Smartphones und Tablet-Pads sind geeignet, um dem mobil eingesetzten Service-Personal rasch derartige Meldungen bereitzustellen.	
Darstellungen	Das einfachste Darstellen von Diagnoseergebnissen erfolgt durch LEDs an der Anlage. In einer Anlagenübersicht am Bildschirm eines zentralen Computers können z.B. durch Ampeldarstellung Zustände von Komponenten einer Anlage abgebildet (visualisiert) werden.	Interessant sind Zustandsmeldungen von z.B. Feldgeräten, I/O-Karten, Feldbus, Controllern und Netzwerkskomponenten. Kontinuierliches Überwachen von Messgrößen ermöglicht ein Früherkennen schleichender Veränderungen, die z.B. auch auf Verschmutzungen zurückzuführen sind.
Trends	Listen, Berichte (Reports) geben Auskunft über aufgetretene Meldungen. Mit geeigneter Programmunterstützung können auch Trendangaben erfolgen, basierend z.B. auf Erkenntnissen und Ergebnissen der Vergangenheit.	Die Ergebnisdarstellung erfolgt meist mittels Signalverläufen, bekannter Diagrammarten (Linien, Balken, Trend, Radar), Histogrammen, Spektren.

<table>
<tr><th>Art</th><th>Erklärung</th><th>Bemerkungen</th></tr>
<tr><td>Instandhaltung</td><td>Instandhaltung einer technischen Anlage umfasst nach DIN 31051 die Tätigkeiten Inspektion (Feststellen des Ist-Zustandes), Wartung (Bewahren des Soll-Zustandes) und Instandsetzung (Wiederherstellen des Soll-Zustandes).

Es ist zweckmäßig, dass ein Instandhalter seine durchgeführten Tätigkeiten in Bezug zu den Schadensfällen unter Angabe der Schadensursache mittels eines IT-Systems (Datenbank) dokumentiert.</td><td>Man unterscheidet die vorbeugende oder präventive Instandhaltung und die korrektive oder operative Instandhaltung. Die Anwendung der jeweiligen Instandhaltungsart hängt von Kriterien wie Inspektionsaufwand, Erkennbarkeit von Schäden, Ersatzteilkosten und Anlagenausfallkosten ab.

Der Einsatz von IT-Systemen mit dem Wissen über durchgeführte Instandhaltungseinsätze erleichtert die Arbeit im Wiederholungsfall oder ähnlichen Fällen.</td></tr>
<tr><td>periodische Instandhaltung</td><td>Vorbeugende Instandhaltung, die in festgelegten Zeitabständen oder Nutzungseinheiten einer Anlage vor Eintritt eines Schadensfalles ausgeführt wird. Verschleißteile werden unabhängig von ihrer Abnutzung ersetzt, oft unnötiger Weise. Sinnvoll z. B. bei Ölwechsel, Reinigung von Filtern.

Die Planung der Zeitperioden bzw. Nutzungseinheiten, z. B. Betriebsstunden Bh, für die Instandhaltungstätigkeiten muss gut durchdacht werden.</td><td>
<table>
<tr><th>Tätigkeit</th><th>800 Bh</th><th>1800 Bh</th><th>3600 Bh</th><th>5400 Bh</th><th>7200 Bh</th></tr>
<tr><td>Batterie prüfen</td><td>×</td><td>×</td><td>×</td><td>×</td><td>×</td></tr>
<tr><td>Ölfilter wechseln</td><td>×</td><td></td><td>×</td><td></td><td>×</td></tr>
<tr><td>Ölstand prüfen</td><td>×</td><td>×</td><td>×</td><td>×</td><td>×</td></tr>
<tr><td>Motor wechseln</td><td></td><td></td><td></td><td>×</td><td></td></tr>
<tr><td>Gasfilter wechseln</td><td>×</td><td></td><td>×</td><td></td><td>×</td></tr>
</table>
Bh Betriebsstunden
Auszug aus einem Wartungsplan</td></tr>
<tr><td>zustandsorientierte Instandhaltung</td><td>Vorbeugende Instandhaltung, die aus der Überwachung der Arbeitsweise einer Maschine und/oder der sie darstellenden Messgrößen sowie aus den daraus nachfolgend eingeleiteten Maßnahmen besteht. Reparatur und Einbau von Ersatzteilen erfolgen nur bei Bedarf.

Wichtig ist hier, das richtige Maß an Inspektionen bzgl. der verschiedenen Komponenten zu finden, die ausfallen können. Leider kündigen sich herannahende Komponentenausfälle oft erst kurzfristig an. Die Inspektionen erfolgen nach Kalender oder kontinuierlich mittels Sensorik (Condition Monitoring).

Mittel zur vorbeugenden Instandhaltung siehe folgende Seite.</td><td>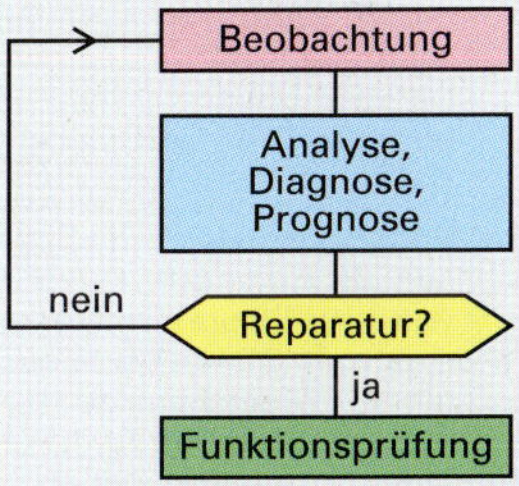

Ablauf der zustandsorientierten Instandhaltung</td></tr>
<tr><td>zuverlässigkeitsbezogene Instandhaltung</td><td>Vorbeugende Instandhaltung, bei der die Zuverlässigkeit von Komponenten und Bauteilen untersucht wird, z. B. durch dauernde Messung des Ableitstromes oder der Vibration. Abgeleitet davon wird insbesondere bei unzuverlässigen Bauteilen intensiver Instandhaltungsaufwand getrieben.

Zu prüfen ist, ob Bauteile wirklich unzuverlässig sind oder ob die Ausfallursache anders begründet ist. Statistische Auswertungen von Ausfällen von Bauteilen sind hierzu notwendig. Nur durch Inspektionen wird ein Drittel der Schäden bei mechatronischen Komponenten rechtzeitig erkannt.</td><td>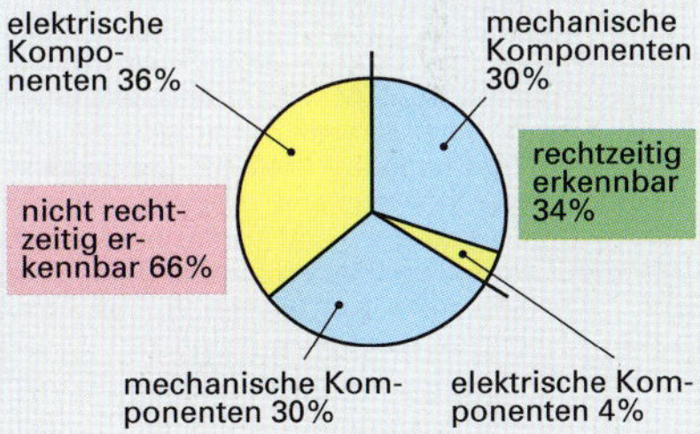

Erkennbare Schäden durch Inspektionen</td></tr>
<tr><td>risikobasierte Instandhaltung</td><td>Instandhaltungsmethode, bei der das Risiko monetärer Schaden und Schadenshäufigkeit abgewogen wird. Es gibt Untersuchungen, wonach nur 20% aller Anlagen ein hohes Ausfallrisiko besitzen. Diese Anlagen sind besonders zu beobachten, z. B. bei elektrischen Systemen durch Überwachen der Isolation oder bei mechanischen Systemen durch Überwachen der Vibration, des Geräusches oder der Schall-Reflexion.</td><td>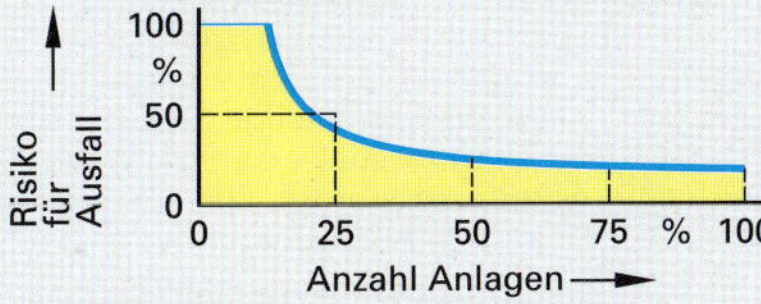

Risikobewertung von Anlagenausfällen</td></tr>
<tr><td>korrektive Instandhaltung</td><td>Instandhaltung, die nach Eintritt des Schadensfalles ausgeführt wird. Eigentlich handelt es sich hierbei um Instandsetzung.</td><td>Findet Anwendung bei 30% der schadensanfälligen Bauteile, die zu bevorraten sind. Die Stillstandszeiten sind unplanmäßig.</td></tr>
</table>

A

Mittel zur vorausschauenden Instandhaltung Equipment for Preventive Maintenance

Mittel	Erklärung	Prinzip, Bemerkungen
Überwachung des Isolationszustandes		
Alle Mittel	Die häufigste Fehlerquelle von elektrischen Betriebsmitteln ist eine schadhafte Isolation. Dabei nimmt die Qualität der Isolation meist allmählich durch Alterung und Verschmutzung ab, selten sprungartig. Der Isolationswiderstand R_{iso} ist ein Maß für die Qualität der Isolation.	Eine *ununterbrochene* Feststellung des R_{iso} und dessen zeitlichen Verlaufs ist sehr aufwendig. Deshalb beschränkt man sich oft auf die fortlaufende Messung des Ableitstromes I_{ab}, der ein Maß für den Kehrwert des R_{iso} ist.
Messung des R_{iso}	Bei Betriebmitteln mit Nennspannungen bis AC 500 V erfolgt die Messung durch einen Widerstandsmesser mit einer Nennspannung von wenigstens DC 500 V. Bei Drehstrommaschinen erfolgt die Messung zwischen den 3 Strängen U-V, U-W und V-W sowie zwischen U, V, W und Körper. Treten größere Abweichungen auf oder ist R_{iso} < 1 MΩ liegt ein Isolationsfehler vor, der das Betriebsmittel alsbald unbrauchbar macht.	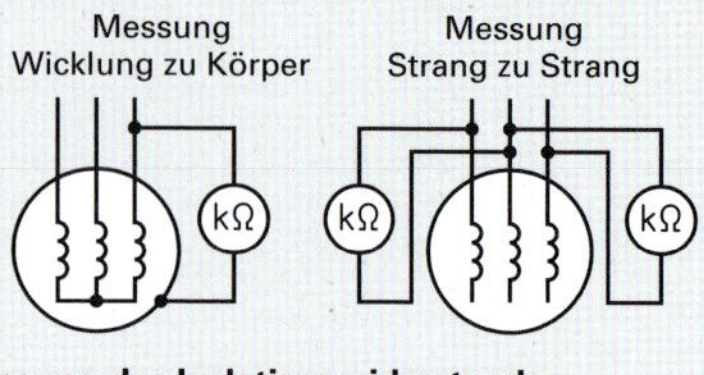 **Messung des Isolationswiderstandes**
Messung des Ableitstromes I_{ab}	Der Ableitstrom ist der im Betrieb über die Isolation von den aktiven Teilen zur Erde fließende Strom. Er kann z.B. mit einem Strommesser zwischen leitendem Gehäuse und Schutzleiter PE gemessen werden, wenn der Körper gegen Erde isoliert ist. Da hier mit AC gemessen wird, hat der Ableitstrom einen kapazitiven Teil und ist größer als der durch einen Isolationsfehler hervorgerufende Teil des I_{ab}. Die Messung kann fortlaufend erfolgen.	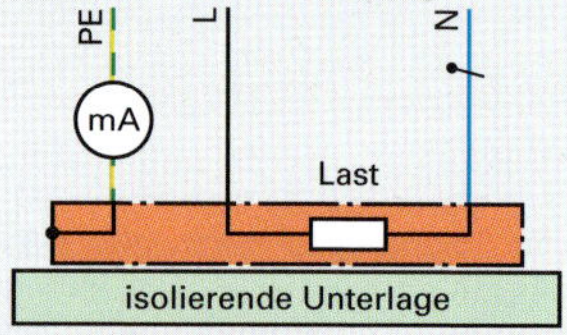 **Messung des Ableitstromes**
Messung des Ersatzableitstromes mit DC-Hochspannung	Wird der Ableitstrom mit einem Prüfgerät mit eigenem Spannungserzeuger gemessen, spricht man von einer Ersatzableitstommessung. Bei einer Messung mit DC-Hochspannung muss ein genügend großer Widerstand den Ersatzableitstrom I_{eab} begrenzen. Steigt der I_{eab} mit Erhöhung der Spannung mehr als proportional an, liegt ein Isolationsfehler vor. Es ist dann in absehbarer Zeit mit Ausfall zu rechnen, sodass jetzt Ersatz des Betriebsmittels zweckmäßig ist. Die Messung erfolgt mit Zeitabstand von z.B. 1 Jahr.	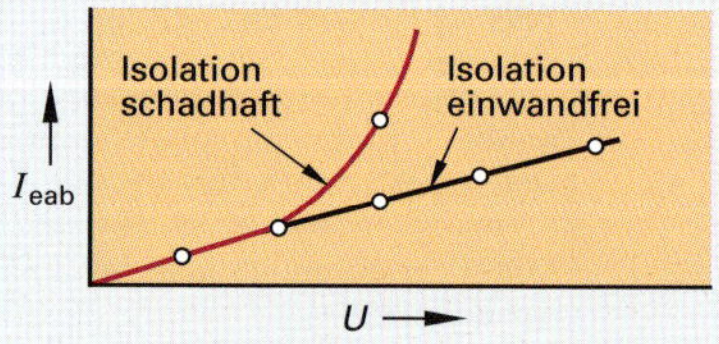 **Ersatzableitstrom abhängig von der Spannung**
Überwachung des Ableitstromes mit Differenzstromgerät RCM	Bei dem RCM wird erfasst, wie groß der Ableitstrom (Differenzstrom zwischen Stromaufnahme und Stromabgabe über die Leitung) ist und damit der Isolationszustand. Die Messung kann bei festem Einbau des RCM fortlaufend erfolgen. Die Stromwandler sind unmittelbar an der zu überwachenden Maschine zu installieren, das Auswertegerät kann getrennt aufgestellt sein. www.doepke.de, www.siemens.de	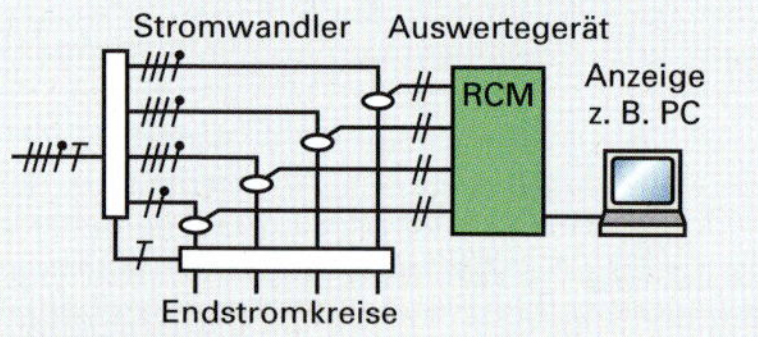 **Anlage mit 4 RCMs**
Überwachung der mechanischen Abnutzung		
Sensoren für • Vibration, • Geräusch, • Wärme, • Gefügeänderung	Durch mechanische Abnutzung entstehen z.B. raue Gleitflächen, die Geräusch oder Schwingung hervorrufen. Außerdem wird durch stärkere Reibung mehr Wärme erzeugt. Gefügeänderungen können durch Ultraschall erkannt werden. Diese Folgen der Abnutzung werden durch Sensoren erfasst, deren Signale in Auswertegeräten erfasst werden. www.caq.de, www.cognidata.de, www.epro.de, www.microsonic.de, www.panasonic-electric-works.de	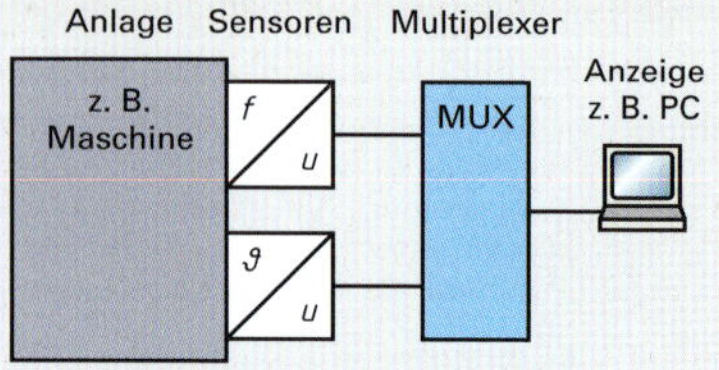 **Prinzip der Überwachung mit Sensoren**

AC Wechselstrom (von Alternating Current), DC Gleichstrom (von Direct Current)
I_{ab} Ableitstrom, I_{eab} Ersatzableitstrom, R_{iso} Isolationswiderstand

A

Teil D: Digitaltechnik, Informationstechnik
Part D: Digital Technology, Information Technology

Digitaltechnik

$x = a \vee b$

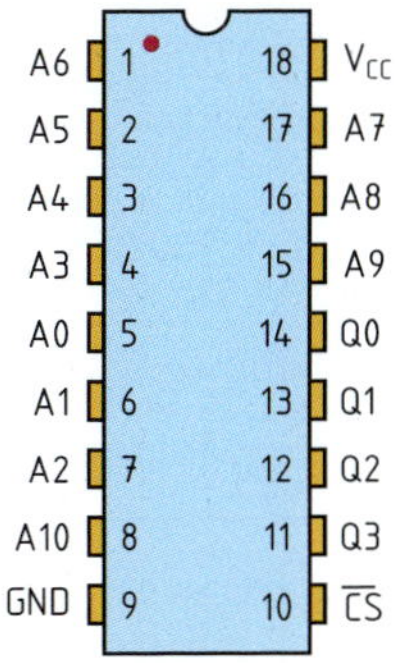

Informationstechnik

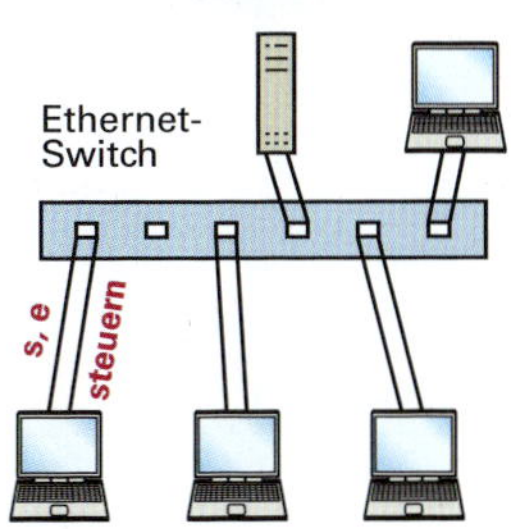

s senden, **e** empfangen

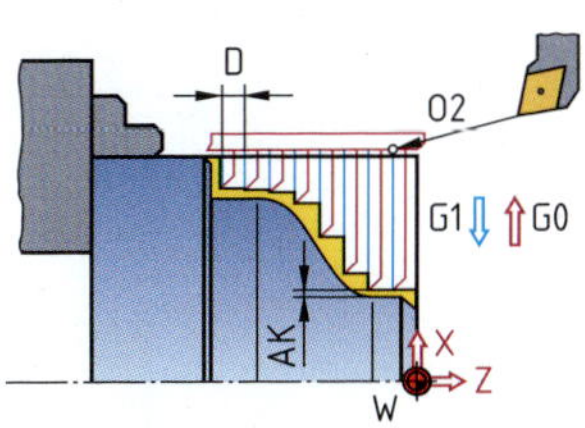

Binäre Verknüpfungen Binary Logic Operations

Schaltzeichen	Benennung der Verknüpfung	Kontaktschaltung	Schaltfunktion (Sprechweise)	Wertetabelle		
				b	*a*	*x*
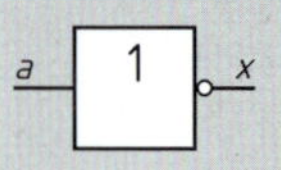	NICHT (Negation)	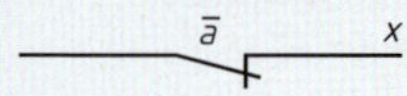	$x = \bar{a}$ oder $x = \neg a$ (*a* nicht) nicht genormt: $x = a\backslash$ oder $x = \backslash a$		0 1	1 0
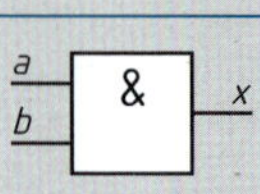	UND (Konjunktion)	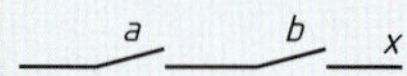	$x = a \wedge b$ (*a* und *b*) anstelle ∧ auch •, wie bei GRAFCET	0 0 1 1	0 1 0 1	0 0 0 1
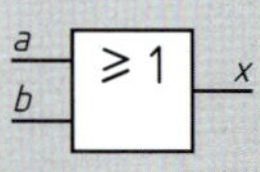	ODER (Adjunktion, Disjunktion)	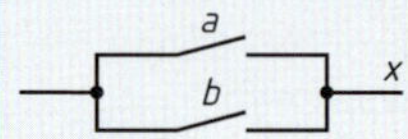	$x = a \vee b$ (*a* oder *b*) anstelle ∨ auch +, wie bei GRAFCET	0 0 1 1	0 1 0 1	0 1 1 1
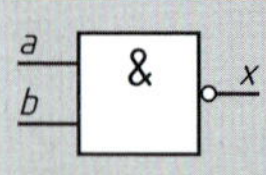	NAND	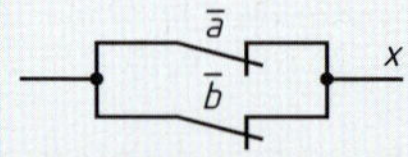	$x = \bar{a} \vee \bar{b} = \overline{a \wedge b} = a \mathbin{\bar{\wedge}} b$ (*a* nand *b*)	0 0 1 1	0 1 0 1	1 1 1 0
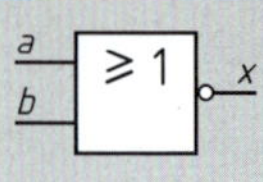	NOR	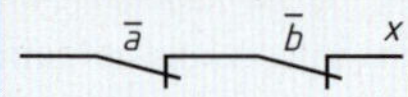	$x = \bar{a} \wedge \bar{b} = \overline{a \vee b} = a \mathbin{\bar{\vee}} b$ (*a* nor *b*)	0 0 1 1	0 1 0 1	1 0 0 0
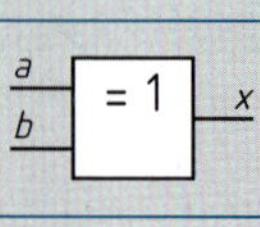	Exklusiv-ODER Antivalenz, Exklusiv-OR, XOR	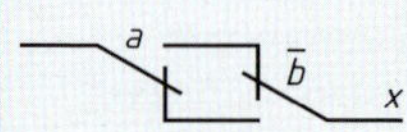	$x = (a \wedge \bar{b}) \vee (\bar{a} \wedge b)$ $= a \nleftrightarrow b$ (*a* xor *b*)	0 0 1 1	0 1 0 1	0 1 1 0
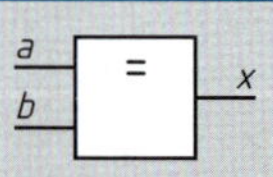	Exklusiv-NOR, Äquivalenz, XNOR	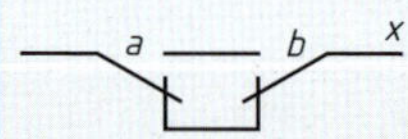	$x = (a \wedge b) \vee (\bar{a} \wedge \bar{b})$ $= a \leftrightarrow b$ (*a* Doppelpfeil *b*)	0 0 1 1	0 1 0 1	1 0 0 1
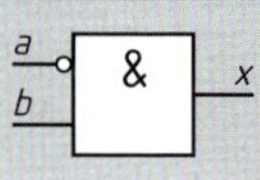	Inhibition (Sperrelement)	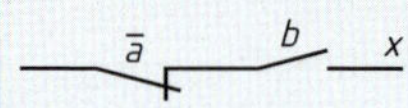	$x = \bar{a} \wedge b$	0 0 1 1	0 1 0 1	0 0 1 0
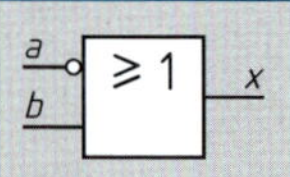	Implikation, Subjunktion	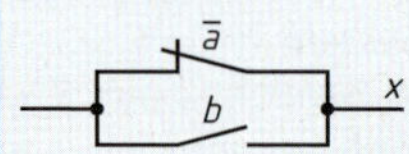	$x = \bar{a} \vee b = a \rightarrow b$ (*a* Pfeil *b*)	0 0 1 1	0 1 0 1	1 0 1 1
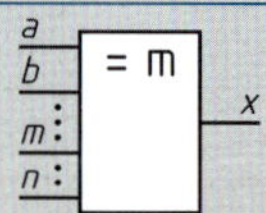	(*m* aus *n*)-Element	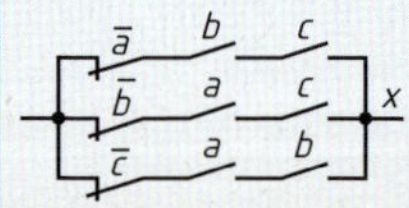	z.B. bei 2 aus 3: $x = (a \wedge b \wedge \bar{c}) \vee (a \wedge \bar{b} \wedge c)$ $\vee (\bar{a} \wedge b \wedge c)$	$x = 1$, nur wenn an *m* von *n* Eingängen Wert 1 anliegt ($m < n$)		

Gleichwertige Darstellung von binären Verknüpfungselementen mit & und ⩾ 1

Ein gleichwertiges Schaltzeichen wird entsprechend den de morganschen Regeln (De Morgan, brit. Mathematiker, 1806 bis 1871) wie folgt gebildet (Ausnahme beim NICHT-Element):

1. Alle & werden ⩾ 1;
2. Alle ⩾ 1 werden &;
3. Alle Anschlüsse werden gegenüber dem Ausgangszustand invertiert.

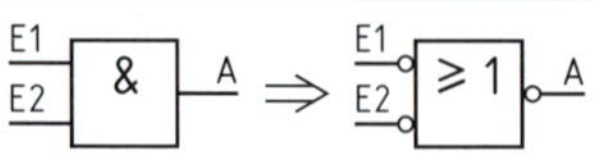
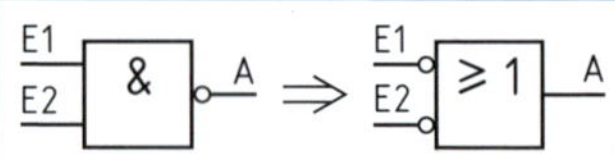
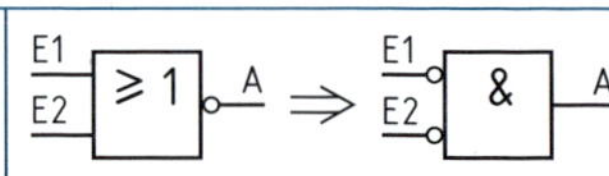
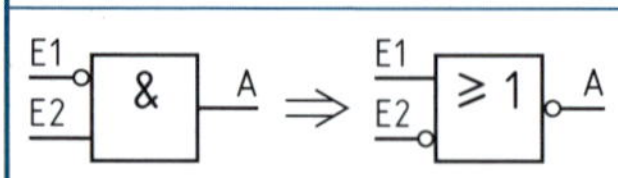
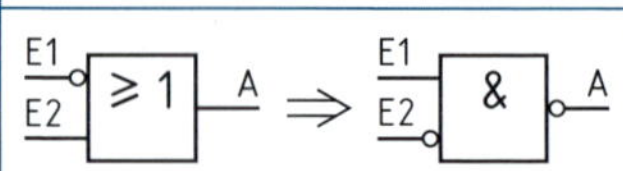

Ausnahme

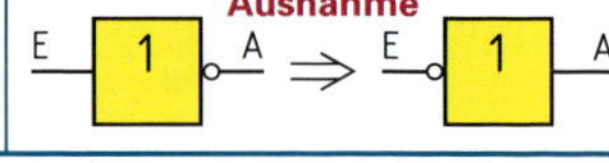

KV-Diagramme
KV Diagrams

Wertetabelle, KV-Diagramme	Erklärungen

Wertetabelle

③	②	①	④	
b_3	b_2	b_1	y_{P1}	**Zeile**
0	0	0	1	**0**
0	0	1	0	**1**
0	1	0	0	**2**
0	1	1	0	**3**
1	0	0	1	**4**
1	0	1	1	**5**
1	1	0	0	**6**
1	1	1	0	**7**

Wertetabelle zum Beispiel

Eine Schaltfunktion kann meist mittels einer Wertetabelle minimiert (vereinfacht) werden. In der Wertetabelle erhält jede Variable eine Spalte. In die rechte Spalte der Eingangsvariablen (Ziffer 1 im Kreis, **Bild**) wird von oben nach unten abwechselnd 0 und 1 eingetragen, in der Spalte links daneben abwechselnd 00 und 11 (Ziffer 2 im Kreis), usw.

Beispiel: Eine LED soll leuchten, wenn 0-Signale von den Fühlern B1 UND B2 UND B3 kommen ODER allein B3 ein 1-Signal abgibt ODER 1-Signale von B1 UND B3 UND 0-Signal von B2 kommen **(Bild)**. Die dazugehörende Schaltfunktion lautet:

$$\underbrace{y_{P1}}_{\text{abhängige Variable}} = \underbrace{(\overline{b}_1 \wedge \overline{b}_2 \wedge \overline{b}_3) \vee (\overline{b}_1 \wedge \overline{b}_2 \vee b_3) \vee (b_1 \wedge \overline{b}_2 \wedge b_3)}_{\text{verknüpfte unabhängige Variablen}}.$$

Von der Wertetabelle zum KV-Diagramm (KV von Karnaugh, Veitch)

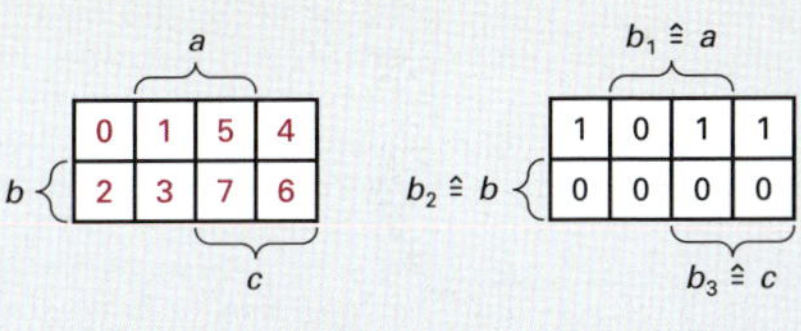

KV-Diagramm für drei unabhängige Variable

Jede Zeile der Wertetabelle enthält eine Information über die abhängige Variable. Diese Information jeder Zeile lässt sich in das KV-Diagramm (Erfinder Karnaugh und Veitch) übertragen. Dabei muss die Felderbezeichnung, z. B. b_1, b_2, b_3, der Reihenfolge in der Wertetabelle entsprechen. Steht in der Zeile der Wertetabelle eine 1 für die abhängige Variable, dann wird in das entsprechende Feld des KV-Diagramms ebenfalls eine 1 eingetragen **(Bild)**.

Die Zahlen in den Feldern des linken Diagramms geben die Zeilennummern der Wertetabelle an.

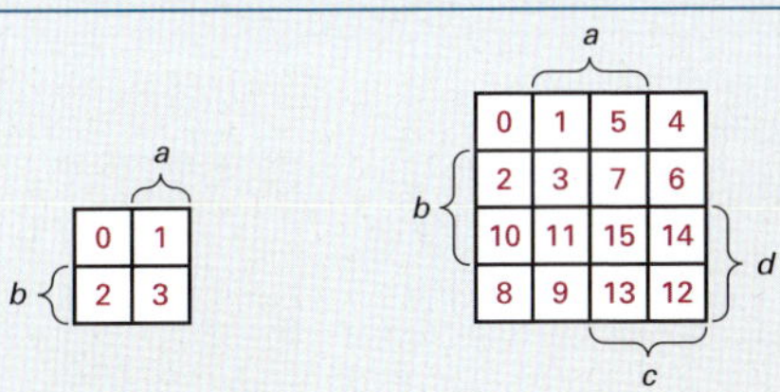

KV-Diagramme für zwei und vier Variable

Für zwei unabhängige Variable bzw. vier unabhängige Variable können nach dem gleichen Schema die Zeilen der Wertetabelle in die Felder des KV-Diagramms übertragen werden **(Bild)**.

Die Zahlen in den Feldern geben die Zeilennummern der dazugehörenden Wertetabelle an.

Minimieren mit KV-Diagrammen

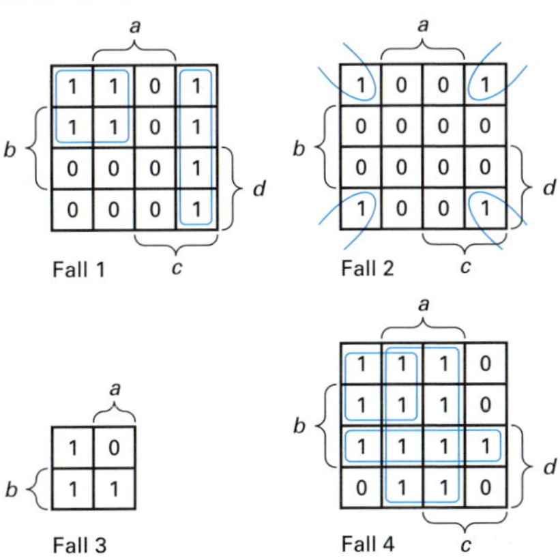

Beispiele für Minimierungen mit KV-Diagrammen

Schaltfunktionen lassen sich minimieren, wenn man im KV-Diagramm mehrere Felder zusammenfassen kann.

Im Fall 1 kann man die vier Einsen links oben als $\overline{c} \wedge \overline{d}$ zusammenfassen. Die vier untereinanderstehenden Einsen können als $c \wedge \overline{a}$ ausgedrückt werden. Die so minimierte Schaltfunktion lautet $y = (\overline{c} \wedge \overline{d}) \vee (c \wedge \overline{a})$. Mit UND zusammengefasste Blöcke werden mit ODER verknüpft.

Im Fall 2 können die an den Kanten stehenden Einsen zu Blöcken zusammengefasst werden. Die dazugehörende Schaltfunktion lautet $y = \overline{a} \wedge \overline{b}$.

Sind die Nullen im KV-Diagramm leichter zusammenzufassen als die Einsen, dann bildet man mit den Nullen die Schaltfunktion.

Im Fall 3 lautet die Schaltfunktion

$\overline{y} = a \wedge \overline{b} \Rightarrow \overline{\overline{y}} = \overline{a \wedge \overline{b}} \Rightarrow y = \overline{a} \vee b$.

Den vereinfachten Ausdruck nennt man konjunktive Normalform.

Für den Fall 4 lautet die Schaltfunktion

$y = a \vee (b \wedge d) \vee (\overline{c} \wedge \overline{d})$.

D

Codeumsetzer Code Converter

Aufgabe und Anwendung

Aufgabe

Umsetzung eines vorhandenen Codes in einen anderen Code. Meist ist der Code der Eingangsseite ein Binärcode mit Tetraden (Vierergruppen).

Anwendungsbeispiel

Umsetzung eines BCD-Codes, z.B. 8-4-2-1-Code, in 1-aus-8-Code, in 1-aus-10-Code oder in Siebensegment-Code.

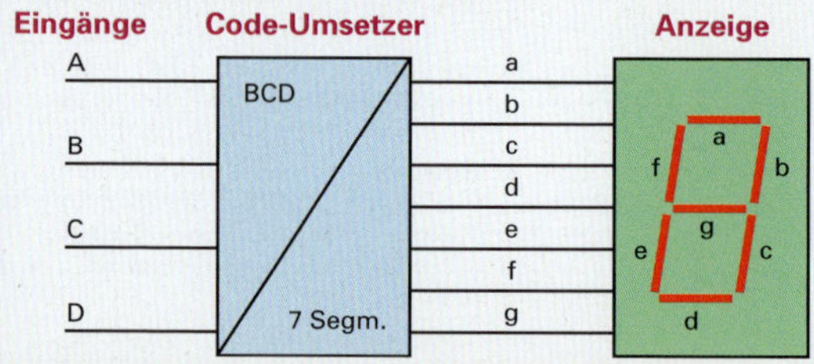

Realisierung

IC für Siebensegmentcode

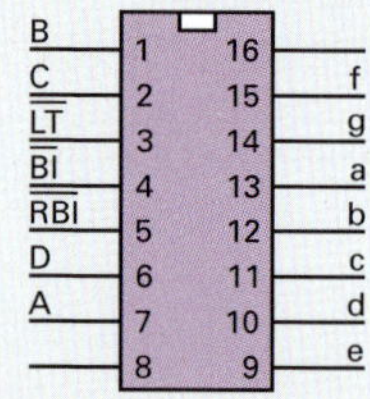

$\overline{LT}$, $\overline{BI}$, $\overline{RBI}$ Anschlüsse zur Steuerung und Prüfung

Entwurf eines Code-Umsetzers

Aufstellen der Wertetabelle für alle Ausgangsvariablen und die erforderlichen Eingangsvariablen.

8-4-2-1-Code				7-Segment-Code							Dezi-mal-zahl	Zeile
D	C	B	A	a	b	c	d	e	f	g		
0	0	0	0	1	1	1	1	1	1	0	0	0
0	0	0	1	0	1	1	0	0	0	0	1	1
0	0	1	0	1	1	0	1	1	0	1	2	2
0	0	1	1	1	1	1	1	0	0	1	3	3
0	1	0	0	0	1	1	0	0	1	1	4	4

Bemerkungen: Wenn 10 verschiedene Zustände am Ausgang vorkommen, genügt eine Tetrade eingangsseitig.

Von den möglichen $4^2 = 16$ Zuständen werden aber nur 10 gebraucht. Es genügen also 10 Zeilen.

Übertragen der Zeilen der Wertetabelle für jede Ausgangsvariable in ein KV-Diagramm. Nicht vorhandene Zeilen werden mit X markiert.

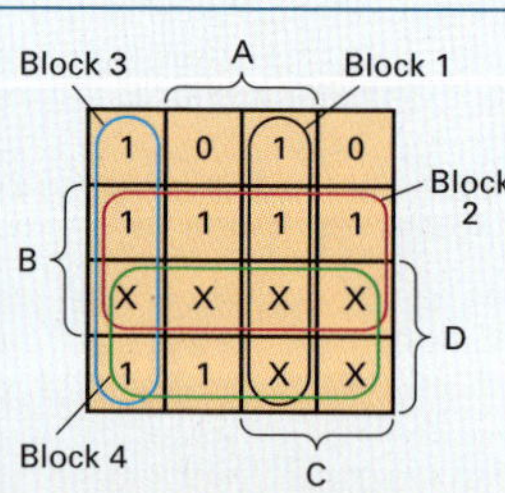

für a

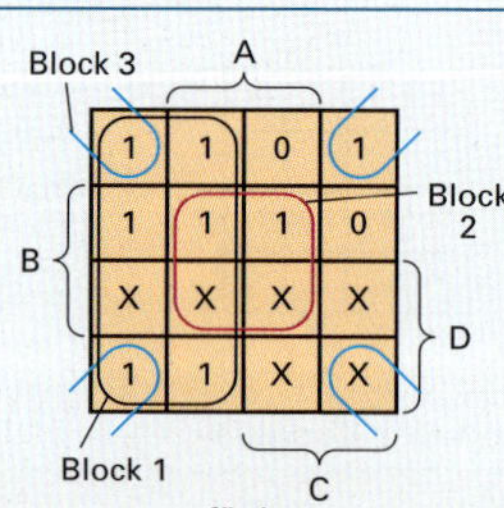

für b

entsprechend für c bis g

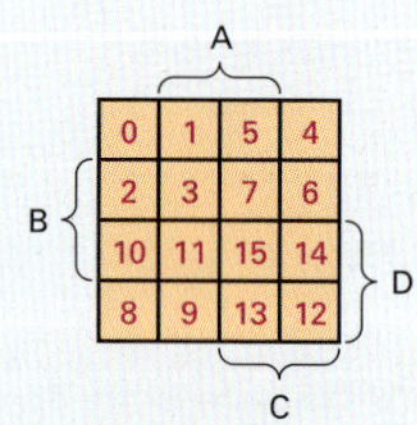

Bemerkungen: X kann beliebig zu 1 oder 0 gesetzt werden.

Bilden von Blöcken und Entnehmen der Schaltfunktionen aus den Blöcken.

Für a
Block 1: $A \wedge C$ Block 2: B
Block 3: $\bar{A} \wedge \bar{C}$ Block 4: D

Für b
Block 1: $\bar{C}$ Block 2: $A \wedge B$
Block 3: $\bar{A} \wedge \bar{B}$

Bemerkungen: Es müssen alle 1 in den Blöcken stehen. Die X dürfen beliebig durch 1 oder 0 ersetzt werden.

Bilden der Schaltfunktionen.

$a = (A \wedge C) \vee B \vee (\bar{A} \wedge \bar{C}) \vee D$
$b = \bar{C} \vee (A \wedge B) \vee (\bar{A} \wedge \bar{B})$

Bemerkungen: Die Blöcke sind durch ODER zu verbinden.

Entwickeln der Schaltung aus der Schaltfunktion für jede Ausgangsvariable. Bei Bedarf umformen für vorgesehene binäre Elemente (hier NAND-Elemente)

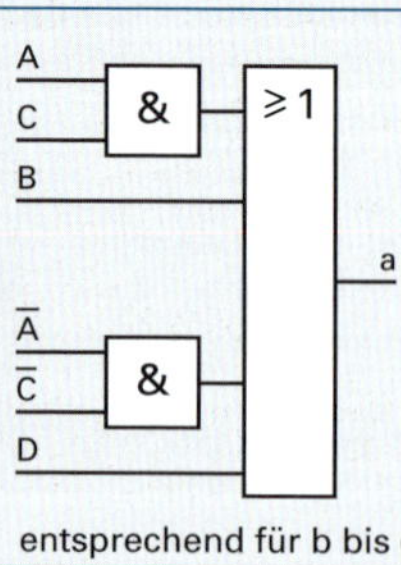

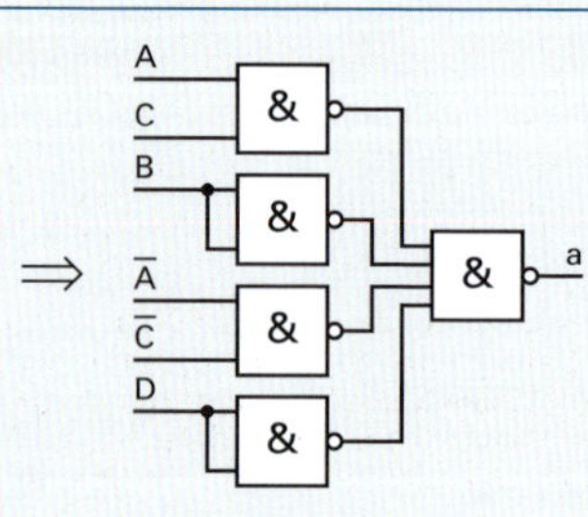

entsprechend für b bis g

Bemerkungen: Umformung bei Bedarf: Alle & werden ≥ 1 und alle ≥ 1 werden & und alle Anschlüsse werden gegenüber Ausgangszustand invertiert.

Gilt aber nicht für NICHT-Elemente.

D

ASCII-Code im Unicode ASCII-Code in Unicode

Genormter ASCII-Code (7-Bit-Code)

Dez	Hex	Zch	Dez	Hex	Zch	Dez	Hex	Zch	Dez	Hex	Zch	Dez	Hex	Zch	Dez	Hex	Zch
0	0		22	16	■	44	2C	,	65	41	A	86	56	V	107	6B	k
1	1	☺	23	17	↨	45	2D	-	66	42	B	87	57	W	108	6C	l
2	2	●	24	18	↑	46	2E	.	67	43	C	88	58	X	109	6D	m
3	3	♥	25	19	↓	47	2F	/	68	44	D	89	59	Y	110	6E	n
4	4	♦	26	1A	→	48	30	0	69	45	E	90	5A	Z	111	6F	o
5	5	♣	27	1B	←	49	31	1	70	46	F	91	5B	[	112	70	p
6	6	♠	28	1C	∟	50	32	2	71	47	G	92	5C	\	113	71	q
7	7	•	29	1D	↔	51	33	3	72	48	H	93	5D	]	114	72	r
8	8	⊡	30	1E	▲	52	34	4	73	49	I	94	5E	^	115	73	s
9	9	○	31	1F	▼	53	35	5	74	4A	J	95	5F	_	116	74	t
10	A	◙	32	20		54	36	6	75	4B	K	96	60	`	117	75	u
11	B	♂	33	21	!	55	37	7	76	4C	L	97	61	a	118	76	v
12	C	♀	34	22	"	56	38	8	77	4D	M	98	62	b	119	77	w
13	D	♪	35	23	#	57	39	9	78	4E	N	99	63	c	120	78	x
14	E	♫	36	24	$	58	3A	:	79	4F	O	100	64	d	121	79	y
15	F	□○	37	25	%	59	3B	;	80	50	P	101	65	e	122	7A	z
16	10	►	38	26	&	60	3C	<	81	51	Q	102	66	f	123	7B	{
17	11	◄	39	27	'	61	3D	=	82	52	R	103	67	g	124	7C	|
18	12	↕	40	28	(	62	3E	>	83	53	S	104	68	h	125	7D	}
19	13	‼	41	29	)	63	3F	?	84	54	T	105	69	i	126	7E	~
20	14	¶	42	2A	*	64	40	@	85	55	U	106	6A	j	127	7F	Δ
21	15	§	43	2B	+												

Erweiterungen im Unicode

Dez	Hex	Zch	Dez	Hex	Zch	Dez	Hex	Zch	Dez	Hex	Zch	Dez	Hex	Zch	Dez	Hex	Zch
128	80	€	150	96	–	172	AC	¬	193	C1	Á	214	D6	Ö	235	EB	ë
129	81	□	151	97	—	173	AD		194	C2	Â	215	D7	×	236	EC	ì
130	82	‚	152	98	˜	174	AE	®	195	C3	Ã	216	D8	Ø	237	ED	í
131	83	ƒ	153	99	™	175	AF	¯	196	C4	Ä	217	D9	Ù	238	EE	î
132	84	„	154	9A	š	176	B0	°	197	C5	Å	218	DA	Ú	239	EF	ï
133	85	…	155	9B	›	177	B1	±	198	C6	Æ	219	DB	Û	240	F0	ð
134	86	†	156	9C	œ	178	B2	^{2}	199	C7	Ç	220	DC	Ü	241	F1	ñ
135	87	‡	157	9D	□	179	B3	^{3}	200	C8	È	221	DD	Y	242	F2	ò
136	88	ˆ	158	9E	ž	180	B4	´	201	C9	É	222	DE	þ	243	F3	ó
137	89	‰	159	9F	Ÿ	181	B5	µ	202	CA	Ê	223	DF	ß	244	F4	ô
138	8A	Š	160	A0		182	B6	¶	203	CB	Ë	224	E0	à	245	F5	õ
139	8B	‹	161	A1	¡	183	B7	·	204	CC	Ì	225	E1	á	246	F6	ö
140	8C	Œ	162	A2	¢	184	B8	¸	205	CD	Í	226	E2	â	247	F7	÷
141	8D	□	163	A3	£	185	B9	^{1}	206	CE	Î	227	E3	ã	248	F8	ø
142	8E	Ž	164	A4	×○	186	BA	º	207	CF	Ï	228	E4	ä	249	F9	ù
143	8F	□	165	A5	¥	187	BB	»	208	D0	Đ	229	E5	å	250	FA	ú
144	90	□	166	A6	¦	188	BC	¼	209	D1	Ñ	230	E6	æ	251	FB	û
145	91	`	167	A7	§	189	BD	½	210	D2	Ò	231	E7	ç	252	FC	ü
146	92		168	A8	¨	190	BE	¾	211	D3	Ó	232	E8	è	253	FD	y
147	93	‟	169	A9	©	191	BF	¿	212	D4	Ô	233	E9	é	254	FE	þ
148	94		170	AA	ª	192	C0	À	213	D5	Õ	234	EA	ê	255	FF	ÿ
149	95	*	171	AB	«												

ASCII-Steuerzeichen (Beispiele)

Dez	Befehl	Bedeutung	Dez	Befehl	Bedeutung
2	STX	Start of Text = Textanfang	13	CR	Carriage Return = Wagenrücklauf
3	ETX	End of Text = Textende	17	DC1	Device Control = Gerätesteuerzeichen (weitere 18, 19, 20 = DC2, DC3, DC4)
7	BEL	engl. Bell = Klingel			
10	LF	Line Feed = Zeilenvorschub	26	SUB	Substitution = Zeichen ersetzen
12	FF	Form Feed = Formularvorschub	27	ESC	Escape = Entkommen (Taste)

Der Unicode als 16-Bit-Code wurde als internationaler Standard definiert, um die Zeichen aller europäischen Sprachen sowie insbesondere die Zeichen im Arabischen, Chinesischen, Japanischen oder Koreanischen abzubilden. In den ersten 128 Plätzen ist der ASCII-Code (American Standard Code for Information Interchange) untergebracht. Von den möglichen 65536 Zeichen des Unicode sind derzeit etwa 40000 Zeichen vergeben. Die ersten 32 Zeichen sind meist Steuerzeichen, die anderen Zeichen sind auch Bestandteil des ANSI-Codes (American National Standards Institut).

D

Merkmal	Erklärung	Bemerkungen
RFID-Systeme		
Technologie	Ein RFID-Transponder (RFID von Radio Frequency Identification, transponder von transmitter = Sender, responder = Antwortsender, abfragbarer Datenträger) besteht aus Antenne, analogem Schaltkreis zum Empfangen und Senden sowie digitalem Schaltkreis und Speicher bis zu 1 MB. Gespeicherte Daten werden über Funk ausgelesen. Basisstationen besitzen Baugruppen zum Lesen, ggf. Schreiben.	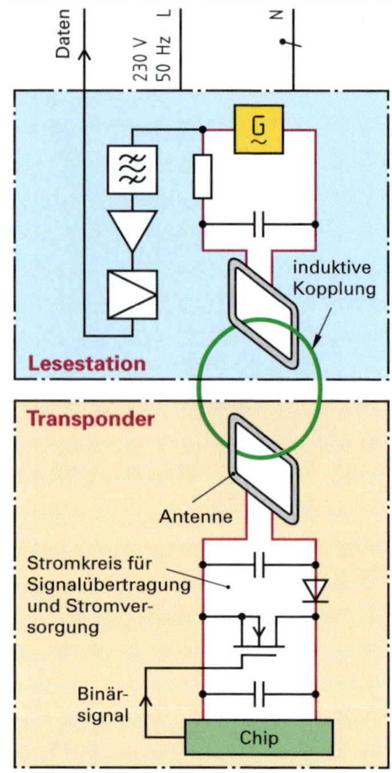 **Lesestation und Transponder**
Energieversorgung	Man unterscheidet Transponder mit eigener Energieversorgung und ohne eigene Energieversorgung. Batterielose Transponder erhalten ihre Versorgungsspannung aus den Funksignalen der Basisstationen (hier Lesestationen). Die Daten können oft nur gelesen werden. Batteriebetriebene Transponder können sowohl gelesen als auch beschrieben werden. Im Ruhezustand senden sie keine Informationen. Wird ein Aktivierungssignal empfangen, aktiviert sich der Sender im Transponder.	
Frequenzbänder	Anwendung finden Frequenzen im Bereich 30 kHz bis 500 kHz mit Reichweiten bis 1 cm, Frequenzen von 10 kHz bis 15 MHz mit Reichweiten bis 1 m und Frequenzen von 850 MHz bis 950 MHz oder 2,4 GHz bis 2,5 GHz mit Reichweiten bis 30 m.	
Anwendungen	Produktkennzeichnungen im Einzelhandel und in automatisierten Transportanlagen, Werkzeugkennzeichnungen, Tierkennzeichnungen, Patientenkennungen, Chipkarten für Zugangskontrollen, Mautsysteme. Die Baugrößen reichen von wenigen Millimetern bis zu einigen Zentimetern.	
Barcode-Systeme		
Code 2/5	Der Code 2/5 Interleaved (überlappend) ist ein numerischer Code mit zwei breiten und drei schmalen Strichen bzw. zwei breiten und drei schmalen Lücken. Die erste Ziffer wird mit fünf Strichen dargestellt, die folgende zweite durch die Lücken der ersten. 1 bedeutet ein breites Element E (Strich oder Lücke), 0 bedeutet ein schmales Element. Die Informationsfolgen beginnen mit einem Startzeichen und enden mit einem Endezeichen. Der Code 2/5 Industrial ist je Ziffer mit zwei breiten und drei schmalen Strichen aufgebaut. Die Lücken enthalten keine Informationen. Ein breiter Strich bedeutet eine 1, ein schmaler Strich bedeutet eine 0. Das Zeichen 1 wird codiert als 10001, dargestellt mit der Strichfolge breit, dreimal schmal und wieder breit.	(siehe Tabelle und Bild unten)

Zeichen	E1	E2	E3	E4	E5
1	1	0	0	0	1
2	0	1	0	0	1
3	1	1	0	0	0
4	0	0	1	0	1
5	1	0	1	0	0
6	0	1	1	0	0
7	0	0	0	1	1
8	1	0	0	1	0
9	0	1	0	1	0
0	0	0	1	1	0

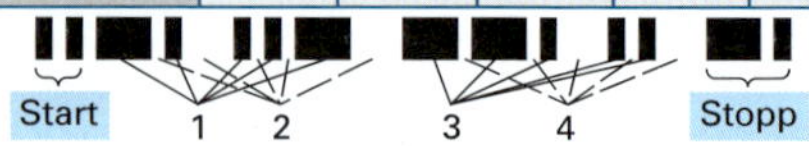

Code 2/5 Interleaved

Merkmal	Erklärung	Bemerkungen
EAN-Code	Europäischer-Artikel-Nummerierungs-Code. Striche bedeuten binär 1, Lücken binär 0. Die Verschlüsselung erfolgt mit 12 Ziffern.	Umfasst Zeichensätze A,B,C. Zeichensatzfolge ABA ABB für deutsche Artikel. Ziffer 1 bei Zeichensatz A ist 00110001, bei B 0110011.
zweidimensionaler Barcode	Bei zweidimensionalen Codes, z. B. QR-Code, Data Matrix Code, wird die Information sehr kompakt in horizontaler und vertikaler Richtung verschlüsselt, z. B. für 2000 Zeichen. Lesbar in allen Richtungen.	**Beispiele QR-Code, Matrix-Code**

D

Flipflops Flip-flops

Benennungen	Schaltzeichen	Wertetabelle	Zeitablaufdiagramm

Asynchrone Flipflops (Flipflops ohne Takteingang)

SR-Flipflop, RS-Flipflop, Set-Reset-Flipflop, Latch, RS-FF

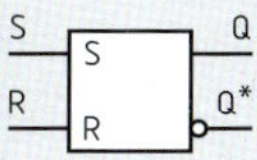

S	R	Q	Q*
0	0	q_n	$\bar{q}_n$
0	1	0	1
1	0	1	0
1	1	0	0
1 → 0	1 → 0	0 oder 1 (nicht definierter Zustand)	1 oder 0

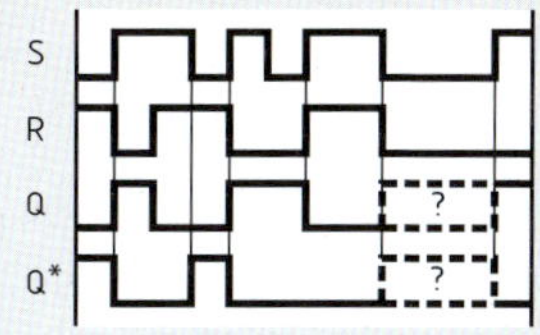

$\overline{SL}$-Flipflop, $\overline{RS}$-Flipflop mit dominierendem S-Eingang

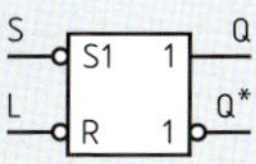

S	L	Q	Q*
0	0	q_n	$\bar{q}_n$
0	1	0	1
1	0	1	0
1	1	1	0

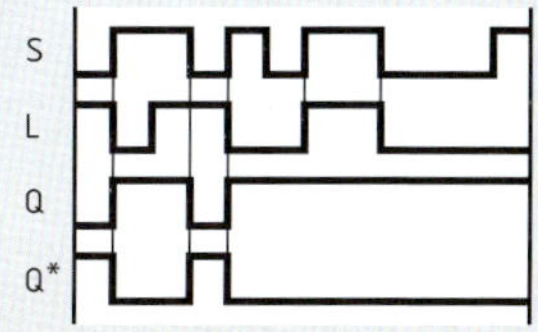

Synchrone Flipflops (Flipflops mit Takteingang)

Einflanken-gesteuertes JK-Flipflop, mit negativer (n) Flanke (fl) gesteuert.
JK-FF, nfl

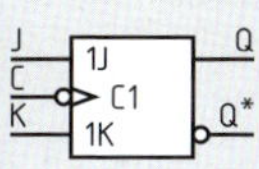

C	J	K	Q	Q*
0,1	X	X	q_n	$\bar{q}_n$
↓	0	0	q_n	$\bar{q}_n$
↓	0	1	0	1
↓	1	0	1	0
↓	1	1	$\bar{q}_n$	q_n

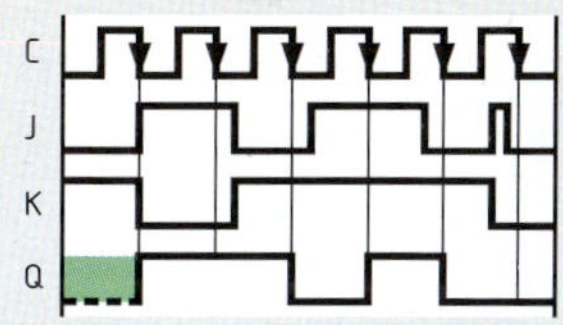

Zweiflanken-gesteuertes JK-Flipflop (Master-Slave-JK-Flipflop) mit positiver Flanke[1] gesteuert

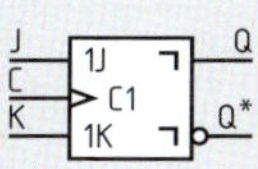

C[1]	J	K	Q	Q*
0,1	X	X	q_n	$\bar{q}_n$
↑	0	0	q_n	$\bar{q}_n$
↑	0	1	0	1
↑	1	0	1	0
↑	1	1	$\bar{q}_n$	q_n

Kombinierte Flipflops

Zweiflanken-gesteuertes JK-Flipflop, mit positiver Flanke[1] gesteuert, S-Eingang und R-Eingang taktunabhängig (tu)

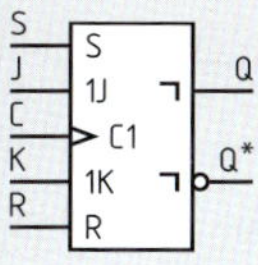

Für den JK-Teil gilt die Wertetabelle des entsprechenden JK-Flipflops, für den RS-Teil die Wertetabelle des entsprechenden asynchronen Flipflops. Vorrang hat der RS-Teil. Sehr häufiges Flipflop, da allgemein zu verwenden.

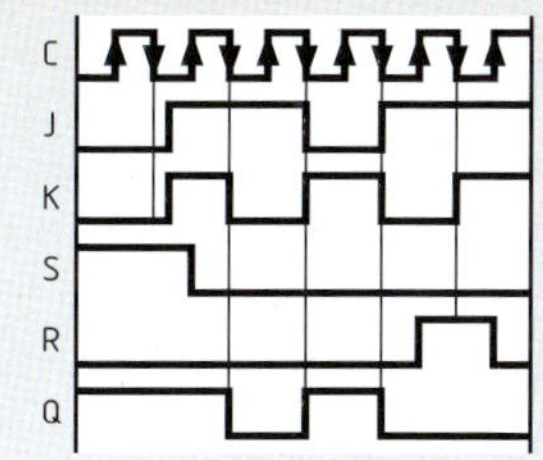

[1] Angegeben ist die Ansteuerung des Master-Flipflops, am Ausgang des Slave-Flipflops erscheint das Signal um die Dauer eines Taktimpulses verzögert.

(grünes Feld) Im Zeitablaufdiagramm Kennzeichen für angenommenen Anfangszustand des Flipflops.

C Takteingang (von Clock = Uhr, Taktgeber), J J-Eingang, K K-Eingang, D D-Eingang, Q Ausgang, Q* komplementärer (gegensätzlicher) Ausgang, q_n Signal an Q beim vorhergehenden Takt, $\bar{q}_n$ Signal an Q* beim vorhergehenden Takt, R Rücksetzeingang, S Setzeingang, X beliebig 0 oder 1.
↓ negative Flanke, ↑ positive Flanke.

D

Schaltung	Bemerkungen

Asynchrone Zähler

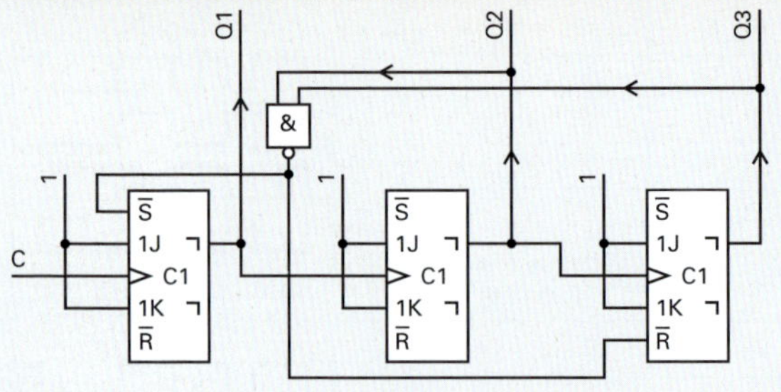

Asynchroner Zähler 1 bis 5 mit zweiflankengesteuerten JK-Flipflops

Am einfachsten geht man vom asynchronen Zähler 0 bis 7 bzw. 0 bis 15 oder vom entsprechenden Rückwärtszähler aus und setzt über die R̄-Eingänge zurück, sobald der gewünschte Zählerstand erreicht ist.

1. Ermittlung der Anzahl n der Flipflops, wobei die Zählstufenzahl $z \leq 2^n$ sein muss.
2. Zeichnung des asynchronen Zählers für den vollen Zählbereich für n Flipflops.
3. Überlegung, bei welchem Zählerstand Rücksetzen oder erneutes Setzen erforderlich ist, hier im Beispiel bei 6.
4. Verwirklichung des Rücksetzens bzw. Setzens durch UND-Elemente.

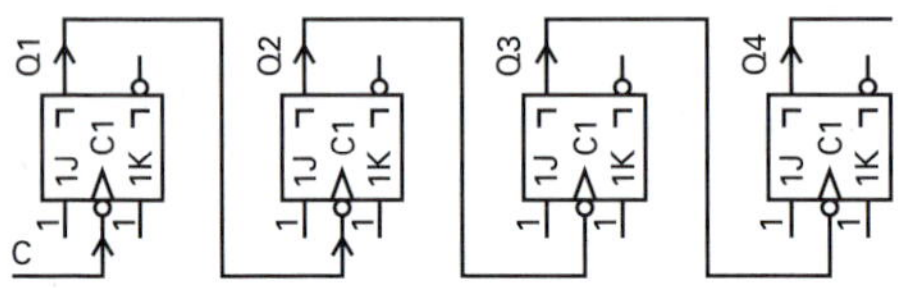

Asynchroner Dualzähler 0 bis 15

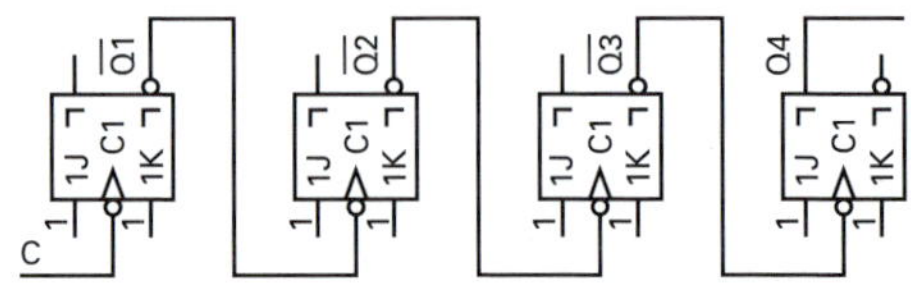

Asynchroner Dualzähler 15 bis 0

Schieberegister

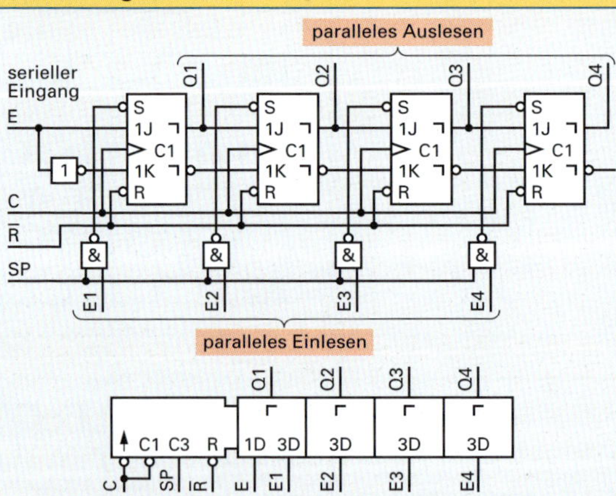

4-Bit-Schieberegister für wahlweise seriellen oder parallelen Betrieb

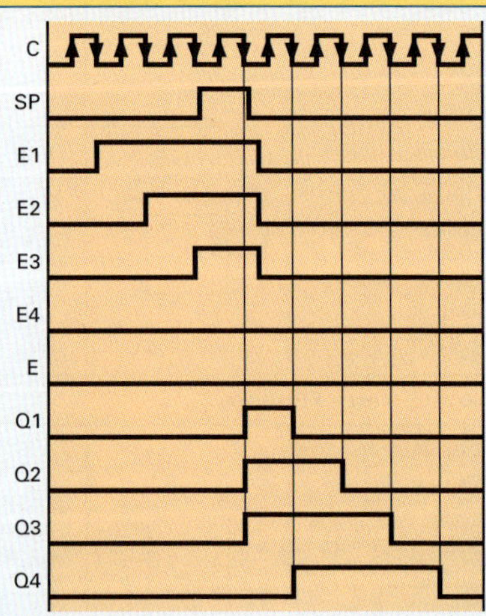

Neben 4-Bit-Schieberegister als IC gibt es auch 8-Bit-, 16-Bit, 64-Bit-Schieberegister als IC. Durch ensprechendes Zusammenschalten einzelner IC kann man mehrstufige Schieberegister aufbauen.

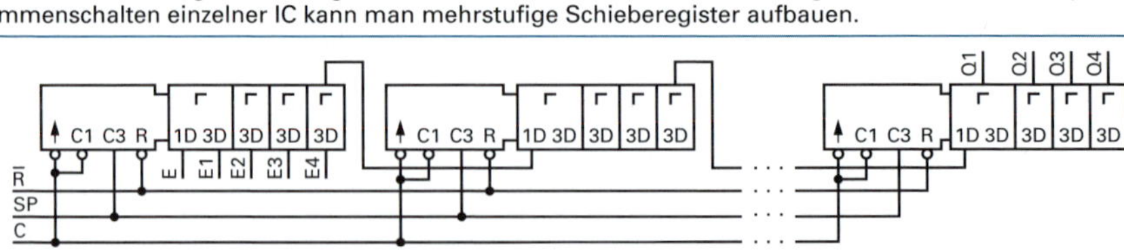

Mehrstufiges Schieberegister zum Schieben in einer Richtung

C Takt-, Clockeingang, E serieller Eingang, E1 bis E4 parallele Eingänge, H H-Pegel, Q1 bis Q4 parallele Ausgänge, Q4 serieller Ausgang, R Rücksetzeingang, S Setzeingang, SP Betriebsarteneinstellung seriell, parallel.

DA-Umsetzer und AD-Umsetzer   DA-Converter and AD-Converter

Schaltung, Prinzip	Erklärung, Wirkungsweise	Daten
Digital-Analogumsetzer (DAU, DAC)		
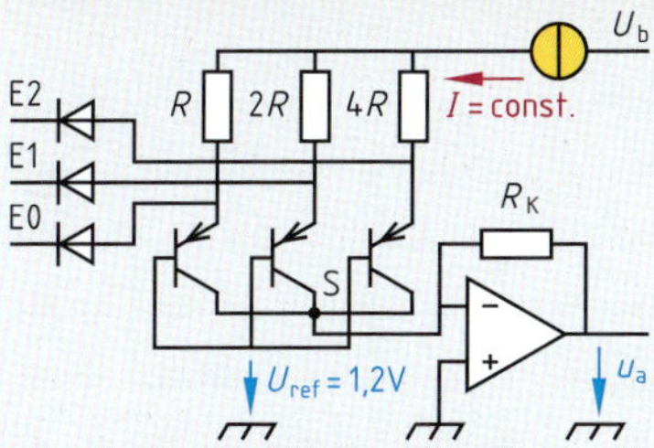 **DA-Umsetzer mit Stromwichtung**	Der stromgewichtete DA-Umsetzer besteht aus transistorgeschalteten Stromquellen, die binär gewichtet sind und von den Eingängen E0, E1 und E2 geschaltet werden. Die binäre Wichtung erfolgt durch die Emitterwiderstände mit den Werten *R*, 2*R*, 4*R*...$2^n \cdot R$. Die Summe der Kollektorströme wird von einem Operationsverstärker in die Ausgangsspannung u_a umgesetzt.	Wortlänge 6 bit bis 8 bit, Linearität 0,5‰ bis 2‰, Umsetzfrequenz bis 100 MHz, Netzwerkwiderstandswerte entsprechend der Bitzahl *R*, 2*R*, 4*R*, ...
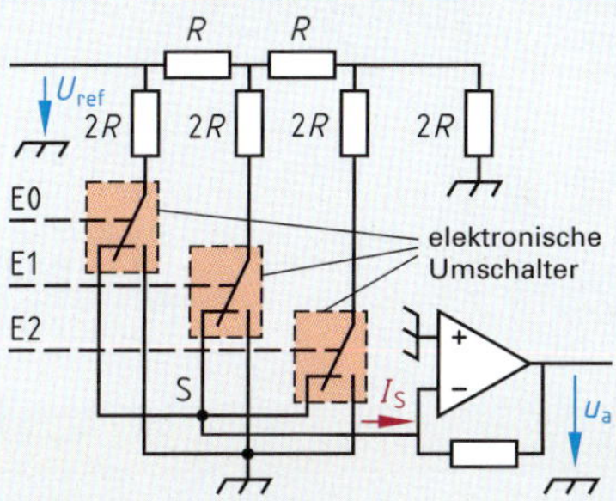 **DA-Umsetzer mit Kettenleiter (R-2R-Leiternetzwerk)**	Der R-2R-Umsetzer enthält ein Netzwerk aus Längswiderständen mit dem Wert *R* und den Nebenschlusswiderständen mit dem Wert 2*R*. Das offene Ende der Widerstände 2*R* wird über einen elektronischen Schalter an Masse oder an den Stromsummenpunkt S gelegt. Einzelstrom: $$I_S = \frac{U_{ref}}{R} \cdot \left(\frac{1}{2} + \frac{1}{4} + \ldots + \frac{1}{2^n}\right) \quad (1)$$ Summe aller Ströme: $$I_S = \frac{U_{ref}}{R} \cdot \left(1 - \frac{1}{2^n}\right) \quad (2)$$	Wortlänge 8 bit bis 11 bit, Linearität 0,2‰ bis 0,5‰, Umsetzfrequenz bis 15 MHz, Widerstände des Netzwerks *R* und 2*R*.
Analog-Digitalumsetzer (ADU, ADC)		
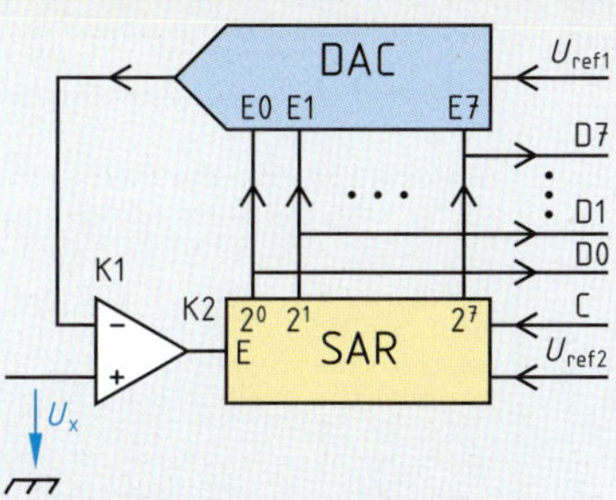 **Sukzessiver-Approximations-Umsetzer**	Der Sukzessive-Approximations-Umsetzer ist ein Stufenumsetzer mit einem SAR D1 (von engl. Successive Approximation Register = Register für schrittweise Annäherung). Dabei steuert das SAR einen DA-Umsetzer A1. Das Ausgangssignal des DA-Umsetzers wird mit der Messspannung im Vergleicher N1 verglichen. Das SAR beginnt mit seinem MSB (höchstwertigem Bit). Je nach Ausgangsspannung des Vergleichers gibt das SAR die Werte 0 oder 1 für die jeweiligen Bits aus. Dadurch wird in immer kleineren Stufen die Ausgangsspannung an die Messpannung angenähert.	Umsetzschritte *n* bei *n* Stellen. Auflösung: 8 bit bis 18 bit In Mikrocontrollern 10 bit in zwei Stufen mit 2 bit und 8 bit. Umsetzfrequenz: bis 4 MHz bei 8 bit bis 10 kHz bei 18 bit
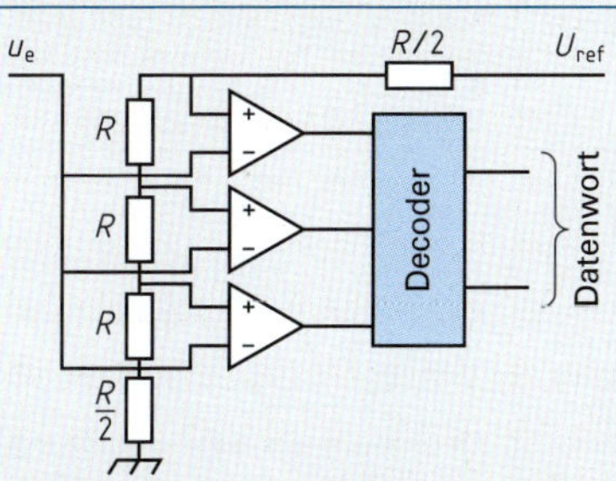 **Parallel-Umsetzer für 2 Bits**	Das Verfahren arbeitet nach dem Prinzip des unmittelbaren Vergleichs der Eingangsspannung mit den *n* Referenzspannungswerten bei einem *n*-Bit-Umsetzer. Für eine *n*-Bit-Auflösung werden 2^n-1 Komparatoren benötigt, deren Schaltschwellen in Stufen entsprechend dem Widerstandswert auseinanderliegen. Die Komparatorausgangssignale steuern einen Decoder an, an dessen Ausgang das gewandelte Signal in binärer Form zur Verfügung steht.	Umsetzfrequenz bis 100 MHz Komparatorenzahl für 2 bit: 3 3 bit: 7 4 bit 15 8 bit 255 10 bit 1023 Auflösung bis 12 bit.

I_s Summenstrom, u_e Eingangsstrom, u_a Ausgangsstrom, U_{ref} Referenzspannung, C von engl. Clock = Takt

D

Schaltung	Erklärung	Ergänzungen und Bemerkungen
Komparatoren		
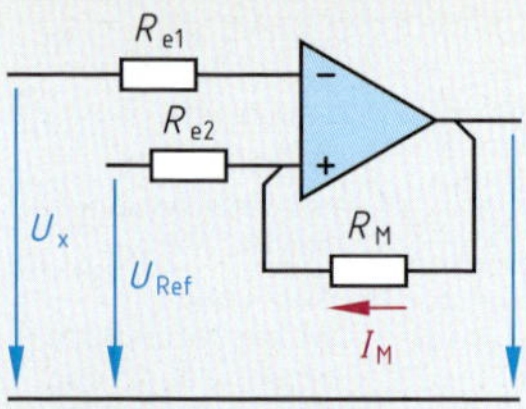 **Bipolarer Komparator mit Hysterese**	Komparatoren mit Analogeingang sind 1-Bit-AD-Umsetzer. Sie vergleichen eine Eingangsspannung U_X mit einer Referenzspannung U_{Ref} und geben ein Binärsignal U_2 ab. Sie bestehen aus einem beschalteten Operationsverstärker. Wird ein Widerstand zur Mitkopplung verwendet, so tritt eine Schaltdifferenz ΔU auf. Diese *Hysterese* ist umso kleiner, je kleiner die Mitkopplung ist. Ohne den Mitkopplungswiderstand R_M liegt keine Hysterese vor.	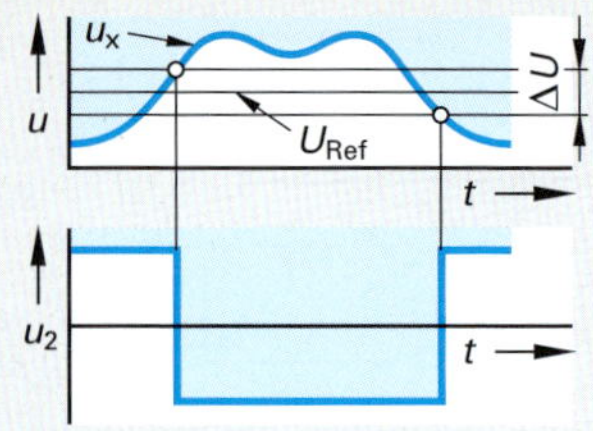 **Schaltverhalten mit Hysterese**
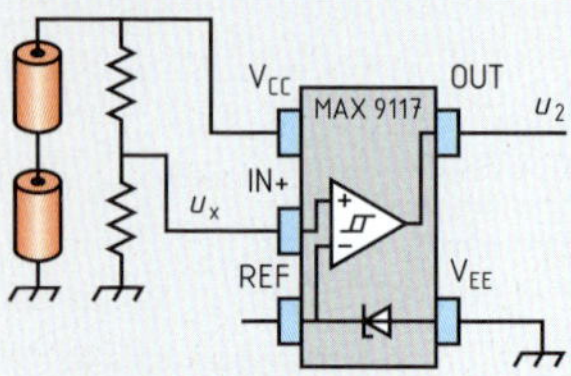 **Unipolarer Komparator zur Batterieüberwachung**	Bei den handelsüblichen Komparator-ICs werden Operationsverstärker mit nur positiver Betriebsspannung verwendet, die ein unipolares Binärsignal abgeben. Oft ist eine Referenzspannung im IC integriert. Diese Komparatoren arbeiten mit einer Betriebsspannung von z. B. 1,8 V bis 5 V bei einem Betriebsstrom von 0,6 µA. Anwendung z. B. Überwachung einer Batteriespannung, Umsetzung von bipolaren Signalen in unipolare.	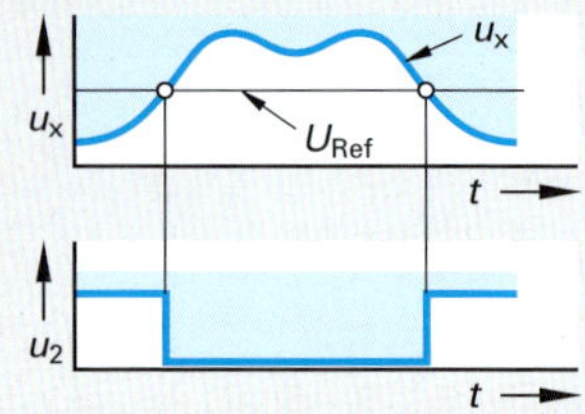 **Schaltverhalten**
Sample-and-Hold-Schaltungen (S&H-Schaltungen)		
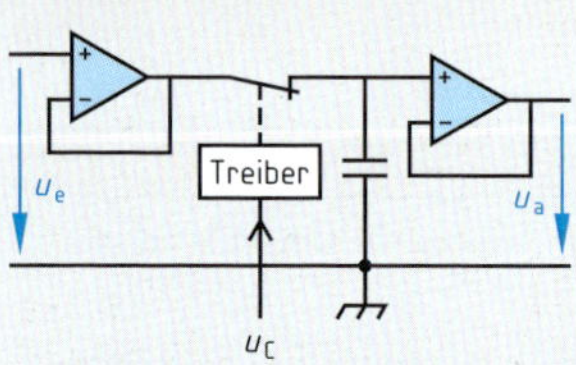 **Prinzip einer S&H-Schaltung**	Die S&H-Schaltung dient zum Abtasten (bestehend aus Sample = Probe nehmen und Hold = Halten) von analogen Signalen und Ausgeben als wertdiskrete (aus einzelnen Werten bestehende) und zeitdiskrete (mit Abstand aufeinander folgende) Signale. S&H-Schaltungen (S&H-Verstärker) bestehen aus zwei Operationsverstärkern, einem Kondensator, einem elektronischen Schalter (Analogschalter) und einem Treiber.	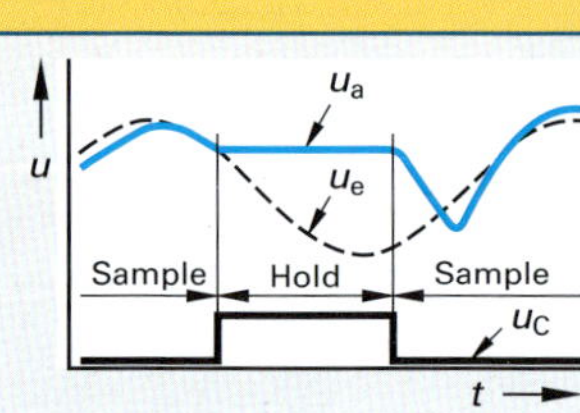 **Spannungen bei der S&H-Schaltung bei einer Abtastung**
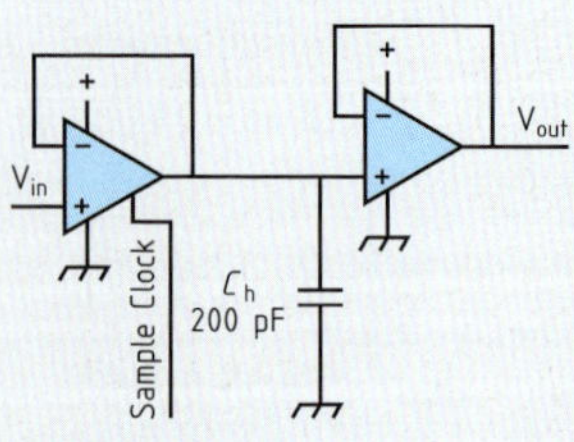 **S&H-Schaltung**	Im S&H-IC werden meist unipolare Operationsverstärker verwendet. Diese werden mit starker Gegenkopplung betrieben, sodass sie als Impedanzwandler und mit einem Verstärkungsfaktor $V \approx 1$ arbeiten. Ihr Eingangswiderstand ist dadurch sehr hoch, sodass die Signalspannung wenig belastet wird und während Hold die Kondensatorspannung fast gleich bleibt.	Der Kondensator für Hold (Haltekondensator C_h) kann im IC eingebaut sein oder muss getrennt angeschlossen werden. Eine kleine Kapazität von C_h erhöht die Schnelligkeit der Abtastung und verringert die Genauigkeit. Eine große Kapazität verhält sich dazu entgegengesetzt. **Anwendung:** Erfassung von Analogsignalen zur Umwandlung in Binärsignale, z. B. bei der digitalen Regelung (Multiplextechnik).
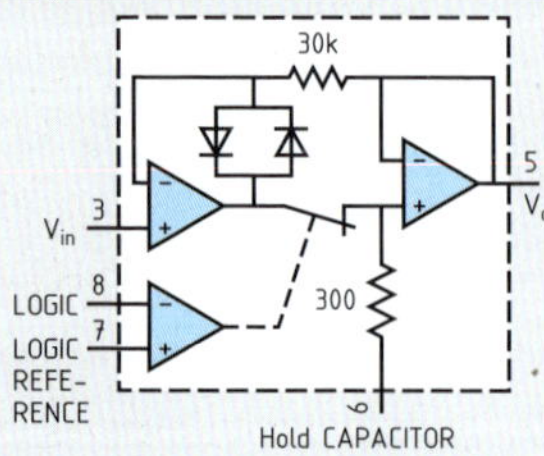 **Schnelle S&H-Schaltung**	Für besonders schnelle S&H-Schaltungen wird die Gegenkopplung des ersten Operationsverstärkers durch gegenparallele Dioden verringert. Das wird aber durch eine zusätzliche Gegenkopplung vom Ausgang der Schaltung ausgeglichen. Deshalb ist hier der Eingangswiderstand groß, obwohl der erste Operationsverstärker wegen der kleineren Gegenkopplung schneller arbeitet als ohne Dioden.	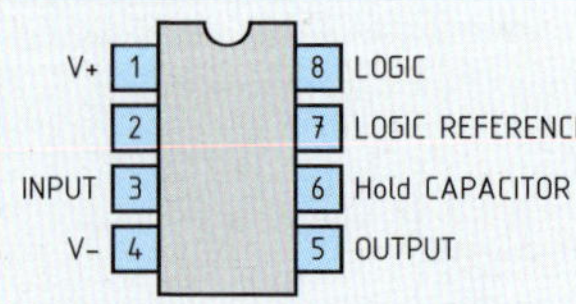 **Gehäuse einer S&H-Schaltung** Erfassungszeit (Zeit für Umstellung von Sample zu Hold) unter 4 µs, Entladestrom während Hold 6 pA.

D

Halbleiterspeicher Semiconductor Memories

Begriff	Erklärung	Bemerkungen, Daten, Ansicht
Arten und Anwendungen		
ROM-DILM	Speicher für Kleinsteuerungen.	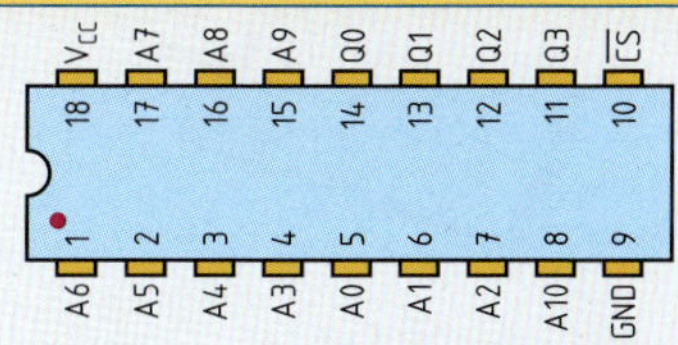
PROM-DILM	Nur einmal programmierbarer Speicher für Kleinsteuerungen.	
EPROM-DILM	Speicher aus elektrisch beschreibbarem und mit UV-Strahlung löschbarem PROM, der erneut beschrieben werden kann, z. B. für SPS.	
EEPROM-DILM	Speicher aus elektrisch programmierbarem und elektrisch löschbarem PROM, der erneut beschreibbar ist, z. B. für SPS.	A3 bis A9 Reihendecoder, A0 bis A3 und A10 Spaltendecoder, O0 bis O3 Ausgang. **PROM-DIMM für 8192 bit**
Speicherchip	Speicher mit Kontaktanschlüssen oder Antenne für Funkempfang.	Auf Bankkarten und Kreditkarten.
Speicherkarte	Speicher mit sehr hoher Kapazität, z. B. in Kameras.	Bis über 48 GB, Anwendung wie CDs und DVDs, aber kleiner.
Speicherstick	Speicherstecker, z. B. zum Einstecken an USB-Anschluss des Computers.	Kapazität wie bei Speicherkarten. Anwendung wie CDs und DVDs.
Speicherelemente		
Aufgabe	Kleinster Funktionsteil des Speichers ist das Speicherelement.	Halbleiterspeicher sind ICs. Die Kapazität des Speicherelements beträgt 1 bit.
Element für PROM	Nur einmal programmierbares Speicherelement.	Programmierbar durch Durchbrennen von Schmelzdrähten oder über Transistoren.
Element für EPROM	Löschbares (erasable) PROM, kann erneut beschrieben werden.	Programmierbar über FET, löschbar durch Bestrahlung mit UV.
SRAM (Static RAM)	Statisches RAM, besteht aus einem Flipflop, das über zwei FETs angesteuert werden kann.	Das Flipflop bleibt gesetzt, solange die Betriebsspannung vorhanden ist.
DRAM (Dynamic RAM)	Dynamisches RAM, ein Bit ist als Ladung einer Kapazität von etwa 50 aF gespeichert, die über einen FET angesteuert wird.	Wegen der dauernden Entladung der winzigen Kapazität müssen die Ladungen etwa aller 2 ms aufgefrischt werden. Größte Integrationsdichte aller Speicherelemente.
Speicheraufbau		
3D-Matrix Spaltendecoder, Zeilendecoder Speicherzelle 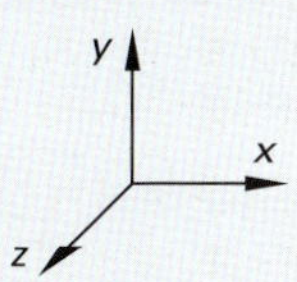 wortweise Speicherorganisation	Die Speicherelemente sind in einer *dreidimensionalen Matrix* angeordnet **(Bild)**. Je nach Typ bilden 4, 8, 16 bis 64 Speicherelemente in z-Richtung eine Speicherzelle. Der *Spaltendecoder* legt den Ort der Speicherzelle in x-Richtung fest, der *Zeilendecoder* in y-Richtung. Bei beiden Decodern ist jeweils nur ein Ausgang aktiv. Es ist jeweils die Speicherzelle ausgewählt, die am Kreuzungspunkt der aktiven Decoderausgänge liegt. Bei *wortweiser Speicherorganisation* wird jeweils ein ganzes Wort von z. B. 8 bit in die gewählte Speicherzelle geschrieben. Die *Speicherkapazität* wird in Byte angegeben, z. B. zu 64 MB (Megabyte) oder 1,6 TB (Terabyte).	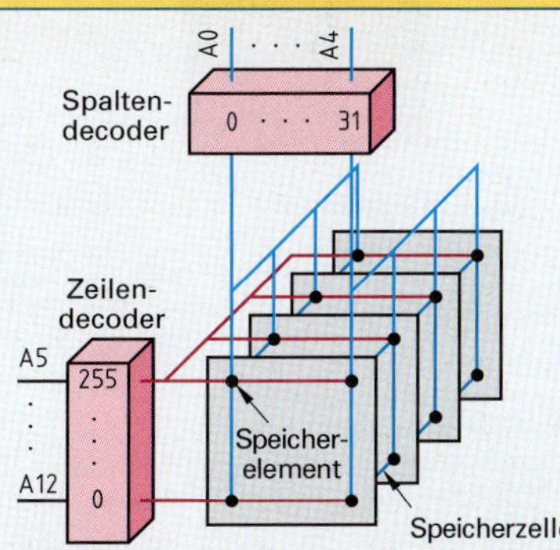 **Speicher mit wortweiser Einteilung bei Wortbreite von 4 bit**
Speichermodul	Speichermodule bestehen aus mehreren Halbleiterspeichern mit zugehöriger Ansteuerung. Sie werden in Slots (Schlitze) gesteckt, z. B. vom PC-Motherboard.	Kapazität je nach Speichern bis in den GB-Bereich. Pins (Kontaktanschlüsse) bis über 200.

DILM von Dual In Line Memory, EPROM Erasable PROM, EEPROM Electrical EPROM, ROM von Read Only Memory = Nurlesespeicher, RAM von Random Access Memory = Gedächtnis mit freiem Zugriff

D

Bewegbare Datenspeicher Portable Data Storages

Art, Prinzip	Erklärung, Verwendung	Typische Daten
 **Wechselfestplattenspeicher**	Aufbau wie bei den Festplattenspeichern. Speichereinheiten bestehen aus ein oder zwei Platten. Sie werden für den Datentransport oder die Datensicherung verwendet. 3,5"-Laufwerke haben ein externes Netzteil. 2,5"-Laufwerke werden über USB-Anschlüsse versorgt.	M 500 MB bis 3 TB n 4600/min bis 5400/min r_b bis 22 MB/s beim Lesen r_b bis 22 MB/s beim Schreiben t_z 10 ms bis 18 ms
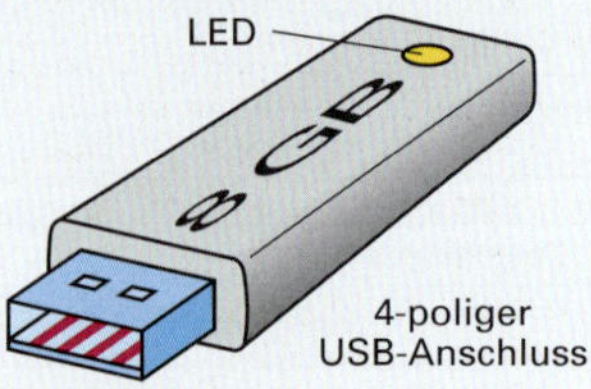 **USB-Stick**	USB-Sticks (stick = Stab) bestehen aus einer Platine mit dem USB-Controller-Chip und Anwendungschips: • Speichersticks, • Fingerprint-Readersticks, • UMTS-Sticks für Internet-Zugang, • WLAN-Sticks, • DVB-T-Sticks, • Kopierschutzsticks, • Bluetooth-Sticks.	Speichersticks können die Daten bis zu 10 Jahre speichern. Kapazität bis 64 GB. Bitrate für Lesen: bis 220 MB/s Bitrate für Schreiben: z.B. 130 MB/s. Bei entsprechendem BIOS kann der Speicherchip zum Booten verwendet werden. Abmessung (etwa): Länge 70 mm, Breite 20 mm, Höhe 10 mm. USB von Universal-Serial-Bus
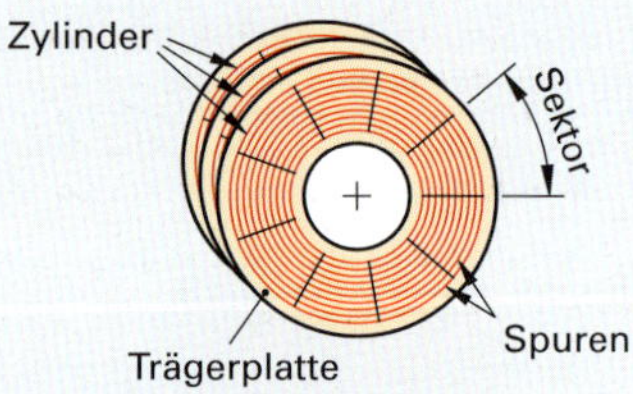 **Platte des Festplattenspeichers**	Trägerplatte aus Aluminium oder Glaskeramik, auf beiden Seiten mit Eisenoxid beschichtet. Die Magnetschichten der Platte werden in Spuren (tracks) und Sektoren eingeteilt **(Bild)**. Die Information wird in den Spuren gespeichert. Schreibköpfe und Leseköpfe schreiben bzw. lesen berührungslos auf der Platte. Eine oder mehrere Platten bilden eine Speichereinheit (Laufwerk).	Plattengröße: 5,25", 3,5" und 2,5" M 200 GB bis 1 TB n 3800/min bis 10000/min r_b 1 MB/s bis 16 MB/s t_z 8 ms bis 26 ms L_{pB} 35 dB(A) bis 56 dB(A) Plattenzahl je Laufwerk: 1 bis 8 Lebensdauer: ≥ 5 Jahre
 **SD-Karte**	Memory Cards werden in mobilen Geräten zum Schreiben und Lesen von Daten vewendet. Anwendungen: MP3-Player, Tablet-PCs, Tablet-Pads, Smartphones, digitale Kameras.	SD Memory Card (Secure Digital Memory Card) SD-Karten: Kapazität bis 8 GB SDHC-Karten (High Capacity): Kapazität bis 64 GB. SDXC-Karten (eXtended capacity): Kapazität bis 2 TB
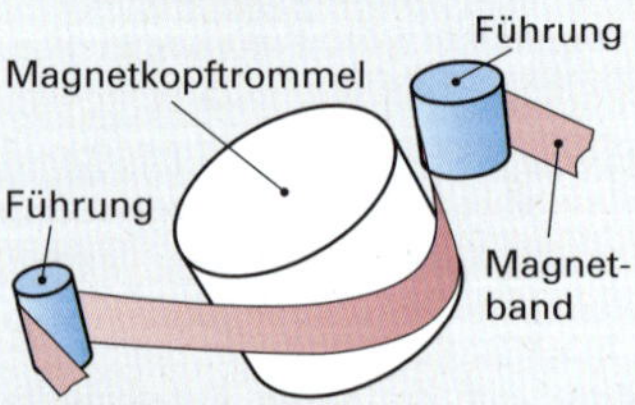 **Schrägspuraufzeichnung beim Magnetband**	**Schrägspurverfahren (DAT)** DAT von engl. Digital Audio Tape-Digitales Audioband. Das Band wird mit einem Winkel von 6° an einer Magnetkopftrommel mit je einem Lesekopf und Schreibkopf vorbeigeführt. Für Backups von Daten.	**Schrägspurverfahren:** M 1,3 GB bis 20 GB r_b 180 KB/s bis 4 MB/s t_z 62 s Bandlänge 90 m bis 120 m m 25 Kopfdrehzahl n 2000/min bis 8500/min Lagerzeit: ≥ 10 Jahre

L_{pB} Laufgeräusch in Betrieb
M Speicherkapazität
n Drehzahl
r_b Bitrate, Übertragungsrate
t_z mittlere Zugriffszeit
m Anzahl der Aufzeichnungen je Band
R Index für in Ruhe
B Index für in Betrieb

Weitere bewegbare Datenspeicher siehe folgende Seiten.

D

Optische Speicher CD   Optical Memories CD

Ansicht	Erklärung	Bemerkungen, Daten
Aufbau der CD-ROM		
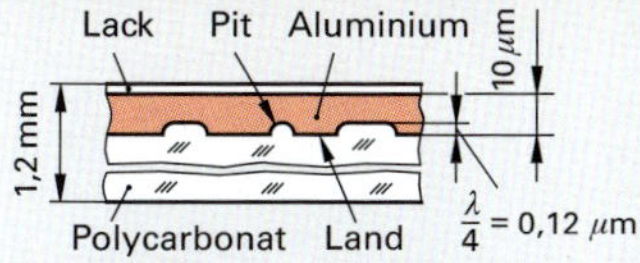 **Schnitt durch ein CD-ROM**	Die Information wird z.B. durch einen energiereichen Laserstrahl in Form von Pits (Gruben) eingebrannt. Das Lesen erfolgt durch einen Laserstrahl der Wellenlänge $\lambda \approx 0{,}48$ µm von unten her.	Plattendurchmesser 120 mm, Nettokapazität (nutzbare Kapazität) z.B. 700 MB, beschreibbarer Bereich 35 mm, Windungszahl etwa 20000, Spurenlänge 5 km, unempfindliche Seite (Etikettenseite) oben.
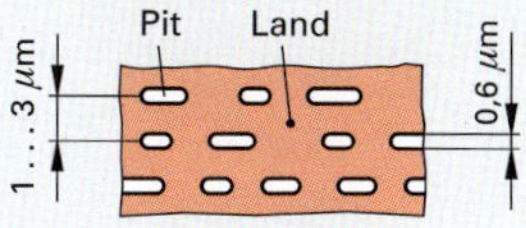 **Spuren der CD-ROM**	Sowohl die Länge der Pits (Gruben) wie auch die Länge der Lands (Landstücke) enthalten die Information (siehe unten Decodierung bei CD-ROM).	Übertragungsrate bis 6 MB/s, mittlere Zugriffszeit z.B. 90 ms, Verwendung zum Verteilen von Programmen und Daten, z.B. von Betriebssystemen, Katalogen und Bildern.
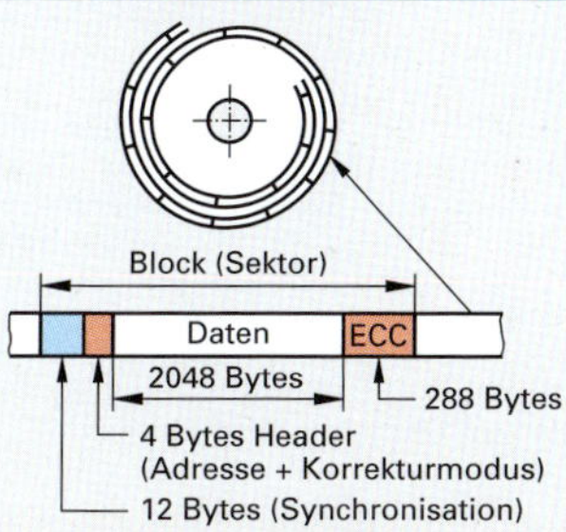 **Einteilung der CD-ROM**	Die Spur geht spiralförmig von innen nach außen. Die Spur ist in Blöcke eingeteilt. Die Informationsdichte und die Geschwindigkeit beim Lesekopf sind konstant. Deshalb haben die CDs beim Lesen innen eine größere Drehzahl (500/min) als außen (200/min). Das erfordert eine besondere Geschwindigkeitsregelung (CLV-Regelung von Constant Linear Velocity = konstante Lineargeschwindigkeit). Es gibt auch CD-ROM-Laufwerke für CAV-Technik (Constant Angular Velocity = konstante Winkelgeschwindigkeit).	Blockzahl (Sektorenzahl) ≈ 300000, Synchronisation 12 B, Adresse 3 B, Adressenkorrektur 1 B, Datenkorrektur (ECC von Error Correction Code) 288 B. Ähnlich aufgebaut sind • CD-R (R von Recordable = speicherbar) und • CD-RW (RW von Rewriteable = wiederholt beschreibbar), die vom Anwender einmal (R) oder mehrmals (RW) beschreibbar sind.
Wirkungsweise beim Lesen		
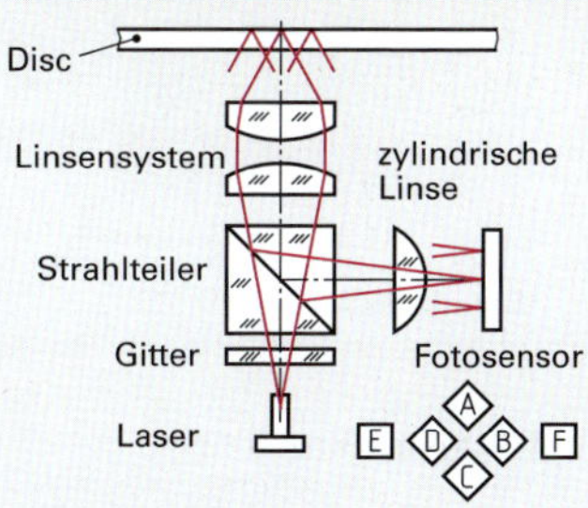 **Dreistrahlabtastung**	Der Lesekopf liegt unterhalb der CD. Bei der Dreistrahlabtastung wird der Laserstrahl durch ein Gitter aufgeteilt. Der Hauptstrahl dient zur Abtastung der Information. Trifft er ein Land, so erfolgt ungeschwächte Reflexion des Strahls zu den Dioden A, B, C, D des Fotosensors. Trifft er ein Pit, so erfolgt bei der Reflexion eine Schwächung wegen der Pittiefe von $\lambda/4$. Jeder Übergang Land-Pit bzw. Pit-Land ergibt Signal vom Wert 1.	Die Nebenstrahlen dienen zur Lageregelung des Lesekopfes zur Spur. Sie überstreichen beiderseits der Lesespur die pitfreien Bereiche zu den benachbarten Spuren. Bei Abweichung erreichen die Nebenstrahlen Pits, sodass über die Dioden E und F des Fotosensors Signale an die Regelungselektronik (Kopfservo) gegeben werden. Ein anderes System arbeitet mit nur einem Laserstrahl.
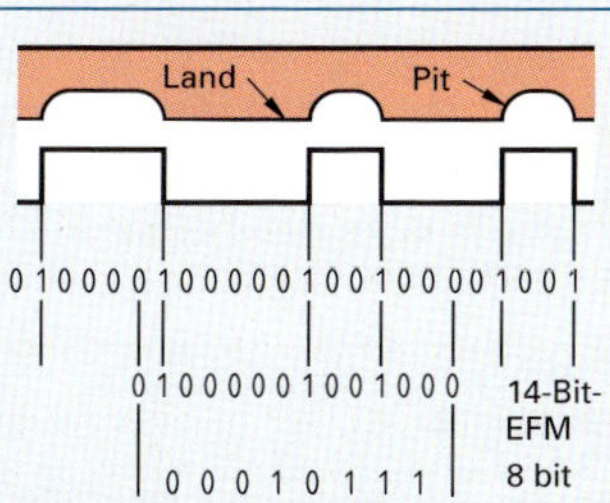 **Decodierung bei CD**	Jeder Land-Pit-Übergang und Pit-Land-Übergang erzeugt eine 1. Zwischen den Einsen liegen je nach Länge der Lands und der Pits mindestens 2 und höchstens 10 Nullen. Dieses Bitmuster bildet die Kanalbits. Nach Abtrennung der Synchronisierbits und der Koppelbits (Mergingbits) zwischen den Worten liegen je Wort 14 Bits vor. Diese werden mit einem ROM über den EFM-Code (Eight to Fourteen Modulation) in Worte von 8 bit gewandelt.	Der EFM-Code entsteht durch die Forderung, dass zwecks eindeutiger Signalerkennung zwischen den Einsen mindestens 2 und höchstens 10 Nullen liegen. Von den mit 14 Bits möglichen $2^{14} = 16\,384$ Kombinationen erfüllen 267 Worte zu 14 bit diese Forderung. Daraus wurden für EFM $2^8 = 256$ Worte ausgewählt.

D

Optische Speicher DVD Optical Memories DVD

Maße, Benennung	Erklärung	Bemerkungen
Prinzip		
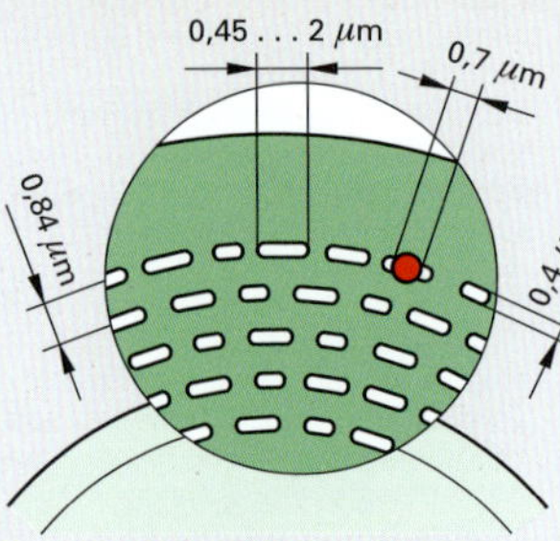 **Pits und Lands bei einer DVD**	Die DVD (Digital Versatile Disc = digital vielseitig benutzbare Scheibe) ist eine Weiterentwicklung der CD, es gelten dieselben Begriffe. **Unterschiede zur CD:** • Laser mit kleinerer Wellenlänge (z.B. 430 nm), • kleinerer Spurabstand, kleinere Pitbreite, kleinere Pitlänge, • Datenreduktion nach MPEG (Normungsgremium Moving Picture Expert Group), • weniger Steuerbits, • Modulation mit 16-Bit-Code und • viel größere Speicherkapazität.	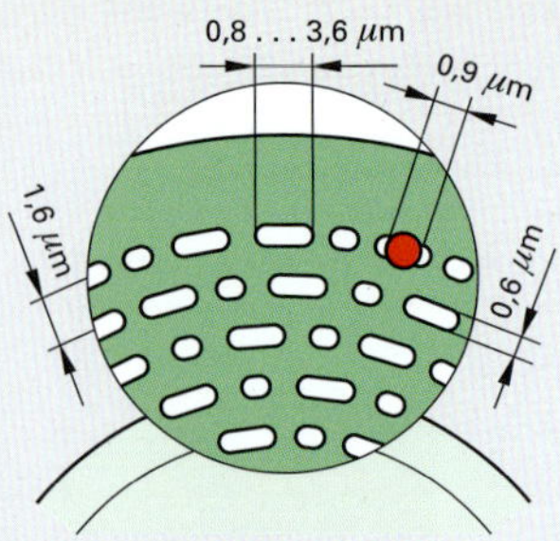 **Pits und Lands bei einer CD**
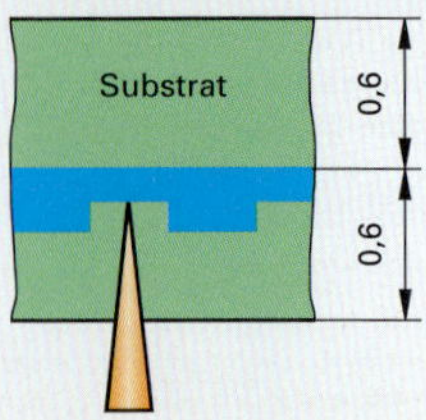 **Einschicht-DVD (DVD 5)**	Der durch Linsen fokussierte Laserstrahl von 0,7 μm Durchmesser wird in den Pits weniger reflektiert. Jeder Übergang von Pit zu Land oder Land zu Pit entspricht einer 1, die Länge der Pits gibt die Anzahl der 0 an. Wie bei CDs werden die Daten umcodiert. Die reflektierende Schicht ist z.B. aufgedampftes Metall. Die Pits entstehen z.B. durch „Brennen". Kapazität etwa 8 GB.	Werden zwei Hälften dieser einseitig bespielbaren Einschicht-DVDs gegeneinander angeordnet, entsteht eine zweiseitig bespielbare Zweischicht-DVD. Kapazität etwa 10 GB. Die Abspielgeräte der DVDs sind meist auch für CDs geeignet. Je nach Ausführung sind die Abspielgeräte für alle DVD-Arten und CD-Arten geeignet. Dagegen sind Abspielgeräte für CDs nicht geeignet für DVDs.
Mehrschichtige DVDs		
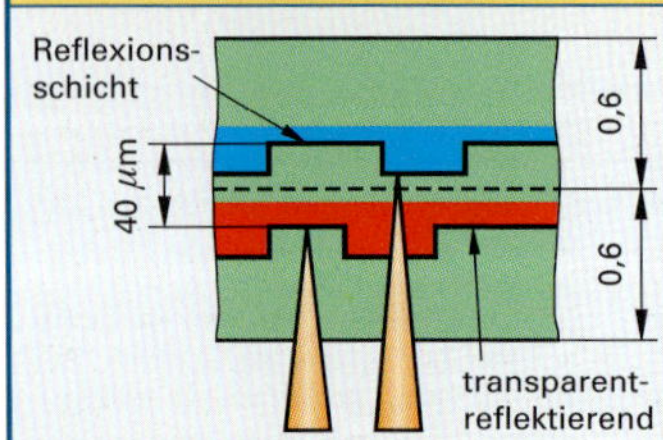 **Zweischicht-DVD (DVD 12)**	Bei der einseitig bespielbaren Zweischicht-DVD ist die untere reflektierende Schicht aus Silicium oder Gold transparent, sodass der Laserstrahl für die obere Schicht durchgelassen wird. Kapazität etwa 12 GB. Zwei derartige Anordnungen, gegenseitig aneinander geklebt, ergeben eine zweiseitig bespielbare Vierschicht-DVD. Kapazität etwa 18 GB.	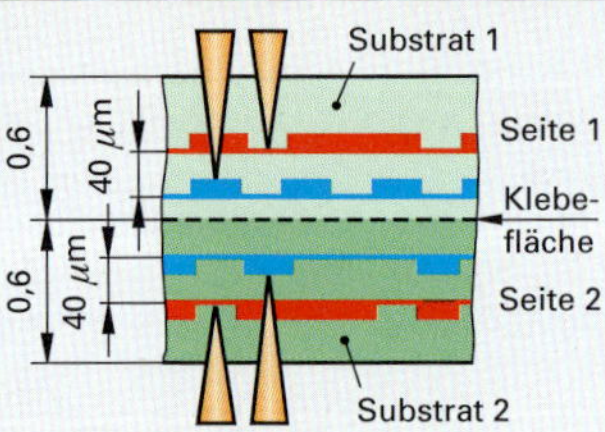 **Vierschicht-DVD (DVD 18)**
Arten der DVDs		
DVD Typ A (auch DVD-ROM oder einfach DVD genannt, für Datentechnik), **Typ B (für Video, DVD-Video), Typ C (für Audio, DVD-Audio)**	Bei großer Stückzahl durch Spritzguss und Pressen von Polycarbonat hergestellt. Dabei werden die Pits durch eine Stahlmatrize als Vertiefung eingepresst.	*Reflexionsschicht:* bei einer Datenebene Aluminium, bei zwei Datenebenen Au oder Si. *Kapazität:* je nach Anzahl der Schichten 4,7 GB bis 18 GB.
DVD Typ D (DVD-R, weiter entwickelt zu DVD+R) Die Abspielgeräte müssen für die Typen – (z. B. DVD-R) oder + geeignet sein.	Die Pits entstehen durch „Brennen" (lokales kurzzeitiges Erhitzen) entlang der vorgepressten Spuren des DVD-Rohlings mittels Laser, z. B. in einer Farbschicht.	R von Recordable = aufzeichenbar Nur einmal beschreibbar. *Reflexionsschicht* und *Kapazität*: wie bei Typ A
DVD Typ E (DVD-RAM, DVD-RW, weiter entwickelt zu DVD+RW) Die Abspielgeräte müssen für die Typen – (z. B. DVD-R) oder + geeignet sein.	Die Spuren der DVD-Rohlinge sind vorgepresst. Durch „Brennen" mittels Laser wird die Reflexion der Informationsschicht beeinflusst. Die Pits reflektieren anders als die Lands.	RW von Rewritable = wiederbeschreibbar Mehrfach beschreibbar. Reflexion ist schwächer als bei den anderen DVDs.

D

Begriffe der Informationstechnik 1 Terms of Information Technology 1

Begriff	Erklärung
Informationsdarstellung, Zahlendarstellung	
alphanumerische Zeichen	Zeichen aus Zeichenvorrat, der Buchstaben, Ziffern und Sonderzeichen enthält.
Binärzeichen	Zeichen aus Zeichenvorrat mit zwei Zeichen, meist 0 und 1.
Bit	Kurzform für Binärzeichen
bit	Einheit für die Anzahl der Stellen eines Binärwortes.
Byte	1 Byte enthält 8 Bits.
Code	Zuordnung von Zeichen eines Zeichenvorrats zu denjenigen eines anderen Zeichenvorrates.
Daten	Zeichen, die eine Information darstellen.
digital	Darstellung mit Ziffern.
Festpunktschreibweise	Punkt bzw. Komma der an der Rechnung beteiligten Zahlen wird an einem festen Platz relativ zum Zahlenanfang oder Zahlenende angenommen.
Gleitpunktschreibweise	Exponentielle Zahlendarstellung mit $x \cdot b^y$, x Mantisse, b Basis, y Exponent, b ist natürliche Zahl, z. B. E für 10, x, y sind Festpunktzahlen.
numerische Zeichen	Zeichenvorrat aus Ziffern und Sonderzeichen zur Zahlendarstellung.
Signal	Physikalische Darstellung von Nachrichten.
Wort	Größte von einem Prozessor auf einmal verarbeitbare Bitfolge, z. B. 8, 16, 32, 64, 128 bit.
Ziffer	Element einer Zahl.
Digitale Rechensysteme	
Akkumulator	Speicher in Rechenwerk, der zuerst den Operand und später das Ergebnis enthält.
ALU	Arithmetisch-logische Einheit, für arithmetische Berechnungen und logische Verknüpfungen.
Ausgabewerk	Überträgt Daten von der Zentraleinheit nach außen.
Befehlszähler	Enthält die Adresse des nächsten auszuführenden Befehls.
Code-Umsetzer, Coder	Den Zeichen des einen Codes werden die Zeichen eines anderen Codes zugeordnet.
Controller	Einrichtung zum Steuern von Abläufen.
Decodierer, Decoder	Code-Umsetzer, welcher die durch den Coder bewirkte Funktion rückgängig macht.
Eingabewerk	Steuert die Datenübertragung aus den Eingabeeinheiten in die Zentraleinheit.
Festwertspeicher	Inhalt nur lesbar.
Flipflop	Speicher für ein Bit.
Leitwerk	Steuert die Reihenfolge der Befehlsausführung, entschlüsselt die Befehle, gibt die zur Ausführung erforderlichen digitalen Signale ab.
Modulo-n-Zähler	Kehrt nach n Schritten der Zähleinheit 1 in seinen ursprünglichen Zustand zurück.
Multiplexer	Übergibt die Nachrichten mehrerer Nachrichtenkanäle an einen Nachrichtenkanal.
Peripheriegerät	Gerät zur Dateneingabe, Datenausgabe oder Datenspeicherung außerhalb des Computers.
Prozessor	Umfasst Leitwerk, Rechenwerk.
Puffer	Speicher zur vorübergehenden Datenaufnahme.
Rechenwerk	Führt Rechenoperationen durch.
Taktgeber	Steuert den zeitlichen Ablauf der einzelnen Operationen.
Zentraleinheit	Umfasst Prozessoren, Eingabewerke, Ausgabewerke, Zentralspeicher (CPU = Central Processing Unit).
Zentralspeicher	Speicher, zu dem Leitwerk, Rechenwerk, Eingabewerk, Ausgabewerk Zugriff haben.
Zugriffszeit	Zeitdauer, um Daten von einem Speicher zu holen.
Betriebsarten	
Batchbetrieb	Vor der Programmabarbeitung müssen alle Daten vorliegen.
Dialogbetrieb	Wechsel von Fragen und Antworten zwischen Benutzer und Computer.
Interaktivbetrieb	Dialogbetrieb.
Mehrbenutzerbetrieb	Mehrere Benutzer arbeiten gleichzeitig an einer Computeranlage (Multiuserbetrieb).
Mehrprogrammbetrieb	Gleichzeitige Verarbeitung mehrerer Programme auf einer Datenverarbeitungsanlage im Multiplexbetrieb (Multitasking-Betrieb).
Multiplexbetrieb	Bearbeitung mehrerer Aufgaben abwechselnd in Zeitabschnitten verzahnt (quasiparallel).
Online-Betrieb	Betrieb eines Gerätes mit ständiger Verbindung zu einem Computer.
Offline-Betrieb	Betrieb eines Gerätes ohne ständige Verbindung zu einem Computer.
Realzeitbetrieb	Die Programme zur Verarbeitung anfallender Daten sind ständig betriebsbereit (Echtzeitbetrieb).
Remotebetrieb	Fernbedienung eines Computers über ein Netzwerk, auch Internet.
Singleuserbetrieb	Ein Benutzer arbeitet mit einem Computer (Einbenutzerbetrieb).

Begriffe der Informationstechnik 2 Terms of Information Technology 2

Begriff	Erklärung
Programmierung	
Adresse	Wort zur Kennzeichnung eines Speicherplatzes.
Adressteil, Adressenteil	Enthält die Adresse von Operanden oder Befehlswörtern.
Algorithmus	Rechenvorschrift zum Lösen einer Aufgabe in einer Reihe von aufeinanderfolgenden Schritten.
Anweisung	Arbeitsvorschrift in einer beliebigen Programmiersprache.
Assemblierer	Übersetzt Assemblerprogramm in (binäre) Maschinensprache.
Befehl	Anweisung, die sich in der benutzten Sprache nicht mehr in Unteranweisungen zerlegen lässt.
Befehlswort	Wort, das vom Computer als Befehl interpretiert wird.
Betriebssystem	Programm, das den Betrieb eines Computers ermöglicht.
Datenfluss	Organisatorischer Ablauf von Daten.
Datenflussplan	Darstellung des Datenflusses mit Hilfe von Sinnbildern, Text und Verbindungslinien.
Emulator	Hardware-Software-System, mit dem die Eigenschaften eines Computers nachgebildet werden.
Interpreter, Interpretierer	Programm zur Übersetzung eines Programmes in einer höheren Programmiersprache in die Maschinensprache, jedoch erst bei der Programmbearbeitung.
Compiler, Kompilierer	Programm zur Übersetzung eines Programmes in einer höheren Programmiersprache (Quellcode) in die Maschinensprache vor dem eigentlichen Programmablauf.
Maschinensprache	Maschineninterne Codierung der Befehle, meist im Binärcode. Die Codierung ist anlagenabhängig (maschinenorientiert).
Operandenteil	Teil des Befehlswortes, in dem der Operand oder seine Adresse steht.
Operationsteil	Teil des Befehlswortes, der die auszuführende Operation angibt.
Programm	Folge von Anweisungen zur Lösung einer bestimmten Aufgabe.
Programmbaustein	Ein funktionsmäßig geschlossener Programmblock.
Programmiersprache	Sprache zum Abfassen von Programmen.
Prozedur	Programmbaustein zur Lösung wiederkehrender Rechenprozesse.
Register	Kleine Einheit zur Informationsspeicherung, meist eines Wortes.
Simulator	Programm, mit dem auf einem Computer ein System oder ein Prozess nachgebildet wird.

Begriff	Erklärung
Strukturierte Programmierung	Aufbau eines Programms aus möglichst einfachen Unterprogrammen (Prozeduren).
UML	Unified Modelling Language. Grafische Darstellung von Abläufen, Zuständen, Zusammenhängen beim Softwareentwurf.
Kommunikation, Internet (Web)	
Firewall	Software, über die Zugriffe vom und zum Internet gefiltert und gesteuert werden (Brandschutzwand).
Domaine (dt.), Domain (engl.)	Adress-Bereich in einem Netzwerk, in dem mehrere Computer organisatorisch eingebunden sind.
Download	Herunterladen von Software, die auf einem anderen Computer (Server) gespeichert ist.
FTP	File Transfer Protocol. Dienst zum Übertragen von Dateien zwischen Computern.
Host	Computer, der übergeordnete Dienste anbietet, z. B. zur Speicherung, Bereitstellung und Übertragung von Daten.
HTML	Hypertext Markup Language. Sprache (Datenformat) zur Darstellung von Dokumenten, die durch einen Browser (Programm, to browse = blättern) gelesen werden können.
Hyperlink, Link	Verknüpfen von z. B. einem Text mit der Adresse einer anderen Datei, auf die durch Mausklick gesprungen werden kann.
JPEG	Joint Photographic Experts Group. Format für komprimierte Darstellung von Bildern.
Phishing	Erschleichen persönlicher Daten mittels gefälschter E-Mails (von Passwort fischen).
Provider	Dienstleister, der den Zugang zum Internet anbietet.
Proxi-Server	Vermittler, Übergangsserver in/zwischen Netzwerken. Auch Zwischenspeicher häufig abgerufener Web-Seiten.
Spam	Spam = Müll. E-Mail mit uninteressantem/gefährlichem Inhalt.
Trojanisches Pferd, Trojaner	Ein bei einer Programminstallation unbemerkt mitinstalliertes Virusprogramm.
Wurm	Zerstörerisches Programm, welches sich über das Netzwerk oder das Internet weiterverbreitet.
XML	Extensible Markup Language. Sprache zum Beschreiben von Dokumenten, Lesen durch Browser.

D

Personal Computer PC

Gerät	Erklärungen	Typische Daten, Bemerkungen

Tower des PC

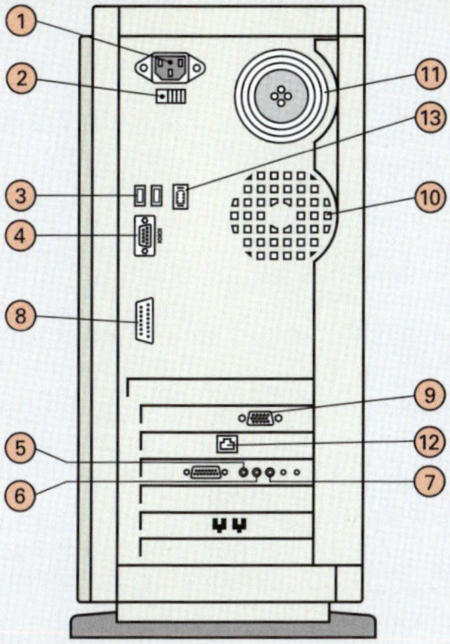

Anschlussstellen am PC

① Netzanschluss, dreipolig
② Netzschalter
③ USB (schwarz)
④ COM 1 (türkis)
⑤ Lautsprecher (grün)
⑥ Audio In (hellblau)
⑦ Mikrofon (rosa)
⑧ Gameport (orange)
⑨ Monitor
⑩ Lufteintritt
⑪ Luftaustritt
⑫ Netzwerk
⑬ Anschluss IEEE 1394 (Firewire, i-Link)

Netzanschluss mit dreipoliger Leitung, Netzschalter, oft nur einpolig.

Mausanschluss und Tastaturanschluss sind oft gleich.

Meist sind zusätzliche USB-Anschlüsse auf der Vorderseite des PC (USB von Universal Serial Bus).

COM 1, Gerätename der ersten seriellen Schnittstelle (COM von Communication).

Kennzeichen für USB

Kennzeichen für IEEE 1394

Notebook

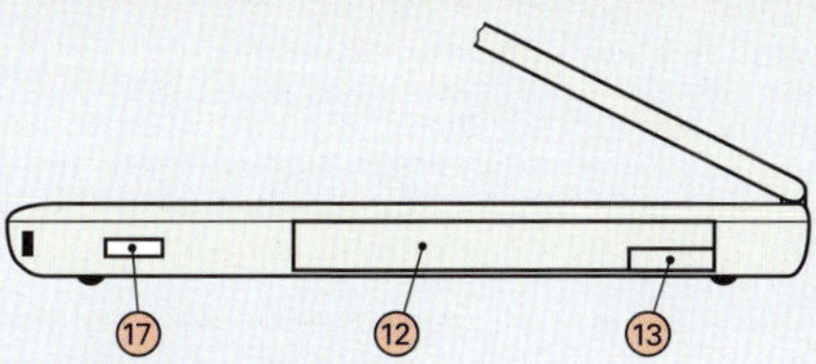

Seitenansicht von rechts

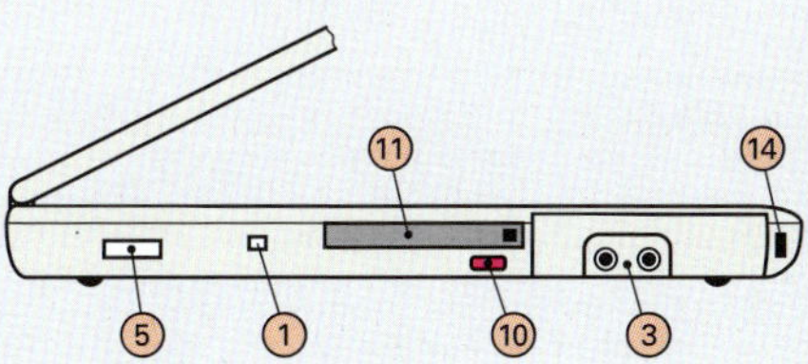

Seitenansicht von links

① IEEE 1394 (FireWire), serielle Schnittstelle bis 400 MBit/s
② USB, serielle Schnittstelle bis 480 MB/s
③ Audio-In und Mikrofon
④ S-Video, Video und Kamerabilder
⑤ Öffnung für Kensington-Schloss
⑥ Netzwerk, RJ-45-Anschluss (WLAN meist zusätzlich im Gerät enthalten)
⑦ COM 1, serielle Schnittstelle
⑨ Netzteilanschluss, z.B. 19 V, 3,4 A
⑩ Infrarotsensoren, Datenübertragung, z.B. mit Handy
⑪ PC-Card-Steckplatz, Speicherkartenanschluss
⑫ Modulschacht, Steckplatz für Zusatzgeräte, z.B. DVD-Laufwerk
⑬ Einschubfreigabe
⑭ Sicherungskabelöffnung, Diebstahlsicherung
⑮ Lüftungsschlitze
⑯ Monitoranschluss
⑰ SD-Karten-Slot (Secure Digital Memory Card)

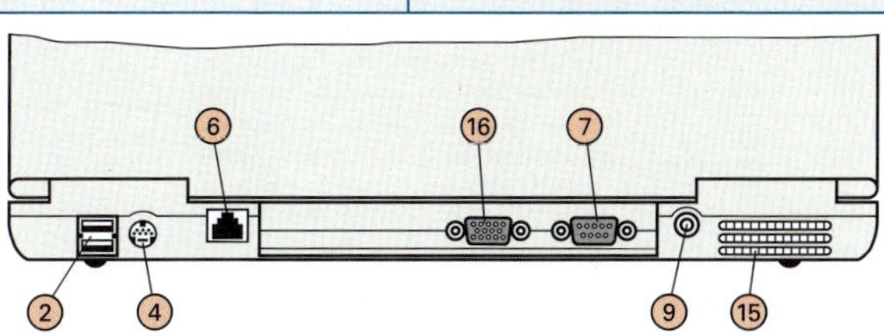

Anschlüsse auf der Notebook-Rückseite

D

Periphere Geräte am PC Peripherals at PC

Geräteart	Erklärungen	Typische Daten
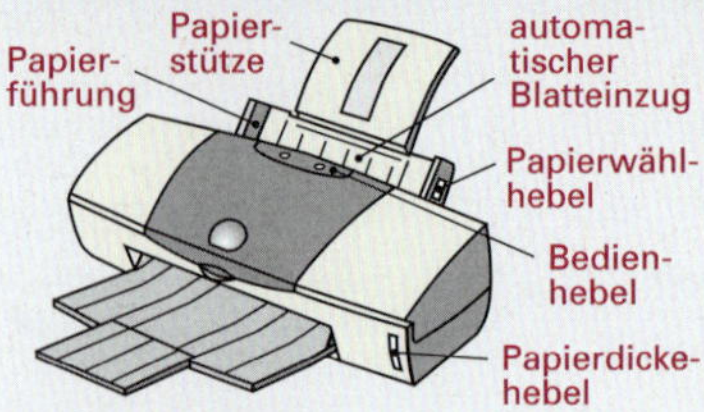 **Tintenstrahldrucker**	Dient zur Dokumentation und zur Datenausgabe. Verbreitet sind Tintenstrahldrucker, Laserdrucker, Matrixdrucker und Thermodrucker. Viele Drucker sind grafikfähig und erlauben das Ausdrucken von Grafiken. Es gibt Drucker mit verschiedenen Schriftarten (Fonts), Schriftgrößen und Farben.	Druckformate A4 bis A2. Papierführung Endlosblatteinzug mit dem Traktor oder Einzelblatteinzug. Druckgeschwindigkeit 90 Zeilen/s bis 280 Zeilen/s je nach Schriftart. Für größere Druckmengen werden Laserdrucker verwendet. 3D-Drucker s. Seite 173.
 **Scanner**	Scanner (von to scan = abtasten) tasten Textvorlagen und Bildvorlagen ab und erzeugen daraus Daten, die im PC weiterverarbeitet werden. Scanner können Vorlagen in Schwarzweiß, Graustufen und in Farbe erfassen. Die Farben werden durch ein Dreifarbenfilter oder durch nacheinander folgendes Beleuchten mit Rot, Grün und Blau ausgewertet. Verbreitet sind auch kombinierte Geräte mit Funktionen Drucker, Scanner, Fax.	Scanfläche A4, A3 und Sonderformate. Optische Auflösung von 600 dpi x 300 dpi bis 2400 dpi x 1200 dpi. dpi (von dots per inch = Bildpunkte je Zoll). Datenformate der Scanarten Schwarzweiß 1 Bit, Graustufen 8 Bit, Farben 8 Bit bis 30 Bit. Schnittstelle meist USB. Software für OCR (von Optical Character Recognition = optische Zeichenerkennung) und Bildbearbeitung wird mitgeliefert.
 **TFT-LCD-Monitor**	TFT-LCD (von Thin Film Transistor-Liquid Chrystal Display = Dünnfilm Transistor-Flüssigkristallanzeige). Die Bildpunkte werden z. B. durch Flüssigkristallzellen mit nachgeschalteten Filtern für die Farben Rot, Blau und Grün erzeugt, die von einer Lichtquelle beleuchtet werden. Jeder Bildpunkt wird über einen Dünnfilm-Transistor angesteuert.	Bildschirmgrößen: 15", 17", 19", 21", 24", 30" Bildpunktezahlen (Tripel) 15" : 1024 x 768 17", 21" : 1280 x 1024 Blickwinkel horizontal: ±60° bis ±70° Blickwinkel von unten: 60° Blickwinkel von oben: 20° Bildwiederholfrequenzen: 60 Hz bis 75 Hz. Leistungsaufnahme: 40 W bis 60 W. Fertigung auch für LCD-Projektoren (Beamer = Strahler).
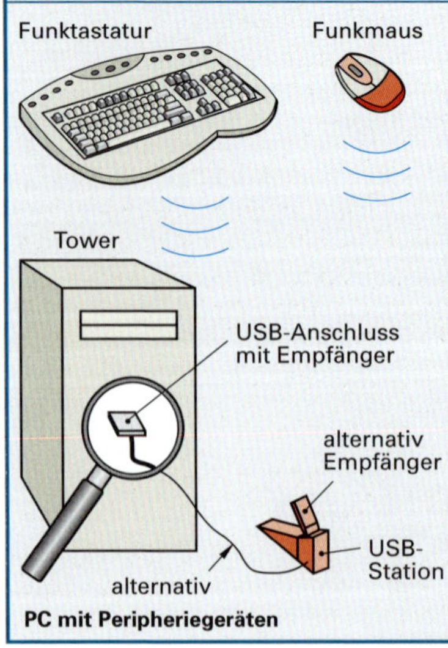 **PC mit Peripheriegeräten**	An einem USB (von Universal Serial Bus = universeller serieller Bus) können über USB-Hubs bis zu 127 Geräte angeschlossen werden. USB-Geräte können während des Betriebs ein- oder ausgesteckt werden (hot-plugging). Wireless-Netzwerkverbindungen sind über entsprechende USB-Sticks möglich. Geräte mit Strombedarf < 500 mA werden z. B. von PC oder Notebook intern mitversorgt. Funktastaturen und Funkmäuse enthalten jeweils Sender, die Funksignale auf verschiedenen Frequenzen an einen Empfänger senden. Dieser Empfänger wertet die Funksignale getrennt aus und ist mit dem PC über USB verbunden.	Praktisch erreichbare Bitraten: USB 1.0 : 0,1 MB/s USB 2.0 : 55 MB/s USB 3.0 : 480 MB/s. Interne Stromversorgung: USB-Sticks, TV-Geräte, 2½"-Festplatten bis 2 TB. Externe Stromversorgung: 3½"-Festplatten mit bis zu 3 TB, DVD-CD-Laufwerke, DVD-CD-Brenner, USB-Hubs, USB-Netzteile. Frequenzbereiche: 27 MHz, nicht abhörsicher. 2,4 GHz ISM-Band mit Bluetooth-Sendern und Empfängern, bedingt abhörsicher.

D

Arten von Computern   Kinds of Computers

Computerart	Anwendung (Beispiele)	Bemerkungen	Typische Daten
Personal Computer (PC) Workstation 	Einsatz als Einzelplatz-Computer und als Client-Computer in Netzwerken. Anwendungen sind meist Office-Programme für Textverarbeitung, Tabellenkalkulation und Präsentationen, auch Spiele. Ferner Datenbankanwendungen, Anwendungen für CAD, Verwaltungsaufgaben, technische Berechnungen.	Verbreitet sind PC in Tower-Form / Desktop-Form, Notebook-PC (Laptop), Netbook-PC, Tablet-PC (beide ohne DVD-Laufwerke). Betriebssystem ist meist Windows, auch Linux, MAC OS. Verfügbare Schnittstellen: USB, Bluetooth, WLAN (WiFi), LAN (RJ 45), ISDN / DSL (RJ 11). Programmiertools und Compiler, z.B. für Java, C, C++, XML, sind vielfältig verfügbar.	Arbeitsspeicher 5 GB, Festplatte 1 TB, Frequenz 3 GHz, Wortbreite 32 bit / 64 bit, Auflösung 1280 x 1024 Pixel. Für CAD (als Workstation): Arbeitsspeicher 192 GB, Festplatte 4 TB, mehrere CPUs, > 1 Mio Vektoren/s (Liniensegmente/s)
Industrie-PC  	Für Aufgaben der Automatisierungstechnik und Prozesstechnik (Steuerungstechnik, Regelungstechnik). Schaltschrank-PCs (z.B. 19''), Embedded-PCs (z.B. Hutschienen-PC), Panel-PCs (PC unmittelbar mit z.B. Touch-Bildschirm verbunden).	Spritzwasserschutz, Staubschutz, Vibrationsschutz, z.B. IP65. Einsetzbar z.B. bei 55 °C, 95% Luftfeuchtigkeit. Abschirmung gegen elektromagnetische Störeinflüsse. Antriebskomponenten, Feldbuskomponenten sind anschließbar (PROFINET, PROFIBUS, AS-i, CAN). Weitere Schnittstellen und Betriebssystem wie übliche PC.	Die Leistungsdaten liegen meist etwas unter den aktuellen Leistungsdaten üblicher PC. www.beckhoff.com www.siemens.com
Server-Computer	Einsatz zur zentralen Datenspeicherung und Programmabarbeitung in Netzwerken mit vielen Benutzern (Clients, User).	In kleinen Netzwerken oft ein PC ausreichend. RAID-Speichersysteme. Betriebssysteme Windows, Linux, Unix. Netzwerkschnittstellen.	Arbeitsspeicher 192 GB, mehrere Festplatten z.B. 6 TB, mehrere CPUs.
Smartphone Tablet-Pads 	Telefonieren, SMS, E-Mail, Internetzugang, Verwalten von Terminen, Adressen, Musikplayer, Radio, Taschenrechner, Office-Programme, Kamera, Uhr, Diktiergerät, Telecontrol. Weitere Funktionen durch Download von Apps (Applications, Programme), z.B. Geräuschmessgerät, Navigationssystem.	Herstellerspezifische Betriebssysteme, z.B. iOS, Blackberry OS, Android, Windows-Derivat. Schnittstellen USB, WLAN (WiFi), Bluetooth, NFC (Near Field Communication), GPS, UMTS, HSDPA. Touch-Screen, Li-Ionen-Akku. Smartphone-Apps meist auch mit Tablet-Pads nutzbar.	Arbeitsspeicher 64 GB, Auflösung 960 x 640 Pixel. Kamera mit 5 MegaPixel, Gewicht ca. 130 g. www.handy-deutschland.de www.apple.com
Numerische Steuerungen (NC, Numeric Control; RC, Robot Control)	Computer zur Steuerung der Achsen von Arbeitsmaschinen (Werkzeugmaschinen, Handhabungseinrichtungen).	Programmierung in NC-Sprache, dennoch sind die NC-Programme für NC verschiedener Hersteller nicht austauschbar. Numerische Steuerungen enthalten meist einen PC.	Arbeitsspeicher wie PC; Festplattenspeicher oft vorhanden; mehrere CPU; Wortbreite 32 bit.
Speicherprogrammierbare Steuerungen SPS 	Zur Steuerung von Ampelanlagen, Aufzügen, Transporteinrichtungen, Industrieanlagen, zur Steuerung von Drehkreuzen, Schranken. Auch in NC enthalten zur Ausführung von Schaltfunktionen, z.B. Werkstück klemmen, lösen; Kühlmittel EIN/AUS.	Programmierung erfolgt weitgehend ähnlich (SPS-Sprache), SPS-Programme sind auf den SPS-Typ zugeschnitten. SPS sind oft Mehrplatinencomputer (Kartensysteme, Module), daher sind sie auch erweiterbar. In Netzwerke integrierbar, z.B. PROFIBUS, PROFINET, AS-i, CAN.	Arbeitsspeicher 32 KB bis 64 MB; Anzahl EA 1024 bis 4096; Anzahl Merker 2048; Anzahl analoge EA 64; Zykluszeit 2 ms bis 5 ms; Wortbreite 16 bit. www.siemens.com
Kleinst-computer	Steuerung von Waschmaschinen, Betreiben von Waagen, Musikinstrumenten, Druckern, Plottern, Jukebox, Digitalkameras.	Meist werden Mikrocontroller mit Wortbreiten von 8 bit oder 16 bit verwendet; herstellerspezifische Realisierungen, keine Kompatibilität vorhanden.	Arbeitsspeicher im KB-Bereich, manchmal MB-Bereich, bei Digitalkameras im GB-Bereich.

D

Betriebssystem Windows Operating System Windows

Aufgabe	Aktionen	Bemerkungen
Programme (Apps) starten	Kachel oder Windows-Symbol (Start) klicken → Alle Apps → Programm anklicken	Start ist aus allen Anwendungen heraus anklickbar, Maus in linke untere Bildschirmecke.
Neuen Ordner anlegen	Windows-Symbol → Explorer gewünschte Ordnerposition anklicken mit rechter Maustaste → Neu → Ordner	Ordner werden auch als Verzeichnis bezeichnet. Durch Anklicken des Textrahmens Neuer Ordner kann ein Name vergeben werden.
Ordner kopieren	Explorer öffnen → gewünschten Ordner anklicken → rechte Maustaste drücken und gedrückt das Zielverzeichnis anfahren → Maustaste loslassen → Kopieren	Alle im Ordner enthaltenen Dateien werden mitkopiert. Durch Markieren von mehreren Ordnern können mehrere Ordner samt Dateien auf einmal kopiert werden.
Datei kopieren	Explorer öffnen → gewünschten Ordner anklicken → zu kopierende Datei anklicken → rechte Maustaste drücken und gedrückt das Zielverzeichnis anfahren → Maustaste loslassen → Kopieren	Sollen mehrere Dateien kopiert werden, sind diese zu markieren, z.B. durch Shift-Taste und Cursor-Taste abwärts. Mit gedrückter Maustaste Cursor ins Zielverzeichnis ziehen, alle diese Dateien werden dann kopiert.
Datei verschieben	Explorer öffnen → gewünschten Ordner anklicken → zu verschiebende Datei anklicken → linke Maustaste drücken und gedrückt in Zielverzeichnis	Beim Verschieben einer Datei in einen anderen Ordner wird die Datei im ursprünglichen Ordner gelöscht.
Datei löschen	Explorer öffnen → gewünschten Ordner anklicken → zu löschende Datei anklicken → Datei → löschen	Die Datei wird zunächst in den Papierkorb geschoben und muss zur vollständigen Löschung dort nochmals gelöscht werden.
Programm-Icon auf Desktop bringen	Explorer öffnen → gewünschten Ordner → zu verschiebende Datei anklicken → linke Maustaste drücken und gedrückt Desktop anfahren, Maustaste loslassen	Hier wird eine Datei in den Ordner Desktop verschoben. Die in Desktop befindlichen Dateien erscheinen mit Symbol auf dem Desktop-Bildschirm.
Software installieren, deinstallieren	Rechte Maustaste auf Windows-Symbol → Systemsteuerung → Programme → Installieren von Programmen bzw. → Programme deinstallieren	Aus einer Programmliste können z.B. Programme entfernt werden. Systemsteuerung: Maus in linke untere Bildschirmecke (Windows-Symbol) → rechte Maustaste → Systemsteuerung
Drucker installieren Geräte installieren	Systemsteuerung → Hardware und Sound → Drucker hinzufügen bzw. → Gerät hinzufügen	Oft muss nur die gelieferte CD gestartet werden, dann dem Dialog folgen bis der Treiber installiert ist.
Bildschirmschoner einstellen	Mit rechter Maustaste in leeren Bildschirm klicken → Anpassen → Bildschirmschoner	Die Art des Bildschirmschoners sowie dessen Aktivierungszeit können ausgewählt werden.
Datum, Uhrzeit einstellen	Systemsteuerung → Zeit Sprache Region → Datum u. Uhrzeit	Datum, Uhrzeit verändern durch Anklicken. Auch durch Klick auf Zeit in Taskleiste.
MS-DOS-Modus aktivieren	Alle Apps → Eingabeaufforderung	MS-DOS-Modus danach aktiv. MS-DOS-Modus beenden durch Eingabe exit, dann Return-Taste.
Netzwerk verbinden, trennen	Systemsteuerung → Netzwerk und Internet → Verbindung mit Netzwerk herstellen	Mit Trennen (Netzanwahl mit rechter Maustaste) erfolgt das Trennen.

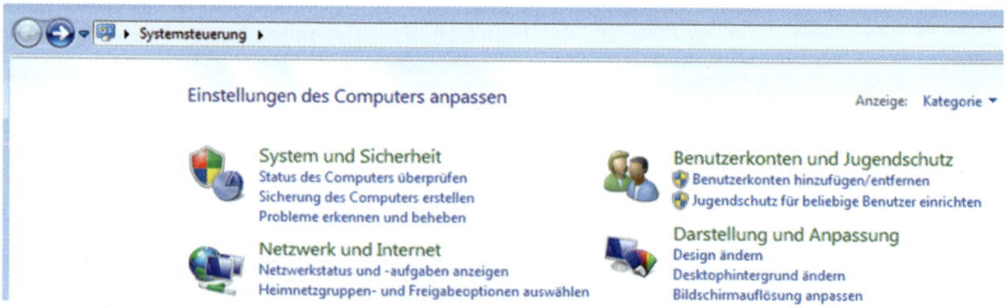

Programme im Betriebssystem Windows

D

Arbeiten mit der Computermaus Working with the Computer Mouse

Aktion	Erklärung	Bemerkungen, Darstellung
Linke Maustaste (Linksklick)		
Klicken	Durch Klicken mit der linken Maustaste auf Menüpunkte oder Schaltelemente werden Softwarefunktionen ausgeführt. Oft werden auch neue Auswahlmöglichkeiten zum Anklicken angeboten. Durch Klicken innerhalb eines Dateiinhaltes am Bildschirm wird der Cursor an dieser Stelle in der Datei, z. B. in einem Text, positioniert.	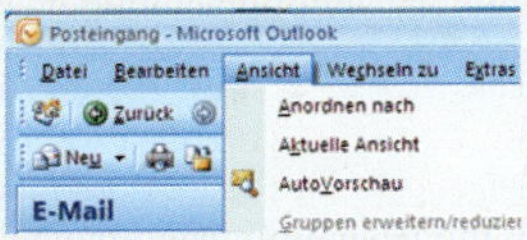 **Anklicken von Menüpunkten**
Doppelt Klicken	Im Windows-Explorer ermöglicht doppeltes Klicken auf einen Dateinamen das Aufrufen bzw. Öffnen der Datei.	In Word oder Powerpoint verursacht das Doppelklicken auf ein Wort dessen Markieren. Das Zeitintervall der Klicks ist einstellbar.
Geklicktes Ziehen, Loslassen	Im Windows-Explorer ermöglicht das Anklicken einer Datei oder eines Ordners mit anschließendem Ziehen zu einem gewünschten Ordner nach dem Loslassen der Maustaste z. B. das Verschieben der Datei oder des Ordners in diesen anderen Ordner. In Textdateien werden durch geklicktes Ziehen der Maus Textstellen markiert, z. B. für anschließendes Verschieben oder Umformatieren in einen anderen Schrifttyp.	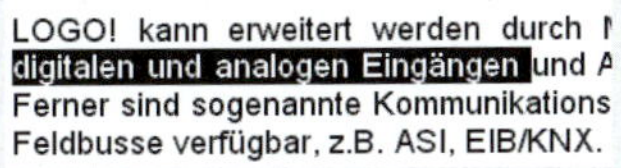 **Markieren eines Textes**
Rechte Maustaste (Rechtsklick)		
Klicken	Durch Klicken mit der rechten Maustaste öffnet sich neben dem Mauszeiger ein Fenster (Kontextmenü), welches je nach Anwendung verschiedene Aktionen zur Auswahl anbietet. In den Office-Anwendungen (Word, Excel, Powerpoint) werden im Kontextmenü bei Klick auf markierten Text z. B. Auswahlelemente zum Ausschneiden, Kopieren, Einfügen, Zeichensatz Anpassen, Aufzählungszeichen Setzen angeboten. Im Windows-Explorer werden im Kontextmenü bei Klick auf Ordner oder Datei angeboten z. B. Datei öffnen, drucken, umbenennen, löschen. In Mailprogrammen werden im Kontextmenü bei Klick auf einen Dateianhang angeboten z. B. Datei öffnen, drucken, speichern unter. Beim Klick auf Windows-Start-Button werden im Kontextmenü z. B. das Öffnen des Explorers oder das Suchen nach Dateien angeboten.	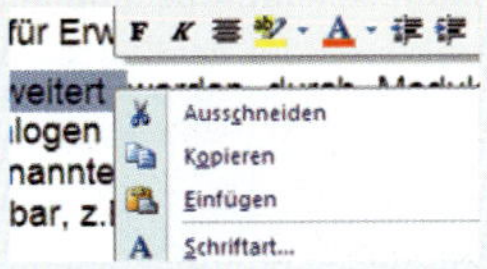 **Kontextmenü in einem Office-Programm** 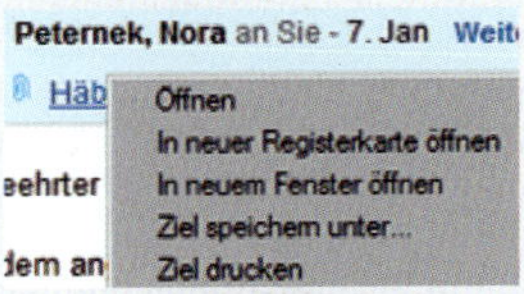 **Kontextmenü im Mailprogramm**
Geklicktes Ziehen, Loslassen	Durch Anklicken und geklicktes Ziehen mit der rechten Maustaste können nach dem Loslassen dieser Maustaste insbesondere Operationen wie Verschieben, Kopieren, Hyperlink Erstellen, Verknüpfung Erstellen, vorgenommen werden, z. B. angewendet auf Dateien oder markierte Texte. Diese Funktion (Anwendung) steht in den meisten PC-Programmen zur Verfügung, z. B. Windows-Explorer.	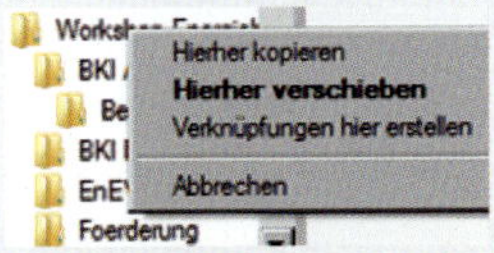 **Kontextmenü im Explorer**
Scrollrad		
Scrollen	Durch Scrollen (Rollen) des Rollrädchens der Maus kann der Inhalt eines Ordners oder einer Datei innerhalb seines Fensters von oben nach unten und umgekehrt, z. T. auch rechts, links, gerollt (gescrollt) werden.	Manche Mäuse besitzen anstelle eines Rollrädchens (Scrollrad) auch einen optischen Sensor, der auf Fingerbewegungen entsprechend reagiert.
Klicken	Durch Klick auf das Rollrädchen wird ein Scrollmodus am Bildschirm derart eingestellt, dass ein Dateiinhalt innerhalb seines Fensters am Bildschirm durch Vor- oder Zurückbewegen der Maus nach oben oder unten verschoben wird. Durch erneutes Klicken mit dem Rollrädchen wird diese Scrollfunktion wieder ausgeschaltet.	kein Scrollen — Scrollen nach oben — unten 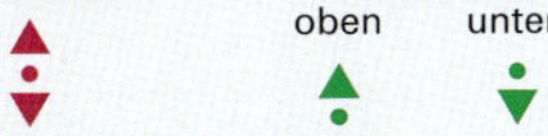 **Mauszeiger im Scrollmodus**
Für Linkshänder lassen sich die Maustasten vertauschen: Start → Systemsteuerung → Hardware und Sound → Geräte und Drucker → Maus → Tasten → Primäre und sekundäre Tasten umschalten.		

D

PowerPoint

Aufgabe	Aktion	Bemerkungen
Programm starten	Start → Alle Apps → Microsoft Office Programme → PowerPoint anklicken.	Für Bildschirmpräsentationen, Overhead-Folien, Prospekte und Dias.
Neue Folie erstellen	Im Menüreiter Start in der Gruppe Folien → Neue Folie anklicken, Design wählen.	Es gibt 9 Design-Vorlagen, z.B. von Larissa bis Haemera. Folien werden auch Slides genannt.
Folienlayout festlegen	Menüreiter Entwurf → Neue Folie → geeignete Layoutvorlage anklicken → Folie mit Feldern zur Bearbeitung wird geöffnet (Bild).	Es gibt z.B. Volagen für Text, Text und Diagramm, Text und Bild, Text und Medien Clip (Ton, Musik oder Film).
Folie mit Texten bearbeiten	Textfelder mit Maus anordnen, Texte in die Textfelder eingeben.	Schriftart, Schriftgröße, Schriftfarbe einstellen.
Textfeld einfügen	Im Menüreiter Einfügen → Textfeld anklicken → linke Maustaste drücken → Textfeldgröße einstellen.	Textfelder können in eine leere Seite oder in eine Layoutvorlage eingefügt werden.
Text in Textfelder eingeben	In das zu bearbeitende Textfeld klicken, dann Text eingeben.	Kurze, aussagekräftige Texte verwenden.
Aufzählungszeichen eingeben	In ein Textfeld klicken, im Menü Start in der Gruppe Absatz → Aufzählungszeichen, ein Zeichen auswählen → OK, Text eingeben und jede Zeile mit Return abschließen.	Man kann z.B. für jede Zeile der Strichaufzählung ein eigenes Zeichen wählen.
Schattierten Rahmen um Text legen	Zu schattierendes Textfeld anklicken, dann in Gruppe Zeichnung im Menü Start → Formeffekte anklicken, dann eine Schattenart anklicken.	Es gibt 20 verschiedene Möglichkeiten zur Auswahl, einen Rahmen mit einer Schattierung zu versehen.
Präsentation starten	Im Menüreiter Bildschirmpräsentation → Icon Von Beginn an wählen.	Man kann auch mit einer beliebigen Folie starten oder nur ausgewählte Folien zeigen.
Ablauf der Präsentation festlegen	Im Menüreiter Animation im Bereich Nächste Folie → ☑ Bei Mausklick, ☑ Automatisch, z.B. 5 s einstellen.	Die Präsentation läuft automatisch ab oder es wird mit Mausklick weitergeschaltet.
Schaltflächen einfügen	Im Menüreiter Einfügen bei → Illustrationen → Formen anklicken, in der Zeile Interaktive Schaltflächen → eine Schaltfläche wählen, auf der Folie platzieren und den Hyperlink → Nächste Folie anklicken.	Es gibt z.B. Schaltflächen für: Zurück, Weiter, Anfang, Ende, Start  **Auswahl von Schaltflächen**
Elemente zufügen	Im Menü Einfügen in der Gruppe Bilder → z.B. Grafik wählen, dann Bild aus dem Bildordner anklicken, mit dem Cursor auf der Folie platzieren.	Vom Untermenü Illustrationen aus können Grafiken, ClipArts, Diagramme und Formen eingebunden werden. Bei Formen findet man z.B. Pfeile, Linien, Rechtecke und Zeichen für Flussdiagramme.
Folien sortieren	Menüreiter Ansicht, Gruppe Präsentationsansichten → Foliensortierung → gewünschte Folie anklicken, linke Maustaste drücken, Folie an neue Stelle ziehen, Maustaste loslassen.	In verkleinerter Darstellung werden die nummerierten Folien der Reihe nach gezeigt. Einzelne Folien können beliebig einsortiert werden.

D

Beispiele von Folienvorlagen (Templates)

Arbeiten mit Excel Working with Excel

Aufgabe	Aktionen	Bemerkungen, Beispiel
Text eingeben	Leere Zelle anklicken, Text eingeben.	Das erste Zeichen einer Zelle darf kein mathematisches Operatorzeichen sein.
Spaltenbreite einstellen	Mit Maus die Spaltenübergänge bei z. B. A und B anfahren und mit gedrückter linker Maustaste die gewünschte Spaltenbreite einstellen.	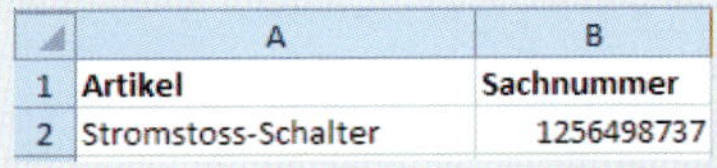
Zeilenumbruch einstellen	Betroffene Zelle mit rechter Maustaste anklicken, → Zellen formatieren → Ausrichtung, Zeilenumbruch anwählen, → OK.	Werden mehrere Zellen angewählt, z. B. durch Überfahren mit gedrückter linker Maustaste, wirkt die Formatierung auf alle diese Zellen.
Rahmen festlegen	Mit Rahmen zu versehende Zellen mit rechter Maustaste anwählen, → Zellen formatieren → Rahmen, Rahmen gestalten, → OK.	Das Anwählen der Zellen kann durch Überfahren der Zellen mit gedrückter linker Maustaste erfolgen.
Rechnen in einer Zelle	Leere Zelle anklicken, dann eintragen =, 1. Zahl, arithmetischer Operator, 2. Zahl. Nach Betätigung der Taste Return oder Anklicken einer anderen Zelle erscheint das Ergebnis.	Es können beliebig viele arithmetische Verknüpfungen in einer Zelle vorgenommen werden. Die üblichen Vorrangregeln beim Rechnen gelten auch hier.
Rechnen mit Zellen eines Blattes	Leere Zelle für Ergebnis anklicken, dann eintragen =, Zelle mit 1. Operand anklicken, arithmetischen Operator eingeben, Zahl für 2. Operand eingeben oder 2. Zelle mit 2. Operand anklicken. Anstelle bei der mathematischen Verknüpfung die Zellen anzuklicken, können auch die Zellennummern, z. B. A2, direkt eingegeben werden.	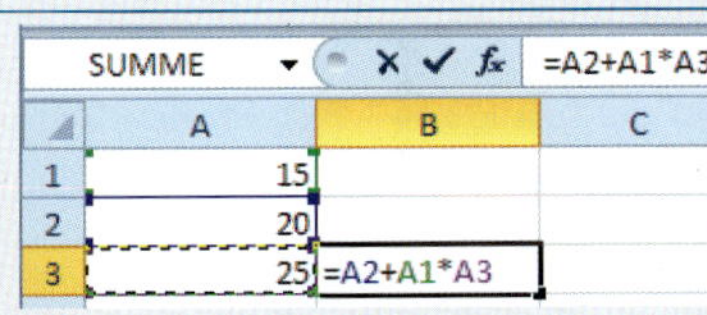 Das Ergebnis (395) steht in Zelle B3.
Summenbildung einer Spalte	Leere Zelle für Ergebnis anklicken, meist unterhalb der letzten Zelle mit Operand, dann eintragen: =summe*(Startzelle:Endzelle)*	Anstelle des Summen-Eintrages in die Zelle kann auch das Summenzeichen-Symbol in der Symbolleiste angeklickt werden.
Rechnen mit Zellen verschiedener Excel-Blätter	Leere Zelle für Ergebnis anklicken, dann eintragen =, Zelle mit 1. Operand anklicken, arithmetischen Operator eingeben, *Blattname* ! *Zelle mit 2. Operand auf anderem Blatt* eingeben.	Inhalte von Zellen eines Excel-Blattes können mit Inhalten von Zellen eines anderen Excel-Blattes verknüpft werden. 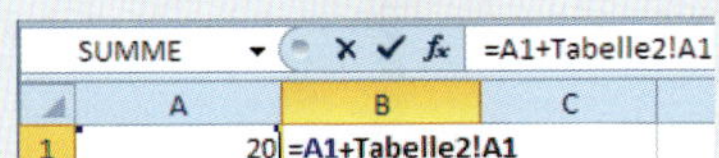
Aus Zelleninhalt mit mathematischer Verknüpfung eine Konstante erzeugen	Betroffene Zelle mit rechter Maustaste anklicken, → Kopieren, nochmals mit rechter Maustaste anklicken, → Inhalte einfügen → Werte → OK.	Konstante in Zellen zu erzeugen ist dann wichtig, wenn Beziehungen von Zellen untereinander unterbunden werden sollen. Man kann z. B. Inhalte von Ursprungszellen sonst nicht löschen.
Formel kopieren	Zelle mit hinterlegter Formel anklicken → Kopieren, neue Zelle anklicken → Einfügen.	Die Formel in einer Zelle kann in mehrere Zellen kopiert werden, indem diese vor → Einfügen mit gedrückter linker Maustaste markiert werden.
Filter setzen	Zelle in zu filternder Spalte mit rechter Maustaste anklicken, → Filter. Die zu filternde Spalte muss mit Zahlen oder Zeichen gefüllt sein. Zum Filtern in einer Spalte ist die Combo-Box der Spalte zu öffnen und die gewünschte Filterkennung anzuklicken. Danach erscheint gefiltertes Ergebnis.	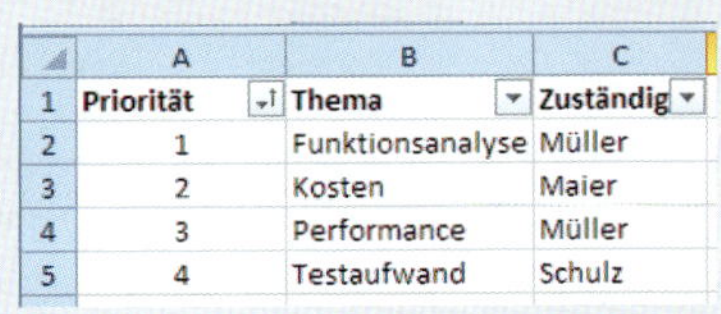
Sortieren	Zu sortierenden Bereich von Zellen mit gedrückter linker Maustaste markieren, rechte Maustaste → Sortieren, Sortierart auswählen, → OK.	Der zu sortierende Bereich kann mehrere Spalten umfassen. Es ist zweckmäßig, vor dem Sortieren die Excel-Datei zu speichern. Sortiervorgang kann nämlich misslingen.

D

Datenbank Access   Data Base Access

Aufgabe	Aktion	Bemerkungen
Programm Access starten Auswahl der Bearbeitungsart	Start → Alle Apps → Microsoft Office → Access anklicken. → Datenbank-Assistent oder Öffnen einer Datenbank aus dem Listenfeld oder → Leere Datenbank.	Datenbanken dienen zum Speichern und Verwalten von Daten. Angeleitete Datenbankerstellung. Bearbeiten einer bereits vorhandenen Datenbank. Erstellen einer neuen Datenbank.
Neue Datenbank erstellen	→ Leere Datenbank, Fenster Neue Datenbankdatei öffnet sich, Dateinamen, z. B. Bauteile, eingeben → Erstellen → Fenster Bauteile: Datenbank öffnet sich.	Es wird der Dateiname der neuen Datenbank festgelegt. Die Datei hat die Extension .mdb. Es können z. B. Datenbanken mit externen Dateien, z. B. von einem Server oder Datenbanken aus bestehenden Datendateien erstellt werden.
Tabelle anlegen	Neue Datenbank zeigt Tabelle 1, Fenster Neue Tabelle öffnet sich.	Mit dem Fenster Bauteile:Datenbank erstellt man Datentabellen, Fenster (Formulare), Abfragen, Berichte (Druck von Daten) sowie Makros.
Tabelle anlegen • Fenster zur Strukturfestlegung öffnen • Tabelle anlegen	Im Fenster Neue Tabelle ist die Datenblattansicht geöffnet oder kann über → Ansicht im Menü Start geöffnet werden. Feldnamen vergeben.	Datenbank wird in Form einer Tabelle angelegt. Dazu legt man die Tabellenstruktur zeilenweise fest. Für jedes Datenfeld gibt man Name, Felddatentyp, z. B. Auto, Zahl (Long Integer) oder Text und eine Beschreibung ein. Primärschlüssel (Feld mit eindeutiger Bezeichnung in einer Zeile) wird festgelegt und dann die Tabelle, z. B. als Tabelle1, angelegt und gespeichert.
Primärschlüssel erstellen und Tabelle speichern	Im Menü Ansicht → Entwurfsfenster öffnen. Feldnamen und Datentypen entsprechend Datenbankplanung eingeben und speichern. Fenster Primärschlüssel öffnet sich. Primärschlüssel festlegen oder Schaltfläche Primärschlüssel im Menü Entwurf anklicken und Primärschlüssel festlegen.	
Daten in Tabelle eingeben	Benötigte Datensätze in Tabelle 1 eingeben. Eingabe wird durch Anklicken von Speichern beendet.	Datensätze entsprechend Feldtyp eingeben, z. B. keinen Text in Felder vom Typ Zahl.
Formular entwerfen	Im Menü Erstellen Schaltfläche Formular anklicken. Im Fenster Formular1 Felder bezeichnen. Layout festlegen: Unten rechts Entwurfsansicht anklicken und z. B. Formularabmessungen, Feldgrößen, Schriftart, Hintergrundfarbe einstellen. Formular verfügbar machen: Im Startmenü Schaltfläche Access-Optionen anklicken. Zeile Aktuelle Datenbank anklicken, in Zeile Formular anzeigen → Im Drop-Down-Menü z. B. Formular1 wählen und → OK.	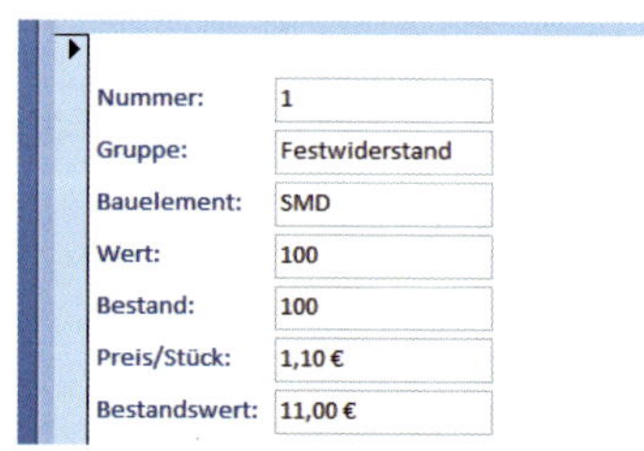 **Formularanschnitt von Tabelle 1**

D

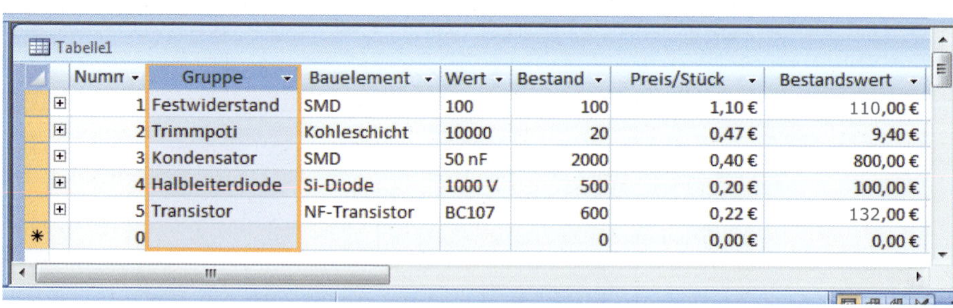

Numm	Gruppe	Bauelement	Wert	Bestand	Preis/Stück	Bestandswert
1	Festwiderstand	SMD	100	100	1,10 €	110,00 €
2	Trimmpoti	Kohleschicht	10000	20	0,47 €	9,40 €
3	Kondensator	SMD	50 nF	2000	0,40 €	800,00 €
4	Halbleiterdiode	Si-Diode	1000 V	500	0,20 €	100,00 €
5	Transistor	NF-Transistor	BC107	600	0,22 €	132,00 €
0				0	0,00 €	0,00 €

Access-Tabelle mit fünf Datensätzen

Gefahren der Computersabotage   Dangers of Computer Sabotage

Möglichkeit	Erklärung	Bemerkungen
Computer-virus	Ist ein Programm mit zerstörerischem Auftrag, welches selbst oder dessen Aufruf in einem Programm versteckt ist. Ein Verbreiten in andere Programme erfolgt durch unbemerktes Kopieren.	Virus = Krankheitserreger. Man unterscheidet z.B. Bootsektorviren, Dateiviren, Makroviren, E-Mail-Viren.
Würmer	Computer-Würmer sind Programme, die sich selbst über das Computernetz verbreiten. Man unterscheidet Würmer, die auf Netzwerk-Prozessen basieren und Würmer, die sich über E-Mail verschicken. E-Mail-Würmer nisten sich in E-Mails ein und erzeugen E-Mail-Anhänge, die unbemerkt ausführbare Programme sind, z.B. erstellt in Visual Basic.	Prozess-Würmer besitzen einen Prozess zur Fortpflanzung im Netzwerk und andere Prozesse zum Anrichten von Schäden. Die Schadensprogramme nützen Schwachstellen in Systemprogrammen aus, z.B. Erzeugen von Überläufen in Speicherbereichen, unerlaubte Kommunikation über nicht passwortgeschützte Schnittstellen.
Trojanische Pferde	Der Begriff Trojanisches Pferd geht auf ein Geschenk der Griechen an die Trojaner zurück, nämlich ein hölzernes Pferd, in dem Soldaten versteckt waren.	Ein Trojanisches IT-Pferd ist ein schädlicher Code, der in vermeintlich hilfreichen Programmen verborgen ist, z.B. Bildschirmschoner, Spiele. Trojanische IT-Pferde werden über Internet-Downloads verteilt.
Sniffer	Sniffer (Schnüffler) sind Programme, mit denen Hacker Passworte und Kreditkartennummern ausspionieren. Dabei werden mittels Software die Tastenbetätigungen der Tastatur, z.B. beim Online-Banking, überwacht und aufgezeichnet. Über eine E-Mail oder eine HTML-Verbindung zum Web-Server des Hackers werden die Daten zur Auswertung weitergeleitet. Sniffer sind als Tools des Internet Explorers getarnt und werden deshalb beim Internet-Verbindungsaufbau von Firewalls oft nicht erkannt.	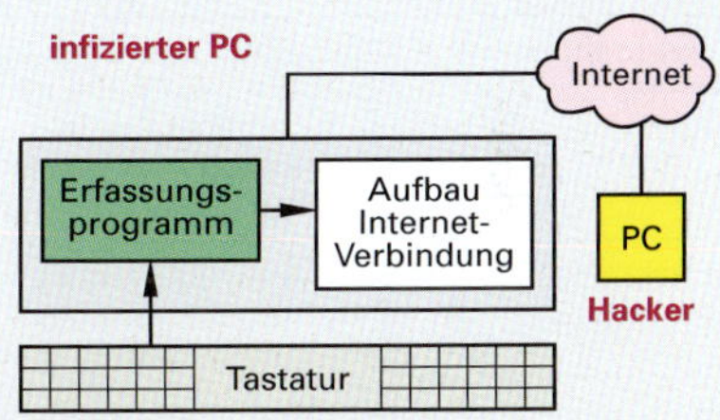 **Wirkungsweise eines Sniffers** Das Verschlüsseln von E-Mails vermindert die Wirksamkeit von Sniffern.
Phishing-Mails	Phishing-Mails (von password, fishing = Passwort angeln) locken den Empfänger über Links zu einer Internet-Seite, die der einer Bank gleicht. Im Absender ist eine Bank genannt. Ziel ist, geheime Daten, z.B. Kennworte, zu erfassen. Banken verschicken keine Werbe-E-Mails an ihre Kunden. E-Mails, die Kontendaten, auch von Ebay, erfragen, sind Phishing-Mails, die umgehend zu löschen sind.	**Subject:** Deutsche Bank Important Information **From:** Deutsche Bank <info.db@deutsche-bank.de **Date:** Mon, 22 June, 201x 14:25:32 **TO:** otto.müller@t-online.de Dear Deutsche Bank Customer, we have to check your client data. Send this letter back after verifying your data... **Beispiel für Auszug aus einer Phishing-Mail**
DDoS	Distributed Denial-of-Service-Attacken (DDoS) werden nicht über *einen* Angriffscomputer gefahren, sondern gleichzeitig über mehrere Computer. Ein Angreifer platziert ein Trojanisches Pferd auf verschiedenen Computern im Internet. Dadurch wird ein großes Angriffsvolumen erzeugt.	Der Angreifer installiert auf den Angriffscomputern Programme, die zeitgesteuert oder auf Kommando einen gemeinsamen DDoS-Angriff gegen das gewünschte Ziel führen. DDoS-Angriffe erzeugen Computerstillstände oder Computerabstürze (DoS für Service-Verweigerung).

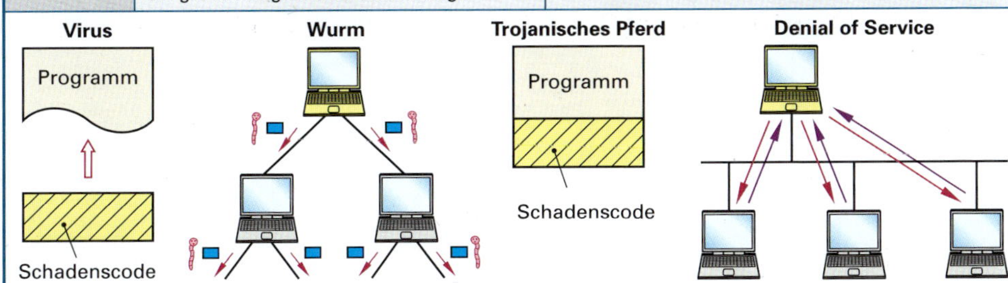

Sabotage in Computeranlagen

Maßnahmen gegen Computerviren Measures against Computer Viruses

Art	Maßnahme, Aufgabe	Bemerkungen
Organisatorische Maßnahmen	• Verbot der Verwendung von privat beschaffter Software auf unternehmenseigenen Computeranlagen. • Einrichten von Zugangskontrollen und Zugriffskontrollen. • Wiederkehrende Kontrollen der Softwarebestände auf dem Computer. • Test neu zu installierender Software auf einem Testcomputer. • Zentrale Unterverschlusshaltung der Original-CDs oder Original-DVDs. • Zusätzliches Abspeichern wichtiger Programme und Daten von Zeit zu Zeit auf z.B. DVD, CD, Server. • Neu zu installierende Programme und über E-Mail empfangene Daten mit Anti-Virenprogrammen prüfen. • Zulassen nur verschlüsselter USB-Sticks.	Insbesondere Software für Spiele und sonstige Billigsoftware von unbekannten Softwarehäusern sind häufig mit Viren verseucht. Durch das genannte Verbot wird erreicht, dass keine Viren von verseuchten Privat-PC über USB-Memory-Sticks, DVDs oder CDs in ein Unternehmen gelangen. Mit Passworten wird der Zugang zu einer Computeranlage für nicht autorisierte (berechtigte) Personen und somit das Installieren unerlaubter Software erschwert. Softwareinstallation sollte nur mit Administratorrechten möglich sein. Vom Verantwortlichen der Computeranlage sollte von Zeit zu Zeit die Software auf dem Computer geprüft und auch der verbrauchte und noch freie Speicherplatz abgeglichen werden. Auf das Antwort-Zeitverhalten des Computers ist zu achten, da dieses sich bei Virenbefall oft deutlich verschlechtert.
Prüfprogramme, Scanner	• Überprüfen von Datenträgern, z. B. Festplatten, auf Bitfolgen, denen Viren zugeordnet werden. • Alle Verzeichnisse und Dateien werden gescannt (to scan = abtasten).	Prüfprogramme, die nach Bitfolgen Dateien durchsuchen, besitzen den Nachteil, dass nur bekannte alte Viren erkannt werden. Nur durch regelmäßige Updates (neu überarbeitete Softwareversionen) des Prüfprogrammes können neue Viren erkannt werden.
Checksummer (Summenprüfer)	• Bilden von Prüfsummen von Dateien und Abspeichern dieser Prüfsummen in getrennten Dateien. • Überprüfen der Prüfsummen von Dateien durch Neuberechnung und Vergleich mit in getrennten Dateien abgespeicherten, zugehörigen Prüfsummen.	Das getrennte Speichern der Prüfsummen ist wichtig, da viele Viren nach Befall einer Datei deren Prüfsumme korrigieren. Anhand einer Neuberechnung der Prüfsumme kann dann auf kein Virus geschlossen werden. Ideal ist, wenn der Checksummer (von engl. to check a sum = eine Summe prüfen) zwei Prüfsummen mit zwei verschiedenen Berechnungsalgorithmen ermittelt. Mit diesem Verfahren können auch neue Viren erkannt werden.
Wächterprogramme	• Überwachen von Betriebssystemfunktionen, z. B. BIOS-UEFI-Aufrufe und Schreibzugriffe auf Dateien, indem eine Bestätigung durch den Nutzer verlangt wird. • Unmittelbares Feststellen des Virenbefalls, z. B. einer Datei.	Wächterprogramme sind speicherresidente Programme. Sie werden beim Hochfahren des Computers aktiviert. Sie reagieren allerdings nur auf besondere Betriebssystemabläufe beim Beschreiben von Speichern. Leider kann es hierbei auch zu Fehleinschätzungen durch das Wächterprogramm kommen.
Anti-Virenprogramme	• Erkennen von Computerviren. • Entfernen von Computerviren und Herstellen des ursprünglichen Zustandes einer Datei. (siehe auch Prüfprogramme, Scanner)	Anti-Virenprogramme arbeiten auf Basis der Prüfsummenberechnung und auf Abgleich der Speicherinhalte auf Bitfolgen, die bei bekannten Viren auftreten. Neue, unbekannte Viren werden oft nicht erkannt. Deshalb sind Updates zu empfehlen. Häufig können Anti-Virenprogramme das Virus entfernen und die beschädigte Datei wiederherstellen.

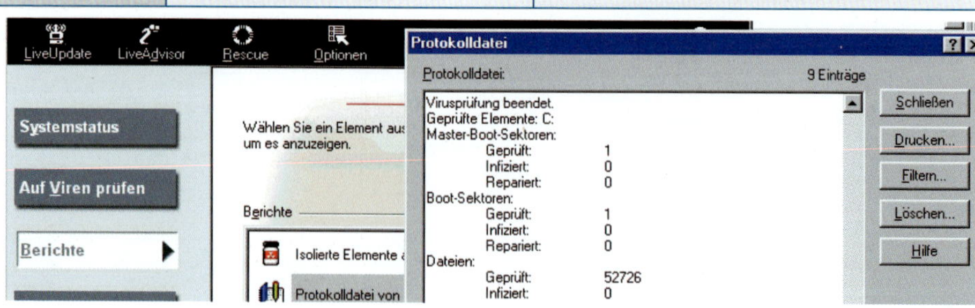

Bildschirmanzeige eines Anti-Virenprogrammes

Datensicherung, Kopierschutz Backup, Copy Protection

Sicherungsmethode	Prinzip	Bemerkungen, Anwendung
Magnetbandlaufwerk externe Festplatte  **Sicherungskopie auf Magnetband**	Über ein an eine Computeranlage angeschlossenes Magnetbandgerät, z. B. Streamer, DAT-Kassettengerät (Digital Audio Tape), werden die Daten auf Magnetbänder bzw. Magnetbandkassetten übertragen. Auf externe Festplatten können Inhalte interner Festplatten direkt kopiert werden.	Bei Serveranlagen werden alle Daten täglich über Magnetbänder oder DVD gesichert. Das Einlegen der Datenspeicher kann zentral durch einen Roboter erfolgen. Externe Festplatten sind über USB oder eSATA an den Computer anschließbar.
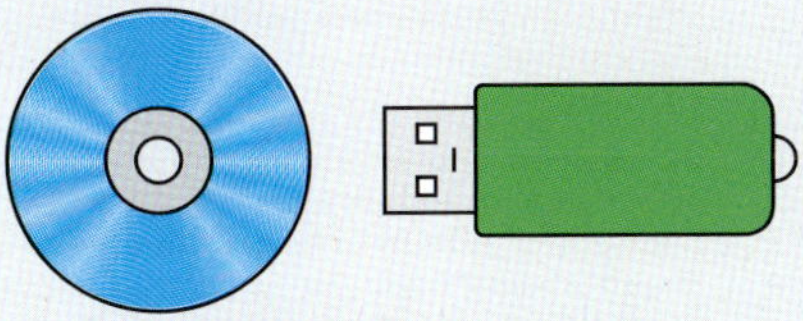 **Sicherungskopie auf CD, DVD oder USB-Memory-Stick**	Die zu sichernde Software kann mittels Brenner auf eine CD oder DVD geschrieben werden.	Sofern die CD oder DVD nicht beschädigt wird, sind auf ihr die Daten für etwa 10 Jahre gespeichert.
	Eine zusätzliche Datenspeicherung/Datensicherung kann auch über einen USB-Memory-Stick erfolgen. Passwortschutz ist möglich. Leider erfolgt über diese Sticks auch Datendiebstahl.	USB-Memory-Sticks besitzen eine Speicherkapazität von mehreren GB, z. T. mehr als eine DVD. Zeitlich schneller Speichervorgang.
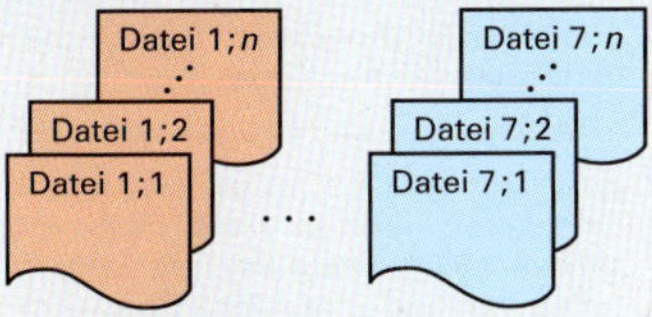 **Doppelte Dateienhaltung**	Wird eine bestehende Datei mittels eines Editors verändert, dann wird beim Abspeichern diese Datei automatisch unter einer anderen Versionsnummer oder Extension (Dateinamenserweiterung) abgelegt.	Wird eine Datei, z. B. ein Programm, umfangreich verändert, so kann auf die ursprüngliche Datei im Bedarfsfall noch zugegriffen werden. Die alten Dateiversionen sind zu gegebener Zeit zu löschen.
Bildschirmanzeige nach z. B.: $ SHOW PROTECTION name.pas rwed zugriff.pas r . e . Lager.dat r . . . adressen.dat r . . . zins.dat rwed **Regelung der Dateizugriffe**	Die meisten Betriebssysteme unterscheiden Dateizugriffe wie Lesen (read), Schreiben (write), Ausführen (execute) und Löschen (delete). Diese Zugriffsarten sind mittels eines Betriebssystemkommandos veränderbar. Ferner ist hierbei oft auch der erlaubte Benutzerkreis festlegbar.	Die Erlaubnis zum Verändern der Zugriffsarten und zugriffsberechtigten Personenkreise ist durch Passwortprogramme oder durch Schlüsselschalter, z. B. bei NC, geregelt.
 **Dongle**	Ein Dongle ist eine kleine Hardwarebox, meist bestehend aus einem Mikrocontroller, die z. B. in eine USB-Schnittstelle des Computers gesteckt werden muss. Die nur mit dem Dongle ablauffähige Software steuert von Zeit zu Zeit diese Schnittstelle an und erwartet entsprechende Antwortsignale.	Durch den Vertrieb von Software mit zugehörendem Dongle werden Raubkopien der Software erschwert. Die Software ist zwar kopierbar, aber ohne Dongle nicht lauffähig. Der Datenaustausch zwischen Software und Dongle erfolgt verschlüsselt.
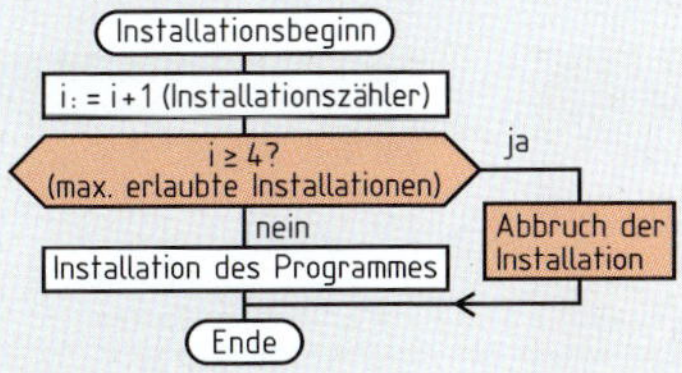 **Installationsschutz**	Der Installationsschutz einer Software ist programmtechnisch realisiert. Entweder wird mit einem Installationszähler gearbeitet oder die mit dem Installationsschutz versehene Software prüft z. B. die Identifikationsnummer der Computeranlage oder zum Freischalten der Software ist eine Schlüsselnummer (Key) einzugeben.	Software, die einen Installationsschutz besitzt, ist nicht beliebig oft installierbar bzw. aufrufbar oder nur auf einem speziellen Computer installierbar. In Netzwerken verwalten *Lizenzserver* die erlaubten Zugriffe auf die Software.

D

Industriespionage Industrial Spying

Risiko	Erklärung, Auswirkung	Maßnahmen
Unbekannte Personen Passwort	Unbekannte bewegen sich frei im Firmengelände oder in Bürogebäuden. Unbekannte geben sich am Telefon bei internen Mitarbeitern als Mitarbeiter, z.B. des Rechenzentrums aus, und erbitten die Preisgabe des Passwortes unter dem Vorwand, Softwareinstallationen vorzunehmen.	Unbekannte ansprechen, z.B. fragen, wen sie suchen. Besucher immer in der Firma begleiten. Unbekannten keine Auskünfte geben, auf keinen Fall Passworte preisgeben.
Papierdokumente Notizen, Boards	Vertrauliche Papierdokumente finden sich oft in Abfalleimern, auch an Kopiergeräten, verlassenen Schreibtischen, in Besprechungsräumen, an Flip-Charts und sind damit frei zugänglich. Gleiches gilt auch für Notizen von Schreibtafeln (Boards) und Pin-Wänden.	Vertrauliche Papierdokumente nicht frei liegen lassen. *Clean-Desk-Policy* mit den Mitarbeitern abschließen, d.h. vereinbaren, den Schreibtisch nach Arbeitsende aufräumen. Aktenvernichter verwenden. Schreibtafeln nach Besprechungsende abwischen, Flip-Charts, Pinnwände ohne Informationen zurücklassen.
Computer Laptop, PC, Datenträger, E-Mail	Die Daten frei zugänglicher Computer können z.B. auf USB-Memory-Sticks oder Wechsel-Festplatten rasch kopiert werden. Auch ein Versenden der Daten über E-Mail ist einfach. Datenträger können kopiert werden. Im Zug oder Flugzeug können Fremde Bildschirminhalte von Laptops bequem mitlesen.	PC nicht in ungesperrtem Zustand unbeaufsichtigt zurücklassen. USB-Memory-Sticks, CDs, DVDs nicht herumliegen lassen. Zugangsberechtigungen einrichten, z.B. Passworte mit Sonderzeichen ergänzen. Sichtschutzfolien (Blickschutzfilter) am Bildschirm anbringen.
Telefon, Handy Akku	Telefonanlagen und Handys können derart manipuliert werden, dass die Freisprecheinrichtung im Gerät aktiviert wird und somit ein ständiges Mithören von außen möglich ist. Ferner gibt es Handy-Akkus mit eingebautem Abhörsender (Wanze).	Fremden den Zugang zu Telefonanlagen oder Handy verwehren. Handys nicht unbeaufsichtigt liegen lassen. Akku-Tausch durch Fremde verhindern.
Hotels Internet, Personal	Hotelräume können mit Abhörsendern (Wanzen) ausgestattet sein. Die Hotel-Internetanschlüsse sind als nicht geschützt zu betrachten. Auch mit kleinen Videokameras über den Schreibtischen der Hotelzimmer ist zu rechnen. Zimmerpersonal ist z.T. auf Datendiebstahl geschult.	Festplatten und E-Mails verschlüsseln. Laptop nicht unbeaufsichtig lassen. Hotel selbst buchen und nicht über Geschäftspartner buchen lassen.
Internetzugang Manipulation	Hacker können über Internet-Zugänge sich Zugriff auf angeschlossene Computer verschaffen. Zugewiesene Internetzugänge in fremden Firmen und Hotels können manipuliert sein und Datenströme abfangen.	Einrichten von Firewall-Computern und Zugriffsschlüsseln. Computer nicht ständig eingeschaltet lassen. Sich dem Risiko manipulierter Zugänge bewusst sein.
Software Trojaner	Im Internet über Download angebotene Software kann sogenannte Trojaner (versteckte Softwarekomponenten) enthalten, mit der nach der Installation Spionage-Prozesse gestartet werden.	Software-Downloads aus Internet vermeiden oder unmittelbar auf Viren prüfen.
Funkgeräte	Die Datenströme zwischen WLAN-Geräten oder auch von Funkmikrophonen können mit geeigneten Geräten (Scannern) abgegriffen werden. Auf WLAN ist wegen großer Reichweite der Access-Points (100 m) Zugriff von außerhalb des Firmengeländes möglich.	Verschlüsselungen der Datenströme verwenden und Sicherheitsschlüssel an den Funk-Geräten einrichten. Mit Frequenzwechseln arbeiten, sofern möglich.
Social Engineering	Gezieltes Ausfragen von Personen durch Aufbau und Ausnützen zwischenmenschlicher Beziehungen, z.B. auf Messen, während Geschäftsessen oder arrangierter Events.	Generell ist Vorsicht geboten. Geheimhaltungsverpflichtungen mit Partnern abschließen. Geeignete Verfahrensanweisungen erarbeiten und durch eine Sicherheitsorganisation überprüfen lassen.

D

Spionage		Mittel		Ziele		Maßnahmen
• Mitarbeiter von intern • Fremde von extern	⇒	• Fotoapparat • Handy • Memory Stick • E-Mail • Bestechung • Hacker	⇒	• Dokumente • Dateien • Informationen	⇒	• gesichertes Ablegen • Zugriffskontrollen • Zugangskontrollen • Verschlüsselung • Sensibilisierung der Mitarbeiter

Spionage und Gegenmaßnahmen

Topologie (Netzform)	Anwendungen	Bemerkungen
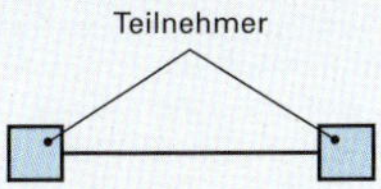 **Punkt-zu-Punkt-Verbindung**	Computertechnik: Von Computer 1 zu Computer 2, von Computer zu Peripheriegerät, von NC (numerische Steuerung) zu PC (Personalcomputer), von PC zu SPS (Speicherprogrammierbare Steuerung). Telekommunikation: Von Sprechstelle 1 zu Sprechstelle 2.	Technisch am einfachsten zu realisieren. Je nach Schnittstellenspezifikation mehr oder weniger begrenzter Datenübertragungsweg, z. B. bei V.24-Schnittstelle gesichert bis 30 m. In der Telekommunikation werden ständig bestehende Punkt-zu-Punkt-Verbindungen als Standverbindungen bezeichnet.
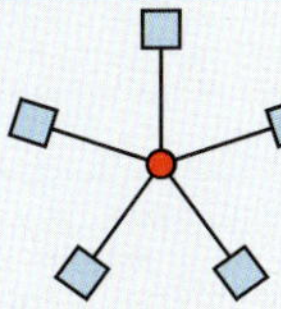 **Sternstruktur**	Computertechnik: Mehrere Computer sind über einen Sternkoppler (Switch oder Hub) gekoppelt. Telekommunikation: Von Teilnehmer 1 bis Teilnehmer *n*. Zentrale Einheit: Vermittlungsstelle.	Alle Teilnehmer sind durch eine eigene Übertragungsleitung mit einer zentralen Einheit verbunden. Abhängig von deren Leistungsfähigkeit erhalten die Teilnehmer zyklische (aufeinander folgende) Übertragungsberechtigungen oder werden über den Sternkoppler ähnlich einer Telefonverbindung durchgeschaltet. Nachteil: hoher Leitungsaufwand.
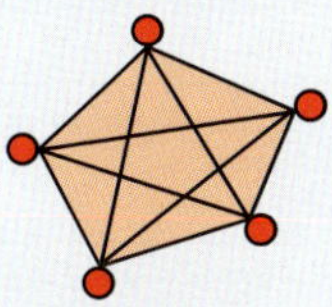 **Maschenstruktur**	Computertechnik: Im Internet. Telekommunikation: Für Vermittlungsstellen vorkommend, nicht für Teilnehmer. Vernetzung der Zentralen Vermittlungsstellen ZVSt.	Die Maschenstruktur ist nur sinnvoll, wenn aufgrund umfangreicher Datenübertragungen die Leitungen stark benützt werden. Vorteil: kürzest mögliche Verbindungswege sowie große Ausfallsicherheit. Nachteil: hoher Leitungsaufwand, aufwendige Erweiterung.
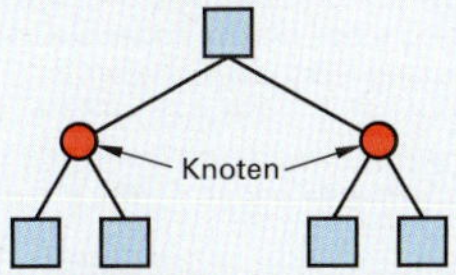 **Baumstruktur**	Computertechnik: Knoten sind Computer, Hubs oder Switches. Telekommunikation: Die Vermittlungsstellen stellen Knoten dar. Netz des Selbstwähldienstes der Telekom.	Hierarchische (nach Rangordnung gegliederte) Systemstrukturen sind sichergestellt. In der Computertechnik dezentrale Ausführung der Anwendungen.
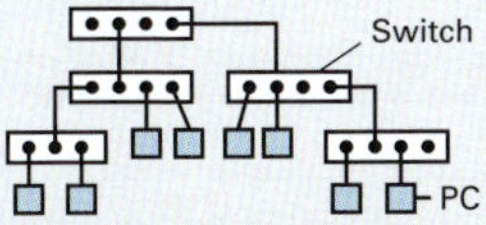 **Kaskadierte Baumstruktur**	In der Computertechnik Aufbau von LANs (Local Area Network). Die Endgeräte (PC) sind an Switches oder Hubs angeschlossen. In diesen ist das Buszugriffsverfahren realisiert, z.B. Ethernet.	Die Verbindung der Switches oder Hubs untereinander erfolgt meist über LWL (Glasfaserleiter). Die Anbindung der Endgeräte erfolgt über Twisted-Pair-Leitungen. Die Kaskadierung ermöglicht eine Netzsegmentierung.
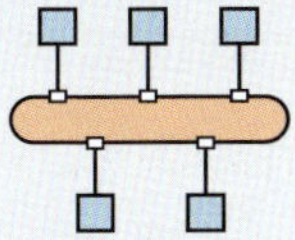 **Ringstruktur**	Computertechnik: Angeschlossen sind Computer 1 bis Computer *n* oder PC 1 bis PC *n*. Bekannt: Tokenring, FDDI-Ring, Industrial Ethernet. Telekommunikation: Keine Anwendung.	Alle Teilnehmer sind ringförmig miteinander verbunden und wiederholen jeweils die Nachrichten zum Nachbarn. Weite Übertragungswege sind somit möglich. Nachteil: Es kann immer nur ein Teilnehmer senden.
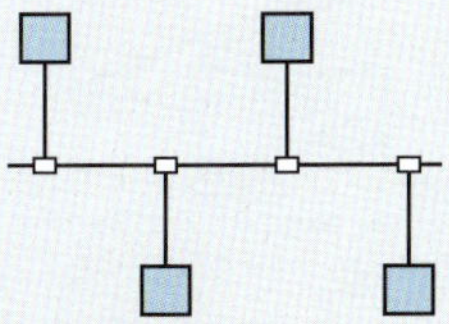 **Busstruktur**	Computertechnik: • Mikroprozessorbusse: Datenbus, Adressbus, Steuerbus. • Systembus in Steuerungen. • Prozessbus, Feldbus, z.B. AS-i, CAN. • Serielles LAN, z.B. Ethernet, für Vernetzung von PC, NC, SPS. Telekommunikation: ISDN/DSL ab Netzabschluss zum Endgerät.	Alle Teilnehmer sind durch einen gemeinsamen Übertragungsweg miteinander verbunden. Über definierte Buszugriffsverfahren müssen sich die Teilnehmer zur Datenübertragung anmelden. Vorteil: rasche Datenübertragung bei hoher Ausfallsicherheit. Neue Teilnehmer lassen sich einfach zuschalten. Nachteil: Es kann nur ein Teilnehmer senden.

D

Komponenten für Datennetze 1 Components for Data Networks 1

Bezeichnung	Erklärung	Bemerkungen, Anwendung, Daten
Bridge	Von engl. bridge = Brücke. Eine Bridge kann zwei LAN-Segmente miteinander verbinden, die entkoppelt arbeiten können. LAN von Local Area Network = Netz für örtlichen Bereich.	Sobald die Bridge mit dem Netzwerk verbunden ist, lernt sie automatisch die Adressen der Teilnehmer. Bridges arbeiten protokollunabhängig. Störungen auf der einen Seite der Bridge werden nicht auf die andere Seite übertragen.
Balun (Mehrzahl Balune)	Von balanced/unbalanced. Modul zur Impedanz-Anpassung. Anwendung auch bei Antennen.	Modul zum Übergang Koax-Leitung zu Twisted-Pair-Leitung bzw. zur Wandlung symmetrischen/asymmetrischen Signals.
Ethernet-Switch	Der Ethernet-Switch übernimmt die Datenpakete und verschickt sie entsprechend der Adresse. Anzahl der Ports z. B. 4, 12, 48.	Jeder Port am Switch stellt bei gleichem Protokoll einen Weg mit der vollen Bitrate dar, z. B. 10 Mbit/s oder 1 Gbit/s.
Frame-Relay (Rahmen-Relais)	Das Frame-Relay ist eine Übertragungstechnik. Es multiplext und sendet Daten in Form von Paketen.	Wird in Komponenten (Bridges, Routers, Switches) umgesetzt. Diese ermöglichen Verbindungen zu LANs und WANs.
Hub	Engl. hub = Mittelpunkt, Radnabe. Gerät, über das mehrere PC dieselben Datenpakete erhalten.	Beim Repeater-Hub erfolgt zusätzlich eine Regenerierung der zum Hub eintreffenden Signale.
Konverter	Von to convert = umsetzen. Sammelbezeichnung für Geräte, die Übergänge von einem System in ein anderes erlauben.	Siehe Medienkonverter, Seriell-parallel-Konverter, Parallel-Seriell-Konverter.
manueller Switch (einfacher Mehrstellenschalter)	Im Wesentlichen mechanisch wirksamer Schalter zum Umschalten. Preisgünstige Lösung für Anwendungen, die keinen Speicher benötigen. Manuelle Switches arbeiten ohne Stromversorgung, können also überall eingesetzt werden.	Mit einem ABC-Switch können zwei Benutzer ein Peripheriegerät teilen oder ein Benutzer kann zwischen zwei Peripheriegeräten wählen. Ein ABCDE-Switch ermöglicht vier Benutzern die Nutzung eines Gerätes oder einem Benutzer die Nutzung von vier Geräten.
Medienkonverter	Erlaubt den Übergang von einem Übertragungsmedium auf ein anderes, z. B. von Koaxialleitung auf Twisted-Pair-Leitung.	Medienkonverter unterstützen auch z. B. den Übergang von Fiberoptikkabel (LWL) auf Twisted-Pair-Leitung.
Modem	Kunstwort aus Modulator und Demodulator.	Ermöglicht den Anschluss von Digitalgeräten, z. B. einem PC, an das analoge Telefonnetz.
Modemeliminator	Gerät, welches ein Modem überflüssig macht. Ohne Modemeliminator sind zur Kopplung zweier Geräte zwei Modems notwendig.	Ein Modemeliminator verbindet z. B. zwei Computer oder einen Computer und ein Peripheriegerät.
Modem, ISDN-	Ein ISDN-Modem sendet und empfängt Daten über Digitalleitungen mit 2 × 64 kbit/s.	Die Daten werden über einen Kanal oder zwei Kanäle übertragen, und zwar binär codiert.
Multiplexer, lokaler (Mux, lokaler)	In der Datentechnik ein Gerät, welches das Zeitmultiplexverfahren ermöglicht.	Lokale Muxe machen den Anschluss von z. B. 48 Kanälen über ein einziges Kabel möglich.

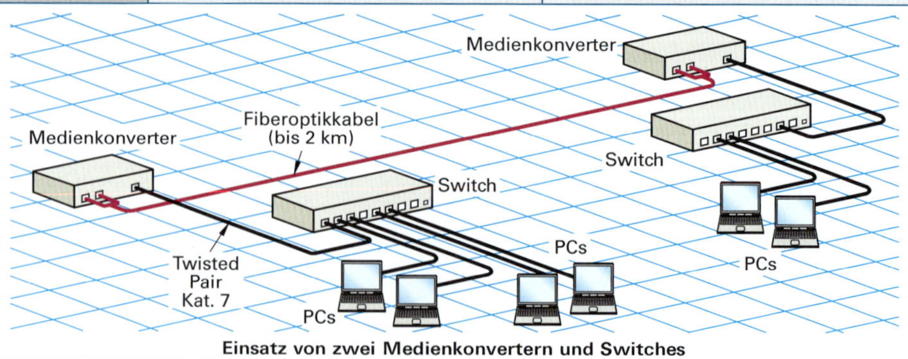

Einsatz von zwei Medienkonvertern und Switches

D

Bezeichnung	Erklärung	Bemerkungen, Anwendung, Daten
Netzwerkkarte (Ethernet-Karte)	Steckkarte für den Steckplatz (Slot = Schlitz) im PC, womit ein Ethernet-Netzwerk ermöglicht wird.	Außer der Netzwerkkarte müssen Software-Treiber installiert werden.
Parallel-Seriell-Konverter	Der Konverter macht einen parallelen Anschluss kompatibel zu einem seriellen Gerät.	Ermöglicht den Anschluss eines seriellen Druckers an einen parallelen Anschluss.
Patchfeld (Rangierfeld)	Ein Umsteckfeld, das dem Anschluss, dem Verteilen und Rangieren (Verändern) von Netzverbindungen dient.	Das Patchfeld erleichtert durch das Umstecken auch den Anschluss von Analysegeräten.
Print-Sharer	Siehe Sharer	In verschiedenen Leistungsklassen erhältlich.
Puffer (Spooler, Cache)	Einrichtung zur zeitweisen Speicherung (Zwischenspeicher). Puffer enthalten RAMs zur Aufnahme und anschließenden Ausgabe von Daten.	Ein Puffer sorgt für den Ausgleich von Geschwindigkeitsunterschieden beim Datenfluss zwischen zwei Geräten. Puffer können serielle und parallele Ports haben, sodass sie auch zur Konvertierung parallel-seriell und seriell-parallel eingesetzt werden können.
Router	Von engl. route = Weg. Gerät zur Verbindung verschiedener LANs. Untersuchen Pakete und stellen sie bei Fehlern wieder her, ohne Fehler weiterzugeben. In Routern sind unter anderem Verstärker (im Sinne der Datentechnik) enthalten.	Multiprotokoll-Router unterstützen eine Vielzahl von LAN-Protokollen. Router müssen umfangreich konfiguriert und installiert werden. Sie ermitteln den kürzesten Weg zwischen Teilnehmern in unterschiedlichen Netz-Segmenten.
Repeater	Von engl. to repeate = wiederholen. Gerät, welches Signale regeneriert, verstärkt und so umbildet, dass verschiedene Netzsysteme miteinander kommunizieren können.	Über Repeater können z.B. verschieden verkabelte Ethernet-Segmente miteinander kommunizieren. Infolge Signaldämpfung sind Netzsegmente ohne Repeater in der Länge begrenzt, z.B. auf 500 m.
Seriell-Parallel-Konverter	Ein Seriell-Parallel-Konverter macht einen seriellen Port am PC kompatibel zu Geräten mit parallelem Port.	Seriell-Parallel-Konverter kommen in Frage, wenn nur noch serielle Anschlüsse zur Verfügung stehen.
Sharer (Drucker-Switch)	Der Sharer (engl. to share = aufteilen) teilt einem Gerät bis z.B. sechs Geräte zu. Er enthält meist einen Puffer.	Print-Sharer ermöglichen den Anschluss von mehreren PCs an einen einzigen Drucker.
Terminaladapter a/b	Mit diesem Adapter können analoge Endgeräte an das ISDN-Netz angeschlossen werden, z.B. Fax oder Telefon.	Auch bei der Datenübermittlung im ISDN muss ein analoger Empfänger mit einem Terminaladapter a/b arbeiten.
Transceiver, Sende-Empfänger	Kunstwort von to transmit = übertragen und to receive = empfangen. Gerät, welches in den Datenweg geschaltet wird, um die Übertragung zu ermöglichen oder zu verbessern.	Z.B. setzen Fiberoptik-Transceiver die elektrischen Signale in Lichtsignale oder Infrarot-Signale zur Übertragung über LWL um und optische Signale der LWL in elektrische Signale.
Verstärker	Gerät, welches die Datenübertragung über längere Strecken als ohne Verstärker ermöglicht, und zwar oft auch bei größeren Bitraten als ohne Verstärker.	Anders als bei einem analogen Signalverstärker sind zusätzlich Signalregenerierer und Konverter enthalten.

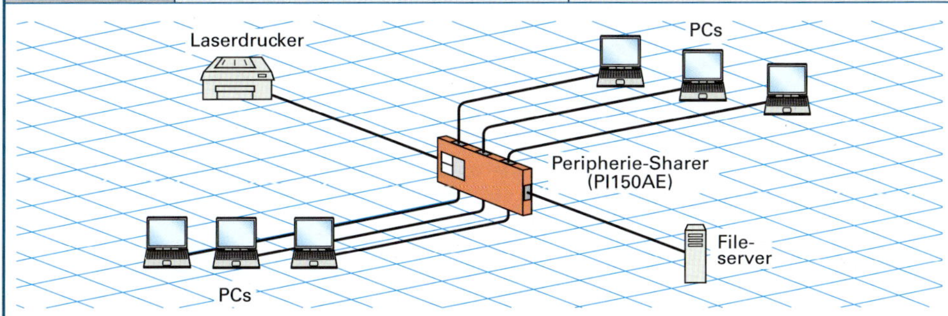

Anlage mit Print-Sharer

D

AS-i-Bussystem AS-i-Bussystem

<table>
<tr><th>Komponenten</th><th>Beschreibung</th><th>Bemerkungen, Ergänzungen</th></tr>
<tr>
<td>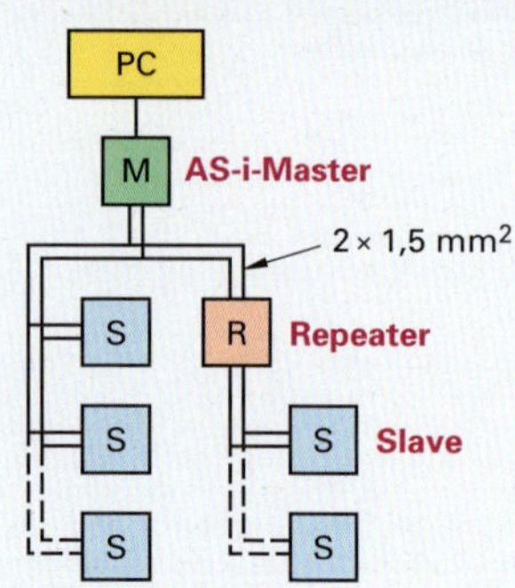

Systemstruktur</td>
<td>Mit dem AS-i-Bussystem (Aktor-Sensor-Interface) wird der Verdrahtungsaufwand zum Ansteuern von Sensoren und Aktoren gegenüber einer Parallelverdrahtung zwischen Sensoren und Aktoren sowie dem Steuerungsrechner kleiner. Auch Klemmleisten, EA-Karten (Eingänge, Ausgänge) und Verteilungen können eingespart werden.
Ein AS-i-Master kann als Modul für eine Anbindung an einen Computer oder als Einschubkarte, z.B. für eine SPS, realisiert sein. Er steuert und überwacht die Slaves (S, Teilnehmer). Die Slaves sind Module, an denen die Sensoren oder Aktoren angeschlossen sind.
Verfügbar auch AS-i-Safety-Komponenten, z.B. NOT-HALT, Sicherheitsschalter. Slave-Überwachung durch Sicherheitsmonitor. www.bihl-wiedemann.de</td>
<td>Anzahl Teilnehmer: bis 62 je Master,
Anzahl EA: gesamt 992,
Leitungslänge: bis 600 m,
Busmedium: ungeschirmte Zweidrahtleitung (2x1,5 mm²) für Daten und Energie (DC 24 V),
Busmanagement: Master-Slave-Verfahren, d.h. zyklische Abfrage aller Teilnehmer,
Zykluszeit: 5 ms.
Mittels Repeater (R) kann die Leitungslänge um weitere 100 m erweitert werden. Die Anzahl der Teilnehmer ist weiterhin auf 31 je Strang beschränkt.
AS-i-Safe Seite 425</td>
</tr>
<tr>
<td>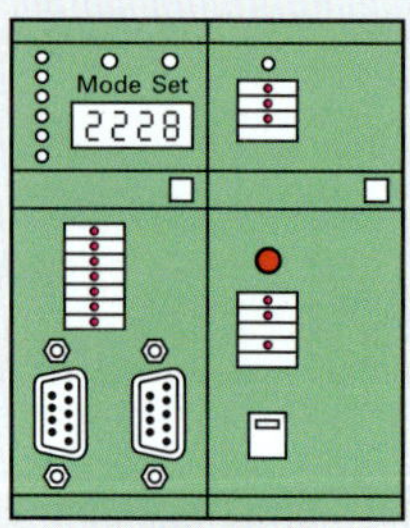

AS-i-Controller mit AS-i-Netzteil</td>
<td>Soll das AS-i-Bussystem mit einem Computer ohne Einschubkarte gekoppelt werden, so ist als Master ein AS-i-Controller einzusetzen. Die Verbindung zum Computer erfolgt über eine serielle Schnittstelle.
Im Controller befindet sich eine Mini-SPS, auch eine Feldbus-Anschaltung, z.B. PROFIBUS, im Controller ist möglich.
Die Versorgungsspannung für die Module erzeugt ein Netzteil, auch die zusätzlichen 24 V, die insbesondere für die Aktoren notwendig sind.</td>
<td>Die Inbetriebnahme des AS-i-Bussystems mit AS-i-Controller, also Adressierung, Funktionstest, EA-Check, erfolgt z.B. an einem PC. Das Programmieren des AS-i-Controllers durch den Anwender erfolgt mit den SPS-Programmiermethoden KOP, FUP, AWL, Strukturierter Text ST (SCL) in der mitgelieferten Software.
AS-i-Master-Einschubkarten besitzen einen Projektierungsmodus zur Inbetriebnahme.</td>
</tr>
<tr>
<td>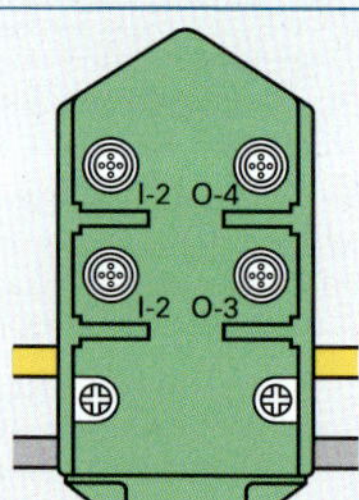

EA-Modul</td>
<td>Die Sensoren und Aktoren werden über Module (Anwendermodule, Feldmodule) an den AS-i-Bus angeschlossen. Das Kompakt-Modul besitzt zwei Flachkabelschnittstellen für das gelbe AS-i-Kabel, welches die Daten und die Grundversorgungsspannung überträgt, sowie für das schwarze AS-i-Kabel für die Betriebsspannung von 24 V für Aktoren.
Weiter besitzt ein EA-Modul z.B. 4 Eingänge und 4 Ausgänge zur Prozessperipherie über M-12-Buchsen.</td>
<td>Manche Module brauchen für die Betriebsspannung ein Rundkabel mit entsprechendem Anschluss und z.B. 2-adrig verdrillt. Manche Module besitzen einen 240-V-Anschluss für AC zum Schalten einphasiger Verbraucher. Es gibt auch Module mit einem 400-V-Anschluss für Drehstrom-Asynchronmotoren.</td>
</tr>
<tr>
<td>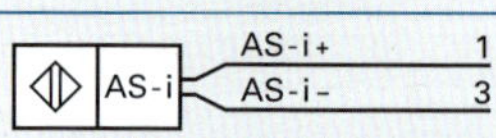

intelligenter AS-i-Sensor
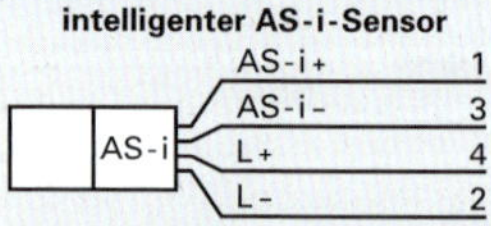

AS-i-Aktor mit externer Stromversorgung</td>
<td>Je nach verwendetem Sensor oder Aktor sind die Anschlüsse in den M-12-Buchsen unterschiedlich vorzunehmen.
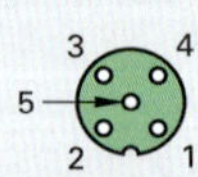

M-12-Buchse</td>
<td><table>
<tr><th>Art</th><th>Pin</th></tr>
<tr><td>AS-i +</td><td>1</td></tr>
<tr><td>AS-i –</td><td>3</td></tr>
<tr><td>Externe Spannung +</td><td>4</td></tr>
<tr><td>Externe Spannung –</td><td>2</td></tr>
<tr><td>Schutzleiter (PE)</td><td>5</td></tr>
</table>
Pin-Belegung der M-12-Buchse</td>
</tr>
<tr>
<td>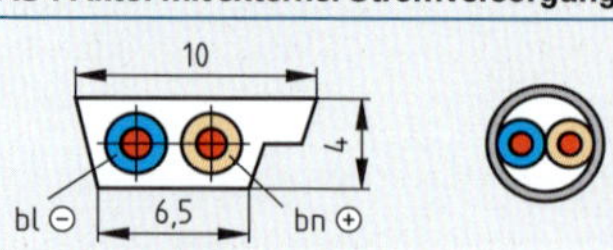

AS-i-Flachkabel, Rundkabel</td>
<td>Schutzart IP 67,
Aderquerschnitt 2 x 1,5 mm²,
Aderfarben braun (AS-i+ oder L+), hellblau (AS-i– oder L–),
Material: Ethylen-Propylen-Gummimischung oder thermoplastisches Elastomer.</td>
<td>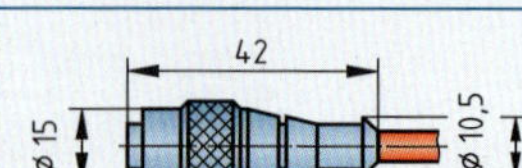

M-12-Anschluss der Sensoren, Aktoren an AS-i-Modul</td>
</tr>
</table>

D

Linien und Bereiche beim KNX-TP   Lines and Areas for KNX-TP

Netzform, Schaltung | **Erklärung**

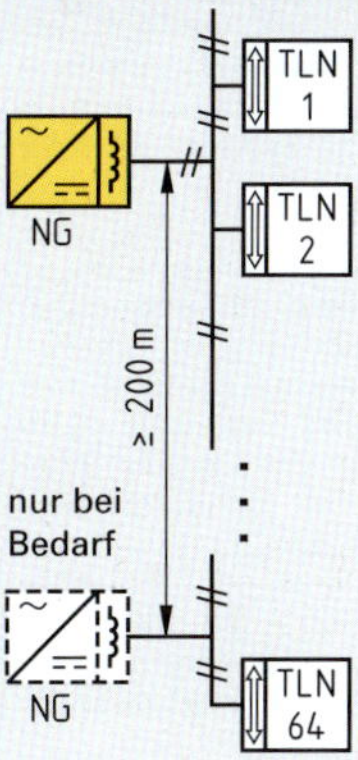

Linie beim KNX-TP

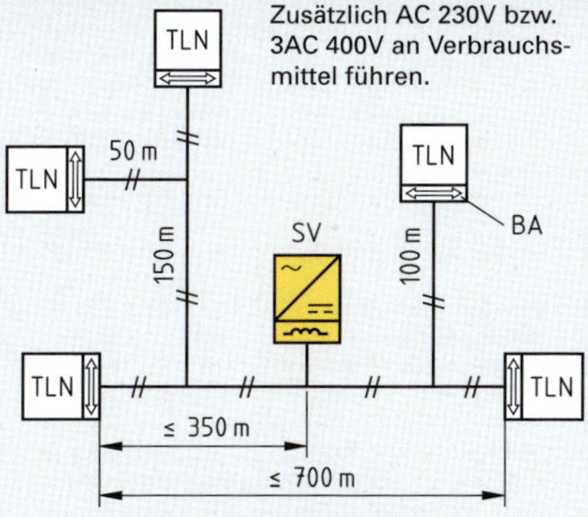

Σ aller Teillängen der Busleitung ≤ 1000 m

Leitungslängen bei einer Linie

Der Europäische Installationsbus EIB wird als KNX bezeichnet (KNX von Konnex Association = Verbindungs-Vereinigung). KNX-TP bedeutet KNX mit Twisted Pair.

Meist eine Spannungsversorgungseinheit je Linie.

Teilnehmer TLN: Sensoren und Aktoren.

Teilnehmerzahl je Linie: Maximal 64 (bei Neuanlage nur 50 wegen Erweiterungsmöglichkeit ansetzen), mit Linienverstärker LV maximal 252.

Hinweis: Die Daten des KNX-TP bezüglich Leitungslängen und Teilnehmerzahlen sind je nach Version verschieden. Die hier angegebenen Zahlenwerte geben also nur einen Hinweis auf die Größe.

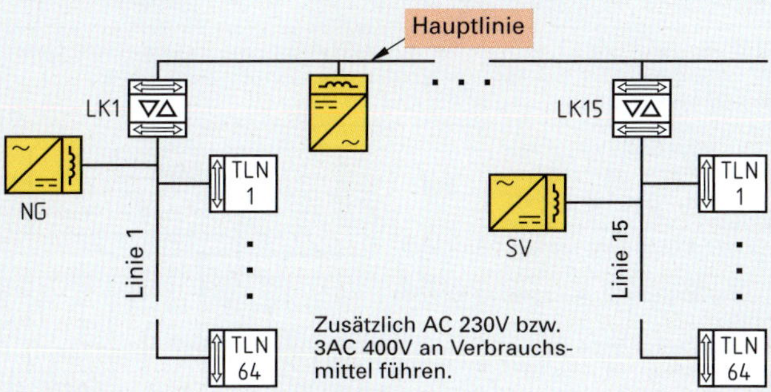

Verbindung von Linien zu Bereichen

Über Koppler und Hauptlinie können bis 15 Linien zu einem Bereich verbunden werden. Spannungsversorgung der Koppler: Eigenes Netzgerät der Hauptlinie.

Teilnehmeranzahl eines Bereichs: ≤ 15 · 64 = 960 Sensoren oder Aktoren. Die Grenze von 64 Teilnehmern je Linie ist einzuhalten. Bei Neuanlagen wegen Erweiterungsmöglichkeit nur ≤ 15 · 50 = 750 ansetzen.

Kopplerbezeichnung:
Linienkoppler LK.

Zusätzlich sind 230-V-Leitungen bzw. 400-V-Leitungen zu verlegen, z. B. zu den Aktoren.

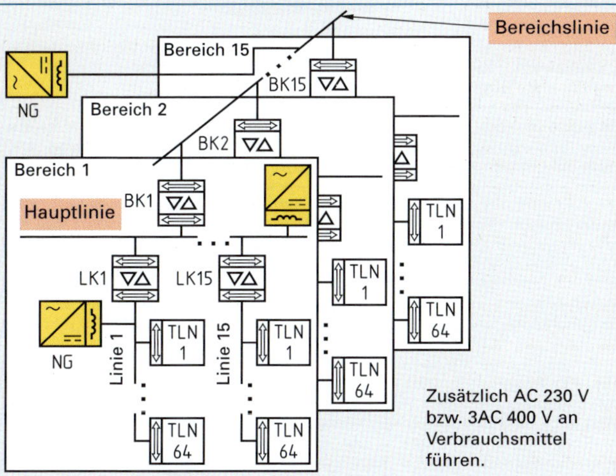

Verbindung der Bereiche bei einer Großanlage

Mittels Koppler und Bereichslinie können bis 15 Bereiche zusammengefasst werden.

Spannungsversorgung der Koppler: Eigenes Netzgerät der Bereichslinie.

Teilnehmeranzahl:
≤ 64 · 15 · 15 = 14400 Sensoren oder Aktoren. Bei Neuanlagen sollten nur 50 Teilnehmer je Linie wegen der Erweiterungsmöglichkeit angesetzt werden.

Kopplerbezeichnung:
Bereichskoppler BK (es handelt sich um dasselbe Gerät wie beim Linienkoppler).

Aufgabe der Koppler: Verbindung der Linien bzw. der Bereiche und je nach Programmierung der Koppler Filterung der Signale (Weiterleiten oder Sperren).
Hinweis oben beachten.
www.knx.de, www.berker.de

BA Busankoppler, BK Bereichskoppler, LK Linienkoppler, LV Linienverstärker, NG Netzgerät (Spannungsversorgungseinheit), SV Spannungsversorgung, TLN Teilnehmer (Sensor oder Aktor)

Projektierung und Inbetriebnahme beim KNX
Projecting and Startup of KNX

Vorgang	Erklärung	Bemerkungen, Beispiele
ETS auf den PC installieren (sofern noch nicht geschehen)	ETS (von Engineering-Tool-Software) der KNX-Association. Lieferung erfolgt auf DVD, CD oder Internet-Download. Die Installation erfolgt menügeführt. ETS gilt für alle für KNX zertifizierten Geräte. www.knx.org	KNX ist Standard nach EN 50 090. Übertragungsmedien sind Twisted-Pair-Leitungen (KNX-TP), KNX-RF (Radio Frequency) oder 230-V-Netz (KNX-PL, Powerline).
Einlesen der Produktdaten in die ETS-Produktdatenbank Importieren	Die Produktdaten werden von den Geräteherstellern auf CD geliefert oder sind direkt aus dem Internet ladbar. Von den Produktdaten werden die erforderlichen Teile in die ETS-Produktdatenbank übernommen (importiert). Das Importieren erfolgt über das Menü „Kataloge" → „Importieren".	Es können nur Daten KNX-zertifizierter Geräte in die Produktdatenbank übernommen werden. Diese Busteilnehmer (Geräte) sind hauptsächlich Aktoren und Sensoren. Aktoren sind z. B. die Leistungsschalter zum Steuern der Verbrauchsmittel. Sensoren sind beim KNX die Steuerschalter.
Projekt erstellen Gebäudestruktur festlegen	Über das Menü „Neues Projekt" wird für ein Projekt der Projektname sowie das Medium, z. B. TP, und über die „Projekteigenschaften" die Stufigkeit der Gruppenadressen angelegt.	Anschließend ist die Gebäudestruktur gemäß ihren Geschossen und Räumen, z. B. EG mit Wohnen, Schlafen, im Projekt festzulegen.
Linien, Bereiche festlegen	Je nach Anlagenumfang Zahl und Art der Linien und Bereiche festlegen.	Die Festlegung erfolgt menügeführt.
Auswahl der Geräte	Für das aktuelle Projekt werden die erforderlichen Busteilnehmer aus der ETS-Produktdatenbank ausgewählt (exportiert).	Die Auswahl erfolgt menügeführt. Die Geräte werden den Räumen zugeordnet.
Energieversorgung der Verbrauchsmittel	Bei der Planung ist zu berücksichtigen, dass die Verbrauchsmittel über die Aktoren mit dem Energienetz (230-V-Netz bzw. 400-V-Netz) zu verbinden sind. Dessen Leitungen werden meist gleichzeitig mit der Busleitung verlegt. Anzuschließen an das Energienetz sind insbesondere die Aktoren des KNX und die Netzgeräte. Dagegen erfolgt die Stromversorgung der Geräte der Teilnehmer, z.B. der Sensoren, über die Busleitung. Die Sensoren erfordern deshalb keinen Anschluss an das Energienetz.	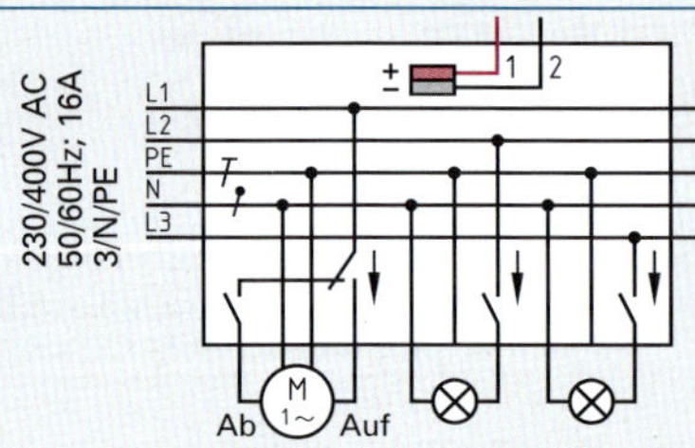 **Mehrfachschaltaktor**
Auswahl der Applikationen	Für die Busteilnehmer gibt es meist mehrere Anwendungen (Applikationen). Bei einem Sensortaster z. B. Schalten oder Dimmen.	Die Auswahl der Applikation des Busteilnehmers erfolgt menügeführt durch die ETS.
Parametrieren der Geräte	Vorgang, bei dem die Busteilnehmer (Geräte) ihre Adressen und (bei Bedarf) die Anwendungssoftware zugeteilt bekommen.	Die Parameter der Anwendungssoftware legen z. B. die Abschaltverzögerung bei Schaltaktoren fest.
Zuordnen der physikalischen Adresse	Jeder Busteilnehmer erhält eine physikalische Adresse, die unverändert bleibt. Die Adresse hat den Aufbau: Bereich.Linie.Teilnehmer.	Nummerierung aller Busteilnehmer, z. B. nach Geschoss, Raum und Stelle möglich, z. B. 1.1.1, 1.1.2... 1.2.1...3.2.5.
Zuordnen der Gruppenadresse	Adresse, mit der mehrere Busteilnehmer vom selben Telegramm angesprochen werden, z.B. zum Ansteuern desselben Aktors.	Ein Sensortaster und ein ihm zugewiesener Schaltaktor müssen der gleichen Gruppe zugeordnet sein. Die Zuteilung erfolgt menügeführt.
Inbetriebnahme	Menügeführt werden die Anwendungsprogramme und die physikalischen Adressen in die Busteilnehmer über z. B. USB-Schnittstellen geladen. Dazu muss die Programmiertaste der Busteilnehmer gedrückt werden.	Der Anschluss des Computers mit den projektierten Daten an den KNX erfolgt über Datenschnittstellen-Module. Bei kleinen Projekten kann auch die Projektierung im Inbetriebnahmeprogramm erfolgen.
Dokumentation	Änderungen oder Erweiterungen einer KNX-Anlage sind effizient nur möglich, wenn die Programmierung der Busteilnehmer einwandfrei dokumentiert ist.	Zur Dokumentation gehören DVDs oder CDs mit allen Änderungen der Anlage. Außerdem sollten Pläne und sonstige Ausdrucke vorhanden sein.

D

KNX-PL mit FSK-Steuerung KNX-PL, KNX-Powerline

Prinzipdarstellung	Erklärung

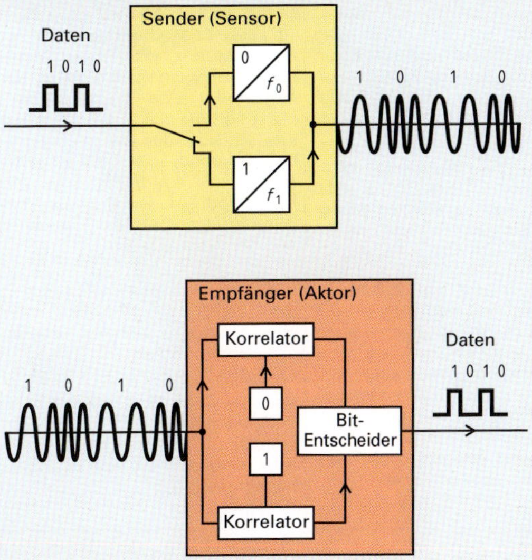

Signalübertragung beim KNX-PL

Beim KNX mit FSK-Steuerung (von Frequency Shift Keying = Frequenzumtastung), KNX-PL, sind wie beim KNX mit Busleitung die Teilnehmer (Sensoren und Aktoren) so „intelligent", dass sie miteinander kommunizieren (in Verbindung treten) können. Im Gegensatz zum KNX mit Busleitung ist aber keine Busleitung vorhanden. Die Teilnehmer sind nur mit dem 230-V-Netz verbunden. Die Stromversorgung aller Teilnehmer erfolgt aus dem 230-V-Netz. Ein besonderes Netzgerät ist also nicht erforderlich. Sonst ist der Netzaufbau mit Linien und Bereichen wie beim KNX mit Busleitung. Beim KNX-PL können unter günstigen Bedingungen z. B. acht Bereiche zu 16 Linien mit je 256 Teilnehmern betrieben werden. Es wird aber empfohlen, jedes KNX-PL auf wenige Tausend Teilnehmer zu beschränken.

Alle Teilnehmer (Sensoren und Aktoren) enthalten einen Bandpass für den Bereich von etwa 104 kHz bis 118 kHz, der die Netzspannung mit 50 Hz von ihnen fernhält. Die Sensoren enthalten einen Generator, der beim Datenbit 0 eine Frequenz von 105,6 kHz und beim Datenbit 1 aber 115,2 kHz abgibt. Die Netzankoppler der Aktoren bilden aus den Impulspaketen die Datensignale. Eine spezielle Schaltung (Korrelator) erkennt und berichtigt durch Störungen beschädigte Bitfolgen.

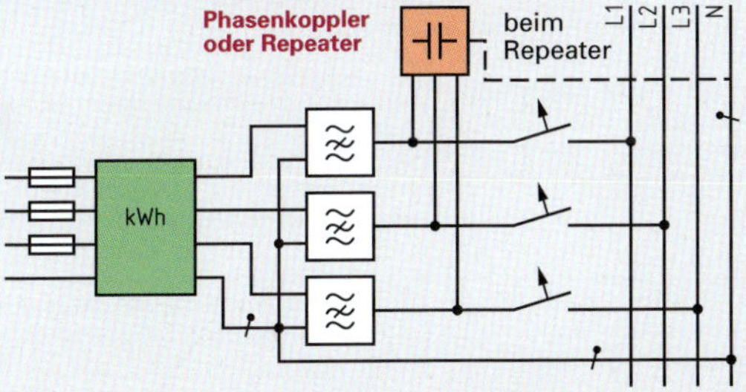

Anschluss der Bandsperren und Phasenkoppler bzw. Repeater

Wegen der kleinen Leistung der Generatoren müssen zum öffentlichen Netz hin Bandsperren für die Signalfrequenzen (105,6 kHz und 115,2 kHz) eingebaut werden. Die Außenleiter der Abnehmeranlage müssen durch Phasenkoppler (Bandpässe) oder durch Repeater (siehe Seite Komponenten der Datennetze) verbunden sein, weil Außenleiter auf verschiedene Stromkreise verteilt sind. Bei Repeatern können mehr Geräte oder längere Leitungen zwischen den am weitesten entfernten Teilnehmern verwendet werden als bei Phasenkopplern. Bandsperren, Phasenkoppler und Repeater sind Reiheneinbaugeräte REG zum Aufschnappen auf die Schienen der Verteilungen.

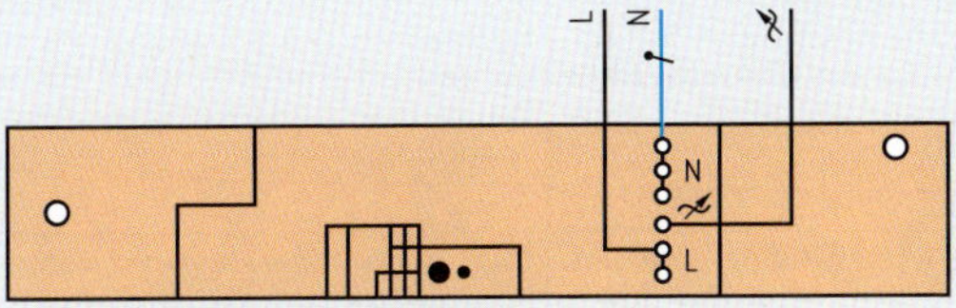

Anschluss eines Dimm-Aktors

Aktoren bei KNX-PL sind Reiheneinbaugeräte REG, Einbaugeräte oder AP-Geräte (Aufputzgeräte).

Die Parametrierung der Teilnehmer kann erfolgen

- über einen PC oder
- über ein spezielles Steuergerät (Controller).

Die Ankopplung an das Netz erfolgt dabei über eine Datenschnittstelle. Für die Parametrierung ist eine spezielle Software erforderlich.

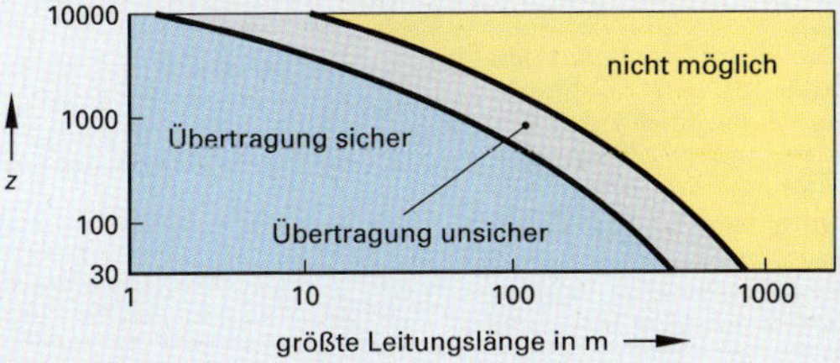

Größtmögliche Belastungszahl bei Anlage mit Phasenkoppler

Belastungszahlen *z*

Gerät	z
KNX-Geräte	1
Glühlampen	1
Elektrokleingeräte	10
HiFi-Geräte	10
Video-Geräte	10
Elektronische Trafos	50
Elektronische Vorschaltgeräte	50
Fernsehgerät	50
PC, Monitor	50

Local Control Network LCN

Schaltung	Erklärung	Bemerkungen
Netzaufbau		
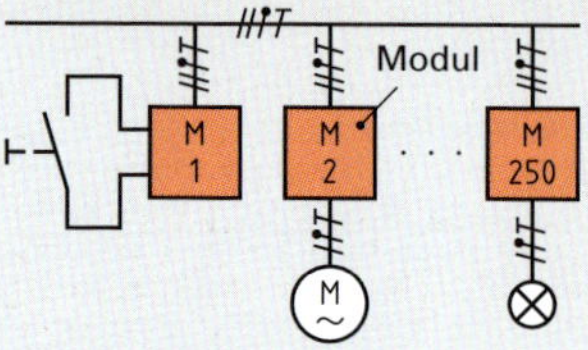 **Kleine bis mittlere LCN-Anlage**	Grundbestandteile des LCN sind Module. Das gleiche Modul wird zum Anschluss der Befehlsgeräte (Sensoren) oder Aktoren verwendet oder wirkt selbst als Aktor. An jedes Modul wird die Installationsleitung, z.B. NYM oder NYIF, angeschlossen. Diese muss eine zusätzliche Ader als Datenleitung, also bei Einphasenwechselstrom einschließlich PE vier Adern, haben.	An dasselbe Modul können mehrere Sensoren, z.B. Taster, angeschlossen werden. Als Aktor hat ein Modul eine Ausgangsspannung von AC 230 V. Erfordern die anzuschließenden Lasten eine größere Leistung, so steuert das LCN-Modul z.B. ein Schütz bzw. ein Relaismodul an. Die *Datenübertragung* erfolgt über den Datenleiter und den Neutralleiter.
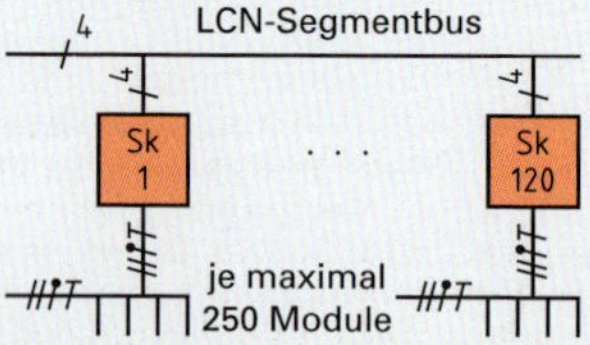 **Große LCN-Anlage**	Bei Anlagen mit mehr als 250 Modulen müssen *Segmentkoppler* mit einem LCN-Segmentbus verwendet werden. In einer Anlage können bis 120 Segmentkoppler eingesetzt sein, und zwar auch in Stromkreisen mit verschiedenen Außenleitern. Zur Verhinderung von Spannungsverschleppung können *LCN-Trennverstärker* verwendet werden.	Die Segmentkoppler werden z.B. mit IY(St)Y 2x2x0,8 oder einer gleichwertigen Leitung untereinander verbunden. Für Reichweiten eines Leitungsstranges über 1 km müssen *LCN-Trennverstärker* und *Lichtleiterkoppler* für Glasfaserkabel eingesetzt werden. Diese sind REG (Reiheneinbaugeräte).
Module und Parametrierung		
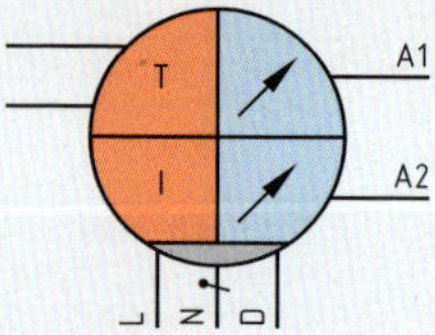 **Modul LCN-UP**	Das Modul LCN-UP ist ein kombiniertes *Sensor-Aktor-Modul* für Unterputz-Einbau. Er hat zwei Ausgänge mit AC 230 V und Schaltleistungen von je bis 300 VA. Am Eingang T können bis 10 Taster angeschlossen werden. Der Eingang I (Impulsmesseingang) dient zum Anschluss eines Infrarot-Empfängermoduls.	Bei Ansteuerung von Motoren oder Induktivitäten und beim Dimmen ist ein zusätzliches *Störfiltermodul* erforderlich. Das eingebaute Betriebsprogramm umfasst Schalten und Dimmen der Ausgänge. Helligkeit und Änderungsgeschwindigkeit sind getrennt einstellbar. Es können Glühlampen gedimmt werden.
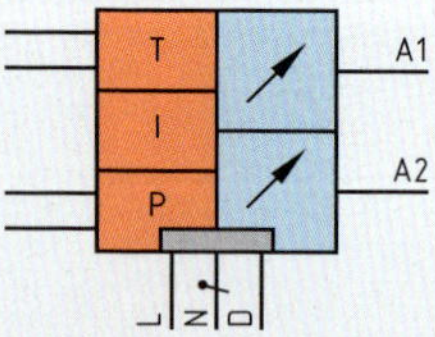 **Modul LCN-SH**	Das Modul LCN-SH ist ein kombiniertes Sensor-Aktor-Modul zum Aufschnappen auf die Hutschiene. Seine Daten entsprechen weitgehend denen des Moduls LCN-UP, jedoch ist ein Störfiltermodul eingebaut und zusätzlich können am Anschluss P digitale *Ein-Ausgangs-Signale* eingegeben oder ausgegeben werden.	Bei der Ansteuerung von Relais ist ein *LCN-Grundlastmodul* erforderlich. Maximal 32 Verbraucher können gesteuert werden, wobei zahlreiche Funktionen, z.B. schonendes Hochfahren der Spannung (Rampenverlauf), möglich sind. Beim Schalten wirkt LCN-SH als *Nullspannungsschalter*.
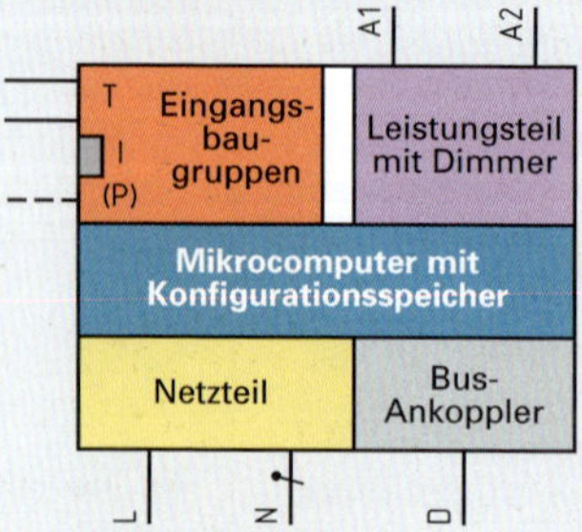 **Bestandteile des Moduls**	Die Sensor-Aktor-Module enthalten ein Netzteil mit Überspannungsschutz und Spannungsregler. Der Busankoppler besteht aus Verpolungsschutz, Überspannungsschutz und Zugriffsteuerung. Er steuert den Mikrocontroller mit dem Konfigurationsspeicher (Speicher für das einzugebende Programm, Konfiguration = Gestaltung) an. Der Mikrocontroller wird auch von den Eingangsbaugruppen angesteuert (P nur beim Modul LCN-SH). Er steuert selbst den Leistungsteil mit Dimmer an. www.issendorff.de, www.lcn.de	Das *Konfigurationsprogramm* wird über einen PC bzw. Laptop eingegeben. Zu diesem Zweck wird ein *Koppelmodul* an die LCN-Anlage angeschlossen. Das Parametrieren der verschiedenen Sensor-Aktor-Module erfordert eine spezielle *Software*, die vom Hersteller der LCN-Module geliefert wird. Das PC-Programm für den Elektriker sucht über ein Menü alle Module im Netz und bietet sie zur Parametrierung an.

Ethernet-Netzwerke Ethernet Networks

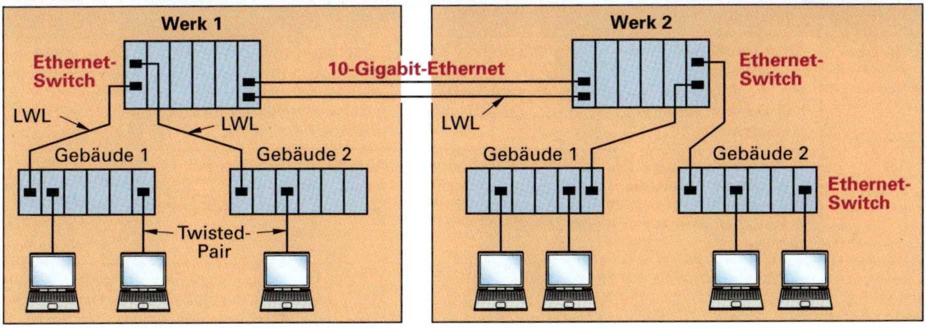

Beispiel einer Ethernet-Vernetzung von Computern über Switches

Begriff	Erklärung	Bemerkungen
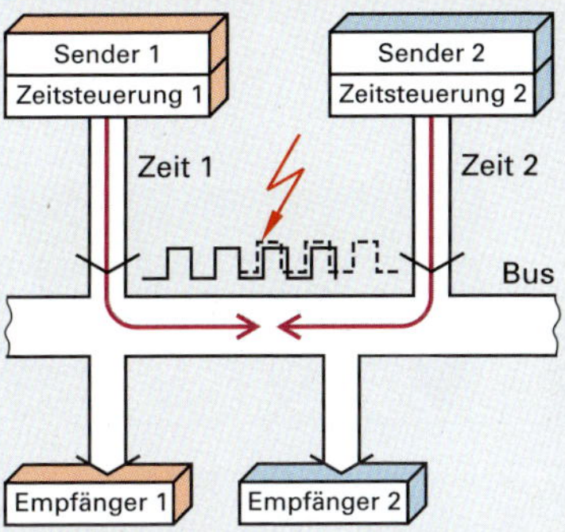 **CSMA/CD-Verfahren**	CSMA/CD steht für Carrier Sense Multiple Access/Collision Detection (Träger für Vielfachzugriff mit Kollisionserkennung). Jeder sendewillige Busteilnehmer prüft, ob über den Bus eine Datenübertragung erfolgt. Ist der Bus frei, werden die Daten paketweise gesendet. Ein gleichzeitiges Senden zweier Busteilnehmer führt zu Datenkollisionen. Die Datenübertragungen werden dann abgebrochen und nach einer mittels Zufallsgenerator im Sender festgelegten Zeit neu gestartet.	Anwendung bei Ethernet-Netzen, Fast-Ethernet-Netzen und Gigabit-Ethernet-Netzen. Die Bitrate beträgt bei einfachen Ethernet-Netzen 10 Mbit/s, bei Fast-Ethernet-Netzen 100 Mbit/s und bei Gigabit-Ethernet-Netzen 1000 Mbit/s. Beim CSMA/CA-Verfahren (collision avoid = Kollisionsvermeidung) unterbricht nur ein Teilnehmer das Senden. Anwendung z. B. beim KNX-TP.
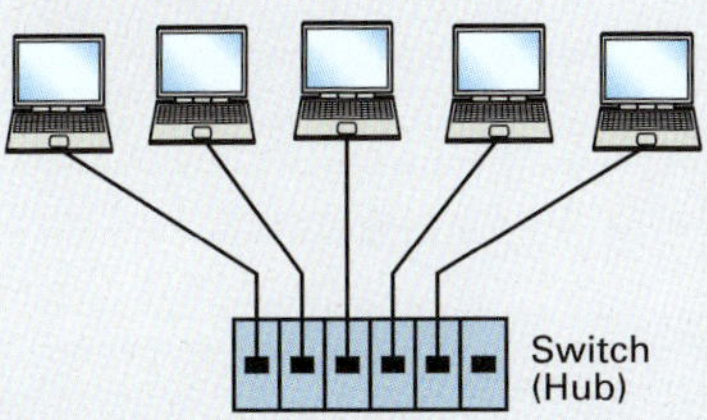 **Switch, Hub**	Ein Switch (switch = Schalter) ist ein Sternkoppler, der Sender und Empfänger entsprechend der Nachrichtenadresse durchschaltet. An einem Switch sind sternförmig mehrere Teilnehmer zu einem Netzsegment verbunden. Bei Ethernet-Netzen keine Datenkollisionen an den Switch-Anschlüssen (Punkt-zu-Punkt-Verbindungen). Hubs (engl. hub = Speichenrad) leiten die Nachrichten an alle Teilnehmer.	Ein Switch kann Anschlüsse für Twisted-Pair-Leitungen (bis 90 m) 10-BASE-T (10 Mbit/s), 100-BASE-T (100 Mbit/s), 1000-BASE-T (1000 Mbit/s) oder Glasfaserleiter (LWL, bis 2 km) 100-BASE-F, 1000-BASE-F besitzen.
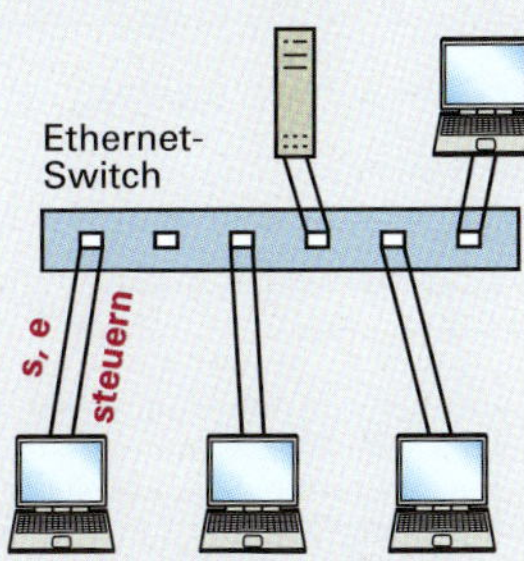 **s** senden, **e** empfangen **Switch mit Full-Duplex-Betrieb**	10-Gigabit-Ethernet-Netzwerke arbeiten nicht mit dem CSMA/CD-Zugriffsverfahren. Sie arbeiten im Voll-Duplex-Betrieb und benötigen daher Switches mit der Fähigkeit der Flusskontrolle. Hierbei existiert zusätzlich zum Sende- bzw. Empfangskanal ein Rückkanal zwischen Teilnehmer und Switch zur Synchronisation von Sender und Empfänger. Der Empfänger kann dadurch dem Sender mitteilen, dass sein Datenpuffer z. B. voll ist. Der Sender reduziert daraufhin seine Datenrate.	Für 10-Gigabit-Ethernet immer LWL: 10 GBase-xx, z. B. 10 GBase-SR. xx steht für 2 Zeichen E 1550 nm, L 1310 nm, S 850 nm, R serielle Codierung ohne WAN-Anpassung, W serielle WAN-Codierung, X LAN-Codierung. Je nach LWL Reichweiten bis über 40 km.

D

Errichten eines Ethernet-Netzwerkes Implemention of an Ethernet Network

Ablauf	Erklärung	Bemerkungen
Planung	Erfassen der vorhandenen Computer und der Peripheriegeräte einschließlich der Betriebssysteme. Prüfung, ob Erweiterung geplant werden soll. Danach Festlegung, was in das Ethernet aufzunehmen ist.	Dabei ist zu entscheiden, welche Bestandteile der vorhandenen Einrichtung weiterverwendet, aufgerüstet oder ausgetauscht werden sollen. Litzenleiterkabel nur für kurze Strecken vorsehen, da Dämpfung größer ist als bei Massivleiterkabel.
Information	Informationen über Ethernet sind vor allem über das *Internet* zu erhalten. Das betrifft allgemeine Informationen über die Technik als auch Informationen über Anbieter von erforderlichen Komponenten.	Aufruf einer Suchmaschine, z. B. `www.google.de` danach Eingabe des Suchbegriffes, z. B. `ethernet`
Entscheidung über System	Für kleine einfache Netzwerke kommen Bustopologie und Sterntopologie in Betracht, für größere ist nur die Sterntopologie sinnreich. Zu entscheiden ist auch, ob Wireless-Anschlüsse (WLAN) zu realisieren sind.	Meist wird bei Leitungsverbindung das System 100 Base-TX mit Kupferleitungen U/UTP oder U/FTP der Kategorie mindestens 7 aufgebaut. Auch 100 Base FX und 1000 Base SX finden Anwendung.

Einholung von Angeboten	Es ist empfehlenswert, für die erforderlichen Komponenten ein schriftliches Angebot einzuholen, und zwar über die Post oder über E-Mail. Bei der Angebotseinholung ist zu klären, welche Software erforderlich ist und wie groß der erforderliche Speicherplatz ist.	Beispiele von Anbietern:
		`www.black-box.de`
		`www.rs-components.de`
		`www.bb-europe.com`
		`www.schukat.com`

Beschaffungsbedarf bei Sterntopologie mit Leitungen	Für *n* anzuschließende PC sind *n* Netzwerkkarten zu beschaffen (sofern nicht im PC enthalten) und als Sternkoppler mindestens 1 Switch bzw. 1 Hub, ggf. WLAN-fähig. Zum Anschluss der PC an den Sternkoppler sind *n Patchkabel* nötig, die in der erforderlichen Länge *konfektioniert* (mit Steckern versehen) geliefert werden oder selbst aus Meterware mit speziellem Werkzeug zu fertigen sind. Zum Anschluss von *k* tragbaren PC in zwei Räumen sind 2*k* Steckdosen RJ45 und 2*k* Patchkabel zum Anschluss an diese nötig. Die Steckdosen sind paarweise miteinander über Meterware von U/UTP oder U/FTP zu verbinden.	 **Leitungsanschluss einer Netzwerkkarte**
Bestellung	Die Bestellung der Komponenten und bei Bedarf der Software sollte schriftlich erfolgen.	Es ist darauf hinzuweisen, dass gemäß Angebot ein Netzwerkbetrieb möglich sein muss.
Leitungsverlegung	Die Leitungen zwischen den Steckdosen sollten in einem Elektro-Installationskanal verlegt werden. Das gilt auch für lange Patchkabel, die wenigstens teilweise im Installationskanal geschützt liegen sollten.	Bei Glasfaserleitungen muss der Biegeradius *r* mindestens das 4-Fache des Leitungsdurchmessers betragen.
Inbetriebnahme	Alle PC und der Switch sind vom 230-V-Netz zu trennen. Danach sind die Stecker der Patchkabel in die Steckbuchsen der PC zu führen. Anschließend sind die PC und die Sternkoppler einzuschalten.	Das Einbinden der Netzwerkkarten erfolgt menügeführt durch die Software, z. B. das Betriebssystem Windows, oder weitgehend automatisch von selbst bei Plug-and-Play.

D

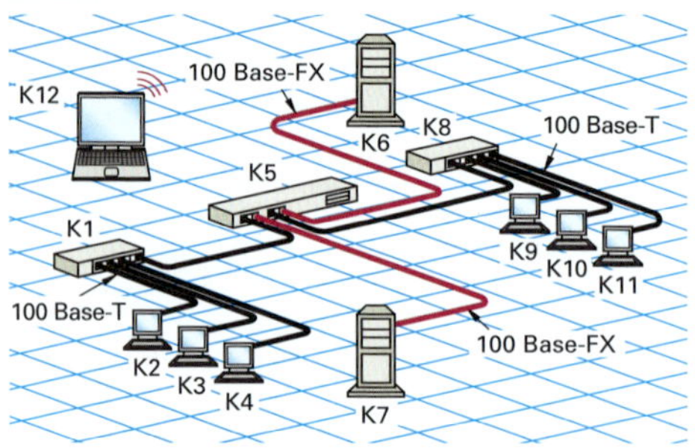

Ethernet-Netzwerk

K1 Minihub (kleiner Hub), stapelbar
K2, K3, K4 PCs
K5 Ethernet-Switch
K6 Server 1
K7 Server 2
K8 Minihub (kleiner Hub), stapelbar
K9, K10, K11, K12 PCs

Der Ethernet-Switch gibt die empfangenen Telegramme nur an den im Telegramm genannten Empfänger bzw. an seinen Sternkoppler, z. B. bei einem Empfänger K2 nur an K1. Die Minihubs geben alle empfangenen Signale weiter, z. B. K1 an K2, K3 und K4.

Ansicht, Prinzip	Erklärung	Bemerkungen

Abtastungen bei Touchscreens

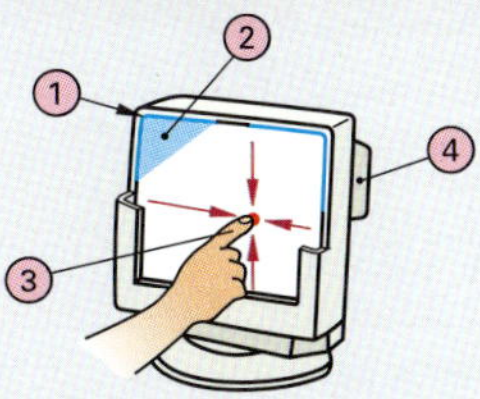

1. Spannung wird an den 4 Ecken angelegt.
2. Gleichmäßiges Spannungsfeld am Bildschirm wird durch geeignete Form der Elektroden erzeugt.
3. Berührung, z. B. durch Finger, ruft je einen Strom in x-Richtung und in y-Richtung hervor.
4. Controller berechnet die Fingerposition aus den Strömen.

Resistive und kapazitive Abtastung

Resistive Abtastung: Bei Berührung durch Finger oder Berührungsstift biegt sich die Widerstandsfolie durch und berührt die Widerstandsschicht. Dadurch fließt je ein Strom in x-Richtung und in y-Richtung aus der Widerstandsschicht im Verhältnis vom Abstand zur Kante.

Vorteil: Die Betätigung ist auch mit Handschuhen möglich.

Nachteil: Folie ist empfindlicher als Schutzglas.

Kapazitive Abtastung: Berühren mit dem Finger leitet von der x-Richtung und von der y-Richtung je einen minimalen kapazitiven Strom über den Finger ab. Beide Ströme stehen jeweils im Verhältnis der Abstände.

Vorteil: Unempfindliches Schutzglas.

Nachteil: Berührung muss mit bloßer Hand erfolgen.

www.medien.ifi.lmu.de

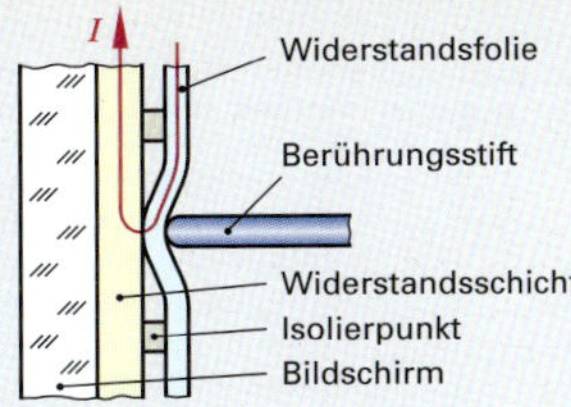

Resistive Abtastung

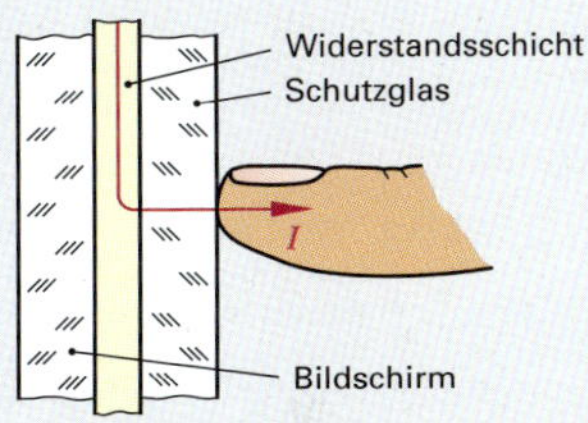

Kapazitive Abtastung

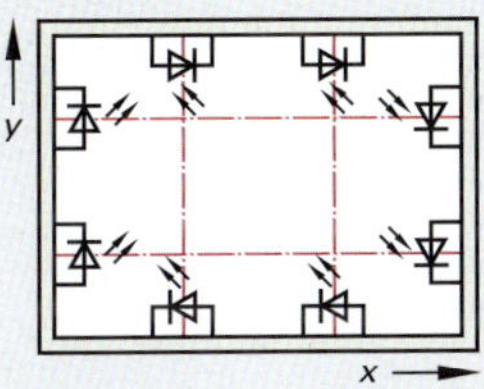

IR-Abtastung

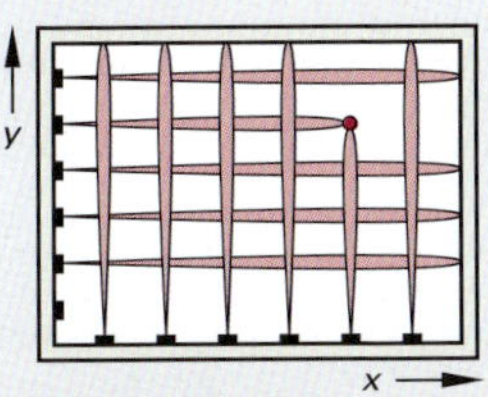

Ultraschall-Abtastung

Bei der *IR-Abtastung* (Infrarot-Abtastung) sind auf zwei Seiten IREDs (IR-emittierende LEDs) angeordnet und jeweils gegenüber IR-empfindliche Dioden. Berühren führt zur Dämpfung der Strahlung und damit zu Signalen entsprechend den xy-Koordinaten.

Bei einfachen Versionen werden LEDs (Licht aussendende Dioden) und Fotodioden verwendet.

Bei der *Ultraschallabtastung* sind an zwei Seiten Ultraschallsender mit Ultraschallsensoren angebaut. Die Ultraschallwellen im Bildschirmglas werden an der gegenüber liegenden Seite reflektiert und gelangen zurück zum Sensor. Berühren des Glases führt zu Dämpfung und damit zu schwächeren Signalen.

Die IR-Abtastung und die Ultraschallabtastung erfolgen unabhängig vom Widerstand des Abtastelementes, sodass z. B. mit Handschuhen gearbeitet werden kann.

Die Parametrierung (Zuordnung der xy-Koordinaten zu den Bedienteilen, z. B. virtuellen Tasten), erfolgt menügeführt mittels der vom Hersteller gelieferten Software.

www.actkern.info
www.albacon.de/touchscreen
www.beckhoff.de
www.br-automation.com
www.deltalogic.de
www.beijerelectronics.com
www.graf-syteco.de
www.spectra.de
www.visam.de

Bediengeräte

Bediengerät mit Touchscreen

Bediengeräte, z. B. in Schaltschränken, dienen zur Eingabe und zur Visualisierung (Sichtbarmachen von Vorgängen). *Eingabe* über Folientasten (durch darüber liegende Folie geschützte Tasten) oder/und über Softkeys (virtuelle Tasten) des Touchscreen. *Visualisierung* über LCD-Display.

Parametrierung (Texteingabe und Zuordnung der Bedienteile) menügeführt mittels der vom Hersteller gelieferten Software.

Bediengeräte mit Touchscreens sind meist voll grafikfähig, z. B. mit 1024 x 1024 Pixel. Der Touchscreen arbeitet meist mit resistiver Abtastung oder mit IR-Abtastung.

Schnittstellen:
z. B. RS 232, RS 422/RS 485 (RJ45).

Daten des Beispiels:
Schnittstellen Ethernet, USB, Spannung DC 24 V,
Schutzart IP65 (Front), IP20 (hinten)
www.phoenixcontact.de.

D

PROFIBUS, PROFINET PROFIBUS, PROFINET

Begriff	Erklärung	Struktur, Bemerkungen
PROFIBUS DP (process field bus decentral periphery)	Dient zum zyklischen Übertragen der Daten von Sensoren und Aktoren. Diese werden an PROFIBUS-Anschlussmodule (Slaves) angeschlossen. Die Module kommunizieren drahtlos oder mit RS-485-Schnittstellen über den PROFIBUS. Der PROFIBUS-Master ist in eine SPS oder einen PC integriert. Die Bitrate beträgt bei Leitungen mit 1200 m ohne Repeater 9,6 kbit/s und bei 100 m bis 12 Mbit/s. Als Busleitung werden geschirmte verdrillte Zweidrahtleitungen oder Glasfaserleitungen verwendet. www.siemens.de, www.profibus.com	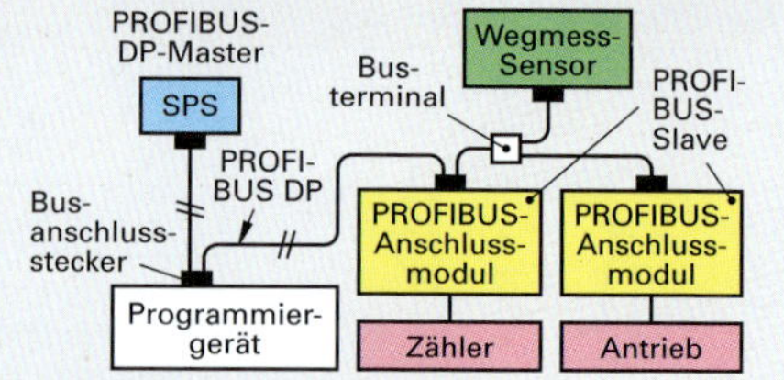 **Beispiel eines PROFIBUS DP**
PROFIBUS PA (process field bus process automation)	Daten und Energie werden über dieselbe Leitung übertragen. Die PROFIBUS-PA-Feldgeräte benötigen einen PROFIBUS-DP-Master. Die Kopplung der beiden Busse erfolgt über einen DP/PA-Koppler mit den Schnittstellen RS 485 und IEC 61158-2. Die Bitrate beim PROFI-BUS PA beträgt 31,25 kbit/s auf 1900 m Leitungslänge. Das Einspeisen der Versorgungsspannung für die PROFIBUS-PA-Feldgeräte auf die Busleitung mit einem Versorgungsstrom von 400 mA bzw. 100 mA erfolgt über die DP/PA-Koppler. Bei geeigneter Auslegung auch Einsatz in explosionsgefährdeten (eigensicheren) Bereichen mit bis zu 1000 m Leitungslänge.	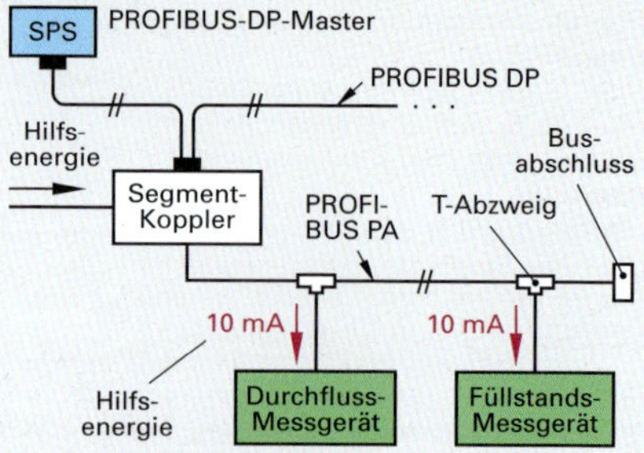 **Beispiel eines PROFIBUS PA**
PROFINET (process field net) PROFINET-Geräte	Vollduplexe Variante des Industrial Ethernet (IE) mit einer Bitrate von z. B. 100 Mbit/s zum Anschluss von Automatisierungsgeräten und Feldgeräten sowie über ein Koppelgerät (PROFIBUS-Master mit PROFINET-Anschluss) auch die Geräte eines PROFIBUS DP. Das TCP/IP-Protokoll (Transmission Control Protocol/Internet Protocol) wurde so erweitert, dass zeitkritische EA-Daten übertragbar sind. Ein PROFINET-Gerät besitzt einen Anschluss für IE, zusätzlich oft auch einen Anschluss für den PROFIBUS. Es besteht aus Steckplätzen, in die Module mit Kanälen zum Einlesen und Ausgeben von Prozesssignalen gesteckt werden können. Man unterscheidet PROFINET IO und PROFINET CbA. www.siemens.de	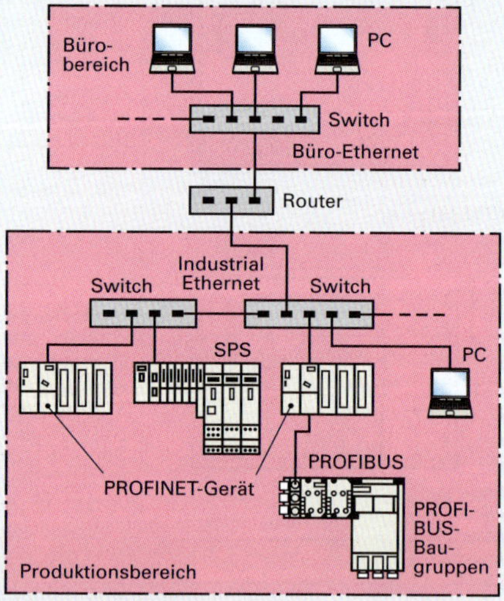
PROFINET IO (process field net input output)	PROFINET IO ermöglicht das Anschließen von Feldgeräten an Ethernet. Die Feldgeräte (IO-Device) sind einer Steuerung (SPS, IO-Controller) zugeordnet. Sie übertragen zyklisch ihre Nutzdaten als Prozessabbild zur Steuerung.	
PROFINET CbA (process field net component based automation)	PROFINET CbA findet Anwendung beim Anschluss von programmierbaren Feldgeräten und Automatisierungsgeräten. Die für eine verteilte Automatisierungslösung benötigten Funktionen werden modular programmiert und als Komponenten (Module) ausgeführt.	**Beispiel für PROFINET** Mittels der Protokollerweiterung PROFIsafe sind zusammen mit Sicherheitskomponenten Sicherheitsfunktionen möglich, z. B. NOT-AUS.
Projektierung	Die Projektierung einer Automatisierungsanlage erfolgt z. B. über SIMATIC/STEP 7. Dabei wird das Anwendungsprogramm erstellt und den Geräten werden z. B. Gerätename, PROFIBUS-Adresse oder IP-Adresse und Ethernet-Subnetz zugeordnet.	Bei PROFINET IO müssen die Kommunikationsverbindungen der Geräte mit ihren MAC-Adressen (Media Access Control, Geräte-Identifikation ab Werk) programmiert, bei PROFINET CbA hingegen können sie grafisch durch Verschaltungslinien markiert werden.

Anbindung über IO-Link Connection via IO-Link DIN IEC 61131-9

Merkmal	Eigenschaft	Bemerkungen
Aufgabe	Sensoren, Aktoren müssen in Automatisierungsanlagen mit übergeordneten Computern (Industrie-PC, SPS) über geeignete Schnittstellen kommunizieren. Dies kann über einen Feldbus erfolgen oder, wie nachfolgend beschrieben, über IO-Link. www.siemens.com	Mit Sensoren, Aktoren, die einen Microcontroller besitzen, können nicht nur Prozesswerte, z. B. Distanzwerte, ausgetauscht, sondern z. B. auch Diagnosedaten (z. B. Überlast), Ereignisdaten (z. B. Kurzschluss) ausgewertet werden. Hierzu ist eine entsprechende Kommunikation (Input, Output, IO) erforderlich.
Mastermodul IO-Link-Master Busteilnehmer	Die Verbindung der Sensoren, Aktoren mit dem übergeordneten Computer erfolgt über den IO-Link-Master oder über mit diesem verbundene IO-Link-Module und Funktionsmodule. Der IO-Link-Master besitzt mehrere IO-Link-Anschlüsse (Ports, Kanäle, 5-polige M12-Buchsen). Die an ihn angeschlossenen IO-Link-Geräte können vom Master zeitlich unterschiedlich angesprochen werden. Der Master kann ein Busteilnehmer, z. B. im PROFINET, AS-i-Bus, oder Teil eines IO-Systems sein, das mit einem (Feld-)Bus verbunden ist, z. B. des dezentralen IO-Systems ET 200SP.	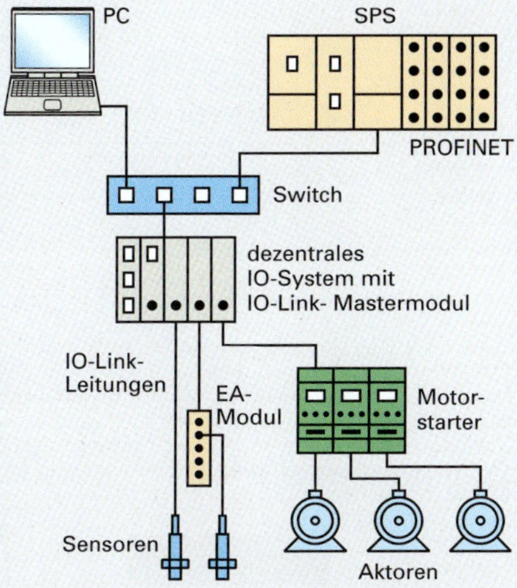
Sensorsignalverarbeitung IO-Link-Modul	IO-Link-Module bieten Anschluss für binäre Sensoren mit den Funktionen Öffner, Schließer (M8-, M12-Anschlüsse). Teilweise sind auch analoge Sensoren anschließbar. Sensoren mit IO-Link-Schnittstelle sind verfügbar aus Umfeld optoelektronische Sensoren, Näherungssensoren, Drucksensoren, Wegmessungssensoren. www.ifm.com, www.pepperl-fuchs.com, www.balluff.com, www.leuze-electronic.com,www.wenglor.com	**Anschluss von Sensoren, Aktoren über IO-Link**
Aktoransteuerungen, Funktionsmodule	Funktionsmodule dienen zum Aufstecken von Schützen, sodass diese dadurch mit dem IO-Link-Master verbunden werden können. Somit ist auch ein Schalten von Motoren über Leistungsschütze möglich.	Motorstarter, Überlastrelais für den Überlastschutz von Motoren, Überwachungsrelais für elektrische und mechanische Größen bzgl. Störungsüberwachung sowie Ventile sind ebenfalls in IO-Link-Systeme integrierbar.
Schnittstelle Betriebsarten	IO-Link ist eine serielle, bidirektionale Punkt-zu-Punkt-Verbindung für Signalübertragung und Energieversorgung über ungeschirmte Leitung mit drei bis fünf Leitern. Ports des Masters einstellbar für Kommunikation, Digitaleingang, Digitalausgang. Datenübertragungsraten 4,8 kBit/s, 38,4 kBit/s, 230 kBit/s. Max. Leitungslänge zu Master 20 m. Zweimalige Wiederholung der Datenübertragung im Fehlerfall. Übertragen werden Prozessdaten, Statusdaten (gültig/ungültig), Gerätedaten (Parameter, Diagnosedaten), Ereignisdaten (Fehlermeldungen).	Die Sensoren besitzen 4-polige Stecker, die Aktoren 5-polige Stecker. Anschlussbelegung Pin 1 für 24 V, Pin 3 für 0 V, Pin 4 als Schalt- und Kommunikationsleitung. In der Betriebsart "IO-Link" befindet sich der Port Pin 4 in der IO-Link-Kommunikation. In der Betriebsart "DI" verhält sich Port Pin 4 wie ein Digitaleingang, in der Betriebsart "DQ" wie ein Digitalausgang. In der Betriebsart "Deaktiviert" können herstellerspezifisch die unbenutzten Ports Pin 2, Pin5 verwendet werden.
Konfiguration	Das Einbinden der Sensoren, Aktoren, IO-Link-Module, Funktionsmodule in das IO-Link-System erfolgt über ein PC-Konfigurationstool, z. B. S7-PCT. Hierzu sind diese Geräte den Ports des IO-Link-Masters zuzuordnen und diesen Ports Adressen im Adressbereich des IO-Link-Masters.	Das Konfigurationstool besitzt einen Gerätekatalog zur Auswahl der in das IO-Linksystem einzubindenden Geräte. Auch der IO-Link-Master muss mittels Konfigurationstool parametriert werden, z. B. Einstellen der Anschlüsse auf Eingang/Ausgang oder bzgl. einer PROFINET-Anbindung durch entsprechende Adresszuweisung.

CAN-Bus[1]

Frame-Format

Kennfeld	Erklärung	Kennfeld	Erklärung
Beginn des Datenübertragungsblocks (Start of Frame)	Das Startbit markiert den Beginn einer Botschaft und synchronisiert alle Stationen.	Fehlererkennungs-Feld (CRC Field)	Dieses CRC-Feld[2] enthält das Rahmensicherungswort zur Erkennung von Störungen.
Entscheidungsfeld (Arbitration Field)	Das Arbitration Field stellt fest, wer senden darf.	Rückmelderate (Ack Field)	Enthält die Bestätigungssignale aller Teilnehmer, dass die Botschaft fehlerfrei empfangen wurde (Ack von Acknowledge).
Kontrollfeld (Control Field)	Das Control Field enthält die Anzahl der Datenbytes, die im Datenfeld folgen werden.	Ende des Datenübertragungsblocks (End of Frame)	End of Frame markiert das Ende der Botschaft.
Datenfeld (Data Field)	Im Datenbereich werden zwischen 0 Byte und 8 Bytes übertragen.	Zwangspause (Intermission)	Erfolgt nach der Zwangspause kein Buszugriff, so bleibt der *Bus in Ruhe* (Bus idle).

Der CAN-Bus wird oft als robuster Datenbus im industriellen Bereich eingesetzt. Er überträgt die Daten mit Hilfe von zwei Datenleitungen, die miteinander verdrillt oder durch eine Ummantelung abgeschirmt sind.

Beim CAN-Bus sind mehrere Teilnehmer als gleichberechtigte Stationen verbunden. Dabei ist die Adressierung der Daten *botschaftsbezogen*. Somit empfängt jede Station alle Daten, überprüft ob die Daten für sie relevant sind und speichert sie dann gegebenenfalls ab. Herrscht kein Datenverkehr, können alle Stationen senden. Wollen mehrere Stationen Daten gleichzeitig senden, so werden die einzelnen Stationen anhand einer Prioritätenliste abgearbeitet. Stationen mit einer hohen Priorität (wichtige Daten) bekommen zuerst Zugriff auf den Bus.
Die Übertragungsgeschwindigkeit ist abhängig von der Leitungslänge und reicht von 1 Mbit/s (bei 40 m) bis zu 50 kbit/s (bei 1000 m).

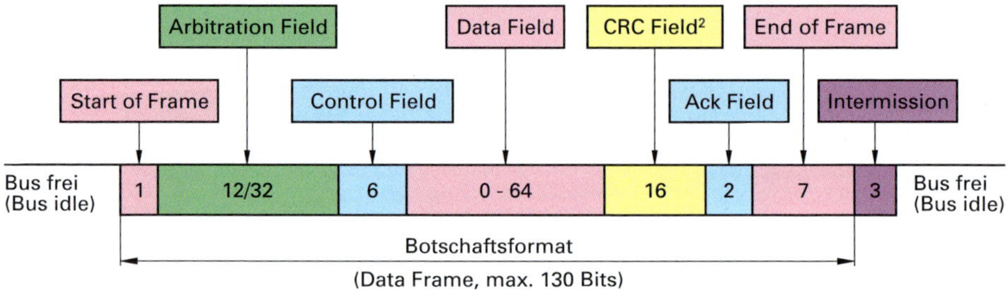

Datenübertragungseinheit bei CAN

Datenbusse in Kraftfahrzeugen

Benennung	Übertragungsgeschwindigkeit	Anwendungsbeispiele
Multiplex (Low-Speed-CAN[1])	10 kbit/s bis 125 kbit/s	Steuerung von Klimaanlagen, Sitzverstellungen, Zentralverriegelungen.
CAN-Bus[2] (High Speed CAN)	125 kbit/s bis 1 Mbit/s	Motorsteuerung von PKW, Antischlupfregelung ASR.
D2B-Optical Bus[3] (Lichtwellenleiter)	bis 5,6 Mbit/s	Kommunikationssysteme wie Internet, Telefon oder Video.
MOST-System[4] (Lichtwellenleiter)	über 20 Mbit/s	Informations- und Navigationssysteme.

[1] CAN von Controller Area Network
[2] CRC von Cyclic Redundancy Check
[3] D2B von Domestic Data Bus, Digital Data Bus
[4] MOST von Multimedia Oriented System Transport

D

Sicherheits-Bussysteme Safety Bus Systems

Merkmal	Erklärung	Bemerkungen
Aufgabe	Automatisierte Anlagen besitzen Feldbusse, über welche Sensoren, Aktoren angesteuert werden. Das Ansteuern, Überwachen sicherheitsrelevanter Komponenten mittels Feldbussen erfordert fehlersichere Kommunikation.	Durch Übertragen sicherheitsrelevanter Signale über den bereits vorhandenen Feldbus einer Anlage können durch Verzicht auf zusätzlichen Sicherheitsbus Kosten vermieden werden. Von Vorteil auch bei Anlagen-Modernisierungen.
PROFIsafe		
Funktion F-Produkte	Kommunikation mit fehlersicheren Produkten (F-Produkte) mittels PROFIsafe-Protokoll, d. h. diese müssen das PROFIsafe-Protokoll verstehen. Wird über die PROFIBUS-Leitungen, PROFINET-Leitungen übertragen. www.profisafe.net; www.siemens.com	F-Produkte sind F-SPS, F-Motorstarter für Drehstromverbraucher, F-Eingänge/Ausgänge (F-EA). Damit ist z.B. Kommunikation mit Lichtvorhängen oder mit sicherheitsrelevanten Geräten für NOT-HALT, NOT-AUS, Schutztürüberwachung möglich.
Protokoll Time Out	Datenübertragungsfehler dürfen bei der Kommunikation mit sicherheitsrelevanten Komponenten nicht auftreten. Das PROFIsafe-Protokoll ermöglicht hierzu Maßnahmen der Überprüfung: übertragene Datenblöcke werden nummeriert, Senden/Empfangen erfolgt mittels Zeitüberwachung/Quittierung, Sender/Empfänger arbeiten zur eindeutigen Kennung mit Losungswort, Datensicherung über CRC-Prüfwert (cyclic redundancy check).	Im Fehlerfall erfolgt z. B. fehlersichere Abschaltung. Die Datenblocknummern ermöglichen das Prüfen auf vollständiges Empfangen, die Zeitüberwachung (Time Out) das Prüfen auf Reaktionszeiten, das Losungswort das Prüfen auf fehlgeleitete Datenblöcke. Die CRC-Prüfung stellt durch Berechnung eines Prüfwertes vor dem Senden und nach dem Empfangen die Richtigkeit der übertragenen Nutzdaten sicher.
Projektierung TIA-Portal	Parametrierung, Diagnose von PROFIsafe-fähigen Komponenten erfolgt am PC, der z. B. über PROFIBUS, PROFINET mit den Komponenten vernetzt ist. Mittels Software, z. B. TIA-Portal (Totally Integrated Automation), und den von den Komponentenherstellern erhältlichen Komponentenstammdaten sind die Parameter für Bearbeitungszeiten/Reaktionszeiten der Sensoren, Aktoren mit Werten zu versehen. Somit sind die Reaktionszeiten der gesamten Sicherheitskette berechenbar.	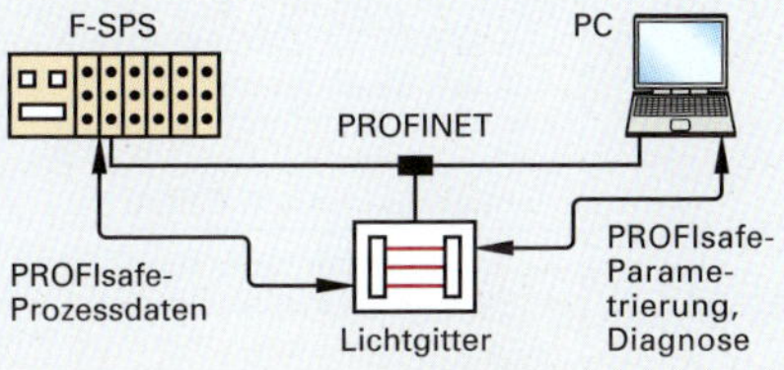 **Projektierung PROFIsafe**
AS-i-Safe		
Funktion Gateway	Integration von sicherheitsrelevanten Geräten (Sicherheits-Slaves) wie NOT-HALT, NOT-AUS, Schutztür-Schalter oder Sicherheits-Lichtgitter direkt in den AS-i-Bus. Sogenannter Sicherheitsmonitor kommuniziert über AS-i-Bus mit den Sicherheits-Slaves. Kann auch als Gateway PROFIBUS/PROFINET mit AS-i-Bus verbinden. Dadurch kann mit dezentralen EA über zwei Netzwerke kommuniziert werden.	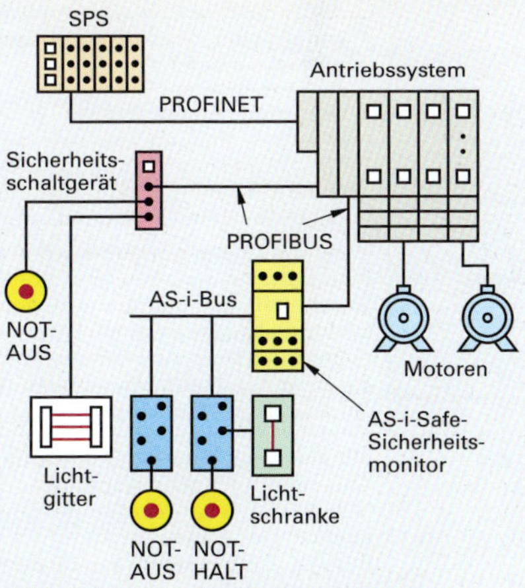 **Sicherheits-Komponenten an PROFINET gekoppelt mit AS-i-Bus, PROFIBUS**
Sicherheitsmonitor SM Freigabekreis Rückführkreis	Ihm sind die Sicherheits-Slaves über Parameterwerte bei Inbetriebnahme bekannt zu machen. Die Slaves besitzen eine Codetabelle, deren Inhalt vom SM beim Kommunizieren geprüft wird. Bei Abweichungen, Zeitüberschreitungen erfolgt über den SM die sichere Abschaltung über 2-kanalig ausgeführte Freigabekreise (Stromkreise zur Ansteuerung der Sicherheits-Slaves). Der SM wertet zum Steuern der Freigabekreise die Eingangssignale der Sicherheits-Slaves und die Signale aus dem Rückführkreis (Stromkreis zur Überwachung der angesteuerten Schütze) aus.	

D

Internet und seine Dienste Internet and it's Services

Begriff	Erklärung	Bemerkungen
Internet Web-Server IP-Adresse DNS	Das Internet (von Interconnected Networks) ist ein weltweites Computernetzwerk, über welches die Anwender von ihren Computern aus auf andere an dieses Netz (Web) angeschlossene Computer, meist Web-Server, zugreifen und dabei Daten austauschen können. Jeder Computer im Netz besitzt eine eindeutige IP-Adresse (Internet-Protokoll). Die IP-Adressen werden von Internet-Einwahldiensten (Providern), z.B. Telekom, dynamisch bei jeder Einwahl ins Internet oder einmal statisch durch einen Registrar, z.B. RIPE, für Web-Server von Unternemen/Organisationen vergeben. In einem Domain-Name-System (DNS) wird den IP-Adressen ein sprechender Name, z.B. microsoft.com, zugewiesen (Adressenübersetzer). www.wieistmeineip.de; www.ripe.net	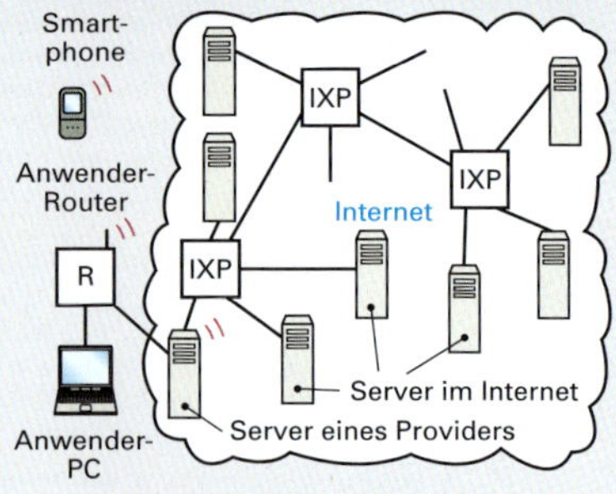 **Computerverbund im Internet**
Infra-struktur IXP Router	Auf Anwenderseite werden zur Internetnutzung alle Arten von PC sowie Smartphones verwendet. Über z.B. Router im Netz (Vermittlungscomputer, Internet Exchange Points IXP) erfolgt die Vernetzung aller Internet-Computer. Die Anwender-PC können mittels Leitung (Kupfer, Glasfasern) oder wireless (drahtlos) mit einem Router in ihrer Nähe verbunden werden, die Smartphones wireless mit so einem Router oder mit direkter Internet-Einwahl bei einem Provider.	Die Internet-Server von Unternehmen/Organisationen sind über Firewalls (Computer mit Filterwirkung) mit den internen Netzen der Unternehmens-/Organisationen verbunden, sodass die internen Netze von außen (Internet) nicht zugänglich sind. www.bullguard.com
Browser Formate Applets	Ist eine Software zum Anzeigen von Webseiten sowie zum interaktiven Kommunizieren über diese mit den Web-Servern. Die Webseiten-Inhalte werden über Datenformate wie z.B. HTML, XML, JPEG und auch kleine Java-, PHP-Programme (Applets) dargestellt und bearbeitet.	Bekannte Browser sind Internet-Explorer, Google Chrome, Firefox, Safari. Durch Eingabe einer www-Adresse (Word Wide Web) nach Aufruf eines Browsers können die Server von Unternehmen, Organisationen angewählt werden.
Kommuni-kation Blogs Chats	Kommunikation über das Internet erfolgt mittels • E-Mails (elektronische Post) an ausgewählte Partner, • Blogs oder Foren, also Diskussions-, Informationsplattformen zu bestimmten Themen, z.B. SPS-Forum, Twitter, oft mit unbekannten Teilnehmern (www.sps-forum.de, www.twitter.com), • Chats (Chatrooms) zum online-Datenaustausch mit gerade im Chat anwesenden, bekannten Personen oder Personengruppen, z.B. Facebook, www.facebook.com.	Zur E-Mail-Kommunikation benötigt man ein Konto (Account, Berechtigung) auf einem Internetserver eines Providers oder Unternehmens mit diesem Dienst. Anwahl z.B. über www.aol.com. Bei Blogs, Foren, Chats muss man sich registrieren, meist kostenfrei. Anwahl über entsprechende www-Adresse. In Blogs, Foren erhält man im Gegensatz zum Chat nicht sofort eine Antwort auf eine Frage. Twitter, Facebook sind soziale Netzwerke.
Anwen-dungen Web-Portal	Bedeutende Anwendungen außerhalb der Kommunikation sind im Internet: Suchen/Finden, Einkaufen, Planen von Straßen-Routen, Downloads von Software, Filmen, Musik, Dokumenten, Apps (von application, kleine Softwareanwendungen). Derartige Anwendungen werden insbesondere von Web-Portalen spezialisierter Softwareunternehmen angeboten, die damit meist auch die genannten Kommunikationsmöglichkeiten anbieten. Jedoch bieten auch Unternehmen, deren Kerngeschäft nicht die IT ist, für ihre Produkte unter ihrer Web-Adresse vergleichbare Anwendungen an.	Suchen/Finden im Internet siehe folgende Seite. Bekannte Einkaufsportale sind www.ebay.de, www.amazon.de. Für Musikdownloads sind bekannt www.musicload.de, iTunes bei www.apple.com. Bekannte Videoportale sind www.clipfish.de und www.you-tube.de. Tickets für Bahn und Flugzeug sind über die Portale der Anbieter (www.bahn.de, www.lufthansa.de) beziehbar.
Cloud Compu-ting Saas	Mittels Cloud Computing (cloud = Wolke) werden Anwendern Rechenkapazität, Speicherkapazität, Netzwerke und Anwendungen zur Verfügung gestellt. Der Anwender kümmert sich nicht um den Betrieb. Dies erledigt ein Dienstleister. Die Anbindung an diese „gemietete" Computerwelt „in der Wolke" erfolgt z.B. mittels Internet. Cloud-Anwendungen sind z.B. E-Mail, Office bei einem Provider (Software as a Service, Saas).	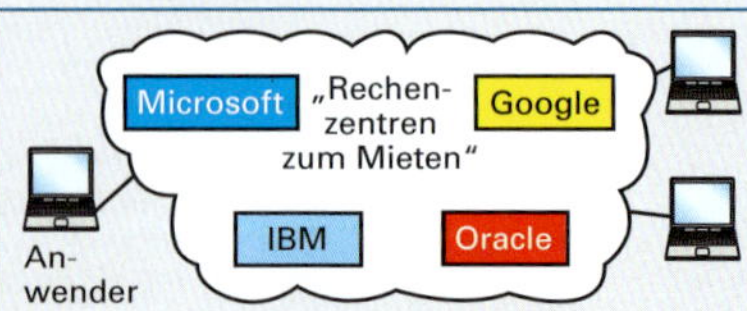 **Cloud Computing**

D

IT-Ausstattung eines Servicemitarbeiters
IT-Equiqment of a Maintenance Employee

Komponente	Erklärung	Bemerkungen, Daten
Notebook, Laptop	Tragbarer PC, Spannungsversorgung über Netz oder Akku. Installierte Anwendungsprogramme auf dem Notebook sowie auf den Servern, mit denen kommuniziert werden soll, legen den Funktionsumfang fest. Kommunikation mit Internet oder direkt mit externen Unternehmens-Servern erfordert Modemanbindung, Kopplung mit Handy/Smartphone oder Internet-USB-Stick.	DVD-Laufwerk, 8 GB RAM, 1 TB Festplatte, USB-Schnittstellen, RS-232-Schnittstelle, RJ-45-Buchse für Ethernet-Anbindung, RJ-12-Buchse für Anbindung an meist integriertes analoges Modem, Wireless-LAN-Schnittstelle, Steckplatz für PCMCIA. Notebook-Gewicht etwa 2,5 kg. Mittels Notebook werden Inbetriebnahmen und Erweiterungen von Steuerungsanlagen durchgeführt, z. B. PROFIBUS-/PROFINET-Systeme mit SPS.
Handy, Smartphone Internet-USB-Stick	Internet-Kommunikation möglich. Kommunikation Handy/-Smartphone zu Notebook über Schnittstelle WLAN (Wireless LAN) oder USB.	Sofern kein fester Telefonanschluss oder Netzwerkanschluss verfügbar ist, kann die Verbindung zum Internet-Provider oder zum Remote-Access-Server des Unternehmens über Smartphone oder einen Internet-USB-Stick (UMTS) hergestellt werden.
USB-Adapter	USB-Adapter gibt es für Schnittstellen z. B. RS-232, RS-485, eSATA.	Über diese Adapter kann die Kommunikation vom Notebook zu verschiedenen IT-Geräten aufgebaut werden.
Teleadapter	Stecker zum Einbringen in die Telefonbuchse an der Wand. Genannt auch Tele-Dapter, Duplex-Modem-Adapter.	Jedes Land besitzt seine eigenen Adapter. Vor Reiseantritt sind diesbezüglich Informationen einzuholen.
Anschlüsse ISDN/DSL Modem	Am Notebook vorhanden. Auch Wireless-Verbindung im Notebook verfügbar. Zugangserlaubnis zu TK-Anlage oder Unternehmensnetzwerk ist zu klären.	Ermöglichen den Anschluss an eine Tk-Anlage mit ISDN/DSL oder Unternehmensnetzwerk.
Adapter Spannungsversorgung	Stecker zum Einbringen in die Wandbuchsen der Netz-Spannungsversorgung.	Jedes Land besitzt seine eigenen Adapter. Vor Reiseantritt sind diesbezüglich Informationen einzuholen.
Sonstige Komponenten	Ersatz-Akku, Memory-Stick mit USB-Schnittstelle zur externen Datenspeicherung, USB-Internet-Stick.	Ersatz-Akku im Handgepäck sinnvoll, da der Akku nach ein bis zwei Stunden Arbeit entladen ist. In Maschinenanlagen ist vom Hersteller oft ein Wireless-LAN-Router integriert, über den zu Servicezwecken eine Verbindung zu den Anlagencomputern hergestellt werden kann.

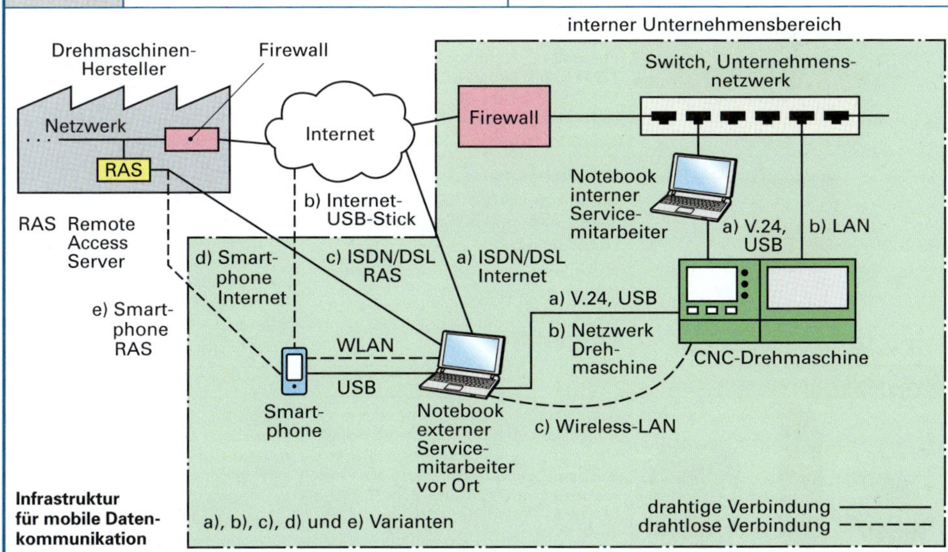

Infrastruktur für mobile Datenkommunikation

D

Elektronik-Werkzeuge Tools in Electronics

Art	Werkzeug	Anwendung
Werkzeuge		
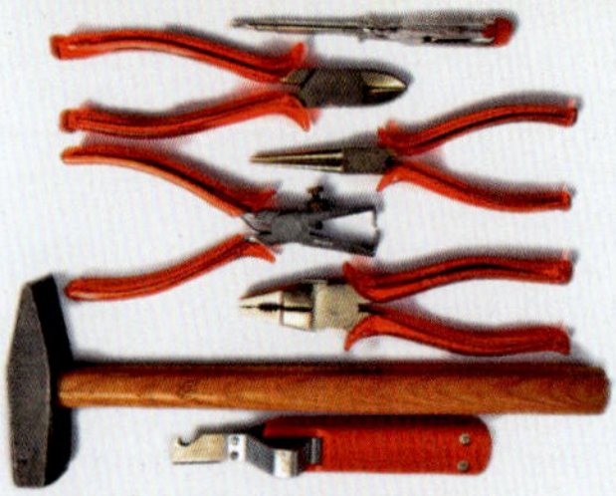 **Handwerkzeuge**	Werkzeugkoffergrundausstattung: VDE-Schraubendrehersatz, Innensechskantschlüsselsatz, Schlosserhammer, Wasserpumpenzange, Seitenschneider, Kombizange, Rundzange, Abisolierzange, Quetschzange für Aderendhülsen, Gabelschlüsselsatz, Gliedermaßstab, Lötkolben mit Wechselspitzen, Kabelschere, Kabelmesser, Schutzbrille, Schutzhandschuhe.	Öffnen und Schließen von Gehäusen und Geräten, Montagen und Demontagen, Reparaturen, Störungsbeseitigungen, Zurichten von Kunststoffmantelleitungen, Leitungsinstallationen. www.boersch-werkzeuge.de www.wiha.com www.werkzeugkoffer-shop.de
 **RJ-Crimpzange**	Crimpzange für Western-Stecker RJ10, RJ11, RJ12, RJ45 und DEC bzw. MMP. Hinweis: bei verschiedenen Herstellern wie Telegärtner, Hirose sind für RJ45-Stecker jeweils spezielle Crimpwerkzeuge nötig. www.knipex.de	Anschließen von RJ-Steckern aller Art für Netzwerk- und Telefonleitungen DSL, ISDN und analog. Leitung abmanteln, RJ-Stecker in die Zange einstecken, Adern in RJ einführen, crimpen. Bei einigen Steckern sind die Adern zuvor in einen Fädelkamm einzuführen.
 **Auflegewerkzeug**	LSA[1]-Auflegewerkzeug zur Schneidklemmenbefestigung in Verteilschränken, Patchfeldern und Anschlussdosen. [1]LSA = **L**öt-, **S**chraub- und **A**bisolierfreie Technik. www.pollin.de	Leitung abmanteln, Adern in Kerbe einlegen, Auflegewerkzeug ansetzen und durchdrücken. Max. Draht-∅ 0,8 mm, bis ∅ 0,6 mm können zwei Drähte in einem Anschluss aufgelegt werden.
Mess- und Prüfgeräte		
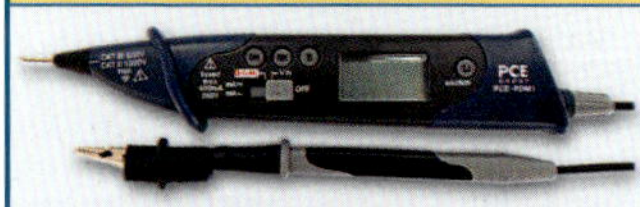 **Digitales Stiftmultimeter**	Digitales Stiftmultimeter: Maximale Eingangsspannung: AC und DC 1000 V, Eingangswiderstand: 10 MΩ, maximaler Eingangsstrom: AC und DC 400 mA. Diodentestspannung 3,4 V.	Messen von Strom und Spannung (AC und DC), Widerstandsmessung, Durchgangsprüfung, Diodentest. www.pce-group-europe.com
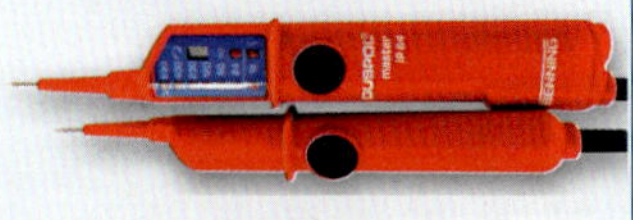 **Spannungsprüfer**	Zweipoliger Spannungsprüfer mit optischer Anzeige ohne eigene Energiequelle. Nennspannungsbereich: AC 12 V bis 690 V, DC 12 V bis 750 V. Maximal zulässige Einschaltdauer (ED) 30 s. www.benning.de	Prüfung von Wechselspannungen, Polaritätsprüfung bei Gleichspannung. Phasenprüfung bei Wechselspannung oder Anzeige der Drehfeldrichtung bei 3 AC. Kapazitive Erdung über Handgriffe und Benutzer.
 **Leitungs- und Netzwerk-Tester**	Netzwerk-Tester: Mit RJ 45-, RJ 22-, RJ 11-, Firewire 1394-, USB- und BNC-Steckern. Leitungstester: Nicht in spannungführenden Stromkreisen benutzen! www.myvolt.de www.reichelt.de	Netzwerk-Tester: Für die Prüfung von geschirmten Patchkabeln. Leitungstester: Durchgangsprüfung von Adern und Aderpaaren, Prüfung von Cross-Over-Schaltungen, Kurzschlussprüfung. Fehlersuche bei beschädigten Leitungen. Adapterüberprüfungen.
Verbrauchsmaterialien		
	Isolierband, Lötzinn, Kontaktspray, Kältespray, Kabelbinder, Aderendhülsen, gängige Klemmen und Stecker, Buchsen, Leitungsstücke, Satz Feinsicherungen 5x20 und 5,3x32 träge bis flink, Putztücher, Reiniger, Klebstoff, Klebeband und Markierstifte.	Reparatur kleinerer Schäden, Austausch defekter Sicherungen, reinigen, gängig machen, schmieren, verbinden und isolieren von Leitungen und Steckverbindern. www.conrad.de

Bildzeichen für numerisch gesteuerte Werkzeugmaschinen
Graphical Symbols for NC-Machines

Bildzeichen	Bezeichnung	Bildzeichen	Bezeichnung	Bildzeichen	Bezeichnung
Grundbildzeichen					vgl. DIN 55003-3
	**Datenträger**		**Satz** Für Funktionen, die mit einem Programm-Satz in Zusammenhang stehen.		**Speicher** Bildzeichen für Daten, Komponenten oder Werkzeuge
	**Funktionspfeil** Es wird grundsätzlich bei Bildzeichen verwendet, die Maschinenfunktionen darstellen.	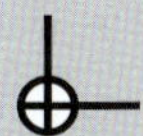	**Bezugspunkt** (Ursprung) Für Funktionen, die sich auf den Bezugspunkt beziehen.		**Wechsel** Zur Darstellung von Wechselfunktionen, z. B. Werkzeugwechsel
	**Korrektur** (Verschiebung)		**Ändern** Zur Darstellung von Änderungsfunktionen, z. B. Einfügen oder Ändern von Programmteilen.	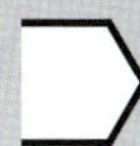	**Programm ohne Maschinenfunktionen** Zur Anzeige der Funktionsweise des Systems

In der NC-Steuerungstechnik werden die Grundbildzeichen wiederholt und kombiniert angewendet. Sie bilden die Grundlage der angewandten Bildzeichen.

Bildzeichen	Bezeichnung	Bildzeichen	Bezeichnung	Bildzeichen	Bezeichnung
Angewandte Bildzeichen					
	**Vorwärts kontinuierlich** alle Daten lesen; ohne Maschinenfunktionen		**Datenausgabe aus einem Speicher**		**Werkzeug-Korrektur** für nicht drehendes Werkzeug
	**Vorwärts kontinuierlich** alle Daten lesen; mit Maschinenfunktionen		**Daten im Speicher ändern**	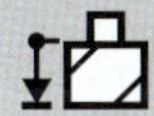	**Werkzeug-Längenkorrektur** für drehendes Werkzeug
	**Vorwärts satzweise** alle Daten lesen; mit Maschinenfunktionen	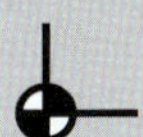	**Referenzpunkt** Schlittenposition bezogen auf einen bekannten Bezugspunkt		**Kontur wieder anfahren** z. B. nach dem Auswechseln eines beschädigten Werkzeuges
	**Handeingabe**		**Reset** Bearbeitung des aktuellen Programms abbrechen, Alarm löschen	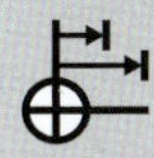	**Absolute Maßangaben** Koordinaten-Maß-Befehl, z. B. Bezugsmaße
	**Programm ändern**		**JOG** Betriebsart „JOG" wählen	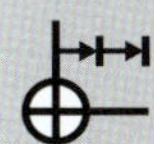	**Inkrementale Maßangaben,** vom Bezugspunkt ausgehend
	**Programmierter Halt**		**Cycle Start** Taste für NC-Start	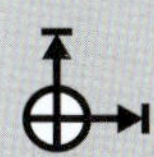	**Nullpunkt-Verschiebung**
	**Programm-Speicher**		**Feed Stop** Bearbeitung des laufenden Programms stoppen, Achsantriebe stillsetzen	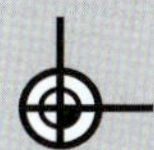	**Werkstück-Nullpunkt** Ursprung der Programmierung
	**Dateneingabe in einen Speicher**		**Rapid** Achse im Eilgang verfahren bei gedrückter Richtungstaste		**Maschinen-Nullpunkt** Ursprung des Maschinen-Koordinaten-Systems

D

Struktur der Numerischen Steuerung
Structure of the Numeric Control

Modul	Erklärung	Darstellung, Bemerkungen
CNC	Computerized Numeric Control. Computerunterstützte Steuerung von Arbeitsmaschinen, z.B. Werkzeugmaschinen, Messmaschinen, Robotern. Besteht aus Bedienfeld mit PC und speziellen steckbaren Computerkarten bzw. Modulen.	Die notwendigen Verfahrwege z.B. der Werkzeuge einer Werkzeugmaschine zum Herstellen einer Werkstückkontur werden in einem NC-Programm beschrieben (programmiert). Dieses wird von der CNC ausgewertet. Die Antriebe der Achsen der Werkzeugmaschine werden dann entsprechend angesteuert.
Hardwarebaugruppen	Die Hardware einer CNC ist entsprechend ihrer Funktionssoftware modular gegliedert. Funktionserweiterungen erfolgen z.T. durch Stecken neuer Hardwarebaugruppen, z.B. für Ansteuern weiterer Achsantriebe.	www. automation.siemens.com/mc
Mensch-Maschine-Kommunikation (MMC, HMC)	Bedienfeld (Bedientafel). Ermöglicht Eingaben durch den Bediener einschließlich der Anwahl der Betriebsart sowie die Anzeige von z.B. NC-Programmen, Werkzeuginformationen, Maschineninformationen, Fehlermeldungen, Alarmmeldungen.	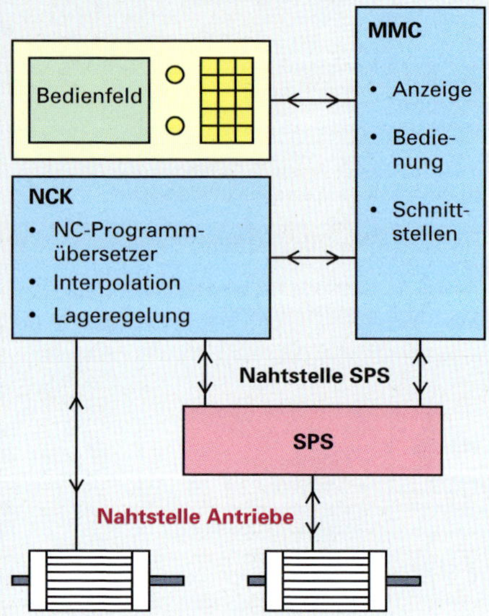 **Struktur einer CNC**
Nahtstellen NC-Kern, SPS	Über die Nahtstelle (Schnittstelle) zum NC-Kern (NCK) werden insbesondere die NC-Programmdaten und Werkzeugkorrekturdaten bereitgestellt, über die Nahtstelle zur SPS die Maschinendaten, Werkzeugkorrekturdaten, Magazindaten und Tastensignaldaten und umgekehrt dem Bedienfeld vom NC-Kern und der SPS die notwendigen Anzeigeinformationen.	
NC-Kern (NCK)	Umfasst den Interpreter (Übersetzer des NC-Programmes (NC-Programmsätze)), berechnet die Interpolationspunkte (Zwischenpunkte) zwischen den im NC-Programm programmierten Positionen der NC-Achsen und Spindeln und führt die Lageregelung zum Erreichen der programmierten Zielpositionen durch.	
Nahtstelle Antriebe	Über eine Nahtstelle zu den Antrieben werden diese berechneten Daten ausgegeben.	
Nahtstelle SPS	Über die Nahtstelle zur SPS werden die im NC-Programm programmierten Informationen bzgl. der auszuführenden Schaltfunktionen bereitgestellt. Ferner werden der SPS Werkzeugkorrekturdaten, Maschinendaten, allgemeine Parameterdaten (R-Parameter) bereitgestellt.	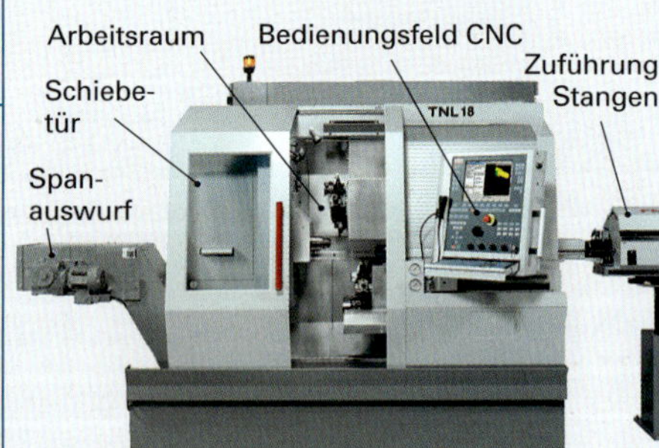
SPS (PLC)	Führt Schaltfunktionen aus, z.B. Ansteuerung der Kühlmittelzufuhr, Spannelemente, Werkzeugmagazine. Abläufe von Überwachungseinrichtungen werden gesteuert.	
Nahtstelle Antriebe	Über die Nahtstellen zu Spindelantrieb, Antrieben linearer Maschinenachsen und Rundachsenantrieb erfolgt das Bereitstellen der notwendigen Daten zu deren Ansteuerung, z.B. Nummer von Spindel oder Achse, Spindeldrehzahl, Spindeldrehrichtung, Achse im Sollbereich, Software-Endschalter erreicht, Handradanwahl, Vorschubsperre, Vorschubkorrektur (Override).	**Werkzeugmaschine mit CNC** www.indexwerke.de
Externe Schnittstellen	Eine CNC besitzt auch Schnittstellen zum Anschluss von IT-Peripheriegeräten, z.B. Datenspeicher, Drucker, Modems, sowie an Ethernet-Netzwerke, z.B. zur Anbindung an Server, CAD-Systeme.	Wegen des Anschlusses an ein Ethernet-Netzwerk kann eine CNC an einen Fertigungsleitrechner angeschlossen werden. Dadurch können NC-Programme, Betriebsdaten, z.B. gefertigte Stückzahlen, oder Störungsmeldungen, z.B. bei Ferndiagnose, übertragen werden (DNC, BDE, MDE).

D

Koordinaten bei CNC-Maschinen Coordinates at CNC Machines

Koordinatenachsen

vgl. DIN 66 217

Rechte-Hand-Regel

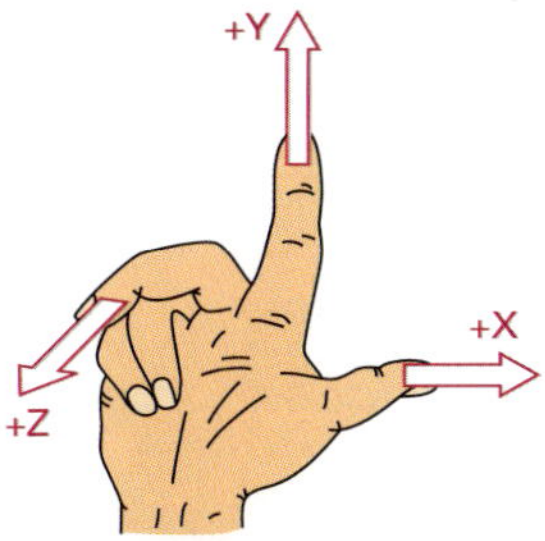

Kartesisches Koordinatensystem

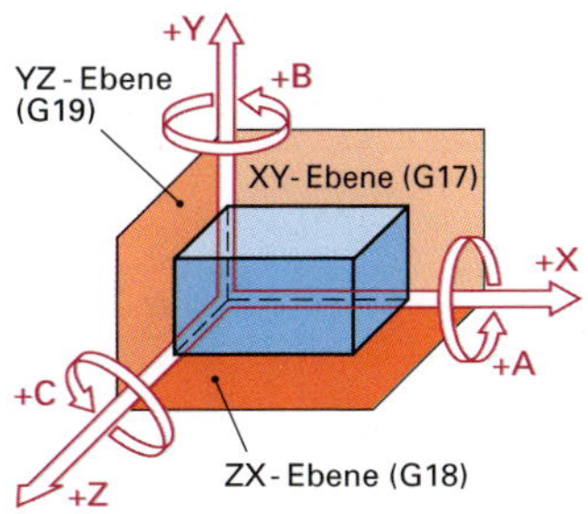

Die Koordinatenachsen X, Y und Z stehen senkrecht aufeinander.

Die Zuordnung kann durch Daumen, Zeigefinger und Mittelfinger der rechten Hand dargestellt werden.

Die Drehachsen A, B und C werden den Koordinatenachsen X, Y und Z zugewiesen.

Blickt man bei einer Achse vom Nullpunkt in positiver Richtung, so erfolgt die positive Drehung im Uhrzeigersinn.

Koordinatenachsen beim Programmieren

Senkrecht-Fräsmaschine

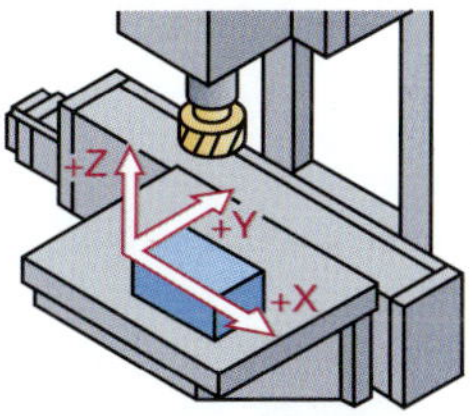

Waagrecht-Fräsmaschine

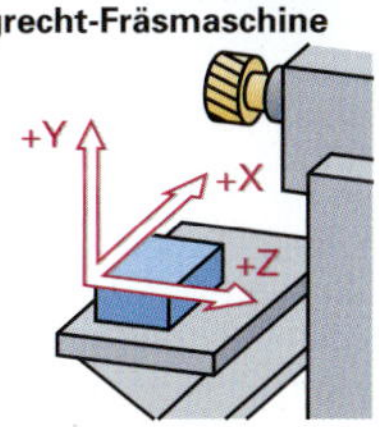

Drehmaschine

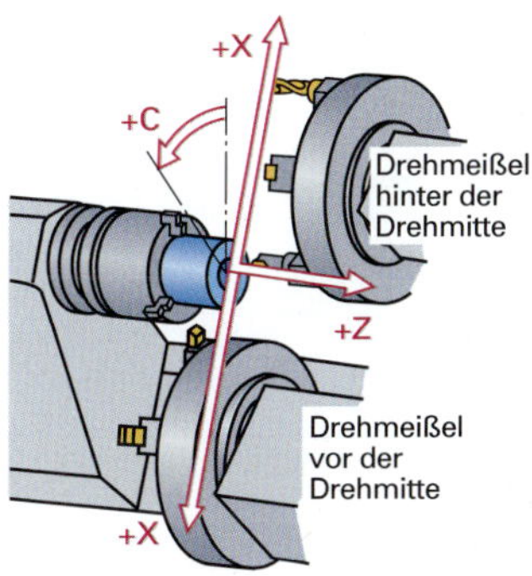

Beispiel:

2-Schlitten-Drehmaschine mit programmierbarer Hauptspindel

Die Koordinatenachsen und die daraus resultierenden Bewegungsrichtungen sind auf die Hauptführungsbahnen der CNC-Maschine ausgerichtet und beziehen sich grundsätzlich auf das aufgespannte Werkstück mit dessen Werkstücknullpunkt.

Positive Bewegungsrichtungen ergeben immer eine Vergrößerung der Koordinatenwerte am Werkstück.

Die Z-Achse verläuft immer in Richtung der Hauptspindel.

Um das Programmieren zu vereinfachen, nimmt man an, dass das Werkstück still steht und sich nur das Werkzeug bewegt.

Bezugspunkte

Fräsmaschine

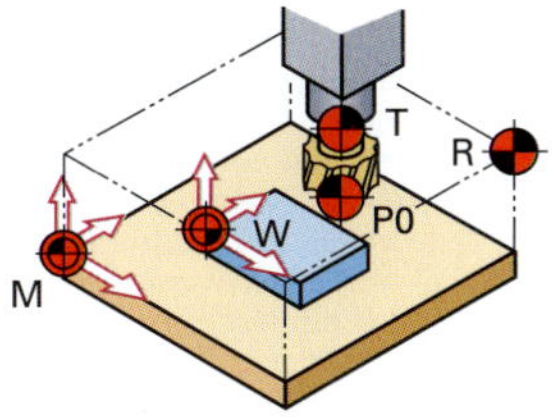

Drehmaschine

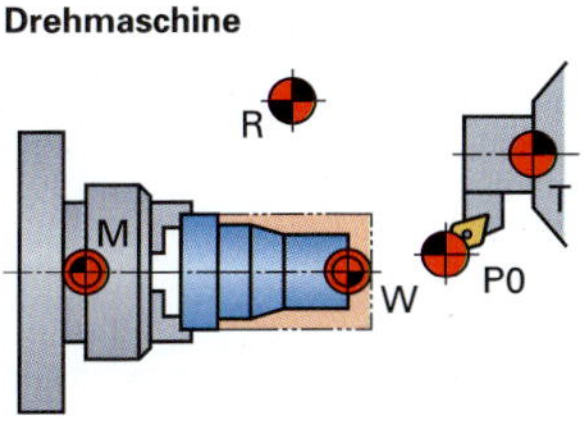

M 	**Maschinennullpunkt M** Ursprung des Maschinen-Koordinatensystems, wird vom Maschinenhersteller festgelegt.
P0 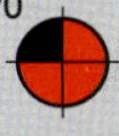	**Programmnullpunkt P0**[1] Gibt die Koordinaten des Punkts an, an dem sich das Werkzeug vor Beginn des Programmstarts befindet. [1] nicht genormt
R 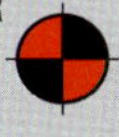	**Referenzpunkt R** Ursprung des inkrementalen Wegmesssystems mit vom Hersteller festgelegtem Abstand zum Maschinennullpunkt. Ist zur Eichung des Wegmesssystems in allen Maschinenachsen mit Werkzeugträger-Bezugspunkt T anzufahren.
T[1] 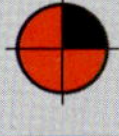	**Werkzeugträger-Bezugspunkt T** Liegt mittig auf der Anschlagfläche der Werkzeugaufnahme. Bei Fräsmaschinen ist dies die Spindelnase, bei Drehmaschinen die Anschlagfläche des Werkzeughalters am Revolver.
W 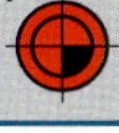	**Werkstücknullpunkt W** Ursprung des Werkstück-Koordinatensystems, wird vom Programmierer festgelegt.

D

Programmaufbau bei CNC-Maschinen 1 Program Structure of CNC Machines 1

Im Ausbildungsberuf Zerspanungsmechaniker wurden mit den Neuordnungen von 2004 und 2007 das **PAL-Programmiersystem Drehen und Fräsen** eng an die **DIN 66025** angepasst und diese integriert. Die Dreh- und Fräszyklen entsprechen dem heutigen Stand der CNC-Steuerungstechnik und sind bundesweit einheitlich. Grundlage der Programmierung ist ein **rechtsdrehendes**, dreidimensionales kartesisches XYZ-Koordinatensystem.
PAL = Prüfungsaufgaben- und Lehrmittelentwicklungsstelle.

Programmaufbau

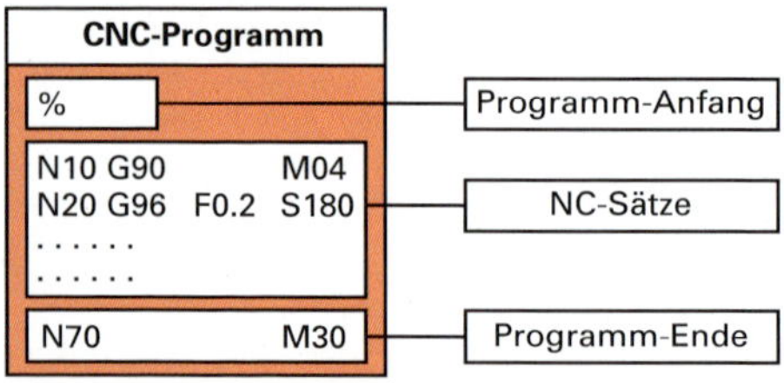

Beispiel:

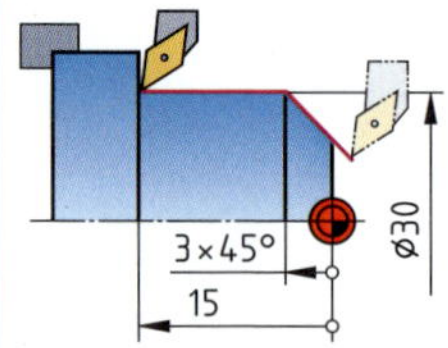

CNC-Programm		
% 01		
N10 G90		M04
N20 G96	F0.2	S180
N30 G00	X20	Z2
N40 G01	X30	Z-3
N50		Z-15
N60 G00	X200	Z200
N70		M30

Satzaufbau

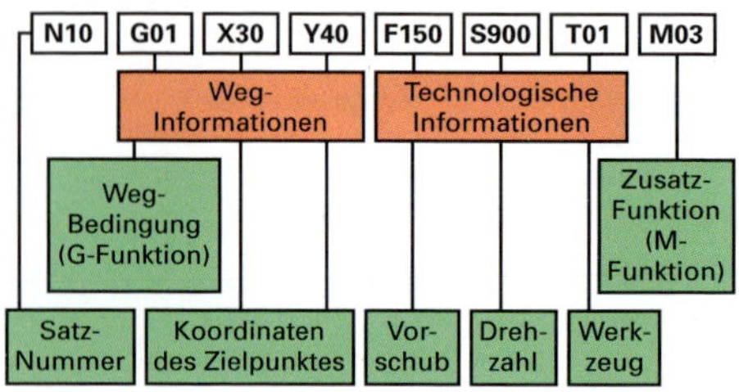

Erläuterung der Worte:

- N10 Satznummer 10
- G01 Vorschub, Geradeninterpolation
- X30 Koordinate des Zielpunktes in X-Richtung
- Y40 Koordinate des Zielpunktes in Y-Richtung
- F150 Vorschub 150 mm/min
- S900 Drehzahl der Hauptspindel 900/min
- T01 Werkzeug Nr. 1
- M03 Spindel im Uhrzeigersinn

Wortaufbau

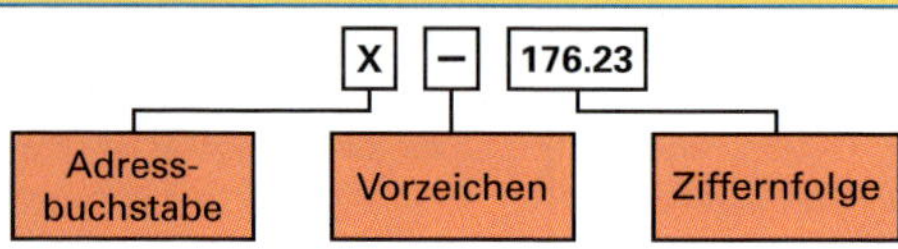

Ziffernfolgen ohne Vorzeichen sind positive.

Beispiele:

G1 XA23 ZA43; P3 Punkt 3 (Erläuterung) wird im Arbeitsgang linear auf die absoluten Werkstückkoordinaten angefahren.

G23 N31 N42 H2 Der Programmteil von Satz 31 bis Satz 42 wird zweimal wiederholt.

D

Adressbuchstaben

A	Dreh-/Schwenkachse um X	K/KA	Z-Mittelpunktkoordinate	Q	Ebenen-Lösungsauswahl,
B	Dreh-/Schwenkachse um Y	L	Unterprogrammnummer		Objektorientierung Teilkreis
C	Dreh-/Schwenkachse um Z	M	Maschinenbefehle	R	Kreisradius,
D	An- und Abfahrtlänge,	N	Satznummer,		Kreisbogenradius,
	Verfahrstreckenlänge, Zyklen-		Wiederholungen,		Lochkreisradius
	zustelltiefe, Gewindesteigung		Sprungbefehl	S	Kreistaschenradius
E	Feinkonturvorschub,	O	Zustellbewegung,		Aktuelle Spindeldrehzahl/
	Eintauchvorschub,		Achsrichtungsauswahl,		Schnittgeschwindigkeit
	Rückzugsvorschub (Reiben)		Zustellrichtungsauswahl,	T	Werkzeugnummer
F	Vorschub, Gewindesteigung		Vergleichsrelation,	U	Verweildauer in Sekunden
G	Wegebedingungen, Zyklen		Öffnungswinkel,		oder Umdrehungen
H	Bearbeitungsart, Ebenen-Ein-		Objektanzahl (Lochkreis),	V	Sicherheitsebenenabstand,
	schwenkverhalten, Anzahl der		Objektanzahl (Linie),		Vergleichsadresse
	Wiederholungen, Rückfahr-		Bogenlängenkriterium	W	Höhe der Rückzugsebene,
	position, Startwinkelkriterium,	P	Benutzerparameter		Vergleichsadresse
	Werkstückauszugsmodus	Q	Bearbeitungsrichtung,	X, XI, XA	Koordinatenangabe in X[1]
I/IA	X-Mittelpunktkoordinate		Achsauswahl beim	Y, YI, YA	Koordinatenangabe in Y
J/JA	Y-Mittelpunktkoordinate		Skalieren,	Z, ZI, ZA	Koordinatenangabe in Z

Weitere Adressen und **Adressenkombinationen** stehen in den Bearbeitungszyklen. Die **Reihenfolge** der Adressen in einem Satz hat keine Bedeutung. Führende Nullen und das Pluszeichen können weggelassen werden, z. B. G1 statt G01. Leerzeichen vor Adressen erhöhen die Lesbarkeit. [1]**X** Koordinateneingabe gesteuert durch G90/G91, **XI** Inkrementalmaß zur aktuellen Position, **XA** Absolutmaß; auch **gemischt** programmierbar; ebenso Y, Z, I, J, K.

PAL-Wegbedingungen Drehen

vgl. DIN 66025

G0	Verfahren im Eilgang	G50	Aufheben von inkrementellen Nullpunkt-Verschiebungen und Drehungen
G1	Linearinterpolation im Arbeitsgang	G53	Alle Nullpunktverschiebungen und Drehungen aufheben
G2	Kreisinterpolation im Uhrzeigersinn	G54–G57	Einstellbare absolute Nullpunkte
G3	Kreisinterpolation im Gegenuhrzeigersinn	G59	Inkrementelle Nullpunkt-Verschiebung kartesisch und Drehung
G4	Verweildauer	G61	Linearinterpolation für Konturzüge
G9	Genauhalt	G62	Kreisinterpolation im Uhrzeigersinn für Konturzüge
G14	Konfigurierten Werkzeugwechselpunkt anfahren	G63	Kreisinterpolation entgegen dem Uhrzeigersinn für Konturzüge
G17	Stirnseitenbearbeitungsebenen	G70	Umschaltung auf Maßeinheit Zoll (Inch)
G18	Drehebenenanwahl	G71	Umschaltung auf Maßeinheit Millimeter (mm)
G19	Mantelflächen / Sehnenflächen-bearbeitungsebenen	G90	Absolutmaßangabe einschalten
G22	Unterprogrammaufruf	G91	Kettenmaßangabe einschalten
G23	Programmteilwiederholung	G92	Drehzahlbegrenzung
G29	Bedingte Programmsprünge	G94	Vorschub in mm / Minute
G30	Umspannen / Gegenspindelübernahme / Reitstockposition	G95	Vorschub in mm / Umdrehung
G40	Abwahl der Schneidenradiuskorrektur SRK	G96	Konstante Schnittgeschwindigkeit
G41	Anwahl der Schneidenradiuskorrektur (links der Kontur)	G97	Konstante Drehzahl
G42	Anwahl der Schneidenradiuskorrektur (rechts der Kontur)		

PAL-Zusatzfunktionen Drehen

M0	Programmstopp	M9	Kühlmittelpumpe ausschalten
M3	Spindel einschalten, rechts (im Uhrzeigersinn)	M10	Reitstock-Pinole lösen
M4	Spindel einschalten, links (im Gegenuhrzeiger-sinn)	M11	Reitstock-Pinole setzen
M5	Spindel ausschalten	M17	Unterprogramm-Ende
M7	2. Kühlmittelpumpe einschalten	M30	Hauptprogramm-Ende, Rücksetzen auf den Einschaltzustand[1]
M8	1. Kühlmittelpumpe einschalten		

PAL-Sonderzusatzfunktionen Drehen

M21	Klemmen der C-Achse in G17 C und G19 C	M64	Einspannrichtung Hauptspindel außen und Gegenspindel innen
M22	Freigeben der C-Achse in G17 C und G19 C	M65	Einspannrichtung Hauptspindel innen und Gegenspindel außen
M23	Werkzeugspindel aus G18 in Rechtslauf schalten	M66	Einspannrichtung Hauptspindel innen und Gegenspindel innen
M24	Werkzeugspindel aus G18 in Linkslauf schalten		
M25	Werkzeugspindel aus G18 ausschalten		
M63	Einspannrichtung Hauptspindel außen und Gegenspindel außen		

PAL-Drehbearbeitungszyklen (Ebene G18)

G31	Gewindezyklus	G83	Konturparalleler Schruppzyklus
G32	Gewindebohrzyklus	G84	Bohrzyklus
G33	Gewindestrehlgang	G85	Freistichzyklus
G80	Abschluss einer Bearbeitungszyklus-Konturbeschreibung	G86	Radialer Stechzyklus
G81	Längsschruppzyklus	G87	Radialer Konturstechzyklus
G82	Planschruppzyklus	G88	Axialer Stechzyklus
		G89	Axialer Konturstechzyklus

Sonderzeichen Drehen/Fräsen

%	Programmanfang	+	Addition
;	Kommentaranfangszeichen[2]	–	Subtraktion
( )	Arithmetischer Ausdruck, Abarbeitungsreihenfolge	*	Multiplikation
~	Fortsetzungszeichen	/	Division, Ausblendebene
		=	Wertzuweisung

[1] **Einschaltzustand** beim Start eines CNC-Programmes **Drehen**: **G18, G90, G53, G71, G40, G1, G97, G95, M5, M9, M60, F0,0/E0,0/S0** (für Werkstückspindeln **und** angetriebene Werkzeuge).

[2] Kommentare werden von der Steuerung überlesen (ignoriert).

PAL-Wegbedingungen Fräsen

vgl. DIN 66025

G0	Verfahren im Eilgang	G48	Tangentiales Abfahren von einer Kontur im 1/4-Kreis
G1	Linearinterpolation im Arbeitsgang	G50	Aufheben von inkrementellen Nullpunkt-Verschiebungen und Drehungen
G2	Kreisinterpolation im Uhrzeigersinn	G54–G57	Einstellbare absolute Nullpunkte
G3	Kreisinterpolation im Gegenuhrzeigersinn	G58	Inkrementale Nullpunkt-Verschiebung polar und Drehung
G4	Verweildauer	G59	Inkrementale Nullpunkt-Verschiebung kartesisch und Drehung
G9	Genauhalt	G61	Linearinterpolation für Konturzüge
G10	Verfahren im Eilgang in Polarkoordinaten	G62	Kreisinterpolation im Uhrzeigersinn für Konturzüge
G11	Linearinterpolation mit Polarkoordinaten	G63	Kreisinterpolation entgegen dem Uhrzeigersinn für Konturzüge
G12	Kreisinterpolation im Uhrzeigersinn mit Polarkoordinaten	G66	Spiegeln an X- und/oder Y-Achse, oder Aufheben
G13	Kreisinterpolation entgegen dem Uhrzeigersinn mit Polarkoordinaten	G67	Skalieren (vergrößern/verkleinern) oder Aufheben
G17	Ebenenanwahl 2 1/2 D-Bearbeitung[1]	G70	Umschaltung auf Maßeinheit Zoll (Inch)
G18	Ebenenanwahl 2 1/2 D-Bearbeitung	G71	Umschaltung auf Maßeinheit Millimeter (mm)
G19	Ebenenanwahl 2 1/2 D-Bearbeitung	G90	Absolutmaßangabe einschalten
G22	Unterprogrammaufruf	G91	Kettenmaßangabe einschalten
G23	Programmteilwiederholung	G94	Vorschub in mm/Minute
G29	Bedingte Programmsprünge	G95	Vorschub in mm/Umdrehung
G40	Abwahl der Fräserradiuskorrektur	G96	Konstante Schnittgeschwindigkeit
G41	Anwahl der Fräserradiuskorrektur (links der Kontur)	G97	Konstante Drehzahl
G42	Anwahl der Fräserradiuskorrektur (rechts der Kontur)		
G45	Lineares tangentiales Anfahren an eine Kontur		
G46	Lineares tangentiales Abfahren von der Kontur		
G47	Tangentiales Anfahren an eine Kontur im 1/4-Kreis		

PAL-Zusatzfunktionen Fräsen

M0	Programmstopp	M13	Spindeldrehung rechts, Kühlmittel ein
M3	Spindel einschalten, rechts (im Uhrzeigersinn)	M14	Spindeldrehung links, Kühlmittel ein
M4	Spindel einschalten, links (im Gegenuhrzeigersinn)	M15	Spindel und Kühlmittel ausschalten
M5	Spindel ausschalten	M17	Unterprogramm-Ende
M6	Werkzeug einwechseln	M30	Hauptprogramm-Ende, Rücksetzen auf den Einschaltzustand[1]
M7	2. Kühlmittelpumpe einschalten	M60	Konstanter Vorschub (Werkzeugschneide)
M8	Kühlmittelpumpe einschalten	M61	Konstanter Vorschub mit Beeinflussung an Innen- und Außenecken
M9	Kühlmittelpumpe ausschalten		

D

PAL-Bearbeitungszyklen Fräsen

G34	Eröffnung des Konturtaschenzyklus	G78	Zyklusaufruf an einem Punkt (Polarkoordinaten)
G35	Schrupptechnologie des Konturtaschenzyklus	G79	Zyklusaufruf an einem Punkt (kartesische Koordinaten)
G36	Restmaterialschrupp-Technologie des Konturtaschenzyklus	G80	Abschluss einer G38-Taschen/Insel-Konturbeschreibung
G37	Schlichttechnologie des Konturtaschenzyklus	G81	Bohrzyklus
G38	Konturbeschreibung des Konturtaschenzyklus	G82	Tiefbohrzyklus mit Spanbruch
G39	Konturtaschenzyklusaufruf mit konturparalleler oder mäanderförmiger Ausräumstrategie	G83	Tiefbohrzyklus mit Spanbruch und Entspänen
G72	Rechtecktaschenfräszyklus	G84	Gewindebohrzyklus
G73	Kreistaschen- und Zapfenfräszyklus	G85	Reibzyklus
G74	Nutenfräszyklus	G86	Ausdrehzyklus
G75	Kreisbogennut-Fräszyklus	G87	Bohrfräszyklus
G76	Mehrfachzyklusaufruf auf Gerade (Lochreihe)	G88	Innengewindefräszyklus
G77	Mehrfachzyklusaufruf auf Teilkreis (Lochkreis)	G89	Außengewindefräszyklus

[1] **Einschaltzustand** beim Start eines CNC-Programmes **Fräsen: G17, G90, G53, G71, G40, G1, G97, G94, M5, M9, M60, F0,0/E0,0/S0**

PAL-Zyklen Fräsen (Auswahl)

G72 Rechtecktaschenfräszyklus

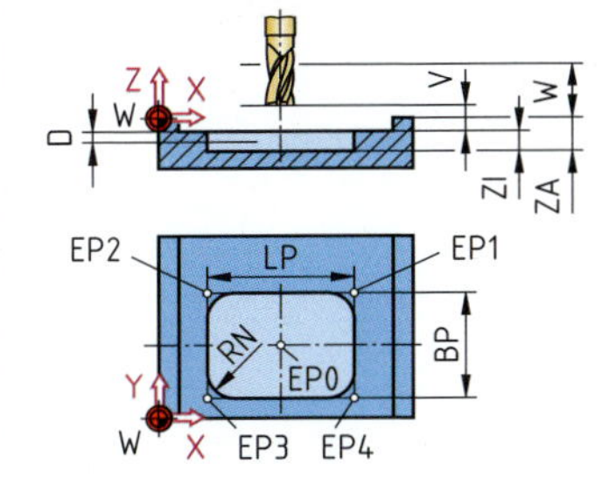

ZA	Tiefe absolut
ZI	Tiefe inkrementell ab Materialoberfläche
LP	Länge der Tasche
BP	Breite der Tasche
D	Zustelltiefe
V	Abstand der Sicherheitsebene zur Materialoberfläche
RN	Eckenradius
W	Rückzugsebene
EP	Setzpunktfestlegung für den Taschenfräszyklus
E	Eintauchvorschub
H1	Schruppen
H4	Schlichten (Abfräsen des Aufmaßes)
H14	Schruppen und anschl. Schlichten (gleiches Werkzeug)

G73, Kreistaschen- und Zapfenfräszyklus

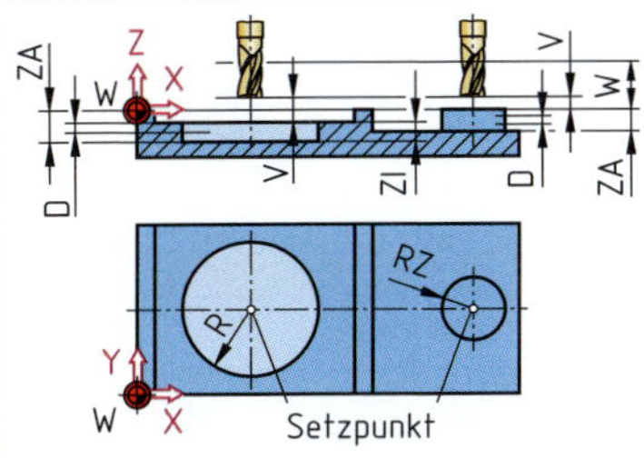

ZA	Tiefe absolut
ZI	Tiefe inkrementell ab Materialoberfläche
R	Radius der Kreistasche
D	Zustelltiefe
V	Abstand der Sicherheitsebene zur Materialoberfläche
RZ	Radius des Zapfens
AK	Aufmaß der Berandung
AL	Aufmaß auf dem Taschenboden
E	Eintauchvorschub
H1	Schruppen
H4	Schlichten (Abfräsen des Aufmaßes)
H14	Schruppen und anschl. Schlichten (gleiches Werkzeug)

G74 Nutenfräszyklus

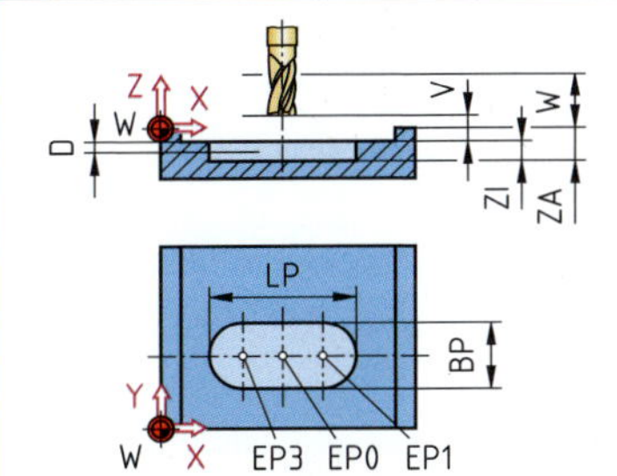

ZA	Tiefe absolut
ZI	Tiefe inkrementell ab Materialoberfläche
LP	Länge der Nut
BP	Breite der Nut
D	Zustelltiefe
V	Abstand der Sicherheitsebene zur Materialoberfläche
EP	Setzpunktfestlegung
AK	Aufmaß der Berandung
AL	Aufmaß auf dem Taschenboden
E	Eintauchvorschub
H1	Schruppen
H4	Schlichten (Abfräsen des Aufmaßes)
H14	Schruppen und anschl. Schlichten (gleiches Werkzeug)

PAL-Zyklen Drehen (Auswahl)

G81 Längsschruppzyklus

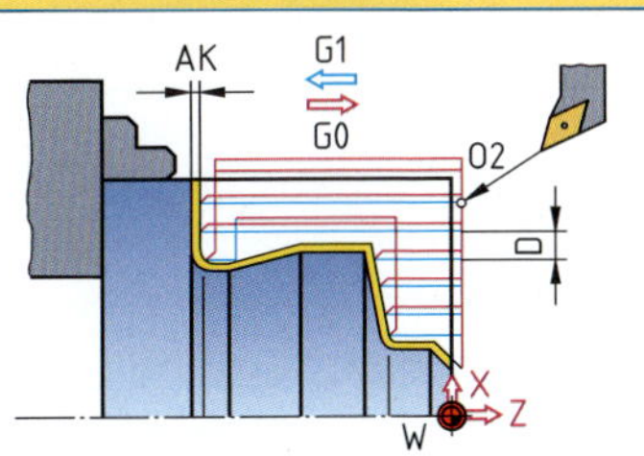

D	Zustellung
H2	Bearbeitungsart: Stufenweises Auswinkeln entlang der Kontur
AK	Konturparalleles Aufmaß auf die Bearbeitungskontur
AZ	Aufmaß durch Bearbeitungskonturverschiebung in Z
AX	Aufmaß durch Bearbeitungskonturverschiebung in X
AE	Eintauchwinkel
AS	Austauchwinkel
O2	Bearbeitungsstartpunkt aus Kontur berechnet
E	Eintauchvorschub
F	Feinkonturvorschub

G82 Planschruppzyklus

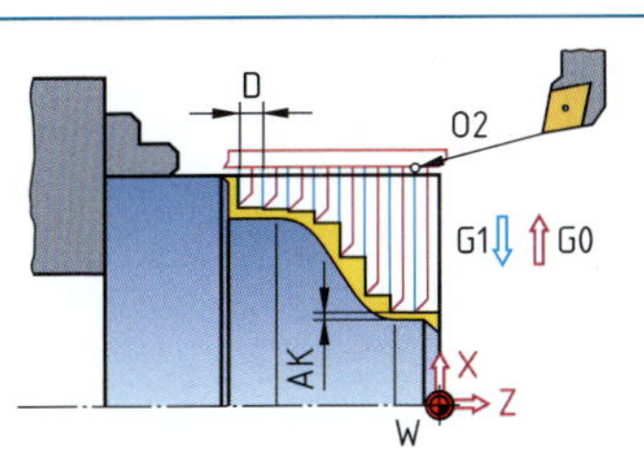

D	Zustellung
H2	Bearbeitungsart: Stufenweises Auswinkeln entlang der Kontur
AK	Konturparalleles Aufmaß auf die Bearbeitungskontur
AZ	Aufmaß durch Bearbeitungskonturverschiebung in Z
AX	Aufmaß durch Bearbeitungskonturverschiebung in X
AE	Eintauchwinkel
AS	Austauchwinkel
O2	Bearbeitungsstartpunkt aus Kontur berechnet
E	Eintauchvorschub
F	Feinkonturvorschub

Arbeitsbewegungen bei Senkrecht-Fräsmaschinen
Working Motions at Vertical Milling Machines

vgl. DIN 66 025-2

G01 Linearbewegung

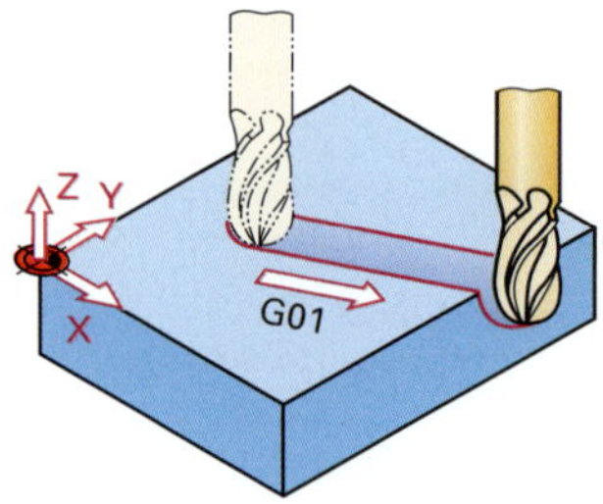

Bezeichnungs- und Bearbeitungsbeispiel:

N30	G01	X50	Y19	Z-8
	Linear-Interpolation, Arbeitsbewegung im programmierten Vorschub	Koordinaten des Zielpunktes		
		in X-Richtung	in Y-Richtung	in Z-Richtung

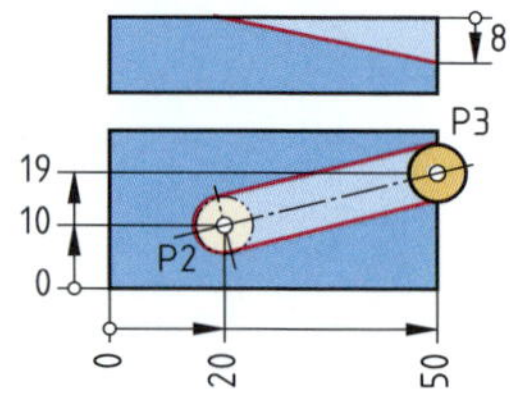

CNC-Programm

```
N...
N10  G00  X20  Y10  Z1   ; P1
N20  G01            Z0   ; P2
N30       X50  Y19  Z-8  ; P3
N...
```

G02 Kreisbewegung im Uhrzeigersinn

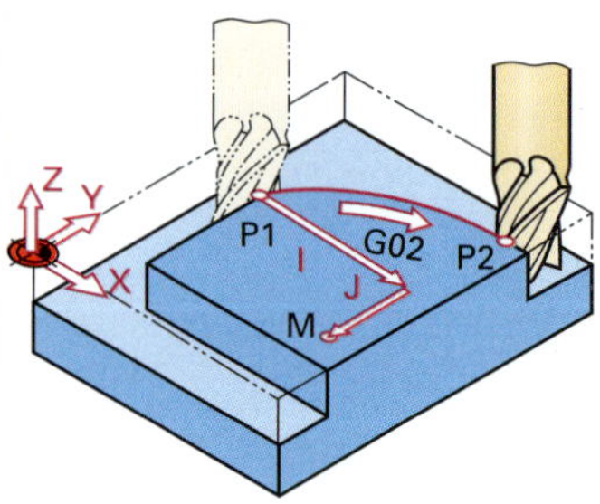

Bezeichnungs- und Bearbeitungsbeispiel:

N40	G02	X32	Y38	I26	J-10.39
	Kreis-Interpolation im Uhrzeigersinn, Arbeitsbewegung im programmierten Vorschub	Koordinate des Kreis-Endpunktes		Inkrementale Angabe des Mittelpunktes bezogen auf den Kreis-Anfangspunkt	
		in X-Richtung	in Y-Richtung	in X-Richtung	in Y-Richtung

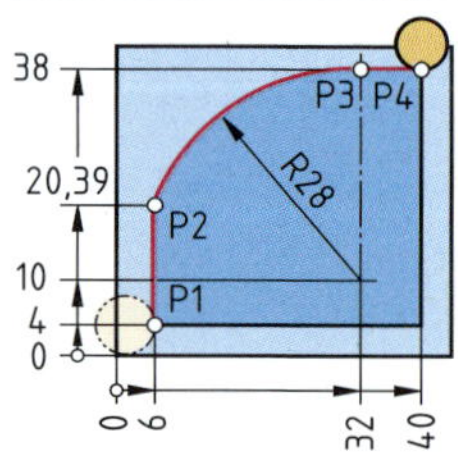

CNC-Programm

```
N...
N10  G41
N20  G01  X6   Y4                 ; P1
N30            Y20.39             ; P2
N40  G02  X32  Y38  I26  J-10.39  ; P3
N50  G01  X40                     ; P4
N...
```

D

G03 Kreisbewegung gegen den Uhrzeigersinn

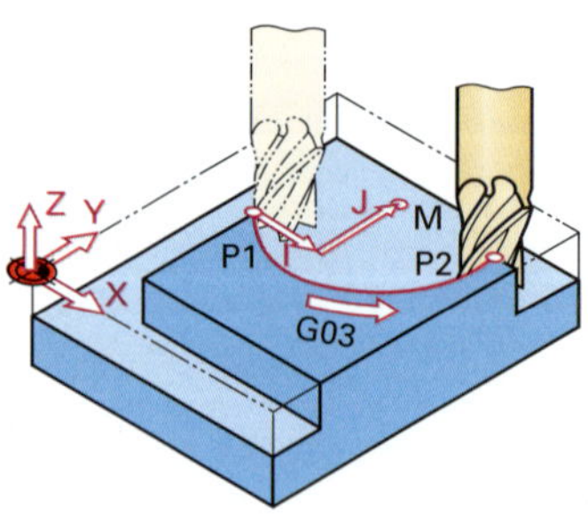

Bezeichnungs- und Bearbeitungsbeispiel:

N40	G03	X32	Y38	I8	J16.12
	Kreis-Interpolation gegen den Uhrzeigersinn, Arbeitsbewegung im programmierten Vorschub	Koordinate des Kreis-Endpunktes		Inkrementale Angabe des Mittelpunktes bezogen auf den Kreis-Anfangspunkt	
		in X-Richtung	in Y-Richtung	in X-Richtung	in Y-Richtung

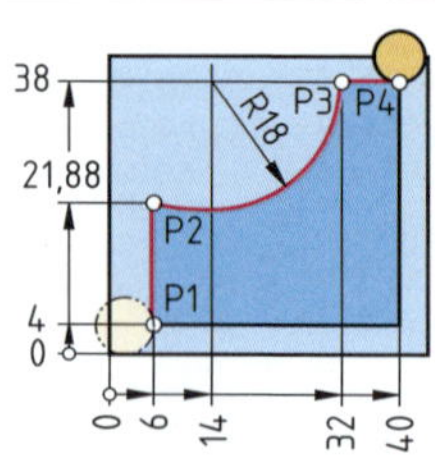

CNC-Programm

```
N...
N10  G41
N20  G01  X6   Y4               ; P1
N30            Y21.88           ; P2
N40  G03  X32  Y38  I8  J16.12  ; P3
N50  G01  X40                   ; P4
N...
```

Arbeitsbewegungen bei Drehmaschinen
Working Motions at Lathes

vgl. DIN 66 025-2

G01 Linearbewegung

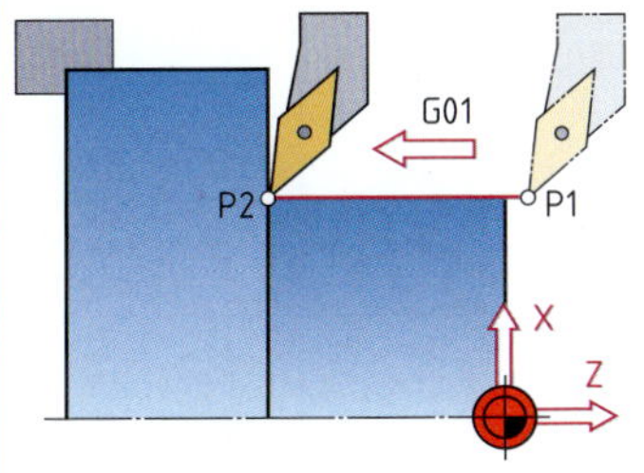

Bezeichnungs- und Bearbeitungsbeispiel:

N20 G01 X60 Z-50

- G01: Linear-Interpolation, Arbeitsbewegung im programmierten Vorschub
- X60, Z-50: Koordinate des Zielpunktes – in X-Richtung, in Z-Richtung

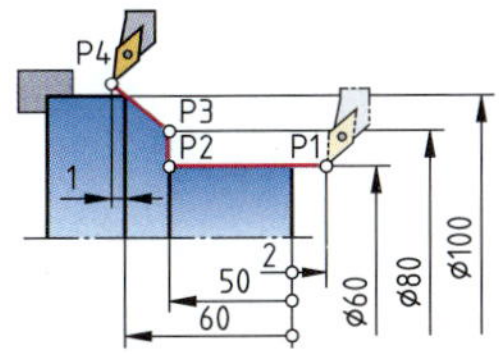

CNC-Programm

N...				
N10	G00	X60	Z2	; P1
N20	G01		Z-50	; P2
N30		X 80		; P3
N40		X102	Z-61	; P4
N...				

G02 Kreisbewegung im Uhrzeigersinn

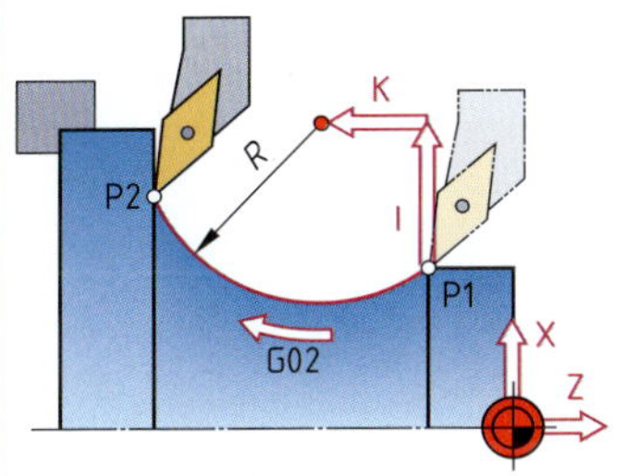

Bezeichnungs- und Bearbeitungsbeispiel:

N30 G02 X100 Z-60 I20 K0

- G02: Kreis-Interpolation im Uhrzeigersinn, Arbeitsbewegung im programmierten Vorschub
- X100, Z-60: Koordinate des Kreis-Endpunktes – in X-Richtung, in Z-Richtung
- I20, K0: Inkrementale Angabe des Mittelpunktes bezogen auf den Kreis-Anfangspunkt – in X-Richtung, in Z-Richtung

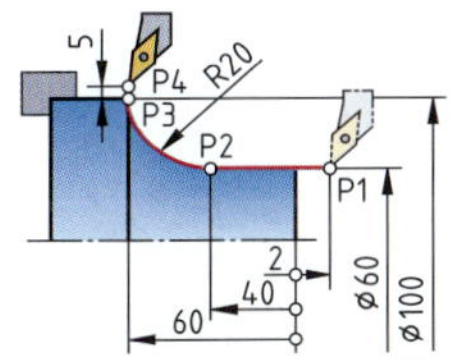

CNC-Programm

N...						
N10	G00	X60	Z2			; P1
N20	G01		Z-40			; P2
N30	G02	X100	Z-60	I20	K0	; P3
N40	G01	X110				; P4
N...						

G03 Kreisbewegung gegen den Uhrzeigersinn

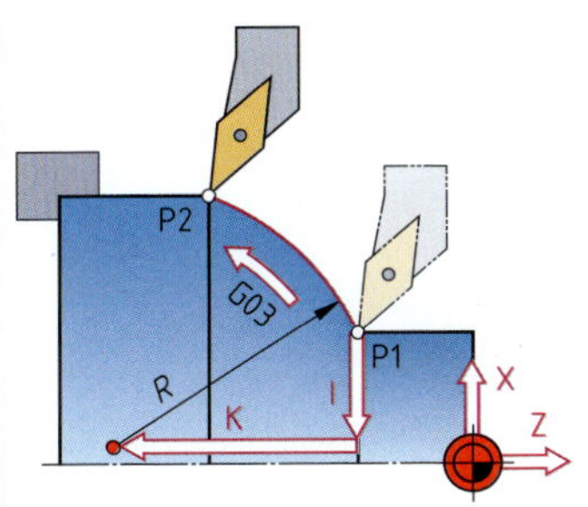

Bezeichnungs- und Bearbeitungsbeispiel:

N40 G03 X90 Z-55 I0 K-15

- G03: Kreis-Interpolation gegen den Uhrzeigersinn, Arbeitsbewegung im programmierten Vorschub
- X90, Z-55: Koordinate des Kreis-Endpunktes – in X-Richtung, in Z-Richtung
- I0, K-15: Inkrementale Angabe des Mittelpunktes bezogen auf den Kreis-Anfangspunkt – in X-Richtung, in Z-Richtung

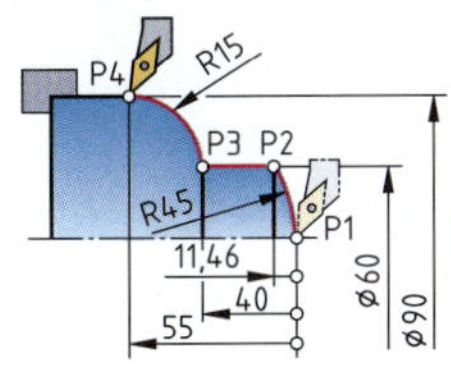

CNC-Programm

N...						
N10	G01	X0	Z0			; P1
N20	G03	X60	Z-11.46	I0	K-45	; P2
N30	G01		Z-40			; P3
N40	G03	X90	Z-55	I0	K-15	; P4
N...						

Drehmeißel vor der Spindelachse[1]

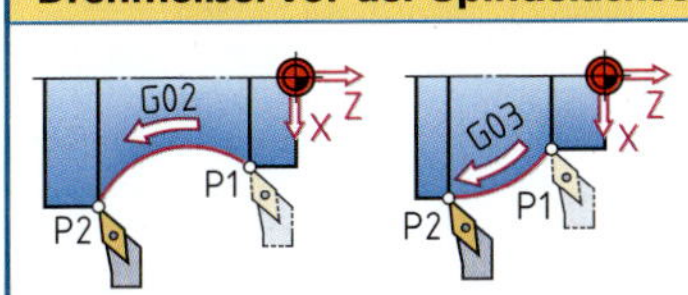

Bei der Anordnung des Drehmeißels vor der Spindelachse kehrt sich für den Anwender, der von oben auf das Werkstück schaut, für die Programmierung die Drehrichtung der Kreisbewegung um, weil jetzt die X-Z-Ebene anders liegt (DIN 66217).

[1] Meist bei einfachen CNC-Drehmaschinen und bei Drehmaschinen mit mehreren numerisch gesteuerten Schlitten.

D

Symbole für Handhabungsfunktionen (Auswahl)

Art	Mengen verändern		Bewegen		Sichern		Kontrollieren		Speichern	
Elementarfunktionen	Teilen	Vereinigen	Drehen	Verschieben	Halten	Lösen	Prüfen	Messen		
Zusammengesetzte Funktionen	Abteilen	Zuteilen	Schwenken	Positionieren	Spannen		Identität prüfen	Position prüfen	geordnetes Speichern	teilgeordnetes Speichern
	Sortieren	Verzweigen	Fördern	Orientieren	Entspannen		Position messen	Orient. messen		
	Zusammenführen		Führen	Ordnen			Form prüfen	Anwesenheit prüfen	ungeordnetes Speichern	

Beschickung einer Fertigungseinrichtung

Aufgabenstellung: Flexibles Ordnen und Beschicken einer Rundtaktmaschine

Symbolisch:

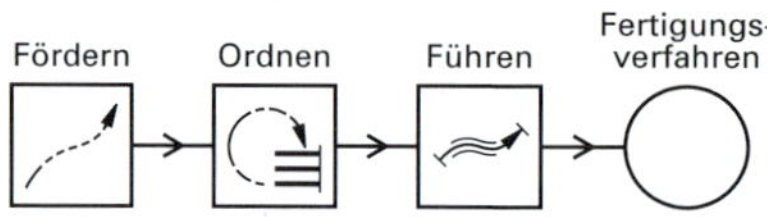

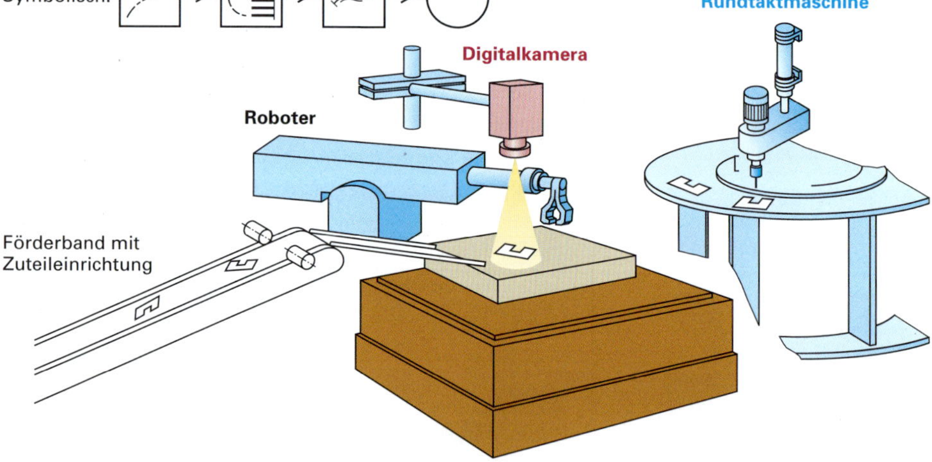

Funktionsfolge nach Fördern und Zuteilen

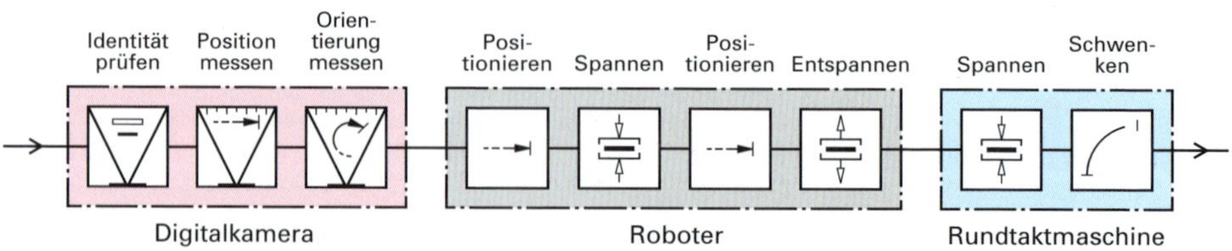

D

Koordinatensysteme und Drehbewegungen

vgl. DIN EN ISO 9787

Beispiel	Erläuterung
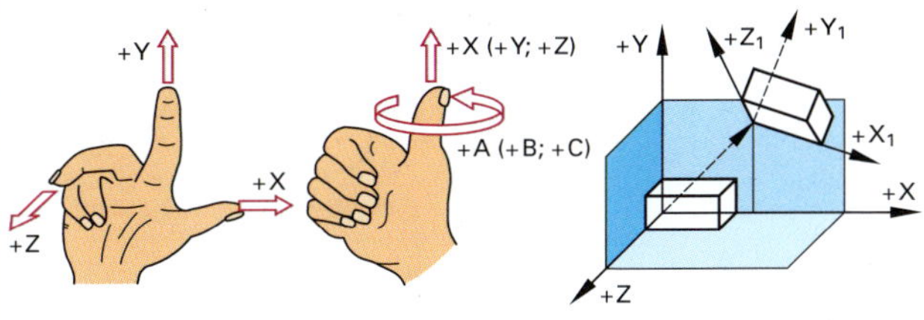	Die Koordinatenachsen *X*, *Y* und *Z* stehen senkrecht aufeinander. Die Zuordnung kann durch die Rechte-Hand-Regel dargestellt werden. Ein Körper im Raum kann sechs unabhängige Bewegungen ausführen: 3 Verschiebungen (translatorisch), 3 Drehungen (rotatorisch).
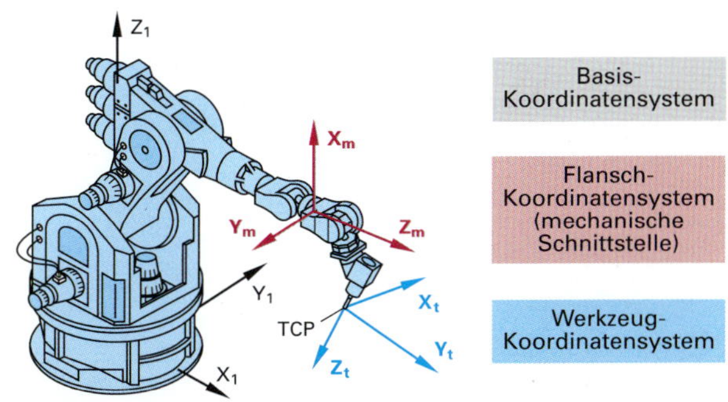	Das Basis-Koordinatensystem des Roboters bezieht sich in der X-Y-Ebene auf die ebene Aufstellfläche und bei der Z-Achse auf die Robotermitte. Das Flansch-Koordinatensystem bezieht sich auf die Abschlussfläche der letzten Roboterachse. Der Ursprung des Werkzeug-Koordinatensystems liegt im Werkzeugmittelpunkt TCP (*T*ool *C*enter *P*oint). Die Geschwindigkeit der Werkzeugspitze wird als Robotergeschwindigkeit und der Wegverlauf als Roboterbewegungsbahn bezeichnet.

Symbole zur Darstellung von Robotern

Bezeichnung	Symbol	Beispiel	Bezeichnung	Symbol	Beispiel
Translationsachse (T-Achse) Translation fluchtend Translation nicht fluchtend Verfahrachse	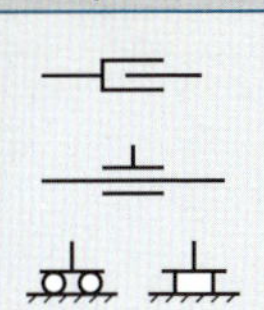	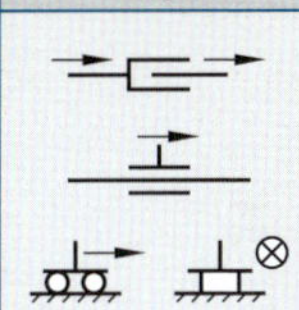	**Werkzeuge**	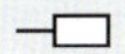	Spritzpistole, Schweißzange
			Greifer	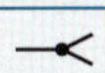	Zangengreifer
			Systemgrenzen	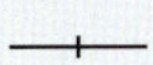	Trennstrich Schnittstelle, z. B. für Werkzeuge
Rotationsachse (R-Achse) Rotation fluchtend Rotation nicht fluchtend	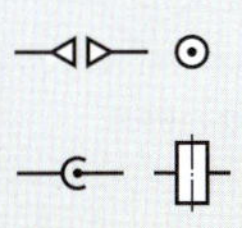	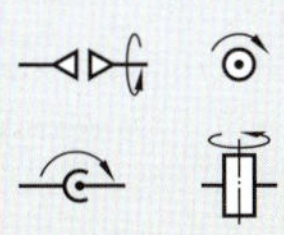	**Trennung von Haupt- und Nebenachsen**	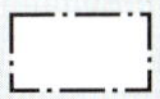	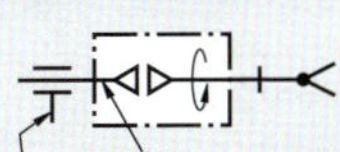

Transformation von Achsbezeichnungen

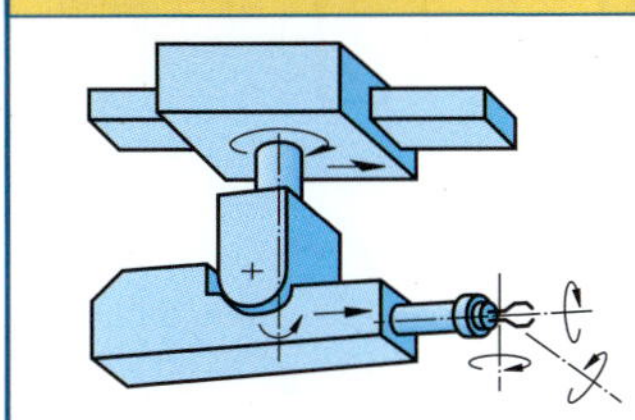

Siebenachsiger Industrieroboter mit zwei translatorischen und fünf rotatorischen Achsen in hängender Arbeitsstellung

⇒

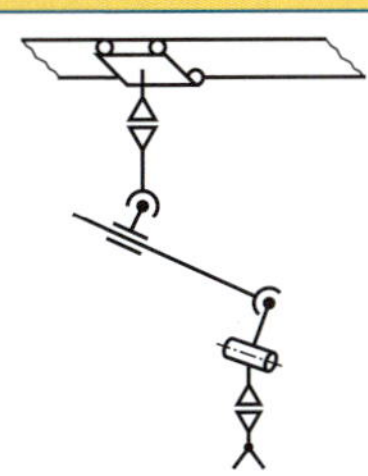

Symbolische Darstellung

⇒

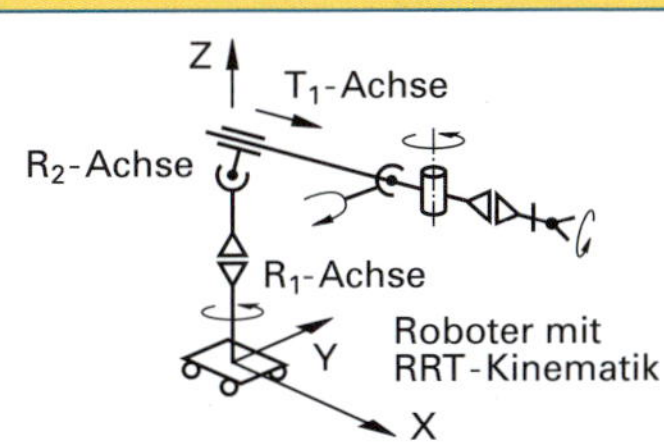

Überführung in die Grundstellung im Bezugs-Koordinatensystem zur Bestimmung der Achsbezeichnungen

D

Arbeitsräume, Koordinatensysteme bei Industrierobotern
Workspace, Coordinate Systems of Industrial Robots

Begriff	Erklärung, Darstellungen	Darstellungen
Arbeitsraum **Bewegungsraum**	Raum, der von der Schnittstelle zum Effektor, z.B. Greifer, einschließlich dessen geometrischer Auslage, bei minimalen und maximalen Endlagen der Hauptachsen des Roboters gebildet wird. Raum, der von allen bewegten Roboterelementen einschließlich Effektor im Betrieb eingenommen werden kann.	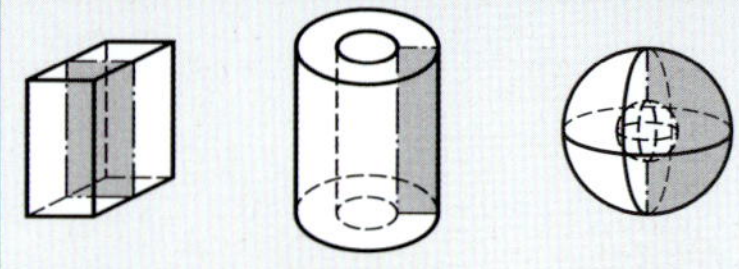 **Quader** **Hohlzylinder** **Hohlkugel**
Kinematik: TTT (3 translatorische Hauptachsen) **Arbeitsraum:** Quader **Koordinaten:** kartesische **Kinematik:** RTT (Hauptachsen 1 rotatorisch, 2 translatorisch) **Arbeitsraum:** Hohlzylinder **Koordinaten:** zylindrisch	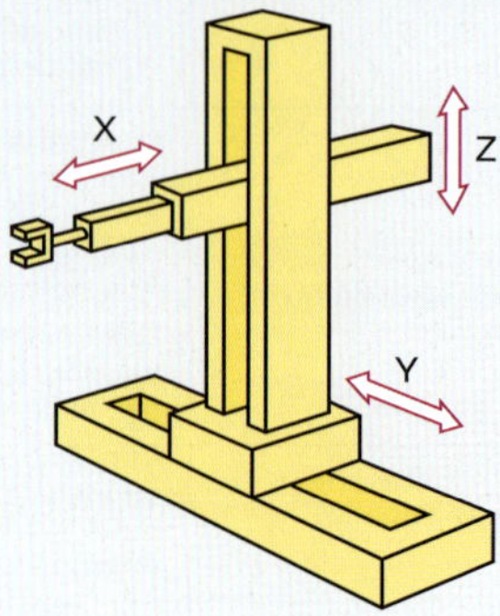 **Kartesischer Roboter (TTT)**	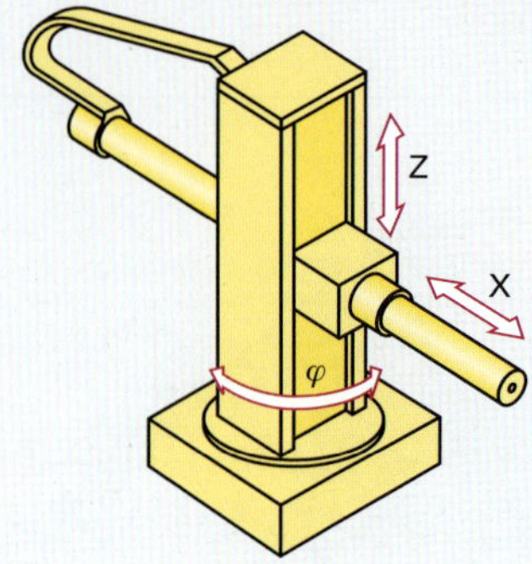 **Zylindrischer Roboter (RTT)**
Kinematik: RRT (Hauptachsen 2 rotatorisch, 1 translatorisch) **Arbeitsraum:** Hohlzylinder **Koordinaten:** Kugel **Kinematik:** RRR (3 rotatorische Hauptachsen) **Arbeitsraum:** Hohlkugel **Koordinaten:** Winkel	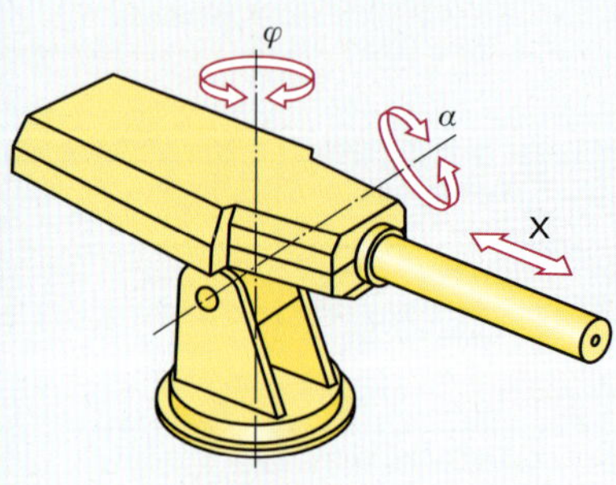 **Polarroboter (RRT)**	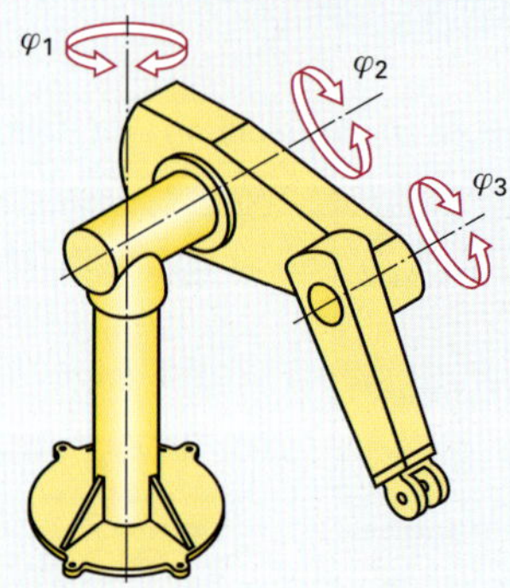 **Gelenkroboter (RRR)**
Kinematik: RRT (Hauptachsen 2 rotatorisch, 1 translatorisch) **Arbeitsraum:** Hohlzylinder **Koordinaten:** zylindrisch/ Winkel	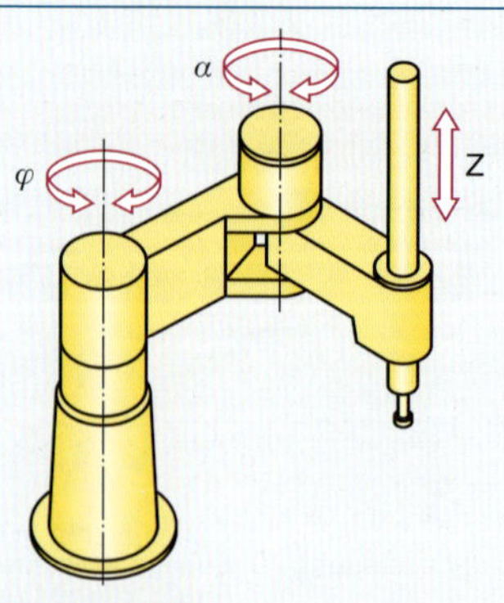 **Scararoboter (RRT)**	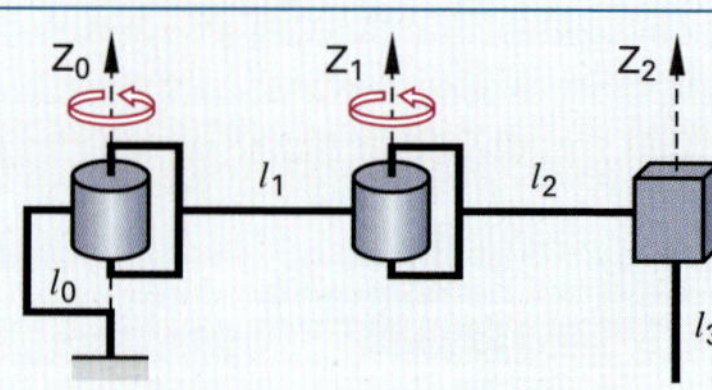 **Kinematikstruktur Scararoboter** 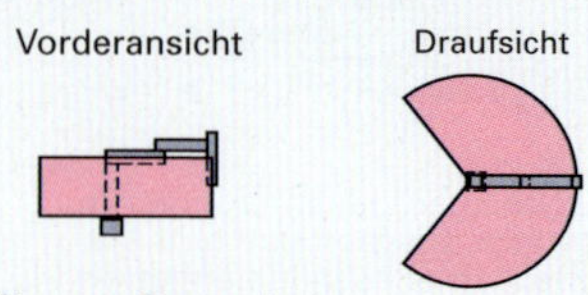 **Arbeitsraum Scararoboter**

D

Arbeitssicherheit bei Robotern Working Safety at Robots

Begriffe	Erklärung	Anwendung
Schutzmaßnahmen		
Maximaler Raum	Überstrichener Bereich von: • beweglichen Teilen des Roboters • Werkzeugflansch • Werkstück	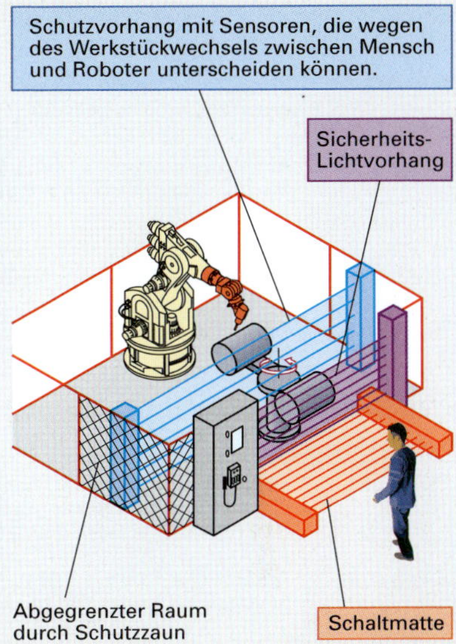
Eingeschränkter Raum	Ein Teil des maximalen Raums, der im Falle eines vorhersehbaren Ausfalls des Robotersystems nicht überschritten werden darf.	
Trennende Schutzeinrichtungen	Sperrzäune, Abdeckungen, feste Verkleidungen, Verriegelungseinrichtungen	
Berührungslos wirkende Schutzeinrichtungen	Gefahrbereichssicherung: • Lichtvorhänge und Lichtgitter • Flächenüberwachung: Laserscanner • Zugangssicherung: Lichtgitter und • Lichtschranken, Lichtvorhänge.	
Greifer		vgl. EN ISO 14539
Fingergreifer	1 bis 6 Beweglichkeitsgrade www.schunk-produkte.com	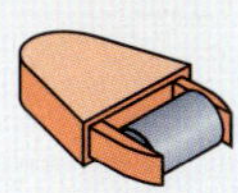 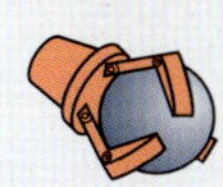
Zangengreifer	Scherengreifer: Die beiden Greiffinger drehen sich um eine gestellfeste Achse. Häufig eingesetzter Greifer. Parallelgreifer: die beiden Greiffinger werden parallel zueinander gegenüber dem Greifergehäuse verschoben.	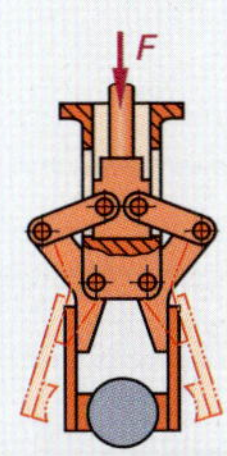 Scherengreifer 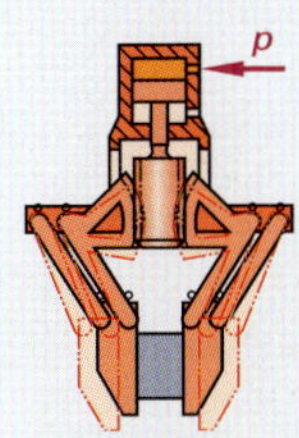 Parallelgreifer
Klemmgreifer	Klemmgreifer federbelastet: Klemmkraft wird durch eine Feder erzeugt. Öffnung des Greifers durch Druckluft. Klemmgreifer gewichtsbelastet: Klemmkraft wird durch das Eigengewicht des Greifobjekts erzeugt. Öffnung des Greifers durch Druckluft.	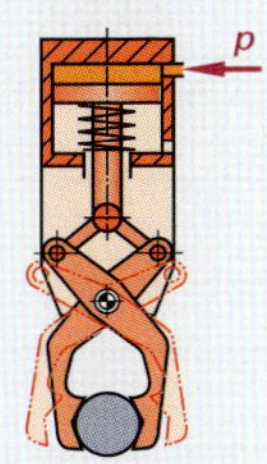 federbelastet 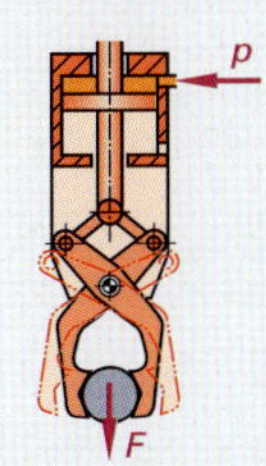 gewichtsbelastet

D

Kennzahlen in der Produktion
Key Performance Indicators in the Production

vgl. VDMA 66412-1

Kennzahl	Erkärung	Formeln, Bemerkungen
Mitarbeiterproduktivität MP	Auftragsbezogene produktive Arbeitszeit PAZ in Bezug zur Gesamtanwesenheitszeit GAZ eines Mitarbeiters.	$MP = \frac{PAZ}{GAZ}$ (1)
Durchsatz DS	Produzierte Menge PM eines Fertigungsauftrages bezogen auf die gesamte Durchlaufzeit DLZ.	$DS = \frac{PM}{DLZ}$ (2)
Nutzgrad NG	Anteil der Hauptnutzungszeit HNZ einer Maschine (wertschöpfende Maschinenprozesse) an der gesamten Belegungszeit BLZ.	$NG = \frac{HNZ}{BLZ}$ (3)
Verfügbarkeit V	Hauptnutzungszeit HNZ einer Maschine bezogen auf die Planbelegungszeit PBZ zur Ausführung eines Auftrages.	$V = \frac{HNZ}{PBZ}$ (4)
Effektivität E	Produktionszeit je Einheit (PEZ) multipliziert mit der produzierten Menge PM bezogen auf die Hauptnutzungszeit HNZ.	$E = \frac{PEZ \cdot PM}{HNZ}$ (5)
Qualitätsrate Q	Verhältnis der Gutmenge GM (gute Teile) zur produzierten Menge PM.	$Q = \frac{GM}{PM}$ (6)
OEE-Index	Overall Equipment Effectiveness stellt die genutzte Verfügbarkeit, die Effektivität der Produktionsanlage sowie deren Qualitätsrate dar, auch GAE (Gesamt-Anlagen-Effizienz) genannt.	$OEE = V \cdot E \cdot Q$ (7)
Rüstgrad RG	Tatsächliche Rüstzeit TRZ einer Maschine bezogen auf die Bearbeitungszeit BAZ eines Fertigungsauftrages.	$RG = \frac{TRZ}{BAZ}$ (8)
Prozessgrad PG	Verhältnis der Hauptnutzungszeit HNZ zur Durchlaufzeit DLZ (Zeit zwischen Auftragsstart und Auftragsende inkl. z. B. Liegezeiten).	$PG = \frac{HNZ}{DLZ}$ (9)
Ausschussquote AQ	Anteil der gesamten Produktion, der Ausschuss ist. Verhältnis von Ausschussmenge AM zur produzierten Menge PM.	$AQ = \frac{AM}{PM}$ (10)
Nacharbeitsquote NQ	Anteil der gesamten Produktion, welcher der Nacharbeit bedurfte. Verhältnis Nacharbeitsmenge zu produzierter Menge PM.	$NQ = \frac{NM}{PM}$ (11)
Fall-Off-Rate FOR	Ausschussanteil in Bezug auf die im ersten Arbeitsgang produzierte Menge.	$FOR = \frac{AM}{PM_{1.AG}}$ (12)

Planbelegungszeit PBZ
Belegungszeit BLZ
Bearbeitungszeit BAZ
Hauptnutzungszeit HNZ

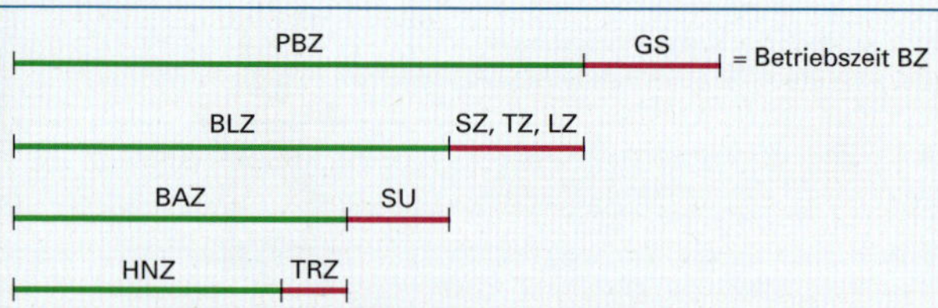

Zeitmodell zur Auftragsabwicklung
Stillstände, Transporte, Liegezeiten, Rüstzeiten und Störungen sind zu berücksichtigen.

Auftragszeit AZ
Durchlaufzeit DLZ
Belegungszeit BLZ

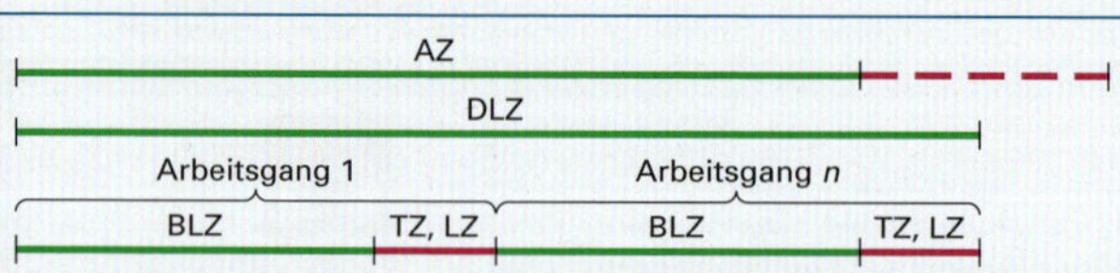

Die Teileherstellung erfolgt in mehreren Arbeitsgängen.

Gesamtanwesenheitszeit GAZ
Arbeitszeit PAZ

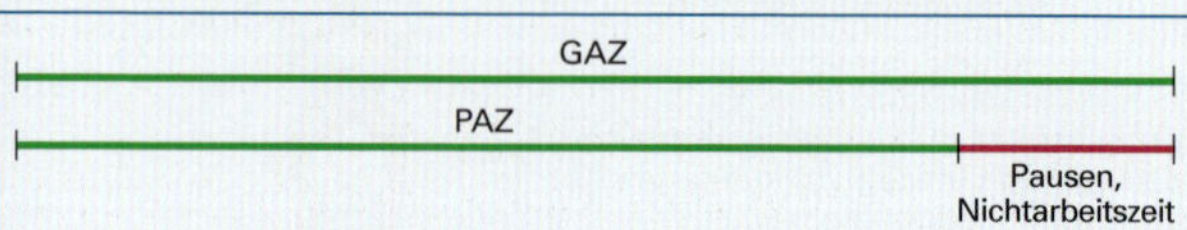

Zeitmodell für Mitarbeitereinsatz

GS geplante Stillstände, LZ Liegezeit, SU störungesbedingte Stillstände, SZ Stillstandszeit (z. B. kein Material), TRZ tatsächliche Rüstzeit, TZ Transportzeit. Anwendung bei MES (Manufacturing Execution System).

D

Teil V: Verbindungstechnik, Umwelttechnik
Part V: Connecting Technology, Environmental Engineering

Verbindungstechnik

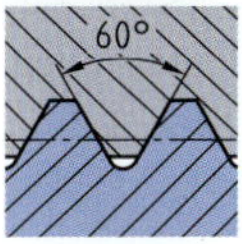

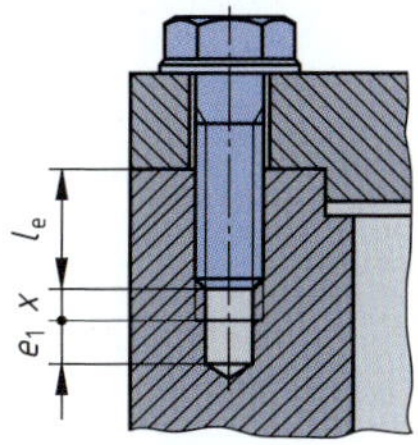

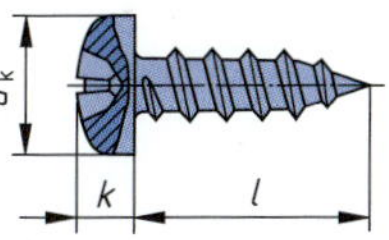

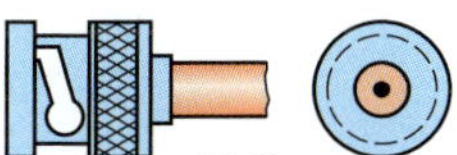
BNC

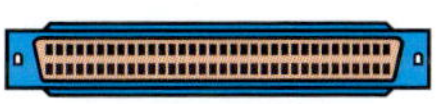
SCSI-3 (Stecker)

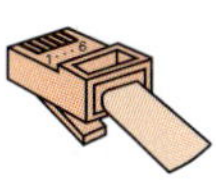
RJ-12

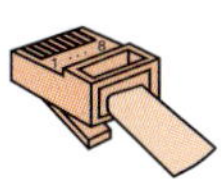
RJ-45

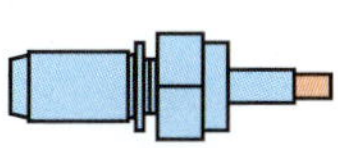
SMA 906

Umwelttechnik

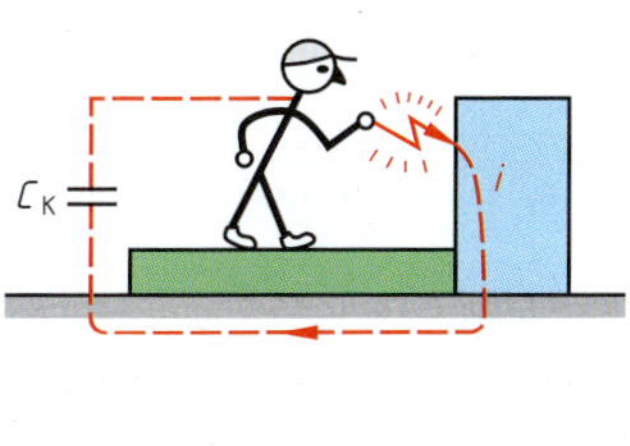

Verarbeitung, Eigenschaften und Anwendung von Klebstoffen

Klebstoff Grundstoff	Komponenten	Abbindung[1] Temperatur °C	Abbindung[1] Druck N/cm²	Klebstoff-Eigenschaften[2] Festigkeit	Klebstoff-Eigenschaften[2] Verformbarkeit	Klebstoff-Eigenschaften[2] Alterungsbeständigkeit	Grenztemperatur ca. °C	Vorzugsweise Verwendung
Epoxidharz	2	20	–	◕	◕	◐	55	Metalle, Duroplaste, Keramik
	1	150	–	●	●	◕	120	Metalle, Keramik
Epoxid-Polyaminoamid	2	20	–	◕	◕	●	55	Metalle, Duroplaste, PVC
	1	150	5	●	●	◕	80	Metalle
Epoxid-Polyamid	1	175	10...30	●	◕	●	80	Aluminium, Titan, Stahl
Phenolharz	1	150	80	●	◐	◕	250	Metalle, Holz, Duroplaste
PVC	1	180	–	◔	●	●	20	Dünnbleche
Polyurethan	2	20	–	◐	●	◔	55	Metalle, Holz, Schaumstoffe
Methylmethacrylat	2	20	–	●	◕	◐	80	Metalle, Kunststoffe, Keramik
	1	120	–	●	◕	◕	100	Metalle, Glas
Polychloroprene	1	20	< 100	◔	●	◕		Kontaktkleber, Metalle, Plaste
Cyanacrylat	1	20	–	◕	◐	◐	80	Schnellbinder, Metalle, Gummi
Schmelzkleber	1	120	2	◔	●	◕		Werkstoffe aller Art

[1] Die genauen Verarbeitungsvorschriften sind den Vorschriften des Herstellers zu entnehmen.
[2] Zugfestigkeit Schaubild unten; Bedeutung in Tabelle oben: ● sehr gut; ◕ gut; ◐ mittel; ◔ gering

Vorbehandlung von Fügeteilen für Klebeverbindungen

Werkstoff	Behandlungsfolge[3] für Beanspruchungsart[4] niedrig	mittel	hoch	Werkstoff	Behandlungsfolge[3] für Beanspruchungsart[4] niedrig	mittel	hoch
Al-Legierungen		1-6-5-3-4	1-2-7-8-3-4	Stahl, blank		1-6-2-3-4	1-7-2-3-4
Mg-Legierungen	1-2-3-4	1-6-2-3-4	1-7-2-9-3-4	Stahl, verzinkt	1-2-3-4	1-2-3-4	1-2-3-4
Ti-Legierungen		1-6-2-3-4	1-2-10-3-4	Stahl, phosphatiert		1-2-3-4	1-6-2-3-4
Cu-Legierungen	1-2-3-4	1-6-2-3-4	1-7-2-3-4	Übrige Metalle	1-2-3-4	1-6-2-3-4	1-7-2-3-4

[3] **Erläuterung der Kennziffern für Behandlungsfolgen**

1 Reinigen von Schmutz, Zunder, Rost, Farbresten
2 Entfetten mit organischen Lösungsmitteln oder wässrigen Reinigungsmitteln
3 Spülen mit klarem Wasser, Nachspülen mit entsalztem oder destilliertem Wasser
4 Trocknen in Warmluft bis 65 °C
5 Entfetten unter gleichzeitigem chemischen Angriff der Oberfläche (Beiz-Entfetten)
6 Mechanisches Aufrauen durch Schleifen (Körnung 100 bis 150) oder Bürsten
7 Mechanisches Aufrauen durch Strahlen
8 Beizen 30 min, bei 60 °C in wässriger Lösung von 27,5% Schwefelsäure und 7,5% Natriumdichromat
9 Beizen 1 min bei 20 °C in einer Lösung von 20% Salpetersäure und 15% Kaliumdichromat in Wasser
10 Beizen 3 min bei 20 °C in 15%iger Flusssäure

[4] **Erläuterung der Beanspruchungsarten für Klebeverbindungen**

niedrig: Zugscherfestigkeit bis 5 N/mm²; trockene Umgebung; für Feinmechanik, Elektrotechnik
mittel: Zugscherfestigkeit bis 10 N/mm²; feuchte Luft; Kontakt mit Öl; für Maschinen- und Fahrzeugbau
hoch: Zugscherfestigkeit über 10 N/mm²; direkte Berührung mit Flüssigkeiten; für Flugzeug-, Schiffs- und Behälterbau

Verhalten von Klebeverbindungen und Prüfverfahren

V

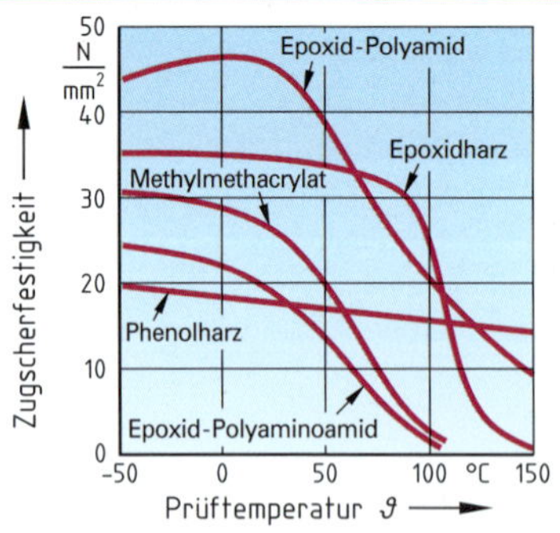

Zugscherfestigkeit von Überlappungsklebungen

Norm	Inhalt
DIN 53 282	**Winkelschälversuch:** Bestimmung des Widerstandes von Klebeverbindungen gegen abschälende Kräfte
DIN EN 1465	**Zugscherversuch:** Bestimmung der Zugscherfestigkeit hochfester Überlappungsklebungen
DIN 53 284	**Zeitstandversuch:** Bestimmung der Zeitstand- und Dauerfestigkeit von einschnittig überlappten Klebungen
DIN EN ISO 9664	**Ermüdungsprüfung:** Bestimmung der Ermüdungseigenschaften von Strukturklebungen
DIN EN 26 922	**Zugversuch:** Bestimmung der Zugfestigkeit von Stumpfklebungen rechtwinklig zur Klebefläche
DIN EN 1464	**Rollenschälversuch:** Bestimmung des Widerstandes gegen abschälende Kräfte
DIN 54 452	**Druckscherversuch:** Bestimmung der Scherfestigkeit vorwiegend anaerober Klebstoffe

Gewindearten, Überblick   Screw Thread Types, Survey

Rechtsgewinde, eingängig

vgl. DIN 202

Gewindebenennung	Gewindeprofil	Kennbuchstabe	Bezeichnungsbeispiel	Nenngröße	Anwendung
Metrisches ISO-Gewinde		M	DIN 14 – M 08	0,3 bis 0,9 mm	Uhren, Feinwerktechnik
			DIN 13 – M 30	1 bis 68 mm	allgemein (Regelgewinde)
			DIN 13 – M 20 × 1	1 bis 1000 mm	allgemein (Feingewinde)
Metr. Gewinde mit großem Spiel			DIN 2510 – M 36	12 bis 180 mm	Schrauben mit Dehnschaft
Metr. zylindrisch. Innengewinde			DIN 158 – M 30 × 2	6 bis 60 mm	Verschlussschrauben und Schmiernippel
Metrisches kegeliges Außengewinde	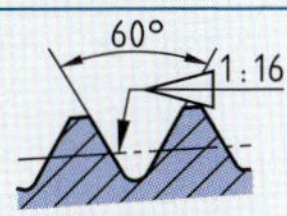		DIN 158 – M 30 × 2 keg	6 bis 60 mm	Verschlussschrauben und Schmiernippel
Rohrgewinde, zylindrisch		G	DIN ISO 228 – G$1\frac{1}{2}$ (innen) DIN ISO 228 – G$\frac{1}{2}$A (außen)	$\frac{1}{8}$ bis 6 inch	nicht im Gewinde dichtend
Zylindrisches Rohrgewinde (Innengewinde)		Rp	DIN 2999 – Rp $\frac{1}{2}$	$\frac{1}{16}$ bis 6 inch	Rohrgewinde, im Gewinde dichtend für Gewinderohre, Fittings, Rohrverschraubungen
			DIN 3858 – Rp $\frac{1}{8}$	$\frac{1}{8}$ bis $1\frac{1}{2}$ inch	
Kegeliges Rohrgewinde (Außengewinde)	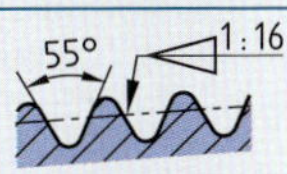	R	DIN 2999 – R $\frac{1}{2}$	$\frac{1}{16}$ bis 6 inch	
			DIN 3859 – R $\frac{1}{8}$-1	$\frac{1}{8}$ bis $1\frac{1}{2}$ inch	
Metrisches ISO-Trapezgewinde	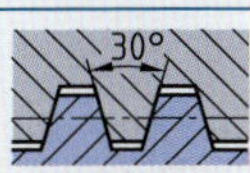	Tr	DIN 103 – Tr 40 × 7	8 bis 300 mm	allgemein als Bewegungsgewinde
Sägengewinde	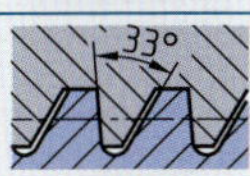	S	DIN 513 – S 48 × 8	10 bis 640 mm	allgemein als Bewegungsgewinde
Rundgewinde	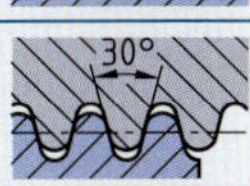	Rd	DIN 405 – Rd 40 × $\frac{1}{6}$	8 bis 200 mm	allgemein
			DIN 20 400 – Rd 40 × 5	10 bis 300 mm	Rundgewinde mit großer Tragtiefe
Blechschraubengewinde	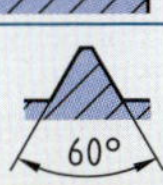	ST	ISO 1478 – ST 3,5	1,5 bis 9,5 mm	für Blechschrauben

Linksgewinde und mehrgängige, metrische Gewinde

vgl. DIN ISO 965-1

Gewindeart	Erläuterung	Kurzbezeichnung (Beispiele)
Linksgewinde	Das Kurzzeichen LH ist hinter die vollständige Gewindebezeichnung zu setzen (LH = Left-Hand).	M 30 – LH Tr 40 × 7 – LH
Mehrgängiges Rechtsgewinde	Hinter dem Kurzzeichen und dem Gewindedurchmesser folgt die Steigung Ph und die Teilung P.	M 16 × Ph 3 P 1,5 oder M 16 × Ph 3 P 1,5 (zweigängig)
Mehrgängiges Linksgewinde	Hinter die Gewindebezeichnung des mehrgängigen Gewindes wird LH gesetzt.[1]	M 14 × Ph 6 P 2-LH oder M 14 × Ph 6 P 2 (dreigängig)-LH

[1] Bei Teilen mit Rechts- und Linksgewinde ist hinter die Gewindebezeichnung des Rechtsgewindes RH (RH = Right-Hand) und hinter das Linksgewinde LH (LH = Left Hand) zu setzen.

G Gangzahl, mehrgängiges Gewinde
Ph Steigung
P Teilung

$$G = \frac{Ph}{P}$$ 1

V

Ausländische Gewinde[1] Foreign Screw Threads

Gewindebenennung	Gewindeprofil	Kurzzeichen	Bezeichnungsbeispiel	Bedeutung	Länder[2]
Einheitsgewinde, grob (UNC von Unified National Coarse Thread)	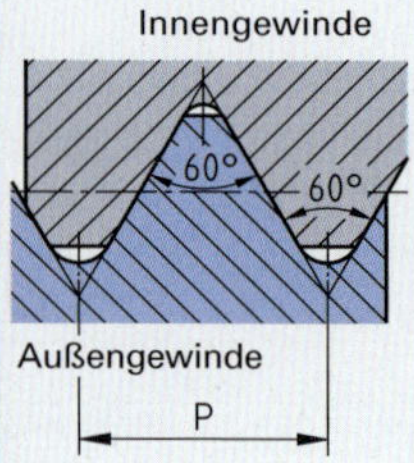	UNC	$^1/_4$ – 20 UNC – 2A	ISO-UNC-Gewinde mit $^1/_4$ inch Nenndurchmesser, 20 Gewindegänge/inch, Passungsklasse 2A	AR, AU, GB, IN, JP, NO, PA, SE u. a.
Einheits-Feingewinde (UNF von Unified National Fine Thread)		UNF	$^1/_4$ – 28 UNF – 3A	ISO-UNF-Gewinde mit $^1/_4$ inch Nenndurchmesser, 28 Gewindegänge/inch, Passungsklasse 3A	AR, AU, GB, IN, JP, NO, PK, SE, u. a.
Einheitsgewinde, extra fein (UNEF von Unified National Extrafine Thread)		UNEF	$^1/_4$–32 UNEF–3A	ISO-UNEF-Gewinde mit $^1/_4$ inch Nenndurchmesser, 32 Gewindegänge/inch, Passungsklasse 3A	AU, GB, IN, NO, PK, SE u. a.
Einheits-Sondergewinde, besondere Durchmesser/Steigungskombinationen (UNS von Unified National Special Thread)		UNS	$^1/_4$ – 27 UNS	UNS-Gewinde mit $^1/_4$ inch Nenndurchmesser, 27 Gewindegänge/inch	AU, GB, NZ, US
Zylindrisches Rohrgewinde für mechanische Verbindungen (NPSM von American National Standard Straight Pipe Threads for Mechanical joints)	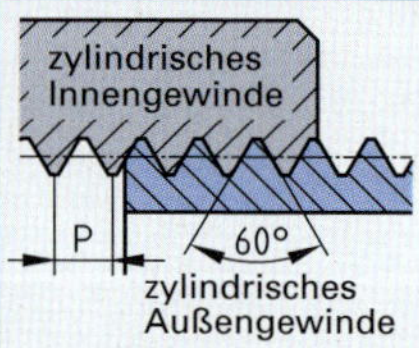	NPSM	$^1/_2$ – 14 NPSM	NPSM-Gewinde mit $^1/_2$ inch Nenndurchmesser, 14 Gewindegänge/inch	US
Amerikanisches Standard-Rohrgewinde, kegelig (NPT von American National Standard Taper-Pipe Thread)	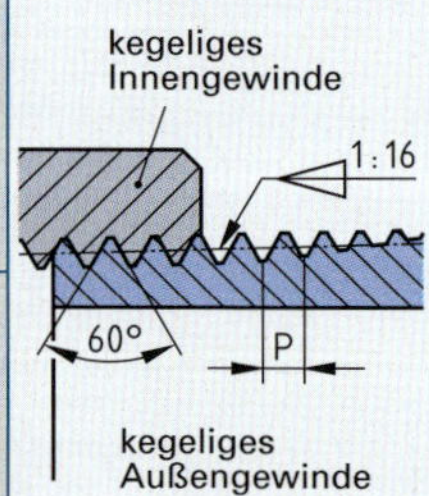	NPT	$^3/_8$ – 18 NPT	NPT-Gewinde mit $^3/_8$ inch Nenndurchmesser, 18 Gewindegänge/inch	BR, FR, US u. a.
Amerikanisches kegeliges Fein-Rohrgewinde (NPTF von American National Standard Taper Pipe Thread, Fuel)		NPTF	$^1/_2$ – 14 NPTF (dryseal)	NPTF-Gewinde mit $^1/_2$ inch Nenndurchmesser, 14 Gewindegänge/inch (trocken dichtend)	BR, US
Amerikanisches Trapezgewinde (American National Standard Acme Screw Thread) $h = 0{,}5 \cdot P$	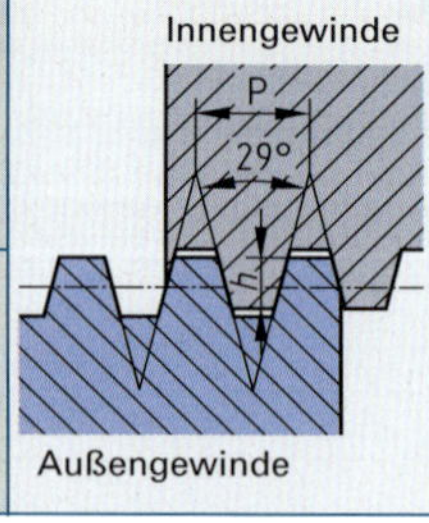	Acme	$1^3/_4$ – 4 Acme–2G	Acme-Gewinde mit $1^3/_4$ inch Nenndurchmesser, 4 Gewindegänge/inch, Passungsklasse 2G	AU, GB, NZ, US
Amerikanisches abgeflachtes Trapezgewinde (American National Standard Stub Acme Thread) $h = 0{,}3 \cdot P$		Stub-Acme	$^1/_2$ – 20 Stub-Acme	Stub-Acme-Gewinde mit $^1/_2$ inch Nenndurchmesser, 20 Gewindegänge/inch	US

[1] vgl. Wegweiser zu den Gewindenormen verschiedener Länder, DIN Kommentar, 2000.

[2] Zwei-Buchstaben-Codes für Ländernamen, vgl. DIN EN ISO 3166-1.

V

Metrische Gewinde Metric Screw Threads

Metrisches ISO-Gewinde allgemeiner Anwendung, Nennprofile

vgl. DIN 13-19

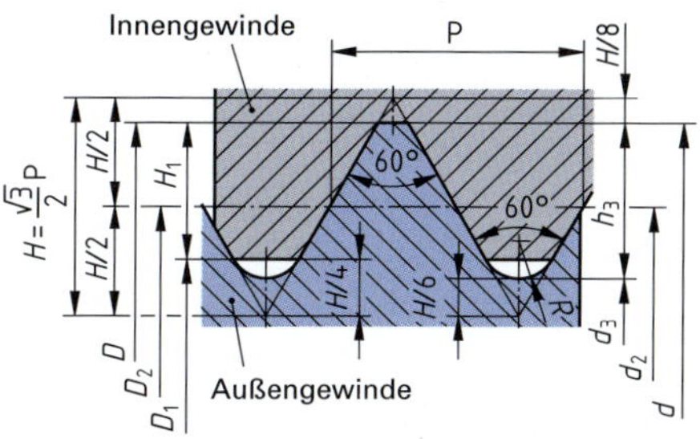

Gewinde-Nenndurchmesser	$d = D$
Steigung	P
Gewindetiefe des Außengewindes	$h_3 = 0{,}6134 \cdot P$
Gewindetiefe des Innengewindes	$H_1 = 0{,}5413 \cdot P$
Rundung	$R = 0{,}1443 \cdot P$
Flanken-Ø	$d_2 = D_2 = d - 0{,}6495 \cdot P$
Kern-Ø des Außengewindes	$d_3 = d - 1{,}2269 \cdot P$
Kern-Ø des Innengewindes	$D_1 = d - 1{,}0825 \cdot P$
Kernlochbohrer-Ø	$d_k = d - P$
Gewindeprofil-(Flanken-)Winkel	$\alpha = 60°$
Spannungsquerschnitt	$S = \frac{\pi}{4} \cdot \left(\frac{d_2 + d_3}{2}\right)^2$

Nennmaße für Regelgewinde Reihe 1[1]

Maße in mm vgl. DIN 13-1

Gewindebezeichnung $d = D$	Steigung P	Flanken-Ø $d_2 = D_2$	Kern-Ø Außengewinde d_3	Kern-Ø Innengewinde D_1	Gewindetiefe Außengewinde h_3	Gewindetiefe Innengewinde H_1	Rundung R	Spannungsquerschnitt S mm²	Bohrer-Ø für Gewindekernlöcher[2]	Sechskantschlüsselweite[3]
M 1	0,25	0,84	0,69	0,73	0,15	0,14	0,04	0,46	0,75	–
M 1,2	0,25	1,04	0,89	0,93	0,15	0,14	0,04	0,73	0,95	–
M 1,6	0,35	1,38	1,17	1,22	0,22	0,19	0,05	1,27	1,25	3,2
M 2	0,4	1,74	1,51	1,57	0,25	0,22	0,06	2,07	1,6	4
M 2,5	0,45	2,21	1,95	2,01	0,28	0,24	0,07	3,39	2,05	5
M 3	0,5	2,68	2,39	2,46	0,31	0,27	0,07	5,03	2,5	5,5
M 3,5[4]	0,6	3,11	2,76	2,85	0,37	0,33	0,09	6,77	2,9	–
M 4	0,7	3,55	3,14	3,24	0,43	0,38	0,10	8,78	3,3	7
M 5	0,8	4,48	4,02	4,13	0,49	0,43	0,12	14,2	4,2	8
M 6	1	5,35	4,77	4,92	0,61	0,54	0,14	20,1	5,0	10
M 7[4]	1	6,35	5,77	5,92	0,61	0,54	0,14	28,84	6,0	11
M 8	1,25	7,19	6,47	6,65	0,77	0,68	0,18	36,6	6,8	13
M 10	1,5	9,03	8,16	8,38	0,92	0,81	0,22	58,0	8,5	16
M 12	1,75	10,86	9,85	10,11	1,07	0,95	0,25	84,3	10,2	18
M 14[4]	2	12,70	11,55	11,84	1,23	1,08	0,29	115,47	12	21
M 16	2	14,70	13,55	13,84	1,23	1,08	0,29	157	14	24
M 20	2,5	18,38	16,93	17,29	1,53	1,35	0,36	245	17,5	30
M 24	3	22,05	20,32	20,75	1,84	1,62	0,43	353	21	36
M 30	3,5	27,73	25,71	26,21	2,15	1,89	0,51	561	26,5	46
M 36	4	33,40	31,09	31,67	2,45	2,17	0,58	817	32	55
M 42	4,5	39,08	36,48	37,13	2,76	2,44	0,65	1121	37,5	65

Nennmaße für Feingewinde

Maße in mm vgl. DIN 13-2...10

Gewindebezeichnung $d \times P$	Flanken-Ø $d_2 = D_2$	Kern-Ø Außeng. d_3	Kern-Ø Inneng. D_1	Gewindebezeichnung $d \times P$	Flanken-Ø $d_2 = D_2$	Kern-Ø Außeng. d_3	Kern-Ø Inneng. D_1	Gewindebezeichnung $d \times P$	Flanken-Ø $d_2 = D_2$	Kern- Außeng. d_3	Kern- Inneng. D_1
M 2 × 0,25	1,84	1,69	1,73	M 10 × 0,25	9,84	9,69	9,73	M 24 × 2	22,70	21,55	21,84
M 3 × 0,25	2,84	2,69	2,73	M 10 × 0,5	9,68	9,39	9,46	M 30 × 1,5	29,03	28,16	28,38
M 4 × 0,2	3,87	3,76	3,78	M 10 × 1	9,35	8,77	8,92	M 30 × 2	28,70	27,55	27,84
M 4 × 0,35	3,77	3,57	3,62	M 12 × 0,35	11,77	11,57	11,62	M 36 × 1,5	35,03	34,16	34,38
M 5 × 0,25	4,84	4,69	4,73	M 12 × 0,5	11,68	11,39	11,46	M 36 × 2	34,70	33,55	33,84
M 5 × 0,5	4,68	4,39	4,46	M 12 × 1	11,35	10,77	10,92	M 42 × 1,5	41,03	40,16	40,38
M 6 × 0,25	5,84	5,69	5,73	M 16 × 0,5	15,68	15,39	15,46	M 42 × 2	40,70	39,55	39,84
M 6 × 0,5	5,68	5,39	5,46	M 16 × 1	15,35	14,77	14,92	M 48 × 1,5	47,03	46,16	46,38
M 6 × 0,75	5,51	5,08	5,19	M 16 × 1,5	15,03	14,16	14,38	M 48 × 2	46,70	45,55	45,84
M 8 × 0,25	7,84	7,69	7,73	M 20 × 1	19,35	18,77	18,92	M 56 × 1,5	55,03	54,16	54,38
M 8 × 0,5	7,68	7,39	7,46	M 20 × 1,5	19,03	18,16	18,38	M 56 × 2	54,70	53,55	53,84
M 8 × 1	7,35	6,77	6,92	M 24 × 1,5	23,03	22,16	22,38	M 64 × 2	62,70	61,55	61,84

[1] Reihe 2 und Reihe 3 enthalten auch Zwischengrößen (z.B. M 7, M 9, M 14);
[2] vgl. DIN 336; [3] vgl. DIN ISO 272 [4] Gewindedurchmesser der Reihe 2, möglichst vermeiden

Whitworth-Gewinde

(nicht genormt)

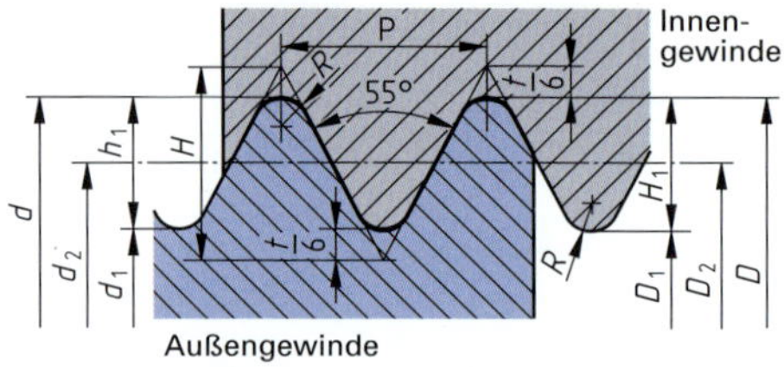

Außendurchmesser	$d = D$
Kerndurchmesser	$d_1 = D_1 = d - 1{,}28 \cdot P = d - 2 \cdot t_1$
Flankendurchmesser	$d_2 = D_2 = d - 0{,}640 \cdot P$
Gangzahl je inch (Zoll)	Z
Steigung	$P = \dfrac{25{,}4\ \text{mm}}{Z}$
Gewindetiefe	$h_1 = H_1 = 0{,}640 \cdot P$
Radius	$R = 0{,}137 \cdot P$
Gewindeprofil-(Flanken-)Winkel	$\alpha = 55°$

Gewinde-bezeichnung	Maße in mm für Außen- und Innengewinde						Gewinde-bezeichnung	Maße in mm für Außen- und Innengewinde					
	Außen-∅	Kern-∅	Flanken-∅	Gangzahl je inch	Gewindetiefe	Kernquerschnitt mm^2		Außen-∅	Kern-∅	Flanken-∅	Gangzahl je inch	Gewindetiefe	Kernquerschnitt mm^2
d	$d = D$	$d_1 = D_1$	$d_2 = D_2$	Z	$h_1 = H_1$		d	$d = D$	$d_1 = D_1$	$d_2 = D_2$	Z	$h_1 = H_1$	
1/4"	6,35	4,72	5,54	20	0,81	17,5	1 1/4"	31,75	27,10	29,43	7	2,32	577
5/16"	7,94	6,13	7,03	18	0,90	29,5	1 1/2"	38,10	32,68	35,39	6	2,71	839
3/8"	9,53	7,49	8,51	16	1,02	44,1	1 3/4"	44,45	37,95	41,20	5	3,25	1131
1/2"	12,70	9,99	11,35	12	1,36	78,4	2"	50,80	43,57	47,19	4,5	3,61	1491
5/8"	15,88	12,92	14,40	11	1,48	131	2 1/4"	57,15	49,02	53,09	4	4,07	1886
3/4"	19,05	15,80	17,42	10	1,63	196	2 1/2"	63,50	55,37	59,44	4	4,07	2408
7/8"	22,23	18,61	20,42	9	1,81	272	3"	76,20	66,91	72,56	3,5	4,65	3516
1"	25,40	21,34	23,37	8	2,03	358	3 1/2"	88,90	78,89	83,89	3,25	5,00	4888

Rohrgewinde

vgl. DIN ISO 228-1, DIN EN 10226-1

Rohrgewinde DIN ISO 228-1

für nicht im Gewinde dichtende Verbindungen; Innen- und Außengewinde zylindrisch

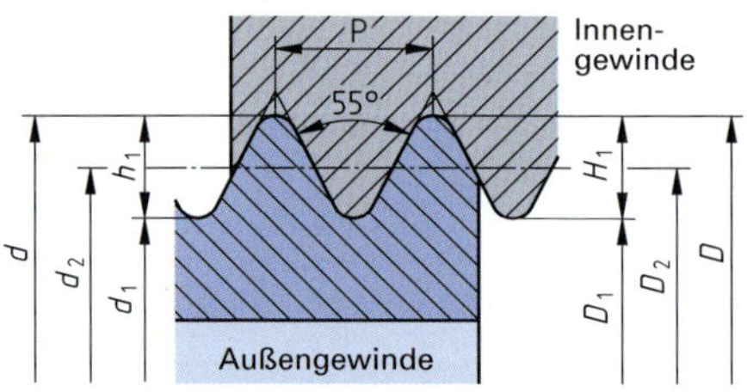

Whitworth-Rohrgewinde DIN EN 10226-1

im Gewinde dichtend; Innengewinde zylindrisch, Außengewinde kegelig

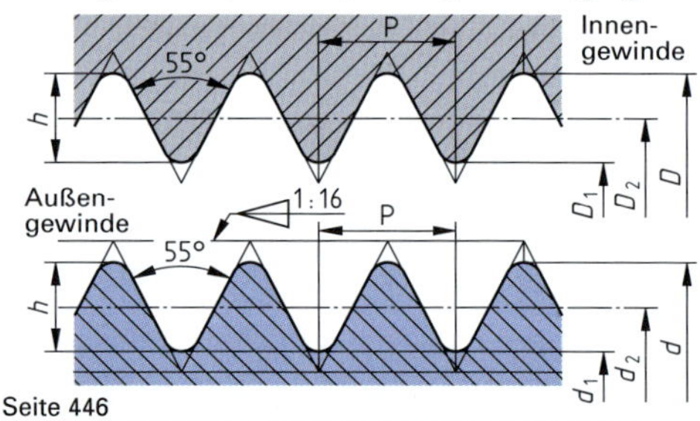

vgl. amerikanisches kegeliges Standard-Rohrgewinde NPT Seite 446

Kurzzeichen DIN ISO 228-1 Außen- und Innengewinde	Kurzzeichen DIN EN 10226-1 Außengewinde	Kurzzeichen DIN EN 10226-1 Innengewinde	Außendurchmesser $d = D$	Flankendurchmesser $d_2 = D_2$	Kerndurchmesser $d_1 = D_1$	Steigung P	Anzahl der Teilungen auf 1" (25,4 mm) Z	Profilhöhe $h = h_1 = H_1$	Nutzbare Länge des Außengewindes ≥
G1/16	R1/16	Rp1/16	7,72	7,14	6,56	0,91	28	0,58	6,5
G1/8	R1/8	Rp1/8	9,73	9,15	8,57	0,91	28	0,58	6,5
G1/4	R1/4	Rp1/4	13,16	12,30	11,45	1,34	19	0,86	9,7
G3/8	R3/8	Rp3/8	16,66	15,81	14,95	1,34	19	0,86	10,1
G1/2	R1/2	Rp1/2	20,96	19,79	18,63	1,81	14	1,16	13,2
G3/4	R3/4	Rp3/4	26,44	25,28	24,12	1,81	14	1,16	14,5
G1	R1	Rp1	33,25	31,77	30,29	2,31	11	1,48	16,8
G1 1/4	R1 1/4	Rp1 1/4	41,91	40,43	38,95	2,31	11	1,48	19,1
G1 1/2	R1 1/2	Rp1 1/2	47,80	46,32	44,85	2,31	11	1,48	19,1
G2	R2	Rp2	59,61	58,14	56,66	2,31	11	1,48	23,4
G2 1/2	R2 1/2	Rp2 1/2	75,18	73,71	72,23	2,31	11	1,48	26,7
G3	R3	Rp3	87,88	86,41	84,93	2,31	11	1,48	29,8
G4	R4	Rp4	113,03	111,55	110,07	2,31	11	1,48	35,8
G5	R5	Rp5	138,43	136,95	135,37	2,31	11	1,48	40,1
G6	R6	Rp6	163,83	162,35	160,87	2,31	11	1,48	40,1

Bezeichnung von Schrauben

vgl. DIN 962

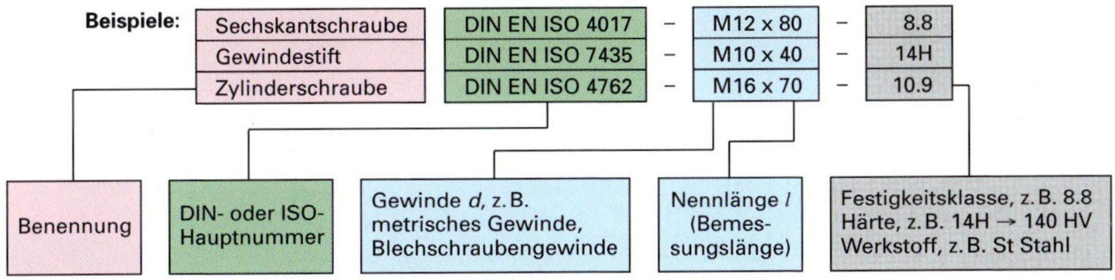

Schrauben, die nach DIN EN oder DIN EN ISO genormt sind, erhalten in der Bezeichnung die ISO-Hauptnummer. Sie wird nach folgenden Regeln bestimmt:

DIN EN-Norm:	**ISO-Hauptnummer = (DIN EN-Hauptnummer) – 20 000**
Beispiel: DIN EN 24 017:	ISO-Hauptnummer = 24 017 – 20 000 = 4017
DIN EN ISO-Norm:	**ISO-Hauptnummer = DIN EN ISO-Hauptnummer**

Festigkeitsklassen und Produktklassen von Schrauben

vgl. DIN EN ISO 898-1
DIN EN ISO 4759-1

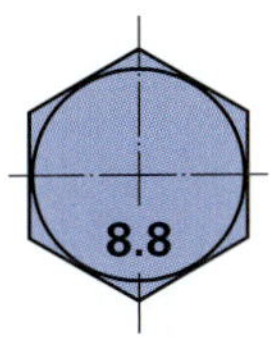

Festigkeitsklasse	3.6	4.6	4.8	5.6	5.8	6.8	8.8	9.8	10.9	12.9
Zugfestigkeit R_m in N/mm²	300	400		500		600	800	900	1000	1200
Streckgrenze R_e in N/mm²	180	240	320	300	400	480	640	720	900	1080
Bruchdehnung A in %	25	22	14	20	10	8	12	10	9	8

Die Produktklassen A, B, C legen die Qualität und die Toleranzklassen der Schrauben fest. Im Vergleich zur bisherigen Bezeichnung gilt folgende Zuordnung: A → m (mittel), B → mg (mittelgrob), C → g (grob).

Durchgangslöcher für Schrauben

vgl. DIN EN 20 273

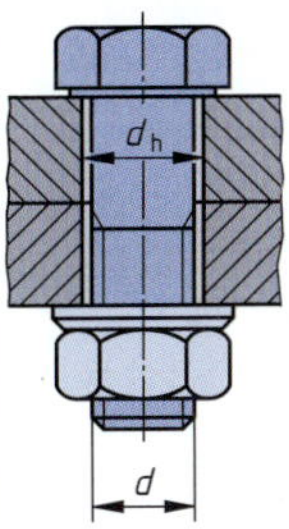

Gewinde d	Durchgangsloch d_h[1] Reihe fein	mittel	grob	Gewinde d	Durchgangsloch d_h[1] Reihe fein	mittel	grob	Gewinde d	Durchgangsloch d_h[1] Reihe fein	mittel	grob
M1	1,1	1,2	1,3	M5	5,3	5,5	5,8	M24	25	26	28
M1,2	1,3	1,4	1,5	M6	6,4	6,6	7	M30	31	33	35
M1,6	1,7	1,8	2	M8	8,4	9	10	M36	37	39	42
M2	2,2	2,4	2,6	M10	10,5	11	12	M42	43	45	48
M2,5	2,7	2,9	3,1	M12	13	13,5	14,5	M48	50	52	56
M3	3,2	3,4	3,6	M16	17	17,5	18,5	M56	58	62	66
M4	4,3	4,5	4,8	M20	21	22	24	M64	66	70	74

[1] Toleranzklassen für d_h; Reihe fein: H12, Reihe mittel: H13, Reihe grob: H14

Mindesteinschraubtiefen in Grundlochgewinde

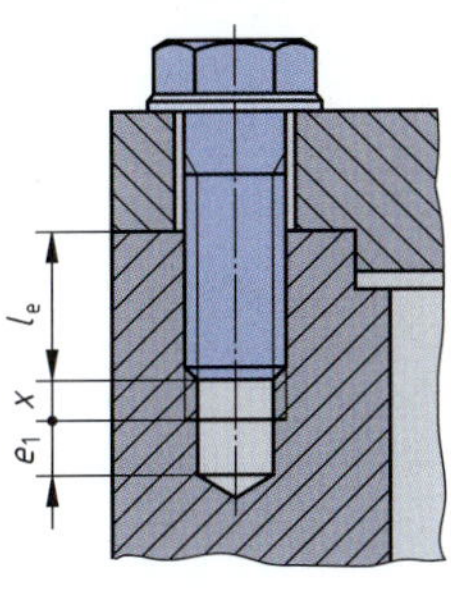

$x \approx 3 \cdot P$ P Steigung
e_1 nach DIN 76

Anwendungsbereich	Mindesteinschraubtiefe l_e für Festigkeitsklasse 8.8	8.8	10.9	10.9
Gewindefeinheit $\frac{d}{P}$	< 9	≥ 9	< 9	≥ 9
Harte Al-Legierungen, z. B. AlCuMg1	$1{,}1 \cdot d$	$1{,}4 \cdot d$		–
Gusseisen mit Lamellengraphit, z. B. EN-GJL-250 (GG-25)	$1{,}0 \cdot d$	$1{,}25 \cdot d$		$1{,}4 \cdot d$
Stahl niederer Festigkeit, z. B. S235 (St 37), C15	$1{,}0 \cdot d$	$1{,}25 \cdot d$		$1{,}4 \cdot d$
Stahl mittlerer Festigkeit, z. B. E295 (St 50), C35+N	$0{,}9 \cdot d$	$1{,}0 \cdot d$		$1{,}2 \cdot d$
Stahl hoher Festigkeit, mit R_m > 800 N/mm², z. B. 34Cr4	$0{,}8 \cdot d$	$0{,}9 \cdot d$		$1{,}0 \cdot d$

Schraubenübersicht Synopsis of Screws

Bild	Ausführung, Normbereich von … bis	Norm	Festigkeitsklasse	Bild	Ausführung, Normbereich von … bis	Norm	Festigkeitsklasse
Sechskantschrauben							
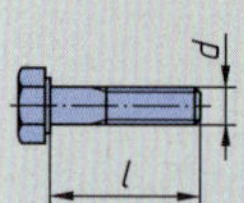	mit Schaft und Regelgewinde, M1,6 bis M64	DIN EN ISO 4014	5.6 8.8 10.9	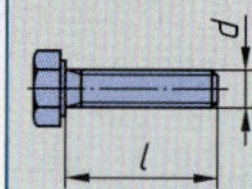	Regelgewinde bis zum Kopf, M1,6 bis M64	DIN EN ISO 4017	5.6 8.8 10.9
	mit Schaft und Feingewinde, M8 x 1 bis M64 x 4	DIN EN ISO 8765			Feingewinde bis zum Kopf, M8 x 1 bis M64 x 4	DIN EN ISO 8676	
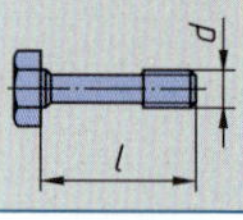	mit Dünnschaft, M3 bis M20	DIN EN ISO 4015	5.8 6.8 8.8	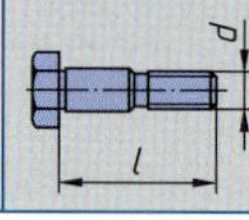	Passschraube, langer Gewindezapfen, M8 bis M48	DIN 609	5.8
Sechskantschrauben für Stahlkonstruktionen (HV-Schrauben)							
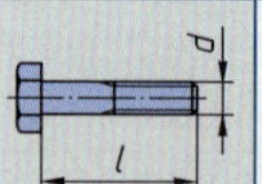	große Schlüsselweite, M12 bis M36	DIN 6914	10.9	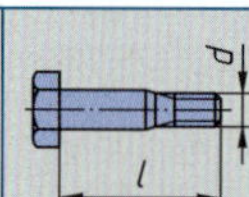	Passschraube, große Schlüsselweite, M12 bis M30	DIN 7999	10.9
Zylinderschrauben							
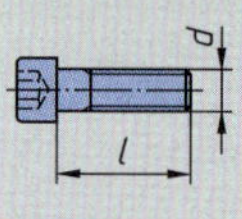	Innensechskant, M1,6 bis M36	DIN EN ISO 4762	8.8 10.9 12.9	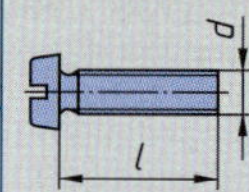	mit Schlitz, M1,6 bis M10	DIN EN ISO 1207	4.8 5.8
	niedriger Kopf, M3 bis M24	DIN 7984	8.8				
Flachkopfschrauben				**Verschlussschrauben**			
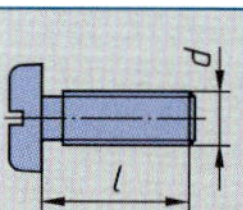	mit Schlitz, M1,6 bis M10	DIN EN ISO 1580	–	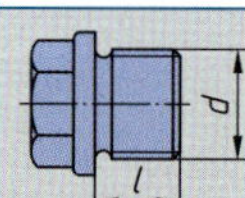	mit Bund, M10 x 1 bis M52 x 1,5	DIN 908 DIN 910	–
	mit Kreuzschlitz, M1,6 bis M10	DIN EN ISO 7045	–		Rohrgewinde, R3/8 bis R$1^1/_2$	DIN 906	–
Senkschrauben							
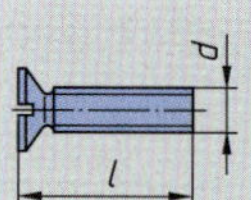	mit Schlitz, M1,6 bis M10	DIN EN ISO 2009	4.8 5.8	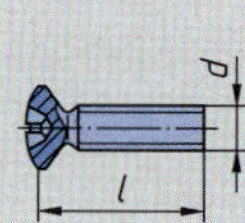	Linsensenkkopf mit Schlitz, M1,6 bis M10	DIN EN ISO 2010	4.8 5.8
	Innensechskant, M3 bis M20	DIN EN ISO 10642	8.8 10.9 12.9		Linsensenkkopf mit Kreuzschlitz, M1,6 bis M10	DIN ISO 7047	4.8
Blechschrauben							
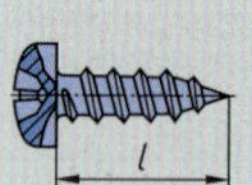	Linsenkopfschraube, ST2,2 bis ST9,5	DIN ISO 7049	–	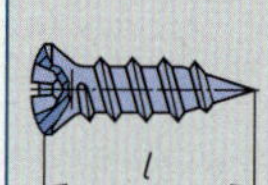	Linsensenkschraube, ST2,2 bis ST9,5	DIN ISO 7051	–
	Senkschraube, ST2,2 bis ST9,5	DIN ISO 7050	–				
Vierkantschrauben				**Stiftschrauben**			
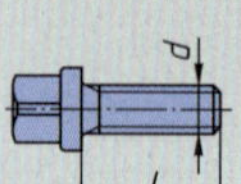	mit Bund, M5 bis M24	DIN 478	5.6 5.8 8.8	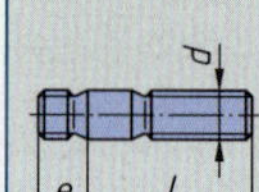	$e \approx 2 \cdot d$, M4 bis M24	DIN 835	5.6 8.8 10.8
	mit Kernansatz, M5 bis M24	DIN 479			$e \approx d$, M3 bis M48	DIN 938	
	mit Ansatzkuppe, M8 bis M24	DIN 480			$e \approx 1{,}25 \cdot d$, M4 bis M48	DIN 939	

V

Sechskantschrauben Hexagonal Screws

Sechskantschrauben mit Schaft

vgl. DIN EN ISO 4014

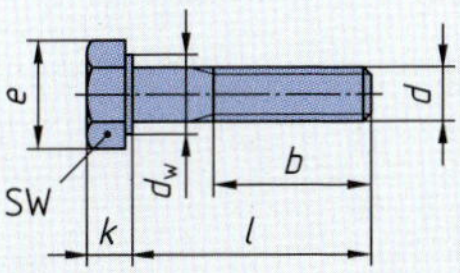

d	M1,6	M2	M2,5	M3	M4	M5	M6	M8	M10
SW	3,2	4	5	5,5	7	8	10	13	17
k_{max}	1,1	1,4	1,7	2	2,8	3,5	4	5,3	6,4
d_w	2,3	3,1	4,1	4,6	5,9	6,9	8,9	11,6	14,6
e	3,4	4,3	5,5	6	7,7	8,8	11,1	14,4	17,8
b	9	10	11	12	14	16	18	22	26
l von	12	16	16	20	25	25	30	40	45
l bis	16	20	25	30	40	50	60	80	100
d	M12	M16	M20	M24	M30	M36	M42	M48	M56
SW	19	24	30	36	46	55	65	75	85
k_{max}	7,5	10	12,5	15	18,7	22,5	26	30	35
d_w	16,6	22	27,7	33,3	42,8	51,1	60	69,5	78,7
e	20	26,2	33	39,6	50,9	60,8	71,3	82,6	93,6
b[1]	30	38	46	54	66	–	–	–	–
b[2]	–	44	52	60	72	84	96	108	–
b[3]	–	–	–	73	85	97	109	121	137
l von	50	65	80	90	110	140	160	180	220
l bis	120	160	200	240	300	360	440	480	500

Nennlängen l: 12, 16, 20, 25, 30, 35 bis 60, 65, 70, 80, 90 bis 140, 150, 160, 180, 200 bis 460, 480, 500 mm

⇨ **Sechskantschraube ISO 4014 - M10 x 60 - 8.8**
d = M10, l = 60 mm, Festigkeitsklasse 8.8

Sechskantschraube mit Gewinde M10, Schaftlänge 60 mm, Mindestzugfestigkeit 800 N/mm², Mindeststreckgrenze 640 N/mm²

Verdrehwinkel beim Nachfassen mit Gabelschlüssel kleiner als bei Vierkantschrauben → Vorteil bei räumlicher Enge.

[1] für l < 125 mm
[2] für l = 125...200 mm
[3] für l > 200 mm

Sechskantschrauben mit Gewinde bis zum Kopf

vgl. DIN EN ISO 4017

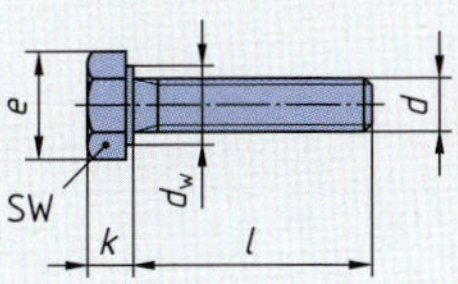

d	M1,6	M2	M2,5	M3	M4	M5	M6	M8	M10
SW	3,2	4	5	5,5	7	8	10	13	17
k	1,1	1,4	1,7	2	2,8	3,5	4	5,3	6,4
d_w	2,3	3,1	4,1	4,6	6	6,9	8,9	11,6	14,6
e	3,4	4,3	5,5	6	7,7	8,8	11,1	14,4	17,8
l von	2	4	5	6	8	10	12	16	20
l bis	16	20	25	30	40	50	60	80	100
d	M12	M16	M20	M24	M30	M36	M42	M48	M56
SW	19	24	30	36	46	55	65	75	85
k	7,5	10	12,5	15	18,7	22,5	26	30	35
d_w	16,6	22,5	27,7	33,3	42,8	51,1	60	69,5	78,7
e	20	26,2	33	39,6	50,9	60,8	71,3	82,6	93,6
l von	25	30	40	50	60	70	80	100	110
l bis	120	150	200	200	200	200	200	200	200

Nennlängen l: 2, 3, 4, 5, 6, 8, 10, 12, 16, 20, 25, 30, 35 bis 60, 65, 70, 80, 90 bis 140, 150, 160, 180, 200 mm

⇨ **Sechskantschraube ISO 4017 - M8 x 40 - 10.9**
d = M8, l = 40 mm, Festigkeitsklasse 10.9

Sechskantschraube mit Gewinde M8 bis zum Kopf, Schaftlänge 40 mm, Mindestzugfestigkeit 1000 N/mm², Mindeststreckgrenze 900 N/mm²

Passschrauben, Senkschrauben Fit Bolts, flat Head Screws

Sechskant-Passschrauben mit langem Gewindezapfen

vgl. DIN 609

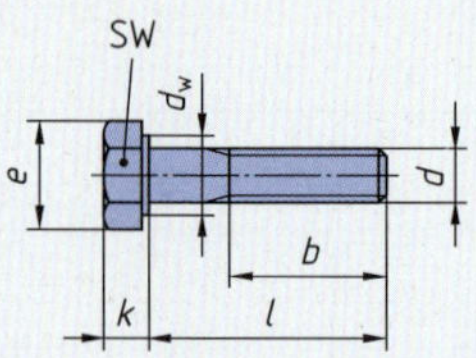

d	M8 M8 ×1	M10 M10 ×1	M12 M12 ×1,5	M16 M16 ×1,5	M20 M20 ×1,5	M24 M24 ×2	M30 M30 ×2	M36 M36 ×3	M42 M42 ×3	M48 M48 ×3
SW	13	17	19	24	30	36	46	55	65	75
k	5,3	6,4	7,5	10	12,5	15	19	22	26	30
d_s k6	9	11	13	17	21	25	32	38	44	50
e	14,4	17,8	19,9	26,2	29,6	40	50,9	60,8	71,3	82,6
b[1]	14,5	17,5	20,5	25	28,5	–	–	–	–	–
b[2]	16,5	19,5	22,5	27	30,5	36,5	43	49	56	63
b[3]	–	–	–	32	35,5	41,5	48	54	61	68
l von	25	30	32	38	45	55	65	70	80	85
l bis	80	100	120	150	150	150	200	200	200	200
NL[4]	25, 28, 30, 32, 35, 38, 40, 42, 45, 48, 50, 55, 60 bis 150, 160 bis 200 mm									
⇨	**Passschraube DIN 609 - M16 x 1,5 x 125 - 8.8** d = M16 x 1,5; l = 125 mm, Festigkeitsklasse 8.8									

[1] für $l \le 50$ m
[2] für l = 50…150 mm
[3] für l > 150 mm
[4] NL Nennlängen l (Bemessungslänge)

Zylinderschrauben mit Innensechskant

DIN EN ISO 4762

Für schwer zugängliche Stellen, benötigen beim Anziehen und Lösen wenig Platz.

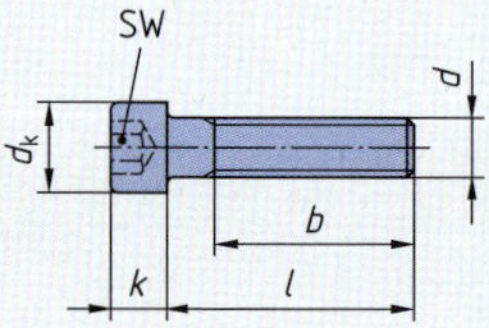

d	M1,5	M2	M2,5	M3	M4	M5	M6	M8	M10
SW	1,5	1,5	2	2,5	3	4	5	6	8
d_k	3	3,8	4,5	5,5	7	8,5	10	13	16
k	1,6	2	2,5	3	4	5	6	8	10
b[1]	15	16	17	18	20	22	24	28	32
für l	16	20	25	≥ 25	≥ 30	≥ 30	≥ 35	≥ 40	≥ 45
l von	2,5	3	4	5	6	8	10	12	16
l bis	16	20	25	30	40	50	60	80	100
d	M12	M16	M20	M24	M30	M36	M42	M48	M56
SW	10	14	17	19	22	27	32	36	41
d_k	18	24	30	36	45	54	63	72	84
k	12	16	20	24	30	36	42	48	56
b[5]	36	44	52	60	72	84	96	108	124
für l	≥ 45	≥ 65	≥ 80	≥ 90	≥ 110	≥ 120	≥ 140	≥ 160	≥ 180
l von	20	25	30	35	40	45	60	70	80
l bis	120	160	200	200	200	200	300	300	300
NL[6]	2,5, 3, 4, 5, 6, 8, 10, 12, 16, 20, 25, 30 bis 65, 70, 80 bis 150, 160, 180, 200 bis 280, 300 mm								
⇨	**Zylinderschraube ISO 4762 - M10 x 55 - 10.9** d = M10, l = 55 mm, Festigkeitsklasse 10.9								

[5] sonst Gewinde annähernd bis zum Kopf
[6] NL Nennlängen l (Bemessungslänge)

V

Senkschrauben mit Innensechskant

vgl. DIN EN ISO 10 642

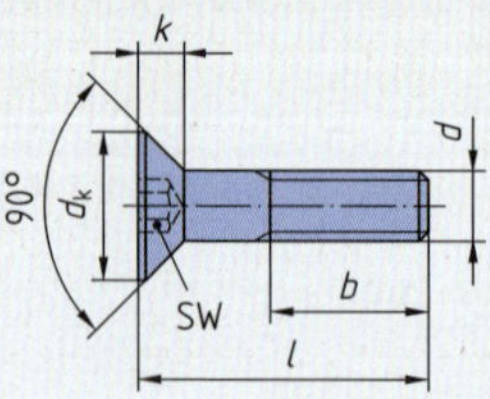

d	M3	M4	M5	M6	M8	M10	M12	M16	M20
SW	2	2,5	3	4	5	6	8	10	12
d_k	6,7	9	11,2	13,4	17,9	22,4	26,9	33,6	40,3
k	1,9	2,5	3,1	3,7	5	6,2	7,4	8,8	10,2
b[7]	18	20	22	24	28	32	36	44	52
l von	8	8	8	8	10	12	20	30	35
l bis	30	40	50	60	80	100	100	100	100
NL[6]	8, 10, 12, 16, 20, 25 bis 65, 70 bis 80, 90, 100 mm								
⇨	**Senkschraube ISO 10 642 - M5 x 30 - 8.8** d = M5, l = 30 mm, Festigkeitsklasse 8.8								

[7] für $l \le b$: Gewinde annähernd bis zum Kopf

Linsen-Schrauben mit PZ Kreuzschlitz

vgl. DIN EN ISO 7045

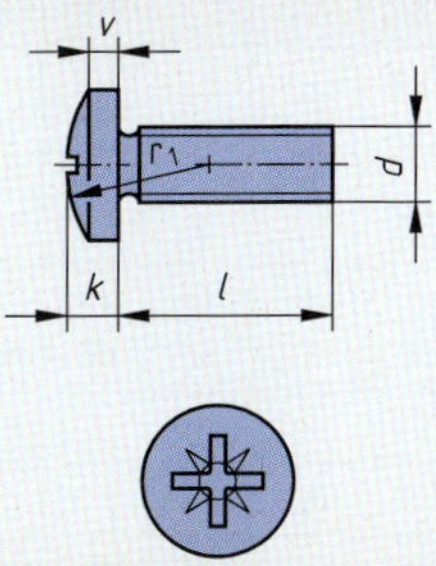

d	M1,6	M2	M2,5	M3	M4	M5	M6
k	1,3	1,6	2	2,4	3,1	3,8	4,3
v	0,8	1,1	1,3	1,6	2	2,5	3
r_1	3	4	5	6	8	10	12
Bit PZ	PZ 0	PZ 1	PZ 1	PZ 1	PZ 1	PZ 2	PZ 2
l von	3	3	3	4	4	6	8
l bis	12	20	20	30	50	60	60

⇨ **Linsen-Schraube DIN 7985 - M4 x 20PZ**
d = M4, *l* = 20 mm, PZ = Pozidriv

Flachkopfschrauben mit Schlitz und mit Kreuzschlitz

vgl. DIN EN ISO 1580 und 7045

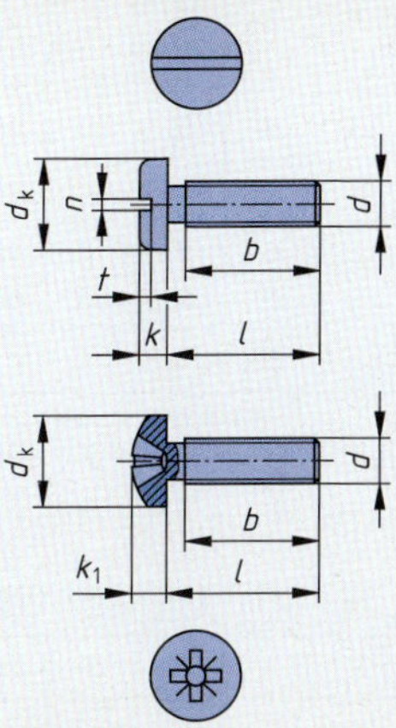

d	M1,6	M2	M2,5	M3	M4	M5	M6	M8	M10
d_k	3,2	4	5	5,6	8	9,5	12	16	20
k	1,3	1,3	1,5	1,8	2,4	3	3,6	4,8	6
k_1	1,3	1,6	2,1	2,4	3,1	3,7	4,6	6	7,5
n	0,4	0,5	0,6	0,8	1,2	1,2	1,6	2	2,5
t	0,4	0,5	0,6	0,7	1	1,2	1,4	1,9	2,4
K[1]	0		1		2		3	4	
l von	3	3	3	4	5	6	8	10	12
l bis	16	20	25	30	40	50	60	60	60
b	Für $l < 45$ mm → $b \approx l$; für $l \geq 45$ mm → $b = 38$ mm								
Nennlängen l	3, 4, 5, 6, 8, 10, 12, 16, 20, 25 bis 45, 50, 60 mm								

⇨ **Flachkopfschraube ISO 1580 - M4 x 16 - 4.8**
d = M4, *l* = 16 mm, Festigkeitsklasse 4.8
[1] Kreuzschlitzgröße

Zylinderschraube mit TORX-Innensechsrund

vgl. DIN EN ISO 14579

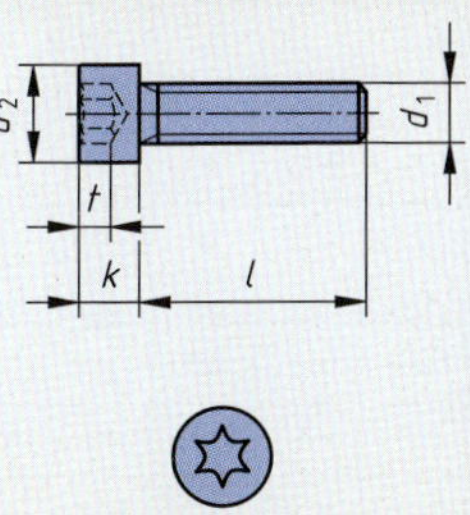

d_1	M2	M2,5	M3	M4	M5	M6
$d_{2\,max}$	3,8	4,5	5,5	7,0	8,5	10,0
k_{max}	2	2,5	3	4	5	6
Bit TX	TX 6	TX 8	TX 10	TX 20	TX 25	TX 30
l von	3	3	4	5	6	8
l bis	20	20	50	80	100	150

⇨ **Zylinderschraube ISO 14579 - M5 x 20TX**
d = M5, *l* = 20 mm, TX = TORX

Linsen-Blechschraube

vgl. DIN 835, 938, 939

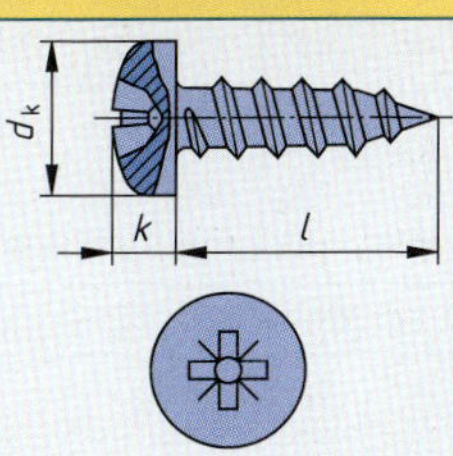

Gewindegröße	ST2,2	ST2,9	ST3,5	ST4,2	ST4,8	ST5,5	ST6,3
d_k	4	5,6	7	8	9,5	11	13
k	1,6	2,4	2,6	3,1	3,7	4	5,6
Übrige Maße, Formen	Längen, Nennlängen, Formen, Kreuzschlitzgrößen und Kreuzschlitzformen wie DIN ISO 7050						

⇨ **Blechschraube ISO 7049 - ST2,9 x 13 - C - H:** Gewinde ST2,9; *l* = 13 mm, Form C mit Spitze, Kreuzschlitzform H

V

Gewindestifte Grub Screws

Gewindestifte mit Schlitz

mit Spitze

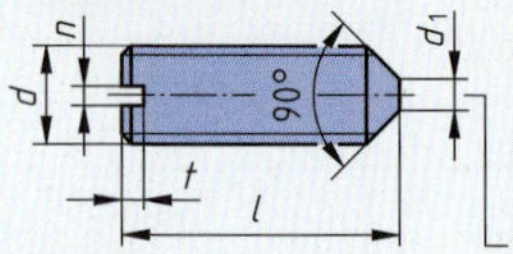

mit Zapfen

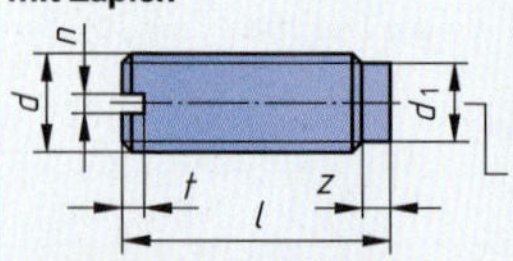

mit Ringschneide

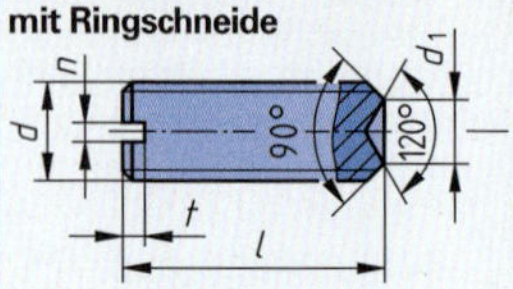

mit Kegelkuppe

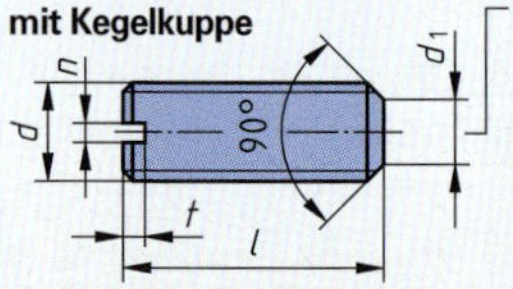

		M<1,2	M1,6	M2	M2,5	M3	M4	M5	M6	M8	M10	M12
	d	M<1,2	M1,6	M2	M2,5	M3	M4	M5	M6	M8	M10	M12
	n	0,2	0,3	0,3	0,4	0,4	0,6	0,8	1,0	1,2	1,6	2
	$t \approx$	0,5	0,7	0,8	1	1,1	1,4	1,6	2	2,5	3	3,6
DIN EN 27 434	d_{1max}	0,1	0,2	0,2	0,3	0,3	0,4	0,5	1,5	2	2,5	3
DIN EN 27 434	l von	2	2	3	3	4	6	8	8	10	12	16
DIN EN 27 434	l bis	6	8	10	12	16	25	30	35	40	55	60
DIN EN 27 435	d_{1max}	–	0,8	1	1,5	2	2,5	3,5	4,3	5,5	7	8,5
DIN EN 27 435	z_{max}	–	1,1	1,3	1,5	1,8	2,3	2,8	3,3	4,3	5,3	6,3
DIN EN 27 435	l von	–	2,5	3	4	5	6	8	8	10	12	16
DIN EN 27 435	l bis	–	8	10	12	16	20	25	30	40	50	60
DIN EN 27 436	d_{1max}	–	0,8	1	1,2	1,4	2	2,5	3	5	6	8
DIN EN 27 436	l von	–	2	2,5	3	3	4	5	6	8	10	12
DIN EN 27 436	l bis	–	8	10	12	16	20	25	30	40	50	60
DIN EN 24 766	d_{1max}	0,6	0,8	1	1,5	2	2,5	3,5	4	5,5	7	8,5
DIN EN 24 766	l von	2	2	2	2,5	3	4	5	6	8	10	12
DIN EN 24 766	l bis	6	8	10	12	16	20	25	30	40	50	60
Nennlängen l		2, 2,5, 3, 4, 5, 6, 8, 10, 12, 16, 20, 25, 30 bis 50, 55, 60 mm										

⇨ **Gewindestift ISO 7434 - M6 x 25 - 14H**
d = M6, l = 25 mm, Festigkeitsklasse 14H

Verwendung z. B. zur Lagesicherung von Stellringen.

Gewindestifte mit Innensechskant

mit Kegelkuppe (DIN 913)

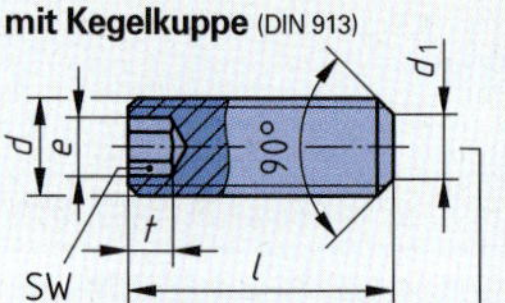

mit Spitze (DIN 914)

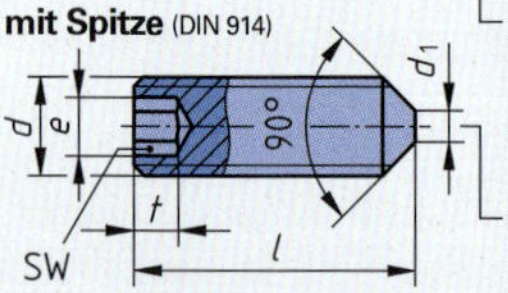

mit Zapfen (DIN 915)

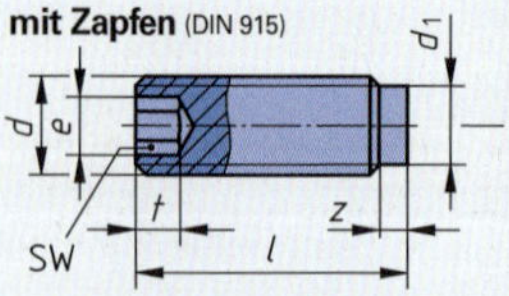

mit Ringschneide (DIN 916)

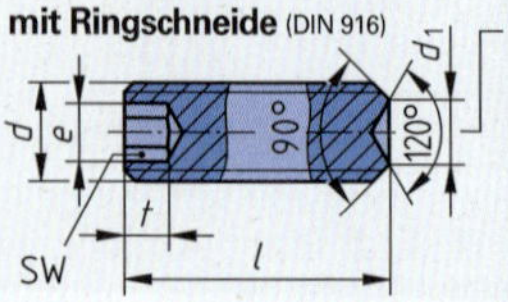

		M2	M2,5	M3	M4	M5	M6	M8	M10	M12	M16	M20
	d	M2	M2,5	M3	M4	M5	M6	M8	M10	M12	M16	M20
	SW	0,9	1,3	1,5	2	2,5	3	4	5	6	8	10
	$e \approx$	1	1,4	1,7	2,3	2,9	3,4	4,6	5,7	6,9	9,2	11,4
	t_{min}	0,8	1,2	1,2	1,5	2	2	3	4	4,8	6,4	8
DIN EN ISO 4026	d_{1max}	1	1,5	2	2,5	3,5	4	5,5	7	8,5	12	15
DIN EN ISO 4026	l von	3	3	3	4	5	6	8	10	16	20	20
DIN EN ISO 4026	l bis	10	10	20	20	25	35	40	40	40	40	50
DIN EN ISO 4027	d_{1max}	–	–	–	–	–	1,5	2	2,5	3	4	5
DIN EN ISO 4027	l von	3	4	4	5	6	8	10	12	16	20	20
DIN EN ISO 4027	l bis	10	10	20	20	25	35	40	40	40	40	50
DIN EN ISO 4028	d_{1max}	1	1,5	2	2,5	3,5	4	5,5	7	8,5	12	15
DIN EN ISO 4028	z	1,3	1,5	1,8	2,3	2,8	3,3	4,3	5,3	6,3	8,4	–
DIN EN ISO 4028	l von	4	4	5	6	8	8	10	12	16	20	25
DIN EN ISO 4028	l bis	10	10	20	20	25	35	40	40	40	40	50
DIN EN ISO 4029	d_{1max}	1	1,2	1,4	2	2,5	3	5	6	8	10	14
DIN EN ISO 4029	l von	3	3	4	5	5	6	8	12	16	20	25
DIN EN ISO 4029	l bis	10	10	20	20	25	35	40	40	40	40	50
Nennlängen l		3, 4, 5, 6, 8, 10, 12, 16, 20, 25, 30, 35, 40, 45, 50 mm										

⇨ **Gewindestift DIN 913 - M6 x 25 - 45H**
d = M6, l = 25 mm, Härte 45H

Verwendung siehe oben.

V

Senkungen 1 Countersinks 1

Senkungen für Senkschrauben mit Einheitsköpfen nach ISO 7721

vgl. DIN EN ISO 15065

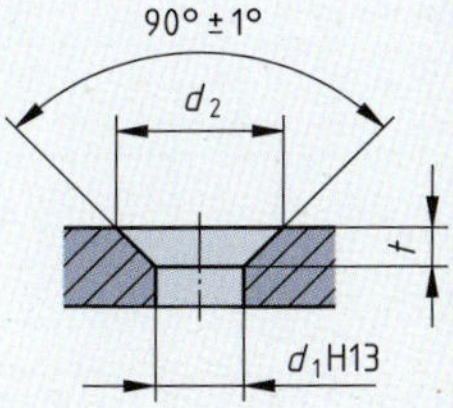

Nenngröße	1,6	2	2,5	3	3,5	4	5	5,5
Metr. Schrauben	M1,6	M2	M2,5	M3	M3,5	M4	M5	–
Blechschrauben	–	ST2,2	–	ST2,9	ST3,5	ST4,2	ST4,8	ST5,5
d_1 H13 (mittel)	1,8	2,4	2,9	3,4	3,9	4,5	5,5	6
d_2	3,6	4,4	5,5	6,3	8,2	9,4	10,4	11,5
Grenzabmaße für d_2	+0,1 0			+0,2 0			+ 0,25 0	
$t_1 \approx$	1,0	1,1	1,4	1,6	2,3	2,6	2,6	2,9
Nenngröße	**6**	**8**	**10**	**12**	**14**	**16**	**18**	**20**
Metr. Schrauben	M6	M8	M10	M12	M14	M16	M18	M20
Blechschrauben	ST6,3	ST8	ST9,5	–	–	–	–	
d_1 H13 (mittel)	6,6	9	11	13,5	15,5	17,5	20	22
d_2	12,6	17,3	20	24	28	32	36	40
Grenzabmaße für d_2	+0,25/0		+0,3/0			+0,4/0		
$t_1 \approx$	3,1	4,3	4,7	5,4	6,4	7,5	8,2	9,2

Vorteile von Senkungen:
- geringere Verletzungsgefahr
- gefälligeres Aussehen

Anwendung für Schrauben:
- Senkschrauben mit Schlitz DIN EN ISO 2009
- Senkschrauben mit Kreuzschlitz DIN EN ISO 7046-1
- Linsensenkschrauben mit Schlitz DIN EN ISO 2010
- Linsensenkschrauben mit Kreuzschlitz DIN EN ISO 7047
- Senk-Blechschrauben mit Schlitz DIN ISO 1482
- Senk-Blechschrauben mit Kreuzschlitz DIN ISO 7050
- Linsensenk-Blechschrauben mit Schlitz DIN ISO 1483
- Linsensenk-Blechschrauben mit Kreuzschlitz DIN ISO 7051
- Senk-Bohrschrauben mit Kreuzschlitz ISO 15482
- Linsensenk-Bohrschrauben mit Kreuzschlitz ISO 15483

⇨ **Senkung DIN 66 – 8**: Nenngröße 8 (metr. Gewinde M8 bzw. Blechschraubengewinde ST8)

Senkungen für Senkschrauben

vgl. DIN 74

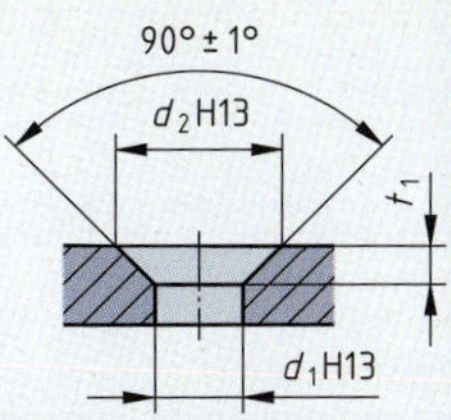

Form A und Form F

	Gewinde-∅	1,6	2	2,5	3	4	4,5	5	6	7	8
Form A	d_1 H13[1]	1,8	2,4	2,9	3,4	4,5	5	5,5	6,6	7,6	9
	d_2 H13	3,7	4,6	5,7	6,5	8,6	9,5	10,4	12,4	14,4	16,4
	$t_1 \approx$	0,9	1,1	1,4	1,6	2,1	2,3	2,5	2,9	3,3	3,7

Anwendung der Form A für:
- Senk-Holzschrauben DIN 97 und DIN 7997
- Linsensenk-Holzschrauben DIN 95 und 7995

⇨ **Senkung DIN 74 – A4:** Form A, Gewindedurchmesser 4 mm

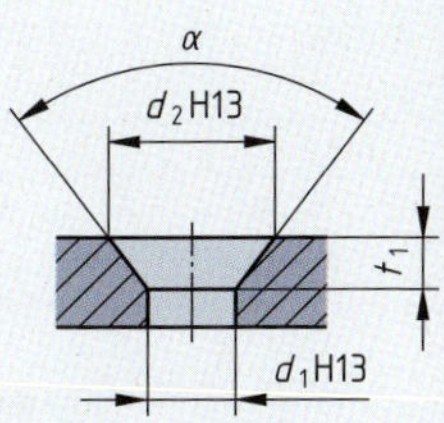

Form E

	Gewinde-∅	10	12	16	20	22	24
Form E	d_1 H13[1]	10,5	13	17	21	23	25
	d_2 H13	19	24	31	34	37	40
	$t_1 \approx$	5,5	7	9	11,5	12	13
	α		75° ± 1°			60° ± 1°	

Anwendung der Form E für:
- Senkschrauben für Stahlkonstruktionen DIN 7969

⇨ **Senkung DIN 74 – E12:** Form E, Gewindedurchmesser 12 mm

	Gewinde-∅	3	4	5	6	8	10	12	14	16	20
Form F	d_1 H13[1]	3,4	4,5	5,5	6,6	9	11	13,5	15,5	17,5	22
	d_2 H13	6,9	9,2	11,5	13,7	18,3	22,7	27,2	31,2	34,0	40,7
	$t_1 \approx$	1,8	2,3	3,0	3,6	4,6	5,9	6,9	7,8	8,2	9,4

Anwendung der Form F für:
- Senkschrauben mit Innensechskant DIN EN ISO 10642

⇨ **Senkung DIN 74 – F12:** Form F, Gewindedurchmesser 12 mm

Formen B, C und D nicht mehr genormt

[1] Durchgangsloch mittel nach DIN EN 20273

Senkdurchmesser und Senktiefe für Schrauben mit Zylinderkopf

vgl. DIN 974-1

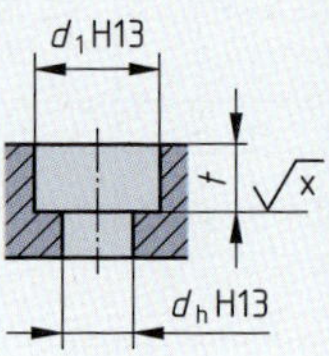

$\sqrt{x} = \sqrt{Ra\ 3{,}2}$

	d	3	4	5	6	8	10	12	16	20	24	27	30	36
	d_h H13[2]	3,4	4,5	5,5	6,6	9	11	13,5	17,5	22	26	30	33	39
d_1 H13	Reihe 1	6,5	8	10	11	15	18	20	26	33	40	46	50	58
	Reihe 2	7	9	11	13	18	24	–	–	–	–	–	–	–
	Reihe 3	6,5	8	10	11	15	18	20	26	33	40	46	50	58
	Reihe 4	7	9	11	13	16	20	24	30	36	43	46	54	63
	Reihe 5	9	10	13	15	18	24	26	33	40	48	54	61	69
	Reihe 6	8	10	13	15	20	24	33	43	48	58	63	73	–
t[1]	ISO 1207	2,4	3,0	3,7	4,3	5,6	6,6	–	–	–	–	–	–	–
	ISO 4762	3,4	4,4	5,4	6,4	8,6	10,6	12,6	16,6	20,6	24,8	–	31,0	37,0
	DIN 7984	2,4	3,2	3,9	4,4	5,6	6,6	7,6	9,6	11,6	13,8	–	–	–

Reihe	**Schrauben mit Zylinderkopf ohne Unterlegteile**	
1	Schrauben ISO 1207, ISO 4762, DIN 6912, DIN 7984, DIN 34821, ISO 4579, ISO 4580	
2	Schrauben ISO 1580, ISO 7045, ISO 14583	
	Schrauben mit Zylinderkopf und folgenden Unterlegteilen:	
3	Schrauben ISO 1207, ISO 4762, DIN 7984 mit Federringen DIN 7980	
4	Scheiben DIN 433-1 und DIN 433-2 Federscheiben DIN 137 Form A Federringe DIN 128 + DIN 6905	Zahnscheiben DIN 6797 Fächerscheiben DIN 6798 Fächerscheiben DIN 6907
5	Scheiben DIN 125-1 und DIN 125-2 Scheiben DIN 6902 Form A	Federscheiben DIN 137 Form B Federscheiben DIN 6904
6	Spannscheiben DIN 6796	Spannscheiben DIN 6908

[1] Für Schrauben ohne Unterlegteile
[2] Durchgangsloch nach DIN ISO 273, Reihe mittel

Senkdurchmesser für Sechskantschrauben und Sechskantmuttern

vgl. DIN 974-2

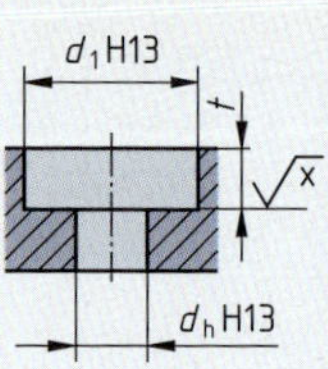

$\sqrt{x} = \sqrt{Ra\ 3{,}2}$
oder $\sqrt{Rz\ 25}$

	d	4	5	6	8	10	12	14	16	20	24	27	30	33	36	42
	s	7	8	10	13	16	18	21	24	30	36	41	46	50	55	65
	d_h H13	4,5	5,5	6,6	9	11	13,5	15,5	17,5	22	26	30	33	36	39	45
d_1 H13	Reihe 1	13	15	18	24	28	33	36	40	46	58	61	73	76	82	98
	Reihe 2	15	18	20	26	33	36	43	46	54	73	76	82	89	93	107
	Reihe 3	10	11	13	18	22	26	30	33	40	48	54	61	69	73	82
t[1]	Sechskant-schrauben	3,2	3,9	4,4	5,7	6,8	8,1	–	10,6	13,1	15,8	–	19,7	23,5	–	–

Reihe 1: für Steckschlüssel DIN 659, DIN 896, DIN 3112 oder Steckschlüsseleinsätze DIN 3124
Reihe 2: für Ringschlüssel DIN 838, DIN 897 oder Steckschlüsseleinsätze DIN 3129
Reihe 3: für Ansenkungen bei beengten Raumverhältnissen (für Spannscheiben nicht geeignet)
[1] Für Sechskantschrauben ISO 4014, ISO 4017, ISO 8765, ISO 8676

Berechnung der Senktiefe für bündigen Abschluss

V

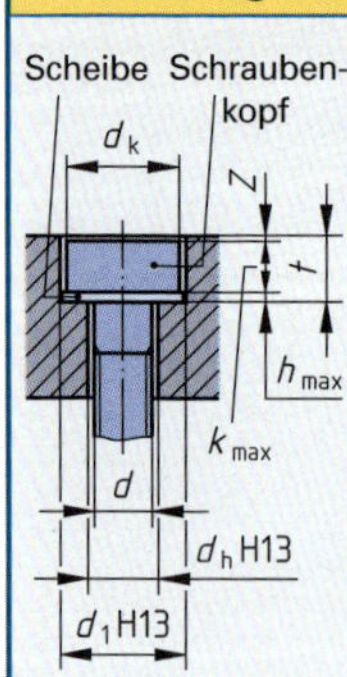

Ermittlung der Zugabe Z

Gewinde-Nenn-Ø d	von 1 bis 1,4	über 1,4 bis 6	über 6 bis 20	über 20 bis 27	über 27 bis 100
Zugabe Z	0,2	0,4	0,6	0,8	1,0

t Senktiefe
k_{max} maximale Kopfhöhe der Schraube
h_{max} maximale Höhe des Unterlegteiles
Z Zugabe entspr. dem Gewinde-Nenndurchmesser (vgl. Tabelle)

Senktiefe[1]

$$t = k_{max} + h_{max} + Z$$

1

[1] Falls die Werte k_{max} und h_{max} nicht zur Verfügung stehen, können näherungsweise die Werte k (Seite 452) und h (Seite 459) verwendet werden.

Muttern Nuts

Bezeichnung von Muttern

vgl. DIN 962

Beispiele:						
Sechskantmutter	ISO 4032	–	M12	–	8
Nutmutter	ISO 1804	–	M40 x 1,5	–	w
Sechskantmutter	DIN 1661	–	M12	–	8
Benennung	ISO-, DIN-, EN-Hauptnummer[1]		Gewinde *d*, z.B. Metrisches Regelgewinde, Metrisches Feingewinde		Festigkeitsklasse, z.B. 05, 8, 10 Ausführung: w ungehärtet und geschliffen, h gehärtet und plangeschliffen Werkstoff: z.B. ST Stahl, GT Temperguss

[1] Muttern, die nach DIN EN ISO genormt sind, erhalten in der Bezeichnung die ISO-Hauptnummer.

DIN EN ISO-Norm: **ISO-Hauptnummer = DIN EN ISO-Nummer**

Muttern, die nach DIN EN genormt sind, erhalten in der Bezeichnung die EN- **oder** die ISO-Hauptnummer.

DIN EN-Norm: **EN-Hauptnummer = DIN EN-Nummer**

oder: **ISO-Hauptnummer = (DIN EN-Nummer – 20 000)**

Beispiel: DIN EN 24 032: ISO-Hauptnummer = 24 032 – 20 000 = 4032

Muttern, die nach DIN genormt sind, erhalten in der Bezeichnung die DIN-Nummer.

Festigkeitsklassen von Muttern

vgl. DIN EN 20 898-2

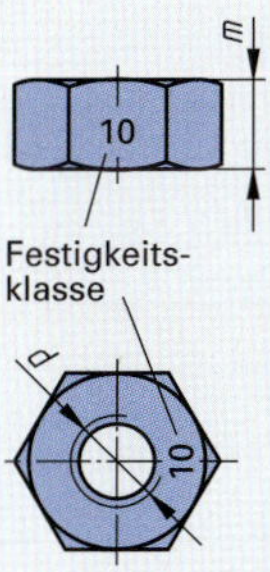

Mutter		zulässige Kombination Mutter/Schraube[2] Mutter				Schraube
		mit Regelgewinde Gewindebereich *d*		mit Feingewinde Gewindebereich *d*		
Festigkeitsklasse	Höhe *m*	Typ 1	Typ 2[3]	Typ 1	Typ 2	Festigkeitsklasse
4	$\geq 0.8 \cdot d$	M20...M36	—	—	—	bis 4.8
5		M5 ...M36	—	—	—	bis 5.8
6		M5 ...M36	—	M8 x 1...M36 x 3	—	bis 6.8
8		M5 ...M36	M20...M36	M8 x 1...M36 x 3	M8 x 1...M16 x 1,5	bis 8.8
9		M5 ...M16	M5 ...M16	—	—	bis 9.8
10		M5 ...M36	—	M8 x 1...M16 x 1,5	M8 x 1...M36 x 3	bis 10.9
12		M5 ...M16	M5 ...M36	—	M8 x 1...M16 x 1,5	bis 12.9
04	$< 0.8 \cdot d$	Muttern der Festigkeitsklassen 04 und 05 sind nicht in Typ 1 oder Typ 2 eingeteilt. Sie sind geringer belastbar als Muttern mit der Höhe $m \geq 0.8 \cdot d$.				
05						

[2] Werden Muttern und Schrauben innerhalb der angegebenen Bereiche miteinander kombiniert, so können die Verbindungen nach untenstehender **Tabelle** belastet werden.

[3] Muttern des Typs 2 sind ca. 10% höher als Muttern des Typs 1.

Zulässige Längskräfte F[4] für Muttern und Schrauben

Gewinde *d*	zulässige Längskraft *F* in kN für Festigkeitsklasse der Schraube 4.8	5.8	6.8	8.8	9.8	10.9	12.9	Gewinde *d*	zulässige Längskraft *F* in kN für Festigkeitsklasse der Schraube 4.8	5.8	6.8	8.8	9.8	10.9	12.9
M5	4,40	5,40	6,25	8,23	9,23	11,8	13,8	M16 x 1,5	51,8	63,5	73,5	96,9	109	139	162
M6	6,23	7,64	8,84	11,6	13,1	16,7	19,5	M20	76,0	93,1	108	147	–	203	238
M8	11,4	13,9	16,1	21,2	23,8	30,4	35,5	M20 x 1,5	84,0	103	120	163	–	226	264
M8 x 1	12,2	14,9	17,2	22,7	25,5	32,5	38,0	M24	109	134	155	212	–	293	342
M10	18,0	22,0	25,5	33,7	37,7	48,1	56,3	M24 x 2	119	146	169	230	–	319	372
M10 x 1	20,0	24,5	28,4	37,4	41,9	53,5	62,7	M30	174	213	247	337	–	466	544
M12	26,1	32,0	37,1	48,9	54,8	70,0	81,8	M30 x 2	192	236	273	373	–	515	602
M12 x 1,5	28,6	35,0	40,5	53,4	59,9	76,4	89,3	M36	253	310	359	490	–	678	792
M16	48,7	59,7	69,1	91,0	102	130	152	M36 x 3	268	329	381	519	–	718	838

[4] Bei Belastungen bis zur Kraft F besteht keine Gefahr gegen das Abstreifen der Gewinde, wenn Muttern mit der Höhe $m \geq 0.8 \cdot d$ verwendet werden.

Sechskantmuttern Hexagon Nuts

Ansicht	Ausführung, Normbereich von ... bis	W[1]	Norm	Ansicht	Ausführung, Normbereich von ... bis	W[1]	Norm
Sechskantmutter							
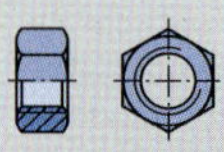	Typ 1			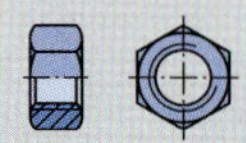	Typ 1		
	M3 bis M36	6; 8; 10	DIN EN 24 032		M8x1 bis M12x1,5	6; 8; 10	DIN EN 28 673
	M1,6 bis M2,5 und M42 bis M63	n.V.			M16x1,5 bis M36x3	6; 8	
					M42x3 bis M64x4	n.V.	
	Typ 2, M5 bis M36	9; 10; 12	DIN EN 24 033		Typ 2, M8x1 bis M36x3	8; 10; 12	DIN EN 28 674
Sechskantmuttern, niedrige Form							
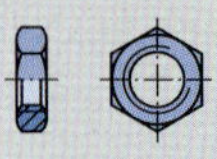	M1,6 bis M2,5	14H	DIN EN 24 035	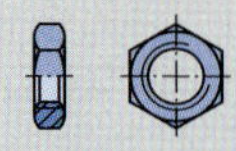	M8x1 bis M36x3	04; 05	DIN EN 28 675
	M3 bis M36	04; 05					
	M42 bis M64	n.V.			M42x3 bis M63x4	n.V.	
Kronenmuttern				**Hutmuttern**			
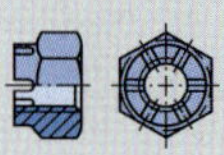	hohe Form, M4 bis M36 M8x1 bis M36x3	6; 8; 10	DIN 935	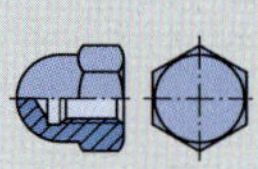	hohe Form, M4 bis M24, M8x1 bis M24x2	6	DIN 1587
	M42 bis M100 x 6 M42x3 bis M100x4	n.V.			niedrige Form, M4 bis M36, M8x1 bis M36x3	5; 6	DIN 917
	niedrige Form, M6 bis M36 M8x1 bis M36x3	04; 05	DIN 979		M42 bis M48, M42x3 bis M48x3	n.V.	
	M42 bis M48 M42x3 bis M48x3	n.V.					
Sicherungsmuttern				**Splinte**			
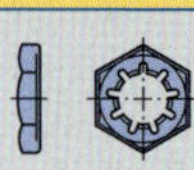	M4 bis M30	Federstahl	DIN 7967	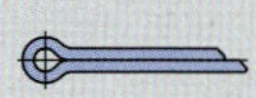	0,6 x 4 bis 20 x 80	St	DIN EN ISO 1234

[1] W Werkstoff: Festigkeitsklasse, z. B. 5, 6, 8 oder Härte, z. B. 6H, 11H oder Stahl, z. B. St, C15 oder Temperguss GT

Sechskantmuttern mit Regelgewinde, Typ 1 und niedrige Form

vgl. DIN EN 24 032, 24 035

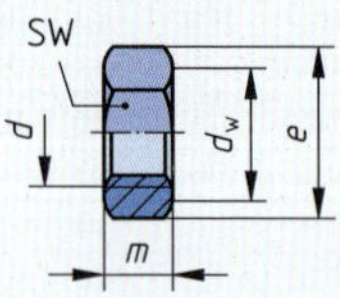

d	M1,6	M2	M2,5	M3	M4	M5	M6	M8	M10
SW	3,2	4	5	5,5	7	8	10	13	16
d_w	2,4	3,1	4,1	4,6	5,9	6,9	8,9	11,6	14,6
e	3,4	4,3	5,5	6	7,7	8,8	11,1	14,4	17,8
m^1	1,3	1,6	2	2,4	3,2	4,7	5,2	6,8	8,4
m^2	1	1,2	1,6	1,8	2,2	2,7	3,2	4	5
d	M12	M16	M20	M24	M30	M36	M42	M48	M56
SW	18	24	30	36	46	55	65	75	85
d_w	16,6	22,5	27,7	33,3	42,8	51,1	60	69,5	78,7
e	20	26,8	33	39,6	50,9	60,8	71,3	82,6	93,6
m^1	10,8	14,8	18	21,5	25,6	31	34	38	45
m^2	6	8	10	12	15	18	21	24	28

⇨ **Sechskantmutter ISO 4032 - M24 - 10**: d = M24, Festigkeitsklasse 10

[1] DIN EN 24 032: Sechskantmutter Typ 1
[2] DIN EN 24 035: Sechskantmutter niedrige Form

V

Scheiben 1 Washers 1

Anwendung und Aufgaben von Scheiben, Bezeichnungsbeispiel

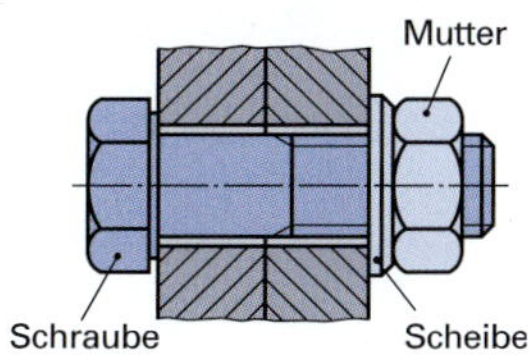

Anwendung: Scheiben werden zwischen Schraubenkopf und Auflagefläche oder zwischen Mutter und Auflagefläche eingelegt.

Aufgaben:
- Verminderung der Flächenpressung, insbesondere bei weichen Werkstoffen
- Bessere Auflage bei rauer oder unbearbeiteter Oberfläche
- Schutz verchromter oder polierter Oberflächen vor Beschädigung

Bezeichnungsbeispiel:

Scheibe ISO 7090 – 8 – 300 HV – A2[1]

Scheibe	ISO 7090	8	300 HV	A2[1]
Benennung	Norm	Nenngröße (Gewinde-Nenn-Ø)	Härteklasse	Werkstoff

[1] nicht rostender Stahl, Stahlgruppe A2

Flache Scheiben mit Fase, normale Reihe

vgl. DIN EN ISO 7090

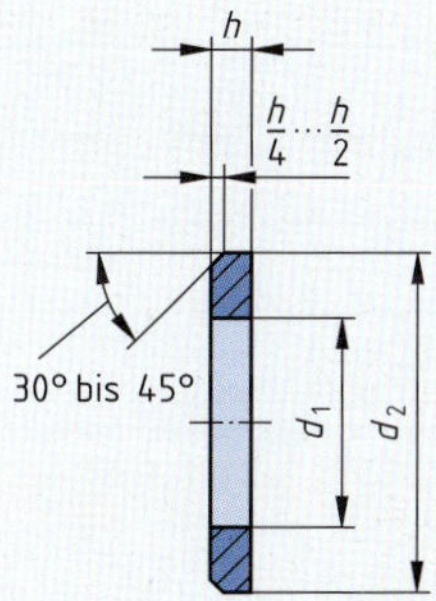

für Gewinde	M5	M6	M8	M10	M12	M16	M20
Nenngröße *d*	5	6	8	10	12	16	20
d_1 min.	5,3	6,4	8,4	10,5	13,0	17,0	21,0
d_2 max.	10,0	12,0	16,0	20,0	24,0	30,0	37,0
h	1	1,6	1,6	2	2,5	3	3
für Gewinde	M24	M30	M36	M42	M48	M56	M64
Nenngröße *d*	24	30	36	42	48	56	64
d_1 min.	25,0	31,0	37,0	45,0	52,0	62,0	70,0
d_2 max.	44,0	56,0	66,0	78,0	92,0	105,0	115,0
h	4	4	5	8	8	10	10
Werkstoffe	Stahl			nicht rostender Stahl			
Sorte	–	–		A2, A4, F1, C1, C4 (ISO 3506)			
Härteklasse	200 HV	300 HV (vergütet)		200 HV			

Flache Scheiben, kleine Reihe

vgl. DIN EN ISO 7092

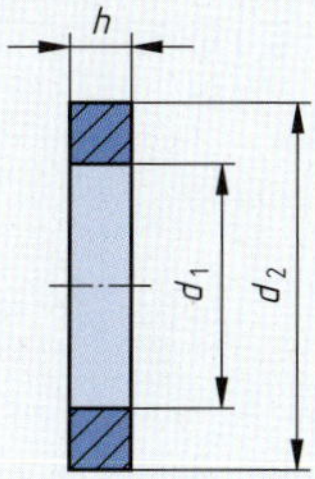

für Gewinde	M1,6	M2	M2,5	M3	M4	M5	M6	M8
Nenngröße	1,6	2	2,5	3	4	5	6	8
d_1 min.	1,7	2,2	2,7	3,2	4,3	5,3	6,4	8,4
d_2 max.	3,5	4,5	5	6	8	9	11	15
h	0,35	0,35	0,55	0,55	0,55	1,1	1,8	1,8
für Gewinde	M10	M12	M14[1]	M16	M20	M24	M30	M36
Nenngröße	10	12	14	16	20	24	30	36
d_1 min	10,5	13,0	15,0	17,0	21,0	25,0	31,0	37,0
d_2 max.	18,0	20,0	24,0	28,0	34,0	39,0	50,0	60,0
h	1,8	2,2	2,7	2,7	3,3	4,3	4,3	5,6
Werkstoffe	Stahl				nicht rostender Stahl			
Sorte	–		–		A2, A4, F1, C1, C4 (ISO 3506)			
Härteklasse	200 HV		300 HV (vergütet)		200 HV			

V

Scheiben 2 Washers 2

Spannscheiben für Schrauben der Festigkeitsklassen 8.8 bis 10.9

vgl. DIN 6796

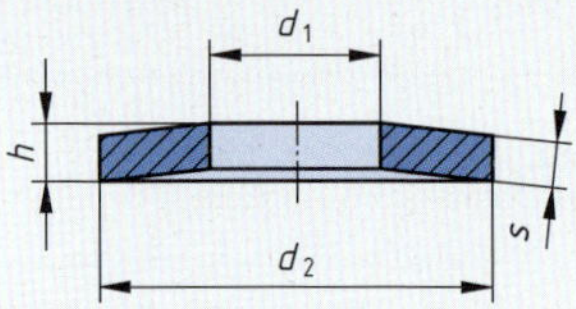

Für Gewinde	d_1 H14	d_2 h14	h max.	s	Für Gewinde	d_1 H14	d_2 h14	h max.	s
M2	2,2	5	0,6	0,4	M12	13	29	3,95	3
M3	3,2	7	0,85	0,6	M14	15	35	4,65	3,5
M4	4,3	9	1,3	1	M16	17	39	5,25	4
M5	5,3	11	1,55	1,2	M18	19	42	5,8	4,5
M6	6,4	14	2	1,5	M20	21	45	6,4	5
M7	7,4	17	2,3	1,75	M24	25	56	7,75	6
M8	8,4	18	2,6	2	M27	28	60	8,35	6,5
M10	10,5	23	3,2	2,5	M30	31	70	9,2	7

⇨ **Spannscheibe DIN 6796-8-FSt**: für M8, aus Federstahl

Federringe, gewölbt, für Schrauben der Festigkeitsklasse <8.8

Form A

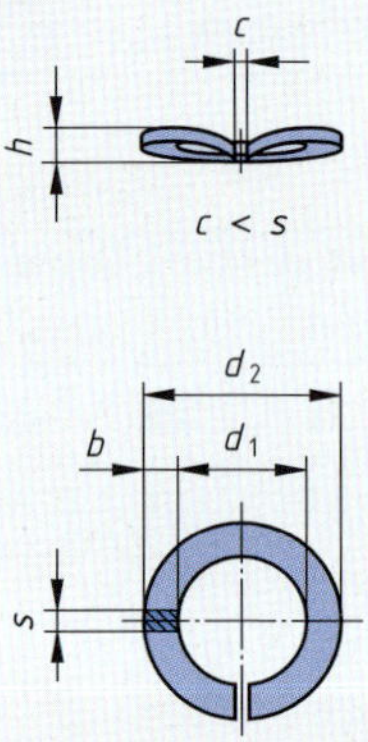

Für Gewinde	d_1 min.	d_1 max.	d_2 max.	b	s	h min.	h max.
M2	2,1	2,4	4,4	0,9	0,5	0,7	0,9
M3	3,1	3,4	6,2	1,3	0,7	1,1	1,3
M4	4,1	4,4	7,6	1,5	0,8	1,2	1,4
M5	5,1	5,4	9,2	1,8	1	1,5	1,7
M6	6,1	6,5	11,8	2,5	1,3	2	2,2
M7	7,1	7,5	12,8	2,5	1,3	2	2,2
M8	8,1	8,5	14,8	3	1,6	2,45	2,75
M10	10,2	10,7	18,1	3,5	1,8	2,85	3,15
M12	12,2	12,7	21,1	4	2,1	3,35	3,65
M14	14,2	14,7	24,1	4,5	2,4	3,9	4,3
M16	16,2	17	27,4	5	2,8	4,5	5,1
M18	18,2	19	29,4	5	2,8	4,5	5,1
M20	20,2	21,2	33,6	6	3,2	5,1	5,9
M22	22,5	23,5	35,9	6	3,2	5,1	5,9
M24	24,5	25,5	40	7	4	6,5	7,5
M27	27,5	28,5	43	7	4	6,5	7,5
M30	30,5	31,7	48,2	8	6	9,5	10,5
M36	36,5	37,5	58,2	10	6	10,3	11,3

⇨ **Federring DIN 128 – A8-FSt**: Form A, für M8, aus Federstahl

Zahnscheiben und Fächerscheiben

DIN 6797

Form A außengezahnt

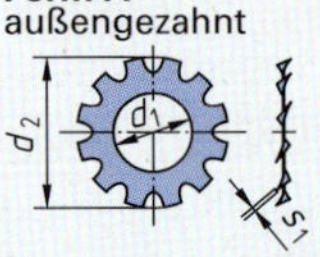

Form J innengezahnt

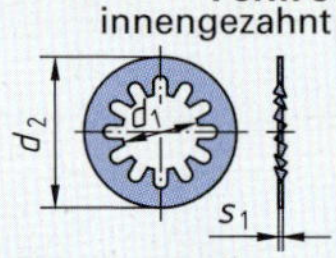

Form V versenkbar

DIN 6798

Form A außengezahnt

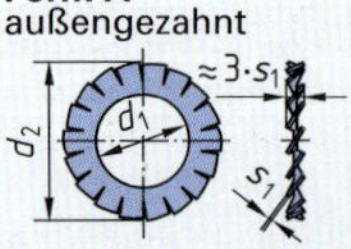

Form J innengezahnt

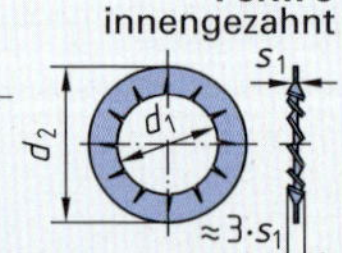

Form V versenkbar

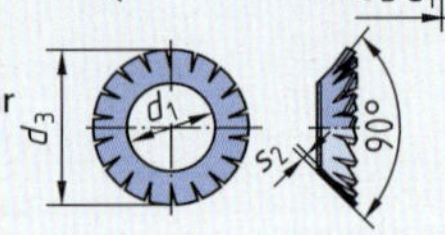

V

Für Gewinde	Nennmaß d_1 min.	Nennmaß d_2 max.	d_3	s_1	s_2	Mindestzähnezahl DIN 6797 (DIN 6798) A	J	V
M2	2,2	4,5	4,2	0,3	0,2	6 (9)	6 (7)	6 (10)
M3	3,2	6	6	0,4	0,2	6 (9)	6 (7)	6 (12)
M4	4,3	8	8	0,5	0,25	8 (11)	8 (8)	8 (14)
M5	5,3	10	9,8	0,6	0,3	8 (11)	8 (8)	8 (14)
M6	6,4	11	11,8	0,7	0,4	8 (12)	8 (9)	10 (16)
M7	7,4	12,5	–	0,8	–	8 (14)	8 (10)	– (–)
M8	8,4	15	15,3	0,8	0,4	8 (14)	8 (10)	10 (18)
M10	10,5	18	19	0,9	0,5	9 (12)	9 (12)	10 (20)
M12	13	20,5	23	1	0,5	10 (16)	10 (12)	10 (26)
M14	15	24	26,2	1	0,6	10 (18)	10 (14)	12 (28)
M16	17	26	30,2	1,2	0,6	12 (18)	12 (14)	12 (30)
M18	19	30	–	1,4	–	12 (18)	12 (14)	– (–)
M20	21	33	–	1,4	–	12 (20)	12 (16)	– (–)
M24	25	38	–	1,5	–	14 (20)	14 (16)	– (–)
M27	28	44	–	1,6	–	14 (22)	14 (18)	– (–)
M30	31	48	–	1,6	–	14 (22)	14 (18)	– (–)

⇨ **Zahnscheibe DIN 6797 – A 8,4-FSt**: Form A, Nenngröße 8,4 (für M8), aus Federstahl

[1] Zahnscheiben und Fächerscheiben aus Federstahl (Härte 350 bis 425 HV10) dienen überwiegend zur Herstellung elektrischer Kontakte bei Verschraubung beschichteter Teile, außerdem als Losdrehsicherung von Schrauben mit niedriger Festigkeitsklasse.

Klemmkraftverlust

Bei ausreichend dimensionierten und zuverlässig montierten Schraubenverbindungen ist im Allgemeinen keine Schraubensicherung notwendig. Die Klemmkräfte verhindern ein Verschieben der verschraubten Teile bzw. ein Lockern der Schrauben und Muttern. In der Praxis kann es trotzdem zum Verlust der Klemmkraft kommen.

Ursache	Erklärung	Abhilfe
Lockern der Schraubverbindung	Folge von hohen Flächenpressungen, die plastische Verformungen auslösen (Setzungen) und die Vorspannkraft vermindern.	Vergrößerung der Vorspannkraft durch Wahl einer höheren Festigkeitsklasse.
Losdrehen der Schraubverbindung	Bei dynamisch senkrecht zur Schraubenachse belasteten Verbindungen kann ein vollständiges selbsttätiges Losdrehen erfolgen.	Erfolgt durch Sicherungselemente: • unwirksame Schraubensicherungen: z.B. Federringe, Zahnscheiben. • Verliersicherungen: teilweises Losdrehen möglich, verhindern Auseinanderfallen der Schraubverbindung. • Losdrehsicherungen: Kleber, Sperrzahnschrauben; Muttern oder Schrauben können sich nicht lösen.

Übersicht über Schraubensicherungen

Verbindung	Sicherungselement	Art, Eigenschaft
mitverspannt, federnd	Federring, Federscheibe, Zahnscheibe, Fächerscheibe	unwirksam
formschlüssig	Sicherungsblech, Kronenmutter mit Splint, Drahtsicherung	Verliersicherungen
kraftschlüssig (klemmend)	Kontermutter	unwirksam, Losdrehen möglich
	Schrauben und Muttern mit klemmender Polyamid-Beschichtung	Verliersicherung bzw. geringe Losdrehsicherung
sperrend (kraft- und formschlüssig)	Schrauben mit Verzahnung unter dem Kopf	Losdrehsicherung, nicht für gehärtete Bauteile geeignet
	Sperrkantringe, Sperrkantscheiben, selbsthemmendes Scheibenpaar	Losdrehsicherung
stoffschlüssig	mikroverkapselte Klebstoffe im Gewinde	Losdrehsicherung, dichtende Verbindung; Temperaturbereich –50 °C bis 150 °C
	Flüssigklebstoff	Losdrehsicherung

Vibrationsprüfung von Sicherungselementen

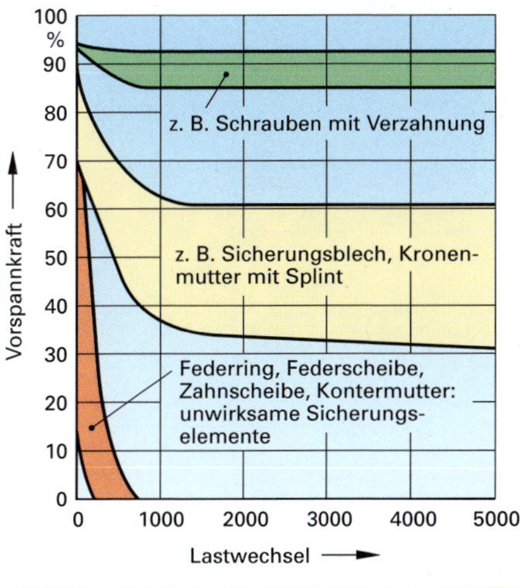

Sicherheitselemente werden nach DIN 66151 einer Vibrationsprüfung unterzogen.

Nebenstehendes Diagramm wurde durch verschiedene Sicherungselemente einer Schraube M10 ISO 4014 ermittelt, die wechselnden Querbelastungen ausgesetzt war.

Während optimale Losdrehsicherungen (Kleber oder Sperrzahnschrauben) nur 10% bis 15% ihrer ursprünglichen Vorspannkraft verlieren, haben Sicherungsmuttern und Fächerscheiben nur noch ca. 50% Vorspannkraft nach 1000 Lastwechseln.

Federscheiben und Zahnscheiben haben ihre Vorspannkraft schon nach 500 Lastwechseln ganz verloren.

Stifte, Übersicht Pins, Overview

Anwendung und Aufgaben von Stiften, Bezeichnungsbeispiel

Passstift

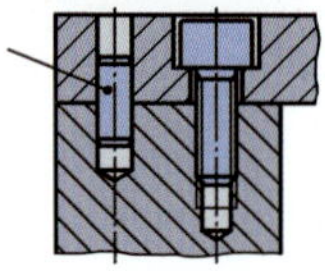

Anwendung: Mit Stiften werden Verbindungen von Maschinenteilen hergestellt. Die Verbindung ist form- und kraftschlüssig, aber unter Aufwand lösbar.

Aufgaben:
- Lagesicherung von Bauteilen (Passstifte)
- Verhinderung einer Überbeanspruchung von Bauteilen (Abscherstift)
- Wegbegrenzung von Maschinenteilen (Anschlagstift)

Bezeichnungsbeispiel:

Zylinderstift ISO 2338 – A – 5 x 20 – St

Zylinderstift	ISO 2338	A	5 x 20	St
Benennung	Norm	Form bzw. Typ[1]	Nenn-∅ x Nennlänge	Werkstoff

Stifte mit DIN-EN-Hauptnummern werden mit ISO-Nummern bezeichnet. ISO-Nummer = DIN-EN-Nummer – 20000; Beispiel: DIN EN 22338 = ISO 2338

z. B. St = Stahl

[1] falls vorhanden

Ansicht	Bezeichnung, Normbereich von...bis	Norm	Ansicht	Bezeichnung, Normbereich von...bis	Norm
Stifte					
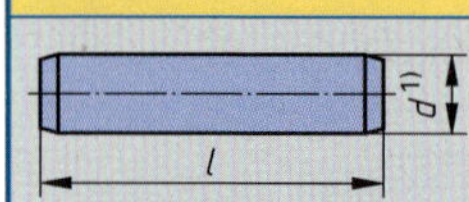 1) Toleranz m6 oder h8	Zylinderstift, ungehärtet d = 1...50 mm	DIN EN ISO 2338	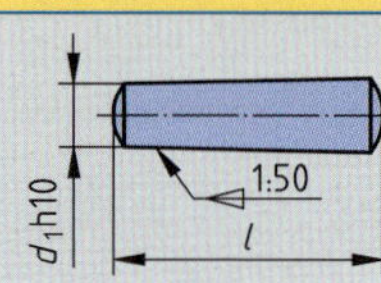	Kegelstift d_1 = 0,6...50 mm	DIN EN 22 339
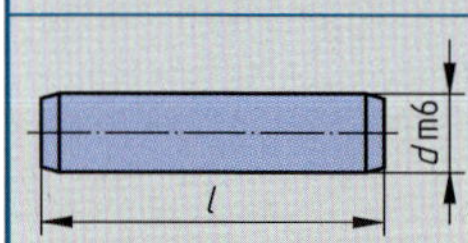	Zylinderstift, gehärtet d = 0,8...20 mm	DIN EN ISO 8734	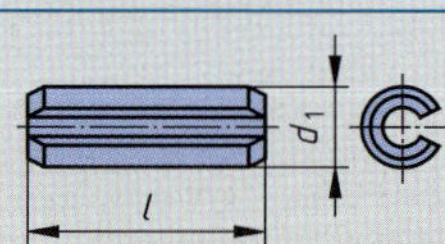	Spannstift (Spannhülsen), geschlitzt d_1 = 1...50 mm	DIN EN ISO 8752
Kerbstifte, Kerbnägel					
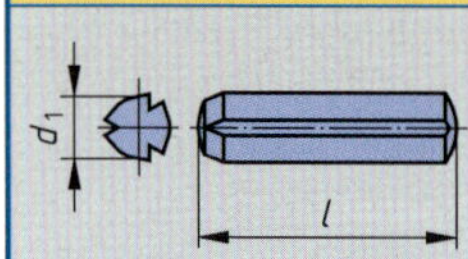	Zylinderkerbstift mit Fase d_1 = 1,5...25 mm	DIN EN ISO 8740	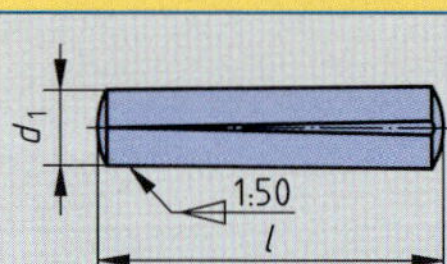	Kegelkerbstift d_1 = 1,5...25 mm	DIN EN ISO 8744
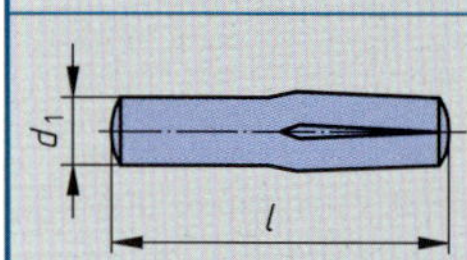	Steckkerbstift d_1 = 1,5...25 mm	DIN EN ISO 8741	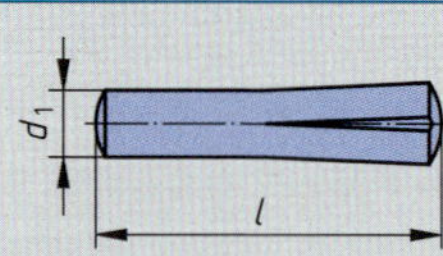	Passkerbstift d_1 = 1,2...25 mm	DIN EN ISO 8745 DIN EN ISO 13337
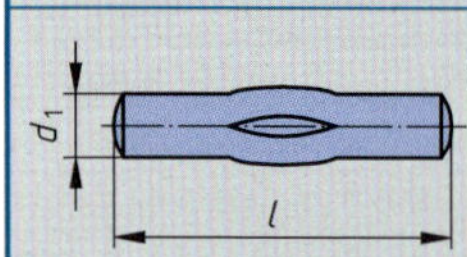	Knebelkerbstift, 1/3 der Länge gekerbt d_1 = 1,2...25 mm	DIN EN ISO 8742	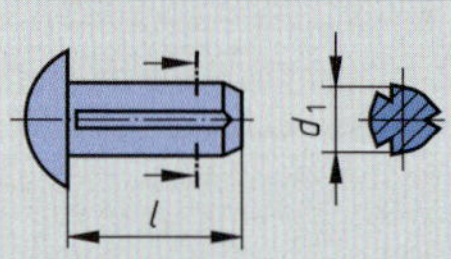	Halbrund-kerbnagel d_1 = 1,4...20 mm	DIN EN ISO 8746
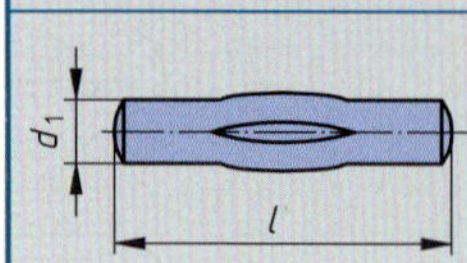	Knebelkerbstift mit langen Kerben d_1 = 1,2...25 mm	DIN EN ISO 8743	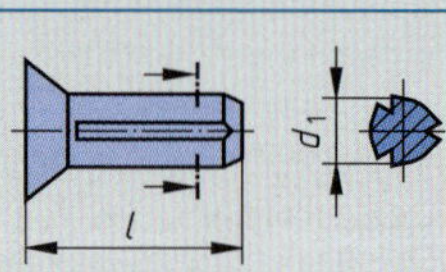	Senkkerbnagel d_1 = 1,4...20 mm	DIN EN ISO 8747

Stifte Pins

Zylinderstifte aus ungehärtetem Stahl und austenitischem nichtrostendem Stahl

vgl. DIN EN ISO 2338

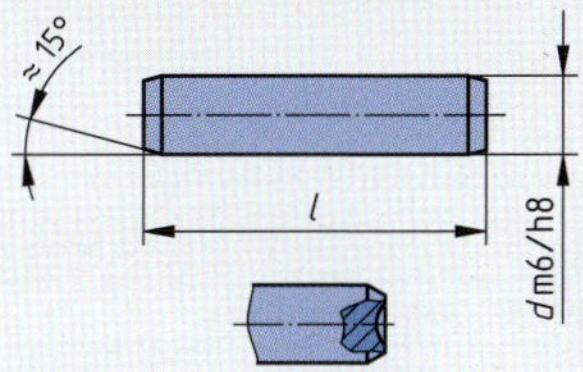

Radius und Einsenkung am Stiftende zulässig

d m6/h8[1]	0,6	0,8	1	1,2	1,5	2	2,5	3	4	5
l von bis	2 6	2 8	4 10	4 12	4 16	6 20	6 24	8 30	8 40	10 50
d	6	8	10	12	16	20	25	30	40	50
l von bis	12 60	14 80	18 95	22 140	26 180	35 200	50 200	60 200	80 200	95 200
Nenn-längen *l*	2, 3, 4, 5, 6, 8, 10, 12, 14, 16, 18, 20, 22, 24, 26, 28, 30, 32, 35, 40, ... 95, 100, 120, 140, 160, 180, 200 mm. [1] Mit Bohrung H7 ergibt sich mit m6 eine Übergangspassung, mit h8 eine Spielpassung.									
⇨	**Zylinderstift ISO 2338 - 6 m6 x 30 – St**: *d* = 6 mm, Toleranzklasse m6, *l* = 30 mm, aus Stahl									

Zylinderstifte, gehärtet

vgl. DIN EN ISO 8734

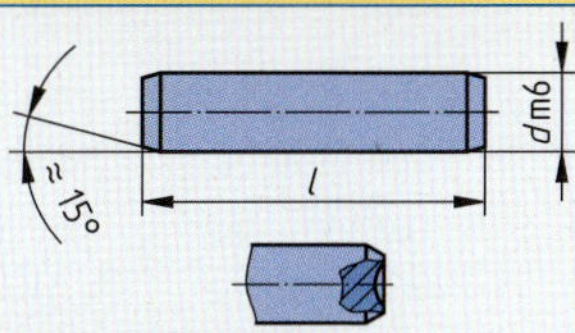

Radius und Einsenkung am Stiftende zulässig

d m6	1	1,5	2	2,5	3	4	5	6	8	10	12	16	20
l von bis	3 10	4 16	5 20	6 24	8 30	10 40	12 50	14 60	18 80	22 100	26	40	50
Nenn-längen *l*	3, 4, 5, 6, 8, 10, 12, 14, 16, 18, 20, 22, 24, 26, 28, 30, 32, 35, 40, 45, 50, 55, 60, 65, 70, 75, 80, 85, 90, 95, 100 mm												
Werkstoffe	• Stahl: Typ A Stift durchgehärtet, Typ B einsatzgehärtet • Nichtrostender Stahl Sorte C1												
⇨	**Zylinderstift ISO 8734 - 6 x 30 - C1**: *d* = 6 mm, *l* = 30 mm, aus nichtrostendem Stahl der Sorte C1												

Kegelstifte, ungehärtet

vgl. DIN EN 22339

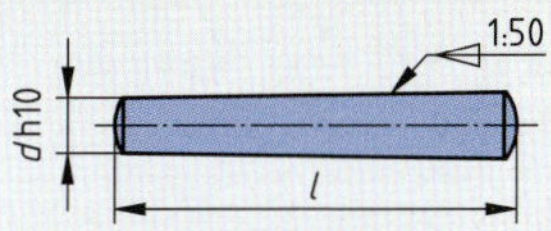

Typ A geschliffen, Ra = 0,8 µm;
Typ B gedreht, Ra = 3,2 µm

d h10	1	2	3	4	5	6	8	10	12	16	20	25	30
l von bis	6 10	10 35	12 45	14 55	18 60	22 90	22 120	26 160	32 180	40 200	45	50	55
Nenn-längen *l*	2, 3, 4, 5, 6, 8, 10, 12, 14, 16, 18, 20, 22, 24, 26, 28, 30, 32, 35, 40, 45...95, 100, 120...180, 200 mm												
⇨	**Kegelstift ISO 2339-A-10 x 40-St**: Typ A, *d* = 10 mm, *l* = 40 mm, aus Stahl												

Spannstifte (Spannhülsen), geschlitzt, schwere Ausführung
Spannstifte (Spannhülsen), geschlitzt, leichte Ausführung

vgl. DIN EN ISO 8752
vgl. DIN EN ISO 13337

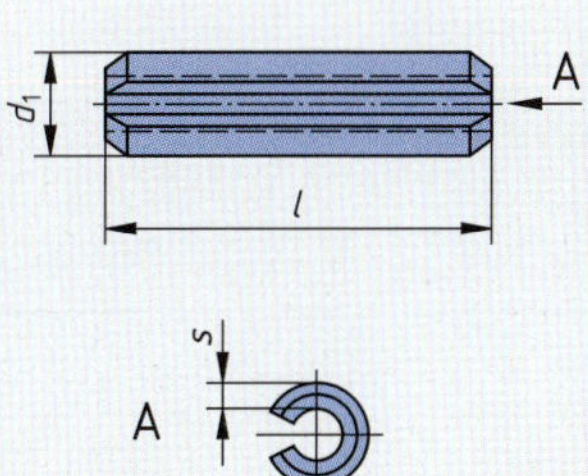

Für Spannstifte mit einem Nenndurchmesser d_1 ≥ 10 mm ist auch nur eine Fase zulässig

Nenn-∅ d_1	2	2,5	3	4	5	6	8	10	12
d_1 max.	2,4	2,9	3,5	4,6	5,6	6,7	8,8	10,8	12,8
s ISO 8752 *s* ISO 13337	0,4 0,2	0,5 0,25	0,6 0,3	0,8 0,5	1 0,5	1,2 0,75	1,5 0,75	2 1	2,5 1
l von bis	4 20	4 30	4 40	4 50	5 80	10 100	10 120	10 160	10 180
Nenn-∅ d_1	14	16	20	25	30	35	40	45	50
d_1 max.	14,8	16,8	20,9	25,9	30,9	35,9	40,9	45,9	50,9
s ISO 8752 *s* ISO 13337	3 1,5	3 1,5	4 2	5 2	6 2,5	7 3,5	7,5 4	8,5 4	9,5 5
l von bis	10 200			14 200		20 200			
Nenn-längen *l*	4, 5, 6, 8, 10, 12, 14, 16, 18, 20, 22, 24, 26, 28, 30, 32, 35, 40, 45...95, 100, 120, 140, 160, 180, 200 mm								
Werkstoffe	• Stahl: gehärtet und angelassen auf 420 HV 30...520 HV 30 • Nichtrostender Stahl: Sorte A oder Sorte C								
Anwendung	Der Durchmesser der Aufnahmebohrung (Toleranzklasse H12) muss gleich dem Nenndurchmesser d_1 des dazugehörigen Stiftes sein. Nach Einbau des Stiftes in die kleinste Aufnahmebohrung darf der Schlitz nicht ganz geschlossen sein.								
⇨	**Spannstift ISO 8752 - 6 x 30 - St**: d_1 = 6 mm, *l* = 30 mm, aus Stahl								

V

Passfedern, Scheibenfedern Parallel Keys, Woodruff Keys

Anwendung und Aufgaben

Anwendung: Mit Pass- oder Scheibenfedern werden Kraftmomente über deren Seitenflächen übertragen. Formschlüssige und lösbare Verbindung.

Aufgaben:
- Herstellung einer formschlüssigen Verbindung zwischen Welle und Nabe (z. B. Welle und Zahnrad).
- Weniger geeignet für stoßartige Belastungen und wechselseitige Kraftmomente.
- Nabe kann fest oder längs verschiebbar mit der Welle verbunden sein (z. B. Verschiebeeräder in Getrieben).

Passfedern (hohe Form) vgl. DIN 6885-1

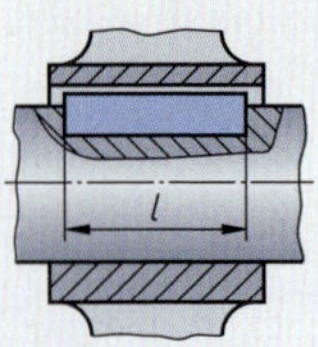

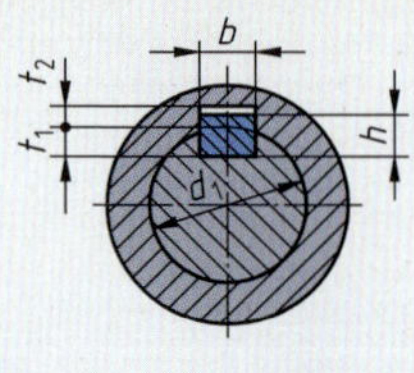

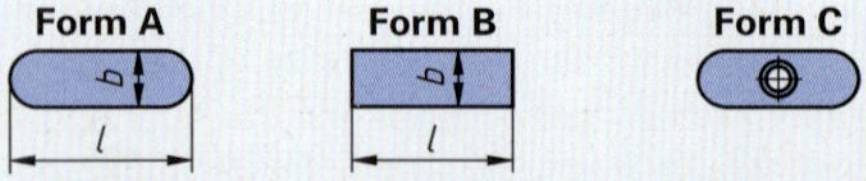

Toleranzen für Passfedernuten

Wellennutenbreite b		fester Sitz leichter Sitz		P 9 N 9
Nabennutenbreite b		fester Sitz leichter Sitz		P 9 JS 9
zul. Abweichung bei d_1		≤ 22	≤ 130	> 130
Wellennutentiefe t_1 Nabennutentiefe t_2		+ 0,1 + 0,1	+ 0,2 + 0,2	+ 0,3 + 0,3
Länge l		6…28	32…80	90…400
Längentoleranzen für	Feder	− 0,2	− 0,3	− 0,5
	Nut	+ 0,2	+ 0,3	+ 0,5

d_1	über bis	6 8	8 10	10 12	12 17	17 22	22 30	30 38	38 44	44 50	50 58	58 65	65 75	75 85	85 95	95 110	110 130
	b h	2 2	3 3	4 4	5 5	6 6	8 7	10 8	12 8	14 9	16 10	18 11	20 12	22 14	25 14	28 16	32 18
	t_1 t_2	1,2 1	1,8 1,4	2,5 1,8	3 2,3	3,5 2,8	4 3,3	5 3,3	5 3,3	5,5 3,8	6 4,3	7 4,4	7,5 4,9	9 5,4	9 5,4	10 6,4	11 7,4
l	von bis	6 20	6 36	8 45	10 56	14 70	18 90	20 110	28 140	36 160	45 180	50 200	56 220	63 250	70 280	80 320	90 360
Nennlängen l		6, 8, 10, 12, 14, 16, 18, 20, 22, 25, 28, 32, 36, 40, 45, 50, 56, 63, 70, 80, 90, 100, 110, 125, 140, 160, 180, 200, 220, 250, 280, 320 mm															
⇨		**Passfeder DIN 6885 – A – 12 x 8 x 56:** Form A, b = 12 mm, h = 8 mm, l = 56 mm															

Scheibenfedern vgl. DIN 6888

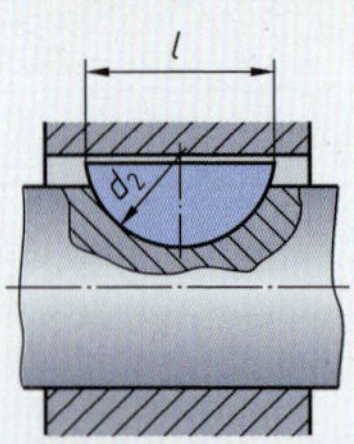

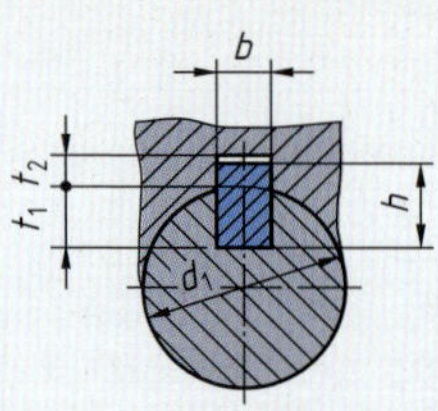

Toleranzen für Scheibenfedernuten

Wellennutenbreite b	fester Sitz leichter Sitz			P 9 (P 8)[1] N 9 (N 8)[1]		
Nabennutenbreite b	fester Sitz leichter Sitz			P 9 (P 8)[1] J 9 (J 8)[1]		
zul. Abweich. bei b und h	≤ 5 ≤ 7,5	5 > 7,5	6 ≤ 9	6 > 9	8 –	10 –
Wellennutentiefe t_1 Nabennutentiefe t_2	+0,1 +0,1	+0,2 +0,1	+0,1 +0,1	+0,2 +0,1	+0,2 +0,1	+0,2 +0,2

d_1	über bis	8 10				10 12			12 17			17 22			22 30			30 38		
b	h9	2,5	3			4			5			6			8			10		
h	h12	3,7	3,7	5	6,5	5	6,5	7,5	6,5	7,5	9	7,5	9	11	9	11	13	11	13	16
d_2		10	10	13	16	13	16	19	16	19	22	19	22	28	22	28	32	28	32	45
t_1		2,9	2,5	3,8	5,3	3,5	5	6	4,5	5,5	7	5,1	6,6	8,6	6,2	8,2	10,2	7,8	9,8	12,8
t_2		1	1,4			1,7			2,2			2,6			3			3,4		
l ≈		9,7	9,7	12,7	15,7	12,7	15,7	18,6	15,7	18,6	21,6	18,6	21,6	27,4	21,6	27,4	31,4	27,4	31,4	43,1

⇨ **Scheibenfeder DIN 6888 – 6 x 9:** b = 6 mm, h = 9 mm

[1] Toleranzklassen bei geräumten Nuten

V

Zylindrische Schrauben-Zugfedern

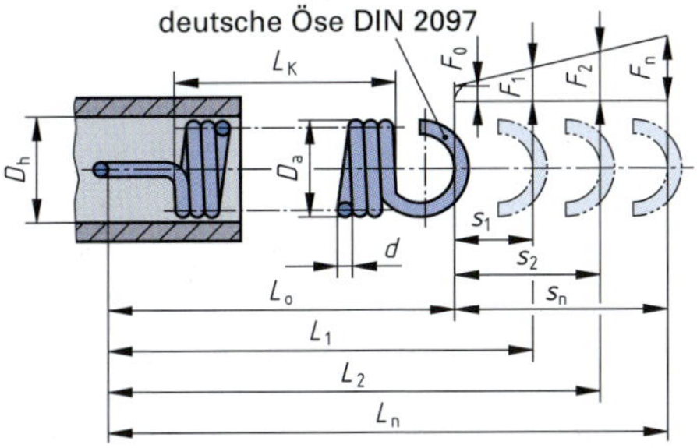

d	Drahtdurchmesser in mm
D_a	äußerer Windungsdurchmesser in mm
D_h	kleinster Hülsendurchmesser in mm
L_0	Länge der unbelasteten Feder in mm
L_k	Länge des unbelast. Federkörpers in mm
F_0	innere Vorspannkraft in N
F_n	höchste Federkraft in N
R	Federrate in N/mm
s_n	größter Federweg in mm

Zugfedern aus unlegiertem Federstahldraht (Auswahl)

d	D_a	D_h	L_0	L_k	F_0	F_n	R	s_n
0,20	3,00	3,50	8,6	4,35	0,06	1,26	0,036	33,37
0,40	7,00	8,00	12,7	2,60	0,16	4,06	0,165	23,67
0,63	8,60	9,90	19,9	7,88	0,79	12,13	0,276	41,15
0,80	10,80	12,30	25,1	10,20	1,22	19,10	0,355	50,36
1,00	13,50	15,40	31,4	12,50	1,77	28,63	0,454	59,22
1,25	17,20	19,50	39,8	15,63	2,77	42,35	0,533	74,25
1,40	15,00	17,50	34,9	15,05	5,44	66,08	1,596	38,00
1,60	21,60	24,50	50,2	20,00	3,99	67,40	0,726	87,38
2,00	27,00	30,50	62,8	25,00	6,88	101,20	0,907	104,00

Zylindrische Schrauben-Druckfedern

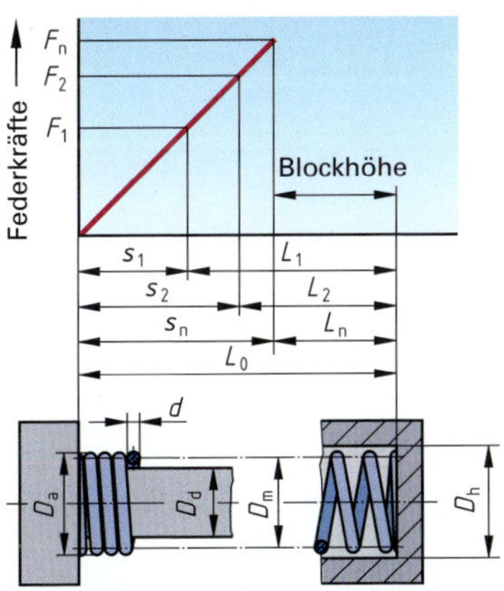

d	Drahtdurchmesser in mm
D_m	mittlerer Windungsdurchmesser in mm
D_a	Außendurchmesser in mm
D_d	Dorndurchmesser in mm
D_h	Hülsendurchmesser in mm
L_0	Länge der unbelasteten Feder in mm
L_1, L_2	Länge der belasteten Feder bei F_1, F_2 in mm
L_n	kleinste zulässige Prüflänge der Feder in mm
F_1, F_2	Federkräfte bei L_1, L_2 in N
F_n	größte zulässige Federkraft bei s_n in N
s_1, s_2	Federwege bei F_1, F_2 in mm
s_n	größter zulässiger Federweg bei F_n in mm
i_f	Anzahl der federnden Windungen
i_g	Gesamtwindungszahl (Enden geschliffen)
R	Federrate in N/mm

Gesamtwindungszahl

$$i_g = i_f + 2 \quad (1)$$

⇨ **Druckfeder DIN 2098 – 2 x 20 x 94:**
$d = 2$ mm, $D_m = 20$ mm und $L_0 = 94$ mm

Druckfedern aus unlegiertem Federstahl (Auswahl)

d	D_m	D_a	D_d	D_h	L_0	R	i_f	L_n	s_n	F_n
0,20	2,30	2,50	1,90	2,90	5,00	0,335	4,00	1,54	3,46	1,161
0,20	1,80	2,00	1,30	2,40	2,80	0,799	3,50	1,46	1,34	1,071
0,32	4,00	4,32	3,20	4,80	8,50	0,477	3,50	2,45	6,05	2,891
0,32	2,50	2,82	1,90	3,10	10,00	0,804	8,50	4,20	5,80	4,671
0,50	11,00	11,50	9,90	12,30	14,50	0,137	3,50	4,20	10,30	1,411
0,50	5,00	5,50	4,10	6,10	20,50	0,599	8,50	6,31	14,19	8,501
0,63	10,97	11,60	9,70	12,60	26,00	0,347	3,50	4,69	21,31	7,401
0,63	4,00	4,63	3,00	5,00	20,00	2,006	12,50	10,40	9,60	19,260
1,00	23,00	24,00	21,10	24,90	28,50	0,239	3,50	8,63	19,87	4,751
1,00	7,30	8,30	5,80	8,40	50,00	1,416	18,50	23,83	26,17	37,050

Übersicht von Wälzlagern   Overview of Roller Bearings

Wälzlager (Auswahl)

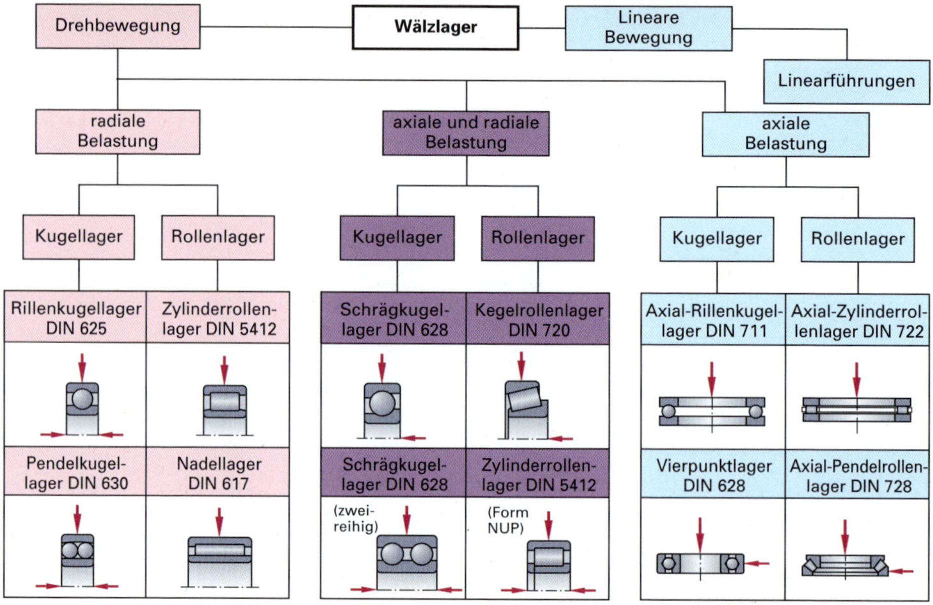

Eigenschaften von Wälzlagern

Lagerbauart[1]	Innen-∅ *d* mm	Radialbelastung	Axialbelastung	hohe Drehzahl	geräuscharmer Lauf	Anwendung
Kugellager						
Rillenkugellager	1,5 bis 600	◕	◑	●	●	Universallager im Maschinen- und Fahrzeugbau
Pendelkugellager	5 bis 120	◕	◔	◔	◔	Ausgleich bei Fluchtungsfehlern
Schrägkugellager einreihig	10 bis 170	◕	◕	●[2]	◕	Werden nur paarweise verwendet, für große Kräfte, Fahrzeugbau
Schrägkugellager zweireihig	10 bis 110	◕	◕	◑	◔	Große Kräfte, Fahrzeugbau, bei geringem Platzbedarf
Axial-Rillenkugellager	8 bis 360	○	◕	◑	◔	Aufnahme sehr hoher Axialkräfte, Bohrspindeln, Reitstockspitzen
Vierpunktlager	20 bis 240	◔	◕	◔	◔	Bei geringstem Platzbedarf, Spindellagerungen, Räder- und Rollenlagerung
Rollenlager						
Zylinderrollenlager (Form N)	17 bis 240	●	○	●	◑	Aufnahme sehr großer radialer Kräfte, Walzenlagerungen, Getriebe
Zylinderrollenlager (Form NUP)	15 bis 240	●	◑	◕	◔	Wie Form N, zusätzlich durch Bordscheibe Aufnahme von Axialkräften
Nadellager	90 bis 360	●	○	◔	◑	Hohe Tragfähigkeit bei geringem Einbauraum
Kegelrollenlager	15 bis 360	●	●	◑[2]	◔	In der Regel paarweiser Einbau, Radlager bei Kfz, Spindellager
Axial-Zylinderrollenlager	15 bis 600	○	●	◔	○	Steife Lagerung bei geringem axialem Platzbedarf, hohe Reibung
Axial-Pendelrollenlager	60 bis 1060	◔	●	◔	○	Winkelbewegliches Drucklager, Spurlager bei Kränen

[1] bei allen Radiallagern wird der Vorsatz „Radial" unterdrückt
[2] verminderte Eignung bei paarweisem Einbau

● sehr gut   ◕ gut   ◑ normal   ◔ eingeschränkt   ○ nicht geeignet

V

Bezeichnung von Wälzlagern
Identification of Roller Bearings

vgl. DIN 623-1

Aufgabe:	Tragen und Führen sich drehender Teile, z.B. Achsen und Wellen.
Wirkung:	Kraftübertragung über Wälzkörper, die sich zwischen zwei Ringen (Radiallager) oder Scheiben (Axiallager) abrollen.
Wälzkörper:	Kugeln, Zylinderrollen, Kegelrollen, Tonnenrollen, Nadelrollen.

Beispiel: **Kegelrollenlager DIN 720 - S 30208 P2**

Benennung | Norm | Vorsetzzeichen | Basiszeichen | Nachsetzzeichen

Vorsetzzeichen

- K Käfig mit Wälzkörpern
- L Freier Ring
- R Ring mit Wälzkörpersatz
- S Nichtrostender Stahl

Nachsetzzeichen (Auswahl)

- K Lager mit kegeliger Bohrung
- Z Lager mit Deckscheibe auf einer Seite
- 2Z Lager mit Deckscheibe auf zwei Seiten
- E verstärkte Ausführung
- RS Lager mit Deckscheibe auf einer Seite
- 2RS Lager mit Deckscheibe auf beiden Seiten
- P2 Höchste Maß-, Fom- und Laufgenauigkeit

Beispiel für das Basiszeichen: 3 0 2 08

Lagerreihe 302

Breitenreihe 0 | Durchmesserreihe 2

Lagerart 3 | Maßreihe 02 | Bohrungskennzahl 08

Lagerart	Ausführung
0	Schrägkugellager, zweireihig
1	Pendelkugellager
2	Tonnen- und Pendelrollenlager
3	Kegelrollenlager
4	Rillenkugellager, zweireihig
5	Axial-Rillenkugellager
6	Rillenkugellager, einreihig
7	Schrägkugellager, einreihig
8	Axial-Zylinderrollenlager
NA	Nadellager
QJ	Vierpunktlager
N, NJ, NJP, NN, NNU, NU, NUP	Zylinder-Rollenlager

Bohrungs-kennzahl	Bohrungs-∅ mm	Bohrungs-kennzahl	Bohrungs-∅ mm
00	10	12	60
01	12	13	65
02	15	14	70
03	17	15	75
04	20	16	80
05	25	17	85
06	30	18	90
07	35	19	95
08	40	20	100
09	45	21	105
10	50	22	110
11	55	23	115

Einbau und Ausbau von Wälzlagern   Installation and Removal of Roller Bearings

Prinzip, Ansicht	Erklärung

Montage von Wälzlagern

Man unterscheidet
- mechanische,
- hydraulische,
- thermische

Verfahren der Montage.

Bei der Montage eines Lagers darf die Einpresskraft nicht über die Wälzkörper übertragen werden. Die Montagehülse muss deshalb immer am Laufring mit der festen Passung angesetzt werden.

Mit mechanischen oder hydraulischen Pressen können Wälzlager sicher und schnell eingebaut werden.

Wälzlager können ganz unterschiedliche Bauarten und Größen besitzen. Als Wälzkörper werden Kugeln, Zylinderrollen, Kegelrollen, Tonnenrollen und Nadelrollen verwendet. Aus diesen Gründen können sie auch nicht alle nach der gleichen Methode montiert werden.

Auf Sauberkeit bei der Montage ist zu achten.

Einbau von Wälzlagern

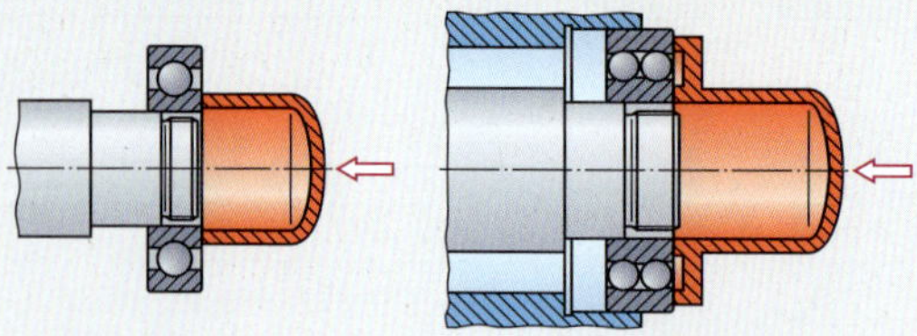

Schlagbuchsen

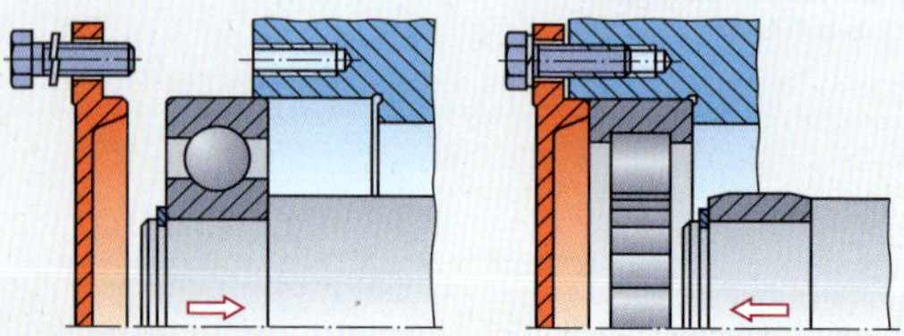

Montagescheiben

Nicht zerlegbare Lager werden immer zuerst am fest eingepassten Ring gefügt. Die Einpresskraft darf nicht über die Wälzkörper übertragen werden. Sie muss gleichmäßig wirken, damit das Lager nicht verkantet wird.

Die Lagerringe mit Festsitz werden entweder mit Schlagbüchsen oder Montagescheiben, mit mechanischen oder hydraulischen Pressen, auch unter Zuführung von Öl oder nach Aufweitung durch Erwärmung aufgebracht. Beim Aufweiten durch Erwärmen darf die Temperatur 100 °C nicht überschreiten.

Die Erwärmung kann auf einer temperaturgeregelten Heizplatte, besser im Ölbad, in Heißluftöfen oder mithilfe von induktiv arbeitenden Anwärmgeräten erfolgen.

Alternativ kann die Welle auch z. B. in flüssigem Stickstoff gekühlt werden.

Beim Einbau von zerlegbaren Lagern können die Ringe einzeln montiert werden. Durch schraubende Bewegung werden die Teile dann vorsichtig zusammengefügt.

Ausbau von Wälzlagern

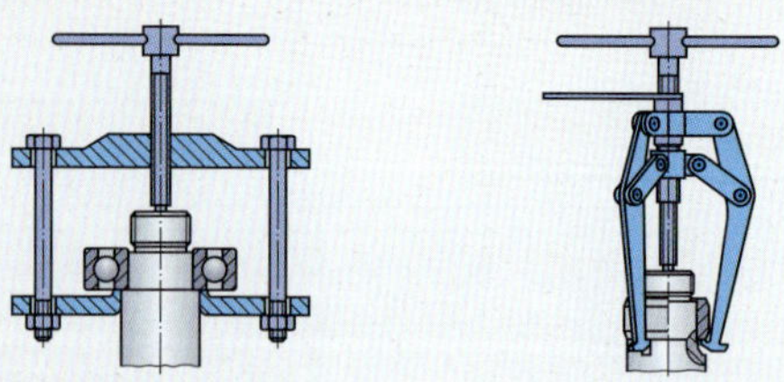

Abziehvorrichtungen

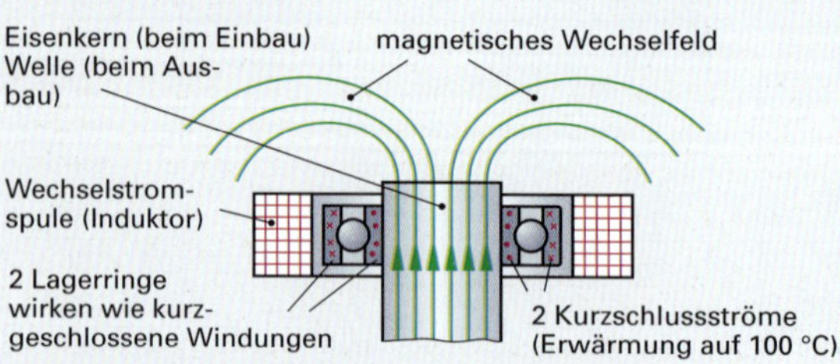

Induktive Erwärmung (Prinzip)

Beim Ausbau zerlegbarer und nicht zerlegbarer Lager erfolgt der Lagerausbau in umgekehrter Reihenfolge wie der Einbau. Die Kraft darf nicht über die Wälzkörper übertragen werden.

Kleine Lager werden mit Abziehvorrichtungen abgezogen. Im Einzelfall können kleine Lager auch mit einem weichen Metalldorn und leichten Hammerschlägen ausgebaut werden. Einfacher und exakter ist der Ausbau der Lager mit mechanischen oder hydraulischen Pressen.

Ebenso wie beim Einbau können auch beim Ausbau thermische Verfahren angewandt werden. Die Innenringe des Lagers können durch geeignete, vorher auf 200 °C bis 300 °C aufgeheizte Anwärmringe oder durch induktive Erwärmung auf eine Temperatur von ca. 100 °C gebracht werden. Man zieht dann den Innenring und Anwärmring bzw. die induktive Montagevorrichtung gemeinsam von der Welle ab.

Rillenkugellager

vgl. DIN 625-1 und DIN 5418

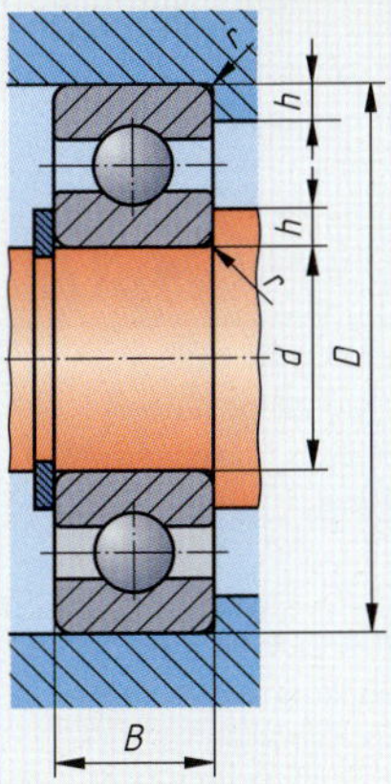

d	Lagerreihe 60					Lagerreihe 62					Lagerreihe 63				
	D	B	r max	h min	Basiszeichen	D	B	r max	h min	Basiszeichen	D	B	r max	h min	Basiszeichen
10	26	8	0,3	1	6000	30	9	0,6	2,1	6200	35	11	0,6	2,1	6300
12	28	8	0,3	1	6001	32	10	0,6	2,1	6201	37	12	1	2,8	6301
15	32	9	0,3	1	6002	35	11	0,6	2,1	6202	42	13	1	2,8	6302
20	42	12	0,6	1,6	6004	47	14	1	2	6204	52	15	1	3,5	6304
25	47	12	0,6	1,6	6005	52	15	1	2	6205	62	17	1	3,5	6305
30	55	13	1	2,3	6006	62	16	1	2	6206	72	19	1	3,5	6306
35	62	14	1	2,3	6007	72	17	1	2	6207	80	21	1,5	4,5	6307
40	68	15	1	2,3	6008	80	18	1	3,5	6208	90	23	1,5	4,5	6308
45	75	16	1	2,3	6009	85	19	1	3,5	6209	100	25	1,5	4,5	6309
50	80	16	1	2,3	6010	90	20	1	3,5	6210	110	27	2	5,5	6310
55	90	18	1	3	6011	100	21	1,5	4,5	6211	120	29	2	5,5	6311
60	95	18	1	3	6012	110	22	1,5	4,5	6212	130	31	2,1	6	6312
65	100	18	1	3	6013	120	23	1,5	4,5	6213	140	33	2,1	6	6313

Rillenkugellager DIN 625 – 6208: Rillenkugellager (Lagerart 6), Breitenreihe 0, Durchmesserreihe 2, Bohrungskennzahl 08 (Bohrungsdurchmesser $d = 8 \cdot 5$ mm = 40 mm). Geeignet für hohe Drehzahlen sowie kleine axiale- und mittlere radiale Belastung.

Schrägkugellager

vgl. DIN 628-1 und 3 und DIN 5418

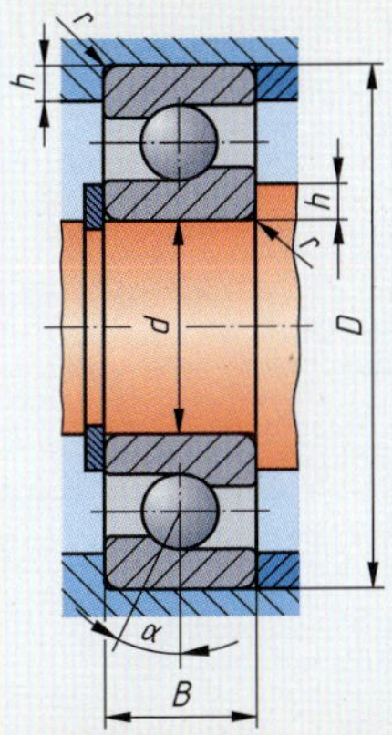

d	Lagerreihe 72					Lagerreihe 73					Lagerreihe 33 (zweireihig)				
	D	B	r max	h min	Basiszeichen	D	B	r max	h min	Basiszeichen	D	B	r max	h min	Basiszeichen
15	35	11	0,6	2,1	7202B	42	13	1	2,8	7302B	42	19	1	2,8	3302
20	47	14	1	2,8	7204B	52	15	1	3,5	7304B	52	22,2	1	3,5	3304
25	52	15	1	2,8	7205B	62	17	1	3,5	7305B	62	25,4	1	3,5	3305
30	62	16	1	2,8	7206B	72	19	1	3,5	7306B	72	30,2	1	3,5	3306
35	72	17	1	3,5	7207B	80	21	1,5	4,5	7307B	80	34,9	1,5	4,5	3307
40	80	18	1	3,5	7208B	90	23	1,5	4,5	7308B	90	36,5	1,5	4,5	3308
45	85	19	1	3,5	7209B	100	25	1,5	4,5	7309B	100	39,7	1,5	4,5	3309
50	90	20	1	3,5	7210B	110	27	2	5,5	7310B	110	44,4	2	5,5	3310
55	100	21	1,5	4,5	7211B	120	29	2	5,5	7311B	120	49,2	2	5,5	3311
60	110	22	1,5	4,5	7212B	130	31	2,1	6	7312B	130	54	2,1	6	3312
65	120	23	1,5	4,5	7213B	140	33	2,1	6	7313B	140	58,7	2,1	6	3313

Schrägkugellager DIN 628 – 7309B: Schrägkugellager (Lagerart 7), Breitenreihe 0, Durchmesserreihe 3, Bohrungskennzahl 09 (Bohrungsdurchmesser $d = 9 \cdot 5$ mm = 45 mm), Berührungswinkel $\alpha = 40°$. Nehmen radiale und axiale Kräfte in einer Richtung auf, meist paarweise eingebaut und vorgespannt.

Nadellager (Auswahl)

vgl. DIN 617

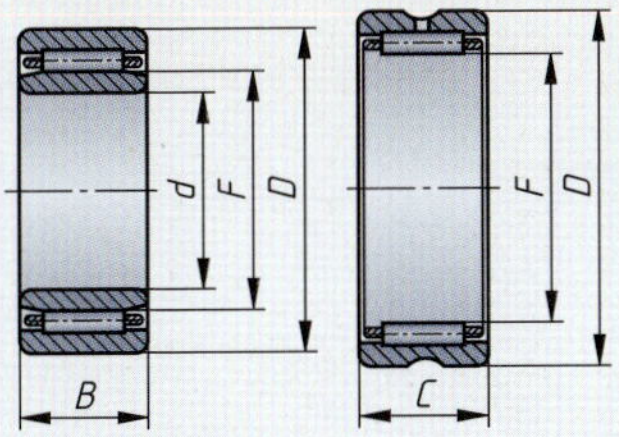

Einbaumaße nach DIN 5418:

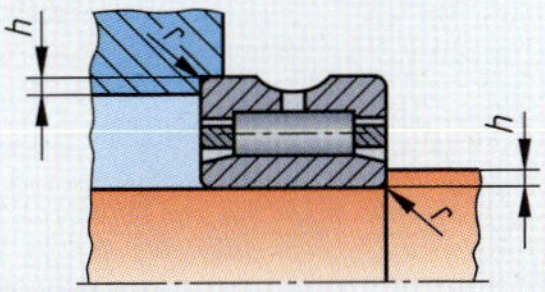

d	D	F	r max	h min	Lagerreihe NA49		Lagerreihe NA69	
					B	Basiszeichen	B	Basiszeichen
20	37	25	0,3	1	17	NA4904	30	NA6904
25	42	28	0,3	1	17	NA4905	30	NA6905
30	47	30	0,3	1	17	NA4906	30	NA6906
35	55	42	0,6	1,6	20	NA4907	36	NA6907
40	62	48	0,6	1,6	22	NA4908	40	NA6908
45	68	52	0,6	1,6	22	NA4909	40	NA6909
50	72	58	0,6	1,6	22	NA4910	40	NA6910
55	80	63	1	2,3	25	NA4911	45	NA6911
60	85	68	1	2,3	25	NA4912	45	NA6912
65	90	72	1	2,3	25	NA4913	45	NA6913
70	100	80	1	2,3	30	NA4914	54	NA6914

Nadellager DIN 617 – NA4909: Nadellager der Lagerreihe NA49 mit Lagerart NA, Breitenreihe 4, Durchmesserreihe 9, Bohrungskennzahl 09. Benötigen wenig Platz, auch ohne Laufringe einbaubar (Nadelkränze).

V

Gleitlager, Nutmuttern Journal Bearing, Grooved Nuts

Gleitlager

Lagerart	Tragkrafterzeugung	Eignung	Anwendung
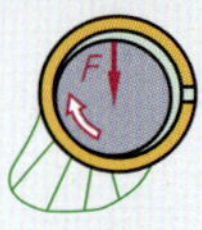 hydrodynamisch	**Intern**, der tragende Schmierfilm wird durch Bewegung zwischen Welle und Lagerschale erzeugt.	• hohe Drehzahlen • verschleißarmer Dauerbetrieb • hohe Belastungen	• Elektromotoren • Turbinen, Verdichter • Getriebe • Pleuellager • Hebezeuge
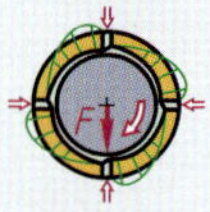 hydrostatisch	**Extern**, der tragende Schmierfilm wird außerhalb durch eine Pumpe erzeugt.	• niedrige Drehzahlen • verschleißfreier Dauerbetrieb • geringe Reibungsverluste	• Werkzeugmaschinen • Präzisionslagerungen • Axiallager für hohe Kräfte • Teleskope, Antennen
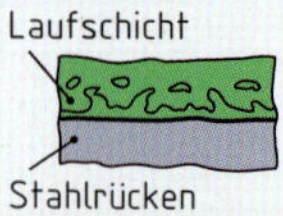 Trockenlauf	Gleitung ohne Zwischenmedium aufgrund der Werkstoffpaarung.	• wartungsfreier oder wartungsarmer Betrieb • mit oder ohne Schmierstoff	• Strahltriebwerke • Verpackungsmaschinen • Baumaschinen • Haushaltsgeräte

Gleitwerkstoffauswahl

vgl. DIN ISO 6691, 4381 und 4382-1 und -2

Kurzzeichen, Werkstoffnummer	spez. Lagerbelastung p_L in N/mm²	Gleiteigenschaft	Gleitgeschwindigkeit	Notlaufeigenschaft	Eigenschaften, Verwendung
Polyamid (PA6)	12	+++	–	+++	stoß- u. verschleißfest, Landmaschinen
Polyoxymethylen (POM)	18	+++	–	+++	trockenlaufgeeignet, Feinwerktechnik
G-PbSb15Sn10 2.3391	7,2	+	++	++	mittlere Belastung, allg. Gleitlager, dünnwandig
G-SnSb12Cu6Pb 2.3790	10,2	+++	+++	++	für Schlagbeanspruchung, Turbinen, Elektomaschinen
CuPb20Sn5-C 2.1818	11,7	+++	+++	+++	Wasserschmierung geeignet, Schwefelsäure beständig
CuZn31Si1 2.1831	58,3	++	++	++	hohe Schlag- und Stoßbelastung

Eigenschaften: +++ sehr gut, ++ gut, +normal, 0 eingeschränkt, – schlecht

Nutmuttern für Wälzlager (Auswahl)

vgl. DIN 981

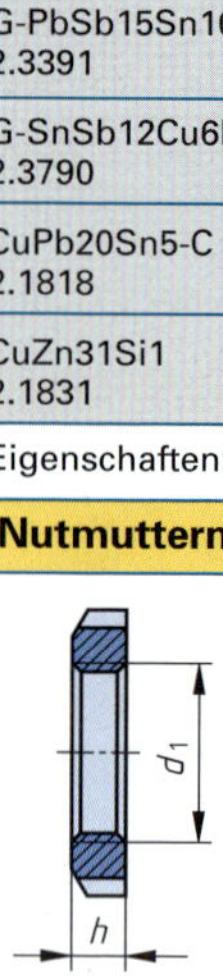

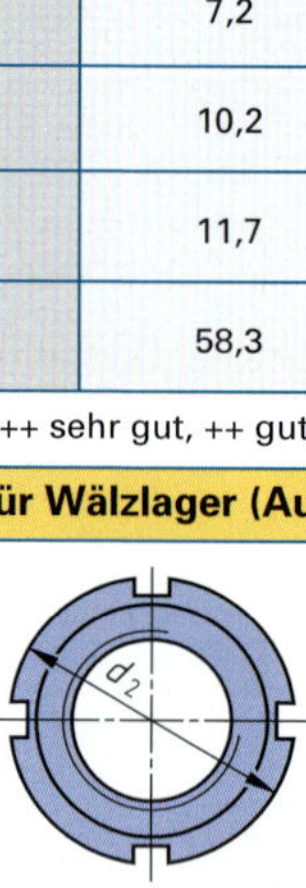

Einbaubeispiel:

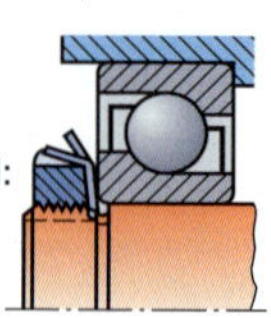

d_1 von M10 . . . M200

d_1	d_2	h	Kurzzeichen	d_1	d_2	h	Kurzzeichen
M10 × 0,75	18	4	KM0	M 60 × 2	80	11	KM12
M12 × 1[1]	22	4	KM1	M 65 × 2	85	12	KM13
M15 × 1	25	5	KM2	M 70 × 2	92	12	KM14
M17 × 1	28	5	KM3	M 75 × 2	98	13	KM15
M20 × 1[1]	32	6	KM4	M 80 × 2	105	15	KM16
M25 × 1,5	38	7	KM5	M 85 × 2	110	16	KM17
M30 × 1,5[1]	45	7	KM6	M 90 × 2	120	16	KM18
M35 × 1,5	52	8	KM7	M 95 × 2	125	17	KM19
M40 × 1,5	58	9	KM8	M100 × 2	130	18	KM20
M45 × 1,5	65	10	KM9	M105 × 2	140	18	KM21
M50 × 1,5	70	11	KM10	M110 × 2	145	19	KM22
M55 × 2	75	11	KM11	M115 × 2	150	19	KM23

Nutmutter DIN 981 – KM6: Nutmutter mit d_1 = M30 × 1,5 [1] genormt in DIN 156.
Befestigung und Einstellen des axialen Spiels von Wälzlagern auf Wellen.

V

Sicherungsringe, Sicherungsscheiben, Sicherungsbleche
Retaining Rings, Retaining Washers, Locking Plates

Sicherungsringe (Regelausführung)

für Wellen vgl. DIN 471

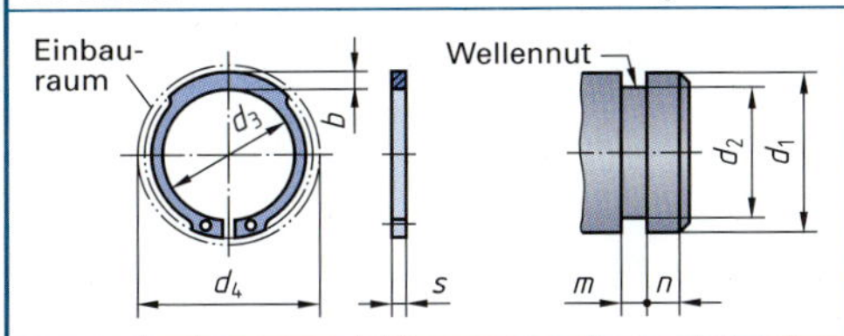

für Bohrungen vgl. DIN 472

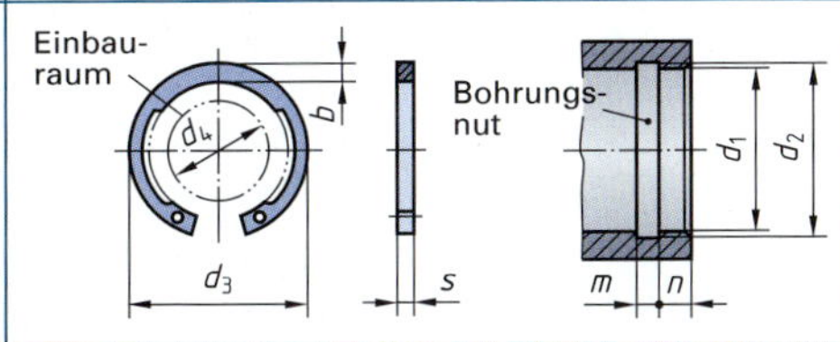

Nennmaß d_1 mm	Ring s	Ring d_3	Ring d_4	Ring b ≈	Nut d_2	Nut m H13	Nut n min.	Nennmaß d_1 mm	Ring s	Ring d_3	Ring d_4	Ring b ≈	Nut d_2	Nut m H13	Nut n min.
10	1	9,3	17	1,8	9,6	1,1	0,6	10	1	10,8	3,3	1,4	10,4	1,1	0,6
12	1	11	19	1,8	11,5	1,1	0,8	12	1	13	4,9	1,7	12,5	1,1	0,8
15	1	13,8	22,6	2,2	14,3	1,1	1,1	15	1	16,2	7,2	2	15,7	1,1	1,1
18	1,2	16,5	26,2	2,4	17	1,3	1,5	18	1	19,5	9,4	2,2	19	1,1	1,5
20	1,2	18,5	28,4	2,6	19	1,3	1,5	20	1	21,5	11,2	2,3	21	1,1	1,5
22	1,2	20,5	30,8	2,8	21	1,3	1,5	22	1	23,5	13,2	2,5	23	1,1	1,5
25	1,2	23,2	34,2	3	23,9	1,3	1,7	25	1,2	26,9	15,5	2,7	26,2	1,3	1,8
28	1,5	25,9	37,9	3,2	26,6	1,6	2,1	28	1,2	30,1	17,9	2,9	29,4	1,3	2,1
30	1,5	27,9	40,5	3,5	28,6	1,6	2,1	30	1,2	32,1	19,9	3	31,4	1,3	2,1

Sicherungsring DIN 471 – 40 x 1,75: d_1 = 40 mm, s = 1,75 mm | **Sicherungsring DIN 472 – 80 x 2,5:** d_1 = 80 mm, s = 2,5 mm

Sicherungsringe verhindern eine Axialverschiebung von Bauteilen auf Wellen und in Bohrungen.

Sicherungsscheiben

vgl. DIN 6799

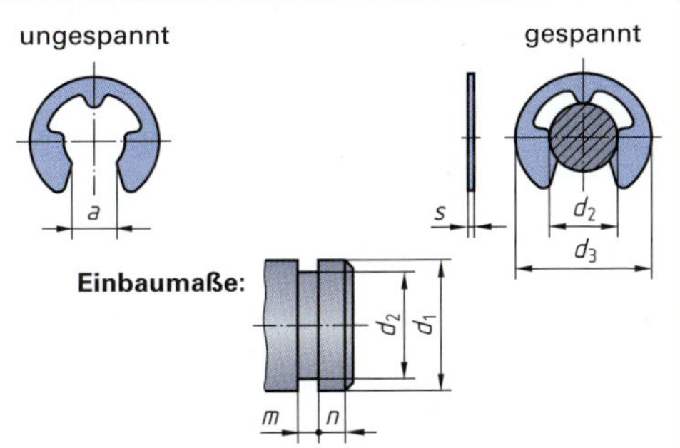

Sicherungsscheibe d_2 h11	Sicherungsscheibe d_3 gespannt	Sicherungsscheibe a	Sicherungsscheibe s	Wellennut d_1 von...bis	Wellennut m		Wellennut n min.
6	12,3	5,26	0,7	7... 9	0,74	+0,05 0	1,2
7	14,3	5,84	0,9	8...11	0,94		1,5
8	16,3	6,52	1	9...12	1,05		1,8
9	18,8	7,63	1,1	10...14	1,15	+0,08 0	2
10	20,4	8,32	1,2	11...15	1,25		2
12	23,4	10,45	1,3	13...18	1,35		2,5
15	29,4	12,61	1,5	16...24	1,55		3
19	37,6	15,92	1,75	20...31	1,80		3,5
24	44,6	21,88	2	25...38	2,05		4

Sicherungsscheibe DIN 6799 – 15: d_2 = 15 mm

Radialmontierbarer Haltering in Wellennuten zum axialen Halten von Bauteilen.

Sicherungsbleche

vgl. DIN 5406

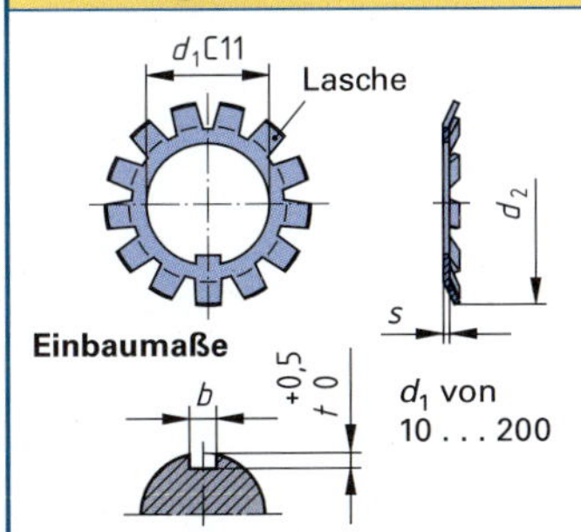

d_1	d_2	s	b H_{11}	t	Kurzzeichen	d_1	d_2	s	b H_{11}	t	Kurzzeichen
10	21	1	4	2	MB0	60	86	1,5	9	4	MB12
12	25	1	4	2	MB1	65	92	1,5	9	4	MB13
15	28	1	5	2	MB2	70	98	1,5	9	5	MB14
17	32	1	5	2	MB3	75	104	1,5	9	5	MB15
20	36	1	5	2	MB4	80	112	1,7	11	5	MB16
25	42	1,2	6	3	MB5	85	119	1,7	11	5	MB17
30	49	1,2	6	4	MB6	90	126	1,7	11	5	MB18
35	57	1,2	7	4	MB7	95	133	1,7	11	5	MB19
40	62	1,2	7	4	MB8	100	142	1,7	14	6	MB20

Sicherungsblech DIN 5406 – MB6: Sicherungsblech mit d_1 = 30 mm

Sicherung von Nutmuttern gegen Losdrehen. Die Innennase wird in die Wellennut eingebördelt, eine Außenlasche in eine Nutmutternut.

V

Radial-Wellendichtringe

vgl. DIN 3760

Form A Form AS

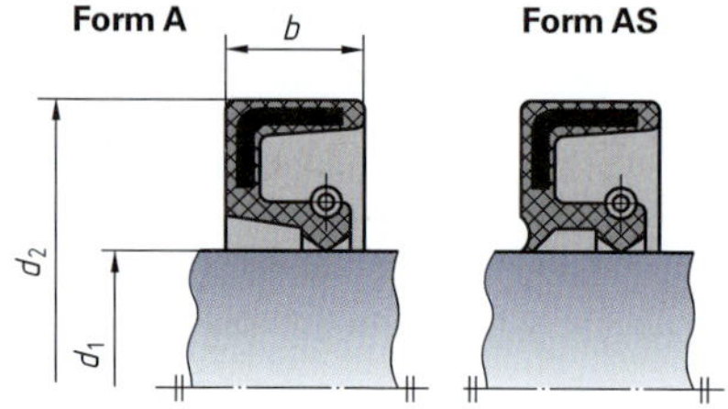

Einbaumaße:
a) = Kanten gerundet

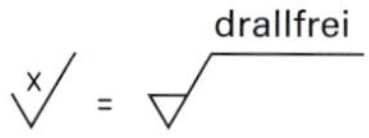

mit
Ra0,2 bis Ra0,8
oder
Rz1 bis Rz5

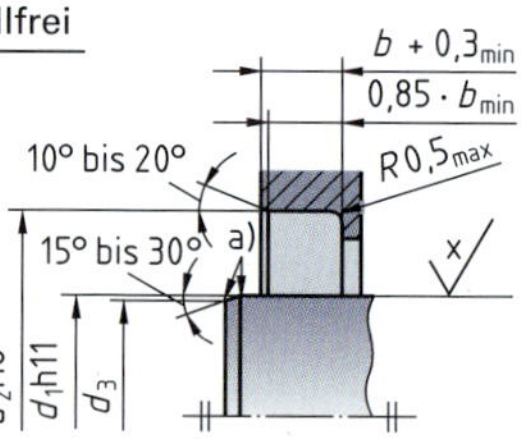

d_1	d_2		b	d_3	d_1	d_2		b	d_3	d_1	d_2		b	d_3
10	22	26	7	8,5	28	40	52	7	25,5	50	65	72	8	46,5
	25	–				47	–				68	–		
12	22	30	7	10	30	40	47	8	27,5	55	70	80	8	51
	25	–				42	52				72	–		
14	24	30	7	12	32	45	52	8	29	60	75	85	8	56
15	26	35	7	13		47	–				80	–		
	30	–			35	47	52	8	32	65	85	90	10	61
16	30	35	7	14		50	55	8	35	70	90	95	10	66
18	30	35	7	16	38	55	62			75	95	100	10	70,5
20	30	40	7	18	40	52	62	8	37	80	100	110	10	75,5
	35	–				55	–	8	38,5	85	110	120	12	80,5
22	35	47	7	19,5	42	55	62			90	110	120	12	85,5
	40	–			45	60	65	8	41,5	95	120	125	12	90,5
25	35	47	7	22,5		62	–		44,5	100	120	130	12	94,5
	40	52			48	62	–				125	–		

⇨ **WDR DIN 3760 – A25 x 40 x 7 – NB:** Wellendichtring (WDR) der Form A mit d_1 = 25 mm, d_2 = 40 mm und b = 7 mm, Elastomerteil aus Nitril-Butadien-Kautschuk (NB)

Filzringe

vgl. DIN 5419

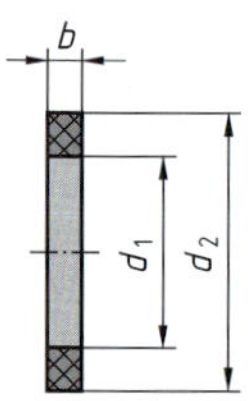

Einbaumaße:

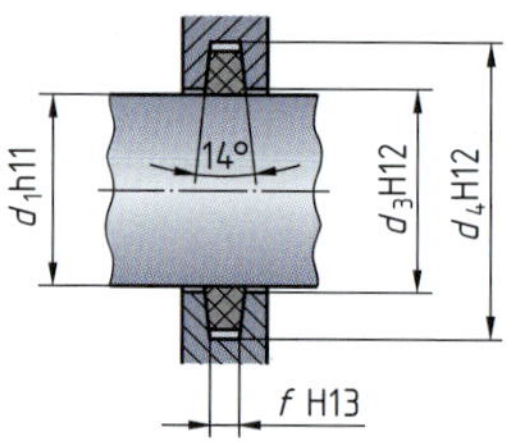

Abmessungen			Einbaumaße			Abmessungen			Einbaumaße		
d_1	d_2	b	d_3	d_4	f	d_1	d_2	b	d_3	d_4	f
20	30	4	21	31	3	60	76	6,5	61,5	77	5
25	37	5	26	38	4	65	81	6,5	71,5	82	5
30	42	5	31	43	4	70	88	7,5	76,5	89	6
35	47	5	36	48	4	75	93	7,5	76,5	94	6
40	52	5	41	53	4	80	98	7,5	81,5	99	6
45	57	5	46	58	4	85	103	7,5	86,5	104	6
50	66	6,5	51	67	5	90	110	8,5	92	111	7
55	71	6,5	56	72	5	100	124	10	102	125	8

O-Ringe

vgl. DIN 3771

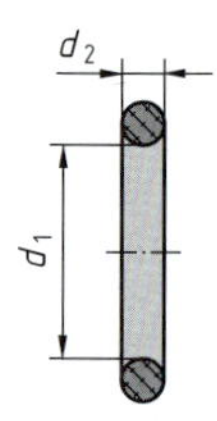

Einbaumaße:

außendichtend

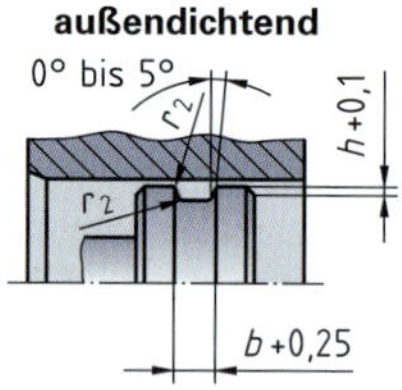

axialdichtend

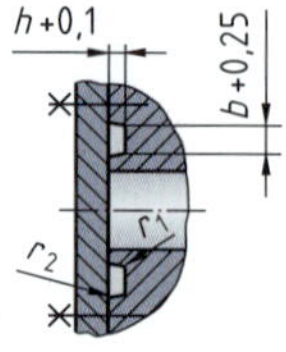

innendichtend

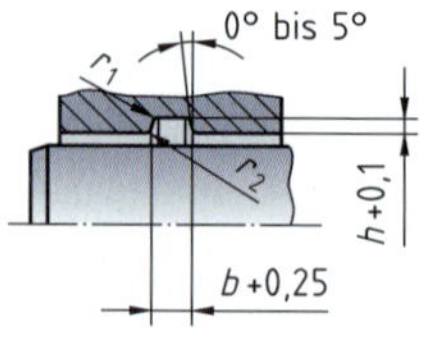

d_1	d_2		d_1	d_2		d_1	d_2		d_1	d_2	
5			18			56			80		
6			20			58			85		
8	1,8		25	2,65	3,55	60			90		
9			28			63			95		
10			30			67	3,55	5,3	100	3,55	5,3
14			40			69			103		
15	1,8	2,65	45	3,55	5,3	71			106		
16			50			75			109		
17			53			80			112		

Einbaumaße

d_2	r_1	r_2	innen- und außendichtend						axial-dichtend	
			Hydraulik bewegt		Pneumatik bewegt		Hydr. + Pn. ruhend		Hydr. + Pneumat.	
			b	h	b	h	b	h	b	h
1,8 2,65	0,3	0,2	2,4 3,6	1,3 2,05	2,2 3,4	1,4 2,1	2,4 3,6	1,3 2	2,6 3,8	1,28 1,97
3,55 5,3	0,6	0,2	4,8 7,1	2,8 4,3	4,6 6,9	2,9 4,5	4,8 7,1	2,7 4	5 7,3	2,75 4,24

V

ISO-System für Grenzmaße und Passungen 1
ISO System for Limit Dimensions and Fits 1

Begriffe
vgl. DIN ISO 286-1

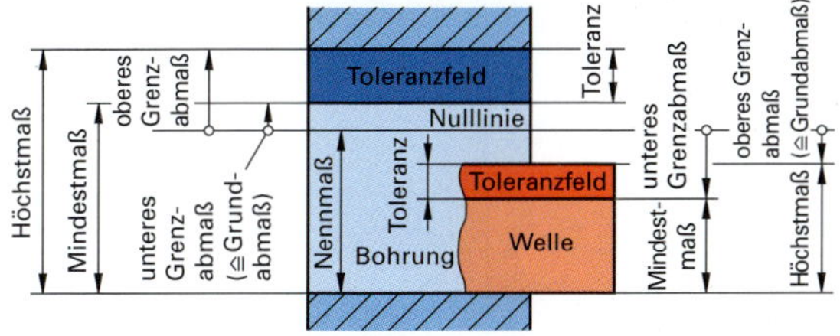

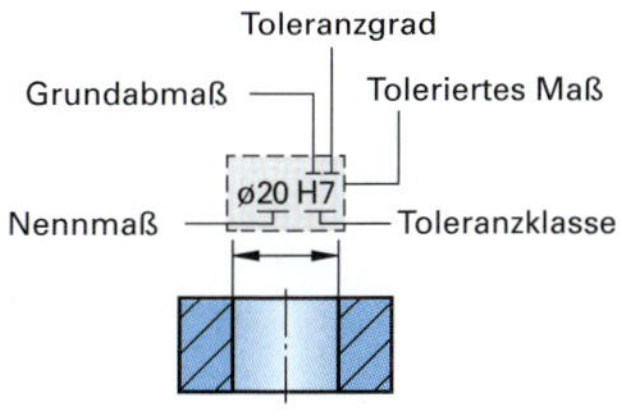

Begriff	Erklärung
Grenzabmaß **oberes** **unteres**	 Höchstmaß minus Nennmaß Mindestmaß minus Nennmaß
Grenzmaße **Höchstmaß** **Mindestmaß**	 Größtes zugelassenes Werkstückmaß Kleinstes zugelassenes Werkstückmaß
Grundabmaß	Abstand zwischen Nulllinie und demjenigen Grenzabmaß, das am nächsten bei der Nulllinie liegt.
Grundtoleranz	Die einem Grundtoleranzgrad, z. B. IT7, und einem Nennmaßbereich, z. B. 30 bis 50, zugeordnete Toleranz.
Grundtoleranz-grad	Eine Gruppe von Toleranzen mit gleichem Genauigkeitsniveau, z. B. IT7.
Istmaß	Gemessenes Werkstückmaß
Nennmaß	Maß, auf das sich die Abmaße beziehen

Begriff	Erklärung
Passung	Beziehung aus der Differenz der Istmaße von Bohrung und Welle vor dem Fügen
Toleranz	Differenz zwischen Höchst- und Mindestmaß bzw. Differenz zwischen oberem und unterem Abmaß
Toleranzfeld	Bei grafischer Darstellung von Toleranzen das Feld zwischen Höchst- und Mindestmaß
Toleranzgrad	Zahl des Grundtoleranzgrades
Toleranzklasse	Kombination eines Grundabmaßes mit einem Toleranzgrad, z. B. H7
Toleriertes Maß	Nennmaß mit Grenzabmaßen, z. B. 30 ± 0,1, oder Nennmaß mit Toleranzklasse, z. B. 20 H7

Grenzmaße, Abmaße und Toleranzen
vgl. DIN ISO 286-1

Bohrungen

N Nennmaß
G_{oB} Höchstmaß Bohrung
G_{uB} Mindestmaß Bohrung
ES oberes Abmaß Bohrung[1]
EI unteres Abmaß Bohrung[1]
T_B Toleranz Bohrung

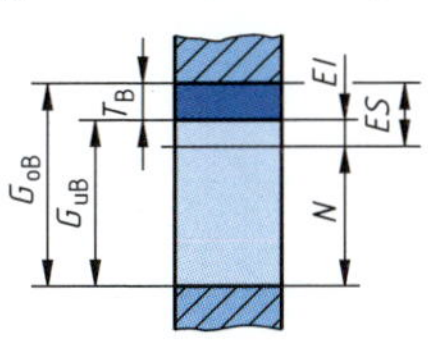

$$G_{oB} = N + ES \quad (1)$$

$$G_{uB} = N + EI \quad (2)$$

$$T_B = ES - EI$$

$$T_B = G_{oB} - G_{uB} \quad (3)$$

Wellen

N Nennmaß
G_{oW} Höchstmaß Welle
G_{uW} Mindestmaß Welle
es oberes Abmaß Welle[1]
ei unteres Abmaß Welle[1]
T_W Toleranz Welle

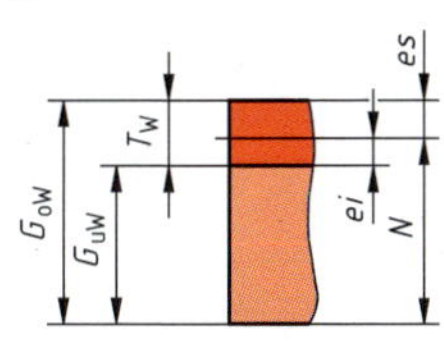

$$G_{oW} = N + es \quad (4)$$

$$G_{uW} = N + ei \quad (5)$$

$$T_W = es - ei$$

$$T_W = G_{oW} - G_{uW} \quad (6)$$

[1] e bzw. E von écart = Abmaß; s bzw. S von supérior = oberhalb; i bzw. I von inférior = unterhalb

Passungen
vgl. DIN ISO 286-1

Spielpassung

P_{SH} Höchstspiel
P_{SM} Mindestspiel

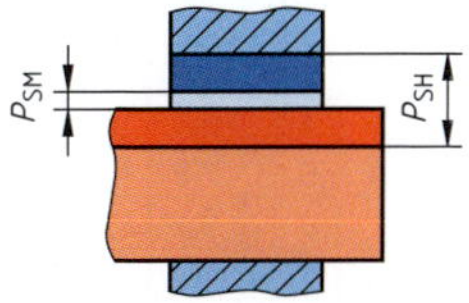

Übergangspassung

P_{SH} Höchstspiel
$P_{ÜH}$ Höchstübermaß

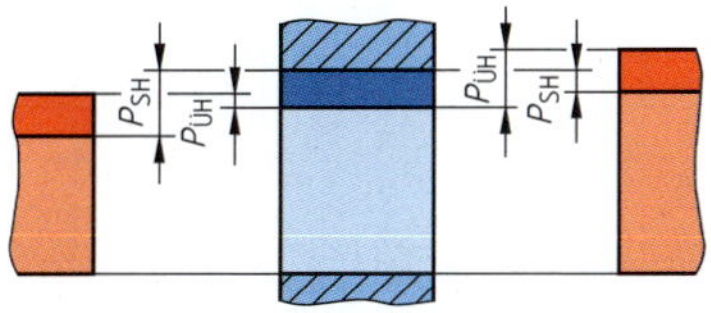

Übermaßpassung

$P_{ÜH}$ Höchstübermaß
$P_{ÜM}$ Mindestübermaß

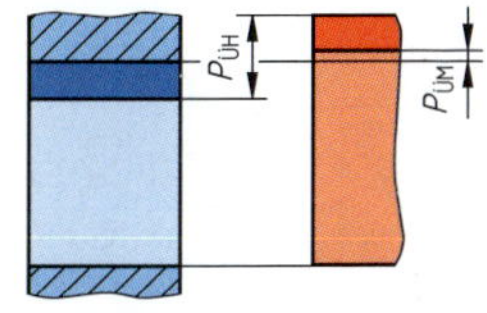

$$P_{SM} = G_{uB} - G_{oW} \quad (7)$$

$$P_{SH} = G_{oB} - G_{uW} \quad (8)$$

$$P_{ÜH} = G_{uB} - G_{oW} \quad (9)$$

$$P_{ÜM} = G_{oB} - G_{uW} \quad (10)$$

V

ISO-System für Grenzmaße und Passungen 2
ISO System for Limit Dimensions and Fits 2

Passungssysteme
vgl. DIN ISO 286-1

Passungssystem Einheitsbohrung (alle Bohrungsmaße besitzen das Grundabmaß H)

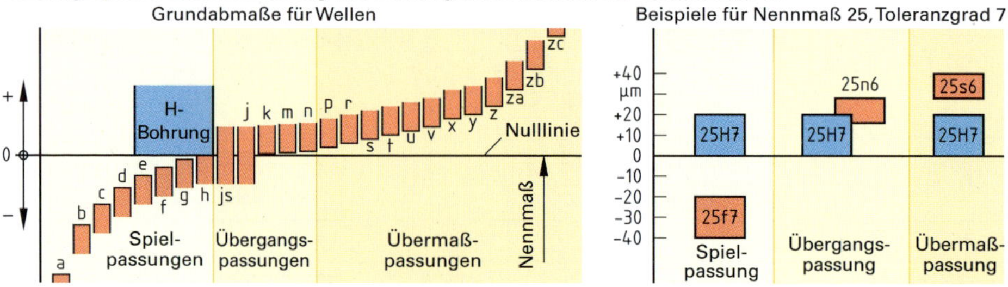

Passungssystem Einheitswelle (alle Wellenmaße besitzen das Grundabmaß h)

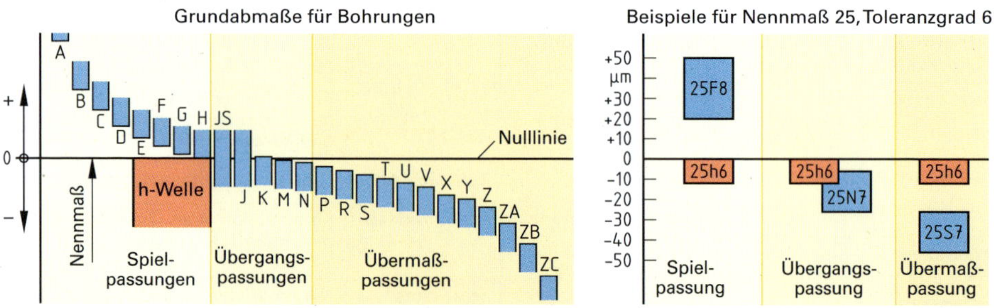

Grundtoleranzen
vgl. DIN ISO 286-1

Nennmaßbereich über ... bis mm	IT1	IT2	IT3	IT4	IT5	IT6	IT7	IT8	IT9	IT10	IT11	IT12	IT13	IT14	IT15	IT16	IT17	IT18
	Grundtoleranzen in µm											Grundtoleranzen in mm						
... 3	0,8	1,2	2	3	4	6	10	14	25	40	60	0,1	0,14	0,25	0,4	0,6	1	1,4
3... 6	1	1,5	2,5	4	5	8	12	18	30	48	75	0,12	0,18	0,3	0,48	0,75	1,2	1,8
6... 10	1	1,5	2,5	4	6	9	15	22	36	58	90	0,15	0,22	0,36	0,58	0,9	1,5	2,2
10... 18	1,2	2	3	5	8	11	18	27	43	70	110	0,18	0,27	0,43	0,7	1,1	1,8	2,7
18... 30	1,5	2,5	4	6	9	13	21	33	52	84	130	0,21	0,33	0,52	0,84	1,3	2,1	3,3
30... 50	1,5	2,5	4	7	11	16	25	39	62	100	160	0,25	0,39	0,62	1	1,6	2,5	3,9
50... 80	2	3	5	8	13	19	30	46	74	120	190	0,3	0,46	0,74	1,2	1,9	3	4,6
80... 120	2,5	4	6	10	15	22	35	54	87	140	220	0,35	0,54	0,87	1,4	2,2	3,5	5,4
120... 180	3,5	5	8	12	18	25	40	63	100	160	250	0,4	0,63	1	1,6	2,5	4	6,3
180... 250	4,5	7	10	14	20	29	46	72	115	185	290	0,46	0,72	1,15	1,85	2,9	4,6	7,2
250... 315	6	8	12	16	23	32	52	81	130	210	320	0,52	0,81	1,3	2,1	3,2	5,2	8,1
315... 400	7	9	13	18	25	36	57	89	140	230	360	0,57	0,89	1,4	2,3	3,6	5,7	8,9
400... 500	8	10	15	20	27	40	63	97	155	250	400	0,63	0,97	1,55	2,5	4	6,3	9,7
500... 630	9	11	16	22	32	44	70	110	175	280	440	0,7	1,1	1,75	2,8	4,4	7	11
630... 800	10	13	18	25	36	50	80	125	200	320	500	0,8	1,25	2	3,2	5	8	12,5
800...1000	11	15	21	28	40	56	90	140	230	360	560	0,9	1,4	2,3	3,6	5,6	9	14
1000...1250	13	18	24	33	47	66	105	165	260	420	660	1,05	1,65	2,6	4,2	6,6	10,5	16,5
1250...1600	15	21	29	39	55	78	125	195	310	500	780	1,25	1,95	3,1	5	7,8	12,5	19,5
1600...2000	18	25	35	46	65	92	150	230	370	600	920	1,5	2,3	3,7	6	9,2	15	23
2000...2500	22	30	41	55	78	110	175	280	440	700	1100	1,75	2,8	4,4	7	11	17,5	28

Die Grenzabmaße der Toleranzgrade für die Grundabmaße h, js, H und JS können aus den Grundtoleranzen abgeleitet werden: **h**: es = 0; ei = – IT **js**: es = + IT/2; ei = – IT/2 **H**: ES = + IT; EI = 0 **JS**: ES = + IT/2; EI = – IT/2

V

Passungen, System Einheitsbohrung 1
Fits, System Basic Hole 1

Grenzabmaße in µm für Toleranzklassen[1] — vgl. DIN ISO 286-2

Nennmaß-bereich über...bis mm	für Bohrung	für Wellen – Beim Fügen mit einer H6-Bohrung entsteht eine Spiel-	Übergangs-Passung			Übermaß-	für Bohrung	für Wellen – Beim Fügen mit einer H7-Bohrung entsteht eine Spiel-Passung			Übergangs-Passung				Übermaß-Passung	
	H6	h5	j6	k6	n5	p5	H7	**f7**	g6	**h6**	j6	k6	m6	**n6**	**r6**	s6
1... 3	+6 0	0 −4	+4 −2	+6 0	+8 +4	+10 +6	+10 0	−6 −16	−2 −8	0 −6	+4 −2	+6 0	+8 +2	+10 +4	+16 +10	+20 +14
3... 6	+8 0	0 −5	+6 −2	+9 +1	+13 +8	+17 +12	+12 0	−10 −22	−4 −12	0 −8	+6 −2	+9 +1	+12 +4	+16 +8	+23 +15	+27 +19
6... 10	+9 0	0 −6	+7 −2	+10 +1	+16 +10	+21 +15	+15 0	−13 −28	−5 −14	0 −9	+7 −2	+10 +1	+15 +6	+19 +10	+28 +19	+32 +23
10... 14 14... 18	+11 0	0 −8	+8 −3	+12 +1	+20 +12	+26 +18	+18 0	−16 −34	−6 −17	0 −11	+8 −3	+12 +1	+18 +7	+23 +12	+34 +23	+39 +28
18... 24 24... 30	+13 0	0 −9	+9 −4	+15 +2	+24 +15	+31 +22	+21 0	−20 −41	−7 −20	0 −13	+9 −4	+15 +2	+21 +8	+28 +15	+41 +28	+48 +35
30... 40 40... 50	+16 0	0 −11	+11 −5	+18 +2	+28 +17	+37 +26	+25 0	−25 −50	−9 −25	0 −16	+11 −5	+18 +2	+25 +9	+33 +17	+50 +34	+59 +43
50... 65 65... 80	+19 0	0 −13	+12 −7	+21 +2	+33 +20	+45 +32	+30 0	−30 −60	−10 −29	0 −19	+12 −7	+21 +2	+30 +11	+39 +20	+60 +41 +62 +43	+72 +53 +78 +59
80...100 100...120	+22 0	0 −15	+13 −9	+25 +3	+38 +23	+52 +37	+35 0	−36 −71	−12 −34	0 −22	+13 −9	+25 +3	+35 +13	+45 +23	+73 +51 +76 +54	+93 +71 +101 +79
120...140 140...160 160...180	+25 0	0 −18	+14 −11	+28 +3	+45 +27	+61 +43	+40 0	−43 −83	−14 −39	0 −25	+14 −11	+28 +3	+40 +15	+52 +27	+88 +63 +90 +65 +93 +68	+117 +92 +125 +100 +133 +108
180...200 200...225 225...250	+29 0	0 −20	+16 −13	+33 +4	+51 +31	+70 +50	+46 0	−50 −96	−15 −44	0 −29	+16 −13	+33 +4	+46 +17	+60 +31	+106 +77 +109 +80 +113 +84	+151 +122 +159 +130 +169 +140
250...280 280...315	+32 0	0 −23	+16 −16	+36 +4	+57 +34	+79 +56	+52 0	−56 −108	−17 −49	0 −32	+16 −16	+36 +4	+52 +20	+66 +34	+126 +94 +130 +98	+190 +158 +202 +170
315...355 355...400	+36 0	0 −25	+18 −18	+40 +4	+62 +37	+87 +62	+57 0	−62 −119	−18 −54	0 −36	+18 −18	+40 +4	+57 +21	+73 +37	+144 +108 +150 +114	+226 +190 +244 +208
400...450 450...500	+40 0	0 −27	+20 −20	+45 +5	+67 +40	+95 +67	+63 0	−68 −131	−20 −60	0 −40	+20 −20	+45 +5	+63 +23	+80 +40	+166 +126 +172 +132	+272 +232 +292 +252

[1] Die **fett** gedruckten Toleranzklassen entsprechen der Reihe 1 in DIN 7157; sie sind bevorzugt zu verwenden.

Passungen, System Einheitsbohrung 2
Fits, System Basic Hole 2

Nennmaßbereich über...bis mm	für Bohrung H8	Grenzabmaße in µm für Toleranzklassen[1] – für Wellen – Beim Fügen mit einer H8-Bohrung entsteht eine Spiel-Passung: d9	e8	**f7**	**h9**	Übermaß-Passung: **u8**[2]	**x8**[2]	für Bohrung H11	vgl. DIN ISO 286-2 – für Wellen – Beim Fügen mit einer H11-Bohrung entsteht eine Spiel-Passung: a11	c11	d9	d11	h9	h11
1... 3	+ 14 0	– 20 – 45	– 14 – 28	– 6 – 16	0 – 25	+ 32 + 18	+ 34 + 20	+ 60 0	– 270 – 330	– 60 – 120	– 20 – 45	– 20 – 80	0 – 25	0 – 60
3... 6	+ 18 0	– 30 – 60	– 20 – 38	– 10 – 22	0 – 30	+ 41 + 23	+ 46 + 28	+ 75 0	– 270 – 345	– 70 – 145	– 30 – 60	– 30 – 105	0 – 30	0 – 75
6... 10	+ 22 0	– 40 – 76	– 25 – 47	– 13 – 28	0 – 36	+ 50 + 28	+ 56 + 34	+ 90 0	– 280 – 370	– 80 – 170	– 40 – 76	– 40 – 130	0 – 36	0 – 90
10... 14	+ 27 0	– 50 – 93	– 32 – 59	– 16 – 34	0 – 43	+ 60 + 33	+ 67 + 40	+ 110 0	– 290 – 400	– 95 – 205	– 50 – 93	– 50 – 160	0 – 43	0 – 110
14... 18							+ 72 + 45							
18... 24	+ 33 0	– 65 – 117	– 40 – 73	– 20 – 41	0 – 52	+ 74 + 41	+ 87 + 54	+ 130 0	– 300 – 430	– 110 – 240	– 65 – 117	– 65 – 195	0 – 52	0 – 130
24... 30						+ 81 + 48	+ 97 + 64							
30... 40	+ 39 0	– 80 – 142	– 50 – 89	– 25 – 50	0 – 62	+ 99 + 60	+ 119 + 80	+ 160 0	– 310 – 470	– 120 – 280	– 80 – 142	– 80 – 240	0 – 62	0 – 160
40... 50						+ 109 + 70	+ 136 + 97		– 320 – 480	– 130 – 290				
50... 65	+ 46 0	– 100 – 174	– 60 – 106	– 30 – 60	0 – 74	+ 133 + 87	+ 168 + 122	+ 190 0	– 340 – 530	– 140 – 330	– 100 – 174	– 100 – 290	0 – 74	0 – 190
65... 80						+ 148 + 102	+ 192 + 146		– 360 – 550	– 150 – 340				
80...100	+ 54 0	– 120 – 207	– 72 – 126	– 36 – 71	0 – 87	+ 178 + 124	+ 232 + 178	+ 220 0	– 380 – 600	– 170 – 390	– 120 – 207	– 120 – 340	0 – 87	0 – 220
100...120						+ 198 + 144	+ 264 + 210		– 410 – 630	– 180 – 400				
120...140	+ 63 0	– 145 – 245	– 85 – 148	– 43 – 83	0 – 100	+ 233 + 170	+ 311 + 248	+ 250 0	– 460 – 710	– 200 – 450	– 145 – 245	– 145 – 395	0 – 100	0 – 250
140...160						+ 253 + 190	+ 343 + 280		– 520 – 770	– 210 – 460				
160...180						+ 273 + 210	+ 373 + 310		– 580 – 830	– 230 – 480				
180...200	+ 72 0	– 170 – 285	– 100 – 172	– 50 – 96	0 – 115	+ 308 + 236	+ 422 + 350	+ 290 0	– 660 – 950	– 240 – 530	– 170 – 285	– 170 – 460	0 – 115	0 – 290
200...225						+ 330 + 258	+ 457 + 385		– 740 – 1030	– 260 – 550				
225...250						+ 356 + 284	+ 497 + 425		– 820 – 1110	– 280 – 570				
250...280	+ 81 0	– 190 – 320	– 110 – 191	– 56 – 108	0 – 130	+ 396 + 315	+ 556 + 475	+ 320 0	– 920 – 1240	– 300 – 620	– 190 – 320	– 190 – 510	0 – 130	0 – 320
280...315						+ 431 + 350	+ 606 + 525		– 1050 – 1370	– 330 – 650				
315...355	+ 89 0	– 210 – 350	– 125 – 214	– 62 – 119	0 – 140	+ 479 + 390	+ 679 + 590	+ 360 0	– 1200 – 1560	– 360 – 720	– 210 – 350	– 210 – 570	0 – 140	0 – 360
355...400						+ 524 + 435	+ 749 + 660		– 1350 – 1710	– 400 – 760				
400...450	+ 97 0	– 230 – 385	– 135 – 232	– 68 – 131	0 – 155	+ 587 + 490	+ 837 + 740	+ 400 0	– 1500 – 1900	– 440 – 840	– 230 – 385	– 230 – 630	0 – 155	0 – 400
450...500						+ 637 + 540	+ 917 + 820		– 1650 – 2050	– 480 – 880				

[1] Die **fett** gedruckten Toleranzklassen entsprechen der Reihe 1 in DIN 7157; sie sind bevorzugt zu verwenden.
[2] DIN 7157 empfiehlt: Nennmaße bis 24 mm: H8/x8; Nennmaße über 24 mm: H8/u8.

V

Passungen, System Einheitswelle 1
Fits, System Basic Shaft 1

Grenzabmaße in µm für Toleranzklassen[1] — vgl. DIN ISO 286-2

Nennmaßbereich über...bis mm	für Welle	für Bohrungen – Beim Fügen mit einer h5-Welle entsteht eine					für Welle	für Bohrungen – Beim Fügen mit einer h6-Welle entsteht eine								
		Spiel-Pass.	Übergangs-Passung		Übermaß-Passung			Spiel-Passung			Übergangs-Passung				Übermaß-Passung	
	h5	H6	J6	M6	N6	P6	**h6**	**F8**	G7	**H7**	J7	K7	M7	N7	R7	S7
1... 3	0 −4	+6 0	+2 −4	−2 −8	−4 −10	−6 −12	0 −6	+20 +6	+12 +2	+10 0	+4 −6	0 −10	−2 −12	−4 −14	−10 −20	−14 −24
3... 6	0 −5	+8 0	+5 −3	−1 −9	−5 −13	−9 −17	0 −8	+28 +10	+16 +4	+12 0	+6 −6	+3 −9	0 −12	−4 −16	−11 −23	−15 −27
6... 10	0 −6	+9 0	+5 −4	−3 −12	−7 −16	−12 −21	0 −9	+35 +13	+20 +5	+15 0	+8 −7	+5 −10	0 −15	−4 −19	−13 −28	−17 −32
10... 18	0 −8	+11 0	+6 −5	−4 −15	−9 −20	−15 −26	0 −11	+43 +16	+24 +6	+18 0	+10 −8	+6 −12	0 −18	−5 −23	−16 −34	−21 −39
18... 30	0 −9	+13 0	+8 −5	−4 −17	−11 −24	−18 −31	0 −13	+53 +20	+28 +7	+21 0	+12 −9	+6 −15	0 −21	−7 −28	−20 −41	−27 −48
30... 40 40... 50	0 −11	+16 0	+10 −6	−4 −20	−12 −28	−21 −37	0 −16	+64 +25	+34 +9	+25 0	+14 −11	+7 −18	0 −25	−8 −33	−25 −50	−34 −59
50... 65 65... 80	0 −13	+19 0	+13 −6	−5 −24	−14 −33	−26 −45	0 −19	+76 +30	+40 +10	+30 0	+18 −12	+9 −21	0 −30	−9 −39	−30 −60 −32 −62	−42 −72 −48 −78
80...100 100...120	0 −15	+22 0	+16 −6	−6 −28	−16 −38	−30 −52	0 −22	+90 +36	+47 +12	+35 0	+22 −13	+10 −25	0 −35	−10 −45	−38 −73 −41 −76	−58 −93 −66 −101
120...140 140...160 160...180	0 −18	+25 0	+18 −7	−8 −33	−20 −45	−36 −61	0 −25	+106 +43	+54 +14	+40 0	+26 −14	+12 −28	0 −40	−12 −52	−48 −88 −50 −90 −53 −93	−77 −117 −85 −125 −93 −133
180...200 200...225 225...250	0 −20	+29 0	+22 −7	−8 −37	−22 −51	−41 −70	0 −29	+122 +50	+61 +15	+46 0	+30 −16	+13 −33	0 −46	−14 −60	−60 −106 −63 −109 −67 −113	−105 −151 −113 −159 −123 −169
250...280 280...315	0 −23	+32 0	+25 −7	−9 −41	−25 −57	−47 −79	0 −32	+137 +56	+69 +17	+52 0	+36 −16	+16 −36	0 −52	−14 −66	−74 −126 −78 −130	−138 −190 −150 −202
315...355 355...400	0 −25	+36 0	+29 −7	−10 −46	−26 −62	−51 −87	0 −36	+151 +62	+75 +18	+57 0	+39 −18	+17 −40	0 −57	−16 −73	−87 −144 −93 −150	−169 −226 −187 −244
400...450 450...500	0 −27	+40 0	+33 −7	−10 −50	−27 −67	−55 −95	0 −40	+165 +68	+83 +20	+63 0	+43 −20	+18 −45	0 −63	−17 −80	−103 −166 −109 −172	−209 −272 −229 −292

[1] Die **fett** gedruckten Toleranzklassen entsprechen der Reihe 1 in DIN 7157; sie sind bevorzugt zu verwenden.

Passungen, System Einheitswelle 2
Fits, System Basic Shaft 2

Grenzabmaße in µm für Toleranzklassen[1] — vgl. DIN ISO 286-2

Nennmaß-bereich über...bis mm	für Welle h9	für Bohrungen – Beim Fügen mit einer h9-Welle entsteht eine Spiel-Passung: C11	D10	E9	F8	H8	H11	Übergangs-Passung: J9/JS9[2]	P9	für Welle h11	für Bohrungen – Beim Fügen mit einer h11-Welle entsteht eine Spiel-Passung: A11	C11	D10	H11
1... 3	0 – 25	+ 120 + 60	+ 60 + 20	+ 39 + 14	+ 20 + 6	+ 14 0	+ 60 0	+ 12,5 – 12,5	– 6 – 31	0 – 60	+ 330 + 270	+ 120 + 60	+ 60 + 20	+ 60 0
3... 6	0 – 30	+ 145 + 70	+ 78 + 30	+ 50 + 20	+ 28 + 10	+ 18 0	+ 75 0	+ 15 – 15	– 12 – 42	0 – 75	+ 345 + 270	+ 145 + 70	+ 78 + 30	+ 75 0
6... 10	0 – 36	+ 170 + 80	+ 98 + 40	+ 61 + 25	+ 35 + 13	+ 22 0	+ 90 0	+ 18 – 18	– 15 – 51	0 – 90	+ 370 + 280	+ 170 + 80	+ 98 + 40	+ 90 0
10... 18	0 – 43	+ 205 + 95	+ 120 + 50	+ 75 + 32	+ 43 + 16	+ 27 0	+ 110 0	+ 21,5 – 21,5	– 18 – 61	0 – 110	+ 400 + 290	+ 205 + 95	+ 120 + 50	+ 110 0
18... 30	0 – 52	+ 240 + 110	+ 149 + 65	+ 92 + 40	+ 53 + 20	+ 33 0	+ 130 0	+ 26 – 26	– 22 – 74	0 – 130	+ 430 + 300	+ 240 + 110	+ 149 + 65	+ 130 0
30... 40	0 – 62	+ 280 + 120	+ 180 + 80	+ 112 + 50	+ 64 + 25	+ 39 0	+ 160 0	+ 31 – 31	– 26 – 88	0 – 160	+ 470 + 310	+ 280 + 120	+ 180 + 80	+ 160 0
40... 50		+ 290 + 130									+ 480 + 320	+ 290 + 130		
50... 65	0 – 74	+ 330 + 140	+ 220 + 100	+ 134 + 60	+ 76 + 30	+ 46 0	+ 190 0	+ 37 – 37	– 32 – 106	0 – 190	+ 530 + 340	+ 330 + 140	+ 220 + 100	+ 190 0
65... 80		+ 340 + 150									+ 550 + 360	+ 340 + 150		
80...100	0 – 87	+ 390 + 170	+ 260 + 120	+ 159 + 72	+ 90 + 36	+ 54 0	+ 220 0	+ 43,5 – 43,5	– 37 – 124	0 – 220	+ 600 + 380	+ 390 + 170	+ 260 + 120	+ 220 0
100...120		+ 400 + 180									+ 630 + 410	+ 400 + 180		
120...140	0 – 100	+ 450 + 200	+ 305 + 145	+ 185 + 85	+ 106 + 43	+ 63 0	+ 250 0	+ 50 – 50	– 43 – 143	0 – 250	+ 710 + 460	+ 450 + 200	+ 305 + 145	+ 250 0
140...160		+ 460 + 210									+ 770 + 520	+ 460 + 210		
160...180		+ 480 + 230									+ 820 + 580	+ 480 + 230		
180...200	0 – 115	+ 530 + 240	+ 355 + 170	+ 215 + 100	+ 122 + 50	+ 72 0	+ 290 0	+ 57,5 – 57,5	– 50 – 165	0 – 290	+ 950 + 660	+ 530 + 240	+ 355 + 170	+ 290 0
200...225		+ 550 + 260									+ 1030 + 740	+ 550 + 260		
225...250		+ 570 + 280									+ 1110 + 820	+ 570 + 280		
250...280	0 – 130	+ 620 + 300	+ 400 + 190	+ 240 + 110	+ 137 + 56	+ 81 0	+ 320 0	+ 65 – 65	– 56 – 186	0 – 320	+ 1240 + 920	+ 620 + 300	+ 400 + 190	+ 320 0
280...315		+ 650 + 330									+ 1370 + 1050	+ 650 + 330		
315...355	0 – 140	+ 720 + 360	+ 440 + 210	+ 265 + 125	+ 151 + 62	+ 89 0	+ 360 0	+ 70 – 70	– 62 – 202	0 – 360	+ 1560 + 1200	+ 720 + 360	+ 440 + 210	+ 360 0
355...400		+ 760 + 400									+ 1710 + 1350	+ 760 + 400		
400...450	0 – 155	+ 840 + 440	+ 480 + 230	+ 290 + 135	+ 165 + 68	+ 97 0	+ 400 0	+ 77,5 – 77,5	– 68 – 223	0 – 400	+ 1900 + 1500	+ 840 + 440	+ 480 + 230	+ 400 0
450...500		+ 880 + 480									+ 2050 + 1650	+ 880 + 480		

[1] Die **fett** gedruckten Toleranzklassen entsprechen der Reihe 1 in DIN 7157; sie sind bevorzugt zu verwenden.

[2] Die Toleranzfelder J9/JS9, J10/JS10 usw. sind jeweils gleich groß und liegen symmetrisch zur Nulllinie.

V

Passungsempfehlungen, Passungsauswahl
Recommended Fits, Selection of Fits

Passungsempfehlungen	vgl. DIN 7157
aus Reihe 1	C11/h9, D10/h9, E9/h9, F8/h9, H8/f7, F8/h6, H7/f7, H8/h9, H7/h6, H7/n6, H7/r6, H8/x8 bzw. u8
aus Reihe 2	C11/h11, D10/h11, H8/d9, H8/e8, H7/g6, G7/h6, H11/h9, H7/j6, H7/k6, H7/s6

Passungsauswahl

Art	Passungs-System				Passungs-Merkmale	
	Einheitsbohrung[1]		Einheitswelle[1]		Eigenschaften	Anwendungsbeispiele
Spielpassungen	H8/d9	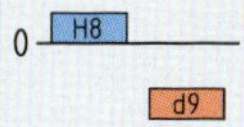	**D10/h9**	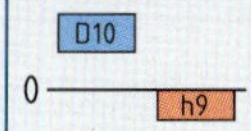	Die Passungen haben großes Spiel.	Distanzbuchsen auf Wellen
	H8/e8	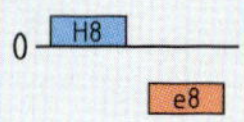	**E9/h9**	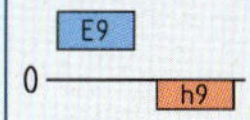	Die Passungen haben merkliches Spiel. Die Teile sind sehr leicht ineinander beweglich.	Hebellagerungen, Stellringe auf Wellen
	H8/f7	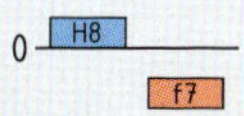	**F8/h9**	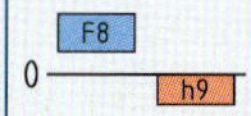	Die Passungen haben ein kleines Spiel. Die Teile sind leicht ineinander beweglich.	Wellen-Gleitlagerungen
	H7/g6	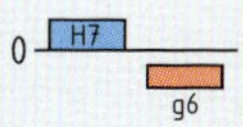	G7/h6	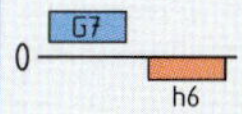	Die Passungen haben nur ein kleines Spiel. Die Teile können mit Handkraft ineinander bewegt werden.	Aufnahmebolzen in Bohrungen, Wellen in Gleitlagern, Säulenführungen
	H8/h9	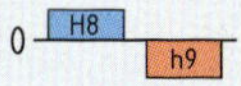	**H8/h9**	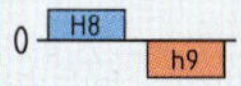	Die Passungen haben kaum Spiel. Die Teile können mit Handkraft ineinander bewegt werden.	Distanzbuchsen, Stellringe auf Wellen
	H7/h6	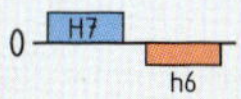	**H7/h6**	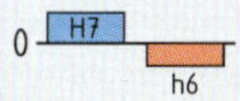	Die Passungen haben ein ganz kleines Spiel. Ein Verschieben der Teile mit Handkraft ist möglich.	Säulenführungen, Führungen an Werkzeugmaschinen, Schneidstempel in Führungsplatten
Übergangspassungen	H7/j6	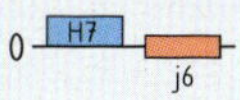	nicht festgelegt		Passung hat eher Spiel als Übermaß, Passmaße haben kleine Toleranzen. Verschieben von Hand ist möglich.	Zahnräder auf Wellen
	H7/n6	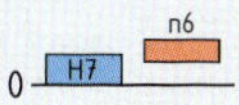			Die Passung hat eher Übermaß als Spiel. Zum Fügen ist ein geringer Kraftaufwand erforderlich.	Lagerbuchsen in Gehäusen, Bohrbuchsen und Auflagebolzen in Vorrichtungen
Übermaßpassungen	**H7/r6**	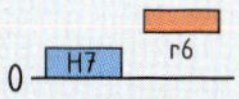	nicht festgelegt		Die Passung hat ein kleines Übermaß. Die Teile lassen sich mit Kraftaufwand fügen.	Buchsen in Gehäusen
	H7/s6	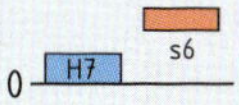			Die Passung hat ein reichliches Übermaß. Zum Fügen ist ein großer Kraftaufwand erforderlich.	Gleitlagerbuchsen in Gehäusen, Kränze auf Schneckenradkörpern
	H7/u8	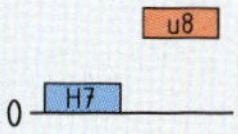			Die Passung hat ein großes Übermaß. Die Teile lassen sich nur durch Dehnen oder Schrumpfen fügen.	Schrumpfringe, Räder auf Achsen, Kupplungen auf Wellen
	H7/x8	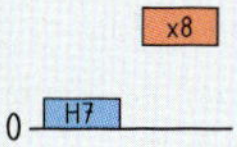			Die Passung hat ein sehr großes Übermaß. Das Fügen ist nur durch Dehnen oder Schrumpfen möglich.	

DIN 7157 empfiehlt im Hinblick auf eine wirtschaftliche Fertigung die Beschränkung auf wenige bewährte Toleranzklassenkombinationen. Von diesen soll nur in Ausnahmefällen, z.B. beim Einbau von Wälzlagern, abgewichen werden.

[1] Passungen aus fett gedruckten Toleranzklassenkombinationen der Reihe 1 sollen bevorzugt werden.

V

Allgemeintoleranzen General Tolerances

Allgemeintoleranzen für Längen- und Winkelmaße

vgl. DIN ISO 2768-1

Toleranzklasse	Längenmaße							
	Grenzabmaße in mm für Nennmaßbereiche							
	0,5 bis 3	über 3 bis 6	über 6 bis 30	über 30 bis 120	über 120 bis 400	über 400 bis 1000	über 1000 bis 2000	über 2000 bis 4000
f (fein)	± 0,05	± 0,05	± 0,1	± 0,15	± 0,2	± 0,3	± 0,5	–
m (mittel)	± 0,1	± 0,1	± 0,2	± 0,3	± 0,5	± 0,8	± 1,2	± 2
c (grob)	± 0,2	± 0,3	± 0,5	± 0,8	± 1,2	± 2	± 3	± 4
v (sehr grob)	–	± 0,5	± 1	± 1,5	± 2,5	± 4	± 6	± 8

Toleranzklasse	Rundungshalbmesser und Fasen			Winkelmaße				
	Grenzabmaße in mm für Nennmaßbereiche			Grenzabmaße in Grad und Minuten für Nennmaßbereiche (kürzerer Schenkel)				
	0,5 bis 3	über 3 bis 6	über 6	bis 10	über 10 bis 50	über 50 bis 120	über 120 bis 400	über 400
f (fein) m (mittel)	± 0,2	± 0,5	± 1	± 1°	± 0° 30′	± 0° 20′	± 0° 10′	± 0° 5′
c (grob)	± 0,4	± 1	± 2	± 1° 30′	± 1°	± 0° 30′	± 0° 15′	± 0° 10′
v (sehr grob)				± 3°	± 2°	± 1°	± 0° 30′	± 0° 20′

Allgemeintoleranzen für Form und Lage

vgl. DIN ISO 2768-2

Toleranzklasse	Toleranzen in mm für Geradheit und Ebenheit						Rechtwinkligkeit				Symmetrie				Lauf
	Nennmaßbereiche in mm						Nennmaßbereiche in mm				Nennmaßbereiche in mm				
	bis 10	über 10 bis 30	über 30 bis 100	über 100 bis 300	über 300 bis 1000	über 1000 bis 3000	bis 100	über 100 bis 300	über 300 bis 1000	über 1000 bis 3000	bis 100	über 100 bis 300	über 300 bis 1000	über 1000 bis 3000	
H	0,02	0,05	0,1	0,2	0,3	0,4	0,2	0,3	0,4	0,5	0,5				0,1
K	0,05	0,1	0,2	0,4	0,6	0,8	0,4	0,6	0,8	1	0,6		0,8	1	0,2
L	0,1	0,2	0,4	0,8	1,2	1,6	0,6	1	1,5	2	0,6	1	1,5	2	0,5

Angabe der Allgemeintoleranzen in Zeichnungen

Art der Angabe	Erklärung	Beispiel
Angabe von frei gewählten Abmaßen (häufig) Ⓐ	Die Abmaße werden als Zahlenwerte in derselben Einheit direkt hinter das Nennmaß geschrieben.	12-0,1/-0,2; 60±0,2; 0 30-0,2
Angabe der Nennmaße ohne Zusatz (oft) Ⓑ	Fehlen Toleranzangaben, so gelten die Allgemeintoleranzen. Wenn keine Toleranzklasse vereinbart ist, genügt die unterste Klasse v bzw. L.	30 bedeutet in der Toleranzklasse v (sehr grob): ±1
Angaben nach ISO (selten) Ⓒ	Zum Nennmaß werden die ISO-Norm und die Toleranzklasse der obigen Tabelle angegeben **(Bild)**.	83 ISO 2786-c bedeutet: Nennmaß 83, Toleranzklasse c (grob): ±0,8

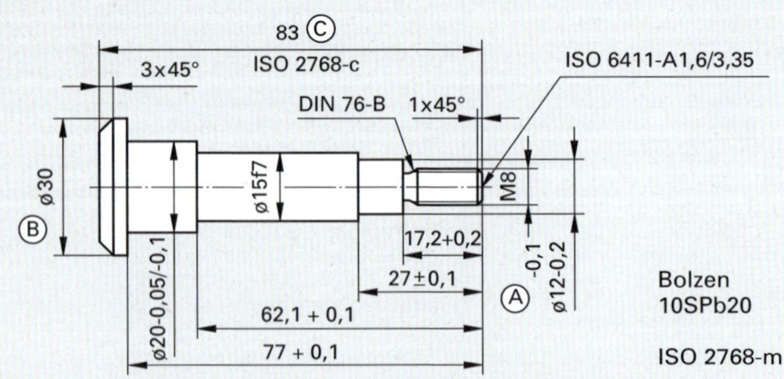

Angabe von Toleranzen, die nicht zu Passungen gehören

Steckverbinder Plugs and Sockets

Art	Ansicht, Kurzzeichen
Einpolige oder zweipolige Verbinder	
Koax-Typen und Twinax-Typ	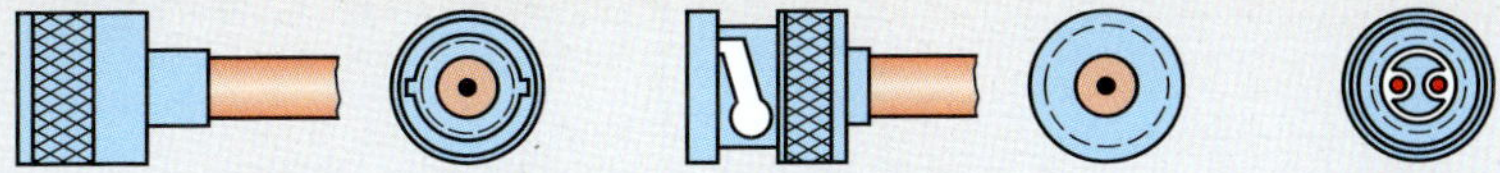 TNC, BNC, Twinax
Glasfaser-Steckverbinder	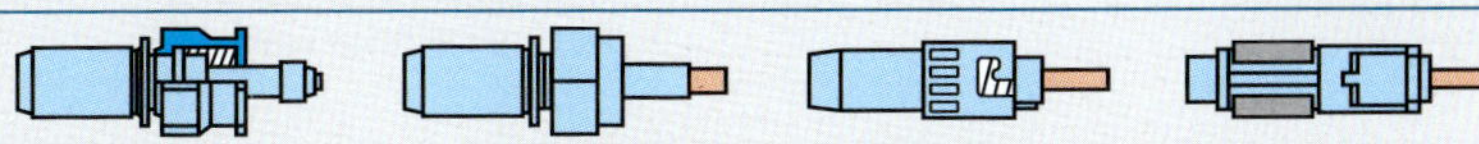 SMA 905, SMA 906, ST, SC Bei Duplex-Leitungen sind zwei Stecker auf jeder Seite.
Vierpolige und mehrpolige Steckverbinder	
Western-Typen	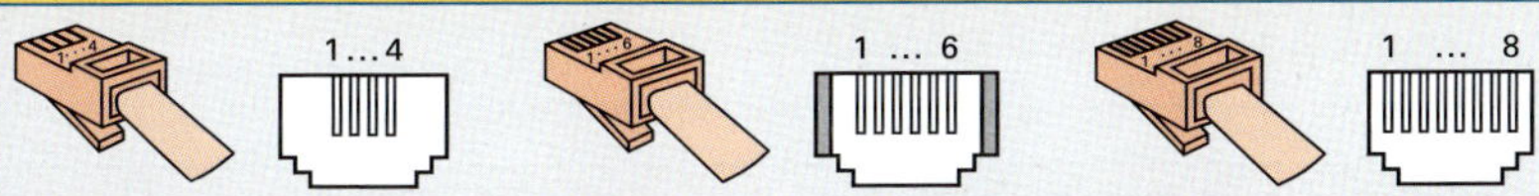 RJ-11, RJ-11, RJ-12, RJ-12, RJ-45, RJ-45
USB-Typen 2.0	 Typ A (upstream), Typ A, Typ B (downstream), Typ B
USB-Typen 3.0 mit 2.0	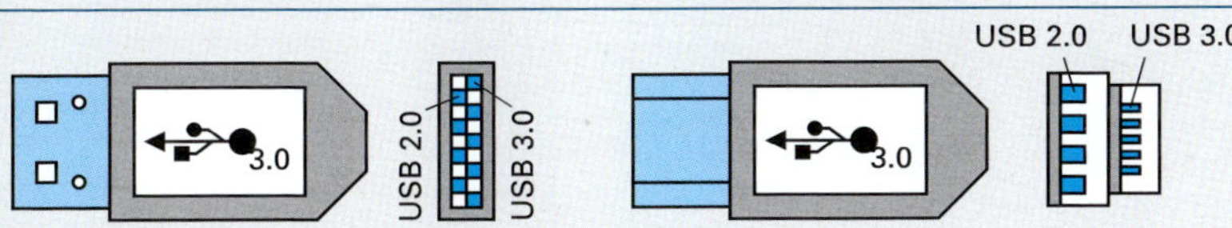 Typ A, Typ B
V-Typen DB-Typen	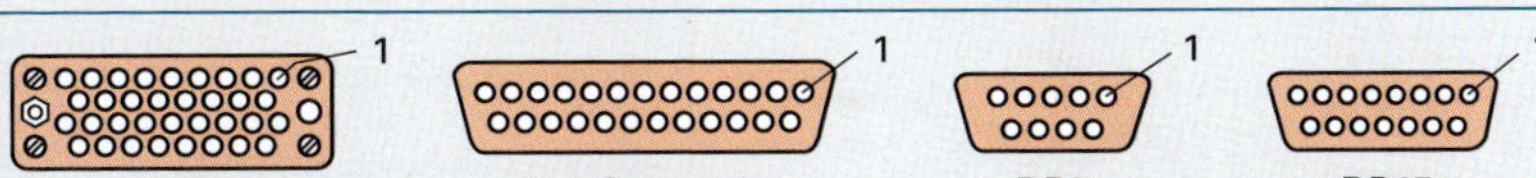 V.35, V.24, Centronics, DB9, DB15
Firewire-Typen IEEE 1394	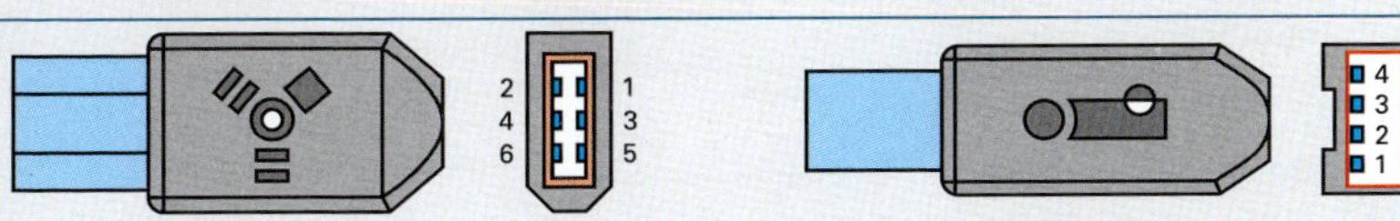 6-polig, 4-polig
SCSI-Steckverbinder, Centronics-Steckverbinder	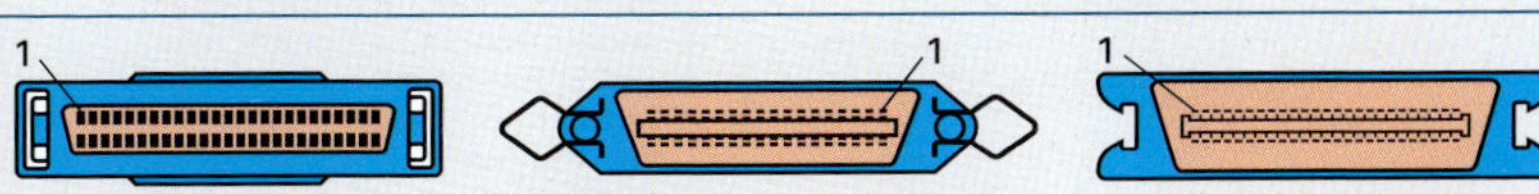 SCSI-2 (Stecker), Centronics (36-Pin) (Stecker), Centronics (Parallel)
DIN-Typen (Buchsen)	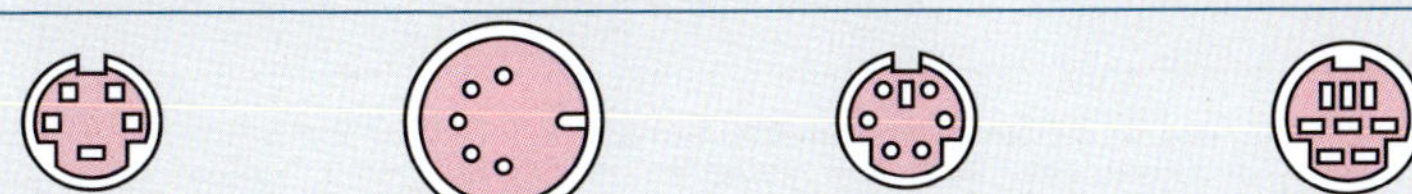 4-Pin Mini DIN, 5-Pin DIN, PS/2 6-Pin Mini DIN, 8-Pin Mini DIN

V

Steckverbinder RJ45 und RJ11 Connectors RJ45 and RJ11

Schaltung | Erklärung | Ansicht

Anschlusseinheiten IAE und UAE

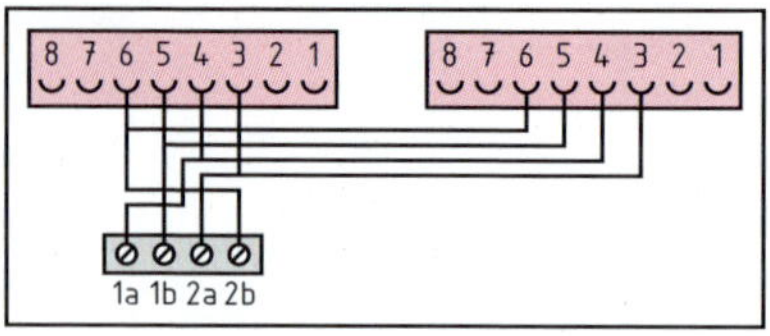

Die **IAE 2 x 8 (4)** besteht aus 2 Buchsen der Breite 8 (8 Kontakte), von denen aber nur die mittleren 4 (Kontakte 3 bis 6) verwendet werden. Die Anschlüsse der beiden Buchsen sind parallel geschaltet, sodass zwei Endgeräte angeschlossen werden können.

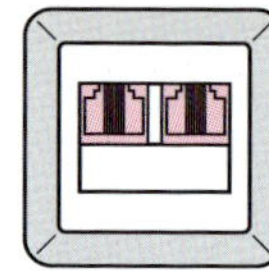

(für ISDN)

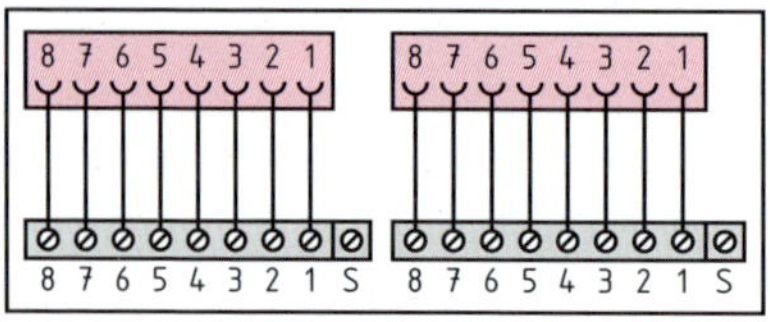

Die **UAE 2 x 8 (8)** besteht aus 2 Buchsen UAE 8 (8) die parallel geschaltet sind oder ohne elektrische Verbindung als UAE 8/8 (8/8). Es gibt auch UAE, bei denen der Stecker in der Buchse 2 Öffner betätigt, z. B. UAE 8 (8) +2. Dadurch kann ein Endgerät das andere abschalten.

Codierung und Anschlüsse

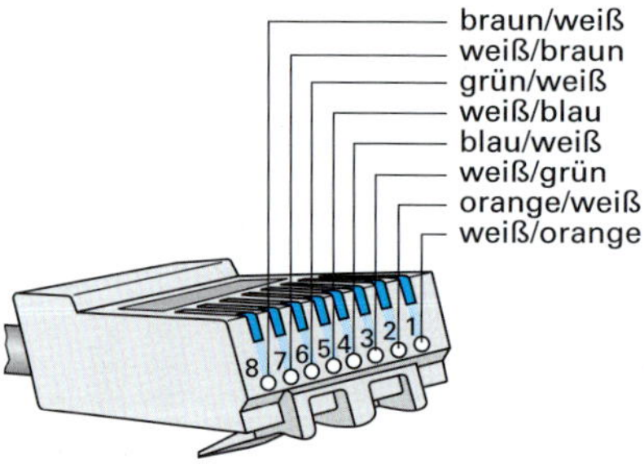

Stecker RJ45 belegt nach TIA/EIA 568B

Für die Gebäudeverkabelung verwendet man in Europa 568B und in USA meist 568A.

Farbe	Paar	568A Pin	568B Pin
WH/BU	1	5	5
BU/WH	1	4	4
WH/OR	2	3	1
OR/WH	2	6	2
WH/GN	3	1	3
GN/WH	3	2	6
WH/BN	4	7	7
BN/WH	4	8	8

568A

568B

Buchsen RJ45

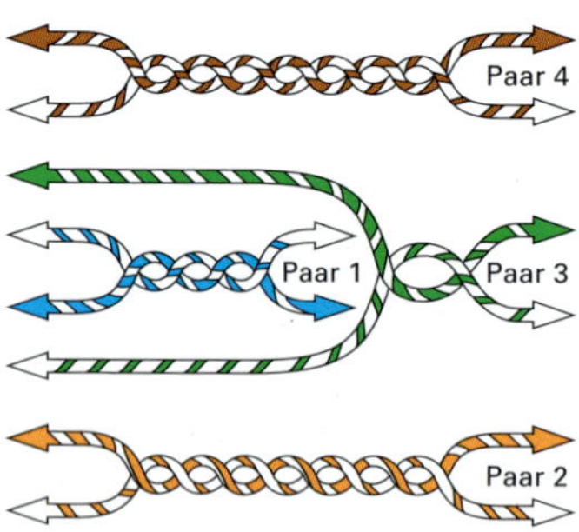

Verbindung von DTEs zu DCEs bei 568B

Die Adernfarben BU (Blau), BR (Braun), GN (Grün) und OR (Orange bzw. Gelb) können einfarbig sein oder mit WH (Weiß) kombiniert.
Bei Verbindungen von DTEs (Daten erzeugenden Geräten, z. B. PCs) zu DCEs (Daten übertragenden Geräten, z. B. Hubs) werden die Adern 1:1 verbunden, z. B. Pin 1 zu Pin 1.
Werden bei den IAE nur 2 Adernpaare benötigt, so nimmt man den Stecker RJ11 mit nur 4 Kontakten oder RJ45 mit 8 Kontakten, von denen man aber nur die mittleren verwendet, z. B. bei IAE 8 (4).

Bei Verbindung von DTEs untereinander oder von DCEs untereinander müssen die Adern gekreuzt werden (Crossover-Kabel).

Pin Gerät 1	Pin Gerät 2
1	3
2	0
3	1
4	5
5	4
6	2
7	8
8	7

Kreuzung beim Crossover-Kabel nach 568A und 568B

BN Brown, BU Blue, DCE Data Communication Equipment, DTE Data Terminal Equipment, EIA Electronic Industries Association, GN Green, IAE ISDN-Anschlusseinheit, ISDN Integrated Services Digital Network, OR = Orange, Pin = Anschluss, RJ Registered Jack, S Schirmung, TIA Telecommunication Industries Association, UAE Universal-Anschlusseinheit, WH White

V

Ansicht, Benennung	Schaltung	Codierung	Anwendung
TAE-Anschlüsse Sockets TAE			
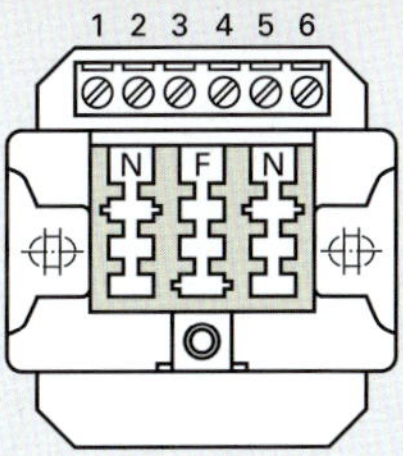 **TAE 3 × 6 NFN**	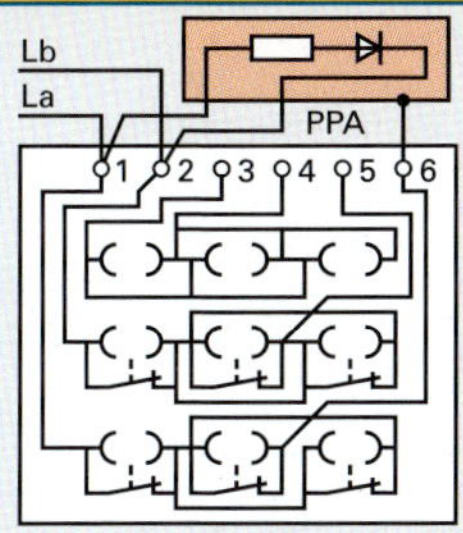	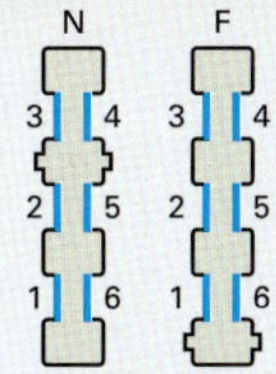 Dazu weiterer Anschluss der Form N	Mit PPA: Analoger Netzabschluss bei einfachen Endstellen. Dieser fällt in die Zuständigkeit des Netzbetreibers. Wegen des PPA kann der Netzbetreiber durch Adertauschen vom Prüfplatz aus prüfen, ob die Leitung gleichstrommäßig in Ordnung ist. Ohne PPA: Anschluss eines F-Gerätes und in Reihenschaltung dazu bis zwei N-Geräte.
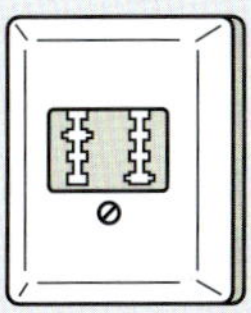 **TAE 6F**	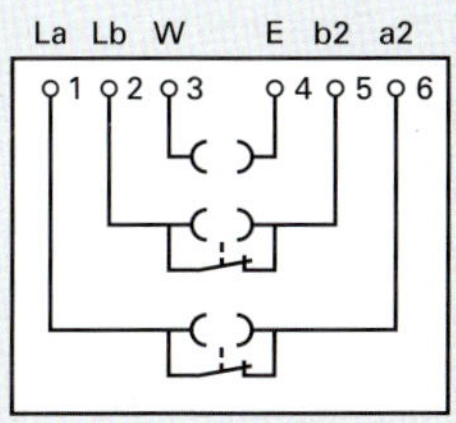	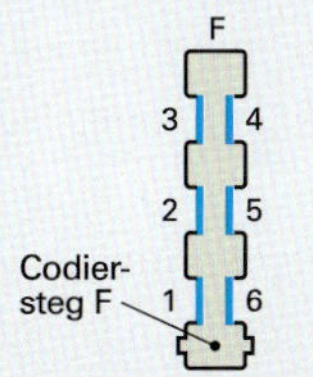 auch mit Codierung N	Bei Codierung F: Steckbarer Anschluss eines F-Gerätes, z. B. eines Telefons. Bei Codierung N: Steckbarer Anschluss eines N-Gerätes, z. B. eines Modems. Bei TAE 4F bzw. TAE 4N entfallen die Anschlüsse 5 und 6 mit den Öffnern.
 **TAE 2 × 6/6 NF/F**	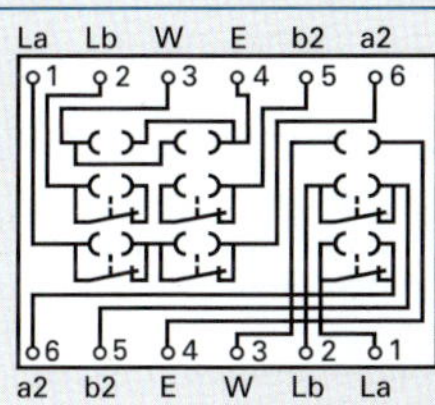	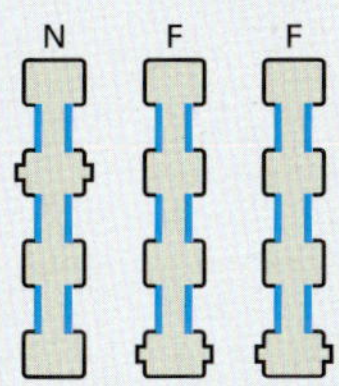	Steckbarer Anschluss eines F-Gerätes ohne N-Geräte und eines F-Gerätes, zu dem bei Bedarf ein N-Gerät in Reihe geschaltet werden kann.
 **TAE 2 × 6 NF**	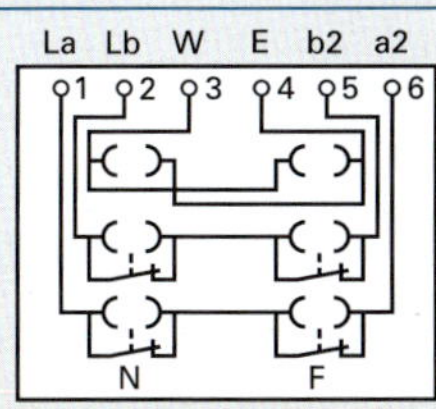	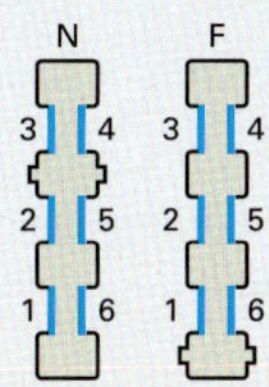	Steckbarer Anschluss eines N-Gerätes, z. B. eines Modems, zu dem bei Bedarf ein F-Gerät in Reihe geschaltet werden kann.
TAE-Anschluss-Stecker Connector plug TAE			
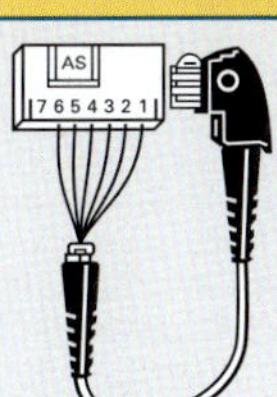 **TAE 6 F1/AS7**	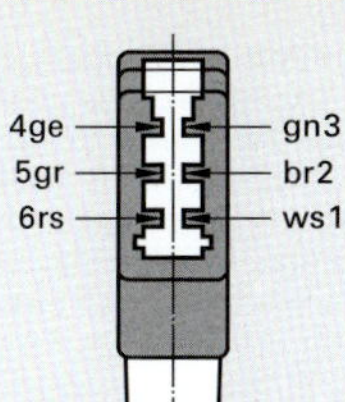	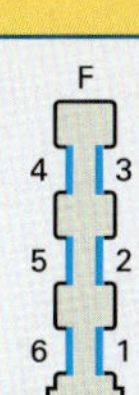 auch mit Codierung N	Anschluss von F-Geräten oder von N-Geräten an sechspolige TAE-Dosen. Bei Codierung N ist aber die Führung mit Stufenprofil oben und 5 ist braun und 6 grün.

La oder 1 (weiß)	a-Ader der Amtsleitung	F	Fernsprechapparat
Lb oder 2 (braun)	b-Ader der Amtsleitung	N	Nicht-Fernsprechapparat, z. B. Modem, Fax
W oder 3 (grün)	Schaltkontakt	TAE	Telekommunikations-Anschlusseinheit
E oder 4 (gelb)	Erdkontakt für Nebenstellen	PPA	Passiver Prüfabschluss
b2 oder 5, a2 oder 6	Fortführung der Amtsleitung		

V

Schnittstellenkopplungen Interface Couplings

Schnittstellenart	Bemerkungen

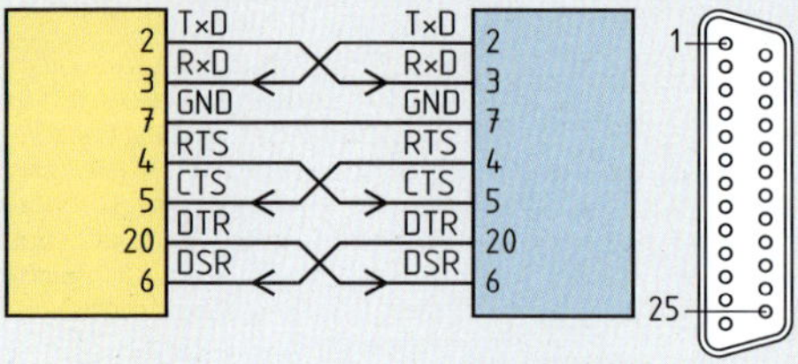

V.24-Schnittstelle (RS-232-Schnittstelle)

Die Reichweite für eine bitserielle Datenübertragung der V.24-Spannungsschnittstelle beträgt etwa 30 m. Das Binärzeichen 0 erfordert eine Spannung zwischen 3 V und 15 V, das Binärzeichen 1 zwischen −3 V und −15 V. Die Bitraten betragen z. B. 300 bit/s, 600 bit/s, 1200 bit/s, 2400 bit/s, 4800 bit/s, 9600 bit/s, 19 200 bit/s, 38 400 bit/s. Die verwendeten Stecker bzw. Buchsen sind 25-polig oder 9-polig.

TxD	Transmit Data, Sendedaten
RxD	Receive Data, Empfangsdaten
GND	Ground, Masse
RTS	Request to Send, Anforderung zum Senden
CTS	Clear to Send, sendebereit
DTR	Data Terminal Ready, betriebsbereit
DSR	Data Set Ready, Sendedaten bereitstehend

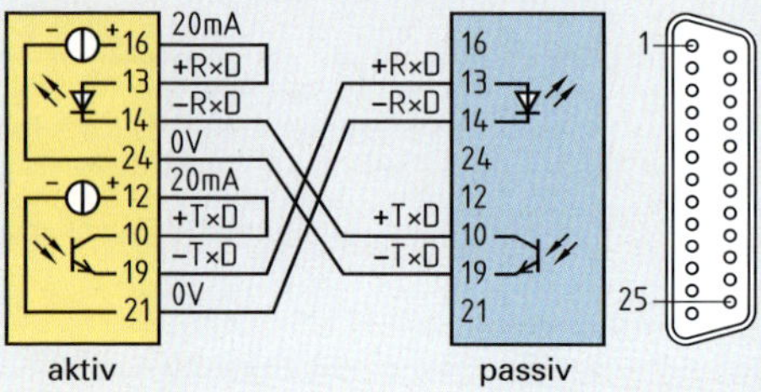

20-mA-Schnittstelle

Die Reichweite für eine gesicherte bitserielle Datenübertragung beträgt bis zu 1000 m. Die Funktionsweise beruht auf eingeprägten Strömen von bis zu 2,5 mA für das Binärzeichen 0 und von 20 mA ± 30% für das Binärzeichen 1. Die Synchronisierung der beiden Teilnehmer erfolgt mit Softwarehandshake oder Hardwarehandshake (engl. handshake = Hände schütteln). Von den zwei Teilnehmern darf nur einer eine 20-mA-Schnittstelle mit eingeprägtem Strom besitzen. Diese wird als aktiv bezeichnet. Die Stecker und Buchsen sind meist 25-polig.

TxD	Transmit Data, Sendedaten
RxD	Receive Data, Empfangsdaten
20 mA	Stromquellen für Senden oder Empfangen

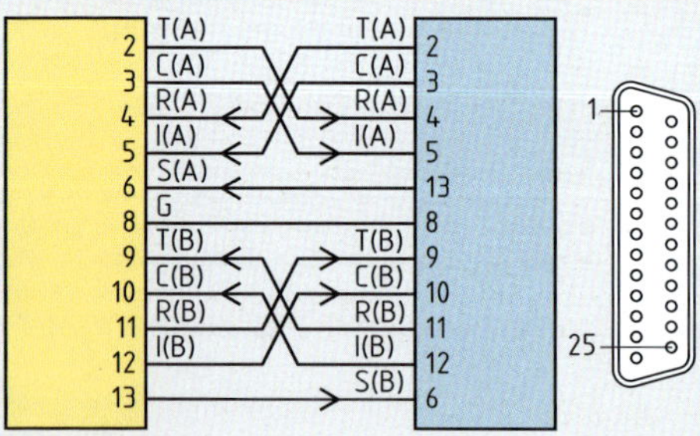

RS-422-Schnittstelle

Die Reichweiten der RS-422-Doppelstromschnittstelle betragen bis zu 1200 m. Die bitseriellen Datenübertragungen können mit bis zu 10 Mbit/s erfolgen. Verwendet werden z. B. 25-polige Stecker bzw. Buchsen.

T(A)	Transmit	Sendedaten
T(B)		Sendedaten-Rückleitung
C(A)	Control	Steuern
C(B)		Steuern-Rückleitung
R(A)	Receive	Empfangsdaten
R(B)		Empfangsdaten-Rückleitung
I(A)	Indication	Bereitmelden
I(B)		Bereitmelden-Rückleitung
S(A)	Step	Schritt-Takt (Bittakt)
S(B)		Schritt-Takt-Rückleitung
GND	Ground	Masse

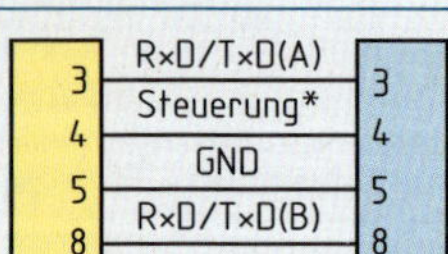

* entfällt bei Steuerung durch Softwareprotokoll, z. B. Token

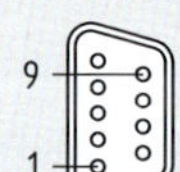

RS485-2-Draht-Schnittstelle

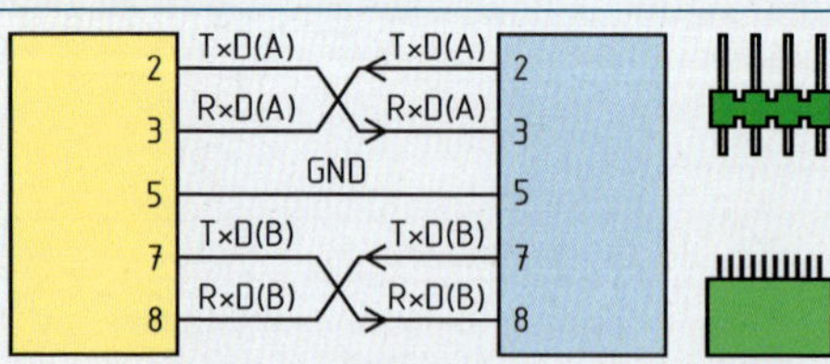

RS485-4-Draht-Schnittstelle

Die RS485-Schnittstelle (EIA 485) gibt es in 2-Draht-Ausführung und in 4-Draht-Ausführung. Die 2-Draht-Schnittstelle arbeitet im Halbduplex-Betrieb (zeitversetztes Senden und Empfangen), die 4-Draht-Schnittstelle arbeitet im Duplex-Betrieb (gleichzeitiges Senden und Empfangen). Die Datensignale werden auf den verdrillten Datenleitungen A und B nichtinvertiert und invertiert übertragen. Im Empfänger wird aus der Differenz der beiden Spannungspegel das ursprüngliche Datensignal rekonstruiert. Gleichtaktstörungen wirken sich somit nicht auf die Übertragung aus.

Die Pinbelegung ist nicht einheitlich festgelegt. Ferner gibt es verschiedene Stecker, Stiftleisten und Buchsen zum Koppeln der Teilnehmer. Übertragung bis 1200 m mit 100 kbit/s, bis 10 m mit 12 Mbit/s. Punkt-zu-Punkt-Verbindung möglich, meist jedoch Verwendung als Bussystem mit bis zu 32 Teilnehmern. Mit Kaskadenschaltung (Hub-Schaltung) erweiterbar. Sendeberechtigung im Busbetrieb wird über Token gesteuert.

V

Begriff	Erklärung, Ansichten	Bemerkungen
USB Hot-Plugging	USB (Universal Serial Bus) ist ein Peripheriebus. Über ihn können Peripheriegeräte an einen Computer oder an eine Steuerung angeschlossen werden. Die USB-Stecker können während des Computer-Betriebes gesteckt oder gezogen werden. Das Symbol für „Hardware sicher entfernen" ist vorab anzuklicken (am rechten Bildschirmrand unten).	Über USB können Peripheriegeräte wie z.B. Tastatur, Maus, Scanner, Drucker, Disketten-Laufwerke, Memory-Sticks, Festplatten-Laufwerke oder digitale Kameras an einen Computer angeschlossen werden. Das Betriebssystem Windows erkennt automatisch den Anschluss eines USB-fähigen Peripheriegerätes (Plug & Play). Der passende Schnittstellentreiber wird automatisch geladen, ggf. aus Internet.
USB-Schnittstellen Form A, Form B, USB 3.0	**Form A** **Form B** 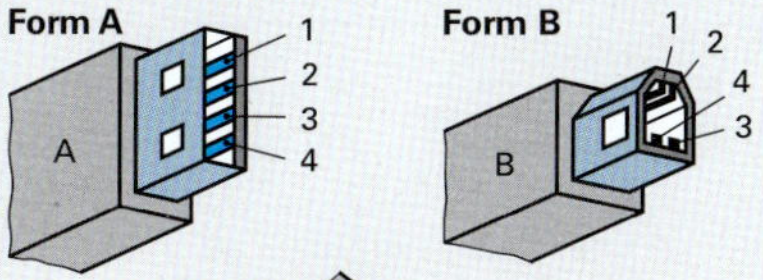 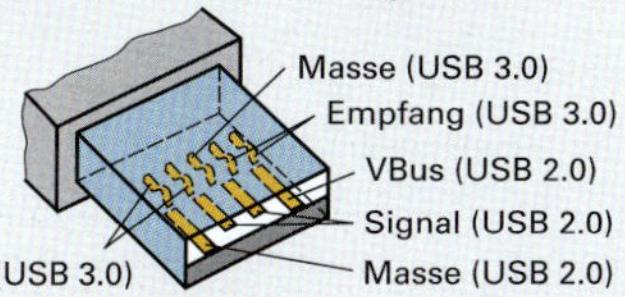 **USB 3.0**	V_{CC} Spannung 5 V (rot 1), GND Masse (schwarz 4), $+S_D$ Signalleiter + (grün 3), $-S_D$ Signalleiter – (weiß 2). Die abgebbare Leistung beträgt 2,5 W. Die Leitungslänge beträgt bis zu 5 m. Bei USB 2.0 beträgt die maximale Bitrate 480 Mbit/s, netto nutzbar sind allerdings nur bis 416 Mbit/s. USB 1.1 arbeitet mit bis zu 12 Mbit/s, USB 3.0 mit Bitrate brutto 5 Gbit/s, in der Praxis 1,3 Gbit/s. Stecker USB 2.0 passt auch in Buchse USB 3.0. USB-Adapter zu Schnittstellen RS 232, RS 485, SCSI, Centronics, (e)SATA, SD-Speicherkarten.
Firewire 400	Firewire ist eine Schnittstelle zum Anschluss von Peripheriegeräten an einen Computer. Die Bezeichnungen IEEE1394a oder i.Link sind für Firewire 400 ebenfalls gebräuchlich. Hot-Plugging ist möglich.	Firewire wird z.B. zum Anschließen von digitalen Audiogeräten, Videogeräten (DVD, Camcorder), Kameras oder Festplatten-Laufwerken verwendet.
Firewire-Schnittstelle IEEE 1394	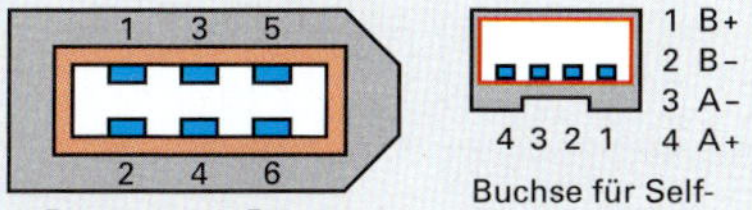 1 Power 4 B– 2 Masse 5 A– 3 B+ 6 A+ Buchse für Bus-Powered-Geräte Buchse für Self-Powered-Geräte **Firewire-Schnittstellen**	Die Datenübertragung erfolgt über verdrillte 6-polige oder 4-polige bis zu 5 m lange Leitungen. B+, B–, A+, A– sind die Signalleiter. Abgebbare Leistung 45 W. Beim 4-poligen Anschluss gibt es keine Spannungsversorgung. Diese ist dann über eine zusätzliche Leitung vorzunehmen. Firewire 400 arbeitet mit den Bitraten 100 Mbit/s, 200 Mbit/s, 400 Mbit/s. Je nach der Fähigkeit des Peripheriegerätes wird die maximal mögliche Bitrate automatisch vom angeschlossenen Computer eingestellt.
Firewire 800	Firewire 800 ist die nachfolgende Version von Firewire 400 mit der Bezeichnung IEEE1394b. Die Bitrate beträgt 800 Mbit/s. Geplant sind auch 1600 Mbit/s und 3200 Mbit/s.	Der Anschluss ist 9-polig einschließlich der Spannungsversorung. Bei Verwendung von ungeschirmten Twisted-Pair-Leitungen CAT 5, CAT 7 oder Glasfaserleitungen kann die Leitungslänge bis zu 100 m betragen. Über Firewire 800 können mehrere Computer z.B. an einen Drucker oder Scanner angeschlossen werden.
Hub	Durch Verwendung von Hubs können über USB bis zu 127 Peripheriegeräte und über Firewire bis zu 63 Peripheriegeräte gleichzeitig betrieben werden.	USB-Hubs besitzen z.B. fünf Anschlussports für zusätzliche Peripheriegeräte, Firewire-Hubs z.B. vier Anschlussports. Die gesamte durch Hubs kaskadierte Leitungsstrecke beträgt bei USB bis zu 30 m, bei Firewire bis zu 72 m.
Anschlusskabel, Adapterkabel	 **USB-Anschlusskabel**  **Firewire-Anschlusskabel**	Bei USB gibt es Adapter und Adapterkabel Form A auf Form B. Bei Firewire gibt es Adapter und Adapterkabel 6-polig auf 4-polig, 9-polig auf 6-polig, 9-polig auf 4-polig. Somit können Firewire-400-Peripheriegeräte an Firewire 800 angeschlossen werden. Sowohl bei USB als auch bei Firewire gibt es Anschlusskabel mit allen Kombinationen von männlichen und weiblichen Steckern.

V

Steckvorrichtungen der Energietechnik Connectors of Power Engineering

Steckvorrichtungen in Installationen

System, Marktname	Schuko	Perilex		„IEC-, EUROPA (CEE)-, RUND-, INDUSTRIESTECKVORRICHTUNGEN"											
Typische Form der Steckdose	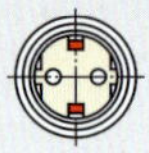	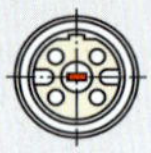		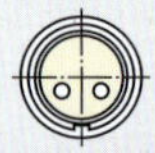		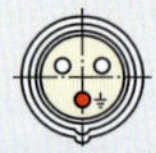		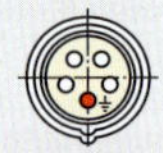				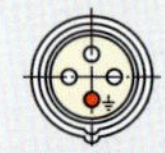			
Empfohlene Kernfarbe	–			Violett		Blau		Rot							
Phasen, Stromstärke	1 16 A	3 N 16 A	3 N 25 A	1 16 o. 32 A		1 16 o. 32 A		3 N 16 bis 125 A				3 16 bis 125 A			
Polzahl	2 P + PE	3 P + N + PE		zweipolig 2 P		dreipolig 2 P + PE		fünfpolig 3 P + N + PE				vierpolig 3 P + PE			
Bemess.spg. Frequenz 50 Hz	250 V –	400/230 V –		bis 50 V –		230 V –		400 V/230 V –				400 V –			
Bemess.strom-stärke (A)	10/16	16	25	16	32	16	32	16	32	63	125	16	32	63	125
Klemmbereich (mm²)	1,5...2,5	1,5...4	2,5...10	4...2 x 6		1,5 ...4	2,5 ...10	1,5 ...4	2,5-10	6-25	25 ...70	1,5 ...4	2,5-10	6-25	25...70
Überstrom-schutz	Der Bemessungsstrom der vorgeschalteten Überstrom-Schutzeinrichtung darf den Bemessungsstrom der Steckvorrichtung nicht übersteigen.														
Vorzugsweise Verwendung	Hausinstallation und ähnliche Zwecke			industrielle und ähnliche Zwecke											
	Landwirtschaft, Baustellen	Hotels, Laboratorien, textilverarbeitende Betriebe, Großküchen		Landwirtschaft, Baustellen								Schifffahrt			

CEE-Industriesteckvorrichtungen

Polzahl	Lage (Uhrzeigerstellungen) der Schutzkontaktbuchse zur Unverwechselbarkeitsnut									
3	Frequenz Hz Spannung V	50, 60 110 bis 130	50, 60 220 bis 240	50, 60 380 bis 415	50, 60 500	50, 60 750	50, 60[1]	Gleichstrom > 50 bis 250	Gleichstrom > 250	
	Lage der Schutzkontakt-buchse	 4 h	 6 h	 9 h	 7 h	 5 h	 12 h	 3 h	 8 h	–
	Kennfarbe	gelb	blau	rot	schwarz	schwarz		blau		
4	Frequenz Hz Spannung V	50, 60 110 bis 130	50, 60 220 bis 240	50, 60 380 bis 415	60 440	50, 60 500	50, 60 750	50, 60[1]	100 bis 300 50 bis 440	>300 bis 500 50 bis 440
	Lage der Schutzkontakt-buchse	 4 h	 9 h	 6 h	 11 h für Schiffe	 7 h	 5 h	 12 h	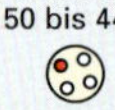 10 h nicht für 63 A und 125 A	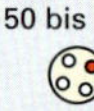 2 h
	Kennfarbe	gelb	blau	rot	rot	schwarz	schwarz		grün	grün
5	Frequenz Hz Spannung V	50, 60, 110 bis 130	50, 60, 127/220 bis 138/240	50, 60, 220/380 bis 240/415	50, 60, 500	50, 60, 750	60, 250/440	–	–	–
	Lage der Schutzkontakt-buchse	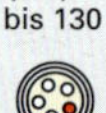 4 h	 9 h	 6 h	 7 h	 5 h	 11 h für Schiffe			
	Kennfarbe	gelb	blau	rot	schwarz	schwarz	rot			

[1] Alle Spannungen nach Trenntransformatoren.

Internationale, einphasige Steckvorrichtungen

Form	Verwendungsgebiet	Form	Verwendungsgebiet
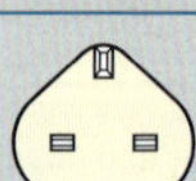	Alle Commonwealth-Länder, Afrika, Asien, Großbritannien, Mittlerer Osten (Kombistecksystem British Standard für Steckdosen mit Rund- und Rechteck-Kontaktöffnungen)		Italien
	Europa, Südamerika, Afrika		Nord-/Mittel-/Südamerika, Japan, Süd-/Ost-Asien, Osteuropa
	Hongkong, Indien, China, Großbritannien		Australien, Neuseeland, China u.a. (Kombistecksystem durch auswechselbaren Steckerstift für Steckdosen mit und ohne Kinderschutz)

V

Stecker der Energietechnik   Plug Connectors for Power Engineering

Typ	Ansichten	Anwendungen, Bemerkungen
CEE-Stecker		CEE-Stecker wurden als internationale Standard-Steckverbinder für die industrielle Anwendung entwickelt. Sie finden heute auch im Handwerk und in Privathaushalten Anwendung. Es gibt sie als dreipolige (2P+PE), vierpolige (3P+PE) und fünfpolige (3P+N+PE) Ausführung. Sie sind für Bemessungsspannungen von 20 V bis 690 V und Bemessungsströme von 16 A, 32 A, 63 A und 125 A erhältlich.
Perilex-Stecker	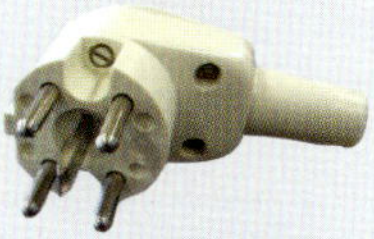	Perilex-Stecker sind zum Anschluss von Drehstromverbrauchern mit einer Bemessungsspannung von 400 V und einen Bemessungsstrom von 16 A oder 25 A gebaut. Sie sind fünfpolig (3P+N+PE). Sie wurden hauptsächlich in Bäckereien, Großküchen und Privathaushalten verwendet. Das Perilex-Stecksystem wurde aber weitgehend durch das CEE-Drehstrom-Stecksystem abgelöst.
Schutzkontakt (Schuko)-Stecker		Schuko-Stecker werden bei Geräten der SK I (Schutzklasse I) verwendet. Sie sind dreipolig (2P+PE) und für eine Bemessungsspannung von 250 V ausgelegt. Der Bemessungsstrom beträgt DC 10 A und AC 16 A. Für trockene Räume (Haushalt, Büro) werden Kunststoffstecker und in feuchten Räumen sowie bei erhöhter mechanischer Belastung (Baustelle, Werkstatt) werden Gummistecker verwendet.
Konturen-Stecker		Konturen-Stecker werden bei Geräten der SK II verwendet, deren Strom größer ist, als für den Euro-Flachstecker (belastbar bis max. 2,5 A) zulässig ist. Sie sind für eine Bemessungsspannung von 250 V bemessen. Der Bemessungsstrom beträgt DC 10 A und AC 16 A. Anwendungsbeispiele: Staubsauger, Haartrockner oder Bohrmaschinen.
Euro-Flachstecker		Euro-Flachstecker werden bei Geräten der SK II verwendet. Sie dürfen bis zu einen Bemessungsstrom von 2,5 A belastet werden. Sie sind für eine Bemessungsspannung von 250 V/AC ausgelegt. Meist wird der Flachstecker komplett mit der Anschlussleitung (2 x 0,75 mm²) ausgeliefert. Anwendungsbeispiele: Radios, SAT-Receiver oder Mixer.
Kaltgeräte-Kupplung		Kaltgeräte-Kupplungen (KGK) werden für den Stromanschluss von Geräten verwendet, welche im Betrieb keine nennenswerte Wärme entwickeln (z. B. PCs, Oszilloskope oder Netzgeräte). Der Bemessungsstrom beträgt 10 A. Die max. Temperatur an den Verbindungskontakten der Kupplung darf 70 °C nicht überschreiten. Die KGK sind dreipolig (2P+PE) und für eine Bemessungsspannung von AC 250 V bemessen. KGK passen nicht in Warmgeräteeinbaustecker.
Warmgeräte-Kupplung		Warmgeräte-Kupplungen (WGK) werden für wärmeerzeugende Geräte wie mobile Kochplatten oder Waffeleisen verwendet. Sie sind für den Betrieb bis 120 °C und einer Stromstärke bis 10 A zugelassen. Eine weitere Ausführung sind Heißgeräte-Kupplungen (HGK). Diese werden für Verbraucher bis 155 °C und bis 16 A verwendet. Die WGK und HGK sind dreipolig (2P+PE) und für eine Bemessungsspannung von 250 V/AC bemessen. WGK und HGK passen auch in Kaltgeräteeinbaustecker.
Harting Industrie-Stecker		Harting-Industrie-Stecker werden für harte Anforderungen in der Automobil- und Maschinenbauindustrie verwendet. Es gibt verschiedene Bauformen von 3 Kontakte + PE bis 108 Kontakte + PE. Die Stecker sind je nach Ausführung für Bemessungsspannungen von 50 V bis 1000 V und für Bemessungsströme von 5 A bis 100 A erhältlich.
Ventil-Stecker		Ventil-Stecker der Serie GDM werden für Magnetventile in der Elektropneumatik und -hydraulik verwendet. Die Ventil-Stecker gibt es mit/ohne Funktionsanzeige-LED und Schutzbeschaltung. Es gibt sie als dreipolige (2P+PE) und vierpolige (3P+PE) Ausführung. Sie sind für Bemessungsspannungen bis 250 V AC/DC und einen Bemessungsstrom bis 16 A erhältlich.

Entsorgung Disposal

Abfallrecht

vgl. Kreislaufwirtschafts- und Abfallgesetz KrW/AbfG

Wichtige Grundsätze der Kreislaufwirtschaft:

- Abfälle vermeiden, z. B. durch anlageninterne Kreislaufführung oder eine abfallarme Produktgestaltung.
- Abfälle stofflich verwerten, z. B. durch Gewinnung von Rohstoffen aus Abfällen (sog. sekundäre Rohstoffe).
- Abfälle zur Gewinnung von Energie nutzen (energetische Nutzung), z. B. Einsatz als Ersatzbrennstoff.
- Die Verwertung von Abfällen hat ordnungsgemäß nach diesem Gesetz und schadlos (ohne Beeinträchtigung des Wohls der Allgemeinheit) zu erfolgen.

Die Entsorgung von Abfällen unterliegt der Überwachung durch die zuständige Behörde (meist Landkreis). In besonderem Maße gesundheits-, luft- oder wassergefährdende, explosible, brennbare Abfälle sind besonders überwachungsbedürftig. Entsorgungspflichtig und nachweispflichtig ist der Abfallerzeuger.

Auswahl besonders überwachungsbedürftiger Abfälle (Sonderabfälle) in Metallbetrieben[1]

Abfall-schlüssel	Bezeichnung der Abfallart	Vorkommen, Beschreibung, Entstehung	Besondere Hinweise, Maßnahmen
150199D1	Verpackungen mit schädlichen Verunreinigungen.	Fässer, Kanister, Eimer und Dosen, die Reste von Farben, Lacken, Lösemitteln, Kaltreiniger, Rostschutzmittel, Rost- und Silikonentferner, Spachtelmassen usw. enthalten.	Entleerte, tropffreie, pinsel- oder spachtelreine Behältnisse sind kein besonders überwachungsbedürftiger Abfall, vielmehr Verkaufspackungen. Entsorgung über das duale System oder Metallbehältnisse über Schrotthändler. Behältnisse mit eingetrocknetem Lack sind hausmüllähnlicher Gewerbeabfall.
		Spraydosen mit Restinhalten	Auf Spraydosen möglichst verzichten, Entsorgung als Sonderabfall.
160602	Nickel-Cadmium-Batterien	Akkus z. B. aus Bohrmaschinen und Schraubern.	Alle schadstoffhaltigen Batterien sind gekennzeichnet. Sie müssen vom Handel unentgeltlich zurückgenommen werden. Für Verbraucher gilt Rückgabepflicht an Handel oder an öffentliche Sammelstellen.
160603	Quecksilbertrockenzellen	Knopfzellen, quecksilberhaltige Monozellen.	
160604	Alkalibatterien	Nichtaufladbare Batterien z. B. aus Taschenrechnern.	
060404	Quecksilberhaltige Abfälle	Leuchtstofflampen (sog. „Neonröhren")	Können verwertet werden. Unzerstört beim Handel oder beim Entsorger abgeben. Nicht ins Glasrecycling geben!
120106	Verbrauchte Bearbeitungsöle, halogenhaltig, keine Emulsion.	Wasserfreie Bohr-, Dreh-, Schleif- und Schneideöle sog. Kühlschmierstoffe (KSS).	KSS möglichst vermeiden, z. B. • Trockenbearbeitung, • Minimalmengen-Kühlschmierung. Getrenntes Sammeln verschiedener KSS-Öle, -Emulsionen, -Lösungen. Einsatz von Filtern. Rücknahmemöglichkeit zur Aufarbeitung oder Verbrennung (energetische Verwertung) beim Lieferanten erfragen.
120107	Verbrauchte Bearbeitungsöle, halogenfrei, keine Emulsion.		
120110	Synthetische Bearbeitungsöle.	KSS-Öle aus synthetischen Ölen, z. B. auf Estherbasis.	
130202	Nichtchlorierte Maschinen-, Getriebe- und Schmieröle.	Altöl und Getriebeöl, Hydrauliköl, Kompressorenöl von Kolbenluftverdichtern.	Rücknahmepflicht durch Lieferanten. Altöle bekannter Herkunft können verwertet werden durch Zweitraffination oder energetische Verwertung. Nicht mit anderen Stoffen mischen!
150299D1	Aufsaug- und Filtermaterialien, Wischtücher und Schutzkleidung mit schädlichen Verunreinigungen.	z. B. Altlumpen, Putzlappen; Pinsel, die mit Öl oder Wachs verschmutzt sind, Ölbinder, Öl- und Fettdosen.	Möglichkeit einen Mietservice für Putzlappen zu nutzen.
130505	Andere Emulsionen	Kondensatwasser aus Kompressoren.	Kompressorenöle mit demulgierenden Eigenschaften verwenden; Möglichkeit ölfreier Kompressoren erkunden.
140102	Andere halogenierte Lösemittel und Lösemittelgemische.	Per(-chlorethylen) Tri(-chlorethylen) Vermischte Lösemittel	Rücknahme durch Lieferanten und Ersatz durch wässrige Reinigungsmittel prüfen.

[1] Verordnung zur Bestimmung besonders überwachungsbedürftiger Abfälle zur Beseitigung und zur Verwertung – BestbüAbfV, Anlage 1: Abfälle des Europäischen Abfallkatalogs (EAK-Abfälle) gelten als besonders gefährlich. Anlage 2: besonders überwachungsbedürftige EAK-Abfälle sowie nicht in EAK-Liste aufgeführte Abfallarten (Buchstabe „D" im Abfallschlüssel).

Kennzeichnung und Behandlung gefährlicher Stoffe

vgl. EG-Richtlinie 1272/2008 CLP

Bezeichnung Signalwort	Piktogramm, Code (Seite 491)	Gefahrenhinweise H-Sätze (Seite 492)	Sicherheitshinweise P-Sätze (Seite 493)
Acetylen (C_2H_2) Gefahr	GHS02 GHS04	H220; H280	P210; P377; P403
Benzin Gefahr	GHS02 GHS08 GHS09	H340; H350; H304; H411	P210; P241; P280; P281; P301 + P310; P303 + P361 + P353 P405; P501
Kohlenstoffmonoxid (CO) Gefahr	GHS06 GHS02 GHS08 GHS04	H331; H220; H360; H372; H280	P260; P210; P202; P304 + P340 + P315 P308 + P313 P377; P381; P405; P403
Salzsäure (HCl) 32% zur Analyse Gefahr	GHS05 GHS07	H314; H355; H290	P280; P301 + P330 + P331 P309 + P310 P305 + P351 + P338
Sauerstoff (O) verdichtet Gefahr	GHS03 GHS04	H270; H280	P244; P220; P370 + P376 P403
Schwefelsäure (H_2SO_4) Gefahr	GHS05	H290; H314	P280; P309; P310 P303 + P361 + P353; P301 + P330 + P331; P305 + P351 + P338
Trichlorethylen (Tri) Gefahr, Achtung	GHS08 GHS07	Gefahr: H350; H341 Achtung: H315; H319; H336; H412	P261; P280 P305 + P351 + P338 P321 P405; P501
Wasserstoff (H) verdichtet Gefahr	GHS02 GHS04	H220; H280	P210; P377; P381

Stoffwerte gefährlicher Gase

Gas	Dichteverhältnis zu Luft	Zündtemperatur	theoretischer Luftbedarf kg/kg Gas	Zündgrenze Vol% Gas in Luft untere	Zündgrenze Vol% Gas in Luft obere	sonstige Hinweise
Acetylen (Ethin)	0,91	305 °C	13,25	1,5	82	Bei einem Druck $p_e > 2$ bar Selbstzerfall und Explosion
Argon	1,38	unbrennbar	–	–	–	Verdrängt Atemluft; Erstickungsgefahr
Butan	2,11	365 °C	15,4	1,5	8,5	Narkotische Wirkung; wirkt erstickend
Kohlenstoffdioxid	1,53	unbrennbar	–	–	–	Flüssiges CO_2 und Trockeneis führen zu schweren Erfrierungen
Kohlenstoffmonoxid	0,97	605 °C	2,5	12,5	74	Starkes Blutgift; Seh-, Lungen-, Leber-, Nieren- und Gehörschäden
Propan	1,55	470 °C	15,6	2,1	9,5	Verdrängt Atemluft, flüssiges Propan verursacht Haut- und Augenschäden
Sauerstoff	1,1	unbrennbar	–	–	–	Fette und Öle reagieren mit Sauerstoff explosionsartig; brandförderndes Gas
Stickstoff	0,97	unbrennbar	–	–	–	In geschlossenen Räumen wird Atemluft verdrängt, Erstickungsgefahr
Wasserstoff	0,07	570 °C	34	4	75,6	Selbstentzündung bei hohen Ausströmgeschwindigkeiten; bildet mit Luft, O_2 und Cl explosionsfähige Gemische

Schall und Lärm Sound and Noise

Schalltechnische Begriffe

Begriff	Erläuterung	Begriff	Erläuterung
Schall	Schall entsteht durch mechanische Schwingungen. Er breitet sich in gasförmigen, flüssigen und festen Körpern aus.	**Lärm**	Unerwünschte, belästigende oder schmerzhafte Schallwellen. Die Schädigung ist abhängig von der Stärke und Dauer der Einwirkung.
Schalldruckpegel	Der Schalldruckpegel ist ein Maß für die Lautstärke bzw. die Intensität des Schalls (Seite 21).	**Frequenz**	Schwingungen je Sekunde. Einheit: 1 Hertz = 1 Hz = 1/s. Tonhöhe steigt mit Frequenz. Frequenzbereich des menschlichen Ohres von 16 Hz bis 20000 Hz.
Dezibel	In Dezibel (dB) werden logarithmische Vergleichsgrößen angegeben. Der gemessene Schalldruck wird zum kleinsten, vom menschlichen Ohr noch wahrzunehmenden Schalldruck ins Verhältnis gesetzt. 0 dB entspricht der Hörschwelle. Eine Steigerung von 3 dB entspricht einer Verdoppelung der Schallleistung (Energiegröße).	**dB(A)**	Das menschliche Ohr empfindet verschieden hohe Töne mit gleichem Schalldruckpegel verschieden stark. Um den Gehöreindruck nachzuahmen, werden Filter eingesetzt. Filter A → dB(A) dämpft tiefe Töne stark und verstärkt hohe Töne schwach. Filter C → dB(C) wird bei stoßartigem Schall eingesetzt.

dB(A)-Werte

Schallart	dB(A)	Schallart	dB(A)	Schallart	dB(A)
Beginn der Hörempfindlichkeit	4	Normales Sprechen in 1 m Abstand	70	Schwere Stanzen	95...110
Atemgeräusche in 30 cm Abstand	10	Werkzeugmaschinen	75... 90	Winkelschleifer	95...115
Flüstern	30	Schweißbrenner, Drehmaschine	85	Diskomusik	100...115
Leise Unterhaltung	50...60	Schlagbohrmaschine, Motorrad	90	Düsentriebwerk	120...130

Lärm- und Vibrations-Arbeitsschutzverordnung

Messgrößen für den Lärm:
- **Tages-Lärmexpositionspegel:** durchschnittliche Lärmentwicklung, gemittelt über Acht-Stunden-Schicht.
- **Spitzenschalldruckpegel:** Höchstwert des Schalldruckpegels, z. B. verursacht durch Explosion oder Knall.

Zu ergreifende Maßnahmen bei Erreichen bzw. Überschreiten der Auslösewerte			
untere Auslösewerte (u. A.): Tages-Lärmexpositionspegel = 80 dB(A) oder Spitzenschalldruckpegel = 130 dB(C)		**obere Auslösewerte (o. A.):** Tages-Lärmexpositionspegel = 85 dB(A) oder Spitzenschalldruckpegel = 137 dB(C)	
untere Auslösewerte werden erreicht oder überschritten	• Informations- und Unterweisungspflicht der Mitarbeiter über gesundheitliche Beeinträchtigungen.	obere Auslösewerte werden erreicht oder überschritten	• Kennzeichnung der Lärmbereiche. • Regelmäßige Vorsorgeuntersuchungen sind Pflicht. • Gehörschutz ist Pflicht.
untere Auslösewerte werden überschritten	• Gehörschutz muss zur Verfügung gestellt werden. • Vorsorgeuntersuchung muss angeboten werden.	obere Auslösewerte werden überschritten	• Lärmminderungsprogramm muss erstellt und durchgeführt werden. Ziel: Reduzierung des Schalldruckpegels um 5 dB(A).

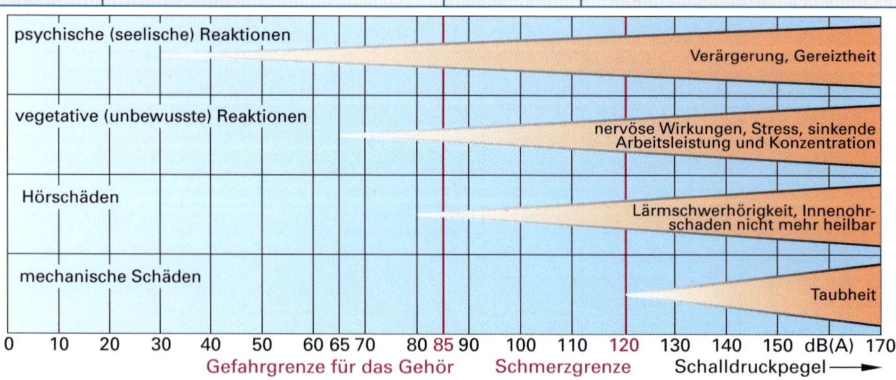

Gefahrensymbole und Gefahrenkennzeichnungen
Hazard Symbols and Hazard Labellings

Global Harmoniertes System (GHS)

Seit Januar 2009 ist ein international vereinheitlichtes System für die Kennzeichnung von Gefahrstoffen in Deutschland in Kraft getreten. Die europäische Bezeichnung für GHS ist CLP, d. h. „Classification, Labelling and Packaging of Chemical Products" (Klassifikation, Etikettieren und Verpacken von chemischen Produkten).

Die EG-Verordnung Nr. 172/2008 schreibt die verbindliche Einführung ab 1.12.2010 für Stoffe und ab 1.6.2015 für chemische Gemische vor. Für die alten Gefahrenkennzeichnungen gelten zweijährige Übergangsvorschriften.

Kennzeichen des Systems

- **9 Gefahren-Piktogramme** jeweils mit einem Code (siehe Tabelle unten)
- **Signalwort Gefahr** warnt vor gravierenden Gefährdungen
- **Signalwort Achtung** weist auf geringere Risiken hin
- **Gefahrenhinweise**, sogenannte H-Sätze (ähnlich den früheren R-Sätzen) geben genauere Hinweise zur Gefahr z. B. „verursacht schwere Augenreizung"
- **Sicherheitshinweise**, sog. P-Sätze (ähnlich der früheren S-Sätze) informieren, welche Risiken bestehen und wie bei Vergiftungen reagiert werden sollte (z. B. „Giftinformationszentrum oder Arzt anrufen")

Aufbau der H-Sätze (folgende Seite)

H 2 03

- 03: laufende Nummer
- 2: Gruppierung: 1 = nicht belegt; 2 = physikalische Gefahren, 3 = Gesundheitsgefahren; 4 = Umweltgefahren
- H: Gefahrenhinweis (Hazard Statement)

Aufbau der P-Sätze (Seite 493)

P 2 10

- 10: laufende Nummer
- 2: Gruppierung 1 = allgemein; 2 = Vorsorgemaßnahmen; 3 = Empfehlungen; 4 = Lagerhinweise; 5 = Entsorgung
- P: Sicherheitshinweis (Precautionary Statement)

Gefahren-Piktogramme

GHS01
Explodierende Bombe

Explosive Stoffe und Gemische

GHS02
Flamme

Entzündet sich schnell, vor allem in der Nähe von Hitze oder Flammen.

GHS03
Flamme über einem Kreis

Oxidierende Gase, Flüssigkeiten oder Feststoffe verstärken Brand oder Explosion.

GHS04
Gasflasche

Gase unter Druck, verdichtete oder verflüssigte Gase, gelöste Gase

GHS05
Ätzwirkung

Zerstörung der Haut oder Augen schon nach kurzem Kontakt möglich; Haut- und Augenschutz tragen!

GHS06
Totenkopf mit gekreuzten Knochen

Schwere oder tödliche Vergiftungen durch Einatmen oder Verschlucken selbst kleiner Mengen.

GHS07
Ausrufezeichen

Gesundheitsgefährdung! Keine Todesgefahr oder schwere Gesundheitsschäden, vielmehr Reizung der Haut oder Auslösung einer Allergie.

GHS08
Gesundheitsgefahr

Schwerer Gesundheitsschaden, bei Kindern mit möglicher Todesfolge, Schwangerschaft gefährdet, krebsauslösend.

GHS09
Umwelt

Kurz- oder langfristige Schäden für Umwelt, Kleintiere und Bodenorganismen können geschädigt werden. Entsorgung nicht über Abwasser oder Hausmüll!

Gefahrenhinweise H-Sätze   Hazard Statements

H-Satz	Bedeutung
Gefahrenhinweise für physikalische Gefahren	
H200	Instabil, explosiv.
H202	Explosiv, große Gefahr durch Splitter, Spreng- und Wurfstücke.
H203	Explosiv, Gefahr durch Feuer, Luftdruck oder Splitter, Spreng- und Wurfstücke.
H204	Gefahr durch Feuer oder Splitter, Spreng- und Wurfstücke.
H205	Gefahr der Massenexplosion bei Feuer.
H220	Extrem entzündbares Gas.
H221	Entzündbares Gas.
H222	Extrem entzündbares Aerosol[1].
H223	Entzündbares Aerosol.
H224	Flüssigkeit und Dampf extrem entzündbar.
H225	Flüssigkeit und Dampf leicht entzündbar.
H226	Flüssigkeit und Dampf entzündbar.
H228	Entzündbarer Feststoff.
H240	Erwärmung kann Explosion verursachen.
H241	Erwärmung kann Brand oder Explosion verursachen.
H242	Erwärmung kann Brand verursachen.
H250	Entzündet sich in Berührung mit Luft von selbst.
H251	Selbstentzündungsfähig; kann in Brand geraten.
H252	In großen Mengen selbstentzündungsfähig; kann in Brand geraten.
H260	In Berührung mit Wasser entstehen entzündbare Gase, die sich spontan entzünden können.
H261	In Berührung mit Wasser entstehen entzündbare Gase.
H270	Kann Brand verursachen oder verstärken; Oxidationsmittel.
H271	Kann Brand oder Explosion verursachen, starkes Oxidationsmittel.
H272	Kann Brand verstärken, Oxidationsmittel.
H280	Enthält Gas unter Druck; kann bei Erwärmung explodieren.
H281	Enthält tiefkaltes Gas; kann Kälteverbrennungen oder -verletzungen verursachen.
H290	Kann gegenüber Metallen korrosiv sein.
Gefahrenhinweise für Gesundheitsgefahren	
H300	Lebensgefahr bei Verschlucken.
H301	Giftig bei Verschlucken.
H302	Gesundheitsschädlich bei Verschlucken.
H304	Kann bei Verschlucken und Eindringen in die Atemwege tödlich sein.
H310	Lebensgefahr bei Hautkontakt.
H311	Giftig bei Hautkontakt
H312	Gesundheitsschädlich bei Hautkontakt.
H314	Verursacht schwere Veränderungen der Haut und schwere Augenschäden.
H315	Verursacht Hautreizungen.
H317	Kann allergische Hautreaktionen verursachen.
H318	Verursacht schwere Augenschäden.
H319	Verursacht schwere Augenreizung.
H330	Lebensgefahr bei Einatmen.
H331	Giftig bei Einatmen.
H332	Gesundheitsschädlich bei Einatmen.
H334	Kann bei Einatmen Allergie, asthmaartige Symptome oder Atembeschwerden verursachen.
H335	Kann Atemwege reizen.
H336	Kann Schläfrigkeit und Benommenheit verursachen.
H340	Kann genetische Defekte verursachen[2].
H341	Kann vermutlich genetische Defekte verursachen[2].
H350	Kann Krebs erzeugen[2].
H351	Kann vermutlich Krebs erzeugen[2].
H360	Kann die Fruchtbarkeit beeinträchtigen oder das Kind im Mutterleib schädigen[2].
H361	Kann die Fruchtbarkeit beeinträchtigen oder das Kind im Mutterleib schädigen[2].
H362	Kann Säuglinge über die Muttermilch schädigen.
H370	Schädigt die Organe[2,3].
H371	Kann die Organe schädigen[2,3].
H372	Schädigt die Organe bei längerer oder wiederholter Exposition[2,3].
H373	Kann die Organe schädigen bei längerer oder wiederholter Exposition[2,3].
Gefahrenhinweise für Umweltgefahren	
H400	Sehr giftig für Wasserorganismen.
H410	Sehr giftig für Wasserorganismen, mit langfristiger Wirkung.
H411	Giftig für Wasserorganismen, mit langfristiger Wirkung.
H412	Schädlich für Wasserorganismen, mit langfristiger Wirkung.
H413	Kann für Wasserorganismen schädlich sein, mit langfristiger Wirkung.

[1] Gemisch aus festen oder flüssigen Schwebeteilchen und einem Gas
[2] Expositionsweg angeben, sofern schlüssig belegt ist, dass diese Gefahr bei keinem anderen Expositionsweg besteht
[3] oder alle betroffenen Organe nennen, sofern bekannt

Sicherheitshinweise P-Sätze 1 Precautionary Statements 1

P-Satz	Bedeutung
Allgemein	
P101	Ist ärztlicher Rat erforderlich, Verpackung oder Kennzeichnungsetikett bereithalten.
P102	Darf nicht in die Hände von Kindern gelangen.
P103	Vor Gebrauch Kennzeichnungsetikett lesen.
Prävention	
P201	Vor Gebrauch besondere Anweisungen einholen.
P202	Vor Gebrauch alle Sicherheitshinweise lesen und verstehen.
P210	Vor Hitze / Funken / offener Flame / heißen Oberflächen fernhalten. Nicht rauchen.
P211	Nicht gegen offene Flamme oder andere Zündquelle sprühen.
P220	Von Kleidung / ... brennbaren Materialien fernhalten / entfernt aufbewahren.
P221	Mischen mit brennbaren Stoffen / ... unbedingt verhindern.
P222	Kontakt mit Luft nicht zulassen.
P223	Kontakt mit Wasser wegen heftiger Reaktion und möglichem Aufflammen unbedingt verhindern.
P230	Feucht halten mit ...
P231	Unter inertem Gas handhaben.
P232	Vor Feuchtigkeit schützen.
P233	Behälter dicht verschlossen halten.
P234	Nur im Originalbehälter aufbewahren.
P235	Kühl halten.
P240	Behälter und zu befüllende Anlage erden.
P241	Explosionsgeschützte elektrische Betriebsmittel / Lüftungsanlagen / Beleuchtung / ... verwenden.
P242	Nur funkenfreies Werkzeug verwenden.
P243	Maßnahmen gegen elektrostatische Aufladungen treffen.
P244	Druckminderer frei von Fett und Öl halten.
P250	Nicht schleifen / stoßen / ... reiben.
P251	Behälter steht unter Druck: Nicht durchstechen oder verbrennen, auch nicht nach der Verwendung.
P260	Staub / Rauch / Gas / Nebel / Dampf / Aerosol nicht einatmen.
P261	Einatmen von Staub / Rauch / Gas / Nebel / Dampf / Aerosol vermeiden.
P262	Nicht in die Augen, auf die Haut oder auf die Kleidung gelangen lassen.
P263	Kontakt während der Schwangerschaft / und der Stillzeit vermeiden.
P264	Nach Gebrauch gründlich waschen.
P270	Bei Gebrauch nicht essen, trinken oder rauchen.
P271	Nur im Freien oder in gut belüfteten Räumen verwenden.
P272	Kontaminierte Arbeitskleidung nicht außerhalb des Arbeitsplatzes tragen.
P273	Freisetzung in die Umwelt vermeiden.
P280	Schutzhandschuhe / Schutzkleidung / Augenschutz / Gesichtsschutz tragen.
P281	Vorgeschriebene persönliche Schutzausrüstung verwenden.

P-Satz	Bedeutung
P282	Schutzhandschuhe / Gesichtsschild / Augenschutz mit Kälteisolierung tragen.
P283	Schwer entflammbare / flammhemmende Kleidung tragen.
P284	Atemschutz tragen.
P285	Bei unzureichender Belüftung Atemschutz tragen.
P231 + P232	Unter inertem Gas handhaben. Vor Feuchtigkeit schützen.
P235 + P410	Kühl halten. Vor Sonnenbestrahlung schützen.
Reaktion	
P301	Bei Verschlucken:
P302	Bei Berührung mit der Haut:
P303	Bei Berührung mit der Haut (oder dem Haar):
P304	Bei Einatmen:
P305	Bei Kontakt mit den Augen:
P306	Bei kontaminierter Kleidung:
P307	Bei Exposition:
P308	Bei Exposition oder falls betroffen:
P309	Bei Exposition oder Unwohlsein:
P310	Sofort Giftinformationszentrum oder Arzt anrufen.
P311	Giftinformationszentrum oder Arzt anrufen.
P312	Bei Unwohlsein Giftinformationszentrum oder Arzt anrufen.
P313	Ärztlichen Rat einholen / ärztliche Hilfe hinzuziehen.
P314	Bei Unwohlsein ärztlichen Rat einholen / ärztliche Hilfe hinzuziehen.
P315	Sofort ärztlichen Rat einholen / ärztliche Hilfe hinzuziehen.
P320	Besondere Behandlung dringend erforderlich (siehe ... auf diesem Kennzeichnungsetikett).
P321	Besondere Behandlung (siehe ... auf diesem Kennzeichnungsetikett).
P322	Gezielte Maßnahmen (siehe ... auf diesem Kennzeichnungsetikett).
P330	Mund ausspülen.
P331	Kein Erbrechen herbeiführen.
P332	Bei Hautreizung
P333	Bei Hautreizung, -ausschlag
P334	In kaltes Wasser tauchen / nassen Verband anlegen.
P335	Lose Partikel von der Haut abbürsten.
P336	Vereiste Bereiche mit lauwarmem Wasser auftauen. Betroffenen Bereich nicht reiben.
P337	Bei anhaltender Augenreizung
P338	Eventuell vorhandene Kontaktlinsen nach Möglichkeit entfernen. Weiter ausspülen.
P340	Die betroffene Person an die frische Luft bringen und in einer Position ruhigstellen, die das Atmen erleichtert.
P341	Bei Atembeschwerden an die frische Luft bringen und in einer Position ruhigstellen, die das Atmen erleichtert.
P342	Bei Symptomen der Atemwege:
P350	Behutsam mit viel Wasser und Seife waschen.

Sicherheitshinweise P-Sätze 2 Precautionary Statements 2

P-Satz	Bedeutung
P351	Einige Minuten lang behutsam mit Wasser ausspülen.
P352	Mit viel Wasser und Seife waschen.
P353	Haut mit Wasser abwaschen / duschen.
P360	Kontaminierte Kleidung und Haut sofort mit viel Wasser abwaschen und danach Kleidung ausziehen.
P361	Alle kontaminierten Kleidungsstücke sofort ausziehen.
P362	Kontaminierte Kleidung ausziehen und vor erneutem Tragen waschen.
P363	Kontaminierte Kleidung vor erneutem Tragen waschen.
P370	Bei Brand:
P371	Bei Großbrand und großen Mengen:
P372	Explosionsgefahr bei Brand.
P373	Keine Brandbekämpfung, wenn das Feuer explosive Stoffe / Gemische / Erzeugnisse erreicht.
P374	Brandbekämpfung mit üblichen Vorsichtsmaßnahmen aus angemessener Entfernung.
P375	Wegen Explosionsgefahr Brand aus der Entfernung bekämpfen.
P376	Undichtigkeit beseitigen, wenn gefahrlos möglich.
P377	Brand von ausströmendem Gas: Nicht löschen, bis Undichtigkeit gefahrlos beseitigt werden kann.
P378	... zum Löschen verwenden.
P380	Umgebung räumen.
P381	Alle Zündquellen entfernen, wenn gefahrlos möglich.
P390	Verschüttete Mengen aufnehmen, um Materialschäden zu vermeiden.
P391	Verschüttete Mengen aufnehmen.
Kombinationen	
P301 + P310	Bei Verschlucken: Sofort Giftinformationszentrum oder Arzt anrufen.
P301 + P312	Bei Verschlucken: Bei Unwohlsein Giftinformationszentrum oder Arzt anrufen.
P301 + P330 + P331	Bei Verschlucken: Mund ausspülen. Kein Erbrechen herbeiführen.
P302 + P334	Bei Kontakt mit der Haut: In kaltes Wasser tauchen / nassen Verband anlegen.
P302 + P350	Bei Kontakt mit der Haut: Behutsam mit viel Wasser und Seife waschen.
P302 + P352	Bei Kontakt mit der Haut: Mit viel Wasser und Seife waschen.
P303 + P361 + P353	Bei Kontakt mit der Haut (oder dem Haar): Alle beschmutzten, getränkten Kleidungsstücke sofort ausziehen. Haut mit Wasser abwaschen / duschen.
P304 + P340	Bei Einatmen: An die frische Luft bringen und in einer Position ruhigstellen, die das Atmen erleichtert.
P304 + P341	Bei Einatmen: Bei Atembeschwerden an die frische Luft bringen und in einer Position ruhigstellen, die das Atmen erleichtert.

P-Satz	Bedeutung
P305 + P351 + P338	Bei Kontakt mit den Augen: Einige Minuten lang behutsam mit Wasser spülen. Vorhandene Kontaktlinsen nach Möglichkeit entfernen. Weiter spülen.
P306 + P360	Bei Kontakt mit der Kleidung: Kontaminierte Kleidung und Haut sofort mit viel Wasser abwaschen und danach Kleidung ausziehen.
P307 + P311	Bei Exposition: Giftinformationszentrum oder Arzt anrufen.
P308 + P313	Bei Exposition oder falls betroffen: Ärztlichen Rat einholen / ärztliche Hilfe hinzuziehen.
P309 + P311	Bei Exposition oder Unwohlsein: Giftinformationszentrum oder Arzt anrufen.
P332 + P313	Bei Hautreizung: Ärztlichen Rat einholen / ärztliche Hilfe hinzuziehen.
P333 + P313	Bei Hautreizung oder -ausschlag: Ärztlichen Rat einholen / ärztliche Hilfe hinzuziehen.
P335 + P334	Lose Partikel von der Haut abbürsten. In kaltes Wasser tauchen / nassen Verband anlegen.
P337 + P313	Bei anhaltender Augenreizung: Ärztlichen Rat einholen / ärztliche Hilfe hinzuziehen.
P342 + P311	Bei Symptomen der Atemwege: Giftinformationszentrum oder Arzt anrufen.
P370 + P376	Bei Brand: Undichtigkeit beseitigen, wenn gefahrlos möglich.
P370 + P378	Bei Brand: ... zum Löschen verwenden.
P370 + P380	Bei Brand: Umgebung räumen.
P370 + P380 + P375	Bei Brand: Umgebung räumen. Wegen Explosionsgefahr Brand aus der Entfernung bekämpfen.
P371 + P380 + P375	Bei Großbrand und großen Mengen: Umgebung räumen. Wegen Explosionsgefahr Brand aus der Entfernung bekämpfen.
Aufbewahrung	
P401	... aufbewahren.
P402	An einem trockenen Ort aufbewahren.
P403	An einem gut belüfteten Ort aufbewahren.
P404	In einem geschlossenen Behälter aufbewahren.
P405	Unter Verschluss aufbewahren.
P406	In korrosionsbeständigem /... Behälter mit korrosionsbeständiger Auskleidung aufbewahren.
P407	Luftspalt zwischen Stapeln / Paletten lassen.
P410	Vor Sonnenbestrahlung schützen.
P411	Bei Temperaturen von nicht mehr als ... °C / ... aufbewahren.
P412	Nicht Temperaturen von mehr als 50 °C aussetzen.
P413	Schüttgut in Mengen von mehr als ... kg bei Temperaturen von nicht mehr als ... °C aufbewahren.
P420	Von anderen Materialien entfernt aufbewahren.
P422	Inhalt in / unter ... aufbewahren.

Umgang mit Elektroschrott Dealing with Electronic Waste

Begriff	Erklärung	Bemerkungen
Abfall	Abfälle sind bewegliche Sachen, von denen sich der Besitzer trennt, trennen will oder trennen muss.	Bewegliche Sachen sind auch bei Verwertung Abfälle, bis sie oder die aus ihnen gewonnenen Stoffe oder erzeugte Energie dem Wirtschaftskreislauf zugeführt sind.
Abfall-entsorgung	Umfasst das Gewinnen von Stoffen oder Energie aus Abfällen (Abfallverwertung) und das Ablagern von Abfällen. Ferner gehören die hierzu notwendigen Maßnahmen des Einsammelns, Beförderns, Behandelns und Lagerns dazu.	Hausmüllähnlichen Gewerbemüll entsorgt meist öffentlicher Entsorger, z. B. Landkreis. Sonstiger Gewerbemüll meist von privatem Entsorger entsorgbar. Hersteller, Importeure sind zur Rücknahme verpflichtet.
Vermeidung	Die Summe aller Maßnahmen um Abfälle zu verhindern.	Eine Behandlung oder Ablagerung von Stoffen ist nicht notwendig.
Wieder-verwendung	Eine erneute Nutzung des gebrauchten Produktes ist für den gleichen Verwendungszweck möglich.	USB-Memory-Sticks, CD-RW, DVD-RW, Stecker, Schalter, manche Geräte oder Bauelemente sind wiederverwendbar oder weiterverwendbar.
Weiter-verwendung	Eine erneute Nutzung des gebrauchten Produktes ist für einen anderen Verwendungszweck möglich.	
Wieder-verwertung	Wiederholter Einsatz von Altstoffen, Produktionsabfällen oder Betriebsstoffen zur Erzeugung gleichwertiger Werkstoffe.	Eine sortenreine Stofftrennung sowie hochwertige Aufbereitungsverfahren sind Voraussetzung hierzu.
Weiter-verwertung	Einsatz von Altstoffen, Produktionsabfällen oder Betriebsstoffen in einem anderen Produktionsprozess als dem, aus dem sie hervorgegangen sind.	Die neu entstandenen Werkstoffe können von schlechterer Qualität als die Ausgangswerkstoffe sein.
Recycling	Stoffliche Verwendung oder Verwertung.	Von engl. to recycle = wiederaufbereiten.
Downcycling	Recycling, das zu einem Produkt geringeren Wertes führt.	Beispiel: Zusammenschmelzen von nicht sortenreinen Thermoplasten.
Energetische Verwertung	Verbrennung unter Verwertung der freiwerdenden Energie.	Schadstoffe dürfen dabei nicht an die Umwelt abgegeben werden.

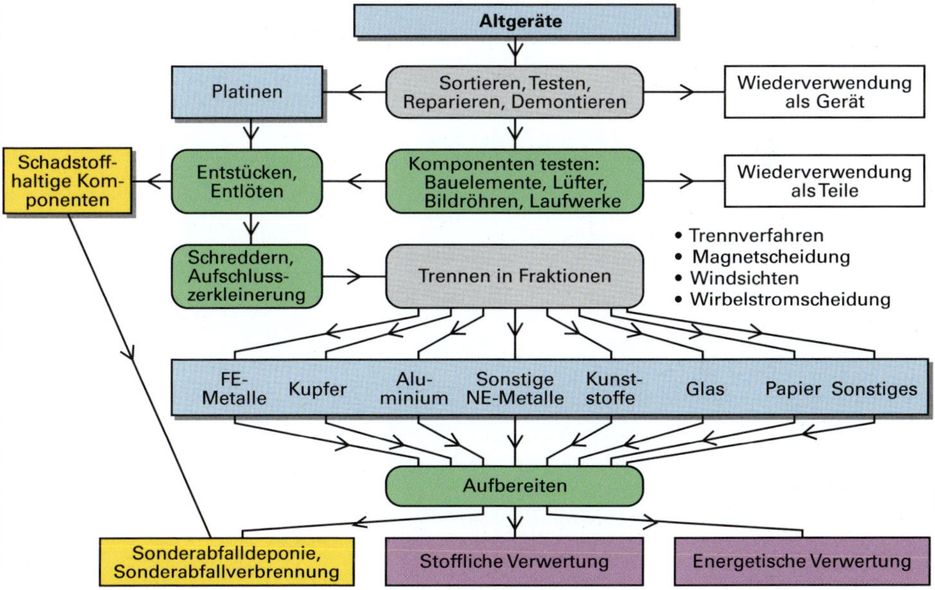

Aufbereitung von Elektroschrott

V

Art	Erklärung	Bemerkungen, Ergänzung
Definition von EMV	Fähigkeit der elektrotechnischen Einrichtungen, ohne Probleme in einem elektromagnetischen Umfeld zu arbeiten und selbst keine Probleme hervorzurufen.	1. Zufriedenstellende Arbeit trotz elektromagnetischem Störfeld, 2. Umgebung wird nicht zusätzlich elektromagnetisch belastet.
Elektromagnetische Störbeeinflussung	Von einer Störquelle Q gehen Störungen aus, die zu einer Störsenke S über eine Kopplung K gelangen. Dabei kann von S nach Q eine Rückwirkung auftreten. www.dehn.de www.phoenixcontact.com	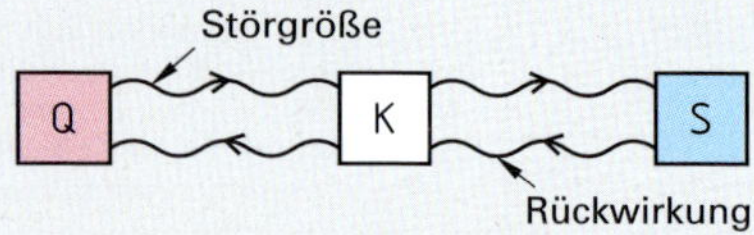 **Prinzip der Störbeeinflussung**
Atmosphärische Störungen	Siehe Blitzstromableiter Seite 210.	Hervorgerufen durch Blitzeinschläge in die Anlage oder entfernt von der Anlage.
Störungen durch elektrostatische Entladung	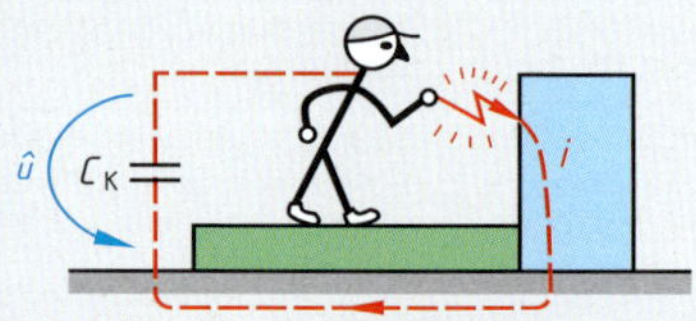 **Elektrostatische Körperentladung**	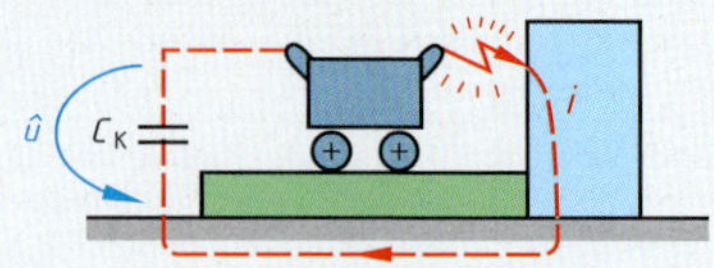 **Elektrostatische Mobiliarentladung**
Störungen durch elektrische Anlagen	Vor allem treten durch das Schalten impulsartige Ströme auf, die wegen ihrer steilen Flanken hochfrequente Anteile haben. Insbesondere bei • Abschalten von Induktivitäten, • Einschalten von Kondensatoren oder Glühlampen.	Die Störungen sind fortdauernd, wenn fortdauernd geschaltet wird, z. B. bei der Anschnittsteuerung oder im kleineren Umfang bei der Abschnittsteuerung.
Störfestigkeit und Zerstörfestigkeit von Störsenken	Überschreiten Spannungen gegen Erde bzw. Masse die Störfestigkeit, so treten Funktionsstörungen auf. Überschreiten diese Spannungen die Zerstörfestigkeit, so sind die Betriebsmittel unbrauchbar bzw. zerstört.	Anhaltswerte der Spannungsfestigkeit: • Starkstromleitungen, Signalkabel bis 20 kV • Fernmeldekabel, Starkstromgeräte 5 kV bis 8 kV, • Fernmeldegeräte 1 kV bis 3 kV, • integrierte Schaltkreise, Operationsverstärker 50 V bis 500 V (energieabhängig).
Beeinflussung der auftretenden Störspannungen	Vor allem muss die Kopplung für die Störgrößen zwischen Quelle und Senke möglichst klein sein. Dabei ist auf galvanische, kapazitive und induktive Kopplung sowie Kopplung durch elektromagnetische Strahlung zu achten. Verteilungssysteme TN-C und TN-C-S können zu galvanischer Kopplung führen und sollen daher in Fabrikanlagen durch TN-S ersetzt werden.	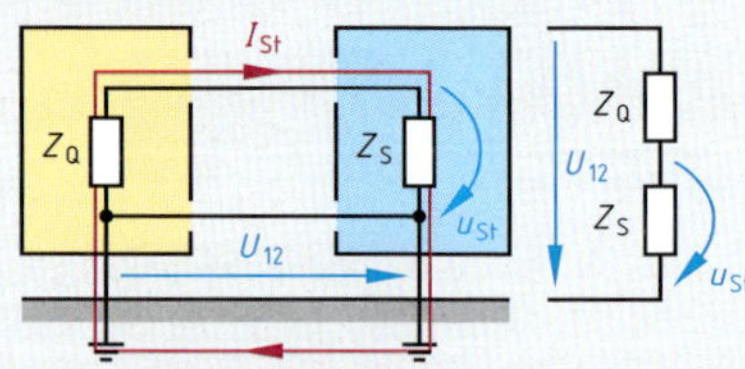 **Galvanische Kopplung durch Erdschleife**
Abschirmung	Verringert die Kopplung durch Strahlung.	Leitende Folien oder Drahtgeflechte.
Überspannungsbegrenzer	Begrenzen die Störspannung auf die Zerstörfestigkeit des Betriebsmittels.	Siehe Seiten 210, 498.
Netzentstörfilter (Tiefpass-Filter)	Anordnung an der Quelle und/oder an der Senke. Im einfachsten Fall werden Induktivitäten, z. B. Ferritperlen, in den Stromweg oder Kapazitäten (Kondensatoren) parallel zur Quelle oder Senke geschaltet. Bei höheren Anforderungen müssen auch die Störspannungen zur Erde erfasst und überbrückt werden.	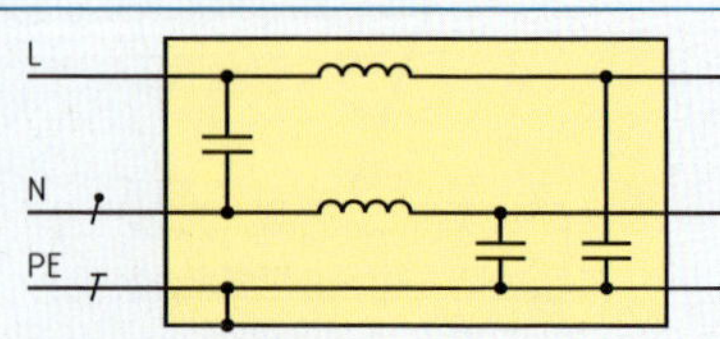 **LC-Tiefpassfilter**

V

Art	Erklärung	Bemerkungen, Ergänzung
Auftreten von EMI, Kopplungsarten		
Ursachen von EMI	EMI werden hervorgerufen durch alle elektromagnetischen Vorgänge, z. B. • nahe oder entfernte Blitzeinschläge, • Schalthandlungen, • Kurzschlussströme. Jede *steile Stromflanke* bedeutet das Auftreten hoher Frequenzen wie bei einem Funksender.	Auch *elektronische Steuerungen*, z. B. die Anschnittsteuerung, rufen EMI hervor, weil bei ihnen in jeder Halbperiode geschaltet wird. Dasselbe gilt für den Betrieb von Maschinen mit *Stromwendern*, weil die Stromwender laufend den Strom umschalten. Die zulässigen Höchstwerte der EMI sind durch Normen und Gesetze beschränkt.
Kopplungen Galvanische Kopplung, Induktive Kopplung, Kapazitive Kopplung	EMI werden von der *Störquelle* zur *Störsenke* durch Kopplungen übertragen. **Galvanische Kopplung** erfolgt zwischen elektrisch leitenden Stellen, die miteinander mäßig leitend verbunden sind, z. B. bei Erdschleifen (siehe vorhergehende Seite). **Induktive Kopplung** erfolgt über das magnetische Feld, das bei jedem elektrischen Strom auftritt. **Kapazitive Kopplung** erfolgt bei jedem unter Spannung stehenden Leiter zu jedem elektrisch leitenden Gegenstand, wenn Leiter und Gegenstand voneinander elektrisch isoliert sind wie bei einem Kondensator.	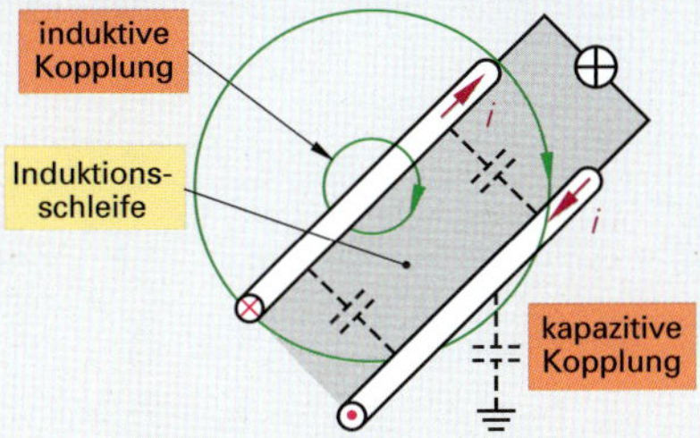 **Induktive und kapazitive Kopplung**
Maßnahmen gegen EMI		
Vermeiden der Ursache	Betriebsmittel ohne steile Stromflanken rufen keine EMI hervor, z. B. Kurzschlussläufermotoren. Nur beim Einschalten können EMI auftreten.	Durch elektronische Schaltungen für Sanftanlauf (Abschnittsteuerung mit flacher Abschaltflanke) kann der Einschaltstrom so geformt werden, dass keine EMI auftreten.
Vermeiden der galvanischen Kopplung	Galvanische Kopplung wird durch *Potenzialausgleichsleitungen PB* zwischen den zu entkoppelnden Geräten beseitigt. • Bei geschirmten Leitungen muss der Schirm als PB verwendet werden. • Der Schirm ist einseitig zu erden. • PB müssen an die *Haupterdungsschiene* und damit an den PE angeschlossen sein. • PB müssen von den Geräten *einzeln* zu einem Bezugspunkt geführt werden.	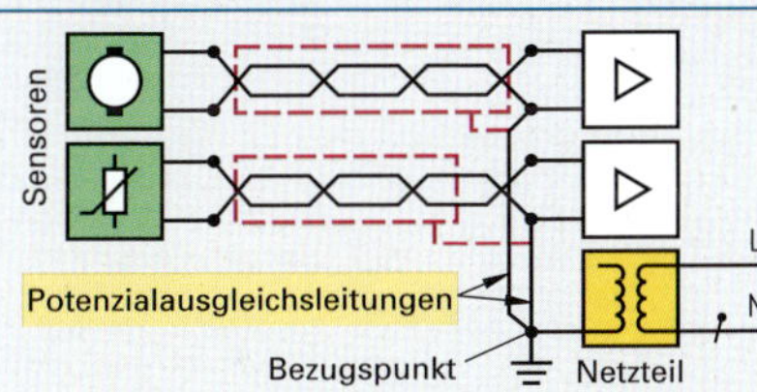 **Maßnahmen gegen galvanische Kopplung**
Vermeiden der induktiven Kopplung	Induktive Kopplung erfolgt vor allem durch Induktionsschleifen (Bild oben). Deshalb • gemeinsame Leitungswege der verschiedenen Systeme verwenden, z. B. in Installationskanälen, • kopplungsarme Leitungen verwenden, z. B. Twisted Pair-Leitungen (S/FTP, U/UTP). • Schirme beidseitig erden, evtl. dabei eine Seite über Kondensator. Bei Twisted Pair-Leitungen wechselt in jedem Drall die Kopplung die Richtung des Magnetfeldes, sodass die Kopplung unwirksam bleibt.	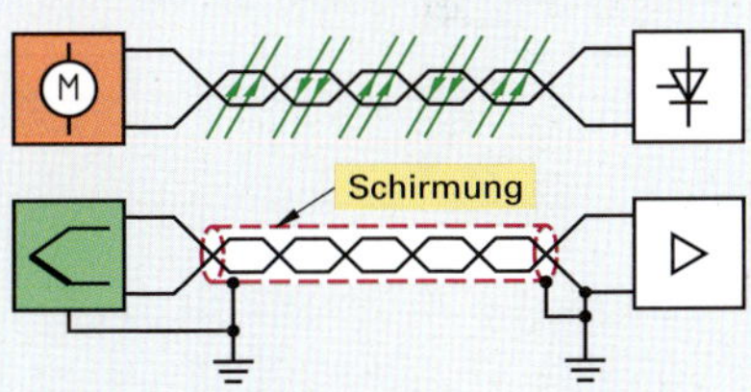 **Maßnahmen gegen induktive Kopplung**
Vermeiden der kapazitiven Kopplung Entstörfilter	Kapazitive Kopplung wird durch *Schirmung* oder durch Abstände verringert. Schirmung erfolgt durch leitendes Material, z. B. metallenes Gehäuse, Geflecht oder Folie. Sie verhindert auch Übertragung durch elektromagnetische Strahlung. In IT-Anlagen sind die Geräte je nach Wichtigkeit in räumlich getrennten *EMI-Zonen* 0 bis 2, die gegeneinander geschirmt sind. *Filter* sind Tiefpässe. Sie verhindern die Ausbreitung von EMI über das Stromnetz.	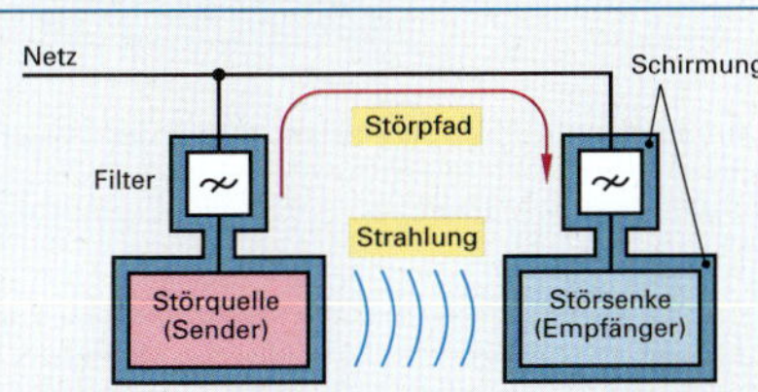 **Ausbreitung von Störungen**

V

Schutz gegen Überspannungen von außen
Protection against External Overvoltage Glitches

Art	Schaltung	Erklärung, Daten
Netz-Überspannungsschutz	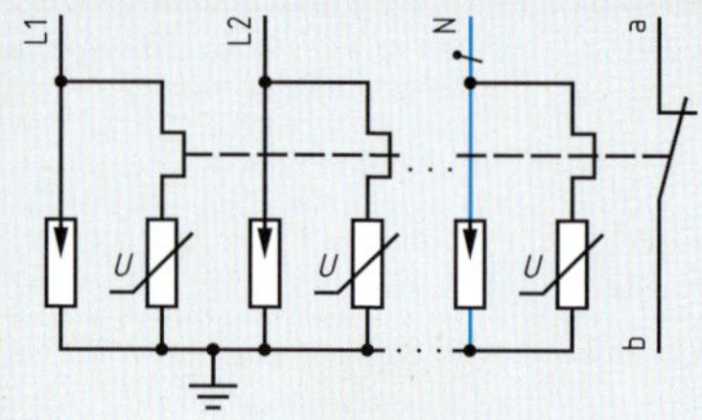	Der dreipolige oder vierpolige Ableiter enthält Gleitableiter und Zinkoxid-Varistoren sowie eine Überwachungs-Trennvorrichtung. Er wird in der Nähe der Haupterdungsschiene installiert. Bei Ferneinschlägen arbeiten die Varistoren, bei direktem Einschlag zusätzlich die Gleitableiter. Bei Beschädigung trennt die Trennvorrichtung die Varistoren ab und öffnet zur Signalgabe einen Öffner. **Schutzpegel:** 2 kV, Ansprechzeit 25 ns **Bemessungsspannung:** 280 V 50 Hz **Prüfstrom:** 100 kA
Steckbare Schutzkaskade	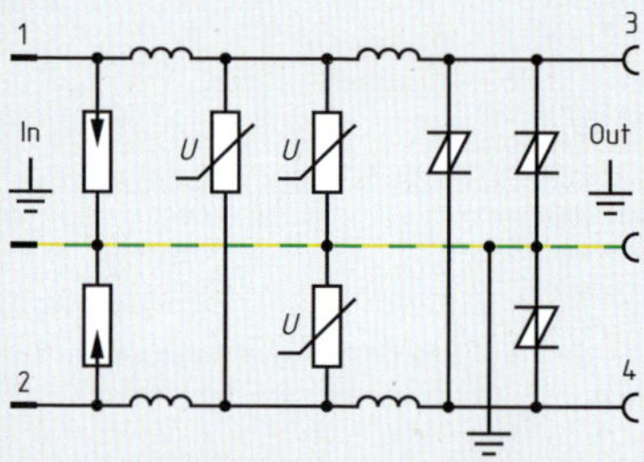	**Bauelemente:** Gasableiter, Varistoren, Suppressordioden, Induktivitäten. **Module:** Adapter mit Schutzleiterfuß und eigentliches, steckbares Modul. **Erdung** über die Tragschiene des Basiselements. Je nach Anforderung sind die steckbaren Teile verschieden. Sie können auch weniger Bauelemente enthalten. **Bemessungsspannungen:** 5 V, 12 V, 24 V bis 220 V DC **Spannungsbegrenzung:** etwa 1,8 U_N Auch in Form von Leiterplatten mit bis 8 Kanälen.

Typen von Überspannungsableitern SPD (Surge Protective Device)

SPD-Typ	Installationsort, Anschluss beim TN-System	Ableiterbemessungsspannung	
1	vor dem Zähler, zwischen L, N und PE bzw. PEN	beim TN-System und TT-System	$U_C = 1{,}1 \cdot U_0$
2	in den Unterverteilungen, wie bei Anforderungsklasse B	beim IT-System	$U_C = 1{,}1 \cdot U$
3	in den Steckdosen oder vor den Geräten, zwischen L und N, zwischen N und PE.	U_C Ableiterbemessungsspannung U Bemessungsspannung zwischen den Leitern L1, L2, L3. U_0 Bemessungsspannung zwischen L und PE	
1, 2, 3	zusätzlich ist auch Anschluss zwischen den aktiven Leitern zulässig.		

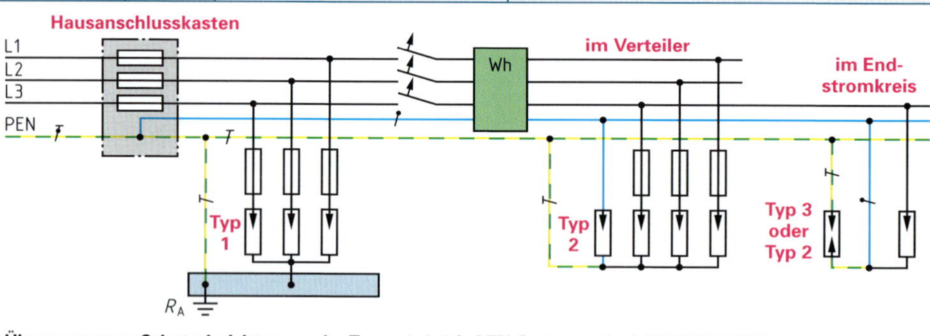

Überspannungs-Schutzeinrichtungen der Typen 1, 2, 3 bei TN-Systemen (vgl. VDE 0100-534)

Verwendete Schaltzeichen (meist nicht genormt):

Ableiter, allgemein Gasableiter, Gleitableiter — Überwachungs-Trennvorrichtung — Funkenstrecke — Suppressordiode, ungepolt — Varistor

In Anschluss des Netzes — Out Anschluss des zu schützenden Anlagenteils

Teil B: Betrieb und sein Umfeld, Anhang
Part B: Factory and Environment, Appendix

Unfälle und Unfallverhütung

Qualitätsmanagement

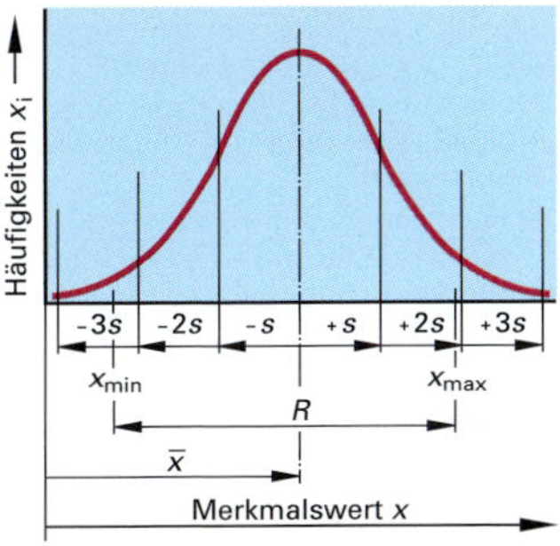

CE-Kennzeichnung, Projekte

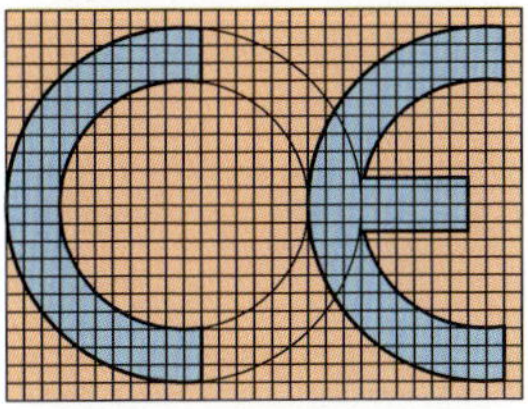

Kalkulation im Betrieb

€

Anhang, Englische Fachsprache

DIN
VDE
ANSI

B

Erste Hilfe bei Unfällen First Aid at Accidents

Häufig hängt das Leben eines Verletzten davon ab, dass am Unfallort frühzeitig erste Hilfe angewandt wird.

Ziel der ersten Hilfe

Bewahren des Verletzten vor weiteren Schädigungen (Bergung), Abwenden von Lebensgefahr (Blutung, Atemstillstand, Versagen von Herz und Kreislauf), Schmerzlindern durch Ruhigstellen (geeignete Lagerung, Schienung).

Elektrische Unfälle

a) Bei **Niederspannung** (bis 1000 V) Stecker herausziehen, mit Leitungsschutzschalter abschalten oder Sicherung herausnehmen. Wenn der Stromkreis nicht unterbrochen werden kann, Verunglückten durch nichtleitenden Gegenstand vom Stromkreis trennen. Der Helfer muss sich dabei isoliert aufstellen und seine Hände ebenfalls isolieren, z. B. mit trockenen Tüchern, Kleidungsstücken, Isolierhandschuhen oder Isolierfolien.

b) Bei **Hochspannung** Stromkreis nur vom Fachmann unterbrechen lassen.

Bei Atemstillstand sofort Atemspende geben. Bei Herzstillstand Herzmassage durchführen.

Verletzungen

Vordringlich sind Blutungen zu versorgen. Zuerst verletzten Körperteil hochhalten, Verband anlegen, bei stärkeren Blutungen Druckverband anwenden. Bei Schlagaderverletzungen (Blut spritzt hellrot stoßweise aus der Wunde) festen, auf die Wunde drückenden Gegenstand in den Verband mit einbinden, Abbinden mit breiter Gummibinde (auch Hosengürtel) in seltenen Fällen notwendig. Möglichst rasch einen Arzt aufsuchen.

Wenn Schlagaderblutungen an Stellen auftreten, an denen ein Druckverband nicht angebracht werden kann und ein Abbinden nicht möglich ist, z. B. in Achselhöhle, Leistenbeuge, am Hals oder wenn ganze Glieder abgetrennt sind, dann Wunde mit Gaze (Verbandmull), Taschentuch oder Ähnlichem abdrücken. Arzt herbeirufen.

Knochenbrüche

Bei Verdacht auf Knochenbruch (oder bei Ausrenkungen) Glieder durch Schienen ruhigstellen. Keine Einrenkungsversuche. Bei Verdacht auf Wirbelsäulenverletzung Verunglückten vorsichtig auf harte Unterlage (Brett) legen. (Vorsicht! Gefahr nachträglicher Rückenmarksverletzung.)

Innere Verletzungen

Gefahr der Verblutung nach innen. Bei Verdacht auf innere Verletzungen des Brustkorbes rascher Abtransport mit erhöhtem Oberkörper. Bei Bauchverletzungen Transport in Rückenlage mit angezogenen Knien, gerollte Decke unter die Kniekehlen legen. Arzt herbeirufen.

Bei inneren Verletzungen oder bei Bewusstlosigkeit keine Getränke einflößen.

Verbrennungen

Brennende Personen in Decke oder Mantel wickeln. Niemals verbrannte Kleidungsstücke entfernen. Auf alle Brandwunden nur keimfreie Gaze, keine Brandbinde, Öl, Mehl oder Brandsalbe bringen. Verletzten durch Decken warmhalten.

Bewusstlosigkeit

Einfache Ohnmacht (besonders bei langem Stehen in überfüllten Räumen), Erblassung, Puls schwach, Atmung oberflächlich. Beengende Kleidungsstücke öffnen, Bewusstlosen flach lagern (Beine erhöht).

Scheintod – kein Puls, keine Atmung.

Sofort Wiederbelebung durch Kombination von Atemspende und Herzmassage.

Atemspende

Einblasen von Atemluft bei überstreckter Stellung des Kopfes in die Nase oder den Mund (hierbei Nase zuhalten) des Verunglückten. Atemwege zuvor reinigen. Mit beiden Händen den Kopf nach hinten drücken. Tief einatmen und den Mund fest auf die Atemöffnung des Verletzten pressen. Luft kräftig einpusten. Etwa 15 Atemstöße je Minute, dann Herz massieren.

Künstliche Beatmung solange fortsetzen, bis Arzt kommt.

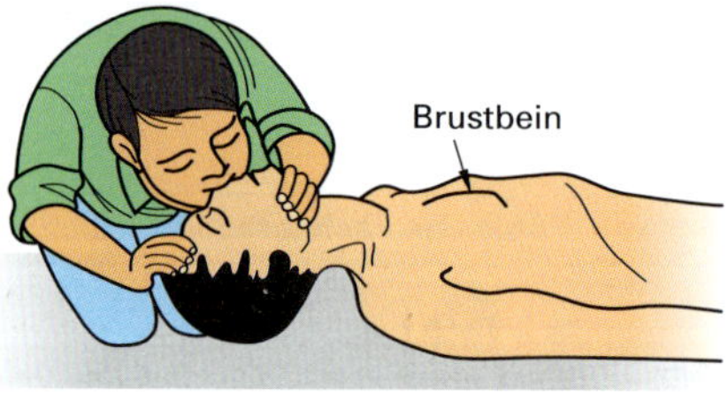

Herzmassage

Mit beiden übereinander gelegten Handballen wird das untere Ende des Brustbeins 3 cm bis 5 cm eingedrückt. (50 bis 60 Drücke je Minute.) Nach 30 Herzdruckmassagen 2 Atemstöße.

Herzmassagen sollten nur von Ärzten oder ausgebildetem Sanitätspersonal ausgeführt werden.

B

In manchen Betrieben, in Fahrzeugen des Rettungsdienstes und auch in öffentlich zugänglichen Gebäuden werden Defibrillatoren (Schockgeber) bereitgehalten. Medizinische Laien können mit diesem Gerät durch gezielte Stromstöße Herzrhythmusstörungen, wie Kammerflimmern und Kammerflattern, beenden.

Schock

Kann bei jeder Verletzung zusätzlich auftreten. Er ist die Folge eines Kreislaufversagens: Puls schwach, Atmung oberflächlich, kalter Schweiß, Unruhe, verfallenes Aussehen. Kann leicht in Bewusstlosigkeit und Tod übergehen. Verunglückten flach lagern, warm halten, Ruhe, Mut zusprechen und beruhigen, schonender Abtransport.

Zeichen und Farben zur Unfallverhütung 1
Pictograms and Colors for Accident Prevention 1

Symbol	Bedeutung	Symbol	Bedeutung	Symbol	Bedeutung
Verbotszeichen					
	Rauchen verboten		Feuer, offenes Licht und Rauchen verboten		Für Fußgänger verboten
	Mit Wasser löschen verboten		Kein Trinkwasser		Hineinfassen verboten
	Für Flurförder-fahrzeuge verboten		Schalten verboten		Berühren verboten
	Mitführen von Metallteilen oder Uhren verboten		eingeschalteter Mobilfunk verboten		Fotografieren verboten
	Abstellen oder Lagern verboten		Betreten der Fläche verboten		Essen und Trinken verboten
Warnzeichen					
	Warnung vor feuergefährlichen Stoffen		Warnung vor explosions-gefährlichen Stoffen		Warnung vor giftigen Stoffen
	Warnung vor ätzenden Stoffen		Warnung vor radioaktiven Stoffen		Warnung vor schwebender Last
	Warnung vor gefährlicher elektrischer Spannung		Warnung vor einer Gefahrenstelle		Warnung vor Laserstrahl

B

Zeichen und Farben zur Unfallverhütung 2
Pictograms and Colors for Accident Prevention 2

Symbol	Bedeutung	Symbol	Bedeutung	Symbol	Bedeutung
Gebotszeichen					
	Augenschutz benutzen		Kopfschutz benutzen		Gehörschutz benutzen
	Gesichtsschutz benutzen		Vor Öffnen Netzstecker ziehen		Vor Arbeiten freischalten
Brandschutzzeichen					
	Wandhydrant, Löschschlauch		Feuerlöschgerät		Brandmelde-telefon
Rettungszeichen					
	Erste Hilfe		Arzt		Richtungs-angabe für Notausgänge
	Krankentrage		Notruftelefon		Sammelstelle
Zusatzzeichen		**Hinweiszeichen**		**Kombinationszeichen**	
Es wird gearbeitet! Ort: Datum: Entfernen des Schildes nur durch:		Entladezeit länger als 1 Minute		 Es wird gearbeitet! Ort: Datum: Entfernen des Schildes nur durch:	
Hochspannung Lebensgefahr		Teil kann im Fehlerfall unter Spannung stehen		 Hochspannung Lebensgefahr	

B

§ 3 Gefährdungsbeurteilung
§ 4 Anforderungen an die Bereitstellung und Benutzung der Arbeitsmittel
§ 5 Explosionsgefährdete Bereiche
§ 6 Explosionsschutzdokument
§ 7 Anforderungen an die Beschaffenheit der Arbeitsmittel
§ 9 Unterrichtung und Unterweisung
§ 10 Prüfung der Arbeitsmittel
§ 11 Aufzeichnungen
§ 12 Betrieb
§ 14 Prüfung vor Inbetriebnahme
§ 15 Wiederkehrende Prüfungen
§ 16 Angeordnete außerordentliche Prüfung
§ 17 Prüfung besonderer Druckgeräte
§ 18 Unfall- und Schadensanzeige
§ 19 Prüfbescheinigungen
§ 20 Mängelanzeige
§ 21 Zugelassene Überwachungsstellen
§ 22 Aufsichtsbehörden für überwachungsbedürftige Anlagen des Bundes
§ 24 Ausschuss für Betriebssicherheit
§ 25 Ordnungswidrigkeiten
§ 26 Straftaten

Auszug aus Inhalt der BetrSichV

Merkmal	Erklärung	Bemerkungen
Anwendungsbereich	Die BetrSichV gilt für das Bereitstellen von Arbeitsmitteln durch den Arbeitgeber und für das Benutzen von den Arbeitnehmern. Sie gilt auch für überwachungsbedürftige Anlagen.	Unter überwachungsbedürftigen Anlagen werden hier z.B. Dampfkesselanlagen, Füllanlagen, Rohrleitungen mit Überdruck giftiger Gase, verstanden. www.gesetze-im-internet.de
Arbeitsmittel §4, §7	Müssen für die am Arbeitsplatz gegebenen Bedingungen geeignet sein. Bei bestimmungsgemäßer Benutzung müssen Sicherheit und Gesundheitsschutz gewährleistet sein. Mobile Arbeitsmittel müssen so beschaffen sein, dass die Gefährdungen für mitfahrende Beschäftigte reduziert sind.	Arbeitsmittel sind Werkzeuge, Geräte, Maschinen, Anlagen. Befehlseinrichtungen müssen an Arbeitsmitteln sichtbar und gefahrlos angebracht sein. Sicheres Stillsetzen muss auch im Fehlerfall möglich sein. Schutzeinrichtungen von Arbeitsmitteln dürfen nicht umgehbar sein.
Unterweisung §9	Der Arbeitgeber muss dafür sorgen, dass seine Mitarbeiter über die sie betreffenden Arbeitsmittel angemessen informiert sind, ggf. durch Betriebsanweisungen.	Die Betriebsanweisungen müssen Angaben über Einsatzbedingungen und über absehbare Betriebsstörungen der Arbeitsmittel enthalten. Gefahren und Maßnahmen sind zu erörtern.
Prüfungen §10, §11, §14, §15, §16, §17, §19	Für Arbeitsmittel sind vor ihrem Einsatz Art, Umfang und Fristen erforderlicher Prüfungen durch befähigte Personen zu ermitteln. Sicherheitsprüfungen sind z.B. auch nach Instandsetzungsarbeiten erforderlich. Überwachungsbedürftige Anlagen dürfen nur in Betrieb genommen werden, wenn eine zugelassene Überwachungsstelle sie geprüft hat. Die Prüfungsergebnisse sind bis zur nächsten Prüfung aufzubewahren.	Die Prüfungen müssen den Arbeitsmittel-Gefährdungsbeurteilungen bei/vor Beschaffung durch den Arbeitgeber entsprechen. Zu berücksichtigen sind Gefährdungen, die mit dem Benutzen des Arbeitsmittels selbst verbunden sind und die am Arbeitsplatz durch Wechselwirkungen mit anderen Arbeitsmitteln oder mit Arbeitsstoffen hervorgerufen werden. Zu unterscheiden sind regelmäßige Prüfungen und außerordentliche Prüfungen, z.B. nach Schadensfall. Werden Prüfungen von Überwachungsstellen vorgenommen, werden die Prüffristen von diesen ermittelt, ggf. von der zuständigen Behörde festgelegt.
Betrieb §12	Der Stand der Technik ist für das Betreiben Voraussetzung.	Bei Aufzugsanlagen muss auf Notrufe aus dem Fahrkorb in angemessener Zeit reagiert werden.
Anzeigen §18, §20	Unfälle und Schadensfälle sind der zuständigen Behörde anzuzeigen, ggf. ist von einer zugelassenen Überwachungsstelle eine Expertise einzuholen.	Eine Mängelanzeige bei der zuständigen Behörde hat durch eine zugelassene Überwachungsstelle zu erfolgen, wenn durch die Mängel die Beschäftigten oder Dritte gefährdet sind.
Überwachung §21, §22	Zugelassene Überwachungsstellen müssen Voraussetzungen erfüllen, z.B. Qualifikation, Unparteilichkeit, regelmäßige Auditierung, nicht verantwortlich für Herstellung, Betrieb, Instandhaltung der Anlage.	Überwachungsbedürftige Anlagen unterliegen den nach Landesrecht zuständigen Behörden, z.B. den Gewerbeaufsichtsämtern. Bei Anlagen des Bundes sind jedoch die zuständigen Bundesministerien verantwortlich.
Strafbarkeit §25, §26	Ordnungswidrigkeit liegt bei vorsätzlicher, fahrlässiger Handlung bzgl. Betrieb, Prüfung von Arbeitsmitteln vor.	Eine Straftat liegt vor, wenn durch vorsätzliches Handeln das Leben oder die Gesundheit von Personen gefährdet wird.

Arbeitsvorbereitung 1 Work Preparation 1

Zeitartengliederung (S) nach REFA bezogen auf Arbeitssysteme

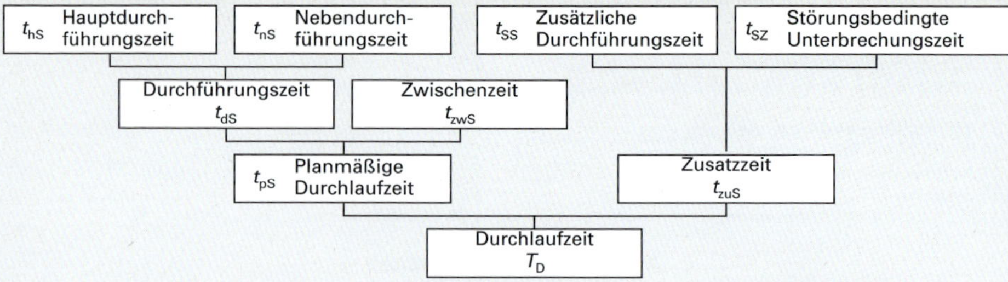

Durchführungszeit

$$t_{dS} = t_{hS} + t_{nS} \quad (1)$$

Planmäßige Durchlaufzeit

$$t_{pS} = t_{dS} + t_{zwS} \quad (2)$$

Faktor der planmäßigen Durchlaufzeit

$$f_{zuS} = 1 + Z_{zuS}/100\,\% \quad (3)$$

Zusatzzeit

$$t_{zuS} = Z_{zuS} \cdot t_{pS}/100\,\% \quad (4)$$

Durchlaufzeit

$$T_D = t_{pS} + t_{zuS} \quad (5)$$

$$T_D = f_{zuS} \cdot t_{pS} \quad (6)$$

Zeitartengleiderung für das Betriebsmittel (BM)

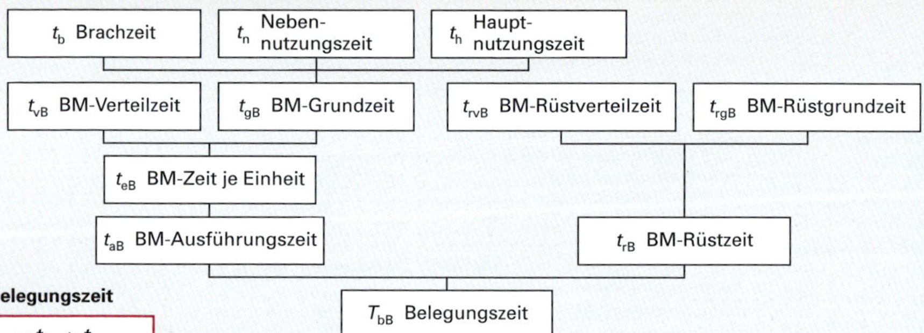

Belegungszeit

$$T_{bB} = t_{rB} + t_{aB} \quad (7)$$

BM-Rüstzeit

$$t_{rB} = t_{rgB} + t_{rvB} \quad (8)$$

BM-Ausführungszeit

$$t_{aB} = m \cdot t_{eB} \quad (9)$$

BM-Zeit je Einheit

$$t_{eB} = t_{gB} + t_{vB} \quad (10)$$

BM-Verteilzeit

$$t_{vB} = z \cdot t_{gB}/100\,\% \quad (11)$$

BM-Grundzeit

$$t_{gB} = t_h + t_n + t_b \quad (12)$$

BM-Rüstverteilzeit

$$t_{rvB} = z \cdot t_{rgB}/100\,\% \quad (13)$$

Hauptnutzungszeit

$$t_h = t_{hb} + t_{hu} \quad (14)$$

Nebennutzungszeit

$$t_n = t_{nb} + t_{nu} \quad (15)$$

f_{zuS}	Faktor Durchlaufzeit
m	Auftragsmenge
t_{aB}	BM-Ausführungszeit
t_b	Brachzeit
T_{bB}	Belegungszeit
T_D	Durchlaufzeit
t_{dS}	Durchführungszeit
t_{eB}	BM-Zeit je Einheit
t_{gB}	BM-Grundzeit
t_h	Hauptnutzungszeit
t_{hb}, t_{nb}	Beeinflussbare Zeiten
t_{hu}, t_{nu}	Unbeeinflussbare Zeiten
t_{hS}	Hauptdurchführungszeit
t_n	Nebennutzungszeit
t_{nS}	Nebendurchführungszeit
t_{pS}	Planmäßige Durchlaufzeit
t_{rB}	BM-Rüstzeit
t_{rgB}	BM-Rüstgrundzeit
t_{rvB}	BM-Rüstverteilzeit
t_{SS}	Zusätzliche Durchführungszeit
t_{SZ}	Störungsbedingte Unterbrechungszeit
t_{vB}	BM-Verteilzeit
t_{zuS}	Zusatzzeit
t_{zwS}	Zwischenzeit
z	Grundzeit in %
Z_{zuS}	Durchlaufzeit in %

REFA: Verband für Arbeitsgestaltung, Betriebsorganisation und Unternehmensentwicklung e.V.

B

Zeitartengliederung nach REFA bezogen auf den Menschen

Die Auftragszeit ist die Vorgabezeit für die Erledigung eines Auftrages durch den Mitarbeiter.

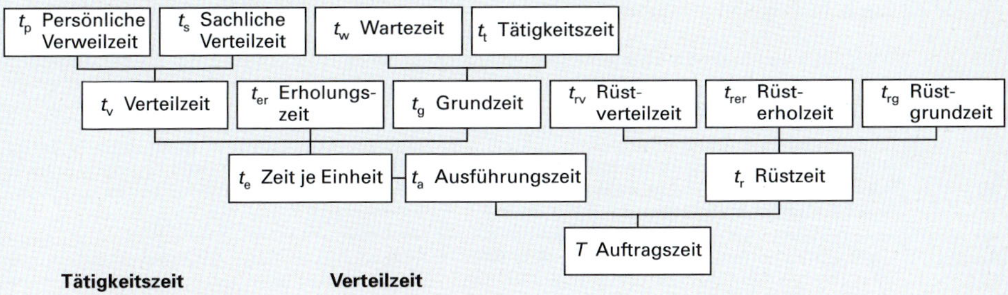

Tätigkeitszeit

$$t_t = t_{tb} + t_{tu} \quad (1)$$

Verteilzeit

$$t_v = z \cdot t_g/100\,\% \quad (2)$$

Erholungszeit

$$t_{er} = z \cdot t_g/100\,\% \quad (3)$$

Grundzeit

$$t_g = t_t + t_w \quad (4)$$

Rüstverteilzeit

$$t_{rv} = z \cdot t_{rg}/100\,\% \quad (5)$$

Rüsterholzeit

$$t_{rer} = z \cdot t_{rg}/100\,\% \quad (6)$$

Zeit je Einheit

$$t_e = t_g + t_v + t_{er} \quad (7)$$

Ausführungszeit

$$t_a = m \cdot t_e \quad (8)$$

Rüstzeit

$$t_r = t_{rg} + t_{rer} + t_{rv} \quad (9)$$

Auftragszeit

$$T = t_r + t_a \quad (10)$$

m **Auftragsmenge**, Losgröße.
t_a **Ausführungszeit:** Vorgabezeit für das Ausführen einer Losgröße.
t_{er} **Erholungszeit:** Erholungsfase für die Mitarbeiter.
t_g **Grundzeit**
t_p **Persönliche Verteilzeit:** für persönliche Bedürfnisse.
t_r **Rüstzeit:** Vorbereitungen zur Erledigung des gesamten Auftrages.
t_{rg} **Rüstgrundzeit:** Maschine einstellen.
t_{rer} **Rüsterholzeit:** Erholungszeit nach schweren Umrüstarbeiten.
t_{rv} **Rüstverteilzeit:** z. B. Maschinenstörungen beheben.
t_s **Sachliche Verteilzeit:** z. B. Werkzeugschärfen, Schneidplattenwechsel.
t_t **Tätigkeitszeit:** Auftragsbearbeitungszeit.
t_{tb} **Beeinflussbare Zeiten:** z. B. Entgraten, Montieren.
t_{tu} **Unbeeinflussbare Zeiten:** z. B. Maschinenprogrammablauf.
t_v **Verteilzeit:** t_p, t_s
t_w **Wartezeit:** z. B. Warten auf Werkstücke.
T **Auftragszeit:** Vorgabezeit zur Produktion einer Losgröße.
z **Prozentsätze** der jeweiligen Grundzeit.

Beispiel: 2 (m) Bauteile werden auf einer Senkrechtfräsmaschine gefräst:

Rüstzeiten:		min
Auftrag rüsten		= 6,00
Maschine rüsten		= 15,50
Werkzeuge rüsten		= 8,50
Rüstgrundzeit	t_{rg}	= 30,00
Rüsterholungszeit	t_{rer} = 5 % von t_{rg}	= 1,50
Rüstverteilzeit	t_{rv} = 15 % von t_{rg}	= 4,50
Rüstzeit	$t_r = t_{rg} + t_{rer} + t_{rv}$	**= 36,00**

Ausführungszeiten:		min
Tätigkeitszeit	t_t	= 15,80
Wartezeit	t_w	= 2,20
Grundzeit	$t_g = t_t + t_w$	= 18,00
Erholungszeit	t_{er}	= 3,50
Verteilzeit	t_v = 6 % von t_g	= 1,08
Zeit je Einheit	$t_e = t_g + t_{er} + t_v$	= 22,58
Ausführungszeit	$t_a = m \cdot t_e$	**= 45,16**

Auftragszeit $T = t_r + t_a$ = 36,00 min + 45,16 = 81,16 min

REFA: Verband für Arbeitsgestaltung, Betriebsorganisation und Unternehmensentwicklung e.V.

B

Begriffe im Arbeitsrecht Terms in Labour Law

Begriff	Erklärung	Bemerkungen
Arbeits- recht	Umfasst alle Gesetze und Verordnungen zur unselbstständigen, abhängigen Erwerbstätigkeit. Basis: Grundgesetz, Bürgerliches Gesetzbuch	Betriebsverfassungsgesetz, Tarifvertragsgesetz, Berufsbildungsgesetz, siehe nachfolgend. **www.verzeichnis-sozialrecht.de**
Arbeits- schutz Betriebs- rat	Wird überwacht durch Berufsgenossenschaften, Gewerbeaufsichtsämter, Betriebsräte, Arbeitssicherheitsbeauftragte. Zu unterscheiden sind technischer Arbeitsschutz tAS und sozialer Arbeitsschutz sAS. Ab 5 Mitarbeitern mit vollendetem 18. Lebensjahr kann ein Betriebsrat gewählt werden. **www.arbeitnehmerkammer.de**	Sicherstellung tAS: z. B. Gewerbeordnung, Arbeitsstättenverordnung, Unfallverhütungsvorschriften, Gerätesicherheitsgesetz, Arbeitssicherheitsgesetz, Arbeitsschutzgesetz. Sicherstellung sAS: z. B. Bundesurlaubsgesetz, Arbeitszeitgesetz, Mutterschutzgesetz, Schwerbehindertengesetz, Jugendarbeitsschutzgesetz, Arbeitsplatzschutzgesetz.
Arbeits- zeit	Umfasst keine Ruhezeiten, beträgt z. B. 8 Stunden/Tag. Sie kann bis 10 Stunden (mehr im Notfall, z. B. Brand) betragen, wenn innerhalb von sechs Monaten im Durchschnitt 8 Stunden werktäglich nicht überschritten werden.	Ruhepausen müssen mindestens 15 min lang sein. Zwichen Beendigung der Arbeitszeit und Neubeginn müssen 11 Stunden Ruhezeit sein. ⇒ Arbeitszeitgesetz. **www.arbeitsrecht-ratgeber.de**
Arbeits- vertrag	Enthält Namen und Anschrift der Vertragsparteien, Beginn des Arbeitsverhältnisses, Probezeitraum, Beschäftigungsort, Wochenarbeitszeit, Höhe des Entgeltes, Urlaubsansprüche, Kündigungsfristen, Angaben zur Tätigkeit, Anzeigepflicht von Arbeitsverhinderungen.	Weitere Bestandteile können sein: Bezug zu Tarifverträgen und Betriebsvereinbarungen, Regelung von Nebentätigkeiten, Geheimhaltungspflichten. Der Arbeitsvertrag ist die Grundlage eines Arbeitsverhältnisses. **www.kluge-recht.de; www.igmetall.de**
Kündi- gung Kündi- gungs- arten Kündi- gungs- schutz- gesetz	Kündigungen durch den Arbeitgeber mit mehr als 10 Mitarbeitern unterliegen dem Kündigungsschutzgesetz. Personenbedingte Kündigungen wegen z. B. Langzeiterkrankung; verhaltensbedingte Kündigung durch häufige Unpünktlichkeit, Störung des Betriebsfriedens, Unterschlagung; betriebsbedingte Kündigung wegen Auftragsmangel, meist mit Auszahlung einer Abfindungsprämie. Kündigungsschutzgesetz schützt den Arbeitnehmer vor ungerechtfertigter Kündigung.	Der Arbeitnehmer kann gemäß der Kündigungsvereinbarung im Arbeitsvertrag immer kündigen. Kündigungen durch den Arbeitgeber erfordern ein Anhören durch den Betriebsrat. Ordentliche Kündigungen erfolgen fristgemäß unter Einhalten von Kündigungsfristen, außerordentliche Kündigungen erfolgen fristlos, sofort. Bei einer Änderungskündigung kann das Arbeitsverhältnis unter geänderten Verhältnissen, z. B. Tätigkeit, Entgelt, fortgesetzt werden. **www.info-arbeitsrecht.de**
Arbeits- zeugnis Geheim- codes	Das einfache Arbeitszeugnis enthält Angaben zu den durchgeführten Arbeiten und zur Dauer des Beschäftigungsverhältnisses. Das qualifizierte Arbeitszeugnis enthält ferner Angaben zu Leistung und Führung des Arbeitnehmers und wird nur auf dessen Verlangen ausgestellt. Kann von ihm auch als Zwischenzeugnis verlangt werden. **www.arbeits.abc.de**	Anspruch gemäß § 109 Gewerbeordnung/§ 630 BGB (Bürerliches Gesetzbuch). Die Beurteilung muss wohlwollend formuliert sein. Es bedeuten: – vollste Zufriedenheit ⇒ sehr gute Leistung, – volle Zufriedenheit ⇒ befriedigende Leistung, – zur Zufriedenheit ⇒ ausreichende Leistung, – hat sich bemüht ⇒ ungenügende Leistung, – war kontaktfreudig ⇒ gönnte sich viele Pausen. **www.zeugnisdeutsch.de**
Arbeits- gericht	Ist zuständig bei Rechtsstreitigkeiten bzgl. Arbeitsverträgen, Ausbildungsverträgen, Tarifverträgen. Ferner werden Fälle des Betriebsverfassungsrechts, Mitbestimmungsrechts verhandelt.	1. Instanz: Arbeitsgericht 2. Berufungsinstanz: Landesarbeitsgericht 3. Revisionsinstanz: Bundesarbeitsgericht **www.bundesarbeitsgericht.de**

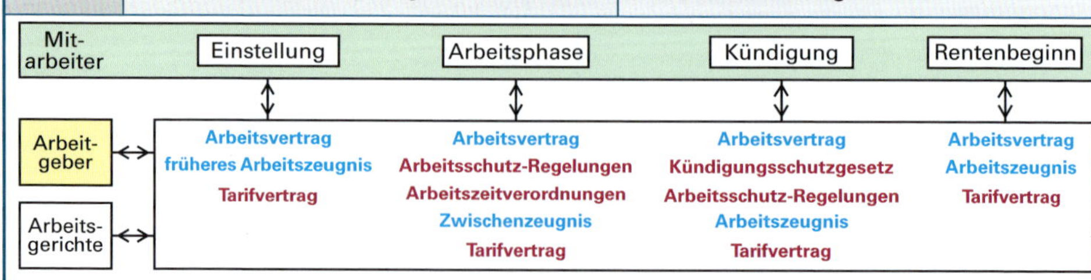

Wichtige Wirkungen von Vorschriften und Gesetzen im Beruf

B

Bestandteile eines Tarifvertrages Constituents of Tariff Agreement

Bestandteil	Erklärung	Bemerkungen
Arbeitszeit	Festlegung der Wochenarbeitszeit. Teilarbeitszeit ist getrennt zu regeln.	Die maximale Mehrarbeit je Woche ist ebenfalls festgeschrieben.
Entlohnung nach ERA	Entgelt-Rahmenabkommen ERA gültig für die Metall- und Elektroindustrie. Keine Unterscheidung zwischen Arbeitern/Angestellten. Begriffe Lohn und Gehalt sind durch Entgelt ersetzt.	Zusätzlich zum Entgelt-Rahmen des Tarifes gibt es Leistungszulagen, die je nach Unternehmen stark verschieden sind. Bis zu 17 ERA-Gruppen für Entgeltfindung, je nach Bundesland verschieden.
Ausbildungsvergütung	Festlegung der Vergütungen in den einzelnen Ausbildungsjahren.	Ist in jedem Bundesland leicht verschieden.
Zuschläge	Für Mehrarbeit, Schichtarbeit, Nachtarbeit, Sonntagsarbeit, Feiertagsarbeit, 24. und 31. Dezember.	Sind je nach Tarifgebiet verschieden. Auch z.T. abhängig von der Tageszeit.
Bezahlung bei Arbeitsausfall	Zu unterscheiden ist Arbeitsausfall durch Betriebsstörung und Arbeitsverhinderung, z.B. wegen Kinderbetreuung, Todesfall, Geburt, Eheschließung.	Für die vom Arbeitgeber zu vertretenden Ausfallzeiten infolge Betriebsstörung ist der durchschnittliche Verdienst zu bezahlen. Für die Arbeitsverhinderung sind zu bezahlende Arbeitstage definiert.
Fortzahlung von Lohn und Gehalt bei Krankheit	Ist durch den Arbeitgeber für mindestens 6 Wochen sicherzustellen.	Arbeitsunfähigkeitsbescheinigungen sind dem Arbeitgeber z.B. spätestens am 3. Tag vorzulegen.
Sonderzahlungen	Das sogenannte 13. Monatseinkommen, welches oft weniger als ein Monatseinkommen ist, sowie weitere Zahlungen, wie Prämien.	13. Monatseinkommen ist gestaffelt nach der Betriebszugehörigkeit. Voller Anspruch oft erst nach vier Jahren.
Urlaub	Festlegung der jährlichen Urlaubstage als Arbeitstage.	Das Durchschnittseinkommen wird im Urlaub weiterbezahlt. Zusätzlich gibt es Urlaubsgeld.
Freistellungsansprüche	Beispiele sind Tod des Ehegatten, Tod von Kindern, Eheschließung, Geburt, Elternzeit, Weiterbildung.	Arztbesuche sind in der Regel außerhalb der Arbeitszeit vorzunehmen.
Probezeiten	In dieser Zeit kann vom Unternehmen gekündigt werden.	Die Kündigung ist auch vom Arbeitnehmer möglich. Die Probezeit ist maximal 6 Monate.
Kündigung	Vom Unternehmen und Arbeitnehmer sind Kündigungsfristen einzuhalten. Kündigungsschutz oft ab 54. Lebensjahr.	In der Probezeit sind die Fristen deutlich kürzer als danach. Meist 4 Wochen zum Monatsende. Kündigt der Arbeitgeber, so ist die Kündigungszeit abhängig von der Zeit der Betriebszugehörigkeit. Der Beschäftigte hat Anspruch auf ein Arbeitszeugnis.
Verdienstsicherung	Ist nach Lebensalter und Betriebszugehörigkeitszeit geregelt, z.B. ab 54. Lebensjahr (Alterssicherung).	Es wird ein Alterssicherungsbetrag als Mindestverdienst ermittelt, z.B. der Verdienst zum Zeitpunkt der Alterssicherung.
Beschäftigungssicherung	Absenkung der Wochenarbeitszeit, um in wirtschaftlich schwierigen Zeiten Kündigungen zu vermeiden.	Die Absenkungen sind je nach Tarifgebiet festgelegt. Alternativ erfolgt oft Kurzarbeit.
Qualifizierung	Zwischen Arbeitnehmer und Arbeitgeber ist der erforderliche Qualifizierungsbedarf festzulegen.	Die Kosten der Qualifizierungsmaßnahmen sind vom Arbeitgeber zu tragen.

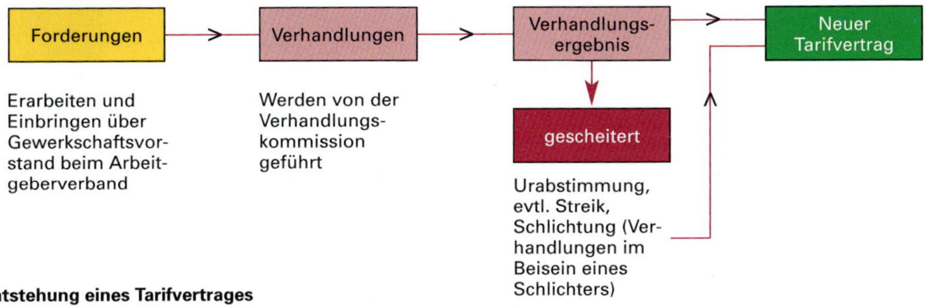

Entstehung eines Tarifvertrages

Methoden des Qualitätsmanagements — Methods of Quality Management

Methode	Erklärung	Bemerkungen
KVP	Kontinuierlicher Verbesserungsprozess. Die Mitarbeiter und Führungskräfte sind ständig bemüht, ihre Arbeitsabläufe (Arbeitsprozesse) zu verbessern, um letztendlich Kosten für das Unternehmen zu sparen. Eine Optimierung der Arbeitsabläufe führt oft auch zu Organisations-Veränderungen.	Es ist wichtig, zu erkennen, welche Tätigkeiten als Verschwendung bzw. als überflüssig anzusehen sind. Optimierungsbeispiele für KVP sind meist Beschaffungs- und Bereitstellungsabläufe in Produktionsbereichen.
TQM	Total Quality Management. Es handelt sich um eine Managementmethode, mit der das Qualitätsbewusstsein in einem Unternehmen gesteigert werden soll. Innerhalb eines Unternehmens werden Kunden-Lieferanten-Beziehungen gelebt. Jeder Unternehmensbereich besitzt interne Kunden.	Die Kundenerwartungen und Kundenbedürfnisse (externe und interne) stehen im Mittelpunkt der unternehmerischen Aktivitäten, da die Kundenzufriedenheit als Voraussetzung für den unternehmerischen Erfolg gilt. TQM verändert die Unternehmenskultur.
EFQM	European Foundation for Quality Management, Vereinigung europäischer Unternehmen, um die Wettbewerbsfähigkeit zu erhöhen. Ein jährlicher European Quality Award (Auszeichnung) wird vergeben. EFQM-Grundsatz: Die Führung in den Unternehmen lenkt die Politik und Strategie, die Mitarbeiterorientierung sowie die Ressourcen (Kapazitäten, Mittel) und somit die Unternehmensprozesse. Dadurch werden die Mitarbeiterzufriedenheit, Kundenzufriedenheit und gesellschaftliche Verantwortung geprägt. Dies wirkt auf die Geschäftsergebnisse.	Befähiger sind z. B. regelmäßige Mitarbeitergespräche, Zielvereinbarungen. Sie sollen zu messbaren Ergebnissen führen, anhand derer Lernerfolge erkennbar sind. Zweck von EFQM ist eine zyklische Bewertung eines Unternehmens, meist eine Selbstbewertung, mit dem Ziel eine Selbstverbesserung vorzunehmen, d. h. das Erkennen von Stärken und Verbesserungsbereichen (Potenzialen). Im Rahmen der Bewertung werden für die einzelnen Kriterien Erfüllungspunkte ermittelt. Die Kriterien werden gewichtet, ein Gesamtresultat zwischen 0 und 1000 Punkten wird gebildet.
SixSigma	Beruht auf einer Null-Fehler-Qualitätsstrategie. Überlegung: Jeder Fehler im Ablauf des Prozesses führt zu einem Fehler im Produkt und somit zu Kosten. Rückschluss: Eine bessere Qualität führt zu weniger Kosten. Ein Six-Sigma-Fehler ist jegliche Abweichung von Kundenvorgaben. Sigma von Standardabweichung σ (griech. Kleinbuchstabe Sigma) der Normalverteilung.	Die Six-Sigma-Strategie wurde von Motorola erstmals eingeführt. Die Qualität eines Prozesses wird als Vielfaches von Sigma dargestellt. Man unterscheidet sechs (engl. six) Sigmastufen. Ein Sigma bedeutet eine Fehlerquote von 32%, drei Sigma bedeuten eine Fehlerquote von 3%, sechs Sigma von 0,00034%.
6-S-Methode	Japanische Kaizen-Methodik, abgeleitet aus 6 Anfangsbuchstaben japanischer Worte für Organisation, Ordnung, Reinigen, Standardisieren, Selbstdisziplin, Arbeitssicherheit.	Japanische Erkenntnis ist, dass komplexe Angelegenheiten nur auf Basis dieser Prinzipien optimierbar sind und dadurch Qualitätsverbesserungen möglich sind.
TPM	Total Productive Maintenance. Ziele sind eine Reduzierung der Störzeiten von Produktionsanlagen sowie eine Verbesserung der Instandhaltung von Produktionsanlagen und somit Erhöhung der Produktivität eines Unternehmens.	Das Zusammenspiel von Mensch, Produktionsanlage und Arbeitsumfeld ist hier von Bedeutung. Neben der Lösung von Schwerpunktsproblemen, auch auf organisatorischer Seite, werden Maßnahmen für eine vorbeugende Instandhaltung festgelegt.

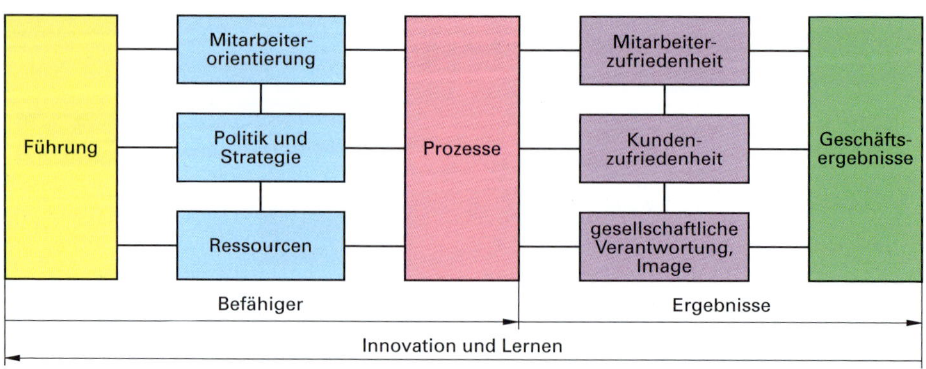

Neun Kriterien des EFQM-Modelles

Qualitätsmanagement Quality Management vgl. DIN EN ISO 9000

Begriffe	Definitionen/Erläuterungen
Qualitätsbezogene Begriffe	
Qualität	Grad, in dem die Merkmale eines Produkts die Anforderungen an dieses Produkt erfüllen.
Qualitätsmerkmal	Kennzeichnende Eigenschaft eines Produktes oder eines Prozesses, die infolge der gestellten Qualitätsanforderungen zur Beurteilung der Qualität herangezogen wird. • Quantitative (variable) Merkmale: – diskrete Merkmale (Zählwerte), z. B. Bohrungsanzahl, Stückzahl, – kontinuierliche Merkmale (Messwerte), z. B. Länge, Lage, Masse. • Qualitative Merkmale: – Ordinalmerkmale (mit Ordnungsbeziehung), z. B. hellblau–blau–dunkelblau, – Nominalmerkmale (keine Ordnungsbeziehung), z. B. gut–schlecht, blau–gelb Kennzeichnende Eigenschaft eines Produkts, eines Prozesses oder eines Systems, die sich auf eine Anforderung bezieht.
Anforderung	Vorausgesetztes oder verpflichtendes Erfordernis an die Merkmale einer Einheit, z. B. Nennwerte, Toleranzen, Funktionsfähigkeit oder Sicherheit.
Kundenzufriedenheit	Wahrnehmung des Kunden zu dem Grad, in dem seine Anforderungen erfüllt worden sind.
Fähigkeit	Eignung einer Organisation, eines Systems oder eines Prozesses zum Realisieren eines Produktes, das die Anforderungen an dieses Produkt erfüllt.
Konformität	Erfüllung einer festgelegten Anforderung, z. B. einer Maßtoleranz.
Fehler	Nichterfüllung einer festgelegten Forderung, z. B. Nichteinhalten einer geforderten Maßtoleranz oder Oberflächengüte.
Nacharbeit	Maßnahmen an einem fehlerhaften Produkt, damit es die Anforderungen erfüllt.
Prozess- und produktbezogene Begriffe	
Prozess	In Wechselbeziehung stehende Mittel und Tätigkeiten, die Eingaben in Ergebnisse umsetzen. Als Mittel gelten z. B. Personal, Finanzen, Anlagen und Fertigungsmethoden.
Verfahren	Festgelegte Art und Weise, wie eine Tätigkeit oder ein Prozess ausgeführt wird. In schriftlicher Form auch als Verfahrensanweisung bezeichnet.
Produkt	Ergebnis eines Prozesses, z. B. Bauteil, Montageergebnis, verfahrenstechnisches Erzeugnis, Wissen, Entwurf, Schriftstück, Vertrag, Schadstoff.
Organisationsbezogene Begriffe	
Qualitätsmanagementsystem	Erforderliche Organisation und Organisationsstrukturen, Verfahren und Prozesse eines Betriebes, um ein Qualitätsmanagement verwirklichen zu können.
Qualitätsmanagement, QM	Alle aufeinander abgestimmten Tätigkeiten zum Leiten und Lenken einer Organisation bezüglich Qualität durch: • Festlegen der Qualitätspolitik • Qualitätslenkung • Festlegen der Qualitätsziele • Qualitätssicherung • Qualitätsplanung • Qualitätsverbesserung
Qualitätsplanung	Tätigkeiten, die auf das Festlegen der Qualitätsziele und der notwendigen Ausführungsprozesse sowie der zugehörigen Ressourcen zur Erfüllung der Qualitätsziele gerichtet sind.
Qualitätslenkung	Arbeitstätigkeiten und Techniken, um trotz unvermeidbarer Qualitätsschwankungen die Anforderungen dauerhaft zu erfüllen. Beinhaltet im Wesentlichen die Prozessüberwachung und die Beseitigung von Schwachstellen.
Qualitätssicherung	Durchführung und geforderte Dokumentation aller Tätigkeiten im Bereich des QM-Systems mit dem Ziel, firmenintern und beim Kunden angemessenes Vertrauen zu schaffen, dass Qualitätsanforderungen erfüllt werden.
QM-Handbuch	Dokument, in dem die Qualitätspolitik und die Qualitätsziele sowie das Qualitätsmanagementsystem einer Organisation beschrieben werden.
Prüfplan, Prüfanweisung	Festlegung und Beschreibung von Art und Umfang der Prüfungen, z. B. Prüfmittel, Prüfhäufigkeit, Prüfperson, Prüfort.
Vollständige Prüfung	Prüfung einer Einheit hinsichtlich aller festgelegten Qualitätsmerkmale, z. B. vollständige Überprüfung eines Einzelwerkstückes hinsichtlich aller Forderungen.
100%-Prüfung	Prüfung aller Einheiten eines Prüfloses, z. B. Sichtprüfung aller gelieferten Teile.
Prüflos (Stichprobenprüfung)	Gesamtheit der in Betracht gezogenen Einheiten, z. B. eine Produktion von 5000 gleichen Werkstücken.
Stichprobe	Eine oder mehrere Einheiten, die aus der Grundgesamtheit oder einer Teilgesamtheit entnommen werden, z. B. 50 Teile aus der Tagesproduktion von 400 Teilen.

Statistische Auswertungen Statistical Analyses

Darstellung der Prüfdaten	Beispiel

Urliste

Die Urliste ist die Dokumentation aller Beobachtungswerte aus dem Prüflos oder einer Stichprobe in der Reihenfolge, in der sie anfallen.

Stichprobenumfang: 40 Teile

Prüfmerkmal: Bauteildurchmesser d = 8 mm ± 0,05 mm

Gemessener Bauteildurchmesser d in mm										
Teile 1…10	7,98	7,96	7,99	8,01	8,02	7,96	8,03	7,99	7,99	8,01
Teile 11…20	7,96	7,99	8,00	8,02	8,02	7,99	8,02	8,00	8,01	8,01
Teile 21…30	7,99	8,05	8,03	8,00	8,03	7,99	7,98	7,99	8,01	8,02
Teile 31…40	8,02	8,01	8,05	7,94	7,98	8,00	8,01	8,01	8,02	8,00

Strichliste

Die Strichliste ermöglicht eine übersichtlichere Darstellung der Beobachtungswerte und eine Einteilung in Klassen (Bereiche) mit bestimmter Klassenbreite.

n Anzahl der Einzelwerte
k Anzahl der Klassen
w Klassenbreite
R Spannweite (folgende Seite)
n_j absolute Häufigkeit
h_j relative Häufigkeit in %

Klasse Nr.	Messwert ≥	Messwert <	Strichliste	n_j	h_j in %
1	7,94	7,96	I	1	2,5
2	7,96	7,98	III	3	7,5
3	7,98	8,00	𝍸 𝍸 I	11	27,5
4	8,00	8,02	𝍸 𝍸 III	13	32,5
5	8,02	8,04	𝍸 𝍸	10	25
6	8,04	8,06	II	2	5
			Σ =	40	100

$k = \sqrt{n} = \sqrt{40} = 6{,}3 \approx 6$

$w = \frac{R}{k} = \frac{0{,}11\ \text{mm}}{6} = 0{,}018\ \text{mm} \approx 0{,}02\ \text{mm}$

Anzahl der Klassen

$$k \approx \sqrt{n} \quad (1)$$

Klassenbreite

$$w \approx \frac{R}{k} \quad (2)$$

Relative Häufigkeit

$$h_j = \frac{n_j}{n} \cdot 100\% \quad (3)$$

Wahrscheinlichkeit

Die Wahrscheinlichkeit, dass ein Ereignis A auftritt, ist gleich der Anzahl der auftretenden Fälle A geteilt durch die Anzahl aller Fälle.

Beispiel:

Von 400 Werkstücken in einer Kiste sind 10 fehlerhaft. Wie groß ist die Wahrscheinlichkeit, ein fehlerhaftes Teil zu ergreifen?

Lösung:
$p = g / m \cdot 100\% = 10 / 400 \cdot 100\% = \mathbf{2{,}5\%}$

Wahrscheinlichkeit

$$p = \frac{g}{m} \cdot 100\% \quad (4)$$

p Wahrscheinlichkeit
g Anzahl günstige Fälle
m Anzahl aller Fälle

Summenlinie im Wahrscheinlichkeitsnetz

Die Summenlinie im Wahrscheinlichkeitsnetz ist eine einfache und anschauliche grafische Methode, um das Vorliegen einer Normalverteilung (folgende Seite) zu prüfen.

Ergeben die Summen der relativen Häufigkeiten im Wahrscheinlichkeitsnetz angenähert eine Gerade, so kann auf eine Normalverteilung der Einzelwerte geschlossen werden, d.h. es darf eine weitere Auswertung nach DIN 53 804-1 (folgende Seite) erfolgen.

Zusätzlich lassen sich in diesem Fall Kennwerte der Stichproben entnehmen.

Ablesebeispiel:

Arithmetischer Mittelwert $\bar{x}$ und Standardabweichung s der Stichprobe:

$\bar{x} \approx 8{,}003$ mm; $s \approx 0{,}02$ mm

Im Gesamtlos zu erwartende Überschreitungsanteile:

- 0,6% zu dünne Teile
- 3% zu dicke Teile

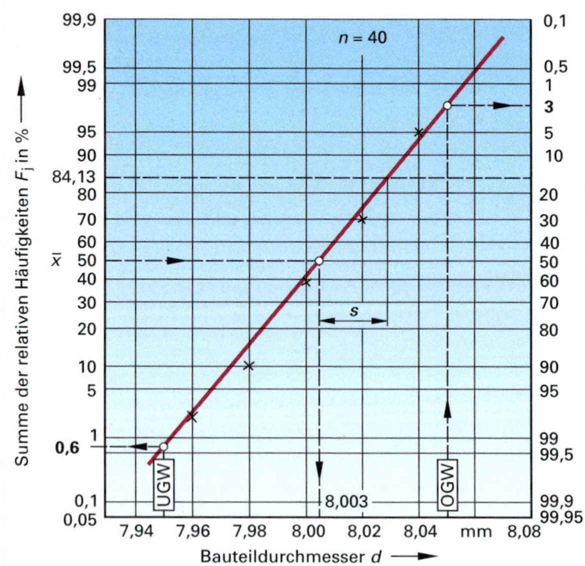

UGW unterer Grenzwert, OGW oberer Grenzwert

Wahrscheinlichkeitsnetz

B

Statistische Prozesssteuerung SPC 1 — Statistic Process Control 1

Begriff	Erklärung	Bemerkungen, Beispiel
Prozessregelkarte	Dient dem Überwachen eines Prozesses bzgl. Veränderungen gegenüber einem Sollwert oder bisherigem Prozesswert.	Die Eingriffs- und Warngrenzen werden über Prozessschätzwerte bestimmt.
Annahmequalitätsregelkarte	Dient dem Überwachen eines Prozesses im Hinblick auf vorgegebene Grenzwerte (Grenzmaße).	Die Eingriffsgrenzen werden über die Toleranzgrenzen berechnet. Es wird nur die Lage der Messwerte, nicht die Streuung untersucht.

Urwertkarte

Dient zur Dokumentation aller Messwerte durch Eintragen der Werte ohne weitere Berechungen. Vorausgesetzt wird ein annähernd normalverteilter Prozess. Wegen der vielen Eintragungen relativ unübersichtliche Darstellung.

Bild zeigt die Urwertkarte mit 5 Einzelwerten je Stichprobe.

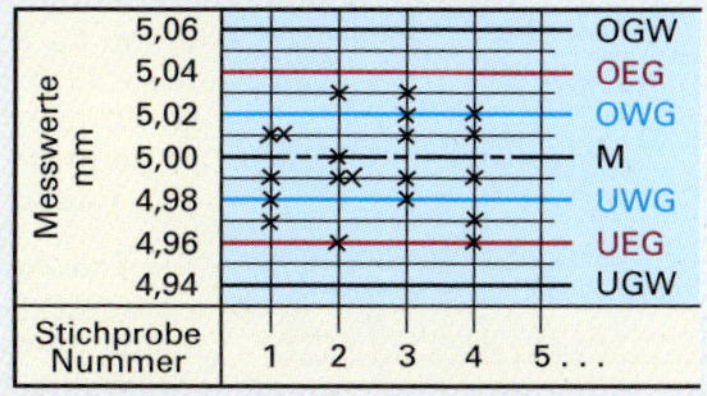

Urwertkarte mit 5 Einzelwerten je Stichprobe

Mittelwert-Standardabweichungskarte

$\bar{x}$-s-Karte

Verdeutlicht die Tendenz der Mittelwertentwicklung. Ein computerunterstütztes Führen der Regelkarten ist üblich.

Natürlicher Prozess-Verlauf

Alle Werte liegen innerhalb der Eingriffsgrenzen, 2/3 der Werte im Bereich ± s. Der Prozess ist unter Kontrolle.

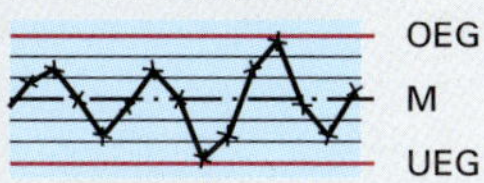

Überschreiten der Eingriffsgrenzen

In den Prozess muss eingegriffen werden, z. B. falsch eingestellte Maschine.

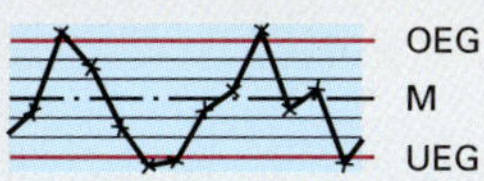

Trendverlauf

Aufeinanderfolgende Werte zeigen eine Tendenz, z. B. wegen Werkzeugverschleiß.

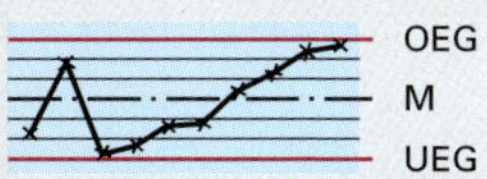

Prüfmerkmal: ⌀		Kontrollmaß: 5 ± 0,05			
Stichproben: $n = 5$		Kontrollintervall: 60 min			
Messwerte mm	x_1	4,98	4,96	5,03	4,97
	x_2	4,97	4,99	5,01	4,96
	x_3	4,99	5,03	5,02	5,01
	x_4	5,01	4,99	4,99	4,99
	x_5	5,01	5,00	4,98	5,02
	$\bar{x}$	4,992	4,994	5,006	4,990
	s	0,018	0,025	0,021	0,025

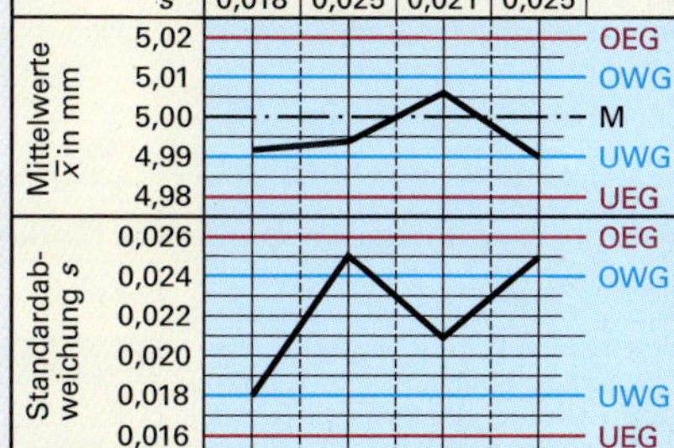

Probennr.	1	2	3	4
Uhrzeit	6 00	7 00	8 00	9 00

Mittelwert-Standardabweichungs-Karte

Normalverteilung

Häufigkeit = Anzahl

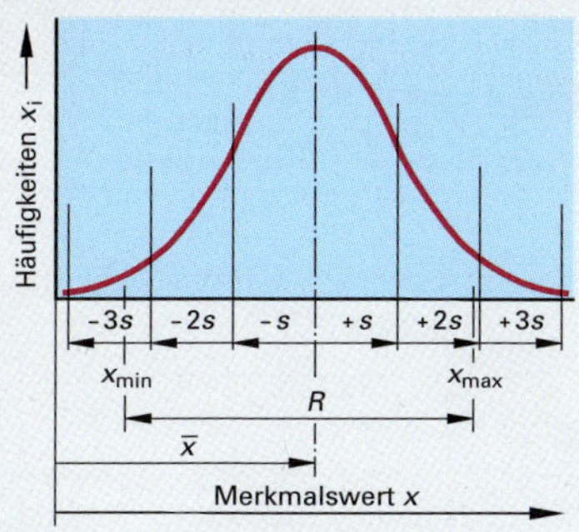

arithmetischer Mittelwert

$$\bar{x} = \frac{x_1 + x_2 + \ldots + x_n}{n} \quad (1)$$

Gesamtmittelwert

$$\bar{\bar{x}} = \frac{\bar{x}_1 + \bar{x}_2 + \ldots + \bar{x}_m}{m} \quad (2)$$

Standardabweichung

$$s = \sqrt{\frac{\Sigma(x_i - \bar{x})^2}{n-1}} \quad (3)$$

Mittelwert der Standardabweichungen

$$\bar{s} = \frac{s_1 + s_2 + \ldots + s_m}{m} \quad (4)$$

Spannweite

$$R = x_{max} - x_{min} \quad (5)$$

mittlere Spannweite

$$\bar{R} = \frac{R_1 + R_2 + \ldots + R_m}{m} \quad (6)$$

n, m	Anzahl Einzelwerte	$\bar{x}$	arithmetischer Mittelwert	M	Mittelwert des Merkmals
x_i	Einzelmesswert	$\bar{\bar{x}}$	Gesamtmittelwert	OEG, UEG	obere, untere Eingriffsgrenze
x_{max}	größter Messwert	s	Standardabweichung	OGW, UGW	oberer, unterer Grenzwert
x_{min}	kleinster Messwert	R	Spannweite	OWG, UWG	obere, untere Warngrenze

B

Qualitätsfähigkeit von Prozessen

Bei der Beurteilung der Qualitätsfähigkeit eines Prozesses durch **Fähigkeitskennzahlen** (Fähigkeitsindizes) muss zwischen der **Kurzzeitfähigkeit (Maschinenfähigkeit)** und der **Langzeitfähigkeit (Prozessfähigkeit)** unterschieden werden.

Die **Maschinenfähigkeit** ist eine Bewertung der Maschine, ob diese im Rahmen ihrer normalen Schwankungen mit genügender Wahrscheinlichkeit innerhalb der vorgegebenen Grenzwerte fertigen kann.

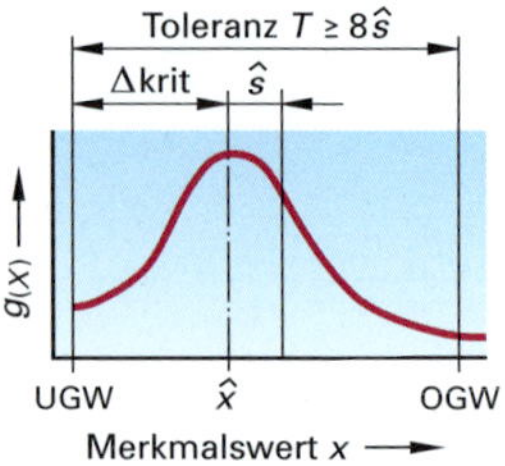

Wenn $C_m \geq 1{,}33$ und $C_{mk} \geq 1{,}0$ bedeutet dies, dass 99,994% (Bereich $\pm 4\hat{s}$) der Merkmalswerte innerhalb der Grenzwerte liegen und der Mittelwert $\hat{x}$ mindestens um die Größe $3\hat{s}$ von den Toleranzgrenzen entfernt liegt.

Die **Prozessfähigkeit** ist eine Bewertung des Fertigungsprozesses, ob dieser im Rahmen seiner normalen Schwankungen mit genügender Wahrscheinlichkeit die festgelegten Forderungen erfüllen kann.

$g(x)$	Wahrscheinlichkeitsdichte
UGW	unterer Grenzwert
OGW	oberer Grenzwert
$\hat{s}$	geschätzte Standardabweichung
$\hat{x}$	geschätzter Mittelwert
Δkrit	kleinster Abstand zwischen Mittelwert/Toleranzgrenze
C_m, C_{mk}	Maschinenfähigkeitsindex
C_p, C_{pk}	Prozessfähigkeitsindex
$\bar{\bar{x}}$	Gesamtmittelwert

Beispiel:

Maschinenfähigkeitsuntersuchung für Fertigungsmaß 80 mm ± 0,05 mm;

Werte aus Vorlauf: $\hat{s} = 0{,}012$ mm; $\hat{x} = 79{,}99$ mm

$$C_m = \frac{T}{6 \cdot \hat{s}} = \frac{0{,}1\text{ mm}}{6 \cdot 0{,}012\text{ mm}} = \mathbf{1{,}388}; \quad C_{mk} = \frac{\Delta krit}{3 \cdot \hat{s}} = \frac{0{,}04\text{ mm}}{3 \cdot 0{,}012\text{ mm}} = \mathbf{1{,}11}$$

Die Maschinenfähigkeit ist für diese Fertigung nachgewiesen.

Maschinenfähigkeitsindex

$$C_m = \frac{T}{6 \cdot \hat{s}} \quad (1)$$

$$C_{mk} = \frac{\Delta krit}{3 \cdot \hat{s}} \quad (2)$$

Eine Maschinenfähigkeit gilt üblicherweise als nachgewiesen, wenn

- **$C_m \geq 1{,}33$ und $C_{mk} \geq 1{,}0$**

T = OGW – UGW

$\Delta krit_o = \text{OGW} - \bar{\bar{x}}$

$\Delta krit_u = \bar{\bar{x}} - \text{UGW}$

Prozessfähigkeitsindex

$$C_p = \frac{T}{6 \cdot \hat{s}} \quad (3)$$

$$C_{pk} = \frac{\Delta krit}{3 \cdot \hat{s}} \quad (4)$$

Die Prozessfähigkeit gilt üblicherweise als nachgewiesen, wenn

- **$C_p \geq 1{,}33$ und $C_{pk} \geq 1{,}0$**

Qualitätsregelkarten für qualitative Merkmale

Fehlersammelkarte

Fehlersammelkarten erfassen die fehlerhaften Einheiten, die Fehlerarten und ihre Häufigkeit in einer Stichprobe.

Ablesebeispiel für F3:

$n = 9 \cdot 50 = 450$

$$\text{Fehler in \%} = \frac{\Sigma i_j}{n} \cdot 100\%$$

$$= \frac{3}{450} \cdot 100\% = \mathbf{0{,}67\%}$$

Beispiel:

Teil: **Deckel**		Stichprobenumfang $n = 50$									Prüfintervall: 60 min		
Fehlerart		Fehlerhäufigkeit i_j									Σi_j	%	Fehleranteil
Lackschaden	F1		1					1			2	0,44	
Druckstellen	F2	1	2		2	1	2	2	2	2	14	3,11	
Korrosion	F3		1			1			1		3	0,67	
Grat	F4	1									1	0,22	
Rissbildungen	F5		1								1	0,22	
Winkelfehler	F6	2		3	1		3	1		2	12	2,66	
Verbogen	F7					1					1	0,22	
Gewinde fehlt	F8		1								1	0,22	
Fehler je Probe		4	6	3	3	3	5	4	3	4	35		
Stichprobennr.		1	2	3	4	5	6	7	8	9			

Pareto-Diagramm[1]

Das Pareto-Diagramm klassifiziert Kriterien (z. B. Fehler) nach Art und Häufigkeit und ist damit ein wichtiges Hilfsmittel, um Kriterien zu analysieren und Prioritäten zu ermitteln.

Beispiel:

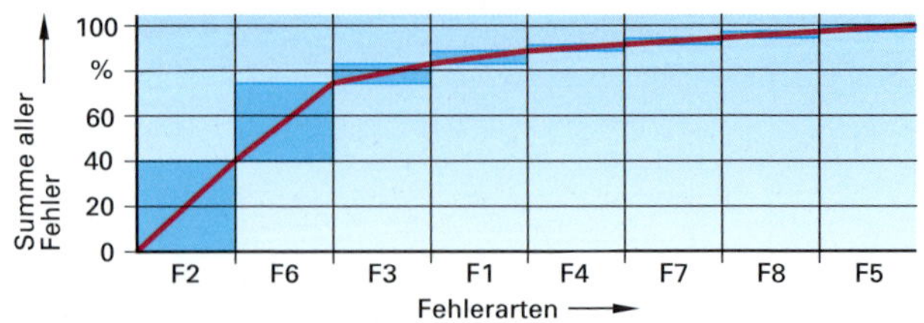

Ablesebeispiel: Die Druckstellen (F2) und die Winkelfehler (F6) machen zusammen ca. 74% der gesamten Fehler aus.

[1] Pareto, italienischer Soziologe

Zuverlässigkeit, Verfügbarkeit   Reliability, Availability

Merkmal	Erklärung	Bemerkungen
Zuverlässigkeit R Ausfallwahrscheinlichkeit F	Ist die Eigenschaft eines Bauelementes (oder Systems), welche dessen verlässliches Funktionieren in einem Zeitintervall beschreibt. Zuverlässigkeitsdaten werden aus anhand gewonnener Erfahrungen bzgl. Häufigkeit und Ursachen von Ausfällen gewonnen. Bei reparierbaren Komponenten ist die MTBF (Mean Time between Failure) ein Maß für deren Zuverlässigkeit, bei nicht-reparierbaren Komponenten, also Komponenten, die ausgetauscht werden, die MTTF (Mean Time to Failure). Anmerkung: $e^x = \exp(x)$ mit $e = 2{,}718\ldots$	Zuverlässigkeit $R(t_0) = 1 - \frac{n_a}{n}$ **1** $R(t) = e^{-\lambda t} = e^{-t/MTBF}$ **2** Ausfallwahrscheinlichkeit $F(t) = 1 - e^{-\lambda t}$ **3** 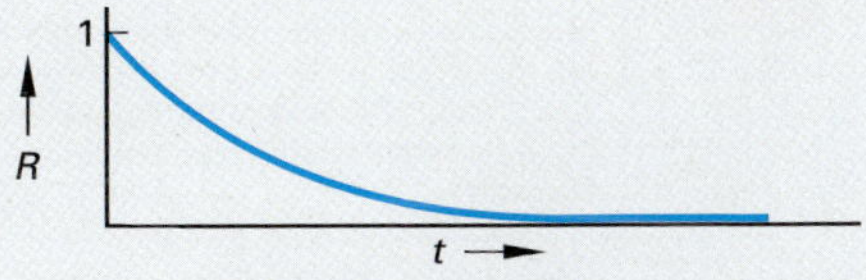 **Zuverlässigkeitsfunktion**
Verfügbarkeit A	Ist ein Maß, dass ein Bauelement (oder System) seine ausgewiesenen Funktionen zu einem vereinbarten Zeitpunkt oder innerhalb eines vereinbarten Zeitrahmens erfüllt. Bei Systemen sind definierte Ausfälle, z. B. wegen Wartung, davon ausgenommen. Hochverfügbarkeit bedeutet, dass ein System trotz Ausfall einer Komponente weiterhin verfügbar ist.	$\text{Verfügbarkeit} = \frac{\text{Betriebszeit} - \text{Ausfallzeit}}{\text{Betriebszeit}}$ **4** Bei konstanter Ausfallrate und Instandsetzungsrate: $A = \frac{MTBF}{MTBF + MTTR}$ **5**
Robustheit	Ist die Fähigkeit eines Systems, auf Veränderungen von außen ohne Systemanpassung mit stabiler Funktionalität zu reagieren.	Einwirkungen sind z. B. extreme Temperaturen, Erschütterungen, Fehlbedienungen.
Ausfall Ausfallrate λ Ausfallhäufigkeit L Ausfallsatz a	Ist das technische Versagen eines Bauelementes (oder Systems), d. h. die definierten Funktionen stehen nicht zur Verfügung. Alterungsbedingte Ausfälle treten meist in der Mechanik auf. Ist als der durchschnittliche Ausfall eines Objektes je Zeiteinheit definiert. Ihre Einheit ist 1/s, 1/Std oder Failure in Time (FIT) normiert auf Ausfälle je 10^9 Stunden. Sie wird anhand von Beobachtungen einer größeren Anzahl gleicher Bauelemente über einen festgelegten Zeitraum ermittelt. 1 FIT bedeutet 1 Ausfall in 10^9 Std. Die Ausfallrate ist der Kehrwert der durchschnittlichen Zeitdauer bis zum nächsten Ausfall: 1/MTBF. Eine geringe Ausfallhäufigkeit entspricht einer hohen MTBF. Anzahl der Ausfälle in einem Betrachtungszeitraum. Ist der Anteil ausgefallener Bauelemente während einer festgelegten Beanspruchungsdauer.	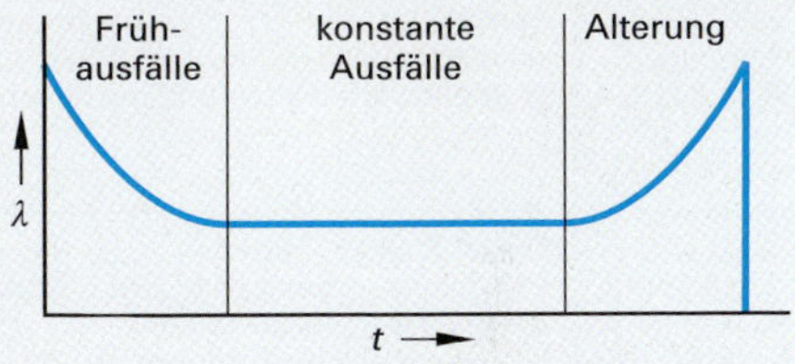 **Ausfallverhalten** Ausfallhäufigkeit $L = \frac{n_g(t_1) - n_g(t_2)}{n}$ **6** Ausfallrate $\lambda = \frac{1}{MTBF}$ **7** Ausfallsatz $a = \frac{r}{n}$ **8**
Risikoanalyse	Mittels einer FMEA (Failure Mode and Effect Analysis) können Produkte in ihrer Entwicklungsphase hinsichtlich eines späteren Betriebsausfalles bewertet werden.	Anhand des frühzeitigen Annehmens möglicher Fehler und Fehlerursachen werden Maßnahmen zur Risikoverminderung eines Ausfalls eingeplant. www.apis.de

A Verfügbarkeit (availability), a Ausfallsatz, $F(t)$ Ausfallwahrscheinlichkeit, L Ausfallhäufigkeit (loss), n Anzahl Einheiten, n_a Anzahl ausgefallene Einheiten, n_g Anzahl gute Einheiten, R Zuverlässigkeit (reliability), r Anzahl Ausfälle, t Betriebszeit, t_0, t_1, t_2 Zeitpunkte, λ Ausfallrate (lambda)

MTBF Mean Time between Failure, MTTF Mean Time to Failure, MTTR Mean Time to Repair

EU-Maschinenrichtlinie EC Directive on Machinery

Merkmal	Erklärung	Bemerkungen
Ziel	Festlegen der grundlegenden Sicherheits- und Gesundheitsschutzanforderungen in Bezug auf Konstruktion und Bau von in Verkehr gebrachten Maschinen. Die Nachweispflicht hierfür liegt beim Maschinenhersteller.	Die CE-Kennzeichnung sollte als einzige Kennzeichnung anerkannt werden, welche die Übereinstimmung der Maschine mit den Anforderungen dieser Richtlinie und anderen Richtlinien garantiert. Nicht betroffen sind u. a. Beförderungsfahrzeuge zu Land, Wasser, Luft.
Spezifische Richtlinien	Existieren bzgl. Gefährdungen spezifische Richtlinien, z. B. VDE 0113-1 elektrische Ausrüstung von Maschinen, so gelten diese.	www.maschinenrichtlinie.de; www.cen.eu
Sicherheits- und Gesundheitsschutzanforderungen	Maschinen sind so zu konstruieren und zu bauen, dass sie ihrer Funktion gerecht werden, auch unter Berücksichtigung einer vernünftigerweise vorhersehbaren Fehlanwendung der Maschine.	Zu beachten sind u. a. Materialien, Beleuchtungseinrichtungen, Ergonomie, Bedienungsplatzgestaltung.
Schutzmaßnahmen gegen mechanische Gefährdungen	Verwendete Materialien müssen geeignete Festigkeit und Beständigkeit bzgl. Ermüdung, Alterung, Korrosion und Verschleiß besitzen. Maschinen müssen standsicher sein. Risiken bzgl. herabfallender oder herausschleuderbarer Teile, Oberflächen, Kanten, Ecken, Ändern der Verwendungsbedingungen, unkontrollierter Bewegungen ist entgegenzuwirken.	In der Betriebsanleitung ist anzugeben, welche Inspektionen und Wartungsarbeiten in welchen Abständen aus Sicherheitsgründen durchzuführen sind. Es ist anzugeben, welche Teile dem Verschleiß unterliegen und nach welchen Kriterien sie auszutauschen sind.
Anforderungen an Schutzeinrichtungen	Trennende und nicht trennende Schutzeinrichtungen müssen z. B. stabil gebaut sein, ausreichend Abstand zum Gefahrenbereich haben und dürfen nicht auf einfache Weise wirkungslos gemacht werden können.	Die Anforderungen an feststehende trennende Schutzeinrichtungen, bewegliche trennende Schutzeinrichtungen mit Verriegelung, zugangsbeschränkende verstellbare Schutzeinrichtungen und nichttrennende Schutzeinrichtungen sind einzuhalten.
Steuerungen, Befehlseinrichtungen, Antriebe	Es muss sichergestellt sein, dass Defekte in Hardware und Software nicht zu Gefährdungen führen, eine Maschine nicht unkontrolliert reagiert, Stellteile vorhersehbaren Beanspruchungen standhalten und gut sichtbar sind.	Das Stillsetzen der Maschine ist gemäß Notfall oder Normal betriebsbedingt zu gewährleisten. Eine gewählte Steuerungs- oder Betriebsart muss allen anderen Steuerungs- und Betriebsfunktionen außer dem NOT-HALT übergeordnet sein. Eine gestörte Energieversorgung darf nicht zu einer Gefahr werden.
Risiken durch sonstige Gefährdungen	Diese Risiken betreffen z. B. die elektrische Energieversorgung, statische Elektrizität, nichtelektrische Energieversorgung, Montagefehler, extreme Temperaturen, Brand, Explosion, Lärm, Vibrationen.	Desweiteren werden Vorgaben gemacht bzgl. Strahlung, Emission, gefährlicher Werkstoffe und Substanzen, Risiken, in einer Maschine eingeschlossen zu werden, Ausrutsch-, Stolper- und Sturzrisiken und Blitzschlag.
Instandhaltung	Maschinen müssen instandhaltungsgerecht konstruiert sein, d. h. alle Stellen, die für den Betrieb, das Einrichten und die Instandhaltung der Maschine zugänglich sein müssen, müssen gefahrlos erreicht werden können.	Schnittstellen zum Anschluss von Diagnoseeinrichtungen sind vorzusehen, Energiequellen müssen trennbar sein. Ein Eingreifen des Bedienungspersonals muss sicher auszuführen sein. Gefahrloses Reinigen innen liegender Maschinenteile muss sichergestellt sein.
Informationen	Informationen an den Maschinen müssen in verständlicher Form, z. B. mittels verständlicher Symbole oder Piktogramme, dargestellt werden. Von großer Bedeutung sind Warnhinweise, Warneinrichtungen und Kennzeichnungen an den Maschinen.	Jeder Maschine muss eine Betriebsanleitung in der Sprache desjenigen Landes beiliegen, in dem sie in Betrieb genommen wird. Verkaufsprospekte dürfen bzgl. Aspekten der Sicherheit und des Gesundheitsschutzes nicht der Betriebsanleitung widersprechen.

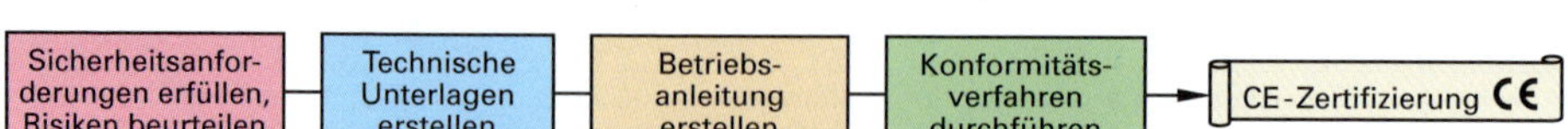

Ablauf einer CE-Zertifizierung auf Basis der EU-Maschinenrichtlinie

CE-Kennzeichnung CE Identification

Erzeugnisse mit CE-Kennzeichnungspflicht (Auswahl)

Bezeichnung, Richtlinie Jahr/Nr.	Beispiele	Bezeichnung, Richtlinie Jahr/Nr.	Beispiele
Bauprodukte 89/106	Zement, Gips, Dämmmaterial	Maschinen 2006/42/EG	Werzeugmaschinen, Holzbearbeitungsmaschinen, Textilmaschinen
einfache Druckbehälter 78/404	Druckbehälter in Kompressoranlagen	Medizinprodukte (EMV-Einzelrichtlinie) 93/42/EWG	Bestrahlungsgeräte, Röntgengeräte
Elektrische Betriebsmittel Niederspannung 2006/95/EG	Schaltgeräte	nicht selbsttätige Waagen 90/384/EWG	gewerbliche Waagen
EMV (Elektromagnetische Vertäglichkeit 2004/108/EG	Haushaltgeräte, Funkgeräte, Computer, Elektromotoren, Telefone, Industriemaschinen	persönliche Schutzausrüstungen 89/686/EWG	Schutzhelme, Schutzbrillen, Schutzkleidung
explosionsgefährdete Bereiche 94/009	elektrische Betriebsmittel für EX-Bereiche	Spielzeug-Sicherheit 88/378/EWG	Kinderfahrräder, Spielzeugautos, Puppen
Gasverbrauchseinrichtungen 90/396/EWG	Gasherde, Gasöfen, Durchlauferhitzer	Telekommunikations- Endeinrichtungen 91/26	Telefone, Telefaxgeräte, Modems
Kfz (EMV-Einzelrichtlinie) 72/245	elektrische Ausrüstung von Kraftfahrzeugen	Warmwasserheizkessel 92/42/EWG	Wirkungsgrade der Geräte

Schritte zur CE-Kennzeichnung

Schritt	Erklärung	Bemerkungen
Untersuchung	Die für ein Produkt zuständigen EG-Richtlinien sind abzuklären. Es ist zu untersuchen, welche Anforderungen zu beachten und welche Nachweise zu erbringen sind. Softwareunterstützung möglich, z. B. Safexpert. www.ce-zeichen.de; www.ibf.at	Die Richtlinien der EU bzw. EG sind rechtsverbindliche Vorschriften der Europäischen Union (EU). Für Erzeugnisse, die in den Anwendungsbereich einer Richtlinie fallen, besteht CE-Kennzeichnungspflicht.
Erfüllung grundlegender Forderungen	Richtlinien und Normen sind einzuhalten. Mögliche Gefahren müssen analysiert werden, Abhilfemaßnahmen sind zu definieren und umzusetzen.	Harmonisierungsrichtlinien legen die Anforderungen für Produkte fest, um diese in Verkehr bringen zu können. www.tuv.com
Technische Dokumentation	Betriebsanleitungen müssen erstellt werden, ebenso die Konformitätserklärung (engl. conformable = übereinstimmend). Für Zulieferteile sind Unterlagen beizulegen.	In der Konformitätserklärung wird vom Produktanbieter (Hersteller, Lieferant) bestätigt, dass die Produkte mit den angegebenen Normen übereinstimmen.
CE-Kennzeichnung	Durch das Anbringen des CE-Kennzeichens (von franz. Communauté Européenne = Europäische Gemeinschaft) wird die Beachtung der Vorgaben der entsprechenden EG-Richtlinien bestätigt. Das CE-Kennzeichen wird vom Hersteller oder einem Bevollmächtigten angebracht. Die Hersteller weisen in eigener Verantwortung nach, teilweise unter Hinzuziehung von Zertifizierungsstellen, dass ihre Produkte die Anforderungen der Richtlinien erfüllen.	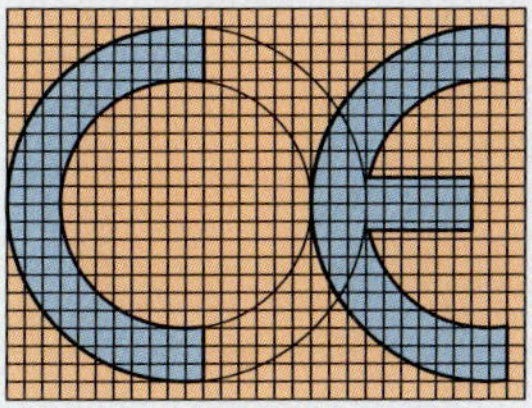 **CE-Symbol**
Produktüberwachung	Wirksame Änderungen von Normen müssen mit dem Produkt abgeglichen werden.	Muss während der Produktlebenszeit bei Bedarf ausgeführt werden.

Durchführung von Projekten Execution of Projects

Begriff	Erklärung	Bemerkungen

Notwendige Klärungen

- Projektanlass, Projektinhalt
- Bezug zu anderen Projekten
- Projektrisiken
- Wirtschaftlichkeit
- Projektziele
- Projektabgrenzung
- Projektvoraussetzungen
- Projektorganisation
- Projektarbeitspakete
- Projektphasenplan

Inhalte der Projektplanung

Entwicklungsprojekte benötigen ab einer mehrwöchigen Entwicklungsdauer zu Projektbeginn eine umfangreiche Projektplanung. Nur so ist neben einer genauen Beschreibung der anzugehenden Tätigkeiten und Investitionen auch eine realistische Aufwands-/Kostenabschätzung möglich.

Insbesondere die Projektziele sind als Lastenheft genau zu beschreiben. Das Projekt ist in Arbeitspakete zu gliedern (Projektstrukturplan PSP). Eine Projektorganisation muss festgelegt werden. Der Projektphasenplan ist bei der Projektdurchführung einzuhalten.

Projekte, die größere Investitionen und Personalkosten erfordern, müssen unbedingt eine Projektorganisation besitzen. Hierzu muss ein Projektleiter, sein Stellvertreter, die Projektmitarbeiter und ein Entscheidergremium benannt werden.

Das Entscheidergremium muss auch aus Mitgliedern der Unternehmensleitung besetzt sein. Für die am Projekt beteiligten Personen muss deren für das Projekt verfügbare Arbeitszeit festgelegt sein.

www.checkliste.de/unternehmen/projektplanung-projektcontrolling

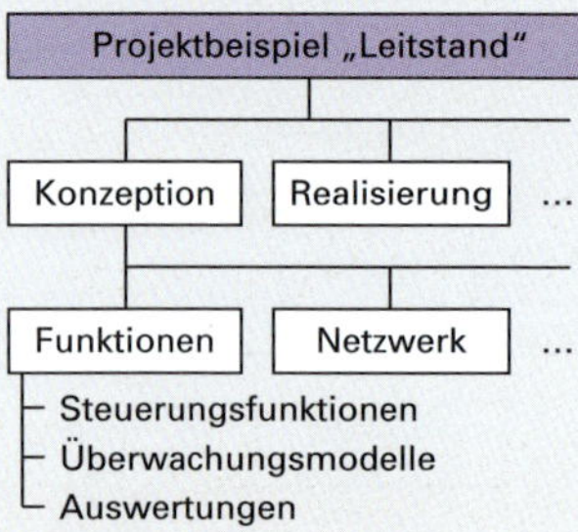

Arbeitspakete eines Projektes

Von wesentlicher Bedeutung ist das Strukturieren eines Projektes anhand von Arbeitspaketen. Die einzelnen Arbeitspakete sind im Laufe des Projektes zu bearbeiten. Zum Projektbeginn sind den Arbeitspaketen grobe Schätzungen bezüglich Arbeitsaufwand in Personentagen (PT) und notwendigen Investitionen zuzuordnen (Projektstrukturplan).

Anhand der geschätzten Personentage und der bekannten Personalkapazitäten kann der Projektphasenplan einschließlich der Terminplanung erstellt werden.

Es empfiehlt sich, dem Strukturieren in Arbeitspakete große Sorgfalt zukommen zu lassen. Nur dadurch wird erreicht, dass Projekte hinsichtlich Terminen und Kosten nicht unterschätzt werden.

Zum Projektbeginn ist festzulegen, nach welchen erledigten Arbeitspaketen Meilensteinsitzungen mit dem Projekt-Entscheidergremium stattfinden sollen. Nur so ist eine ständige Unterstützung durch das Management sichergestellt.

Phase	1	2	3
Phasenergebnis			
Zugeordnete Arbeitspakete			
Arbeitsaufwand			
Invest			
Externe Kosten			
Kosten gesamt			
Meilensteintermine			

Projektphasenplan

In der Phasenplanung eines Projektes wird nach Projektphasen (Projektzuständen) strukturiert. In jeder Projektphase sind die zugeordneten Merkmale zu beschreiben **(Bild)**.

Beim Arbeitsaufwand sind die Personentage je Phase (Zustand) einzutragen und zusätzlich die daraus resultierenden Kosten (Berücksichtigung der Personentagessätze).

An den Meilensteinterminen ist für das Entscheidergremium wichtig zu erfahren, welche Kosten und Arbeitsaufwände anstehen.

Hinsichtlich der Arbeitspakete ist es empfehlenswert, diese zu nummerieren, sodass in dieser Tabelle **(Bild)** nur Nummern aufzulisten sind.

Bei Invest sind die für Hardware-Software-Beschaffungen zu tätigenden Investitionen einzutragen.

Bei externen Kosten sind z.B. Schulungskosten, Beratungskosten und externe Entwicklungskosten einzutragen.

Die Phasenergebnisse sind schlagwortartig zu beschreiben.

Merkmal	2016	2017	2018
Kosten • einmalig • laufend			
Kosteneinsparung • einmalig • laufend			
Kostenvermeidung • einmalig • laufend			

Kosten-Nutzenbetrachtung

Anhand der mit Personentagen und Investitionen versehenen Arbeitspakete wird die Kosten-Nutzenbetrachtung durchgeführt. Hierbei sind auf der Kostenseite einmalig anfallende Kosten, ständig anfallende Kosten, z.B. Wartungsgebühren, Betreuungsaufwände, über die Folgejahre zu berücksichtigen.

Auf der Seite der Kosteneinsparungen sind ebenfalls einmalige Effekte und ständig anfallende Einsparungen, z.B. geringere Wartungsgebühren, zu betrachten.

In die Kosten-Nutzenbetrachtung können auch Effekte einer Kostenvermeidung einfließen. Dies sind Kosten, die durch Umsetzung des Projektes nicht anfallen, z.B. das Vermeiden einer Personalzusatzeinstellung.

Eine Kosten-Nutzenbetrachtung ist über einen mehrjährigen Zeitraum anzustellen.

www.pm-handbuch.com

Lastenheft, Pflichtenheft Requirement Specification, System Specification

Merkmal	Erklärung	Bemerkungen, Beispiele
Struktur eines Lastenheftes		
Inhaltsverzeichnis	Das Inhaltsverzeichnis enthält die Kapitelüberschriften des Lastenheftes.	Jedes Kapitel besitzt eine Kapitelnummer.
Auftraggeber	Der Auftraggeber des Projektes ist zu nennen.	Name, Abteilung, Telefon, E-Mail.
Zweck des Projektes	Beschreibung des Projektanlasses, des Projektzieles.	Verbesserte Performance (Zeiten), geringere Wartungskosten.
Ausgangssituation	Beschreibung bestehender Systeme, Datenstrukturen, organisatorischer Abläufe.	Beschreibung der Nachteile der gegenwärtigen Situation.
Aufgabenstellung	Beschreibung aus Sicht des Auftraggebers.	Neue Funktionen, Benutzerdialoge, Ausgabedaten an Drucker.
Randbedingungen	Beschreibung der Anbindung, Einbindung existierender Lösungen.	Schnittstellen zu existierenden Geräten, Datenbanken, Programmen.
Terminrahmen	Nennung des Endtermines, ggf. Zwischentermine.	Begründung wegen der Wichtigkeit des Projektes, z. B. Kundenwunsch.
Kostenrahmen	Angabe der zur Verfügung stehenden Mittel.	Investitionen, Kosten.
Struktur eines Pflichtenheftes		
Inhaltsverzeichnis	Auflistung der Kapitelüberschriften.	Kapitel mit Kapitelnummern.
Auftraggeber	Wie im Lastenheft beschrieben.	Siehe Lastenheft.
Zweck des Projektes	Wie im Lastenheft beschrieben.	Siehe Lastenheft.
Analyse Istsituation	Beschreibung der Istsituation bzgl. z. B. Anzahl Benutzer, Funktionen, Performance, Schnittstellen, Datenfluss, tangierter Systeme.	Beschreibung Wartungsaufwände, Grenzen in der Lösung, IT-Umgebung.
Funktionsspezifikation	Beschreibung aus Sicht des Auftragnehmers. Gliederung in Unterfunktionen. Aufzeigen funktionaler Zusammenhänge durch Grafiken.	Beschreibung der Realisierungsmöglichkeiten der geforderten Funktionen und deren Abhängigkeiten.
Datenspezifikation	Analyse der Daten, Datenmengen und der Datenflüsse, zugeordnet zu Funktionen.	Festlegung der Datentypen, ggf. der Datenbankstrukturen.
Schnittstellenspezifikation	Definition der Schnittstellen hardwareseitig und softwareseitig zu tangierenden Systemen. Definition der Benutzeroberflächen.	Festlegung von Übertragungsverfahren, Bildschirmmasken, Druckerausgaben.
Rahmenbedingungen	Beschreibung von Voraussetzungen zum Entwickeln, Testen, Schulen und Produktivgehen.	Nennung von Beschaffungskosten, notwendigen Projektpartnern.
Qualitätsbetrachtungen	Beschreibung von Maßnahmen während der Entwicklungsphase und von Kennzahlen in der Einführungsphase und im Betrieb.	Richtlinien zur Dokumentation, Software-Erstellung. Führen von Checklisten, Durchführung von Messungen bzgl. Zeiten, Speicherplatz.
Realisierungsvorschlag	Anhand von Ausgangssituation und Spezifikationen ist die Realisierung vorzuschlagen.	Muss unter wirtschaftlichen Gesichtspunkten erfolgen.
Projektplanung	Arbeitspakete, Schritte der Projektumsetzung, Terminplanung sind festzulegen. Eine Kostenabschätzung ist vorzunehmen.	Die Verantwortlichkeiten von Auftraggeber und Auftragnehmer sind festzulegen.
Kosten-Nutzen-Analyse	Den anfallenden Kosten sind die Nutzenpotenziale gegenüber zu stellen, z. B. kürzere Durchlaufzeiten in den Abläufen.	Muss nicht unbedingt Bestandteil eines Pflichtenheftes sein. www.prolog.de

Aktivitätenbeispiele „Automatisierung einer Bearbeitungsmaschine"

Analysen durchführen	Festlegungen	Bewertungen	Schritte festlegen
• Automatisierungsfunktionen • Signalverarbeitung • Sensorik • Aktuatorik, Aktorik • Systemhardware	• Funktionen • Signalverarbeitung • Benutzerschnittstellen • Systemschnittstellen • Sensoren, Aktoren • Systemhardware • Richtlinien	• Kosten • Aufwände • Investitionen • Termine	• Projektphasen • Meilensteintermine • Projektteam

Entstehung eines Pflichtenheftes

Präsentation eines Projektes Presentation of a Project

Ablauf	Erklärung	Bemerkungen, Beispiel
Vorbereitung vorab	Die Präsentationsmedien, z.B. Flipchart, Pinnwand, Overhead-Projektor oder Beamer, sind zur Aufbereitung der Präsentation festzulegen.	Vor Präsentationsbeginn ist der Präsentationsraum hinsichtlich der Verfügbarkeit der Präsentationsmedien zu überprüfen.
Persönliche Vorstellung	Vom Vortragenden ist zu Beginn der Präsentation sein Vorname und Name zu nennen und nach Möglichkeit auf ein Flipchart zu schreiben. Ein Schüler sollte noch seine Klasse, ein Berufstätiger seine Abteilung oder Firma mit Nennung wesentlicher Firmenangaben erwähnen. Der Grund der Präsentation ist zu erläutern.	„Sehr geehrte Damen und Herren, mein Name ist Max Müller, ich komme aus der Klasse 11a und möchte Ihnen meine Abschlussarbeit über ... vorstellen. Das Thema war für mich eine Herausforderung, wie Sie nachfolgend hören werden. Ich bin mir sicher, es wird auch Ihnen interessante Aspekte liefern."
Vorstellung des Themas	Das Thema des Projektes muss in seiner genauen Aufgabenstellung genannt werden. Ferner ist das Ziel des Projektes und sein Grund zur Durchführung zu erläutern. Auf die Bedeutung des Themas für die Zuhörer ist hinzuweisen.	Neben den Angaben zum Namen des Vortragenden sind die Aufgabenstellung und das Datum auf dem ersten Chart bei einer Präsentation über Beamer oder auf der ersten Folie bei Verwendung eines Overhead-Projektors niederzuschreiben, andernfalls in deutlicher Schrift auf einer Flipchart-Seite.
Randbedingungen im Projekt	Durch das Darlegen von Randbedingungen werden den Zuhörern zu bewältigende Schwierigkeiten und insbesondere die Grenzen des Projektes aufgezeigt.	Typische Randbedingungen sind Einhaltung von vorgegebenen Terminen und Kosten, Verwenden möglichst vieler Standardkomponenten, Erweiterbarkeit hinsichtlich weiterer Funktionen, Beschränkungen beim Einbau.
Anforderungen durch die Aufgabenstellung	Die aus der Aufgabenstellung resultierenden Anforderungen sind zu erläutern. Den Zuhörern muss die Komplexität der Aufgabe nahe gebracht werden. Dadurch kann der Vortragende indirekt auf seine Kompetenz hinweisen.	Anforderungen können sein Übertragbarkeit der Lösung auf eine andere ähnliche Aufgabenstellung, Bedienungsfunktionen, Mindestfunktionsumfang, automatisierte Datenbereitstellung, Konstruktionsoptimierungen infolge Einbau-Platzbeschränkung.
Umsetzung	Die methodische Vorgehensweise zur Lösungsfindung, der realisierte Funktionsumfang, die Bedienung sowie Angaben zur technischen Umsetzung sind in angemessenem Niveau zu erläutern. Arbeitspakete können z.B. vorbereitet auf einer Pinnwand erläutert werden.	Es ist zu beachten, dass die Zuhörer nicht mit zu tiefen technischen Einzelheiten konfrontiert werden. Der Vortragende muss die Zuhörer aufmerksam beobachten und deren mögliches Desinteresse frühzeitig erkennen.
Zusammenfassung	Vor Beendigung der Präsentation ist nochmals kurz das Wichtigste zusammenzufassen. Besondere Herausforderungen sowie Erkenntnisse während der Projektarbeit sind zu erwähnen. Wichtigen Projekt-Partnern ist zu danken.	„Zum Schluss meiner Präsentation möchte ich nochmals kurz zusammenfassen. Nach gründlicher Analyse von ... entstand ein Konzept mit den Eigenschaften ... Dieses Konzept wurde umgesetzt. Besonders zu beachten war dabei ... Dank der zielstrebigen Zusammenarbeit aller Beteiligten wurden Termin und Kosten eingehalten."
Diskussion	Am Ende der Präsentation sind durch den Vortragenden die Zuhörer aufzufordern, Fragen zu stellen. Falls sich bei der Diskussion manche Zuhörer langweilen sollten, ist die Diskussion zeitlich zu begrenzen mit Hinweis, im kleinen Kreis die Diskussion fortzusetzen.	Von den Zuhörern gestellte Fragen sind in erläuternder Weise zu beantworten, also nicht nur mit ja oder nein.

Flipchart

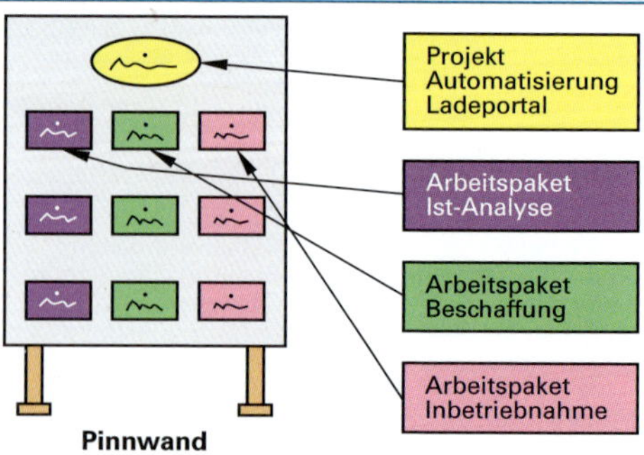

Pinnwand

Präsentation durch Vortrag Presentation by Lecture

Merkmal	Beschreibung	Bemerkungen
Vorbereitung	• Themenstellung klären. • Zuhörergruppe klären: Anzahl und Niveau der Teilnehmer. • Ziel der Teilnehmer klären oder festlegen. • Dauer des Vortrages klären. • Technische Ausstattung des Vortragsraumes klären. • Geeignetes Softwaretool für Erstellung von Bildern auswählen.	Das Niveau der Teilnehmer bestimmt die fachliche Tiefe des Vortrages im zur Verfügung stehenden Zeitrahmen. Wichtig ist, dass die Teilnehmer angesprochen werden. Die Teilnehmer müssen das Vorgetragene verstehen. Die Dauer des Vortrages legt bei einem Folienvortrag die Anzahl Folien fest. Als grafisches Softwaretool wird meist PowerPoint verwendet.
Mediengerät	• Overhead-Projektor für Folienpräsentation. • LCD-Projektor (Beamer, DLP-Projektor) für Präsentationen von PC-erzeugten Bildern. • Flip-Chart für Notizen, ggf. whiteboard.  **LCD-Projektor mit Notebook**	LCD von engl. Liquid Crystal Display DLP von engl. Digital Light Processing Beamer von engl. beam = Strahl Technische Daten eines LCD-Projektors: Lichtleistung 3000 lm Kontrastverhältnis: 400 : 1 (Weiß/Schwarz) Auflösung: 1024 x 768 Bildpunkte Helligkeitsverteilung: 80% (Bildrand/Bildmitte) Zweilampensystem Leinwandabstand: 1 m bis 8 m Standardsignale: PAL, NTSC, SECAM, SVGA, SXGA
Vortrags-erstellung	• Eine an die Wand projizierte Bildseite (Chart, Folie) muss mindestens eine Minute stehen bleiben. • Schriftgrad (Schriftgröße) z.B. 18 pt. • Möglichst nur sieben Schriftzeilen je Bildseite, Bildseite nicht überladen. • Diagramme und Tabellen nicht mit Zahlen überladen. • Jede Bildseite muss ihr Bildseitenthema, die Archivnummer und ggf. das Firmenlogo enthalten **(Bild unten)**. • Alle Bildseiten ähnlich strukturieren. • Vortrag in Schwerpunkte gliedern. • Titelseite und Seite für Vortragsgliederung nicht vergessen zu erstellen. • Vortrag vorab laut vorsprechen.	Eine Bildseite muss vom Zuhörer in Ruhe gelesen werden können. Die Schriftgröße darf deshalb keinesfalls zu klein gewählt werden. Die Leistungsfähigkeit des Projektors sowie die Größe des Vortragsraumes sind hier mitbestimmend. Als Schriftfarbe ist bei hellem Seitenhintergrund Schwarz am besten geeignet. Ein Seitenhintergrund mit Strukturen ist zu vermeiden. Zu viele Farben auf einer Bildseite verwirren. Beim Verwenden verschiedener Farben ist den Faben ein Sinn zuzuordnen. Bei Bildschirmanimationen (engl. animation = Bewegung) ist auf eine Beschränkung der bewegten Elemente zu achten.
Präsentation	• Kurze Zielangabe des Vortrages. • Nicht zu schnell sprechen. • Nicht zu viele Handbewegungen und Körperbewegungen vornehmen. • Bei der Wortwahl auf nicht allgemein bekannte Fremdworte, Fachausdrücke oder Abkürzungen verzichten. • Am Vortragsende eine kurze Zusammenfassung geben.	Der Vortragende darf keine Hektik verbreiten. In der Sprechweise ist dennoch eine gewisse Lebhaftigkeit gefordert. Zur Aufmunterung der Zuhörer kann auch einmal eine passende, kurze Anekdote erzählt werden. Zu witzig darf man nicht werden.

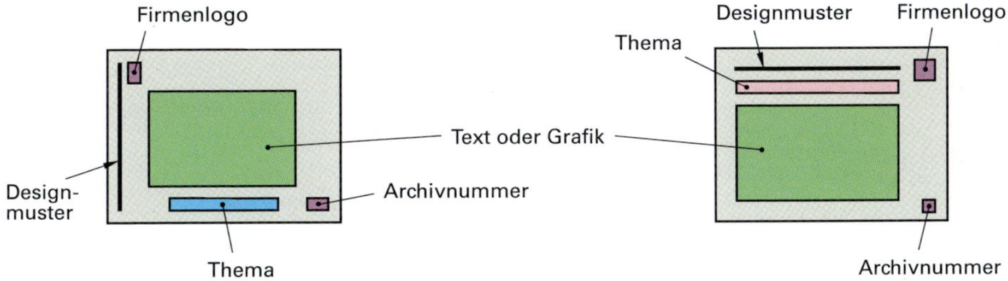

Mögliche Einteilungen von Bildseiten

B

Durchführung von Kundenschulungen — Execution of Customer Trainings

Merkmal	Erklärung	Bemerkungen
Vorbereitung von Schulungen Lernziele	Zu klären sind Schulungsinhalt (Lernziele), Zielgruppe der Schulungsteilnehmer, Schulungsort, Schulungsart, Zeitrahmen der Schulung, notwendige Infrastruktur, Preisgestaltung, Marketing, Bewirtung während der Schulung, grober Ablauf der Schulungsveranstaltung.	Schulungsinhalte z. B. Bedienen und Anwenden von Produkten, Anwenden von Abläufen (Prozessen). Schulungen beim Kunden, beim Hersteller, beim Vertreiber eines Produktes. Individuell gestaltete Schulungen gemäß Angebot bestellen, zu Standardschulungen selbst anmelden.
Ankündigung einer Schulung Profil Aufgaben	Das Anbieten von Schulungen kann z. B. mittels Internet, gezieltem Anschreiben an Kunden oder als Angebot beim Produktkauf erfolgen. Das Profil der Zielgruppe muss z. B. im Ausschreibungstext der Schulung beschrieben sein. Zu überlegen ist, die Schulungsvoraussetzungen der Teilnehmer vorab zu testen, z. B. durch interaktives Lösen von Aufgaben auf Internetseiten des Schulungsanbieters.	**Thema:** SIMATIC, Projektieren mit ... **Voraussetzungen:** Kenntnisse SIMATIC S7 ... **Beschreibung/Lernziele:** Dieser Kurs vermittelt die Kenntnisse ... **Inhalt:** Arbeiten mit SIMATIC-Modulen ... **Zielgruppen:** Programmierer, Projektierer, ... **Struktur einer Schulungsankündigung**
Infrastruktur, Medien Schulungsunterlagen eLearning	Die Ausstattung des Schulungsraumes (Infrastruktur) ist zu klären bzw. die notwendigen Geräte sind zu beschaffen und auf Funktionsfähigkeit zu prüfen. Es ist zu beachten, dass jeder Schulungsteilnehmer einen Arbeitsplatz mit z. B. PC und notwendiger Softwareausstattung besitzt, ggf. ist auch ein Laborarbeitsplatz erforderlich. Zu Beginn der Schulung müssen die Schulungsunterlagen vorliegen. Sofern die Schulung mittels eLearning erfolgt, muss die eLearning-Software ausgetestet und bedienungssicher zur Verfügung stehen (Web-based-Training, WBT).	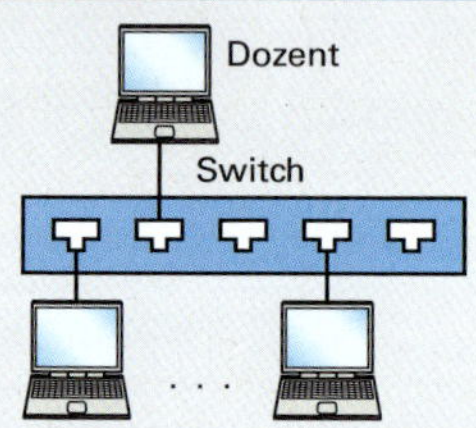 **Funktionen** • Dozent sendet an alle • Dozent sieht jeden Teilnehmer • einer sendet an alle **Vernetzte Schulungsarbeitsplätze**
Schulungsunterlagen Übungen Fachbegriffe	Umfassen einen Theorieteil, der das Thema vermittelt. Ferner muss ein Übungsteil vorhanden sein, der die während der Schulung zu bearbeitenden Übungsbeispiele mit Lösungen und Lösungswegbeschreibung enthält. Der Übungsteil muss auch für eine spätere Nachbetrachtung geeignet sein. Schulungsunterlagen müssen in Kapitel gegliedert, mit aussagekräftigen Bildern versehen sein und sollten ein Glossar bzgl. wichtiger Fachbegriffe, Fach-Fremdworte und Abkürzungen zum schnellen Nachschlagen besitzen.	5/2-Wegeventil steuert den Pressenzylinder. Zylinder ist so lange ausgefahren, wie Ausgang A3.2 angesteuert wird. 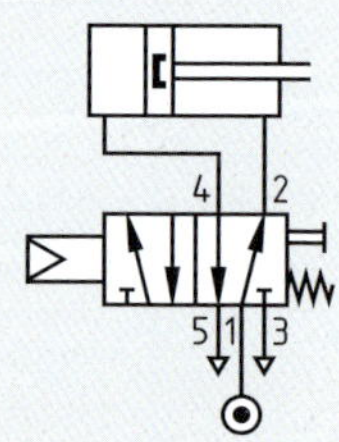 **Auszug aus Schulungsdokumentation**
Ablauf einer Schulung Agenda Praxisnähe	Orientiert sich an festgelegter Agenda. Die Teilnehmer sollten sich zu Schulungsbeginn gegenseitig bekannt machen, ebenso sollte der Dozent sich vorstellen. Die Agenda muss mit den Teilnehmern besprochen und bei Bedarf angepasst werden. Den Übungsbeispielen ist die größte Bedeutung zuzuordnen. Auf Praxisnähe ist Wert zu legen. Der Dozent muss verständlich vortragen und darauf achten, dass die Teilnehmer den Themen gedanklich folgen können.	• Agenda vorstellen, ggf. anpassen • Teilnehmer, Dozent vorstellen • Theorie des Schulungsthemas behandeln • Praktische Übungen vornehmen • Vermitteltes Wissen testen • Feedback einholen • Zertifikate an Teilnehmer austeilen **Schulungsablauf**
Abschluss Feedback	Die Schulungsteilnehmer erhalten als Bescheinigung ihrer Schulungsteilnahme ein Zertifikat. Vor Verlassen des Schulungsraumes sollte den Schulungsteilnehmern ein Fragebogen ausgehändigt werden, in welchem die Zufriedenheit der Teilnehmer erfragt wird. Dadurch wird den Teilnehmern Wertschätzung vermittelt, ferner können mit diesen Informationen (Feedback) zukünftige Schulungsabläufe verbessert werden.	Skala 1 bis 4 (genau richtig, ungeeignet) – Abdeckungsgrad ☐ – Praxisnähe ☐ – Schulungsunterlagen ☐ – Vermittelter Stoff ☐ – Stoffmenge ☐ **Beispiele für Themen eines Fragebogen**

B

Kosten und Kennzahlen Costs and Key Figures

Kostenarten

Art	Erklärung	Bemerkungen, Beispiele
Fertigungs-Materialkosten FMK	Die Kosten des Materials für das Produkt.	Von außen zugelieferte Teile sind als Material anzusehen.
Materialbedingte Gemeinkosten MGK	Kosten, die wegen des Materials anfallen, ohne Fertigungs-Materialkosten zu sein.	Kosten der Materialbeschaffung, Abfallentsorgung, Lagerkosten.
Fertigungslöhne FL	Löhne, die bei der Fertigung des Produktes anfallen.	Stundenlöhne der Produktion, Akkordlöhne. Auch Montagelöhne.
Fertigungsbedingte Gemeinkosten (Lohngemeinkosten) FGK	Kosten, die wegen der Fertigung anfallen, ohne Fertigungslöhne oder materialbedingte Gemeinkosten zu sein.	Sozialaufwendungen, Arbeitgeberanteil zur Sozialversicherung, Urlaubsgeld, bezahlte Krankheitstage.
Verwaltungsbedingte Gemeinkosten VwGK	Gemeinkosten (allgemeine Kosten), die wegen der Verwaltung des Betriebes anfallen.	Kosten des Rechnungswesens, Personalwesens, der Unternehmensplanung, Informatik und Betriebsräte.
Vertriebsbedingte Gemeinkosten VtGK	Gemeinkosten (allgemeine Kosten), die wegen des Vertriebs entstehen.	Raumkosten und Personalkosten des Vertriebes.

Ermittlung der Gemeinkostensätze

Zuschlagsätze	Erklärung	Berechnung der Zuschlagsätze
Material-Gemeinkostensatz MGKS	materialbedingte Gemeinkosten je Fertigungs-Materialkosten.	$MGKS = \frac{MGK \cdot 100\%}{FMK}$ (1)
Fertigungs-Gemeinkostensatz FGKS	fertigungsbedingte Gemeinkosten je Fertigungslöhne.	$FGKS = \frac{FGK \cdot 100\%}{FL}$ (2)
Verwaltungs-Gemeinkostensatz VwGKS	verwaltungsbedingte Gemeinkosten je Herstellkosten (siehe folgende Seite).	$VwGKS = \frac{VwGK \cdot 100\%}{HK}$ (3)
Vertriebs-Gemeinkostensatz VtGKS	vertriebsbedingte Gemeinkosten je Herstellkosten (siehe folgende Seite).	$VtGKS = \frac{VtGK \cdot 100\%}{HK}$ (4)

Mit Hilfe der Gemeinkostensätze, die z.B. jährlich ermittelt werden, werden die Gemeinkostenzuschläge zu den einzelnen Positionen (Material, Löhne) berechnet (siehe folgende Seite).

Wichtige Kennzahlen zur Betriebsbeurteilung

Kennzahl	Erklärung	Bemerkungen
Rentabilität des Eigenkapitals	$RdE = \frac{\text{Gesamtgewinn} \cdot 100\%}{\text{Eigenkapital}}$	Maß für Fähigkeit zur Gewinnerzielung.
Rentabilität des Umsatzes	$RdU = \frac{\text{Gesamtgewinn} \cdot 100\%}{\text{Umsatz}}$	Maß für Gewinn je Umsatzeinheit.

FGK	fertigungsbedingte Gemeinkosten
FGKS	Fertigungs-Gemeinkostensatz
FL	Fertigungslöhne
FMK	Fertigungs-Materialkosten
HK	Herstellkosten
MGK	materialbedingte Gemeinkosten
MGKS	Material-Gemeinkostensatz
RdE	Rentabilität des Eigenkapitals
RdU	Rentabilität des Umsatzes
VtGK	vetriebsbedingte Gemeinkosten
VtGKS	Vertriebs-Gemeinkostensatz
VwGK	verwaltungsbedingte Gemeinkosten
VwGKS	Verwaltungs-Gemeinkostensatz

Kalkulation der Kosten Calculation of Costs

Vorwärtskalkulation der Verkaufspreise

Ermittlung von	Rechengang	Beispiel Schaltschrank	
Materialkosten MK	Fertigungs-Materialkosten + materialbedingte Gemeinkosten	FMK MGK (z. B. 20% von FMK)	€ 850,00 € 170,00
Herstellkosten HK	Materialkosten + Fertigungslöhne + fertigungsbedingte Gemeinkosten	MK FL FGK (z. B. 70% von FL)	€ 1020,00 € 1100,00 € 770,00
Selbstkosten SeK	Herstellkosten + verwaltungsbedingte Gemeinkosten + vertriebsbedingte Gemeinkosten	HK VwGK (z. B. 10% von HK) VtGK (z. B. 20% von HK)	€ 2890,00 € 289,00 € 578,00
Barverkaufspreis ohne Provision BVP	Selbstkosten + kalkulatorischer Gewinn Provisionsfreier Barverkaufspreis	SeK G (z. B. 10% von SeK) BVP	€ 3757,00 € 375,70 € 4132,70
Skontozuschlag S	$+ S = \frac{SS \cdot BVP}{100\% - SS - PS}$	S (z. B. SS = 2%)	€ 88,88
Provisionszuschlag P	$+ P = \frac{PS \cdot BVP}{100\% - SS - PS}$	P (z. B. PS = 5%)	€ 222,19
Rabattfreier Rechnungspreis RP Rabattzuschlag R	Rabattfreier Rechnungspreis $+ R = \frac{RS \cdot RP}{100\% - RS}$	RP R (z. B. RS = 20%)	€ 4443,77 € 1110,94
Nettoverkaufspreis NVP	Nettoverkaufspreis + Mehrwertsteuer MWSt	 MWSt (z. B. 19% von NVP)	€ 5554,71 € 1055,40
Bruttoverkaufspreis BRVP	Bruttoverkaufspreis	BRVP	**€ 6610,11**

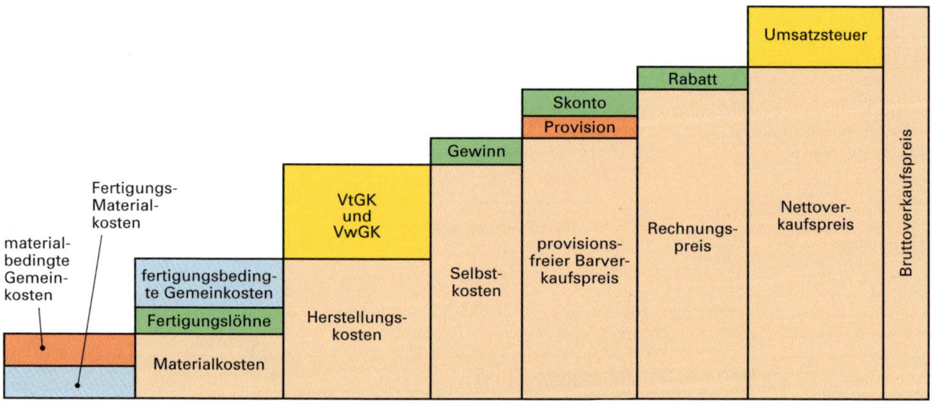

Vorgehensweise bei der Vorwärtskalkulation

Divisionskalkulation

Ermittlung von	Rechengang	Beispiel
Ermittlung der Herstellkosten je Mengeneinheit HKM	$HKM = \frac{\text{gesamte Herstellkosten}}{\text{hergestellte Menge}}$	10 Schaltschränke verursachen HK = € 28 900,00 $HKM = \frac{€\,28\,900{,}00}{10}$ = **€ 2890,00**

BRVP	Bruttoverkaufspreis	MGK	materialbedingte Gemeinkosten	RS	Rabattsatz (Rabatt in %)
BVP	provisionsfreier Barverkaufspreis	MK	Materialkosten	S	Skonto
FGK	fertigungsbedingte Gemeinkosten	MWSt	Mehrwertsteuer	SeK	Selbstkosten
FL	Fertigungslöhne	NVP	Nettoverkaufspreis	SS	Skontosatz (Skonto in %)
FMK	Fertigungs-Materialkosten	P	Provision, z. B. des Vertreters	VtGK	vertriebsbedingte Gemeinkosten
G	kalkulatorischer Gewinn	PS	Provisionssatz (Provision in %)		
HK	Herstellkosten	R	Rabatt	VwGK	verwaltungsbedingte Gemeinkosten
HKM	mengenbezogene Herstellkosten	RP	Rechnungspreis		

B

Betriebsabrechnungsbogen BAB Sheet of Business Accounting

Kostenart	Bestandteile	Erklärung, Beispiele
Personalkosten	Lohnkosten, Gehaltskosten, sonstige Personalkosten	Monatslöhne, Monatsgehälter, Gelder für Mehrarbeit, Urlaubsgeld, Gratifikationen (Sonderzahlungen), Weihnachtsgeld, bezahlte Altersversorgung, Arbeitgeberanteile zur Sozialversicherung (Versicherungen bei Krankheit, Pflege, Rentenfall, Arbeitslosigkeit, Unfall). Prämien, Zuschüsse für Ferienaufenthalt, Verpflegungszuschüsse, Beiträge zur Berufsgenossenschaft, Insolvenzversicherung (für Konkursfall), Konkursausfallgeld, Fahrgeld für Strecke Wohnung–Arbeitsstätte, Schwerbeschädigtenablösung.
Materialkosten	Hilfsstoffkosten, Betriebsstoffkosten, Rohstoffkosten	Kosten für Reinigungsmittel, Putzmittel, Schmierstoffe. Kosten für Emulsionsöle, Verschleißteile, Datenträger, Batterien, Brennstoffe, Treibstoffe. Kosten für Produktionsmaterialien (Rohmaterial, Halbfertigteile, Fertigteile, Kleinteile; also Zukaufteile), Abfallentsorgung.
Kalkulatorische Kosten	kalkulatorische Abschreibungen, kalkulatorische Zinsen	Abschreibungen von Betriebsausstattungen, z. B. Hebezeuge, Maschinen, von Geschäftsausstattungen, z. B. Mobiliar, IT-Geräte, und von geringwertigen Wirtschaftsgütern, z. B. Tischlampen, Stühle. Zinsen auf das Anlagevermögen, z. B. Gebäude, Maschinen.
Sonstige Kosten	Mieten, Leasingkosten, Energiekosten, Kosten für bezogene Leistungen von extern, Gebühren, Beiträge, Büromaterialkosten, Kosten für Telefon, Porti, Kosten für Literatur, Werbungskosten, Versicherungskosten, Fortbildungskosten, Reisekosten	Kosten für Kfz, IT-Geräte, Kopiergeräte, Gebäude. Kosten für Strom, Wasser, Gas, Öl. Kosten für Fremdleistungen, Fremdreparaturen. Für Zeitungsanzeigen, Berufsverbände. Schreibstifte, Papier, Vordrucke. Auch Faxkosten, Internet-Provider-Kosten. Bücherkauf, Zeitschriftenabonnements. Kauf von Werbeartikeln, Ausstellungskosten. Transportversicherung, Diebstahlversicherung. Besuch von Seminaren, ohne Reisekosten. Transportkosten (Auto, Bahn, Flugzeug, Schiff), Spesen, Hotel.
Innerbetriebliche Belastungen	Belastungsumlagen, Leistungsverrechnungen	Kosten für Räume, Benutzung von Computeranlagen. Unternehmensinterne Dienstleistungen, z. B. Hausdruckerei. Kosten durch interne Instandhaltungsaufwendungen.
Gutschriften	Leistungsverrechnungen	Erlös erbrachter Leistungen der Kostenstelle für andere Unternehmensbereiche (vgl. innerbetriebliche Belastungen).

Zur Ermittlung der Kosten in den unterschiedlichen Unternehmensbereichen (Abteilungen) werden bereichsmäßig Kostenstellen eingerichtet. Für jede Kostenstelle gibt es den BAB z. B. tagesaktuell über elektronische Bereitstellung oder monatlich über Papierverteilung.
Der BAB einer Kostenstelle enthält die von ihr verursachten oder durch Umlage entstandenen Kosten, geordnet nach Kostenarten. Der *einstufige* BAB enthält nur die Hauptkostenstellen, der *mehrstufige* BAB enthält Hauptkostenstellen und Hilfskostenstellen.

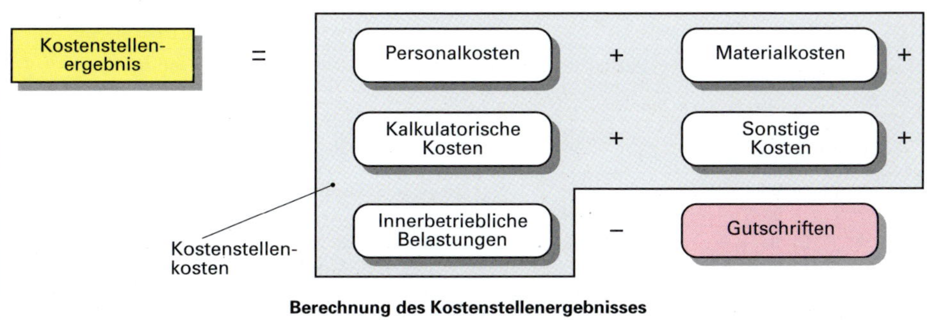

Berechnung des Kostenstellenergebnisses

B

Normen Standards

Art	Erklärung	Beispiel
Normbegriffe		
Norm	Eine Norm ist das veröffentlichte Ergebnis einer Normungsarbeit. Angabe Jahr und Monat nach einem Doppelpunkt, z. B. :1999-12.	DIN 1302:1999-12
Entwurf	Vom Herausgeber der Norm zur Stellungnahme veröffentlichtes Ergebnis einer Normungsarbeit mit dem Hinweis, dass die Norm davon abweichen kann.	E DIN EN 1175-1 (Teil 1)
Vornorm	Ergebnis einer Normungsarbeit im Rang zwischen Entwurf und Norm, die aber bei Bedarf später abweichen kann.	DIN V VDE V 0664-420 (VDE V 0664-420)
Teil	Teil einer Norm, der als eigenes Druckwerk vom Herausgeber bezogen werden kann. Angabe des Teils nach -, z. B. -520.	DIN VDE 0100-520
Beiblatt	Ergänzung von meist mehreren Seiten zu einer Norm. Das Beiblatt kann als eigenes Druckwerk bezogen werden.	Beiblatt 1 zu DIN VDE 0100-520:2008-10
Anwendungsleitfaden	Leitfaden zur Handhabung einer Norm, der als eigenes Druckwerk bezogen werden kann. Angabe nach dem Teil, z. B. 3-10.	DIN IEC 60300-3-10: 2004-04
Hauptabschnitt	Teil einer Norm, der als eigenes Druckwerk bezogen werden kann. Angabe nach dem Teil 3, z. B. -3-4.	DIN IEC 60300-3-4:1999-04
Berichtigung	Änderung einer fehlerhaft herausgegebenen Norm, z. B. DIN EN 61547 Berichtigung 1 zu DIN EN 615472010-07 oder Berichtigung zu VDE 0875-15-2 Berichtigung 1:2010-07.	VDE 0875-15-2 Berichtigung 1:2010-7
Arten der Normen nach Herausgeber		
DIN-Norm	Deutsche Norm, die vom Deutschen Institut für Normung (DIN) herausgegeben wird, meist mit weiteren Normungszusätzen.	DIN 1301
EN-Norm	Europäische Norm, herausgegeben von CEN (Communité Europeén de Normalisation), CENELEC oder ETSI.	EN 60300-1:2003
DIN-EN-Norm	Europäische Norm, deren Fassung den Status (Zustand) einer deutschen Norm erhalten hat. Herausgabe durch DIN.	DIN EN 60300-1:2004-02
IEC-Norm	Internationale Norm der International Electrotechnical Commission (IEC), vor allem aus dem Bereich Elektrotechnik.	IEC 60300-1:2003
DIN-IEC-Norm	Deutsche Norm, die fachlich unverändert aus der IEC-Norm übernommen ist, ohne dass letztere eine EN-Norm ist.	DIN IEC 62271-4
ISO-Norm	Internationale Norm der International Standardization Organization (ISO), Genf, vor allem aus dem Bereich Maschinenbau.	ISO 1219-2:1995
DIN-ISO-Norm	ISO-Norm, die den Status einer DIN-Norm erhalten hat, ohne dass erstere eine EN-Norm ist.	DIN ISO 1219-1:1996-3 (Teil 1 vom März 1996)
VDE-Bestimmung	Norm, erarbeitet vom Verband der Elektrotechnik Elektronik Informationstechnik (VDE), z. B. Teil 520, Oktober 2008.	VDE 0100-520:2008-10
DIN-VDE-Norm	VDE-Bestimmung, welche den Status einer deutschen Norm erhalten hat.	DIN VDE 0100-520:2008-10
DIN-EN-Norm (VDE)	DIN-EN-Norm, die zugleich eine VDE-Bestimmung ist.	DIN EN 60079-18 (VDE 0170-9)
VDE-AR-N	VDE-Anwendungsregel für das Niederspannungsnetz. Vom VDE erarbeitete Arbeitsempfehlungen, beruhend auf VDE-Normen oder Normen mit VDE-Zuweisung.	VDE-AR-N 4105
VDI-Richtlinie	Empfehlungen des Vereins Deutscher Ingenieure (VDI), die noch nicht genormt sind.	VDI 2229:1979-06
DIN-EN-ISO	Deutsche Umsetzung einer EN-Norm, die einer ISO-Norm den Zustand einer EN-Norm gibt.	DIN EN ISO 4288:1998-04
ÖVE	Norm des Österreichischen Vereins für Elektrotechnik, Schreibweisen in Zusammensetzungen entsprechend VDE.	ÖVE/ÖNORM EN 8007: 2002-11
UL ANSI, NEMA	Standard von Underwriters Laboratories Incorporated (ein US-amerikanisches Normeninstitut). Weitere Standards der USA.	UL 508A

Wichtige Normen 1 Important Standards 1

N	Nr.	Titel	Seite
		Mathematik, Technische Physik, Grundlagen der Elektrotechnik	
DIN	1301	Größen und Einheiten	13f
DIN	1302	Mathematische Zeichen	15ff
DIN	1304	Formelzeichen	10f
DIN	1311	Schwingungslehre	48ff
DIN	1313	Physikalische Größen	13f
DIN	1314	Druck	64
DIN	1315	Winkel	23f
DIN	1318	Lautstärkepegel	490
DIN	1320	Akustik, Begriffe	14
DIN	1324	Elektrisches Feld	41
DIN	1325	Magnetisches Feld	42
DIN	1332	Formelzeichen der Akustik	21
DIN	1333	Zahlenangaben	18
DIN	1338	Formelschreibweise	10ff
DIN	5493	Logarithmische Größen und Einheiten	20
DIN	40108	Stromsysteme, Begriffe	39
DIN	40110	Wechselstromgrößen	50
DIN	66000	Informationsverarbeitung	383ff
DIN EN	50160	Spannungsmerkmale	39
DIN EN	60027	Formelzeichen, international (SI)	12
DIN EN	60038	IEC-Normspannungen	39
DIN EN	60617	Schaltpläne, Kennbuchstaben	93
DIN EN	80000	Elektromagnetische Größen u. Einheiten	42f
DIN IEC	60469	Impulstechnik	51
		Technische Kommunikation	
DIN	13	Metrisches ISO-Gewinde	447
DIN	74	Senkungen	455f
DIN	76	Gewindefreistiche, -ausläufe	84
DIN	202	Gewindearten, Übersicht	445
DIN	406	Maßeintragung	80
DIN	406	Toleranzen	83
DIN	461	Koordinatensysteme	431
DIN	824	Faltung von Zeichenblättern	77
DIN	1304	Formelzeichen	10f
DIN	6776	Beschriftung	77
DIN	19227	Kennbuchstaben, Bildzeichen	248
DIN	19227	Grafische Symbole für Steuerungs- und Regelungstechnik	249
DIN	66261	Struktogramme, Sinnbilder	117
DIN EN	20273	Durchgangslöcher für Schrauben	449
DIN EN	22553	Sinnbilder für Schweißen und Löten	88
DIN EN	60617	Schaltpläne, grafische Symbole	104ff
DIN EN	60848	GRAFCET	112
DIN EN	61082	Dokumente der Elektrotechnik	90
DIN EN	61346	Kennzeichnungen in Schaltplänen	94
DIN EN	81714	Produktdokumentation, graf. Symbole	249
DIN EN ISO	128	Techn. Zeichnungen	77ff
DIN EN ISO	216	Papierformate	77
DIN EN ISO	286	ISO-Toleranzsystem	473ff
DIN EN ISO	1101	Geometrische Produktspezifikation – Toleranzen	83
DIN EN ISO	1302	Geometrische Produktspezifikation – Oberflächenbeschaffenheit	80
DIN EN ISO	3098	Technische Produktdokumentation – Schriften	77
DIN ISO	128	Projektionsmethoden	79
DIN ISO	128	Linien in Zeichnungen	77
DIN ISO	128	Schraffuren	80
DIN ISO	1219	Schaltzeichen Pneumatik und Hydraulik	118
DIN ISO	1219	Schaltpläne Pneumatik und Hydraulik	121
DIN ISO	2162	Federn, Darstellung	89
DIN ISO	2203	Zahnräder, Darstellung	85
DIN ISO	2768	Allgemeintoleranzen	480
DIN ISO	5455	Maßstäbe in technischen Zeichnungen	77
DIN ISO	5456	Projektionsmethoden	79
DIN ISO	6410	Gewinde, Darstellung	84
DIN ISO	6411	Zentrierbohrungen, Darstellung	84
DIN ISO	6413	Keilwellen, Darstellung	
DIN ISO	6947	Schweißpositionen	191f
DIN ISO	8826	Wälzlager, Darstellung	86
DIN ISO	9222	Dichtungen, Darstellung	87
DIN ISO	15787	Wärmebehandlung	36f
		Fertigung, Werkzeuge, Werkstoffe, Hilfsstoffe	
DIN	1414	Spiralbohrer	180
DIN	1732	Schweißzusätze für Aluminium und Aluminiumlegierungen	196
DIN	1871	Gasförmige Brennstoffe und sonstige Gase	489
DIN	5418	Wälzlager, Einbaumaße	469
DIN	5520	Biegeradien, NE-Metalle	190
DIN	6935	Biegeradien, Stahl	190
DIN	7726	Schaumstoffe	150
DIN	8062	Rohre aus Polyvinylchlorid (PVC)	152
DIN	8074	Rohre aus Polyethylen (PE-HD)	152
DIN	8075	Rohre aus Polyethylen (PE-LD)	152
DIN	17007	Werkstoffnummern, NE-Metalle	143
DIN	41871	Gehäuse für Halbleiterbauelemente	205
DIN	51385	Kühlschmierstoffe	181
DIN	51524	Hydrauliköle	166
DIN EN	439	Schutzgase zum Schweißen	195
DIN EN	515	Aluminiumlegierungen, Werkstoffzustand	144
DIN EN	573	Bezeichnung von Al-Legierungen	144
DIN EN	754	Aluminium-Knetlegierungen	145
DIN EN	755	Al-Profile und Al-Bleche	146
DIN EN	1044	Hartlote	165
DIN EN	1045	Flussmittel zum Hartlöten	165
DIN EN	1057	Kupferlegierungen, Rundrohre	142
DIN EN	1089	Druckgasflaschen, -kennzeichnung	193
DIN EN	1173	NE-Metalle: Bezeichnung	143
DIN EN	1412	Kupferlegierungen: Werkstoffnummern	143
DIN EN	1560	Gusseisenwerkstoffe	140
DIN EN	1561	Gusseisen mit Lamellengrafit	141
DIN EN	1562	Temperguss	140
DIN EN	1563	Gusseisen mit Kugelgrafit	140
DIN EN	1706	Aluminium-Gusslegierungen	
DIN EN	1922	Kupferlegierungen	143
DIN EN	10020	Stähle, Einteilung	133ff
DIN EN	10025	Baustähle	136
DIN EN	10027	Stähle, Bezeichnungssystem	133
DIN EN	10051	Bleche, warmgewalzt	136
DIN EN	10058	Stahlprofile	139
DIN EN	10083	Vergütungsstähle	137
DIN EN	10084	Einsatzstähle	138
DIN EN	10085	Nitrierstähle	
DIN EN	10087	Automatenstähle	136
DIN EN	10088	Nichtrostende Stähle	138
DIN EN	10089	Federstahl	

N = Norm; Farben: DIN, DIN EN, DIN EN ISO, DIN IEC, DIN ISO, DIN VDE

B

Wichtige Normen 2 Important Standards 2

N	Nr.	Titel	Seite
DIN EN	10130	Bleche, kaltgewalzt	
DIN EN	10293	Stahlguss	133
DIN EN	10305	Präzisionsstahlrohre	142
DIN EN	29454	Flussmittel zum Weichlöten	165
DIN EN	60404	Dauermagnetwerkstoffe	132
DIN EN ISO	1043	Basis-Polymere	147
DIN EN ISO	2560	Schweißzusätze	197
DIN EN ISO	4063	Schweißen und verwandte Prozesse	191
DIN EN ISO	6947	Schweißpositionen	191f
DIN EN ISO	8062	Rohre aus PVC	152
DIN EN ISO	8072	Rohre aus PE, weich (LD)	152
DIN EN ISO	8513	Hartlote Schwermetalle	165
DIN EN ISO	9453	Weichlote	165
DIN EN ISO	9692	Schweißen, Nahtvorbereitung	192
DIN EN ISO	13920	Schweißkonstruktionen, Allgemeintoleranzen	191
DIN EN ISO	14341	Drahtelektroden	195
DIN ISO	513	Schneidstoffe, Kennzeichnung	176
DIN ISO	1832	Wendeschneidplatten	183
DIN ISO	6691	Gleitlagerwerkstoffe	470
DIN VDE	0282	Gummiisolierte Leitungen	154
DIN VDE	0298	Verwendung von Leitungen und Kabeln	153
DIN VDE	0815	Leitungen der IT-Technik	158

Messen, Steuern, Regeln, Bauelemente

N	Nr.	Titel	Seite
DIN	471	Sicherungsringe für Wellen	471
DIN	472	Sicherungsringe für Bohrungen	471
DIN	609	Sechskantpassschrauben	452
DIN	617	Nadellager	469
DIN	611	Wälzlager-Übersicht	466
DIN	623	Wälzlager, Bezeichnung	467
DIN	625	Rillenkugellager	469
DIN	628	Schrägkugellager	469
DIN	711	Axial-Rillenkugellager	466
DIN	720	Kegelrollenlager	466
DIN	935	Kronenmuttern	458
DIN	938	Stiftschrauben	453
DIN	962	Bezeichnung von Schrauben	449
DIN	962	Bezeichnung von Muttern	457
DIN	974	Senkungen	456
DIN	981	Nutmuttern für Wälzlager	470
DIN	2099	Zylindrische Schraubendruckfedern	465
DIN	3760	Radial-Wellendichtringe	472
DIN	3771	O-Ringe	472
DIN	5406	Sicherungsbleche	471
DIN	5412	Zylinderrollenlager	466
DIN	5418	Wälzlager, Einbaumaße	469
DIN	5419	Filzringe	472
DIN	6796	Spannscheiben	460
DIN	6799	Sicherungsscheiben	471
DIN	6885	Passfedern	464
DIN	6888	Scheibenfedern	464
DIN	7157	Passungsempfehlungen	479
DIN	19225	Regler	251f
DIN	19227	Bildzeichen, Kennbuchstaben	249
DIN	19237	Steuerungstechnik (Begriffe)	247
DIN	40729	Akkumulatoren	203
DIN	41426	Nennwerte von Widerständen und Kondensatoren	200
DIN	41772	Stromrichter	286f
DIN	43802	Anzeigende Messgeräte	213
DIN	44081	Kaltleiter	
DIN	53804	Statistische Auswertung	510
DIN	55003	Bildzeichen für NC-Werkzeugmaschinen	429
DIN	66025	CNC-Maschinen, Programmaufbau	432ff
DIN	66217	CNC-Maschinen, Koordinatenachsen	431
DIN	66257	Begriffe für NC-Maschinen	430
DIN EN	4762	Zylinderschrauben mit Innensechskant	452
DIN EN	10002	Zugversuch für metallische Werkstoffe	167
DIN EN	10226	Whitworth-Rohrgewinde	448
DIN EN	10642	Senkschrauben mit Innensechskant	452
DIN EN	20273	Durchgangslöcher für Schrauben	449
DIN EN	22339	Kegelstifte	463
DIN EN	50090	Elektrische Systemtechnik für Heim und Gebäude	
DIN EN	50249	Elektromagnetische Ortungsgeräte	
DIN EN	55016	Geräte zur Messung von Funkstörungen	
DIN EN	60044	Messwandler	216
DIN EN	60085	Klassifizierung der Isolierung	295
DIN EN	60086	Primärbatterien	203
DIN EN	60539	Temperaturabhängige Widerstände	223
DIN EN	60617	Grafische Symbole für Schaltpläne	249
DIN EN	60747	Optoelektronische Bauelemente	209
DIN EN	60848	Ablaufsteuerungen	362ff
DIN EN	60870	Fernwirkeinrichtungen	227
DIN EN	61010	Messkategorien	102
DIN EN	61051	Varistoren	204
DIN EN	61131	SPS, Speicherprogrammierbare Steuerungen	261ff
DIN EN	61557	Prüfen von Schutzmaßnahmen	332
DIN EN	61558	Sicherheit von Transformatoren	54
DIN EN ISO	898	Festigkeitsklassen von Schrauben	449
DIN EN ISO	2009	Senkschrauben mit Schlitz	450
DIN EN ISO	2338	Zylinderstifte	463
DIN EN ISO	4014	Sechskantschrauben mit Schaft	451
DIN EN ISO	4017	Sechskantschrauben	451
DIN EN ISO	4032	Sechskantmutter, Typ 1, Regelgewinde	458
DIN EN ISO	4035	Sechskantmutter, niedrige Form	458
DIN EN ISO	4759	Produktklassen für Schrauben	449
DIN EN ISO	4762	Zylinderschrauben mit Innensechskant	452
DIN EN ISO	6506	Härteprüfung Brinell	168
DIN EN ISO	6507	Härteprüfung Vickers	167
DIN EN ISO	6508	Härteprüfung Rockwell	168
DIN EN ISO	7045	Blechschauben	453
DIN EN ISO	7090	Flache Scheiben mit Fase	459
DIN EN ISO	7092	Flache Scheiben	459
DIN EN ISO	8673	Sechskantmutter, Typ 1, Feingewinde	458
DIN EN ISO	8734	Zylinderstifte, gehärtet	463
DIN EN ISO	8740	Zylinderkerbstift	462
DIN EN ISO	8752	Spannstifte, schwere Ausführung	463
DIN EN ISO	10642	Senkschraube mit Innensechskant	452
DIN EN ISO	13337	Spannstifte, leichte Ausführung	463
DIN IEC	60050	-351 Internat. Wörterbuch der Elektrotechnik: Leittechnik	
DIN IEC	60072	Leistungsreihe elektrischer Maschinen	295
DIN IEC	60351	Eigenschaften von Oszilloskopen	228
DIN IEC	60747	Gleichrichterdiode	205
DIN ISO	228	Rohrgewinde	448
DIN ISO	286	ISO-Passungen	473ff

N = Norm: DIN | DIN EN | DIN EN ISO | DIN IEC | DIN ISO | DIN VDE

B

Wichtige Normen 3 Important Standards 3

N	Nr.	Titel	Seite
DIN ISO	4026	Gewindestift mit Innensechskant	454
DIN ISO	4381	Verbundgleitlager, Gleitwerkstoffe	470
DIN ISO	7049	Blechschraube, Linsenkopf	453
DIN VDE	0532	Transformatoren und Drosselspulen	292
		Mechatronische Systeme, Anlagen, Elektrische Maschinen, Geräte, Anschlüsse	
DIN	17007	Werkstoffnummern, NE-Metalle	143
DIN	18015	Elektrische Anlagen in Wohngebäuden	
DIN	25424	Fehlerbaumanalyse	378
DIN	31051	Grundlagen der Instandhaltung	381
DIN	40200	Nennwert, Bemessungswert (Begriffe)	
DIN	42402	Anschlussbezeichnung für Transformatoren und Drosselspulen	283
DIN	42673	Oberflächengekühlte Käfigläufermotoren	296
DIN EN	50013	Niederspannungsschaltgeräte, Anschlussbezeichnung und Kennzahlen	233
DIN EN	50090	Systemtechnik für Haus und Gebäude	
DIN EN	50110	Arbeiten in elektrischen Anlagen	279
DIN EN	50178	Elektronische Betriebsmittelin Starkstromanlagen	94
DIN EN	50522	Starkstromanlagen über 1 kV	
DIN EN	55016	Geräte zur Messung von Funkstörungen	
DIN EN	60062	Kennzeichnung von Widerständen und Kondensatoren	201
DIN EN	60204	Elektrische Ausrüstung von Maschinen, allgemeine Anforderungen	352f
DIN EN	60445	Kennzeichnung der Anschlüsse elektrischer Betriebsmittel	283
DIN EN	60617	Grafische Symbole für Schaltpläne	93
DIN EN	61140	Schutz gegen elektrischen Schlag	336
DIN EN	61175	Industrielle Systeme, Kennzeichnung von Signalen	
DIN EN	61293	Kennzeichnung elektrischer Betriebsmittel	93
DIN EN	61346	Schaltpläne, Schaltzeichen	107
DIN EN	61660	Kurzschlussströme	319
DIN EN ISO	3166	Gewinde: Länder-Codes	446
DIN EN ISO	9787	Industrieroboter, Koordinatensysteme	439
DIN EN ISO	10628	Verfahrenstechnische Anlagen, grafische Symbole	124
DIN EN ISO	11593	Industrieroboter, automatische Werkzeugwechselsysteme	440
DIN EN ISO	14539	Industrieroboter, Greifer	441
DIN EN ISO	50001	Energiemanagementsysteme	
DIN IEC	60034	Drehende elektrische Maschinen	297
DIN IEC	60063	Vorzugsreihe für die Nennwerte von Widerständen und Kondensatoren	200
DIN IEC	60364	Errichten von Niederspannungsanlagen	342
DIN IEC	60971	Stromrichterkennzeichnung	287
DIN IEC	61156	Kabel für digitale Nachrichtenübertragg.	158
DIN VDE	0100	-557 Hilfsstromkreise	237
DIN VDE	0210	Bau von Freileitungen über 1 kV	317
DIN VDE	0211	Bau von Freileitungen bis 1000 V	317
DIN VDE	0293	Aderkennzeichnungen bis 1000 V	154
DIN VDE	0510	Akkumulatoren- und Batterieanlagen	347
DIN VDE	0530	Drehende elektrische Maschinen	297
DIN VDE	0675	Überspannungsschutzgeräte	498
DIN VDE	0838	Rückwirkungen in Stromversorgungsnetzen	

N	Nr.	Titel	Seite
		Informationstechnik, Computertechnik	
DIN	66000	Informationsverarbeitung; mathematische Zeichen und Symbole	373
DIN	66001	Datenfluss- und Programmablaufpläne	117
DIN	66021	Datenübertragung	412f
DIN	66025	Programmaufbau für CNC-Maschinen	432ff
DIN	66215	CLDATA	
DIN	66253	PEARL – PEARL 90	
DIN	66258	Schnittstellen für Datenübermittlung	484
DIN	66304	Computerunterstütztes Konstruieren	
DIN EN	60617	Grafische Symbole für Schaltpläne, allgemeine Kennzeichen	97ff
DIN EN	60848	GRAFCET, Spezifikationssprache für Funktionspläne der Ablaufsteuerung	112
DIN EN ISO	9241	Ergonomie der Mensch-System-Interaktion	
DIN EN ISO	13407	Gestaltung interaktiver Systeme	
DIN EN ISO	14915	Softwareergonomie für Multimedia-Schnittstellen	484f
		Sicherheit, Umwelttechnik, EMV, Qualität	
DIN	4844	Grafische Symbole, Sicherheitsfarben und Sicherheitszeichen	491
DIN	55350	Begriffe zum Qualitätsmanagement	510
DIN EN	626	Sicherheit von Maschinen	353
DIN EN	1839	Bestimmung der Explosionsgrenzen von Gasen und Dämpfen	489
DIN EN	55017	Messung von Funkentstöreigenschaften	
DIN EN	60079	Anlagen in explosionsgefährdeten Bereichen	284
DIN EN	60204	Sicherheit von Maschinen, elektrische Ausrüstung	352f
DIN EN	60269	Niederspannungssicherungen	
DIN EN	60529	Schutzarten durch Gehäuse, IP-Code	284
DIN EN	60721	Klassifizierung von Umweltbedingungen	
DIN EN	60825	Sicherheit von Lasereinrichtungen	
DIN EN	61000	EMV, Elektromagnetische Verträglichkeit in Niederspannungsanlagen	496
DIN EN	61010	Sicherheitsbestimmungen für elektronische Mess-, Steuer-, Regel- und Laborgeräte	
DIN EN	61140	Schutz gegen elektrischen Schlag	336
DIN EN	61243	Arbeiten unter Spannung, Spannungsprüfer	428
DIN EN	61558	Sicherheit von Transformatoren	318
DIN EN	62040	USV, Unterbrechungsfreie Stromversorgung	346
DIN EN	62061	Funktionelle Sicherheit elektronischer Steuerungssysteme	357
DIN EN	62433	EMB, Elektromagn. Beeinflussung	496
DIN EN ISO	12100	Sicherheit von Maschinen, Risikobeurteilung	353
DIN EN ISO	13849	Sicherheit von Maschinen, Steuerungen	355
DIN EN ISO	13850	Sicherheit von Maschinen, NOT-Halt	353
DIN EN ISO	14644	Reinräume	
DIN IEC	60479	Wirkungen des elektrischen Stromes auf Menschen und Nutztiere	330
DIN ISO	9000	Qualitätsmanagementsysteme	508f
DIN ISO	14001	Umweltmanagementsysteme	488
DIN VDE	0185	Blitzschutzanlagen	
DIN VDE	0833	Gefahrenmeldeanlagen	157

N = Norm | DIN (blau) | DIN EN (grün) | DIN EN ISO (gelb) | DIN IEC (grau) | DIN ISO (rot) | DIN VDE (violett)

Wichtige Teile des VDE-Vorschriftenwerks Important Parts of VDE-Regulations

VDE	**0100**	Errichten von Niederspannungsanlagen
VDE	0101	Starkstromanlagen mit Nenn-Wechselspannungen über 1 kV
VDE	0102	Kurzschlussströme in Drehstromnetzen
VDE	0103	Kurzschlussströme, Berechnung der Wirkung
VDE	0104	Errichten und Betreiben elektrischer Prüfanlagen
VDE	0105	Betrieb von elektrischen Anlagen
VDE	0106	Messung von Berührungsstrom und Schutzleiterstrom
VDE	0108	Sicherheitsbeleuchtungsanlagen
VDE	0110	Niederspannungsanlagen, Isolationskoordination
VDE	0113	Elektrische Ausrüstung von Maschinen, Anzeigen, Kennzeichnung, Bedienen, Schutzeinrichtungen
VDE	0115	Bahnanwendungen, Anlagen, Betrieb, Schutzeinrichtungen
VDE	0116	Elektrische Ausrüstung von Feuerungsanlagen
VDE	0128	Errichten von Leuchtröhrenanlagen mit Nennspannungen über 1 kV
VDE	0131	Errichtung und Betrieb von Elektrozaunanlagen
VDE	0140	Schutz gegen elektrischen Schlag
VDE	0141	Erdungen in Wechselstromanlagen für Nennspannungen über 1 kV
VDE	0160	Ausrüstung von Starkstromanlagen mit elektronischen Betriebsmitteln
VDE	0165	Errichten elektrischer Anlagen in explosionsgefährdeten Bereichen
VDE	0168	Errichten von Anlagen im Freien, die erschwerten Bedingungen unterworfen sind (einschließlich Steinbrüchen und Tagebau)
VDE	0185	Errichten von Blitzschutzanlagen
VDE	**0210**	Bau von Starkstrom-Freileitungen mit Nennspannungen über 1 kV
VDE	0211	Bau von Starkstrom-Freileitungen mit Nennspannungen bis 1 kV
VDE	0228	Maßnahmen für Beeinflussung von Fernmeldeanlagen durch Starkstromanlagen
VDE	0293	Aderkennzeichnung von Starkstromkabeln und Starkstromleitungen bis 1 kV
VDE	0298	Verwendung von Kabeln und isolierten Leitungen für Starkstromanlagen
VDE	**0411**	Bestimmungen für elektronische Messgeräte und Regler
VDE	0413	Geräte zum Prüfen der Schutzmaßnahmen in elektrischen Anlagen
VDE	0414	Bestimmungen für Messwandler
VDE	0418	Elektrizitätszähler (Anforderungen, Prüfbedingungen)
VDE	0435	Elektrische Relais
VDE	**0510**	Bestimmungen für Akkumulatoren und Batterie-Anlagen
VDE	0530	Bestimmungen für drehende elektrische Maschinen
VDE	0532	Bestimmungen für Transformatoren und Drosselspulen
VDE	0544	Lichtbogenschweißeinrichtungen und verwandte Verfahren
VDE	0545	Bestimmungen für Widerstands-Schweißeinrichtungen
VDE	0550	Bestimmungen für Kleintransformatoren
VDE	0560	Regeln für Kondensatoren
VDE	**0606**	Verbindungsmaterial bis 750 V, Installations-Kleinverteiler und Zählerplätze bis 250 V gegen Erde
VDE	0620	Steckvorrichtungen bis 400 V 25 A (Teil 101 bis 250 V und 2,5 A).
VDE	0660	Bestimmungen für Niederspannungsschaltgeräte
VDE	0675	Schutz elektrischer Anlagen gegen Überspannungen
VDE	0680	Schutzkleidung, Schutzvorrichtungen und Werkzeuge zum Arbeiten an unter Spannung stehenden Betriebsmitteln
VDE	0681	Geräte zum Betätigen, Prüfen und Abschranken unter Spannung stehender Betriebsmittel mit Spannungen über 1 kV
VDE	**0700**	Sicherheit elektrischer Geräte für den Hausgebrauch und ähnliche Zwecke
VDE	0701	Instandsetzung, Änderung und Prüfung elektrischer Geräte für den Hausgebrauch und ähnliche Zwecke
VDE	0702	Wiederholungsprüfung an elektrischen Geräten
VDE	0710	Leuchten mit Betriebsspannungen unter 1 kV
VDE	**0800**	Errichten und Betrieb von Anlagen der Informationstechnik und Kommunikationstechnik
VDE	0855	Kabelnetze für Ton- und Fernsehrundfunksignale
VDE	0860	Bestimmungen für netzbetriebene elektronische Geräte für den Heimgebrauch
VDE	0872	Funkstöreigenschaften von Geräten der Unterhaltungselektronik
VDE	0875	Bestimmungen für die Funkentstörung von Betriebsmitteln und Anlagen
VDE	0878	Elektromagnetische Verträglichkeit EMV, Funkstöreigenschaften

Teile von DIN VDE 0100 Errichten von Niederspannungsanlagen 1
Parts of DIN VDE 0100 Erection of Low Voltage Installations 1

Teil (Folge)	Deutsche Bezeichnung, z. T. vereinfacht	Englische Bezeichnung, z. T. vereinfacht
Anwendungsbereich, Begriffe und allgemeine Angaben Area of Use, Definitions and Generals		
100	Bestimmungen allgemeiner Merkmale, Begriffe	Assessment of general Characteristics, Definitions
200	Begriffe	Definitions
Schutzmaßnahmen Protection for Safety		
410	Schutz gegen elektrischen Schlag	Protection against Electric Shock
420	Schutz gegen thermische Auswirkungen	Protection against Thermal Effects
430	Schutz bei Überstrom	Protection against Overcurrent
442	Schutz von Niederspannungsanlagen bei Erdschlüssen in Netzen mit höherer Spannung	Protection of Low Voltage Installations against Faults between High-Voltage Systems and Earth
443	Schutz bei Überspannungen infolge Blitz oder Schaltvorgängen	Protection against Overvoltages of Lightnings or due to Switchings
444	Schutz gegen elektromagnetische Störungen (EMIs)	Protection against Electromagnetic Interferences (EMIs)
450	Schutz gegen Unterspannung	Protection against Undervoltage
460	Trennen und Schalten	Isolation and Switching
482	Brandschutz bei besonderen Risiken oder Gefahren. Jetzt in Teil 420 enthalten.	Protection against Fire where Particular Risks or Danger exist. Included in part 420
Auswahl und Errichtung elektrischer Betriebsmittel Erection of Electrical Equipment		
510	Allgemeine Bestimmungen	Common Rules
520	Kabel- und Leitungsanlagen	Wiring Systems
530	Schalt- und Steuergeräte	Switchgears and Controlgears
534	Überspannungs-Schutzeinrichtungen (ÜSE)	Surge Protective Devices (SPD)
537	Geräte zum Trennen und Schalten	Devices for Isolation and Switching
540	Erdungsanlagen, Schutzleiter, Schutzpotenzialausgleichsleiter	Earthing Arrangements, Protective Conductors and Protective Bonding Conductors
550	Steckvorrichtungen, Schalter und Installationsgeräte	Plug-and-Socket Devices, Switches and Installation Equipment
551	Niederspannungs-Stromerzeugungsanlagen	Low-Voltage Generating Sets
557	Hilfsstromkreise	Auxiliary Circuits
559	Leuchten und Beleuchtungsanlagen	Luminairs and Lighting Installations
560	Einrichtungen für Sicherheitszwecke	Supplies for Safety Services
570	Koordinierung elektrischer Einrichtungen	Coordination of Equipment
Prüfungen Verifications		
600	Prüfungen	Verifications
Betriebsstätten und Anlagen besonderer Art Special Installations or Locations		
701	Räume mit Badewanne oder Dusche	Locations Containing a Bath or Shower
702	Becken von Schwimmbädern und andere Becken	Swimming Pools and other Basins

Teile von DIN VDE 0100 Errichten von Niederspannungsanlagen 2
Parts of DIN VDE 0100 Erection of Low Voltage Installations 2 (Fortsetzung)

Teil (Folge)	Deutsche Bezeichnung, z. T. vereinfacht	Englische Bezeichnung, z. T. vereinfacht
703	Räume und Kabinen mit Saunaheizung	Rooms and Cabins containing Sauna Heaters
704	Baustellen	Construction and Demolition Sites
705	Landwirtschaftliche Betriebsstätten	Agricultural and Horticultural Premises
706	Leitfähige Bereiche mit begrenzter Bewegungsfreiheit	Conducting Locations with Restricted Movement
708	Caravan- und Campingplätze, ähnliche Bereiche	Electrical Installations in Caravan Parks or similar Areas
709	Niederspannungsanlagen in Marinas	Marinas
710	Medizinisch genutzte Bereiche	Medical Locations
711	Ausstellungen, Shows und Stände	Exhibitions, Shows and Stands
712	PV-Stromversorgungssysteme	Photovoltaic Power Supply Systems
713	Möbel	Furnitures
714	Beleuchtungsanlagen im Freien	Outdoor Lighting Installations
715	Kleinspannungsbeleuchtungsanlagen	Extra-Low-Voltage Lighting Installations
717	Ortsveränderliche oder transportable Baueinheiten	Electrical Equipment in mobile or Transportable Units
718	Bauliche Anlagen für Menschenansammlungen	Installations for Gathering of People
721	Elektrische Anlagen von Caravans und Motorcaravans	Electrical Installations in Caravans and Motor-Caravans
722	Stromversorgung von Elektrofahrzeugen	Power Supply of Electric Vehicles
723	Unterrichtsräume mit Experimentiereinrichtungen	Class-Rooms with Experimental Equipment
729	Bedienungsgänge und Wartungsgänge	Operation Gangways
731	Elektrische Betriebsstätten und abgeschlossene elektrische Betriebsstätten	Electrical Locations and Locked Electrical Locations
732	Hausanschlüsse in öffentlichen Kabelnetzen	Cables Entries into Buildings in Public Cable Networks
737	Feuchte und nasse Bereiche	Humid and Wet Areas in Locations
739	Zusätzlicher Schutz gegen direktes Berühren	Additional Protection in the Case of Direct Contact
740	Vorübergehend errichtete elektrische Anlagen	Temporary electrical Installations
753	Umschlossene Heizungssysteme (Fußboden-, Wand- und Decken-Flächenheizungen)	Embedded Heating Systems (Floor and Ceiling Heating Systems)
799 E	Lichtwerbeanlagen mit einer Bemessungs-Ausgangs-Leerlaufspannung bis 1000 V	Lighting Installations for Advertising with a Rated Output Voltage not exceeding 1000 V

Zusätzliche Angaben bei Normen

E Entwurf
BZ beabsichtigte Zurückziehung
KM Manuskript zum Kurzverfahren
KV Kurzverfahren (angekündigte neue Norm)
TZ zurückgezogen
Ü Zurückziehung mit Übergangsfrist

Kurzformen von Fachbegriffen 1 Shortcuts of Terms 1

Kurzform	Bedeutung
3GPP	Third Generation Partnership Project
4PSK	Phase Shift Keying mit 4 Symbolen (=QPSK)
64QAM	QAM mit 64 Symbolen
AC	Alternating Current
ACIM	AC Induction Motor
ACK	Acknowledgement
ACM	Adaptive Coding and Modulation
ADC	Analog Digital Converter / Apple Display Connector
ADSL	Asymmetric Digital Subscriber Line
AEC	Active Energy Control
AF	Antenna Factor / Arc Fault
AFC	Alcaline Fuel Cell
AFD	Arc Fault Detection
AFDD	Arc Fault Detection Device
AFE	Active Front End
AFH	Adaptive Frequency Hopping
AFIS	Automated Fingerprint Identification System
AGC	Automatic Gain Control
A-GPS	Assited Global Positioning System
ALS	Ambient Light Sensor
ALU	Arithmetic Logic Unit
AM	Amplitude Modulation / Air Mass /
AMT	Active Management Technology
ANSI	American National Standards Institute
AOI	Automatic Optical Inspection
AP	Access Point
APD	Avalanche Photo Diode
API	Application Programming Interface
AR	Arrestor
ASA	American Standards Association
ASAM	Association for Standardization of Automation and Measurement
ASI	Advanced Switching Interconnect / Actuator Sensor Interface
ASIC	Application Specific Integrated Circuit
ASK	Amplitude Shift Keying
ASSP	Application Specific Standard Product
ASTM	American Society for Testing and Material
ASU	Active Supply Unit
ASV	Advanced Super View
ATA	Advanced Technology Attachements
ATE	Automatic Test Equipment
ATM	Asynchronous Transfer Mode
ATS	Automatic Tooling Systems
AWG	American Wire Gauge
AWM	Appliance Wiring Material
B2B	Business to Business
BCD	Binary Coded Decimal
BD	Blue ray Disc
BDD	Binary Decision Diagram
BDEW	Bundesverband der Energie- und Wasserwirtschaft
BER	Bit Error Rate / Ration
BetrSichV	Betriebssicherheitsverordnung
BGA	Ball Grid Array
BI	Business Intelligence
BIOS	Basic Input Output System
BKZ	Baukostenzuschuss
BLDC-Motor	Brushless DC-Motor
BMBF	Bundesministerium für Bildung und Forschung
BN	Bonding Network
BNC	Bayonet Nut Coupling
BPON	Broadband Passive Optical Network
bps	Bits per second
BPS	Bytes Per Second
BRC	Bonding Ring Conductor
BSS	Business Support System
BTS	Base Transceiver Station
C2C	Consumer to Consumer
CAN	Controller Area Network
CAV	Constant Angular Velocity
CBR	Circuit Breaker
CCD	Charge Coupled Device
CCFL	Cold Cathode Fluorescent Lamp
CCIR	Commité Consultatif International pour la Reglementation des Radiocommunications
CCM	Constant Coding and Modulation
CCP	Compact Cooling Package
CCT	Clean Coal Technology
CD	Compact Disc
CDM	Charge Device Mode
CDMA	Code Division Multiple Access
CDN	Coupling-Decoupling Network
CE	Consumer Electronics / Communauté Européenne / Conducted Emission
CENELEC	Europäisches Komitee für elektrotechnische Normung
CFL	Cold Fluorescent Lamp
CGI	Common Gateway Interface
CiA	CAN in Automation
CIB	Converter-Inverter-Brake
CIF	Common Intermediate Format
CIP	Common Industrial Protocol
CISC	Complex Instruction Set Computer
CLL	Capacitor Long Life
CLV	Constant Linear Velocity
CMD	Contactor Monitoring Device
CMI	Common Mode Interference
CML	Common Mode Level

B

Kurzformen von Fachbegriffen 2 Shortcuts of Terms 2

Kurzform	Bedeutung
CMOS	Complementary Metal Oxid Semiconductor
CMR	Common Mode Rejection
CMTC	Cable Modem Termination System
CMV	Common Mode Voltage
CMYK	Cyan, Magenta, Yellow, Black
CNC	Computerized Numerical Control
COFDM	Coded Orthogonal Frequency Division Multiplex
CP	Cyclic Prefix
CPRI	Common Public Radio Interface
CPS	Control Protective Switchgear
CPU	Central Processor Unit
CRC	Cyclic Redundancy Check
CRM	Customer Relation Management
CRQ	Cyclic Redundancy Check
CRT	Cathode Ray Tube
CS	Circuit Switched
CSA	Cross Sectional Area
CSD	Circuit Switched Data
CSI	Current Source Inverter
CSMA	Carrier Sense Multiple Access
CSMA/CA	Carrier Sense Multiple Access / Collision Avoidance
CSS	Cascading Style Sheet / Coded Sensor Safety
CT	Computer Tomographic
CTIA	CellularTelecommunication and Internet Association
CTL	Current Transfer Logic
CUT	Circuit Under Test
CVP	Concentrator Photo Voltaik
CWDM	Coarse Wavelength Division Multiplexer
D2B	Domestic Digital Bus
DAB	Digital Audio Broadcast
DAC	Digital Analog Converter
DALI	Digital Addressing Lighting Interface
DAS	Direct Attached Storage
DC	Direct Current
DCT	Device Connection Technology
DDC	Display Data Channel
DDS	Direct Digital Synthesizer
DECT	Digital Enhanced Cordless Telephone
DES	Data Encryption Standard
DFP	Digital Flat Panel
DFT	Design For Test / Discrete Fourier Transform
DGE	Dynamic Gain Equalizer
DHTML	Dynamic HTML
DIE	Integrated Development Enviroment
DIL	Dual In-Line
DIMM	Dual In Line Memory Module
DIN	Deutsches Institut für Normung
DIP	Dual In-Line Package
DKE	Deutsche Kommission für Elektrotechnik Elektronik Informationstechnik
DL	Downlink
DLP	Digital Light Processing
DMB	Digital Media Broadcasting
DMD	Digital Mirror Device
DMFC	Direct Methanol Fuel Cell
DMM	Digital Multimeter
DMO	Digital Mirror Device
DMS	Digital Metering System
DMX	Digital Multiplex / Digital Multiplexed Signal
DNS	Domaine Name System
DOE	Diffractive Optical Element
DOM	Device Operation Model
DRAM	Dynamic RAM
DRM	Digital Radio Mondiale / Digital Rights Management
DRX	Discontinuous Reception
DSC	Digital Signal Controller
DSL	Digital Subscriber Line
DSP	Digital Signal Processor
DSS	Digital Satellite System
DTC	Direct Torque Control
DTE	Data Terminal Equipment
DTM	Device Type Manager
DTX	Discontinuous Transmission
DVB	Digital Video Broadcast
DVD	Digital Versatyle Disc
DVI	Digital Visual Interface
DVM	Digital Voltmeter
DVR	Digital Video Recorder
DWDM	Dense Wavelength Division Multiplex
DWORD	Double Word
EAM	Enterprise Asset Management
EAN	European Article Number
EAROM	Electrically Alterable ROM
EBB	Equipotential Bonding Bar
EBIT	Earnings Before Interest and Taxes
EBITA	Earnings Before Interest, Taxes and Amortisation
EBS	Equipotential Bonding System
EC	Electronic Commutated
ECM	Enterprise Content Management
ECT	Embedded Computer Technology
ECU	Electronic Control Unit
EDI	Electronic Data Interchange
EFK	Elektrofachkraft
EFKffT	EFK für festgelegte Tätigkeiten
EFM	Eight to Fourteen Modulation
EFQM	European Foundation for Quality Management

B

Kurzformen von Fachbegriffen 3 Shortcuts of Terms 3

Kurzform	Bedeutung
EHCI	Enhanced Host Controlled Interface
EISA	Extended Industry Standard Architecture
E-LAN	Ethernet LAN
ELV	Extra Low Voltage
EMF	Electromagnetic Force
EMI	Elektromagnetic Interferences
EMV	Elektromagnetische Verträglichkeit
EN	Europäische Norm
EnEV	Energie-Einsparungsverordnung
ENX	European Network Exchange
EoF	Ethernet over Fibre
EoWDM	Ethernet over WDM
EPC	Embedded PC / Evolved Packet Core
EPS	Embedded Power System
ERA	Entgelt-Rahmenabkommen
ERP	Enterprise Resource Planning
ESD	Electrostatic Discharge
ESL	Electronic System Level
ESMF	Enhanced Singlemode Fibre
ETDM	Electrical Time Division Multiplexing
EU	Engineering Unit / Europäische Union
EUP	Elektrotechnisch unterwiesene Person
EV	Electric Vehicle
EVC	Ethernet Virtual Container
EVÖ	Elektrotechnischer Verein Österreich
EVSE	Electric Vehicle Supply Equipment
FBD	Function Block Diagram
FC	Fibre Channel
FDD	Frequency Division Duplex
FDI	Field Device Integration
FEM	Finite Elemente Methode
FDT	Field Device Tool
FET	Field Effect Transistor
FIR	Fast Infrared
FMEA	Failure Mode and Effects Analysis
FNN	Forum Netztechnik, Netzbetrieb
FPGA	Field Programmable Gate Array
FPS, fps	Frames per Second
FRE	Funkrundsteuerempfänger
FSB	Front Side Bus
FSK	Frequency Shift Keying
FTP	File Transfer Protocol
FWA	Fixed Wireless Access
FWD	Free Wheeling Diode
GCT	Gate Commutated Turn-Off Thyristor
GDT	Gas Discharge Tube
GigE	Gigabit Ethernet
GIS	Gasisolierte Schaltanlage
GPIB	General Purpose Interface Bus
GPON	Gigabit Optical Network
GPS	Global Positioning System

Kurzform	Bedeutung
GRAFCET	Graphe Functionel de Command Étape Transition
GSM	Global System for Mobile Communication
GTO	Gate Turn Off Thyristor
HCS	Hard Clad Silica Fibre
HD	High Definition / High Density
HDC	High Definition Camcorder
HDSL	High-bit-rate DSL
HDTV	High Definition Television
HE	Home Entrance
HEV	Hybrid Electric Vehicle
HGÜ	Hochspannungs-Gleichstromübertragung
HIL	Hardware In the Loop
HMI	Human Machine Interface
HTML	Hypertext Markup Language
HTTP	Hypertext Transfer Protocol
HÜP	Hausübergabepunkt
HV	High Voltage
HVDC	High Voltage Direct Current
IBN	Isolated Bonding Network
IBS	Intelligent Building System
IC	Integrated Circuit
IDC	Insulation Displacement Contact
IEC	International Electrotechnical Comission
IED	Intelligent Electronic Device
IEEE	Institute of Electrical and Electronics Engineers
IEV	International Electrical Vocabulary
IFD	Image File Directory
IGBT	Insulated Gate Bipolar Transistor
IGCT	Insulated Gate Commutated Thyristor
IGR	Insulated Gate Rectifier
IM	Incident Management
IMD	Insulation Monitoring Device
IMS	IP Multimedia Subsytem
IN	Intelligent Network
IO	Input / Output
IPC	Industrie-PC
IPM	Intelligent Power Module
IR	Infrared
IrDA	Infrared Data Association
IRED	Infrared Emitting Diode
ISDN	Integrated Services Digital Network
ISO	International Standardization Organization
ISO	International Standardization Organization

Kurzformen von Fachbegriffen 4 Shortcuts of Terms 4

Kurzform	Bedeutung
IT	Information Technology
ITG	Informationstechnische Gesellschaft
ITU	International Telecommunication Union
JEDEC	Joint Electronic Devices Engineering Council
JFET	Junction Field Effect Transistor
JIG	Joint Interest Group
JMX	Java Management Extension
JPEG	Joint Photographic Experts Group
KM	Konfiguration Management
KVP	Kontinuierlicher Verbesserungsprozess
LabVIEW	Laboratory Virtual Instrumentation Engineering Workbench
LAD	Ladder Diagram
LAN	Local Area Network
LAR	Leitungsanlagenrichtlinie
LCD	Liquid Chrystal Display
LCoS	Liquid Chrystal on Silicon
LED	Light Emitting Diode
LEMP	Lightning Electromagnetic Puls
LPL	Lightning Protection Level
LPS	Lightning Protection System
LPZ	Lightning Protection Zone
LSB	Least Significant Bit
LTE	Long Term Evolution
LTV	Linear Transfer Vehicle
LUT	Look-Up-Table
LVDS	Low-Voltage Differential Signaling
LXI	LAN extension for Instruments
M2M	Machine to Machine
MAC	Multiplay Accumulator / Medium Access Control
MAP	Manufacturing Automation Protocol
MC	Motion Control
MCH	Multicast Channel
MCM	Motor Condition Monitor
MCS	Mobile Content Server
MCT	MOS-Controlled Thyristor
MCU	Microcontroller Unit
MDD	Module Device Driver
MEMS	Microelectromechanical System
MEPS	Minimum Energy-Efficiency Performance Standard
MES	Manufacturing Execution System
MHD	Micro Hybrid Drive
MID	Mobile Internet Device
MIMO	Multiple Input Multiple Output
MIPS	Million Instructions Per Second
MISO	Multiple Input Single Output
MMC	Multimedia Card
MMI	Mensch Maschine Interface
MOV	Metal-Oxide Varistor
MRCD	Modular RCD
MSB	Multi Service Board Network / Most Significant Bit
MSC	Mobile Switching Centre
MSN	Multiple Subscriber Number
$MTTF_d$	Mean Time To a dangerous Failure
MUC	Multi Utility Communication
MVD	Multi Variable Digital
N	Neutralleiter
NACK	Negative Acknowledgement
NAS	Network Attached Storage
NAT	Network Address Translation
NCC	Network Communication Controller
NEMA	National Electrical Manufacturer Association
NEXT	Near-End-Crosstalk
NIC	Network Interface Card
NIR	Near Infrared
NT	Network Terminal
NTBA	Network Termination Basic Access
NTP	Network Time Protocol
OAM	Operation, Administration and Maintenance
OCB	On-Chip Bus
OCh	Optical Channel
OCP	On-Chip Protocol
OCPD	Over-Current Protective Device
ODU	Optical Data Unit
OEO	Optical Electrical Optical
OFDM	Orthogonal Frequency Division Multiplexing
OFDMA	Orthogonal Frequency Division Multiple Access
OLED	Organic LED
OLM	Optical Link Module
ÖNORM	Österreichische Norm
ONT	Optical Network Terminal
ONU	Optical Network Unit
OSI	Open System Interconnection
OSSD	Output Signal Switching Device
OTDM	Optical Time Division Multiplexing
OTN	Optical Transport Network
ÖVE	Österreichischer Verband für Elektrotechnik
OVPN	Optical VPN
PA	Power Amplifier
PAFC	Phosphoric Acid Fuel Cell
PALC	Plasma Addressed Liquid Cristal

B

Kurzformen von Fachbegriffen 5 Shortcuts of Terms 5

Kurzform	Bedeutung
PAM	Power Amplifier Module
PAN	Personal-Area Network
PAPR	Peak-to-Average Power Ratio
PB	Protective Bonding
PC	Personal Computer
PCB	Printed-Circuit Board
PCE	Process Control Engineering
PCI	Peripheral Component Interconnect / PC Industrial
PCT	Phase Controlled Thyristor
PCU	Packet Control Unit
PD	Power Device
PDA	Packet Data Application / Personal Digital Assistent
PDF	Portable Document Format
PDP	Plasma Display Panel
PDS	Power Drive System
PDU	Protocol Data Unit
PE	Protection Earth
PEC	Parallel Earthing Conductor
PEFC	Polymer Electrolyte Fuel Cell
PELV	Protective Extra Low Voltage
PEN	Leiter PE + N
PFC	Power Factor Correction
PGA	Programmable Gain Amplifier
PID	Packet Identifier
PIR	Passive Infrared
PL	Performance Level
PLC	Programmable Logic Control, Power-line Communication
PLD	Programmable Logic Device
PLL	Phase Locked Loop
PND	Personal Navigation Device / Profibus-Nutzorganisation
PoE	Power over Ethernet
POF	Plastic Optical Fibre
PON	Passive Optical Network
PPP	Point-to-Point Protrocol / Public Private Partnership
PRCD	Portable RCD
PSA	Persönliche Schutzausrüstung
PSK	Phase Shift Keying / Pre-Shared Key
PSTN	Public-switched Telephone Network
PTP	Point to Point
PV	Photo Voltaik
PWM	Pulse Width Modulation
QAM	Quadratur Amplitude Modulation
QMS	Quality Management System
QoS	Quality of Service
QPSK	Quadrature Phase Shift Keying
RAM	Random Access Memory
RCBO	Residual Current Operated Circuit Breaker with integral Overcurrent protection
RCD	Residual Current protective Device
RCD-K	RCD kurzzeitverzögert
RCD-S	RCD selectiv (verzögert abschaltend)
RC-IGBT	Reverse Conducting IGBT
RCM	Residual Current Monitor
RCU	Residual Current protective Unit
RFID	Radio Frequency Identification
RIM	Research in Motion
RNC	Radio Network Controller
ROM	Read Only Memory
RRC	Radio Resource Control
RRM	Radio Resource Management
RSS	Really Simple Syndication
RTC	Real Time Clock
RTD	Resistive Temperature Device
RTU	Remote Telecontrol Unit / Remote Terminal Unit
SAE	System Architecture Evolution
SAR	Successive Approximation Register
SAS	Stationsautomatisierungssystem Substation Automation Systems
SBB	Service Building Blocks
SC	Short Circuit
SC-FDMA	Single Carrier Frequency Division Multiple Access
SCP	Secure Copy
SCPD	Short Circuit Protective Device
SCR	Silicon Controlled Rectifier
SCSI	Small Computer System Interface
SD	Secure Digital
SDM	Space Division Multiplexing
SDMA	SDM Access
SDS	Short Data Service
SED	Surface conduction electron Emitter Display
SELV	Safety Extra Low Voltage
SEV	Schweizerischer Elektrotechnischer Verein
SFB	Selective Fuse Breaking
SFTP	Secure File Transfer Protocol
SI	Service Information
SIL	Safety Integrity Level
SIP	Session Initiation Protocol / System-in-Package
SIR	Serial Infrared
SISO	Single Input Single Output
SMA	Subminiatur Adapter
SMD	Surface Mounted Device
SMPS	Switch Mode Power-Supply
SMS	Short Message Service
SOAP	Simple Object Access Protocol

Kurzformen von Fachbegriffen 6 Shortcuts of Terms 6

Kurzform	Bedeutung
SOFC	Solid-Oxid-Fuel-Cell
SPC	Statistic Process Control
SPD	Surge Protection Device
SPI	Serial Peripheral Interface
SQL	Structured Query Language
SRAM	Static RAM
SSL	Secure Socked Layer /Solid State Lighting
SSR	Solid State Relay
ST	Structured Text
STP	Spanning Tree Protocol
SUI	Simple User Interface
TA	Terminal Adaptor
TAB	Technische Anschlussbedingungen der VDEW
TASE	Telecontrol Application Service Element
TCA	Telecommunications Computing Architecture
TCI	Tool Calling Interface
TCL	Transverse Conversion Loss
TCM	Tandem Connection Monitoring
TCO	Total Cost of Ownership
TD	Trigger Decoder
TDC	Time to Digital Converter
TDD	Time Division Duplex
TDM	Time Division Multiplex
TFT	Thin Film Transistor
TIFF	Tagged Image File Format
TK	Telekommunikation
TNV	Telecommunication Network Voltage
ToD	Turn-off Device
TOSA	Transmitter Optical Subassembly
TPU	Time Processor Unit
TQM	Total Quality Management
TRBS	Technische Regeln zur Betriebssicherheit
TSPD	Transient-Surge Protection Device
TTI	Transmission Time Interval
TV	Television
TVSD	Transient Voltage Suppressor Diode
UCTE	Union for the Coordination of Transmission of Electricity
UDP	User Datagram Protocol
UE	User Equipment
UHP	Ultra High Purity
UL	Underwriters Laboratories Inc. / Uplink
UML	Unified Modelling Language
UMTS	Universal Mobile Telecommunication System
UPE	User Plane Entity
UPnP	Universal Plug and Play
UPS	Uninterruptible Power System
URL	Universal Resource Locator
USB	Universal Serial Bus
ÜSG	Überspannungs-Schutzgerät
USV	unterbrechungsfreie Stromversorgung
UWB	Ultra Wide Band
VAN	Virtual Automation Network
VCM	Variable Coding and Modulation
VCO	Voltage Controlled Oscillator
VCSEL	Vertical-cavity Surface Emitting Laser
VDA	Verband deutscher Automobilhersteller
VDC	Voltage Direct Current
VDE	Verband der Elektrotechnik Elektronik Informationstechnik
VDEW	Verband deutscher Elektrizitätswerke
VDMA	Verband deutscher Maschinenbau-Anstalten
VDSL	Very high Data Digital Subscriber Line
VEFK	Verantwortliche Elektrofachkraft
VLAN	Virtual LAN
VNB	Verteilungsnetzbetreiber
VOA	Variable Optical Attenuator
VOB	Verdingungsordnung für Bauleistungen
VoIP	Voice over IP
VoWLAN	Voice over WLAN
VPN	Virtual Private Network
VRML	Virtual Reality Modelling Language
VSC	Voltage Source Converter
W3C	World Wide Web Consortium
WAN	Wide Area Network
WCDMA	Wideband Code Division Multiple Access
WDM	Wavelength Division Multiplexing
Wimax	Worldwide Interoperability for Microwave Access
WLAN	Wireless Local Area Network
WMM	Wireless Multimedia
WRC	World Radiocommunication Conference
WSDL	Web Service Description Language
XAML	Extensible Advanced Markup Language
XFC	Extreme Fast Control
XML	Extensible Markup Language
ZPL	Zone Patching Location
ZVEH	Zentralverband der elektro- und informationstechnischen Handwerke
ZVEI	Zentralverband der elektrotechnischen Industrie

a.c. (alternating current) Wechselstrom
a.c. converter Wechselstromumrichter
a.c. voltage Wechselspannung
abandon, to abbrechen
abatement Abnahme
ability Fähigkeit
ability to withstand short circuits Kurzschlussfestigkeit
abonent Teilnehmer
abrasion Abnutzung
absolute maximum ratings Grenzdaten
absorb, to absorbieren, auffangen
abundance Häufigkeit
abuse Missbrauch
accelerate, to beschleunigen
acceleration Beschleunigung
accept, to annehmen, aufnehmen
access Anschluss, Zugriff
accident Störung, Unfall
account Rechnung, Berechnung
accumulation Anhäufung
accuracy Genauigkeit
acknowledge Anerkennung, Bestätigung
acquisition Erfassung, Erwerb
active aktiv, Wirk-
active power Wirkleistung
actor Wirkungselement
actual aktuell
actuate, to auslösen, betätigen
adapt, to anpassen
adaption Anpassung, Lernfähigkeit
add, to addieren, hinzufügen
additional zusätzlich
advance, to fortschreiten, vorrücken
aerial Antenne
agenda Tagesordnung, Terminplaner
agent Mittel, Wirkstoff
air Luft
air conditioning Klimatisierung
aircraft Flugzeug
alarm Warnung, Störungsmeldung
algorithm Algorithmus
align, to ausrichten, abgleichen
alloy Legierung
ambient temperature Umgebungstemperatur
ampacity Strombelastbarkeit
amperage Stromstärke in Ampere
ampere turns elektrische Durchflutung, Amperewindungen
amplifier Verstärker
angular frequency Kreisfrequenz
antenna Antenne
application Anwendung
approach Näherung
approximation Näherung, näherungs...
area Fläche, Bereich
area medical medizinischer Bereich
arm's reach Handbereich
attenuation Dämpfung
available verfügbar, gültig
avalanche Lawine
avoid, to vermeiden
AWG (American wire gauge) amerikanisches Drahtmaß

back zurück, Rück...
back bias Rückwärtsspannung
back cover Rückwand
backbone Rückgrat
backing Belag, Überzug
backup Datensicherung
ball bearing Kugellager
bar nackt, bar
bare, to entblößen
barred gesperrt
barrier Abdeckung
base Sockel, Grund-
base insulation Basisisolation
basic grundlegend, Grund...
basic insulation Basisisolierung
basic protection Basisschutz
batch Stapel
bathroom Bad
bayonet Bajonett
bayonet nut connector BNC-Stecker (Bajonett-Stecker mit Überwurfmutter)
beam Strahl, Strahlenbündel
beat, to schlagen
behaviour Verhalten, Benehmen
bench Bank, Werkbank
bias angelegte Spannung, Vorspannung
bias, to vorspannen, vormagnetisieren
big groß
binary binär, dual
binary code Binärcode
binary input Binäreingang
bistable multivibrator Flipflop
bitrate Bitrate
black schwarz
blackout Ausfall
blank leer, bloß
blink, to blinken
block diagram Blockschaltplan, Übersichtsschaltplan
blower Lüfter
blue blau
board Brett, Platine
body Hauptteil, Körper
bolt Bolzen, Stift
bond Kontaktierung, Verbindung
Boolean algebra boolesche Algebra
boost, to anheben, verstärken
booster Spannungsverstärker
booster diode Schaltdiode
boot, to laden, stoßen, nützen
bootstrap loader Urladeprogramm
boring Bohrung, langweilig
bracket Klammer
brain Gehirn
brainstorming Anstrengen des Gehirns, Nachdenken
brake Bremse
brake, to bremsen
branch Zweig
branch box Abzweigdose
branch, to verzweigen
branchpoint Verzweigungspunkt, Knoten
braze, to hartlöten
brazing solders Hartlote
breadboard circuit Versuchsschaltung
breakdown Durchbruch
breake, to brechen, unterbrechen
breaking Abschaltung
breaking capacity Ausschaltvermögen
bridge Brücke
bridge connection Brückenschaltung
bridge, to überbrücken
brightness Leuchtdichte
broadcast, to senden
brown braun
browse, to blättern
buffer Puffer
buffered gepuffert
built-in eingebaut
built-in set Einbausatz
bulb Kolben, Glühbirne
busy besetzt, geschäftig
button Knopf, Taste, Schaltfläche

cabinet Gehäuse, Schrank
cable Kabel, Leitung
cable code Leitungscode
cable ladder Kabelpritsche
cable tray Kabelwanne
calibrate, to abgleichen, kalibrieren
call, to rufen, anrufen
caller Rufer
canal Kanal
cancel, to abbrechen
cancer Krebs
capacitance Kapazität
capacitor Kondensator
carriage Vorschub
Cartesian coordinates kartesische Koordinaten
cartridge Kassette
case Fall, Angelegenheit, Gehäuse
cash bares Geld
catalyst Katalysator
cathode ray oscilloscope Elektronenstrahl-Oszilloskope
cause Grund
cell Zelle
channel Kanal
characteristics for switchgears Kennzeichen für Schaltgeräte
charge elektrische Ladung
charging technique Ladetechnik

check Prüfung, Test
choke Luftklappe, Drosselspule
choose, to wählen
chop, to zerhacken
chopped abgeschnitten
circuit Stromkreis, Kreis
circuit breaker Sicherung
circuit diagram Schaltplan
clamp Klammer
cleansing Reinigung
clear, to klären
client Kunde, untergeordneter Computer
clip Klemme, Klammer
clock Takt
code converter Code-Umsetzer
code letter Kennbuchstabe
coil Spule
coin Münze
color identification Farbkennzeichnung
commissioner Beauftragter
common gemeinsam
commutation Kommutierung
company Firma, Unternehmen
comparison Vergleich
compatibility Verträglichkeit, Kompatabilität
compile, to zusammensetzen
component Bestandteil, Bauteil
compose, to zusammensetzen
compound Verbund / chem. Verbindung
compound, to verbinden
concealed verdeckt, verborgen
condition Bedingung
conduct, to leiten
conductor Leiter
conduit Elektroinstallationsrohr
cone Kegel
configuration Anordnung
connect, to verbinden
connection diagram Anschlussplan
connector Verbinder
console Bedienplatz
construction types Bauformen
consultation Rücksprache, Beratung
contact protection Berührungsschutz
contactless kontaktlos
container Behälter
content Inhalt, Rauminhalt
continuous duty Dauerbetrieb
control Steuerung, Regelung (Vorgang)
control, to steuern, regeln
controlgear Steuergerät
controlled gesteuert
controller Steuerung, Regelung (Gerät)
conversion Umrichten
converter Umsetzer, Umrichter
copy, to kopieren
cosine Cosinus
counter Zähler
couple, to koppeln, umschalten
coupling Kupplung
cover Abdeckung
cover, to abdecken
create, to erzeugen
crest Scheitel, Gipfel
crimp, to quetschen
cross section Querschnitt
crossover point Umschaltpunkt
current Strom, elektrischer Strom
current booster Stromverstärler
current-carrying capacity Strombelastbarkeit
customize, to gewöhnen
cut, to abschneiden, trennen
cutout diode Durchbruchdiode

d.c. (direct current) Gleichstrom
danger Gefahr
dangerous gefährlich
data Daten, Angaben
data base Datenbank, Datenbestand
debug, to entwanzen, bereinigen
debugger Entwanzer, Fehlersuchprogramm
decoupling Entkopplung
decrease, to verringern, abnehmen
decrement Abnahme
defrosting transformer Auftautransformator
deinsulate abisolieren
delay Laufzeit, Verzögerung
delay, to aufschieben, verzögern
delete, to zerstören
deletion Löschung
deliver, to abgeben, ausliefern
delivery Lieferung
delta voltage Dreieckspannung
density Dichte
dependence Abhängigkeit
dependent abhängig von
deplete, to ausräumen, entleeren
depress, to drücken
depth Tiefe
design current Betriebsstrom
desk Pult, Tisch
desktop computer Tischcomputer
despose of, to entsorgen
destination address Zieladresse
determine, to entscheiden
deviation Biegung, Neigung
device Bauelement, Baustein, Gerät
diagram Diagramm, Plan
dial code Rufnummer
dial, to wählen, auswählen
digit Ziffer, Zeichen
digital control digitale Regelung
digital memory digitaler Speicher
digitalizing Digitalisierung
digitize, to digital darstellen
dimension Abmessung
direct contact direktes Berühren
directory Verzeichnis
dirt Schmutz, Verschmutzung
disabling Abschaltung
disc (USA) Platte, Scheibe
disconnector Abschaltautomat
disengage, to befreien, frei machen
disk (engl.) Platte, Scheibe
displacement Entfernung, Verlagerung
display Bildschirm, Anzeige
disposal site Deponie
distance Abstand, Distanz
distant entfernt
distribution circuit Verteilungsstromkreis
disturbance Störung
diversion Ablenkung
divide, to teilen, einteilen
domain Bereich, Gebiet
domestic network Inlandsnetz
dominate, to dominieren, vorherrschen
dominating dominierend
doped dotiert
dot Punkt
double doppelt, Doppel-
double-way connection Zweiwegschaltung
down abwärts, unten, nach unten
download, to herunterladen
downsized klein gebaut
downtime Stillstandszeit
drain Senke
draw, to zeichnen, ziehen, entnehmen
drawing Zeichnung, Plan
drift, to abweichen, verschieben
drill, to bohren
drive Antrieb, Laufwerk
drive, to antreiben
driver Treiber
dummy Atrappe, Blind-
dummy jack Blindbuchse
dye Farbe

earth Erde, Masse
earth electrode Erder
earth fault Erdschluss
earthing Erdung
earthing conductor Erdungsleiter
easy leicht
ecology Ökologie
edge Kante, Flanke
edge connector Steckerleiste
edge triggered flankengesteuert
edit, to aufbereiten, überarbeiten
edition Ausgabe
editor Text-Aufbereitungsprogramm
educate, to erziehen, ausbilden
effective tatsächlich, Wirk-
efficiency Wirkungsgrad
ejector Auswerfer
electric elektrisch
electric current elektrischer Strom
electric shock elektrischer Schlag
electric source Stromquelle
electrical elektrisch (adverbial)
electrical angle Phasenwinkel
electronic power-supply elektronisches Vorschaltgerät
embed, to einbetten, umgeben
embedded eingebaut

emergency Notfall, Not...
emergency stop Not-Halt
enable Freigabe
enclosure Umhüllung
encoder Codierer
engage, to einschalten, kuppeln
engine Maschine, Motor
engineering Technik
enhancement Anreicherung
entry Eingabe, Eingabegerät
environment Umgebung, Umwelt
equipment Apparatur, Gerät
equipotential bonding Potenzialausgleich
equivalent circuit Ersatzschaltung
equivalent leakage current Ersatzableitstrom
erase, to löschen
error Fehler, Irrtum
error rate Fehlerrate
escape, to fliehen, entkommen
etch, to ätzen
evaluation Auswertung
excitement Erregung
exclude, to ausschließen
executive Ausführender, Leitender
exert, to anwenden
expand, to erweitern, ausdehen
experience Erfahrung
experienced erprobt
explodable explosionsfähig, explodierbar
exposed-conductive-parts Körper elektrischer Betriebsmittel
expression Ausdruck
extended ausgedehnt
extension Erweiterung
external außen
extraneous conductive part fremdes leitfähiges Teil

failure Fehler, Ausfall
fall time Abfallzeit
fall, to fallen, abfallen
fan Fächer, Lüfter
fan in Eingangslastfaktor
fast schnell
fatality Ausfall, Versagen
fatigue, to ermüden (Werkstoffe)
fault Fehler, Störung
fault current Fehlerstrom
fault protected mit Fehlerschutz
fault protection Fehlerschutz
fault voltage Fehlerspannung
feature Eigenschaft, Merkmal
feed, to füttern, speisen
feedback Rückkopplung
fetch Abruf
fiber Glasfaser, Lichtleitfaser
fiber optics Technik der Lichtwellenleiter
field Feld
field pattern Feldlinien-Verlauf
field strength Feldstärke
field winding Erregerwicklung
file Datei
final circuit Endstromkreis
fire alarm annunciator Brandmelder
fire prevention Brandverhütung
flag Flagge, Kennzeichen
flash Blitz
flashlight Blitzlicht, Taschenlampe
flat modul flache Baugruppe
flicker, to flackern
floating fließend, erdfrei, potenzialfrei
floor heating Fußbodenheizung
floppy schlaff
fluid Flüssigkeit
flux density Flussdichte
flyback converter Sperrwandler
force Kraft
forward converter Durchflusswandler
forward direction Durchlassrichtung
frame Rahmen
frequency Frequenz, Häufigkeit
front panel Frontplatte
fuel Kraftstoff
fuel cell Brennstoffzelle
fuel cell power station Brennstoffzellen-Kraftwerk
fuse Sicherung, Schmelzsicherung
fuse switch Überstrom-Schutzschalter
fusible leicht schmelzbar
fusible link abschmelzbare Verbindung
fuzzy unklar, unscharf

gain Verstärkung
gamble Glücksspiel
gate Gitter, Tor
gate controlled über das Gate gesteuert
gate, to auslösen, durchlassen
gauge Maß, Drahtmaß
gauge, to messen, kalibrieren
gear motor Getriebemotor
general allgemein
general purpose Allzweck-, Mehrzweck-
generate, to erzeugen
giant Riesen-, Höchst-
glaze, to polieren, verglasen
glitch kurzzeitiger Störimpuls
green grün
grey grau
grid Gitter, Versorgungsnetz
grind, to schleifen
grooved pin Kerbstift
ground (USA) Erde
group Gruppe
group hunting line Sammelleitung
guide Anleitung, Handbuch
guide wire Leitdraht
guideline Richtlinie
gun Kanone, Strahlsystem

half byte Halbbyte (4 Bits)
halogen bulb Halogenlampe
hand-held equipment Handgerät
handle Griff
handling Bearbeitung
handshake Händeschütteln
harddisk Festplatte
hash Gehacktes, Mischmasch
hazardous gefährlich
hazardous live part gefährliches aktives Teil
hazardous material Gefahrstoff
head Kopf
header Nachrichtenkopf, Überschrift
health Gesundheit
heap Haufen
heat Hitze, Wärme
heat engine Wärmekraftmaschine
heat reservoir Wärmespeicher
heat sink Kühlkörper
heavy current cable Starkstromleitung
heavy metal Schwermetall
hidden verborgen, versteckt
high-speed steel Schnellarbeitsstahl
host Wirt, Hauptcomputer
host computer übergeordneter Computer
hostile feindlich, unwirtlich
hot heiß, nicht geerdet
hot line 1. Spannung führende Leitung, 2. Direktverbindung
hour Stunde
housing Gehäuse
hub Speichenrad, Sternkoppler
hum trouble Brummstörung
hum, to brummen

icon (kleines) Bild
idle in Ruhe, spannungslos, leerlaufend, zwecklos
idle condition Ruhezustand
idle current Ruhestrom
idle interval stromlose Dauer
idle, to in Ruhe versetzen
image Bild, Abbild
image sensor Bildabtaster
imbalance Ungleichheit
immediate unmittelbar
immobile unbeweglich
implement Arbeitsgerät
inaccuracy Ungenauiglеit
inching kurzes Einschalten
incident Störung
increment Zunahme
independent earth electrode unabhängiger Erder
index Stichwortverzeichnis
inflammable site feuergefährdete Betriebsstätte
inhibit sperren, vermeiden
input Eingang
input unit Eingabegerät
input voltage Eingangsspannung
instant value Augenblickswert
insulance Isolationswiderstand
insulant classes Isolierstoffklassen
insulate, to isolieren, dämmen
insulated isoliert
insulation test Isolationsprüfung
integrate, to einbauen, integrieren
intensity Helligkeit, Strahlstärke

inter zwischen
interchange Austausch, Wechsel-
interface Anpassungsschaltung, Schnittstelle
interface, to anschließen, verbinden
interference Störung, Einmischung
interrupt Unterbrechung
intrinsic wirklich, eigenleitend
intrude, to aufschalten
invalid ungültig
inverse feedback Gegenkopplung
invert, to umkehren, invertrieren
inverting input invertierener Eingang
iron Eisen, Lötkolben
isolate trennen, entriegeln

jack Buchse, Steckdose
jitter Vibrieren einer Ereignisdauer
job management Auftragsverwaltung
jogging Tastbetrieb, Tippen
join Verbindung, Übergang
join, to verbinden, vereinigen
jump, to springen, verzweigen
jumper Überbrückungsstecker
junction Anschluss, PN-Übergang
junction-box Verbindungsdose

kernel Hauptsache, innerster Kern
keyboard Tastatur
knock, to anklopfen

label Kennzeichen, Etikett
label, to kennzeichnen, markieren
land Land, Leiterbahn, Kontaktfleck
language Sprache
law Gesetz
layer Lage, Schicht
lead 1. Blei, 2. Anschlussdraht
lead voltage drop Spannungsfall
lead, to leiten, ableiten, voreilen
leading führend
leading current voreilender Strom
leakage current Ableitstrom
least geringst, kleinst
least significant bit niedrigstwertiges Bit
length Länge
letter symbol Formelzeichen
level Ebene , Niveau
library Bücherei, Bibliothek
light emitting diode Leuchtdiode, LED
lighting Beleuchtung
lightning protection Blitzschutz
limit Grenze, Grenzwert
limitation Begrenzung
line Linie, Leitung
line adapter Leitungsanschluss
line-to-line voltage Spannung Außenleiter-Außenleiter
link Bindeglied, Schmelzeinsatz
link, to verbinden, verknüpfen
liquid crystal device Flüssigkristallanzeige
liquids Flüssigkeiten
list Liste, Tabelle
list, to auflisten
listener Nachrichtenaufnehmer
live part aktiver Teil
load Last, Lastwiderstand
load cell Kraftmessdose
load, to laden
local lokal, örtlich
location Standort
lock, to einrasten
locking rastend
locking button rastende Taste
logic circuit Logikschaltkreis
longword Langwort (32 Bits)
loop Schleife
loss Verlust, Dämpfung
loss factor Verlustfaktor
LPZ (lightning protection zone) Blitzschutzzone

machine Anlage, Maschine, Computer
macro Unterprogramm
mail Post
main hauptsächlich
main cable Hauptkabel, Netzkabel
mainframe Grundgerät, Hauptcomputer
mains Stromnetz
mains failure Netzausfall
maintenance Wartung, Instanthaltung
management Verwaltung, Leitung
manual händisch, manuell, Handbuch
manually von Hand (Adverb)
mark Marke, Zeichen
master Meister, Hauptgerät
mean Mittelwert
mean delay mittlere Wartezeit
measure Maß
measurement Messung, Maß
measuring point Prüfpunkt
memory Gedächtnis, Speicher
mesh Masche
message Nachricht, Meldung
messenger Bote
meter Messgerät
micro Kleinst..., Mikro...
mill Fabrik
mill, to fräsen
milling Fräsen
mind, to beachten
minutes Protokoll
mobile beweglich, ortsveränderlich, Mobiltelefon
mode Art, Betriebsart
modification Änderung
module Modul, Baugruppe
moisture Feuchtigkeit
monitor 1. Bildschirmgerät, 2. Prüfprogramm, 3. Prüfgerät
monitor, to abhorchen, kontrollieren
monitoring system Überwachungssystem
motherboard Hauptplatine
move, to bewegen, übertragen
multiaccess Mehrfachzugriff
multiple vielfach
multiple access Vielfachzugriff
multiplex line Multiplexverbindung
multiplex, to bündeln (von Kanälen), arbeiten im Multiplexbetrieb
multiplier Multiplizierer
multiply vielfach
multiply, to multiplizieren
multitag Mehrfachkennzeichnung
multitasking Mehrprozessverarbeitung
mush Störung
mute, to dämpfen
mutual gegenseitig
mutual conductance Steilheit

nail Nagel
narrow schmal
natural resource Rohstoff
network Netzwerk, Netz
neutral Mittelleiter, Neutralleiter
neutral conductor Neurtalleiter
node Knoten
noise Lärm, Geräusch, Rauschen
noise immunity Störfestigkeit
noise value Rauschfaktor
nominal voltage Nennspannung, Bemessungsspannung
nonvolatile nichtflüchtig
notation Schreibweise, Darstellungsweise
number Nummer
nut Schraubenmutter, Nut

off abgechaltet
office Büro
off-line nicht an Netz angeschlossen
off-state Sperrzustabnd
on eingeschaltet
one wave rectifier Einweggleichrichter
on-line an Netz angeschlossen
open offen
open circuit Leerlauf
open-circuit voltage Leerlaufspannung
operate, to bedienen, betätigen
operating instruction Betriebsanleitung
operating mode Betriebsart
operating system Betriebssystem
opposite entgegengesetzt
optical optisch
optical conductor Lichtwellenleiter
optical isolator Optokoppler
origin Ausgangspunkt, Nullpunkt
oscillation Schwingung
oscillator circuit Schwingkreis
out aus, heraus

output Abgabe, Ausbeute, Ausgang
output amplifier Ausgangsverstärker
output voltage Ausgangsspannung
output, to abgeben
over über
overcurrent Überstrom
overflow Überlauf
overhead line Freileitung
overload Überlast
overview Überblick, Übersichtsplan
overvoltage Überspannung
overvoltage protection Überspannungsschutz

pack, to bestücken, verdichten
package Pack, Verpackung, Zusammenstellung
pad Polster
page Seite
panel Feld, Platte
paper Papier
paper jam Papierstau
parallel operation Parallelbetrieb
parallel, to parallel schalten
parity Gleichheit
parity checker Paritätsprüfer
parser Analysesystem
part Teil, Bauteil
partial teilweise
partially teilweise (adverbial)
password Kennwort
paste, to einfügen, einkleben
patch cord Verbindungsschnur
patch, to einfügen, flicken, zusammenschalten
path Pfad, Weg
path time diagram Weg-Zeit-Diagramm
pattering Strukturierung
pattern Charakteristik, Struktur
pause, to unterbrechen, warten
pay, to bezahlen
peak Spitze, Maximum
peak value Höchstwert
peak-to-peak Spitze zu Spitze
penetrate, to durchdringen, eindringen
people Leute, Volk
performance Arbeitsweise, Güte
period Zeitraum
periodic duty Aussetzbetrieb
periodic operation periodischer Betrieb
permanent magnet Dauermagnet
phase control Phasensteuerung
phase fired control Anschnittsteuerung
phase locked loop Phasenregelkreis
photoprinter Fotokopiergerät
pin Stift
pink rosa
pipe Rohr, Röhre
place Platz, Ort
place of fulfillment Erfüllungsort
plant Anlage, Fabrik
plate Platte, Elektrode
plate resistance Innenwiderstand
playback Wiedergabe
plot, to grafisch darstellen
plug Verbindungsstecker
plug connector Steckverbinder
plug, to stecken, stöpseln
plugged gesteckt
plug-in board (große) Steckkarte
plug-in jumper Steckbrücke
point Punkt
point charge Punktladung
poll, to abfragen, abrufen
pollutant Schadstoff
pollution Verunreinigung
port 1. Ein-Ausgabe-Baustein, 2. Kanal
port, to übertragen
portable tragbar
position Lage, Stellung
positive slope ansteigende Flanke
post, to abschicken
powder Staub
power Arbeit, Kraft, Leistung
power booster Leistungsverstärker
power cable Netzkabel
power electronics Leistungselektronik
power factor Leistungsfaktor
power frequency Netzfrequenz
power lead Netzleitung
power outage Netzausfall
power pack Netzteil
power plant Starkstromanlage
power stage Leistungsstufe
power supply Stromversorgung
prealign, to voreinstellen
preamplifier Vorverstärker
precaution Warnung, Richtlinie
preceding vorhergehend
precision Genauigkeit
predominant vorherrschend
prefetching Vorab-Abruf
prescribe, to vorschreiben
preset, to voreinstellen
press, to drücken, pressen
pressure Druck, mechanische Spannung
prevalent allgemein, verbreitet
prevent, to verhindern
print, to drucken
printer Drucker
private network privates Netz
profit Gewinn
profound gründlich
program abort Programmabbruch
prompt Aufforderungszeichen
protect, to schützen
protection Schutz, Absicherung
protective schützend
provide, to abgeben, versorgen
provider Versorger
pull, to ziehen
pulsatance Kreisfrequenz
pulse Impuls, Puls, Stoß
pulse edge Impulsflanke
pulse number Pulszahl
pulse operation Pulsbetrieb
pump Pumpe

quality group Gütegruppe
quench Funkenlöschung
query Anfrage, Abfrage
queue Warteschlange
quick schnell
quick fuse schnelle Sicherung
quicksort schnelle Sortierung
quiet ruhig, gedämpft
quit, to verlassen

rack Einschub, Gestell
radiation Strahlung
radiation dosage Strahlungsdosis
radio bearing Funkpeilung
radio interference suppression Funkentstörung
radio technology Rundfunktechnik
random zufällig, regellos
range Bereich
rate Rate, Tarif
rated current Nennstrom, Bemessungsstrom
rated power Bemessungsleistung
rating plate Leistungsschild
ratings Betriebsdaten
RCD (residual current protective device) Fehlerstrom-Schutzeinrichtung
reactance Blindwiderstand
reaction rate Reaktionsgeschwindigkeit
reactive Blind…
reactive factor Blindleistungsfaktor
reactor Drosselspule
read, to lesen
rear hinterer Teil, Rück…
rear, to aufziehen, erheben
reason Grund
recall Rückruf
recall, to abrufen (Daten), zurückrufen
receive, to aufnehmen, empfangen
receiver Empfänger
recharge, to wiederaufladen
rechargeable wiederaufladbar
recognize, to erkennen
recombination Wiedervereinigung
record, to aufzeichnen
recovery Rückgewinnung
rectifier Gleichrichter
rectify, to gleichrichten
redundant überflüssig, redundant
reference arrow Bezugspfeil, Zählpfeil
reference power Bezugsleistung
region Bereich
regulate, to regeln
regulation Änderung
relay Relais
release Freigabe
release, to auslösen, abfallen, freigeben

releasing characteristic Auslösekennlinie
reliability Betriebssicherheit
reliable zuverlässig
remedy Fehlerbeseitigung
remote Fern-, entfernt
remote processing Fernverarbeitung
repeater Wiederholer, Zwischenverstärker
replacement Ersatz, Austausch
reply message Quittung
reply, to antworten, wiederholen
request Anforderung
resettable rücksetzbar
residual Rest...
residual current Differenzstrom, Fehlerstrom
residual current protective device Fehlerstrom-Schutzeinrichtung
resistance physikalischer Widerstand
resistivity spezifischer Widerstand
resistor Widerstand (als Bauelement)
resolver Drehmelder
restriction Beschränkung
restrictor Sperre
return, to zurückkehren
reversal Umkehrung
revolution Umdrehung
ring, to läuten, klingeln
ripple Welligkeit
ripple frequency Brummfrequenz
rise time Anstiegszeit
rod Stab, Stange
rotational speed Drehzahl
router Wegsucher, Pfadfinder
rubber Gummi
rule of three Dreisatzrechnung

Safety precaution Schutzmaßnahme
safety services Sicherheitszwecke
sample Abtastwert
sample, to abtasten, Probe entnehmen
sampling Abtastung
sampling rate Abtastrate
sampling theorem Abtasttheorem
satellite communication service Satellitenfunk
saturation Sättigung
save, to retten, abspeichern
scale Skala, Maßstab
scale, to maßstabgetreu ändern, skalieren
scaled skaliert, bemessen
scan, to abtasten
scanner Abtastgerät
scatter, to Funken sprühen
schedule Aufstellung, Plan
scheduling Planung
scope Bereich, Oszilloskop
score Einschnitt, Kerbe
scramble, to krabbeln, verrühren, verschlüsseln
scrap Schrott
screen Abschirmung, Bildschirm
screen dimension Bildschirmgröße
screened geschirmt
screw Schraube
screw locks Schraubensicherung
screw threads Gewinde
screwdriver Schraubendreher
scroll, to Bildschirm rollen
seal, to abdichten
sealing Abdichtung
section Abschnitt, Kapitel, Teilung
security Sicherheit
select, to auswählen
selectance Trennschärfe
selective amplifier Selektivverstärker
selector Wähler
self selbst
self-locking selbsthemmend
self-powered mit Battrie betrieben
semiconductor Halbleiter
sensitivity Empfindlichkeit
sensor Messfühler, Sensor
separate, to trennen
sequence Ablauf, Folge
sequential sequenziell, folgerichtig
server Diener, Bedieneinheit
service Dienst
service instruction Bedienungsanweisung
setup Geräte-Grundeinstellung
sewage Abwasser
sewage plant Kläranlage
shape Form, Gestalt
share, to teilen, aufteilen
shear stress Scherspannung
shearing Abscherung
sheet metak Blech
shielded abgeschirmt
shielding Abschirmung
shift, to verschieben, umschalten
shock current gefährlicher Körperstrom
short kurz
short circuit Kurzschluss
shower Dusche
side Seite
sieve Sieb
signaling, signalling Signal-Übertragung
silicon Silicium
silicone Silikon
simultaneously gleichzeitig
sine current Sinusstrom
single-board computer Einplatinencomputer
single-phase motor Einphasenmotor
single-way connection Einwegschaltung
site Standort, Lage
site, to anbringen, aufstellen
size Größe, Abmessung
skilled person Elektrofachkraft
skin Haut
skin, to abisolieren
skip Auslassung, Sprung
skip, to übergehen, überspringen
slack joint Wackelkontakt
slave Sklave, Untergerät
slave operation Master-Slave-Betrieb
slime Schlamm
smoothing Glättung
socket Buchse, Fassung, Steckdose
socket outlet Steckdose
solder Lot, Lötzinn
solder lug Lötfahne, Lötöse
solder, to löten
solid Festkörper, fest, massiv
solvent Lösemittel
sonic frequency Schallfrequenz
sound Klang, Laut, Schall
source Quelle
space Abstand, Weltraum
spark Funke
spark gap Funkenstrecke
speaker Sprecher, Nachrichtengeber
specify, to spezifizieren, angeben
speech circuit Sprechkreis
speed Drehzahl, Geschwindigkeit
speed controller Drehzahlregler
spell check Rechtschreibprüfung
spell, to buchstabieren
sphere Bereich, Kugel, Sphäre
spring Feder
stability Stabilität
stage Gerüst, Stufe, Stadium
standby electric source Ersatzstromquelle
steel Stahl
stepper motor Schrittmotor
storage Speicher
stored program gespeichertes Programm
strength value Festigkeitswert
stress test Belastungstest
strip Streifen
subroutine Unterprogramm
subscriber Teilnehmer
substance Stoff, Substanz
supplementory insulation zusätzliche Isolierung
supply Einspeisung, Versorgung
supply payment Einspeisevergütung
supply system Versorgungseinrichtung
supporting forces Auflagerkräfte
suppression Unterdrückung
surface Oberfläche
surface contours Oberflächenprofil
surface mounted oberflächenmontiert
surge Stoß, Stromstoß
surge dissipator Überspannungsableiter
surge impedance Wellenwiderstand
surge protection device Überspannungsableiter
surge relay Stromstoßrelais

switch Schalter
switchgear Schaltgerät
switching power supply Schaltnetzteil
switching-off Ausschalten
symmetrical symmetrisch

tag Etikett, Kennzeichen
tank Behälter
tape Band, Streifen
task Aufgabe, Rechenprozess
teach, to lehren, unterrichten
technician Techniker
telecontrol device Fernwirkgerät
telephone technology Fernsprechtechnik
temporary vorübergehend
tension springs Zugfedern
terminal Endstation, Endgerät
test bench Prüfstand
test board Prüfplatz
thermal strip Bimetallstreifen
thread, to aufreihen, einfädeln
three-phase current Drehstrom
three-phase power supply Drehstromnetz
three-state Schaltung mit 3 Ausgangszuständen
threshold Schwelle, Grenzwert
throughout power Durchgangsleistung
thumb Daumen
thumbnail Daumennagel, Miniaturansicht
time Zeit
time delay Zeitverzögerung
timeout Sperrzeit
timer Zeitmesser
timing diagram Zeitablaufdiagramm
toggle Kipphebel, Kipp-
tool Werkzeug
top oben, Oberteil
torque Kraftmoment, Moment
touch current Berührungsstrom
touch voltage Berührungsspannung
tough zäh, robust
toxin Gift
track Schiene, Spur
trackball Rollkugel, Steuerkugel
trail Schwanz, Weg
trailer Nachsatz
transceiver Sende-Empfänger
transducer Wandler, Messwandler, Umformer
transformer Wandler, Transformator
transit Durchgang, Transit
transmitter Übertrager
trap Falle
triangle Dreieck
trigger Auslöser, Auslöseimpuls
trigger, to ansteuern durch Impulse
tube Schlauch
tunable abstimmbar
tune, to abstimmen
turning Drehen
turnover Umsatz
twisted verdrillt, verseilt

ultimate unbedingt
umbrella Schirm
unbalance Unsymmetrie, Unwucht
unconditional unbedingt
uniphase-motor Einphasenmotor
unit Bauelement, Baustein, Einheit
universal allgemein
user Anwender, Nutzer
user interface Benutzeroberfläche

validation Überprüfung
valley Tal, Minimum
value Wert
valve Ventil
versatile veränderlich, vielseitig
visible sichtbar
visual sichtbar, Seh-, Sicht-
visual power Scheinleistung
voice Stimme
volatile flüchtig
voltage elektrische Spannung
voltage glitch Spannungsspitze
volume Volumen, Lautstärke

wafer Halbleiter-Einkristallscheibe
waste Abfall
wattage elektrische Leistung in W
wattmeter Leistungsmesser
wave Welle
waveform Schwingungsform
wavelength Wellenlänge
web Gewebe, Netz
weld, to schweißen
welding Schweißen
white weiß
width Breite, Dicke
winding Windung, Wicklung
winding diagram Wicklungsplan
window Fenster
wire Draht, Leiter
wireless drahtlos, Funk-
wireless plant Funkanlage
wirewound drahtgewickelt
wiring Verdrahtung
wiring system Leitungssystem, Kabelsystem
work, to arbeiten, bearbeiten, funktionieren
working voltage Betriebsspannung
worst case ungünstigster Fall
wrap terminal Wickelanschluss
write, to schreiben, aufzeichnen
wrong unrichtig, falsch

x-ray Röntgenstrahlung

y-amplifier Vertikalverstärker, Y-Verstärker
yellow gelb

zero Null
zero flag Kennzeichen für Null
zoom schrittweise Vergrößerung

Sachwortverzeichnis

E

B

B

B

B

Unterstützende Firmen, Dienststellen und Bildungseinrichtungen 1
Supporting Companies, Offices and Educational Institutions 1

Viele der nachfolgend aufgeführten Firmen, Dienststellen und Bildungseinrichtungen haben die Bearbeiter durch Beratung, durch Zurverfügungstellung von Druckschriften, Fotos und Dateien sowohl bei der Textbearbeitung als auch bei der bildlichen Ausgestaltung des Buches unterstützt. Es wird ihnen hierfür herzlich gedankt.

ABB Deutschland AG
68309 Mannheim
www.abb.de

Adam Opel AG
65423 Rüsselsheim
www.opel.de

Agentur für erneuerbare Energien
10117 Berlin
www.unendlich-viel-energie.de

AGK Hochleistungswerkstoffe GmbH
44369 Dortmund
www.agk.eu

Ahlborn Mess- und Regelungstechnik GmbH
83607 Holzkirchen
www.ahlborn.com

Airbus Group SE
85521 Ottobrunn
www.airbusgroup.com

Albrecht Jung GmbH & Co. KG
58579 Schalksmühle
www.jung.de

ALSTOM Deutschland AG
68309 Mannheim
www.alstom.de

Audi AG
85045 Ingolstadt
www.audi.com

Autodesk Deutschland
81379 München
www.autodesk.de

Balluff GmbH
CH-8953 Dietikon
www.balluff.com

BASF SE
67056 Ludwigshafen
www.basf.com

Bayer AG
51368 Leverkusen
www.bayer.de

BEHA-AMPROBE GmbH
79286 Glottertal
www.amprobe.eu

Beuth Verlag GmbH
10787 Berlin
www.beuth.de

Black Box Deutschland GmbH
85399 Hallbergmoos
www.black-box.de

BMBF Bundesministerium für Bildung und Forschung
11055 Berlin
www.bmbf.de

BMW AG
80788 München
www.bmw.de

Busch-Jaeger Elektro GmbH
58513 Lüdenscheid
www.busch-jaeger.de

Carl Zeiss AG
73447 Oberkochen
www.zeiss.de

ContiTech AG
30165 Hannover
www.contitech.de

Cooper Tools GmbH
74354 Besigheim
www.apextoolgroup.eu

Daimler AG
70546 Stuttgart
www.daimler.com

Dehn + Söhne GmbH & Co. KG
90489 Nürnberg
www.dehn.de

Deutsche Bahn AG
10785 Berlin
www.deutschebahn.com

DFZ, Deutsches Geo-Forschungszentrum Potsdam
14473 Potsdam
www.gfz-potsdam.de

Deutsche Lufthansa AG
60546 Frankfurt am Main
www.lufthansa.com

Diehl Stiftung & Co. KG
90478 Nürnberg
www.diehl.com

DIN, Deutsches Institut für Normung e.V.
10787 Berlin
www.din.de

DLR, Deutsches Zentrum für Luft- und Raumfahrt e.V.
51147 Köln
www.dlr.de

DMG MORI AG
33689 Bielefeld
www.dmgmori.com

Dr. Fritz Faulhaber GmbH & Co. KG
71101 Schönaich
www.faulhaber.com

Dr. Johannes Heidenhain GmbH
83292 Traunreut
www.heidenhain.de

Eaton Power Quality GmbH
77855 Achern
www.eaton.com

ebm-papst GmbH & Co. KG
74673 Mulfingen
www.ebmpapst.com

EnBW Energie Baden-Württemberg AG
76131 Karlsruhe
www.enbw.de

E.ON AG
40479 Düsseldorf
www.eon.com

Eurocopter Deutschland GmbH
86609 Donauwörth
www.eurocopter.com

Evonik Industries AG
45128 Essen
www.evonik.com

Farnell GmbH
82041 Oberhaching
www.farnell.de

FAG, Schaeffler KG
91074 Herzogenaurach
www.fag.de

Festo AG & Co. KG
73734 Esslingen
www.festo.com

Unterstützende Firmen, Dienststellen und Bildungseinrichtungen 2
Supporting Companies, Offices and Educational Institutions 2

Fluke Deutschland GmbH
34123 Kassel
www.fluke.de

Fraunhofer Gesellschaft
80686 München
www.fraunhofer.de

Freudenberg & Co. KG
69469 Weinheim
www.freudenberg.de

Friwo Gerätebau GmbH
48346 Ostbevern
www.friwo.de

Fuchs-Schraubenwerk GmbH
57076 Siegen
www.fuchs-schrauben.de

GE, General Electric Deutschland
80802 München
www.ge.com

Giesserei Heunisch GmbH
91438 Bad Windsheim
www.heunisch-guss.com

Goethe-Institut e.V.
80637 München
www.goethe.de

Gossen-Metrawatt,
GMC-I Messtechnik GmbH
90449 Nürnberg
www.gossenmetrawatt.com

GRAF-SYTECO GmbH & Co. KG
78609 Tuningen
www.graf-syteco.de

Grob-Werke GmbH & Co. KG
87719 Mindelheim
www.grob.de

Gustav Hensel GmbH & Co. KG
57368 Lennestadt
www.hensel-electric.de

Hasso-Plattner-Institut für Softwaresystemtechnik GmbH
14482 Potsdam
www.hpi.uni-potsdam.de

Hager Tehalit
Vertriebs GmbH & Co. KG
66440 Blieskastel
www.hager.de

Hirschmann,
Belden Electronics GmbH
72654 Neckartenzlingen
www.hirschmann.com

IBM Deutschland GmbH
71139 Ehningen
www.ibm.de

ICP Deutschland GmbH
72768 Reutlingen
www.icp-deutschland.de

ifm electronic gmbh
45128 Essen
www.ifm-electronic.de

Index-Werke GmbH & Co. KG
73730 Esslingen
www.index-werke.de

Inge Herrmann GmbH
35687 Dillenburg
www.inge-herrmann.de

Institut für Verbundwerkstoffe GmbH
67663 Kaiserslautern
www.ivw.uni-kl.de

IZE, Informationszentrale der Elektrizitätswirtschaft
60555 Frankfurt am Main
www.economia48.com

Jenoptik AG
07739 Jena
www.jenoptik.de

KIT, Karlsruher Institut für Technologie
76131 Karlsruhe
www.kit.edu

KNIPEX-WERK
42334 Wuppertal
www.knipex.de

KUKA Roboter GmbH
86165 Augsburg
www.kuka-robotics.com

Lapp GmbH
70565 Stuttgart
www.lappkabel.de

Kyocera Fineceramics GmbH
41460 Neuss
www.kyocera.de

Leitz,
Hexagon Metrology GmbH
35578 Wetzlar
www.leitz-messtechnik.de

Linde AG
82049 Pullach
www.linde-gas.de

Luitpoldhütte AG
92224 Amberg
www.luitpoldhuette.de

LumaSense,
Technologies GmbH
60326 Frankfurt am Main
www.lumasenseinc.com

Mahle GmbH
70376 Stuttgart
www.mahle.com

MAICO
Elektroapparate-Fabrik GmbH
78056 Villingen-Schwenningen
www.maico-ventilatoren.com

MAN SE
80805 München
www.man.eu

maxon motor ag
CH 6072 Sachseln
www.maxonmotor.com

Max Planck,
Gesellschaft zur Förderung der Wissenschaft e.V.
80539 München
www.mpg.de

Maschinenfabrik
Berthold Hermle AG
78559 Gosheim
www.hermle.de

Megatron Elektronik AG & Co. Industrietechnik
85640 Putzbrunn/München
www.megatron.de

Microsoft Deutschland GmbH
85716 Unterschleißheim
www.microsoft.de

Mitsubishi Electric Europe B.V.
40880 Ratingen
www.mitsubishielectric.de

Moeller GmbH
53115 Bonn
www. moeller.net

MTU Aero Engines GmbH
80995 München
www.mtu.de

National Instruments
80339 München
www.ni.com

Nexans Deutschland GmbH
30179 Hannover
www.nexans.de

NTI AG
CH-8957 Spreitenbach
www.linmot.com

Unterstützende Firmen, Dienststellen und Bildungseinrichtungen 3
Supporting Companies, Offices and Educational Institutions 3

OSRAM GmbH
81543 München
www.osram.de

Panasonic Deutschland GmbH
22525 Hamburg
www.panasonic.de

Pepperl + Fuchs GmbH
68307 Mannheim
www.pepperl-fuchs.de

Philips Deutschland GmbH
20001 Hamburg
www.philips.de

Phoenix Contact GmbH & Co. KG
32825 Blomberg
www.phoenixcontact.de

Piller Group GmbH
37520 Osterode
www.piller.com

Pilz GmbH & Co. KG
73760 Ostfildern
www.pilz.de

PROFIBUS International
76131 Karlsruhe
www.profibus.com

Rheinmetall AG
40476 Düsseldorf
www.rheinmetall.de

Robert Bosch GmbH
70839 Gerlingen-Schillerhöhe
www.bosch.com

RS Components GmbH
64546 Mörfelden-Walldorf
www.de.rs-online.com

RWE AG
45128 Essen
www.rwe.de

RWTH Aachen
52056 Aachen
www.rwth-aachen.de

Rolls-Royce Power Systems GmbH
88045 Friedrichshafen
www.rrpowersystems.com

Sandvik Coromant Deutschland GmbH
40549 Düsseldorf
www.coromant.sandvik.com

SAP Deutschland AG & Co. KG
69190 Walldorf
www.sap.com

Schenker Deutschland AG
60314 Frankfurt am Main
www.schenker.de

Schott AG
55122 Mainz
www.schott.com

Seeger-Orbis GmbH & Co. oHG
61462 Königstein
www.seeger-orbis.de

Siemens AG
80333 München
www.siemens.com

Spieth-Maschinenelemente GmbH & Co. KG
77730 Esslingen
www.spieth-maschinenelemente.de

SUMMIRA GmbH CNC Funkenerosion und Zerspanungstechnik
53332 Bornheim
www.summira.de

Toshiba Europe GmbH
41460 Neuss
www.toshiba.de

Traub Drehmaschinen GmbH
73262 Reichenbach
www.index-werke.de

Trumpf GmbH & Co.
71252 Ditzingen
www.trumpf.com

T-Systems
60385 Frankfurt am Main
www.t-systems.de

TU9, Der Verband der führenden TU's in Deutschland
13629 Berlin
www.tu9.de

TU Dortmund
44227 Dortmund
www.tu-dortmund.de

TU München
80333 München
www.tum.de

TÜV Rheinland Holding AG
51105 Köln
www.tuv.com

ThyssenKrupp AG
45143 Essen
www.thyssenkrupp.com

Umweltbundesamt
06813 Dessau-Roßlau
www.umweltbundesamt.de

Vattenfall Europe AG
10115 Berlin
www.vattenfall.de

VDE, Verband der Elektrotechnik, Elektronik, Informationstechnik e.V.
60596 Frankfurt am Main
www.vde.de

VDI, Verein Deutscher Ingenieure e.V.
40468 Düsseldorf
www.vdi.de

Vicor Europe
85737 Ismaning
www.vicoreurope.com

Voith GmbH
89522 Heidenheim
www.voith.com

Volkswagen AG
38440 Wolfsburg
www.volkswagen.de

WAGO Kontakttechnik GmbH & Co. KG
32423 Minden
www.wago.com

Walter Bautz GmbH
64347 Griesheim
www.walterbautz-gmbh.de

Windenergie e.V.
10117 Berlin
www.wind-energie.de

Wissenschafts- und Kongresszentrum Darmstadt GmbH
64283 Darmstadt
www.darmstadtium.de

ZF Friedrichshafen AG
88046 Friedrichshafen
www.zf.com

ZVEH Zentralverband der Dt. Elektro- und Informationstechnischen Handwerke
60487 Frankfurt am Main
www.zveh.de

ZVEI Zentralverband Elektrotechnik- und Elektroindustrie e.V.
60528 Frankfurt am Main
www.zvei.de

Bildquellenverzeichnis

Die meisten Bilder stammen aus dem Arbeitsumfeld der Autoren. Ergänzend hierzu haben die nachfolgend aufgeführten Unternehmen und Institutionen die bildliche Ausgestaltung unterstützt. Dabei sind für diese alle Rechte vorbehalten. Kein Teil darf ohne vorherige schriftliche Genehmigung weitergegeben, in einem Datensystem gespeichert oder in irgendeiner Form, weder elektronisch noch mechanisch, durch Fotokopie, Aufnahme noch durch andere Art übertagen werden.

Beckhoff Automation	33415 Verl	www.beckhoff.com	401-3
BENNING Elektrotechnik	46397 Bocholt	www.benning.de	428-5
Bohinec s.p.	SLO 9240 Ljutomer	www.bohinec.si	170-1
Doepke Schaltgeräte GmbH	26506 Norden	www.doepke.de	336-4
Dr. Fritz Faulhaber	71101 Schönaich	www.faulhaber.com	310-3,-4
Eaton Industries	53115 Bonn	www.moeller.net	343-2
Eisenmenger GmbH	56253 Ransbach-Baumbach	www.eisenmenger-gmbh.de	170-2
Fluke Deutschland GmbH	79286 Glottertal	www.fluke.com	49-1
Geovision GmbH&Co.KG	85235 Wagenhofen	www.geovision.de	171-6
Gira	42477 Radevormwald	www.gira.de	244-3
Gossen Metrawatt GmbH	90449 Nürnberg	www.gossenmetrawatt.com	217-1
Hahn+Kolb Werkzeuge GmbH	71636 Ludwigsburg	www.hahn-kolb.de	189-1 bis -7
H. Zander GmbH&Co.KG	52070 Aachen	zander-aachen.de	354-11
Heunisch-Guss	91438 Bad Windsheim	www.heunisch-guss.com	169-1
Hoffmann GmbH	81241 München	www.hoffmann-group.com	170-4
Kistler Instrumente AG	CH 4808 Winterthur	www.kistler.com	170-5
KNIPEX-WERK	42234 Wuppertal	www.knipex.de	428-2
LumaSense Technologies	60326 Frankfurt	www.impacinfrared.com	223-7
maxon motor ag	CH 6072 Sachseln	www.maxonmotor.com	306-1, 307-1, 309-1
MYVOLT.DE	15234 Frankfurt/Oder	www.myvolt.de	428-6
PCE Deutschland GmbH	59872 Meschede	www.pce-instruments.com	428-4
Phoenix Contact GmbH&Co.KG	32825 Blomberg	www.phoenixcontact.de	310-5, 421-6,
Physik Instrumente GmbH	76228 Karlsruhe/Palmbach	www.physikinstrumente.de	310-5
Presswerk Krefeld GmbH&Co.KG	47809 Krefeld	www.pwk-mf.de	169-2
Sandvik Tooling Deutschland GmbH	40549 Düsseldorf	www.sandvik.coromant.com	184-1, -2
S.Schmitt	76887 Bad Bergzabern	www.siegfriedschmitt44@gmx.de	428-1,-7
Schulte-Wiese GmbH&Co.KG	58840 Plettenberg	www.schulte-wiese.com	169-2
Schweißtechnik Burkhard GmbH	87600 Kaufbeuren	www.schweisstechnik-burkhard.de	170-3
Siemens AG	80333 München	www.siemens.com	Umschlag, 255-1, 401-3,-4

Die Anschriften weiterer Firmen, die mit Bildern dieses Buch unterstützt haben, sind im Verzeichnis „Firmen und Dienststellen" vorhergehende Seiten aufgeführt. Die Autoren danken dafür allen Beteiligten sehr herzlich.

B

Literaturverzeichnis List of literature

Bartenschlager u.a.	Fachkunde Mechatronik	Verlag Europa-Lehrmittel, Haan-Gruiten
Bastian u.a.	Praxis Elektrotechnik	Verlag Europa-Lehrmittel, Haan-Gruiten
Baumann u.a.	Automatisierungstechnik	Verlag Europa-Lehrmittel, Haan-Gruiten
Böge u.a.	Handbuch Elektrotechnik	Verlag Vieweg, Braunschweig/Wiesbaden
Brechmann u.a.	Mechatronik Tabellen	Westermann Schulbuchverlag, Braunschweig
Budig	Drehzahlvariable Drehstromantriebe mit Asynchronmotoren	VDE-Verlag, Berlin
Dahlhoff u.a.	Tabellenbuch Automatisierungstechnik	Verlag Europa-Lehrmittel, Haan-Gruiten
Dillinger u.a.	Rechnen und Projektieren – Mechatronik	Verlag Europa-Lehrmittel, Haan-Gruiten
DIN VDE 0100	Errichten von Niederspannungsanlagen	VDE-Verlag, Berlin
DIN VDE 0105	Betrieb von elektrischen Anlagen	VDE-Verlag, Berlin
Döring u.a.	Elektrische Maschinen und Antriebe	Verlag Vieweg, Braunschweig/Wiesbaden
F. Kümmel	Elektrische Antriebstechnik	VDE-Verlag, Berlin
Fottner u.a.	Handbuch der Datenwandlung	DATEL GmbH, München
Fritsche u.a.	Fachwissen Betriebs- und Antriebstechnik	Verlag Europa-Lehrmittel, Haan-Gruiten
Gerdsen	Digitale Übertragungstechnik	Verlag B.G. Teubner, Stuttgart
Giersch u.a.	Elektrische Maschinen	Verlag Europa-Lehrmittel, Haan-Gruiten
G. Müller	Elektrische Maschinen	VDE-Verlag, Berlin
Gomeringer u.a.	Tabellenbuch Metall	Verlag Europa-Lehrmittel, Haan-Gruiten
Dehler u.a.	Informationstechnik und Kommunikationstechnik	Verlag Europa-Lehrmittel, Haan-Gruiten
Buchholz u.a.	Fachkunde Industrieelektronik und Informationstechnik	Verlag Europa-Lehrmittel, Haan-Gruiten
Grimm u.a.	Tabellenbuch industrielle Computertechnik	Verlag Europa-Lehrmittel, Haan-Gruiten
Günter u.a.	Industrielle Fertigung, Messen und Prüfen	Verlag Europa-Lehrmittel, Haan-Gruiten
Fritsche u.a.	Schutz durch DIN VDE	Verlag Europa-Lehrmittel, Haan-Gruiten
Habiger u.a.	Handbuch Elektromagnetische Verträglichkeit	VDE-Verlag, Berlin
Hofer	Moderne Leistungselektronik und Antriebe	VDE-Verlag, Berlin
Hübscher u.a.	IT-Handbuch	Westermann-Schulbuchverlag, Braunschweig
Huyer u.a.	Prüfungsbuch für Mechatroniker	Holland + Josenhans Verlag Stuttgart
Jahn u.a.	Elektrische Messgeräte und Messverfahren	Springer-Verlag, Berlin
G. Häberle u.a.	Tabellenbuch Elektrotechnik	Verlag Europa-Lehrmittel, Haan-Gruiten
Schmid u.a.	Industrielle Fertigung, Fertigungsverfahren	Verlag Europa-Lehrmittel, Haan-Gruiten
Leidenroth u.a.	EIB-Anwenderhandbuch	Verlag Technik, Berlin
Lorbeer u.a.	Wie funktionieren Roboter?	Verlag B.G. Teubner, Stuttgart
Philipow u.a.	Taschenbuch Elektrotechnik	Carl Hanser Verlag, München
Rummich u.a.	Elektrische Schrittmotoren und -antriebe	expert-verlag, Renningen
Schmid u.a.	Steuern und Regeln für Maschinenbau und Mechatronik	Verlag Europa-Lehrmittel, Haan-Gruiten
Storm	Umwelt-Recht	Verlag C.H. Beck, München

B